国学经典

# 道德经全集

〔春秋〕老子　著

第一卷

吉林出版集团股份有限公司

图书在版编目（CIP）数据

道德经全集 /（春秋）老子著. —长春：吉林出版
集团股份有限公司，2014.10（2021.1重印）

ISBN 978-7-5534-5723-9

Ⅰ.①道… Ⅱ.①老… Ⅲ.①道家 Ⅳ.①B223.11

中国版本图书馆CIP数据核字（2014）第216078号

# 道德经全集
**DAODEJING QUANJI**

作　　者：（春秋）老　子
责任编辑：金　昊
封面设计：郑红峰
出　　版：吉林出版集团股份有限公司
发　　行：吉林出版集团社科图书有限公司
电　　话：0431-81629726
印　　刷：德富泰（唐山）印务有限公司
开　　本：650mm×910mm 1/16
字　　数：1400千字
印　　张：80
版　　次：2014年10月第1版
印　　次：2021年1月第2次印刷
书　　号：ISBN 978-7-5534-5723-9
定　　价：158.00元（全四卷）

如发现印装质量问题，影响阅读，请与印刷厂联系调换。022-58708299

# 前　言

《道德经》是春秋时期思想家、道家创始人老子所著。

老子姓李名耳，字伯阳，号老聃，是楚国苦县（今河南鹿邑东）烈乡曲仁里人，曾任东周掌管图书的史官。

《道德经》是中国古代道家哲学的经典。其内容全面丰富，集天文、地理、军事、政治、经济、道德规范、环境保护、自然规律、社会发展、治国用兵、内政外交、仁义礼仪、名利得失、修身养性、学习工作、为人处世等众多内容于一体，荟萃了中华民族春秋时期的文化精髓；其思想博大精深，处处闪耀着人类智慧的光芒。

老子有着满腹学问，被广纳贤才的周王请到朝中，委以西伯之职，主管国家存藏的竹简（相当于国家图书馆）。武王继位后，老子负责记录朝廷朝政议论。当时等级森严，除武王可伏几而坐外，朝臣们只能无依无靠地席地而坐。然而，老子却被特封为"柱下吏"，可依柱而坐，记录政事。成王执政的时候，曾派老子出使西极大秦、竺乾等国，他到处讲学，颂扬周德。由于这位仙风道骨的长者学识渊博，令人钦敬，所以，各国的君主朝臣都尊称他为"古先生"。轮到昭王执政，老子事周已近百年。料知将要干戈四起的老子，再也忍不下这尔虞我诈的争斗，于是，他辞去朝官，骑了头青牛，西出函谷关，去昆仑山隐德修行。在经过函谷关时，关令尹喜知道他将隐去，请老子著书。于是老子写下了五千字，这就是他唯一的著作《道德经》。

老子其人到底有多大本事，无人知晓。因其留下的《道德经》太过玄妙，后世众人景仰之余，相互传诵，越传越奇，遂将老子捧为寿与天齐的神仙，并以神话的方式描述。

《道德经》又称《道德真经》《老子》《五千言》《老子五千文》，分上、下两篇。原文上篇《德经》，下篇《道经》，不分章，后改为《道经》在前，《德经》在后，并分为81章。

《道德经》是中国古代先秦诸子分家前的一部著作，为当时诸子所共仰，是道家哲学思想的重要来源，也是中国历史上首部完整的哲学著作。书中虽然只有5000余言，但文风幽雅，意义博大，理念精深，被人们称为"哲理诗"。通过学习这部不朽的经典，我们不仅能够改变自己，而且可以改变我们的生活、我们的世界，甚至可以找到属于我们自己的思想天空。

就成书年代约略探索，《道德经》中的许多观点也受到世界各国人民的普遍赞同。由此可见，中国先哲所绵延传承的智能宝藏，既是中国哲学、东方文化的代表，又是人类文明的重要组成部分。

《道德经》常会被归属为道教学说。其实，哲学上的道家和宗教上的道教是不能混为一谈的，但《道德经》作为道教基本教义的重要构成之一，被道教视为重要经典，而老子也被道教视为至上的三清尊神之一道德天尊的化身，又称太上老君，所以应该说道教吸纳了道家思想，道家思想完善了道教。同时，前面所说的哲学，并不能涵括《道德经》（修身立命、治国安邦、出世入世）的全貌。

老子提出了"无为而治"的主张，成为中国历史上某些朝代，如西汉初的治国方略，在经济上可以缓解人民的压力，对早期中国的稳定起到过一定作用。对中国古老的哲学、科学、政治、宗教等产生了深刻的影响，它无论对中华民族的性格铸成，还是对政治的统一与稳定，都起着不可估量的作用。它的世界意义也日渐显著，越来越多的西方学者不遗余力地探求其中的科学奥秘，寻求人类文明的源头，深究古代智慧的底蕴。

《道德经》历代传抄，多有错讹，至今已经很难彻底分辨孰真孰伪。据说仅国内的《道德经》译注本就不下千种。因此，注解不能陷入说文解字、抠字眼的误区，正确的做法只能是不同版本之间相互印证除错，大处着眼，重在弄清楚和理解老子所要表达的思想主题和整体文意。迄今为止，可以说还没有一个注本能真正准确、全面地告诉人们老子究竟说了些什么。《道德经》是值得我们用一生的时间去研究推敲的经典巨著。

译著古书是一件非常烦琐且复杂的工作，甚至需要几代人不懈地努力和改进。为了使本书更具完整性和权威性，在编译过程中，我们不仅查阅了手头上大量的相关资料，而且参考和引用了一些网上文字和图书资源，力争为读者奉献出一本完美、精确的理论读本。

此外，本书还收录道家学说的另外一位创始人——庄子的作品，以便读者能更好地理解道家哲学思想体系。

在编辑过程中，由于本书所采用的资料来源广、头绪多，本书的译著中也难免存在不妥之处，敬请广大读者批评指正。

# 目 录

## 老 子

# 庄 子

# 老子

# 第一章

**【原文】**

道可道①，非常②道。名可名③，非常名。无名④天地之始，有名⑤万物之母⑥。故常⑦无欲，以观其妙⑧；常有欲，以观其徼⑨。此两者同出而异名，同谓⑩之玄。玄之又玄⑪，众妙之门⑫。

**【注释】**

①第一个"道"引申为原理、原则、真理、规律等。第二个"道"指解说、表述的意思。

②常：一般的。

③第一个"名"指"道"的形态。第二个"名"是说明的意思。

④无名：无形。

⑤有名：有形。

⑥母：母体，根源。

⑦常：经常。

⑧妙：微妙。

⑨徼：边界，引申为端倪的意思。

⑩谓：称谓。此为"指称"。

⑪玄：深黑色，玄妙深远的意思。

⑫众妙之门：一切奥妙变化的总门径，此用来比喻宇宙万物的唯一原"道"的门径。

**【译文】**

"道"如果可以用言语来表述，那它就不是常"道"；"名"如果可以用文辞去命名，那它就不是常"名"。"无"用来表述天地混沌未开之际的状况；而"有"，则是宇宙万物产生之本原的命名。所以，要常从"无"中去观察领悟"道"的奥妙；要常从"有"中去观察体会"道"的端倪。"无"与"有"这两者，来源相同而名称却相异，都可以称之为玄妙、深远。它不是一般的玄妙、深奥，而是玄妙又玄妙、深远又深远，是宇宙天地万物之奥妙的总门（从"有名"的奥妙到达"无名"的奥妙，"道"是洞悉一切奥妙变化的门径）。

**【解析】**

"道可道，非常道。名可名，非常名"。

这两句《道德经》的开篇之言，对于老子全书具有提纲挈领的意义。它以思辨的形式，道出了规定与否定，有限与无限的关系。老子的"常道"我们可以理解为一般的做事方法，那么"非常道"自然就是非一般的做事方法，它可以是逆向思维，也可以是特殊的思维方法，总体来说就是一种突破性思维方法。

一般的"常道"思维，只能使人处于常规状态，容易导致保守、停滞。若想能够有所成就，就必须采取某种"非常道"的思维。

"非常道"的思维往往能够运用不平常的方法，出奇制胜。"非常道"的思维并不是否定一切平常的思维模式，而是在"常道"的基础之上引申而来的。

"无名天地之始，有名万物之母。"

最根本、最一般的宇宙法则是化生宇宙万物的原动力，故"名天地之始"；有，即道体。化生万物的最原始、最基本的物质，故"名万物之母"。

"有"属于物质范畴，而"无"则是和物质概念相对立的概念。如果把"有"界定为具体的物质，那么，"无"就是具体的物质之所以存在的结构方式、时空关系、运动和变化形式等等，也可以用"自然规律"来概括。"有"和"无"不可分，有"有"就有"无"，有"无"就有"有"，纯粹的"有"和纯粹的"无"是不存在的，它们相互对立、相互依存，也就是老子所说的"有无相生"（二章）。"有"为实，"无"为虚，道体为实，道性为虚。彼此阴阳对立，虚实相合，共同构成宇宙的始母——道。

有和无的对立统一是现实世界最一般的存在方式。把世界的本体看作是精神的或者物质的，都是主观片面的、非辩证的。老子的有无论是辩证本体论，即从世界的本体上确立了对立统一规律。

　　"故常无欲，以观其妙；常有欲，以观其徼。"

　　道性是永恒的、至诚的、无私无欲的，自我欲"观其妙"，就必须"无欲"。这是说自我之性须符合道性。无欲：没有自我外在欲望。自我外在欲望即目之色欲、耳之声欲、口之味欲、鼻之嗅欲、体之亲欲和名利之欲。自我欲望在外，而妙景在内，所以，只有无外欲，才能进入客观存在的道的境界，体会宇宙之奥妙。妙即"微妙、美妙"，是就道境而言，是人脑透过心灵对微观世界的直观感受。这一妙境，用庄子的话说，就是"造适不及笑，献笑不及排。"(《庄子·大宗师》)意思是说：这一境界是最适宜的，妙境来不及应接，心笑来不及安排。

　　因为追求智慧是人的本性。徼，是边际、边界的意思，这里是指矛盾的对立层面。"观其徼"，就是于"观其妙"之中寻求矛盾双方的本质联系，揭示事物发生、发展的内在机制。矛盾的普遍性和特殊性即共性和个性、主要矛盾和次要矛盾、对抗性矛盾和非对抗性矛盾等都属于"观其徼"的范畴。

　　"观其妙"是同一说，面对的是道的境界，其前提条件是"无欲"；"观其徼"是对立说，面对的是现实世界，前提条件是"有欲"。要想实现人生之"有欲"，必须从"无欲"入手。只有"无欲"，才能进入道境，把握世界的本质和规律，从而更好地造福人生、造福社会。"无欲"是实现"有欲"的方式和策略。这里，"无欲"和"有欲"是辩证的。"无欲"是消除自我不符合客观规律、有害于生命的欲望；"有欲"是增强符合客观规律、有利于认识和改造人类命运的欲望。越是"有欲"，越具备"无欲"的坚强意志；"无欲"的境界越高，人生价值越大。因为只有体悟大道，才能取得大智大慧，从而更好地改造自身、改造世界。

　　"此两者同出而异名，同谓之玄。玄之又玄，众妙之门。"

　　"此两者"，指"妙"和"徼"，亦即矛盾的同一性和斗争性。任何事物都是矛盾的，矛盾的事物都具有斗争性和同一性。矛盾的同一性和矛盾的斗争性是相互连接不可分割的，它们共同构成矛盾的统一体，矛盾的斗争性存在于矛盾的同一性之中，矛盾的同一性包含矛盾的斗争性，故说"同出而异名"。

"玄"，是对道的存在形式的形象描绘。玄，作为客观存在，它必然是结构的、秩序的、规则的、运动的，所以，玄还有"旋转"的含义。在微观世界，不论是人体基因组，还是电子、质子、夸克等微粒子，都是以玄的运动形式存在的，现代科学技术已经证实了这一点。

"同谓之玄。玄之又玄，众妙之门"，说明了世界的本体即玄是旋转的、运动的，运动是有规律的，宇宙和人生奥妙、玄机是蕴藏于玄的。把握不断旋转运动着的玄是探索和认识人生、社会以及宇宙奥妙的门户。这是老子的认识论。

## 【证解故事】

### 故事一：

"非常道"正是一种突破平常思维的智慧，它的手段极新、极异，用"匪夷所思"与"不可思议"的方法去解决那些难解或本不可解的问题。然而正是如此，才使众多的难题有了突破口，有了解决的方法。

许多人遇到困难之后，常常会苦思冥想却不得其解，然而运用"非常道"的智慧从另一个角度、从常人通常想不到的方面出发，常会收到事半功倍的效果。我们不妨学一点逆向思维，突破常人的思维定式，从相反方向或非"常人"的角度去思考问题，唱点反调，也会取得意想不到的效果。

三国时期，司马懿率领几十万大军直逼诸葛亮把守的城池。而当时蜀军的主力不在城中，城里只有一些老弱病残者，按常理而言，面对来势汹汹的大军，自己的实力又弱，理应紧闭城门，坚守城池，等待援军的到来。而诸葛亮审时度势，命令士兵大开城门，自己则坐在城楼上安闲地抚琴。结果，司马懿几十万大军被吓退了。

诸葛亮之所以能吓退司马懿大军，采取的就是"非常道"——司马懿深知诸葛亮用兵一向都谨慎，从不打无把握之仗。然而，正是基于这种"常道"之上，当诸葛亮采取这种"非常道"之时，司马懿也就不知虚实了，谨慎的司马懿为防止遭到伏击只能不战而退了。

当然，诸葛亮的这种"非常道"对于大多数人来说是不现实的，毕竟诸葛亮在古代历史上是神仙般的人物。然而"非常道"并不一定都是那些高深莫测、难于思考的东西，有时它就存在于"常道"之中，只是我们将它们忽略了而已！

20世纪，美国宇航局曾悬赏十万美金向全世界征集设计一种在太空中使用的书写工具，要求使用方便，不用吸水，不认方向，失重状态也不影响书写。

许多人都普遍地认为这种笔要求那么多，一定很先进，科技含量一定很高，于是全世界许多人设计了许多种科技含量很高的笔，但都无法通过最后的检验。一个德国科学家突破了常人认为"需要高科技"的思维定式，给美国宇航局写了一封信，信中写道：用铅笔。仅仅三个字，既解决了宇航员太空书写的难题，又赢得了十万美金，可见逆向思维的重要所在。

事实上，人们在日常生活中常常会凭着"想当然"的思维定式对问题做分析，并进行解决。这样的结果往往不那么见效，反而常会导致失败而使人郁闷的结果。如果人们能够在常态中采取常法解决问题，在非常状态中采取一种突破性思维进行思考，那么任何难题都会迎刃而解的。

1943年中旬，第二次世界大战进入白热化的程度。为了能够更有效地打击法西斯势力，盟军决定给希特勒设一个圈套，而策划实施这一计划的是盟国中的英国。

为了让希特勒彻底相信盟军的进攻重点是萨迪尼亚和希腊的伯罗奔尼撒，而不是西西里，他们决定在海上漂浮一具尸体，在其口袋里装入与进攻计划有关的内容。

他们把实施这一计划的地点确立在西班牙海岸，因为那里的德国人活动频繁。如果一切进展顺利的话，尸体就会被德国人发现，那么假情报就会使他们上当受骗。

英国人根据人们"想当然"的思维方式，把所有的细枝末节都策划得天衣无缝，连尸体都像经历了一场空难而掉进海里的一样。

经过仔细搜寻，他们终于找到一具最合适不过的尸体——一名死于肺炎又暴尸荒野的男性，他们给他取名为威廉姆·马丁少校。

策划者们在尸体的口袋里装入戏票、银行开出的一张透支通知单、几封未婚妻的情书，当然还有绝密的进攻计划。

在一个风平浪静的日子里，他们悄悄将"马丁少校"送入大海……

几个月后，盟军在西西里登陆，发现敌人的兵力果然分散到了别处，从而轻而易举地赢得了胜利。事后获悉，德军果然因自己的思维定式而中计。

**故事二：**

无论是在经常看不见之处体察"道"，还是在经常显露之处体察万物，老子认为在事情有形的外部表现与无形的内在联系上都能够找到做事的方法。

历史上有不少的人能够如老子所说："故常无欲，以观其妙；常有欲，以观其徼。"于无形处入手发现事物潜伏的解决之道，达到了成功。唐玄宗时期的李林甫就是利用这点，圆了他的宰相梦。

唐玄宗开元初年，李林甫因是世家子弟，得以任千牛直长（宫廷待卫）。他和宰相源乾曜的儿子很要好，便托他向他父亲要求得到司门郎中这个职位。

源乾曜不屑地说："郎中需要既有才能，又有名望的人来担任，李林甫哪是这样的材料。"却也不好一点面子不给，便把李林甫迁升为东宫谕德。

李林甫宦海沉浮，倒也逐步提升，可他嫌这样太慢，他需要的是平步青云，一步踏到宰相的阶梯上。

可是他在朝廷里并没有上可通天的关系，找来找去倒被他找到了一条途径，去和已是半老徐娘的裴光庭的夫人武氏私通。裴光庭当时任侍中，也是宰相，李林甫的家人朋友都很为他担心，更不理解，劝他说："你是世家子弟，虽非豪富，美妾艳婢还是买得起的，何苦去和一个上年纪的女人鬼混，她丈夫又是宰相，一旦事发可是掉脑袋的事，你这是图的什么？"

李林甫却不听劝，天天和武氏打得火热，也不知是两人掩饰得好，还是裴光庭根本不在乎，两人始终未东窗事发。

不久，裴光庭去世，两人更是肆无忌惮，武氏竟想让李林甫接替死去的丈夫在朝中的职位，也就是宰相，而且还很有办法。

原来当朝第一红人高力士原本是武三思的家奴，而武氏就是武三思的女儿，武氏找到高力士，死缠硬磨，非逼着高力士举荐李林甫为宰相。

高力士顾念旧主情谊，又禁不住武氏的死缠烂打，只好答应想办法，当时朝中的日常事务都是由高力士代替玄宗处理，但他为人谨慎，任命宰相这样的大事，他不但不敢代劳，连向玄宗开口推荐都不敢，只能等待时机。

因裴光庭死后，宰相位置有一空缺，玄宗征询宰相萧嵩的意见，对萧嵩提出的几个人选都不满意，便自己决定任命韩休为相。

高力士侍奉玄宗左右，知道后马上通知武氏，并告诉她该当如何，武氏马上又告诉李林甫。

李林甫第二天一上朝，便上荐章，极力赞美韩休的才能和品德，要求皇上任韩休为相。

唐玄宗很感惊讶，没想到有人和自己的心思吻合，对李林甫平添几分好感。

过了几天，玄宗正式下诏任命韩休为相，韩休并不知道是皇上自己任命他为相，还以为这全是李林甫大力推荐的功劳，对李林甫感激涕零。

所谓"投我以桃，报之以李"。韩休上任后，便极力推崇李林甫才能超卓，正是宰相的不二人选，高力士也在玄宗左右巧妙地为李林甫说好话，玄宗不久又任命李林甫为礼部尚书，同中书门下三品，也就是宰相了。

在这个事例中，李林甫是抓住了事情的哪些隐藏的关键问题呢？人人都知道，在唐玄宗发动宫廷政变，诛杀韦后、安乐公主后，武氏家族也从高峰跌入低谷，武姓成为人人厌弃的废姓。然而却忽视一个细微之处：武姓虽然被废，而武氏的家奴（高力士）却红得发紫，李林甫就是抓住了这点，才从半老徐娘的武氏入手，助他一步步登上宰相宝座的。

在无形处的细心分析与把握，挖掘出处理事情的"办法"，才是真正决定成败的关键因素。毫不夸张地说，这是一种本领，更是一种智慧，它需要人们能够联系事情的各方各面，甚至一些被人们遗忘的方面也要想到，只有这样才能在这些看似毫无头绪、错综复杂的事情中理出头绪。

人们常说："精彩无处不在，关键在于发现。"的确是这样的，生活中人们一旦静下心来，便能发现许多原本察觉不到的美；做事只要能够善于观察，也能够在毫无头绪的情况下，找出头绪并顺利完成。开动我们的大脑，有时候答案就藏匿于有形与无形之间。

**故事三：**

刘备是一个反复无常的人。他在迫不得已的情况下投靠了曹操，曹操的谋士主张杀掉刘备，荀彧谏说："刘备，英雄也，今不早图，必为患。"曹操不答，荀彧出，郭嘉入。曹操说："荀彧劝我杀玄德，当如何？"嘉说："不可，主公兴义兵，为百姓除暴，惟仗信义以招俊杰，犹惧其不来也，今玄德素有英雄之名，以困穷而来投，若杀之，是害贤也。天下谋之士，闻而自疑，将裹足不前，主公谁与定天下乎？夫除一人之患，以阻四海之望。安危之机，不可不察。"

曹操认为郭嘉说得有理，并认为刘备是个难得的人才，因此对刘备十分敬重，"出则同舆，坐则同席"，总想把他纳入自己的营垒。刘备不甘在曹操之下，表面上附和着曹操，实际上另有所图。他与曹操翻脸后，一次被曹兵打得大败，妻子和大将关羽都被生俘。在这前后，曹操的谋士程昱等，几次提醒趁机杀掉刘备，可曹操的回答只是一句话："方今收英雄时也，杀一人而失天下心，不可。"明知刘备是劲敌，也有机会杀他，但只要有一丝争取希望，也不肯下手，这是何等的气量！唯恐杀一，丢掉一片，这又是多么的高明！

任天下之智力，争天下之归心，曹操的理想是将刘备和孙权收服。

孙权是三国时吴国的统治者，他比曹操晚生二十七年，当是曹操的后辈。曹操从公元190年起兵，到208年挥师南下，整整十九年，几乎是大战必胜。没料到在大功眼看告成时，因遇到孙权等人的顽强抵抗而惨败于赤壁。这一败，使曹操要达到的政治目标成了泡影，也使他看到了年青一代的领袖人物。"生子当如孙仲谋"。曹操在后期，不止一次地发出过这样的感叹，并采取过多种措施，想把孙权拉拢过来。他站在平等立场上讲话，从"百姓保安全之福"，孙权也可为天下一统做出更大贡献的高度，劝孙权与自己合作。在曹操的殷殷招纳和刘备的夹击之下，孙权终于做出了称臣的表示，如果不是曹操在这种情况下突然死去，把孙权争取过来是大有可能的。

三国之主都能用人，但只有曹操思谋着把另外两主利用起来。孙权作为后生，对曹操的用人佩服得五体投地，他说："至于御将，古之少有，比之于操，万不及也。"对他来说，保江东是大局，不可能产生如何利用曹操的念头。刘备是曹操的同辈，在曹操设法团结他时，他想的只是如何钻曹操的空子，捣曹操的鬼，也没有敢用曹操的奢望。一般来说，在同样的客观条件下，用人的气度与取得的业绩是成正比的。天下三分，曹操得三，刘备和孙权偏安一隅，绝非偶然。

**故事四：**

公元788年，吐蕃兴兵十万侵扰大唐川西地区，川西守将韦皋发兵抵抗。两军对垒，互有胜负。吐蕃王见急切不能胜，便写信给云南王，让他出兵相助。

云南王接到吐蕃王的信，左右为难，出兵援助吧，自己已向大唐王朝表示愿归附唐王朝，而今出尔反尔，得罪了大唐，恐怕给日后埋下灾祸。但不出兵援助吧，过去自己一直与吐蕃结盟，而今吐蕃有事不去相助，说不定吐蕃马上会兴师问罪，立时就有刀兵之患。正在左右为难之时，大臣中一人出主意说，可效仿战国年间五国攻秦时齐国的办法，答应派兵，但驻扎观望，等待胜负有定时再作打算。云南王一听大喜，马上答应吐蕃，即刻便发兵去救助。

吐蕃王接云南王回信，更增长了勇气，向唐军发动更猛烈的攻击。韦皋正在全力对付吐蕃时，却听说背后云南兵正向自己接近，大吃一惊，忙从川内调兵阻挡。哪知云南兵进到泸水（今四川雅砻江下游）时，却停兵扎营，等待观望起来。

韦皋闻报，顿时松了一口气，但又一想，危机仍没过去。云南兵在驻扎观望，等自己和吐蕃决出胜负后再作打算。若一旦自己失利，那么云南兵从背后杀过来，仍摆脱不了腹背受敌的局面。韦皋觉得，要变被动局面为主动局面，必须争取云南兵倒向自己这一边。要争取云南兵倒向自己，必须设法破坏云南王与吐蕃王的关系。怎么破坏他们之间的关系呢？韦皋苦思一夜，终于有了办法。

第二天，他写了一封给云南王的信，信上说云南王已决定归附大唐，这是明智之举，今番来兵名义上助吐蕃而实际上帮唐军夹击吐蕃，此举甚好。若一举灭了吐蕃，愿把吐蕃的牛羊马群分给云南王等。将信用以前给云南王送信用的银匣装好，封上封印，揣在怀中，前去出战吐蕃。对阵时，佯作不支，仓促后退，从怀中掉出银信匣。吐蕃战将见有银器落地，忙拍马来抢。韦皋大叫一声"那是机密"，便令手下去抢。可那银匣离吐蕃军近，早被吐蕃抢入大营。韦皋装作迫不得已退兵回营。

吐蕃王拿到这封信一看，气得胡子直抖，马上拨出两万人马，扼住云南王来战场的要道，以防云南兵来助韦皋。云南王听说吐蕃无缘无故地派兵阻击自己，十分生气，马上下令班师回朝。韦皋解除了后顾之忧，全力对付前边的吐蕃兵，将吐蕃打得大败而逃。

我们知道，众叛亲离的下场不好受。一定要从故事中领悟到，人言不能轻信，尤其是那些喜欢挑拨关系的人的话，更是不要轻易相信才是上策！

**故事五：**

明代永淳县原有一宝莲寺，内设子孙堂。不育妇女前去祈祷后，再到净室住一宿，便可喜得贵子。此事传得神乎其神，不过，倒也灵验。后来，新任县令汪旦，却一把火将寺庙烧了个精光！为什么呢？且看下文。

汪旦听说此事后，觉得很奇怪，反复思考了多次，认定里面定有文章！他决定解开这个谜，将这尊"神"推倒。汪旦开始从侧面调查宝莲寺的有关情况，几经查访得知该寺有个规定：凡前来祈求生子的妇女，必须年轻健康，预先斋戒，烧香之后在净室过夜。汪旦又从一些妇女口中得知了一些"送子"情况：有说夜里梦见佛祖送子的，也有说是罗汉送子的等等，众说不一。有的妇女住一夜便不再前往，有的则多次去住宿。因为灵验，前往求子的仍络绎不绝。汪旦愈加觉得蹊跷，便私下问住过净室的妇女，但她们大都支支吾吾地搪塞。他又问她们的丈夫，丈夫们说，净室四周门户严密，他们可以住在净室外的厅堂内，所以都信以为真。为解开这个谜，汪旦物色了两个颇具姿色的妓女，让她们以良家妇女的身份，前往宝莲寺探究，并再三关照：假若夜里有人图谋不轨，不必拒绝，只需把红颜色悄悄涂在他们的头上。

翌日一早，汪旦便带兵前往宝莲寺。和尚们闻听县令巡视，便倾巢出动列队迎接。汪旦察言观色，见不少和尚面露恐慌之色，心中有了底。他命众僧摘掉帽子——情况出现了：两个和尚其头顶的红色赫然入目！汪旦拍案而起，当机立断，命兵丁将他们抓了起来。又叫两个妓女当场做证，她们说，"夜深之际，不知从哪儿钻出了两个和尚，说是佛祖派他们前来送子，并送了一包调经种子丸。然后就图谋不轨……""无耻淫僧！"汪旦打断妓女的话："可有此事？"两个和尚吓得面如土色，连连点头。汪旦又命令把其他在密室过夜的妇女唤来询问，但她们都面露愠色却不肯承认。经搜查，发现其身上也有那种药丸。汪旦不再审问，含蓄地对她们揭露了和尚们的淫恶行为后，便放她们回去了。此时，寺庙的众和尚知道事情已经败露，一个个吓得浑身颤抖，不敢言语。汪旦下令搜查寺院，机关很快被查出了：这些淫荡的和尚，以子孙堂作诱饵，骗妇女住进净室将其奸污。这些愚昧无知的妇女求子心切，不知净室床下有暗道，以供和尚们进出，还认为真是梦中佛祖送子呢！而那药丸本身就是蒙汗药，服下后于梦中受了和尚的欺辱还不知！真是可悲啊，而她们的丈夫，则更是悲不能诉了！证据确凿，汪旦下令处死淫僧，又放火烧了宝莲寺。

只要掌握了事情的真相，就容易解决存在的问题，汪旦火烧宝莲寺也就是因为掌握了确凿的证据，这样就更有把握，将事情处理得更好。

**故事六:**

开封一带,某村有个叫毛勤的乡民,于一天晚上猝然死亡。此人向来身体强壮,怎么能说死就死了呢?族人倍感蹊跷,便状告到开封府,请包大人明察秋毫。

包公看罢状子,命人传讯毛妻冬花。冬花一路嚎哭进得大堂,言词哀切,凄凄惨惨。但稍加留意便会发现,那哀切之中难掩面露的妖冶,且外着丧服、内套红袄,分明具有杀夫嫌疑。然而,冬花却口口声声称她的丈夫是因气臌症而亡。包公问道:"既患气臌症,可曾请医诊治?"冬花对答如流:"丈夫命薄,未及请医便气绝身亡了……"言罢,又是一阵悲哭。

包公一时问不出破绽之处,仅凭那种妖冶之色及内套的红袄,也不能断冬花杀夫。便让她先回去候审。随后,包公命仵作廖杰去开棺验尸。但其结果,令经验丰富的廖杰难下定论,虽见毛勤死状痛苦,却查不出谋害痕迹。廖杰转回家中,闷闷不乐,夜不成寐,不知如何向包大人汇报。廖杰的妻子阿英,见丈夫心事重重,像是很随便地提醒他:"你可曾验看死者的鼻子?"此话有些唐突,廖杰不觉一诧,便问:"验那鼻子何用?"阿英随口说道:"那鼻子可大有文章!若从中钉上利钉,便可直通脑门,就能不留痕迹而致人死亡!"

廖杰想不到妻子会精通此道,就将信将疑地重返某村,连夜复验尸体,见毛勤鼻孔内果然有两根铁钉!于是真相大白,连忙禀报包公,遂将冬花缉拿归案。在事实面前,这个女人无法再狡辩、抵赖,供认了她串通奸夫,谋害亲夫的犯罪过程,凶手得到了应有的惩罚。

事后,包公仍放不下此案,这种骇人听闻的害人手段,真是前所未有啊!不过廖杰又是怎么想到的?一日,廖杰来拜见包公,包公询问道:"冬花作案手段奇特,你怎么想到了验鼻孔?"廖杰得意地答道:"是小的妻子提醒的。"包公心头一震,说:"请你妻来府,我要当面酬谢她助案有功!"

翌日,廖杰高兴地带着妻子到开封府领赏,包公暗暗端详了阿英一会儿,像是谈家常似的问道:"你嫁给廖杰几年了?"阿英回答:"我们是半路夫妻。前夫暴病身亡——""你前夫名字可叫路才?"包公打断阿英的话，突然问道。阿英面露惊异之色："大人如何得知？"包公心存的疑虑，因那"惊异"之色散开了。他进一步探道："路才暴死一案由县衙呈送本府，我昨晚查阅，此案虽已了结，但我觉得此种结论颇存疑点。"阿英一时神色大变，她恐慌地说："大人以为……"包公一语中的："本府认为，路才也是被人从鼻孔钉利钉谋害。"

阿英顿时吓瘫了。廖杰奉命前往路才墓地，挖墓开棺，腐烂的尸体中，鼻孔部位露出了两根锈长钉。包公审理路才之案时，对阿英说："你一个平常女子，如何懂得这奇特的作案法？你一语点破，除非有过亲身经历，如实招供吧！……"

阿英只得供出事实：原来她也是个水性杨花之人，和路才结婚之后，经常与人姘居。姘夫是个惯犯，与她合谋用铁钉钉鼻之法害死路才，后来那姘夫在斗殴中被人杀死，她才改嫁廖杰。廖杰听了如梦初醒，他心有余悸地说："想不到这女人如此蛇蝎心肠！幸亏大人明察秋毫，不然，我也会成为第二个路才了。"阿英懊丧不已："都怪我多嘴多舌，不然又怎么会破了此案，真是引火烧身了！"包公赫然斥责："非也！要想人不知，除却己莫为。法网恢恢，疏而不漏，作恶之人终要自食恶果！"

铁面无私神包拯，一生断案无数。其中不乏稀奇古怪、扑朔迷离之案，包大人破案之巧、妙计之多，至今听来，仍令人拍案称绝。

# 第二章

**【原文】**

天下皆知美之为美，斯恶已①；皆知善之为善，斯②不善已。有无相③生，难易相成，长短相形，高下④相倾，音声⑤相和，前后相随，恒也。是以圣人处无为之事⑥，行不言之教。万物作⑦而弗始，生而弗有，为而弗恃，功成而弗居。夫唯弗居，是以不去。

**【注释】**

①恶已：恶、丑。已，通"矣"。

②斯：这。

③相：相互。

④下：这里指低。

⑤音声：汉代郑玄为《礼记·乐记》作注时说，合奏出的乐音叫作"音"，单一发出的音响叫作"声"。

⑥圣人处无为之事：圣人，古时人所推崇的最高层次的典范人物。无为，顺应自然，不加干涉。

⑦作：兴起，创造。

**【译文】**

天下人都知道美之所以为美，那是有丑陋的存在；都知道善之所以为善，那是因为有恶的存在。因此有和无互相转化，难和易互相形成，长和短互相显现，高和低互相充实，音和声互相谐和，前和后互相接随——这是永恒的。所以圣人用无为的观点对待世事，用不言的方式施行教化：听任万物自然兴起而不为其创始，有所施为，但不加自己的倾向，功成业就而不自居。正由于不居功，就无所谓失去。

【解析】

"天下皆知美之为美，斯恶已；皆知善之为善，斯不善已。"

当天下人都知道什么是美的时候，这说明丑陋的东西已经遍布天下；当人们都在为美好的善行而欢呼的时候，这说明恶已经充斥整个社会。

美丑和善恶都是矛盾的统一体，之所以知美，是因为有丑存在；之所以知善，是因为有恶存在。至道之世，人们不知有丑恶，也不知有美善，一切皆顺其自然，发乎道性而已。不道之世，那些以个人主义、利己主义为人生观的人，为了追求名利，往往用假美、假善来伪装自己。因为集美善于一身则名利双收，而美善存伪，丑恶即生。

"有无相生，难易相成，长短相形，高下相倾，音声相和，前后相随，恒也。"

通过对上句美丑、善恶这两对具体矛盾具体分析，揭示出矛盾的对立面之间相互转化的规律，进而引出下文。

有无、难易、长短、高下、音声、前后，它们的关系都是相互对立、相互依存的。如果不能辩证地看待它们，矛盾就不可能得到很好地解决。世人无不追求有、易、长、高、声（名声）、前，而厌恶其反面，其结果往往因追求的方式不科学，造成求而不得的痛苦。老子所要向世人指明的是，求"有"须向"无"中求；求"易"必须重视"难"；欲"长"必先始"短"；欲"高"必先为于"下"；欲播声于"外"，必先发音于"内"；欲处人之"前"，必先居人之"后"。总之，要以辩证法的观点，从所追求事物的对立面着手，让其自然而然地由量变到质变向正面转化。

因为有了困难，才显出容易，同样地，也正因为有了容易才显出困难；因为有了长的比较才显出短来，也正因为有了短的存在才显出长来；因为有了沉静的衬托才显出喧闹，也正因为有了喧闹才显出沉静来……可以说，这些相对的概念都是同时出现在我们的认识中的。在这里我们不去讨论它的哲学意义，只是与我们的生活结合起来看，显然万事万物都不是孤立存在的，而是有着密切的联系的。

正是因为有了名利的衬托，才有了淡泊的可贵；也正因为有了淡泊的衬托，才让人看出名利的虚浮不实。万物之间的联系，正如我们必然要存在于人群之中，存在于社会之中，而人群与社会也正是因为我们这一个个独立的人才会产生。所以即使是道家，也并没有将人完全地从这个社会上提取出来，也仍然要与这个世界有着千丝万缕的联系。

"是以圣人处无为之事，行不言之教。"

人生一世，谁不想有所作为？要想社会安定团结，不端正人们的思想观念怎么能行？因此，"有为"和"言教"成为社会的普遍理念。然而，根据对立转化规律，统治者强调自我有为，必然导致整个社会的无所作为；强调言教，必然导致人心不古、道德堕落。所以，社会上的丑恶现象都是片面追求"有为"和"言教"之过。"有为"的对立面是"无为"，"言教"的对立面是"不言之教"，为了实现无所不为和社会淳朴的目的，所以圣人"处无为之事，行不言之教"，这正是具体运用了矛盾的对立统一规律。对立统一规律是宇宙最根本的规律，也是老子辩证法的灵魂。

"处无为之事，行不言之教"，是作为辩证法大师的老子向世人推出的济世安民的两大法宝，是对矛盾的对立统一规律的具体运用，也是圣人治身、治国的最根本措施。

我们须知，老子的《道德经》是治身理论和治国理论的统一，治国理论源于治身理论，只有从治身和治国两个方面去阐释《道德经》，才能明白老子伟大的哲学思想及其千古魅力。

先说"处无为之事"。就治身而言，处无为之事，就是要求自我要有虚己守静、无私无欲、自失忘我的精神境界。"无为"不是无所作为，而是自我不带有任何主观偏见，始终遵循客观规律，让规律发挥作用。"无为"的目的在于大有作为、无所不为。"处无为之事"，收获的却是无所不为的成果。与之相对的是"有为之治"，而有为之治是所有阶级社会所具有的共同特征，它强调的是统治者以一人之心或少数人之心奴役天下人之心。有为的背后是个人英雄主义，是英雄史观。有为之治正是阻碍社会发展，产生历史悲剧的根源。

"处无为之事"是言"治"，"行不言之教"则是言"教"。和"不言之教"相对的是"设言施教"。设言施教是统治者希望利用某个人或某些人的思想观点进行表面说教。有人说,言教只是一种语言游戏和思想控制的拙劣形式。这一观点无疑是正确的,因为表面的说教不可能触及每个人的心灵,彻底改变并巩固所有受教育者的思想观念,造就真正意义的人和健康向上的社会。"不言之教"则是通过每个人的实践活动去参悟大道,实施自我教育,并自觉自愿地摒弃与客观规律相违背的自我意识,使之逐渐统一到客观规律上来。所以,"不言之教"所追求的教育成果是创造全社会的共识,形成共同的道德观念,因为世界的根本规律是至诚不移的。这一共识的形成必然成为改造现实世界的巨大物质力量。"不言之教"实际上是将人类的品德修养付诸解放心灵、求证大道的实践过程之中,是对实践高于理论的认识。

"处无为之事,行不言之教",是实践和认识的高度统一,是基于微观认识论并通过自我身心健康来检验真理的。"处无为之事"是法治,"行不言之教"是德治。只有法治和德治相结合,才能确保人类的和平及人生幸福。"处无为之事,行不言之教",是世界上最科学的方法论,也只有真正体悟大道的老子才能揭示出这一哲学方法论。

"万物作而弗始,生而弗有,为而弗恃,功成而弗居。夫唯弗居,是以不去。"

让万物自己发展而不先为创造,圣人辅助万物生长而不据为己有,对万物有所施为而不自恃有恩,事情成功而不自据有功。正由于圣人这样不居功自傲,所以他的功绩永远不会失去。

老子认为,一个人有了功劳越是不居功,越能够让人永记于心;越是居功自傲的人越容易成为别人攻击的对象而失去应有的功劳。


## 【证解故事】

### 故事一:

三国时期的诸葛亮,便灵活地运用了老子的"故有无之相生也"。

以刘备三顾茅庐为例。

刘备以皇叔之尊,为了请诸葛孔明出山,不辞劳苦,前后三次上门拜访,以诚心感动诸葛孔明,最后终于得见,请他出山,拜为军师。

后来诸葛亮辅佐刘备征战天下，出谋划策，建立蜀国，与曹操、孙权成三足鼎立之局面。

那么，诸葛亮明明有着经天纬地之才，治国安民之术，克敌制胜之法，为什么却要隐于田野呢？他正值壮年，天下时局又是治乱交替之时，群雄逐鹿之势，为什么他不谋求建功立业，空把满腹才华消磨在山林之间呢？细心的人会发现，这不仅是诸葛亮一个人的行为，事实上，有很多有才志的人在最开始的时候都是采取这样一个隐居的状态，而不是贸然地就冲出来投奔明主的。

诸葛亮之所以没有自动跑出来投靠某一个有权势的人，是因为他不想只当一个职业谋士，他要做的是吕尚、管仲那样的丞辅将佐。而如果自动送上门去，主公不一定就会重视他，就能发现他的才能，也不太可能让他一来就担任重要的职务，或许反而会湮没在碌碌群儒之中。

而当他的美名触动了某一个主公的神经，像刘备这样主动来拜访他的时候，诸葛亮就已经把主动权握在自己手中了。

另外，让刘备三顾茅庐，一方面是为了考察一下刘备对自己的诚意，另一方面也是为了有充分的时间考虑如何说动刘备，让他对自己的谋划一闻倾心。

结果让诸葛亮很满意，刘备能三顾茅庐，显示出他对诸葛亮的迫切需求，肯定会重用这个得来不易的人才。而诸葛亮的"隆中对"也让刘备深深相信自己找对了人。

诸葛亮的"隆中对"也就是给刘备画出了一个未来国家的蓝图，其"建国大纲"可用八个字来概括："建基西川，联吴抗曹"。

这八个字绝非心血来潮、信口胡诌，而是来源于诸葛亮对当时天下大势、力量对比、生克关系和地理条件的深刻分析。当时的三大力量曹操、孙权、刘备，各占有利和不利的条件，各有其优势，也各有其劣势。

曹操占天时——挟天子以令诸侯，但"国险"，也就是地利，不如东吴，人和不如刘备；孙权占地利——有长江天险以为屏障，但天时不如曹操，人和不如刘备；刘备占人和，手下有关羽、张飞等大将，而且皇叔的身份也深得人心，但是天时不如曹操，地利不如孙权。

这是三国鼎立的基本根据，没有这个根据，就没有刘备的前途，也就没有诸葛亮的出山。

天时、地利、人和，各得其一则三国分立，三者齐聚则统一天下。那么曹、孙、刘三家谁能占尽三者？在诸葛亮看来，应当是刘备。以事物相联系、互相促生的关系来看，没有天时，可以等待，没有地利，可以争取，但人和通常不是靠等待和争取就能得到的，这关系到一个道德问题和人心向背问题，不是说有就有的。

所以，从这点来看，诸葛亮对刘备还是信心十足的，并由此制定出逐鹿天下的大计。他建议刘备取西川以占地利，其"岩阻"可比长江之险；"跨荆、益"以"待天下有变"，这个"变"指的就是等曹操灭汉称帝，倒行逆施，失去民心，这样天时就会到了有皇叔身份的刘备这边。但是这个分析可能曹操也考虑过，或许这就是他为什么一直没有称帝的原因，因为他不是不想称帝，而是怕一旦失去了汉室的装饰，就会丧失天时之利。

### 故事二：

"万物作而弗始，生而弗有，为而弗恃，功成而弗居。夫唯弗居，是以不去"。

在某种意义上说，老子更是在教导我们做人应该低调一些。俗话说，"枪打出头鸟"，只有低调一些，才能避免成为"枪口下"的那只"出头鸟"。

《左传》记载，鲁国与齐国作战，鲁军大败，作为统帅之一的孟之反留在后面掩护大军撤退。当大家都安全撤回而迎接他最后到达时，他却故意鞭打着马说："不是我敢于垫后，而是我的马跑不快呀！"其实，孟之反不自夸，谦逊只是原因之一。原因之二还在于他不愿居功，以免引起其他将领和同僚的妒忌。

谦逊也好，不居功以免遭妒忌也好，都是立身处世的艺术。尤其是在人际关系复杂的环境下，不锋芒毕露，不居功自傲的确是非常高深的修养。对于一般人来说，能够做到不争功就不错了，哪里还能把自己本来就有的功劳推到一边去呢？正因为孟之反将军有这样高深的智慧，所以才能在乱世中自保。

东汉开国大将军冯异，跟随汉光武帝南征北战，立下汗马功劳，而不以功自居的故事更能解释老子的这一智慧。

冯异原来是王莽的新朝官员，以郡掾的身份监理五个县，与父城长苗萌一同守城，与起义军作战。刘秀那时候是绿林军拥立的更始皇帝的部下，攻打父城，驻军在巾车乡。一次，冯异到所管辖的县里去，被刘秀的士兵抓住。

冯异的堂兄正跟随着刘秀，于是把冯异推荐给刘秀。冯异说："我一个人作用有限，不如让我回去拿五座城地来立功报答您。"刘秀说："好的。"于是冯异回去劝说苗萌一同归降刘秀。

刘秀向南回到宛城后，更始帝的其他将领，前后共有十几个人带兵来攻打父城，冯异就是坚守不投降。后来更始帝派刘秀到洛阳担任司隶校尉，经过父城，冯异立即开门迎接。刘秀让冯异担任主簿的职务，跟着到洛阳去。

刘秀的哥哥被更始帝杀了，刘秀表面上不敢显示出悲痛。一个人单独居住的时候则不吃肉、不喝酒，暗暗流泪，冯异经常劝解他。后来更始帝派刘秀到河北开拓地盘，冯异劝刘秀趁机派人巡视郡县，平反冤狱，收揽民心，刘秀这样做了。

刘秀到河北的初期，因为王郎割据势力的猖獗，处境一度比较艰难。在饶阳无蒌亭，天气寒冷，人又疲劳，冯异献上豆粥，刘秀喝了饥寒俱解。渡过滹沱河，在南宫遇到大雨，刘秀在道路旁的农舍里避雨烤火，冯异又送上麦饭。后来刘秀消灭了王郎，封冯异为应侯。

可是冯异却从来不居功、不骄傲。每到宿营地许多将领坐在一起谈论自己的功劳时，冯异却常常一个人站在大树底下不声不响，所以军中称他为"大树将军"。

在刘秀麾下的将军之中，冯异治军有方，爱护士卒，深得部属拥戴，因此，士兵都愿意在他的部下作战。

后来冯异为刘秀建立了更大的功勋，打败赤眉军，平定关中地区，成为独当一面的大员。有人上奏章说，冯异专制关中，威权太重，百姓归心，称他"咸阳王"。刘秀把奏章给冯异看，冯异感到恐惧，上书请罪。刘秀说:"将军之于国家,义为君臣,恩犹父子,何嫌何疑,而有惧意?"可见刘秀对他十分信任。

后来冯异到洛阳朝见,刘秀对其他大臣介绍他说,"这是我起兵时候的主簿,为我披荆斩棘平定了关中。"又下诏书说,"仓卒无蒌亭豆粥,滹沱河麦饭,厚意久不报"。说明刘秀一直记着他的情意。

而冯异则一如既往地谦虚不伐其功,他学着管仲对齐桓公说的话,说道:"臣希望国家(指刘秀)不要忘掉河北时的艰难,小臣我不敢忘记在巾车乡受的恩惠。"后来平定西北时冯异病死在军中。

冯异从不以功自居,坚守旧有的正道,也是终保荣华平安的一个原因。所以,在下者对在上者,切忌以功自居,"无成"才能有成,这就是人生的辩证法。

"功劳"被别人传播出来是金子,被自己卖弄出来就成了黄土。因此我们应该学会老子这一智慧——有了功劳要善于隐藏,不张扬不卖弄。唯有不居功才能给别人留下一个很好的印象,才更能突出自己的功劳,受到重用;相反,如果稍有功劳就自吹自擂,一方面显得自己素质低下,另一方面也容易引起别人的反感,成为公众眼中的"烦人"。

**故事三:**

春秋时期,雄心勃勃的楚人不甘心始终蜗居在南方做一辈子"荆蛮",他们开始逐步向北推进,开始为称霸中原的梦想而努力。这时候,一个国家及时地出现在楚人面前,封了楚人北进的道路,挽救了衰弱的中原诸小国,并在随后数百年内,屡次挫败楚人,成为楚国争霸中原的最大劲敌。这个国家,正是代表周王室正宗嫡系血亲的晋国。

这里有必要提到一个人,这个人是有名的老好人,其人之忠厚善良,历史上怕是也找不出几个,他就是号称"春秋五霸"之一的宋襄公。之所以提到他,就是因为他的缘故,楚国才遭遇了争霸中原的第一场失败。

事情起因是这样的。齐桓公死后,宋襄公想学齐桓公,做一回中原诸国的老大。为混点名声,他首先出兵摆平了齐国的内乱,帮助齐桓公之子夺回国君之位。随后他以中原诸国"盟主"的名义邀请各国国君来参加他主持的盟会。其他国家也就罢了，而楚成王可是个混世魔王，他可看不起宋襄公。他接信后大怒，决定好好修理一番宋襄公。等到会盟那天，楚成王直接带兵杀到会盟地点，将猝不及防的宋襄公抓了起来，狠狠地羞辱了一番，关了一年多才放他回国。接着，楚国再次出兵伐宋，大败宋军，宋襄公运气也太不好，中箭伤重而死。

平心而论，楚国在这件事情上做的的确太不厚道。宋国是小国，宋襄公没跟楚国结下任何梁子，却被楚国这样一个大国偷袭暗算，最后稀里糊涂地丢掉了性命。当时的中原还是礼仪之邦，各国出兵是很讲究"师出有名"的，楚国这种欺侮弱小的恶劣行径，激起了中原诸小国的极大愤怒。虽然迫于楚国的威力，他们敢怒不敢言，但是一旦有一个和楚国力量相当的国家为他们出头时，这种愤怒就会排山倒海般地迸发出来，使得楚人遭遇到他们有史以来的第一次惨重失败。城濮之战的结局，其实早在开战五年前就已经定下了。

楚成王三十九年，即公元前632年，决战终于爆发了。这年夏天，楚成王裹挟陈、蔡两小国一同出兵，围攻宋国都城，宋国向北方新兴的大国晋国求救。刚刚回国继位的晋文公抓住这个机会，决定出兵跟楚国拼一把。接着楚军也放弃了对宋国的围攻，主力北上迎击晋军，双方在城濮（今山东省鄄城县）遭遇，进行了一场决战。从总体实力上说，楚军还占有一定的优势，但战争结果却出乎人们的预料，楚军遭遇一边倒式的惨败，军队死伤惨重。楚成王闻讯大怒，直接派人逼死了楚军主将子玉。骄傲的楚人第一次被人狠狠扇了一个耳光。

从我们今天的角度来看，似乎楚军没有如此惨败的理由，因为这是一场典型的讲面子、讲义气的春秋贵族式战争。双方都是等对方在战场上摆好阵势后，才堂堂正正地开始进攻的。既没有偷袭，也没有埋伏，更谈不上什么断人粮草抄袭后路的阴谋诡计，完全拼的是军队的士气和实力。恰恰不幸的是，楚人遇上了士气空前高涨的晋军。其实正如前面所说的，楚军如此惨败，完全是因为中原人一次愤怒的迸发。数百年来，楚人把邻近的中原小国当成一盘菜，不断欺凌、侵扰、蚕食、吞灭它们，连忠厚老实的宋襄公也被楚人逼死。这种愤怒的情绪在中原人的心底不断发酵、膨胀，最后在战场上迸发出来，给他们带来了一次重大的胜利。

城濮之战对楚人的影响是深远的，楚国蓬勃北进的势头被有力地遏止了。同时，楚国也终于认识到，出来混没小弟还是不行，于是也开始改变对中原诸小国的策略，威压和拉拢并重，不再使他们都倒向晋国。中原局势进入了一个相对稳定的时期。

**故事四：**

齐桓公是个有抱负的君主，总希望把国家治理得富裕强盛。他为了招揽天下有学问的人来为他出主意，想了个办法。每到晚上，他就让人在宫殿里点燃一支支大蜡烛，照耀得像白天一样，欢迎来拜见他的读书人。过了一天又一天，整整一年了，不知白白浪费了多少蜡烛，也没有一个人前来见他。齐桓公真有点灰心丧气了。

正在这个节骨眼儿上，一天，一位老人要求见齐桓公。齐桓公马上让人把他请进来。烛光底下，只见他身穿褐色的短衣宽裤，腰里系着一条黑色的腰带，脚穿一双麻鞋，上面还溅了几滴泥点子，是位地地道道的乡下人。他一进来就口口声声说："我懂得九九算术，听说大王招纳有本事的人，特来求见。"齐桓公手下的侍臣和这位老农开玩笑说："九九算术是一门很简单的学问，谁不会呀！只凭这点学问，您就来见国君吗？"老农微微一笑，冲着齐桓公说起来："大王，我求见您，并不是因为我懂得九九算术。我知道这算不得什么能耐。听说大王为了招揽天下能人，特地在宫殿里点燃了蜡烛，日夜等待天下能人的到来，可是，时间过去了一年，也没见有人前来。这是怎么回事呢？"齐桓公也说："是呀，我也正在纳闷，不知道是怎么回事？"

老农说："我想，那是因为大王十分贤能，普天下的人全都知道。人们都认为自己在您的面前，太浅薄太低下了，恐怕您瞧不起，他们也就不敢来了。"齐桓公点点头说："那你说该怎么办，他们才能来呢？"老农笑笑说："我会的这九九算术，是一种极简单的本领，假如大王您对这样的人都很看重，能够热情礼貌地接待，那么，对才能更高的人，就会更器重了。这不正说明您重视所有有才能的人，正像巍峨的泰山，从不排除碎石；大江大海，从不嫌弃小溪细流一样吗？"齐桓公恍然大悟地说:"好!你说得很对。"在座的大臣们也都频频点头。于是齐桓公很有礼貌地款待这位只会九九算术的老农。过了一个月的工夫,果然,四面八方有本领的人,都纷纷来投奔他。

就这样,齐桓公得到了他想要的人才,最后终于称霸。用人就要不拘一格,不注重他是否出自名门,只要他有能力帮助自己,就是所需要的人才。

**故事五:**

公元 34 年,即东汉光武帝建武十年,隗嚣的部将高峻拥兵自重,割据驻守高平一带,气焰嚣张,根本不把朝廷政令放在眼中。光武帝诏令建威大将军率军围攻,一年多劳师伤卒没有攻克。光武帝刘秀大怒,准备亲自征伐。

寇恂劝谏说:"长安居于洛阳和高平之间,双方接应近便。陛下坐镇长安,安定、陇西两郡必定震惊惧怕。从容地坐镇长安,就可以控制四面八方。现在深入险阻,对陛下不是最安全的做法。前年颍川郡盗贼蜂起的往事,应引以为戒。"刘秀不听,进军到沂县。高峻依然坚守不降,刘秀派寇恂去劝降。寇恂带着刘秀的诏书到达高平第一城,高峻派军师皇甫文出城会面。皇甫文言辞态度,毫不卑屈。寇恂大怒,想杀掉他。将领们劝阻说:"高峻有精兵一万人,大多数是强弓射手,在西面把守陇道要路,几年都不能攻下。现在准备招降高峻,却反而屠戮他的使节,恐怕不行吧!"寇恂不答应,杀了皇甫文。放他的副使回去,转告高峻说:"军师无礼,已经被杀。要投降,赶快投降;不想投降,继续坚守。"高峻惊慌恐惧,当天打开城门投降。将领们都向寇恂祝贺,问他:"请教您,杀了他的使节又能使他打开城门投降,为什么呢?"寇恂说:"皇甫文是高峻的心腹,是为高峻出计谋的人。这次前来,皇甫文态度强硬,丝毫没有归降的意思。如果保全皇甫文则其谋划得逞,杀掉他则高峻丧胆,所以高峻便开城投降。"将领们都钦佩地说:"您这样足智多谋,真是料事如神啊。"

**故事六:**

明朝,南京刑部王宗,一天正在部里值班,忽然有人赶来飞报,说他的妾被人杀死在客舍卧室之中。王宗大惊，急忙跑回客舍，只见爱妾尸横卧室，惨不忍睹。他痛哭流涕跌跌撞撞回刑部向上司报案。刑部尚书周用即把此案交给河南司追究查问。河南司查案数日无结果，便怀疑此案是王宗所为，下令拘捕王宗到庭，严加审问。王宗连喊冤枉，辩解道："我那日当班，是听人报告后才回去的，这是众人所见之事。并且据我所知，我的妾在外面并无对不起我的勾当，平常和我十分恩爱，我为什么要杀她呢？"

河南司官吏将他拷打审问多日，王宗咬住口供始终不服。河南司只得将审理情况禀报都察院。都察院把此案交给了浙江道御史杨逢春审理。街头出现一张杨逢春的告示，说定在某天晚上二更以后审问王宗的案子。那天晚上二更，审理如期进行，杨逢春审讯了一会儿，突然打住话头，命令两旁的差役："门外有人偷听，给我抓来！"差役闻命出动，果真在门外抓进两个人。杨逢春喝道："鬼鬼祟祟偷听，究竟为何？从实招来！"甲吓得直哆嗦，指着乙说："是他拉我陪他到这儿来，不知道什么原由。"杨逢春问："他是何人？"甲答："客舍的账房。"杨逢春微微一笑，便放了甲。接着命令差役将乙锁住，严加盘问。乙终于露出马脚，招供了罪行：原来，乙和客舍老板娘勾搭成奸，不巧被王宗的妾撞见，怕事情败露，惊恐之下便将她杀死灭口。杨逢春马上把乙关入死牢，同时将王宗无罪释放。

人们深感惊诧，问杨逢春窍门何在，罪犯为何投身上门？杨逢春说："不是与自己有密切关系的事，谁肯深更半夜前来偷听？"

# 第三章

## 【原文】

不尚贤①，使民不争；不贵难得之货②，使民不为盗③；不见④可欲，使民心不乱。是以圣人之治，虚其心⑤，实其腹；弱其志⑥，强其骨。常使民无知无欲，使夫智者不敢⑦为也。为无为，则无不治⑧。

## 【注释】

①尚贤："尚"，崇尚，尊崇。贤，有德行、有才能的人。

②贵：重视，珍贵。货：财物。

③盗：窃取财物。

④见（xiàn）：通"现"，出现，显露。此是显示，炫耀的意思。

⑤虚其心：使他们心里空虚，无思无欲。虚，空虚。心，古人以为心主思维，此指思想，头脑。

⑥弱其志：使他们减弱志气，削弱他们竞争的意图。

⑦敢：进取。

⑧治：治理，此意是治理得天下太平。

## 【译文】

不推崇有才德的人，导致老百姓不互相争夺；不珍爱难得的财物，导致老百姓不去偷窃；不显耀足以引起贪心的事物，导致民心不被迷乱。因此，圣人的治理原则是：排空百姓的心机，填饱百姓的肚腹；减弱百姓的竞争意图，增强百姓的筋骨体魄。经常使老百姓没有智巧，没有欲望，使那些有才智的人也不敢妄为生事。圣人按照"无为"的原则去做，办事顺应自然，那么，天下就不会不太平了。

【解析】

　　"不尚贤，使民不争；不贵难得之货，使民不为盗；不见可欲，使民心不乱。"

　　尚贤，标榜贤良，崇尚有为。"尚贤"是专制社会的一个主要特征，它的实质就是"贤人政治"。贤人政治就是与"法治"相对立的"人治"。在专制社会里，贤与不贤，是以统治者的利益标准来衡量的，符合统治者利益需求的，树为贤人，可得高官厚禄，从而名利双收。尚贤的结果，是使人们在权力的诱惑下争做表面文章。因此，贤多是假贤。有道之世，尚法不尚贤，法律高于一切。只有在法治社会，才有不争名、不争利、脚踏实地、乐于奉献的真贤涌现。

　　难得之货，凭借正常手段从正常渠道难以得到的东西，泛指钱财。有之则贵，无之则贱，致使人的欲望膨胀而成为盗贼。

　　见，通"现"，呈现、炫耀的意思；可欲，可以使欲望膨胀的东西，指美色。欲可抑不可纵，统治者不炫耀美色，人们不因此而迷乱心性。心性不乱，则身心健康，社会安定。

　　"是以圣人之治，虚其心，实其腹；弱其志，强其骨。常使民无知无欲，使夫智者不敢为也。"

　　弱其志，削弱自我主观意志，一切顺其自然。只有淡化主观意志，进入忘我的精神境界，才能充分调动和发挥心灵的作用，保持身体的阴阳平衡。同样，只有最大限度地凝聚群众的智慧和力量，社会才能发展进步。未体道之人，总是个人英雄主义占上风，缺乏法治观念。然而自我能力毕竟是有限的，只有遵循客观规律，依法治国，才能取得无所不为的业绩。人类历史表明，是历史造就了英雄，而不是英雄创造了历史。信奉个人英雄主义就是"有为"。

　　强其骨，中医理论认为，肾为先天之本，藏精、主骨。骨骼的强弱，是由精气决定的。人的生长、发育、衰老、死亡，莫不与精气的盛衰有关。所以，道德功是以固精养气为第一要义。精气充盈，骨骼必健。骨骼强健，则肌肉丰满，而骨强体健，是开启精神的物质基础和必要条件。

　　常使民无知无欲，这并非是圣人的愚民政策，而是体道的根本措施和开发潜在智慧、修养自我品德的最佳方式。"无知无欲"，是精神已经进入道境，处于直觉思维状态，此时此刻，大脑处于高度兴奋状态，而自我外在表现却是"无知无欲"的平静状态。"常使民无知无欲"，就是使民"常回家看看"，自我精神只有经常沐浴在美妙的心灵家园里，才能认识自己，从而陶冶情操，升华自我。

使夫智者不敢为也，这是说，能够经常进入"无知无欲"状态的人，都已经具备了超越常人的智慧和功能，那些局限于自我，平时善于投机取巧、玩弄心计、耍小聪明的"智者"，在他们面前，如同小巫见大巫，自然不敢胡作非为；有道者"无知无欲"，方有大智大慧，这自然会启示并促使那些"智者"自觉自愿地从"敢为"转向"不敢为"。

"为无为，则无不治。"

只有清净"无为"，才能取得无所不治的成果。自我"无为"，朴"无不治"；统治者"无为"，法"无不治"。治身之道，在于朴治；治国之道，在于法治。

本章的主题是"为无为，则无不治"。体现了老子关于有为、无为的辩证思想。崇尚人治的统治者"尚贤""贵难得之货""见可欲"，诱之以权力、金钱、美色，致使天下人争权、图利、贪欲，结果是社会混乱，天下纷争。只有施行无为之治，才能实现天下大治。

## 【证解故事】

### 故事一：

老子最经典的智慧就是"为无为，则无不治"，老子在这里讲的"无为"并不是无所作为之意，更不是什么都不做。这里的"无为"是指不妄为、不随意而为、不违道而为。相反，对于那种符合道的事情，就必须以"有为"为之。

老子所指的"无为"智慧，只是让人在处世之时顺应大势、顺应自然。所以老子这种"无为"不仅不会破坏事物的自然进程和自然秩序，而且还有助于事物的成长和发展。

不该做的事情不要勉强，要克制自己的情绪，是无为的核心内容。不把个人的意志强加在人与事之上，并不是怯懦的表现，而是一种大的智慧。它能使人在潜移默化中走向自觉，收到良好的成效。

唐睿宗时，睿宗的嫡长子李宪受封宋王，十分受宠。睿宗的另一个儿子李隆基聪明有为，他杀死了篡权乱政的韦皇后，为睿宗登上皇位立下了大功。

按照礼制，李宪当被立为太子，有的大臣便对睿宗说："嫡长子李宪仁德忠厚，没有任何劣迹，立他为太子既合礼法，又合民心，望皇上早日定夺。"

睿宗感到李隆基雄才大略，最适合治理天下，所以一时陷入了两难境地，立太子的事于是一拖再拖，没有定论。

李宪看出了睿宗的心思，心有所悟，他对心腹说："父皇不肯立太子，他是对我有疑问哪！李隆基虽不是嫡长子，但他功劳很大，父皇是中意他啊。"

李宪的心腹说："于情于理，太子之位都是你的，这事绝不能相让。我马上和百官联络，共同上书，向皇上说明利害，一定促成这件大事。"

李宪的心腹和百官议定，当他们在起草奏书时，李宪急忙赶来，他对百官说："我考虑了多时，决定放弃太子之位，你们就不要为我费心了。"

百官十分惊诧，他们说："太子之位事关你的前程性命，怎能轻易放弃呢？自古以来这个位置你争我夺，本是常事，有我们替你说话，你还怕什么呢？"李宪说："大丈夫做事有所为，有所不为，我是十分慎重的。平王李隆基是我的弟弟，他有大功于国，父皇有心立他为太子也是情理之中的事。我若据理力争，不肯退出，我们兄弟之间必有大的冲突，朝廷就不会平安。如果危及了国家，我岂不是罪人吗？这种事我绝不会干。"

李宪制止了百官，又亲自上书推荐李隆基为太子，他说："平王文武双全，英勇睿智，他当太子有利于国家，我是衷心拥护他的。我个人的得失微不足道，请父皇不要为我担心，早下决断。"

睿宗很受感动，他对李宪说："你深明大义，我就放心了。你有什么要求，我一定都会满足你。"

李宪一无所求，他说："一个人只要顺其自然，就没有什么事可以妨碍他了，我不会强求什么。"

李隆基当上太子后，第一个拜访李宪，他说："大哥主动让出尊位，不是大贤大德的人难以做到，大哥是如何设想的呢？"

李宪说："你担当大任，大唐才会兴旺，我不能为了私利而坏了国家大事。望你日后勤政爱民，做个好皇帝，为兄就深感安慰了。"

李隆基连声致谢，又说要和他共享天下。李宪不让他说下去，他告诫李隆基说："很多事是追求不来的，只有顺天应命，才不会多受损伤。将来治国不要逞强任性，这样效果会更好的。"

后来，李隆基登上了帝位，是为唐玄宗。他顺应民情，推出了一系列利国利民的政策，使唐朝进入了另一个盛世——开元盛世，天下走向大治。

李宪在立太子事情上的无为，是深思熟虑的，他既避免了一场宫廷内斗，又使自己全身而退，赢得了让贤的美名，并被尊为"让皇帝"，这个结果无疑是很完美的。

"无为而治"又是一种管理之道。在老子看来，理想的社会应该奉行无为而治，管理者应当不断减少对人的管制和束缚，制定政策不能政出频繁，更不能朝令夕改。

任何事物都有其自身的规律，规律是不可否认的，都是不以人们的意志为转移的，我们只有尊重规律，利用规律。水遇热变成蒸汽，这是客观存在，无法改变，但我们却可以用这一规律来生产暖气，制造人工降雨等。这正是说明，我们无法改变铁一般的规律，却只有顺应它，利用它。

## 故事二：

王安石乃临川人氏，号介甫。少年时好读书，善作文，曾巩常拿他的文稿，与欧阳修观看，大加赏识。从此他到处延誉，因得进士上知，授淮南判官。旧例判官秩满，可以献文求试馆职。安石独不求试，遂调知鄞县，寻通判舒州。文彦博任中书时，力为荐举，乃召试馆职，安石不至。欧阳修又荐为谏官，安石复以祖母年高为辞。修乃勉以禄养，在仁宗末年，荐为度支判官，安石又复辞官，人都说他恬退为怀，贤士大夫都想与望风采，恨不一见。朝廷也想与以美官，唯恐他不肯屈就，后来改官同修起居住，他又竭力固辞。向他道喜，安石反避到茅厕里去了，阁门吏只得将敕书放于案上而回，安石又令人追上送还，往返了八九次，方才收下。没有多时，又升知制诰，安石却立刻谢恩，不再推辞。直到仁宗崩驾，安石也回家里居。

神宗时王安石虽然没有做官，却无时不想猎取高官。见乡里韩、吕两族都做着朝廷显官，便竭力去与韩绛、韩维、吕公著结交。三人到京供职，便尽力替安石誉扬。神宗即位前为颍王时，韩维充当记室，每逢讲解经义，至独具见解的地方，必向神宗说道："此是故人王安石的新诠，并非维所发明。"因此，神宗记在心内，一意要用他。虽有苏洵作辨奸论说："安石不近人情，是个大奸臣。"又有吕诲劾他道："大奸似忠，大诈似信，外示朴野，中藏奸巧，骄蹇慢上，阴贼害物，诚恐陛下悦其辩才，久而倚国昪，成由是生。臣究安石，本无远略，惟务改作，立异于人，文言饰非，罔上欺下，误天下苍生，必斯人也。"虽然说得十分透彻，无如神宗总不相信，又下诏令安石知江宁府。众人还道安石又要推辞，哪里知道安石居然受了诏命，竟往江宁赴任，此事出人意料。

安石到了江宁，不上半年，有人诋毁韩琦，说他执政三朝，权力太大。神宗也因韩琦遇事专擅，心内不悦。曾公亮乘机力荐安石可以大用，立刻补授翰林学士。韩琦因内外倾轧，屡乞罢免，遂罢为镇安武军节度使兼判相州。陛辞的时候，神宗问道："卿去之后，谁可主持国事？"韩琦答道："圣衷当必有人。"神宗道："王安石如何？"韩琦道："安石为翰林学士，绰然有余，若以处辅相之任，唯恐器量不足。"神宗不答。韩琦告辞而去，那王安石奉了翰林学士的诏命，有意迟延，经过了七个月，方才入京报到。神宗闻得王安石已来，立刻召见。

神宗问他治道何先，安石答称先在择术，神宗道："唐太宗何如？"安石道："陛下当上法尧舜，何必念及唐太宗？尧舜治天下，至简不烦，至易不难，后世君臣未能明晓治法，便说他高不可及。尧亦人，舜亦人，有什么奇异难学呢？"神宗道："卿可谓责难于君了，但朕自顾眇躬，恐不足副卿之望，还要卿尽心辅朕，共图至治。"安石道:"陛下如听臣言,臣岂敢不尽死力!"言毕而退。

一日侍讲经筵,群臣已退出,神宗独留安石,命他坐下。安石谢恩入座。神宗道:"朕阅汉唐历史,汉照烈必得诸葛亮,唐太宗必得魏徵,然后可以有为。亮、徵二人,不是天下奇才吗?"安石抵掌道:"陛下诚能为尧、舜,自然有皋、夔、稷、契;诚能为高宗,自然有传说。天下甚大,何材没有?独恐陛下主意不坚,就是有皋、夔、稷、契传说等人,也不免为小人所排挤,那就不得不远去了。"神宗道:"小人何代没有,就道尧、舜之时,也不能无四凶。"安石道:"那就在乎人主能辨别贤奸了。倘若尧、舜不诛四凶,皋、夔、稷、契能够尽心竭力地办事吗?"这一席话,说得神宗很是入耳。安石退出之后,尚喜叹不止。从此,一心一意要任用安石。不久,便令王安石参加政事。

**故事三:**

楚汉战争期间,项羽手下范增、钟离眛等文臣武将,个个刚直不阿、忠心耿耿,为项羽争霸天下屡立战功。尤其是范增,足智多谋,被项羽尊为亚父。范增曾多次劝说项羽诛杀刘邦,刘邦对之怀恨在心,总想找个办法除掉他。谋士陈平看出了刘邦的心思,献上一计:可以重金施用反间之计,离间项羽与其群臣的关系。项羽为人生性多疑,很容易听信谗言。这样一来,他们内部便会自相残杀。那时汉军若乘机出兵,定会大获全胜。

刘邦听了陈平之计,正中下怀。于是取出四万两黄金交与陈平,让他自便使用。陈平用这些黄金雇请了许多间谍,让他们混入楚军内部去散布谣言,声称:范增、钟离眛等人都为项王立下过汗马功劳,但却得不到项王很好的赏赐。他们心怀不满,便想与汉军联合起来,灭掉项羽,然后瓜分楚国的土地,各自称王。项羽听到这些传言,果然中计,从此对范增等人有所猜忌。

这年夏天,楚军在荥阳转攻刘邦,荥阳形势十分危急。刘邦无路可走,派人去向项羽求和。范增劝项羽不要给刘邦以喘息之机,应火速攻下荥阳,抓获刘邦。项羽举棋不定,且因听信传闻在先,就没有采纳范增的意见。他想先探听一下刘邦的虚实,于是就派了一个使者前去面见刘邦。陈平见时机非常有利,就决定再施反间之计,彻底除掉范增。他命人置备了一桌丰盛的宴席，端去款待那使者。一见使者，陈平假装吃了一惊，说："原来是项王派来的使者啊！我还以为是亚父派来的呢……"随即又命将酒席撤去，改换了粗茶淡饭给那使者吃。

那使者十分恼火，回去后把这些情况都汇报给了项羽。项羽果然又疑心大起，有意地疏远范增。范增不知其中缘故，还是继续劝说项羽不要答应刘邦的请求。项羽早听得不耐烦了，有心要杀了范增，但碍于颜面，没有下手，哪里还听得进范增的劝告，只是爱理不理地应付他。

有人将项羽猜忌之事告诉了范增，范增非常生气，去向项羽辞任。项羽满心猜忌，早想除他，今见范增自己请退，毫不阻拦，立即应允。范增忿然离去，在归乡途中病发身亡。

范增既除，形势对刘邦非常有利，而后双方多次大战，终于在垓下一战，杀灭楚军。项羽败北，被迫自刎于乌江。刘邦如愿以偿，做了大汉皇帝。陈平利用项羽生性多疑的弱点，略施巧计，就使项羽对谋臣大加猜忌，从而借项羽之手除了范增这一心腹大患。

虽然离间计往往能使对手失去优势，但是在当今社会要慎用此法。因为，这样做，势必要使双方的关系恶化，进而导致不可收拾的后果。

**故事四：**

春秋时，晋献公宠爱骊姬、少姬两个美貌的妃子，不惜强迫大批百姓，耗用大量钱财，建造极其豪华的九层高台供美人游玩。大臣们极力劝阻，他置之不理，竟粗暴地下令说："谁敢再谏，寡人一箭射死他！"诸大臣仰天叹息道："晋之将亡，我们无可奈何了。"他们既不忍国君残民误国，又没有勇气据理力争，围在宫门外一筹莫展。这时候，大夫苟息挺身而出，他要求见晋献公。晋献公一听还有人敢犯龙颜，当即张弓搭箭，怒冲冲地等在宫内，准备只要苟息一开口劝谏，就把他射死在阶下。苟息拜见晋献公，行过君臣大礼，避口不谈建造九层高台一事，却轻松愉快地笑着说："臣近日新学得一个小技艺，愿表演给国君和诸位大人们，以博一笑。"

听说是表演技艺，晋献公怒气顿消，好奇地问："你会什么技艺？"苟息说："臣能把12枚棋子堆起来，再往上面垒鸡蛋。""这倒有趣！"晋献公放下弓箭，命侍从取来棋子和鸡蛋，又吩咐宫门外的大臣们一起观看。苟息认真地表演，先把12枚棋子堆起，然后又把鸡蛋排放在上面，一层又一层地垒上去。旁边观看的人，担心鸡蛋会掉下来，无不紧张得屏住呼吸。就连晋献公看了摇摇欲坠的垒卵，也惊慌急促地叫道："危险，危险！"苟息又在垒高的鸡蛋上放下一只，然后慢条斯理地说："区区垒卵小技，不算什么，还有比这更加危险的呢！"晋献公问："有什么比这危险，寡人倒想见识见识。"

苟息见时机已经成熟，就不再表演，立起身子，异常沉痛地说："启禀国君，请让我进几句逆耳忠言，臣即使被处死也不后悔！自从您下令建造九层高台，三年而未获成功，国内已经没有男人耕地，女人织布了；国家的库存耗损一空，楚国、齐国日渐强盛，倘若举兵侵犯，晋国将依靠什么抵抗呢？国君只知建成高台可以纵情声色，却不知晋国由此国弱民贫，形势同样危若垒卵啊！臣请国君洗心革面，富国强兵，不再浪费国家财力，爱惜百姓血汗，请国君三思！"说完，苟息泪湿衣襟，众大臣一起跪拜恳求，无不痛心疾首。晋献公见苟息说得合情合理，一片忠心婉转诚恳，这才省悟道："没想到，寡人的过失竟然重到这种程度了！"于是接受了苟息和大臣们的恳求，下令停止建造高台。

再让我们看另一则故事，是通过讽谏来救助同僚的故事，翟璜因为直言不讳获罪，任座就通过讽谏来解救他。

故事发生在战国时期，魏文侯还算一个贤明的君主，但他也免不了古代君主的通病——喜欢奉承，不喜欢批评。

一天，他与群臣在闲扯，忽然来了兴致，让臣下评论他的人品。大多数人都连忙奉承，说他是个仁厚的君主，道德高尚，但翟璜等几个没开口。魏文侯觉得有煞风景，就点名道姓地问翟璜对自己的评价。翟璜说："不知君上是想听真心话还是假话？"魏文侯知道他要讲不好听的了，但自己哪能说让他讲假话呢？只好说："当然是听真心话。"翟璜果然正色讲道："您不是一位仁厚的国君。"魏文侯心中已十分生气，却还装作大度地问："何以见得？"翟璜毫不客气地说："你攻城得地，不用来分封给兄弟，却拿它来封给长子，这能算是一位有仁德的君主吗？"魏文侯一听揭了他的老底，恼羞成怒，喝令手下人将翟璜赶出去！翟璜起身整衣，泰然自若地走了。魏文侯余怒未消，转头又问刚才没开口的任座，让他评论自己。任座笑了笑说："君上是一位有仁德的君主。"魏文侯心中高兴，忙问："何以见得？"任座不慌不忙地答道："臣下听说，君上有仁德，朝中必有刚直之臣。刚才翟璜说得那么直，所以我认为君上是一位有德之君。"魏文侯听了，脸上黑一阵白一阵，听出任座话中的讽谏之意。他到底是位有手腕的政治家，顺水推舟地说："对，翟璜是位刚直之臣，像他这样的人在朝辅政，我国才会兴旺发展。刚才寡人是考验一下他的忠诚。"即刻派人传回翟璜，拜为上卿。

这种明里奉承，暗含诤谏的方式，历史上叫作讽谏。我们在日常生活中，也会经常用到这种方式，对待不同的人要用他们能够接受的方式去劝告他们，以达到预期的效果。对人说话一定要考虑到他们将对话语产生的反应，要在充分考虑后果的基础上说话。所谓"良言一句三冬暖，恶语伤人暑日寒"，语言的后果是非常严重的。

**故事五：**

秦朝末年，尽管项羽领导的起义军节节胜利，声势也越来越浩大，但是章邯率领的秦朝主力军还是实力很强。

在定陶战役中，项梁由于轻敌而兵败身亡，义军由宋义领导。宋义胆小畏敌，为项羽所杀。项羽便亲自率领军队渡过黄河，欲与秦兵决一死战。但自从定陶战役失利以来，士气一直很低落。章邯却野心勃勃，想乘机灭掉义军。在这生死存亡关头，项羽召集手下的谋士分析当前局势，认为秦军虽然人数众多，但军心涣散，战斗力不强，而义军虽然在人数上是劣势，但军心一致。兵法说：夫用兵之道，攻心为上，攻城为下；心战为上，兵战为下。军队只有断绝退路，才能齐心拼死杀敌，即所谓置之死地而后生。

怎样才能没有退路呢？项羽使了很绝的一招。他先让士兵把抛锚在岸边的渡船凿了些大洞，把那些渡船全都沉入河底，又规定每个士兵只能带三天的干粮，接着就让士兵把做饭的锅全部砸碎，然后又放火烧掉了岸边的营房。这样一来，前面是秦军相逼，后面已无渡船，士兵们被推进了死地。此情此景，将士们都摩拳擦掌，他们明白，此战只有拼死才能杀出一条血路。士气被激发到了顶点，他们像亡命徒一样大叫着冲向秦军的阵营。

俗话说，横的怕楞的，楞的怕不要命的。义军都成了敢死队，杀一个够本，杀两个赚一个。义军以一当十，发疯似的冲杀，眼都杀红了。好一场恶战，直杀得血肉横飞，天昏地暗。秦军被打得一败涂地，主将章邯也被迫投降。这场战役奠定了项羽在各路反秦义军中的领袖地位。

这就是成语"破釜沉舟"的来历。面对强大的敌军相逼，项羽把生死置之度外，断绝了一切退路，把士兵推上了死地，逼迫他们拼死血战，终于取得胜利。所以，要想取得事业上的成功，必须有一种破釜沉舟的决心。

# 第四章

## 【原文】

道冲①而用之或不盈②，渊③兮似万物之宗④。挫其锐⑤，解其纷⑥，和其光⑦，同其尘⑧。湛⑨兮似或存⑩。吾不知谁之子，象⑪帝之先。

## 【注释】

①冲：通"盅"，器物虚空，比喻空虚。

②盈：满，引申为尽。

③渊：深远。

④宗：祖宗，祖先。

⑤挫其锐：消磨掉它的锐气。挫（cuò），消磨，折去。锐（ruì），锐利、锋利。

⑥解其纷：消解掉它的纠纷。

⑦和其光：调和隐蔽它的光芒。

⑧同其尘：把自己混同于尘俗。以上四个"其"字，都是说的道。

⑨湛（chén）：沉没，引申为隐约的意思。段玉裁在《说文解字注》中说，古书中"浮沉"的"沉"多写作"湛"。"湛""沉"古代读音相同。这里用来形容"道"隐没于冥暗之中，不见形迹。

⑩似或存：似乎存在。连同上文"湛兮"，形容"道"若无若存。参见第十四章"无状之状，无物之象。是谓惚恍"等句，理解其意。

⑪象：似。

## 【译文】

大"道"空虚无形，但它的作用又是无穷无尽。深远啊！它好像万物的祖宗。消磨它的锋锐，消除它的纷扰，调和它的光辉，混同于尘垢。隐没不见啊，又好像实际存在。我不知道它是谁的后代，似乎是天帝的祖先。

## 【解析】

"道冲而用之或不盈，渊兮似万物之宗。"

冲，通"盅"，虚的意思。道的境界是心灵的世界，它的空虚，是相对于自我世界而言，是不为人的外观所感觉到的。渊，形容道境深远，找不到边际。

道的境界是虚幻的，但它虚而有物，它的无穷妙用对于得道之士来说，是永远不会感到满足的。因为，心灵在道的世界里自由翱翔是最快乐的，也最能满足人的天性。在浩瀚无际的道境之中，蕴藏着天地万物的本原。

"挫其锐，解其纷，和其光，同其尘。"

锐，自我锐气。纷，不切合实际的纷纷之想。尘，指现象世界，相对于本质世界。

畅游于道的美妙境界里，彻悟了人生真谛，获取了大智大慧，原先那种不可一世的自我锐气被挫消了，所有与我无益的纷纷之想得以解除；原来那种狂喜、愤怒、悲观、傲慢等情绪化的目光，得以和心灵之光充分调和，取而代之的是不卑不亢、温和慈祥的目光。以合乎道的观点来看待世间的美丑、善恶、荣辱、贵贱，这时的人才是清醒的、觉悟的。"不言之教"的功用体现于此。

"湛兮似或存。吾不知谁之子，象帝之先。"

湛，是说道的境界非常清晰、明澈。似或存，好像有人存在。

既然道的境界是灵明清澈的，如果有人存在，就可以清楚地看到，而不能说好像有人存在；既然说好像有人存在，就和"湛兮"二字相矛盾。其实，这里的"似或存"是一种猜疑的说法，意思是说：大自然实在是奥妙无穷，它有着至诚不移的规律性和不可抗拒的力量，好像有人在背后主宰着宇宙。这跟今天人们怀疑上帝的存在是一样的道理：如果说没有上帝的存在，那么日月星辰的运转，四时的交相更替等现象，怎会这样有规律性呢？"吾不知谁之子，象帝之先"。这是似问实答，是说孕育世界万物的是隐而不显的道，而不是上帝。因为道是永恒的，它在上帝之前就存在了，从而否定了上帝创造世界的说法。

本章旨在说明"不言之教"的巨大功用。自我只有亲历道境，不为现象世界所羁绊，才能获得正确的世界观和人生观。道既是虚幻的，又是客观存在的，正是它的虚，才可充实人们的心田。有了充实的心田，就可以挫锐解纷，和光同尘。把握了世界的本质规律，就能把握自己的命运。

## 【证解故事】

**故事一：**

唐太宗李世民，是唐朝的第二个皇帝。生于599年，病死于649年，死时50岁。他18岁随父李渊起兵反抗暴虐的隋炀帝。19岁，随父攻进隋朝首都长安，灭隋，立唐。李渊即位，就是唐高祖。李世民封为秦王，其兄李建民立为皇太子，其弟李元吉封为齐王。27岁，发动玄武门之变，杀兄李建民，弑弟李元吉。李渊退位为太上皇。李世民即位为皇帝，就是唐太宗。年号贞观。

唐太宗是中国历史上著名的好皇帝，是一个很有作为的政治家。他是治国的明君。他之所以把国家治理得很好，主要是由于他善于听取各种不同的意见。他深知，兼听则明，偏听则暗。明君兼听，昏君偏信。这是大臣魏征跟他讲的。有一次，太宗虚心地问魏征，明君和昏君怎样才能区分开？魏征郑重地答道，国君之所以圣明，是因为他能广泛地听取不同的意见；国君之所以昏庸，是因为他偏听偏信。说完这句话之后，他又举了历史上正反两方面的例子加以论证。他说，古代尧、舜是圣君，就是因为他们能广开言路，善于听取不同意见，小人就不能蒙蔽他。而像秦二世、梁武帝、隋炀帝这些昏君，住在深宫之中，隔离朝臣，疏远百姓，听不到百姓的真正声音。直到天下崩溃、百姓背叛了，他们还冥蒙不知。采纳臣下的建议，百姓的呼声就能够上达了。魏征的这些至理名言，深深地铭刻在唐太宗的心里。

从此，唐太宗便格外注意虚心纳谏。他不管你是什么人，也不管你提意见的态度如何，只要你的意见是正确的，他都能虚心接受。这里有一个真事。当时，唐太宗下令，要把洛阳破败了的乾元殿修饰一番，以备作为到外地巡视的行宫。对于皇帝来说，想要修理一下小小的行宫，本来是小事一桩。

可是，有一个小官张玄素，却上了一道奏折，痛陈此举不妥。他说，修了阿房宫，秦朝倒了；修了章华台，楚国散了；修了乾元殿，隋朝垮了。这都是历史的教训。现在，我们唐朝百废待兴，国力哪里比得上当年的隋朝？陛下在国家的破烂摊子上，继续役使饱受战乱之苦的百姓，耗费亿万钱财，大兴土木。陛下没有继承前代帝王的长处，继承的却是百代帝王的弊端。如果从这一点看，陛下的过失远远超过了隋炀帝。

这是一道笔锋犀利、击中要害的奏折。

但是，小小的张玄素，竟敢把英明的君主唐太宗比作昏聩的暴君隋炀帝，冒犯天威。这不是拿鸡蛋往石头上撞吗？满朝文武都为他捏一把汗。人们都在观察唐太宗的反应。假如不是唐太宗，而是别的皇帝，看到这一大不敬的奏折，当即会雷霆震怒，不仅张玄素人头落地，甚或会株连九族。但是，唐太宗就是唐太宗。他不仅没有怪罪张玄素，反而下令召见他。此时的唐太宗想进一步地试一试张玄素的胆量，就直问道，卿说我不如隋炀帝，那么，我和夏桀、商纣相比，怎么样呢？要知道，夏朝的桀王和商朝的纣王，都是历史上臭名昭著的暴君。唐太宗这样问，自有深意。不承想，这个张玄素却直截了当地答道，如果陛下真的修了乾元殿，那就和夏桀、商纣一样昏乱。

听到这句答语，唐太宗不仅没有发怒，反而被深深地感动了。他想，一个小官，敢于冒死直谏，为了什么，还不是为了他的江山社稷？因此，唐太宗收回了他的谕旨，停止重修乾元殿，并且表扬了张玄素，同时赏给他五百匹绢。对此事一直关注的魏征，听到了这个完满的结局，颇为感触地叹道，张公论事，有回天之力，这都是因为是有高尚道德的君子说的话呀！

**故事二：**

曹操一向赏罚分明，从不任人唯亲。他在拟派前去三地管理军民的儿子时，表达了他的这一作风。其令说：今寿春、汉中、长安，先欲使一儿各往督领之，欲慈孝不违吾令，亦未知用谁也。儿虽小时见爱，而长大能善，必用之。吾非有二言也。不但不私臣吏，儿子亦不欲有所私。

在这一命令里，曹操明确说明不仅对部下不讲私情，连自己的儿子也同样看待。并决定派不违背他命令的儿子前去三个地方管理，亲自把重任交给他们，体现了曹操"长大能善，必用之"的思想，这对儿子是一种莫大的鼓舞和鞭策。

曹操对子女也不徇私情，这在曹丕当太子时的一些事情上就可以看得出来。曹丕当太子时，也想多搞点"外快"，但慑于曹操的严法在官中，还不敢胡来，于是就想出一个向家叔曹洪借贷的主意。曹洪是曹操的从弟，自曹操举兵讨董卓，曹洪就将全部家兵千余人归曹操指挥，并一心一意地跟着干。并为曹魏江山立下了汗马功劳，是曹操眼里的一等大贤。曹洪不肯给曹丕面子，曹丕便恨上了他。后来曹丕当了皇帝还记恨着这件事，总想报复一下。有一次，曹洪的舍客犯了法，曹丕立即株连上了曹洪，把曹洪关进监狱准备杀头。满朝文武出来求情曹丕也没松口。没有办法，曹丕的母亲卞太后出了面，她对曹丕的爱妻郭后说："以曹洪今日死，吾明日敕帝废后矣。"这就是威胁曹丕说：你今日将曹洪杀了，我明天便废掉你的媳妇。想必是郭后吹了"枕头风"，又加上曹洪本人"泣涕屡请"，一个劲儿地给皇侄儿说好话，曹丕才给了曹洪一个"免官削爵"的下场。

古来即有王子犯法与庶民同罪。在管理中，领导者只有以身作责，所有下属一视同仁，按原则办事，保证公平竞争，杜绝不良之风，方可成功。

**故事三：**

明宪宗成化年间（1465—1487年），庄浪（今甘肃永登）都指挥金事、土司鲁鉴曾为朝廷立下过赫赫战功。论功封赏，官至甘肃总兵。鲁鉴有个儿子叫鲁麟，自幼武艺高强，随父亲在军中征战驰骋，也立下过汗马功劳。鲁鉴死后，朝廷封鲁麟为甘肃副总兵。开始时，鲁麟很高兴。可是，鲁麟是一介武夫，听不得部下挑唆。部下有人说

"将军如此大功，却只得副职"时，他便不满意起来，自己向朝廷请求加封为总兵。

但那时西陲边战已止，朝廷再也用不到彪悍之将了，又怕鲁麟拥兵自重，所以才只封他为副职。故而鲁麟一再请求，朝廷也不答复。怎么办？鲁麟找手下人商量。手下人给他出了个主意，叫作"明退暗进"，借口家中老幼需要照顾，请求去职还乡。

奏本传到京城，宪宗召集大臣们商量此事。有人建议皇上答复他的要求，让他做总兵。但又怕他拥兵难制，于是有人出主意说将他另派个地方，明升暗降。这时，兵部尚书刘大夏启奏说："鲁麟自恃有功，屡求加封，皇上若答应了他的要求，将来欲壑难满，终究不是办法。据我所知，鲁麟暴虐无常，不会笼络部下，孤掌难鸣，是掀不起大风浪的。不如这样，皇上一边派人嘉奖他父亲的忠诚不二，用大帽子稳住他，让他为了保全父亲的名节而不敢闹事；一边批准他的请求，让他回家顾养亲小。这样一来，叫他有苦说不出。皇上依刘大夏之计而行，一边昭示鲁鉴的功劳和忠心，让天下人皆知，同时又批准鲁麟回家赡养老母和小孩的请求。

鲁麟接到嘉奖父亲效忠的诏令，心中扬扬得意，看朝廷这举动，总兵的官职是要到手了。但哪里会想到，接着而来的诏书是批准自己请求还乡的批复。这可把鲁麟一下子气得胡子飞起来，抽刀就要聚众起事。但转念一想，这样一闹，父亲的名声怎么办？再说，驻甘肃的汉兵不少于自己的部众，是否可起事成功，也没有把握。思来想去，也没有想出良策。他手下那班小人见朝廷不用他了，也疏远了他。鲁麟只好自认倒霉，闷闷不乐地回老家去了。最后郁闷而死于庄浪。

鲁麟仗势要挟，最后得到了一张空头支票，从道理上难以服人，又被剥夺了兵权，实在是搬了石头砸自己的脚。

### 故事四：

西晋时，王戎知人善任，体恤民情，所以在他为官之时，颇能得到当地民众和一些地方官的拥戴。王戎生在一个书香世家。他小时候很聪明，也很顽皮，常常和百姓家的孩子外出游玩。

有一次，他们到临沂城郊玩，几个小伙伴正跳得起劲，玩得高兴，忽然看到大路旁有棵李树，就一下子都跑了过去，一个个仰着汗津津的小脸，望着满树金黄透红、红中带紫的李子，都馋的不得了，争着爬树摘李子。但只有王戎毫不在意地站着不动。其他小朋友很奇怪，问："王戎，你怎么不爬树呢？"王戎说："这李子是苦的，不能吃。"

小朋友们哪里肯听，一个个爬上树，采着一大兜李子下来，分给大家。但大家拿着红艳艳的李子咬了一口，立刻吐了出来："啊，呸！真苦呀！"他们纷纷问王戎："你怎么知道这李子是苦的？"王戎说："这棵李子树如果生在深山，毫无疑问是甜的。现在它生在大路边，如果是甜的，早就被过路人采光了。"

小朋友们都佩服王戎的推理。后来，过来一位白发老翁说："这是棵野生的李树，苦李子不能吃。"老翁的话更证明了王戎的判断正确。

通过这件事我们知道，当利益摆在眼前可以垂手可得时，更要审慎决断，贪图小便宜容易吃大亏。

# 第五章

## 【原文】

天地不仁，以万物为刍狗<sup>①</sup>；圣人不仁，以百姓为刍狗。天地之间，其犹橐龠乎<sup>②</sup>？虚而不屈<sup>③</sup>，动而愈<sup>④</sup>出。多言数穷<sup>⑤</sup>，不如守中<sup>⑥</sup>。

## 【注释】

①刍（chú）狗：用草扎成的狗。古代专用于祭祀之中，祭祀完毕，就把它扔掉或烧掉。比喻轻贱无用的东西。在本文中比喻：天地对万物，圣人对百姓都因不经意、不留心而任其自长自消，自生自灭。正如元代吴澄据说："刍狗，缚草为狗之形，祷雨所用也。既祷则弃之，无复有顾惜之意。天地无心于爱物，而任其自生自成；圣人无心于爱民，而任其自作自息，故以刍狗为喻。"

②犹橐龠（tuó yuè）：犹，比喻词，"如同""好像"的意思。橐龠，古代冶炼时为炉火鼓风用的助燃器具——袋囊和送风管，是古代的风箱。

③屈（jué）：竭尽，穷尽。

④愈：更加的意思。

⑤多言数穷：老子认为，见多识广，有了智慧，反而政令烦苛，破坏了天道。数，通"速"，是加快的意思。穷，困穷，穷尽到头，无路可行。

⑥守中：守住虚静。中，通"冲"，指内心的虚静。

## 【译文】

天地是无所谓仁慈的，它没有仁爱，对待万事万物就像对待刍狗一样一视同仁，任凭万物自生自灭。圣人也是没有仁爱的，也同样像对待刍狗那样对待百姓一视同仁，任凭人们自作自息。天地之间，岂不像个风箱一样吗？它空虚而不枯竭，越鼓动风就越多，生生不息。政令繁多反而更加使人困惑，更行不通，不如保持虚静。

## 【解析】

"天地不仁，以万物为刍狗；圣人不仁，以百姓为刍狗。"

刍狗，古人用谷草扎成的用以祭祀天地神灵的狗。刍狗虽结草而成，但祭祀的人却视其有魂灵而装饰打扮并侍奉它们，以求福于天地神灵。待大礼已毕，刍狗的魂灵升入天堂，它也就还原为草了，或者用火焚烧，或者任人践踏。

圣人以百姓为刍狗，实质上是把百姓当作神灵，从而敬重他们，保护他们，服务于他们，目的是为了国泰民安。倘若有人灵魂丧失，做出有害于国家和人民利益的事情，就会遭到法律的制裁和人民的唾弃，下场如同丧失灵魂的刍狗。

万物虽然为天地所生，但是无一物为天地所偏爱。天地统治万物利用的是至诚不移的自然规律，万物的生长发育，只能遵循这一规律，否则就会受到严惩。圣人效法天地，依法治国，法律面前人人平等，任何人违犯法律，就要受到法律的严惩。圣人是由人民推举产生的，是人民的代言人，是法律的执行者和捍卫者。在圣人的心目中，只能存有"法"的观念，而不能存有"仁"的观念。有了"仁"的观念，就会以自我为中心，用权力代替法律，这样一来，法律就会失去威严，社会就会滋生罪恶，百姓就要遭殃，这才是统治者最大的不仁。

"不仁"是老子的思想。仁是目的，不仁是措施，唯有不仁，才能至仁。天地至仁，用至诚不移的自然规律来体现；圣人至仁，用完善的社会法律来体现。另外，"天地不仁"是万物平等的思想，"圣人不仁"则是人人平等的思想。

"天地之间，其犹橐籥乎？虚而不屈，动而愈出。多言数穷，不如守中。"

橐籥，用手操作的鼓风工具，即风箱。天地之间，风霜雨雪，电闪雷鸣，皆为天地二气激发涤荡所致，万物生生不息，无不依赖此气。如果把天地比作一个大风箱，那么人体就是一个小风箱。风箱的作用在于使炉火更旺。如果用风箱的原理来治身，则生命会更富有激情，生命力会更强。具体要求是"虚"和"守中"，反对"动"和"多言"。虚，贵在心意不动，目的在于保持旺盛的生命力即"不屈"。虚并非形不动，而是反对躁动，躁动则"火"灭。

多言，喻鼓风的次数。"多言数穷"，是就鼓风的速度和风箱的效果而言，速度太快反而起不到预期的效果。"不如守中"，就是说既要发挥风箱的作用，又要始终把握火候，当武则武，当文则文，"无过而无不及"，以不"屈"、不"出"、不"穷"为度。

就治国而言，这一节要求统治者要虚怀若谷，不可妄言妄动，炫耀自我威风，应始终把握法律这一火候，以至公之治实现至仁之德。

老子认为天地是一个物理的、自然的存在，它不具备人类所拥有的那些善良、仁爱等感情，它不会对其万物有任何偏爱。这一见解，表现了老子反对鬼神术数的无神论思想。

作为一个勇敢的批判者，老子比同时代和以后诸多哲学家更具睿智和胆识。他第一个讲出了"天地不仁"这样的真理，并将其推广到世上。在老子的眼中，天不带有任何人类道义和道德方面的感情，它只按自己的客观规律——即"道"运行。天虽然不讲仁慈，但也无所偏向，不怀恻隐之心，但也不具暴虐之性。它滋生万物，并非出于喜好；它降灾致疫，也不是出于厌恶。因此，"圣人"治理百姓也不可讲仁慈，应该顺应自然之道，顺应百姓之性，无为而治。如果人为的干预过多，各种矛盾就会激化，反而使社会更加混乱。

本章是老子的人人平等思想，而人人平等要靠完善的法律来体现。治理国家绝不能凭借统治者的自我主观意志去任意发挥，必须"以百姓之心为心"，逐步完善法律法规。只有用牢固的法治观念取代统治者的自我"有为"思想，社会才能持久稳定，国家才能健康发展。这就是统治者的"不仁"之仁。

**【证解故事】**

**故事一：**

狂言妄语说出来虽然"虎虎生威"，在某些时候更是显得"豪气"

过人，用"没有金刚钻，就别揽瓷器活儿"来反驳这句话再合适不过了。老子也指出"虚而不屈，动而愈出。多言数穷，不如守中"：狂妄的话多说只有弊处而无益处，不如紧守中庸之道，量力而为。老子不愧是一位大师，他总是在正中看出反，在反中看出正。

偏偏有一些人与此背道而驰，结果只能落得个身首异处的下场，《三国演义》中，诸葛亮平定南方以后，一出祁山的失败除了诸葛亮的自身原因之外，最大的原因还是马谡的狂言妄语。

《三国演义》中，诸葛亮正在营中为孟达事泄被杀而懊恼不已，忽有哨探报，司马懿派张郃引兵出关，来拒我师。

诸葛亮闻报大惊："今司马懿出关，不比曹真，他一定会去打街亭，断我咽喉之路。"环视左右问，"谁敢引兵去守街亭？"

参军马谡见丞相先是吃惊，便觉得好笑。谅那司马懿有什么可怕的？便说："末将愿往。"

诸葛亮盯着他，不放心地说："街亭把着要冲，地方虽小，干系却大。如街亭有失，我大军便完了。你虽深通谋略，无奈此地一无城池，二无险阻，把守极难呀！"

"丞相勿虑。再难也得有人把守。末将自幼熟读兵书，精通兵法，又跟在您身边南北征战，耳濡目染，难道还守不住小小的街亭？"

"司马懿非等闲之辈。先锋张郃乃魏之名将，你能对付得了他们？"

马谡就不高兴了。"丞相也太小瞧我了。"他嘴一撇，轻蔑地说，"嗨，休道他司马懿、张郃，便是曹叡亲来，又有什么可怕的？若有差池，杀我全家好了。"

在这次请命邀功的过程中，马谡有些过于狂妄了，可以说根本没有掂量自己到底有"几斤几两"，之后的布阵失利，马谡虽然逃得性命，然而却为军法所不容，才有了诸葛亮挥泪斩马谡。

《三国演义》中还有一个实例同样是说明狂言妄语自损的，那就是魏延的死因。在当时来说，大多数能够单打独斗胜过魏延的人都已经死去了，他因此对自己有些过于自负，以至于在被杨仪激怒，问他是否敢大喊三声"谁敢杀我时"，他毫不畏惧地猖狂大笑而发三声

"谁敢杀我",谁知在第三声之时,他就在毫不知觉的情况下命丧马岱之手。

狂言妄语能够给人带来杀身之祸,多言同样能够让人吃尽苦头,故而老子教导大家"多言数穷,不如守中"。老子并不是教人闭口不言,而是说要少说多做,因为"言多必失"是一个千古不变的哲理。

话说多了,漏洞就多,容易出毛病甚至引火烧身。不难理解,这是对说话"多"的人而言的,譬如滔滔不绝的醉鬼、妙语连珠眉飞色舞的政客,这类人因话多招致的所"失"往往惨重,譬如醉鬼丢了性命,政客落得革职除名,都是值得我们去吸取的经验和教训。

俗话说"病从口入,祸由口出",在初始交往的过程中谨慎自己的言行是非常有必要的,在讲话时也应注意自己的口气和态度,避免触及他人的利益,毕竟有很多时候"说者无意,听者有心"。

**故事二:**

战国末年,秦国逐渐强大起来。经过短暂内乱之后,嬴政亲政掌权,施展远交近攻之术,攻城掠地,扩大版图,大有并吞天下之势。这位秦王嬴政雄才大略,可就有一件,就是猜忌心太强,生怕手下大将带重兵外出后,干出对自己不利的事来。

这年,秦国准备攻打楚国。嬴政与手下将军讨论作战策略,当问及需多少人马出征时,大将李信年轻气盛,说带二十万人足可胜楚。嬴政又问老将王翦,王翦说非六十万人不可。嬴政心想,自己国内可征集的总共不过七十万士卒,若王翦带走六十万,他一旦有不轨之心,自己如何收拾?但李信说二十万,那是肯定敌不过楚军的。于是他命李信带兵三十万去战楚军。

楚军带兵人为项燕,一向足智多谋。两军交战不久,就把秦军打得大败。秦王嬴政无奈,只好请王翦挂帅出战。

王翦带60万大军出征,嬴政亲自送至灞上(今陕西临潼),牵着王翦的手说:"将军胜利归来,我将亲至此处迎接。"王翦躬身施礼:"谢大王,出征前,在下有一事相求:请大王割地加封,荫我子孙。"嬴政一怔,心想,哪有出征前还没立功就要求封地的?但他到底是政治家,没露声色,笑了笑说:"将军得胜归来,荣华富贵少不了将军的,放心吧！"王翦却坚持立时就封。嬴政无奈，只好当时封他食邑百户，王翦才领兵走了。大军一出秦境，王翦又派使者回去请求为自己儿子加爵位。两军交战前，王翦也派使者回去求封。直弄得副帅蒙武看不过去了，斥责道："这样做太过分了，也有失身份！"王翦叹了口气说："咱们大王历来好猜忌。如今几乎把全国的兵都交给我指挥了，他能放下心来吗？我一再求封，无非让大王觉得我顾怜后辈，不会有外心啊！"

王翦出征在外仍不忘消除皇帝的猜忌而劳心竭虑，很值得我们学习，如果一味地展现自己的才能而造成自己发展的障碍，就得不偿失了。

**故事三：**

明朝初年，周玄素以善画被召入宫廷，成为御用画师。别人都羡慕得不得了，但周玄素并不高兴，俗话说，伴君如伴虎，说不定哪天自己不小心做得有一点不合君心，就会有杀身之祸，还会累及家人、子孙。所以，每当皇上命他作画时，他都是小心翼翼，千方百计地迎合皇上心意。即使是后妃王爷们召他作画，他也照样小心谨慎。

这天，突然太监来传旨，说皇上雅兴大发，让周玄素前去作画。周玄素赶忙收拾好画笔、颜料，随太监来到大殿上。太祖朱元璋今日特别高兴，传旨下来，让周玄素在大殿壁上作一幅"天下江山图"，以供自己欣赏，且时时提醒不忘"天下江山"之志。

周玄素一听，一下子惊在那里。千里江山，想要浓缩在丈余墙壁上，那谈何容易。要选取代表物吧，自己知道哪个合皇上心意呢？若其中一有差池，那后果将不堪设想，怎么办呢？周玄素灵机一动，想起朱元璋对绘画也略通一二，有时也喜欢涂鸦两笔，何不设计让他动手？想到这里，周玄素奉承道："微臣才疏学浅，且未游遍天下九州，臣斗胆奏请皇上启动御笔，草建出此画规模，臣下再润色一二，恳请恩准。"这下正说到朱元璋心眼里。他在想这档子事时，心中就已有了"天下江山图"的蓝本。于是亲自动笔，挥毫泼墨，不长时间便勾勒出一个大致轮廓。然后，丢下笔自鸣得意地站在那里，准备接受周玄素的奉承。周玄素不失时机地奉承道："陛下乃大手笔！这气势，这笔力，哪是凡人能作出的。"朱元璋得意地哈哈大笑，于是命周玄素润色。

周玄素想："朱元璋刚愎自用，忌贤妒能。我若润色得好，他肯定不高兴。我若润色得不好，他当场就会治我的罪。"于是一语双关地说："陛下的'天下江山'已定，臣下哪有再敢改动的道理！"他用这幅壁画来代指整个江山，为臣的有敢改变皇上"江山"的，岂不是造反割据吗？朱元璋也听出了他的双关语意，也想借他这句吉言，所以哈哈大笑了一阵就作罢，没让周玄素再加润色。

周玄素靠自己的机智巧对，终于躲过了这场暗伏的灾难，这也许就是明哲保身。

**故事四：**

隋朝末年，天下大乱，豪杰纷起，争夺天下。王世充本是隋朝的一个地方官。他没有草率地马上起兵，而是不动声色地做准备。

江淮间多草莽英雄，加以民风彪悍，打架斗殴甚至动刀杀人者多如牛毛，小偷强盗也趁机活动。一时间，监狱人满为患，差役们大发其愁。不得已，只得上报王世充。王世充开始也为这事头疼，后来一想："现在天下大乱，我又准备起事，这些人正可为我所用，何不顺水推舟，做个人情，将来一旦起事，便可得到许多帮手。"于是他亲自审讯犯人。审讯时大事化小，小事化了，将犯人头上的罪名洗刷得一干二净。这些犯人原本提心吊胆，担忧性命不保。不想王大人不仅未曾判刑，还好言相抚。于是一个个感激涕零，发誓如王大人有所召唤，将赴汤蹈火在所不辞。后来，义军势力越来越大，吴人朱燮、晋陵人管崇在江南起兵，声势浩大。隋炀帝派大将征讨，但反复较量都没有取胜。

王世充看到这种情况，心里暗暗高兴，这正是他成就大事的好时机。于是，他打着"王军"的旗号发展势力，并得到朝廷的大力支持。他盘算着借朝廷之力壮大自己的力量，一旦羽翼丰满，便可独霸天下。于是，他下令招兵买马，江淮间受过他恩惠的子弟，纷纷加入他的军队，这些人平素便强悍好斗，加上对王世充知恩图报，打起仗来十分卖力，战斗力非常强。王世充率军征讨朱、管，连战连胜。每次得胜，王世充都按功行赏，重重奖励立功将士，而本人却分毫不取，因此手下的人更加替他卖力。

王世充假公济私，施以恩惠，拉拢了一帮对他死心塌地的人，最后靠这支军队，战无不克，逐渐发展成举足轻重的割据势力。

**故事五：**

包青天的美名家喻户晓，而他的铁面无私更是千秋永垂。包大人断案，大到怒铡驸马爷，小到百姓的鸡毛蒜皮之事，他都一丝不苟地秉公而断。

北宋时，包拯（999—1062年）在天长县刚任县令时，曾审过两桩牛案，其情趣让人回味无穷。

第一桩牛案发生在春耕季节，东村农民王二和张三，有一天在田里耕地。休息时，他们坐在田埂上闲聊，两头耕牛在坡上吃草。吃着吃着，两头牛抵起角来，王二和张三没当一回事，反而觉得好玩，竟在一边看热闹。可是抵来斗去，一眨眼的工夫，王二的牛忽然把张三的牛抵死了。这下两个好朋友翻了脸，张三一张状子告到县衙门，要王二赔他的牛。当时，包公还没任县令，前任白县令审案时，觉得此案不好判，判赔，王二吃亏；判不赔，张三吃亏，而两人都不想吃亏。前思后想无良策能判得公平合理，就把两人暂时收进了监狱。

包公上任不久，听说有两个农民在监狱里，胡乱骂人，便命手下提出来问原由。知道了事情的原因后，包公不由大笑起来，两个农民莫名其妙地想：早知道有个包拯办案认真，却原来也是糊弄百姓啊！刚要发牢骚，就听包公笑道："你们本是一对好邻居，因为一时疏忽，使得牛抵死了，为这朋友反目成仇，实在不应该啊！今天，本官劝你们言归于好。"说完了就提笔写了四行字：

"二牛抵角，不死即活；活牛耕地，死牛同剥。"两个农民听完判决，心服口服，都说公平合理。他们相互歉意地一笑，谢过包公，两人说说笑笑一起走出了公堂。

此案刚结，村西农民刘全来报：他今天早晨正要牵牛下地干活，来到牛圈时大吃一惊：他的大黄牛满口血淋淋，牛舌头不知被谁割掉了！刘全心疼得一边大哭，一边急奔县衙门要求破案。包公看罢状子，心想：这很可能是刘全的仇人干的。但不能对他明说，得想一个两全其美的办法：既不能让刘全亏本，又能破了案。包公想了想对刘全说："这牛恐怕也难活了，你不如把牛宰杀了，肉可以卖。我再资助你一些钱，买一头牛吧！"刘全感激万分，挥泪叩别了包公。包公随即出了一张禁杀耕牛的布告：

本县晓谕黎民百姓：为确保春耕春种，严禁私自宰杀耕牛。如有病牛，须请牛医诊治；诊治无效的，先报呈县衙，经核实后方可宰杀。否则，擅自杀牛的一律严惩不贷。有人告发杀牛者，官府赏钱300贯。

此布告一出，第二天一早，刘全的邻居李安，前来报告了刘全杀牛的事。包公推测：村中之人一定都知道，刘全宰杀的是残废牛，而此人明知杀残牛而来告发，是想诬诬刘全。看来，李安一定和刘全有仇。包公出布告本意就是为了引出李安。刘全昨天告诉过包公，李安和他有芥蒂，看来，割牛舌之人非李安莫属了。包公立即开堂审讯，李安只得如实供认，他为报复刘全不借他耕牛使用之仇，所以偷偷割去了牛舌头，见布告后又来诬告他。

割掉牛舌不是害人者的目的，以私宰耕牛为名诬告于人才是害人者设下的毒计，包拯看清了问题的实质，知道害人者不达目的是不会罢休的，于是欲擒而故纵，使害人者自己暴露出来。

# 第六章

**【原文】**

谷神<sup>①</sup>不死,是谓玄牝<sup>②</sup>。玄牝之门<sup>③</sup>,是谓天地根。绵绵<sup>④</sup>若存<sup>⑤</sup>,用之不勤<sup>⑥</sup>。

**【注释】**

①谷神:过去据高亨说:谷神者,道之别名也。谷读为毂,《尔雅·释言》:"毂,生也。"《广雅·释诂》:"毂,养也。"谷神者,生养之神。另据严复在《老子道德经评点》中的说法,"谷神"不是偏正结构,是联合结构。谷,形容"道"虚空博大,像山谷;神,形容"道"变化无穷,很神奇。

②玄牝(pìn):玄,原义是深黑色,在《老子》书中是经常出现的重要概念。有深远、神秘、微妙难测的意思。牝,本义是指雌性的兽类动物,这里借喻具有无限造物能力的"道"。玄牝指玄妙的母性。这里指孕育和生养出天地万物的母体。

③门:指产门。这里用雌性生殖器的产门来比喻造化天地生育万物的根源。

④绵绵:连绵不绝的样子。

⑤若存:据宋代苏辙解释,是实际存在却无法看到的意思。若,如此,这样。

⑥勤:作"尽"讲。

**【译文】**

生养天地万物的道(谷神)是永恒长存的,这叫作玄妙的母性。玄妙母体的生育之产门,这就是天地的根本。连绵不绝啊!它就是这样永存,作用是无穷无尽的。

# 【解析】

　　"谷神"指的是宇宙源起时动的信息。这个动的信息产生之后在没有其对手的情形下就一直延续下去。这相当于关于运动的伽利略实验的结论：一个没有阻力干扰的动点会一直延续下去。但是，古中国人关于"道"之"动"的观念与伽利略实验所得的观念还是有所不同的，因为古中国人关于"道"之"动"的观念与其从所有现象中所总结出来的宇宙的逻辑定律箭头"一"发生着关系，以该定律作为其观念的基础；而伽利略实验所得的观念虽然后来成为所有一切科学活动的基础，但是其本身却缺少理论基础。按照实际观察而得到的关于宇宙的逻辑定律箭头"一"的描述，一切都有一个始点也有一个终点。所以对于最初出现的"动"也就可以假设其有一个终点，如此"动"就转变为了一个在有界的轨迹上运动，虽然"动"的趋势可以是无限的，但是其"动点"（老子在第二十二章中将其称为"信"）的运动范围却被转化成了"有限"。"道"正是凭借这样的观念逐渐建立起了一个完美的可以无限膨胀的（有界）宇宙模型。

　　"玄牝之门"等于第一章的"众妙之门"。老子表示所有的玄妙（微小）因素都通过"门"产生而后发展起来。"门"是古中国人在表述宇宙起源时用得最广泛的形象比喻。"牝"指女性，也指女性生殖器，这里用后一义。老子是在以母性的力量来形象地比喻宇宙生生不息的现象。老子在其整本书中都贯串着对伟大的母性"生"的力量的赞美和尊崇。

　　"谷神不死，是谓玄牝。玄牝之门，是谓天地根。绵绵若存，用之不勤。"

　　谷道中真炁不脱，才能成为化生大道的母体。化生大道母体的门户，就是天根和地根。任其真息往来，缠缠绵绵，若有若无，不可刻意求之。

　　"守中"的目的在于使"谷神不死"，自我之所以能够孕育真朴，全赖此火候。玄：道体。天地根：天根和地根。绵绵若存：天地相接，二气相交，缠缠绵绵，不要过于执着。用之不勤：强调应有所克制，不可操之过急。

就治国而言，这一章是强调精神的沟通作用。只要统治者和人民群众同心同德，一切按客观规律办事，人间盛世自然来临。

## 【证解故事】

### 故事一：

齐威王即位不久，即拜邹忌为相。邹忌不负众望，矢志改革，精心治国。齐威王更是秉公任贤，对各级政务都亲自过问，对属下各级官吏的政绩，都做过认真考察，做到贤者任用，庸者辞退，恶者惩罚，决不姑息迁就。

有一次，邹忌听说即墨大夫受到诋毁而东阿大夫却受到赞誉。他便把这件事禀告了齐威王，齐威王就查问左右的人，听他们的说法和邹忌所反映的没有什么不同。他又派人去做进一步的实地考察，认为等确实搞清楚事情的真相再下结论不迟。

齐威王认为，确定下属的好坏，主要看下属的政绩如何，百姓是否安居乐业，而不能偏听偏信。一切都调查清楚了，齐威王便把即墨大夫和东阿大夫招来朝廷，并召集群臣参加。齐威王对即墨大夫说："自从你当了即墨大夫以后，时间不长，诋毁你的言论便一个接一个，说得你是一无是处，不能再让你继续做大夫了。现在，我派下去的人到了你那里一看，你所管辖的地区，荒野得到开垦，人民生活富庶，官吏忠于职守，人人尽职尽责，没有人浮于事的现象，东方得以安宁，人人安居乐业。但是你只知道埋头治理政务，没有时间来疏通我，也没买好我的左右，所以你得到的不是赞美而是无故的诽谤。我认为你是一位忠于职守、治理有方、办事贤明的地方官，对你的出色政绩给予适当的表彰。"于是对即墨大夫封土地万顷、金银匹缎一车。

齐威王又把东阿大夫叫到跟前，严厉地对他说："自从你当了东阿大夫以后，我听到的尽是说你如何如何好，如何会治理政务，没有听到说你不好的。可是，我派人下去到你管辖的地区察看，才发现你所治理的地方竟仍然是荒芜的田野，杳无人烟，百姓吃不上饭，冬季无棉衣御寒，一派民不聊生的景象。以前，赵国的军队开到你那里，面临异国的侵犯，你不能有效地进行抵抗。你只会用金银财宝收买我的左右，让这些人为你说好话，来取得对你的好感。其实，你为政不廉，治理无方，只会拉关系。现在，要对你进行惩罚。"然后，喝令武士把东阿大夫和为他说好话的人一同拉出去斩了。

臣下们看到齐威王办事秉公，处理事情果断，任人唯贤唯能，不受阿谀奉承之惑，个个心悦诚服，人人竭尽全力地为国家效劳，不敢有半点松懈，也不敢再欺上瞒下，形成一个以事业为重的局面，使齐国逐步强大起来。

一个国君或一个领导，如果不能正确地处理国家事务，不能秉公办事，偏听偏信，任人唯亲，则国家日益衰败。反之，则日益强盛。

**故事二：**

周穆王得到八匹名马，驾着它们去拜访西王母，回来后，又驾着八骏去讨伐徐偃王，并灭掉了他，于是就设立了天闲、内厩和外厩三种马厩。把八骏马放在天闲里喂养，每天喂料一石；次一等的马放在内厩，每天喂料八斗；再次一等的马放在外厩，每天喂料六斗；那些达不到以上这三等标准的马称为散马，每天喂料五斗；在散马之下的是民马，不属于官府饲养之列。周穆王任造父掌管马政，天下没有一匹好马在民间。并按马的上下等级对待各类养马的人，他们对自己的待遇，也没有一个不甘心的。

后来，穆王死了，造父死了，八骏也死了，马的好坏没有人能分辨得了，而后就按马的产地来区分了。因此把冀地北部产的纯色马作为上等，放在天闲喂养，用来驾驭君王的车辆；那些杂色的马作为中等，放在内厩喂养，用来做驾车空缺的备用和打仗用；冀地南部和济河以北产的马放在外厩喂养，供诸侯和君王的公卿大夫及出使到四方去的使臣们乘用；江淮以南产的马称作散马，用来传送信息和干各种杂活，不承担重大事情。那些喂养它们的马官待遇，也按所管马的等级不同而不同，按造父先前的规定办。周夷王末年盗贼四起，内厩的马应当担负作战任务，但它们都饱食终日，且骄横自大，一听到钲鼓声，便吓得往后退，一看见旌旗飘就四处逃跑。于是就改用外厩的马参战。内外两厩的马官相互争吵了起来，管内厩的说："我们的马是驾乘舆用的。"管外厩的则说："你们的马吃得多而用处少，那为什么还比我们高一等？"两家争论不休，就被夷王知道了。夷王和大臣都对内厩的马有偏心，便让外厩的马参战了。出战不久，便与盗贼相遇了，外厩的马冲在前面，盗贼败逃。内厩马还是凭着高一等充功，于是外厩的人马都为此而懈怠了。盗贼乘机便攻击它们，内厩的人马首先逃奔，外厩的人马看着也不救援，也四处逃奔，结果那些高头大马全部覆没。夷王非常恐惧，就下令放出天闲里的马。天闲里的马习惯在平安的环境里驾车，不习征战。天闲的马官就把这情况告诉了夷王，夷王又改令散马去迎敌。管散马的人说："打仗要靠力气，吃得饱就力强。现在那些比我们的马吃得多的马尚且不能承担，而我们这些力气少而又常服重役的马，恐怕更不能胜任了吧。"夷王听了后，自我反省并深感惭愧，就安慰了养散马的人，便派遣散马去迎敌，并且下令让他们享受上等人马的待遇，但粮仓里的粮食已不够吃了，命令只是一句空话罢了。于是四种马在田野里乱跑，看见庄稼便吃，闹得农民不能种庄稼，那些老弱病夫都饿死了，而那些壮年人都投奔盗贼了，那些马也像这些人一样逃跑了。夷王没有马，不能组织起军队，天下一片萧条冷落的景象。

人才兴则国家兴，人才亡则国家亡。要使国家兴旺发达，必须及时发现人才，合理使用人才，不能按其出身贵贱而另眼相待，而要知人善任，量才使用，论功行赏，否则就会埋没人才，浪费人才，给国家带来巨大损失。

**故事三：**

公元 579 年，南北朝北周宣帝驾崩，幼帝宇文阐即位，封外公隋公杨坚为左大丞相。杨坚权倾朝野，雄心勃勃。相州总管（官职名）尉迟迥不服杨坚，欲出兵攻打。杨坚特派韦孝宽前往，替换尉迟迥。但韦孝宽知道尉迟迥想害死他，所以故意放慢行程。尉迟迥派韦孝宽的侄儿魏郡太守韦艺来刺探情况。韦孝宽知道侄儿是尉迟迥的同党，对韦艺严加审问，弄清了尉迟迥确有加害自己的阴谋。

韦孝宽拧紧了双眉，心急如焚："尉迟迥蓄谋已久，意欲杀死我后再起兵攻打杨大人。现在我迟迟不去就任，他肯定会马上派人来追杀。他若追来，我的性命难保啊！"一会儿，他的双眉舒展开了，"现在只能如此这般了。"

韦孝宽带着韦艺和一行随从向西逃跑。每到达一个驿站，韦孝宽都郑重其事地吩咐驿站管事的小官："快准备好酒好菜，蜀公尉迟迥大人将要大驾光临，你们要隆重接待，热情款待！"临动身离开时，韦孝宽又命令手下将驿站的好马统统牵走。

果然不出韦孝宽所料，他们走后不久，仅同大将军梁子康奉尉迟迥之命率几百人马追杀而来。他们一见驿站内摆满好酒好菜，个个垂涎欲滴，哪有心思追赶韦孝宽呢？何况，追了这么长时间，肚子正饿得咕咕叫了。众将士忙扔下兵器，争先恐后坐在酒桌旁，猛喝大嚼。一站接一站，每个驿站都摆好了美酒佳肴。他们吃了一顿又一顿，耽误了追击韦孝宽的时间。吃得酒足饭饱，正欲吆五喝六地换马时，谁知驿站的好马都给韦孝宽带走了。他们没办法了，只好慢慢地赶路。

此时的韦孝宽他们，却一站一站地换走骏马，快马加鞭，逃出了死神的控制。

若非这些猛员大将贪图一时的口腹，而延误了时间，韦大人的命也休矣。可见，小处着眼同样也能成就一些人和事。

**故事四：**

春秋初年，卫庄公宠爱三子州吁。庄公死后，公子完继位，是为桓公。桓公生性懦弱，任州吁胡作非为。老臣石碏看到局面难以收拾，便借口年老体衰，辞官在家静观局势。州吁看到在朝中声望最高、有可能对自己加以限制的石碏退隐了，心中大喜，行为更加肆无忌惮，加紧了篡夺君位的行动。

首先，他找到石碏的儿子石厚。石厚与他父亲正相反，惯会趋炎附势，为虎作伥。两人臭味相投，一拍即合，设下一条弑君夺位的毒计。原来，前几天，周平王去世了，太子姬林即位，依照惯例，卫桓公应去祝贺。州吁和石厚决定借在城外送行的机会动手。

第二天，卫桓公上路，州吁在城西酒馆设下盛宴，躬身向桓公进酒。桓公一饮而尽，斟酒回敬州吁。州吁假装失手，酒杯落地，借弯腰捡酒杯之际，从靴中抽出刀子，刺死了卫桓公。石厚按照预先设的计，已带兵占领了城门，开门迎州吁回城，宣布桓公突得暴疾死在去雒京的路上，由州吁即位为君。州吁封石厚为上大夫，统领卫国军队。从此二人更加肆无忌惮，把卫国搅得天昏地暗。

州吁即位不久，国中渐传他的弑君丑事。舆论纷纷扬扬，使州吁觉得地位不稳，忙找石厚商量。石厚说："计谋只有一条，就是重请我父亲入朝。他在朝中声望很高，若他能真心辅佐您，定会平息舆论的。"州吁一听大喜，忙让石厚去请石碏。

石碏对暴君逆子的所作所为已听在耳中，气在心里，早想出面收拾局面，只苦于没有机会，今见州吁派人来请，心想：天不灭卫，机会来了！于是欣然出山。

到了朝廷，石碏对州吁说："要想平息舆论，保住君位，只有请周王下一诏令，封您为卫君。要想得到这一诏命，只有请有影响的国君代为转奏保荐才行。如今周天子最宠信陈桓公，您若能带上礼物到陈国去请求，陈桓公定会相助的。"州吁一听大喜，择下吉日，决定到时候带石厚为助手前去向陈桓公求情。石碏一看暴君中计，忙写了封信，派亲信送给陈国的执政大臣、自己的挚友子针，请他劝陈桓公借机捉拿州吁和石厚，帮卫国匡持正义。陈桓公在子针的劝说下同意了石碏的计划。州吁和石厚到了陈国，果然被陈桓公缚住。陈桓公想将二人就地正法，可又觉得石厚是石碏的独生子，下不了手，于是派人去问石碏。

石碏接到使臣的信，整装上朝，当众宣读了陈桓公的信，告诉大家暴君和逆子都已在陈国被捉，请大家看如何处置。州吁和石厚的所作所为早已引起了公愤，大家一致同意在陈国把州吁处死。至于石厚，碍于石碏的面子，大家主张放回来教诲开导。石碏拍案而起，说："州吁之恶，非得逆子相助不至于此，统统杀无赦！"大家都佩服石碏大义灭亲的精神。州吁和石厚在陈被正法，卫国又拥立了新君，从此走上了正常轨道。

石碏出主意让州吁到陈国求情，明里是帮助州吁，实际上早设好了陷阱，让州吁完蛋。这种明助暗坑的计谋常被后人学用。

石碏正是运用了这样的策略，没有花费任何的力气就得到了成功。同时，他大义灭亲的品质也是让人敬佩的。这样的人才是真正的大智慧者，为了国家的稳定出谋划策，真的了不起！

**故事五：**

公元 561 年，北周把勋州所在地设在玉壁郡，任命韦孝宽为刺史。

韦孝宽这个人足智多谋，而且重信轻财，知人善任。尤其在当时混战时期，他非常看重获取信息情报。他曾在北齐安插了自己的亲信。有一次，北周的一个守城将领暗中派人去北齐联系，要投降北齐。北齐那边韦孝宽的亲信马上把消息报告给韦孝宽，他及时清除了这个想投降的将领，保住了城池。

北齐的军队经常侵犯北周边境。韦孝宽决定加高城墙，加深城外壕沟，以防御敌人进攻。他派将领姚岳带兵百余人，征发民工数万人修筑城池。

姚岳看到由自己带百十人的兵士，心里害怕不敢去。韦孝宽一席话使姚岳茅塞顿开："这座城池最多十天可完工。这里离北齐国都四百余里，我们动工后，他们要两天后才能得知消息，然后三天才能调齐军队，再筹划商议又要两天。等他们来到时，我们的城垣壕沟早修好了。"

姚岳信心十足地按韦孝宽的计划执行。北齐军队果然在六七天后才有部分赶到。他们怀疑有大军在民工身后埋伏，就停止不前，等主力部队来了再说。韦孝宽又命令在附近山头埋伏小部队，到晚上出来纵火。北齐人望见周围很多火光，更不敢妄动。他们宁可退兵，也不敢误入韦孝宽的军营埋伏。

于是姚岳顺利地把城修好，使北齐不敢再来侵犯。

韦孝宽首先有一个准确的信息来源，来了解对方的军况，另一方面利用对方信息不畅的特点为己方赢得时间差，最终令对方面对坚固的城池而无可奈何。

# 第七章

【原文】

　　天长地久①。天地所以能长且久者，以其不自生②，故能长生。是以圣人后其身而身先③，外④其身而身存。以其无私，故能成其私。

【注释】

①天长地久：长、久，均指时间长久。

②以其不自生：因为它不为自己生存。以，因为。

③身：自身，自己。以下三个"身"字同。先：居先，占据了前位。这里是高居人上的意思。

④外：是方位名词作动词用，使动用法，这里是置之度外的意思。

【译文】

　　天长地久，天地之所以能长久存在，是因为它们不为了自己的生存而自然地运行着，所以能够长久生存。因此，有道的圣人遇事谦退无争，反而能在众人之中领先；将自己置之度外，反而能保全自身生存。因为他无私，所以能成就他的自身。

【解析】

　　"天长地久。天地所以能长且久者，以其不自生，故能长生。"

　　自生，为自己谋生。

　　天地之所以长久，是因为天地都不为自己谋生。天和地是对立统一的、不可分离的，天因地而生，地因天而存。天地无私，故能天长地久。所以，无私才合乎自然规律。

　　"是以圣人后其身而身先，外其身而身存。"

世界上的万事万物都是矛盾的统一体，同样，作为万物之灵的人也不例外。为了有形的身体而生活，人生价值观自然就是无止境地追求金钱财富，目的在于以有形养有形，满足自我外部感官的需求。这样一来，身体就有灾难了，因为人的欲望是没有满足的。无尽的欲望必然导致阴阳失调，内外失衡，身体各种疾病接连不断，以至于未老先衰，黄泉早赴。圣人则不是这样，他明白灵魂和身体的关系，即只有保持灵魂和身体的平衡，才能确保身心健康。因此，圣人治身不片面追求有形物质来养身，而是先育法身。法身是灵魂的化身，正气的凝聚，相对于有形的肉体（色身）而言。《西派真传》说："抱吾法身，养吾色身，色法兼养，性命双修。"其结果是法身未现，色身却首先得以强壮——"后其身而身先"。因为健康的身体是法身显现的基础。

圣人把色身置之度外——外其身，始终关注着法身，反而延长了寿命——身存。色身和法身是对立统一的，自我无私以养法身，法身无私以治色身，法身存则色身存，法身失则色身亡。

"以其无私，故能成其私。"

并非圣人没有私心，只是因为圣人彻悟了大道，才能够成全他健康长寿的私心。

圣人"身先""身存"之私的实现，是深明先与后、内与外、本与末、人与己的辩证关系的结果。

老子根据宇宙法则揭示了人生法则，而人生法则又贯穿着社会法则。他的"后其身而身先""外其身而身存"的思想，正是"先天下之忧而忧，后天下之乐而乐"的原形。治理国家，只要时时把人民的利益放在前面，自然能够得到人民的拥护和爱戴，从而体现人生价值，获得人生幸福；为了肉体而活着的人，生命不会长久；为了人民的利益而活着的人，只要是社会存在，他的英灵就不会消失，因为他永远活在人民心中。

本章是老子的符合利己主义的利他主义思想。利他在前，利己在后；无私在前，成私在后，无私而成其私。老子以天人合一的境界，把宇宙、人生和社会看成是一个统一的整体，从而要求人与人之间要爱而忘私、和谐相处，由此而形成利他主义、集体主义的价值观。无私是合乎道的美德，只有用以利他主义、集体主义为中心的价值观来取代以利己主义、个人主义为中心的价值观，人类才能实现整个世界和谐有序的最大私心。

**【证解故事】**

**故事一：**

老子"以其无私，故能成其私"的论述，堪称人生智慧的经典。老子这句话所说的人生智慧就是：人们如果以无私的心去帮助别人，最终受益的将会是自己。

或许很多人都无法理解这一智慧的现实意义与真实性，然而在真实生活中，这样的人生智慧却一直影响着我们的生活，只是存在于少数能够看到这点的人身上而已。

美国南部的一个州，每年都举办南瓜品种大赛。有一个农夫的成绩相当优异，经常是首奖及优等奖的得主。他在得奖之后，毫不吝惜地将得奖的种子分送给街坊邻居。

有一位邻居就很诧异地问他："你的奖项得来不易，每季都看你投入大量的时间和精力来做品种改良，为什么还这么慷慨地将种子送给我们呢？难道你不怕我们的南瓜品种因而超越你的吗？"

这位农夫回答："我将种子分送给大家，帮助大家，其实也就是帮助我自己！"

原来，这位农夫所居住的城镇是典型的农村形态，家家户户的田地都毗邻相连。如果农夫将得奖的种子分送给邻居，邻居们就能改良他们南瓜的品种，也可以避免蜜蜂在传递花粉的过程中，将邻近的较差的品种转而传染自己，这位农夫才能够专心致力于品种的改良。相反地，若农夫将得奖的种子私藏，则邻居们在南瓜品种的改良方面势必无法跟上，蜜蜂就容易将那些较差的品种传染给自己，他反而必须在防范外采花粉方面大费周折而疲于奔命。

由此可见，这位农夫大公无私的奉献，最终受益的还是他自己。

**故事二：**

许多人做事情的时候喜欢将事情做绝（对于那些自认为没有利

用价值的人来说），这就如同做生意"一锤子买卖"一样（从不给别人留下任何喘息的机会），这样的人目光短浅，丝毫看不到其中的利害，以至于做人，人失败；做生意，生意亏本。

做人就应该将目光看得远一些，不把事情做绝，这样也是为自己留了条"后路"。

战国时期，齐国的孟尝君广招天下宾客，不管宾客有无才能，他都一律以礼相待，奉为上宾。

有人劝孟尝君不要这样，说："你志在求取贤人，帮助你建功立业，如今很多无才无德的人混了进来，骗吃骗喝，而你却视而不见？"

可孟尝君回答说："我只不过破费些钱财，可赶走他们，他们就会以我为仇了，谁知道会有什么祸事发生呢？"

孟尝君这样仁义，可有人还是不领情，一个宾客竟勾搭上了他的一位小老婆，暗地里私通。这是普通男人都难以接受的事，孟尝君知道后却十分平静。他不主张惩治那个宾客，反而为他开脱说："男人喜爱美色，这是人之常情。要怪，也要怪我的小妾淫荡无耻了。如果她遵守妇道，这种事就不会发生了。"

孟尝君的手下人又气又怒，坚持要把那个宾客治罪，他们说："你讲仁义，原谅他人的过错，所以他们才会胆子越来越大。如今这种无耻的事都出来了，再不严办，我们都没脸待下去。你三番两次替坏人说话，你到底为了什么呢？"

孟尝君说："为了我自己啊！我树大招风，说不上哪一天就会大难临头，到了那时，只有我的仁义才会救我。人心都是肉长的，我今天给人留条活路，他日人家才会卖力帮我。这也是我不咄咄逼人的原因。"

一年之后，孟尝君又推荐那个宾客到卫国为官。那个宾客感动万分，日夜想要报答孟尝君的恩情。

后来，齐国和卫国关系恶化，卫国国君想要联合其他诸侯攻打齐国。这时，那个宾客冒死进谏，他对卫国国君说："我并没有什么才能，多亏孟尝君的推荐，这才被大王器重。大王和齐国交战违背盟约，也不会占什么便宜，不该如此草率。大王如果坚持攻打齐国，我就死在大王的面前。"

在那位宾客的努力下，齐国避免了战祸，渡过了危机。孟尝君受过多次挫折，都依赖他的宾客之力一一化解。他关心别人，为他人着想，结果受惠最多的还是他自己。这就是他屹立不倒的根本原因。

许多人求功心切，为了自己的目的，损人利己，他们认为只有这样就能一步登天，其实他们大错特错了。成功需要别人相助，灾难更需要他人援手，没有朋友便会死路一条。如果一个人极端自私，人们自会处处和他过不去，拆他的台，这样的人绝不会有大成就的。

"一分耕耘，一分收获"，我们不要总想学会如何去得，而是要学会如何去舍，懂得了付出才会懂得取得，有付出才能有回报，没有无回报的付出，同样也没有无付出的回报，付出越大，回报越大。为人为己也是如此，只有为别人着想，别人才会反过来帮助自己。

**故事三：**

曹操在官渡大败袁绍后，整顿军马，北渡黄河，直追袁绍。袁绍不甘心失败，为报仇雪耻，又纠集河北四州之兵，至仓亭扎寨，准备与曹操决一死战。袁、曹两军对峙，各布阵势。第一次交锋，曹军徐晃部将史涣死于袁绍第三子袁尚的利箭之下。

曹操失去史涣一将，心中烦闷，说："似这样对阵相互厮杀，何时是个了局？"谋士程昱献计道："秦末楚汉相争，高祖皇帝运用十面埋伏之计，使项羽自刎身亡。我们何不效法？"曹操说："愿你详细讲一讲。"程昱说："将我军退至黄河边上，背水为阵，伏兵十队，引诱袁绍追赶我军。"左右大惊道："如此，我军岂不太危险了？"程昱笑道："兵法说，置之死地而后生。我军无退路，必须死战，即可稳胜袁绍。"

曹操采纳了程昱的计谋，将全军分列左右各五队。左列：一队夏侯惇，二队张辽，三队李典，四队乐进，五队夏侯渊；右列：一队曹洪，二队张郃，三队徐晃，四队于禁，五队高览。许褚为中军先锋。第二天，十队人马先行，埋伏在两侧。到了半夜，曹操同许褚率军前进，装着偷袭袁寨的样子。

袁绍见状，笑道："曹操这下子要喂鱼了。"尽发五寨人马，迎战许褚。许褚拨马撤退，袁绍驱军赶来，喊杀之声不绝。等到天亮，袁绍将许褚逼到河边。曹军已无退路，曹操大喊："后有追兵，前是绝境，大家为什么不决一死战？"曹军听了，一齐掉头奋力向前冲杀。许褚一马当先，挥刀斩杀袁军十来个将领。

袁军大乱，只好撤退。退了一段路，几声"咚咚"战鼓响，左边夏侯渊、右边高览两支兵马冲出，袁绍带领三个儿子一个外甥，死命冲出一条血路。又跑了十来里，左边乐进、右边于禁杀出，杀得袁军尸横遍野。又跑了数里，左边李典、右边徐晃两支人马截杀过来，袁绍父子胆战心惊，奔入寨门，令军队埋锅造饭，正要吃时，左边张辽、右边张郃，径直前来冲寨。袁绍慌忙上马，率部奔向仓亭，人困马乏，正要休息，不料后面曹操率大军赶来，袁绍拼命逃离。正走间，右边曹洪、左边夏侯惇，挡住去路。袁绍大叫："如果不拼死一战，我们都要给活捉了！"奋力冲杀一阵，侥幸逃出重围。袁绍抱住儿子们大哭一场，长叹道："我经历战事数十次，从没有像今天这样狼狈！"说完，命令部将回各地整顿军务，自己带着袁尚到冀州养病去了。

尽管"置之死地而后生"能激发人的极限潜力，但是它的运用需要很高的技巧和适当的条件，也是一种高风险的战略战术，今天我们倡导以人为本，此种做法更应慎用。

**故事四：**

东汉末年，黄巾农民起义，朝廷命将领朱俊率部前去弹压。当时黄巾军赵弘、韩忠扼守宛城。朱俊下令攻城，韩忠出城迎战。朱俊派刘备、关羽、张飞攻击该城的西南部。韩忠率领精锐部队兼程赶往西南部阻击。这时，朱俊避实就虚，趁机带领两千精锐骑兵向该城的东北部发起袭击。黄巾探子飞报韩忠，韩忠生怕丢失城池，急忙率部返回。刘备等便从背后追杀过去。在前后受敌的情况下，韩忠只得败入宛城。朱俊当即以重兵团团包围了宛城。日子一久，城中渐渐弹尽粮竭，韩忠无奈，只得派人出城请求投降。朱俊严辞拒绝。

刘备劝告道："过去我们高祖皇帝夺取天下，都是因为能够接收投降者，招抚顺从者，以致四海归心，一统神州。您为什么拒绝韩忠的投诚呢？"

朱俊笑道："你有所不知，这叫此一时，彼一时啊！秦朝末年天下大乱，没有一个稳定的政治家来治理人民，所以要用招抚手段来凝聚民心。今天国家统一，只有黄巾造反，如果容许他们投降，就不能劝善惩恶。他们认为有机可乘便随心所欲地抢掠，失利时便投降，以保生命富贵。所以这是助长他们的气焰，不是好办法啊。"说完，挥手让刘备退下，传令三军拼力攻城。谁知使尽办法攻了几日，竟不能得手。

一天，刘备又对朱俊献计道："您不允许他们投降，我也赞成。只是今日我军四面将宛城包围得像铁桶一般。敌人请求投降不准，必然死战到底。万众一心，尚且不可抵挡，何况城里还有数万亡命之徒呢。古代军事家孙子说'围城必阙'。我看不如将包围城池东南方的军队撤去，我们全军专攻西北方。这样，敌人以为有生路，必定弃城逃跑，我军趁势追杀，敌酋即可手到擒来。"

朱俊沉思半晌，采纳了刘备的计谋。果然，韩忠率部向宛城东南方撤退，朱俊、刘备、关羽、张飞等指挥全军追击，射死韩忠，其余部下死的死，伤的伤，四面溃散。

众所周知，刘备是历史上善用人的一个皇帝，他能看清形势，以退为进，不愧为一代英豪。

# 第八章

【原文】

上善若水<sup>①</sup>。水善利万物而不争，处众人之所恶<sup>②</sup>，故几于道<sup>③</sup>。居善地，心善渊<sup>④</sup>，与善仁<sup>⑤</sup>，言善信，政善治<sup>⑥</sup>，事善能，动善时<sup>⑦</sup>。夫唯不争，故无尤<sup>⑧</sup>。

【注释】

①上善若水：上，最的意思。上善即最善。这里老子以水的形象来说明"圣人"是道的体现者，因为圣人的言行有类于水，而水德是近于道的。

②处众人之所恶：即居处于众人所不愿去的地方。

③几于道：即接近于道。几，接近。

④渊：沉静，深沉。

⑤与善仁：与，指与别人相交相接。善仁，指有修养之人。

⑥政善治：为政善于治理国家，从而取得治绩。

⑦动善时：行为动作善于把握有利的时机。

⑧尤：怨咎、过失、罪过。

【译文】

最善的人好像水一样。水善于滋润万物而不与万物相争，停留在众人都不喜欢的地方，所以最接近于"道"。最善的人，居处最善于选择地方，心胸善于保持沉静而深不可测，待人善于真诚、友爱和无私，说话善于恪守信用，为政善于精简处理，能把国家治理好，处事能够善于发挥所长，行动善于把握时机。最善的人所作所为正因为有不争的美德，所以没有过失，也就没有怨咎。

## 【解析】

"上善若水。水善利万物而不争，处众人之所恶，故几于道。"

上善，合乎道的意识、行为。几于道，接近于道或相似于道。

上善之人（圣人）具有近似于水的特性。水的行为表现为利于万物而不与万物争宠，始终停留在众人所厌恶的低下、隐蔽之处，所以，水具有近似于道的特性。

"居善地，心善渊，与善仁，言善信，政善治，事善能，动善时。"

"居善地"，水停留的地方都是众人厌恶的低洼之地；圣人选择的住宅则是不引人注目的地方，这样可以给生活带来安定并有利于修道。

"心善渊"，水渊则藏，含而不露；圣人虚怀若谷，从不自我炫耀。

"与善仁"，水利万物而不害万物；圣人处世仁慈，无私奉献而不图回报。

"言善信"，水虽不言，却避高趋洼，平衡高低，有着至诚不移的规律性；圣人言行一致，以诚信为本。

"政善治"，水可以冲洗污垢，刷新世界；圣人为政，清正廉洁，善于消除腐败。

"事善能"，水能静能动，能急能缓，能柔能刚，能内能外，能升能隐；圣人做事，"处无为之事，行不言之教"，一切遵循客观规律。

"动善时"，水，冬雪夏雨，随着季节的变化而变化，不违天时；圣人做事审时度势，伺机而动。

"夫唯不争，故无尤。"

"夫唯"，正因为，承上启下，总结上文得出结论。

水的特性近似于道的特性，水的特性就是圣人的特性。圣人与世无争，一切遵循自然规律行事，不主观妄为，反而获得了别人所无法争到的东西，这正是不争之争。一个始终按客观规律办事的人，自然不会有过失。

老子心目中的"不争"，即要求个人在处世过程中要具有谦退而不你争我夺的品格，能在合适的位置上，即便是处在十分卑下的地方，也能始终如一地永远付出着，能够"心善渊""事善能"，充分实现自己的人生价值，而没有怨咎、遗憾、悔恨。

进一步而言，老子的"不争"并非是消极我们的头脑，而是让我们能够以冷静的心态面对那些没有意义的纷争，省出更多的时间做那些更有意义、更有价值的事。老子的"不争"正是让我们不要去争一时的高下，而是积蓄力量去争取人生更长远的成功。

在上一章以天地之道推及人道之后，这一章又以自然界的水来喻人、教人。老子首先用水性来比喻有高尚品德者的人格，认为他们的品格像水那样，一是柔，二是停留在卑下的地方，三是滋润万物而不与之争。最完善的人格也应该具有这种心态与行为，不但做有利于众人的事情而不与争，而且还愿意去众人不愿去的卑下的地方，愿意做别人不愿做的事情。他可以忍辱负重，任劳任怨，能尽其所能地贡献自己的力量去帮助别人，而不会与别人争功争名争利，这就是老子"善利万物而不争"的著名思想。

老子说："上善若水，水善利万物而不争，此乃谦下之德也；故江海所以能为百谷王者，以其善下之，则能为百谷王。天下莫柔弱于水，而攻坚强者莫之能胜，此乃柔德；故柔之胜刚，弱之胜强坚。因其无有，故能入于无之间，由此可知不言之教、无为之益也。"

他认为上善的人，就应该像水一样。水造福万物，滋养万物，却不与万物争高下，这才是最为谦虚的美德。江海之所以能够成为一切河流的归宿，是因为它善于处在下游的位置上，所以成为百谷王。

在本章中，老子用水之特征和作用来比喻最优秀的领导者所应该具有的人格特征。水最基本的特征和作用主要有四点：一、柔弱，水是天下最为柔弱的东西；二、水善于趋下，善于处在低下的位置，善于停留在卑下的地位；三、包容、宽容，小溪注入江河，江河注入大海，因而水具有容纳同类的无穷力量；四、滋养万物而不与相争。老子认为，最优秀的领导者，具有如水一般的最完善的人格。这样的人，愿意到别人不愿意到的地方去，愿意做别人不愿意做的事情。他们具有骆驼般的精神和大海般的肚量，能够做到忍辱负重、宽宏大量。他们具有慈爱的精神，能够尽其所能去帮助、救济人，甚至还包括他们所谓的"恶人"。他们不和别人争夺功名利益，是"善利万物而不争"的王者。

世界上最柔的东西莫过于水，然而它却能穿透最为坚硬的东西，没有什么能超过它，例如滴水穿石，这就是"柔德"所在。所以说弱能胜强，柔可克刚。

"上善若水"，是说水具有滋养万物生命的德性。它能使万物得到它的利益，而不与万物争利，故天下最大的善性莫如水。正如古人所说的："到江送客棹，出岳润民田。"凡是能利物、利人之事，水都尽力去为。水的这种特性，可谓之"上善"。

不见其形的东西，可以进入到没有缝隙的东西中去，由此我们知道了"不言"的教导，"无为"的好处。

老子在自然界万事万物中最赞美水，认为水德是近于道的。而理想中的"圣人"是道的体现者，因为他的言行有类于水。为什么说水德近于道呢？王夫之解释说："五行之体，水为最微。善居道者，为其微，不为其著；处众之后，而常德众之先。"以不争争，以无私私，这就是水的最显著特性。水滋润万物而无取于万物，而且甘心停留在最低洼、最潮湿的地方。在此后的七个并列排比句中，都具有关水德的写状，同时也是介绍善之人所应具备的品格。老子并列举出七个"善"字，都是受到水的启发。最后的结论是：为人处世的要旨，即为"不争"。也就是说，宁处别人之所恶也不去与人争利，所以别人也没有什么怨尤。

公元前 516 年，老子回到了家乡。这时比老子小二十岁的孔子曾拜访过老子，向老子请教学问，典故"孔子问礼"就是这样来的。孔子将老子比作"龙"，来形容老子的深不可测、难以琢磨。二人见到山中流淌的溪水，孔子说："逝者如斯乎"，老子却说："上善若水"。信奉"礼教仁义"的孔子与一心想"回归自然"的老子两位圣人之间的交流，为后来儒家思想和道家思想的融合铺下了奠基。

本章以水的特性阐述了圣人为而不争的高尚品质。不争是顺应自然法则，只有效法自然，才能没有忧患，充分体现了老子的自然主义思想。

## 【证解故事】

### 故事一：

有纷争就会产生矛盾，有矛盾就会造成伤害，我们只有让内心平静下来，将那些不知的争吵、纷争的事情看得淡了，才会如老子所说"夫唯不争，故无尤"。

有这么一位学校的校长，为人很好，也很谦虚。一次他因为要去参加一个研讨会，由于开研讨会的地方道路不好走，只能坐机动三轮车去，车主为了能多赚些钱，便又拉来了一个顾客，那个顾客是一位妇女，看看三轮车上已经坐了一个人，便指明了要坐那个校长已经坐下的位子，不愿坐后面。

校长本来就为人和善，不愿与人争执，何况又是一位女士，便把位子让了出来，坐到了后面的一排。

谁知道机动三轮车没开出多远，就出了车祸，坐在校长原来那个位子的妇女当场就死了。而这位校长只断了三根肋骨，但人活下来了。

在某种意义上，不能不说是这位校长的"不争"挽救了他自己，使他逃过了这一劫。

### 故事二：

俗话说"多一事不如少一事"，好事多了也会扰乱人的心绪，动摇人的意志。人是十分脆弱的，也是经不起诱惑的，不拼命追求好事，也是对自己的爱护。人们应该有顺其自然的心态，凡事不要过于强求。

在许多企业热衷于把自己定位于行业"龙头"、集团"航母"、销量"第一"的时候，国内厨具知名品牌"方太"的当家人茅理翔却提出与众不同的观点："不争第一，甘当老二。"

方太集团董事长茅理翔认为，老大、老二均是行业的首领，何必一定要去争老大呢？更何况第一也好，第二也罢，关键在于谁是强势品牌，能永远立于不败之地才是长寿企业。尤其是正处于企业成长阶段，定位于"老二"更有助于减少浮躁情绪，稳下心来精耕细作。

对于这样的说法，也可能有人会讥笑说："你没能力拔头筹，才故意自圆其说，这是懦夫哲学。"而茅理翔的理解是："当第一太累了，会成为众矢之的，天天战战兢兢就怕掉下来。事实上，当老二也不是件简单的事；而甘当老二，更难能可贵。现在有很多大企业，扩张太快，几年后立即倒下去。有的图个盛名，内部千疮百孔，不堪一击；有的是泡沫，一有风吹草动，就会破灭。所以，关键还得保持内功，真正能成为长寿企业。"

甘当老二，也是一种策略。老大最怕有人超过他，往往不惜一切手段打击和扼制，不叫老二跟上来；老三老四也往往首先把目标对准老二，以便把他拉下来自己取而代之。所以老二的日子是很不好过的。这时，如果你表个态，不争第一，甚至还要同情第一，保护第一，老大就可能不恨你、不防你，你就可以保存精力，卧薪尝胆了。甘当第二，还有一个理由。方太的市场定位是中高档，而中高档消费阶层不可能占大多数，从市场占有率来讲，市场份额就相对比较小。能长久当老二，就是一个成功者、胜利者。

茅理翔这种甘居第二的态度，同样是老子"不争"的智慧。然而这种智慧对于企业来说，却能使企业不急于求成，走稳企业发展道路上的每一步。把根基立稳了，实力自然就上去了，便不会出现类似秦池酒厂这样的"空架标王"了，在客观上可以称它为一种"不争"中的胜利。

**故事三：**

魏征为唐时名臣，凡是他认为正确的意见，必定当面直谏，坚持到底，决不背后议论，这是他的可贵之处。有一次，唐太宗对长孙无忌说："魏征每次向我进谏时，只要我没接受他的意见，他总是不答应，不知是何缘故？"未等长孙无忌答话，魏征接过话头说："陛下做事不对，我才进谏。如果陛下不听我的劝告，我又立即顺从陛下的意见，那就只有依照陛下的旨意行事，岂不违背了我进谏的初衷了吗？"太宗说："你当时应承一下，顾全我的体面，退朝之后，再单独向我进谏，难道不行吗？"魏征解释道："从前，舜告诚群臣，不要当面顺从我，背后又另讲一套，这不是臣下忠君的表现，而是阳奉阴违的奸佞行为。对于您的看法，为臣不敢苟同。"太宗非常赞赏魏征的意见。

在国家大政方针上，尤其是大乱之后拨乱反正，魏征主张宜快不宜慢，宜急不宜缓。唐太宗即位之时百废待兴。一天，他问魏征："贤明的君主治理好国家需要百年的功夫吧？"魏征不同意太宗的想法，他说："圣明的人治理国家，就像声音立刻就有回音一样，一年之内就可见到效果，二年见效就太晚了，怎么要等百年才能治理好呢？"尚书仆射封德彝嘲笑魏征的看法，魏征说："大乱之后治理国家，就像饿极了的人要吃东西一样，来得更快。行帝道则帝，行王道则王，事在人为，而不是人民是否可以教化。"太宗听从了魏征的意见，积极采取有效措施，只过了三两年，唐朝就出现了贞观之治的局面。

魏征主张取信于民，不要朝令夕改，让人无所适从。唐朝原定18岁的男子才能参加征兵服役。一次，为了多征兵巩固边境，唐太宗要求16岁以上男子全部应征，魏征坚决不同意。他说："涸泽而渔，焚林而猎，是杀鸡取卵的做法。兵不在多而在精，何必为了充数把不够年龄的人也弄来呢？况且这也是失信于民。"唐太宗问自己是否有失信于民的事，魏征举了三个例子。太宗虽然觉得言词尖刻，难听刺耳，但心中仍很高兴，认为魏征忠于朝廷，是以精诚之心辅佐自己以信义治国。于是便下令停止执行征召中男入伍。同时奖赏魏征金瓮一口，以资鼓励。

在个人享乐方面，魏征经常犯颜直谏。有一次，唐太宗想去南山打猎，车马都准备好了，最后还是没敢去。魏征问他为什么没有出去，太宗说："我起初是想去打猎，可又怕你责备，就不敢出去了。"还有一次，唐太宗从长安去洛阳，因为当地供应的东西不好，唐太宗很生气。魏征对太宗说："隋炀帝就是因为无限制地追求享乐而灭亡的。现在因为供应不好就发脾气，以后必然上行下效，各地方拼命供奉陛下，以求陛下满意。供应是有限的，人的奢侈欲望是无限的，如此下去，隋朝的悲剧又该重演了。"太宗听了这番话肃然心惊，以后很注意节俭。

对于唐太宗的品德修养，魏征也很重视。他直言不讳地对太宗说："居人上者，其身正，不令而行；其身不正，虽令不从。"他还引用荀子的话告诫太宗：君主似舟，人民似水，水能载舟，亦能覆舟。这句话对唐太宗震动很大，他一直牢记在心。一次，太宗问魏征怎样做一个明君而不要做一个昏君，魏征就讲了隋朝虞世基的故事。虞世基专门投隋炀帝所好，专说顺话，不讲逆耳之言；专报喜，不报忧，结果隋朝灭亡。由此魏征得出了一个著名的结论，即"兼听则明，偏听则暗"。

魏征和唐太宗相处十七年，一个以直言进谏著称，一个以虚怀纳谏出名，尽管有时争论激烈，互不相让，最后太宗也能按治道而纳谏，这种君臣关系，在历史上极为罕见。魏征去世后，唐太宗极为思念，感慨地说："夫以铜为镜，可以正衣冠；以古为镜，可以知兴替；以人为镜，可以明得失。朕常保此三镜，以防己过。今魏征殂逝，遂亡一镜矣。"(《贞观政要·论任贤》)这恐怕是历代大臣中所享受的最大的哀荣了。魏征成为唐太宗预防自己犯过的一面明镜，这充分体现了魏征在唐太宗治理国家中不可替代的作用。

**故事四：**

曹操与张绣在南阳交战失败后，沿途不敢停留，星夜赶回许都。袁绍见状只得回师北征公孙瓒去了。曹操十分痛恨袁绍，但还是听从荀彧等人意见，联合刘备，先扫清东南，剔除心腹大患吕布。谁知事机泄露，吕布抢先下手，打败刘备，攻占小沛。又派陈宫联络泰山强盗孙观，进攻兖州各郡。曹操闻讯便率大军到达萧关，进攻吕布。

这时，吕布手下的陈登早已成为曹操的内线，便趁机运用传递假情报的计谋，配合曹操打败吕布。

萧关求救，吕布要带陈登前去救助，让陈登的父亲陈珪留守徐州。临行前夜，陈氏父子秘密商议：如果吕布败回，由陈珪占领徐州，不放他入城，但恐吕布妻小心腹在城里诸多不便。陈登说："不必发愁，我有计策了。"第二天入见吕布劝道："徐州四面受敌，曹操一定要拼力进攻，我们当先留个退路，将钱粮移藏于下邳，若徐州被围，就有粮草接济。"

吕布喜道："你说得很有道理。"即命人将妻小和钱粮移屯下邳。部署完毕，便率军前往萧关。

行至半路，陈登说："让我先去萧关探听曹军虚实，您方可行事。"吕布同意。陈登先上萧关,告知守将陈宫:"吕将军责怪你们不肯出兵迎战。"

陈宫说:"曹军势大,不可轻敌。我们紧守关隘,你劝主公力保沛城,这是上策。"陈登"嗯嗯"点头。晚上,陈登见曹军到达关下,便悄悄写三封情报,拴在箭上,射下关去。翌日,他辞别陈宫,飞马来见吕布道:"孙观等人都想向曹操投降,献出萧关,我已命陈宫死守,将军便可于今日黄昏杀去救应。"吕布谢道:"要不是先生您,萧关就失守了。"便令陈登先去关上约陈宫为内应,举火为号。陈登见了陈宫又说:"曹军已抄小路进入关内,主公怕徐州有失,要你们回援。"陈宫率军上路。陈登就在关上放起火来。吕布乘着夜色攻来,自相残杀。曹军望见火光,已知陈登所示讯号,便一齐杀到,轻易夺取了萧关。

吕布与陈宫攻到天明,方知受骗上当,急忙联合一起赶回徐州,到得城边叫门时,城上乱箭射下。原来陈珪已公开投降曹操。吕布要找陈登,遍寻军中不见,情知中计。其时,陈登早已去小沛,再次向守将高顺、张辽假传情报:"主公在徐州被围,你们快去救援。"

高顺、张辽即率军赶往徐州,路上同吕布、陈宫相遇,吕布这才恍然大悟,狠狠地说:"我非杀死陈登这个内奸不可!"即会合军队向小沛进发,行至城边,见城上尽是曹兵旗号——原来曹操已按陈登箭信所示,令曹仁趁虚而入,兵不血刃地占领了小沛。

吕布在城下大骂陈登,陈登在城上指着吕布回骂道:"我是汉朝的臣子,岂能为你这个反叛之贼服务?"吕布大怒,想要攻城,无奈曹操率大军冲杀前来,吕布难以抵御,只得率部向东南逃去。

陈登为了打败吕布,不惜三次使诈,最终吕布逃亡而去,其间的恩恩怨怨,不是一两句可以说得清的,但是商场和战场往往如此。

**故事五:**

公元前158年,匈奴三万骑兵入侵上郡,三万骑兵入侵云中郡,杀人掳掠异常残暴,报警的烽火一直传到甘泉宫和长安城。朝廷任命中大夫令免为车骑将军,驻守飞狐;任命原楚国丞相苏意为将军,驻守句注;命将军张武驻守北地郡;命河内郡守周亚夫为将军,驻扎细柳；命宗正刘礼为将军，驻扎霸上，命祝兹侯徐厉为将军，驻守棘门，以防备匈奴。

汉文帝亲自慰劳军队，到达驻守霸上和棘门的军营时，文帝一行人直接策马进入营垒，将军及部属都骑着马护送文帝出入。接着文帝到达驻守细柳的军营，只见将士们身披铠甲，手执锋利的兵刃，箭上弦，弓张满，严守军营，文帝的先导队伍到达，却不准进入军营。先导说："天子马上就到了！"把守军门的都尉说："将军命令说：'军中只听将军的号令，不听天子的诏令。'"稍过一会儿，文帝来到，也不能进军营。这时，文帝才派使者手持皇帝符节诏告将军："朕想进入军营慰劳军队。"周亚夫才传达军令说："打开军营大门。"守卫军营大门的军官向皇帝的车马随从说："将军规定：在军营内不准策马奔跑。"文帝一行人，便放松马缰绳缓慢地前进。来到大营，周亚夫手执兵器对文帝作揖说："身上穿着盔甲的武士不能屈体行跪拜之礼，请允许我以军礼参见陛下。"文帝被深深地打动了，他面容严肃庄重，站在所乘车辆的横木前面，向军营将士致敬，并派人对周亚夫说："朕敬重慰劳将军。"君臣完成了劳军的仪式后离去。一走出营门，群臣都为细柳军队军纪森然而表示惊讶。文帝说："哎呀！周亚夫是真正的将军！前面所经过的霸上和棘门的军队，简直像儿戏，那些将军当然容易受到袭击而被人俘虏。至于周亚夫，谁敢冒犯他呢！"文帝称赞周亚夫很长时间。一个多月后，汉军到达边境，匈奴远远地离开了边界。

周亚夫治军甚严，军威大振，无人敢冒犯，可见严格的纪律带来军队的井然有序，还威慑邻邦，换来了整个国家的长治久安。

### 故事六：

南宋初年，硝烟四起，乱世出英雄，尤其是大帅良将。朝野上下均离不开此类的话题，所谓前方吃紧思良才啊！

这一天，建康（今江苏南京）的行宫内，宋高宗正要退朝，忽听有人禀报：岳元帅求见！高宗皇帝闻听一惊："岳元帅从抗金前线回来，定有要事禀告。"于是，立即传令召他进宫。

岳飞满面风尘，但精神饱满。他叩拜后，滔滔不绝地向高宗皇帝汇报前线的战事，并有意引到了双方战马的话题。因为他知道高宗喜欢马。

果不其然，宋高宗随即问道："爱卿，你最近得到了什么好马吗？"

岳飞意味深长地说："臣以前倒是有两匹骏马，它们的食量比一般马的食量要大好几倍，而且，对食物很挑剔讲究，稍微不洁净就不吃，可是，要论本领，那是普通马远远不能相比的。"岳飞说着，看了一眼高宗，见他兴致正浓，便继续说："我一早乘马出发，起初那马跑得还不算怎么快，等跑过上百里以后，才风驰电掣般地飞跑起来。到了中午，那马仍然飞速不减，后劲十足。至下午酉时（约下午六时），仍能跑二百余里，到达目的地后，我卸下鞍鞯，见这两匹马不但气不喘腿不软，甚至连汗都不出。如此良马，才可托以重任啊！"

宋高宗赞许地点点头，刚要问及，只听岳飞叹了一口气："可是很不幸，前不久，我的这两匹马先后都死了。"见高宗惋惜地连连摇头，岳飞趁机言道："现在我乘的这两匹马，食量倒不大，什么样的草料都吃，且不讲究脏净。跑起那路来，开始时倒是能飞奔一阵，可没跑几百里就没劲了，气喘吁吁，汗水淋淋。这种劣马，消耗的食料是少，也容易满足，但是爱逞能，且没有后劲，真不是可造之材！"

话到此处，宋高宗终于明白了岳飞的言外之意，他是以马为题，奉劝自己要珍爱人才。虽然其中隐含批评，但不乏忠告，况且又是暗喻，并没有伤及宋高宗的自尊心，故而他欣然接受，并连声赞誉道："你说得好极了！知马善用方能得良马，是良马就更要珍爱它们！"

岳飞很懂得进谏的策略，所以最终皆大欢喜。所以说话是一门很精妙的学问，我们要经常揣摩这些说话的技巧，才能在人际交往里如鱼得水。

# 第九章

## 【原文】

持而盈之①，不如其已②。揣而锐之③，不可长保④。金玉满堂，莫之能守。富贵而骄，自遗其咎⑤。功遂身退⑥，天之道⑦也。

## 【注释】

①持而盈之：持，手执、手捧。此句意为持执盈满，自满自骄。

②不如其已：不如适可而止。已，止。

③揣而锐之：把铁器磨得又尖又利。揣，捶击的意思。

④长保：不能长久保存。

⑤咎：过失、灾祸。

⑥功遂身退：功成名就之后，不再身居其位，而应适时退下。"身退"并不是指退隐山林，而是指不居功贪位。

⑦天之道：指自然规律。

## 【译文】

执持盈满，不如适时停止。显露锋芒，锐势难以保持长久。金玉满堂，无法守藏。如果富贵到了骄横的程度，那是自己留下了祸根。一件事情做得圆满了，就要含藏收敛，这是符合自然规律的道理。

## 【解析】

"持而盈之，不如其已。"

持，持有。盈之，充满且即将外溢。行事之功在于持而不盈，倘若盈之，不如停下来不做。否则劳而无功反而有祸。

"持而盈之"，反映的是功事已到了一定限度。"不如其已"，要求主观愿望应符合客观规律，应知及时自我收敛。

"揣而锐之，不可长保。"

揣，捶打。锐之，使之坚挺。借用外力使虚弱、疲软的东西坚强、挺拔，是不能保持长久的。

"揣而锐之"，是说只强调外因而不顾及内因。"不可长保"，说明内因是事物发展的决定性因素。道德功的修炼，正是强调内因作用，只有加强内在修养，蓄浩然正气，才能确保生命之树常青。

"金玉满堂，莫之能守。"

"金玉满堂"，是财富充实（精气充沛）的象征。"莫之能守"，说明金玉的价值在于流通，执着于守将会带来不安和危害。

"富贵而骄，自遗其咎。"

因富贵而骄横，必有遗失真我之咎。自古骄兵必败，不识骄的危害性，必定有终生遗憾。

社会上有些人，起初为人民的利益而尽心尽力，以至于富贵加身，本该得到人们敬仰的，却因其居功自傲，不可一世，以至于晚节不保，功亏一篑，身败名裂，成为人民的罪人。

"功遂身退，天之道也。"

日中则昃，月盈则亏，这是自然规律。事业已遂，力量至极，则引身退后，这是自觉遵循自然规律。知进而不知退者，祸必及身。

世间伟人，一旦达到事业的顶峰，完成其历史使命，就应该顺应历史发展的潮流，效法自然，主动地退位让贤。"功遂身退"是主动的、积极的。在圣人之治的社会里，不存在功高盖主、危及生命的现象。封建士大夫们所奉行的明哲保身，归隐山林，则是被动的、消极的。

本章是在宣扬适可而止、恰到好处的观念。探索宇宙的起源是一个庞大工程，一个人耗尽一生可能都不会有什么成就，所以，要想有点成就，就得做到适可而止，使一切恰到好处。探索宇宙起源之所以困难，在于"数"太多太大，属于大数和素数的研究范围。"功成、名遂"是要进入非常道范畴，"身退"是指从非常道范畴退回到常道范畴。另外，老子认为，把适可而止、恰到好处的观念引申到社会生活的范围也同样是适用的。

## 【证解故事】

### 故事一:

"功遂身退"是一种智慧,它告诫我们,当我们有功时千万不要居功自傲;如果与这一智慧背道而驰,那么不但不能显示自己的功劳,反而会招来不必要的麻烦,甚至危险。

历史上大部分依靠兵戈上位的皇帝,在开国之后为了巩固自己的政权总会削除大部分开国功臣的兵权,削除兵权的方式有两种:一种就是和平解决,另一种就是随便加个罪名,"名正言顺"地铲除。

历史上和平削除兵权的例子不多:唐太宗李世民算一个,宋太祖赵匡胤也算一个。而功后谋杀功臣的皇帝则比比皆是:汉朝开国皇帝刘邦、明朝开国皇帝朱元璋,还有清朝雍正皇帝等,他们的开国功臣中,只有极少数懂得"功遂身退"道理的才幸免于难。

韩信就是因为不懂得"功遂身退"而惨遭杀害的典型。

毫不避讳地说,刘邦的江山有一大半是韩信打下来的,可以说没有韩信就没有西汉王朝,刘邦也更不可能当皇帝。韩信功高盖主,在刘邦当皇帝之后他本应该想到这点,然而他还是以功臣自居,完全没有当初带兵打仗时的聪明智慧。刘邦可想到了这点,为了巩固他的皇帝地位,他上台后做的第一件事就是削弱韩信的势力,把当时还是"齐王"的韩信封为"楚王",使其远离自己的发迹之地,然后又有人适时告发韩信"谋反",刘邦又再次将他再贬为"淮阴侯",不出几个月,吕后又和刘邦唱了一出双簧:前脚刘邦带兵出征,后脚吕后就让萧何将韩信诱至长乐宫冠以谋反之罪杀掉。

同韩信并称"汉初三杰"中的张良则聪明得多,刘邦即位后,大封功臣,张良再三推辞,最后只领留侯的头衔,坚决不受三万户食禄,忘掉了以前的丰功伟业,过着隐逸恬淡的生活。怪不得后人用诗来称赞张良的智慧过人:"运筹帷幄见真知,暗渡明修尚未迟。业就功成身引退,免遭吕氏害贤时。"

明朝的一批开国功臣,也同样是懂得"功遂身退"的存活下来了,而那些不知此道的人,最终都落得身首异处的下场。

明朝开国第一功臣李善长因女婿胡惟庸涉嫌谋反受牵连而被灭

门;开国大将、凉国公蓝玉因被锦衣卫告发谋反而被灭三族;功臣冯胜、傅友德、廖永忠、朱亮祖也因失宠先后被杀,徐达没有被朱元璋直接杀害,但也是被朱元璋间接"赐死"的,因为朱元璋趁徐达背上长疽最忌吃蒸鹅时,偏偏赐蒸鹅给他吃,没几天徐达就离开了人世;只有汤和因主动交出兵权,告老还乡,从此闭口不谈国事,才保住了终身。

在古代,"功遂身退"是一种明哲保身的方法,只有智者可为。人生在世,竭尽所能,报效社会是必要的,但当成功了,危险也就来了;可能在论功的时候,就包含分配不公,或骄傲让人嫉恨,更有功高镇主等危险和矛盾潜伏着,要学会化解,更要学会韬光养晦,锋芒内敛。

《道德经》讲得好,学会适时地"功遂身退",对于保存自己的名节,延长自己的寿命都很有益处。

**故事二:**

美国汽车大王亨利·福特,"功遂身退"也是他的人生成功智慧上的一"环"。在四十岁时,他成功地推行薄利多销的经营策略,创造了福特公司日产汽车七千辆的辉煌。但福特在中年以后就退隐了。他在故乡营造了一个住所,在那里和家人一起过着清闲的日子。他在这安静、惬意的农庄度过了三十二年安静、舒服的日子,一直活到八十三岁才去世。这位当时在美国数一数二的巨富,家庭生活却令人难以相信的俭朴,据说只用五个仆人和一个洗衣工人。但他曾以七百万美元捐助一所医院,又降低货价、提高工人工资、分享红利、收容伤残,福特公司收留的残疾工人近万名。

福特的这种行为同样是一种"功遂身退",更是一种人生的成功。聪明的人不仅能看透当时的形势,而且能审时度势,做出最明智的选择,所以他们往往拥有多种美誉。

尖锐的东西,它很容易受到挫折,而功遂身退可以保全自身。有了功不居功,有了名不恃名,任何时候保持一颗平常心,是我们一生都需铭记的智慧。

**故事三:**

只有守信义,才能取信于人。一个人没有信用,人生途中就会寸步难行。一旦约定，就要努力去兑现，出尔反尔，会让人对你失去信任，此乃人生一大忌。齐桓公正是因为守信义而被推举为霸王。

公元前681年，齐桓公奉王命以临诸侯，布告宋、鲁、陈、蔡、卫、郑、曹、邾诸国，约以三月朔日，在齐地北杏会盟。日期已到，鲁国带头抗命不来赴会，他便以败约为名起兵征讨。齐军出师获胜，势如破竹，鲁庄公惊慌失措，只得修书请和说："孤有犬马之疾，未能如约赴会。君以大义责备，孤知罪矣！然城下之盟，孤实耻之。若退舍于君之境上，孤敢不捧玉帛以从！"齐桓公果然退兵，在齐国柯地筑坛，让鲁庄公前来谢罪请盟。

鲁庄公临行前向群臣说："寡人越境求盟，谁肯同行而能保全君臣的体面？"将军曹沫欣然请命。鲁庄公问："你和齐军三战三败，不怕他们耻笑吗？"曹沫回答："臣随主公赴会，正是要洗雪三败之耻！"鲁庄公见他态度坚决，勉强同意了。到了那天，齐桓公在坛下布列雄兵，七层坛阶俱有甲士把守，远远望去旗甲鲜明，戟戈耀眼，一派整肃气氛。傧相传令："只许鲁国一君一臣登坛，任何人不得随行！"

鲁庄公君臣历阶而上，庄公脸色灰白，一步一颤；曹沫按剑相随，全无惧色。刚登上第一层坛，齐国甲士阻拦说："今日两君会盟，不准携带兵器。"曹沫怒目斥退甲士，保护鲁庄公直至坛上。两君相见，各叙通好之意，三通鼓毕，正要在香案前歃血盟誓时，曹沫右手拔剑，左手抓紧齐桓公的衣袖，厉声请命说："请齐侯归还鲁国汶阳之地，两国休兵盟好。"齐桓公不情愿地指天发誓，当面答应。曹沫丢下佩剑，再拜称谢。两君这才举行了隆重的歃盟仪式。事后，齐国诸臣因齐桓公受威胁答应了这个条件，打算劫持鲁侯，以报曹沫之辱。齐桓公说："寡人已许曹沫，不能恃强欺弱。匹夫有约尚不失信，况且一国之君呢？为了一时气愤，劫持鲁侯，杀了曹沫，一定会在诸侯间失去信义，为天下人所看不起。"次日，齐桓公置酒为鲁庄公君臣送行。即命南鄙邑宰将齐国侵占汶阳土地，尽数交割还归鲁国。史籍评价："昔人论要盟可犯，而桓公不欺，曹子可仇，而桓公不怒，由所以服诸侯霸天下也。"另有诗云："岿岿霸气吞东鲁，尺剑如何能用武？要将信义服群雄，不吝汶阳一片土。"列国诸侯听到这件事后，皆服齐桓公的信义，称赞说："齐侯真是守信义的君主，和齐联盟尽可放心了。"

后来，齐桓公为众诸侯推举称霸。之所以如此，不仅是因为齐国军力强盛，守信义也是一个重要的原因。

**故事四：**

楚襄王刚刚即位，齐王的使者便率五十乘兵车赶到楚国。齐使施礼完毕，便"嘿嘿"地冷笑："当初陛下作太子时留在齐国当人质，以献楚国东地五百里作为提前返楚的条件。如今，齐王要我特地来传个话，陛下会不会食言？"楚襄王一时怔住了，屏退左右，请齐使稍作休息。他忙请来了当初劝他献地脱身的太傅慎到说："这事真难办了，齐国果真派人来要地啦！"慎到是个学者，被人们尊称为慎子。此刻他沉着地说："别慌，大王明天见众大臣，让他们各献妙计。"

第二天早朝，楚襄王心里直打鼓。上柱国子良率先献计："大王，您不能不给东地。身为一国之君，大王是金口玉言，一旦不讲信义，将被天下诸侯讥笑。先给他，显大王守信；再夺回，显大王武功强大！"子良才退下，昭常上前劝谏："大王，东地五百里土万万给不得。割去它，楚国将失半壁江山。我愿率兵死守东地！"昭常退下，景鲤平静地给襄王分析："地要给，否则将失信于天下。楚国难抵齐国强兵，臣愿代大王赴秦国凭三寸不烂之舌搬来救兵！"景鲤退出后，慎子笑眯眯地踱进拜见襄王。襄王皱着脸告诉了一切，慎子呵呵一笑："大王，子良、昭常、景鲤各有见地，您全采用！"襄王恨恨地瞪了他一眼："别开玩笑啦！"

慎子笑得更厉害了，他不急不慢地伸出右手三指："大王发给上柱国子良五十乘，东面献地五百里给齐；在子良起程的第二天，派遣昭常为大司马，令他去镇守东地；在派遣昭常的第二天，再派遣景鲤率车五十乘，去西边向秦国求救。大王，这叫连环三计。我管保大王不用一兵一卒，保住五百里东地完好无损！"

子良奔赴齐国说明来意，齐王大喜之余，急遣使者率兵前去接受东地。已在镇守的昭常却迎面慷慨陈词："别做梦了。我奉命守东地，誓与国土共存亡！"齐王闻讯，气鼓鼓地呵斥子良："这，这作何解释！"子良大怒："昭常肯定是假托王命自作主张。大王，您派兵攻打好了！"齐王一声令下，浩浩荡荡的齐国军队直扑东地。杀声震天，飞箭如蝗笼罩满昭常所守的阵地。齐军刚欲攻入楚国边界，五十万秦国大军却已铁桶似地围严了齐国西边疆域。秦国领兵将军大声发话："齐王阻拦楚太子返楚已不仁在先，再要夺楚五百里国土更是不义之举。齐兵欲行非礼，秦国五十万大军愿替天下诸侯主持公道，对齐军奉陪到底！"

齐王在朝连听急报，惊恐万状，忙请子良火速回楚，齐国再也不要楚国五百里东地了！送走子良，他急遣特使出使秦国，火速解除齐国的燃眉之急。楚襄王听完这些飞速传来的消息，紧皱的眉头终于舒展开，冲站在一旁的慎子会心地一笑。

敌人兵力强大，不能和它硬拼，慎子运用谋略，使他们自相牵掣，以削弱他们的力量。最终依靠将帅指挥巧妙得当而获得胜利，解除了自己的危机。

## 故事五：

战国末年，楚国的实权落在春申君黄歇手中。他是著名的"四公子"之一，广交朋友，食客数千，呼风唤雨，好不得意。他治国得手，但是却治家无方，正妻甲和小妾余天天争宠吵闹，搅得家无宁日。从心里讲，春申君是宠爱妾余的，她聪明乖觉，鬼点子多，会计自己欢心。妻甲呢？虽然人老珠黄，却与自己一同度过了漫长的艰辛岁月，如今富贵加身了，也应有她一份"苦劳"，所以春申君也不想抛弃她。

妾余看到丈夫摇摆不定，便使出歪点子。一天，她找茬与妻甲对骂了半天，约莫着春申君要回来了，忙跑回自己屋中，把手臂上、脸上抓得血肉模糊，然后跑出房来，正被春申君撞见。

春申君见爱妾变成这般模样，着实心疼，忙问怎么回事。妾余边哭边讲，眼泪直往下淌，说妻甲容不得她，要置她于死地。与其死于妻甲之手，不如死在丈夫面前，说着就装出撞墙的架势，被春申君一把抱住。春申君气愤之余，把妻甲大骂一顿，不容她分辩，赶了出去，让她回娘家去住。一步得逞，妾余并不甘心。因为妻甲的亲生儿子还在，日后他一旦掌了家权，绝没有自己的好果子吃。干脆，一不做二不休，把他也干掉，方能巩固自己的地位。主意已定，妾余又开始了她的第二步计划。瞅准春申君外出，而妻甲之子在家时，妾余自己扯破了衣服，算计着春申君快回来了，便趴在床上哭。

春申君回家见爱妾掩面埋头大哭，忙问缘故。妾余把胸前腰间的破衣服抖给春申君看，说："你那宝贝儿子干的好事！瞅准你不在家，对我动手动脚，想行非礼。"春申君是个醋坛子，盛怒之下，让手下人把儿子也赶出家门。妾余实现了她的愿望，当起"正宫娘娘"来了。

妾余虽然实现了自己的愿望，但是，她这样破坏家庭的关系，到最后也不会有什么好的下场的，同样也不会得到什么幸福的。要知道，家和万事兴！

# 第十章

## 【原文】

载营魄抱一①，能无离乎？专气②致柔，能如婴儿乎③？涤除玄鉴④，能无疵乎？爱民治国，能无为乎⑤？天门开阖⑥，能为雌⑦乎？明白四达，能无知⑧乎？生之、畜⑨之，生而不有，为而不恃，长而不宰，是谓玄德⑩。

## 【注释】

①载营魄抱一：载，用作助语句，相当于夫；营魄，即魂魄；抱一，即合一。一，指道，抱一意为魂魄合而为一，二者合一即合于道。又解释为身体与精神合一。

②专气：集气。专，聚结之意。

③能如婴儿乎：能像婴儿一样吗？

④涤除玄鉴：涤，扫除、清除。玄，奥妙深邃。鉴，镜子。玄鉴，即指人心灵深处明澈如镜、深邃灵妙。

⑤爱民治国，能无为乎：即无为而治。

⑥天门开阖：天门，有多种解释。一说指耳、目、口、鼻等人的感官；一说指兴衰治乱之根源；一说是指自然之理；一说是指人的心神出入，即意念和感官的配合等。此处依"感官说"。开阖，即动静、变化和运动。

⑦雌：即宁静的意思。

⑧知：通"智"，指心智、心机。

⑨畜：养育、繁殖。

⑩玄德：玄秘而深邃的德行。

## 【译文】

精神和形体合一，能不分离吗？聚结精气以致柔和温顺，能像婴儿的无欲状态吗？清除杂念而深入观察心灵，能没有瑕疵吗？爱民治国，能遵行自然无为的规律吗？感官与外界的对立变化相接触，能宁静吗？明白四达，能不用心机吗？让万事万物生长繁殖，产生万物、养育万物而不占为已有，做万物之长而不主宰它们，这就叫作"玄德"。

## 【解析】

凡产生了的东西，就需要有让其存在的空间。为了让种种东西有存在的空间，心法的基本方式就是要首先让心"空"起来，也就是达到"无"的境界，然后让种种东西在心中有序地安排起来。老子以反问的形式列举了几种使心达到"无"然后再进行处理的事情。这种列举可以是无限的，然而方法就只是使心达到"无"的境界一种而已。"无"的境界与宇宙产生前的境界在逻辑本质上是一致的。

"载营魄抱一，能无离乎？"

载，载负。细胞是灵的载体，色身是魂的载体。营魄，喻灵魂。营为先天之气，也即元气，为灵之本；魄为后天之气，为魂之本。灵生于先天，为阴神或元神；魂长于后天，为阳神或识神。婴儿宜静怕惊，即因魂不全。魂的成长，既受到灵的制约，又受到后天环境影响。修炼道德功，目的就在于使灵魂"抱一"。修道以育灵，在于开发潜意识；修德以育魂，在于培育显意识。人不修炼道德功，则灵潜伏于内，受制于魂。魂统治灵，则以自我为中心，认识问题必然带有局限性、主观片面性。

"载营魄抱一，能无离乎？"是说灵与魂能否和谐同一，是身体健康的关键。灵、魂和则正气聚，正气聚则法身成，法身成则身心健康。色身如车，装载灵魂。无灵魂主宰的色身是僵尸，无色身装载的灵魂是虚气。同样，人泯灭了心灵是魔鬼，心灵不以魂起作用则是傻瓜，是没有能动性的动物。人是由色身、灵、魂组成的三位一体的高级动物，只有三者和谐统一，才能成为真正意义上的健康的人。

就国家而言，国家是由国土、被统治者和统治者组成的，其成分分别相当于人的色身、灵和魂。统治者脱离了人民的制约和监督，则是魔鬼，是"国之贼"；人民脱离了统治者合乎道的管理和指引，就会陷入无政府主义的混乱状态。只有统治者和被统治者同心同德，国家才能健康发展否则，国家就会处于动乱，最终导致国破人亡。

"专气致柔，能如婴儿乎？"

专，集中、聚结的意思。气，汉字中有三个"气"字，即气、炁、氜，它们都有"虚"的特性，含义却大不一样。气是"氣"的简化，含有"养"的意思，是天地万物赖以生存的大自然之气，也是人的呼吸之气。大自然之气有内外沟通、相互循环的特性，把天地万物融为一体。所以，人体的健康状况直接受大气的影响。炁是人体吸收食物营养形成的精气，又称真气，是人体赖以存活的物质能量。修炼道德功的基础功就是利用后天之气，炼精化炁。我们平常人的呼吸是肺部呼吸，也称胸式呼吸。道德功的修炼，首先改变人的呼吸方式，变胸式呼吸为腹式呼吸，即吸气时一定要把气送到腹部，又称"气沉丹田"。当然，这些都是在心平气和后自然实现的，无须刻意为之。呼吸深、细、匀、缓，这样腹部就会形成相对高压，高压产生高温，高温有利于食物的消化，使后天食物精华转化为炁。待腹部真气充盈，真气自然下冲会阴，逆督脉而上，顺任脉而下，完成小周天旋转，进而打通四肢八脉及周身穴位，完成大周天循环。这一规律也完全合乎现代热力学原理，即气体会从高压区域自动向低压区域膨胀。可以说，功夫练到这个层次，身体就可以抵御大气中邪气的侵袭，伤风感冒的疾病就不会再发生，万一发生，我们也可以调动真气把病气逼出体外。因为，"热的作用在于使分子或原子之间的联系松弛乃至完全解除，并且使那些没有联系的分子再彼此尽量地远离。"如果练功之前身体存有慢性疾病，特别是风湿、类风湿疾病都可以得到根治。道理如同形成于赤道两侧的热带高压气流，气流冲到哪里，哪里的寒气就会被驱逐，冰雪就会被融化。再说氜，氜是炁的升华，即神气，属高能量粒子流，含有火的性质，可以放出电波，形成磁场。炼炁至氜，即可以杀死体内的病毒基因，排除一切疾病，并可以发氜为别人治病。炁转化成氜，即是"产药"，又称"结丹"，也即上文所说的"婴儿"。"结丹"时会出现少食、厌荤腥的反应，有如女人怀孕后的感觉，故又称"结胎"。

"专气致柔，能如婴儿乎？"就是要求在呼吸上用功夫，炼精化炁，炼炁化气，结成"朴胎"。朴胎即结，须时时小心呵护，直至朴成，朴成，则以朴治身。朴就是法的化身，若能牢守法身，法身也就能牢牢地守护住身体了。

"涤除玄鉴，能无疵乎？"

静坐之时，要扫除大脑中的一切私心杂念，达到身如槁木，心似死灰，如果存有丝毫分心，就不会进入道境。"涤除"是"玄鉴"的前提，"玄鉴"，即"鉴玄"，于道境之中直观道体，体悟世界的本质和规律。疵，缺点、毛病，指不合乎客观规律的思想观念。"能无疵乎？"是说置身大道之境，体悟了世界的本质和规律，能消除不合乎道的观念、行为吗？

"爱民治国，能无为乎？"

热爱国家，治理人民，能施行"无为之治"吗？治国、治身，必须遵循客观规律，无私忘我，否则，后患无穷。

国与身同，民与灵同。不论治身治国都必须抛开自我之智，施行法治，只有这样才能取得无所不为的成果。

"天门开阖，能为雌乎？"

天门，朴身出入之门户，位于头顶正中，其下为泥丸宫。朴胎结于下丹田，待十月功满，移入泥丸宫。此时，朴如同刚刚脱离母体的婴儿，十分娇嫩，需用心抚养，细心呵护，使之健康成长。滋养到一定火候，天门自动开阖，朴由此出入。出入之初，只让其在近处活动，并很快收回。渐渐地使其活动时间由短到长，距离由近到远，出入次数也由少到多，这样经过长期的锻炼，朴可以出入自由。朴成即可以遨游宇宙，变幻莫测。正所谓"合抱之木，生于毫末"，"千里之行，始于足下"。（第六十四章）雌，相对于雄，有阴柔的特点。"为雌"，就是守朴，守朴在于"贵柔"。天门开，是出世，出世则守朴；天门阖，是入世，入世则守法，守法在于"贵弱"。出世是为了入世，只有出世才能更好地入世，否则，凭什么济世安民？"为雌"，是老子的法治思想。

"明白四达，能无知乎？"

彻悟大道，窥破天机，练就六通神功，能够不自我炫耀，一切按客观规律办事吗？修炼道德功达到一定境界即可以破译基因密码的时候，就能追忆过去，预测未来。然而，有些未来之事毕竟有其发展的自然过程，预先泄漏天机会给社会带来不必要的混乱。因此，老子特意强调，尽管"明白四达"，也要甘守"无知"。

"生之、畜之，生而不有，为而不恃，长而不宰，是谓玄德。"

"生之、畜之"，大道生朴，厚德育朴。遵道则生朴，修德以育朴，无德朴不成。

"生而不有"，是无私之德；"为而不恃"，是无争之德；"长而不宰"，是无为之德。

无私，无争，无为，正是大道之性，合乎道的思想、行为就是玄德。玄德又称"阴德"，具备玄德，真朴乃成。

本章是修道育朴的方法和过程，从"载营魄抱一"到"明白四达"，境界是逐步提高的。道的境界和自我之德是同步的，"玄德"表明自我之德与道合一，是德的最高境界，具备了玄德，也就具备了科学的世界观、人生观和价值观，这是朴身显现的前提。


## 【证解故事】

### 故事一：

曹操对于人才的渴求，越到后来越加迫切。特别是赤壁战败后，面对孙权、刘备日益强大、三分天下逐渐形成的时候，曹操深切感受到了事业的艰难。他认识到，要完成统一天下的大业，必须网罗更多的人才，以最大限度地充实自己的力量。

为此，曹操专门先后三次下令，要求部属不拘一格地举荐和录用人才。

第一次是建安十五年春，令文认为自古以来的开国帝王和中兴之君没有一个不是得到贤才和他一起治理天下的。而所得贤才，又往往不出里巷，并不是侥幸碰到的，而是当政的人访求得来的。接着点明形势，说明当时正是迫切需要寻求贤才的时候，必须不拘一格地加以选用。曹操想成就齐桓公那样的大业，于是怀急切的心情问道：现在天下难道没有像姜子牙那样身穿粗布衣服、怀有真才实干而在渭水之滨垂钓的人吗？没有像陈平那样蒙受"盗嫂受金"的污名而还没有遇着像魏无知那样举荐的人吗？曹操要求左右僚属帮助他发现那些因身处贫贱、地位低下而被埋没了的人才，只要有才能就可以推举，他都可以加以任用。曹操在这里明确提出了"唯才是举"的方针。

建安十九年十二月，曹操又下了一道求贤令，令文说夫有行之士，未必能进取，进取之士，未必能有行也。陈平岂笃行，苏秦岂守信邪？而陈平定汉业，苏秦济弱燕。由此言之，士有偏短，庸可废乎！有司明思此义，则士无遗滞，官无废业矣。

这道令着重提出德行、才能和作为往往不能兼具的问题。要求人事主管部门不要求全责备，即使有这样那样的缺点的人也不能废置不用。这样有才能的人就都会得到发挥才能的机会，官府也不会有旷废的事了。曹操在这里提到了陈平、苏秦，他指出陈平虽没有醇醇的品行，苏秦虽不守信用，但他们一个辅佐刘邦奠定帝业，一个救助了弱小的燕国，其才能还是可堪大用的，因此"士有偏短"也不能因此废置不用。

第三道求贤令发布于建安二十二年八月。

这道令又明确提出了只要有治国用兵之术，即使不仁不孝也"勿有所遗"的问题。令文列举了历史上一些出身微贱、名声不雅、品行不端而才能卓著、立了大功的人物，萧何、曹参原来都是县吏，后来辅佐刘邦，位至丞相。韩信年轻时乞食漂泊，受胯下之辱，但后来却做了刘邦的大将。吴起是战国初期卫国人，在鲁国时，齐人攻鲁，鲁君想任他为将，但因其妻是齐人，有些猜疑，他便杀妻换取信任做了鲁将，打败了齐国。吴起年轻时，为了出外求官，花光了家产，被人讥笑，他杀掉讥笑者三十人，继续外出，临行与其母告别，发誓不至卿相不还乡，不久母死，果然不归。但他先后辅佐鲁、魏、楚国，历任将相，建立了卓著的功勋。这些人在历史上都曾声名远播，家喻户晓。举以为例，从而为"举贤勿拘品行"提出了有力的论据。令文最后要求部属将那些流落民间而道德高尚的人；果敢勇猛能奋不顾身对敌作战的人；普通文墨小吏才高质异能做将军、郡守的人，背着不光彩的名声、有着被人讥笑的行为或不仁不孝而有治国用兵才能的人统统推举出来，不得有所遗漏，语气恳切，态度坚决，充分表露出曹操求贤若渴、迫不及待的心情。

三道求贤令的核心都是"唯才是举",即不管其德行如何,只要有才能就一律加以任用,这种"唯才是举"的方针,使得大批出身低微,甚至曾经反对过曹操的人被选拔在曹操的周围,成为曹操的重要将领。

抱残守缺,求全责备,必然很难能大量地网罗人才。要想充分地选拔人才,为我所用,就必须唯才是举,不重出身,不唯德行,而多看重实际才能,扬其优,避其短,这样才能最大限度地网罗人才,推进自己事业的发展。

**故事二:**

黄庭坚自幼孝顺父母。对于侍奉父母之事,无论大小,他都会认真努力做好,从来没有推辞拒绝过。黄庭坚从小也十分勤奋好学,二十三岁时就考中了进士。元祐年间,他又做了"太史"官。黄庭坚一生不仅为官服务朝廷,造福天下百姓,而且还专心致力于道德学问,以非凡的文学艺术造诣为后世留下许多著作。

黄庭坚做太史时,公务十分繁忙。虽然家里也有仆人,而他却不辞劳苦,依旧亲自来照顾母亲的生活点滴,从不懈怠。每天忙完公事回来,他一定会亲自陪在母亲的身边,以便时时感受母亲各方面的身心需要,并且亲力亲为地精心侍候着母亲,事事力争都达到母亲的欢喜满意。

母亲有特别爱卫生的习惯,因为那时候的房子里没有卫生间,所以人们为了夜里方便如厕,通常都准备一个应急的便桶。黄庭坚为了保证让年迈的母亲身心安稳,避免因为仆人的卫生清洁达不到母亲的满意,而导致母亲心生烦恼,他就坚持每天亲自为母亲刷洗便桶,数十年如一日,从不间断。

黄庭坚的做法曾引起了一些人的好奇和不理解。有一次,有人问黄庭坚:"您身为高贵的朝廷命官,又有那么多的仆人,为什么要亲自来做这些杂细的事务,甚至还亲手做刷洗母亲便桶这样卑贱的事情呢?"

黄庭坚回答说:"孝顺父母是我的本分事,同自己的身份地位没有任何关系,怎能让仆人去代劳呢?再说孝敬父母的事情,是出自一个人对父母至诚感恩的天性,又怎么会有高贵与卑贱的分别呢?"

黄庭坚至诚的孝心及中肯敦厚的品行,不仅为官时一心报效朝廷，服务百姓，同时也通过他书法和文学等才艺上的成就，向世人无声地彰显着圣贤人的德行风范，在潜移默化之中，用他的作品影响着后人。

他的书法中宫紧收、四缘发散，体现着内方外圆的处世之道。他的诗文出自本性流露，使人读后有"浑然天成"之感。词人苏东坡曾经赞叹他说：黄庭坚的诗可谓"独立万物之表"。意思是说：他的诗可以屹立于文坛，万世都不灭其光。

自古以来，上自国家君王，下到平民百姓，都是以孝敬父母为修身立德的根本。今天随着客观物质环境的发展变化，人们往往因为所谓的"繁忙"，而过多依赖自己所拥有的外在物质条件，进而取代自己为人子女应尽的本分，甚至将孝道"代理"出去。

冷静思维，当我们用大把的钞票或用人，取代我们孝敬父母的本分时，可曾想到：倘若父母在我们小的时候，也用钞票和用人来将对我们的那份慈爱与呵护"代理"出去，今天的我们会不会有如此健康的身心呢？

忆古思今，黄庭坚能够效法古圣先贤的德行，不受外界环境影响，做到恪尽子道，至诚孝事父母，相信今天的我们，同样能够曲承亲意，力行孝道，给父母一个安康幸福的晚年。

孔子在《孝经》中说："孝子之事亲也，居则致其敬，养则致其乐，病则致其忧，丧则致其哀，祭则致其严。五者备矣，然后能事亲。"可见，孝敬父母之事不分大小，唯有出自本心的恭敬，方能做得圆满。

**故事三：**

公元前506年，吴王伐楚，想先取楚国都城郢。大臣伍子胥提议：应兵分三路，其一攻麦城，其二攻纪南城，其三由吴王亲自率军直取郢都。这样，敌人必顾此失彼，一旦麦城和纪南城被攻陷，郢便失去犄角，不攻自破。吴王采纳了伍子胥的建议，命其率大军，直取麦城。

伍子胥领兵东进，行至距麦城约五十里处，前面兵士报告：麦城有楚将斗巢重兵防守，坚壁固垒，难以攻破；伍子胥便令队伍就地安营，自己穿上便装，领了两名士兵出营察看地形。当他走到一个村庄时，看到一名农夫正牵驴磨麦。农夫以锤击驴，驴走磨转，面粉便纷纷而下。伍子胥见此情景，忽生一计：驴、磨相依可磨成面粉，我何不造一"驴"一"磨"，将麦城之敌调出，乘虚而入呢？于是，他立即返回驻地，命令军士于拂晓前准备一些装满沙土的布袋和草捆。次日拂晓，他又下令，每辆战车多备乱石！等到天明，他把部队分为两路，一路在麦城之东，一路在麦城之西。两队人马在指定位置，按伍子胥要求，用所带土、石、草捆筑起两座小城，充当防御工事。东城狭长，像驴，叫"驴城"；西城似磨，叫"磨城"。楚将斗巢闻听此事，便领兵出城袭击。不料"驴""磨"两城固若金汤，破之实难。斗巢先到东城，见城上旗帜飞扬，铃声阵阵。斗巢大怒，刚要攻城，只见城门大开，一位少年将军领兵出城迎战。斗巢问后方知他是楚国蔡侯之子——姬乾。斗巢说他不是对手，要伍子胥出马。姬乾说："伍将军已取你麦城去了。"斗巢不信，挺戟自取姬乾。双方正酣战之际，忽然一楚军飞车前来报告："吴兵正攻麦城，将军速回。"斗巢此时方知中计，拨马便回。于是吴军乘势追击，楚军败退。

斗巢率残军回到麦城城下，正遇伍子胥攻城。两军略战几合，伍子胥又生一计，故意将斗巢放入城中，同时将一部分投降的楚军混入其中，以做内应。半夜时分，这些楚军从城上放下绳子，吴军攀绳而上，里应外合，很快攻下了麦城。古人用兵时指出："善用兵者，能夺人而不夺于人。"又说："事贵制人而不贵制于人。制人者，握权也；见制于人者，制命也。"

他们都强调主动权的重要。伍子胥欲攻城先造城，使楚兵就范，为攻克麦城创造了条件。

**故事四：**

退一步进两步，以退为进，也是上策。暂时的退却，并非懦弱的表现，并不是失败的标记，而是为了积存力量，以备后用。后退一步，可以避开锋芒，积蓄力量，可以等待时机。一味地盲目冒进会付出沉重的代价。师叔七战七败灭庸国，以退为进，做到了进退自如。这就要求我们学习这种策略，才能在竞争中立于不败之地。

战国时期，楚国为了称霸，出兵攻打庸国。庸国军民面对外来侵犯，同仇敌忾，奋起抗战，终于赶走了楚军，并且活捉了楚军将领子扬窗。但是由于看守不慎，被囚禁的子扬窗在被押三天之后就越狱逃回了楚国。子扬窗一回国，立即受到大王召见。"爱将受苦了，快说说庸国的情况。"楚王急切要报仇。"大王容禀，我看到庸国军队人马强壮，蛮人们都集中在城里，好像随时准备战斗的样子，现在攻打恐怕要吃亏，不如等我们把所有的军队也都集合齐后，再去攻打，凭我们的实力，吸取上次的教训，一鼓作气，就能拿下庸国。"子扬窗答道。"我以为不可，必须现在马上就去攻打庸国，而且只许战败，不许战胜。"另一位楚军将领师叔，接过子扬窗的话，提出了完全相反的意见。"师将军，现在我们刚刚打了败仗，士气低落，本应休整一些时日再战。如果现在继续交战也应想办法打胜，以鼓舞士气才对，为什么要故意打败呢？"其他的将领反问师叔。"说的是，我们不打则已，打就要打赢。"不少将领也随声附和。师叔说："敌人刚刚打了胜仗，士气正旺，但也非常容易骄傲。我们现在进攻，敌人必然乘胜击我。我们再故意打败，敌人必然会认为我们战斗力已经衰弱，再连续战败几次，敌人就会认为我们已经不堪一击。敌人骄傲，必然疏于防范，我们乘机发动真正的进攻，定能取胜。""此计确实高妙，就由你来具体部署吧！"听这么一说，楚王十分高兴地接受了师叔的建议，其他人也连声称好。

于是，楚军分别以多股兵马轮番与庸国军队交战，每次都是交手不久，便"落荒"而退。这样三日之内楚军一连和庸军打了七仗，一仗比一仗败得"惨"，不少马匹、枪械被庸军缴获，还抓了少部分楚军"俘虏"。庸军感到，楚军已经精疲力竭，不堪一击了，便不再设防，士兵也不再集中了，只剩下部分岗哨。楚军见庸军已麻痹大意，立即抓住时机，分两路军队开始攻打庸国。同时楚军联合的秦军、巴军也跟随楚军一同包围了庸国。庸军一看这次楚军来势凶猛，不禁大惊失色，原来为庸军助战的蛮人们首先纷纷主动归顺了楚国。庸军孤立无援，又没有设防，很快被楚军消灭，楚军轻而易举灭了庸国。

楚军七战七败，故作退让，以退为进，等待时机轻而易举地灭了庸军。不打则已，一打就要必胜，做到了进退自如。

**故事五：**

在《世说新语》中有这样一个故事：

陈元方小时候就聪明伶俐、能言善辩。在他十一岁时，有一次家人领他去袁公府上做客。这位被称作"袁公"的人，是当朝的大官。同时也是位学识渊博、勤政爱民的人。到了袁公府上，陈元方彬彬有礼的举止深得大家的喜爱。

袁公很喜欢陈元方，他疼爱地拉着元方的小手和言悦色地道："我素闻你勤奋好学、聪慧过人，想问你一个问题，你父亲在太丘做父母官，为什么能深得民心？"

陈元方不假思索地回答："回袁大人：家父为人清正廉明，秉公执法。在治理太丘时本着为官一任，造福一方，让百姓安居乐业的原则管理，对那些倚仗权贵而作威作福的人，进行严厉的制裁；对贫困交加的百姓，去关心和帮助，使他们的生活得到切实改善。这样恩威并重、政法严明的管理，天长日久就赢得了百姓的尊重和拥护。"

袁公听后，欣喜地说道："想不到你小小年纪，就有如此一番见解，果真是名不虚传啊！"袁公沉吟片刻后，语重心长地说："我以前曾任邺县县令，当时也是用这样的方法来治理的。要是所有的父母官都能这样做，那天下才会太平无事，百姓才能丰衣足食啊。"

陈元方道："您和家父是智者所见略同。"

袁公高兴地把元方搂在怀里说："你如此善于词辩，就让我来考考你如何？"

元方道："等会儿畅所欲言时，如有不当之处还请袁大人见谅。"

袁公微笑着说："依你看，我和你父亲理政的策略是谁先向谁学的？"

陈元方想了想说："大人，您可记得古代政治家周公和孔子吗？他们先后出生在不同的年代，可是他们都有共同的目标，都为百姓而造福，都推行了仁政。为了国家的富强，为了百姓的安居乐业而奉献一生的心血。因此，他们也都深受民众的敬仰。他们的理论至今都受到拥护，谁又能分清周公和孔子两位圣人的治理之策是谁跟谁学的呢？"说完后，元方看看袁公的脸色，发现并没有责怪自己的意思，才长舒了一口气。

只见袁公哈哈大笑，他一把抱起元方，不住地点头称赞道："好！很好！回答得恰如其分，今后你一定不要浮躁，要踏实做人，将来必是国家的栋梁呀！"又转身对陈元方的家人说："真是后生可畏，可喜可贺呀！"

小元方的精妙之处在于他以周公、孔子的事迹作比袁公和父亲，对二者同时称赞，不曾厚此薄彼，才博得喝彩。

# 第十一章

## 【原文】

三十辐①共一毂②，当其无，有车之用③。埏埴④以为器，当其无，有器之用。凿户牖⑤以为室，当其无，有室之用。故有之以为利，无之以为用⑥。

## 【注释】

①辐：车轮中连接轴心和轮圈的木条，古时候的车轮由三十根辐条所构成。此数取法于每月三十日的历次。

②毂：车轮中心的木制圆圈，中有圆孔，即插轴的地方。

③当其无，有车之用：有了车毂中空的地方，才有车的作用。"无"指毂的中间空的地方。

④埏埴：即和陶土做成供人饮食使用的器皿。埏，和。埴，黏土。

⑤户牖：门窗。

⑥有之以为利，无之以为用："有"给人便利，"无"也发挥了作用。

## 【译文】

三十根辐条汇集到一根毂中的孔洞当中，有了车毂中空的地方，才有车的作用。糅合陶土做成器皿，有了器具中空的地方，才有器皿的作用。开凿门窗建造房屋，有了门窗四壁内的空虚部分，才有房屋的作用。所以，"有"给人便利，"无"发挥了它的作用。

## 【解析】

"有"因为有物质存在，所以我们可以取用这些物质，这种情形对人而言就可以称之为"利"。"无"虽然没有物质存在，却有空间供我们使用，这种情形对人而言就可以称之为"用"。古人崇尚以心法达到"无"的境界，这是一种逻辑上的境界。实际上，现代科学也广泛使用"无"的概念，比如物理学上的"虚功原理"就是最明显的例子。可惜的是，现代科学一直不敢将"虚功原理"推向宇宙整体，以至于在解决宇宙起源的问题上一直滞步不前。古人将"有"作为宇宙整体，将"无"作为宇宙整体的对立面，解决了宇宙起源的问题。"无"虽然是什么都没有，但它却是宇宙学中的宇宙天平上的不可或缺的砝码。

"三十辐共一毂，当其无，有车之用。"

辐，车轮上连接轮辋和轮毂的辐条。毂，车轮中心的孔形部件，外连辐条，内装车轴。无，指车轮中心的圆孔，是车轮的枢纽。当车的重力施加于车轴时，车轴就会通过轮毂均匀地分配给每一根辐条。辐条在轮毂和轮辋的作用下，相互合作，形成合力，承担起单根辐条所根本不能承受的压力。这样，车轮才旋转不息，完成任重而道远的负载，从而也就显示出了车的巨大作用。

"埏埴以为器，当其无，有器之用。"

埏，和泥。埴，黏土。用黏泥烧制陶器，使之中空，用来盛物，这是制作陶器的目的所在。器小有小器之用，器大有大器之用，无形的空间决定了陶器的使用价值。

"凿户牖以为室，当其无，有室之用。"

户，房门，有出入之用。牖，窗户，有通气采光之用。人们建造房子，必须开辟房门，使住房者出入自由；开辟窗户，使光照充足，气流畅通，才不会伤害住房者的身体健康。

"故有之以为利，无之以为用。"

通过以上三个论据可以看出，车子、陶器、房子都是有形的（有），而体现它们自身价值的却是无形的空间（无）。"有"和"无"的关系，就是"利"和"用"的关系。"利"是使用价值的前提条件，"用"是使用价值的决定性因素。所谓"有无相生"，是就"利"和"用"关系而言，"利"和"用"的关系是相辅相成、不可分割的，有"有"就有"无"，有"实"就有"虚"，在时间上没有先后，在主次上没有本末。然而，我们看待问题的时候，必须以"无"为本，以"有"为末，崇本而举末。这是因为，我们是处在"有"的层面的，只有守住其对立面的"无"，才能利于"有"。如果以"有"为本，以"有"治"有"，就会加速"有"向"没有"的方面转化，这是不符合辩证法的。

就治国而言，其根本在于神圣的法律，而不是有为的统治者；只要具有了高度的政治文明和精神文明，国家自然有持久的繁荣和稳定。期待英雄的时代是强盗的时代，是愚昧的时代，是人民还没有真正觉醒的时代。

本章的中心是"有之以为利，无之以为用"。具体论证了"有"和"无"也即"利"和"用"的关系，旨在阐明"有"和"无"的对立统一关系。我们是处在"有"的层面的，所以，解决矛盾时要以"无"为本。

## 【证解故事】

### 故事一：

这一章老子讲的是"无"和"有"的辩证关系问题。"无"和"有"相互矛盾，而又相互依存。老子认为："埏埴以为器，当其无，有器之用。凿户牖以为室，当其无，有室之用。"事实上正如老子所说，物品只有保留一定的空间，才能发挥它们的作用。

人又何尝不是呢？人若想发展也同样需要留出足够的空间才行。

有一天，有位大学教授特地向日本著名禅师南隐问禅，南隐只是以茶相待，却不说禅。

他将茶水注入这位来客的杯子，直到杯满，还是继续注入。这位教授眼睁睁地望着茶水不停地溢出杯外，再也不能沉默下去了，终于说道：

"已经漫出来了，不要再倒了！"

"你就像这只杯子一样，"南隐答道，"里面装满了你自己的看法和想法。你不先把你自己的杯子空掉，叫我如何对你说禅呢？"

心太满，什么东西都进不去；心不满，才能有足够的装填空间。

弓如果时刻保持张开的状态，那么等到使用它的时候就不会将箭射得很远；人的内心一旦被装得过满，就不会在人生之路上再有大的作为了。给自己的内心留出足够大的空间，我们才能有更大的发展潜力。

李博生是中国工艺美术大师，他的许多作品都是作为国宝级礼品，由国家领导人赠送给尊贵的外宾。他的玛瑙作品《无量寿佛》曾获百花奖的金杯奖，是顶级作品。入行四十五年了，他说自己的工作是完善玉石，去除玉石瑕疵。

李博生告诉记者："人要活得有激情，就要为自己找一个值得追求的目标。"

1958年，李博生到玉雕厂工作。第一次进厂，他看到的是好几位玉雕师光着膀子汗流浃背地打磨原石的场面。他于是知道，做玉雕不光是雕刻那么简单，他心里暗暗发誓，一定要让自己做到最好。琢玉三年，他出师了，好几位高级工围着他的考级作品作评判。看见评委们频频点头，他充满自信。可是分数打出来了，评委们只给了他九十九分。他很不服气，问评委"为什么要扣掉一分，明明可以打一百分的"。评委们没有跟他争执，只是微笑着不停地点头。最后，一位高级技师对他说：你别自以为是了，他们扣掉你一分，是为了你的明天；还差一分，你还有前进的余地；要是给你一百分，你就走到头了，你还有发展吗？你的明天因此也就完了。

李博生恍然大悟。从此，他不再满足于自己。虽然前辈大师们的作品的影子已在他心里生了根，但他并不限于那些框框，而是执着地走更加艰辛的探索与创作之路。三十岁的时候，他进入了顶级玉雕大师的行列。

永远都不要给自己的人生打上满分，顶多打到九十九分就可以了，否则就会失去前进的动力。只能达到九十九分的人生，就如同是一个永远都装不满的箩筐，因为装不满，我们才能往里面装进去更多的东西，人生才能学到更多的东西。

在这个瞬息万变的社会，随时需要知识、咨询，不断吸取养分，所以心一定要空，也就是所谓的虚怀若谷，这样就能吸收无尽的知识资源，容纳各种有益的意见，从而使自己丰富起来。

**故事二：**

现在有些人总是不屑于对别人的赞美，其实不然，因为它是一种交际的技巧。懂得赞美别人的人，一定是个能明察秋毫的人，请不要吝啬你的赞美之词。

西汉龚遂在渤海（今河北沧州东南）太守任上干了好几年，政绩突出，颇受当地百姓爱戴。这天，他忽然接到圣旨，皇帝要他进京接受召见。

龚遂在动身时，部下属吏王生提出愿意伴随他进京。此人素来喜欢酗酒，放荡不羁，龚遂本来不想带他，但又不忍心拒绝，只好答应了。进京后，王生仍天天饮酒，并不理会龚遂。这天，轮到龚遂进宫面见皇帝，王生醉醺醺地从后面赶来，叫道："太守大人，等等，我……我有话要说！"龚遂停了下来，转身问他想说什么。

王生说："天子肯定要问你渤海郡是怎样治理好的。你不要罗列什么措施，应当说，都是陛下的圣德所致，归功于陛下的英明，并不是微臣的能力。"

见了汉宣帝后，汉宣帝果然询问他渤海郡是怎样治理的。龚遂想起了王生教他的话，便说："臣不才，没有什么特别的才能，不过是托陛下的鸿福。渤海能有今天的局面，都是由于陛下您的圣德啊！"宣帝听了，觉得龚遂很谦虚，十分高兴，笑着说："你是从哪里学来的这种谨慎厚道的话？一定有人教你吧？""我并不懂得该怎么说，"龚遂如实禀报道，"这是部下王生教我的。"汉宣帝决定奖赏他们二人，便任命龚遂为都尉，提拔王生为丞相。

龚遂没有把取得的成绩说成是自己的功劳，而将其归功于皇帝的"圣德"，以此博得封赏，可说是拍马的高手。但是能拍得恰到好处，也是需要一番功夫的，他这一招也为后世不少人所运用。

**故事三：**

战国后期，楚国有位考烈王，专事吃喝玩乐，不问政事，大权落在令尹春申君黄歇手中。黄歇手下养着几百个士人，其中有个赵人叫李园的，专会阿谀奉承，看风使舵。他见春申君是位实权人物，便有意巴结他，想把自己的妹妹嫁给他。但他知道，春申君已有三妻六妾，不用点心计，是不会看上他妹子的。计分两头：一边，他把琢磨的古代美女的媚术教给妹子，让她加紧演练；另一边，瞅准机会，他在春申君面前大讲古代名人狩猎之事，逗引春申君远途外出狩猎，以免他日日与妻妾泡在一起。

春申君果然被李园说得动了心，带上数十个随从深入大泽去打猎，一去就是半月方回。而李园早在家中安排好一切，于路边截住狩猎而归的春申君等人，力邀春申君到自己家中小酌，仅当接风洗尘。春申君推辞不过，令下人运猎物回家，只带几名亲信随从顺路进了李园家。

李园家中早已摆好美酒佳肴。李园竭力劝酒，不一会儿便把春申君灌得醉意微微。而后，又为他讲述古代美人故事，直讲得春申君抓耳挠腮。眼看火候已到，李园令妹子出来劝酒。但见那李园妹子李嫣，身着薄纱，半露半遮，飘上前来，先向春申君打个飞眼，而后口动手动，直把春申君灌得八分醉。春申君刚开始还顾忌令尹身份，后来便以酒遮脸，动手动脚。李园瞅空退去，春申君便将酒筵当了喜床。事情不能这样甩手就完。第二天，春申君回府，送来聘礼，定下吉日，把李嫣娶回府去。李园做了令尹妻舅，好不威风。那李嫣也着实争气，过门没几个月，便呕水吃酸，身怀六甲，春申君一听，更加喜上眉梢，加倍宠爱。

但李园并不想止于令尹妻舅的位子就罢手，随着第一步得手，他想出了一个更大的计划——他要自己弄个令尹当当。瞅空见到李嫣，问她想不想当王后娘娘。李嫣自幼受哥哥"熏陶"，也是个不甘贫贱的人，连忙点头，李园便教她如此这般。

晚上，李嫣一反常态，佯作不乐，马上引起了黄歇的注意，被问缘由。李嫣答道："我是在为您担忧。眼见得咱们大王年过半百了，却久不生子，若一旦驾崩，必因继承人问题引起动荡，首先祸及的会是令尹。到那时——"李嫣有意打住，黄歇叹一声，说："我何尝不知。但大王已娶了三十六位妃嫔，个个不生，叫我有何办法？"李嫣说："办法倒有，只怕您不答应。"春申君忙问什么办法，李嫣将哥哥设计的借室生子之计讲出来，要黄歇为自己怀孕保密，充当美人送入宫中，生下儿子来必是太子，到老皇上驾崩，即位的是自己亲生儿子，那么黄歇的令尹不就铁定了？春申君思来想去，为了自己日后的前途，也就答应了。一切按李园预谋的进行，李嫣被春申君荐入宫中，后来生下一白胖小子，考烈王十分高兴，即刻封为太子，立李嫣为正宫王后。春申君得意扬扬，李园心中暗喜。

十几年后，考烈王病笃，行将驾崩。李园抢先入宫，与妹妹调动武士，布置起来。他要杀掉黄歇，既免泄露"借室生子"的事，又给自己腾出位置。春申君被传入宫料理后事，在内宫门外被李园布置的武士杀死。考烈王死后，太子即位，是为幽王。幽王封李园为令尹，李园终于圆了他的"令尹梦"。就这样，李园利用妹妹，借春申君为台阶，踏上了令尹的宝座。

李园兄妹就是利用了春申君，为自己的最后胜利打下了基础，这也是个明智的选择。但是在那时来说，这就是奸诈人的所为，因为这就是不忠不义的表现。今人当然要用正当的手段，才能有好的结果。

**故事四：**

陈胜利用人们，谋事在人，成事在天的观念，鱼腹藏书、狐鸣篝火，假借天意，笼络人心，取得了起义的成功，可见，笼络人心特别重要，所谓人心所向，众望所归，依靠群体的力量，很容易取得胜利。

秦朝末年，对内大兴土木，对外发动战争，百姓徭役不断。秦二世元年七月，又征发各地百姓去戍守边关。有支九百多人的队伍被大雨困在大泽乡（今安徽省蕲县）。估计到达目的地时已经晚了，按照秦律就要杀头。陈胜和吴广都在这支被围困的人群中，他们商量：逃跑是死，起义是死，同样是死，哪如起义拼杀一次呢？可是又怎么让众人心服，一块儿行动呢？

陈胜说："天下人痛恨秦的统治已经很久了。我听说秦二世是小儿子，不应该做皇帝，应当做皇帝的是公子扶苏。扶苏因为多次劝说皇上，所以被派出领兵作战。有人听说他没有什么罪，二世却把他杀了。百姓都知道他为人厚道，却不知道他已经死了。项燕是楚国将领，多次立功，体恤士卒，士兵都很爱戴他，有人认为他死了，有人认为他逃了。现在我们假若妄称是公子扶苏和项燕挑头起义的话，那么响应的人一定会很多。"吴广认为陈胜说的不错，于是两人就去找人占卜。占卜的人知道他俩的用意，就告诉说："你们的事能够成功，但你们应该先去求教一下鬼神!"陈胜、吴广大喜,考虑占卜者说的鬼神一事,是让他们先威服众人。

陈胜找了一块帛,写上"陈胜王"三个大字,把它放到捕鱼的老翁网到的鱼腹里。当天,士兵买鱼回来煮着吃,吃着吃着,他们吃出了写有"陈胜王"三个字的帛书。士兵们十分惊奇,半天都回不过劲来。有认识陈胜的,有不认识陈胜的,他们都认为这是上天的旨意,要认陈胜当王了。这已经够奇怪的了,陈胜又让吴广三番五次地到周围的树丛中,夜里点起篝火,学着狐狸的声音,喊:"大楚国要兴了,陈胜要做王了!"士兵夜里都很害怕,更加深信上天要让陈胜做王。陈胜和吴广在让士卒们相信他们的行动是上天的安排后,举起了义旗。

陈胜利用人们的迷信心理,通过鱼腹藏书、狐鸣篝火,让士卒相信自己的行动是天意,所以能一呼百应。

# 第十二章

## 【原文】

　　五色①令人目盲②，五音③令人耳聋④，五味⑤令人口爽⑥，驰骋⑦畋猎⑧令人心发狂⑨，难得之货令人行妨⑩。是以圣人为腹不为目⑪，故去彼取此⑫。

## 【注释】

①五色：指青、黄、赤、白、黑。此指色彩多样。

②目盲：比喻眼花缭乱。

③五音：指宫、商、角、徵、羽。这里指多种多样的音乐声。

④耳聋：比喻听觉不灵敏，分不清五音。

⑤五味：指酸、甜、苦、辣、咸。这里指多种多样的味道。

⑥口爽：意思是味觉失灵，生了口病。古代以"爽"为口病的专用名词。

⑦驰骋：纵横奔走，比喻纵情放荡。

⑧畋猎：打猎获取动物。畋（tián），打猎的意思。

⑨心发狂：内心放荡而不可制止。

⑩行妨：伤害操行。妨，妨害、伤害。

⑪为腹不为目：只求温饱安宁，而不为纵情声色之娱。"腹"在这里代表一种简朴宁静的生活方式；"目"代表一种巧伪多欲的生活方式。

⑫去彼取此：摒弃物欲的诱惑，而保持安定知足的生活。"彼"指"为目"的生活；"此"指"为腹"的生活。

## 【译文】

　　缤纷的色彩，使人眼花缭乱；嘈杂的音调，使人听觉失灵；丰盛的食物，使人舌不知味；纵情狩猎，使人心情放荡发狂；稀有的物品，使人行为不轨。因此，圣人但求吃饱肚子而不追逐声色之娱，摒弃物欲的诱惑而保持安定知足的生活方式。

## 【解析】

老子在此章继续列举防碍心法达到"无"的事例，要注意的是这种列举可以是无限的，而不仅仅是这里所列举的几种，所以这种列举方式实际上已衍变成了一种行文的方式。另外，需要特别注意的是，人们处于常道之中，所以把常道作为"此"。然而，老子因为专门研究非常道，所以老是待在非常道里不出来，并且把非常道当作"此"，把常道当作"彼"。当然，老子的这种结论是由其心法所成就的。

"五色令人目盲，五音令人耳聋，五味令人口爽。"

五色，即青、黄、赤、白、黑五种颜色，这里指代有形世界的颜色。五音，即宫、商、角、徵、羽五种声音，这里指代有形世界的声音。五味，即酸、甜、苦、辣、咸五种味道，这里指有形物质的味道。

大象无形，目不可视，只因五色乱目，使人迷失了心灵的家园。尽管有形世界，风光无限，但是眼睛的视野，相对于心灵的视野来说，是有局限的。人们只执着于五色世界，却忽视了精神世界，而心灵的失明，才使人真正迷茫。

大音希声，耳不能听，只因五音乱耳，使人失去了大道的声音。大道的声音其实才是最真实、最动听、最感人的。人们只执着于外在的声音，却忽略了心灵的呼唤。而心灵的失聪，才使人真正寂寞痛苦，孤独可怕。

爽，是违背的意思。人们贪求口福，喜欢山珍海味，只去满足口感的需要，然而却违背了心灵的渴求。心灵所渴求的是淡而无味却又韵味无穷的大道。

追求"五色""五音""五味"，只是为了满足外部感官的需求，忽视的却是心灵的渴求，违背了"利"和"用"的辩证关系，其结果必然是心灵过早地枯竭，肉体过早地腐败。

"驰骋畋猎令人心发狂，难得之货令人行妨。"

驰骋，骑马奔驰，喻动之极。畋猎，猎取野物。发狂，心理失常，处于疯狂状态。追逐野味，最大限度地满足感官需求，这样会使人失去平静，以至心情狂乱，不能自抑。

难得之货，从正常渠道，以正常手段很难获取的东西。令人行妨，"难得之货"的诱惑力使人心生奸诈，行为不端。

心灵本是宁静、充实的，一个没有丰富的内心世界的人，必定会不停地追求外来刺激和身外之物。这是迷失心灵的缘故。

"是以圣人为腹不为目，故去彼取此。"

为腹，通过反观内视即审视来认识大道。审视是反向思维，是对本体世界的客观反映。认识的条件就是通过修炼道德功进入道境，只有进入这一境界，才能知常人所不知。为目，通过目视来认识现象世界。目视是扩散思维，是对外部世界的认识，这一功能，为人人所具备。"为腹"的目的是通过对世界本质的认识直接把握普遍规律，"为目"则只能通过对外部世界具体事物的认识来总结规律并通过实践来检验。内部世界和外部世界是互相对应、互相联系、息息相通的，只要认识了内部世界，也就认识了外部世界。相反，只把目光停留在对外部世界的认识上，那么，世界的本质及其规律就永远无法揭示，神秘主义也就将永远神秘。所以，老子强调要去彼（为目）取此（为腹）。认识外部世界的主体是自我，认识内部世界的主体是心灵。要想认识自身内部世界，就必须通过修炼道德功来超越自我，解放心灵。

本章揭示了"为腹"与"为目"的辩证关系。实际上就是把上一章的"利"和"用"的关系归结到人体科学上来。表明了老子以道为本的微观认识论。


【证解故事】

故事一：

老子针对当时社会中人丧失自我于物欲、迷失本性于世俗的现象，阐述了修身养性的道理。他认为"圣人为腹不为目，故去彼取此"——圣人对生存的条件并不苛刻，他们没有过多的贪欲，只追逐内心的满足。

像老子这样对人与社会认识透彻的人，对于人生的态度是不会过于激进的。他们知道人事的微妙和社会的错综复杂，如履薄冰是他们真实的感觉，很少有放松的时刻。烦恼都是因事情而起，而好事也绝非那么的单纯。其实，人们眼中的美事儿有许多都是虚幻的，它们能让人逐步堕落，过分地追逐物欲只能给人们带来一时的快乐，而引发的祸患却是长久的。

春秋时期，越国被吴国打败，越王勾践带领残兵逃到会稽山上，被吴军团团围住。勾践派人向吴王夫差请降，夫差不答应，勾践几乎绝望了。

这个时候，勾践的谋臣文仲、范蠡为他出主意说："吴国大臣伯嚭十分贪财，他现在正受夫差宠信，如果用重礼向他行贿，他一定会为我们说好话的。"

勾践于是让文仲带上大量金银财宝，又选了八位美女，前去求见伯嚭。

伯嚭偷偷地接见了文仲，他一见重金和美人，心中就高兴起来。文仲对他说："我奉命来见你，是不想让好事给别人占去啊。财宝和美人都在这儿，只要你肯替我家大王美言几句，让吴王退兵，这些就都是你的了。"

伯嚭说："越国灭亡了，越国的东西都会归吴国所有，这点东西又算得了什么呢？你是骗不了我的。"

文仲早有准备，他马上说："如果是这样，越国的一切也是都归吴王所有，你是得不到半点好处的。何况只要越国不亡，我们定会时时记得你的恩德，进献永远不会停止。这是天大的好事，聪明人是不会拒绝的。"

伯嚭觉得文仲说得在理，于是收下美人和财宝，答应替越国求情。

伯嚭的一位心腹看出了问题，他对伯嚭说："越国送钱送人，看是好事，实际上这是陷你于不义啊！他们现在有求于你，才会这样，哪里是他们的真心呢？收下礼物，以后的麻烦就大了。"

伯嚭不听规劝，百般在吴王面前说勾践的好话，越国终于保存下来。

勾践在吴国做人质期间，文仲给伯嚭送礼无数，从未间断。伯嚭不停地为勾践进言，帮助他回到了越国。

勾践灭掉吴国后，伯嚭自以为有功，欢天喜地拜见勾践。勾践对他说："你贪财好色，出卖自己的国家，还有脸见我吗？"

勾践杀了伯嚭，他的家人也一个不留。

伯嚭被主动上门的好事迷住了双眼，不厌其多，结果搭上了自己和全家人的性命，还断送了吴国。他不问青红皂白，见好处就要，这是他贪婪幼稚的表现，注定要有那样的下场。

曾有一位哲人说过："财富一半是天使，一半是魔鬼，满足你正常需要的财富是天使，满足你欲念膨胀的财富是魔鬼。"贪欲的膨胀使简单变得复杂，使轻松变得沉重。古人因为贪欲而丢权丧命的不在少数，而现代人却依然没有感悟老子的这方面智慧——现代人常常认为，"吃点拿点收点，不算什么大问题"，这种自谅心态使有些人忽视了贪欲之害。

惩治腐败的高压态势，贪官落马的惨痛教训，使有些人对十几万、几十万元的大"红包"不得不心存畏惧。但他们对"喝个小酒、收个小礼、受个小贿"等"小诱惑"，往往毫无畏惧之心，统统照单笑纳。在他们看来，收大礼受大贿风险大，一旦暴露将受到严惩；而收点小礼违纪不犯法，警察管不着，法官判不着，处分够不着。殊不知，"恶不积不足以灭身"。一个人贪欲之口一开，就不会满足于小打小闹，很难在诱惑面前止步，最终会滑入贪欲的泥潭难以自拔。

不要过分去追逐那些"生不带来死不带去"的虚空幻物，各种贪欲就不会成为扼杀我们美好人生的隐形杀手。换句话说，人生少一分贪念，便会多一分快乐，多一分幸福。

**故事二：**

魏文侯为宰相的人选感到困惑时，征求宾客李克的意见。

"先生曾说过：家贫要有贤妻，国乱要有名相。现在丞相的人选有魏成和翟璜二人，这二人都非常优秀，难分伯仲，究竟要选谁呢？"

李克道："俗话说：身份低微的人，不要插手伟人的事，也不要管别人的家务事。卑职实在不敢回答这个问题。""先生不要顾虑那么多，请多多指教。"

"不，卑职并不是顾虑太多，只是希望国君好好考虑。至于鉴定人物的原则有以下五项：一、际遇不佳时和谁亲近？二、富裕的时候帮助过谁？三、居高位时任用谁？四、在困境中是不是刚正不阿？五、贫穷时是不是能去掉贪念？国君只要依照这五项原则来决定就可以了。""嗯！有道理，我已经想好了。"李克离开王宫，在归途中顺道经过翟璜住处，谈起魏文侯选择宰相的事情，并且重述这段谈话。翟璜问李克："依阁下看，魏文侯会决定用谁呢？""恐怕是魏成吧！""这就奇怪了，我翟璜哪一点比魏成差呢？更何况把阁下介绍给魏文侯的人是我啊！""大人该不是为了自己升官，自组派系才把我推荐给魏文侯的吧？我只不过提供他五个原则，至于决定宰相的人还是魏文侯。依我看来魏成被拔擢为宰相的可能性比较大，因为魏成把十分之九的薪俸施舍别人，自己只留下十分之一。魏成因此获得国君的老师人子夏、田子方、段干木三人的支持，而大人所推荐的五个人只不过是魏文侯一般的臣下罢了。"翟璜低下头来向李克道歉，懊悔自己的自大。

**故事三：**

公元 817 年，即唐宪宗元和十二年，唐、随、邓三州节度使李愬决定采用突袭方式，雪夜攻打盘踞蔡州（今河南汝南）的叛将吴元济。

强劲北风刮地疾卷，鹅毛大雪当空乱舞。李部披风冒雪，半夜来到了蔡州城郊。李愬正欲发令直扑蔡州城下，突然想到："自己带了九千多人马，嘈杂声非同寻常。一旦被城里吴元济的人听到，岂不坏事？"时间一分一秒地过去，李愬尚未想出锦囊妙计。不少将军的眼睛都焦急地盯住了他。

突然，李愬在静静的夜空中捕捉到一句极反常的话："哎，这儿有一口好大好大的池塘，里面养了好多好多鹅鸭。"李愬当即连连击掌："真是天助我也！我李某人今天要鹅鸭参战。壮我大唐军威！"他马上派出一群士兵，每人手操一根木棍，伸进池塘，举棍乱打，正昏昏欲睡的鹅鸭被揍得生痛，大为不满，放声大叫，以示抗议。这声音震天响。李节度使欣然一笑，大手一挥，九千多人马开始向蔡州城进发。人马嘈杂声混入了鹅鸭声，鹅鸭声一阵高过一阵，淹没了人马声。

就这样，全军顺利行进，到蔡州外围的悬瓠城时，已是半夜。雪愈下愈大，李祐冒着雪攀到城墙上，敢死队员跟着爬上，将守门的卫兵杀死，开启城门让李愬的部队进入吴元济的外宅，这些行动全是在雪夜里完成的。百姓们等到天亮雪停了，打开门望见街巷中站满了官兵，才知道城已被攻下。蔡州的邑使赶紧向吴元济报告这一消息。吴元济怀疑地说："昨天天气奇寒而降着大雪，人马在风雪中赶路不冻死才怪哩，李愬怎可能从天而降呢？我想必定是这些兵卒将士因怕冷而回悬瓠城去拿衣服的。"话刚说完，田进诚所率领的部队已临近了，吴元济赶紧爬上城楼去守御。李愬在悬瓠城，知道城中有个勇将董重质，吴元济必会等待他去援救，于是写了封信函招降董重质，劝他别害怕，同时发下一面令旗，用以保护董重质一家老小。董重质受了感动，随即乘着马赶来投降。因此，吴元济所希望的援军也没了，只好弃城乞降。李愬将吴元济送到京师去问罪，从此，蔡州恢复了平静。

另一个例子是王处存让士兵假扮绵羊，使披着羊皮的"人"突然杀入敌军内部，打了个措手不及。

公元885年，唐朝的卢龙节度使李可举叛乱，率军攻打河中节度使王处存。

王处存是个善于用兵的人，他决定不出战，把驻地易州城加固设防，使李可举的大兵攻城不下。但李可举也不是等闲之辈。他带兵挖地道通向城内，暗中潜伏进城，一举攻占了易州城。王处存措手不及，只好带领部分官兵逃出了易州城。

王处存不甘心易州城落在敌人之手，他天天派人打探消息。探报说李可举攻下易州城后，天天在城内饮酒作乐，兵士们抢占民房民女，军官们吃喝嫖赌，百姓们恨之入骨。

王处存大喜说："李可举骄兵必败，天赐我东山再起之大好时机。"他派人四处征集羊皮。几天后，弄到数千张羊皮。他又选定一天下午，命几千名精兵来到易州城外的小山头上，每人披上一张羊皮，前面由百十只真正的羊带路，后面这些披着羊皮的士兵匍匐在地，尾随其后，向着易州城慢慢行进。

夕阳落山时，这群羊来到易州城下。暮色中，李可举的将士们在城上看到城外来了一大群洁白的咩咩叫着的"羊"，一个个欣喜万分，准备冲出城去，捕获这群"羊"，备下美酒饱餐一顿。他们开了城门，一个个争先恐后地扑入羊群，正当他们拿着刀子、棍子、绳子等准备对付群"羊"时，这些"羊"们忽然站了起来，举起刀剑，大杀大砍，把李可举的兵士们吓呆了，转眼间，他们被杀得七零八落，无一生还。潜伏在城内的王处存军兵，乘机开了城门，王处存指挥军士们奋力进城冲杀，李可举束手就擒。王处存终于夺回了自己的驻地易州城。

**故事四：**

西汉初年，韩王信勾结匈奴可汗冒顿造反，刘邦御驾亲征，中了冒顿的空城计，被围困在白登城（今山西大同东）。一连几天，刘邦几次突围都难以冲出重围。眼看粮草殆尽，天寒地冻，刘邦苦思良策不得，哀叹："难道我要命断此处吗？"

第七天，谋士陈平前来密谋，说："我听说冒顿平日最宠阏氏，而阏氏又最贪财。冒顿这人，最爱美女。我手下有一画家李周，擅长画美女，我已命他画好一幅，又准备了不少金银财宝，让人持此二物去冒顿大营活动，便可放我们一条生路。"刘邦闻言大喜，赶忙派人去冒顿大营。使者先见到阏氏，送上金银珠宝，阏氏答应帮忙。又见到冒顿，献上美人图，说欲献此女，阏氏在旁边帮腔，冒顿终于答应放开一条路。

韩王信得知此事，甚为着急，忙来相见，说："刘邦被困在这里，哪里会有什么美女，其中肯定有诈。"冒顿听后，觉得他的话有道理，赶忙派人到城下问话："你们既有美人，就让她们站在城头上，我们大王看一下，便放路让你们走。"

刘邦一听着了急，城中哪有什么美人。陈平说："陛下莫慌，我自有妙计。"原来，他早已料到这一着，派人做下了几个木偶人，让李周画得如同天仙一般，又给"她们"穿上华丽的衣服，当天夜晚便摆上城头，并有人在下面牵线操纵，这些假"美人"就像真人一样在城头搔首弄姿，城下的人一点也瞧不出其中的破绽。冒顿一看，果然眉开眼笑，以为自己艳福不浅，大喜过望，于是，放开一条路，刘邦等人趁此快马加鞭逃出了白登城。

陈平抓住了冒顿喜好美人的特点为突破口，投其所好，换来了一条生路，可怜冒顿自以为艳福不浅，最终得到的却是木偶美人。

**故事五：**

秦朝被推翻后，刘邦、项羽两派是最强盛的力量，谁主天下？当时项羽比刘邦军势大，自封为西楚霸王要统一天下。项羽知道刘邦决非甘居人下之人。便在分封土地中，把偏僻的山区三个郡：巴、蜀、（都在四川）汉中（在今陕西西南山区）分给刘邦，封为汉王。而把关中（今陕西大部分）又划分三个部分，分别给了秦朝的降将章邯、司马欣、董翳。项羽的用意很明显，他想把刘邦困死在偏远山区，让秦将守在从山区东进的关口，目地是阻止刘邦东进。项羽把长江中下游的平原归自己。这里地肥水美，是江南的鱼米之乡、富饶之地。项羽自己封为西楚霸王后，以彭城（今江苏徐州）为都城。

刘邦慑于项羽威势，不得不暂时领兵西上，到巴蜀和汉中山区进据封地。刘邦接受张良建议，把一路走过的几百里栈道全部烧毁。一来是为了断后防御，二来让项羽知道，自己安据封地没有进军东去的意图。此计果然迷惑了项羽，项羽不再把刘邦当作心腹之患。刘邦到了南郑，拜萧何推荐的韩信为大将，请他策划伺机再起，夺取天下的战略。

韩信自有谋略。他故意命令樊哙、周勃带领大队人马去修栈道，并限三个月完工。可烧毁的栈道在山里断续的有300多里，山势险峻，有的地方连立足之地都没有，修了没几天就摔死了几十人。兵士不愿干这种冒险的活，不断逃跑，所以修复栈道的工作进度很慢。

守在关中西部地区的雍王章邯，听说汉王拜的大将是当年曾在大街上受胯下之辱的韩信，从心里瞧不起他。又派人打探说汉军正修栈道，章邯更不把汉军放在眼里。因为谁都知道，蜀道艰难奇险，在上面修复栈道太难了。楚军及守在关口的将士们都放松了对汉军的警惕。但是时间不久，汉军大兵突然攻占了关中陈仓（今陕西宝鸡）。使楚军将士大惊失色。原来这是韩信的"明修栈道、暗渡陈仓"之计。表面上韩信派人修栈道，实际上却率领汉军主力，暗中抄小路袭击陈仓，以迅雷不及掩耳之势攻占了雍地、咸阳。章邯兵败，只得自杀。没多久，翟王董翳、塞王司马欣先后投降，不到三个月的时间，汉军一鼓作气，乘胜追击，一举攻占关中，大获全胜。

# 第十三章

## 【原文】

宠辱①若惊，贵大患若身②。何谓宠辱若惊？宠，为上③，辱为下；得之若惊，失之若惊，是谓宠辱若惊。何谓贵大患若身？吾所以有大患者，为吾有身，及吾无身，吾有何患④？故贵以身为天下，若可寄天下；爱以身为天下，若可托天下⑤。

## 【注释】

①宠辱：荣宠和侮辱。

②贵大患若身：重视大患就像珍惜自己的身体一样。贵，珍贵，重视。

③宠，为上：受到宠爱是光荣的、上等的。

④及吾无身，吾有何患：意为如果我没有身体，有什么大患可言呢？

⑤爱以身为天下，若可托天下：此句意为以贵身的态度去为天下，才可以把天下托付给他；以爱身的态度去为天下，才可以把天下托付给他。

## 【译文】

受到宠爱和受到侮辱都好像受到惊恐，把荣辱这样的大患看得与自身生命一样珍贵。什么叫作得宠和受辱都感到惊慌失措？得宠为上，受辱为下，得到宠爱感到格外惊喜，失去宠爱则令人惊慌不安。这就叫作得宠和受辱都感到惊恐。什么叫作重视大患像重视自身生命一样？我之所以有大患，是因为我有身体；如果我没有身体，我还会有什么祸患呢？所以，珍贵自己的身体是为了治理天下，天下就可以托付他；爱惜自己的身体是为了治理天下，天下就可以依靠他了。

## 【解析】

"宠辱若惊，贵大患若身。"

之所以有惊恐之感，是因为有荣辱观念。之所以有荣辱观念，是因为以自身为贵。以自身为贵，就是以大患为贵。以自身为贵，必生名利之心。有名利之心，必生贪争之念。有贪争之念，必有大患。为了身外之物而不择手段，祸患能不产生吗！

"何谓宠辱若惊？宠，为上，辱为下；得之若惊，失之若惊，是谓宠辱若惊。"

什么是"宠辱若惊"呢？在有些人看来，人得宠则荣，荣则名利双收；受辱则贱，贱则无名利可图。这种观念都是社会意识形态造成的。在老子看来，因得宠而惊喜的人，是喜名利、贵自身的人，这种视宠为上的人，正是卑下之人——"宠为下"。因得宠而惊喜，因失宠而惊恐，完全是名利之心在作怪。重名利的人，目光在外；淡泊名利的人，目光在内。目光在外的人，近名利而远人民；目光在内的人，近人民而远名利。远人民的人必有祸患，近人民的人必然获得人民的爱戴。

"何谓贵大患若身？吾所以有大患者，为吾有身，及吾无身，吾有何患？"

吾，自我、凡我，为肉体之身，以魂为主宰。我，真我、朴，是自我修炼的成果。《道德经》中的"吾"和"我"，不是同一概念，当区别对待。

什么是"贵大患若身"呢？我之所以有大患，因为有自我观念，以自身利益为重。但如果我到达忘却自我的境界，超越了功利、荣辱、得失，乃至生死，我哪里还有祸患呢？

"故贵以身为天下，若可寄天下；爱以身为天下，若可托天下。"

所以，如果人民把治理天下的权力托付给我，那么，我一定以贵己之心贵天下人民。人以权为贵，贵天下人的人，必然让权力属于人民；如果人民把谋求福利的希望寄托于我，那么，我一定以爱己之心爱天下人民。人以福利为爱，爱天下人的人，必然让福利属于人民。

本章是老子的政治论。论证了荣辱、贵贱、上下、得失的辩证关系，说明贵吾、爱吾的人有惊恐之灾，丧身之祸；贵民、爱民的人得天下之贵、天下之爱。这充分体现了老子的贵民、爱民思想。治国之道也是治身之道，二者是同一道理。

## 【证解故事】

### 故事一：

生活中就是有这么一些人，整个儿被笼罩在患得患失的阴影之中，心里被得失纷扰，寝食难安，终日忧心忡忡。

在一个寺院里面住着一个游方化缘的和尚。这个庙的香火很盛，经常有人来上供一些好东西。这个和尚就把这些东西卖掉，慢慢地积攒起一大堆钱。自从有了这些钱以后，和尚整天疑神疑鬼，无论白天黑夜，他都把这些钱抱在自己的怀里，不敢有一时松懈，生怕丢失或被别人偷走了。每日每夜，他都感到心神不宁，痛苦不堪。

为什么世间常人会存在这种普遍的弱点呢？就是因为过于置身于利益的困扰中。古人说，"得不喜，失不忧"。这话说起来不难，做起来却并非容易。

从前有一位神射手，名叫后羿。他练就了一身百步穿杨的好本领，立射、跪射、骑射样样精通，而且箭箭都射中靶心，几乎从来没有失过手。人们争相传颂他高超的射技，对他非常敬佩。

夏王也从左右的嘴里听说了这位神射手的本领，也目睹过后羿的表演，十分欣赏他的功夫。有一天，夏王想把后羿召入宫中来，单独给他一个人演习一番，好尽情领略他那炉火纯青的射技。

于是，夏王命人把后羿找来，带他到御花园里找了个开阔地带，叫人拿了一块一尺见方、靶心直径大约一寸的兽皮箭靶，用手指着说："今天请先生来，是想请你展示一下您精湛的本领，这个箭靶就是你的目标。为了使这次表演不至于因为没有竞争而沉闷乏味，我来给你定个赏罚规则：如果射中了的话，我就赏赐给你黄金万两；如果射不中，那就要削减你一千户的封地。现在请先生开始吧。"

后羿听了夏王的话，一言不发，面色变得凝重起来。他慢慢走到离箭靶一百步的地方，脚步显得相当沉重。然后，后羿取出一支箭搭上弓弦，摆好姿势拉开弓开始瞄准。

想到自己这一箭出去可能发生的结果，一向镇定的后羿呼吸变得急促起来，拉弓的手也微微发抖，瞄了几次都没有把箭射出去。后羿终于下定决心松开了弦，箭应声而出，"啪"的一下钉在离靶心足有几寸远的地方。后羿脸色一下子白了,他再次弯弓搭箭,精神却更加不集中了,射出的箭也偏得更加离谱。

后羿收拾弓箭,勉强赔笑向夏王告辞,悻悻地离开了王宫。夏王在失望的同时掩饰不住心头的疑惑,就问手下道:"这个神箭手平时射起箭来百发百中,为什么今天跟他定下了赏罚规则,他就大失水准了呢?"

手下解释说:"后羿平日射箭,不过是一般练习,在一颗平常心之下,水平自然可以正常发挥。可是今天他射出的成绩直接关系到他的切身利益,叫他怎能静下心来充分施展技术呢?看来一个人只有真正把赏罚置之度外,才能成为当之无愧的神箭手啊!"

面对得失成败,不同人有不同的态度,但患得患失却是不少人的通病。面对得失,斤斤计较,瞻前顾后,犹豫不决,吃着碗里的,看着锅里的,"得之若惊,失之若惊"。

一个和尚肩上挑着一根扁担信步而走,肩担上悬挂着一个盛满绿豆汤的壶。他不慎失足跌了一跤,壶掉落到地上摔得粉碎,这位和尚仍若无若其事地继续往前走。

这时,有一个人急忙跑过来激动地说:"你不知道壶已经破了吗?"

"我知道。"老和尚不慌不忙地回答道,"我听到它掉落了。"

"那么你怎么不转身,看看该怎么办?"

"它已经破碎了,汤也流光了,你说我还能怎么办?"

在得失之间,一定要有寓言中和尚那样的心态——得则得之,失则失之。任何东西都是生不带来死不带去的,何必让自己饱受心惊的煎熬呢?

古人云:世事如庭前花,花开也有花落,又如天边云,云舒也有云卷,何必患得患失,终日萦挂于怀呢?观世间万事,既得之,则安之;既失之,亦安之。不患不得,亦不患得而复失。这是一种自然的、旷达超然的人生智慧。

**故事二:**

乐毅少年聪颖,喜好兵法,深得赵人推崇。赵武灵王时,因避沙丘之乱来到魏国都城大梁(今河南开封西北)当了大夫。此时,燕昭王因为子之之乱而被齐国打得大败,时刻不忘为燕国雪耻。但燕国弱小又地处僻远，昭王自忖力量不足以克敌制胜，于是便屈己礼贤，延聘贤能之士相佐。首先礼待郭隗，借此招揽天下英才。乐毅适于此时替魏出使到燕国，燕昭王用客礼厚待乐毅。乐毅谦辞退让，最后终于被昭王诚意所动，答应委身为臣，燕昭王封乐毅为亚卿（仅次子上卿的高官）。

当时齐国非常强大，齐湣王率齐军南败楚相唐昧于重丘，西摧三晋的势力于观津，接着与三晋攻秦，助赵国灭中山，打败宋国。扩地千余里，诸侯各国在强大的齐国面前都表示臣服，齐湣王因此而骄矜自满。由于齐湣王的骄横自恣，加上对内欺民而失其信，对外结怨于诸侯，造成齐国政治局势不稳，形势恶化。

燕昭王认为时机成熟，欲兴兵伐齐，遂问计于乐毅。乐毅回答说："齐国地广人多，根基较深，且熟习兵法，善于攻战。对于这样一个大国，虽有内患，仅由我们一国单独去攻打它，恐怕很难取胜。如果大王一定要去攻伐齐国，必须联合楚、魏、赵、韩诸国，使齐国陷于孤立的被动地位，方可制胜。"这就是所谓"举天下而攻之"的伐齐方略。

燕昭王接受了乐毅的建议，便派乐毅去赵同赵惠文王盟约攻齐，并请赵国以伐齐之利诱说秦国，予以援助。又派剧辛为使又分别到楚国和魏国进行联络。当时各国都因厌恶齐湣王骄暴，听说联兵伐齐，均表赞同。

乐毅返燕后，燕昭王在公元前284年派乐毅为上将军，同时赵惠文王也把相印交与乐毅，乐毅率全国之兵会同赵、楚、韩、魏、燕五国之军兴师伐齐。齐湣王闻报，亲率齐军主力迎于济水（在今山东省济南西北）之西。两军相遇，乐毅亲临前敌，率五国联军向齐军发起猛攻。齐湣王大败，率残军逃回齐国都城临淄。乐毅遣还远道参战的各诸侯军队，拟亲率燕军直捣临淄，一举灭齐。谋士剧辛认为燕军不能独立灭齐，反对长驱直入。乐毅则认为齐军精锐已失，国内纷乱，燕弱齐强形势已经逆转，坚持率燕军乘胜追击。

乐毅率燕军乘胜追击齐军至齐都临淄。齐湣王见都城临淄孤城难守，遂率少数臣僚逃往莒城（今山东省莒县）固守。乐毅用连续进攻，分路出击的战法，攻城夺地，攻入齐都临淄后，尽收齐国珍宝、财物、祭器运往燕国。燕昭王大为欣喜，亲自前来济水犒赏、宴飨士兵，为酬谢乐毅的功劳，将昌国（在今山东省淄川县东南）城封给乐毅，号昌国君。

乐毅率燕军半年内连下齐国七十余城，仅剩聊城、莒城、即墨（今山东省平度市东南）三城仍顽强抵抗，久攻不下。其余全部并入燕的版图，燕前所未有地强盛起来。乐毅认为单靠武力，破其城而不能服其心，民心不服，就是全部占领了齐国，也无法巩固。所以他对莒城、即墨采取了围而不攻的方针，对已攻占的地区实行减赋税，废苛政，尊重当地风俗习惯，保护齐国的固有文化，优待地方名流等收服人心的政策，欲从根本上瓦解齐国。

乐毅攻燕齐五年，攻齐七十余城，皆为燕地，唯独莒、即墨未攻下。公元前 278 年，燕昭王死，太子乐资即位，称燕惠王。燕惠王做太子时，就与乐毅有隙，所以当他即位以后，对乐毅用而不信。齐国大将田单探知此种情况，乘机进行反间，派人到燕国散布说："除莒城和即墨之外，齐国大片土地全在燕国军队手里。乐毅能在短时攻下齐国七十余城，难道用几年工夫还打不下莒城与即墨吗？其实他是想用恩德收服齐人之心，为他叛燕自立做准备。"燕惠文王本来就猜疑乐毅，听了这些话信以为真，于是下令派骑劫为大将去齐接替乐毅。乐毅深知燕惠王收回他的兵权，意味着听信谣言，欲加罪于自己。他认为"善作者不必善成，善始者不必善终"，决定拒绝回燕而西向去赵。赵惠王见乐毅归赵，隆重地接待了他，并封他为望观津（在今河南省商丘东），号望诸君。赵王这样尊崇乐毅，是借以警惕燕、齐，使他们不敢轻举妄动。

骑劫寡思少谋而又骄狂自大。乐毅奔赵后，他来到齐国，一反乐毅原来的战略部署和争取齐人的正确政策，而施之以残暴，激起了齐国军民的强烈反抗。田单设谋诳骗燕军，在即墨城用火牛阵大破燕军，杀死骑劫，转而追歼燕军到黄河边上，收复齐国所失之城邑，将燕军逐出齐境，从莒城迎齐襄王（湣王死，襄王立于莒）归临淄。

燕惠王后悔派骑劫代替乐毅，以致军队被打败，将军被杀死，曾经占领的齐国土地又丢失了，但又怨恨乐毅奔赵，恐怕赵用乐毅乘燕吃了败仗的时候进攻燕国。于是燕惠王派人责难乐毅，而且向他道歉说："先王曾以举国之兵托付将军，将军为燕大败齐军，报先王之仇，天下人为之震动，我也时刻记着你的功绩。可是刚逢先王去世，我又初立，听信于左右而误国。我之所以派骑劫代替将军，为的是将军经年累月地暴露于荒郊野外，怕你太辛苦，所以请你回来调息，并想同你共议国事。将军却误听传言，和我产生怨隙，弃燕降赵。将军为自己打算，这样做是合宜的，可你如何报先王的知遇之恩呢？"于是乐毅慷慨地写下了著名的《报燕惠王书》，书中针对惠王的无理指责和虚伪粉饰，表明自己对先王的一片忠心，与先王之间的相知相得，驳斥惠王对自己的种种责难、误解，抒发功败垂成的愤慨，并以伍子胥"善作者不必善成，善始者不必善终"的历史教训申明自己不为昏主效愚忠，不学冤鬼屈死，故而出走的抗争精神。这才打消了燕惠王对乐毅的某些偏见，封乐毅之子乐间为昌国君。

尽管乐毅受到不公，但他也并不因个人得失而说赵伐燕，以泄私恨，而是居赵、燕两国客卿的位置，往来通好，乐毅最后卒于赵国。

**故事三：**

三国末期，魏国征东大将诸葛诞因反对司马昭专权，被司马昭的大军围困在寿春。当时东吴对他表示支持，先后派文钦、全怿等人率兵救援。司马昭为了消灭寿春城内的诸葛诞和东吴方面的军队，便用"借敌之计"使敌内部瓦解，然后由外而攻，从而大获全胜。

首先，司马昭派人放出谣言，说东吴救兵就要到了，而自己却粮食缺乏，不能持久应战，还故意派一些老弱兵士做出筹粮的假相，诸葛诞闻听此事，便松懈下来，在城内大吃大喝。可东吴的救兵一直未到，而城内却开始闹起饥荒。接着，诸葛诞的亲信蒋班、焦彝因主张速战和东吴文钦发生矛盾，诸葛诞一气之下想杀蒋、焦二将。二将害怕，便出城向司马昭投降。

接着，司马昭又利用东吴将领全怿的家事，施以"反间计"。住在建业的全怿的侄儿全辉、全仪因家庭纠纷带着家将逃向司马昭军中。而司马昭却诡称孙权因为全怿没有取得寿春而大怒，要杀尽全怿在建业的家眷。全怿信以为真，率领几千人出城向司马昭投降。司马昭达到一系列目的之后，便开始借诸葛诞与文钦的矛盾来彻底瓦解城内力量。诸葛诞和文钦因为火并而发生争执，结果文钦被杀，其子文鸯、文虎出城投降。于是司马昭用数百名骑兵保护着两人，在城外巡视，并大声告诫城中之人：即使是文钦的儿子我们也不杀，何况其他人呢？"司马昭靠这种宣传瓦解军心，使守城军士无心再战。于是司马昭乘机向寿春城大举进攻，最终消灭了诸葛诞的势力。

这种借助敌人间的矛盾破敌之术，一定程度上与离间之计相似，这种计谋一般都能奏效，在三国期间的战争中用得十分广泛。

**故事四：**

强制的手段也许能够处理一些问题，但势必会伤害到别人的感情。如何避免这种情况的发生？不妨用曲径通幽的方法，不去正面处理，以达到自己的目的。这种手段互惠互利，又不伤害感情，很值得我们借鉴。

明朝时候，有个宰相叫严讷，很有智谋，也能体贴老百姓的疾苦。有一年，他打算为家乡的人们修建一座宽敞的学堂。可是，有一户很破旧的民房正好坐落在规划的地基范围之内。如不及时搬走，就影响全面施工了。那家人是做小买卖的，做豆腐，也兼着卖烟酒。主管盖房子的人找到他家商量，想用高价买下这所房子。可那家人却说："这房子是祖传的产业，在我们手里卖掉不好，让人耻笑，出高价也不卖。"

主管人把这一情况告诉严讷，严讷说："不用着急，先动工兴建其余的房屋。"破土动工后，还特意吩咐主管人，不要欺侮难为那户人家。工地上每天需要的豆腐和酒，就别到别处去买了，一律到那户人家买，要什么价给什么价，不打折扣，而且要预先付款。人们不知道宰相严讷葫芦里卖的是什么药，议论纷纷。盖房的主管人按照严讷的嘱咐，一些吃喝用的东西都到那里去买。那家人买卖突然兴旺起来，每天忙得透不过气来，很快又雇了人帮忙。来帮助修建学堂的人逐渐增多，那户人家卖豆腐卖酒赚的钱也一天比一天多起来。添置的家具增加了好几倍，储存的大米、豆子也堆满了屋中间，连插脚的地方都快没有了。而买卖还是一天比一天兴旺。夫妻俩开始为屋子的狭小简陋而发愁了。

夫妻俩不得不商量解决的办法。丈夫说："咱赚了这么多钱，多亏严宰相来盖学堂，当初不该不搬走。"妻子说："宰相肚里能撑船，咱写一张契约，把房子献出去，他还能再跟咱计较？"他俩把商量好的办法，告诉盖房的主管人。主管人上报给严讷，严讷对主管人说："不能白要他的房子，可以在附近找一所房子调换给他，找的这房子比他家原来的要好一些。"房子很快找妥了，那家人非常满意，没几天就搬走了。

严讷没有武断地强行让那家人搬迁，可见他的爱民之心，他施惠于人，使那家人主动要献房，这就是他的智慧。

**故事五：**

战国时期，魏国和赵国一起攻打韩国，韩国向齐国紧急求救，齐国派田忌和孙膑带兵前去解韩国之围。齐军向魏国首都大梁（今河南开封）进发，摆出攻魏的样子，吓得魏国将军庞涓急忙调兵回头，紧随齐军追赶，妄图一举消灭齐军。孙膑了解到这种情况，对将军田忌说："魏军一向慓悍恃勇而轻视齐军，我们就利用魏军的这个弱点，来个进军减灶，假装胆怯，给庞涓一个假相，会很快把他消灭掉。"

大军西向，浩浩荡荡，开饭的时间到了，士兵们就埋锅造灶，十万大军，绵延数里，蔚为壮观。隔了一日，庞涓赶到齐军做饭的地方，看到遍地的土灶，便命令士兵统计。士兵数了大半天好容易数出来禀报将军，庞涓得知齐军有十万之众，不敢轻举妄动，慢慢在后面追。且说齐军西行又到做饭时了，孙膑下令把灶减少一半，只埋五万个灶，士兵们好生奇怪，不知是什么用意，但军令如山倒，只好从命。又隔近一日，庞涓赶到此处，一数齐军之灶，只剩五万个，便开始有些偷喜，心想："齐军果然害怕了，两天便跑掉了一半！"于是便下令魏军加快行军步伐。第三天做饭时，孙膑只让士兵们做了三万个饭灶，半天后庞涓追到这里，一数锅灶，发现只有三万个了，庞涓不禁哈哈大笑："我知道齐军本来就胆小害怕，到魏国才三天，就跑掉了一大半。"于是便命令步兵原地待令，只带精锐骑兵几千，以两倍于平日的行程追击齐军。

孙膑估计庞涓傍晚会赶到马陵，马陵道路狭窄，山峦叠嶂，地势十分险要，孙膑便在路两旁埋伏上弓箭手。傍晚，庞涓果然赶到马陵，他还未来得及喘口气，齐国射手万箭齐发，魏军大乱，溃不成军，庞涓自知智穷兵败，只好拔剑自杀了。

孙膑正是利用魏军轻视齐军的弱点，通过"减灶"这个办法，诱使庞涓上当，产生轻敌思想，从而轻举妄动，自取灭亡。

# 第十四章

**【原文】**

　　视之不见名曰夷①，听之不闻名曰希②，搏之不得名曰微③。此三者不可致诘④，故混而为一⑤。其上不皦⑥，其下不昧⑦，绳绳⑧兮不可名，复归于无物⑨。是谓无状之状，无物之象。是谓惚恍⑩。迎之不见其首，随之不见其后。执古之道，以御今之有⑪，能知古始⑫，是谓道纪⑬。

**【注释】**

①夷：无色。

②希：无声。

③微：无形。以上夷、希、微三个名词都是用来形容人的感官无法把握住"道"。这三个名词都是幽而不显的意思。

④致诘：思议。诘（jié），意为追问、究问、反问。

⑤一：本章的一指"道"。

⑥皦（jiǎo）：清白、清晰、光明之意。

⑦昧：阴暗。

⑧绳绳：不清楚，纷纷不绝。

⑨无物：无形状的物，即"道"。

⑩惚恍：若有若无，闪烁不定。

⑪有：指具体事物。

⑫古始：宇宙的原始，或"道"的初始。

⑬道纪："道"的纲纪，即"道"的规律。

**【译文】**

　　看它看不见，把它叫作"夷"；听它听不到，把它叫作"希"；摸它摸不到，把它叫作"微"。这三者的形状无从追究，它们原本就浑然而为一。它的上面既不显得光明亮堂，它的下面也不显得阴暗晦涩，无头无绪、延绵不绝却又不可称名，一切运动都又回复到无形无象的状态。这就是没有形状的形状，不见物体的形象，这就是"惚恍"。迎着它，看不见它的前头；跟着它，也看不见它的后头。把握着早已存在的"道"，来驾驭现实存在的具体事物。能认识、了解宇宙的初始，这就叫作认识"道"的规律。

【解析】

老子在本章描绘了以心法所达到的"无"的境界，指出了"无"的境界是一种没有任何现象的现象。然而，一切却可以从这种"无"开始，且其始点也就是再生的宇宙的始点，也是"道"的始点。宇宙的始点就是这样被找到的，因为这个再生的宇宙作为一个宇宙模型在逻辑上等同于现实宇宙。古人认为这是人在逻辑上所能达到的至极点，因为人的逻辑已与宇宙的逻辑本质完全一致了。这也被古人称为"天人合一"的现象。这个始点在数的方面被表述为"一"，此后每增加一个点就加"一"，如此，一个关于数的宇宙模型就因此可以建立起来了。

不断往过去追溯的问题被人们总结为"先有鸡还是先有蛋"的问题。中国民间中把这种问题称为"盘古"。"盘"为"盘问、盘诘"之意，在现今仍然是广泛使用的词义。有"盘古开天地"之说，指的是"盘古可以开天地"而不是"盘古"这个"神"开了天地，把"盘古"当作"神"是建立在误解上的神话。所谓"开天地"，指的是人使用"心法"（逻辑思维）从宇宙的第一个点开始再造宇宙，实际上就是在逻辑上建立起一个宇宙模型。

"视之不见名曰夷，听之不闻名曰希，搏之不得名曰微。此三者不可致诘，故混而为一。"

这大概就是老子于道境之中对人体基因组直觉后的体悟。

夷，平坦无阻的意思。这是就基因组的能量场来说的。希，真实、珍贵的意思。这是就基因组所蕴藏的世界万物的信息来说的。

微，细微的意思。这是就构成基因组的物质微粒来说的。"夷"（场）、"希"（信息）、"微"（微物）这三种成分不可过细地划分，它们共同融合成一个统一的整体，即细胞。细胞是宇宙的缩影，它蕴藏着宇宙的一切奥妙。

"其上不皦，其下不昧，绳绳兮不可名，复归于无物。是谓无状之状，无物之象。是谓惚恍。迎之不见其首，随之不见其后。"

"其上不皦，其下不昧"是说道的境界是清晰、明净的，其上面不耀眼，下面也不昏暗。你所直觉之景物，无上下内外之分，无视觉障碍，只是一派立体的灵明。

"绳绳兮不可名，复归于无物"。前一个"绳"是动词，即结绳。后一个"绳"是名词，即绳子。"绳绳兮不可名"十分形象地说明了人体基因组的结构及其运动形式。人体细胞的细胞核中包含着来自父母的阴阳两套染色体，基因组就是染色体上的全部基因，它按一定的顺序排列而成，呈双螺旋结构，如同一条不停扭动的绳子，这也就是首章所说的"玄之又玄"。"不可名"是说没有办法为它具体命名。在老子看来无法命名的东西，却被现代科学命名为人体基因组，且成为人人皆知的名字。随着科学的发展，老子所创建的宏伟的哲学大厦之门，必将逐渐为人们所开启，并为整个人类带来无上的福音。

"复归于无物"是不停运动着的基因组"远逝"的结果。

"是谓无状之状，无物之象。"这种状态、景象是对心灵而言的，对自我而言则"无状""无象"。之所以称之为"无状之状，无物之象"，是站在自我的角度来说的。

"是谓惚恍"是说基因组处于飞速旋转状态，闪烁不定。

"迎之不见其首，随之不见其后"是说飞速旋转的基因组是循环往复、无始无终、川流不息的。

"执古之道，以御今之有，能知古始，是谓道纪。"

修道者执着于古人所遵循的认识世界的道路，用来抵御今人只追求外在名利（有）的思想观念。之所以能够知道远古万物的起源并能认识它们发展变化的规律，是因为道都做了真实的记录。这是说，人体基因组是一部记载着宇宙万物和人类历史的活的百科全书，只要具备了破译基因密码的功夫，也就把握了世界，把握了自我命运。

现代科学已证明，人类基因组蕴藏着生命奥秘，记载着生命信息，决定着人的生老病死。但在老子看来，人类基因组不仅蕴藏着生命密码，还蕴藏着宇宙密码。只要破译了这些密码，就可以更好地认识自己，认识世界，认识过去和未来。

本章是老子对人体基因组所做的具体、生动、形象的描述，表明了道是认识真理的真正源泉。老子号召人们"执古之道，以御今之有"，不要再在违背自然规律的道路上走下去。当今人类应当醒悟老子思想，走返璞归真之路，遏制社会只片面追求物质文明而给人类的生态环境带来严重毁坏的局面。

## 【证解故事】

### 故事一：

有一天，齐景公和群臣来到公阜这块地方游玩。早上，宽阔的大地一片生机，绿的庄稼，红的鲜花，相映生辉。鸟儿唱着歌，蜂蝶跳着舞，景公感叹地说："如果我能长生不老，天天畅游在这山水之中，那该多好啊！"

齐景公身边的晏子听到这话，觉得国君如果去追求长生之术，必然淡于治国之道而不求进取，于是接过景公的话头说："生和死是不能改变的自然规律。再说人人都长生的话，那也未必是好事。"

"那又为什么呢？"景公不解地追问。

"这道理很简单，如果齐国的开国君主太公和丁公活到现在，他们一定还是一国之主。那么，桓公、文公、武公就只能当他们的助手，而你也只能头戴竹笠，手拿锄头终日在田里劳动，怎么还能率领群臣到处玩乐呢？"

晏子的话扫了景公的游兴，别过脸去不理睬他。

到了中午，远处出现了一辆六匹马拉的大车，烟尘滚滚而来。景公得意地对晏子说："这是梁丘据接我来了，你看他驾驶的马车奔得多快！朝中文武只有他最了解我的脾气了。"

晏子却不满地说："梁丘据称不上好的臣子。古人说过：作为一个忠实的臣子，不应该事事附和国君，因为国君认为是好的，并不一定都对。国君认为不对的，也不一定都不对。这个梁丘据对国君最会察言观色，拍马奉承，不论对错，一味迎合，你听了也许心顺气平，可是对国家长远利益，又有什么好处呢？"

景公很不高兴，转身拂袖而去。

夜色降临，星光灿烂。这时一颗流星在头顶疾驰而过，景公面如土色，以为这是不祥之兆，忙请主管祈祷的官员设香案祷告，保佑齐国君臣的平安。

晏子赶去劝阻，对景公说："流星有什么可怕呢？它只扫除邪恶的事情，国君如果没有做这种丑事，何必提心吊胆的呢？要是做了这类事，让流星扫掉，不是很好吗？"

景公气得脸色铁青，说不出一句话来。

可是晏子言犹未尽，批评的分量也越来越重："现在我担忧的倒不是流星的出现，而是国君贪恋酒色，亲近小人，喜听谗言，疏远贤臣，长期下去，灾难必然降临到我们齐国。国君的这些过失，靠祈祷是帮不了忙的。"

齐景公再也没有游览的兴致了，立即下令驾车回宫。这天夜里，这位齐国至高无上的人，翻来覆去睡不着觉，准备寻找机会整整这位相国的气焰。然而当他细细品味晏子三次批评自己的话时，觉得每句话都有道理，终于钦佩起这位相国对自己的忠心来。

晏子去世后，景公在吊唁时痛哭流涕地说："那天相国在公阜三次给我指出过错，这样忠心耿耿的贤臣我现在哪里去找啊？"

**故事二：**

公元 938 年，在南汉王府内，南汉王刘龑正在给先锋官——儿子刘弘操下达作战命令："令你率三百只战船，由海道火速前往交州，增援皎公羡。"

原来，交州守将皎公羡暗杀了安南节度使杨廷光，篡夺了他的官职，激起了杨廷光旧部的愤怒。交州军中摩擦不断。前不久，杨廷光旧将吴权正式起兵攻打皎公羡。两军在交州展开了激战。由于皎公羡平时对士兵十分刻薄，不堪压迫的士兵纷纷倒戈投降吴权。皎公羡只得派使者用重金贿赂南汉王刘龚，请求他派兵搭救。刘龚握兵南汉，早就对交州存有觊觎之心，只是苦于没有借口。现在有了这个机会岂肯放过？于是急急派儿子刘弘操做先锋，名正言顺地向交州出兵，自己统率大军殿后。

崇文使萧益满怀忧心地向南汉王进谏道："王爷，我军这么仓促行事，是否有欠周全？海道非比陆路，路遥风险难料。而且吴权又素以狡诈闻名，我军万不可冒险轻敌。大军出动，还是多用向导，然后进军为上。""现在顾不得这些了，不要多说了。"南汉王皱皱眉头，不让萧益说下去。他决心已定了。

不久，刘弘操带领先锋船队赶到了交州海湾入口处。遇到吴权军的几只小船，正开过来向南汉军挑战。刘弘操命令各船全速前进。

几只吴权军小船，见南汉军大队船队开进交州，便掉转船头逃跑。南汉军紧紧追赶，企图把它们一举歼灭。就在南汉军深入交州海湾的时候，海水开始落潮了。吴权军的小船三划两划便溜走了，可南汉军的战船行动不便，就在他们想掉转船头时，突然船底触及硬物，"嘎嘎"出声，全部动弹不得了。

这时，隐藏在四周的吴权军纷纷出动了。一时间，喊杀声四起，南汉战船在吴权军强大的攻势面前，只有干等挨打。多半士兵落水淹死，刘弘操也落入水中被打死了。

原来，吴权早得知南汉军要来进攻，便利用海水涨潮落潮规律，在海湾设下铁尖木桩阵，有意用轻便小船引诱敌军进入伏击圈，一举打败了南汉军。

对于突发情况人们往往手忙脚乱，对此，只有充分发挥主观能动性，才能得到一个比较理想的结果。

**故事三：**

三国时期，曹操为富国强兵，笼络人才，下令不论人的品行如何，只要有才，就要重用。不少人才都投奔曹操去了。但当时的有名人士祢衡却对曹操不屑一顾，自恃才高而目中无人。曹操周围的人，他只看得上孔融和杨修。

祢衡自幼才思敏捷，但傲慢放荡。二十四岁那年，他到都城许昌游玩，恃才傲物，谈论周围人物时过于贬抑，所以没有多少人喜欢他。只有当时任少府官的孔融佩服他的才气，多次向曹操推荐，说他是不可多得的奇才。

听了孔融的话，曹操确实动了心，想召见祢衡，委以重任。谁知祢衡素来看不起曹操，因此，对曹操的邀请不加理睬，甚至说些无礼的话。曹操听后非常恼火，恨不得把他捉来杀掉。但一想到祢衡是远近有名的人物，杀了他会影响自己的爱贤声誉，只好强压住愤怒。曹操想："总要想个法子压一压祢衡的傲气，使他受一些耻辱，才能服从管制。"

曹操听说祢衡善于击鼓，于是计上心来。他下令召祢衡为军中专门打鼓的小吏。八月份大朝会时，按规矩，每个鼓吏都要换上表示身份地位的鼓吏的衣服，曹操想借此在宾客面前耍弄祢衡一番。谁知祢衡却没有换上衣服就上来了，卫官喝令他下去换衣，他竟当着曹操的面脱光衣服，赤身裸体站在那里，然后才慢慢去换上鼓吏的衣服。曹操无可奈何地说："我本想侮辱他一番，却被他所辱。"曹操下令将祢衡送给荆州的刘表，想借刘表之手除掉祢衡，解心头之气。

祢衡见刘表后，说了一番颂德的话，实际上是讥讽他，刘表很不高兴，又让他去见黄祖。有人问刘表："祢衡戏谑您，为什么不杀他呢？"刘表说："祢衡几次侮辱曹操，曹操不杀他，是担心背上不爱才的恶名，所以想借我手杀死他，让我背上杀害贤才的罪名。现在，我把祢衡送到黄祖那里，让曹操也知道知道我的见识。"黄祖是位粗率的将军。一次宴会上，祢衡说他不过是土木偶人罢了。黄祖因此大怒，下令把祢衡杀掉了。曹操听说祢衡被害后，仰天大笑，说："腐儒唇枪舌剑，到头来反把自己害了。"

借刀杀人的成语大家都听说过，但是能谙此计谋的人也算是智慧高人了。曹操不愧是一代奸雄，能不费吹灰之力就铲掉了自己眼中钉，肉中刺。当然，我们现在不提倡这些。但是，我们可以领悟其中的道理，来运用我们的智慧，用合理的手段取得成功。

**故事四：**

齐国大治，征服了许多割据一方的诸侯，终于称霸中原。但唯有楚国自恃强大，上不尊周天子王命，下不听齐国号令，时时侵犯邻国，掠夺土地财物。齐国若不能征服楚国，霸业形同虚设，盟主的地位也难以巩固。为此，齐桓公召集群臣，垂询征服楚国之策。

当时，齐国的几员大将纷纷请战，建议集结重兵再联合诸侯的军事力量攻打楚国，以兵威震慑楚国称臣。相国管仲力排众议，他分析说："楚国之所以抗拒王命，正是倚仗地大兵强，国家富足，才敢于妄自尊大。现在出兵，齐楚交战，旗鼓相当，纵使获胜，也要将齐国数年积蓄的财物耗尽；再说，大战之后齐楚两国人不知要有多少生灵将化为白骨，遗弃疆场。"一番话使齐桓公愁眉不展，令众臣哑口无言。当大家问管仲有何妙计征服楚国时，管仲笑而不语，似乎早已想好了对策。

不久，齐国的商人奉相国之命到楚国去购鹿，并四处扬言："齐桓公好鹿，不惜重金。"当时，楚国多鹿，只作为一般的可食动物，价格并不贵。楚国商人见有利可图，纷纷做起这桩生意，鹿价暴增。楚成王和大臣们闻知此事感到可笑，他们认为齐桓公为了购鹿耗费齐国钱财，和十年前卫懿公好鹤亡国没有什么区别，楚国从此高枕无忧，等待齐国大伤元气，霸业遂不可得，而楚国正好坐收天下。

楚成王暗中下令，把鹿价继续提高。楚国人见一头鹿的价格已经与数千斤粮食相同了，谁也不肯放弃这个发财的好机会，于是做工的离开作坊，种地的抛下农田，购买猎具钻进深山老林去捕鹿，几乎要把整个楚国的鹿群捕尽杀光。楚国的官兵看了眼红，也停止了训练，将行军作战的兵械改成猎具，偷偷上山加入了捕鹿大军。

楚国大富，铜币堆积成山。谁知第二年，楚地大荒，农田无人耕种，粮米只有二三成的收获。楚人欲用铜币去邻国买粮食，但到处买不到。原来，管仲早已联络各国，禁止各诸侯国与楚通商，不准卖给楚国粮食。楚成王这时才明白了齐桓公好鹿是管仲的计策，可后悔已经来不及了。管仲见时机已到，请齐桓公下令出征，集合八路诸侯之军，浩浩荡荡开往楚国边境，大有席卷残云，摧枯拉朽之势。此时的楚军人饥马瘦，战斗力大为削弱，怎能与齐国精兵与各路诸侯劲旅交锋？楚成王内外交困，无可奈何，只好派大臣向齐桓公低头求和，表示听从齐国号令，不再割据一方，欺凌邻国了。为了表示诚意，奉献金帛八车，派使犒劳八路诸侯之师，又准备了菁茅在齐军前呈样，然后具表向周天子进贡。

看完这则故事，我们不得不佩服管仲的智谋：不战而屈强楚，不动一刀，不杀一人，就战胜了强大的楚国，对于巩固齐国霸主的威望，起到了重要作用。充分地利用对方的弱点，达到自己的目的不可不说是一种高效的制胜方法啊。

**故事五：**

屠枰石为官，执法很严。他曾任过湖州地方官。湖州之地，民风不正。许多百姓刁钻蛮横，不守礼法，不好读书，而且千方百计搜寻读书人的过失，打击排挤他们。一些小人听说屠枰石到湖州上任，又知道他执法很严，心里暗暗高兴，心想："那些读书人这下可倒霉了。"于是加紧活动，到处找茬。

一次，有个秀才和妓女鬼混，被一保甲发现，当场将他们捉住。第二天一大早就将他们押送衙门，衙役们虽然很同情秀才，但没有一个人敢给他松绑。衙役们将三人带到堂上，屠枰石正在检阅公文。保甲得意扬扬，态度傲慢地向屠枰石报告情况。秀才则在一边浑身发抖，满脸愧色。这些屠枰石都看在眼里，他假装认真处理公务，什么也没听见。保甲汇报了半天，屠枰石却没有反应，保甲急了，匆忙爬到前面，拉住屠枰石的袖子，说："大人，小人有事相告。"这时，保甲已离秀才和妓女很远，屠枰石用眼盯着衙役，将保甲的手分开，说："放袖（秀）才去。"衙役们马上明白屠枰石的意思，将秀才偷偷放走了，保甲还蒙在鼓里。

屠枰石这才对保甲说："你有什么事？"保甲又将事情叙述一遍，屠枰石问："秀才在哪里？"保甲回头一看，秀才不见了，大惊失色，一句话也说不出来。屠枰石以不敬之罪，命衙役痛打保甲三十大板，并给他戴上号枷，关了几十天。出狱之后，保甲神色惶恐地对别人说："我捉到的大概是鬼吧，要不怎么会眨眼不见了呢？"从此以后，他再也不敢为难读书人了。其他刁民听说这件事之后，也不敢胡作非为了，州中刁恶之风不久停息了。州中的读书人听了这件事，都对屠枰石表示感激，从此更加发愤读书。那个秀才最终也改过自新，由秀才又中了举人，后来还当了官。

屠枰石的做法得到了很好的效果，保存了读书人的颜面，又起了警戒的作用。有时候替别人遮丑也是一种美德。

# 第十五章

【原文】

　　古之善为道者<sup>①</sup>，微妙玄通，深不可识。夫唯不可识，故强为之容<sup>②</sup>。豫<sup>③</sup>兮若冬涉川<sup>④</sup>，犹<sup>⑤</sup>兮若畏四邻<sup>⑥</sup>，俨<sup>⑦</sup>兮其若客<sup>⑧</sup>，涣兮其若凌释<sup>⑨</sup>，敦兮其若朴<sup>⑩</sup>，旷兮其若谷<sup>⑪</sup>，混兮其若浊<sup>⑫</sup>。〔澹兮其若海；飂兮若无止。〕孰能浊<sup>⑬</sup>以静之徐清？孰能安<sup>⑭</sup>以动之徐生？保此道者不欲盈<sup>⑮</sup>。夫唯不盈，故能蔽而新成<sup>⑯</sup>。

【注释】

①善为道者：指得"道"之人。

②容：形容，描述。

③豫：原是野兽的名称，性好疑虑。引申为迟疑慎重的意思。

④涉川：战战兢兢，如临深渊。

⑤犹：原是野兽的名称，性警觉，此处用来形容警觉、戒备的样子。

⑥若畏四邻：形容不敢妄动。

⑦俨：形容端谨、庄严、恭敬的样子。

⑧客：一本作"容"，当为客之误。

⑨涣兮其若凌释：形容流动的样子。

⑩敦兮其若朴：形容敦厚老实的样子。

⑪旷兮其若谷：形容心胸开阔、旷达。

⑫混兮其若浊：形容浑厚纯朴的样子。混，与"浑"通用。

⑬浊：动态。

⑭安：静态。

⑮不欲盈：不求自满。盈，满。

⑯蔽而新成：去故更新的意思。

　　古时候善于行道的人，微妙通达，深刻玄远，不是一般人可以理解的。正因为不能认识他，所以只能勉强地形容他说：他小心谨慎啊，好像冬天踩着冰过河；他警觉戒备啊，好像防备着邻国的进攻；他恭敬郑重啊，好像要去赴宴做客；他行动洒脱啊，好像冰块缓缓消融；他淳朴厚道啊，好像没有经过加工的原料；他旷远豁达啊，好像深幽的山谷；他浑厚宽容啊，好像不清的浊水。谁能使浑浊安静下来，慢慢澄清？谁能使安静变动起来，慢慢显出生机？保持这个"道"的人不会自满。正因为他从不自满，所以能够去故更新。

**【解析】**

　　"古之善为道者，微妙玄通，深不可识。"

　　善为道者，指在修道方面有造诣的人。微妙玄通，指善为道者的功夫已经进入识玄的境界，思想意识已经和大道相通。这样一来，他们就具备了奇妙的高深莫测的特异功能，以及一些不能为常人所理解和接受的观念、行为，故说"深不可识"。这是总言"善为道者"的特性。

　　"夫唯不可识，故强为之容。豫兮若冬涉川，犹兮若畏四邻，俨兮其若客，涣兮其若凌释，敦兮其若朴，旷兮其若谷，混兮其若浊。"

　　正因为深不可识，所以只能勉强地描述一些他的外在形象。

　　"豫兮若冬涉川"，豫，迟疑犹豫，引申为谨慎小心。豫的另一层意思是欢喜、和乐的意思。综合起来理解，这一句是说，"善为道者"潜心修道，始终谨慎小心，即使进入高层境界，理应欢乐、庆贺，但在成绩面前却没有表现出半点的骄傲情绪，而是始终保持高度的警惕性，就像是冬天踩冰过河一样，必须时刻小心，以防陷入危机之中。

　　"犹兮若畏四邻"，犹，是慎惧的意思。"善为道者"与世人相处，无门户、宗族观念，无荣辱、贵贱之分，对人团结友爱，虔诚有加。"若畏四邻"，不是害怕四邻，而是以礼相待，他不因为有超常的智慧而傲视四邻，相反却主动接近他们，以沟通情感和意志，体现的是谦下之德。

"俨兮其若客"，俨，是俨然的意思，表明容貌庄重。修道有成的人，对练功的态度是严肃的，表情是庄重的。他以朴为主人，自我不敢妄作妄为。表现在为人处世上，他爱人如己，敬重他人，没有主人的观念，而是甘做世人的客人，对人有礼有节，不做违背道德的事。所以，他是一位德高望重的人。

"涣兮其若凌释"，涣，是涣然的意思。修道之人安心静坐，排除各种恩恩怨怨和名利之心对心灵的干扰，使真气贯通全身，就会有浑身温暖如蒸、酥软融融的感觉，直至自失忘我，这正是涣然冰释的印证。有道之士悟证了这一道理，在人生的实践活动中就不会为身外之物所羁绊，从而全心投入到行道的事业中去。

"敦兮其若朴"，敦，是诚实、忠厚的意思。大道是至诚不移的，有道之士始终以大道来充实内心世界，使忠厚之德不断升华。因此，他给人的印象必然是至诚不欺、忠厚朴实的。

"旷兮其若谷"，旷，是广阔、空旷的意思。有道之士的功夫越深，道的境界就越广阔，破译的密码就越多。此时，他的视野早已跳出自我的圈子、家庭的圈子、亲友的圈子，而是放眼整个人类的利益。他的山谷般的胸怀，天地般的意志，是常人所不能认识和理解的。

"混兮其若浊"，混和浊，都是愚昧、糊涂的意思。有道之士既然彻悟大道，有天地般的胸怀和志向，自然不会执着于个人的名利得失，而是以忘我的精神，想人民之所想，急人民之所急。这在有些人看来，劳碌一生而不为名利，无异于头脑简单、愚蠢的傻子。其实，真正浑浊的是那些执着于个人名利的人。

以上七句，是对"善为道者"的个性分别做出的描述。

"孰能浊以静之徐清？孰能安以动之徐生？"

谁能够静之以道，让那浑浊的名利之心得以慢慢地澄清呢？谁又能够动之以道，让那治国安民的远大志向慢慢地升起呢？

识道在于守静，守静才能逐步转变以名利为中心的价值观念。随着价值观的转变，人们对社会上的不道德现象得以逐步认识，济世安民的伟大志向也就随之形成。这一章，是老子对世道的忧心和对仁人志士的呼唤。

"保此道者不欲盈。夫唯不盈，故能蔽而新成。"

盈，充满、满足。蔽，疑为"敝"，旧的，和"新"相对，喻过时的、错误的思想观念。持有这一功夫的人，不会自我满足。正因为不自我满足，才能不断地消除错误观念取得新的成就。

本章通过对"善为道者"的形象描述，体现了有道者的伟大人格形象。说明道德功的本质和巨大功用。

## 【证解故事】

### 故事一：

战国时的乐羊子，一天在路上拾到一块金子，高兴极了，回到家马上交给了妻子。

谁知妻子却瞪了他一眼，说："志士不饮盗泉之水，廉士不受嗟来之食。而你在路上拾到别人丢失的金子，却是那样高兴，我不觉得这种贪财求利的品行是高尚的！"

乐羊子很惭愧，立即把金子丢到野外去。后来，他在妻子的鼓励下，去远方求学。

一年过后，乐羊子回家了。

正在织布的妻子问："你已经学到很多知识了吗？"

乐羊子说："不，我在外面游学久了，很想你和母亲呀。"

妻子很生气，立即操起一把剪刀，把没织完的绸子剪断了，然后说："你知道吗？这绸子是用蚕丝在织布机上织成的。一根丝虽然很细很细，但只要不断地织，就能由一丝织成一寸，由一寸积累成一尺，由一尺积累成一丈，由一丈积累成一匹。现在，你出外游学，每天学到一些新鲜知识，逐步培养美好的品德。如果半途而废，和剪断的绸子有什么不同呢？"

乐羊子听了这一番朴素而又生动的话，很受启发，又外出学习，整整七年没有回家。

在这七年中，乐羊子的妻子起早贪黑地辛勤劳动来养活婆婆，可用织成的布匹换来的只是粗茶淡饭，勉强糊口。

一天，别人家的鸡误入了她家的菜园子，婆婆因为好长时间没有吃到荤菜了，捉到鸡二话没说就把它宰了煮着吃。媳妇知道这鸡是别人家的，就哭了起来，一口也不吃。

婆婆奇怪地问："难得有鸡吃，你还哭啥呀？"

媳妇不责怪婆婆贪小利，反而自责道："媳妇不孝，不能挣大钱换好吃的，使得咱家的饭中有外人的鸡肉啊。"

婆婆听了，很是惭愧，就丢弃鸡肉不再吃，此后也不再占人家的便宜。

七年后，乐羊子回家了，这时候，他已成为一个道德高尚而且学识渊博、足智多谋的人了。他于公元前408年被魏文侯拜为大将，一举收服了中山国（古国名，地在河北省定县）。

**故事二：**

三皇五帝的虞帝舜本是个普通平民，父亲瞽叟（瞽：音鼓，盲眼。叟：音手，老者。）是个瞎子，且品性固执，不懂礼仪。舜母早逝，瞽叟再娶，后母刁顽，常作恶言，并唆使舜父欲杀舜。后母生子名象，为人傲慢，亦对舜仇视。但是舜仍然对父母很孝顺，对弟弟很友爱，设法避免祸害，但却毫不怨恨，并承担全家的劳动工作，常在历山耕种。因为舜的孝行这么难得，感动了上天，致使他耕种的时候，有象出来协助，有鸟帮他锄草。

舜二十岁的时候，他的事迹已传播很远，到他三十岁的时候，当时的领袖帝尧为找寻替任的接班人而问计于四岳（四时之官），四岳一齐推荐了舜。于是帝尧决定深入对舜进行考察，便把两个女儿娥皇和女英嫁给舜，又命九个儿子和舜一起工作，观察他对内对外的为人。

舜成亲后，要求妻子孝敬公婆，尽媳妇之道，关照弟弟，尽嫂嫂的本分，不可以因妻子的高贵出身而破坏家庭的规矩。舜对尧的九个儿子要求也很严格，一点也不迁就，使他们为人更敦厚谨慎，事事心存尊敬的态度。

舜在历山耕作，由于和气谦让，同他一起开荒种地的人受到感染，变得能够互让，和洽相处，田界也不计较。舜去雷泽钓鱼，那里的人慢慢都能放下争执，互敬互让。舜在河边造陶器，仔细认真，不合格就重做，那些马虎的人见了，感到惭愧，跟着渐渐也就做得精致了。舜的品德在众人中产生很大感召力，人们都愿意亲近他。他住的地方本来很偏僻，但一年后就变成村落，两年成了邑，三年成了都。

帝尧于是很赏识舜，奖赏给他高级衣料做的衣服，一架名贵的琴，一群牛羊，又为他修建了粮仓。

舜的父亲、后母和弟弟象看到，很是妒忌，一心想暗害他，占为己有。瞽叟叫舜去清洁粮仓那高高的上盖，然后暗中纵火，要烧死他。幸得娥皇、女英预先给舜准备了竹笠，一手一个张开如鸟的翅膀，乘风飘下而不死。瞽叟又与象设计让舜修井，然后推下沙泥土块活埋他，得手之后三个人瓜分舜的财产，象要琴和舜的两个妻子，而牛羊衣物粮仓归瞽叟及后母。幸舜在两个妻子安排下，预先在井旁凿开一洞，下井后即藏身而得不死。他出来的时候，象正占据舜的房子抚弄那架名贵的琴，见到舜而终于感到惭愧不已。舜心中明知瞽叟、后母和象合计害他，但仍然和过去一样，孝敬父母，友爱弟弟，并没有一丝埋怨。

帝尧对舜经过长时间的考察，又分派工作让舜去做，终于认为舜的品德确实好，而且能干，能凝聚天下有能之士，使更多能人愿意出来辅助政事，治理的地方父有义、母有慈、子女孝顺、兄长爱护弟妹、弟妹恭敬兄长，远近的部族都对舜异常尊敬，便将帝位传给这贤人，这就是历史上的所谓禅让。舜以一介平民，一跃而为虞朝的帝王，纯是孝与忠所致。吕纯阳师尊在《吕祖全书》中介绍了七十二位忠神、三十六位孝神、另五位忠孝神，合共一百一十三位，虞舜帝排于第一位，为"旋转乾坤，纯忠纯孝，揖让大德神圣，有虞大舜帝，无极至尊"，备极尊崇礼敬，要求我道中人，对各忠孝神之忠孝精神要"坚志奉行，细心体会"，"朝夕拜诵，广布人间"。

**故事三：**

公元756年，安禄山反唐，肆虐华北。颜真卿举兵抗击，把义军队伍集中起来，正准备训练时，清河人李萼代表本郡前来借兵。

他对颜真卿说："您首先倡导大义，号召大家来反抗叛军，河北地区的郡县都把您当作长城依靠。现在清河是您的西邻，国家平常把江、淮以及河南地区的金钱布帛都集中在那里供给北方的军队，被人们称为'天下北仓库'。现在那里有布三百余万匹，帛八十余万匹，钱三十余万缗，粮三十余万斛。过去征讨突厥默啜可汗时，把兵器盔甲都贮藏在清河郡的武库中，现在还有五十余万件。清河郡有户数七万，人口十万。我估计它的财物可以顶三个平原郡，兵马足可以顶两个平原郡。您如果能够借兵给清河郡，并抚慰、据守这里，以平原、清河二郡为腹心，那么周围的州郡就会如四肢一样，无不听您的指挥。"

颜真卿说："平原郡的兵是新近才集结的，没有经过训练，自保还恐怕兵力不够，哪里还顾得上邻郡呢！如果我答应了您的请求，那又将怎么样呢？"李萼说："清河郡派我来向您借兵，并不是兵力不足，而是想看一看您这位大贤之士是否深明大义。现在看您的意思还没有下定决心，我怎么敢随便说出下一步的计划呢？"颜真卿听后很惊奇，就想把兵借给他。但其他人都认为李萼年轻轻敌，借兵分散兵力，将会一事无成，颜真卿不得已只好拒绝。

李萼住到馆舍后，又给颜真卿写信，他说"清河郡脱离叛军，归顺朝廷，奉献粮食、布帛和武器来资助官军，您不但拒绝接受，而且还心存怀疑。我回去复命说您不肯借兵之后，清河郡不能孤立，必定要有所依靠，如果投向叛军，就会成为您西面的强敌，您不后悔吗？"颜真卿大为震惊，立刻到馆舍去见李萼，答应借给他六千兵卒，一直把他送到边境，握手而别。这时颜真卿又问："所借给的兵已经出发，你可以告诉我你下一步的计划吗？"李萼说："听说朝廷派程千里率精兵十万出崞口讨伐叛军，敌人占据险要抵抗，不能前进，现在应当先率兵攻打魏郡，抓住安禄山所任命的太守袁知泰，恢复原太守司马垂的职位，让他做西南的主将，分兵打开崞口，让程千里的军队出来，共同讨伐汲郡、邺郡以北，一直到幽陵我方未攻下的郡县。平原与清河二郡率其他的同盟郡兵，合兵十万，向南进逼孟津，然后分兵沿着黄河占领战略要地，控制叛军北逃退路。估计官军向东讨伐的军队不少于二十万，河南地区忠于朝廷的义兵不少于十万。您只要上表朝廷请求东征的军队坚守不出战，用不了一个月，叛军必然会发生内乱而互相攻击。"

颜真卿说:"好!"于是就命令录事参军李择交与平原县令范冬馥率领这些军队,会同清河兵四千及博平兵一千,驻军在堂邑县西南。袁知泰派部将白嗣恭等率兵二万余人来迎战,三郡兵与魏郡兵苦战一天,魏郡兵被打得大败,被杀一万多人,被俘一千多人,缴获战马一千匹,缴获的军用物资也非常多。袁知泰逃往汲郡,于是官军攻克魏郡,军威大振。

李萼虽处劣势,但他善于分析双方情势,软硬兼施,说服颜真卿与之联合作战,才保全自己的势力并壮大之,眼光高远又切合实际,乱世显英才更难能可贵。

**故事四:**

唐朝的开国元勋徐懋功,曾追随李世民灭隋兴唐,屡建奇功。徐敬业是徐懋功的孙子,这孩子相貌丑陋、性格刚强,从小不听师长之言,全家人都不喜欢他。徐懋功说:"徐敬业这种逆子还不如死了好。"

徐敬业自幼喜舞枪弄剑,聚众闹事,从不让徐家人安宁。徐懋功火冒三丈,心想还不如让这孩子早死了,以免辱我徐氏家族功臣之名。

有一天,徐懋功带着徐敬业去狩猎。当围攻猎场时,徐懋功命徐敬业一边驱赶野兽,一边放火烧山。刹时间烈焰熊熊,草木尽燃。徐敬业未来得及躲避,被困在山中。此时,眼看烈火向山上蔓延,徐懋功非但不派人救火,还说:"烧得好,烧得好,让这把大火把那个逆子烧死,以绝后患。"

这时,山上火随风势,势成燎原。四处逃窜的野兽都惨叫着被烧死。徐敬业本来大呼救命,但看到火势扑来,心想喊救命也枉然,不如自己想办法。

徐敬业找了一块平地,然后把马杀死,又将死马的肚肠掏净,然后钻到马腹内避难。待大火烧了过来,虽然气味腥臭炎热灼人,但毕竟保住了性命。待大火烧过,山头一片灰烬。徐懋功带着随从,沿着被烧焦的地方,寻找徐敬业的尸体。找了一会儿,他们发现了徐敬业的坐骑，以为徐敬业已必死无疑。岂料他们走到那匹被烧焦的马跟前，徐敬业满身血污地从马肚子里出来了。

徐敬业非常得意，庆幸自己大难不死。徐懋功却仰天长叹说："敬业此番大难不死，异日定使我徐家遭难。"后来，徐懋功对徐敬业不理不睬，听之任之。徐敬业招兵买马，成为一员将军。

武则天登基做皇帝后，徐敬业同骆宾王等人起兵讨武。骆宾王写了名留青史的《讨武曌檄文》，徐敬业则领兵同武氏大军对抗。不久兵败被诛杀，连累九族被抄斩。

徐敬业藏于马腹中从而侥幸捡回了一条命，俗话说，大难不死必有后福。的确，虽然徐敬业因兵变被诛，仍不失为一名有胆有识的大英雄，也为后人所敬仰。

# 第十六章

## 【原文】

致虚极，守静笃①，万物并作②，吾以观复③。夫物芸芸④，各归其根。归根⑤曰静，静曰复命⑥。复命曰常⑦，知常曰明⑧。不知常，妄作凶。知常容⑨，容乃公，公乃全，全乃天⑩，天乃道，道乃久。没身不殆。

## 【注释】

①致虚极，守静笃：虚和静都是形容人的心境是空明宁静状态，但由于外界的干扰、诱惑，人的私欲开始活动。因此心灵闭塞不安，所以必须注意"致虚"和"守静"，以期恢复心灵的清明。极、笃，意为极度、顶点。

②作：生长，发展，活动。

③复：循环往复。

④芸芸：茂盛，纷杂，繁多。

⑤归根：根指道，归根即复归于道。

⑥复命：复归本性，重新孕育新的生命。

⑦常：指万物运动变化的永恒规律，即守常不变的规则。

⑧明：明白，了解。

⑨容：宽容，包容。

⑩天：指自然的天，或为自然界的代称。

## 【译文】

尽力使心灵的虚寂达到极点，使生活清静坚守不变。万物都一齐蓬勃生长，我从而考察其往复的道理。那万物纷纷芸芸，各自返回它的本根。返回到它的本根就叫作清静，清静就叫作复归于生命。复归于生命就叫自然，认识了自然规律就叫作聪明。不认识自然规律的轻妄举止，往往会出乱子和灾凶。认识自然规律的人是无所不包的，无所不包就会坦然公正，公正就能周全，周全才能符合自然的"道"，符合自然的"道"才能长久，终身不会遭到危险。

**【解析】**

心法的目的就是为了能做到"观复"。宇宙从始点运行到每一个"我"的整体过程可以被看成是一条逻辑轨迹，可以称之为"根我"；而每一个"我"反溯至宇宙始点也可以被看作是一条逻辑轨迹，可以称之为"我根"。轨迹"我根"与轨迹"根我"若能够重合起来就可以说达到了"观复"的目标。如果人能在逻辑上完成"我根"的轨迹，又能够再在这个基础上完成"根我"的轨迹，就可以叫作"复命"。"命"指的是宇宙的"根我"的轨迹，也可以称之为"始终"的轨迹。宇宙的运行在逻辑上就只有"始终"（命）一种方向。然而，人的逻辑却可以在"始终"的轨迹上反反复复。如此反复不但能使人找到宇宙始点，还能最终认识到宇宙整体的情状。宇宙整体可以用"道"字来统称，这个"道"字也可以用其他字来做"等量代换"，即有：常＝容＝公＝全＝天＝道＝久。

"致虚极，守静笃。"

虚己以待物，虚魂以待灵。魂虚则灵实，魂静则灵动。虚极则自失，静笃则忘我。自失并不等于忘我，自失是静坐中自我躯体在意念中消失，一切知觉全无，但自我意念还存在。忘我则是进入道的境界，自我意念完全被道的景象所吸引，情不自禁，万虑顿失，一灵独存。守虚至诚，守静至笃，才能进入道的境界。以笃诚之心反观内视，以不变观万变，这就是修炼道德功的存想术。

"万物并作，吾以观复。夫物芸芸，各归其根。"

"夫物芸芸，各归其根。"这是在道境中观察万物变化所得出的结论，是事物的一般规律。

道境之中，万物并作出现，自我得以反复观察万物从生到死的发展过程。大千世界，芸芸众生，无不归结到大道这一根源（真性）

上来。

"归根曰静，静曰复命。复命曰常，知常曰明。不知常，妄作凶。"

"气脉舒而内蕴元神，则曰真性；神思静而中长元气，则曰真命。孩子之体正所谓天性天命也。人能率此天性，以复其天命，此即可谓之道。"（张三丰之《大道论》）"根"即是原神、真性。"命"即是元气、真气。常，即客观规律、自然法则。

魂守静则元神动，元神动则元气长。率元神以长元气，可谓懂得了自然法则。懂得了自然法则，自然而然就会明白养生之道。否则，就会妄作妄为，做出有害生命的事情来。

"知常容，容乃公，公乃全，全乃天，天乃道，道乃久。没身不殆。"

懂得了自然法则，才能自我宽容，不以意气用事，做出有害生命的事情；宽容则不偏私于任何一个器官，让真气公允地沐浴每一个细胞；公允地沐浴每一个细胞，才能保全整个身体的健康；只有完全的身心健康，才能达到天人合一的境界；有了天人合一的境界，就会遵大道而行；遵大道而行，生命才会长久，且终身没有危害。

本章是老子对养生之道的阐述和论证。宇宙万物各归其根，然而归根必须复命。精须神守，有神守护的生命才会充满活力。总之，欲归根、复命，须守虚、守静。


## 【证解故事】

**故事一：**

老子在"知常容，容乃公，公乃全，全乃天，天乃道，道乃久。没身不殆"这句话的论述中，肯定了包容是做事公正、周全、终身没有危险的前提条件。可见，老子给予了包容这一人生智慧多么高的评价。

法国作家雨果说："世界上最宽阔的是海洋，比海洋宽阔的是天空，比天空宽阔的是人的胸怀。"如果说忍耐多少掺杂了无可奈何的作料，那么宽容则是发自内心的襟怀坦白。

当一粒河沙侵入蚌的体内，挥之不走，驱之不去，让一个不折不扣的磨难成为其身体的一部分，对于蚌来说，生命有着太多的无可奈何。世事总不相同，蚌不能像树一样，用时间、用毅力去消灭它身上的瘤子，而是反其道而行之，磨炼它、关爱它，用生命的能量去温暖它，直到把它磨出珍珠的光华。难怪有些珠宝加工大师看着珍珠的华贵、感受珍珠的温润，说能从它的光辉中感觉到生命的律动。

从人类历史来看，"包容"总是和繁荣、昌盛、进步联系在一起，而偏执、独断、专制总是和战争、不幸、灾难联系在一起。"百家争鸣"，乃有战国的学术繁荣；"独尊儒术"，乃有刘汉以后的文化衰颓。大唐对异域文化的兼收并蓄，遂有盛唐文明辉耀千古；清朝在外来文明前的闭关自守，终致近世中国的积贫积弱。

从人们琐碎的生活来看，"包容"总是与家庭和睦、幸福联系在一起的。而夫妻间的相互的不谅解、猜疑总是和家破人亡联系到一起。

在某个城市的一对中年夫妇，家里有一个正在上中学的孩子，一家人原本生活得和和美美。起先他们经常有说有笑地一起散步。

曾几何时，这种和谐美满的气氛消失了。夫妇俩开始频繁吵架，经常演奏着与生活不和谐的"战争交响乐"——家具的碰撞声、瓷器的碎裂声、男人的谩骂声、女人的号啕声、孩子的啜泣声，八音齐奏，此起彼伏。

后来，男人带着孩子离开了，只剩女人一个人了。女人整个儿变了，整天阴着脸，不哭不笑，似痴似呆，看了令人心碎。

缺少了包容的家庭终将导致解体。包容，归根结底，根源于爱和理解。只有心中有爱，我们才能以同情的态度对待他人，才会充分尊重他人的立场和见解。只有爱，才能消除彼此的敌视、猜忌、误解，让不同民族、不同国家、不同文化的人们在这个世界上和谐共存。而爱的荒芜和消亡，将使最亲密的人彼此伤害、仇视以至兵戈相向。

包容不仅是家庭和睦的润滑剂，更是成就事业的重要条件。古今成大事业者，必有大胸襟，学会包容，能把胜利也包容过来。

公子小白尽弃前嫌，任管仲为相，终成春秋首霸；诸葛亮更是以宽广胸怀赢得孟获和少数民族的信服。

林肯对政敌也素以宽容著称，后来终于引起一议员的不满，议员说："你不应该试图和那些人交朋友，而应该消灭他们。"林肯微笑着回答："让他们变成我的朋友，难道我不正是在消灭我的敌人吗？"

一位哲人曾说过："不要追求财富，因为你不会永远拥有它，只有朋友才能伴你走完一生。"所以朋友很重要，但是在与朋友交往的过程中，也会经常发生矛盾，唯有包容才能让朋友之间建立更加牢固的友谊。

不久以前，曾经看到了一部关于鲁迅先生的书，上面这样写道："鲁迅先生写了很多批评那种柔软而中性化的作家的文章，因为他认为在那种战争年代，文人的义务便是激励和警醒那些愚昧、沉睡的民众。在他批评的人中便包括郭沫若先生。而郭先生也并不示弱，同样写了文章来回击鲁迅。一时间，这文人的战争硝烟四起……"

文章又写道："鲁迅逝世时，上海滩云集了大批的学生、工人，还有从各地赶来的文人学者。这些中国知识分子很多都受过鲁迅文章的批评，然而他们无不表示了巨大的悲痛。其间尤数郭沫若最为突出，他一连写出几篇文章，说道：'我与周先生吵了一辈子架，然而我们是一辈子的朋友。'"

这是两位多么伟大的人啊！他们用最伟大的胸怀包容对方。这种包容使他们能够求同存异，冷静地看待对方，欣赏对方高尚的人格，在大方向一致下团结起来。

每一个生物体，都是一个依赖包容创建起来的和谐的、有机的组织。从最低等的原始生物到作为万物之灵的人，任何生物体都由许多不同的物质成分、不同的元素包容而成。生物体要维持机体的正常运转，要维持其作为生命的存在，就一刻也不能没有包容。如果组成这个生物体的物质成分闹起"分裂"，等待这个生物体的就只有解体和死亡。包容是生命的根本机能。

包容会产生强大的感染力和凝聚力，使各种各样的人都能成为你的朋友，团结在你周围。包容是一种豁达的人生态度，一种深厚的性情修养，它可以化干戈为玉帛，化戾气为祥和，增进人的相互理解，在人间播撒爱的种子。包容的人有爱，因而也被别人爱；包容的人包纳万物，因而也能拥有万物。

**故事二：**

公元前154年，汉景帝三年，吴、楚等地诸侯王反叛朝廷。焦急万分之际，汉景帝刘启脑中立即闪过父亲文帝临终前的嘱咐："我死后，如果国家有什么紧急事故发生，你可派周亚夫统率汉军，平定乱事。"朝廷正用兵当口，汉景帝忙把汉初名将周勃的儿子周亚夫从中尉一下子晋升为太尉，掌握全国大军。周亚夫临行前，汉景帝再三重托："如今七国叛乱，情况紧急，国家安危全望将军独挽狂澜！"周亚夫受命，统领三十六位将军及汉兵浩浩荡荡地向东进攻吴、楚等七国。

周亚夫风尘仆仆到达淮阳，察明形势后，亲自向汉景帝呈上一份紧急奏章："吴、楚的军队轻装简从，行动极其神速，无法跟他们正面交战。希望陛下行欲擒故纵之计，暂时放弃保卫梁地，让叛军占领，然后断绝吴、楚的粮道，才能制服这股叛臣贼子。"汉景帝答应了这个要求。周亚夫率兵云集荥阳，吴国叛军正猛攻梁国。梁国吃紧，屡屡向周亚夫求援。周亚夫置之不理，却偏偏亲率军队向东北驻扎于昌邑城，挖深城池，坚守不出。梁国诸侯梁孝王急了，天天派员向周亚夫请求。每次，周亚夫耐心地听完，便"嘿嘿"笑笑，却仍按兵不动。梁孝王恼了，直接上书汉景帝。他派人将一纸告急文书星夜送到京城，汉景帝仔细摊开展读："陛下，梁国危在旦夕，周太尉拒不救援！"汉景帝也有点着急："周爱卿太过分了，怎能见死不救呢？得马上派遣使者令太尉发兵救梁。"

京城使者到达荥阳军营，宣读汉景帝诏书才毕，周亚夫凛然一声发话："将在外，君命有所不受。若不能铲除叛贼，周某一人承担罪责！"他仍固守壁垒，不出兵救梁，那宣读诏书的使者只好干瞪眼。几乎在同时，周亚夫却已派遣精干的轻骑兵，长驱直入，悄悄断绝了吴、楚军队后面的粮道。吴国军中缺粮，饥饿阴影笼罩，只好强忍着，屡屡向汉军挑战，汉军却仍纹丝不动。有一天晚上，汉朝军队内为出兵不出兵的事吵闹不停，直至嚷嚷到周亚夫帐下。但是，帐内鼾声正浓，周亚夫并没有起床。周亚夫旷日持久的不应战，使吴国军队拖累了，他们急着要寻找突破口。吴王刘濞调兵遣将，围住了昌邑城。一天，叛军如蚁袭击城的东南角。听完军情汇报，周亚夫"嘿嘿"一笑："刘濞，你瞒得了我？你在声东击西。你佯攻东南，实欲攻西北！"

周亚夫调动汉营士兵悄悄加强西北角的防备。不过片刻工夫，吴国精锐部队果真猛攻西北角。周亚夫手下兵将刹那涌现在城头，矢石如雨而下，吴军哪里攻得进去？刘濞气得吹胡子瞪眼，手下将士腹内空空饥饿难当，士气一落千丈，大败而走。周亚夫长剑一挥，早就准备好的一支精锐劲旅呼啸而出，追击吴兵。吴王刘濞见势不妙，马上抛弃大军人马，只率数千壮士仓皇逃窜。他们直逃到丹徒区，建筑工事，龟缩自保。一个多月后，吴王被越国人斩下了脑袋。吴国叛逆彻底烟消云散。汉景帝对周亚夫刮目相看，朝廷文武百官更啧啧称赞："周太尉当初的弃梁不战真是为了保汉平叛大战，确是神机妙算啊！"

周亚夫按兵不动，静观其变，使敌人的军备逐渐耗竭，既有过人的智慧，又有超常的忍耐力。历经三个月大小战事，吴、楚等七国叛乱终于平定。

**故事三：**

宋神宗熙宁年间，越州（今浙江绍兴）闹蝗灾。只见蝗虫乌云般飞来，遮天蔽日。所过之处，禾苗全无，树木无叶，一片肃杀景象。当然，这年的庄稼颗粒无收。这时，素以多智、爱民著称的清官赵抃被任命为越州知州。赵抃一到任，首先面临的是救灾问题。越州不乏大户之家，他们有积年存粮。而老百姓在青黄不接时，大都过着半饥半饱的日子，而一旦遭灾，便缺大半年的口粮。灾荒之年，粮食比金银还贵重，哪家不想存粮活命？一时间，越州米价腾贵。面对此种情景，僚属们都沉不住气了，纷纷来找赵抃，求他拿出办法来。借此机会，赵抃召集僚属们来商议救灾对策。

大家议论纷纷，但有一条是肯定的，就是依照惯例，由官府出告示，压制米价，以救百姓之命。僚属们七言八语，说附近某州某县已经出告示压米价了，我们倘若还不行动，米价天天上涨，老百姓将不堪其苦，会起事造反的。赵抃静听大家发言，沉吟良久，才不紧不慢地说:"今次救灾,我想反其道而行之,不出告示压米价,而出告示宣布米价可自由上增。""啊!"众僚属一听,都目瞪口呆,先是怀疑知州大人在开玩笑,而后看知州大人蛮认真的样子,又怀疑是否这位大人吃错了药,在胡言乱语。赵抃见大家不理解,笑了笑,胸有成竹地说:"就这么办,起草文告吧!"

官令如山倒,大人说怎么办就怎么办。不过,大家心里都直犯嘀咕:这次救灾肯定会失败,越州将饿殍遍野,越州百姓要遭殃了!这时,附近州县都纷纷贴出告示,严禁私增米价。若有违犯者,一经查出,严惩不贷。揭发检举私增米价者,官府予以奖励。而越州则贴出不限米价的告示,于是,四面八方的米商闻讯而至。开始几天,米价确实增了不少,但买米者看到米上市的太多,都观望不买。过了几天,米价开始下跌,并且一天比一天跌得快。米商们想不卖再运回去,但一则运费太贵,增加成本,二则别处又限米价,于是只好忍痛降价出售。这样,越州的米价虽然比别的州县略高点,但百姓有钱可买到米。而别的州县米价虽然压下来了,但百姓排半天队,却很难买到米。所以,这次大灾,越州饿死的人最少,受到朝廷的嘉奖。僚属们这才佩服了赵抃的计谋,纷纷来请教其中原因。赵抃说:"市场之常性,物多则贱,物少则贵。我们这样一反故常,告示米商们可随意加价,米商们都蜂拥而来。吃米的还是那么多人,米价怎能涨上去呢?"

透过事物的表象,掌握事物内部发展的规律,赵抃打破惯有做法引来诸多商家,从而使整个城中的粮食增多,因而米价下跌,反其道而行之,达到了预期的效果。

**故事四:**

文彦博是北宋时期的著名宰相。他从小就聪明伶俐,智慧过人。与其他少儿一样,儿时的文彦博活泼爱玩,尤其喜欢踢皮球。有一天,文彦博和村里的小朋友在稻场上踢皮球。十几个孩子争抢一个球,那场面甚是热闹,你争我抢,皮球在孩子们的脚下飞快地转动着,一会儿滚到场边,一会儿又飞到场中心。他们奔跑着、欢笑着,正踢得兴致勃勃时,那只皮球忽然滚落到一棵古老白果树下,转眼间掉进树洞里去了。

孩子们"哎呀"一声，迅速奔了过去，他们围在树洞旁，互相看了一眼后，便弯了腰、伸了头往树洞里瞅。可是，洞里黑黝黝的，什么也看不见。他们开始叽叽喳喳地埋怨起来，他嫌他用力太猛，他怨他不该往树边踢。只有文彦博默不作声，他望着树洞，咬着手指，小眼睛不停地眨巴着。孩子们埋怨了一阵后，便想办法，去树洞中够皮球，有的捋起衣袖，趴伏在洞口，伸了手臂在洞中摸呀摸的；有的跑回家拿了长竹竿，伸到洞中胡乱地拨拉；还有的小朋友去向大人们求援，叔叔伯伯来了好几个，望着又深又黑的树洞，这个吧嗒着嘴巴苦思冥想，那个摸着光脑袋不住地往上翻眼皮。总之，大人孩子都在绞尽脑汁地想，怎样把皮球从树洞里弄出来。可是，从大人们苦笑的脸上、孩子们焦急的眼神中看得出，他们都没有想出办法。

这时的文彦博也在努力地想策略，只是他表现得很冷静，小眉头一会儿紧锁，一会儿舒展，若有所思的脸上，凝集着一种与他年龄不符的沉思。忽然，文彦博看见了稻场边上的大缸，秋收的时候，里面装满了水，以备不慎失火时用。他曾经扎了纸船，在水缸里浮过……于是，文彦博灵机一动，说道："我想出了一个好办法！大伙儿快回家拿桶或者盆装水来！"

大人孩子闻声而去了。不一会儿就弄来了水，文彦博说："把水倒进树洞里去！"一桶桶、一盆盆的水咕咕嘟嘟地往树洞里灌着——"皮球浮上来了！"一声欢呼，只见那只皮球很快涌到了洞口，它在水中晃动着，一副极不情愿就范的样子。孩子们跳蹦着，高兴了一阵又去踢球了。在场的大人们望着小彦博，一个个伸出大拇指夸道："这孩子太聪明了，将来定会有大出息！"

不要光以固定的方式来考虑问题，这样会被问题的表面现象给迷惑。要善于突破常规，换个角度来考虑问题，那么也许问题会变得很简单。

# 第十七章

**【原文】**

太上①，不知有之②。其次，亲而誉之。其次，畏之。其次，侮之。信不足焉，有不信焉。悠兮③其贵言④。功成事遂，百姓皆谓我自然⑤。

**【注释】**

①太上：至上、最好，指最好的统治者。

②不知有之：人民不知有统治者的存在。

③悠兮：悠闲自在的样子。

④贵言：指不轻易发号施令。

⑤自然：自己本来就如此。

**【译文】**

最好的统治者，人民并不知道他的存在；其次的统治者，人民亲近他并且称赞他；再次的统治者，人民畏惧他；更次的统治者，人民轻蔑他。统治者的诚信不足，人民才不相信他，最好的统治者是多么悠闲。他很少发号施令，事情办成功了，老百姓说"我们本来就是这样的"。

**【解析】**

老子在本章指出了心法的最高境界就是"不知有"。"有"指的是宇宙万物的自然状态，"知"指的是宇宙万物与人的关系。而心法的要求是把"有"和"知"统统去掉，从而达到"无"的境界。对于心法，有信与不信的问题。老子认为，对心法若取"信"的态度，就能够达到"无"的境界并找到"信"；反之，对心法若取"不信"或

"不足信"（将信将疑）的态度，就不能达到"无"的境界，并且也找不到"信"。老子把"信"作为宇宙的最小信息单位"元"，也就是宇宙的最小动态单位"动点"。

"太上，不知有之。"

道的境界太高的人，周围的人是不认识他的。

真正的得道高人，有着出神入化的功夫，但是他从不炫耀自己，即使你天天和他在一起，也不会认出他的真正面目，正所谓"真人不露相，露相非真人"。道家弟子称老子为"太上老君""道德天尊"，这是后来的事情，当时的人们大概没有谁亲眼看见过老子显示神通，以至于老子的身世到现在还是一个迷。

"其次，亲而誉之。"

道的境界比"太上"之人低一个层次的，人们亲近他、赞誉他。

如果我们把这一思想放眼整个世界的话，最具有代表性的人物当属于耶圣、穆圣和佛祖。他们都是得道之士，属于唯心主义哲学大师，但是他们却都不是博学之士，那么他们的哲学思想是从哪里来的呢？这就是直觉思维。直觉思维的对象就是人体基因组这一天书，这也正是他们思想理论的源泉。耶圣的"天堂"的境界，穆圣的"天启"的境界，佛祖的"涅槃"的境界，就是老子的"道"的境界，只不过境界有高低罢了。为什么说他们是"其次"呢？这是因为他们对于道境中出现的景象缺乏深刻的理性思维，还认识不到那都是"物中之精，精中之信"。所以使自己的学说成为唯心论。见神不见物，自然不能为人类指明一条"长生久视"的康庄大道。然而，由于他们的思想贴近时代生活，贴近人们的心灵需求，人们感其德，叹其功，惊其神迹，自然"亲而誉之"。

"其次，侮之。"

最次级的是社会上那些形形色色的小混混，他们打着修道、传道之名，行骗财、骗色之实。一旦真相败露，必招致人们的辱骂。

"信不足焉，有不信焉。悠兮其贵言。功成事遂，百姓皆谓我自然。"

道是客观存在的，但是，求道的路程是艰难而漫长的，非有诚心和恒心不可。对此，世人有的相信但是却意志不坚，最终与大道无缘。有的人根本就不相信道这回事，片面认为这不过是骗人的神秘主义而已。真正的修道之士，平时悠然自得，默默无闻，即使功成事遂，返璞归真，周围的人也难以发现他圣人的面目，这是因为圣人从不自我炫耀。

统治者的诚信不足，民众自然不信任他。统治者谨严慎微，科学决策，事情自然而然会圆满成功。

本章是老子对天下修道者的分类。修道者的境界不同，世界观就不同；有什么样的世界观，就有什么样的方法论，造就什么样的人生。真正悟透天机的"太上"之人，已经认识到了历史发展的自然过程，大道的推广、普及毕竟要等待时机，所以他是不会违背自然规律的。

## 【证解故事】

### 故事一：

为人，首先要学会做人，二是学会做事。然而，无论是做人还是做事，人们都离不开一个"诚"字。古代做生意讲究童叟无欺，现代做生意讲究诚信为本；古代交朋友讲究肝胆相交，现代交朋友讲究一诺千金。怪不得老子一直告诫我们说，"信不足焉，有不信焉"，让我们在做人方面一定要紧守诚信美德。因为诚信可以让我们交更多的朋友，让我们获得更多的信赖，使人生之路更加顺畅。

抗战时期，某县内有一个姓胡的石匠，为人忠厚。一次，应人要求去修石磨，那人叮嘱了他几句就离开了。胡石匠在打开磨底时，突然发现石磨内藏了数十个金元宝，石匠先密封石磨，再找到主人告之，一时传为佳话。

当时这个县内有一伙啸聚山林、打家劫舍的土匪，抗日力量念这帮土匪几次伏击日伪军有功，根据政策对其开展争取团结的工作。匪首对此感激涕零，但又考虑到自己曾有劣迹，一时踟蹰无语，几经争取，匪首才以实言相告说，惧怕投诚之后遭到清算，想找一可信之人做证，以担保其日后的安全。

抗日力量列举了这个县内绅士、名流数个为其担保，匪首都摇头否定，最后匪首自报人名一个：胡石匠！

匪首并未见过胡石匠，然而匪首根据胡石匠的信誉就能够相信他的担保，这无不说明坦诚之人容易让人信服的道理。

东汉的许慎在他所著的《说文解字》中说，"诚，信也"，又说"信，诚也"。由此可见，"诚"和"信"，无论是单独使用还是相连使用，在古代都是同一个意思，诚实守信无论是在古代还是在现代，都具有十分重要的意义。

**故事二：**

自古以来，诚实守信就是做人最基本的品德，诚实犹如树木的根，如果没有根树木也就别想拥有生命了。"言出必行""一诺千金""诚实不欺"一直被公认为为人处世的基本准则。

西汉初年有一个叫季布的人，他为人正直，乐于助人，特别是非常讲信义。只要是他答应过的事，无论有多么困难，他一定要想方设法办到，所以在当时名声很好。

季布曾经是项羽的部将，他很会打仗，几次把刘邦打败，弄得刘邦很狼狈。后来项羽被围自杀，刘邦夺取天下，当上了皇帝。刘邦每想起败在季布手下的事，就十分生气。怒愤之下，刘邦下令缉拿季布。

幸好有个姓周的人得到了这个消息，秘密地将季布送到鲁地一户姓朱的人家。朱家是关东一霸，素以"仁侠"闻名。此人很欣赏季布的侠义行为，尽力将季布保护起来。不仅如此，还专程到洛阳去找汝阴侯夏侯婴，请他解救季布。

夏侯婴从小与刘邦很亲近，后来跟刘邦起兵，转战各地，为刘邦建立汉王朝立下了汗马功劳。他很同情季布的不幸处境，在刘邦面前为季布说情，终于使刘邦赦免了季布，还封他为郎中，不久又任命他为河东太守。

当时，楚地有个名叫曹丘生的人，能言善辩，专爱结交权贵。季布和这个人是同乡，很瞧不起他，并在一些朋友面前表示过厌恶之意，偏偏曹丘生听说季布又做了大官，一心想巴结他，特地请求国戚窦长君写一封信给季布，介绍自己给季布认识。窦长君早就知道季布对他印象不好，劝他不要去见季布，免得惹出是非来，但曹丘生坚持要窦长君介绍。窦长君无奈，只好勉强写了一封推荐信，派人送到季布那里。

季布读了信后，很不高兴，准备等曹丘生来时，当面教训教训他。过了几天，曹丘生果然登门拜访。季布一见曹丘生，就面露厌恶之情。曹丘生对此毫不在乎，先恭恭敬敬地向季布施礼，然后慢条斯理地说："我们楚地有句俗语，叫作'得黄金百两，不如得季布一诺'。您是怎样得到这么高的声誉的呢？您和我都是楚人，如今我在各处宣扬您的好名声，这难道不好吗？您又何必不愿见我呢？"

季布觉得曹丘生说得很有道理，顿时不再讨厌他，并热情款待他，留他在府里住了几个月。在曹丘生临走时，还送他许多礼物。曹丘生确实也照自己说过的那样去做，每到一地，就宣扬季布如何礼贤下士，如何仗义疏财。这样，季布的名声越来越大。后人用"一诺千金"来形容一个人很讲信用，说话算数。

诚实守信，在社会交往中有着十分重要的作用。一个人说话实实在在，说到做到，就会使人产生信任感，愿意同他交往、合作。相反，轻诺寡信，一而再地自食其言，必然要引起人们的猜疑和不满。只有彼此守信，友谊才会持久。因此老子的"信不足焉，有不信焉"的智慧，仍然是现代人立足的法宝。

一个人要做到诚信并不是一件简单、容易的事情，必须具备诚信的世界观，养成了诚信的品格才能做到。一个人要做到诚信，就需在生活、学习和工作中，处处以诚信为本才行，凡与诚信相符者就做，与其相悖者坚决不做。如若不然，必将一事无成。

**故事三：**

姚启圣，字熙止，浙江会稽人。康熙二年乡试考中，当了广东香山县知县。

从明末以来，香山县因盗匪和天灾并行，人民缴不上赋税，知县因此而被捕入狱者已达七人。姚启圣上任后哀叹说："明年再加我一个，被捕入狱的香山知县就是八个人啦！"于是他置办酒席，奏上音乐，把七个被捕的知县从狱中请出来，一起痛饮，并给他们办理行装，送回原籍，然后向总督报告说，七名知县应追回拖欠官府的税金共十七万，已在某月某日全部收回入库。总督阅后大为吃惊，以为姚启圣是个巨富，想行善替七个知县偿还欠款，岂知他是个贫寒之士，哪有能力替那些人偿还税金呢？

不久，吴三桂、尚可喜、耿继茂作乱，皇帝令康亲王南征，姚启圣心中大为高兴，认为自己的好运来了，便对好友吴兴祚说："我闯了大祸，非帮助康亲王立奇功不能避祸，要想说服亲王，非你去不可。"吴兴祚答应了他的请求，姚启圣备了银圆五千，以便买通看门的小厮；又打听出亲王喜欢弹丸，特意制造十万粒让吴兴祚送去。吴兴祚相貌英俊，能言善辩，又熟悉福建的山川地理及兵马之术，康亲王同他谈得十分投机。吴兴祚乘机推荐姚启圣，亲王立即应允，行文给两广总督和广东巡抚，调姚启圣为参谋。这时总督才惊呼上了姚启圣的当，但迫于康亲王的命令，不得已让姚启圣离职而去。

至于所亏欠的税金，总督只好强令海上商人补缴。

姚启圣放弃了自己的职位，去谋求了更有前途的发展。由此可见，放弃需要远见卓识，需要放出眼光，不仅是观念的更新，更是一种科学理念的确定。我们常说"脑筋开窍，山水变宝"，确立学会"放弃"求发展的理念，能促使我们反省那些竭泽而渔、焚琴煮鹤的短期行为，从而以"错位发展"的思路来经营我们身边的山山水水，不断地在"放弃"中拓展广阔的空间，取得长足的发展。

**故事四：**

做事情，要不拘一格，大胆创新，要不断突破各式各样的规则束缚，根据事情的发展、所处的环境来提出办法，只有这样，处理事情才能得心应手。

清朝时，江宁县有一陈家之女，许配给了一李家之子。陈父嫁女索要彩礼，而李家贫寒拿不出这重礼，致使这对青年男女迟迟不能完婚。当地一淫秽和尚得知后，设计奸污了陈女。这秃驴很有钱，收买了一班流氓地痞、衙吏乡绅为其周旋帮凶，陈女在威逼利诱之下，做了这和尚的情妇。乡中有些无赖知道了此事，借故去勒索，不遂便要无赖手段。他们夜潜陈家院外,准备捉奸送官。这天晚上,果然将他们当场抓获了。这帮人二话没说,立即将其押赴县衙。当时的县太爷是袁子才,他问明原因后,将奸夫淫妇分别拘押,又进行了单独审问。陈女向袁子才哭诉了自己被逼通奸的经过。末了,又诉说了她对未婚夫的眷恋之情。袁子才据情分析,如果判此案为通奸,又觉冤了陈女,判和尚强奸又说不过去,他们毕竟同居了一个月。既然陈女还眷恋着未婚夫,就成全她的情缘吧。于是,袁子才把和尚秘密提到县衙,训斥一顿后令他写了一张二百两银子的借据。随后脱下他的和尚服,令他滚蛋了。袁子才叫来家里一位女仆,吩咐她几句话后,叫她穿上和尚服,走进了拘留所。

次日一早,袁子才升堂,审问陈女时她只是低头哭泣,审问奸夫答曰与陈女同居一月有余。袁子才怒道:"可恶秃奴!出家人竟霸占民女,真是有辱佛门净地!来呀,重打四十板!"衙役们不容分说,当堂脱下奸夫的裤子,一个个看傻了眼:原来这奸夫是女的!有衙役禀道:"大老爷,此人是尼姑,不是和尚!"

袁子才忍住笑,假戏真演,也惊讶得半天无语。忽然指着那帮捉奸的无赖,喝斥道:"你们竟敢捉个女奸夫戏弄本官!真是活烦了,来人呀!把这帮人给我乱棒打出,那帮无赖还未回过神,就遭到了棍棒的袭击。一个个顾不得再说什么,便抱头鼠窜了。

袁子才令人将李家之子找来谈话,试探他对陈女的感情,李某也闻知了"尼姑"之事,因此原谅了未婚妻。袁子才问:"假如有人帮你出彩礼,你会和陈女结婚吗?"李某说:"会的。不过帮助我的人钱要来得正当。"袁子才一指案面:"好!听此言,知你是个有志气的正义青年!"他又和言道:"我可以帮你,这笔钱是给你完婚用的。它既非不义之财,也非我掏腰包。总之它光明正大,你不会认为本官居心叵测吧?"

"多谢大老爷恩赐,您为官清廉尽人皆知。"李某诚恳地给袁子才叩了一个头。袁子才说:"你明天在家静候,自然有人送钱来。你收下不必问钱的来路,更不必对人提及。"

第二天,李某收到了二百两银子,他即刻向陈家送了彩礼,这对有情人，在袁子才的巧计撮合下，终于成了眷属。

　　事情就这样解决了，袁子才保住了这位姑娘的名声，还为这对苦命鸳鸯解决了婚嫁，如果袁子才按照法令条规来办，那么案子的结局就是一场悲剧，毁掉的是几个人的幸福。

　　**故事五：**

　　清初，太原有个女子叫粉莲，因受了丈夫李小牛的气得了病。李小牛请了许多医生都没治好，就去请傅山先生（思想家、书画家，精通医学）。傅山说："这个病，不见病人也能治，只是我手头药味不全，你去捡一块鸡蛋大小的深色石头，用温火煎，水煎少了，再添上继续煎。啥时候煮软了，你来拿药。千万注意，不能让水干了，要人不离火。"

　　李小牛捡了一块鸡蛋大小的深色石头，但是添了七七四十九次水，石头还没软。妻子坐起来问："是不是煎法不对？"小牛说："傅山先生就是让这样煎的。"妻子说："要不，我看着火，你去问问。"说着下了炕。小牛去问傅山先生："已经煎了两天了，药引怎么一点也不见软？"傅山反问："现在谁替你看火？""我妻子看着呢。""她病已好啦。此病要治首先得消气。她见你那么没明没黑地煮石头，气就消了。气消则肝木苏，肝木苏则脾胃自然运谷。她能替你煮石头，说明病已好了。"小牛回家一看，妻子病果然好了。

　　这就类似千古流传的"杯弓蛇影"的典故，也是中医心理治疗的生动事例，充分说明所谓"心病还须心药医""解铃还需系铃人"的道理。

# 第十八章

**【原文】**

大道废①，有仁义；智慧②出，有大伪；六亲③不和，有孝慈④；国家昏乱，有忠臣。

**【注释】**

①大道：指社会政治制度和秩序。

②智慧：聪明、智巧。

③六亲：父子、兄弟、夫妇。

④孝慈：一本作"孝子"。

**【译文】**

大道被废弃了，才有提倡仁义的需要；聪明智巧的现象出现了，伪诈才盛行一时；家庭出现了纠纷，才能显示出孝与慈；国家陷于混乱，才能见出忠臣。

**【解析】**

"大道废，有仁义；智慧出，有大伪。"

大道，合乎自然规律的治身之道和治国之道。仁义，仁爱和正义，是人类最美好的思想品德。智慧，人类特有的辨析判断和发明创造的能力，也是区别于兽类的主要标志。

老子深明矛盾的对立转化规律，矛盾着的双方是互相对立、互相依存的，只强调一个方面，矛盾必然会向其相反的方面转化。脱离了大道而强调仁义，就会出现不仁不义；脱离了大道而强调智慧，阴谋诡计就会相伴而生。人们赞美仁义，渴求智慧，是因为身处大道废弛、社会纷乱、人性贪婪的时代。如果社会本身就是至纯至朴的，人人都是真善美的化身，仁义、智慧就不会有人强调了。就像一个身体健康的人，他不会去感激良医；一个内心世界丰富的人，用不着寻求外来刺激。这里，老子所要说明的是，舍大道而强调仁义、智慧，是舍本取末、背道而驰。仁义、智慧虽不失为一服治世良药，但它治标不治本；再说，有良药出现，就会有假药降生。假药可查，假仁假义则不易识破。强调仁义、智慧的作用，是站在"有"的层面上说法，是不懂得辩证法的精髓，关键是没有体"无"。老子谈道论德，是要求人们树立合乎道的思想观念，通过自身实践来把握世界的本质规律，然后用来指导人们正确处理人与自然之间、人与人之间以及自我与真我之间的矛盾。

"六亲不和，有孝慈；国家昏乱，有忠臣。"

孝慈和忠臣，都是受到人们尊敬的人。家庭需要孝慈，国家需要忠臣，然而孝慈和忠臣的背后却是家庭不和、奸臣当道，这又是人们所不愿看到的。昏乱，是说先有昏君而后有国乱。治国和治家，道理其实是一样的，都应该从根本上去解决问题。不改变传统的价值观念，不端正人的道德意识，只强调孝慈和忠臣的作用，"六亲不和""国家昏乱"的现象就永远不会改变。

以上四句是提出问题，针对仁义和智慧、孝慈和忠臣的负面效应进行了分析，指出强调仁义、大伪出现、六亲不和、国家昏乱的现象，都是大道废弛的结果。

本章是政治论。第一部分指出社会矛盾加剧的原因。第二部分指明解决这些社会矛盾的策略。第三部分则指明了治国的具体措施。

## 【证解故事】

### 故事一：

忧愁和烦恼作为一种负面情绪会影响人的心境，让原本能够做好的事情都无法做好。老子面对这种情况提出了"大道废，有仁义；智慧出，有大伪；六亲不和，有孝慈；国家昏乱，有忠臣"的观点。在老子看来，任何困难都不必过于烦恼，总会找到办法去解决。

美国成功学家格兰特纳说过这样一段话：如果你有自己系鞋带

的能力，你就有上天摘星星的机会。一个人对待生活、工作的态度，是决定他能否做好事情的关键。很多人在工作中寻找各种各样的借口抱怨命运对自己的不公，然而这一切并不能换来所谓的公正。唯有用平静的心态去面对生活中的种种境遇，才能去除生活中的烦恼，解决那些看似无解的难题。

一个小男孩晚上与家人一起玩牌，连续几次抓的牌都很差，结果全输了，于是，他开始抱怨自己手气不佳、运气不好。这时，男孩的母亲突然停止了玩牌，她严肃地对小男孩说："无论你手中的牌怎样，你都必须接受它，并尽最大努力玩好自己的牌。"小男孩望着母亲那严肃认真的面孔，愣了愣神。只听母亲接着说道："人生也是如此，上帝为每个人发牌，你无法选择牌的好坏，但你可以用好的心态去接受现实，并竭尽全力，让手中的牌发挥出最大的威力，获得最好的结果。"

从此以后，小男孩一直牢记着母亲的这番教诲，他不再抱怨自己的命运，而是以良好的心态去迎接人生的每一次挑战。就这样，他从得克萨斯州的农村默默无闻地走了出来，一步步成为陆军中校、盟军统帅、美国总统。这个小男孩，就是美国第32任总统艾森豪威尔。

人们在工作中会遇到很多困难。但困难是死的，人是活的。活的人去解决死的困难，方法就像通往罗马的路一样有多种。我们可以从不同角度入手，去思考它、研究它，找到多种解决困难的办法。

阿基米德是世界上伟大的数学家之一，他就遇到过一件很棘手的事情：

叙拉古城当时的统治者海厄罗王为了报答诸神的恩泽，决定建造一个华贵的神龛，内装一个纯金的金冠作为祭祀物。金匠如期完成任务，这时有人告密说金匠私吞了部分金子，企图用等重的银子掺入蒙混过关。愤怒但无法判断确有其事的国王请来了阿基米德作鉴定。

面对这个无法用常规数学方法解决的问题，阿基米德一时也想不出办法。但他并没有因为想不出办法而愁眉不展、牢骚抱怨，相反地，他尝试着运用各种方法去解决这个难题。最终，阿基米德在用澡盆洗澡时突受启发，豁然开朗，利用浮力测出了金冠的真假，也由此成功地发现了浮力定律。

有人说过这样一句话："前方是绝路，希望在拐角。"当我们认为困难无法解决时，就好像到了绝路一样。这个时候困难就像横在我们面前的河，你要突破它的阻碍，可以从桥上过去，也可以坐船过去，还可以自己游过去。事实上，每一种困难都有多种解决办法，关键在于面对困难的时候，不是知难而退、被困难所吓倒，而是迎难而上，不断想方法、找办法，这也是成功与失败的差距。

俗话说，没有翻不过的火焰山，没有蹚不过的流沙河。相信自己，遇到困难要以一种积极向上的态度去对待。如若遇到困难首次尝试失败之后，不能耐着性子去借着尝试解决办法，那么爱迪生永远发明不出来灯泡，飞机也永远上不了天，一切一切不能一次成功的东西都将在这个世界上消失。

**故事二：**

西汉时候，有个著名的军事指挥家韩信，他是刘邦的军师，很有谋略，在未侍奉刘邦之前，家境十分贫寒。韩信自幼好学，长大后想去当官，很有抱负，但一直未能如愿。当时他衣食全无，常常挨饿，有时候到要好的朋友家去蹭一顿饭吃。天长日久，朋友的妻子对韩信常来吃饭，有一肚子怨言，常常埋怨。

自己的丈夫结交了这么一个没有本事的穷光蛋，后来就干脆不给韩信饭吃。韩信也不便再去，只好东一口西一口地乞讨为生。后来他来到一个老太太家，老太太见他可怜，就分一半饭给他吃，韩信也饿坏了，狼吞虎咽地把饭吃光了。时间长了，韩信非常感激老太太的救命之恩，并说等日后当了官，一定重重报答。老太太不以为然地说："我不图你的任何好处，只愿你日后能够干出一番事业。"

韩信为之更加刻苦读书，争取有个好的机会能够脱颖而出。他有一口祖传宝剑，青光剑影，削铁如泥，而剑本身却丝毫不会受到任何损伤，便拿出去卖。这一天，韩信正在卖剑，碰上一个屠夫。屠夫看不起韩信，就有意侮辱他，指着剑说道："你这剑不是削铁如泥吗，你砍我试试，是不是能砍得动，如果砍不动，你这剑就不是好剑，如果你不敢砍，你就必须从我的裤裆底下爬过去。"韩信想：你这不是没事找碴吗？别说我这削铁如泥的祖传宝剑，就是普通剑亦可刺你于地下。如果不试剑，就得当着这么多街坊邻居的面，钻他的裤裆，真是让我下不来台。既然你要试试这口剑，我就成全你。一边想，一边慢慢地把剑抽出鞘，接着举起来，正在这关键时刻，只听"吭"的一声脆响，剑掉在了地上。原来韩信忽然有了新的想法，决计不杀他。韩信想，杀了他，简直太容易了，就如同杀一条狗。但那就要吃官司，这辈子的才学也就赔进去了，太不值得了。君子不和牛斗气，等我将来当了官，再收拾他不迟。韩信想到这儿，就趴在地上，拿起宝剑，从屠夫的裤裆下面钻了过去。别人都以为韩信懦弱，全都哈哈大笑。而韩信却没有感到有什么不好，他用理智战胜了愚昧，忍受了暂时的侮辱，是为了将来要成就一番大事业。

韩信不仅仅只顾及当前而更注重长远，不因一时用气而铸下终生悔恨，是非常明智的。

后来，刘邦听说韩信很有智谋，就重用韩信。韩信不负刘邦，帮助刘邦打下了天下。因为韩信是淮阴人，被刘邦封为淮阴侯。

**故事三：**

秦国通过商鞅变法，国力富强，为了与六国争雄，早有虎视中原，兼并各国诸侯之心。在战胜魏国收取了河西大片土地之后，不断蚕食侵占邻国，又加紧了对蜀国的进攻。

蜀国（今四川中西部）是战国时期偏远的一个小国，兵力财力远不如秦国，但可凭借巴山蜀水险要地势，只要集中兵力扼守国门，便可"一夫当关，万夫莫开"。秦军兵强马壮，苦于蜀道之难，行军作战难以施展威力。有时侥幸攻占一两个城池，由于不熟悉道路，进攻中也常常被蜀兵断前绝后，最终走投无路，被瓮中捉鳖，一一消灭。所以，称雄一时的秦军在蜀地屡攻屡败，白白损兵折将，仍难以通过秦岭，打开蜀国国门。秦惠文王为此寝食不安，多次亲自临阵察看地形，多方打探蜀国虚实，后来总算有了一条破蜀计策。

有一天，秦国的大批军队突然间撤走，消失得无影无踪。蜀军素知秦军诡计多端，恐有偷袭，不敢怠慢，仍严守险关，加强戒备。半个月后，秦国军队一直没有动静，似乎因劳而无功撤归秦国了。就在这时候，蜀军上下都在议论一件怪事：说是在离蜀国关隘不远的边境上有一头神牛，屙的全是黄金。事越怪，传得越快，很快就传到蜀国国君的耳朵里，他将信将疑，派了一名心腹大臣前去察看，确定真伪。这位心腹来到边境，果然见到了神牛。其实神牛不过是一头庞大的石牛，屹立于道路一动也不动。它的"神"，在于会屙金，他近前一看，石牛屁股下果然有一堆碎黄金。心腹大臣为了慎重，观察了几天，果然神牛每日都会屙出一堆黄金。他把黄金收起来，疾马回宫，将一切如实奏报国君。

蜀国国君正愁国库空虚，听到天降神牛的喜讯，不由心花怒放。为防别国抢夺，他立即派出军队前往保护，同时动用大量人力、物力，遇山开路，逢水架桥，修好一条由边境直通国都的道路，终于把这个庞然大物运到了蜀国宫中。神牛一路定时屙金，到了蜀宫也屙了几次，可几天后就再也没有黄金从牛屁股里落出来。蜀国国君和众臣困惑不解，绕着石牛转来转去，弄不明白原因，叫来心腹大臣询问，他也不知所以然。正在这时，国都守将来报："秦军已经兵临城下！"蜀国君臣如雷轰顶，宫中顿时乱作一团。

原来，秦惠文王察看地形后知道了秦军失利的原因，获悉蜀国国君求富心切，就安排能工巧匠秘密凿制了这头庞大的石牛，置放在蜀国边境上，暗中在石牛内巧设机关，定时撒放碎黄金。然后又派人四处传扬，骗蜀国国君上当。这样，蜀国在前面开路运"牛"，秦军在后面尾随，当神牛屙尽碎黄金时，秦军也把蜀国的都城包围了。

蜀王因贪图神牛，花了大量的物资开山辟路，喜滋滋地迎来了神牛，没想到也引来秦军，真是自掘死路。

**故事四：**

南宋抗金名将毕再遇，以智谋闻名。一次，他率军与金兵对垒，久战不决，金兵援军赶到，兵力十倍于宋军，战必不胜，毕再遇准备退兵。可在强敌面前，若贸然撤退，必受敌人追杀，后果是十分危险的。

怎么谋得退兵之策呢？毕再遇苦思良计，想到了"金蝉脱壳"，于是秘密安排起来。他首先传令军中，做下三天干粮，让士兵们自带身上，营帐、旗帜一律不动。又传令手下找来几只活羊，将它们后腿吊起，前腿放在更鼓上，缚好。夜深了，毕再遇传令，马勒嚼链，兵士衔枚，不准点火，悄然集合，一队队趁夜幕掩蔽向南撤退。

再说金兵主帅早就恨透了毕再遇，此次得机会困住毕再遇，必定要活捉，于是传令附近兵马速来增援。大军一到，准备稍事休整，翌日发起攻击。但他知道毕再遇是一智谋非凡的将领，形势明明对宋军不利，他会谋路撤退。于是，金兵主帅派出多路哨兵，盯住宋营，若一旦有宋军撤退的迹象，马上来报告，即刻便挥师掩杀过去，并严令哨兵恪尽职守，误者军法从事。哨兵们接到命令，一个个都找好位置，向宋营瞭望。只见今夜宋军像往常一样，入夜后即灭灯入睡。旗帜依旧，并不时传来"咚咚"的更鼓声。原来，毕再遇退兵前，已让手下人放开羊前腿。羊被吊疼了，便四蹄挣扎，前腿蹬得更鼓"咚咚"直响。蹬一阵子，羊累了，便停下来。过一会儿，羊有了劲就又挣扎，更鼓就又响起来。远远听了，活像人打更一般。

更鼓响了一夜，天明远望宋营旗帜仍在，故而哨兵们也没人去报告。太阳出来了，金兵主帅传令手下，吃饱饭后全线攻击，务必一举歼灭宋军，活捉毕再遇。而后，他上了高坡，向宋营地望，以作具体部署，却见宋营中太阳老高了也不见人影，而一些乌鸦却落在营帐上。情况反常，金兵主帅忙令哨兵们贴近观察，才知道宋军已悄然撤走，留下了一座空营。眼见"煮熟的鸭子"却飞了，气得金兵主帅吹胡子瞪眼。

毕再遇利用"金蝉脱壳"的方法稳住了敌军，巧妙地撤退，保存了实力。如果贸然退兵，很可能遭来敌人的追杀，很难全身而退。

**故事五：**

唐朝初年，经过数年的治理，国家逐步安定，人民也开始安居乐业，出现史称"贞观之治"的大好局面。这时，唐太宗李世民在几位大臣的建议下，萌生了"封禅"泰山的念头。所谓"封禅"，是古代帝王举行的一种到泰山上祭祀天帝的大礼，其规模之大、花费之巨是可想而知的。

事情的缘起是这样的：贞观五年（631），群臣请求唐太宗封禅泰山，太宗拒绝。第二年，文武百官又请太宗考虑封禅一事，唐太宗虽然有些顾虑，但招架不住群臣再三劝说，最后还是答应了。但是却有一人坚决反对做这种劳民伤财之事，他就是谏臣魏征。

唐太宗问魏征："大家都要求我去封禅泰山，只有你认为不行，是不是因为我功劳不够高啊？"魏征答道："够高了。""是德行不厚？""很厚了。""是国家不安定？""已经安定了。""是四方蛮夷还没臣服？""臣服了。""是年成不丰收？""年成很好。""那么是符瑞不到？""符瑞也到了。""这六个条件都具备了，那我为什么不能去封禅泰山呢？"

魏征恳切地说："陛下，我想给您打个比方。假如说，有个人得了一场大病，十年卧床不起，现在经过精心治疗复原了，逐渐恢复正常。就在这个时候，让这人背上一石米，一天走上一百里地，那他受得了吗？隋末动乱不止十年，国家初步安定，丧乱还没有得到完全治理，国家百姓不能说完全富裕了。这时候封禅，向上苍宣谕我们大唐的事业已经告成，臣认为恐怕不是时候吧？"

魏征引喻确切，言词诚恳，忠贞之情溢于言表，又避免了直言的尴尬，维护了君颜，唐太宗无言反驳，便决定推迟封禅时间。

# 第十九章

## 【原文】

绝圣弃智<sup>①</sup>，民利百倍；绝仁弃义，民复孝慈；绝巧弃利，盗贼无有。此三者<sup>②</sup>，以为文<sup>③</sup>不足，故令有所属<sup>④</sup>：见素抱朴<sup>⑤</sup>，少私寡欲，绝学无忧。

## 【注释】

①绝圣弃智：抛弃聪明智巧。此处"圣"不作"圣人"，即最高的修养境界解，而是自作聪明之意。

②此三者：指圣智、仁义、巧利。

③文：条文，法则。

④属：归属，适从。

⑤见素抱朴：意思是保持原有的自然本色。"素"是没有染色的丝；"朴"是没有雕琢的木；素、朴是同义词。

## 【译文】

抛弃聪明智巧，人民可以得到百倍的好处；抛弃仁义，人民可以恢复孝慈的天性；抛弃狡诈和货利，盗贼也就没有了。圣智、仁义、巧利这三者全是巧饰，作为治理社会病态的法则是不够的，所以要使人们的思想认识有所归属，保持纯洁朴实的本性，减少私欲杂念，抛弃圣智礼法的浮文，才能免于忧患。

## 【解析】

"绝圣弃智，民利百倍；绝仁弃义，民复孝慈；绝巧弃利，盗贼无有。"

圣，圣王，泛指人治社会的统治者，如天子、帝王、君主以及独裁主义者，而不是指老子所说的圣人。

"绝圣弃智"，意思是杜绝一切背道而驰的独裁统治，弃绝一切"以智治国"的政治体制。以往的奴隶社会、封建社会，不论是仁治、礼治，还是法治，都是建立在君主帝王的"以智治国"基础上的，实行的是专制主义。只要消灭了专制主义，人民自然会提高百倍的利益。"绝圣弃智"是对一切专制统治的彻底否定。

仁义思想是站在有为的层面上设言施教，引导人们弃恶从善，化解社会矛盾，但这是主观片面的。在阶级社会里，仁义与否只能以统治者的利益标准来衡量。因此，仁义必然会成为统治阶级剥削和压迫人民的精神工具，仁义的本质就是吃人。"绝仁弃义"是对套在人民头上的精神枷锁的彻底否定。

"巧"，这里是机巧、欺诈的意思。"利"是利己主义。以利己主义的人生观来指导人生，在物质利益的诱惑下，不择手段的强盗、惯偷自然出现。"绝巧弃利"是对个人名利思想的彻底否定。

以上三句，指出要想"民利百倍""民复孝慈""盗贼无有"，就必须"绝圣弃智""绝仁弃义""绝巧弃利"。

"此三者，以为文不足，故令有所属：见素抱朴，少私寡欲，绝学无忧。"

"此三者"指"绝圣弃智""绝仁弃义""绝巧弃利"。属，归属、归结。"绝圣弃智""绝仁弃义""绝巧弃利"，是解决社会矛盾的三种具体方式，然而，只用文字来说明是不够的，所以，还要让它们归结到具体的措施上来，那就是"见素抱朴，少私寡欲，绝学无忧"。

见，通"现"，呈现，推出。素，没有染色的生丝。这里比喻品质纯洁、高尚的圣人。朴，没有加工的原木。这里比喻合乎自然法则的社会法律。社会法律是神圣的，是在全民的共同培育下形成的，是合乎客观规律的，不允许有任何私意的加工和雕刻，否则就失去了自然性。合乎客观规律的法则是自然法、无为法，否则就是人为法、有为法。

"见素抱朴"是说要推举圣人，实行法治，即用"无为之治"取代"有为之治"。"见素抱朴"对应于"绝圣弃智"。

"少私寡欲"是说要少些个人主义思想，多些集体主义思想，以集体主义取代个人主义。"少私寡欲"对应于"绝巧弃利"。

"见素抱朴，少私寡欲，绝学无忧"是老子提出的治国的三项具体措施。

## 【证解故事】

### 故事一：

在物欲横流的时代，相当一些人往往以功利的、消费的观点去看待社会，重物质利益，重物质消费的观念占据了人们的头脑，成为主导思想。这是十分危险的。反映在社会上，一些人铺张浪费，讲排场，大行其道；反映在文化艺术领域中，有些人不顾文化、艺术的品位，甚至不顾艺术家的人格而去粗制滥造，追逐名利；反映在学校中，学生看重名牌和高档物品，而人文文化的修养则很差。凡此都在竭力说明"见素抱朴，少私寡欲"的朴素思想已经被排挤了，也都在警示我们：亟待加强人文建设和人文素质教育。

现在，很少有人再谈"见素抱朴，少私寡欲"了。似乎到了这个物质享受发达的时代，都以为只需要消费，"朴素和寡欲"的思想已经没有什么实际意义了。这显然是一种人生的失误。持这种人生观的人表面上很充实，整天忙乱不堪，似乎是对发展经济、建设社会的积极响应。其实，他们恰恰不明白，消费其实是一种最消极的因素，代表着精神上的空虚。物质享受本身无论有多么丰富也不能带来精神上的充实，只能给人增添更多的物欲。

有人说这是一个没有信仰的时代，也是一个堕落和可悲的时代。也许现代人不知道信仰的重要，或者单纯地把信仰理解为一种迷信。这都是错误的。有了信仰，人就会有所为有所不为，就能够体会到"道"的运行。没有信仰，固然不影响我们吃饭、睡觉和工作，好像是行得通的。但是我们难免会感到空虚和烦恼，觉得生活没有意义，觉得所作所为没有价值。有的人就会因此而寻找刺激，甚至为了一己私欲不惜伤天害理。这对社会来说是种危害，对个人来说也是自寻灭亡的不归路。

也许是因为现代人太聪明了，因为有巧智，所以远离了原本的清净混沌，越来越不知足，于是也就偏离了"道"的自然而然。在杭州西子湖畔虎跑寺内的一个不很起眼的地方，有一副对联："事能知足心常惬，人到无求品自高。"这是已故弘一法师的遗墨。凡是了解弘一法师的人都知道，无论从家境、才学、阅历上来看，还是用爱国之情、志向之取、进取心来比，弘一法师都不亚于当时或现代的大多数人，甚至远比大多数人都更符合精英分子的含义。然而恰恰是这位自豪"魂魄化成精卫鸟，血花溅作红心草"的热血男儿，认认真真地写下了这样一副对联留诸后世，这便使人不得不冷静下来，认真想一想这副对联的深刻内涵。

孔子有一天感叹，他说我始终没有看见过一个够得上刚强的人。要注意这个"刚"字，脾气大不算刚；刚的人是方正，并不一定脾气大；高帽子戴不上，骂他也不改变，这差不多有点像"刚"，但还要看他的品德、智慧、修养。前面曾经提到上等人有本领没脾气，中等人有本领有脾气，下等人没本领脾气大。孔子这里的"刚"是指有本领没脾气的上等人而言的。

孔子讲了这句话，有一个人说，"有啊，申枨不是很刚吗？"子曰："枨也欲。焉得刚？"孔子说申枨这个人有欲望，怎么说是刚呢？一个人有欲望是刚强不起来的，碰到你爱好的，就非投降不可。人要到无欲才能刚，譬如说，这个人真好，真了不起。就是有一点毛病——爱钱。既然他爱钱，你拿钱给他，他的"了不起"就变成"起不了"。你说这个人品德样样都好，就是有一个毛病爱读书，遇到懂得手段的人就利用他了，什么都不和他谈，专谈书，他就中计了。历史上有些人，"天子不能臣，诸侯不能友"。请他出来做官，他不干；任何权势拉拢他，理都不理。但是中国政治上有一个传统的手法，只要在人上者，肯礼贤下士，只要以礼下人，任何英雄都不免来入彀中。不过要有道德作背景，如果没有道德的基础，仅是这样乱用，礼也是一把刀，所以真正刚强的人是没有欲望的，即所谓无欲则刚。

这个无欲，换种角度来说就是知足。一个人能知足，自然也就不会对外物生出多余的欲望来了。

曾国藩曾说："知足天地宽，贪得宇宙隘。岂无过人姿，多欲为患害。在约每思丰，居困常求泰。富求千乘车，贵求万钉带。未得求速偿，既得勿求坏。芬馨比椒兰，磐固方泰岱。求荣不知厌，志亢神愈忧。岁燠有时寒，日明有时晦。时来多善缘，远去生灾怪。诸福不可期，百殃纷来会。片言动招尤，举足便有碍。戚戚抱殷忧，精爽日凋瘵。矫首望八荒，乾坤一何大。安荣无遽欣，患难无遽戚。君看十人中，八九无倚赖。人穷多过我，我穷犹可耐；而况处夷涂，奚事生嗟忾？于世少所求，俯仰有余快，俟命堪终古，曾不愿乎外。语云：名根未拔者，纵轻千乘甘一瓢，总堕尘情；客气未融者，虽泽四海利万世，终为剩枝。"

可见这世上不知足的人多，贫者有贫者的不知足，富者有富者的不知足，总之，欲望是无止境的。看来只有按照老子所说，让自己能够"见素抱朴，少思寡欲，绝学无忧"，方可以知足而常乐啊。

### 故事二：

春秋时，晋国君主晋襄公死了，而太子夷皋年龄太小，什么也不懂，再加上没有什么实力，根本控制不了局势。大臣们见太子位子难保，私下里积极活动起来，每个人都希望重新立自己控制的王子为太子，朝内一片混乱。

在大臣中，有两人的势力最大，竞争也最激烈。这两人就是赵盾和贾季。赵盾想立襄公的弟弟公子雍，而贾季想立襄公的另一个弟弟公子乐。两人明争暗斗，互相挖墙脚。但当时两公子都不在晋国，必须从国外将他们接回来。贾季派人到陈国接公子乐，他行动迅速，走在赵盾前面。眼看公子乐就要回到晋国，赵盾岂能善罢甘休！他派人跟在公子乐回国队伍的后面，找机会将公子乐杀死了。公子乐死后，赵盾不慌不忙地派人前往秦国迎接公子雍。为安全起见，秦国派军队护送公子雍上路。

公子乐一死，贾季知道大势已去，也不再与赵盾争权。看来，公子雍做晋国国君大局已定。襄公夫人穆嬴作为一个弱女子，也无计可施，只能看着自己的儿子夷皋失去继承君位的权力，而且极可能遭到暗算。但是，做母亲的本能使她拼命想保全自己的儿子。她也没什么办法，只能哀求，争取感化大臣。

　　每次群臣朝会议事，穆嬴就抱着儿子在朝堂上痛哭，说："先君到底有什么过失？年幼的太子有什么罪？太子虽然还小，但总还是先君亲自册立的，难道说废就可以废掉吗？废掉太子而从外甲迎立新君，你们眼里还有先君吗？你们不怕坏了祖制吗？"说到伤心处，穆嬴掩面而泣。太子什么事也不懂，但也跟着放声大哭。母子抱头痛哭，场面非常凄惨。群臣看了，也有些不忍，逐渐有了点心虚的感觉。

　　穆嬴还经常抱着太子到赵盾家中，以情动之，对他说："先君那么器重你，临终时将太子托付于你，当时的场面，妾身还记得清清楚楚。先君正因为你答应照顾太子，他才放心地去了。如今废掉太子，难道你不想想先君的重托吗？大丈夫岂能不忠，又岂能无信？"

　　赵盾听了，也感到自己太过分了。如果真这样做的话，势必会落个不忠不信的名声。再说这样下去，人心惶恐，势必天下大乱。自己拥立的新君名不正言不顺，怕也难以服众。于是他和群臣商量，派军队阻止护送公子雍的军队，不许他们入境，仍然立太子夷皋为君。

　　由于穆嬴能据理力争，所以保住了太子。这就启示我们将命运的钥匙操之在我，所有的一切由自己肯定，也由自己否定，不能轻言放弃。

　　**故事三：**

　　清代的于成龙官至巡抚，在他做知府的时候，曾破获过一件奇特的盗窃案。

　　某年秋天的一个下午，于成龙在邻县城外散步时，见一群人匆匆忙忙地走着，其中有两个壮汉用门板抬着一个人，身盖厚棉被，枕间头发散落，依稀见一凤钗。跟随两边的壮汉，不时地伸手掩掖被角，此状像是病人怕风吹。抬门板的壮汉累得满头大汗气喘不休，只得将门板置于路边，又换了两人去抬，上肩时，被那门板压了一个跟跄……于成龙看着，觉得很不解：一个女人能有多重？他们这么不堪重负，难道另有隐情？便命随从去询问。

　　稍顷，随从回来说："门板上躺的是他们其中一个人的妹妹，重病在身，这是送她回婆家。"于成龙低头寻思了一会，总觉事出有因，就对随从说："你远远跟着他们，看这些人进哪个村？"随从遵命悄悄地跟踪，见他们走到一个村屋时，门口早有人接应。他们接过门板匆匆进门，一个汉子瞧瞧四周，立即把门关上了。随从如此这般一说，于成龙明白了。他转身去了该县县衙，找到县令，直接问道："贵县昨晚有没有发生盗案？"

县令一惊，随后支支吾吾地说：没有盗案发生。于成龙一笑，知他是怕人说他"治安无方"，故忌讳说发生盗案。寒暄了几句后，于成龙回到了下榻处。他叫随从装扮成百姓，到周边村镇查访后得知：昨晚有家富户被盗。于成龙当即找那家人问被劫情况，他却面露难色，于成龙说："我已将盗贼捉住了，你还顾虑什么？"那人犹豫了片刻，突然跪下连叩几个响头，道出苦衷："于大人啊！是县老爷不让说……"

于成龙连夜去找县令，请他协助抓获盗贼，县令见掩盖不住，便欣然从命。很快将八盗贼抓住了。经审问得知，这伙盗贼经常作案，昨晚抢劫后便住进了妓院，与妓女合谋，让她装成病妇障人眼目，然后再到窝赃的地方瓜分。

案破后，有人向于成龙探其究竟。他说："我怀疑这伙人是盗贼，疑点有三：一是病妇躺在门板上，怎么肯让男人把手伸进被窝？二是轮流抬担架，说明很重，两边有人保护，暗示门板上有值钱的东西。三是病妇到了婆家，该有妇女在门口接应，可里面都是男人，而且问都不问一声。这些迹象表明：病妇是假，盗贼是真。

还有一则这样的故事：

唐朝吕元膺出镇岳阳时，一日，出门游览。走到江边，只见路边停有一辆灵车，跟随着五个戴孝的汉子。吕元膺一瞧心中生疑，他想："看他们的葬礼似有不妥：说远葬，过分排场了；说近葬，又未免太俭省了。"

见吕元膺一行过来，那几个汉子神色有点紧张。这细小的反应皆收入了吕元膺的眼中。他不动声色地上前招呼道："过江啊？"汉子们点头道是。吕元膺又问："棺中所躺是你们何人？"汉子们回答："小人们的父亲。"吕元膺装作同情的样子叹了口气说："唉，这也难为你们了，这么热的天去远葬，孝心可嘉啊。哦，你们五个是亲兄弟？"汉子们又点头道是。吕元膺见他们神情呆板，不肯多说话，心生一计，道："船来了，你们先上吧。"那几个汉子有点迟疑，你望望我，我望望你。其中一个年龄稍大的汉子答道："大人在此，应该先行。小人们有孝在身，不敢同船而行。请大人先过江吧。"吕元膺听后大笑道："错矣。人乃孝字为大，你们兄弟不必客气，奔葬要紧，快上船吧。"汉子们见吕元膺坚持要他们上船，只得将棺材扛上肩，摇摇晃晃朝摆渡船走去。

吕元膺仔细观察，疑虑更深。照理一副棺材并没多大分量，可这几个壮汉扛着却如此吃力。这里面装的是什么？其中定有奸诈。想到此，他立即命令手下装作去帮忙放跳板，待汉子们踏上跳板后悄悄一移，只见众汉子站立不稳，把棺材翻至江边，棺材盖板也掀至一边。吕元膺带众人上前一瞧，只见棺内并无死人，而是整整一棺兵器。他大喝一声："拿下！"那几个汉子束手就擒。经审讯，原来这帮假孝子是强盗，打算过江抢劫一批货物，假装送葬，以免摆渡艄公怀疑。他们还供出：几十名同伙已约好在对岸集合，待兵器一到手便行动。吕元膺即令发兵，悄悄过江，将那帮盗贼一网打尽。

于成龙和吕元膺都是在不经意间破获案件的，这都是因为他们在生活中处处注意周围发生的事情，认真思考其中的不寻常。所以我们以后一定要留心自己身边发生的事情，说不定那就是你要解答的问题的解。

# 第二十章

**【原文】**

　　唯之与阿①，相去几何？美之与恶②，相去若何？人之所畏③，不可不畏。荒④兮其未央⑤哉！众人熙熙⑥，如享太牢⑦，如春登台⑧。我⑨独泊⑩兮其未兆⑪，沌沌兮，如婴儿之未孩⑫，儽儽⑬兮，若无所归。众人皆有余⑭，而我独若遗⑮。我愚人⑯之心也哉！俗人昭昭⑰，我独昏昏⑱；俗人察察⑲，我独闷闷⑳。澹㉑兮其若海，飂㉒兮若无止。众人皆有以㉓，而我独顽且鄙㉔。我独异于人，而贵食母㉕。

**【注释】**

①唯之与阿：唯，恭敬地答应，这是晚辈回答长辈的声音；阿，怠慢地答应，这是长辈回答晚辈的声音。唯的声音低，阿的声音高，这是区别尊贵与卑贱的用语。

②美之与恶：美，一本作善，恶作丑解。即美丑、善恶。

③畏：惧怕，畏惧。

④荒：广漠、遥远的样子。

⑤未央：未尽，未完。

⑥熙熙：熙，和乐，用以形容纵情奔欲、兴高采烈的情状。

⑦享太牢：太牢是古代人把准备宴席用的牛、羊、猪事先放在牢里养着。此句为参加丰盛的宴席。

⑧如春登台：好似在春天里登台眺望。

⑨我：可以将此"我"理解为老子自称，也可理解为所谓"体道之士"。

⑩泊：淡泊，恬静。

⑪未兆：没有征兆，没有预感和迹象，形容无动于衷，不炫耀自己。

⑫孩：同"咳"，形容婴儿的笑声。

⑬傈傈：疲倦闲散的样子。

⑭有余：有丰盛的财货。

⑮遗：不足的意思。

⑯愚人：纯朴、直率的状态。

⑰昭昭：智巧光耀的样子。

⑱昏昏：愚钝暗昧的样子。

⑲察察：严厉苛刻的样子。

⑳闷闷：纯朴诚实的样子。

㉑澹：辽远广阔的样子。

㉒飔：急风。

㉓有以：有用、有为，有本领。

㉔顽且鄙：形容愚陋、笨拙。

㉕贵食母：母用以比喻"道"，道是生育天地万物之母。此名意为以守道为贵。

## 【译文】

应诺和呵斥，相距有多远？美好和丑恶，又相差多少？人们所畏惧的，不能不畏惧。这风气从远古以来就是如此，好像没有尽头的样子。众人都熙熙攘攘、兴高采烈，如同去参加盛大的宴席，如同春天里登台眺望美景。而我却独自淡泊宁静，无动于衷。混混沌沌啊，如同婴儿还不会发出嬉笑声。疲倦闲散啊，好像浪子还没有归宿。众人都有所剩余，而我却像什么也不足。我真是只有一颗愚人的心啊！众人光辉自炫，唯独我迷迷糊糊；众人都那么严厉苛刻，唯独我这样淳厚宽宏。恍惚啊，像大海汹涌；恍惚啊，像漂泊无处停留。世人都精明灵巧有本领，唯独我愚昧而笨拙。我唯独与人不同的，关键在于得到了"道"。

## 【解析】

老子的生平已难以考察，然而这一章却可以认为是他的自我描述。我们可以通过这一章看到老子从事于"道"的研究的执着精神，同时也可以窥视到老子生活上的单调和拮据。

"唯之与阿，相去几何？善之与恶，相去若何？人之所畏，不可不畏。荒兮其未央哉！"

"唯"和"阿"，都是表示应答的词语。"唯"表示尊敬地应答，相当于"是"。"阿"表示不尊敬地应答。只是因为语气不同，礼节上也就不同了。这是说，无道社会人们所关心的都是一些皮毛的小礼小节，而这些礼节所规定的也只能是表面现象，根本改变不了人们内在的心灵。然而在等级制度森严的礼教统治下，尽管都是表面现象，但是必须还得学，还得做。不知"礼"就会遭到别人的侮辱。在"有礼"的社会里，说话做事需时时小心，步步留神，稍不注意，碰上"懂礼"的人，就会让你下不了台，甚至要了你的性命。不行"善"就得不到外界的赞誉和认可，因而一生无名无利。但是，倘若你"懂礼""知善"，只要有了"礼"和"善"的面具，哪怕是十恶不赦之人，名利也会向你招手。于是，人们为了追求名利，都去学"礼"、行"善"，反正都是表演给别人看的，无须管它真和假。在无道的社会里，只有无理霸道、奸诈机巧的人才吃得开、行得通，真正的善人却不可避免地成为他们欺压的对象。因此，人心不古，社会纷乱，道德日趋没落。处在这样的社会里，谁还关心内在的心灵呢？于是心灵荒芜了，像是无边无际的沙漠。这正是"人之所畏，不可不畏"的缘故。人们所害怕的是无名无利，也正是名和利，才使得人们荒芜了心灵，而心灵的荒芜才是真正可怕的呀！

"众人熙熙，如享太牢，如春登台。我独泊兮其未兆，沌沌兮，如婴儿之未孩，儽儽兮，若无所归。众人皆有余，而我独若遗。我愚人之心也哉！"

熙熙，欢乐、高兴的样子。太牢，古代帝王祭祀时用作祭品的猪、牛、羊。儽儽，在道境中飘浮不定的感觉。众人熙熙，是欢乐于名利，他们一旦取得了一点点小名小利，就沾沾自喜，那种高兴劲儿，就像是吃了帝王赏赐的大肉——乐于利；又如同是陪伴着帝王在春天里登台观景一样——乐于名。尽管他们时时在遭受着统治阶级的剥削和压迫，反而不知不觉，醉生梦死，不知道什么是真正的幸福和自由。众人皆追逐于外，而我独守于内，像一只小船，停泊在心灵的港湾，没有远航的征兆。又像一个还不懂事的婴儿，天真烂漫，无忧无虑，遨游于宇宙，像是找不到归宿——沉浸于大道之境，是最美好的精神归宿；众人都欢乐有余，只有我独处于心灵的家园，像是连自身也遗忘了——观赏妙景，享受心灵的无限自由；我是多么的愚昧呀，总是和大道混为一体，不敢有一点私心杂念———一切按规律办事，不敢偏离大道去随意发挥。

"俗人昭昭，我独昏昏；俗人察察，我独闷闷。"

"众人皆有以，而我独顽且鄙。"

俗人，功利主义者。昭昭，明白一切的样子。察察，对于名利斤斤计较、精于算计。

俗人都能明白一切，唯名唯利，只有我对此糊里糊涂；俗人聪明于小事，而我明于大道。俗人都精于算计，只有我少私寡欲；俗人心在名利，而我志在真朴。众人都有人生的目的，唯有我与众不同，个性孤僻，以至于被众人看不惯；众人皆求"有"，我独求"无"。得道之士的价值观念及其独特的个性是不为众人所理解的。

"我独异于人，而贵食母。"

只有我与众人不同，众人皆以"有"为贵，而我以"无"为贵。孔子说"民以食为天"，贵在以有形养有形。而老子却强调以"无"为本，以无形养有形。这是老子完全不同于世人的养生之道。道家有言："药补不如食补，食补不如炁补。"由此可见炁的重要性。"食母"，即"食炁"，是道家养生的重要环节，也即辟谷服气术。《黄庭经》说："神仙道士非有神，积精累炁以成真。人皆食谷与五味，独食太和阴阳炁。"由此看来，这里的"母"就是炁。不仅如此，也只有蓄养真气，才能开启大道之门，这是认识自然和改造自然的智慧源泉。

本章是老子的世界观和方法论。通过有道之人和俗人、常人的反复对比，说明有道者精神的自由和人格的伟大。昭示人们不要舍本逐末，背道而驰，"昭昭""察察"于外在的名利，而应该以返璞归真为人生之根本。

【证解故事】

故事一：

声色不忍的害处很大。忍声色则要修其身，固其本；对于人生男女之大欲，要适可而止。人生病时，会感到人生之虚幻与可悲，到了死地大概只剩求生一念了。所以人平时做事应朝事物的对立面想想，人生在世，宜控制自己的欲望而修些德行，做事勿为欲望丧失本性，否则会自取灭亡。历史的教训是深刻的。

公元189年，在镇压黄巾起义中卓有"战功"的董卓，率兵进入了洛阳，废掉汉少帝，立献帝，独揽朝中大权。董卓看出丁原是他专权的障碍，遂起杀机，收买了丁原的部将吕布，最后将丁原杀死。从此，董卓权倾朝野，为所欲为，司徒王允表面上效忠董卓，暗地里却对他恨之入骨，时刻想除掉他，于是王允授意貂蝉对付董卓之计。不久，董卓义子大将吕布在府中宴请宾客，于是王允借机派人参加，并送去许多珍贵之物。吕布不知为何居司徒高位的王允，要给自己一个小小的骑都尉送厚礼，于是决定亲去王府，一来探明究竟，二来作为回拜。吕布到王府后，被热情款待。王允笑着说："您是天下的英雄，我不过是略表敬意而已，区区薄礼，实在不值得将军挂在心上。"吕布本是见利忘义之人，王允也正是投其所好，才选择他作为除掉董卓的突破口。

听到王允的称赞，吕布心里十分舒畅，所以话语也多了。王允命貂蝉前来献酒。经过刻意修饰的貂蝉，容貌艳丽，楚楚动人，在侍女的搀扶下，由内室款款走出。吕布一见貂蝉不由得两眼发直，心中暗自说："真想不到天下竟有如此美女！"吕布看得愣住，直到王允和他说话，才回过神来忙掩饰地问道："小姐是府中什么人？"王允漫不经意地回答说："是小女貂蝉。"随后让貂蝉为吕布敬酒。貂蝉为吕布斟满了一杯酒，装出一副羞涩的样子，双手献给吕布。吕布连忙接过酒杯，偷看貂蝉，正巧貂蝉也在看他，二人的目光碰到一起。王允见状心中暗喜，对貂蝉说："你陪将军多喝几杯，让将军尽兴，今后我们还要仰仗将军呢！"然后让貂蝉坐在身边。

席间二人眉来眼去，有王允在旁又不便开口说话，吕布有些急躁。王允见时机已到，就借故离开。王允一走，只剩吕布和貂蝉二人，吕布心中高兴，对貂蝉问长问短，貂蝉都一一回答。这时王允回到席前，暗示貂蝉回避，貂蝉心领神会，于是起身告辞吕布走向内室。吕布按捺不住地问王允说："小姐真是美丽无比，不知何人有此大福，能娶她做夫人？"王允回答："小女还不曾许配，我想高攀将军，不知您意下如何？"说完观察吕布的反应。吕布一听大喜过望，急忙向王允参拜说："岳父大人在上，请受小婿一拜。"王允扶起吕布说："将军不必多礼，待选个良辰吉日，就将小女送过府去成亲。"吕布再次拜谢了王允，才高兴地告辞。

第二天，散朝后王允、董卓走在一起，王允邀请董卓去府上喝酒，董卓很痛快地答应了。酒兴越来越浓。王允举手向侍从示意，音乐声徐徐响起，伴随着乐曲走出一队歌女，个个国色天香，婀娜多姿，尤其是领队的那位，更是美若天仙，看得董卓欲仙欲醉，就问王允说："这位漂亮的歌女是谁啊？"王允说："是我新买来的歌女，名叫貂蝉。"董卓笑道："不但人美，名字也悦耳。"一曲终了，王允叫众人退下，留住貂蝉给董卓敬酒。貂蝉手捧酒杯缓步上前为董卓敬酒，董卓满脸堆笑问道："今年多大了？"貂蝉微笑不语。王允在旁说："今年已经十六岁了，您若是喜欢，就带回府去伺候您吧。"

吕布得知此事，怒气冲冲找到王允指责道："您既然已将貂蝉许配于我，为何又送给董卓？"王允见状四周环顾，见没有人，就压低声音对吕布说："这里不便细说，请将军随我回府。"说完立即同吕布一同回到王府。吕布迫不及待地问道："有人亲眼看见貂蝉在太师府中，这难道是假的不成？"王允见吕布怒火中烧，更不急于回答，给吕布让座后，又命人献茶，然后一副无可奈何的架势说："前几天太师来我府中饮酒，席间说要见见我的女儿，我不好拒绝，就让小女出来给太师敬酒。谁知太师见后，就十分喜爱，说府中缺人侍候，暂时让她过去，待找到合适的人，再送她回来，我不能违抗太师的要求啊！"

吕布见王允说得合情合理，无可指责，也只好向王允赔罪，然后离去。吕布回府后，坐卧不安，第二天一早就借故来到太师府打探消息。侍卫告诉吕布，太师新得美人，还未起床呢，吕布听后心如刀割，但又不敢过于放肆，急得在大厅中团团转。后来，董卓来到大厅问吕布是否有事，吕布谎称刚刚听到义父得了美人，特地前来贺喜。董卓听后，称赞吕布有孝心，并让貂蝉出来相见。貂蝉在吕布面前装出愁眉不展的样子，趁董卓不备时，用手指向自己的心口，然后又指吕布。吕布领会貂蝉的示意，心中更加凄苦。董卓见已到上朝的时候，就和吕布一同而行。奉见皇帝后，董卓留在朝中处理政务，吕布借机来到太师府找貂蝉。正在二人难舍难分之际，董卓突然从外面进来，见到他们情意绵绵气得大喝一声直奔过来。吕布见势不妙，扔下貂蝉向外逃走。

第二天，王允将吕布请到府中，吕布满脸愁容，王允假装不知。问吕布因何事而闷闷不乐，吕布就将昨天在太师府中发生的一幕，详细地告诉了王允。王允听后，故意气愤地说："想不到董卓已经荒淫霸道到如此地步，连自己儿子的妻子都要强娶，这不但使我无脸见人，还是将军的耻辱啊！"王允的话音刚落，吕布就拍案而起，手握剑柄，满脸杀气，咬牙说道："我一定杀了他，报夺妻之仇！"王允见吕布决心已下，扇风点火说："将军如果杀了董卓不但报了仇，重要的是为国家除去一害，可以名留千古啊！"吕布伏地而拜，表示愿意听从王允调遣。几天后，董卓在去未央官的路上死于非命。

**故事二：**

金明昌年间（公元1190—1196年），景州（今河北省境内）有一个妇人分别跟隶卒马全和王二通奸。这事神不知鬼不觉地过了好些时候。

有一天，那妇人要回娘家，与王二约定在城外树下相见。哪知，马全恰巧听到这消息，马上醋性大发，萌发杀机。他抢先在王二之前，等在那棵树下。妇人一到，马全忽然从大树背后闪出，把她杀死了。

第二天，妇人的父亲有事上城，顺便去看望女儿。妇人的婆婆说："你女儿昨天已经回娘家了，怎么还来这里看她？"妇人的父亲大吃一惊，连忙四下寻找，在树下找到了女儿的尸体，马上奔到官府，声泪俱下地告状。官府审理此案，询问妇人婆婆："你儿媳这几天和谁商量过事情。"婆婆想了一会儿，答道："对了，只与王二说过话。"
很快，王二被拘捕来，在百般严刑拷问下，只得胡乱招供，并交代道：
"那妇人所带的包袱还埋在一棵树下。官府派人循迹摸索，果然在树
下起获。王二一听，叫苦不迭，惊骇道："怎么真有？看样子，我命绝
矣！"参与审讯的张公谨见情生疑，对审讯官吏说："给我三天时间，
保证擒到真凶！"官吏点点头，允许这么办。张公谨问看门的役卒：
"审讯王二时，有人在墙外偷听吗？"役卒们答话："隶卒马全在墙外
站了很久。"

公谨又询问看守城门的役卒说："昨晚是否有人带着包袱出城？"
有人告诉："只有马全带着一个包袱出城了。"张公谨立即下令拘捕马
全！一番审讯，马全只能如实招认。

从上面的故事我们可以看出，要培养自己的解决问题的能力，一
定要通过仔细的分析，全面地考察，逐步提高自己的能力。

**故事三：**

宋朝的时候，福州某条街上一赵姓人家，在这天早上来了一位
不速之客。只见一位老者猛然敲开赵家大门，匆匆闯了进去，不管
三七二十一，见物就砸，见人便打！赵家细看时，才知是街邻钱老爹。
看看被砸坏的家什，赵家人忍无可忍，遂一起动手上去揪钱老爹。谁
知这老头像疯了似的拼死反抗，一边仍是又砸又打，赵家一气之下就
要揍他，不料刚一动手，老头忽地倒地身亡了！赵家见出了人命，一
时吓得不知所措，女人们哭了起来……且说钱家早晨起来不见了父
亲，钱家老大率弟弟直奔赵家而去，见父亲已死，举家痛哭了一阵，
便揪住赵家人去知府打官司。

这帮人哭哭闹闹来到府衙，知府王臻询问案发经过后，知赵家
和钱家因鸡毛蒜皮之事积怨很深。据钱家老大讲，他那天路经赵家
门口时，被脏水滑倒，就指桑骂槐泄怨气。后来赵家也出来对骂，因
气不过动了手。他见赵家人多就逃回了家，父亲知道后找赵家论理，
被其打死。

"邻里之间应和睦相处，你们竟闹出人命，实在不该！"王臻听完
诉状后说。赵家人虽觉老头死得奇怪，可又实在找不出证据，因为钱

老头确实是在他家打架而死的，便只好自认倒霉。王臻见赵家供认不讳，便将他们押下，待验伤后再作了断。

验伤官很快递交上报告。王臻阅后觉得此案有疑，因为钱老头的身伤不足以导致死亡。王臻速传钱家，就其父找赵家论理经过，逐一详查细问。钱家人回答得语无伦次，重要情节上又吞吞吐吐，而且个个神色恐慌。王臻思考了一阵后，便对此案有了明断。王臻正色道："本官手中的验伤报告证明，你父亲的死另有他因，如实招来，以免受皮肉之苦。"钱老二道出了真相：原来钱父年老多病，闻儿子被打，加之数年的仇怨，竟想出了一条令家人吃惊的计策：先服下一种叫野葛的毒药草；然后去赵家寻事，赵家动手时，药性发作死于他家，便可告其杀人罪。当时家人极力反对，没想到钱父却使用了此计。案情明了后，王臻的判决为：释放赵家家人，罚其数两白银，作为钱父的丧葬费。

朋友们，请记住用严密的思维来推断，养成做事情的好习惯。

**故事四：**

元朝时，某年的一天，湘乡县的知县赵景坞正伏案批阅公文，忽闻门人通报说，有个外地人要向他鸣冤告状，便命门人引进。

外乡人是个文弱书生，姓李，上月赴长沙府赶考路过湘乡，不想钱袋失落，为不误考期，派仆人把随身所带的银酒壶到当铺抵押。考试结束便向同乡借了赎金，回到此地赎取银酒壶。可到手的酒壶却变成了铜质的。他大吃一惊，便询问仆人。仆人也觉得蹊跷，当时他确实是拿银酒壶作抵押借钱的，怎么变成铜的了呢？李书生十分生气，便与仆人一块同往当铺论理。岂料店主人矢口否认有过什么银酒壶，说他们有意诈人敲竹杠。李书生不服，店主人拿出当票，上面确实写的是铜酒壶。李书生傻了眼，只怪仆人一字不识，而自己当时心急赶考，居然没有查看当票。为此，他无话可说，只得怏怏离去。事后又心中不甘，便来找赵知县申诉。

赵知县早闻当铺店主人有欺人劣迹，可当票上白纸黑字写明铜酒壶，如何办才好？他念头一转，便派差人传唤店主人到大堂。店主人一见知县大人忙跪下，心中忐忑不安，只等赵知县发问。岂料赵知县对他不理不睬，只顾看桌上的案卷，把他给晾在一边。店主人心中很是奇怪，可又不敢动弹，就这么跪着一动不动。时间久了，弯腰曲背，很是疲劳，心里更是发慌，一个哈欠，嘴里的牙签垂了下来。赵知县冷眼一瞥，心中暗喜，问："你嘴里垂下的是什么？"店主人回答道："牙签。"赵知县吩咐差役给拿来看看，说："这东西很好，我要仿制一根。"就立即起身入内，急忙对差役如此这般吩咐了一番。

差役拿了牙签跑到店主家对伙计说："酒壶的事，你家主人已承认了，派我来取，以这根牙签作为证据。"伙计看到牙签，认得是东家的随身之物，相信他已经招供了，就将银酒壶交出。赵知县把银酒壶放于堂上，唤李书生辨认，果是此物，于是完璧归赵。

若想口中的话语源源不断，舌根后就得有智慧的清泉汩汩注入。赵知县是一个能看得透、断得准的人。他可以洞察最深处的东西，摸清他人。所以他成功地侦破了案件。

### 故事五：

宋代王安石的弟弟王安礼任开封知府时，曾断过不少疑难案子。

某日，有人投递一封匿名信，告京城的一个富翁，说此人家屯大量兵器，养有兵丁，并正在联络有关权威人士，想要谋反。王安礼接信后觉得奇怪，他虽与那富户没往来，可早听闻该人忠厚老实，是个本分的生意人，加之信中语言刻薄，许多罪名只有列举而无旁证，根据多年办案经验，他认为此事属匿名诬告，便没将它当作一回事。不料，没多久，京城竟到处传闻富户谋反的事。没过几天，竟传到皇帝耳中。皇帝立即诏令开封府彻底查清此事。王安礼只得奉命前往搜查。

富翁甚为惊恐。官兵封锁住出口，进而翻箱倒柜，一下子把富翁家中搞得天翻地覆，搜查整整进行了一天，各路人马竟没有查出任何谋反的证据。王安礼问富翁："你平日可有仇人？"富翁摇摇头道："小人一向本分，从不与人结仇。"王安礼又问："你再回忆一下，可有对你不满之人？"富翁想了想，一拍脑门，说："哦，前不久有个靠写讼状谋生的马生来借债，当时我手头正好没现钱。他很不满，临走说了许多怨恨的话，还说要给我厉害看看。"

王安礼暂且将富翁拘至大狱，以免遭人非议。次日，王安礼将马生传到衙门，对马生说："听说你写得一手好字，本府这里有几本案卷，因书吏生病，上面催得紧，能否请你帮忙抄一下？"马生受宠若惊，说道："小人有幸，愿意效劳。"当即，马生便落笔抄案卷。王安礼将抄好的案卷拿到后房一瞧，心中大喜，此字与匿名信上的笔迹竟出自一人之手。王安礼即命手下将马生擒获，询问他写诽谤文书之事。物证既在，马生无可抵赖，只得招认。

　　王安礼通过认真、仔细地调查，最终发现这桩诬告的真实情况，并做出了公正的审判，既让害人的马生得到了应有的惩罚，又还了富翁一个清白。

# 第二十一章

【原文】

孔①德②之容③，惟道是从。道之为物，惟恍惟惚④。惚兮恍兮，其中有象⑤；恍兮惚兮，其中有物。窈兮冥兮⑥，其中有精⑦；其精甚真⑧，其中有信⑨。自今及古⑩，其名不去，以阅众甫⑪。吾何以知众甫之状哉？以此⑫。

【注释】

①孔：甚，大。

②德："道"的显现和作用为"德"。

③容：运作，形态。

④惟惚：仿佛，不清楚。

⑤象：形象，具象。

⑥窈兮冥兮：窈，深远，微不可见。冥，暗昧，深不可测。

⑦精：最微小的原质，极细微的物质性的实体。微小中之最微小。

⑧甚真：是很真实的。

⑨信：信实、信验，真实可信。

⑩自今及古：一本作"自古及今"。

⑪众甫："甫"与"父"通，引申为始。

⑫以此：此指"道"。

【译文】

大德的形态，是由道所决定的。"道"这个东西，没有清楚的固定实体。它是那样的恍恍惚惚啊，其中却有形象；它是那样的恍恍惚惚啊，其中却有实物。它是那样的深远暗昧啊，其中却有精质；这精质是最真实的，这精质是可以信验的。从当今上溯到古代，它的名字永远不能废除，依据它，才能观察万物的初始。我怎样才能知道万事万物开始的情况呢？是从"道"认识的。

## 【解析】

古中国人的"道"法的伟大之处在于发现了宇宙的逻辑定律"箭头'一'"。宇宙中的种种状态，不管是多么简单，也不管是多么复杂，只要从整体上来看，就都可以用一个箭头来表示。这就意味着，宇宙的最大态可以是一个箭头，宇宙的最小态也可以是一个箭头。虽然都是一个箭头，然其每一个箭头的具体内涵却各有不同。老子的方法是舍大求小。本章讲的就是宇宙中最小的箭头。而且老子将这最小的箭头做了进一步的解析。这种解析比现在所流行的超弦理论来得更为细腻。现代超弦理论的眼光着眼于"物"，而老子的眼光已超越了"物"的羁绊。从这一点而言，可以把老子的"道"称为"前超弦理论"。

老子是把"恍惚"放到一个过程之中，这是一个可分为五个阶段的"道"的过程。

"孔德之容，惟道是从。"

眼睛是心灵的窗户，人的品德完全可以根据他的目光做出判断，目光是心灵的折射。"惟道是从"，是说一个人的目光完全显示了他对大道的体悟，也就是说，意境决定一个人的思想意识。道的境界越高深，对世界的认识也就越深刻，他的目光就显得越深邃、睿智、慈善。这是总言德与道的关系。

"道之为物，惟恍惟惚。惚兮恍兮，其中有象；恍兮惚兮，其中有物。"

从道的物质性方面来讲，其存在形式是不停地旋转运动的。"恍惚"二字皆从"心字旁"，表明它属于心灵的直观。恍，从"光"，表现为微观粒子的运行，具有光波性。惚，从"忽"，表现为光波运行速度之快出乎意料，含粒子性。"惟恍惟惚"，大概就是现代物理学所说的"波粒二象性"。

"惚兮恍兮，其中有象"，如果从粒子的角度看，粒子是以光波的形式运动的。光波即物质波。

"恍兮惚兮，其中有物"，如果从光波的角度看，运动的光波具有粒子性。物，实物微粒。

这说明世界的本原即道，具有波粒二象性。现代科学证明，波粒二象性是一切微观粒子的基本属性。

"窈兮冥兮，其中有精；其精甚真，其中有信。自今及古，其名不去，以阅众甫。"

在深远、幽明的境界中，还有更加精微的微粒，这些微粒最为纯真，并携带着信息。自古及今，这些信息符号永远存在，不会消失，可以用来考察万事万物的发展变化规律。

这说明微粒携带宇宙信息，只要具备了获取这些信息的功能，就可以知道万事万物的过去并可以预知未来。

"吾何以知众甫之状哉？以此。"

我是凭借什么知道人世间的种种现象的呢？就是根据所破译的基因信息来认识万事万物的。

由此可见，两千多年前的老子就已经破译了基因密码，因此才有了《道德经》这一天书。

不执着于外部世界的表面现象，而是坐而反观人体基因组，直视物中之精，精中之信，这是认识世界、把握人生的最好的方法。

本章是对道的境界的描述，表明人的正确思想是来源于道的。大道蕴藏着世界万物发生、发展及其变化的奥秘，识破了这些奥秘，就能树立正确的世界观、人生观和价值观。人生觉悟了，也就具备道德了。这是老子的微观认识论。

老子的朴学是觉悟学。觉悟是人生的根本追求，觉悟才能使人类返璞归真。

觉悟与道德的关系：觉者觉道，是就境界而言；悟者证德，是就意识而言。觉是心灵的苏醒，自我具有心灵的境界，才能醒悟现实世界。人生应历经三个境界：一是梦的境界；二是现实境界；三是道的境界。梦的境界是自我完全睡眠以后出现的境界，具有不自觉性、非逻辑性的特点。道的境界是自我完全清醒时做的"梦"，具有自觉性、主动性、逻辑性的特点。它是以联想作为信息检索机制的，但是，道的境界是有层次的，是由近及远、由大到小、由外到内的，自我境界处于哪个层次，才能检索哪个层次的信息。道的境界的出现，是人的思维能动性、创造性的具体体现。所谓觉悟，就是从一种境界体悟另一种境界，悟透了也就觉醒了。常人缺乏道的境界，只有梦的境界，而梦的境界是虚幻不实的，无法捉摸的，于人生无益。置身于现实境界中的人，只能以物观物，以有识有，永远不能把握真理，悟透人生。因此，人生也就是迷惑的、痛苦的。具有道的境界的人，以道境代替梦境，以本质印证现象，以大道印证现实，从而彻悟人生，彻悟宇宙真理。"不识庐山真面目，只缘身在此山中。"人们只有跳出现实的境界，进入道的境界，才能真正地认识自我，认识现实。一个觉悟了的人，就是具备了道德的人，就是解脱了名利的羁绊不为名利所累的幸福的人。

道德功就是觉道悟德的功夫，觉悟的唯一方式就是修炼道德功。

## 【证解故事】

### 故事一：

"道"作为一种能为人们所观照、所体验、所认识的存在，它只是一种在顷刻间照彻一切，而又倏忽即逝的心理意象。这样疏忽即逝却又照彻一切的心理意象，人们可以在自己的心灵中观照到它的生动的模样，体验到它的真切的实质。它有如一种深远神秘的理想境界，人们置身于其中可以享受到世界万物的精粹，可以体会到至真至切的美好幸福。经历过这种境界的人，会对道这个超凡入圣的理想境界有着绝对的信念。

古时候交通不便，人们要去一个稍远的地方总是困难重重，而现在，人们可以凭借种种便利的交通工具到达自己想去的地方，甚至地球都缩小为一个村庄。也正因为交通的便达，获得信息的便利，使得人们在选择人生之路的时候，就像是站在一个巨大的迷宫里，自脚下延伸出去的道路有千条万条，纵横交错，但大多数人都对这些路视而不见，在他们眼中路只有一条。

所以，他们认为要拥有一个成功的人生，是有着一个标准的。因为这个标准，他们制定出这样的人生之路：孩提时代，要学钢琴、学书法、学舞蹈、学种种的技能；在学校里要考试考第一，看各种各样堆积如山的参考书；考上一所理想的大学之后，还要努力拿到各种证书，参加各种实践；毕业以后要进入一家大企业，要找一个门当户对的人结婚，为着自己的家庭和孩子努力工作，所以要参加各种令人生厌的酒会、应酬；然后教育自己的孩子也按照这个标准走下去。

可是，这样的人生真的就是所谓的成功吗？不见得。

诺贝尔物理学奖获得者丁肇中先生说："考试能拿第一名并不代表一切，因为考试是解决别人解决了的问题。我所认识的二十世纪的物理学家、化学家，拿诺贝尔奖的，几乎没有在学校考第一名的，考最后一名的倒有几位。但这些人都能挑一个题目，根据客观情况认定这是自己一辈子最重要的事情。为了这个，其余的东西都可以放在次要的位置。"

这段话说明了什么问题？那就是成功之道要适合自己。

我们看当今社会上那些功成名就者，那些寻找到适合自己人生之路的人，他们所走的路往往并不是人们所认为的正确的、正常的、标准的路。

在网上有一个笑话，说："辍学，一定要辍学！从小学辍起，不然没前途！爱迪生，上学时间才三个月；富兰克林，上学时间才三年；要是上到大学才辍学，顶多就只能是个比尔·盖茨了。"

这当然只是一个笑话，但是就像老子所说的，"道之为物，惟恍惟惚"，为什么小学毕业的爱迪生成了发明大王，在学校成绩很差的爱因斯坦创造了相对论，退学的比尔·盖茨和艾利森成了大富翁，自学成才的李嘉诚创立了商业神话……这些现象是偶然的吗？是违背了社会规律的吗？当然不是。这是因为他们看待世界的眼光和传统不同，他们不是去适应一个环境，而是在创造一个新世界。

新世界的创造当然不是稳定的，也是不可以预测的，而这种不能预测往往会给人们带来巨大的恐惧，使人们不敢去实践。但是敢于实践的人，却可以制定出新的规则，其他人只能去适应和遵守他们制定的新规则。事实上，这个世界总是会把最高的荣誉给予那些敢于开拓、敢于不走寻常路的人们。

在明代吕柟所著的《泾野子》一书中，载有这样一个故事：

某翁有五个儿子，老大木头木脑，老二聪明机灵，老三双目失明，老四弯腰曲背，老五一腿残瘸。在一般人看来，这个家里恐怕只有老二能有点出息，老大能过个平常人的小日子，至于有残疾的老三、老四和老五基本上是注定了不幸的人生了。可是知子莫若父，当父亲的对儿子们的生计做了妥善的安排：让木头木脑的大儿子种田，面朝黄土背朝天，用不着花心计与人打交道，也就不会吃亏上当；让聪明机灵的二儿子经商，精打细算不吃亏；让双目失明的三儿子算命，占卜起卦行走江湖；让弯腰曲背的四儿子搓绳，这活儿即使是驼背也一样干得像样；让一腿残瘸的五儿子织布，坐在织机前面用不着费力。等老翁去世后，五个儿子都能安身立命，一生不愁衣食。

这位父亲的高明之处就在于他能扬长避短，把儿子们的优势发挥出来，甚至是将缺陷化为长处。如果他让呆板木讷的大儿子去经商，让聪明机灵的二儿子去搓绳，让双目失明的三儿子去织布，让驼背的四儿子去种田，让瘸腿的五儿子去算命，那他们只怕都会一事无成，抱憾终生。

但是在现实生活中，有很多人却是在扬短避长，让有着音乐天赋的人去经商，让擅长体育运动的人去做文员……这样的"恍恍惚惚"又怎能到理想的境界呢？跟随着别人制定的规则去追寻名与利，就真的是适合自己的人生之路吗？

《战国策·韩三·或谓韩公仲》中记载：

公元前293年，秦国与齐国连横之后，向韩、魏两国发动了大规模的进攻。韩、魏两国面临共同的威胁，但他们却貌合神离，互相之间并不信任，也不愿意真诚合作，而是互相推诿，谁都不愿意打先锋，结果连连败北。公元前298年，魏国为了自身的利益，企图将韩国抛在一边，单独同秦国议和，形势变得对韩国十分不利。

这时有一位谋士对韩相公仲说："双胞胎的长相非常相似，只有他们的母亲才能分辨清楚；利与害在表面上也很相似，只有明智的人才能分辨清楚，看透它们的本质。您的国家目前正面临着利与害相似的情形，也需要由明智的人把它们分辨清楚。如果能采取正确的处理方法，就能尊卑有序，各安其分，否则就会败坏纲常，带来祸患。如果秦魏联盟不是您促成的，韩国就面临遭到秦魏图谋的危险；如果韩国追随魏国去讨好秦国，那样韩国将依附于秦国并遭到轻视，韩国国君在诸侯中的地位就降低了。那时候，秦王就要把他宠信的人安插到韩国做官，这样您的处境就危险了。"

　　谋士层层递进地分析、引申出如何判断当时的政治局势后，又说："从目前的形势分析，您不如主动去撮合秦、魏进行和谈。两国和谈成功与否，对于韩国都会很有利。若和谈成功，是您穿针引线撮合而成，韩国就成了秦魏联合的门户，既可以受到魏国的推崇，也可以得到秦国的友善。再说，秦魏不可能永远互相信任，秦国会因为得不到魏国的援助而发怒，一定会亲近韩国而远离魏国。魏国也不会永远服从于秦国，一定将设法亲近韩国而防备秦国。这样您就可以像选择布匹随意剪裁一样轻松。由此可见，如果秦魏联合，它们都会感谢您；如果秦魏分裂，两国又都会争取您。这样做，进退对韩都非常有利。希望您能下定决心。"

　　从中可以看出，这个谋士不只是站在韩国的角度看待问题，而且还是从全局观察，从而得出化被动为主动的办法——主动撮合秦魏和解，同时取信于两国，而使整个局面向着有利于韩国的方向转化。这就是从多角度考虑问题的优势，也是灵活应变的一种表现，不仅对于政治上的风云变幻可以灵活反应，应用在人际交往中，也能够善察利害，化被动为主动，找出问题的根本。如果只是按照常理来判断，那么，韩国要么是拼个鱼死网破，要么就只能是委曲求全，又哪里能化被动为主动呢？

　　如此的"恍兮惚兮""惚兮恍兮"，才能找准适合自己的那条路，看到事物发展的规则。

　　**故事二：**

　　一天，包公受理侄子告伯母骗取合同文书、不认亲侄一案。

　　原来，在东京汴梁西关外定坊有户人家，哥哥刘天祥，娶妻杨氏。这杨氏乃是二婚，带来一个女儿，到刘家后再没生养儿子。弟弟刘天瑞，娶妻张氏，生得一个儿子，取名安住。父亲在安住两岁时，就给他与邻居李社长家的小女儿定了娃娃亲。大嫂杨氏打算待女儿长大后，招个女婿，多分些家产。因此，把刘安住当成眼中钉。

这一年，东京地区大旱，颗粒无收。官府发下明文，让居民分户减口，往他乡逃荒。弟弟天瑞照顾哥哥上了年岁，不宜远行，决定自己携妻儿离乡背井。天祥就请邻居李社长写下两张合同文书，把所有家产全部写在上面，以做日后见证。兄弟俩各执一份，洒泪分别。

天瑞带了妻儿，来到了山西潞州高平市下马村。房东张员外夫妻，为人仗义疏财，虽有许多田产，却无儿无女，见年方三岁的刘安住眉清目秀，乖觉聪明，就收为义子。对天瑞夫妻也像骨肉兄弟一样看待。但是不久，天瑞夫妇染上疫症，几天后相继去世。天瑞临死前掏出一张合同文书，将儿子托付给张员外。

一晃，刘安住十八岁了，为使父母尸骨归乡，决定回老家安置。张员外就把合同文书交给他。刘安住直奔东京汴梁，一路问到刘家门前，只见一位老妇人站在那里。那老妇人正是伯母杨氏，她一心想独占家财，就骗取了刘安住的合同文书，却翻脸不认侄子，反抄起一根木棒，打得安住头破血流。邻居李社长闻声赶来，问刘安住："那合同文书既被她骗走，你可记得上面写的什么吗？"安住一字不差地背了一遍。李社长说："我是你的岳父李社长。"当下他写了状词，带着安住来到开封府告状。包拯接了状词，便传令拘刘天祥夫妇到了公堂，责问刘天祥："你是一家之主，为何只听老婆的话不认亲侄子？"刘天祥回答："小人侄儿两岁离家，一别十几年，实不敢贸然相认，凭合同文书为证。而今他和我妻一个说有，一个说无，我一时委决不下。"

包公又问杨氏，杨氏一口咬定从未见过合同文书。包公假意愤然对安住说："他们如此无情无义，打得你头破血流。大堂上，本官替你做主，你尽管打他们，且消消你这口怨气！"刘安住流泪道："岂有侄儿打伯父伯母之理？小人为认亲葬父行孝而来，又不是争夺家产，决不能做为出气而责打长辈的事。"

包公自有几分明白，对刘天祥夫妇说："本官明白这小子果然是个骗子,情理难容,改日定将严刑审问。"令天祥夫妇先回去,而将刘安住押至狱中。

第二天,包公一面让衙役四处张扬:"刘安住得了破伤风,活不了几天了。"一面派差役到山西潞州接来张员外,于是真相大白。几天后,包公传来一行人到公堂。张员外所言句句合情合理,杨氏胡搅蛮缠死不认亲。于是,包公传令带刘安住上堂。不料差人却来禀报:"刘安住病重死在狱中。"众人听罢大惊,只有杨氏喜形于色。包公看在眼里,吩咐差人即刻验尸。一会儿,差人回报:"刘安住因太阳穴被重物击伤致死,伤口四周尚有青紫痕迹。"

包公说:"这下成了人命案。杨氏,这刘安住是你打死的,如果他是你家亲侄,论辈分你大他小,纵然是打伤致死,不过是教训子侄而误伤,花些钱赎罪,不致抵命。如果他不是你的亲侄,你难道不知道'杀人偿命'吗?你身犯律条,死罪当斩!"即命左右将杨氏拿下,送到死囚牢中。

此时,杨氏吓得面如土色,急忙承认刘安住确是刘家的亲侄。包公问:"既是你家亲侄,有何证据?"杨氏只好交出那张骗得的合同文书。包公看后,差人叫刘安住上堂。刘安住接过包公赚出的合同文书,连称"青天"。杨氏方知中计。包公提笔判决此案:表彰刘安住的孝道和张员外的仁义;杨氏本当重罪,准予罚钱赎罪;刘氏家产,判给刘安住继承。

包公就是这样巧妙破案的,这个故事带给了我们启示,即我们要用一双善于发现的双眼和一种善于分析的心态去面对症结,那样一定会取得好的效果。

**故事三:**

战国以来,北方的少数民族一直对中原进行侵扰。东汉初建的时候,光武帝疲于应付国内的残余势力,无暇巩固边境,北方的少数民族像匈奴、鲜卑、乌桓等乘机进犯中原,边境一直战火不断,光武帝很是恼火。

祭彤这时被封为辽东太守,镇守边境。他也为边患焦急万分。他仔细思考了历史上的安边之策,觉得开战和"和亲"都不是好法。

开战的话，国家初定，国力不强，无法支持大仗。如果实行和亲，又有损大国威严。祭肜想了很久，突然想到：边境各少数民族都是为财而侵扰国境，如果对他们许以厚利，使他们相互攻击，不正可以坐收渔利吗？

祭肜把自己的想法上奏光武帝，光武帝很是赞赏，令他立刻行动。祭肜于是派出使者，带着大量财物，访问鲜卑。鲜卑族首领收下财物，表示愿意归顺。自此以后，双方交往不断。鲜卑使者经常进献特产，光武帝也大加赏赐，使鲜卑从上到下，都愿意归属汉朝。这时，祭肜对鲜卑首领说："匈奴屡次犯边，如果你们真心归顺朝廷，就应当攻打匈奴。如果得胜而还，皇上会重赏你们的。"

鲜卑首领果然率众攻打匈奴，大胜而归。光武帝重重赏赐了他们。鲜卑首领尝到了甜头，又因有汉朝撑腰，每年都去攻打匈奴。每次胜利，光武帝都有重赏。这样，鲜卑和匈奴在互相的攻打中逐渐衰落，对汉朝没有什么大威胁了。而乌桓等少数民族，势单力薄，也不敢再骚扰边境。光武帝未动大军，便使边境逐渐安定下来。

又过了几年，南匈奴从匈奴中分离出来，其首领请求归附汉朝，光武帝封他为王，立为南单于，并命其负责汉朝北疆的守卫任务。从此，北匈奴无法南侵，其他少数民族也向北迁走，汉朝边境得到安定。

正是因为实行了"自治"，才有了边疆的安定和团结。历史演绎了非常有意义的故事，这些都是今人的财富，我们要好好地消化和吸收，让古为今用。

**故事四：**

公元180年，零陵郡太守杨璇接到平叛的命令，他苦思冥想，终于想出一条妙计。他把军中能工巧匠召来，要他们按照图纸十日之内，造出五十辆特大马车来。工匠们和部将们看着这稀奇古怪的图纸大惑不解。但年近花甲、富有经验，举止有儒将风范的杨璇，却成竹在胸，他让工匠、部将们不必多问，按照图纸做车就是了。

工匠们领命去制造马车，一晃十天过去了，马车已全部竣工。

杨璇看到五十辆大马车如期制作完成，很高兴，便下命令第二天向叛军发起进攻。在进攻前的后半夜里，杨璇命令把新制作好的五十辉大马车都装满石灰末，在所有的军马尾上都系上浸了油的布条。

整装完毕后，战场上刮起了大风。杨璇命令拉着石灰粉的马车走在部队前，让士兵顺风朝着敌阵拼命撒石灰。石灰粉在阵前蔽天盖日。处在下风阵地的叛军被卷着石灰粉的大风吹得睁不开眼，更看不清对方的虚实。

杨璇命士兵们点燃了马尾上的布条，一匹匹"火马"惊恐万状，拼命向敌阵飞奔，一下子冲散了敌阵，践踏死伤无数叛军。汉军又组织弓箭手放箭。在这出奇制胜的连连攻击下，叛军连招架之力都没有，刹时溃不成军。

这时杨璇又命军士擂鼓呐喊，大造声势，叛军不知杨璇有多少人马。在一片灰雾火阵中，被杀得尸横遍野，其首领也被乱箭射死。

这就是东汉的杨璇用石灰"火马"功破敌军的故事，虽然现在我们已经不必用这样的方式打仗，但是他善假于物的本领对于当代人仍有借鉴意义。

# 第二十二章

**【原文】**

　　曲则全，枉①则直，洼则盈，敝②则新，少则得，多则惑。是以圣人抱一③，为天下式④。不自见⑤故明⑥，不自是故彰，不自伐⑦故有功，不自矜故长。夫唯不争，故天下莫能与之争。古之所谓曲则全者，岂虚言哉！诚全而归之。

**【注释】**

①枉：屈，弯曲。

②敝：凋敝。

③抱一：抱，守。一，即道。此意为守道。

④式：法式，范式。

⑤见：音 xiàn，同"现"，表现，表扬。

⑥明：彰明。

⑦伐：夸。

**【译文】**

　　委曲便会保全，屈枉便会直伸，低洼便会充盈，陈旧便会更新；少取便会获得，贪多便会迷惑。所以有道的人坚守这一原则作为天下事理的范式，不自我表扬，反能显明；不自以为是，反能是非彰明；不自己夸耀，反能得有功劳；不自我矜持，所以才能长久。正因为不与人争，所以遍天下没有人能与他争。古时所谓"委曲便会保全"的话，怎么会是空话呢？它确实能够达到。

**【解析】**

　　老子认为，宇宙的逻辑定律"箭头'一'"的动态是永不停息的，并因此造成种种曲折，然而这些曲折却表述了宇宙的全部信息。从整体上来看，宇宙的全部信息仍然可以用"一"来表述，用一个"道"字统将起来。

"曲则全"实际上是"龙"的活动过程。

"曲则全，枉则直，洼则盈，敝则新。"

顺从别人，从而得以保全自己。这种明哲保身、毫无原则的委曲而求全求利的做法，是对人性的压抑和扭曲，绝不是道家精神。"曲"必须是合乎道的、有规则的。

就养生而言，"曲"是生命之轮的旋转，是人的主观能动性的结果。自我通过修炼道德功，涵养真气和能量，使其顺着身体经络循环往复，从而使身体的每一个细胞都能够得到精气的滋养。真气充沛，则细胞饱满、肌肉强劲、皮肤细腻、体形匀称，这是细胞自形自化的结果。

圣人治国，能够客观全面地看问题，明白上与下、官与民的辩证关系。国家是人民的国家，要想真正地治理好国家，就应当把自己的才智建立在全民智慧的基础上。只有这样，才能制定出全面、公正、正义的法律来。

"枉则直，洼则盈，敝则新"是对"曲则全"的具体阐述。

身体各种各样的疾病，大都是由于心灵受压抑、气血不畅造成的。如果人的大脑能时常处于无为、忘我的状态，真气就会处于和畅状态，从而运转不息，被扭曲的心灵自然得以矫正，疾病也得到根治；圣人治国，施行民主法治，确保言论自由，从而上情下达，下情上达，种种社会弊端就能够及时得到纠正。

就身体来说，由于真气冲开了经络上的各个穴位，不停地绕体运转，那么，气血就会自然补充那些急需滋养的部位，就像流水一样，低洼之处灌满以后才能往外流，从而自行调节身体对能量、养分的需求；圣人治国，效法天道，"损有余而补不足"，带领人民走共同富裕的道路。

身体内部的各个环节连同每一个基因组织，都是在不断发展变化的，只要真气畅行无阻，基因组织的某一链条、环节，一旦出现缺损,就会立刻更新换旧,使之及时得到修复,维持内在平衡;圣人治国,既有健全的用人机制,又有完善的监督机制。任何一个部门的公务人员只要离心离德,就会被及时淘汰,不至于使该部门的工作陷于瘫痪状态。

"少则得,多则惑。是以圣人抱一,为天下式。"

求多需从求少开始,贪多反而令人迷惑,以致一无所获。圣人深明少与多的辩证关系,所以只"抱一"而为天下人探求真理。"一"即"朴"。"抱一"就是"守法",守法才能探求真理。式,法则、真理。

"不自见故明,不自是故彰,不自伐故有功,不自矜故长。"

"不自见"就是忘我,忘我则进入灵明的大道之境界,从而明白人生之真谛。圣人治国,不固执己见,处于忘我的境界,自然而然就能够接纳人民群众的意见和建议。"以百姓之心为心",政治必然会清明。

"不自是"就是不自以为是,否则,将被大道拒之门外。圣人治国,无执无为,不主观臆断、动辄发号施令,让人们去听从他那句句是真理的表面说教,而是让人们自觉自愿地寓教于自身的练功实践之中。这样一来,全民的道德水平就会在不知不觉中得以提高,并且稳固持久,代代相传。

"不自矜"就是不自高自大。自高自大就会不思进取,而大道是无止境的。圣人治国,始终保持谦逊的态度,不搞个人崇拜,并深明功成身退的哲理,有上有下才是"曲",进是为了人民,退也是为了人民。只有让后备力量跟上来,国家才能持久安定,社会才能持续发展。领导职务终身制,是社会停滞不前及政治腐败的最大祸根。圣人功成身退,不但于己无损,反而更加美化了他的光辉形象。

"夫唯不争,故天下莫能与之争。古之所谓曲则全者,岂虚言哉!诚全而归之。"

正因为圣人不争功,不争名,不争利,不争位,由此所造就的圣人形象,是那些一心贪争功名利禄的人永远无法相比的。古人所说的"曲则全",哪里是假话呢?只要心诚,一切都会归属于你。

"曲则全"这一说法,本是古人的见解,老子对它做了全面的阐述，并强调了"诚"是"曲则全"的必要条件。大道至真，求道必须心诚，心诚则灵。只要具备了诚心，就一定能够打开道的大门。圣人心诚于人民，所以成为众望所归、人心所向的统治者。这就是"无私而成其私""不争，天下莫能与之争"的道理。

本章阐述了"曲则全"这一古人的至理名言。指明不论是治身还是治国，都必须以诚为本。大道的本质是真，而做人的根本在于诚。只有心诚，才能成就一切。

## 【证解故事】

### 故事一：

老子认为能够经受得住委屈，才能够保护周全自己的利益；能够弯曲，才能有一展宏图的机会。

老子的这一观点，正是我们为人处世时须时刻牢记的人生大智慧。在人生的舞台上，我们会遇到许许多多的不公与压迫，倘若仅凭一时之气奋起反抗，往往解决不了问题，反而会造成更不利的局面。

大丈夫能屈能伸，没有胜算的时候，就不能去硬拼，只能隐忍，隐忍并不可耻，只要在这段时间内积蓄力量，待形势一变，必能稳操胜券。如此之人，方能顶天立地。

史书记载：张耳和陈馀都是魏国的名士，秦国灭了魏国后，就用重金悬赏两人的头颅。

张耳和陈馀于是改名换姓逃到陈国，以看门人的身份逃避追杀和维持生活。一天，陈馀犯了过错被官吏鞭挞，他怒不可遏，便想起而反抗。这时张耳暗暗踩了他一脚，要他暂且忍耐。

等那官吏离开后，张耳就把陈馀叫到桑树下面悄悄对他说："忘记我们当初的志向了吗？今天受到一点小小的侮辱，你就想去为一个小官吏而死吗？"

此事可以看出陈馀的浮躁浅露，相比之下就比张耳差远了。后来的史实更加证明：两人虽然一同起事，却一个成功，一个失败，张耳辅佐刘邦成了开国之臣。陈馀一直辅佐赵歇王，被韩信、张耳打败，斩于水。

吕后虽然是一届女流，然而她却有着过人的智慧，在能屈能伸这方面，她的做法不能不称之为女中豪杰。

汉高祖刘邦去世后，吕后临朝称制。匈奴单于冒顿曾把刘邦和三十万汉军围困在平城达七日之久，对大汉也很轻视，然而对刘邦还多少有些忌惮。

刘邦一死，冒顿单于便心骄气傲，想挑起兵端，便派使者给吕后送去一封信，上面说："孤独苦闷的君王，生于荒野大泽之中，长于旷野牛马蕃育的区域，多次到达边境，希望能游览中国（中原）。陛下独立，孤独苦闷嫠居，两位君主都不高兴，也没办法让自己快乐起来，希望以我的所有，换你的所无。"

竟然是一封言辞亵慢的求婚书，冒顿单于妻妾成群，自不会对吕后这位老太婆有何兴趣，不过是借戏侮她来戏侮中国（中原）。

吕后见信后大怒，便招集群臣商议，要大举讨伐匈奴以雪此辱。

吕后的妹夫樊哙率先高喊道："我愿带十万人马，横行匈奴之中。"吕后大喜，季布却怒声叱道："樊哙理应斩首。"

朝堂上的人都吓了一跳，不知季布在哪儿偷吃了熊心豹子胆，竟要斩元勋国戚。

季布接着说："当年高帝率三十万精兵讨伐匈奴，却被围困在平城七天七夜，那时樊哙也在军中，却束手无策，今日为何就能以十万人马横行匈奴之中，这不过是当面阿谀陛下，犯欺君之罪，按律当斩。"

樊哙被质问得哑口无言，其他众将也纷纷附和说："以高皇帝之英武，尚被困于平城，匈奴势力强盛，委实不宜擅起战端。"

吕后见众将意思一致，回头细想也确实如此，便忍下这口恶气，退朝回到宫内，不再提讨伐匈奴的事了。

过后吕后为安抚冒顿单于，居然卑辞婉约地写了一封拒绝信，上面说："单于不忘我中国（中原），赐给书信，我等国人都很恐惧，我自思自忖：身体老迈，气息也衰弱，牙齿也脱落得差不多了，走路的步子都不均匀，单于听信了传言，我实在不足以使您自污。我国无罪；应在您赦免之列。我有自己坐的车两辆，马八匹，送给您平时乘坐。"

然后派宦官张泽送去。

单于冒顿原以为汉朝一定会倾竭国力攻击自己，严加戒备，没想到等来的不过是一个汉使，读信后反倒觉得羞愧，便又派使者送给吕后好马，回信说："我生长荒野，没听过中国（中原）的礼义，多亏陛下赦免了我。"便又和汉朝和亲。

由吕后巧避冒顿的挑衅而获得胜利的事例中，我们不难发现：在恰当的时候不与别人争长短，懂得避其锋芒、故意示弱，往往能令对手不寒而栗，因为谁都知道，能够如此做的人都是智者，而非莽夫。

古人讲，"小不忍则乱大谋"，在某些时候，我们就应该多运用老子的"曲则全，枉则直"的智谋，在该"曲"的时候一定要"曲"，只有这样，才能为"伸"创造良好的条件。

**故事二：**

圣人以自然的观念去看待天下一切现象，对待一切人、事、物，都采取平等之心，也就是没有分别之心，或称为"无二见"，简称"无二"。

由于个人差异，每个人在社会中的地位同样存在着差异，这样的差异就使一些人的内心的天平失去了平衡——在自认为毫无利用价值、地位低下的人面前，他们显得高人一头，对于这些人总是表现出一种不屑一顾，甚至有些人对他们还略带鄙视。

在某些城市里，总有些人自认为是"城里人"对于那些进城务工的农村人或者外地人，横挑鼻子竖挑眼，生怕他们侵犯到自己的利益，动不动就对这些人来一句"乡下人怎么怎么样，外地人怎么怎么样"，其实这些人又比他们强多少呢？这些人充其量能够称之为小市民阶级，他们有的生活甚至还不如个别的外来务工人员。

老子认为"圣人抱一，为天下式"，他觉得有修养、有成就的人对待一切人、事、物，都采取平等之心，不存区别之心。他们不会与人进行残酷的你争我夺，始终和大道合为一体，可物皆源于大道。

人人都有面子，人人同样都要面子。在这个社会中，人们同样信奉"人敬我一尺，我敬人一丈"的人生信条，故而在待人处事上，应该抱着尊重他人的态度才行，不要因为工作分工不同而轻视或鄙视他人。

某单位有两个年轻人住单位的集体公寓。两人也许都在恋爱阶段，经常很晚才回宿舍。其中一个后半夜回来了，总是一边敲门一边呵斥值班老人。老人强忍怒火，三更半夜爬起来为他开门。一次，老人刚准备开门，门外的年轻人嫌老人动作慢，大声骂道："我当你睡死了，叫了半天不见动静。"老人家听见了，收起钥匙转身回屋睡觉去了。年轻人叫嚷了半天，老人就是没搭理，他只好在外面转到天亮。另一个年轻人就有礼貌多了，每每经过门口，一定向老人打个招呼问声好；无论有多么要紧的事，到了门口都一定下车点点头；晚上回来，无论早晚，总是轻轻地叩门，"大爷大爷"甜甜地叫。值班老人就能预知他回来似的，很快就笑吟吟地快步把门打开。因为工作关系，这个年轻人有段时间每天都要很晚才回来，他首先想到的是老人家的睡眠，就和他商量："我天天打搅您，实在不好意思。如果能给我配把钥匙用些时间，晚上就不会打搅您老的好梦了，不知您是否同意？"值班老人一听乐了，"谢谢"两字说不停，很快就给这个年轻人配好了新钥匙。

每个人的人格是平等的，意味着每个人都应该受到同等的尊重。尊重他人意味着尊重他人平等的人格，是人与人交往的基本要求，是每个人应有的对待他人的态度和方式。不因人们之间所存在的先天或后天的差异而区别对待，也唯有这样我们才能受到别人的尊敬。

人生路漫漫，世间存百态，世相有纷繁，每个人在生命舞台上扮演的角色也不尽相同。因而，人们的生活态度、生活方式也迥然不同。但不管怎样，面对生活，我们在待人接物方面都应摆正心中的天平。

**故事三：**

不坚持己见，能够客观明白。

不可否认的是，即便是世界上最完美的人也同样会犯错误。这时候就会有一些善意的朋友站出来，提醒你到底哪里出了问题，哪里出了错，应该怎样解决。

在对待朋友好心提醒这一话题上，很容易就能区分出哪些人能够成功，哪些人容易失败了。老子这样认为："不自见，故明。"多考虑一下朋友提的建议，对我们始终会有帮助的。

事实上正是如此，那些事业有成的人都曾这样或那样接受过一些朋友或者外人的提醒，美国最伟大的总统林肯就是个很好的例子。

有一次，爱德华·史丹顿称林肯是个笨蛋。史丹顿之所以生气是因为林肯干涉了史丹顿的业务，为了要取悦一个很自私的政客，林肯签发了一项命令，调动了某些军队。

史丹顿不仅拒绝执行林肯的命令，而且大骂林肯签发这种命令是笨蛋的行为。然而当林肯听到史丹顿说的话之后，他很平静地说如果史丹顿说自己是个笨蛋，那自己一定就是个笨蛋，因为他几乎从来没有出过错，还说要亲自过去看一看。

林肯果然去见了史丹顿，他知道自己签发了错误的命令，于是收回了成命。只要是诚意的批评，是以知识为根据而有建设性的批评，林肯都非常欢迎。

愚钝的人受到一点点的批评就会发起脾气来，聪明的人却急于从这些责备他们、反对他们和在路上阻碍他们的人那里学到更多的经验。美国著名诗人惠特曼这样说："难道你的一切只是从那些羡慕你、对你好、常站在你身边的人那里得来的吗？从那些反对你、指责你、或站在路上挡着你的人那里，你学来的岂不是更多？"

我们不可否认的是，从善意的批评中能够吸取很多的经验和教训，能够帮助自己成长与成功，然而还有一些恶意的批评与指责来自于对我们的嫉妒。面对这些批评，我们当然也要从中看到积极的一面，那就是我们自身的价值。

1929 年，美国发生了一件震动全国教育界的大事，美国各地的学者都赶到芝加哥看热闹。在几年之前，有个名叫罗勃·郝金斯的年轻人，半工半读地从耶鲁大学毕业，做过作家、伐木工人、家庭教师和售货员。现在，只经过了八年，他就被任命为全美国第四富有的大学——芝加哥大学的校长。刚三十岁，真叫人难以相信。老一辈的教育人士都大摇其头，人们的批评就像山崩落石一样一齐打在这位"神童"的头上，说他这样，说他那样，说他太年轻了，经验不够，说他的教育观念很不成熟，甚至各大报纸也参加了攻击。

在罗勃·郝金斯就任的那一天，有一个朋友告诉他的父亲说，早上看见报上的社论攻击罗勃，真的很吓人。

郝金斯的父亲回答说，话虽说得很凶，可是请记住，从来没有人会踢一只死了的狗。

确实，这只狗愈重要，踢它的人愈能够感到满足。

后来，成为英国爱德华八世的温莎王子（即温莎公爵），他的屁股也曾被人狠狠地踢过，当时他在帝文夏的达特茅斯学院读书。

这个学院相当于美国安那波利斯市的海军军官学校。温莎王子那时候才十四岁，有一天，一位海军军官发现他在哭，就问他有什么事情。他起先不肯说，后来终于说了真话，原来他被学校的学生踢了。指挥官把所有的学生召集起来，向他们解释王子并没有告状，可是他想知道为什么这些人要这样虐待温莎王子。

支吾了半天之后，这些学生终于承认说，等他们自己将来成了皇家海军的指挥官或舰长的时候，他们希望能够告诉人家，他们曾经踢过国王的屁股。

所以，要是我们被人家踢了，或被别人恶意批评的话，请记住，他们之所以做这种事情，是因为这事能使那些人有一种自以为重要的感觉；这通常也就表示着你已经有所成就，而且值得别人注意。很多人在骂那些受教育程度比他们高，或者在各方面比他们成功得多的人的时候，都会有一种满足的快感。

不管我们是真的自身有缺点也好，有所成就也罢，总之，只要我们能够做到老子所说的"不自见"，从这些善意或恶意的提醒、指责之中，找到自己所缺乏的加以改进，我们便能进步，这正验证了古人的一句老话——"听人劝，吃饱饭"。

接受别人的批评，也是对自己的一种宽容。我们不可能做到完美，但必须要为完美而努力。

# 第二十三章

　　希言①自然。故飘风②不终朝,骤雨③不终日。孰为此者?天地。天地尚不能久,而况于人乎?故从事于道者④,同于道,德者同于德,失者同于失⑤。同于道者,道亦乐得之;同于德者,德亦乐得之;同于失者,失亦乐得之。(信不足焉,有不信焉。)

【注释】
①希言:字面意思是少说话。此处指统治者少施加政令、不扰民的意思。
②飘风:大风,强风。
③骤雨:大雨,暴雨。
④从事于道者:按道办事的人。此处指统治者按道施政。
⑤失:指失道或失德。

【译文】
　　不言政令不扰民是合乎于自然的。狂风刮不了一个早晨,暴雨下不了一整天。谁使它这样的呢?天地。天地的狂暴尚且不能长久,更何况是人呢?所以,从事于道的人就同于道,从事于德的人就同于德,从事于失的人就同于失。同于道的人,道也乐于得到他;同于德的人,德也乐于得到他;同于失的人,失也乐于得到他。(统治者的诚信不足,就会有人不信任。)

【解析】
　　老子在本章说到了自然现象容易变化,并且认为人的活动更容易变化,因为将一种现象持续下去不容易,只有事物的本质才是不变的。但是，人要透过现象去看到本质并不是件容易的事情。人能看到事物的本质就是得到了"道"，并可以因此与"道"处于同一层次或范畴。那些看事物已接近于事物的本质"道"的，就相当于得到了"德"，并可以因此与"德"处于同一层次或范畴。那些既看不到"道"也看不到"德"的，就叫作"失"，且不得不与"失"处于同一层次或范畴。人若要达到"道"和"德"的高度，得持续不断地去追求"道"才能做到。凡不去追求"道"的，也就是说，凡不去追求事物本质的人，就只能总处在事物本质以外的范畴"失"之中。

"希言自然。故飘风不终朝，骤雨不终日。孰为此者？天地。天地尚不能久，而况于人乎？"

希，"听之不闻曰希"。大自然的语言虽然不能用耳朵听到，但它却能用事实讲话。

事实胜于雄辩，在事实面前，我们必定会有所启发。所以，大自然的语言是至理之言。飘风就是龙卷风。终朝，一早晨的时间。龙卷风来去匆匆，一般从开始到结束，只有几分钟到几十分钟，最长时间不过几个小时。暴风骤雨虽然来势凶猛，却不会超过一天就消失了。这种自然现象，虽然是天地所为，但不会长久。天地尚不能持久，更何况人呢？

这一节旨在说明，人类的实践活动一定要符合自然规律，要正确看待自己的力量，不能有激进行为，否则决不会取得预期的效果。求道绝不是一朝一夕之功，欲求证大道，必须做好长期持之不懈努力的准备，既要有诚心，又要有恒心。行道也是这样，一切形式的激进行为都是背道而驰的。国家的富强，民族的兴旺，绝不是靠几个运动就能实现的。大搞暴风骤雨式的形式主义，必然会给社会带来负面影响。

"故从事于道者，同于道，德者同于德，失者同于失。同于道者，道亦乐得之；同于德者，德亦乐得之；同于失者，失亦乐得之。"

所以，凡是从事于道的事业（悟道和行道）的人，所遵循的路线一定要合乎客观规律，应该得到的东西要随着正确思想的获得而获得，应该抛弃的东西也要随着错误观念的消失而消失。你的人生道路和大道保持一致,道也乐意接纳你;你所取得的成果合乎客观规律,成果也正是你乐意得到的;你所抛弃的东西合乎自然法则,那么失去的东西也正是你乐意失去的。

这一节是说,不论修道还是行道,思想意识必须和大道保持一致,你得到了应该得到的东西,必然是你失去了必须失去的东西。合于道的成果要乐于得到,不合于道的事物要乐于抛弃。乐于得必乐于失,有失才能有得。得与失的关系是相反相成的。

在这一章里,老子说得道的圣人(统治者)要行"不言之教"。他说,只要相信道,照着做,就自然会得到道。反之,就不可能得到道。在本章里老子举自然界的例子,说明狂风暴雨不能整天刮个不停、下个没完。天地掀起的暴风骤雨都不能够长久,更何况人滥施苛政、虐害百姓呢?这个比喻十分贴切,有很强的说服力。它告诫统治者要遵循道的原则,遵循自然规律,暴政是长久不了的,统治者如果清静无为,那么社会就会出现安宁平和的风气,统治者如果恣肆横行,那么人民就会抗拒他;如果统治者诚信不足,老百姓就不会信任他。纵观古今中外的历史,哪一个施行暴戾苛政的统治者不是短命而亡呢?中国第一个封建中央集权的王朝秦王朝仅仅存在了一二十年的时间,原因何在?就是由于秦朝施行暴政、苛政,人民群众无法按正常方式生活下去了,被迫揭竿而起。另一个短命而亡的王朝隋朝何尝不是因施行暴政而激起人民的反抗,最后被唐王朝所取代呢?历史是一面镜子,它反映出的是统治者清静无为,不对百姓们发号施令,强制人民缴粮纳税,那么这个社会就比较符合自然,就比较清明纯朴、统治者与老百姓相安无事,统治者的天下就可以长存。

## 【证解故事】

### 故事一:

提到书,人们就会想到黑字印在白纸上的有字书,或是历史上的汉简竹帛。提到无字书,则难免会有人感到困惑:书还有无字的吗?真的存在无字书吗?

从狭义来看,无字书指的是不著录一字一文的白纸汇编。唐僧与孙悟空等师徒四人到达西天取经，首先得到的就是"无字真经"——无一字一句印录的白纸书——此乃《西游记》所描述的一段故事。而从广义的标准来看，无字书泛指的，则是独立在有字书之外的、人们所指的生机盎然的日常生活，是风声雨声读书声，也是家事国事天下事，是衣食住行，也是男女私情，是你的对空长啸，也是她的望月感怀；是日月历天，江河东流；是鸟语花香，风云变幻……总而言之，无字书所囊括的，是有字书之外的一切。古人所讲的"无字书"，正是在此意义上而言的。如此看来，无字书的内容，要比有字书丰富得多；无字书的变化，要比有字书微妙得多。举例以证之，现实生活中，恋人之间的那种心有灵犀一点通的瞬间，较之文学大师对此的最为优秀的文字描写，还会更多了千种风采、万缕情丝。

因此，解读无字书，无疑要比解读有字书，更不容易。无字书的内容是无限的，是剪不断、理还乱的无尽的生活头绪，而有字书的内容则是有限的，是摘一个就是一个的饱满的既有成果。归根结底，无字书是有字书的根源与依据。

读无字书也就是最根本也最彻底的体悟，同时还是极富于禅意的。这，诚如清朝文学家张潮所言："山水亦书也，花月亦书也。能读无字之书，方可得惊人妙语；能会难通之解，方可参最上禅机。"在这个层面上，我们可以进一步理解，禅宗何以通过不立文字、以心传心来立宗。理解了无字书的实质及解读无字书的必要，再去认识弹无弦琴，相对而言，就容易些了。

弹无弦琴的典故，出自东晋著名诗人陶渊明的一段往事。据史书记载，陶渊明有一把无琴弦之琴，当他心情十分平静之时，他就会摆出这把无弦琴，在上面"弹奏""抚弄"一番。当然，这把没有可抚弄弹拨的琴弦的琴，自然是不会演奏出任何悦耳动听的琴声的。

而这，对于不谙音律的陶渊明来讲，却已经是足够的了。因为他所追求的是弹琴的神趣，是对弹琴的一种神悟、一种意会，用他自己的诗句言，就是"但识琴中趣，何劳弦上声？"况且，如果是琴中有了弦，难免就使弹者的手受到了阻碍；因弹拨琴弦产生了琴声，难免就限制了听者的无限乐思及其想象。这些都是陶渊明在弹无弦琴时所没有受到的束缚，一如他"不愿为五斗米而折腰"般的洒脱与超越。

故在弹无弦琴这种看似反常的行为中，所隐含的就是中国传统文化对"弦外之音""象外之致"之类的境界追求。未尝不可把它视为一种智力的挑战，一种反常识与反逻辑的游戏，一种等待填充的空白，且看我们能否神思飘逸，能否也有足够丰富的精神意识来把握、理解并完成它，就如面对一张白纸时，我们要经受能否就白纸而想象出一幅接近于尽善尽美的设计图一样的测试。读无字书，弹无弦琴难，但并非不可为。

古人在讲"读万卷书"时，还讲到"行万里路"，就可算是读无字书的路径与方法之一。至于更详尽、更丰富也更具体的路径与方法，则隐藏在我们的学习、工作与为人处世之中，有待于每个人各自去参详了。弹无弦琴，也是如此。进而能举一反三，不拘泥于形迹而能心领神会，则可得琴与书的真趣味，得人生的真趣味，这才是最终陶渊明想要的。

所以，无字书、无弦琴中的一个"无"字，看似简单，其实却不然。在这个包含有哲学智慧在内的"无"字中，肯定还有许多文章可以继续做，可以引申，可以做出新阐发。

以企业管理而论，据较新的资料显示，在日、美等当今世界的发达国家中，数十年来，已经掀起了一场"人性管理"的旋风。这种人性管理较之以往旧的管理模式，更尊重企业员工的感情与工作，尽量创造一切有利于激发他们创造潜力的条件，防止或是延缓他们在智力与体力上的老化与退化，从而使管理更有人性也更有人情的意味。

美国玛丽·凯化妆品公司运用人性管理的方法来管理员工，使公司在二十年间，由只有九个人的小公司发展成为拥有二十万员工的跨国大公司，也使公司的美容师和推销指导员的个人年收入超过了五万美元，因而也使"人性管理"受到了世界管理界的瞩目。而这种管理的最高境界，就是"无人管理"。所谓的"无人管理"，就是不再有直接地管理与监督企业员工的专职管理人员，而是由企业员工实行直接的"自主管理"，由他们制定管理章程，也由他们组成自己的审核小组，督促大家共同遵守章程，从而发自内心地强化自己的责任感与使命感，同心协力地把工作完成得更好。如此一来，企业员工就觉得自己不是像牛马一样，要听从上司的训斥、指令乃至惩罚（如扣工资、扣奖金甚至是处分及开除等）后才会完成本职工作的。就管理人员而言，他们就可以摆脱平日的琐事杂事，也不用时时面对员工，以避免发生那些不必要的矛盾与冲突，而把主要精力放在人员与任务的协调与调整上，放在最后的决策上，从而也就多少有一点"无为而治"的意味，有助于把生产搞上去，也有助于改善劳资关系。

当然，"无人管理"的施行，也需有一些前提，即员工必须有较高的文化素质与职业道德，彼此是团结的、合作的，同时还要具有较高的自觉性，管理人员与员工之间是彼此信任的，管理人员有足够的信心和措施来保证生产指标的完成等。显然，这些条件不会是先天就已有的，而是要靠企业的全体人员来共同创造出来的。可见，看无字书，弹无弦琴，实行"无人管理"，还有……触类旁通之处，奥妙存乎。

**故事二：**

明代万历年间的某年中秋佳节，徽州府城出外经商的人纷纷赶回家乡与家人团聚。突然府衙差役丁小山来向知府冯祥报告："城门外有一人被杀，尚未断气。"冯祥知府忙跟着丁小山来到现场，见一人卧在当街，胸前插着一刀，虽未断气，但已奄奄一息，紧闭双眼，不能言语。见其衣着，是商人打扮。看来也是回家过中秋节的，背囊已被洗劫一空，明显是一桩图财害命的案件。但凶手并未留下痕迹，被害者又不能说话，这个案件该如何破获呢？围观的百姓越来越多，差役丁小山怕妨碍知府大人判案，要将众百姓驱散。谁知冯知府喝住了："让大家观看好了，我还有事向众人相求呢！"接着他高声对围观的百姓说："这个商人还未断气，尚有救活的可能。谁能救活此人，本府定有重赏！"

重赏之下果有勇夫，有两人先后来为伤者诊治，但因被害者伤势太重，他们都束手无策，摇摇头退出人群。冯知府又告示众人："救人一命，胜造七级浮屠，看来，只好本府亲自来救治这个商人了。"丁小山一听此言，大吃一惊，扯了扯知府的衣袖："此人伤势严重，即使华佗转世，恐也难……大人你？"冯知府说："本府深明医理，你在这里好生守护，待我回家去取家传伤药！"说罢向小山使了一个眼色，就径自走了。

这时，有个汉子，走近商人，好像也要试着为伤者诊治。他俯下身来察看伤势，趁人不备之际，将手掌轻轻按住商人的喉咙，突然猛一发力，苟延残喘的商人立即停止呼吸。那汉子装出无可奈何的神态，也退出了人群。

但未等汉子走远，丁小山已将他一把抓住。原来，丁小山跟随知府多年，知道大人并不懂医术，家中也根本无祖传治伤妙药，看见大人向他使眼色，命他"在此好生守护"，知道知府大人必有用意，便毫不急慢地注视着现场。那汉子刚俯身察看伤势时，他还并不介意，待他的手掌接近伤者的咽喉时，他就觉得情况有异，他知道咽喉乃人之要害，再说他也懂得武功，那汉子的手掌发功瞒不住他的眼睛，所以他当场将那汉子擒获。

其实冯祥知府并未走远，他刚才施用的乃"引蛇出洞"之计。

那凶手不知是计，生怕知府把商人救活，说出实情，所以趁知府离开之时，装作为商人诊治的样子来将商人扼死，以灭活口，不料自投罗网。

冯祥知府的办法让人不设防，在人们没有搞清楚他的意图时，就把圈套设置好了，而最终让真凶露出狐狸尾巴，这正是他的办法的高明之处，体现了他的大智慧。

**故事三：**

公元前 262 年，秦国欲出兵攻打韩国。韩国久弱难胜强敌，处于国破家亡的危险关头。韩桓惠王赶忙召集大臣商量对策，然而谁也想不出好主意，最后韩桓惠王问上党郡守冯亭。此人一向计谋多端，他的话打动了韩王的心扉。原来韩国的上党郡（今山西上党一带）土地肥沃，物产丰富，秦国对此垂涎已久，恨不得一下子据为己有。俗话说，破财消灾。冯亭劝韩王把上党十七郡送给贪婪的赵国，秦国就会放弃韩国转而攻打赵国，这样就能把战祸转嫁给赵国从而保存韩国，达到借秦之力削弱赵国的目的。

于是，韩王就派使者去谒见赵孝成王，说："倾巢之下，难有完卵，如今秦国强兵压境，韩王欲投降秦国，但上党百姓却强烈反对，他们抗议道：'秦国乃虎狼之国，秦兵皆如猛兽一般。与其让野蛮的秦兵来侵犯我们的疆土，还不如把我们托付于宽厚的赵王呢。'因此，我们郡守顺从民心，愿意把上党的十七座城池献给尊敬的赵王，请大王不要推辞。"

赵王对上党这块肥肉也垂涎已久，只是心有余而力不足。如今韩国却主动送上门来，真可谓天遂人愿，赵王别提有多高兴了，当即就表示愿意接受。

这时平原君赵胜看穿了这是韩国嫁祸于人的把戏，就给赵王泼了一盆冷水。他说这是黄鼠狼给鸡拜年，没安好心。秦国早已看上了上党郡那片沃土，如果赵国接受这些城池，秦国怎肯善罢甘休？必然来攻打赵国，那将自找灾祸啊！

人为财死，鸟为食亡。赵王明知赵胜的话有一定道理，但权衡再三，仍舍不得这块到口的肥肉，最终还是接受了韩国的这十七座城池。

果不其然，不久秦国就开始攻打赵国。赵王派著名的老将军廉颇迎敌，但又中了秦国的反间计，改用只会纸上谈兵的赵括来代替老将军，结果赵国四十万大军被秦坑杀，这就是历史上著名的长平之战。韩国明知难抵强秦，就把祸水——十七座城池，转嫁给赵国。赵王不听臣下高见，见财眼红，贪婪上钩，终于引狼入室。从此，赵国一蹶不振，最终被秦消灭。

赵王就是因为没有考虑到整个大局，只顾眼前的一点小利，最终害了自己，招致了灭国的结果。这告诫我们，做事之前一定要考虑后果，顾全大局。

# 第二十四章

【原文】

  企<sup>①</sup>者不立，跨<sup>②</sup>者不行。自见者不明，自是者不彰，自伐者无功，自矜者不长。其在道也，曰余食赘行<sup>③</sup>。物或恶之，故有道者不处。

【注释】

①企：一本作"支"，意为踮起脚跟，脚尖着地。
②跨：跃、越过，阔步而行。
③赘行：多余的形体，因饱食而使身上长出多余的肉。

【译文】

  踮起脚跟想要站得高，反而站立不住；迈起大步想要前进得快，反而不能远行。自逞己见的反而得不到彰明，自以为是的反而得不到显昭，自我夸耀的建立不起功勋，自高自大的不能做众人之长。从道的角度看，以上这些急躁炫耀的行为，只能说是剩饭赘瘤。因为它们是令人厌恶的东西，所以有道的人绝不这样做。

【解析】

  老子在本章列举了不懂道的人的几种突出表现，实际上这种列举是可以无限的，因为只要不站在道的立场来看待和处理事物就都是不懂道的表现。老子把"物"做了拟人化的处理，说"物"不会喜欢不懂道的行为。因为"物"总是按道的规律运行，所以根本没有不按道的规律运行的"物"。硬要"物"不按规律运行，怎么做得到呢？这就是老子所说的"物或恶之"的意思。凡是懂得了道的，当然不会去做违反道的事情。

"企者不立，跨者不行。自见者不明，自是者不彰，自伐者无功，自矜者不长。"

虽有一时之高，但绝不会持久。虽有一时之快，但是走不了多久必定要停下来。

"其在道也，曰余食赘行。物或恶之，故有道者不处。"

这些行为，对从事于道的事业的人来说，都是多余的、无用的，所以也是有害的。对此，常人都会感到厌恶，所以说，有道的人不会采取这些方式。

本章揭示了量变质变规律，旨在说明，一切形式的主观、激进行为都是背道而驰的。只有遵循量变质变规律，脚踏实地，循序渐进，具有诚心和恒心，才能达到目的。

## 【证解故事】

### 故事一：

老子认为，将脚跟离地用脚尖站立的人，是站得不稳的（企者不立）；将胯部打开的人，是无法走路的（跨者不行）。这一论断给我们一个很大的忠告——人可以拥有梦想，但这个梦想应该建立在对自身正确的定位之上，千万不能好高骛远，否则贻害终生。

在水生动物中，螃蟹横着走路，河虾倒退着走路。它们怪异的行走方式引来了不少嘲笑和讥讽。一天，敏捷矫健的银鱼嘲笑说："螃蟹你真笨，横着走路！如果旁边有障碍物你怎么走啊？"聪明的章鱼也插嘴讥讽道："河虾更傻，向前走多顺啊，可你偏偏倒着走，何时才能到头啊？"螃蟹和河虾听见了，只是淡淡一笑。它们心里知道，选择什么样的行走方式，是根据自己的身体情况决定的。只要自己把握好方向和目标，给自己定好位，横着走或者倒着走，都是一种前进的姿态。

不能准确地给自己定位，是人们常犯的大错，由此而导致的后患是十分严重的。特别是弱者，如果盲目自恃，势必会做出许多不切实际的事来。正如杯子是杯子、打火机是打火机一样，打火机的功能就是打出火来，杯子的功能就是装水、泡茶等，它们的自身条件不同，使用功能也不同。倘若杯子想做打火机，或者打火机想做杯子，那将是它们人生噩梦的开始。

隋朝建国之初，功臣梁士彦被隋高祖杨坚冷落，没有受到封赏。梁士彦牢骚满腹，他对家人说："我追随皇上多年，屡建奇功，如今皇上这样待我，太让人寒心了，我要和皇上理论一番。"

梁士彦的家人怕他惹祸，忙道："你的功劳太大了，皇上不封赏你，分明是防范你啊！这个时候，你岂能还去找皇上说理呢？"

梁士彦不听，向杨坚哭诉了一番，杨坚表面上安慰他，事后却解除了他的实职，只让他在京赋闲。梁士彦又感委屈，整天喝酒消愁，他的一位好友规劝他，说："所谓功高盖主，说的就是你这样的人。我们做臣子的，在君主面前始终是弱者，如果你认不清这一点，非要和君主争个高下，岂不糊涂之至？你还是安心认命吧。"

梁士彦行伍出身，做事鲁莽，他认为自己无错，便四处大吐苦水。对地位比他高的人，他不仅不敬，反是多有讥笑，朝中上下对他顿生嫌恶。他的家人担心地对他说："此一时彼一时也，你不要再活在从前了。现在皇上疏远你，你又无官无权，做事说话不能收敛些吗？你现在只求无祸，便是最紧要的事。"梁士彦也因为家人的奉劝而痛骂家人，并谢绝了所有人的劝告。他和不得志的宇文忻、刘防等人勾结在一起，竟想杀掉杨坚，率众造反。

梁士彦的阴谋被他的外甥裴通察觉，裴通为他痛心。一次，裴通侧面规劝他说："一个人如果不知道自己有多大能耐，那么他就会干出无法无天的事来，这岂不是很可怕吗？所以说凡事要量力而行，否则就是可笑可悲了。"梁士彦听不出裴通的弦外之音，仍自我吹嘘说："我当年统率千军万马，什么事情我做不到呢？可惜皇上不重用我了，这便是皇上的大错。"裴通试探几次，见劝他无望，于是向朝廷告发了梁士彦的谋反阴谋。

杨坚始终派人监视着梁士彦的一举一动，为了不背上滥杀功臣的罪名，他决定先稳住梁士彦，一待他原形毕露时，再行诛杀。

不久，梁士彦突然被任命为晋州刺史，杨坚还让他重掌兵权。梁士彦不知这是杨坚的计谋，于是更加紧了谋反的步伐。他对同党刘防说:"皇上不敢不安抚我啊,只可惜皇上醒悟得太晚了。似我这等大才之人,又岂能长久甘居人下呢?"梁士彦野心疯长,于是上书杨坚,请求批准同党薛摩儿做自己的长史。他在奏章中辩解说:"薛摩儿才气过人,有他相助,我可以给陛下建更大的功劳。从前我没有辜负陛下的厚爱,今后我更要给陛下一个惊喜。"杨坚看罢梁士彦的奏章,轻蔑一笑说:"无知狂徒,你这是自寻死路啊!"

杨坚批准了梁士彦的请求,梁士彦更加自信。他暗中命薛摩儿四处联络,只等时机成熟便公开起事。

梁士彦的二儿子梁刚劝父亲不要谋反,他哭着说:"皇上对父亲纵是千般不对,父亲也不该不忠。何况父亲人单势孤,又怎会成功呢?父亲不为自己着想,也应为家人着想啊!"梁士彦的三儿子梁叔楷和梁士彦一样热衷权势,他对父亲说:"父亲能征惯战,无人能敌,何必委身于人?做猛虎必须称王,难到皇上都是天生的贵人吗?"

梁士彦反迹日显,杨坚这才决定收网。一次,趁百官朝见之机,杨坚命人将梁士彦、宇文忻、刘防等人一举抓获。至此,梁士彦方知自己被杨坚玩弄于股掌,但已是追悔莫及。梁士彦和他的同党美梦不成,却葬送了性命。

有理想固然是值得褒扬的品质,但理想必须建立在现实的基础上。一只有理想的蚂蚁,是把自己变成最优秀的蚂蚁;一只有理想的狮子,是把自己变成最优秀的狮子。蚂蚁想变成狮子,那便是好高骛远,痴心妄想了。

在生活中,也许会有人劝你脚踏实地一步一步来,有人劝你不要白日做梦实在一点。你对此或许根本不屑一顾,发出"燕雀安知鸿鹄之志"的感慨。你或许曾以为自己是鸿鹄、是大鹏,一展翅便能冲上云霄;你或许曾经以为自己是盖世奇才,业绩一定远胜比尔·盖茨、洛克菲勒、李嘉诚……然而,这一切如果不能联系实际情况而定位自己的话,那么这心比天高的理想,更多的会是好高骛远,故而也早已注定了一事无成的结局。

**故事二:**

圣人的心,与天地万物为一体,他看待天下的人,没有内外远近的区别。凡是有血性的，都是他的兄弟儿女。圣人想让他们有安全感，并去教育他们，以实现他的万物一体的心愿。天下人的心，开始也并非与圣人不同，只是被自我的私心所离间，受到物欲的蒙蔽而被阻隔，为天下的大心变成了为自我的小心，通达的心也变成了阻塞的心。人都有自己的想法，甚至有把自己的父、子、兄弟看成仇人的。圣人为此担忧，所以推行他天地万物一体的仁心来教育天下，让每个人都能克制私心，剔除蒙蔽，借以恢复人们原本共有的心体。拔本塞源的观点如果不让天下人明白，那么，天下向圣人学习的人，就会日益感到复杂，日益感到艰难，并将会渐渐沦为禽兽夷狄，却翅，却还满以为在修习圣人的学问。不知拔本塞源，即使暂时明白圣人的观点，也终将是问题，此起彼伏，疑问接踵而来。圣人就是喋喋不休甘冒一死，也丝毫不能救助天下。

在街巷田野之中，从事农、工、商的人，都纷纷学习它，努力完善自己的德行。为什么呢？因为他们没有杂乱的见闻、纷繁的记诵、靡烂的辞章和对功利的追逐，而只让他们去孝敬父母，敬重兄长，诚实待友，以恢复他们本来所共同的心体。这些本来是人性中固有的，并不是从外面借来的，又有谁不能做到？

学校里所做的事，只是为了成就德行。人的才能各异，有的擅长礼乐，有的擅长政教，有的擅长治理水土和种植，这就需要依据他们所成就的德行，使他们在学校中进一步培养各自的才能。根据德行让他们任职，就让他终身在这个职位上不再改变。明代思想家王阳明指出，任用人的人，要知道让大家同心同德使天下人民安定，看他的才干是否称职，而不以地位的高低来分轻重、不以职业门类分好坏。被任用的人，也只知同心同德，使天下的人民安定，如果自己的才能适宜，即使终生从事繁重的工作，也丝毫不会感到辛苦，从事低贱琐碎的工作也不认为卑下。此时，全天下的人高兴快乐，和睦相处，亲如一家。其中资质较差的人，就安定从事农、工、商的本分，工作勤奋，彼此提供生活必需品，没有好高骛远的念头。那些才能卓越的人，像皋、稷、契等，就出任职务施展自己的才华。犹如一个家庭的事务，有的经营衣食，有的互通有无，有的制造器物，大家集思合力以实现赡养父母、养育子女的心愿，深恐自己在做某一件事时有所怠慢，因而特别重视自己的职责。所以，稷勤勉地种庄稼，不因为不明教化而感到羞耻，他把契的擅长教化，看成自己的擅长教化；皋掌握音乐，不因为不懂礼而感到可耻，他把伯夷能通晓礼，当作自己能通晓礼。他们的心纯净明亮，能够完全实现万物一体的仁。所以他们的精神流贯，志气通达，没有你我的区分和物我的差别。

比如人的一身，眼睛看、耳朵听、手拿、脚行，都是服务于一身的。眼睛不会因为听不清而感到羞耻，但在耳朵听时，眼睛一定会帮助耳朵。脚不会因为没有拿的功能而感到羞耻，而在手拿东西时，脚也一定会上前。因为人身元气充沛周流，血脉畅通，所以，即使小病和呼吸，感官也能感觉到，并有神奇的反应，其中有不言而喻之妙。圣人的学问之所以至简至易，易知易从，容易学会，容易成才，正是在于把恢复共同的心体作为根本，而并非注重知识技能方面的事情。

**故事三：**

春秋时，晋灵公残暴无道，为赵氏所杀。景公即位以后，宠信大夫屠岸贾。赵家的强大势力对屠岸贾的青云直上造成极大的威慑，于是他就以赵氏杀君为借口企图灭赵氏一族。屠岸贾的阴谋传到了一个大臣的耳朵里，这个人忙去把此事告诉了赵家的重要人物赵朔。赵朔请求他一定想办法保住赵家一脉香火，然后就赶快回到家中，把妻子送到了晋宫中避难。因为她是晋侯公主，此时已身怀六甲。

没过多久，屠岸贾就带领军队洗劫了赵府，杀死了赵氏一族的所有成员。或许是天不绝赵，公主在宫中生了个白白胖胖的儿子，取名叫赵武。天下没有不透风的墙，此事终于传到屠岸贾耳中。他知道，斩草不除根，必然会后患无穷。他多次派人搜索、查找，但没找到，他不死心，怀疑孩子已被带出了王宫。

他的判断是有一定道理的，孩子确实是被人冒着杀头的危险藏匿了起来。保护孩子的是赵朔的两个忠实的门客，一个叫公孙杵臼，另一个叫程婴。搜查赵武的风声越来越紧，为了保证他的安全，他们只好找了一个与赵武年岁相仿的男孩做替身，来了个"狸猫换太子"，由公孙杵臼带着他藏到了山中。然后程婴就假戏真做，四处张扬说，谁给他出钱千金，他就告诉谁赵家孤儿的藏身之处。屠岸贾一听，不觉喜上眉梢：真是踏破铁鞋无觅处，得来全不费功夫啊！他一口答应了程婴的条件，催他带头领路去捉拿赵武。公孙杵臼一见程婴，就破口大骂："程婴，你这个小人！当初是你要我藏匿赵武，如今又是你出卖了他。你财迷心窍，真不是东西！"

这时，孩子吓得哇哇直哭。公孙杵臼双手抱住孩子，不禁老泪纵横，他顿足道："苍天啊苍天，这小小的孩子究竟有什么罪过？求求你们饶了孩子，让我替他去死吧。"当然，这是不可能的。公孙杵臼与"赵武"都被杀掉了。屠岸贾除掉了心腹之患，不再有什么防范。他当然不知道，真正的赵氏孤儿就在他眼皮底下被安全地带出了王宫，又躲藏进了山中，在程婴的精心照料之下健康地成长。

十五年之后，景公在一个偶然的机会知道了事情的真相，就把赵武召进了宫中，授给了他官职，并同意赵武为其父报仇。于是赵武就带领军队抄杀了屠岸贾一族。

在这个故事中，两个忠实的门客为了救赵氏孤儿，就让那个无辜男婴，以他幼小的生命换来赵氏孤儿的生存。这就是舍车保帅了，但对此我们要谨慎为之，切勿成为别人的替罪羔羊。

# 第二十五章

【原文】

　　有物混成<sup>①</sup>，先天地生，寂兮寥兮<sup>②</sup>，独立而不改<sup>③</sup>，周行而不殆<sup>④</sup>，可以为天地母<sup>⑤</sup>。吾不知其名，强字之曰道<sup>⑥</sup>，强为之名曰大<sup>⑦</sup>。大曰逝<sup>⑧</sup>，逝曰远，远曰反<sup>⑨</sup>。故道大，天大，地大，人亦大<sup>⑩</sup>。域中<sup>⑪</sup>有四大，而人居其一焉。人法地，地法天，天法道，道法自然<sup>⑫</sup>。

【注释】

①物：指"道"。混成：混然而成，指浑朴的状态。

②寂兮寥兮：没有声音，没有形体。

③独立而不改：形容"道"的独立性和永恒性，它不靠任何外力而具有绝对性。

④周行：循环运行。不殆：不息之意。

⑤天地母：母，指"道"，天地万物由"道"而产生，故称"母"。

⑥强字之曰道：勉强命名它叫"道"。

⑦大：形容"道"是无边无际、力量无穷的。

⑧逝：指"道"的运行周流不息、永不停止的状态。

⑨反：另一本作"返"。意为返回到原点，返回到原状。

⑩人亦大：一本作"王亦大"，意为人乃万物之灵，与天地并立而为三才，即天大、地大、人亦大。

⑪域中：即空间之中，宇宙之间。

⑫道法自然："道"纯任自然，本来如此。

【译文】

　　有一个东西混然而成，在天地形成以前就已经存在。听不到它的声音也看不见它的形体，寂静而空虚，不依靠任何外力而独立长存、永不停息，循环运行而永不衰竭，可以作为万物的根本。我不知道它的名字，所以勉强把它叫作"道"，再勉强给它起个名字叫作"大"。它广大无边而运行不息，运行不息而伸展遥远，伸展遥远而又返回本原。所以说道大，天大，地大，人也大。宇宙间有四大，而人居其中之一。人取法地，地取法天，天取法道，而道纯任自然。

## 【解析】

现代物理学包括（超）弦理论在内，都是研究关于有形态的"物"的。但是，老子却注意到了"物"在造成形体之前有一个过程，并专门去研究这个过程。这个过程就是"非常道"。所以，不妨把老子的研究称为"前超弦理论"。有了老子的理论作为基础，超弦理论才有可能完善起来。

要注意的是，本章暗含了一个"我"的因素，而文字上的表述都是关于"我"的逻辑思维的结果。

老子这里所说的"天地"指的就是"我"所处的环境，也许可以大致理解为我们今天所指的太阳系的范围。而老子这里所说的"物"，指的是宇宙的初始态。老子便将这初始态称为"道"。"道"的不断发展被称为"大"，"大"的继续发展被称为"逝"，"逝"的继续发展被称为"远"，"远"的继续发展被称为"反"。"大、逝、远、反"的动态是由"我"的位置而被反映出来的。老子这里是用"大"作为宇宙整体的代称，而道、天、地、人都处于"大"的领域之中，成为不同层次上的现象。低层次受高层次的支配和左右。

所以，人受制于地，地受制于天，天受制于道，道受制于宇宙的逻辑定律"箭头'一'"。当人懂得了"箭头'一'"的时候，就等于是理解了宇宙的本质了。

"有物混成，先天地生，寂兮寥兮，独立而不改，周行而不殆，可以为天地母。"

这是老子于道境中对微粒子的直观和体悟。

"有物混成"指道是由微粒、信息、能量以及它们的结构、关系、状态等要素组成的统一体。"先天地生"说明"混成"之物是化生天地的母体，同时也体现出混成之物所具有的特性。

特性之一："寂兮寥兮"。寂静无声，空旷无际，表明道具有静和虚的特性。

特性之二："独立而不改"。独立存在，始终如一，不为一切外来势力干扰而改变本性，表明道具有最本质的纯真特性。

特性之三："周行而不殆"。周而复始地循环运转而没有轨道误差和时间误差。表明道的运动是有规律性的，其规律性有诚信的特性。

这三种特性即虚静、纯真、诚信，可以作为天下万物遵循的本性，加以发扬光大。母，母性、本性的意思。

另外，"寂兮寥兮，独立而不改，周行而不殆"，揭示了微观世界的基本粒子（如中子）所具有的"行星式"的运动规律。

"吾不知其名，强字之曰道，强为之名曰大。大曰逝，逝曰远，远曰反。"

世界的本体至精至微，应当用"小"来为它命名。老子不用"小"而用"道"字命名，是赋予"道"字深刻的哲理内涵。道的本意是"道路"的意思，引申为行为、规则、方法等。老子用"道"字为世界的本体命名，意在说明认识世界的本体才是人们认识世界的正确道路，而道的运动、发展、变化所体现出来的对立统一这一宇宙规律就是人类必须遵循的人生法则和社会法则。认识的最高境界就在于识道即"见小"，"见小曰明"。"明"就是明白由道体所体现出来的对立统一规律，从而为人类的实践活动指明道路。道是宇宙的本原，"小"是它的本质，本质是永恒的；"大"是它的现象，现象是变幻的。

小与大是相对立而转化、相统一而存在的，所以，又可以勉强用"大"来为它命名。"大曰逝，逝曰远，远曰反"，说明万物由小到大、由大到小是循环往复、变化发展的，揭示的就是对立转化规律。

"故道大，天大，地大，人亦大。域中有四大，而人居其一焉。"

道的本质是小，但是，道是宇宙的缩影，宇宙万物无不由道生成，所以道就是宇宙。道与天地相比，道为大；天与地相比，天为大；

地生万物，地与万物相比，地为大；王与百姓相比，王为大。道大，天大，地大，都是相对的，王大也是相对的。这里，老子把四大之一的王作为突出的重点，其原因在于百姓与王的关系最为密切。

　　贵为万物之灵的人还必须接受王的统治，不理顺人与王的关系，人也就不再是自由平等的了。一个"亦"字，旨在说明王作为国家的统治者，应当心存大道，明白平凡与伟大的辩证关系，倘若不明白对立转化这一客观规律，反而自以为大，那就说明，这时的王已经死了（大曰逝），因为，他已经远离了人民（逝曰远），既然与人民对敌，那么新的王也就在人民的反抗中诞生了（远曰反）。

　　"人法地，地法天，天法道，道法自然。"

　　不论地球还是月亮，它们都具有相对永恒的自转周期和公转周期，并且保持最完美的自转角度。天，太阳或者太阳系，这里代表的是天体的运行规律。太阳系围绕着银河系周而复始地运转。道，道体所体现的运动规律。自然，自然规律。

　　"人法地，地法天，天法道，道法自然。"归根结底是要求人类效法自然规律，寻求并制定出完善的人生法则和社会法则，因为，没有秩序的人生和社会是不可想象的。

　　本章是理解道的概念的最重要的一章。本章中，老子突出强调的是由道体所体现出来的道性。老子用"道"来命名世界的本原，旨在表明人类与道的重要关系。道是万物之奥，蕴含着真理。人类要想把握真理，就必须识道。所以，道既是认识的对象，又是认识的方法，实践的方法。道的概念，并不是虚构的，而是直觉思维和理性思维相结合的产物。道作为最基本物质，是宇宙万物之母；作为最一般规律，是贯穿于宇宙、社会和人生的。老子道的哲学理念就在于为人类指明合乎自然规律的治身之道和治国之道。


## 【证解故事】

　　故事一：

　　我们的痛苦烦恼似乎永远也没有尽头，一下成功，一下失败，时而悲伤，时而喜乐；在生活里我们东突西窜，愈陷愈深，找不到一条出路。而老子告诉我们，道就是道，不生不灭，欲望太多的人就无法看透迷茫的前途，而平心静气者，却能够灵敏活泼地勇往直前，这才合乎大地所具有的德行。

有一则寓言：

有位书生准备进京赶考，路过鱼塘时正巧渔夫钓了一条大鱼，他便问渔夫是如何钓到大鱼的。渔夫得意地说："这当然需要一些技巧。当我发现它时，我就决心要钓到它。但刚开始，因鱼饵太小，它根本不理我。于是，我就把鱼饵换成一只小乳猪，没想到这方法果然奏效，没一会儿，大鱼就上钩了。"

书生听后，感叹地说："鱼啊，鱼啊，塘里小鱼小虾这么多，让你一辈子都吃不完，你却禁不住诱惑，偏要去吃渔夫送上门的大饵，可说是因贪欲而死啊！"

欲望与生俱来。生命开始之时，欲望随之诞生。饿了要吃饭，冷了要穿衣，这是人的本能。仅从生命科学而言，人类绵延生息不绝，可以说欲望是生命的动力。生命停止，欲望则消失。同时，人的欲望的满足，又是生命消耗的过程。

从某种意义上讲，有效地节制欲望，是构建和升华生命，延伸和拓展生命长度的必由之路。

这就不得不让我们想起了性情淡泊、道法自然的庄子。

有一天，秋高气爽，太阳已爬在半空，庄子还长卧未醒。忽然，门外车马滚滚，喧嚣非凡，随后有人轻轻叩门。

原来是楚威王久仰庄周大名，欲将他招进官中，辅佐自己完成图霸天下的事业。楚威王派了几位大夫充当使者，抬着猪羊美酒，携带黄金千两，驾着驷马高车，郑重其事地来请庄周去楚国当卿相。

半个时辰过后，庄子才睡眼惺忪地开门出来。使者拱手作揖，说明来意，呈上礼单。不料庄子连礼单瞟也不瞟一眼，仰天大笑，说了一套令众使者大跌眼镜的话：

"免了！千金是重利，卿相是尊位，请转告威王，感谢他的厚爱。

"诸位难道没有看见过君王祭祀天地时充作牺牲的那头牛吗？想当初，它在田野里自由自在；一旦作为祭品被选入官中，给予很好的照料，生活条件是好多了，可是这牛想不当祭品，还有可能吗？还来得及吗？

"去朝廷做官，与这头牛有什么差别呢？天下的君主，在他势单力孤、天下未定时，往往招揽海内英才，礼贤下士。一旦夺得天下，便为所欲为，视民如草芥，视功臣为敌手，真所谓'飞鸟尽，良弓藏；狡兔死，走狗烹'。

"你们说，去做官又有什么好结果？放着大自然的清风明月、荷色菊香不去观赏消受，偏偏费尽心机去争名夺利，岂不是太无聊了吗？"

使者见庄子对于世情功名的洞察如此深刻，也不好再说什么，只得怏怏告退。

其中一位使者还如临当头一棒，看破数十年做官迷梦，决定回朝后上奏威王告老还乡。

庄周仍然过着无忧无虑的生活。登山临水，笑傲烟霞，寻访故迹，契合自然，抒发感情，盘膝静坐，冥思苦想，在贫穷中享受人生的快乐和尊严。

老子说得好："见欲而止为德。"邪生于无禁，欲生于无度。当官掌权忘记了世界观改造，忘记了清正廉洁，忘记了立党为公、执政为民，难免产生邪心恶念，而"疾小不加诊，浸淫将遍身"，到头来必然出大事，栽大跟头，为人民所唾弃。

清代陈自崖写的对联中有这样一句"人到无求品自高"。这里说的"无求"，不是对学问的漫不经心和对事业的不求进取，而是告诫人们要摆脱功名利禄的羁绊和低级趣味的困扰，去迎接新的、高尚的事业。

有所不求才能有所求，无求与自强是不可分割的。这正是这句对联所反映的辩证法思想。人生在世，不能离开名利等。但对这些身外之物，必须有一个清醒的认识，保持一定的警觉。一个人只有抛开私心杂念，砸掉套在脚上的镣铐，心地才能宽阔，步履才能轻松，才能卓有成效地干一番事业。

提倡"人到无求品自高"，不是让人们去过那种清贫的生活，而是为了清除社会上的腐败现象，以使那些追名逐利者保持政治上的清醒和思想道德上的纯洁。

内心的踏实来自于长久努力奋斗的沉淀。欲望是无止境的，人们为满足欲望想出了许多手段，打工、做生意、赌博、诈骗、抢劫，还有出卖灵魂肉体。欲望满足的结果并非能心静。

无欲则静，多数人不能做到如出家高僧。在这样一个商品经济社会里，清心寡欲也变得很难。付出不图回报，但必有回报，尽管并非得如所付。尽心尽力地劳动也许不能暴富，总比出卖灵魂肉体来得踏实。

人的心里有个潜在的平衡，欲望过少缺少动力，欲望太多心烦意乱，你所要做的就是把握你的心，它的跳动是有规律的。

**故事二：**

公元757年，唐肃宗至德二年。冬天，太原守将河东节度使李光弼派兵支援朔方，抵挡安禄山大军，然而刚把军队派出去不久，史思明便率十万大军围困了太原城，要李光弼投降。

史思明是安禄山部下一员主将，他知道太原城内虽然没有多少兵，但太原城池坚固，易守难攻，况且天寒地冻，长期露宿城外于作战不利。

史思明决定临城筑土山，通过土山登上太原城。于是他的士兵们开始运土挑泥筑土山。李光弼见对方在离城不远，弓箭射程又达不到的距离建筑土山，城池受到很大威胁，于是，他想了一条妙计，让手下人从城内挖了一条通往土山的秘密地道。

土山筑成后，史思明故意示威地在土山上饮酒作乐，观看歌舞，又令人向城上大喊大叫，让李光弼也"观赏"歌舞开眼界。这时李光弼派来的人，却从土山地道掩蔽口里走出来，以敏捷的动作抓走了数名歌舞表演者，然后不见了。史思明大吃一惊，不敢再在土山上停留，急忙下令转移到军营内，召集部下商量对策。

李光弼又借着土山地道挖下去，一直将地道挖到史思明的军营内，又在地道内用木柱支撑顶面，防止塌陷，然后设下活动机关以备应用。待一切安排就绪，李光弼派得力干将去史思明处说："太原城内现在粮草已空，兵士多有生病者，李光弼大人实在支持不住了，决定向你们投降。"史思明大喜，并深信不疑。因为他对太原城里的情况也略有所知。他称赞李光弼识时务，并答应投降过来后封官赏赐。

待投降之日，只见城门大开，李光弼带人出太原城投降。史思明命将士将营门也大开，列阵以待，自己则端坐大营内等着受降。这时，李光弼命将士们把地道机关启动，将支撑的木柱歪倒。霎时间，史思明军营内地面塌陷，一下子陷进去千余军士。李光弼亲自指挥军队杀进军营。

史思明被打了个措手不及，部将死伤惨重，他只得带着被杀败的部下，从死伤兵士中冲出逃命去了。地道战仿如天降奇兵把史思明军打得丢盔弃甲，损失惨重，这归功于李将军的绝妙的主意，这是对方无论如何都难以想到的，所以一出奇招，对方必手足无措。

下面这则故事讲李光弼采纳下属建议，设计智取史思明的优良的战马，同样让人叹服。

公元 759 年，唐肃宗乾元二年。这天，镇守河阳的唐朝大将李光弼，带领卫兵，出南城门，来到黄河岸边。这几天夜里，部属士兵多在纷纷谈论着，对岸叛将史思明的军队是如何兵强马壮，说他们有数不清的剽悍的战马，每天都赶到对岸河边的沙滩上洗澡。情况究竟如何？李光弼决定亲自出城观察敌情。

果然，在黄河南岸沙洲上，史思明的官兵们牵来了许多健壮高大的战马，有的在河边用刷子给马匹刷洗，有的在遛马，有的牵着马匹啃食沙洲上的嫩草……好不热闹。

李光弼一眼就看破了史思明的用心：哼！反贼想用几匹马来炫耀自己，动摇我军心，休想得逞！得想个办法把反贼的那些马匹弄过来才好。

"将军，我有一个办法夺取反贼的战马。"一个卫兵看出了李光弼的心思，凑近李光弼的耳边细谈了一番。李光弼听了频频点头。依据这位士兵的计策，再经过自己的周密部署，一个大胆的巧夺敌马的方案形成了。

第二天，李光弼下令征集五百匹正在奶着驹的母马，要士兵把它们全部赶到南城外黄河岸边。并特意关照，把它们的小驹务必都拴在城内，不准跟母马一起出城。

正在奶驹的母马，不愿意离开它们的小驹子，被强行牵到城外后，便一个劲地嘶叫。一匹先叫，引得其他的母马跟着叫唤。它们无法见自己的亲生骨肉，便用这叫声来表示离别之情。河对岸史思明的战马都是公马，听到北岸母马的叫唤，便一匹匹春情勃发，先是跟着对岸的母马叫唤，继而，胆子大的公马便涉水游向北岸。那些健壮的公马一见有开了头的，便纷纷叫唤着游到北岸去。史思明的士兵一看到这种情况，便纷纷出来阻挡。可是，几个士兵又如何挡得住春心大发而不顾一切的公马呢？不一会儿，南岸一千多匹马，全数跑到了北岸的母马群里。

李光弼大笑着命令士兵把这些战马全部赶回城里去了。

李光弼不但打破了敌方的如意算盘，还一举赢得无数战马，没损伤丝毫士卒，不但稳定了军心，还削弱了敌方。他这一举两得的计策不过是遵循了自然界生物的生活规律和习性而已。原来真正的智慧是蕴藏在生活中的。

**故事三：**

宋仁宗时，雷简夫被派去雅州（今四川雅安）平定异族叛乱。雷简夫有谋略，很快智平叛乱，遂被任为雅州太守。雷简夫开发河道，发展生产，使这居川西僻地的雅州渐渐富裕起来。

这一年夏天，天降大雨，山洪暴发，巨雷劈山，把无数块大石头冲进河道。霎时间，河道堵塞，河水上涨，漫过堤坎，冲向岸边农田、村庄，形势十分严重。雷简夫接到地方的报告，赶到现场时，人们已在那里清理河道中落石。小石块好清理，手扒人传，送到岸上。中等的石块就用大绳拴住，岸上的人用力拖拉，把它们拉到岸边，再弄上岸去。最后，河道中只剩下十数块大石块了，小的有半间房大，大的有几间房屋大，最大的有半个院子那么大。这些大石块，任凭人怎么推拉，就像生了根一样，在河道中一动不动。

但是，对河道威胁最大的还是这些大石块，它们立在河道中，把水流挤得左冲右突，有的石块直把水流逼得横冲向堤岸，不弄掉这些大石块，河道的险情就排除不了，怎么办呢？众人合计了半天，有说把它们凿小了，搬上岸的，有说拴上大绳用几十头牛拉的，但最后都觉得不合适。这时，雷简夫沉思了半天，开口了，说："我们能不能换个角度想法子。在大石块下流处挖一大坑，坑大得足以容下石头，然后把大石块顺流推动，让它落在坑中，怎样？"大家一听，觉得是好办法，忙组织人在大石块下流处挖坑。挖够一个坑，就拴上大绳，将大石顺水拖去，石块一动，正好跌进坑中。如此炮制，不消半天工夫，那些大石块都被推拉进坑中，疏通了河道，排除了险情。

雷简夫打破常规想办法，变向岸上"搬"石块为向水下"埋"石块，没费多少力就解决了常规法则不能解决的问题。

# 第二十六章

## 【原文】

重为轻根，静为躁君①，是以君子②终日行不离辎重③。虽有荣观④，燕处⑤超然。奈何万乘之主⑥，而以身轻天下⑦？轻则失根⑧，躁则失君。

## 【注释】

①躁君：躁，动。君，主宰。

②君子：指理想之主。

③辎重：军中载运器械、粮食的车辆。

④荣观：贵族游玩的地方。指华丽的生活。

⑤燕处：安居之地；安然处之。

⑥万乘之主：乘，指车子的数量。万乘，指拥有兵车万辆的大国。

⑦以身轻天下：治天下而轻视自己的生命。

⑧轻则失根：轻浮纵欲，则失治身之根。

## 【译文】

厚重是轻率的根本，静定是躁动的主宰。因此君子终日行走，不离开载装行李的车辆，虽然有美食胜景吸引着他，却能安然处之。为什么大国的君主，还要轻率躁动以治天下呢？轻率就会失去根本，急躁就会丧失主导。

## 【解析】

一切事物都有两个不同的方面，如果把一件事表示为一个箭头，就必然有两个不同的端点。人做事情要懂得尽量不要去走极端，而要尽量去找到其平衡点，也就是要守持"中庸之道"。人在看到"荣"

时，要能超越这个"荣"而看到其对立面"辱"，在处于好的状态时，要能超越这个好的状态而看到不好的状态，并避免进入不好的状态。谨慎地守持"中庸之道"，对任何人都是适用的，即使是对帝王将相来说也一样适用。

"奈何万乘之主，而以身轻天下？轻则失根，躁则失君。"

万乘之主，万乘之国的君主。就一身而言，魂为一身之主，身重魂轻；就一国而言，君为一国之主，民重君轻。既然民重君轻，万乘之主为什么重自身而轻天下人民呢？这是老子对不道帝王们的斥责。帝王不道必然失去民心，失去民心，也就失去了帝王之本。失去民心，人民群众就会起来反抗（即"躁"），君主之位也就失去了，甚者还会丧身于人民。

本章阐明了老子的民重君轻思想。从治身之道过渡到治国之道，辩证地分析了重与轻、静与躁的关系，指明统治者应该以民为国家之根，以德为治国之本。失去了根本，也就失去了自己，这是老子对统治者的正告。

## 【证解故事】

### 故事一：

老子对于人们的行为有过这样的告诫："重为轻根，静为躁君，是以君子终日行不离辎重。"老子在这里所说的"轻"指的是轻浮，而"躁"是浮躁的意思。很明显，老子在为人处事方面更多的是建议人们要谦虚、稳重。

历史上伟大的人物大都具备虚怀若谷与稳重谦卑的态度，很少有骄傲自负、狂妄自大或目空一切的习惯。也唯有如此，他们才能不断地继续努力，不停地探讨钻研，发掘创造，永远不以已有的成就感到自满。俗语说：满招损，谦受益。唯有谦逊卑下的态度才能使人变得更有成就。古今中外的伟大人物几乎莫不如此。

17世纪最伟大的科学家牛顿曾经向世人表示，他并非一般人所称赞颂扬的科学奇才，他说："我常觉得自己不过是像一个无知的小孩，在海滨上游玩，偶然发现一些发亮的贝壳，由于好奇心的作祟，而加以观察一番而已，事实上，整个宇宙的奥秘，就像那浩瀚的海洋内部一样，是我们无能为力的。"

但历史上也不乏这样一些人，他们自身有一定的天分，却因为他们的狂妄、轻浮而一败涂地，遗憾终身。

西汉成帝时，著名大儒刘向受成帝的指派，率领儿子刘歆和一大批学者整理藏书。

刘向治学严谨，为人正直，他告诫儿子刘歆说："我们读书人有个毛病，一旦书读多了，便以为无所不知了，浑身染上傲气，你一定要自律啊！"

刘歆聪明好学，深得父亲厚爱，他提出疑问说："父亲学问精深，人所敬仰，难道非要做出谦逊之态吗？和那些无知的俗人相比，父亲用不着自抑啊。"刘向一听大怒，斥责说："我哪里是什么惺惺作态？我是真的自觉无知啊！你这样狂妄，不知世情，将来要吃大亏的！"

刘歆心中不服，对刘向的话并不放在心上，他对别人说："我父亲太迂腐了，这只怪他事事不张扬。如果换作他人，就会有更高的官职，这不是太可惜了吗？"刘歆写成一部目录学著作《七略》，在别人的恭贺声中，刘向提醒儿子说："你写得很好，但我并不想夸赞你。很多人就是在他人的赞颂声中毁灭的，因为这助长了他的傲气。大地如此之大，我们所学所知的实在太少，如果你知道这一点，时刻牢记在心，做事才不敢张狂啊。"

整理图书之中，一批战国以前的典籍浮出水面。刘向对此并不推崇，而刘歆却主张向天下人推行这些典籍。为此，父子二人发生了争论。刘向说服儿子道："古时典籍固有些道理，但它并不能揭示万物的规律。世事千变万化，一切贵在创新，何必拘泥于古呢？"

刘歆辩论说："是好是坏，相信人们一看便知，我敢断定，我的意见终会有人赏识的。"

后来，汉平帝继位，王莽掌握了朝廷大权。王莽为了篡权的需要，他召来刘歆，假作诚恳地说："先生聪明过人，从前主张推行古籍，这实是远见之举啊。我的心意和先生相同，先生的大志可伸了。"

刘歆感激涕零，马上投到了王莽的怀抱。有人提醒他说："如果事关个人前途、国家命运，那么一切就必须慎重。王莽要重用你，福祸未知，你不能太草率了。"

刘歆自信满满地说："我一向不甘为人下，今日终有出头之日，可见苍天佑我。以我的智慧，只要王莽纳谏，天下的局面定会焕然一新。"

刘歆自恃己能，频频向王莽进言，建议全面复古，他信誓旦旦地说："在我看来，世事的变化已被古人全然掌握了，现在只要大胆实行便是。治理天下虽不是易事，但只要多读一些古书，也就了然于胸，化难为易。我看古籍所述完全可行，称得上尽善尽美了。"

刘歆的朋友为他担心，说："凡事说得容易，但做起来就难了，你不该轻下断言。老实说，你做学问可以，对治国之术就生疏了。纸上谈兵害国害己，怎敢涉足呢？"

刘歆暴跳如雷，大骂朋友是个愚人，朋友说："我宁肯做一个愚人，这样至少不会招惹祸患。你把自己看得无所不能，将来一定会后悔的。"

王莽依刘歆所议全面改制，结果遭到了惨败，激起了各地的民变。

刘歆害怕王莽追究，又自作聪明地想要发动宫廷政变，除掉王莽。很快，消息泄露出去，刘歆绝望之下，无奈自杀了。

西方有一位哲学家曾经说过这样一段发人深省的话："一个人如果骄傲，即使身为天使也会沦为魔鬼；如果是谦卑，虽是凡人也会成为圣贤。"由此可见，谦卑不仅是一种美德，而且是导向成功和伟大的一个途径。

人和自然社会相比，始终是渺小的。在无穷奥妙的宇宙面前，人应该保持一种谦卑态度。实际上，一个知识广博的人，他所知的也很有限，这就决定了人不能自恃聪明，傲视一切。总有人处处显露精明，玩弄手段，他们自以为这才是聪明人的表现，也能得到更多的实惠。这是一个致命的错误，真正的聪明人是勇于承认自己的无知的。

**故事二：**

岳飞，字鹏举，相州汤阴（今河南汤阴）人，南宋初期抗击金兵的主要将领之一。他坚决反对秦桧的投降路线，深为秦桧所忌。

绍兴十年（1140年）金兵南侵，被宋军打得大败。岳飞以河南北诸路招讨使之职率兵抗敌，在郾城（今河南郾城）大破金兀术的"拐子马"，乘胜进军，朱仙镇士气大振，金兵气馁。岳飞大喜，激励将士说："直抵黄龙府，与诸君痛饮尔。"（《宋史》卷三百六十五）当时，高宗力主和议，秦桧一味主降。秦桧居心尤恶，他要在南宋处于劣势的情况下讲和，才能显出议和的重要性和他的作用。高宗也不愿再战，更不愿迎请二帝还朝，因这样会威胁他的帝位。君臣各怀鬼胎，目的虽不一，结果却相同，即尽快结束战争局面。所以，岳飞正拟进兵，秦桧派人催促退兵。岳飞不肯，秦桧先用紧急文书命另两路兵马统帅张俊、杨沂中率军火速撤回，使岳飞处在孤立无援的境地。然后一天发出十二道金牌命令岳飞回师。"飞愤惋泣下，东向再拜曰：'十年之功，废于一旦'。"宋军撤回，金兵复来，刚刚收复的失地重新沦陷。

秦桧为实现和议，用明升暗降之法收回三大帅兵权，任命韩世忠、张俊为枢密使，岳飞为枢密副使。金兀术最怕岳飞，又向秦桧提出，必须杀死岳飞，方能商量议和之事。秦桧也恨岳飞不附己，更嫉妒他坚决主战的态度和杰出的军事才能，于是下决心要害死他，扫除投降路上的一道障碍。

岳飞在各将领中最年轻，三十岁时即统帅一军独当一面。起初张俊很佩服岳飞的文武双全，后来见岳飞屡立战功便暗生忌妒之心，于是便依附秦桧参加了谋害岳飞的活动。

秦桧先找死党侍御使罗汝楫和谏议大夫万俟卨上奏章弹劾岳飞，解除岳飞的兵权。秦桧势焰熏天，岳飞已完全无权，秦桧又利用张俊的忌妒心理及其和岳飞的矛盾，于是先找张俊商量。一位丞相，一位枢密使合谋要害一位立下赫赫战功的英雄，真是丧心病狂，令人发指。

二人先找来岳飞的部下，以重赏封官为诱饵来引诱其检举告发岳飞，可连续几天一点声响也没有。呜呼，用重赏封官来引诱部下出伪证告发长官，手段实在卑鄙到了极点。几天无人告发，可反衬出岳飞的清廉公正和深得人心，若是一般的人恐怕无法达到这一点。张俊听说岳飞曾处置过统制王贵，并屡加杖刑，就去动员王贵诬告岳飞，遭到严词拒绝。一计不成，再生一计，秦桧听说岳飞手下有个绰号叫雕儿的部将王俊，贪婪奸诈曾屡受张宪的制裁，虽有怨言但因军纪严明不敢兴风作浪。秦桧暗中封官许愿，又送他许多金银，唆使他诬告岳飞。王俊本贪婪无行，见钱不要命，何况良心呢？但他水平太低，不知怎样写诬告信。张俊出面，亲自写好，让他抄写上报。信的主要内容是："岳飞部下副都统制张宪，谋据襄阳，还飞兵柄。"试想，张俊是主谋之一，他又是枢密使，见到呈上的诬告信后，立即传令拘捕张宪，亲自审讯。属吏曾提醒张俊说枢密院没有审判权，张俊全然不顾，对张宪严刑拷打，张宪几次昏死也不招供。张俊令属吏捏造一个假口供交给秦桧，秦桧则凭这个假口供请示过高宗后逮捕岳飞、岳云父子入狱，并命御史中丞何铸、大理寺卿周三畏审讯。

何铸、周三畏提审岳飞，岳飞脱上衣解开内衣让他们看，见后背刺有"尽忠报国"四个大字（关于此四字一般俗小说作"精忠报国"，今从岳飞本传）。查询后又无佐证，二人深知岳飞之冤，何铸虽是秦桧党羽，也不忍心枉害忠臣，周三畏则干脆挂冠辞官而去。

秦桧必欲害死岳飞，见何、周二人不肯再审，就起用万俟卨这条疯狗去办理此案。万俟卨用尽灭绝人性的手段拷打岳飞，岳飞被害得死去活来，就是不肯诬服。万俟卨黔驴技穷，再用张俊故伎，让手下人编个口供，说岳飞曾令手下将领于鹏、孙革致书张宪、王贵，让他们谎报敌情以惊动朝廷。又说岳飞曾与张宪通信，让张宪想办法还岳飞的兵权。因没有证据，则说："书已被焚，无从勘证，应寻求证人，以便谳（yàn）狱。"秦桧又悬赏募集证人，两个月后竟无人做证。万俟卨再编造其他罪名，也毫无证据。秦桧、张俊等如此悖逆猖狂，惹怒了朝廷中的几名忠臣，如薛仁辅、李若朴、何彦猷（yóu）等都曾上书为岳飞呼冤，高宗看过后压下不发。韩世忠在大堂上质问秦桧，岳飞究竟犯了什么罪，秦桧答道："飞子云与张宪书，虽未得实据，恐怕是莫须有的事情。"韩世忠气愤地说："'莫须有'三字何以服天下？"秦桧也不答复。韩世忠见状，回家与夫人梁红玉商量一下，干脆辞官还乡隐居去了。"莫须有"的罪名即来源此处。

岳飞从绍兴十一年（1141年）十月份入狱，直到年底也未能定案，所有的罪名都不能成立。秦桧又找新证，说岳飞在与众将闲聊时说过"我和太祖一样，都是三十岁当的节度使"，再雇几个亲党做证，说岳飞是指斥乘舆有不臣之心。于是以这条罪名和逗留淮西两条根本不能成立的罪状把岳飞定成死罪。昏庸的宋高宗居然批准这一千古难平的冤狱，下诏赐岳飞狱中缢死，张宪、岳云斩首。

# 第二十七章

## 【原文】

善行无辙迹<sup>①</sup>，善言<sup>②</sup>无瑕谪<sup>③</sup>，善数<sup>④</sup>不用筹策<sup>⑤</sup>，善闭无关楗<sup>⑥</sup>而不可开，善结无绳约<sup>⑦</sup>而不可解。是以圣人常善救人，故无弃人；常善救物，故无弃物，是谓袭明<sup>⑧</sup>。故善人者，不善人之师；不善人者，善人之资<sup>⑨</sup>。不贵其师，不爱其资，虽智大迷，是谓要妙<sup>⑩</sup>。

## 【注释】

①辙迹：轨迹，行车时车轮留下的痕迹。
②善言：指善于采用不言之教。
③瑕谪：过失、缺点、疵病。
④数：计算。
⑤筹策：古时人们用作计算的器具。
⑥关楗：栓销。古代家户里的门上的开关。
⑦绳约：绳索。约，指用绳捆物。
⑧袭明：内藏智慧聪明。袭，覆盖之意。
⑨资：取资、借鉴的意思。
⑩要妙：精要玄妙，深远奥秘。

## 【译文】

善于行走的，不会留下辙迹；善于言谈的，不会发生病疵；善于计数的，用不着竹码子；善于关闭的，不用栓销而使人不能打开；善于捆缚的，不用绳索而使人不能解开。因此，圣人经常挽救人，所以没有被遗弃的人；经常善于物尽其用，所以没有被废弃的物品。这就叫作内藏着的聪明智慧。所以善人可以作为恶人们的老师，不善人可以作为善人的借鉴。不尊重自己的老师，不爱惜他的借鉴作用，虽然自以为聪明，其实是大大的糊涂。这就是精深微妙的道理。

## 【解析】

做什么事情都有诀窍。在研究探索宇宙特别是宇宙的起源上，其诀窍就是要掌握"道德"，因为"道德"是宇宙的本质特征。"道德"是宇宙的永不变更的本质规律，贯穿于宇宙整体过程的始终，所以掌握了宇宙的"道德"本质，就能够站在不变的立场上分辨出千千万万的变化。"道德"又可以分开来说成"道"和"德"，代表着宇宙本质的两个不同的方面。

"善行无辙迹，善言无瑕谪，善数不用筹策，善闭无关楗而不可开，善结无绳约而不可解。"

善于行走的人，不会留下痕迹。这是比喻那些懂得客观规律的人，办事不拖泥带水，给别人带来不必要的麻烦。

善于说话的人，没有破绽，别人无以指责。这是指那些有文学修养，善于语言表达的人。

善于计算的人，不必使用计数工具。这是指那些在数学方面有造诣的人。筹、策，都是古代用于计数的工具。

善于闭守的人，不上门闩别人也不能打开。这是比喻那些有高尚的道德修养而不自我炫耀的人。

善于结绳的人，不结绳扣，别人也无法解开。这是比喻那些有组织才能，善于团结别人的人。

以上五善，是五类各具才能、特长，可以为人师表的人。

这就是说，圣人已经窥破了大道，明白了客观规律。袭明，窥破天机，明于大道。

道的世界是万物平等的天堂世界，同样，现实世界也只有人人平等，知识、道德水平共同提高，才能实现人间的大同。

"故善人者，不善人之师；不善人者，善人之资。不贵其师，不爱其资，虽智大迷，是谓要妙。"

这是强调教育之于治国的重要性。人是属于社会的，社会是大家的，少数人聪明不算聪明，只有全社会的文化道德水平共同提高，社会才能健康发展。

本章表现了老子尊师重教的思想。尊师重教是治国的要妙，同样也是治身的要妙。现在，教育之于治国的重要性，已经形成社会共识，且不论教育的内容和方式是否合道。至于信仰教育，则是当今社会最迫切需要的。老子的朴学是造福人类的最佳学问，应当走向现代化，走向科学的殿堂。隐于民间的得道高人，应当主动走出来，以老子思想为指导思想，为人类社会的健康事业做出贡献。

## 【证解故事】

### 故事一：

事情无论大小，必然有一定的规律。遵照规律办事不仅容易办到，而且最终没有弊端；反之，虽然用了很大的气力，最终还是失败。因此，不可以不学习。然而想要学习，首先必须拜师。种田必然向老农学习；攻读《诗经》《尚书》必须跟宿儒学习；往下至巫医百工，各有所传所授，何况为人之道，怎么能够没有地方接受教育呢？

三十岁以前，人的心志血气尚未定型，因此即使非常贫贱，也不可轻易离于老师。要使资质好的子弟义理日进，资质差的子弟离错误邪恶日远，全身保世，必须这样。选择老师必须选那些刚毅正直、老成持重、道德水平高的人，追随终身。

远古的时候，人们互相交换子弟来教育；后来，人们背着书籍去从师；到了近世，人们聘请老师来教育子弟。虽然随着时代的变化而有所不同，但都是为了教育予弟。皇帝特别重视为儿子挑选老师，因为学问是国家的根本所在。上自公卿大夫，下至庶民百姓，虽然地位的高低和贫富不同，但是，他们为家庭的根本是一样的。虽然有良好的资质，不教育怎么能够成才？即使资质愚钝，父母怎么能够不尽责任？中等资质的人，受到良好的教育，会变为上等资质的人；反之，失教就会变成下等资质的人。子孙贤，子又及子，孙又及孙；子孙不肖，立刻就会家道衰败，真是可怕极了！近来师道不立，那些为子孙打算的人，哪里知道尊师之道，这比生子却不再聘请老师教育还要可怕。何不想一想，父母是将田宅金钱留给子弟算是疼爱其子，还是将道德传给子弟算是疼爱其子呢？不肖之子，遗留给他的田宅金钱转眼就属于别人了，留给他的金钱却成了他丧身的帮凶，哪里比得上将道义传给子孙可以永世不衰败呢？

世上的好老师并没有减少，只要孜孜以求就能够找到，关键是要心存诚敬。司马光虽然兑积阴德于冥冥之中可以庇护子孙，然而怎么比得上在自己活着的时候聘请贤师教争子弟呢？古称人生于君、亲、师，要事之如一。今天世人只知道不可生而无父，哪里知道尤其不可生而无师呢？

**故事二：**

聪明的人不教育也会成才，愚笨的人即便是受到了教育也没有什么作用。唯有智力中等的人，不经过教育就不能获得知识。不善于教育子女的人，并非想故意使他去作恶，只是不肯打骂，骂了怕伤子女的面子，打了又怕伤子女的皮肉。就比如说疾病，哪有不用汤药、针灸就能治好病的道理。那些严格教育子女而不肯放松的人，谁愿意苛刻虐待自己的亲生骨肉？这些都是不得已的。

古时候，圣王有胎教的方法：王后怀孕三个月，就到另外的宫室里居住，眼睛不看不正当的事物，耳朵不乱听不合礼乐的声音。不论声音和饮食，都要用礼来进行调节。把这种胎教之法写在书上，藏在金属制的柜子里作为警戒。孩子生下来后，等他知道啼笑，负责教育的官员就用孝、仁、礼、义来指导他学习。平民百姓即使不能这样，也应抚育婴孩，当他能辨别人的容貌，知道人的表情，就要加以教育。允许他做的事情才让他去做，不允许他做的事情就不要让他去做。等他稍微长大了些就尽量不打骂。如父母威严而有爱，那么子女就敬畏而生孝了。有的父母，对子女不加教育，一味溺爱，还不以为然。不论饮食言行，都放纵包庇。应当告诫他的时候却反而奖励他；应当批评他的时候反而赞扬他。到他懂事的时候，还用这种办法，等子女养成傲慢的习惯之后，才来制止他，即使用棍子、鞭子把他打个半死也没有威力。你的火气越大，他的怨气益增。等到长大成人，必然道德败坏。孔子说："自幼形成的习惯，就像天性一样；长时间养成不易改变的生活方式，也会习久成性。"俗话说："教育子女，要从小时候做起。"这句话就说得非常有道理。

齐武成帝的儿子琅琊王高俨，是太子高纬的同胞弟弟，胡皇后所生。他自幼聪明，武成帝和胡皇后都很爱他，衣服、饮食都与太子相同。武成帝经常当着他的面说："这是个聪明的娃娃，将来必定会有成就。"到太子高纬登基的时候，他出入别的官殿，享受礼仪等级的待遇与诸王不一样。胡皇后还嫌不够，经常提起这件事。十岁左右，就骄横放纵，没有礼节。不论用具、服装、赏玩嗜好的物品，都要与皇帝的相类似，他经常到南殿朝见天子，见管理皇帝伙食的典御进新冰，钩盾令献李子给后主，他想要一份，但得不到，就破口大骂道："皇上已有，怎么我就没有。"不知本分界限，大概都像这样。有见识的人多把他比作春秋时的共叔段和州吁。后因他对宰相不满，就假传皇帝的命令将他杀死，又怕有救兵来，就率领着部下的军士，防守殿门。他没有反心，受了一场劳累，因此而亡。

父母对子女，很少能一律平等对待的，从古到今，这种弊病太多了。其实德行好、才智过人的自然值得喜爱，即使钝拙愚笨的也应当怜悯。你所偏爱的人，虽主观上最想厚待他，其实是害了他。共叔段之死，其实是他母亲造成的；赵王如意的被害，是他父亲造成的。刘表宗族的覆灭，袁绍兵败，失掉地盘，都应以此为戒。

齐朝一个有地位有声望的读书人曾经说："我有一个儿子，年纪已十七岁了，读过一些书，并教他学鲜卑语和弹琵琶，想在他稍为通晓这些知识后，就送他去服侍大官，肯定会受到宠爱，这也是很重要的一件事情。"这个人教育儿子，假若他靠这种职业，将来当上卿相，是不为人倡导的。

**故事三：**

宋代温江人尹瞻，才思过人，以智慧闻名。他在本州任通判时，出巡州里，在江心遇到一棵大树。这棵树长得好生奇怪，自水底生出来，正立在江心，迎着湍急的河水竖着。尹瞻叫人停住船，在树边观察，问船工这树是怎么长在江心中的？船家回答，某年山洪暴发，卷下一棵大树来，正好江心有一大坑，树就立在那里了。越长越大，成了江中一祸害，不少夜间行船的哪想到江心会有大树，撞在树上，不知一年要毁多少条船。尹瞻听罢，忙问："那为何不除掉它？"船家回答："除掉谈何容易？从水面上锯去，解决不了撞船问题。下水去锯，人怎可长时间在水中呢？"尹瞻听罢，沉思良久，说："我有办法了，请你下水去量一下这树在水下有多少。"船家应命跳下水去，上来报告说有一丈二尺。尹瞻记下，回州衙去了。

第二天，他让工匠们做了一只无底大木桶，桶粗一丈，高一丈五尺，让工匠们带木桶去除掉那棵江心大树。众船家久为江心树所苦，今听说尹通判来为大家除害，都自愿跟来帮忙。来到江边，尹瞻令几个船家把工匠们载到树边，从水面上锯下树头。然后把木桶套在树干周围，打入江心泥中一尺。而后，让人用工具从木桶中往外舀水。不一会儿，木桶中的水就舀没了。尹瞻让工匠们下到桶底，从容地贴着江底锯下那段树干，排除了这个撞船的祸根。

善于在不利的大环境中制造一个有利的小环境，是尹瞻这一奇点子的出发点。正是这样，才能转逆为顺，扭转整个时局。

# 第二十八章

【原文】

　　知其雄①，守其雌②，为天下谿③。为天下谿，常德不离。复归于婴儿④。知其白，守其黑，为天下式⑤。为天下式，常德不忒⑥，复归于无极⑦。知其荣⑧，守其辱⑨，为天下谷⑩。为天下谷，常德乃足，复归于朴⑪。朴散则为器⑫，圣人用之则为官长⑬，故大制不割⑭。

【注释】

①雄：比喻刚劲、躁进、强大。

②雌：比喻柔静、软弱、谦下。

③谿：沟溪。

④婴儿：象征纯真、稚气。

⑤式：楷模，范式。

⑥忒：过失，差错。

⑦无极：意为最终的真理。

⑧荣：荣誉，宠幸。

⑨辱：侮辱，羞辱。

⑩谷：深谷、峡谷，喻胸怀广阔。

⑪朴：朴素。指纯朴的原始状态。

⑫器：器物。指万事万物。

⑬官长：百官的首长，领导者、管理者。

⑭大制不割：制，制作器物，引申为政治；割，割裂。此句意为：完整的政治是不可割裂的。

【译文】

　　深知什么是雄强，却安守雌柔的地位，甘愿做天下的溪涧。甘愿做天下的溪涧，永恒的德行就不会离失，回复到婴儿般单纯的状态。深知什么是明亮，却安于暗昧的地位，甘愿做天下的范式。甘愿做天下的范式，永恒的德行不相差失，恢复到不可穷极的真理。深知什么是荣耀，却安守卑辱的地位，甘愿做天下的川谷。甘愿做天下的川谷，永恒的德行才得以充足，回复到自然本初的素朴纯真状态。朴素本初的东西经制作而成器物，有道的人沿用真朴，则为百官之长，所以完善的政治是不可分割的。

## 【解析】

宇宙中的一切事物在性质上都有两个不同的方面，且可以用种种不同的词语来指称这两个不同的方面，如本章所列举的三个对子：雄、雌；白、黑；荣、辱。须注意的是，这种列举可以是无限的，且不同的学者学派用词也有所不同，然而所描述的对象却是一致的，都是要描述出宇宙的起源及其初始状态。本章中的"天下谿、天下式、天下谷"指的都是宇宙的逻辑定律箭头"一"的不同表现形式，而所谓"常德"则是指在不同的情形下利用箭头"一"："德"指的是种种状态，"常"指的是不变的规则、公式。本章中的"婴儿、无极、朴"指的都是宇宙初生时由无形到有形的那种成形过程。"器"指的是宇宙总体之形已经构成。"大制"则是指以整体观念去看待宇宙。

"知其雄，守其雌，为天下谿。为天下谿，常德不离。复归于婴儿。"

既知人们皆崇尚强者，那么法律就应该保护弱者，为天下寻求平衡；为天下寻求平衡，法律就不会偏离大道，社会才会复归于婴儿般的自然、淳朴状态。

"知其雄，守其雌"，强调立法要以保护弱者为出发点，弱者得到保护，就能成为强者。法律必须是用来保护弱者的，只有为弱势群体撑起保护伞，法律才合乎自然法则。也只有"守其雌"，才有法律面前人人平等，社会上才没有以强欺弱现象。

"知其白，守其黑，为天下式。为天下式，常德不忒，复归于无极。"

既知人们皆向往光明，那么法律就应该关注黑暗，为天下寻求真理；为天下寻求真理，法律就不会出现差错，从而使社会法则复归于大道。

法律的支撑点只有着眼于消除具体的社会罪恶，伸张正义，保护公民的权利和自由，才合乎大道。社会法律和自然法则没有偏差，光明的大同世界才能实现。

"知其荣，守其辱，为天下谷。为天下谷，常德乃足，复归于朴。"

治国之法源于治身之朴，身与国同，朴与法同。朴是治身的灵丹妙药，法是治国的灵丹妙药。社会法律合乎自然规律，才可以造就民众的淳朴和社会风俗的淳朴。就治国而言，老子的朴就是西方法学家所说的"自然法"，都强调法的合自然规律性。但是，法学家们所能强调的只是社会法则和自然法则之间的关系，还没能深入到自然法则与生命法则的关系上来。而老子的朴的观念则是建立在自然法则、社会法则和人生法则的整体观上的。自然法旨在强调人权，维护每个公民的平等、自由，而人类真正的平等、自由之法，只有通过每个人在追求心灵自由的自身实践过程中去感悟，或者说，维护人民的自由之法和维护心灵的自由之法必须是统一的。否则，"自然法"所维护的就是"人之道"而非"天之道"。

既知人们皆崇尚高贵，法律就应当关注卑贱，为天下填平高贵与卑贱的鸿沟；为天下填平高贵与卑贱的鸿沟，法律才能具足道德，社会必复归于淳朴。

天赋人权是平等的，所以，法律面前人人平等，不应当有高低上下、荣辱贵贱之分。就治身而言，这一节是讲炼神返朴。

本章是老子的法治思想。法律的意义在于保护弱者，战胜邪恶，驱逐黑暗，人人享有平等自由的权利，这是确保国泰民安的强大武器；朴的意义同样在于保护弱者，战胜邪气，使每一个细胞都能得到真气的呵护，这是确保身体健康长寿的法宝。


【证解故事】

故事一：

俗话说，做日短，看日长。要考虑到将来的前程，设身处地地想，人生的福分就像银行里的存款，不能一下子就透支，应当好好珍惜，精打细算，方能细水长流。不因一时贪心毁坏将来的名声，抱着平常心，才是得乐的好办法。

商鞅，姓公孙，所以也叫卫鞅或公孙鞅。战国时期的卫国人，他原本在魏国宰相公叔痤手下任中庶子，帮助公叔痤掌管公族事务。因商鞅的才华受到公叔痤的欣赏，曾建议魏惠王用商鞅为相，但魏惠王瞧不起商鞅，便没有答应；公叔痤死前又向魏王建议，魏王仍没有起用商鞅。

公叔痤死后，失去了靠山的商鞅便投奔到了秦国。通过宠臣景监的荐举，秦孝公多次同商鞅长谈，发现商鞅是个难得的治国奇才，便"以卫鞅为左庶长，卒定变法之令"。因为当时新兴地主阶级认为封建生产关系已经登上政治舞台，社会正处于新兴的封建制取代奴隶制的大变革时期，商鞅变法正好适应了社会变革的需要。所以秦孝公才看重商鞅，同时秦孝公也是一位奋发有为的君主，商鞅提出的一整套富国强兵的办法，也正是他所想的。

商鞅变法的主要内容是：废除井田制，从法律上确认封建土地所有制，"为田开阡陌封疆，而赋税平"。商鞅特别重视农业生产，鼓励垦荒以扩大耕地面积；建立按农、按战功授予官爵的新体制，以确立封建等级制度；废除奴隶制的分封制，普遍实行法治，主张刑无等级。

商鞅变法的内容基本都是促使社会发展的进步措施，当然会受到许多守旧"巨室"的反对。变法之初，专程赶到国都来"言初令之不便者以千数"。甚至太子还带头犯法。为了使变法顺利实施，商鞅毫不留情，"刑其傅公子虔，黥其师公孙贾"，真正做到了"王子犯法与庶民同罪"。结果，新法实行十年，秦国便国富兵强，乡邑大治。最后，秦孝公成为战国霸主。

然而，正当商鞅在秦国功勋卓著的时候，他的心情却反而感到孤寂和迷惘，他自己也弄不懂为什么会这样。于是，商鞅便去请教一个名叫赵良的隐士。他对赵良说，秦国原本和戎狄相似，我通过移风易俗加以改除，让人们父子有序，男女有别。这咸阳都城，也由我一手建造，如今冀阙高耸，宫室成区。难道我的功劳赶不上从前的百里奚吗？百里奚是秦穆公时的名臣，现在商鞅和百里奚比，当然颇有一点委屈的情绪。

但是赵良却直率地说，百里奚刚受到信任时，就劝秦穆公请蹇叔出来做国相，自己则甘当副手；你却大权独揽，从来没有推荐过贤人。百里奚在位六七年，三次平定了晋国的内乱，又帮他们立了新君，天下人无不折服，老百姓安居乐业；而你呢，国人犯了轻罪，反而要用重罚，简直把人民当成了奴隶。百里奚出门从不乘车，热天连个伞盖也不打，很随便地和大家交谈，根本不要大队警卫保护；而你每次出外都是车马几十辆，卫兵一大群，前呼后拥，老百姓吓得唯恐躲闪不及。你的身边还得跟着无数的贴身保镖，没有这些，你就不敢挪动半步。百里奚死后，全国百姓无不落泪，就好像死了亲生父亲一样，小孩子不再歌唱，春米的也不再喊着号子干活，这是人们自觉自愿地敬重他；你却一味杀罚，就连太子的老师都被你割了鼻子。一旦主公去世，我担心有不少人要起来收拾你，你还指望做秦国的第二个百里奚，这是非常可笑的。为你着想，不如及早交出商、於之地，退隐山野，说不定还能终老林泉。否则，你很快就要败亡。

后来的事实不幸被赵良所言中，商鞅变法之所以能够成功，主要是他能够抑制上层保守派的反抗，例如刑及太子的老师。试想，太子犯法尚且不容宽恕，老百姓当然只有遵照执行了。但这同时，也就给商鞅埋下了致命的败因。"商君相秦十年，宗室贵戚多怨恨者。公子虔杜门不出已八年矣"。一旦有机可乘，上层保守派肯定会合而攻之。

秦孝公死后，太子继位，就是秦惠文王，公子虔等人立即诬告"商君欲反"，并派人去逮捕商鞅。商鞅迫于无奈，最后只好回到自己的封地商邑，秦发兵攻打，商鞅被杀于渑池。秦惠文王连死后的商鞅也不放过，除把商鞅五马分尸外，还诛灭其整个家族。

所以，给自己留条后路，从多方面考虑事物发展的大势，无论是做什么都会有好处的。

**故事二：**

战国时期的吕不韦认为：圣明的君主，最好的治理不是普遍地照明万事万物，而是明白自己所应掌握的东西。有道术的君主，不是一切都亲自去做，而是懂得授权给百官这个关键。懂得了授权给百官这个关键，所以事情少而国家治理得好。明确了君主所应掌握的东西，所以大权集中，奸邪止息。奸邪止息，那么游说的就不来，真情也能了解了。真情不加雕饰，事实也就能显现了。

治理得最好的社会，人民不喜欢说空话假话，不喜欢邪恶的、流行的学说，贤德的与不贤德的都各自恢复其本来面目。按真心行事，对自己的本性不加雕饰，敦厚纯朴，以此来侍奉自己的君主。这样，勇敢的与怯懦的，灵巧的与拙笨的，愚蠢的与聪明的，能够得以按照法典调整官职，调整官职后各自就更能胜任自己的职务了。

所以有职位的安心各就其职，君主不听他们的议论；没有职位的要求他们拿出事实，来检验他们的言辞。这两种情况弄明白了，就不会有人在朝廷说废话了。

君主顺天行事去掉爱憎之心，以虚无为根本，来听取有益的话，这叫听朝。凡是听朝，都是君臣共同招致理义，共同确立法度。君主从天性行事，那么，讲求理义的人就会前来归附了，法度的效用就确立了，就不会再有乖僻邪曲的人了。贪婪诈伪的人就疏远了。

所以，治理天下的关键在于去除奸邪，去除奸邪的关键在于整顿官吏，整顿官吏的关键在于研习道术，研习道术的关键在于懂得天性。所以子华子说："君主厚重而不广泛，严肃地守住一个根本，喜爱正性。不与众人相会，而致力于学会忘记这种能力。全部忘掉的能力形成后，四方就会平定。那些符合天道的人，不求与天道相合却能达到相合，这就是神农之所以兴盛，尧舜之所以名声显赫的原因。"

君主自认为聪明，认为别人都愚笨，像这样，那么愚蠢笨拙的人就请求指示了，灵巧聪明的人就要发布指示了。指示越多，请示的人就越多；请示的人越多，就将无事不请求指示。君主即使灵巧聪明，也不能无所不知。凭着不能无所不知，应付无所不请，他的办法必定会穷尽。当君主多次被臣下弄得技穷，就更没有办法治理人民了，技穷却不知道自己技穷，只怕又将更加自高自大，这就叫受到双重阻塞的君主，还怎么能保住国家？

所以，有道术的君主，因势利导却不去创造；去掉臆想，静待时机；责成臣子成功，自己不妄加指示；审察名分和实际，让官吏自己管自己的分内事；不说大话夸耀自己，不好大喜功矜夸自己；把不求知当作根本，把"怎么办"当作法宝。

赵襄子当政之时，任登为中牟令。他在上呈全年总结时，对赵襄子说："中牟有两个人，名叫胆、胥己，请您表彰他们。"赵襄子召见了他们并任命为中大夫。相国说："我想您只是听说而没有亲眼见过他们吧？像这样就任命为中大夫，不是晋国的成规。"赵襄子说："我提拔任登时，已经耳闻又目睹过他了。任登荐举的人，我再听说过又亲眼看过他，这样，用耳朵听用眼睛观察人就始终没完没了。"于是就不再询问，任命他们为中大夫。

赵襄子把"怎么样"当作任用人的原则，那么贤明的人自然就会为他竭尽全力了。君主的毛病，一定是委任人却不让他做事，让他做事却同不了解他的人议论他。横渡长江的人靠船，到远方去的人靠骏马，成就王霸之业的人靠贤人。伊尹、吕尚、管夷吾、百里奚，他们是成就王霸事业的船和骏马啊。放弃父兄与子弟，不是疏远他们；任用厨师、钓鱼的人和仇人、奴仆，不是偏爱他们。保国立功的原则迫使君主非做不可，如同卓越的工匠建筑宫室一样，测算一下宫室的大小，就知道需要多少木材，估量一下板数和长度，就知道需要多少人了。所以管夷吾、百里奚被重用，天下人就知道齐、秦将成就霸业了；小臣伊尹、吕尚被重用，天下人就知道殷、周将要成就王业了。

成就王霸事业的当然有人，亡国的也有人。桀重用干辛，纣重用恶来，宋国重用唐鞅，齐国重用苏秦，于是天下人就知道那些国家要灭亡了。没有辅佐的贤人却想建立功业，就如同在夏至这一天却想让夜长一样。舜、禹尚且吃力，更别说是平庸的君主了。

## 故事三：

清朝的著名学者傅山，非但才高八斗、学富五车，而且还精通医道。他的晚年主要靠行医卖药为主。在医学史上，留下了许多"偏方治大病"的佳话。

相传太原市有个杂货铺掌柜得了重病，四处求医问药都无疗效。后来，他听说傅山能妙手回春，是个百病皆治的名医，便请他上门诊治。傅山给这掌柜把脉探病时，并未发现他有甚病兆。暗访家人，方知这人拥有家财万贯，但欲望无穷，仍为铺子日夜操劳，日思夜想其经营之道，已是心力交瘁，可又因不信任其子女，不肯放手他们，终日守着铺子。故而，他是思虑过度，致使神滞身惰之疾。针对此症，傅山给他开了两味药：一味是戴过三年的草帽一百顶，一味是戴过三年的绸缎瓜皮帽一百顶，并要求病人亲自去找，药找全了再配方治病。

当时的山西太原市有东、西、南、北四个门，要找到这么多顶帽子，必须到四个门去查访过往行人。于是，这个得重病的掌柜，每天一早便步行到一个门，往返二十多里，看农民进城赶集发现有戴过三年的草帽，便高价买下来，望见商贾小贩戴有绸缎帽子，他问过是三年的，也高价买下。这期间，掌柜不辞劳苦，一门心思地收买帽子。他发觉，那些肩挑身背东西的农民，一般都很清瘦结实，且对帽子的价格也极满足，而那些骑马坐车的商人们，尽管脑满肠肥，一副富态之相，但大都虚弱得很，对他所出的帽子价格，则一抬再抬，直抬得他高不可攀，欲罢休时，他们才肯卖给他。历经辛苦，这掌柜终于在一年后，将这二百顶帽子买齐了，为这奇特的两味药，他步行达七千二百多里！

这天，杂货铺掌柜挑着那两大堆帽子，前去找傅山配药治病。傅山见状，笑问："你没发觉自身的变化吗？"掌柜满面红光，精神十足地拎起帽子，说："除了食欲见增，身轻脚健外，别无感觉啊！"说罢，又捋捋双臂，意在证明他说的是实话。傅山又笑道："你的病已经好了！"掌柜先是一愣，继而又觉心旷神怡，猛想起这一年的收获，恍然大悟地笑了。运动即是生命，也可医治生命之病啊！傅山利用的便是这个道理。

**故事四：**

战国时期，各国的政治家们都争相养士以为己用，齐国的孟尝君、赵国的平原君、魏国的信陵君、楚国的春申君更是有名的养士之人，仅孟尝君手下就有门客数千。孟尝君养士，还有一个不同于别人的地方，就是他不管什么人，只要来投奔的，一律赡养翼卵，不论道德良否，也不管能力大小。因为他觉得，用人就像用物一样，说不定到什么时候，便会用到什么人的一技之长。正是这种看法，才使他大难不死得脱身。

孟尝君父子相继为齐相，到了齐湣王即位，觉得孟尝君权势太大，便不断限制他，孟尝君觉得不自在。秦昭王探知这一切，派泾阳君公子悝至齐劝说孟尝君去秦。孟尝君犹豫再三，最后还是去了秦国，妄图一展其能。及至孟尝君至秦，秦昭王却听信了臣下的进言，认为孟尝君是齐王近族，必不忘其社稷国家，不会真心实意为秦国效力，因而软禁了孟尝君。

孟尝君叫苦不迭，思谋脱身之计，便托人找到昭王最宠幸的燕姬，许以重金，求她向昭王说情放走自己。燕姬回话说："若把银狐裘送我，我定当效力。"孟尝君是有一件天下闻名的银狐裘，但因入秦时讨好昭王，已送给昭王了，如今被昭王封存在国库中作宝贝，哪里还能弄到第二件呢？正在犯愁时，却有一位本来无名的门客自告奋勇，说他有善偷本领，可把那件银狐裘从秦王国库中偷来，孟尝君一听大喜。那位门客果然在夜幕掩蔽下，从狗洞里钻进秦王宫中，在守兵眼皮底下偷回那件银狐裘。

燕姬得了皮衣，果然向昭王吹枕边风，使昭王答应把孟尝君放回。孟尝君一得赦令，星夜起程赶向函谷关，唯恐昭王听信臣下谏言翻悔。紧赶慢赶，在夜半时分来到函谷关下。秦人有规定，作为东西交通咽喉的函谷关在鸡叫时才开关。而这时，身后却隐隐听见了马蹄声。孟尝君焦急万分。而除此关外却又没有他路东去。这时，手下一位本无名的门客说他会学鸡叫，可使秦人开关，孟尝君大喜。那人学起鸡叫，简直惟妙惟肖，引得关内人家的鸡随着打鸣。守关将士听见鸡叫，于是验证放孟尝君一行出关。走出不远，果然有飞马来传达秦昭王命令，让关上扣下孟尝君。但这时孟尝君已走出秦境，逃命去了。

孟尝君相信人的能力各有其用，不因某人能力之小而弃之，不因某人德行之劣而不用，果然在危急之中派上用场，逃得性命。这也算是用人之道吧！

# 第二十九章

【原文】

　　将欲取①天下而为②之,吾见其不得已③。天下神器④,不可为⑤也,不可执也。为者败之,执者失之。是以圣人无为,故无败;无执,故无失。夫物⑥或行或随⑦,或歔或吹⑧,或强或羸⑨,或载或隳⑩。是以圣人去甚,去奢,去泰⑪。

【注释】

①取:为、治理。

②为:指有为,靠强力去做。

③不得已:达不到、得不到。

④天下神器:天下,指天下人。神器,神圣的物。

⑤为:掌握、执掌。

⑥物:指人,也指一切事物。

⑦随:跟随、顺从。

⑧歔:轻声和缓地吐气。吹,急吐气。

⑨羸:羸弱、虚弱。

⑩或载或隳:载,安稳。隳,危险。

⑪泰:极、太。

【译文】

　　想要治理天下,却又要用强制的办法,我看他不能够达到目的。天下的人民是神圣的,不能够违背他们的意愿和本性而加以强力统治,否则用强力统治天下,就一定会失败;强力把持天下,就一定会失去天下。因此,圣人不妄为,所以不会失败;不把持,所以不会被抛弃。世人秉性不一,有前行有后随,有轻嘘有急吹,有的刚强,有的赢弱；有的安居，有的危殆。因此，圣人要除去那种极端、奢侈、过度的措施法度。

## 【解析】

　　老子在这一章表述了他的一个重要观点，即以紧紧抓着"物"不放的方式是不可能"得道"的。也就是说，宇宙的起源是一个特例：宇宙在其源起之前根本就没有什么"物"，所以抓住"物"也就找不到宇宙的始点。老子认为"得道"的方法是首先在宇宙中找到一个确定的"点"，这就是"我"，即"我在"，一个确切的存在。通过个体的"我"扩大到集体的"我"，从而认识"他在"。"我"的无限扩张最终便可以对应于宇宙的无限，从而完成由"我"而最终包容整个宇宙的认识过程。这可以认为是老子的"存在论"。其次是进一步认识到"我在"是一个过程，并因此类推出一切都是过程，宇宙整体也是一个过程。这可以认为是老子的"过程论"。一切都是存在，一切又都是过程，存在和过程是同一事物的两个方面，这种存在和过程统一于同一事物的观念可以称之为"集合论"，也就是说一切都是存在和过程的集合。"存在论""过程论"和"集合论"的综合构成老子的"认识论"。"存在论""过程论""集合论"和"认识论"的最终结果是总结出宇宙的逻辑定律"箭头'一'"，并可以用这个定律去找到宇宙的始点，解决宇宙的起源问题，也就是老子所谓的"得道"。"得道"的最终结果是进一步去建立起宇宙"大方"，即建立起一个完美的宇宙模型，可以将其称之为"绝对空－时系"，以区别于后来在"绝对空－时系"的基础上所产生的有种种"物"的"相对空－时系"。

　　"将欲取天下而为之，吾见其不得已。天下神器，不可为也，不可执也。为者败之，执者失之。"

　　将欲夺取国家权力而谋求个人利益的，我预见他们的目的是不会得逞的。国家是由万物之灵之称的人组成的社会组织，不可能让那些怀有个人野心的人去为所欲为。执掌了国家政权，不以天下为公，却以一人之心奴役天下人之心的，必然失去政权。

　　这是老子对个人英雄主义者的正告，既是历史经验的总结，又是独具匠心的见解。凡是不"以百姓之心为心"的统治者，都必将以失败而告终。

"夫物或行或随，或歔或吹，或强或羸，或载或隳。"

中医学认为，气与血是构成人体的基本物质，是生命的动力和源泉。气为阳，血为阴，气与血有阴阳相随、互为滋生、互为依存的关系。身体的健康长寿与否，完全取决于气血能否充分调和。

或行或随：气为血帅，血液周流于五脏六腑、四肢百骸、全身经络，全在于气的统摄与推动作用。气虚而不能统摄，则血常因之而外溢；气衰无以推动，血必因之而淤阻。反之，气又不可以太盛，太盛则血必燥，血燥则窜行于身，气的统摄作用也就失去了。"或行或随"，强调以意导气，气血相随，根据气血运行的具体环节施加意念。

或歔或吹：歔，缓慢吐气用以温血；吹，快速吐气用以降温。气之于血，具有温煦、化生的作用。血为气母，食物生血，血生精气。血是维持生命活动的基本物质，具有营养滋润作用。反过来，只有充分发挥气的能动性，温煦血液，才能血满精足，气旺神畅。

或强或羸：气与血具有相互推动作用。以气运血，有时要强，有时要弱，始终小心谨慎，把握火候，灵活运用。强是武火，羸是文火，该武则武，该文则文，具体情况具体对待。

或载或隳：血能载气，也能衰气。血之与气，具有濡养、运载的作用，血盛则气畅，血脱则气无以附，可导致气脱、阳亡。

"或行或随，或歔或吹，或强或羸，或载或隳"，是道德功的吐纳术。

治身之道就是治国之道，气与血的关系就是统治者与人民的关系。领会了气与血的关系，统治者也就明白了治国的道理。

"是以圣人去甚，去奢，去泰。"

不道的统治者实行极端利己主义、个人英雄主义，对人民极尽掠夺、压迫之能事，是欺人太甚。圣人去甚，是心怀仁德。

不道的统治者，最大限度地剥削人民来满足自己穷奢极侈的生活，是醉生梦死。圣人去奢，是心怀俭德。

不道的统治者骄横恣肆，唯我独尊，是无视人民。圣人去泰，是心怀谦下之德。

"去甚，去奢，去泰"，是圣人之治。

本章以治身之道印证治国之道，以不道统治烘托圣人之治。统治者无道，故有甚、奢、泰的不道行为；圣人明道，故"去甚，去奢，去泰"。中心思想还是以道为本。

## 【证解故事】

### 故事一：

《淮南子》上说："天下最毒的药草就是附子，但是高明的医生却把它收藏起来，这是因为它有独特的药用价值；麋鹿上山的时候，善于奔驰的大獐都追不上它，等它下山的时候，牧童也能追得上。这就是说，在不同的环境中，任何才能都会有长短不同。比如胡人骑马方便，然而一旦换过来去做，就显得很荒谬了。"

每个人做自己能做的事，从而使每个人的特点都得到了充分发挥。管仲在向齐桓公推荐人才的时候说："对各种进退有序的朝班礼仪，我不如隰朋，请让他来做大行吧；开荒种地，充分发挥地利，发展农业，我不如宁戚，让他来做司田吧；吸引人才，能使三军将士视死如归，我不如王子城父，请让他来做大司马吧；处理案件，秉公执法，不滥杀无辜，不冤枉好人，我不如宾胥无，请让他来做大理吧；敢于犯颜直谏，不畏权贵，尽职尽忠，以死抗争，我不如东郭呀，请让他来做大谏吧。您若想富国强兵，那么，有这五个人就够了；若想成就霸业，那就得靠我管仲了。"黄石公说："起用有智谋、有勇气、贪财、愚钝的人，使智者争相立功，使勇者得遂其志，使贫者发财，使愚者勇于牺牲。用兵最微妙的权谋就是根据他们每个人的性情来使用他们。"

基于这一道理，曹操说："有进取心的人，未必一定有德行；有德行的人，不一定有进取心。陈平有什么忠厚的品德？苏秦何曾守过信义？可是，陈平却奠定了汉王朝的基业，苏秦却拯救了弱小的燕国。这就是因为他们都发挥了各自的特长。"由此可见，让韩信当谋士，让董仲舒去打仗，让于公去游说，让陆贾去办案，谁也不会创立先前那样的功勋，也就不会有今天这样的关名。所以，"任长"的原则，应当仔细研究。

魏时桓范说："审时度势，合理使用人才，是帝王用人的原则。打天下的时候，以任用懂得军事战略的人为先；天下安定之后，以任用忠臣义士为主。晋文公重耳先是遵照舅舅子犯的计谋行事，而后在夺取政权时又因雍季的忠言奖赏了他。汉高祖刘邦采用陈平的智谋，临终时把巩固政权的重任托付给了周勃。"古语说："和平的时期，品德高尚的人受到尊崇；战乱发生的时候，战功多的人得到重赏。"诸葛亮说："老子善于养性，但不善于解救危难；商鞅善于法治，但不善于施行道德教化；苏秦、张仪善于游说，但不能靠他们缔结盟约；白起善于攻城略地，但不善于团结民众；伍子胥善于图谋敌国，但不善于保全自己的性命；尾生能守信，但不能应变；前秦方士王嘉善于知遇明主，但不能让他来侍奉昏君；许子将不能靠评论别人的优劣好坏来笼络人才。"这就是用人之所长的妙处。

此外，德与才是相辅相成不能分开的，德靠才来发挥，才靠德来统率。从德乖才两个方面出发，可以把人分为四种：才胜德为小人，德胜才为君子，德才兼亡为愚人，德才兼备为圣人。在用人时，如果没有圣人和君子，那么与其得小人，不如得愚人。

因为"君子挟才以为善，小人挟才以为恶，而愚者虽欲为不善，但智不能周，力不能胜。"意思就是说，有才而缺德的人是最危险的人物，比无才无德还要坏。人们往往只看到人的才，而忽视了德。从古到今，国之乱臣，家之败子，都是才有余而德不足。

元世祖忽必烈对赵孟頫说："叶李、留梦炎两人优劣，怎样？"孟頫答道："梦炎，臣之父执，其人忠厚，笃于自信，好谋而能断，有大臣器；叶李所读之书，臣皆读之，其所知所能，臣皆知之能之。"忽必烈说："汝以梦炎贤于叶李耶？梦炎在宋为状元，位至丞相，贾似道误国罔上，梦炎依阿取容；叶李布衣，乃伏阙上书，是贤于梦炎也。汝以梦炎父友，不敢斥言其非，可赋诗讥之。"赵孟頫所赋诗，有"往事已非那可说，且将忠直报皇元"之语，受到忽必烈极大赞赏。

元朝的创建者忽必烈是个有作为的皇帝。他任总领漠南汉地军国庶事，开府于金莲川（在今河南结源）时，已任用汉儒为其谋士。及灭宋后，广泛搜求宋朝名士任官，为之理政治民。宋魏国公赵孟頫是宋太祖子秦王德芳之后，宋亡，被召入朝任官。

忽必烈对叶李、留梦炎与赵孟頫的评价不同：赵孟頫赞许留梦炎有大臣之器，对叶李则认为与自己的才能差不多；忽必烈却认为叶李贤于留梦炎。这是以两人对贾似道误国罔民的不同态度而定优劣。公元1258年，忽必烈奉蒙哥大汗命进军围攻鄂州，宋派贾似道率军前往救援，而忽必烈因其兄蒙哥死急于回去争帝位，适贾似道派使来求和，忽必烈便顺势答应并率大军北返。贾似道却谎报"鄂州大捷"，说蒙古兵已肃清，这事虽说欺骗宋理宗，贾似道得以为相，但朝野上下是清楚的，留梦炎却依附之以取悦于贾似道。当时叶李只是个太学生，愤贾似道害国害民，便带头与同学八十三人，伏阙上书揭露贾似道的罪恶，责其"变乱纪纲，毒害生灵，神人共怒，以干天谴"。贾似道大怒，知书是叶李所写，使其党人逮捕叶李，叶李便逃匿。

适宋亡，叶李归隐富春山。忽必烈多次派人征召不出，后来实在没办法才入见。忽必烈问："你有什么苦衷？"又说："卿往时讼似道，朕赏识之。"言下之意，是对他表示敬意。忽必烈向他请教治国之道，叶李陈述古帝王的得失成败，忽必烈赞许，命他五日一入议事，后任资善大夫、尚书左丞。叶李在宋不过是一布衣，忽必烈却如此破格重用，是因赏识其人忠直敢弹劾误国欺上的贾似道。而对留梦炎这个宋朝丞相和有名的状元，虽赏识其文才，却认为其人有私心而缺德行，便降级使用。

这样看来，忽必烈用人德行比才学更重要，这也从旁说明德才兼备很重要。

**故事二：**

春秋末年，燕国和晋国的军队一齐进攻齐国，齐国军队吃了败仗，丢失了一大片土地。齐国国君齐景公又派田穰苴为大将，派庄贾为监军，领兵去抗击敌人。临出发的头一天，田穰苴和庄贾约定，第二天中午在辕门外见面。说完他叫人在辕门外立了一根木头，以便观察木头投在太阳光下面的影子，看看两人是不是都能按时赶到。

第二天上午，田穰苴来到军营，整好队伍，等着庄贾。庄贾仗着齐景公的宠爱，骄傲自大，根本不把田穰苴放在眼里。这天亲戚朋友给他送行，他只顾喝酒，把约定和田穰苴会面的时间给忘得干干净净。田穰苴一等再等，木头影子早已过了中午，庄贾还没来。田穰苴下令撤去木头，表示庄贾已经失了约，然后命令将士们做出发的准备。

　　天快黑的时候，庄贾来了。田穰苴问明情况以后，对庄贾说："做一个带兵的将领，接受命令以后就该把个人的事忘掉，才能上阵杀敌。现在敌人就在家门口，国家这么危险，老百姓把生命财产都托付给了咱们，你怎么能只顾喝酒，把军队出发打仗的大事忘了呢？"说完，问军法官："按军法该判庄贾什么罪？"军法官回答说："过时不到，应当杀头！"庄贾一听害怕了，赶忙叫人去向齐景公求情。可是，还没等求情的人回来，田穰苴已经下令把庄贾杀了。过了一会儿，齐景公派来的使臣驾车冲进军营，要求免了庄贾的罪。田穰苴说："大将领兵打仗，国君错误的命令可以不听。"接着又问："对闯进军营的人，应该怎么处治？"军法官说："应该杀头。"田穰苴说："国君派来的使臣是不能杀的。"他下令杀了使臣驾车的马。

　　这一来，全军上下谁也不敢违抗他的命令，上了战场都拼命杀敌。燕晋两国军队打不过齐军，也害怕田穰苴，慌忙撤退。齐军把失去的大片土地全部收复了。

　　田穰苴严格按照规章制度，下令把庄贾杀了，从而凝聚了军心，得到大家的拥戴，最终打败了入侵的齐国大军，这不得不说是法治的力量。

# 第三十章

**【原文】**

　　以道佐人主者，不以兵强天下，其事好还<sup>①</sup>。师之所处，荆棘生焉。大军之后，必有凶年<sup>②</sup>。善有果<sup>③</sup>而已，不敢<sup>④</sup>以取强<sup>⑤</sup>。果而勿矜，果而勿伐，果而勿骄，果而不得已，果而勿强。物壮<sup>⑥</sup>则老，是谓不道<sup>⑦</sup>，不道早已<sup>⑧</sup>。

**【注释】**

①其事好还：用兵这件事一定能得到还报。还，还报、报应。

②凶年：荒年，灾年。

③善有果：指达到获胜的目的。果，成功之意。

④不敢：帛书本为"毋以取强"。

⑤取强：逞强，好胜。

⑥物壮：强壮，强硬。

⑦不道：不合乎于"道"。

⑧早已：早死，很快完结。

**【译文】**

　　依照"道"的原则辅佐君主的人，不以兵力逞强于天下。穷兵黩武这种事必然会得到报应。军队所到的地方，荆棘横生，大战之后，一定会出现荒年。善于用兵的人，只要达到用兵的目的也就可以了，并不以兵力强大而逞强好斗。达到目的了却不自我矜持，达到目的了也不去夸耀骄傲，达到目的了也不要自以为是，达到目的却出于不得已，达到目的却不逞强。事物过于强大就会走向衰朽，这就说明它不符合于"道"，不符合于"道"的，就会很快完结。

【解析】

老子厌恶战争，并认为战争属于"不道"的范畴，也就是违反"道"的规则的行为。宇宙自然按照逻辑定律箭头"一"的"道德"规则运行下去，人类也是这个整体箭头的一个部分。但是，人类进程又可以作为一个相对独立的箭头来看待，也就是说，人类整体过程也就是一个箭头而已，且也有其自身相对独立的"道德"。宇宙自然的"道德"的特征是"无思无虑"，无所谓意志。人类的"道德"却相反，是"思虑"的结果。人类认识到了宇宙的逻辑规律，便可以进一步对这个规律加以利用，使自身的整体箭头的内涵得到不断丰富。也就是说，人类的整体"道德"是保持自身整体箭头的良性发展趋势，并尽可能地使箭头的时间内涵得到增加。为了达到这个目的，人类的"道德"应该做到使当前的人处于恰到好处的生存状态，同时也使今后的人可以处于恰到好处的生存状态，让良好的生存条件延续下去。而战争恰恰破坏了当前人们的良性生态，且由于物质的滥用和环境的破坏使后人没有良性生态，甚至有可能造成人类整体箭头的终止和毁灭。所以说，战争是不道德的行为。

"以道佐人主者，不以兵强天下，其事好还。"

用大道来辅佐君主的将领，不以武力逞强天下。以武力逞强天下的人，是野蛮的霸权行径，必遭报应。因为以强凌弱，是垂涎他人领土和财富的不道行为，一定会遭到正义力量的反抗。

第二次世界大战时期，日本军国主义者侵略周边国家，偷袭珍珠港，犯下滔天罪行，结果还报的是两颗原子弹，日本人民也因之遭受了深重的灾难。

"师之所处，荆棘生焉。大军之后，必有凶年。"

战争是残酷的，不但使受害国生灵涂炭、田地荒芜，而且也损失了本国大量的人力物力。战后的国力疲惫状况非一朝一夕所能复原。

"善有果而已，不敢以取强。果而勿矜，果而勿伐，果而勿骄，果而不得已，果而勿强。"

善于用兵的人，能达到用兵的目的，取得要取得的成果也就可以了，决不敢以武力去逞强。"不敢以取强"表明战争是防御性的，而不是野蛮的侵略行为。"取强"是乐于杀人，是有道者所不能忍受的。正确的行为是：取得了战果，不可自尊自大；取得了战果，不可自我炫耀；取得了战果，不可骄横；战果的取得，是出于迫不得已；取得了战果，就不可再用武力来逞强。这是真正的用兵之道，是保守战果的具体策略，体现的是仁慈之德。

"物壮则老，是谓不道，不道早已。"

国家一旦强大就走向衰退，这是不懂得用兵之道。不懂得用兵之道，国家就会过早地衰亡。国家由强变衰，以至于灭亡，都是因为统治者不明道而贪得无厌所致。富国强兵，在于维护和平，抵御邪恶。若是自恃国强兵威去逞强黩武，大开杀戒，则是不道行为，不道的结果必然是国家过早地衰亡。

本章是老子的军事思想和战争理论。强兵的目的在于预防，以确保国家和平发展，而不是用来侵略。老子反对侵略，绝不是反对一切战争。就一国而言，人民群众面对反动统治和阶级压迫，有反抗的权利和革命的自由。革命就需要战争，只有战争，才能解决矛盾，实现国泰民安之目的。至于国与国之间，则应感之以德，交之以道，从而实现共同的利益，切不可诉诸武力。用兵之道是治国之道的重要组成部分，所以，经书中的许多章节都体现了用兵之道，以至于许多人误认为《道德经》是一部兵书。

## 【证解故事】

### 故事一：

有道的人成就功果就适可而止，不敢执取功果而强梁霸道。不把功果作为凭恃，不借功果而张扬夸耀，不恃功果而骄慢待人，只把功果作为情非得已的必需，并不因此而强霸天下。要知道，事物强壮了就难免趋于老化，这是不合于道的，不合于道总是自速其亡。

在这段话里，老子告诉我们一个很重要的道理，就是适可而止的重要性。

有智慧的人，明了世事如浮云瞬息万变的道理，不过，世事的变化并非毫无规律，而是穷极则返，循环往复。《周易·复卦·象辞》中说："复，其见天地之心乎！""日盈则昃，月盈则食。"老子将这种周而复始的自然变化概括为"反者道之动"，也就是说，人生变故，犹如环流，事盛则衰，物极必反。

生活既然如此，安身立命就应该讲究恰当的分寸，过犹不及，恰到好处的是不偏不倚的中和。基于这种认识，我们就不难明了"物壮则老，是谓不道，不道早已"的道理。这句话老子反复强调过，也就是说凡事要适可而止，留有余地，避免走向极端，特别是在权衡得失进退的时候，务必注意这一点，不能"恃果而骄，恃果而强"。

《菜根谭》里说"花看半开，酒饮微醺"，这是一种境界，古诗也有云"美酒饮教微醉后，好花看到半开时"。酒饮微醺，正得其醺醺然然的快感，若是狂饮烂醉，超过了微醺的度，那接下来不仅感受不到酒的好处，反而会头痛、呕吐，在生理上遭受痛苦。还有的人喝醉了之后会做出一些平日清醒时绝对不会做的事，说错话，这就不仅仅是个人生理上的痛苦了，还会给其他人带来麻烦。

而花看半开，自然，花未开时领略不到它的美，而花若全开也就离凋谢之期将近，最美便是半开时，就像是妙龄少女，尚未尽褪孩童稚气，却又未曾沾染成人的风尘，正是半开之花最美之时。

做人要有一种自惕惕人的心情，得意时莫忘回头，着手处当留余地。宋朝李若拙因仕海沉浮，作《五知先生传》，谓安身立命当知时、知难、知命、知退、知足，时人以为智见。反其道而行，结果必适得其反。

但是君子好名，小人好利，人们往往为各色欲望所驱使，身不由己，只知进不知退，得意处张扬跋扈，全然不会未雨绸缪。

长孙无忌是唐太宗李世民的宠臣，他早年追随秦王李世民打仗，多有战功，屡有升迁。而且他的妹妹是李世民的结发妻子，贤良淑德，世人敬仰。有这两层关系在，李世民对长孙无忌是非常信任和重用的。

在李世民登基后，长孙无忌受封齐国公，但他从不倚仗自己的身份而骄横行事，每言大事必反复思量，然后方徐徐陈进。有人说他太过谨慎，长孙无忌就说："身为重臣，当自知厉害，慎对宠恩。我若倚仗皇上垂爱,不知检点,乱进谏言,一来对皇上不敬,二来也会由此失去皇上的信任,怎敢大意呢?"

有一次,在朝会上商议讨伐突厥的事,有人借突厥发生内乱之机,主张发兵讨伐,以成大功。长孙无忌听后却久久不发一言,唐太宗就问他的意见:"你足智多谋,相信此事自有明断。你不作声,可是另有打算吗?"

长孙无忌见皇上相询,这才上前应对说:"此事臣以为不可征伐。"

唐太宗很奇怪,说:"你从前一向主战,今何致此呢?"

长孙无忌说:"动止之间,全在变化,焉能不变呢?从前突厥与我为敌,不伐不行。如今突厥刚与我结盟,伐之失信,毁我天威。再说夷狄今已内乱,无力再侵我朝,这正是我朝求之不得的好事,何必多此一举呢?如果一兴刀兵,徒增烦恼不说,恐怕祸患将生,于我大唐有弊无利,故不应出兵。"

唐太宗接受了他的谏言,说道:"动止之祸,你已言透了。朕若贪恋全功,只怕终有抱憾。"唐朝不攻突厥,突厥感恩戴德,最后归顺了唐朝。

这里长孙无忌说明了两个道理:一个是事情是不断发展变化的,对同一件事情的处理方式要根据它的变化而有所不同,要因地因时制宜;另一个就是要适可而止,表面上看来唐朝正占了有利时机,可是如果因此而冒进讨伐突厥,后果却是自损大唐的威名,让其他附属国家认为唐朝不重结盟的诚信,也就会失去归顺的想法,从这一点来看大唐的损失要比得到的更多。

后来长孙无忌的权力过大,以至于许多人都不断上书攻击他。唐太宗没有猜忌他,却把这些表文直接拿给他看。长孙无忌背生冷汗,坚持辞官,还泣泪说:"陛下信任于臣,可是臣也不该让陛下为难。臣为国做事,本不在意身任何职,倘若为了那些身外之物而令天下猜忌,却非臣之所愿了。"

唐太宗一口回绝。长孙无忌忧心更甚,对自己的家人说:"我虽然表面上受到尊崇,可实际上已经处在风浪中了。这个时候,若不知退让,只是倚仗皇上撑腰,只怕他日有悔。"他的家人反对说:"皇上不准你辞官，别人又能把你怎么样呢？他们嫉恨你，难道就让他们得逞吗？你也太软弱了。"这就是世俗的看法，不明白物壮是不合于道的。

长孙无忌说："只进不止，只能授人以柄，时间一长，皇上也会疑心。何况既是皇上厚爱于我，我又何必为了那些虚名而自树强敌，招惹祸端呢？"在他的坚请辞官下，唐太宗只好解除了他的尚书右仆射之职，但仍让他主持门下省的事务。长孙无忌还是推让，唐太宗下诏说："黄帝因为得到了力牧，才能成为五帝中第一个帝。夏禹因为得到咎繇，才能成为三王中第一个王。齐桓公因为得到了管仲，才成为五霸中第一个霸主。我得到了你，才平定了天下，你不要再推让了。"

唐太宗还亲自作了一篇《威凤赋》赐给他，以表彰他的功绩。长孙无忌深感其诚，这才勉强留在朝中。此事传出，人们对他的攻击也就戛然而止了。

由此可见，在身处繁盛时期尤其不能恃果而骄，因为事物是在不断转变的，今天的繁盛可能就是明天的衰败，谁也不能保证自己永远在一个永胜不败的境地里，所以要适可而止。

**故事二：**

古人告诫我们：做事勿待极致，用力勿至极限，悬崖撒手，适可而止，才能确保平安。做事是这样，生活上也该如此。"花要半开，酒要半醉"，才能享受到其中的真正乐趣。反之假如酒喝到烂醉如泥，不但不是快乐反而是受罪。所以，我们要学会控制自己的欲望，以免乐极生悲。

年羹尧，字亮工，汉军镶黄旗人，进士出身，颇有将才，多年担任川陕总督，替西征大军办理后勤。年羹尧早年已为皇四子胤禛（雍正）集团成员，还将妹妹送给胤禛当侧福晋，以表对主子的亲近和忠心。隆科多是孝懿仁皇后的兄弟，既任步军统领，又是国舅之亲，十分受康熙的器重，后来果然成为康熙病中唯一的顾命大臣。

雍正与二人交结，当然有自己的良苦用心。康熙末年，由于太子被废，诸皇子见机，都加紧忙于争夺嗣位的斗争。胤禛暗地里自然也着力较劲。他很清楚，除了用精明务实的办事能力博取父皇的信任外，必须集结党羽，拉拢拥有兵权的朝中重臣，所以极力拉拢隆科多和年羹尧。隆科多统辖八旗步军五营二万多名官兵，掌管京城九门进出，足以控制整个京城局势。而年羹尧辖地正是胤禵驻兵之所，可以牵制和监视胤禵。西安又是西北前线与内地交通的咽喉所在，可谓全国战略要地，所以后来史家也认为："世宗之立，内得力于隆科多，外得力于年羹尧。"

雍正即位之初，隆科多和年羹尧执掌政治大权，恩宠有加。当胤禵被召回，年羹尧即被授命与掌抚远大将军印的延信共掌军务。未及半年，雍正帝又令将西北"俱降旨交年羹尧办理"。雍正元年十月，青海厄鲁特罗卜藏丹发生暴乱，雍正帝又任命年羹尧为抚远大将军。年羹尧也不负圣恩，率师赴西宁征讨，平定成功，威震西南。雍正帝加封年羹尧一等公爵。

雍正不但对年羹尧加官晋爵，赠予权力，还关心其家人，把他的家人也笼络到极致。甚至把年羹尧视作"恩人"，当对年羹尧"共倾心感悦，若稍有负心，便非朕之子孙也；稍有异心，便非我朝臣民也"。又口口声声对年羹尧说："从来君臣之遇合、私意相得者有之，但未得如我二人之耳！总之，我二人做个千古君臣知遇榜样，令天下后世钦慕流涎就是矣。"这类甜言蜜语，出自皇帝之口，很少听得到。

雍正就这样以其过分的姿态、肉麻的言语哄蒙、迷惑着年羹尧。年羹尧却蒙在鼓中，真以为有皇帝把他当知己，他也就以皇帝老子为后台，居功恃傲、骄肆蛮横起来。年羹尧凯旋还京，军威甚盛，盛气凌人。雍正亲自到郊外迎接，百官伏地参拜，年羹尧却没有因此而丝毫感动，与雍正并辔而行。这时雍正心中甚是不快，做臣子的怎么能如此放肆，便开始对他感到厌恶。雍正三年四月，皇上仅以年羹尧奏表中字迹潦草和成语倒装，就下诏免其大将军之职，调补杭州将军，以解除兵权。而臣僚们见年羹尧失宠，便纷纷上奏，检举揭发年的种种违法罪行。此时雍正又听说年羹尧在西北之时，曾与胤禵等人有所交往，密谋废立等谣传，生性猜忌的雍正便决意处置年羹尧。

最后议政大臣等罗列了年羹尧几条罪状，拟判死刑，家属连坐。雍正以年羹尧有平青海诸功，令其赐死自裁。其父年老以免死，子年富立斩，其余十五岁以上男子俱发往广西、云南极边烟瘴之地充军。族人全部革职，有亲近年家子孙之人，也以党附叛逆罪论处。

隆科多的命运与年羹尧都是一样的。在雍正即位之初，备极宠信，授吏部尚书，加太保、赏世爵。隆科多亦恃恩骄肆，多为不法。年羹尧狱起，隆科多起而庇护，却激起龙颜大怒，被削去太保衔、诏夺世爵。雍正四年初，被罚往新疆阿尔泰充军，其妻子家属也被流放成奴。家人牛伦被折。雍正五年十月，又以家中抄出私藏玉腰带，诏调回革职查问。接着被拟罪名达一百一十项，雍正下旨，将隆科多下狱，永远禁锢。当年的冬天他就病死在了狱中。

所以，我们要吸取教训，做事适可而止。

**故事三：**

齐景公时，齐国出了一位军事家叫穰苴。因他曾任司马之职，所以后人称他为司马穰苴。穰苴武力过人，技艺超群，逐渐被提拔上来，做到司马，带兵出征。

出征前，穰苴对齐景公说："臣下出身低贱，被擢于军旅之中，难以服众，还请君上派您的宠臣和在国内有威望的人来做监军。"景公听他说得有理，为了帮助穰苴增加威望，以利于带兵打仗，就派了自己最宠信的庄贾去监军。穰苴知道庄贾一向恃宠弄权，对自己瞧不起。为了团结出战，他来到庄贾府上，向他报告了出征的准备情况，约定了出征的时间和集合的地点。庄贾傲慢地点点头，表示知道了。

第二天正午，约定的时间到了，出征将士们都集合在西门外校场上。但一等二等，就是不见监军庄贾的车马。穰苴按原定时间整顿队伍，宣布了出征军法，并派人去庄贾府上催监军前来。原来，齐国的某些大臣听说庄贾要出征，都相约了在西门里酒肆中为庄贾送行，以讨好这位景公的宠臣。庄贾喝得脸红脑涨，早把出征的事丢在脑后了，直到有人来催，才想起此事。又喝了几杯，才昏沉沉地上车前去集合。

众将士等在那里，早过了一个时辰。穰苴心中大怒，知道今天若不惩治一下这个监军，以后自己就难以号令众将士，军队就会失去战斗力。于是，当庄贾歪倚在车上到来时，他大喝一声，命人把他拉下车来，回头问执掌军法的军正说："按照军法，约定了日期而不到达的，应该怎样？"军正说："该斩！"穰苴立刻命人把庄贾推出去斩首。庄贾一听，酒吓醒了，大喝："穰苴妄为，敢斩君上宠臣。"庄贾手下人一看大事不好，忙跑回城去报告景公。穰苴哪管庄贾喊叫，命人把他杀了，并传头颅到三军面前示众。三军将士一见这位新司马如此法纪严明，都吓得小心行事。

再说景公接到报告，忙派使者前去军中说情。使者急急忙忙驱车至军中，哪知一到便被穰苴派人抓了起来。穰苴又问军正："军中不驰，违犯者应怎样治罪？"穰苴按军法斩杀了使者的仆人和驾车的驷马。三军将士见新司马连国君的使者也按法严办，更加害怕了，决心今后小心听令。这样，齐军在穰苴的治理下，成了一支纪律严明、作战勇猛的军队，使景公时期出现了中兴的局面。

穰苴为整顿军纪，不畏权贵，拿违犯军纪的国君宠臣开刀，取得了敲山震虎的效果，加强了军队的纪律性。

相反，如果穰苴没有严明的纪律作为约束，那么整个军队就如一盘散沙，后果是可想而知的。所以同理，作为一个企业也要有一定的规章制度来约束员工，达到最优的管理水平。

# 第三十一章

【原文】

夫兵者<sup>①</sup>，不祥之器。物或恶之<sup>②</sup>，故有道者不处。君子居则贵左<sup>③</sup>，用兵则贵右。兵者，不祥之器，非君子之器。不得已而用之，恬淡<sup>④</sup>为上，胜而不美。而美之者，是乐杀人。夫乐杀人者，则不可得志于天下矣。吉事尚左，凶事尚右。偏将军居左，上将军居右。言以丧礼处之。杀人之众，以哀悲<sup>⑤</sup>泣之。战胜，以丧礼处之。

【注释】

①夫兵者：兵者，指兵器。夫，作为发语词。

②物或恶之：物，指人。意为人所厌恶、憎恶的东西。

③贵左：古人以左为阳以右为阴。阳生而阴杀。尚左、尚右、居左、居右都是古人的礼仪。

④恬淡：安静，沉着。

⑤哀悲：一本作"悲哀"。

【译文】

兵器啊，是不祥的东西。人们都厌恶它，所以有"道"的人不使用它。君子平时居处就以左边为贵，而用兵打仗时就以右边为贵。兵器这个不祥的东西，不是君子所使用的东西，万不得已而使用它，最好淡然处之，胜利了也不要自鸣得意，如果自以为很了不起，那就是喜欢杀人。凡是喜欢杀人的人，就不可能得志于天下。喜庆的事情以左边为上，凶丧的事情以右方为上，偏将军居于左边，上将军居于右边，这就是说要以丧礼仪式来处理用兵打仗的事情。战争中杀人众多，要用哀痛的心情参加，打了胜仗，也要以丧礼的仪式去对待战死的人。

## 【解析】

"夫兵者，不祥之器。物或恶之，故有道者不处。"

越是性能优良的兵器，就越富有杀伤力。喜欢那些兵器的人，都是不知爱惜生命的人。有道之士爱人如己，所以不去使用。

"君子居则贵左，用兵则贵右。"

君子，是修道之士。因其道未成，故功夫上次于有道之士。君子平时占据位置贵左侧，用兵之时则贵右侧。古人以左为上位，以右为下位。

"兵者，不祥之器，非君子之器。不得已而用之，恬淡为上，胜而不美。而美之者，是乐杀人。夫乐杀人者，则不可得志于天下矣。"

自古仁者得天下，乐于杀人的人，是不会得到天下人拥护的。得不到天下人的拥护，其宏伟志向就不会实现。

"吉事尚左，凶事尚右。偏将军居左，上将军居右。言以丧礼处之。杀人之众，以哀悲泣之。战胜，以丧礼处之。"

之所以把用兵之道当作凶事来对待，并采用相应的措施，目的是以慈悲为怀，尽量避免杀伤。这体现了用兵者的仁德。有仁德者，可以得志于天下。

本章论述的是用兵之道，由三部分组成：第一部分说明兵器是凶器，有道者不使用它们。第二部分说明修道之君子，用兵若无仁德，不可得志于天下。第三部分则强调了用兵的策略和心态，体现了仁慈之德，这是得志于天下的必要条件。

## 【证解故事】

做人应当宽宏大量，要有广阔的胸襟，不要紧紧抓住别人的错误或缺点不放，如果是这样，只能证明自己人品的卑劣，而且也表现了自己狭隘的胸襟。能宽容待人，能容许人家犯错误，同样能造福于自己和别人，从而避免给自己带来麻烦。

**故事一：**

西汉初年，天下已定，有功之臣都在等待，总希望能有个好结果，有的已等待不及，早就在那儿争论功劳大小了。刘邦觉得，也该到了封赏之时了。封赏结果，文臣优于武将。功臣多为武将，对于这样的结果颇为不服，其中尤其对萧何封侯地位最高、食邑最多一事，最为不满。于是，他们不约而同，找到刘邦对此提出质疑："臣等披坚执锐，亲临战场，多则百余战，少则数十战，九死一生，才得受赏赐。而萧何并无汗马功劳，徒弄文墨，安坐议论，为什么封赏他最多？"

刘邦说："诸位总知道打猎吧！追杀猎物，要靠猎狗，给狗下指示的是猎人。诸位攻城克敌，却与猎狗相似，萧何却能给猎狗发指示，正与猎人相当。更何况萧何是整个家族都跟我起兵，诸位跟从我的能有几个族人？所以我要重赏萧何，大家不要有什么不满的了。"

大多功臣还是在纷纷议论，但毕竟与萧何无仇，对此事再不满也就算了。

一天，刘邦在洛阳南宫边走边观望。只见一群人在宫内不远的水池边，有的坐着，有的站着，一个个看去都是武将打扮，在交头接耳，像是在议论着什么。刘邦好生奇怪，便把张良找来问道："他们在做什么呢？"张良不假思索地说："这是要聚众谋反呢！"

刘邦一惊："为何要谋反？"张良却很平静："陛下从一个布衣百姓起兵，与众将共取天下，现在所封的都是以前的老朋友和自家的亲族，所诛杀的是平生自己最恨的人，这是非常令人望而生畏的。今日不得受封，以后难免被杀，朝不保夕，患得患失，当然要头脑发热，聚众谋反了。"

刘邦紧张起来："那将如何是好？"张良想了半晌，才提出一个问题："陛下平日在众将中有没有造成过对谁最恨的印象呢？"

刘邦说："我最恨的就是雍齿。我起兵时，他无故降魏，以后又自魏降赵，再自赵降张耳。张耳投我时，才收容了他。现在灭楚不久，我又不便无故杀他，想来实在可恨。"张良一听，立即说："好！立即把他封为侯，才可解除眼下的人心浮动。"

刘邦对张良是极端信任的，他对张良的话没有提出任何疑义，他相信张良的话是有道理的。几天后，刘邦在南宫设酒宴招待群臣。在宴席快散时，传出诏令："封雍齿为什邡侯。"

雍齿真不敢相信自己的耳朵。当他确信无疑真有其事后，才上前拜谢。雍齿封为侯，非同小可。那些未被封侯的将吏和雍齿一样高兴，一个个都喜出望外："雍齿都能封侯，我们也不顾虑什么了。"

事情果真如张良所预计，矛盾也就这么化解了。

**故事二：**

陈襄是北宋神宗时的一名官员，此人才学丰富、聪明能干，是位为官一任造福一方的贤良之辈。曾担任某县主簿，代理县令职务。

这一天，有人匆匆赶到县衙呈报：他家里昨夜遭到了偷窃，家财损失严重。陈襄问清案发的前后经过，初步认定为附近人所盗。所以，他没有派差役赴现场勘查，也没有拟定怀疑对象，而是发下令牌，将附近街弄游手好闲之人，犯有前科的小偷全部捕进衙内，予以审查。

形形色色的嫌疑犯们，男女老少、高矮胖瘦均有。他们一进大堂，便咋咋呼呼地嚷开了：有人高喊冤枉，有人满嘴骂娘，有人哭天喊地，还有哀求陈青天明鉴的……总之他们都显得理直气壮，都认为陈襄拘捕他们不对。

陈襄并不动怒，他平心静气地看着嫌疑犯们，温和地说："本官认为，盗贼就在你们其中，委屈你们来这里，也是不得已而为之。为了不冤枉好人，本官请你们做一件事。"嫌疑犯们你看看我，我看看你，大睁惊奇之眼，静听下去："附近有座庙，庙里有台大钟，它神奇无比，能明辨是非。做坏事者一摸它就会发出敲击声，没做的任怎样摸它，也不会出声。谁是此案的罪犯，一摸便知。"说完，陈襄让差役押着嫌疑犯们前往古庙。

到达大庙，陈襄吩咐差役在大殿上的香炉上置好香，他领着下属朝大钟三跪九拜，口中念念有词，一副虔诚求问的恭敬样子，令嫌疑犯们先怵了几分。祭祀完毕，他又叫人用帷幕将大钟严实地裹盖好，看起来像一帧硕大帷幕。当一切安排妥当后，陈襄命令道："现在你们依次进入帷幕摸钟！"众嫌疑犯都被这阵势震住了，他们老老实实地鱼贯而入，又鱼贯而出。陈襄等最后一个出来后，喊道："好了！现在大家摊开手掌让我查验。"嫌疑犯们列队有秩序地从陈襄面前走了过去。这时，他指着一个矮胖子，怒喝道："来人呀！把这人抓起来，打入监牢听审！"矮胖子急切地叫喊："你冤枉好人，我摸钟时根本没有出声！凭什么说我是盗贼？"陈襄冷笑道："你偷了别人的东西，做贼心虚，害怕大钟出声，所以没去摸它！"矮胖子不服："我分明摸了！你在幕外我在幕里，怎么知道我没摸？"陈襄哈哈大笑："钟上涂有墨，别人摸了，手上都有墨迹，不信你看看？"

这矮胖子窥视了一下众人，见大家都举着手看，并一个劲地嚷自己有墨。他无奈地看着自己的手，才明白这是陈襄的圈套。其实钟根本不会响，自己怎么不摸它一下呢？矮胖子后悔得不得了，只好束手就擒，认罪伏法。

陈襄善用计谋，使凶手自己露出了马脚，这就是聪明才智的作用所在。所以我们要从小培养自己的才干，把它应用到身边的小事上，顺利地解决我们遇到的问题。

**故事三：**

周瑜在赤壁大破曹操后，乘胜北进要攻取南郡。忽报刘备派人送上贺礼。听来人说刘备、诸葛亮屯兵油江口，也有夺取南郡的动向，周瑜心中大惊，便以回礼为名，与鲁肃率三千名骑兵径奔油江口而来。

周瑜到达油江口见刘备军容整齐，阵势雄壮，心中不安。刘备、诸葛亮将周瑜接入帐中，设宴招待。谈到军情，刘备说："听说都督要攻取南郡，特来帮助。如果都督不要，我一定要占领。"

周瑜笑道："我东吴一直想吞并汉江，南郡已在我手心之中，为什么不要？"

刘备说："胜败可不一定。只怕周都督拿不下吧。"

周瑜说："我如果拿不下，那时由您去拿下。"

刘备说："鲁肃、孔明两位先生在此做证，都督不要反悔。"

周瑜说："大丈夫一言既出，驷马难追。"

诸葛亮笑道："都督这个话说得十分公正。先让你们东吴去取，如拿不下，主公去取，有什么不可以！"

周瑜、鲁肃告辞后，刘备埋怨诸葛亮道："刚才先生教我这么说了，可转念一想，很是不对。目前我们没有立足之地，急切要得到南郡，如果叫周瑜取了，我们岂非一场空？”

诸葛亮说：“主公不必忧虑，尽管让周瑜去厮杀，早晚我叫主公在南郡城中高坐。”

刘备说：“你有什么妙计？”

诸葛亮附耳低语：只要如此如此。

刘备大喜，只在油江口屯兵不动，以待时机。

原来诸葛亮对攻取南郡的整个战局发展过程已了然在胸：料定曹操败回许都前，必定对南郡有所安排，求胜心切的周瑜必然中计吃亏。同时也料定，周瑜毕竟不是等闲之辈，吃了败仗一定会想办法报复。好，让他们双方拼杀吧，我在旁边可以乘虚取利。

果然，战争按照诸葛亮的预见进行着。周瑜先是引诱曹仁劫寨，用伏兵将曹军杀得落花流水，得意扬扬地率部直取南郡。不料，当他来到城下时，却见城上布满旌旗，刘备的大将赵云威凛凛地站立在南郡城头，说：“周都督不要怪罪，我奉诸葛亮军师之命，已占领了此城。”

周瑜大怒，命部下攻城。城上乱箭射下，周瑜只得气咻咻暂回营寨。谁知探子又来报告：“诸葛亮得了南郡，又派人冒充曹仁专使调荆州曹军来救南郡，却叫张飞乘虚袭取了荆州。”一会儿，又一探子来报告：“夏侯惇在襄阳，被诸葛亮派人拿了兵符，假称曹仁求救，引诱夏侯惇率军出城，却叫关云长乘虚偷取了襄阳。”

诸葛亮乘周瑜和曹仁往来厮杀损兵折将之际，略施小计，兵不血刃地连夺了南郡、荆州和襄阳。周瑜气得大叫一声，箭疮崩裂。

无论如何，周瑜都是一代名将，气宇轩昂，何必一定要与诸葛亮一争高下，结果自己反倒受牵累。“既生瑜，何生亮”的执着害苦了这位戎马一生的将领，致其英年早逝。

# 第三十二章

【原文】

　　道常无名，朴①。虽小②，天下莫能臣③。侯王若能守之，万物将自宾④。天地相合以降甘露，民莫之令而自均⑤。始制有名⑥，名亦既有，夫亦将知止，知止可以不殆⑦。譬道之在天下，犹川谷之于江海⑧。

【注释】

①无名、朴：这是指"道"的特征。

②小：用以形容"道"是隐而不可见的。

③莫能臣：臣，使之服从。这里是说没有人能臣服它。

④自宾：自将宾服于"道"。宾，服从。

⑤自均：自然均匀。

⑥始制有名：万物兴作，于是产生了各种名称。名，即名分，即官职的等级名称。

⑦不殆：没有危险。

⑧犹川谷之于江海：之于，流入；一说正文应为"道之在天下，譬犹江海之与川谷"。

【译文】

　　"道"永远是无名而质朴的，它虽然很小不可见，但天下没有谁能使它服从自己。侯王如果能够依照"道"的原则治理天下，百姓们将会自然地归从于它。天地间阴阳之气相合，就会降下甘露，人们不必指使它而会自然均匀。治理天下就要建立一种管理体制，制定各种制度确定各种名分，任命各级官长办事。名分既然有了，就要有所制约，适可而止；知道制约、适可而止，就没有什么危险了。"道"存在于天下，就像江海，一切河川溪水都归流于它，使万物自然宾服。

## 【解析】

"道常无名，朴。虽小，天下莫能臣。侯王若能守之，万物将自宾。"

大道属于心灵的世界，是人的外部感官无法感觉到的，所以说"无名"。朴，是灵魂的化身，是自我之"法身"；朴是闪电，可以劈开乌云，驱逐黑暗，迎来光明；朴是惊雷，可以斩除一切妖魔鬼怪。朴为"婴儿"，既真实而又虚幻，可由天门自由出入，故说"小"。朴"虽小"，却能聚能散，聚则成朴，散则为器，变化无穷，奥妙莫测。朴一旦修成，自然"富贵不能淫，贫贱不能移，威武不能屈"。

由治身之道扩展到治国之道，治身之朴，就是治国之法，"朴虽小"，是就法律文本而言。朴是自然的、纯真的，社会法律也必须是正义而神圣的。它是全民意志和利益的体现。法律面前人人平等，任何人都不能居于法律之上——"天下莫能臣"。统治者如果能够真正依法治国，天下人民将自然宾服。

"天地相合以降甘露，民莫之令而自均。"

"天地相合以降甘露"，对应的是"政通人和，物阜民丰"。一个国家的法律制度如果真正体现了人民的意愿，物质文明自然水到渠成。"民莫之令而自均"，反映的是人类向往不已的大同世界。大同世界的到来，是政治文明和精神文明相互作用、共同发展的结果。超越历史发展的自然过程，主观地搞平均主义是不会实现大同世界的。

"始制有名，名亦既有，夫亦将知止，知止可以不殆。"

法律的制定之初，具有详细、具体的内容条款。通过宣传学习，人们就具备了法治观念。那些不能遵纪守法的人，就会受到法律的惩罚。但是，法律的制定，并不是以惩罚为目的，而是本着治病救人的原则去规范、约束人们的思想行为，从而减少社会犯罪，维护社会安定。立法是手段，止法才是目的，只有让法律和道德统一起来，并最终以道德代替法律，社会才能真正太平。止法的具体措施就是"行不言之教"。

"譬道之在天下，犹川谷之于江海。"

这是强调个人因素与社会因素、小气候与大气候之间的相互关系。

本章以治身之道印证治国之道,辩证地说明了道与法的关系。天下有道,法虽立而人无犯;天下无道,则"法令滋彰,盗贼多有"。这如同治水,立法是堵,修德是疏。堵与疏必须相结合,只堵不疏,堤坝必垮。

## 【证解故事】

"道"是天下的真正主宰,道所主宰的天下可以像溪水河流都流归于江海一样自然统合,并像天地普降甘露一样均衡。道是无形的,和光、同尘、无色、无味,不能用感觉器官来证明它的存在。天地万物都受其支配,可是不但毫无知觉,而且皆以为自然。

虽然有的人能够认识并理解"道"的存在和运行规律,但是大多数人仍然对其知之甚少,甚至根本不相信它的存在。这是因为"道"总是处在不为人知的默默无闻的状态中,所以在寻常人眼中它显得太藐小了,简直不值得关注。

虽然如此,但是在天地万物之中没有谁能够让"道"向自己臣服,事实上天地万物没有不受它的支配的。因为"道"就是天地万物内在运行的变化,即使想脱离也不能够。如何理解"道"的既大又小呢?在《三国演义》中曹操有一段话可以为注解,他说:"龙能大能小,能升能隐;大则兴云吐雾,小则隐介藏形;升则飞腾于宇宙之间,隐则潜伏于波涛之内。"老子所说的"道"正是这样的。

故事一:

东汉时期,吴祐在任新蔡县县令时,有人给他出了很多点子治理百姓,吴祐却无一采纳。他说:"现在不是措施不够,而是措施太多。每一任知县都强调己能,朝令夕改,百姓无所适从啊。"

于是,吴祐不仅不提出新的主张,而且废除了原有的许多不合理的规章。他召集百姓说:"我这人没有什么本事,凡事要依靠你们自己的努力,只要有利于发展生产的,你们尽可按照自己的方法去做,有什么困难可以随时来找我。"吴祐不干涉百姓的生产生活,又严命下属不许骚扰百姓。闲暇的时候他整日在县衙中写字看书,过得十分轻闲。

有人将吴祐的作为报告给了知府,说他不务公事,偷懒放纵。知府就把他找来责问,吴祐解释说:"新蔡县之所以贫穷困顿,是因为从前的县令约束太多，才造成今天这种局面。官府重在引导百姓，取得他们的信任，没有必要凡事躬亲，把一切权力都抓到自己手里。我这样做是想要调动他们的积极性，让百姓休养生息，进而达到求治的目的。我想不出一年，您就可以看到效果了。"

一年之后，新蔡县果然面貌一新，粮食产量有了大幅增长，社会治安也明显好转。知府到新蔡县巡视之后，对吴祐说："古人说无为而治，今日我是亲眼见到了。从前我错怪了你，想来真是惭愧。"

吴祐的无为而治不是消极的，他是针对从前的弊端而制定的全新措施，是顺应了"道"的规律，看似无为，实则是内含道理的。之前的几任知县不顾这种道理，而想以自己的方式强加上去，结果使得原本可以正常运转的变得混乱了，结果也就导致了百姓的贫困。

汉惠帝即位的第二年，相国萧何病重。汉惠帝亲自去探望，问他将来谁来接替他合适。萧何不愿意发表意见。汉惠帝又问他："你看曹参怎么样？"萧何和曹参早年都是沛县的官吏，跟随汉高祖一起起兵。曹参虽然身经百战，但是到了晚年却专修黄老之术，讲清静无为之道。平时与人无忤，与世无争，生活非常恬淡。虽然两个人关系一般，但是萧何知道曹参是个治国的人才，所以汉惠帝一提到他，他也表示赞成，说："陛下的主意错不了。有曹参接替，我死了也安心了。"

曹参本来是个将军，汉高祖封长子刘肥做齐王的时候，叫曹参做齐相。那时候，天下刚安定下来，曹参到了齐国，召集齐地的父老和儒生一百多人，问他们应该怎样治理百姓。这些人说了一些意见，但是各有各的说法，不知听取哪个才好。

后来，曹参打听到当地有一个挺有名望的隐士，叫盖公，便把他请了来，向他请教。这个盖公是相信黄老学说（黄老就是指黄帝、老子）的，主张治理天下的人应该清静无为，让老百姓过安定的生活。曹参依了盖公的话，尽可能不去打扰百姓。他做了九年齐相，齐国所属的七十多座城都比较安定。

萧何一死，汉惠帝马上命令曹参进长安，接替做相国。曹参还是用盖公清静无为的办法，一切按照萧何已经规定的章程办事，什么也不变动。有些大臣看曹参这种无所作为的样子，有点着急，也有的去找他，想帮他出点主意。但是他们一到曹参家里，曹参就请他们一起喝酒。要是有人在他跟前提起朝廷大事，他总是把话岔开，弄得别人没法开口。最后客人喝得醉醺醺地回去，想提的意见还都没说出来。

汉惠帝看到曹相国这副样子，认为他是倚老卖老，心里很不高兴，也感觉挺不踏实。曹参的儿子曹窋，在皇宫里侍候惠帝。惠帝嘱咐他说："你回家的时候，找个机会问问你父亲，高祖归了天，皇上那么年轻，国家大事全靠相国来主持。可您天天喝酒，不管事，这么下去，怎么能够治理好天下呢？看你父亲怎么说。"

曹窋回家把惠帝的话一五一十跟曹参说了一遍。曹参非常生气，他骂道："你这种毛孩子懂得个什么，国家大事也轮到你来啰唆。"说着，竟叫仆人拿板子来，把曹窋打了一顿。曹窋莫名其妙地受了责打，非常委屈，回宫后向汉惠帝诉说了此事。

第二天，曹参上朝的时候，惠帝就对他说："曹窋跟你说的话，是我叫他说的，你打他干什么？"曹参向惠帝请了罪，接着说："请问陛下，您跟高祖比，哪一个更英明？"汉惠帝说："那还用说，我怎么能比得上高皇帝。"曹参说："我跟萧相国比较，哪一个能干？"汉惠帝不禁微微一笑，说："好像你不如萧相国。"曹参说："陛下说的话都对。陛下不如高皇帝，我又不如萧相国。高皇帝和萧相国平定了天下，又给我们制定了一套规章。我们只要按照他们的规定继续办，不要失职就是了。"汉惠帝沉吟道："你说得也有道理。"

曹参用他的黄老学说，做了三年相国。由于那时候正在长期战争的动乱之后，百姓需要安定，他那套办法没给百姓增加更多的负担。因此，当时有人编了歌谣称赞萧何和曹参。历史上把这件事称为"萧规曹随"。

在现实生活中，我们常见到一些新上任的管理者，为了表现自己的能力，并显示自己与前任不同，总是急急有所作为。但事实证明，这种急于求成不顾原本的运行规律的做法往往是欲速则不达的，其原因就是他们违背了无为而治的管理原则，想以个人的力量去使事物运转的规律臣服。

**故事二：**

王莽做了皇帝之后，天下已经相当混乱。汉武帝以来一直标榜的三纲五常也不起作用了。朝中有些大臣位高权重，在朝廷和地方都不服约束，骄横得不可一世。见此情景，王莽决心大力打击，压下他们的气焰。

王莽首先颁布法令，凡报告权臣过失的一律受到提拔。有很多人曾深受权臣之害，听到这个法令，纷纷上书王莽揭发权臣的罪恶。像赵博、费兴等人因此受到王莽赞赏而得到重用。王莽规定，公卿大夫进出皇宫，随从多少按官阶有所限制。太傅平晏有次入宫，带的随从人数超过了规定，门卫长坚持不放。平晏恼羞成怒，心想你这小小门官竟敢驳我皇帝师傅的面子，让心腹把门卫长捆起来，得意扬扬地进入宫中。门卫长哭着把这件事报告给王莽，王莽听了大为恼火，天子殿前臣，官前大三级，太傅竟敢如此无礼。王莽早准备刹他们的威风，立刻派人率兵包围了太傅宅第。平晏开始还不知出了什么乱子，后来听说王莽为门卫长而大动干戈，又惊又怕，只得把心腹送了出去。王莽当即下令将平晏的心腹处死。太傅等人再也不敢横行霸道了。

不久，又发生了一件事。大司空王邑的部下路过奉常亭，亭长大声呵斥他。官吏倚仗是大司空手下，抬出大司空来压亭长。不想亭长胆大不信邪，又喝了点酒，竟然坚持要看证件。官吏一股怒气直冲头顶，拿出铁锤砸向亭长，亭长一闪身躲了过去，情急之下拔刀杀了官吏。看见官吏倒在血泊中，亭长才突然惊醒，自己一个小小亭长，竟杀了大司空的手下，大司空如果知道了，哪会放过自己！亭长吓得藏了起来，各县都发出了通缉令。

亭长家里的人认为这事儿冤枉，就给王莽上书，详细陈述了事情的经过。王莽清楚，那些官吏平时横行惯了，不守国法，才出了这样的事。于是下令："亭长奉公守法，无罪，通缉令撤销。"大司空王邑听到王莽的命令，感到了王莽的压力。他把手下人召集起来，训斥了一番，并警告他们以后本分些，别到处招摇。他又以司空的身份，正式向亭长道歉，批评自己对部下约束不力，这场风波才平息下去。此后，权贵们都收敛了气焰。王莽通过这两件事，打击了权臣，树立了威望。

这个故事告诉我们，必须要有严格的管理制度，企业或组织才能够正常地运行，要不然就会乱成一团。

# 第三十三章

## 【原文】

知人者智，自知者明。胜人者有力，自胜者强①。知足者富，强行②者有志。不失其所者久，死而不亡③者寿。

## 【注释】

①强：刚强，果决。

②强行：坚持不懈，持之以恒。

③死而不亡：身虽死而"道"犹存。

## 【译文】

能了解、认识别人叫作智慧，能认识、了解自己才算聪明。能战胜别人是有力的，能克制自己的弱点才算刚强。知道满足的人才是富有人。坚持力行、努力不懈的就是有志。不离失本分的人就能长久不衰，身虽死而"道"仍存的，才算真正的长寿。

## 【解析】

"知人者智，自知者明。"

这一句看似浅显易懂，其实老子向我们展示的是极其深奥的道理。老子强调指出能够理解判断外人和外物的人，只能称其为拥有世间的庸俗智慧，而通过外事外物反观自己，从而悟出生命的本来面目的人，才配称为有大智慧，也就是明。

"胜人者有力，自胜者强。"

这是老子《道德经》中的名言，它指出人生当自知、自胜、自强。能够战胜自我的人，是具有天地之志者，具有这种意志的人，必定有战胜一切困难的力量源泉。它拨云见日般地指出了人们在生活中经常失败的根源所在——不能胜己。

"知足者富，强行者有志。"

有着丰富的内心世界的人，是与"道"为伍的，既有美妙的精神世界，又有充实愉快的现实生活，自然感到满足。相反，那些失去了心灵的人，内心是空荡、迷茫的，只能把心思寄托于外在的个人名利上。然而，没有心灵做依托的欲望，是永远不会满足的，这就是人生痛苦的根源。有着坚强意志的人，并不是为了自我名利而拼搏的人，而是心存大道、甘守真朴、无执无失、豪情满怀的人。这样的人的人生必然是欢快、幸福的。正如基督所说，有圣灵和你相伴，你还有什么不满足的呢？

"不失其所者久，死而不亡者寿。"

人生的目的，无不是为了幸福、健康、长寿。人们追求幸福、健康、长寿，却忽视了心灵的自由，反而导致生命早夭。那些真正懂得厚生的人，始终关怀的是内在的心灵，是以有形养"无形"，而不是以有形养有形，因此却获得了相对长久的生命。更有那些一生为了人民的人，虽肉体死亡了，但他们的英灵永存，这样的人才是真正长寿的人，因为他们的英灵是属于人民的，人民永存，他们的英灵永存。

本章是老子对有道者的高度赞扬，指出人生当自知、自胜、自强。唯有如此，才能实现天地之志，并与世长存。

## 【证解故事】

### 故事一：

要做一个"明"人，最关键的一点就是要看到自己的长处，找准自己的位置。当然，位置的高下有时也是相对的。

如果你一直向上看，就会觉得自己一直在下面；如果你一直向下看，就会觉得自己一直在上面。如果一直觉得自己在后面，那么你肯定是一直在向前看；如果一直觉得自己在前面，那么你肯定是一直在向后看。

目光决定不了位置，但位置却永远因为目光而不同。关键是，即使我们处于一个确定的位置上，目光却仍然可以投往任何一个方向。

只要我们安心于自己的位置，那么周围的一切就会以我们为中心，或是离我们而去，或是冲我们而来，或是绕着我们旋转，或是对着我们静默；如果我们惶惶不可终日，始终感到没有一个合适的位置，那么周围的一切就都会变成主人。我们得跑前跑后地侍候着，我们得忽左忽右地奉承着，我们得上蹿下跳地迎合着，我们得内揣外度地恭维着。

　　位置本身没有多少差别，但不同位置上的人在审视同一个物体时却往往会有不同的印象。

　　在一个地方待久了，便想去一个新的地方，生命大抵如此。正是因为太熟悉了，也便忽略了它的美。当我们到了对岸，才知道原来我们待着的地方，也是那样的美丽。

　　在演员的位置上时，就要学会表演；在观众的位置上时，就要学会欣赏。社会是个大舞台，而我们却总是分不清我们到底是在表演还是在欣赏。或许，生活本来就是要我们以观众的心态去表演，以演员的心态去欣赏；或许，这正好能够检验一个人随时调整与适应的能力。

　　很多人士的成功，首先得益于他们根据自己的特长来进行定位。如果不充分了解自己的长处，只凭自己一时的兴趣和想法，那么定位就很不准确，有很大的盲目性。

　　歌德一度没能充分了解自己的长处，树立了当画家的错误志向，害得他浪费了十多年的光阴，为此他非常后悔。

　　查理·卓别林刚刚参加拍电影的时候，导演让他模仿德国当时一名著名的喜剧演员，可他表演得一直都不出色，直到找出了属于他自己的戏路，才成为举世闻名的喜剧大师。

　　美国女影星霍利·亨特一度竭力避免被定位为短小精悍的女人，结果走了一段弯路。后来幸亏经纪人的引导，她重新根据自己身材娇小、个性鲜明、演技极富弹性的特点进行了正确的定位，出演《钢琴课》等影片，一举夺得戛纳电影节的金棕榈奖和奥斯卡大奖。

　　在欧文·柏林与乔治·葛希文两人相识的时候，柏林已是有名望的作曲家，而葛希文还仅是个每星期只能赚三十五块钱的无名小卒。柏林非常欣赏葛希文的才华，愿付三倍的价钱聘请他为音乐助理，但同时又说："你最好别接受这份工作，否则你可能会变成一个二流的柏林；假如你秉持本色努力奋斗下去，你会成为一个一流的葛希文。"葛希文牢记柏林的忠告，努力奋斗，最终成为了美国当代著名的音乐家。

遗传学家说：人的正常的、中等的智力由一对基因决定。另外还有五对次要的修饰基因，它们决定着人的特殊天赋，起着降低智力或升高智力的作用。不管怎么说，人的这五对次要基因总有一两对是"好"的。一般人总有可能在某些特定的方面具有良好的天赋与素质。既然如此，我们每个人都应该努力根据自己的特长来设计自己，量力而行。根据自己的才能、素质、兴趣、环境、条件等，确定进攻方向。不要埋怨环境与条件，应努力寻找有利条件。

胡适考取官费留学后，他的哥哥为他出国送行时说："贤弟，家道中落，你出国要学些有用之学，帮助复兴家业，重整门楣。你去学开矿或造铁路吧，这些学科比较容易找到工作。千万不要学没有用的文学、哲学之类没饭吃的东西。"当时胡适回答哥哥："好的。"开船后，胡适在船上想，自己对开矿没兴趣，对造铁路也不感兴趣，干脆采取一个折中的办法，学有用的农学吧，也许这将来对国家社会有些贡献。于是他学了一年农学，虽然每门课成绩还不错，但他对这些没有兴趣，决定转系重新选课。这时他又犯难了，选课用什么做标准听哥哥的话？看国家的需要？还是凭自己的爱好？最后他还是根据自己的兴趣选择了文学和哲学。

胡适终于以文学和哲学成为著名大家。若当初他违心地听了哥哥的话，选择了当时容易找到工作的开矿和造铁路专业，也许胡适将终生默默无闻。

胡适认为，选择科系时只有两个标准，一个是"我"，一个是"社会"。看看社会需要什么，国家需要什么，中国现代需要什么，但这个标准——社会上三百六十行，行行都需要，现在可以说三千六百行，从诺贝尔得奖人到修理马桶的，社会都需要，所以社会的标准并不重要。因此，在给人生定位的时候，便要根据自己的特长来确定。

胡适还打了一个比方：譬如一个有作诗天才的人，不进中文系学作诗，而偏要去医学院学外科，那么文学院便失去了一个一流的诗人，而医疗界却添了一个三四流甚至五流的饭桶外科医生，这是国家的损失，也是他自己的损失。这真是一个妙喻。

胡适成为文学和哲学大家，与他当初给自己定位不无关系，当他修正了人生定位时，命运也发生了改变。

**故事二：**

如果说影响人生成功最大的障碍是物质方面的客观因素，那么，那些白手起家的企业家、那些身处困境而大有作为的人就不会在历史中存在；细心体味影响人生成功的最大障碍应该与老子说的不谋而合——自己。

人生虽然面对着各种各样的艰难困苦，然而这些困苦并不能使那些拥有坚强意志、坚信自己能够成功的人俯首称臣，相反地，这些人用坚强的意志克服了物质甚至生理上的障碍，揭开了自己人生光辉的篇章。

有一位老师，他带领的班级在学校所有的竞赛中总是名列前茅，有人向他取经，他走到黑板前写下两个大字："不能"。然后问全班同学："我们该怎么办？"

学生们马上高高兴兴地大声回答："把'不'字擦掉。"

是的，这就是答案了，擦掉"不"字，"不能"就变成"能"了。

不仅仅是这些学生，即使我们也需要这样的教导，我们必须随时提醒自己，把"不"字去掉，只要"能"，这就是我们获胜的秘诀。如果"不能"这个词在心中扎根，最终你会发现，即使是从事你擅长的事业，也会在激烈的竞争中败下阵来。

一个人生活在世上，要面对的东西有很多，烦恼、朋友、敌人……在对外界事物应对自如的时候，我们往往忽略了一个最重要的对手——自己。于是有了这样一个难题：有人能轻易打败敌人，却不能战胜自己。

有一位上大学的年轻人，一天他忽然发现，当时大学的教育制度存在许多弊端，便马上向校长提出。他的意见没被接受，于是他决定自己办一所大学，自己当校长来消除这些弊端，让教育体制更适合学生们的发展。

话说起来简单，然而办学校至少需要一百万美元。上哪儿去找这么多钱呢？等这位年轻人毕业后去挣，那太遥远了。

于是，这位年轻人每天都在寝室内苦思冥想如何能有一百万美元。同学们都认为他有神经病，做梦天上掉钱来。但年轻人不以为然，他坚信自己可以筹到这笔钱。

终于有一天，他想到了一个办法。他打电话到报社，说他准备筹备一个演讲会，题目叫"如果我有一百万美元怎么办"，想让报社给予支持。报社被这个异想天开、然而却创意独特的想法打动了，决定在报纸上给这位有创意的年轻人以支持。

在一切准备就绪之后，演讲会如期举行了，他的这一演讲创意吸引了许多商界人士的参与。面对台下诸多成功人士，年轻人在台上全心全意、发自内心地说出了自己的构想。

当演讲结束以后，一位叫菲利普·亚默的商人站了起来，说："年轻人，你讲得非常好。我决定给你一百万，就照你说的办。"

就这样，年轻人用这笔钱办了亚默理工学院，也就是现在著名的伊利诺伊理工学院的前身。而这个年轻人就是后来备受人们爱戴的哲学家、教育家冈索勒斯。

年轻时候的冈索勒斯并没有因为别人的讥讽、资金的缺乏而放弃自己的梦想，相反地，他拥有了坚定的信念，积极地思考解决方法，最终获得了人生的成功，可以说这也是自胜者的成就。

历史上自胜的成功者比比皆是：文王被拘而演《周易》，屈原放逐乃赋《离骚》，司马迁遭宫刑依然完成了历史巨作《史记》；中国人民志愿军虽然武器装备不足，然而却打败了飞机加大炮的美国佬；新中国成立初期贫穷落后的中国，靠自己的努力依然爆破了"蘑菇云"……

古人云："胜己者赢天下。"对于现代人来说也是如此，好吃懒做的思想令人们眼高手低；意志薄弱的心理常常令人们浅尝辄止。如果人们能够体会到老子这一"自胜者强"的智慧，切实地战胜自己的懒惰、坚强自己的意志，那么任何人都不会再像从前一样只能感受失败的苦果，同样能面露微笑地品味成功的甘甜了！

俗话说，"困难像弹簧，你弱它就强"。我们每走一步都会遇到困难，感受到困难的威胁和压力。如果我们一味退缩，困难就会变大、变大……直至我们主动放弃，这样的结果只有一个——失败；相反地，我们如果充满了"赢"的力量，让成功的渴望战胜苦难的恐惧，困难就会越来越简单，简单得只要我们去做就能克服，就能成功！

# 第三十四章

## 【原文】

大道汜<sup>①</sup>兮，其可左右。万物恃之以生而不辞<sup>②</sup>。功成而不有<sup>③</sup>，衣养<sup>④</sup>万物而不为主<sup>⑤</sup>。可名于小<sup>⑥</sup>；万物归焉而不为主，可名为大<sup>⑦</sup>。以其终不自为大，故能成其大。

## 【注释】

①汜：同"泛"，广泛或泛滥。

②辞：言辞，称说。不辞，意为不说三道四，不推辞、不辞让。

③而不有：不自以为有功。

④衣养：一本作"衣被"，意为覆盖。

⑤不为主：不自以为主宰。

⑥小：渺小。

⑦大：伟大。

## 【译文】

大道广泛流行，左右上下无所不到。万物依赖它生长而不推辞，完成了功业，办妥了事业，而不占有名誉。它养育万物而不自以为主，可以称它为"小"；万物归附而不自以为主宰，可以称它为"大"。正因为它不自以为伟大，所以才能成就它的伟大，完成它的伟大。

## 【解析】

"大道汜兮，其可左右。万物恃之以生而不辞。功成而不有，衣养万物而不为主。"

道体至精至微，其性至静至虚、至真至纯、至诚至信。万物无不生成于道，万物在，大道在，所以，大道充满宇宙，遍布天地，无处不有，无所不在，可以说是大道在左右着万物。万物依赖它生长壮大，它却不推辞职责。万物生长有成，它却不认为自己有功。泽及万物却不做万物的主宰。

天覆为衣，地载为养，天覆地载，万物化生。大道衣养万物，却不主宰万物，万物的命运全靠自己来把握，顺道则生，违道则亡。人为万物之灵，应该发挥人类特有的能动性，去认识大道，更好地把握自己的命运。

"可名于小；万物归焉而不为主，可名为大。"

道隐形匿迹，从不自我炫耀以求显赫和伟大，而是默默无闻。尽管功成万物，衣养万物，却不为万物所知，这可以说是形体的微小。也正因为守小、无欲，才得以永葆纯真；万物有成皆归功于大道，大道却不主宰万物，而是给万物以平等和自由。这种无私精神，可以说是形象的伟大。也正因为无私，才显示道性的伟大。这是宇宙万物和谐有序的根源。

"以其终不自为大，故能成其大。"

圣人的伟大在于效法大道，甘守无为，永葆纯真，诚信有加，无私无欲，志在奉献，不图回报。总之，圣人以大道之性为德，才有了圣人的伟大。

本章以大道之性印证圣人之德，论证了小与大的辩证关系。说明统治者只有不自高自大，甘守平凡，一切效法大道，才能够成就他的伟大。


## 【证解故事】

### 故事一：

至高无上的道，恩泽博大如海、无所不至，可普及于或左或右的各种领域。万物依靠它才得以欣欣向荣，道不偏不倚，不居功亦不占有。道之本体不伎不求，可以说是微不足道。而道之影响所及，万物都以其为依归，故而其大无极。正因道不自以为大，所以才能充塞宇宙之间，大至无极。

天地之大，以无为心；江海之大，以虚为本。因以善处下才能接受得更多，虚己接物就能容纳万物，继而成就其大。这是一种因果相继的关系。我们做人处世也是如此，唯有谦逊谨慎，不骄傲自满，不倚势横行，才能够得到别人的尊重，才能够圆融于世，才能够不争而胜，才能够充盈自我。

所以，真正做善事的人，不会留下自己的名字，也不会到处去宣扬，但是别人会因此更加敬重他。真正有学问的人，不会四处彰显自己的学富五车，也不会贬低别人的见解，但是别人会更加认同他。真正有能力的人，不会喋喋不休谈论自己的功绩，也不会故意出风头抢功劳，但是别人会更加赞赏他。

因为他们不自以为是，不认为自己就是大的、好的、强的，所以他们的"大"才是真正令人钦服的"大"。

"以其终不自为大"，故而有虚己之量，足以容纳世界，从小处来说也能保全自身。

有的人身处高位而倚仗权势，以为自己可以横行天下，结果引来杀身之祸，胡惟庸、和珅就是这样。有的人有学问而不谦虚，以为自己可以恃才傲物，有竹林之风，结果身首异处，祢衡、陆成秀就是如此。有的人积财而不散，贪恋世俗的金银珠宝，以为这就是得到一切的途径，结果祸患不请自来，沈季、徐百万就是这样。

东汉明德马皇后（39—79年），是伏波将军马援的小女儿，扶风茂陵（今陕西兴平东南）人。

在马援死后，公元52年，年仅十三岁的小女儿被选入太子刘庄的宫中。刘庄是皇后阴丽华所生，深得光武帝的宠信。马氏入宫后，悉心侍奉阴皇后，一举一动都合乎封建礼法的要求，待人又和蔼可亲，与宫中上下都相处得十分融洽，因此深得阴皇后的喜爱。公元57年，光武帝刘秀去世，太子刘庄即帝位，即汉明帝，封她为贵人。公元60年，大臣们联名上奏，请立皇后。明帝去问阴丽华皇太后，皇太后说："马贵人德冠后宫，即其人也。"

马氏当上皇后以后，依然保持勤奋、恭谨、俭朴的本色，衣服很朴素。

马皇后不仅为人恭谨朴素，悲天悯人，而且很有处理国家政务的才能。有时明帝在宫廷上遇到公卿大臣难以裁决的事，便回到后宫试着让马皇后解决。马皇后为他深入地分析事情原委，并提出解决方法，弥补了许多朝政上的缺陷，明帝也总是听从。虽然马皇后如此受到明帝的敬重，但却从未提及过自己的家事，也没有趁机为自己的亲属要求封赏。

马皇后真正是能够虚己的人，不因自己是皇后之尊而肆意妄为，而且还能够约束亲属，不让他们做出不合礼度的事情，这是非常难能可贵的。虚己处世，千万求功不可占尽，求名不可享尽，求利不可得尽，求事不可做尽。这样不居功自恃，才能成其大道。

**故事二：**

有的人，在无意中获得了一件心爱的宝物，或办成了一桩得意的事情，往往爱在人前炫耀一番。这种炫耀久而久之就变成了一种卖弄，这样一来，别人知道自己拥有了宝物肯定会投以赞赏和羡慕的眼光，而且自己还因为有这样一件宝物，时常为办成一件小事而沾沾自喜。

就算是功绩盖世，也会因居功自傲而前功尽弃。无论是"矜"还是"悔"，其实人生就是一个"悟"字。就是要悟到真正的生存智慧，就是要认识到自己应该为什么而活着。面对世人的称颂，面对荣华富贵，如果你以为这些就是人最终的追求，一旦拥有了这些，就自足自骄起来，那就是自己把自己的功业断送掉了，甚至还会走向反面，对世人犯下悔亦不及的大罪过。古往今来，多少人在"骄傲"的问题上栽了跟头，出了问题。

有时候虚荣可以帮助我们，成为我们生命的动力；我们为了私欲而贪图虚荣，虚荣可以害我们，成为我们生命的累赘。因此不要带着这些负累去面对你漫长的人生之路。以一颗轻松、纯净的心去面对，那时我们就会发现，我们的人生路上充满了阳光。我们要像元代王冕《题墨梅》诗中说的那样："不要人夸好颜色，只留清气满乾坤。"

任何情况下都必须把自己的位置摆正。即使立下盖世奇功，成为天下崇拜的英雄，假如自己产生自傲的念头，不但功劳会在自傲中丧失，还会招来无妄之灾。切记："骄矜无功，忏悔灭罪。"与大家一起分享好东西，把自己拥有的好东西露给别人看一看，把自己的得意之事说给别人听一听，也没有什么不可以的，也没有什么不好的；但是，如果炫耀的心理太炽热，想听好听、奉承和赞美之话的渴望太强烈了，人就陷入了"卖弄"之歧途。而这种卖弄有时就像是毒药，会让你上瘾，最后把做人的本性失去。

爱卖弄的人总是故意要显露某些东西，企盼获得他人的喝彩，以满足自我的虚荣之心。这种人生状态虽不会给人带来什么灾难，但却常常引发他人的厌恶，甚至鄙视，且易养成自我骄傲自满的心理，这极为不可取。

曾经有一位农夫，拾到一个非常脏的卢布。有人对他说："只要你愿意，我们就用三大把五分的硬币跟你调换。""不！"农夫想，"我一定要让你们出价更高。如果我略施小计，你们会争着抢着出大价钱来买哩！"于是他找了铅粉、树皮和砂纸，先把金卢布在砖上磨着，再用树皮刮着，然后用砂纸和铅粉擦着。最后，金卢布变得金光闪亮，可是却没有人要，因为它的重量减轻了，价值自然也就降低了。

在现实生活中，类似老农的人很多。我们往往把各种徒有其表的时髦当成典范。因此，当你为质朴的灵魂撕去粗野的外表时，千万不要糟蹋了他们善良的品质，而只落得虚有其表的光彩，到头来不但品质没有提高，反而以糟粕代替了精华。虚荣心很强是好卖弄的人的特点。虚荣是我们心灵深处的魔鬼，使我们变得自负，误以为自己很了不起，可事实上并非如此。有些人私底下常常十分无奈，但还是拼命想出风头，结果什么也得不到。一旦真相大白，他们便无地自容，失去信心，放弃了使自己重新振作起来的机会，到头来，虚荣带给他们的只有失败。其实，这些人是在玩儿一场注定要失败的赌博游戏，他们将变成一个固执己见的人，最终只能连连碰壁。

**故事三：**

公元 29 年（东汉光武帝建武五年）。耿弇受光武帝刘秀的派遣，去征讨东部割据势力张步，然而耿弇首先要消灭的敌人是张步的部将费邑。

费邑老谋深算，用兵一向谨慎。他屯兵历下拒敌，历下城池坚固，依山临水，易守难攻。强攻取胜肯定行不通，于是耿弇召集部将商议作战策略。

"将军，对费邑我们只能引蛇出洞，然后加以围歼。"一个部将说。"我们如何才能做到引蛇出洞呢？""可以用围魏救赵的战法。我军首先……"那位部将侃侃而谈。他的战术恰与耿弇心里盘算的不谋而合，因此便付诸实施。

而费邑的策略是，屯兵历下，待机而发。他知道耿弇是个不可小觑的劲敌。所以一切须得谨慎从事。费邑命令部队，日夜修筑工事，加固营垒，要全体将士做好长期坚守的准备。

一日，费邑正在军中巡视。忽然，一位偏将赶来禀报说：俘虏了一批耿弇的人。"将军，听那些俘虏回来说，耿弇将攻打巨里。"（巨里是费邑的弟弟费敢据守的地方）费邑兄弟俩自幼感情深笃。"这定是耿弇的迷军之计，妄图把我们调虎离山。不要轻信这些俘虏的话。关照下属，不得随意散布流言。"费邑下达了命令。

可是，几天后，费邑派出去的密探来报：耿弇的兵马聚集于巨里外。他们看到耿弇每天命令士兵砍伐城外堑壕的树木准备填塞巨里，积极做着攻城的准备工作。诸如云梯之类的攻城器械，耿弇军兵也准备得差不多了。

"这些都是耿弇制造的假象，我们不要去理它，我军的主要任务还是加固工事，囤积粮草。"费邑虽然仍然给下属这样的命令，可心里也确已起疑：难道耿弇真要先攻打巨里？

"报——报告！"一位隐藏在耿弇军中的坐探赶回来向费邑报告，"将军，巨里城费敢将军已情势危急，今天上午我在耿弇军中亲耳听到了光武帝命令耿弇三天后攻下巨里的圣旨。""哦，真有此事？"费邑问。"小的亲耳所闻，千真万确，如有差错，愿受极刑。"坐探急忙回答。"再等等看。"费邑已经在改变自己的看法了。

可是，不到三天，费邑又接了弟弟费敢十万火急的求援信。信中说："巨里若亡，历下岂能独存？请兄火速领兵驰援。"至此，费邑才明白巨里已危在旦夕了。于是，亲率三万大军赶去救援。

然而，部队还没有接近巨里，便陷入了耿弇的重围之中。等到费邑幡然悔悟时，却为时已晚。费邑慨然长叹："我到底还是上了耿弇的当，我不如他啊！"事实上，耿弇准备攻打巨里是假，把费邑牵引出来是真。费邑最终还是断送了三万兵卒，也断送了自己。

凡事只有沉得住气才能获得最后的胜利，所以耿弇笑到了最后。问世间几经沉浮，谁是真正的英雄，也许我们要感叹命运的戏弄，成功和失败往往是一步之遥，也许再坚持一下，你就是那最后的一个。

**故事四：**

南北朝后期，北方一片混乱，各派割据势力互相残杀，扩大自己的力量。到北魏后期，尔朱兆控制了北魏政权，朝中大事一切均出自其人之手。尔朱兆的部下高欢很有雄心，早就想脱离尔朱兆，发展自己的势力。但尔朱兆实力非常强大，如果公开对抗，高欢只能自取灭亡，因此高欢假装对尔朱兆忠心耿耿，一步步取得他的信任。

那时，并州的流民武装反抗尔朱兆，数量极多，力量强大，使得尔朱兆颇为头疼。尔朱兆向高欢问计，高欢故意说："应当派您的心腹去收编他们。"尔朱兆觉得有理，又问谁可担此重任。还没等高欢开口，大将贺拔允站出来说："我看高欢是最佳人选。"哪想到高欢听后，勃然大怒，当众将贺拔允痛打一顿，打得他满脸是血，门牙也掉了一颗。高欢一边打一边破口大骂："天下大事，只有大王能做决定。你是什么东西，竟敢胡言乱语。"尔朱兆看在眼里，美在心里，认定高欢对自己一片忠心，便派高欢去安抚流民。高欢到了并州，设计打败了流民，将十多万人都编入自己的军队，实力大增。后来，高欢又以并州发生灾荒为由，带领军队离开并州，到河北、山东一带，占领了大片土地，形成强大的割据势力。尔朱兆仍然对高欢非常信任，多次对他加封。

高欢实力进一步强大，公元531年，高欢认为可以和尔朱兆一决雌雄了，决定公开决裂。他先假传并州征兵的消息，挑起那里人们对尔朱兆的仇恨。大家公推高欢为主，反对尔朱兆。不久，高欢打败了尔朱兆的部将，乘胜追击，打进朝廷。高欢另立皇帝，自任大丞相，把持了朝中大权。与此同时，高欢调兵继续攻击尔朱兆，直逼得他兵败自杀。

高欢制造假象，骗取了尔朱兆的信任，逐步壮大了自己的实力，最终成就了大业。他死后，他的儿子建立了北齐。

# 第三十五章

## 【原文】

执大象<sup>①</sup>，天下往；往而不害，安平泰<sup>②</sup>。乐与饵<sup>③</sup>，过客止。道之出口，淡乎其无味，视之不足见，听之不足闻，用之不足既<sup>④</sup>。

## 【注释】

①大象：大道之象。
②安平泰：安，乃，则，于是。泰，平和、安宁的意思。
③乐与饵：音乐和美食。
④既：尽的意思。

## 【译文】

谁掌握了那伟大的"道"，普天下的人们便都来向他投靠，向往、投靠他而不互相妨害，于是大家就和平而安泰、宁静。音乐和美好的食物，使过路的人都为之停步，用言语来表述大道，是平淡而无味的，看它，看也看不见，听它，听也听不见，而它的作用，却是无穷无尽的，无限制的。

## 【解析】

"执大象，天下往；往而不害，安平泰。"

大象，即修道者所进入的真实不虚的灵明的境界。一旦进入这个境界，世间万物都会在这里出现。万物出现，我无害物之心，物无害我之意，自然能够镇定自若，泰然处之，相安无事。

圣人治国，"处无为之事，行不言之教"，营造了自然淳朴的社会风尚，天下有志之士自然就会慕道而来。对此，圣人没有国家和民族偏见，而是一视同仁。这样一来，社会就形成了各民族和睦相处的太平盛世景象。"安平泰"是政治文明和道德文明高度统一的象征。

"乐与饵，过客止。"

这里，老子所要教诲的是：人来到这个世界上，就像匆匆过往的旅客，不要被眼前一时的名利所诱惑。人的一生虽有几十年，乃至百年，但在历史的长河中，如同白驹过隙，稍纵即逝。所以，人生的真谛在于彻悟大道。只有彻悟大道的人，生命才有价值和意义。

"道之出口，淡乎其无味，视之不足见，听之不足闻，用之不足既。"

有形世界，无限风光。有形世界的万物，都因其独有的特性和具体的形象，让人可见、可听、可感、可嗅，因而可亲、可喜、可爱、可乐。

相比于"乐与饵"，道则不同。道是不为人的外官所感觉到的，若用语言来描述，实在是淡而无味。虽说用眼睛看不见，用耳朵听不到，但是，一旦获取大道，它的功用却是无穷无尽的。

本章旨在说明，认识大道是认识世界和改造世界进而实现人生意义的根本，切不可舍本逐末，背离大道，被眼前一时的名利所诱惑。否则，将得不到心灵的自由，不知人生之归宿。

## 【证解故事】

### 故事一：

明朝时期王阳明的观点是："人情诡诈多端，如果用诚信来抵御它，往往受到欺骗。想发觉人情的诡诈，自己就会预先揣度别人欺诈自己，会猜想别人不相信自己。逆诈应当是欺诈，臆不信就是不诚信。被人欺骗了，又不能察觉到。能够不事先怀疑别人欺诈，不故意猜想别人不相信，而又常常能预先知觉一切的，唯有光明纯洁的良知才做得到。但是，这里却有很微妙的差别，常常是背离知觉和暗合欺诈的事情多有发生。"

不逆诈，不臆不信，但是做到先知先觉，这是孔子就当时社会情况而言的。其时，许多人一门心思想去逆诈、去臆不信，反而使自己陷于欺诈不诚信。同时也有人虽不逆诈、不臆不信，但不懂得致良知的功夫，往往只受人欺骗，因此孔子有感而发，说了这番话。孔子的话并不是教人以此存心而一味去发现别人的欺诈和不诚信。

存心去发现别人的欺诈和不诚信，正是后世猜忌、险恶、刻薄的人所干的事。只要一有这个念头，就不能入尧、舜之道。不逆诈，不臆不信却被人欺骗的人，也还不失为善，但不如那些能致其良知、自然能预先觉知的人更贤明。你认为只有良知光明纯洁的人才能够这样，可见你已经领悟孔子话的宗旨了。

然而，这也只是你能领悟到，恐怕还不能在实际中落实吧！良知在人的心中，恒通万古，充塞宇宙，没有不相同的。这就是古人所说的"不学而能""不虑而知""恒易以知险""恒简以知阻""先天而天弗违，后天而奉天时，天且弗违，而况于人乎？"你所说的背离觉知而暗合欺诈的人，他虽然能不逆诈，但他也许不能真的自信。他也许常常有先觉的念头，但他却不能常有自觉。常常有求先觉的心，这就已经陷入了逆诈与臆不信，这样就可以蒙蔽他的良知了。这也就是他为什么背离良知而暗合欺诈的原因。

君子学习是为了自己，没有担心自己会受到欺骗，只是永远不欺骗自己的良知而已。所以，君子不欺骗，良知就没有虚假而能诚，良知诚就能光明。君子自信，良知没有疑惑而能光明，良知光明就能诚。明和诚互相促进，所以良知能常觉、常照。常觉、常照就如同明镜高悬，任何事物在明镜前不能隐藏其美丑。这是因为良知没有欺骗而诚信，也就不能容纳别人的欺骗，如果有了欺骗就能发现；良知自信而光明，也就不能容纳不诚信，如果有不诚信存在就能发现。这就叫作"易以知险""简以知阻"，也就是子思所说的"至诚如神，可以前知"。然而，子思说"如神"，说"可以前知"，还是说成了两件事，因为这是从思诚的功效上推论的，还是给不能预先觉知的人说。如果就至诚而信，那么，至诚就能无知又无所不知，就不必说"可以前知"了。

天就是良知，良知只是个判断是非的心，是非只是个好恶。知道好恶就穷尽了是非，穷尽了是非就穷尽了万物的变化。"是非"这两个字是个大规矩，能否灵活应用，只能因人而异了。

愚人的良知如同阻云密布的天气，贤人的良知如同有浮云的气象，圣人的良知如同晴空中的太阳。虽然昏暗的程度不同，但他们同样能辨别黑白。即使在昏暗的夜晚，也能隐约看出黑白，这是因为太阳的余光还未完全消失。在困厄中学习的功夫，也只是从这一丁点明亮处去精细省察。

**故事二：**

公元前 202 年冬，汉将韩信、英布、彭越等统大军三十万，围追项羽于垓下。项羽兵少粮尽，与汉军交战又未能取胜，于是便退入营垒固守。

这时汉军和诸侯的大军把项羽的军营重重包围起来，项羽在晚上听到营垒外四面八方都哼唱着楚歌，就大惊道："难道汉军已经全部得到楚国的土地了吗？为什么楚人这么多呀！"他连夜起身，在帐中饮酒，慷慨悲歌，泪下数行，侍卫也都低头流泪。项羽于是骑上他的名叫雅的骏马，部下壮士有八百多人骑马相随，当夜即突围往南奔去。

天大亮时，汉军才发觉，便命令骑将灌婴率五千名骑兵追赶。项羽渡过淮河，身边的骑兵能跟得上他的仅剩一百多人，到达阴陵后，项羽一行人马迷了路，就向一个农夫问路，农夫骗他说："往左"。项羽等向左急驶，不久却陷进了大沼泽地中，汉军因此追上了他们。项羽又领兵朝东逃去，到达东城，相随他的只有二十八个骑兵了，而这时汉骑兵追逐前来的有好几千人。项羽料想自己脱不了身，便对身旁的骑兵们说："我从起兵到现在，已经八年了，身经七十多次战斗，从未失败过，这才霸有了天下，但是今天还是被困在这里，这是上天要灭亡我，并不是我用兵有过错啊！今天定要一决生死，我愿为你们痛快地打一仗，一定斩杀敌将、砍倒汉旗，连接三次全胜，让你们知道是天要亡我，而不是我用兵的过错。"随即把他的人马分为四队，向四个方面冲击。但此时汉军已将他们重重包围。项羽便对他的骑兵们说："看我为你们杀他一员将领！"他命令骑士们从四面奔驰而下，约定在山的东边分三处会合。接着，项羽便大声呼喝着，策马飞奔而下，汉军随即都溃败散乱。项羽斩杀了一员汉将，这时，郎中骑杨喜追击项羽，项羽瞪着双眼大声吼骂他，杨喜人马都受到惊吓，竟退避了好几里地。

项羽便与他的骑兵们分三处相会合，汉军不知道项羽究竟在哪里，于是分兵两路，重又把他们包围了起来。项羽随即又开始奔驰冲杀，又斩杀了汉军的一名都尉，杀掉了汉军一百多人，重新聚拢了他的骑兵，查看一下，仅损失了两名骑士。项羽就对骑兵们说："怎么样啊？"骑兵们都敬服地说："正跟大王您所说的一样。"这时项羽已经到达乌江边上，乌江亭长把船停泊在岸边等着他，并对项羽说："江东虽然狭小，但是土地方圆千里，民众有几十万人，也足够您用以称王的了，望大王您火速渡江！现在这一带只有我有船，汉军到来，将无船渡江。"项羽笑着说："老天爷让我死，我还要渡江做什么呀！况且当年我与江东子弟八千人渡江西征，如今没有一个人跟着我归还，纵使江东父老怜爱我，仍然以我为王，我又有什么脸面去见他们啊！即便他们不说什么，我也无脸再见他们啊！"

于是就把自己所骑的骏马骓送给亭长，命令骑兵们都下马步行，手持短兵器与汉军搏战。仅项羽一人就杀死汉军几百人，项羽自己也身受十多处伤。这时项羽回头看见汉军骑司马吕马童，就说："你不是我的熟人吗？"吕马童面对着项羽，指给身边的中郎骑王翳说："这就是项羽！"项羽接着说："我听说汉王悬赏千金买我的头颅，得头颅者可分得享用万户赋税的封地，我就留给你一些恩德吧！"当即拔剑自杀，王翳随即取下项羽的头颅，其余的骑兵便互相践踏着争抢项羽的躯体，急抢中互为残杀的有几十个人。到了最后，杨喜、吕马童和郎中吕胜、杨武各夺得项羽的一部分肢体。五个人把项羽的肢体拼凑到一起，都对得上，因此他们分得了享用万户赋税收入的封地，五人都被封为列侯。

楚地全部平定了，唯独鲁县仍不归降。汉王刘邦准备统领天下的兵马，去消灭它。大军抵达城下，城中礼乐弦诵的声音传到城外，由于鲁县是信守礼义的故国，遵奉为自己的君主尽忠守节的礼义，汉军便拿出项羽的头颅给鲁县人看，鲁县父老这才投降。汉王用安葬鲁公的礼仪把项羽葬在谷城，并亲自为项羽发丧举哀，哭了一阵后才离去。对项羽的家族亲属一律不加杀害，还把项伯等四人都封为列侯，赐他们姓刘，把过去被掳掠到楚国来的百姓们仍划归他们统治。楚汉垓下之战，刘邦、韩信灵活应用了十面埋伏、四面楚歌之计，终于使得力可拔山、豪气盖世的西楚霸王兵败自刎，从而奠定了大汉王朝四百余年的基业。

楚霸王一世霸业，全都毁于一役。如果他当初能忍一时之气，可能会东山再起，这就告诫人们，要能忍人之不能忍，才能成就大事业。

## 故事三：

公元前314年，秦惠文王欲发兵攻齐，因齐楚结盟而不能如愿。于是，秦王即派张仪赴楚游说，以"离齐楚之党"。张仪入楚，得知楚怀王的宠臣靳尚，"在王左右，言无不从"。于是先以重贿于靳尚，然后去见怀王。张仪说，秦王派我来与贵国交好，可惜大王却与齐国通好，若大王与齐绝交，秦王愿把商於之地六百里献给楚国。贪利的楚怀王一听便动了心，他高兴地对张仪说："秦肯还楚故地，寡人何爱于齐？"此事遭到大臣陈轸的极力反对，已得利的靳尚却为之辩护说："不绝齐，秦肯与吾地乎？"楚怀王遂以相印授张仪，并赐其良马、黄金。之后就与齐断交，同时派使臣随张仪去秦国接受商于於地。张仪回秦都咸阳后，称病不出，等到离间齐楚之目的达到后，便向楚臣道出他的骗局，说献给楚王的土地是六里而不是六百里。楚怀王因此而恼羞成怒，于公元前312年派十万大军攻打秦国，结果兵败将亡，丢失楚地六百里，真可谓，偷鸡不成蚀把米，贪利不得反失利。

《军谶》曰："香饵之下，必有悬鱼。"军事作战的双方，无不是为利而战，也就容易为利所惑。而指挥战争，以谋取利，可以说是广大指挥员所共有的主观愿望。正如《兵经百篇·法篇》所云："行兵用智，必相其利。"但利与害总是密切相连的，"智者之虑，必杂于利害"。因此，辩证地看待利害，权衡利弊，趋利避害，既是每个指挥员必须经常把握的问题，更是决策者选择手段时应该把握的基本原则。一个优秀的政治家必须把握全局，对每一个军事行动都应兼顾利弊，在利思弊，在害思利，始终处于主动地位，而那些楚怀王式的贪利之徒，见利忘义，必然为利所惑，成为"贪饵之悬鱼"。以利诱之，使其就范，也是重要的政治谋略之一。古往今来，不乏其例。利令智昏，必然乱谋，从而上当受骗。

　　摆正个人对名利的追求的态度，不要利令智昏，耽误了自己的大好前途。树立正确的世界观和价值观，正确地对待利益和诱惑，才能正身修性。

# 第三十六章

## 【原文】

将欲歙①之,必固②张之;将欲弱之,必固强之;将欲废之,必固举之;将欲取③之,必固与④之;是谓微明⑤。柔弱胜刚强。鱼不可脱⑥于渊,国之利器不可以示人⑦。

## 【注释】

①歙:敛,合。

②固:暂且。

③取:一本作"夺"。

④与:给,同"予"字。

⑤微明:微妙的先兆。

⑥脱:离开,脱离。

⑦国之利器不可以示人:利器,指国家的刑法等政教制度。示人,给人看,向人炫耀。

## 【译文】

想要收敛它,必先扩张它;想要削弱它,必先加强它;想要废去它,必先抬举它;想要夺取它,必先给予它。这就叫作虽然微妙而又显明,柔弱战胜刚强。鱼的生存不可以脱离池渊,国家的刑法政教不可以向人炫耀,不能轻易用来吓唬人。

## 【解析】

"将欲歙之,必固张之;将欲弱之,必固强之;将欲废之,必固举之;将欲取之,必固与之;是谓微明。"

这里讲的是夺精补脑之术,又称调外药功夫,是用意念引导小周天功，目的是从肾腧引精气上升以济脑，具有延年益寿、返老还童之功效。《抱朴子》说："若年尚少壮而知还年（返老还童之术），服阴丹以补脑，采玉液于长谷者，不服药物，亦不失三百岁也。"

前三句概括了炼液化精、炼精化炁、炼炁化神的过程，后一句是对实践经验的总结。只有"与之"，才能"张之""强之""举之"；只有"夺之"，才能"歙之""弱之""废之"，不与则无以夺。"与之"是手段，"夺之"才是目的。由张、到强、到举，由歙、到弱、到废，也昭示了修炼道德功的循序渐进的自然过程。"废之"之日，即是道成之时。

"柔弱胜刚强。鱼不可脱于渊，国之利器不可以示人。"

这一节，是说精气之于身体的重要性，也是对修道者的具体要求。"男人修成不漏精，女人修成不漏经"。只有不脱、不漏，才能"根深蒂固，长生久视"。

《道德经》毕竟是一部根据练功实践来讲道的书，一切内容都是对练功实践经验的哲理总结。所以，我们不能总是根据语句的表面意思来强解其治国理论。

本章是夺精补脑之术，是道德功中最为重要的环节之一。释《道德经》的人，多据此章给老子戴上一顶阴谋家的大帽子，可谓千古奇冤。寻历史冤案，恐怕唯有老子蒙冤最深最久。


## 【证解故事】

### 故事一：

"鱼不可脱于渊，国之利器不可以示人。"揭示的正是老子小心谨慎方面的智慧。这是老子对众人的一个"得意时不要忘形"的忠告，说的是让人们在得势之后一定要居安思危，存在一定的隐患之心，才能让自己"得意"得更长久。

炎炎夏日，蚊虫肆虐，人们对此深恶痛绝。它们虽不易灭绝，但却容易捕杀，原因很简单，它们时常得意忘形，把自己推上死路。

如果仔细观察就会发现，有些蚊子在吸食人畜的血液时，在没有受到惊扰的情况下，它会一个劲地吸起来没完，直到飞不动或勉强飞往一处自认为安全的地方休息，安于享受成功。此时它们吃饱喝足的身体已变得迟钝，完全忽视了危险的存在，而这正是它们接近死亡的时刻，若这时想杀死它，已无须奋力拍打，只需轻轻一按，它们便一命呜呼。

蚊子的死是罪有应得，但它给我们的启示却是深刻的：一个人经历千辛万苦换来成功的甘果时，是手捧观之得意扬扬，还是保持冷静视之为过去，重新设定新的目标，并加倍努力实现之。选择前者，就选择了和蚊子一样的命运；选择后者，成功的甘甜将会始终伴随左右。

"得意时不忘形"在现实中更多地表现为懂得居安思危。其实，居安思危的道理人人晓得，但真正做起来，就没有几个人能贯彻始终了。人在安逸的环境中，总以为苦难远在天边；人在得意时，总认为快乐可以长久，那真是大错特错了，其实，一时的得意并不能说明自己以后便高枕无忧。

前秦皇帝苻坚刚上台时，做事谨慎，善于听取不同的意见。苻坚统一北方后，他变得自命不凡起来，他对大臣们说："我东征西伐，没有谁是我的对手。现在我准备征服晋国，一统天下，相信定会马到成功了。"

丞相王猛这时已死，他临终曾告诫苻坚不可伐晋。太子苻宏于是以王猛的遗言为由，劝谏苻坚说："从前王猛丞相主张不能对晋国用兵，是因为我国内部还不稳定，而晋国也无败亡之象。现在这种情况并没有太大的改变，父皇还是不出兵的好。"

苻坚说："我国正处盛时，这时候攻打晋国，不是最好的时机吗？现在国内大治，人心稳定，你说得一点也不对。"

对形势盲目乐观的苻坚决心开战，名僧道安急忙出来相劝。他说："皇上统一北方不久，人心并没有真正收附，许多不甘心失败者还蠢蠢欲动。现在皇上虽有百万大军，可有不少还是刚刚归顺的，他们的战斗力并不强大。皇上应当看到这些不利情况，万不可为表面的强盛所迷惑啊！"

道安说的都是实情，但苻坚听了却感到分外刺耳。心有异志的鲜卑人慕容垂为了自己的打算，极力拥护，苻坚伐晋的主张就这样轻率确定了。

事后，慕容垂对他的心腹说："苻坚狂妄自大，他是被先前的胜利冲昏头脑了。我怂恿他伐晋，一旦天下大乱，我们鲜卑人就能趁机复国了。"

苻坚出征之前，仍有忠贞的大臣苦苦相劝，说："皇上现在回头，也不为晚啊。要知晋国君臣合心，百姓安定，皇上无故出兵，他们一定会拼死反抗。而我军人员复杂，来源不一，有小的失败都可能引起大的波动。一旦出师不利，国家就有瓦解的危险，皇上不该不计利害啊！"

苻坚坚持用兵，结果正像劝谏者所预料的那样，前秦大败。不久，苻坚被杀，他的国家也灭亡了。

苻坚是个很有能力的君主，否则，他也不能统一北方了。他的失败是因为他太相信自己的能力了，看不到自身的骄狂，结果做出了十分错误的决策。

有能力的人能干大事，同样地，有能力的人也最容易骄傲。骄傲可以使人过高地估量自己，进而在力不从心的事情上失败。

成功永远是相对的，在成功之时，危机并不是被永远消灭了，而是潜藏起来了。看不到这些隐患，高枕无忧地大肆行乐，隐患便会悄悄增长，直到有一天浮出水面。促使成功的奋斗精神和积极力量一旦消退，导致失败的各种要素就要强劲反弹，就会把成功化为乌有了。

**故事二：**

山东省嘉祥县阿城铺有一座古城，是春秋时期的武城故址。

武城人黔娄，是曾子的弟子，先曾子死去，曾子带着弟子们前往武城吊唁。黔娄妻衣衫褴褛，面容憔悴，但举止文雅，彬彬有礼。她把客人一一让进灵堂，守候在黔娄灵前。黔娄的尸体停放在门板上，枕着土坯，盖着一个破麻布单子，弃头露足。曾子说："斜着盖，就可以把他的整个尸体盖严了。"黔娄妻说："斜着盖虽然盖严尸体还有余，倒不如正正当当盖不严好。他活着时，为人身正而不斜，死了把麻布盖斜了，并非他自己的意思，是我们强加给他的，如何使得？"曾子哭着说："黔娄已经死了，应该封他个什么谥号呢？"黔娄妻子不假思索地说："以'康乐'为谥号。"曾子感到奇怪，问道："黔娄在世时，食不饱腹，衣不暖体，死后连个能盖住全身的单子也没有。活着时，虽然整日能看到酒肉，但是吃不到，死后也无法用酒肉祭祀，怎么能称为'康乐'呢？"

黔娄妻慷慨陈词："他活着的时候，国君曾经想让他做官，把相国的重要职位交给他，他以种种理由推辞掉了，这应该说他是有余贵的；国君曾经恩赐粮食三千钟给他，也被他婉言谢绝了，这应该说他是有余富的。他一贯吃粗饭，喝淡茶，但是甘心情愿；他的职位虽然低下，却安心满足。他从不为自己的贫穷和职位低下而感到悲观、伤心，也从不为富有和尊贵而感到满足和高兴。他想求仁就得到了仁，想求义就得到了义。因此，我认为他的谥号应该为'康乐'。"曾子觉得她的话很有道理，感叹道："惟斯人也，斯有斯妇！"

黔娄就是这样一个淡泊名利的人，他的妻子同样也是。这种人生观，令曾子也发出了"斯人斯妇"的感叹。

# 第三十七章

## 【原文】

道常无为而无不为<sup>①</sup>，侯王若能守之<sup>②</sup>，万物将自化<sup>③</sup>。化而欲<sup>④</sup>作，吾将镇之以无名之朴<sup>⑤</sup>。镇之以无名之朴，夫将不欲。不欲以静，天下将自正<sup>⑥</sup>。

## 【注释】

①无为而无不为："无为"是指顺其自然，不妄为。"无不为"是说没有一件事是它所不能为的。

②守之：即守道。之，指道。

③自化：自我化育、自生自长。

④欲：指贪欲。

⑤无名之朴："无名"指"道"。"朴"形容"道"的真朴。

⑥自正：一本作"自定"。

## 【译文】

道永远是顺应自然而无所作为的，却又没有什么事情不是它所作为的。侯王如果能按照"道"的原则为政治民，万事万物就会自我化育、自生自长而得以充分发展。自生自长而产生贪欲时，我就要用"道"来镇住它。用"道"的真朴来镇服它，就不会产生贪欲之心了。万事万物没有贪欲之心了，天下便自然而然达到稳定、安宁。

## 【解析】

"道常无为而无不为。"

永恒的大道始终无为，但是却取得了无所不为的成果。大道运行没有轨道误差和时间误差，具有永恒的客观规律性。正是这至诚不移的客观规律性，才孕育化生出天地万物，取得无所不为的成果。

"侯王若能守之，万物将自化。化而欲作，吾将镇之以无名之朴。镇之以无名之朴，夫将不欲。不欲以静，天下将自正。"

就养生而言，"侯王"就是自我。自我因循大道，"无为"以养朴，朴"无不为"以养生。自我若能甘守"无为"之道性，"无名之朴"也就慢慢生长。随着"朴"的成长，身体的每一个细胞将自然健康繁殖，自行调节转化，身体也将自胖自瘦，自形自色。这是阴阳平衡，身与朴统一、和谐的缘故。在身体发展转化的过程中，倘若受到外来邪魔的侵袭，我将静以守朴，用"朴"来震慑邪魔。邪魔得以震慑，"无名之朴"也就无欲于伤害。能够静之以道，镇之以朴，不再产生违背大道的妄念，那么，心情也就随之安定，身体自然百邪不侵，从而健康长寿。

就治国而言，统治者若能因循大道，实行"无为之治"，即"无为"以修法，则法"无不为"以治国。随着国家法律的逐步完善，人民民主自由、国家繁荣富强自然能得以实现。在公平、正义的法治社会里，倘若有不法之徒危害社会，即可用神圣的法律来震慑他们。社会上没有了不法之徒，神圣的法律也就失去了作用。这就是说，法不害人而人自害。如果人人能够消除不道观念于"不言之教"之中，天下也就安定太平了。

本章是对道经的总结，中心议题是"无为而无不为"，即老子的朴治主义思想，也是老子思想体系中居于核心地位的命题。

大道无为，始终按自己的轨道运行，使得整个宇宙和谐有序；统治者无为，遵守合乎自然法则的社会法则，可使社会和平安定；自我无为，遵守合乎自然法则的人生法则，可使自我健康长寿。这里，宇宙、社会、人生是"实""有"，自然法则、社会法则、人生法则是"虚""无"，实与虚、有和无是辩证统一的，欲治实、有，必守虚、无。自然法则是永恒不变的，所以，"无为"的目的在于寻求"朴"，即合乎自然法则的社会法则和人生法则，治国以法，治身以朴，则"无为而无不为"。

大道之性体现了无私、无欲、无争、守柔、贵弱、谦恭、纯真、诚信、公平、正义、仁慈等特性,道性既是朴性,体现于人即为"上德"。人人真朴,社会自然淳朴安定。

## 【证解故事】

### 故事一:

王骀,鲁国人,他的一只脚被砍断了。跟他学习的人和孔子的弟子一样多。孔子的学生常季问孔子说:"王骀是个被砍去了一只脚的人,跟他学习的弟子和先生在鲁国的一般多。他站着不能给人以教诲,坐着不能议论大事;跟他学的人却是空虚而来,满载而归。难道真有不用语言的教导,无形感化而达到潜移默化的功效吗?这是什么样的人呢?"孔子说:"这王骀是圣人,我的学识和品行都落在他的后面,只是还没有去请教罢了。我准备拜他为师,还有很多不如我的人也应该去拜他为师,何止鲁国,我将引导学生去跟他学。

"从事物千差万别的方面看,肝和胆同处人体就像楚国和越国相距那么远;从事物都有相同的方面看,万事万物又都是同一的。像这种人,将不知道耳目适宜于何种声色,只求自己的心灵自由自在遨游在忘形、忘情的混同的境域之中。从万物相同的方面去看就看不见有什么丧失,因而看自己断了一只脚就好像失落了一块泥土一样。

"人不会在流动的水面照自己的身影,而要在静止的水面照自己的身影,只有静止的东西才能使别的事物静止下来。接受生命于地,只有松柏禀自然之正,不分冬夏枝叶郁郁青青;接受生命于天,只有尧舜得性命之正,在万物之中为首领。幸而他们都能自正性命,才去引导别人。能保全本始的迹象,勇者的无所畏惧。勇敢的武士只身一人冲锋陷阵。将士为了求名尚且能够这样,何况主宰天地,包藏万物,把六骸视为旅舍,把耳目视为迹象,天赋的智慧能够烛照所知的境域,而心中未尝有死生变化的观念,这样超尘绝俗的人,大家都乐意跟从他。他是不会以吸引众人为事的。"

鲁哀公问孔子说:"卫国有个面貌很丑陋的人,名叫哀骀它。男人跟他相处,想念他而舍不得离开。女人见到他,立即请求父母说:'与其做别人的妻子,不如当哀骀它的妾。'这样的女人已经十余个了，而且还在增加。从没听说哀骀它倡导什么，只是见他附和别人而已。他没有高居君王的地位而拯救别人的灾难，也没有钱财去喂饱别人的肚子。他面貌丑陋到使天下人看了感到惊愕，又总是附和他人而无倡导，他的知见超不出他所生活的四境，然而妇人男人都亲近他。这样的人肯定有和别人不一样的地方。我召他来看了看，果真发现他的相貌丑陋得使天下人惊骇。但是，和我相处不到一个月，便觉得他有过人之处；不到一年，我就十分信任他。这时国家没有宰相，我就把国事委托给他。他却淡淡然无意答应，漫漫然无心推辞。我深感羞愧，终于把国事交给他。没过多久，他就离开我走了，我内心忧虑得很，好像失掉了什么似的，好像国内再没有人可以跟我一道共欢乐似的。哀骀它究竟是什么样的人？"

孔子说："我曾经去楚国，碰巧看见一群小猪在吮吸刚死去的母猪的乳汁，不一会儿又惊慌地弃母猪而逃走。因为母猪已死去，不像活着的样子了。可见小猪爱它们的母亲，不是爱其形体，而是爱主宰形体的精神。战死沙场的战士，被埋葬时不用棺材上饰物来送葬；砍掉了脚的人，对于原来的鞋子，没有理由再去爱惜它；这都是因为失去了根本。做天子的嫔妃不剪指甲不穿耳眼；婚娶之人只在官外办事，不得再到宫中服役。为保全形体的完整尚且如此，更不要说是德行完美而高尚的人了。现在哀骀它不说话也可取信于人，没有功业即可赢得人的亲近，使人乐意把国家政务委托给他，还怕他不肯接受，这一定是'才全'而'德'又不外露的人。"

哀公说："什么叫作'才全'呢？"

孔子说："死、生、存、亡、穷、达、贫、富、贤和不肖、毁、誉、饥、渴、寒、暑，这些都是事物的变化，自然规律的运行；好像昼夜轮转更替一般，而人的智慧却不能窥见它们的起始。因此，了解这一点它们就不会扰乱本性的谐和，也不至于让它们侵扰人们的心灵。要使心灵平和安适，通畅而不失信悦，日夜不间断地保持着春天般的生机，这样便会和外物产生谐和的感应。这就叫作'才全'。"哀公说："什么叫作'德'不外露呢？"

孔子说："水平是极端静止的状态。它可以拿来作为效法的准绳，内心保持极端的静止状态就可以不被外物所动。所谓德，就是完美纯和的修养。德不外露，万物自然亲附而不能离去。"

有一天哀公将孔子这一席话告诉给闵子说："起初我认为坐朝当政理天下，掌握法纪而忧虑人民的死亡。我自以为够尽善尽美的了。如今我听了圣人的名言，恐怕自己没有业绩，只是轻率地用我的身体而使国家危亡。我和孔子不是君臣关系而是以德相交的好朋友。"

所以只要不同于其他人的德行，形体上的缺陷就会被人所遗忘。真正的遗忘是遗忘了不该遗忘的东西(德行)。

所以圣人能自得地出游，把誓约看成是胶漆，把智慧看成是灾孽，把推展德行看作是接交外物的手段，把工巧看作商贾的行为。圣人不砍削，哪里用得着胶漆呢？圣人不图谋虑，哪里用得着智慧呢？圣人不感到缺损，哪里用得着推展德行呢？圣人不做买卖，哪里用得着经商呢？

这四种做法叫作天养。天养，就是受自然的饲养。既然受自然的饲养，哪里还用得着人为！有人的形体，而无人的真情。有人的形体，所以和人相处，无人的真情，所以是与非不会汇聚在他身上。所以，人类总是渺小的，而自然界则是伟大的。

**故事二：**

晋国内乱，公子重耳逃亡列国，辗转流浪，最后在齐国安下身来。齐桓公择宗女齐姜嫁给了他，供奉无缺，朝夕欢宴，不知不觉度过了七年。

齐姜是一个有远见、识大体的女子，希望重耳回到晋国，重振国威，干一番轰轰烈烈的大事业。他见丈夫溺于享乐，儿女情长，英雄气短，早把复国一事丢置脑后，就与随从重耳逃亡的晋国大臣商议好，打算先好好规劝，让他回心转意。这一天，齐姜摆置了丰盛的酒宴，敬上一杯酒，神色庄重地对重耳说："公子，诸位老臣跟随您流亡列国，历尽艰辛，您知道这是为什么吗？""你说说看，他们追随我是为什么？"重耳从心里敬爱这位貌美又贤惠的妻子，很喜欢她的意见。"妾以为，他们是看重公子的贤名，盼望您有朝一日重振国威，共享富贵。可自从公子来到齐国，终日沉浸在卿卿我我的温情中，居然疏远了他们。妾能得到公子厚爱，平生之愿足矣。但因为妾而误了公子的复国大业，那可担当不起了。我看，晋国局势已经发生了变化，您现在回去，正是时机！"

重耳饮着美酒，靠着齐姜的香肩，悠然惬意。但听完她一番婉转的规劝，却不由得怒气冲冲，几欲发作。"怎么，连齐国君臣都把我敬为上宾，你倒劝我再去过那颠沛流离的日子？"齐姜见重耳难以被言语打动，就满脸堆笑地陪着他饮酒，一杯接一杯地敬着，终于让他醉倒在温柔乡中。原来，她早已和狐偃定下计谋，如劝说无效，就设法把重耳灌醉，把他劫掠回晋国。重耳不知是计，酩酊大醉。齐姜就吩咐宫女用锦被把他裹起来，装上马车，交给狐偃等晋国的大臣。狐偃和众豪杰向齐姜拜辞，驱车连夜向晋国进发，齐姜望着远去的君臣一行，不觉流下了伤感的泪水。正所谓："公子贪欢乐，佳人慕远行。要逞鸿鹄志，生割凤鸾情。"后来，重耳在狐偃等大臣的协助下，登上了王位，就是此后成为中原霸主的晋文公。他不忘齐姜，派使臣到齐国隆重地接至晋国。齐姜说："妾非不恋夫妻之情，所以醉夫，正为了今天啊……"

齐姜深明大义，为了帮助晋文公重振晋国，毅然斩断了儿女情长，设计把重耳掠回晋国，晋文公敬她的贤德，立齐姜为中宫夫人。

# 第三十八章

【原文】

　　上德不德①，是以有德；下德不失德②，是以无德③。上德无为而无以为④，下德无为而有以为⑤。上仁为之而无以为，上义为之而有以为。上礼为之而莫之应，则攘臂而扔之⑥。故失道而后德，失德而后仁，失仁而后义，失义而后礼。夫礼者，忠信之薄⑦而乱之首⑧。前识者⑨，道之华⑩而愚之始。是以大丈夫处其厚⑪，不居其薄⑫；处其实，不居其华。故去彼取此。

【注释】

①上德不德：不德，不表现为形式上的"德"。此句意为，具备上德的人，因任自然，不表现为形式上的德。

②下德不失德：下德的人恪守形式上的"德"，不失德即形式上不离开德。

③无德：无法体现真正的德。

④上德无为而无以为：以，心、故意。无以为，即无心作为。此句意为：上德之人顺应自然而无心作为。

⑤下德无为而有以为：此句与上句相对应，即下德之人顺任自然而有意作为。

⑥攘臂而扔之：攘臂，伸出手臂。扔，意为强力牵引。

⑦薄：不足，衰薄。

⑧首：开始，开端。

⑨前识者：先知先觉者，有先见之明者。

⑩华：虚华。

⑪处其厚：立身敦厚、朴实。

⑫薄：指礼之衰薄。

## 【译文】

具备"上德"的人不表现为外在的有德，因此实际上是有"德"；具备"下德"的人表现为外在的不离失"道"，因此实际是没有"德"的。"上德"之人顺应自然无心作为，"下德"之人顺应自然而有心作为。上仁之人要有所作为却没有回应他，于是就扬着胳膊强引别人。所以，失去了"道"而后才有"德"，失去了"德"而后才有"仁"，失去了"仁"而后才有"义"，失去了"义"而后才有"礼"。"礼"这个东西，是忠信不足的产物，而且是祸乱的开端。所谓"先知"，不过是"道"的虚华，由此愚昧开始产生。所以大丈夫立身敦厚，不居于浅薄；存心朴实，不居于虚华。所以要舍弃浇薄虚华而采取朴实敦厚。

## 【解析】

"上德不德，是以有德；下德不失德，是以无德。"

一个真正觉悟了的人，其所作所为，总是遵循客观规律，从不盲从自我主观愿望，凭感情、意气用事，这样的人才是具有道德的、远见卓识的人。

和"上德"相对的是"下德"，"下德"是没有体悟道的、来源于现象世界的意识、思想、观念，具有局限性和主观片面性。不失德，固执己见，不能放下自我主观意识。

一个没有体悟大道的人，总是执着于事物的表面现象，所以，他还没有也不可能获得正确的思想意识。

"上德无为而无以为，下德无为而有以为。上仁为之而无以为，上义为之而有以为。上礼为之而莫之应，则攘臂而扔之。"

"上德"之人遵循客观规律，依法治国，所以能够取得无所不为的业绩。"下德"之人强调有为，以智治国，是为了自我名利而为。"上仁"之人欲以仁恩天下，但是不会达到预期的目的。"上义"之人欲以义感天下，是为了不可告人的目的而为。"上礼"之人欲以礼安天下，结果不能得到天下人的响应，反而被人们推翻其统治，抛弃其礼节。

统观"上德""下德""上仁""上义""上礼"，只有"上德"是客观行为，其他都是主观行为。下德包含仁、义、礼。一个不明道的统治者，总是以自我名利为中心，所以，他所推行的仁、义、礼，都是为了巩固其统治地位的。

"故失道而后德，失德而后仁，失仁而后义，失义而后礼。夫礼者，忠信之薄而乱之首。"

在道、德、仁、义、礼这一组概念中，它们的关系是包含关系，即道包含德，德包含仁，仁包含义，义包含礼。道作为世界的本质、规律，是客观存在的，是真理。人们失去道则德不正，在德不正的情况下强调仁、义、礼，仁、义、礼必然向其反面转化。失去了道，人们就会被事物的表面现象所迷惑，沦为以自我为中心的思想观念，外在的名利成为人生追求的目标。在名利的诱惑下，人的虚伪性、欺骗性、阴险性自然逐渐形成。仁、义、礼的本质是美好的，它是道德的行为体现，是有道之士的自然流露。但是，历代无道的统治者为了维护本阶级的利益，都会对其做出人为的规定性，使其成为麻醉人民的思想工具。尤其是礼，它是道的最末节，最注重表面现象，历代统治者尤其强调它的作用，结果使得人性中淳朴、诚信的美德日趋淡薄。纵观历史和当今世界，实在是有太多太多的人在披着礼的外衣去干不可告人的勾当。这正是因为礼最重外饰的缘故。所以说，礼是忠信淡薄和社会混乱的罪魁祸首。

"前识者，道之华而愚之始。是以大丈夫处其厚，不居其薄；处其实，不居其华。故去彼取此。"

能够为人们的外观所意识到的，都是表面现象，具有虚伪性和欺骗性。舍本质而重现象，是人类走向愚昧的开始。具有天地之志的大丈夫，是不会执着于事物的表面现象的，因为，想要实现天地之志，就必须证悟大道，配天地之德。所以，大丈夫抛开虚华的表面现象，修德悟道，去探求世界的内在本质。

本章是《德经》的首章。辩证地分析了道与德、仁、义、礼的关系。这里，老子没有否定德、仁、义、礼，相反地，而是追求最纯真、最完美的德、仁、义、礼。德即自我意识是对客观事物的反映。人类的正确意识（上德）只能靠识道来获得，来源于表面现象的意识（下德）是主观的、片面的。执着于认识事物的表面现象，真理永远无法获得。用德、仁、义、礼治国，就是崇尚人治，愚化人民，人类永无自由。

## 【证解故事】

做人需要做人的原则和技巧；为官也是一样，为官也须有为官的原则与技巧，以求全事保身。

国人有传统的敬畏之心。如《论语》中就记载有孔子之言："君子有三畏：畏天命，畏大人，畏圣人之言。小人不知天命而不畏也，狎大人，侮圣人之言。"不同人或因有敬畏之心，或因无知故无畏，从而在境界中造成本质上的差异。

为官者对于"小民"，即一般的百姓民众，也应该怀着一种敬畏，有了这种敬畏，就不会招来豪强蛮横的骂名；为官者对于"大人"，也即今天所说的"上级"，应该怀着一种敬畏之情；有了这种敬畏，就不会产生放任恣欲的意识。

这是一种十分清醒的意识，对此，可举例来说明。

**故事一：**

唐太宗与魏征是一对千古名君名臣，不少人知道魏征敢于触犯龙颜，敢于不顾一切地极言直谏。但是，魏征并不鲁莽，他有他的准则。魏征向唐太宗说自己可以做个良臣，却不能做个忠臣。

唐太宗不解，魏征就说出了以下一番道理：所谓的"良臣"，流传千古，但却能辅助君王得到美誉，同时，他的家族也能兴旺自己的美名，子子孙孙可以相传。所谓的"忠臣"，碰上一个无道的君王，则有随时被诛杀的可能，在国破家亡之后，就只能留下一句"曾有一位忠臣"之类的美誉。可见"忠臣"和"良臣"差别之大。

这番既在理，又包含着称誉唐太宗之意的一席话，说得唐太宗连连点头，也表明了魏征的敬畏。因此，魏征的直谏，并非胡意乱来，他讲究委婉在理的技巧，以求取得最佳效应。这一点，唐太宗看在眼里，记在心上，他曾对别人说："人们都说魏征举动疏慢，我却见到他的妩媚。"（即《龙文鞭影》所说的"魏征妩媚"）由此，可见居官者"畏大人"的必要。

还是再以魏征向唐太宗的劝谏之言，说明"畏小民"的必要。

魏征多次劝唐太宗要切实地以隋朝亡国作为治国之鉴。为此，他将君王比喻为舟，将民众比喻为水，"水能载舟，亦能覆舟"。强调君王要爱护民众，要轻徭薄赋，使民众真正得到休养生息，唯有如此，才可能有国家的长治久安。身为一国之君，要做到"居安思危，戒奢以俭"，否则，用强取豪夺的手段把民众推到死亡的边缘，最终只会促令民众揭竿而起，加快整个王朝的倾覆，也会招致千古骂名，遭历史唾弃。

唐太宗很是虚心接受关于君王要敬畏民众的谏言，并落实在励精图治的施政措施中，从而开创出了"贞观之治"的一代盛世。

历史上，必须敬畏民众的原因，根植于民本思想。正如西汉初期的思想家贾谊所言："夫民者，万世之本也。……故夫民者，大族也，民不可不畏也。故夫民者，多力而不可适（即'敌'）也。"民众是最大的族类，具有不可抗拒的力量，所以，民众是千秋万代延续的根本，民为重，君为轻，民众也就是一切为君为臣者所不能也不敢不敬畏的对象。

这些思想在思考与表述的全面性与科学性方面，虽然不足以跟今天现代民主社会所信奉的民本理论相比拟，但其中的合理认识，确实包含着真理。为官的根本在于坚持原则，廉与公、爱民及畏大人畏小民，就是这些原则的一部分。原则必须不折不扣地坚持，否则，就会玷污了自己的一生人品，毁坏了民众的事业，传统文化用了一个字"方"，以形象地比喻这种必须坚持的方方正正的原则性。

为人为官者在"治世"，也就是安定而又有序的时代，应坚持原则性（所谓"处治世宜方"），否则，谁缺乏了这种原则性，缺乏真切诚恳的心思，谁也就无异于乞丐，所作所为皆是虚浮。

在坚持原则性的前提下，"圆"，也就是随机应变的灵活性。正如他所指出的那样，谁为人处世倘如像个木头人，缺少应有的委婉、灵活、变通、机智和情趣，那他就易处处碰壁。从古今纵横来看，那些能建奇功、成伟业的成功者，多是虚心婉转、善于灵活变通之人；而那些因把握不住机会而成事不足、败事有余者，定是愚顽固执之人。对此可以举无数的例子。

刘邦可谓虚心而又善于变通之士，他的麾下，能拥有诸如韩信、张良、萧何等一批当时的良将贤相，并直接依靠他们及他们所统率的千军万马，以人和再加把握天时地利，虽屡经挫折，历经磨难，终踏上坦途，然后一统天下。再观项羽，却一味只会逞匹夫之勇，表妇人之仁，不听良言，一意孤行，冥顽不灵，麾下的忠臣不被重用，就是仅有的一个忠心耿耿而又谋略出众的范增，最终也免不了被气走气死，终使曾经实力雄厚、横扫天下的楚军，变成了一群草木皆兵的乌合之众，项羽本人最后也只能落得个霸王别姬、自刎乌江边的结局。

就在项羽临终前，他还固执地拒绝了最后一个机会：不肯渡江到江东，不再图东山再起。显然，在大败后再求翻身的方面，项羽远远不及卧薪尝胆的勾践。项羽所争的，仅是一时之胜负、一气之长短而已。正因为在应世处事上缺少"圆"，项羽虽是一个"力拔山兮气盖世"的英雄，他也不能成为扭转乾坤的一代枭雄。

历史上，刘邦与项羽同生活在秦朝末期的乱世中，只是两人的性格有不同，处世应事的方法有圆与方、灵活与固执的差异，经过反复的较量，高下立见，成败即现，命运也就大异其趣。

另外，若一个人生活在叔季之世——末世（在古代以"伯仲叔季"做兄弟长少顺序的称谓中，以"伯"为大、为始，以"季"为小、为末），也就是生活在朝代的末期，即由治世转向乱世的时期，那他就应方圆并用、原则与灵活并举，做到该坚持原则则坚持原则，该机智灵活则机智灵活。

关于处世的方与圆，柳宗元还这样讲：人应"方其中，圆其外"。——为人须在内心保持方正刚直，待人接物时则须灵活圆通。可见方与圆、原则性与灵活性两者之间，有着一种辩证统一的关系。显然，有圆无方的圆滑乖巧，或有方无圆的固执死板，都不是成功者所取之道。

那么，为官者的灵活性，可体现在哪些方面呢？

为官者在补救时弊、应对变故时，不妨随事势的发展趋向，注意采取适宜的方法，注意运用变通的措施，因其势而利导之。比如，在惩治贪婪者时，不是单纯就讲一通廉洁的道理，而是有意激化他们的贪欲，欲擒故纵，使他们为此而付出得不偿失的代价，这样，就会使已利欲熏心的他们，学会看淡利欲。再如，在调解矛盾争斗时，不一定就是劝解争斗的双方降气，而是为争斗的双方助威，把矛盾推衍到极致，让包括争斗双方在内的众人，都看到其中的荒谬处，那么，就可以真正地平息双方争斗者的怒气。

下面这个故事，能很好地说明相关的道理。

清朝同治年间，浙江鄞县县令段广清在一次出巡的路途中，看到了一群人在围观一个农民与一米店老板吵架，他即停步询问原因。

原来，这个农民在进城时，不慎踩死了米店老板所养的一只小鸡。于是，米店老板揪住了这位农民，以这只小鸡是特别的品种，只需再养数月，就可长至九斤重，按一斤鸡肉值一百文钱的市价来计算，坚持要农民赔偿九百文钱才行。

但农民身上仅带了约三百文钱。于是，双方一语不合，当街争吵了起来。了解了事情的原委后，身为父母官的段广清平静地对农民说："你走路不小心，踩死了别人的小鸡，理应赔偿。他要求九百文钱的赔偿费，并不过分。你现在所带的钱不够，你可以将你穿的衣服马上拿去典当，如果还不够的话，我替你补足。"

农民无奈，只得将衣服典当了，得了三百文钱，再加上段广清补足的部分，米店老板心安理得地收下了这九百文钱的赔偿费。此情此景，农民及旁观者多心中不平，心中很怨怒。

正当米店老板拿钱欲离去之时，他被段广清叫住了："你的小鸡虽再养数月，就可重达九斤，但它死时，实不足九斤。人人皆知，养肥一斤鸡需一斗米。现在，你的鸡死了，可省下九斗米，既然你获得了别人的赔偿，看来，你也应将这省下的九斗米还给别人才合理嘛。"

闻此，米店老板不敢抗命，只能乖乖地向农民交出九斗米。

此时，这位农民与旁观者才恍然大悟，意识到段广清巧惩贪婪狡猾的米店老板的良苦用心。因为当时买一斗米的钱，就可买五六斤鸡肉。这样，双方的争执就平息了。贪婪的米店老板，这回是赔了鸡又赔了米，似得实失，还招来了邻人的冷嘲热讽，日后再利欲熏心时，也就不能不有所顾忌了。

段广清不愧为一个善于为民解忧的清官。他能做到不以忧国为民之言作为哗众取宠的招牌、自卖自夸的广告，而是平平实实地做来，这不仅反映了他淳朴厚重的一面，也反映出了他老练稳重的一面：不自语自夸有爱国忧民之心，从而不给别有用心者滋生出种种毁谤的口实。

从前有位老翁，有一女一婿。在他的发妻死后，他又续弦，后妻生了一个幼子。

老翁预立下遗嘱，说明了遗产的分配方法。遗嘱上的几句话，没有一个标点符号。

老翁死后，大家把遗嘱启封，女婿看了，就想把遗产全部取去。因为按照他的点读法，遗嘱是这样写的："七十老翁产一子，人曰：'非是也。'家业尽付与女婿，外人不得干预。"

老翁的后妻不服，认为遗嘱写的，应该是说把遗产交给她的儿子，所以，就告到官府去。

经过县官判决：遗产应该交给老翁与后妻所生的幼子。

原来，照老翁的后妻和县官的读法，那个遗嘱是这样断句的："七十老翁产一子，人曰'非'，是也，家业尽付与。女婿外人不得干预。"

此外，居官者在施政与教化时，还要讲究相应的技巧。

在教化百姓方面，善于启迪百姓心智的人，总是依据百姓所易于明白的事理，来逐渐开通百姓的心智，并非一味强硬地灌输为百姓所不可理解的内容；善于在社会中移风易俗者，总是以社会所易于接受的方式，逐渐通过教化，以接近乃至达到返璞归真的目标，而不是轻易地矫正社会上的那些积习难返的问题。具体到对个别人的批评与教育，在批评时，语气不必太过严厉，要想到被批评者所可以接受的限度；在教育时，目标不要订得太高，要想到被教育者能否依从实行。

待人处事均应留有余地，也就是人情不应堵死，话不说尽，事不做绝。正因为待人而留有余地，主事者也就可以有延绵无尽的恩惠与礼遇施与别人，就可以据此来维系人的那些永无满足——也可以说是充满了好奇与期待的心理。如果处事而留有余地，那么，主事者也就可以拥有不枯竭的才干与智慧，足以提防或应付日后的突发事变，一个人事事都留有余地，那么，即使是天地鬼神（未知与神奇事物的代称），也不敢忌恨和损害他。如果做事必求做满、求功必求全功者，即使是自己所在的团队内部不生变故，也会招致外在的忧患。想想，这也正是秉承历史智慧，到今天的我们还依然强调"满招损，谦受益"的缘故之一吧。

对他人（包括下级）施以恩惠，予以奖赏，应该由浅入深，先低潮后高潮。否则，先深后浅，由高峰跌入低谷，他人也就不会记住并感念这种恩惠奖励的。对他人显示诸如法制纪律的威严，就应该开始于从严，然后趋向于从宽，否则，先从宽后从严，他人就会埋怨执政行法者过分残酷，不近人情世理。

对于别人的不足，要婉转地予以弥补缝合，否则，对此予以过分地渲染张扬，那是以短攻短；对于别人的固执，要善于感化教诲，否则，对此轻动愤怒而又生嫉恨之心，那只不过是在固执之上再加固执的表现罢了。这些，举重若轻，均可视为不激化矛盾，进而最终解决矛盾的有效手段。

关于以上三点，主要是想给读者留下更多结合历史与现实的例子而作举一反三之思的机会。读者诸君，可别以为以上那么多在道在情之理，仅是针对为官从政者而言的，因为为官的原则与技巧，首先是为人的原则与技巧。否则，为人不讲原则，为官也不会有原则。

**故事二：**

春秋时期的鲁国，有个叫公父文伯的大夫。他的母亲叫敬姜，是一位很有见识的妇女。公父文伯年轻的时候，就做了大官。别人都夸奖他，他也非常得意。有一天，公父文伯办完公事，兴冲冲地回家拜见母亲。他一进家门，就看见母亲正在摇着纺车纺麻线。那操劳不息的样子，活像穷苦百姓家的老婆婆。公父文伯"哎呀"一声走向前去，低头对母亲说："像我们这样做官的人家，主人还要摇车纺麻线，要是让人知道了，非笑话不可，还会怪我不孝敬、不侍奉母亲呢！"

　　敬姜听了，停下手里的活计，抬起头来，惊讶地上下打量了一番做了大官的儿子，摇摇头说："你连怎么做人还不懂呢！让你这样幼稚无知的人做官，鲁国就有灭亡的危险啦！"公父文伯惊讶地问："母亲，您为什么这样说？真有这样严重吗？"敬姜叫儿子坐在纺车对面，郑重地说："从前，圣明的君主，安置黎民百姓，常常要选择贫瘠的地方让他们去居住，让他们在那里生息。什么道理呢？那是因为大家为了生活，就得干活；为了生活得好，就得创造；要想创造，就得用心思考，思考就会产生智慧。反过来说，安逸享乐的生活，常常会使人放荡；放荡，就会忘记了好的德行；忘了好的德行，就必然产生坏心。"

　　公父文伯听得入了神儿，敬姜停了停，又继续说："你可以细心想一下，在土地肥美的地方往往有许多人不能成才，原因就是由于他们安逸放荡啊！在土地贫瘠的地方倒有许多聪明善良的人，原因就是他们能吃苦耐劳啊……"敬姜问儿子："我希望你要天天勤勤恳恳地做事，要不断上进，培养好的德行，还多次提醒你'千万不能毁了前辈艰苦创下的功业'。你还记得吗？"公父文伯说："记得。"敬姜又说："那你现在为什么又认为当了官就要享乐了呢？依你这样的态度，去做君主委任的官职，怎么能不叫我忧心忡忡呢！我深怕你会因失职而犯罪啊！"公父文伯赶忙安慰母亲说："我一定听从母亲的教诲，不贪图享乐。可这跟您纺麻线有什么关系呀？"

　　敬姜有点不高兴地说："我看你做了官以后，整天显出得意的样子。不知约束自己，总喜欢讲排场，把先辈艰苦创业的事都忘了。动不动就说什么'怎么不自我享乐呢'。这样下去，早晚有一天，你会犯罪的！我正是为你担心，才起早贪黑地纺麻线，为的是不让你忘了过去，遇事能谦让勤俭。你懂了吗？"公父文伯红着脸说："懂了，母亲。"敬姜说："这就好。你不要因为少年得志，就贪图眼前享乐，否则将来犯了罪，自己倒霉不说，咱们家也要断了后哇！"

敬姜劝子的苦心，让公父文伯从心灵受到了震动，这种警钟也要在我们脑海里时时敲响，"生于忧患，死于安乐"，我们时时都要有忧患意识。

**故事三：**

唐朝节度使李公，有个女儿婀娜可人，他对其爱如掌上明珠。李小姐年满十五岁时，有个相面的曾对李公说："你女儿将来要做王侯夫人，享受大富大贵。"因此，李公在挑选女婿时特别挑剔，这个看不上，那个也不如意，把女儿拖到了二十岁，还没有出嫁，他心里不禁有些着急。

在李公家附近，有个叫吴生的青年书生，人长得英俊、漂亮，也很聪明。一个偶然的机会，吴生见到了李小姐，顿生爱慕之情，但一想到自己的家境，李公择婿苛刻，便没敢贸然行动。他绞尽脑汁想了三天三夜，终于想出了一个妙计。他为自己捏造了一个祖上三代家业鼎盛的身世，抄写在一张红笺上，揣在怀里。

一天，李公乘着轿子正在街上行走，忽然轿子停了，一阵吵闹声传来。他撩起轿帘一看，只见一个名叫吴生的青年人跟轿夫吵了起来。李公非常生气，命人把吴生带到轿前，厉声问道："看你像个读书人，为何争吵不休？"吴生不慌不忙地说："大人在上，容小人禀明情由。我乃一介穷书生，前日有个相士说我日后贵不可言，我搞不清楚怎么能一下子发迹。今天边走边想，没留神挡住了大人的路，真是罪该万死。"

李公听了，仔细打量了吴生一番，见他长得眉清目秀，心中有几分喜欢，便问他的身世，吴生乘机递上红笺。李公看了，不由得心花怒放，把刚才的不快全抛到了九霄云外。他和颜悦色地对吴生说："我有意请你到我家坐坐，不知道你意下如何？"吴生十分高兴，连忙一揖到地，"大人之命，小人不敢违抗"。

吴生随李公来到家中，分宾主坐定，李公问道："先生娶妻了吗？"吴生笑着说："近日倒是有人说了一家，我请相士看了，相士说那女子不是我妻，我妻乃大富大贵之女，因此至今不曾婚配。"李公一听，忙说："我有一女，面相极好，我想嫁给你为妻，你意下如何？"吴生听了，心里别提有多高兴了，他极力掩饰内心的激动，说："大人，我家境贫寒，怎敢高攀。"李公说："你是有根基的人，说什么高攀？这事就这么定了。"吴生立即"扑通"跪倒在地拜道："小婿拜见岳父大人！"

李公是性急之人，说办就办，三日后便让女儿和吴生成了亲。吴生孤身一人，就住在李公府内，李小姐不但美若天仙，而且温顺贤良，吴生凤愿已偿，从此读书习武更加勤奋。

吴生与李小姐成婚半年，就遇吐蕃入侵，边境告急。皇帝下旨，命李公为征西大元帅。李公接旨后，任女婿吴生为先锋，率兵十万抗击吐蕃。临行前，吴生依依不舍地对李小姐说："我这一去，不知何时才能与夫人团聚？"李小姐鼓励他说："好男儿志在四方，国家有难，更应该挺身而出，妾身盼夫婿功成名就。"吴生点点头说："好，有你这句话，我一定能得胜回朝！"

吴生作为先锋官，点齐一万兵马，杀奔边境。一路上，吴生心想：岳父如此信任我，任我为先锋，我不能给他老人家丢脸，可敌人来势汹汹，如果与敌人硬拼，势必损伤巨大，看来此仗只有智取。吴生带兵一到边境，人未下鞍，当即传令："明天上午在校场操练兵马，不到者格杀勿论！"第二天一早，吴生登台点将，叫步军、骑军一一操练，检阅之后，他大声说道："你们武艺各有所长，我们要同心同德，杀敌立功！待李元帅的大军一到，我们就踏平吐蕃！我从小喜爱在马上使几件兵器，今天也舞上一回，给大家助兴！"他一挥手，几个军士气喘吁吁地抬着一把大刀走了出来。那刀比一般的长出一尺半，杆也粗出不少。吴生健步走下点将台，来到军士面前，双手一抓，便把刀提在手，舞得风雨不透，众人见了高声喝彩。吴生又骑上一匹高头大马，那把大刀忽上忽下，忽左忽右，武艺精湛，又舞了一会儿，才收式下马。众将欢呼："先锋官神威，真是神将下凡啊！"吴生面带微笑，连声说："献丑献丑。"

吴生正说着话，忽然双目一瞪，叫手下军士："快拿弓箭来！"军士闻声拿来了弓箭，他接过来，拉弓搭箭，目不转睛地盯着草丛大喊一声："看箭！"说着一箭射了出去。几个军士跳进草丛寻找，不一会儿，军士抬出一只灰狼来到吴生面前说："先锋官神箭！"众人一看，箭头穿过灰狼耳根，又是一阵欢呼。吴生叫人把那把大刀悬挂在营门之上，又传令："众将听令，明日与吐蕃决战！"众将士山呼海啸一般回答："决战，决战，与吐蕃决一死战！"

吴生率兵初到边境时，吐蕃就派了两名奸细来探听虚实，刚才阅兵之际，他们就躲在辕门外偷看。见吴生舞动那把大刀，大吃一惊，吐出半截舌头，好一会儿才缩回去。后来吴生射狼，更是把他们吓出一身冷汗。等到更深夜静，那两个奸细换上唐兵的衣服，悄悄来到营门口，去举那把大刀。别看刀正挂在营门上，可是他们俩一块推，推了半天连动也不动。两个奸细吃惊不小，不敢久留，急忙回去报告。

吐蕃统领听了他们的报告，不由大惊失色，心想：大唐有这么有本事的人，跟他对抗，那不是拿着鸡蛋往石头上碰吗？待他们元帅领兵一到，我吐蕃完矣！想到这，他又叹了一口气说："哎，谁让我们没事找人侵犯人家边境呢？现在为了保全自己，只有投降了。"他吩咐手下的人，写了张降表，说愿意认罪称臣，每年进贡，永不再犯。写完之后，便派人送去。

第二天，当李公率领着大队人马一到边境，未等开战，便接到吐蕃的降表，当即准降。然后大摆宴席，犒赏三军，班师回朝了。大唐皇帝一听李公率军未伤一兵一卒便平了叛乱，十分高兴。马上在金銮殿上接见他们，嘉奖一番。封李公为代国公，授吴生为岭南节度使，封万户侯；李小姐被封为凉国夫人。

吴生从朝廷回到家后，和李小姐叙说别情。李小姐问："官人，你平时武艺平平，怎么一下子成了大力士、神箭手了呢？"吴生笑着答道："我实乃一书生，习武只为强身。这次为了不辜负岳父的一片心意，为了取胜，我就灵机一动，事先叫人用木片贴上锡箔做了一把大刀。我叫几个军士装作吃力的样子抬出来，骑马舞了一会儿，众人一见以为神力，自然佩服。我怕人不信，又将一把真正的钢刀挂在营门上，有意叫奸细去举，他们果然上当了。"

李小姐说："原来如此，看来那被射死的灰狼，也一定是你事先叫人将带箭的灰狼放在草丛中，然后胡乱发了一箭糊弄众人喽！"吴生大笑道："正是，正是！"

这个吴生就是一个头脑聪明的人，只是他为了达到目的，使用不算光明正大的小手段，蒙蔽敌方，让敌人知难而退。普通人还是本分更好一些，练就真本领最重要。

# 第三十九章

## 【原文】

昔之得一①者，天得一以清，地得一以宁，神得一以灵②，谷得一以盈，万物得一以生，侯王得一以为天下正③。其致之也④，天无以清⑤将恐裂，地无以宁将恐废⑥，神无以灵将恐歇⑦，谷无以盈将恐竭⑧，万物无以生将恐灭；侯王无以正⑨将恐蹶⑩。故贵以贱为本，高以下为基。是以侯王自谓⑪孤、寡、不毂⑫。此非以贱为本邪？非乎？故至誉无誉。是故不欲琭琭⑬如玉，珞珞⑭如石。

## 【注释】

①得一：即得道。

②神得一以灵：神或指人。灵，灵性或灵妙。

③正：意为首领。

④其致之也：推而言之。

⑤天无以清：天离开道，就得不到清明。

⑥废：荒废。

⑦歇：消失，绝灭，停止。

⑧竭：干涸、枯竭。

⑨正：一本作"高贵"，一本作"贞"。

⑩蹶：跌倒，失败，挫折。

⑪自谓：一本作"自称"。

⑫孤、寡、不毂：古代帝王自称为"孤""寡人""不毂"。不毂即不善的意思。

⑬琭琭：形容玉美的样子。

⑭珞珞：形容石坚的样子。

## 【译文】

往昔曾得到过道的：天得到道而清明，地得到道而宁静，神（人）得到道而英灵，河谷得到道而充盈，万物得到道而生长，侯王得到道而成为天下的首领。推而言之，天不得清明，恐怕要崩裂；地不得安宁，恐怕要震溃；人不能保持灵性，恐怕要灭绝；河谷不能保持流水，恐怕要干涸；万物不能保持生长，恐怕要消灭；侯王不能保持天下首领的地位，恐怕要倾覆。所以贵以贱为根本，高以下为基础，因此侯王们自称为"孤""寡""不穀"，这不就是以贱为根本吗？不是吗？所以最高的荣誉无须赞美称誉。不要求璈璈晶莹像宝玉，而宁愿珞珞坚硬像山石。

## 【解析】

"昔之得一者，天得一以清，地得一以宁，神得一以灵，谷得一以盈，万物得一以生，侯王得一以为天下正。"

"道生一"，一是道的载体，而朴则是道德的体现。得道以德，德的最高标志就是返璞归真，所以，"得一"也就是得朴。

致之，即由治身之道推广到治国之道。

推而言之，统治阶级（天）不凭借朴治，使政治清明，国家将恐分裂；百姓（地）不凭借朴治使社会安宁，国家恐将引发动荡；人们的精神不凭借朴治得以慰藉，恐将产生信仰危机；山川河流不凭借朴治获得充盈，水利资源恐将枯竭；万物不凭借朴治来保护，恐将毁灭；侯王不以朴治国，反而自视高贵，其统治地位恐将被推翻。

"故贵以贱为本，高以下为基。是以侯王自谓孤、寡、不穀。此非以贱为本邪？非乎？"

任何事情都是相反相成、互相转化的。守贱则贵，筑基则高，世间之所以有贵，是因为有贱为之衬托；之所以有高，是因为有下与之相对应。正如那些显赫的统治者们，他们的高是骑在劳动人民头上的；他们的贵，是用劳动人民的血汗铸成的。其实，不道的帝王们也非常明白这些道理，所谓"水能载舟，亦能覆舟"，正是对历史经验的深刻总结。所以，他们用孤、寡、不穀来称呼自己，表明自己是以民为本，以民为基的。对此，老子给予彻底否定："这不是以贱（民）为本呀！难道不是吗？"以民为本的统治者施行的是"无为之治"和"不言之教"，而不是在自己的称谓上做文章。他们称孤道寡，只不过是欺世盗名的手段而已，真正目的还是为了维护其高贵的统治地位罢了。因此，他们的统治地位也只能有数辈而已。

"是故不欲琭琭如玉，珞珞如石。"

这是以道德功的周天原理来阐明"贵以贱为本，高以下为基"的论点。

本章集中体现了老子的朴治主义思想。首先用对比的方法从正反两个方面说明朴治对于天、地、神、谷、万物、侯王的重要意义。而后又辩证地指出称寡道孤的统治者是不道的，其结果也只能是数辈即止，江山是不会永固的。

**【证解故事】**

**故事一：**

战国时期，赵国北有林胡、楼烦、燕国，东有东胡，西邻韩国，与秦国只隔一河。处在这样的形势之下，赵武灵王感到危机四伏，唯恐赵国日渐衰弱，决心要施行一些新的措施，以富国强兵。

那个时候，中原国家的人们穿的都是长袍大褂。这些衣服平时穿，倒也不觉得有什么不方便，可是穿它出征作战，就显得十分笨拙不便了。再有就是作战乘战车，打起仗来，很不灵活。而胡人就不同了，他们的衣服短小窄瘦，不论做事，还是出兵作战，都很方便。他们也不用战车，而是用灵活自如的战马，小巧有力的弓箭。

赵武灵王了解到胡服骑射的这些长处，就决定把它借鉴过来。为了使国民接受这些外来事物，他自己先做出了很好的表率：上朝时，穿一身胡服；不再乘车，改骑战马。

朝中大臣都不能理解他的做法。他们认为中原地区人杰地灵，是尚贤教化、仁义施行之地，怎么能反过来向愚昧落后的胡人学习呢？于是纷纷表示反对，其中尤以公子成反对得最坚决。

公子成是赵武灵王的叔父，他见赵武灵王身穿胡服上朝，很气愤，第二天就借口生病不去上朝。赵武灵王知道公子成在群臣中的威望很高，除非先把他说服，否则，胡服骑射就难以在国内施行。于是，他亲自去公子成府中看望，对他说："我们治理国家，一定要根据实际情况制定施政方针。只有这样，才有利于国家，有利于百姓。现在我国四面皆有危险，并且邻国有相当一部分具有很强的军事力量，他们身穿胡服、骑马射箭，在战场上占有很大优势。而我们如果还不改变现状，采取有力的措施，那肯定会有被动挨打的一天。再说，根据不同情况采取不同的措施，这是我国先君一贯的做法，我们为什么就不能效仿他们呢？"

公子成听了赵武灵王所言，才知赵武灵王要实行胡服骑射的深远意义。他对自己的无知感到十分惭愧，向赵武灵王表示愿意支持胡服骑射的变革。

赵武灵王见说服了公子成，很是高兴。其他大臣见公子成都改变了主意，也便不再固守反对态度，纷纷请求赵武灵王下令在全国推行胡服骑射。

没过多久，全国上下，不论贫富贵贱，人人都穿起了胡服。经过亲身体验，大家都觉得胡服确实比以前的衣服方便。胡服因此而成为一种时兴的服装。同时，赵国的大队骑兵也训练成功了。

公元前305年，赵武灵王从魏国手中接管了中山国。以后收服了东胡和邻近的几个部族。秦、韩、齐、楚等国纷纷与赵国建立了友好关系。

赵武灵王没有拘泥于长期形成的风俗制度，锐意革新，因而使赵国不断强盛起来。

**故事二：**

狐偃（约前715—前629年），春秋时晋国的卿。亦称子犯、舅犯、咎犯、白犯、狐子、狐突之子，晋文公重耳之舅，故又称舅氏。其父狐突，字伯行，为大戎狐氏（今山西交城却波村人）。与晋同祖，是晋支族入主诸戎部落者。

狐偃忙于大戎。其姊（或妹）狐姬嫁太子诡诸（晋献公）后，其父狐突"事晋为大夫"，狐偃即随其父至晋都曲沃（今山西闻喜）。公子重耳少年时期便受教于狐偃、赵衰等。这几个人"实左右之，公子居则下之，动则焉"，成年以后仍是如此。后来楚成王赞他"广而俭，文而有礼"，显然是狐、赵等人耳濡目染的结果。献公八年（前671年），迁都绛（今山西新绛，一说翼城），狐偃随重耳至绛。献公十二年，太子申生居曲沃，公子重耳居蒲（今山西隰县西北），夷吾居屈（今山西石楼），狐偃又随重耳至蒲。献公二十一年，骊姬诬陷申生有弑君杀父之意，申生自缢身亡。狐偃保重耳"备守蒲城"，一年后出亡。有关狐偃这数十年的事迹，史载不详。据考，献公为太子时，重耳即已成人，狐偃寄人篱下，尽为父为师之劳，不会有大的作为，但对晋后期政局产生了极为深远的影响，"文公染于舅犯，故霸诸侯，功名传于后世。"评价中肯贴切。

狐偃随重耳出亡时，已逾花甲之年，仍不辞劳苦，夹辅重耳，为他出了很多计策，使重耳最终得以返回晋国，宏图霸业。

重耳一行离晋后，狐偃力主去狄。当时，齐国是中原经济最发达的国家，北杏盟约后，齐桓公实际上已成为中原盟主。楚国也是南方的经济军事大国。狐偃为何弃强投弱呢？因为他意识到，齐楚千里迢迢，沿途崇山大川，举步维艰，仓皇出走又缺乏给养，即使能免于追杀，也会困死途中。且齐楚是否肯予接纳，也有疑问。而狄近易达，又是重耳母国，纳公子重耳应在情理之中。还有狄晋毗邻，可以观望动静，蓄力待时。可见，这个决定不失为上策。

重耳在狄十二年，狐偃反劝他赴齐。此时戎狄势力大为削弱，已无力帮助重耳"成事"，齐桓公虽年已垂暮，但雄心犹在，欲借晋为助，与秦楚抗衡，维持霸主地位。且"管仲殁没"，"哀而思始""求善以忠"，定会收留人才济济的重耳一行。至齐后，果然受到桓公的热情款待，对重耳更是深加恩渥。只是由于齐桓公卒，五子争立，诸侯叛齐，内外交困，"子犯知其不可以动"，才毅然决定离开齐国。这时，多年的流亡生活已使重耳意志消沉。他枕于安乐，"遂无去心"，"有终焉之志也"。狐偃又与姜氏谋，"醉而载之以行"。如果不是狐偃机智果敢地迫使重耳离齐，重耳只能在齐国苟且一生，文公霸业将无从谈起，春秋历史形势必会大变。

重耳返国，时值晋动荡之余。十数年间，晋内讧不已，国乱民忧。先是"骊姬之乱"，继而献公去世，里克、邳郑杀奚齐、卓子，荀息身亡，晋惠公夷吾上台后，又杀了掌握实权的里、邳等大臣，弄得人心惶惶，众叛亲离。对外惠公背信弃义，发动不义战争，使晋元气大伤。

然而，从公元前636年文公即位，到公元前632年城濮之战，前后不到五年时间，文公何以能宣信诸侯，称雄天下呢？《左传》云，文公历游诸国，备尝"险阻艰难"，故返国后，知"励精图治"以求霸业。事实上，这是狐偃、赵衰等股肱之臣，帮助文公"蓄爱百姓，厉养戎士"的结果，其中，狐偃更是出了大力。

狐偃等帮助文公革新内政，迅速医治动乱留下的创伤，从而奠定了与秦楚抗衡的物质基础。主要措施有：一、选拔优秀人才治理国家，多年来，随重耳共患难的一批老臣都被委以军国重任。二、提倡孝事父母，尊祖敬家，忠于国事，"以厚民性"。三、废除繁重的徭役，减免苛捐杂税，资助无力生活和生产者。四、鼓励农耕，劝有分无，省灭国用，足财备凶。五、"大搜于被庐"，改上、下两军之制为上、中、下三军之制。这些措施对于稳定社会秩序，恢复社会生产，推动工商业的繁荣，提高晋军的战斗力，起了积极的作用，从而使晋国呈现了"政平民阜，财用不匮"的昌盛景象。文公四年，晋军能在城濮大败楚军，一战而成霸业，无疑是改革带来的必然结果。

文公元年（前636年），周室内乱，襄王弟昭叔（太叔带）伙同狄人伐周，占洛邑。襄王避难于郑，派使者简师父，左鄢父求救于晋和秦。文公二年，秦军至河上，将纳王。由于晋大乱之余，百端待举，国力尚薄，文公对勤王事宜迟疑不决。狐偃却以其敏锐的政治嗅觉和远见卓识，意识到这是晋成为诸侯盟主的天赐良机。当时，整个局势对晋极为不利。远在南方的楚国，自成王继位后，不断向北方扩张领土，公元前656年召陵之会后，楚加紧了北上的步伐，大有继齐桓公之后而称霸中原之势。西秦也不偏安于边陲，一直在觊觎晋国的领土。狐偃当然知道，只有南阻强楚，西扼边秦，才能入主中原。而此时的晋国，积贫积弱，举步维艰，在经济、军事方面尚无力与秦楚抗衡。为此，必须首先在政治上取得诸侯的信任，提高晋的威望。况周王室同晋宗室有名义上的宗法关系，不纳则失之于义。狐偃力劝文公："继父之业，定武之功，启土安疆，于此乎在矣。"僖公二十五年（前635年），文公终于出兵勤王，杀王子带于隰城（今山西汾阳），王入城周（今河南洛阳）。周王设宴款待晋文公，并赐樊、温、原和攒茅等人邑之田给文公。

勤王不仅扩大了晋国的疆域，更重要的是提高了晋在诸国中的地位，为晋入主中原创造了必要的条件。

狐偃不仅具有政治家过人的胆识，还具有非凡的军事才能和大智大勇。文公三年（前634年）楚胁迫陈蔡攻宋，宋求救于晋。从当时的各诸侯国局势看，晋楚两国的直接冲突已经不可避免。但是，晋军在数量抑或质量上都逊于楚军。面对强敌，狐偃采取"调虎离山之计"，避其锋芒，以智取胜。他提出："楚始得曹而新昏于卫，若伐曹卫，楚必救之，则齐、宋免矣。"于是，晋军伐曹卫，取五鹿（今河南濮阳东南），三月攻占曹国都城，迫使楚军撤出宋国。

国学经典

# 道德经全集

〔春秋〕老子 著

第二卷

吉林出版集团股份有限公司

# 第四十章

## 【原文】

反者①，道之动；弱者②，道之用。天下万物生于有③，有生于无④。

## 【注释】

①反者：循环往复。一说意为相反，对立面。

②弱者：柔弱、渺小。

③有：这里指道的有形质，与一章中"有名万物之母"中的"有"相同。但不是"有无相生"的"有"字。

④无：与一章中的"无名天地之始"的"无"相同。但不同于"有无相生"的"无"。此处的"无"指超现实世界的形上之道。

## 【译文】

循环往复的运动变化，是道的运动，道的作用是微妙、柔弱的。天下的万物产生于看得见的有形质，有形质又产生于不可见的无形质。

## 【解析】

"反者，道之动；弱者，道之用。天下万物生于有，有生于无。"

反，是人们认识了客观规律、充分发挥能动作用的具体体现；向对立面转化。反抗是就对立而言，是矛盾斗争的主要形式，目的在于解决矛盾，平衡矛盾，统一矛盾，取得向矛盾对立面的转化。

"反者，道之动；弱者，道之用。"反是合乎道的运动的，在这一运动中，弱者是起主要作用的因素。

老子贵柔贵弱，一再强调柔弱者的作用，并非希望事物永远处于弱势，而是希望事物完成由弱到强的转化，共同统一到强上来。

我们可从治身、治国两个方面来具体阐述"反者道之动,弱者道之用"的意义。

其一,从治身的角度讲,反,是自我充分发挥主观能动性,使体内真气由下丹田沿督脉而上,顺任脉而下,循环往复,周流不息,这就是小周天功。随着真气的进一步充盈,进而再打通大周天。由于真气的逆向行驶,打通了身体所有脉络,使气血畅达,从而平衡阴阳,消除疾病,强身健体,以至最终返璞归真。这正是因为利用了弱者——真气的作用,才完成了自我与真我的同一,从而使自我这一大自然的弱者变成大自然的真正强者。

其二,从社会发展的历史进程来说,是社会最下层的劳动人民为推翻反动统治阶级所进行的革命斗争。弱者,就是指那些缺吃少穿,不堪忍受剥削和压迫,没有权利和自由的劳苦大众。人民揭竿起义,推翻反动统治,是社会发展的必然规律,而弱者,则是革命的主力军。历史上每次革命运动,广大人民群众都是革命的中坚力量。正如毛泽东所说:"人民,只有人民,才是历史发展的真正动力。"毛泽东所领导的国内革命战争,强者败,弱者胜,即是"得道多助,失道寡助"的结果。毛泽东是阐述老子"反者道之动,弱者道之用"这一哲理的杰出代表。

如果说"反者道之动,弱者道之用"揭示了自我与社会发展的客观规律,为人们更好地认识世界、改造世界指明了道路,那么,"天下万物生于有,有生于无"则体现了老子的朴治主义思想。

客观世界是物质世界,天下万物皆体现于有形,万物之灵的人对于世界的认识,往往局限于"有"的层面,以"有"观"有",形成以"有"为中心的世界观、人生观和价值观,这样一来,治国则把希望寄托在"有为"的帝王身上,治身则把希望寄托在"有用"的物质之上,从而忽视了必须体现自然规律的无形的社会法则(法律)和人生法则(朴)。

浩瀚的宇宙之所以丰富多彩、生生不息、和谐有序,在于无形却至诚不移的自然规律在左右着宇宙,而绝不是哪一个星球在统治整个宇宙。人类社会要想繁荣稳定,就必须制定出合乎自然规律的社会法则。同样地,人生要想健康长寿、自由幸福,就必须培育真朴,这就是"有无相生"。老子用对立统一的观点指出:"有生于无"即"无"是万物之本,自然规律决定着天下万物的命运,所以,人类欲求"有"必先求"无",否则,不管社会多么富有,必然最终遭受自然规律的惩罚,其结果是一无所有,包括人类自身。

本章说明,要想实现天下大治,就必须充分利用弱者,推翻不道统治,走朴治主义道路。

## 【证解故事】

### 故事一:

大道作用于一切事物都是用柔弱的方式,是最有效且无法抗拒的。

老子认为人们做任何事的时候,都应抱有一种遇事不乱的态度(弱者道之用),对所遇之事宜谨慎分析,才有利于将事情办好。

沉着和冷静是办大事者必备的素质,也是老子这一智慧的现代诠释。所谓沉着,就是镇静、不慌不忙;冷静,就是遇见事情不头脑发热,感情用事,而是能够认真地思考,缜密地分析,最终做出对自己最有利的决定。

有一个大公司在招聘人才,一群年轻人都是经历了层层筛选胜利的佼佼者,现在他们正面临最后的考验——一场定时十五分钟的考试。谁通过了这次考试,谁就有机会进入这家著名的跨国公司。

试卷上共有四十道题,题量大,涉及的知识面很宽,这完全出乎大家的意料——这么多题,一刻钟的时间实在是太仓促了。许多人一拿到试卷,连半秒钟也不想浪费,立刻做起题来,全然不顾监考官"请大家先将试卷浏览一遍,看清要求再答题"的忠告。

虽然许多考生因为没有答完而显得不心甘情愿,但试卷在一刻钟之后还是全部收完。总经理来到考场,当场亲自批阅试卷。他很快地翻遍所有的试卷,然后便从中挑出了五份。这五份试卷的卷面有一个共同特点,即第1至第37题全都没做,仅回答了最后三个问题。而其他试卷上的答题情况看上去则好得多,做了前面的不少题目,答题最多的一个人做到了第二十九题。

总经理当场宣布，公司将录用那五个只答了最后三道题的年轻人。在众人的一片惊讶和责问声中，监考官道出了秘密——原来秘密就藏在第三十七题中，它的内容是：前面各题都可以不回答，只要答好最后三道题即可。

这次测试是很成功的。那五个人后来表现都非常优秀。特别是在风云变幻如战场的商场上，他们遇事历来不慌张，总是能举重若轻，冷静地分析问题，提出正确的应对措施。由于具备这种素质，他们不久都做到了中层管理人员。三年后，有一位还被破格提拔为副总经理。

做事固然需要迅速，然而却不能一味求快，遇到重大的事情和问题，明智的做法就是在冷静的审视之后，再做出决断。不经思量，武断从事，只能导致不良的后果。无论做什么，保持一份慎重才能以自己的聪明才智，稳扎稳打获得成功，否则难免吃苦头。

王某经营着一家餐馆，生意很红火。一天，朋友来吃饭，看看王某的菜谱说："你的菜太普通了，没什么特色，应该多加点有特色的东西。"

王某觉得有道理，问朋友："你认为该搞些什么特色？"

朋友说："米粉，很多人都喜欢吃。"

王某没经过市场调查，便购买了大量的米粉，这期间又有人建议他做魔芋，他又买来了很多魔芋，还特地请来两个专门的师傅。

然而，王某把重点转移到了米粉和魔芋的经营之后，顾客反而少了。很快，餐馆的营业额下降，储存的食品过期的过期，发霉的发霉，而员工工资也有减无增，餐馆濒临倒闭。

王某遇到事情就有些不谨慎了，仅凭朋友一言，而不经过缜密的市场调查就匆匆投入新的项目，使他的生意一落千丈。古人讲的"处事不惊，坐怀不乱"，无疑是王某该学习的地方。

人的一生中经常要遇到许多不曾预料到的情况，面对一些非常情况，我们时常无法冷静下来认真分析事情的始末、利弊，就匆匆忙忙做出结论，采取行动。结果，由于忽略了某些重要的方向，只能默默承受失败的结局。处事不乱、冷静分析问题，才是解决问题处理事情的最佳方法，也是智者不可或缺的人生智慧。

**故事二：**

在现代社会中，人际关系变得复杂化，而个人能否保持宁静的心境，就事关全局。有鉴于此，发达国家的一些公司，如美能达照相机公司为公司职员专门开设了前坐沉思室，每室仅有一桌一椅，上班的公司职员可随意进入，独自静坐，从而得以避开任何人、事和电话的干扰，使想象与创造力获得自由发挥。不少有助于公司管理与生产的方案措施，就这样不断萌生在静坐者的头脑中。即使某些职员是在静坐沉思室里睡了个短暂的懒觉，他也不会受到指责，因为这有助于他恢复精力与体力，做好下一阶段的工作，更何况有些灵感创意还是诞生在宁静的梦乡之中的呢。

在日常的待人接物中，宁静的心境有助于我们始终保持谦和的态度、悦和的语气，既给人留下亲切的形象，也有助于问题更好地解决。生活中曾有这样一个脾气急躁者，他因急躁而屡屡坏事，为了改掉自己工作生活中的急躁脾性，他每天就用彩笔在自己的左手心上写上一个"静"字，逢到自己又将重犯急躁的毛病时，他就往手心多看几眼，默默告诫自己要冷静冷静再冷静。同时，在业余时间，他通过参加多种体育运动、郊游等等，宣泄自己旺盛的精力，一段时间后，他的努力取得了成效，他不用再在手心上写字了，因为自我克制已成为了他的自主意识的一部分，亲人与同事们觉得他更通情达理、平易近人，他也有了心平气和的良好感觉。

可见，宁静致远。宁静的心境，足以使人把握更高远也更深刻的思想，使人从容处世，它并不仅是田园诗人与思想家的专利，而是成熟人生智慧的一个重要环节。

中国古代也不乏这样的例子。唐朝著名诗人王维在一次出游的途中，信步所至，走到大江前。此时，他没有匆忙去渡江，也没有匆匆走回归路，而是悠闲从容地坐在草地上，心情平淡地欣赏着天上的云起云落、云聚云散，品味着它们在时快时慢中变幻不定的图案。有了一种十分谐和宁静的心境，以致他吟出的诗中，出现了这两句看似平淡却极寓禅意的千古名句：行到水穷处，坐看云起时。看似平淡的诗句，却已活泼地表达出了诗人的心境与自然韵律的和谐合拍，当诗人出神入化地静观云聚云散时，物我已融为一体。他因静坐而神飘云际，因静坐而得彰适意，从而领受了坐行住卧皆禅的精髓，表明了对顺其自然的人生观的推崇，心智不再被生活表层的种种繁杂所迷惑，从而保持了心绪的协调与宁静，这就是所谓的禅。由此不难理解，历史上诗人王维为何以"诗佛"而名传于世。

在自我认识方面，静观有助于把握自我的真实本性，有助于萌生人生的惭悔意识，从而驱除痴心妄想，完善人生，得以达到修身养性的目的。此种静观，最好在夜深人静时。

在个人心智的把握上，我们不少人都有过如此的经验，或因外界嘈杂，或因内心烦躁，一些平日记忆好的内容，却怎么也不能回忆起来；境遇一变，或因外界清宁，或因内心宁静，过去时日所遗忘的内容，又涌上心头，恍在现前。可见，人在或静或躁的内外环境中，也就顿然有了或明或昏的差异。

在认识社会与人物是非的方面，以伊吕和夷齐为例，伊吕是指辅佐商汤攻灭夏桀的伊尹和辅佐周武王攻灭商纣的吕尚（姜太公），他们功勋盖世，并称为古代贤相。夷齐则是指伯夷和叔齐这两兄弟，他们先是互相谦让君位，进而又都先后放弃了君位继承权，最后因不满周武王灭商建周，在道义的感召下，他们拒吃周粟，直至饿死，他们的高风亮节，一直被视为节义的典范。

在处世方面，经验丰富者往往教诲初涉人世者遇事要冷静处之，因为冷静能使人做出准确而又快捷的判断与反应，能挖掘个人心智的潜力。所以，是否冷静，是智慧与愚蠢的分水岭，它不因时代的变迁而变化。

禅家所言："前念迷即凡，后念悟即佛。"可见，在标有正负取向的人生坐标中，个人的一念之间，能促令人步入天堂，走向成功；一念之差，则能使人堕入地狱，备受煎熬与惩罚。

每个人不同的人生进程中，都免不了受这一念那一念的影响。而在面临大是大非问题的抉择时，或面临着人生转折取向时，这种影响甚为关键，乃至着有重大与深远的影响。

不是吗？即使是大至救人或杀人，拒贿或受贿，也都取决于一念之间。

曾经有一名叫信重的武士慕白隐禅师之名而来求教：是否真的有天堂和地狱呢？

　　白隐禅师没有直接回答他的提问，却反问他的职业，当听到他的回答后，白隐禅师以不屑的语气说道："武士？你是武士？哪家主人会请你当保镖？看你的面孔气色，活脱脱就是一个乞丐。哦，你还佩着一把剑，你的剑一定是钝到连我的脑袋也砍不了的！"武士都把荣誉与名声看得比生命还重要。因此，受到了奚落而马上怒不可遏的信重，马上就伸手挥剑。此时，耳边传来了白隐禅师的那毋庸置疑的声音："地狱之门正在打开。"

　　信重闻言，一怔之后，当即意识到并信服了白隐禅师的言行高深，于是，他马上收剑并向白隐禅师鞠躬请罪。"天堂之门由此敞开。"白隐禅师缓缓地说道。

　　在这一则著名的禅话中，白隐禅师通过设问，说明了天堂与地狱存在于人的主观意识中，说明了人或因行善而升天堂，或因作恶而堕地狱，只不过是受当事者的一个念头所支配的行为决定而已。于是，信重先是用他的拔剑之手，即将打开了地狱之门；再又通过他的收剑之手，继而打开了天堂之门。

　　其中的差距，仅仅是一念之间。某些人的一念差错，就足以将一生的努力与功绩丧失殆尽；某些人的终生谨慎，也难以掩盖其在一件事上的过失。以致个人动错了一念，那么他所做的一切就会遭到非议，因此，防止动错一念，就如用来渡海游泳的浮囊一样，容不得哪怕是一个针头大小的隙缝漏洞。所以，只有保持清醒的念头，在日常生活中保持一尘不染的纯洁，才能避开那种种类似神弓鬼箭式的神奇报应。

　　自然，一念又一念，不是绝对不可变的，而是相对的。问题在于：一念又一念，应该如何转变？向何处转变？不论是哪一个人，倘若他能把积累财货的迫切心思用来积累学问知识，能把追求功名的全部意念用来追求道义德行，能把爱护妻子儿女的深切感情来挚爱父母长辈，能把保官保爵的计策用来保国保家，有了这种出此入彼的转念，虽说意念思虑仅有毫末之差，但已有了由凡入圣、由私至公、由平凡至高尚的转变，人品也就有了天地之别。

# 第四十一章

## 【原文】

上士闻道，勤而行之；中士闻道，若存若亡；下士闻道，大笑之，不笑不足以为道。故建言①有之：明道若昧，进道若退，夷道若颣②。上德若谷，广德若不足；建德若偷③，质真若渝④。大白若辱⑤，大方无隅⑥，大器晚成，大音希声，大象无形。道隐无名，夫唯道，善贷且成⑦。

## 【注释】

①建言：立言。

②夷道若颣：夷，平坦。颣，崎岖不平、坎坷曲折。

③建德若偷：刚健的德好像怠惰的样子。偷，意为惰。

④质真若渝：质朴而纯真好像浑浊。渝，变污。

⑤大白若辱：辱，黑垢。

⑥大方无隅：最方整的东西却没有角。隅，角落、墙角。

⑦善贷且成：贷，施与、给予，引申为帮助、辅助之意。此句意为：道使万物善始善终，而万物自始至终也离不开道。

## 【译文】

上士听了道的理论，努力去实行；中士听了道的理论，将信将疑；下士听了道的理论，哈哈大笑。不被嘲笑，那就不足以成其为道了。因此古时立言的人说过这样的话：光明的道好似暗昧，前进的道好似后退，平坦的道好似崎岖。崇高的德好似峡谷，广大的德好像不足，刚健的德好似怠惰，质朴而纯真好像混浊未开。最洁白的东西，反而含有污垢；最方正的东西，反而没有棱角；最大的声响，反而听来无声无息；最大的形象，反而没有形状。道幽隐而没有名称，无名无声。只有"道",才能使万物善始善终。

## 【解析】

"上士闻道,勤而行之;中士闻道,若存若亡;下士闻道,大笑之,不笑不足以为道。"

"上士"是道性深厚的人,他们深知悟道的重要性,并对道的存在深信不疑且勤奋用功,这是有志者的作为。"中士"是道性若明若暗的人。他们对道的存在持半信半疑的态度,对识道缺乏信心,是不能战胜自我的人。"下士"是缺乏道性的人。他们的自我主观意识太强烈,固执己见,不能客观辩证地看待问题。他们如同智叟,对传道、修道之人加以嘲笑以显示自己的聪明才智。其实也难怪他们嘲笑,这大概有两个方面的原因:一是大道太隐蔽,太深奥,为主观主义者所永远不能理解。如果大道显而易见,社会上也就不会有人视传道者为宣扬神秘主义了。二是"下士"从修道者所采取的修道方式及其观念、行为的变化上所得出的结论,有道者的观念、行为是不能为"下士"所理解的。

"故建言有之:明道若昧,进道若退,夷道若纇。上德若谷,广德若不足;建德若偷,质真若渝。大白若辱,大方无隅,大器晚成,大音希声,大象无形。"

建言,古人建立的格言。之,代表所列的格言。这些格言描述了修道者的外在表现及其内在本质。

"明道若昧",修道者明白了大道,获得了大智大慧,本该变得聪明,但从表面看来,不仅没有聪明反而显得愚昧了。其实这正是明道的结果和超越自我的象征。一个大彻大悟的人,不再主观臆断、感情用事,不再为名利所羁绊。这在"下士"看来,不贪图享受,不及时行乐,不为自己着想,不正是愚昧吗?

"进道若退",在彻悟大道的道路上不断精进,他的品质好像后退了。"为学日益,为道日损。""进道"就是"损",就是消除私欲,扬弃自我,提升人格。这正是为道的目的之所在。视人格的精进为退化,也正是人类自身异化的悲哀。

"夷道若纇"，夷道，即平坦的大道，引申为顺大道行走，按客观规律办事；若纇，好像有缺点、毛病。以大道为中心的人和以自我为中心的人世界观不同。以自我为中心的人贪名图利、损人利己。有道之人舍己为人，有名利可图而不贪。这在"下士"看来，不是有毛病吗？

"上德若谷"，越是具有高尚品德的人越虚怀若谷。有德之人对自己乐于助人的行为，不认为有功德，而是以平常之心，一切顺其自然罢了。这是有道者的谦逊品德。

"广德若不足"，越是把握了真理的人越是真切地感到自我的渺小和智慧的不足。道无止境，德无止境，广德之人，以宇宙为心，永远不会满足。这是有道者的不断进取之心。

"建德若偷"，建立功德就像偷一样。这里的"偷"字不是贬义词，而正是难能可贵的高尚品德。建德者修道藏形，行道匿迹，但行好事，不求人知。这是有道者的不争之德。

"质真若渝"，渝，是改变的意思。有道者的品质越来越纯真，体现出人类最善良的本性。这在"下士"看来，修道者发生了变态，不再是合乎时代要求的人了。这是有道者消除异化、返璞归真的体现。

"大白若辱"，越是纯洁的人，其行为好像越不光彩。有道之人，品德纯正，没有半点虚伪，处处、时时顺自然规律行事，这在"下士"眼里却是不光彩的行为。社会上那些甘做好事的人，不是被有些人嘲笑为"出风头"或者"傻子"吗？所谓的"傻子"，其实正是具有纯真之德的人。

"大方无隅"，大方之家没有阴暗角落。

"大器晚成"，大器之才并非短时间能够造就，需要数十年坚持不懈的道德修养功夫。"晚成"，肯定了人的能动作用以及悟道的艰难费时，否定了"生而知之"的天命论思想。

"大音希声"，最大的声音是自我听不见的。大音是大道之音，是自然规律的启示。来自大自然的声音虽无声而胜有声，必须无条件地听从。

"大象无形"，最大的景象是自我看不见的。大象是天象，属于心灵的世界,只有用至真至诚的心灵才能观到。大象虽然无形,但是要想更好地认识有形世界,必须于无形世界中寻求真知。

"道隐无名,夫唯道,善贷且成。"

"道隐无名",本质规律潜藏于无名世界。世界的本质规律只有借助真我去把握,自我是无法直接认识的。无名,是说无形世界的名象无法以有形世界的名称、概念来规定。

大道虽然隐而无名,但是也只有大道才能带给自我人生的大智大慧,用以成就天地之志。

这里,道为贷方,我为借方,德为担保。道门虽大,无德不入。

本章论述了道和德的辩证关系。首先通过人们对道的不同认识,说明道既客观存在,又高深莫测。接着借助格言,揭示了道的本质和现象,表明人们的世界观不同,方法论就不一样。最后说明大道之于人生、社会的重要性。一个"贷"字表明,大道虽至关重要,但需贷之以德,德不立则道不成。


**【证解故事】**

**故事一:**

有识者得悉"道"之理后,勤勉行政、身体力行;普通人听了似懂非懂,半信半疑,不知如何是好,终究无所得;无知的人听了觉得难以置信,大加嘲笑。如果"道"不能让这种人听了觉得可笑,那也就不是什么真正的"道"了。

有学者把人类社会横向分为三个层次,即上、中、下,其中上层大约占整体的百分之三,中层大约占百分之十七,下层大约占百分之八十。当然谁都不想成为那百分之八十的下层社会的人,可惜的是,大部分人都是处于这个层面中的。

这不仅是指物质生活水平,也是指思想意识层次。

宣扬成功学的人们会主张,一个人若想成功,就要先向成功的人学习,然后和成功的人合作,这样才能从已经成功的人身上学到他们成功的因素,并找到使自己成功的方法。同样地,若是想成为上士,那么就要掌握他们是怎么思考问题,是有着什么样的处理问题的方式，有着什么样的人生观和事业观。如果你有着成功者的心态和思维方式，再加上能够坚持不懈，那么你前面的终点就只有一个——成功。如果不具备这种心态，即使拥有再多的物质，也不能算是上士，看看那些"富不过三代"的显赫之家，就是因为子孙没有先祖创业时的那种兢兢业业的态度，所以即使有了财富也守不住。所以才有人说"创业难，守业更难"。

如果觉得这些道理好像有些用处，自己也想要成功，可是又觉得不容易做到，对前途感到渺茫，也许付出了什么也得不到，还不如再等等看，看别人照着这方法做会怎样，等他成功了我再跟着做，要是他不行，那我就笑他不知道观火候……如果是抱着这种观念做事，那就属于"闻道"后"若存若亡"的人，是中士。或许可以触及成功，但也有可能是失败，这就要看最终的选择如何了。如果只是存有观望的态度，而迟迟不肯迈出第一步，那就是在选择失败。而下士是些什么样的人呢？那是根本就不相信这些道理的人，如果有人跟他说："你现在穷，是因为你的观念造成的。"他或者听不懂，或者要"大笑之"以示不信。这只是举个例子，不是针对那些现在没钱的人，不论是否有钱、是否有权或者是否有名，将来的走向都是被你的意识所牵制的，如果你只有下士的心态，那又怎么可能利用现有的物质基础发挥上士的优势呢？即使因为一时的运气，或是先人的积累，而获得了一些机遇，但这都是不可能长久的。没有上士的心态却想成为上士，难免要做出一些危险的事情，有可能在物质欲望膨胀起来之后什么事情都做，偷盗、抢劫、绑架、贩毒、贿赂……事实上这样的人并不在少数，这就是因为他们没有一个正确的意识去支配自己的行为。

有这样一个故事：一个富翁要出门远行，临走之前把三个仆人叫到面前来，给他们每人一百个金币，对他们说："你们拿着这些钱去做生意，等我回来时，再来见我。"三年之后，富翁回来了，第一个仆人报告说："主人，您交给我的一百个金币，我已经用它赚了十倍。"富翁很高兴，就把这些钱都奖励给他。

第二个仆人说："主人，您交给我的一百个金币，我用它赚了五倍。"富翁也很高兴，照样奖励了他。

第三个仆人说:"主人,您交给我的一百个金币,我害怕丢失,又怕做生意赔本,所以一直埋在地底下。"富翁很生气,命令将那一百个金币也奖励给第一个仆人,并说:"凡是少的,就连他所有的也要夺过来。凡是多的,还要给他,叫他多多益善。"

这就是著名的"马太效应"。这其实说的就是基于心态和思维方式的不同,付出的越多就会得到的越多,而害怕损失不敢付出的就会连现在所拥有的都会失去。因为没有什么东西是可以守住一直不失去的,这是事物运行的必然。想要一直拥有,就得一直付出,像流水一样,有进有出,水才是活的,才是丰盈的,若只进不出,或只出不进,那水要么会溢出来,要么就会干涸。人生也是一样。

老子虽然提倡清静无为,要顺其自然,而不给自己的天性妄加些没有用处的东西,但是这不是说让人不思进取,碌碌无为。要顺其自然,就要吐故纳新,要新陈代谢,所以这种清静无为是积极的,而不是消极的。

如果一个人只是想平庸地过一生,可是又不能让自己心静如水,对着各种物欲的诱惑心动不已,那么这种生活就是痛苦的,是不幸的,更是与老子所说的那种顺其自然的生活搭不上边。

**故事二:**

有人说,真正清楚明白的"道"在愚昧的人看起来似乎是晦暗不清的;最高畅通无阻的"道"在愚昧的人看来却是最闭锁不通的;最宽阔平坦的"道"在愚昧的人看来却是最崎岖坎坷的。

明白了大道就抛弃了小聪明,在只有着小聪明的人眼中看来反而是糊涂了;走上了歧途还以为自己是走在正道上,那是因为从未真正体会到正道的存在,或者说从来就没接触到过那个境界的边缘。最完美的美德就是虚怀若谷,只有这样才能归纳百川,然而人们往往并不这样认为,他们只要有一杯水就以为自己得了大智慧,只要有了一块石头就以为自己拥有了天下。

在这种情况下,人们往往走不出自己的路,前途在他们眼中迷迷茫茫,歧途甚多,有时候循着自然大道才走了没多久,被旁边的小聪明的人说上几句,就以为自己走错了路,慌慌张张地改道而行,殊不知这才是歧路。

因为看起来通往"道"的路是如此崎岖不平，而且晦暗不清，所以人们觉得走这种路是太艰险了，可是风光往往只有在险峰上才可以领略。

北宋真宗时，契丹人入侵宋国，告急的文书连连发到朝廷，却都被宰相寇准给扣下了，不让真宗皇帝知道。

真宗在别处听说这个消息，非常着急，就向寇准问讯。寇准说："大敌当前，如果没有拼死的决心，任何妙计都是无用的。我请求皇上御驾亲征，为将士们击鼓打气。"

真宗害怕了，说："我贵为天子，怎么能以身犯险呢？除非你能保证我的绝对安全，否则就是对我不忠了。"

寇准说："如今敌军气势正盛，我军连连失地，这种局面必须改变了。皇上虽然冒些凶险，但只有这样才能鼓舞将士们的士气，挽回颓势。我想敌军万万预想不到皇上会亲自上阵，他们一定会十分恐慌的。"

真宗被寇准劝服，勉强出征。走到南城的时候，随行的大臣又劝真宗回去，他们说："契丹的兵力强大，皇上为什么要和他们硬拼呢？不如迁都到南方，以后再作打算。"

寇准舌战群臣，坚持请真宗到澶州督战。他说："成就大业，就不能回避风险，以求安稳。现在契丹势在灭我大宋，我们如果退让，那么就会一败涂地不可收拾。"

真宗犹豫不决，寇准于是把负责军事的武将高琼找来，对他说："国家危难，皇上决心难下，还请你去劝谏皇上不要后退。如今人心不稳，这也是你们武将为国报效的时候了。"

高琼便去面见真宗，说："兵来将挡，水来土掩，这是很自然的事，皇上不该听信南迁的话。皇上带领我们杀敌，军心一定大振，我军一定会大胜的。"

有了武将的保证，真宗终于安心了一些，于是亲临澶州督战，全体将士奔走相告，士气大振。契丹人果然胆怯起来，不敢进攻了。

最后，双方签订了"澶渊之盟"，大宋北方的一些领土得到了保全。

寇准力主真宗涉险亲征，这在大多数人眼里都是一条不可取的路，然而正因如此才避免了宋朝亡国的命运。人们不愿冒险走自己认为是不清楚的路，这是因为他们不知道，有时候只有那些他们认为不安全的路才是真正合乎"道"的，是顺应事物发展趋势的正确之路。在这一点上，只有像寇准这样有远见的人才能坚持正确方向。

在面临紧要关头的时候，因为人们缺乏远见，更加不容易看清前途，这种时候尤其容易选错了路。

公元 979 年初，宋太宗御驾亲征北汉，北汉主刘继元走投无路，只好投降。面对这巨大的胜利，宋太宗心花怒放，难以自持，他不顾兵疲财缺的现状，主张乘胜伐辽，收回被辽占据的燕云十六州。

宋朝大将潘美反对此议，他对宋太宗恳切地说："我军大胜，此刻也不能志得意满，轻敌冒进。眼下尚须稳定形势，巩固胜果，士卒也需要休整。"

但是宋太宗求胜心切，坚持大举北进，快到高梁河时，宋军遭到辽军的伏击，损失惨重，宋太宗一时也不知去向。

当时，宋太祖赵匡胤的长子、武功郡王赵德昭也随宋太宗亲征，他手下的将领猜测宋太宗不是被杀就是被俘了，于是私下商议立赵德昭为帝。众人讨论过后，就去劝说赵德昭："皇上失踪，想必已经蒙难。如今军心不稳，大敌当前，郡王如不当机立断，承继大统，恐怕变乱不止。恭请郡王速即帝位，以此平定军心，号召天下。"

赵德昭面对众将拥立，一时心动。本来宋太祖赵匡胤去世时没将皇位传给儿子赵德昭，却是传给了弟弟赵匡义，就让赵德昭很是郁闷。但是后来他为了避免宋太宗的猜忌，就处处表现得恭敬，丝毫也不敢表现出自己的怨尤，这才君臣相安无事。此时面对众将的拥立，在最初的欣喜过后，他开始考虑这件事关系太大，万不可因贪图帝位而犯下致命之祸。虽然在众人看来，此刻走上帝位是顺理成章之事，但如果太宗并未蒙难，一旦回来看到他轻率即位，必然不会放过他，到时候大难就要临头了。

于是他故作愤怒之状说："皇上生死未明，大敌在侧，尔等不思报国杀敌，却在这里胡言乱语，动摇军心，这是忠臣所为吗？我为皇上臣子，誓死效忠皇上，岂能受你们的唆使，干下这等大逆不道之事？你们真是昏了头了！"

众将面面相觑，口中只好自称有罪，但是心里未免异样。

为了安抚他们，赵德昭又低声说："你们的好意我心领了，可是荣辱之事，岂可操之过急？再说赵氏江山谁做皇帝都是一样，我岂能趁皇上危难而行其私呢？倘若皇上真的遭遇不幸，为了宋室江山，我还是不会令各位失望的。"

众将皆服其义。第二天早上，宋太宗被杨业父子救回，安然无恙，众将又深服赵德昭的慎重了。

在不同情况下看来，同样的路表现的状况也是不一样的。当天还是光明一片，第二天就变成了灾祸之源。因此在选择该走哪一条路的时候不可不慎重，尤其应该带有一双睿智的眼睛。

**故事三：**

有些人做事，表面看上去轰轰烈烈，然而这些人大部分"雷声大，雨点小""说得比唱得好听"，就是见不到办事的效率，所以我们在生活中鄙视这类人。

还有一类人就是老子比较欣赏的一类人——这类人"上德若谷，大白若辱，广德若不足，建德若偷"，即在平日里很少"显山露水"，这类人表面上看上去很不显眼，然而他们却能在暗中默默地将事情完成，丝毫不张扬。

在这个社会上，做事太张扬、太露虽然能够显得自己高人一头，然而也能引来众多人的妒忌，让别人也更关注自己的一举一动（确切地说是更关注我们的失误），这样就会给日后自己的工作带来众多的压力和不便。

清朝皇帝雍正也曾这样认为："但不必露出行迹。稍有不密，更不若明而行之。"讲的就是这个道理。雍正不但嘴上这么说，在他的执政生涯中也是如此做的。

在雍正皇帝之前，历代王朝都以宰相统辖六部，权力过重，使皇帝的权威受到了一定影响，如果一个君王有手腕驾驭全局，使宰相为我所用，这当然很好，但如果统领军队的宰相超权行事，时间一长便很容易与皇帝、大臣们产生隔膜和分歧，很容易给国家添乱子、造麻烦。这样的例子举不胜举。

在雍正即位之初，虽然掌管着国家的最高权力，但举凡军国大政，都需经过集体讨论，最后由皇帝宣布执行，不能随心所欲自行其是；权力受到了制约，皇位受到了挑战，雍正设置军机处，正是把自己推向了权力的金字塔顶端。简单地说，就是皇帝统治军机处，军机处又统治百官。

军机处还有一种职能，即充当最高统治者的秘书的角色，类似于情报局，有很强的保密性。军机处的由来，是在雍正七年（1729 年）六月清政府平息准噶尔叛乱时产生的。雍正密授四位大臣统领有关军需事务，严守军报、军饷等军事机密，以致二年有余而不被外界熟知，保持了工作的高效运转和战斗的最终胜利。

雍正对军机处管理得特别严密。他对军政大臣的要求也极为严格，要求他们时刻同自己保持联系，并留在皇帝最近的地方，以便随时召入宫中应付突发事件。军机处也会像飘移的帐篷一样随皇帝的行止而不断改变。皇帝走到哪里，"军机处"就设在哪里，类似于我们现在的现场办公。雍正对工作、对百官的一些看法，以便察言观色，去伪存真地选用人才。在当今，雍正的这些革新，已经渗透到我们的日常工作当中，并产生了不可低估的社会价值。

雍正的第二大特点是对军机处的印信管理得非常严密。印信是机构的符号和象征，是出门办事的护身符和通行证。军机处的印信由礼部负责铸造，并将其藏于军机处以外的地方，派专人负责管理。当需用印信时，必须报告皇上给予批准，然后军机大臣凭牌开启印信，在众人的监督下使用，以便起到相互制约的作用。

设立军机处起到了意想不到的效果，以前每办一件事情，或者有关的奏折，要经过各个部门的周转，最后才能够送达皇上。其中如推诿、拖沓的官场陋习使办事效率极为低下，保密性能也差，皇上的口谕无法贯穿始终。而自从设立了军机处，启动军机大臣，摆脱了官僚机构的独断专行，使雍正的口谕可以畅通无阻地到达每一个职能机构，从而把国家大权牢牢地控制在自己手里。

设立军机处将"生杀之权，操之自朕"的雍正推向了封建专制权力的顶峰。军机处由于在皇上的直接监视下开展工作，所以官员们处处谨小慎微，自知自律，奉公守法，营造了一种清廉的官场形象。军机处的设置，保证了中央集权的顺利实施，维持了社会的相对稳定和统一，避免了社会的动乱和民族的分裂，推动了社会的繁荣和发展，具有一定的社会积极意义。

无论在正史和野史的记载中，雍正帝都是一个喜欢秘密行事的皇帝，然而这也正是他高明、智慧的一方面，故而在他死后的乾隆年间，才会出现"康乾盛世"的局面。

无论是做人还是处事，若想取得最大限度的成功，首先不要过分暴露自己的意图和能力。唯有这样，事情办起来才不会出现众多人为的障碍和束缚，如此办起事来就会出现事半功倍的效果；反之，我们将会受到许多意想不到环节的人为阻挠，事情办起来就会很难成功了。

# 第四十二章

## 【原文】

道生一①，一生二②，二生三③，三生万物。万物负阴而抱阳④，冲气以为和⑤。人之所恶，唯孤、寡、不穀⑥，而王公以为称。故物，或损之而益，或益之而损。人之所教，我亦教之。强梁者不得其死，吾将以为教父⑦。

## 【注释】

①一：这是老子用以代替"道"这一概念的数字表示，即"道"是绝对无偶的。

②二：指阴气、阳气。"道"的本身包含着对立的两方面。阴阳二气所含育的统一体即是"道"。因此，对立着的双方都包含在"一"中。

③三：即是由两个对立的方面相互矛盾冲突所产生的第三者，进而生成万物。

④负阴而抱阳：背阴而向阳。

⑤冲气以为和：冲，冲突、交融。此句意为阴阳二气互相冲突交和而成为均匀和谐状态，从而形成新的统一体。

⑥孤、寡、不穀：这些都是古时候君主用以自称的谦辞。

⑦教父：父，有的学者解释为"始"，有的解释为"本"，有的解释为"规矩"。有根本和指导思想的意思。

## 【译文】

道是独一无二的，道本身包含阴阳二气，阴阳二气相交而形成一种适匀的状态，万物在这种状态中产生。万物背阴而向阳，并且在阴阳二气的互相激荡而成新的和谐体。人们最厌恶的就是"孤""寡""不穀"，但王公却用这些字来称呼自己。所以一切事物，如果减损它却

老子 │ 355

反而得到增加；如果增加它却反而得到减损。别人这样教导我，我也这样去教导别人。强暴的人死无其所，我把这句话当作施教的宗旨。

## 【解析】

"道生一，一生二，二生三，三生万物。万物负阴而抱阳，冲气以为和。"

"道生一，一生二，二生三，三生万物。"《易经》的"易"是对立统一、对立转化的意思，而《易经》所揭示的阴阳生克原理就是贯穿于《道德经》始终的对立统一规律。对立统一规律是宇宙的最根本规律，也是老子辩证法的灵魂，它包含着量变质变规律和否定之否定规律。太极载道，八卦寓德。太极八卦，合为道德。《易经》和《道德经》，其思想体系是一脉相承的，其理论基础都是来自于内修实践。

原子是生成非生命物质的基本功能单位。细胞是生成生命物质的基本功能单位。无论是原子还是细胞，都含有阴阳两种属性。原子由带正电的原子核（属阳）和带负电的核外电子（属阴）组成。原子核所带的电量和核外电子所带的电量相等，然而电性相反，从而保持自身的阴阳平衡。每个细胞核有阴阳两套染色体，呈双螺旋状的阶梯结构，碱基阴阳成对排列。一个原子的体积不等于原子核和核外电子的体积之和，而是远远大得多，其中空部分就是气场的存在。细胞也是这样，细胞中的染色体是在不停地旋转运动的，其旋转运动的空间就是元气的存在。正是因为有了运动空间，阴阳两性物质形成一定距离，才能因气而动，相互激发，相互涤荡，交感而生，从而化生出新的原子、细胞。

"万物负阴而抱阳"，是言"对立"，揭示了矛盾的普遍规律。矛盾是客观存在的，一切事物都存在着矛盾，没有矛盾就没有世界、没有一切。"冲气以为和"，是言"同一"，说明平衡、和谐的运动空间是一切事物发生、转化的前提。"万物负阴而抱阳，冲气以为和"，揭示的正是宇宙间的对立统一规律。

"人之所恶，唯孤、寡、不穀，而王公以为称。故物，或损之而益，或益之而损。"

人们最痛苦的就是当孤儿、做寡妇、没有饭吃，而王公却用来作为自己的称号。王公所称皆自损之辞，是什么道理？王公以此自称，是在昭示天下，自己时时刻刻心存弱者，为百姓的生活着想，以示有德。其根本目的只是为了巩固自己的统治地位，获取更长久的既得利益罢了。表面看来，王公以"孤、寡、不毂"为称，损害了他的高贵形象，实际上却有利于树立他们的"明君"形象。树立了明君形象，就有利于统治地位的稳固，从而更好地满足自己的欲望——"或损之而益"；统治者最大限度地满足了自己的利益，却损害了劳动人民的利益——"或益之而损"。这是以辩证的观点对统治者的虚伪性和欺骗性的斥责。

"人之所教，我亦教之。强梁者不得其死，吾将以为教父。"

"人之所教"是为了统治阶级的利益而施行的教化，教化的内容不外乎以强胜弱、以刚胜柔、弱肉强食、自我有为等。老子说，既然他们这样教化，那么，我也要正告他们：违背天理，以强暴欺压柔弱者的人不得好死！"强梁者"是违背道德，以强权政治或罪恶手段欺压人民、伤害无辜的强盗。"不得其死"，不得好死、不得善终，表达了老子对"强梁者"的无比愤恨和对善良的劳动人民的深深同情。既然有否定，就有肯定。老子否定了"强梁"之教，必然肯定与之相反的"柔弱"之教，也就是老子一贯倡导的贵柔贵弱思想。而贵柔贵弱思想，即是贵民思想。于是老子在诅咒之余，高呼并断言，我将成为贵民教育开端的人，或者说，贵民教育必将从"我"开始。

就治身而言，"得其死"者，功夫高深，无疾而终，坐化而去，即"有罪以免邪"；"不得其死"者，必有天灾人祸，或临终遭受疾病的折磨而死。

本章通过宇宙生成论揭示了宇宙的根本规律。正告统治阶级不要为了既得利益而对劳动人民实行强权统治，强与弱是可以转化的。老子把弱者比于百姓，表达了对劳动人民的同情。"强梁者不得其死，吾将以为教父"，明确表达了老子推翻反动统治，还人民权利和自由的强烈愿望。

## 【证解故事】

### 故事一：

博学与否会造成国家的兴亡，战争的胜败。无论在军中或朝里，不能为君主尽规划之功以利国家，君子是以此为耻辱的。但也常见一些文士，兵书读得不多，谋略也没有什么，在天下太平的时候，他们做的就是窥视宫廷秘事，幸灾乐祸，带头做逆乱的事，来欺骗善良的人们；在战乱的时候，他们在争斗双方（或几方）间反复无常地构陷煽惑，或帮这边或帮那边，合纵连横，不知存亡大势，胡乱拥戴别人为君主，最终导致陷身灭族之祸。

君子应该充实自己等待时机的到来并坚持原则崇尚道德。一时爵禄没有上去，这也是天命所致。有的人为了求官求禄，奔走钻营，不顾羞耻惭愧，去跟别人比较才能和功业，甚至大声叫骂四处吵闹；有的利用宰相的隐私缺点勒索取酬；有的四处夸饰自己，以求有名有官。用这种手段去获取官位，还说是"才力"，这样欺世盗名以获利，和偷盗食物致饱、偷盗衣服致暖又有何差别呢？世人见到用这样方法取得官禄的，就说"弗索何获"，而不知如果时来运转，不去追求也会到来的；他们见到静退而一时无官的，又说"弗为胡成"，不知道如果条件不来时，空求也无益处。凡求了仍不得和不求而自得的，哪里数得清啊。

正如颜之推所说："欲不可纵，志不可满。"宇宙虽大却有极限，但是性情却没有边界，只有靠自己用少欲知足来为它划个界限。先祖靖侯公告诫子侄说："我们家是书生门户。历世没有大富大贵的，以后做官不可超过二千石，子女婚配不要贪图高攀有权势的人家。"我把这一教导看成是至理名言。

如果想避免祸害，则要谦虚减损。穿衣只要能御寒，吃饭只要够充饥解乏，人身必需的东西尚不可过分，身外之物之事而要奢侈、骄纵就不可以了。周穆王、秦始皇和汉武帝，富有天下，贵为天子，不知道收敛限制自己，尚且自取败累，何况普通人呢？常以为二十口的家庭，奴婢不可太多，不能超过二十人，田地限十顷，房屋只要能遮蔽风雨，车马可供老年人代步，钱财积蓄有几万可用来准备吉凶急用，超过这个限度的，可用合理的方法分散掉；即使没有达到这个数目的，也不能用不合法的手段去强求。

做官处在中品，前面有人，后面有人，这正足以免掉耻辱，又少了倒台的危险。这样做官就可以做得太平。高于这个位置，就该自己辞官，回家享福了。从丧乱到现在，看见有人凭借形势环境的变化，侥幸获取高尚的职位，白天还在位掌权，夜间便已尸填坑谷；朔日还欢乐得像卓王孙、程郑，晦日就像颜渊、原思那样穷而哭泣了。这样的人见的非常多。

孔子说："奢侈会造成不谦逊，节俭则会使人显得鄙陋。与其奢侈而造成不谦逊，不如节俭而显鄙陋。"他又说："即使有周公这样好的才智本领，如果同时有骄和吝的毛病，那么此人的其他优点就都不值得一提了。"照孔子的说法，"俭"和"吝"应是不同的，人应当可以俭而不可以吝。俭，应是指节省费用而合乎礼节；吝则是对别人遇到的危急困难不加帮助。现在的人往往讲到施与就不讲节俭，讲到节俭就显得悭吝。如果能做到虽施与但合礼，虽节俭而他人遇难仍能慷慨救助，那就好了。

**故事二：**

大凡内心的形式状态，总是自我充实、自我完满、自我生长、自我形成。之所以精气会消失，一定是因为忧愁、快乐、欢喜、生气、嗜欲、求利致使的。如果能除去这些情感欲望，心灵就会归复圆满状态。人的内心特性，就是需要安详、宁静；保持不烦恼不紊乱，和谐之气自然而然会形成。这和谐之气，一会儿明白清晰，好像就在身边；一会儿恍恍惚惚，无法捕捉；一会儿缥缈如风，广远似没有边界。而实际考察时它却近在咫尺，每天人们都可以把它的功德享用。

道，是可以用来把人的内心形态充实的。但人们却不能稳守着它。道走了就不会回来，来了也不会久留，它模糊不清而没有人能听到它的声音，但又会突然出现在人的内心；它昏暗不明因而没有人能看见它的形态，但又会连绵不断地与人们共同生长。虽然看不清它的形态，听不见它的声音，但它却井然有序地存在着，这就是人们所说的道。大凡道是无固定的居所的，遇到善良的心，便会安顿下来。心情平静，心里畅顺，就能使道停留不走。这种道并不遥远，人们可以依靠它生长；它并不远离人群，人们通过它而获得智慧。所以道突如其来似乎完全可以求索，渺小微细又似乎无法得知它的所在。这就是道的特性了。它讨厌声音和言语，只有修养内心，静修意念，这才可以被得到。道这种东西，用嘴说不出，用眼看不见，用耳听不出；它是用来修养内心，端正形貌的；人们如果完全丧失了它就等于死亡，有了它，才会有生气；办事情如果失去了它就会失败，得到它才会成功。这种万物之道，没有根也没有茎，没有叶子也没有花朵，但万物的生存和生长都依靠它，所以人们把它称为"道"。在外形上不端正的人，是因为没有把德行养成；内心不平静的人，是因为内心没有治理好。端正了外表，修正了德行，就会像天一般仁厚，地一般正义了，这样就会渐渐地自然达到神明的最高境界，明彻地知晓世间万物了。内心保持虚静而不出差错，不因为外物而扰乱五官功能。不让五官扰乱内心感受，这就是所谓在内心中有所得到了。

在身边之中，原本就有一种精神存在，但它一会儿来，一会儿去，难以去揣度。如果内心失去它，就会纷乱，得到它会安定。谦虚恭敬地清扫自己内心污垢，这种精气就会自然而来。纯净思想去认真思考它，宁息杂念来仔细梳理它，肃整形态去敬奉它，它就会保持极为安定的状态。得到它就不要轻易放弃，那么耳目器官就不会被迷惑了。心中没有其他要求，只要在身体中有一个端正的心，万事万物就有了一个标准尺度。道充满天下，普遍存在于人们身边，但人们却不知道。只要用一句话去挑明它就会上能通达于天，下能畅游于地，并能足迹布满九州了。解释它的那句话是什么呢？就是"在于内心修治"。一个人的心治理好了，五官就会治理好，心安定，五官就会安定，而治理好整体的关键在于内心。

心中包藏着心，心中又存在一个心。那个心里面的心，是先有意识，后产生言语的。有了意识然后聚成具体形象，有了具体形象再用言语表达出来。有了言语的表达就可以进行调遣，那么就能把事情治理好了。不能治理好，就一定会发生纷乱，有了纷乱就必将会导致灭亡。在身体中存在精气，人就自然会生长。它的外在表现是人仪态安详，气色发亮；藏在人体内部，则有如源泉，浩大而平和，成为气的渊源。渊源不干涸，四肢才会强硬坚固；源泉不枯竭，九窍才会顺。于是就能穷极天地，普及四海。心中没有迷惑的念头，身体就不会有邪恶的灾祸。心中能圆满不缺，身体就会端正周全，就不用担心会遇到天灾，也不用担心碰到人祸，这样就可以称作是圣人了。

人如果能够做到内心端正、虚静，那么他的皮肤必定会丰裕宽舒，耳目五官感觉灵敏，筋络坚韧而且骨骼强硬。这样的人才能头顶天，脚踏地，思维清晰得像明镜一般，目光像日月一般敏锐。恭敬谨慎而不会出差错，德行与日俱增，从而能遍知天下事，通晓四方地域。这样恭谨地发展这种精气，就叫作心有所得。如果人们不能返回这种境界，就是生命中存在的遗憾了。

大凡道，必然是周全而细密的，是宽大而又舒放的，坚定而又牢固的。坚守着好的信念不舍弃，就可以驱逐淫邪，去除轻薄，充分领会了道的精髓，就可以返回到道德上来，一颗周全的心在身体当中是不可以隐藏的，它必定在形态容貌上表现出来，从肌肤色泽上也可以得知。带着和善的心去迎接别人，别人会觉得像见了兄弟一般亲切；怀着恶意去对待别人，会给人以兵戎相见的感觉。这都不是用言语表达出来的，却又比雷震鼓鸣来得更迅速。心和气的形态，比日月还要光明，比父母了解子女更要透彻。只有奖赏是不足以劝导百姓从善的，只有刑罚也是不足以惩罚犯了错的人的。只有气的意向得当，天下间的百姓才会信服，内心的意向安定，天下就会顺从。

把所有精气集中就像神明一样，把万物存放在心中。能集中吗？能一心一意吗？能不用求占问卜就能预知吉凶吗？能随意停止吗？能随意完成吗？能不求别人而自己获得一切吗？这就要思考、思考、再思考了。思考还是不能得出结论，那么鬼神将会启发你。其实这并不是鬼神的力量，而是人的精气把它最强的力量展现。四肢身体已经端正，心血精气已经虚静，意念专心统一，心神集中，外物不能迷惑耳目，这样即使遥远的事物也好像在眼前一样。思考会产生智慧，情怠散漫容易产生忧患，暴躁骄傲会引来怨恨，忧郁会积成疾病，疾病困迫就会死亡。思考过度，钻进牛角而不停息，也会内生疲劳，外受压迫，如果不及时想办法停止，那么生命就会离开身体。吃东西最好不要过饱，思考最好不要走极端，要适可而止地自我调剂，自然生命就会前来。

大凡人的生存，都是天把精气赐给他，地造就他形体，二者结合才成为人。二者和谐，那么人就生机盎然；二者不和谐，那么人就没有了生机。考察这种调和的规则，往往实情是不能看见的，它的征兆也无法归类。中正平和占据着心胸，融合于心里，这就可以长寿。如果忧愤恼怒失去了平衡，超出限度，就应该立刻想办法消除。节制五种情欲，除去喜怒两种凶事，做到不大喜不大怒，心胸被中正平和所占据。大凡人在生存时，必须依照中正平和的原则。如果失去了这本性，一定是因为喜怒忧患这些情欲。所以说，要节制怒气最好就是欣赏诗歌，去除忧愁最好就是欣赏音乐，节制享乐最好是遵循礼仪法规，遵循礼仪，就要恭敬谨慎，要保持恭敬谨慎就要内心虚静了。内心虚静外表遵礼就能返回人的本性，本性也将会大为安定下来。大凡人的生存，一定要依靠欢乐的情感去对待事物。忧愁就会失去了生命的规则，发怒就会让生命秩序失去。

忧郁、悲哀、欢喜、愤怒，这些情感，拥有了道就无处容身了。有了爱欲的杂念，就要平息它；有了邪乱的思想，就要端正它。不要强做引导，不要强做催促，祥和的福气自然会归来。那道也会自然地回来，人们就可以借此与道同谋，虚静自然会获得道，急躁必然会把道失去。心里存在灵气，时来时去，说它小，它微小得没有影踪；说它大，它大得没有外围。之所以会失去它，是因为急躁所害。内心如果能保持虚静，道将会停留下来。得道的人，邪气自然会从肌理间蒸发出去，从毛孔里排泄出来，从此心胸中没有腐败的东西。只要实行节制欲望情感的原则，就不会受到万物的侵害了。

正如春秋时，管仲说：大凡万事万物的精神和灵气，结合起来就会产生生机。在地下表现为五谷的生长，在天上表现为众星闪耀。漂流在天地之间的精气，就是人们所说的鬼神了；藏在心胸之中，人便成了圣人。因此，这些精气有时明亮得像登上了九重天，有时却幽远深邃得像跌入了万丈深渊，有时柔润得像浸在大海里，有时又高大挺拔得像站在高山上。所以，这些精气不能用强力去留住它，但能够用德行使它安顿下来；不能用声音去呼唤它，却能用意念去迎合它。恭敬地守候它不让它流失，这就叫作德行，德行养成了，智慧就会出现，对万事万物的了解和掌握就很透彻了。

**故事三：**

公元 73 年，东汉假司马（官职名）班超和从事（官职名）郭恂奉命出使西域，想让那里的大小国家归顺汉朝。

于是，班超带着三十六人来到西域的鄯善国（在今新疆若羌一带）。鄯善王想归附汉朝，又想归附匈奴，正处举棋未定之际。班超他们一行人来临，鄯善国王恭敬异常，三日一小宴，五日一大宴。可是过了一段时间，班超准备动身到别的国家，忽然觉得鄯善王对他们不如先前热情了，供给的酒食也不如从前丰盛了。班超当即起了疑心："这里面一定有鬼！"他马上对随从人员议论："鄯善王待咱们跟前几天大不相同，你们看出来了吗？"随从们忙连连点头："可不是吗？我们也感到有点异样，可不知为什么？"班超说："我猜，一定是匈奴使者到了。鄯善王怕得罪匈奴，特意冷淡咱们了！"

说来也巧，鄯善王的手下人正送酒食来。班超眼珠一转，连吓带唬地说："匈奴的使者已经来了几天？现住在什么地方？"那侍从架不住班超这么一问，忙不迭如实相告："不瞒班大人，匈奴人来了三天了。他们住的地方离这儿有三十里地。"

班超为了不走漏风声，把这个侍从偷偷关押起来。接着召集三十六个随从人员喝酒。正喝得酣畅淋漓时，班超双手捧起酒碗，突然站直身子，冲大家激愤地说："你们和我都已身处绝境，生死难卜。你我来到西域原是为建功立业，万万没想到，匈奴使者来这儿才几天，鄯善王就冷淡咱们。如果他欺咱们人少力薄，把咱们捆绑起来送给匈奴，他倒可以向匈奴单于邀功请赏，咱们却要身首分离、尸骨抛撒异乡。你们大伙儿说说，该怎么办呢？"

大伙儿全慌了神："生死与共，我们插翅难逃。是死是活，全听您班大人的！"班超喝了一大口酒，声音更加高昂："不入虎穴，焉得虎子？现在只有一个办法最好，就是趁着黑夜，摸到匈奴使馆的帐篷周围，一面放火，一面进攻。他们不知道咱们有多少兵马，一定心慌。只要杀了匈奴使者，鄯善王就不敢倒向匈奴，这样，他就不得不归顺大汉朝。"大家小声嘀咕："这可是一件大事，要跟郭恂从事商量一下吧。"

班超双目圆睁："大丈夫立大功，称英雄，在此一举。郭恂只是个庸俗的文官，胆小如鼠，叫他知道肯定会泄露出去误大事。不必跟他去婆婆妈妈了，是男子汉的，干！"话音刚落，班超端起酒碗，仰起脖子，咕嘟咕嘟一饮而尽。

众随从纷纷端平酒碗，喝个痛快："干！今夜拼一场！"半夜时分，班超带着三十六个壮士向匈奴的帐篷那边偷袭过去，是晚，恰巧刮大风。班超指定十个人拿着鼓隐蔽在帐篷后面，吩咐他们："看到大火烧起，你们都要拼命敲鼓，大声喊叫造成声势。"另外二十个壮士手持弓弩到帐门两边埋伏。准备就绪，班超带领剩下的六个人顺着风向放火。"呼！"红色的火焰冲天而起。十个人同时擂鼓、呐喊，其余人大喊大叫着冲杀进帐篷里。匈奴兵从梦里惊醒，急得走投无路。班超打头"唰"地冲进帐篷，手起刀落，转眼间，三个匈奴兵的头颅"扑扑扑"落地。其余壮士跟着冲进帐篷，杀死匈奴使者和三十多个随从。他们割下匈奴使者脑袋，跑到外边，立刻高举火把，将所有帐篷都点着了。火借风势，舐着火舌席卷帐篷，一百多名匈奴兵被大火烧死，仅剩几个侥幸者鼠窜而去。

天渐渐亮了，班超令人请来了鄯善王。鄯善王跨进帐篷，一眼看到汉朝人手中拎着匈奴使者的人头，吓得大惊失色。班超话中有话劝他："从今以后，我们大汉王朝和你们联合起来抵抗匈奴，匈奴就再也不敢来侵犯你们啦！"

鄯善王面如土色，忙趴在地下，磕头发誓："愿意听从大汉皇帝的天命。"另外鄯善王为了表示真心交好，还叫他儿子跟随班超赴洛阳侍候汉朝皇帝，彻底归顺了东汉。

班超成功地收复了鄯善王，也成功地将自己推上了历史的舞台，其中起决定作用的是他那敢想敢干的勇气。

# 第四十三章

## 【原文】

天下之至柔，驰骋①天下之至坚。无有入无间②，吾是以知无为之有益。不言之教，无为之益，天下希③及之。

## 【注释】

①驰骋：形容马奔跑的样子。

②无有入无间：无形的力量能够穿透没有间隙的东西。无有，指不见形象的东西。

③希：一本作"稀"，稀少。

## 【译文】

天下最柔弱的东西，腾越穿行于最坚硬的东西中；无形的力量可以穿透没有间隙的东西。我因此认识到"无为"的益处。"不言"的教导，"无为"的益处，普天下少有能赶上它的了。

## 【解析】

"天下之至柔，驰骋天下之至坚。无有入无间，吾是以知无为之有益。"

天下最柔和的莫过于气，天清地宁之时，谁也看不到它的存在，谁也不在乎它的作用，它却始终默默无闻地发挥着柔和者的本能。当天昏地暗之时，它一改往日的沉默和柔和，飞旋怒吼，直冲云霄，以震天撼地之势，折枝断本，甚至于连根拔起；天下最软弱的莫过于水，风平浪静之时，它行走山谷，居低就注，任人利用。没有人去爱惜它，也没有人去保护它。它始终自然无争地发挥着软弱者的本能。当暴风雨到来之时，它一改往日的平静和软弱，奔腾咆哮，一泻千里，以排山倒海之势，冲基倒厦，刷新世界。

水和气是再柔弱不过的了，但是，当它们驰骋天下，摧枯拉朽，涤荡污垢的时候，却充分显示了无与伦比的巨大威力。这一威力是"强梁者"永远无法阻挡的。

如果说"驰骋天下之至坚"显示了柔弱者的外在威力，而"无有入无间"则显示了柔弱者的内在威力。钢、铁可谓坚硬，可它们都是由原子组成的，每一个原子之内无不充满了至柔之气；骨、木可谓坚强，可它们都是由细胞组成的，每一个细胞内无不充盈至柔之水。水和气无坚不摧，无孔不入，从这里我们才真正认识了柔弱者的巨大力量和作用，明白了"无为之治"即民主法治的好处。

"天下之至柔，驰骋天下之至坚。无有入无间"，是老子贵民思想的基础。

"不言之教，无为之益，天下希及之。"

"不言之教"的科学，"无为之治"的好处，天下的统治者很少有人认识到，即他们很少有人能够达到这一思想境界。这说明老子已经深刻洞察了统治阶级的贪婪本性。表明把施行"不言之教"和"无为之治"的治国策略完全寄托于统治者是根本不可能的。人民要想获得民主和自由，还得依靠自己的力量。

在本章老子充分肯定了劳动人民的智慧和力量。"天下希及之"，则说明只有人民群众真正觉悟，才能把握自己的命运，获得幸福和自由。

【证解故事】

故事一：

老子的"天下之至柔，驰骋天下之至坚"的智慧，我们其实并不难理解：天上的风是最柔的，但是却能通过肌肤，拔坚倒屋，再小的孔隙也能通过；电是最柔弱的，但它能通过金石，透过钢铁。

为何能至柔至刚呢？从物理的角度来看，刚性越大，物体的脆性就越大，抗打击的能力也就越低，钻石的确是自然界最硬的东西，但又有谁注意到，钻石甚至比玻璃更易碎呢？而硬度极差的铅，柔韧性却极好，你甚至可以用锤子把它砸得像纸一样薄，但仍然不能将它砸为两半。

有个成语叫"四两拨千斤"，讲的正是以柔克刚的道理。俗语说："百人百心，百人百性。"有的人性格内向，有的人性格外向；有的人性格柔和，有的人则性格刚烈，各有特点，又各有利弊。然而纵观历史，我们不难发现，往往刚烈之人容易被柔和之人征服利用。太过于嚣张的民族，往往越容易被低调的民族所征服。

冒顿是匈奴单于头曼的太子，头曼后来又喜爱别的妻子生的小儿子，想废掉冒顿而立小儿子为太子。冒顿便杀掉头曼，自立为单于。

当时东胡强盛，听说冒顿弑父自立，内部形势不稳定，乘机挑衅，派使者到冒顿那里，索要头曼的一匹千里马。

冒顿问左右大臣，大臣们都说："千里马是匈奴的宝马，绝不能送给他。"

冒顿沉吟着说："东胡索要千里马不过是个借口，假如我们不给，他就有理由攻打我们，就要发生战争。"

左右大臣都振臂愤慨地说："宁可和他们拼一生死，也绝不可示弱送马。"

冒顿说："打起仗来就要损失几千几万匹马了，人死得更要多，不值得为了一匹千里马付出如此大的代价，况且都是邻国，在乎一匹千里马也显得过于小气。"冒顿便派人把千里马送给东胡。

过了不久，东胡又派人来索要单于的一个阏氏（单于的妻子称为阏氏），冒顿又问左右大臣。左右大臣都义愤填膺，说："东胡太没有道义了，竟敢索要阏氏，是可忍，孰不可忍，请您下令发兵攻打他。"

冒顿说："为了一名女子和邻国大动干戈，损失人马牲畜无数，太不值得了，况且和人家邻国友好，何必吝惜一名女子。"便又把东胡索要的阏氏送了出去。

东胡王见所求辄获，意气骄横，根本瞧不起冒顿单于，又派使者见冒顿，说："你我两国边境之间有块空地，有一千多里，你匈奴也到不了那里，把这块地送给我吧。"

冒顿又问左右大臣该如何。左右大臣说："这本来就是块无用的土地，给他也可以，不给也可以。"

冒顿闻言大怒，说道："土地是国家的根本，怎么能把土地送给别人？"

凡是说可以把地给东胡的大臣都被他斩首，然后下令国中集中兵马，有敢迟到者一律斩首，便亲率大军袭击东胡。东胡素来轻视匈奴，全然不加防备，冒顿一举消灭了东胡，把东胡的百姓和牲畜占为己有。

冒顿弑父自立，虽属自保，也显露出他凶猛残忍的天性，然而面对东胡的无理要求，却一忍再忍，而且忍常人所不能忍，这是因为他要成就常人所不能成就的事业。

当时东胡最为强大，东胡敢于提出无理至极的要求也是倚仗自己的实力，索要千里马和阏氏不过是想挑起事端，以便自己出师有名，假如此时冒顿不答应请求，正式开战，一定占不到上风。

冒顿偏偏都忍住了，要马给马，要人给人，就是不给你开战的理由。另外也以谦卑懦弱的姿态达到骄敌、愚敌、痹敌的目的，同时用所受到的耻辱来激发国内斗士的血性，"知耻近乎勇"，耻辱常常会增强斗志。

东胡见所求无不获，心满意足，既不把匈奴放在眼里，也不屑出兵攻打了，却不知骄兵必败，在表面的胜利中，已经输掉了最关键的战争要素。

冒顿战胜东胡的智慧，正是以老子"天下之至柔，驰骋天下之至坚，无有入无间"为指导思想才成功的，或者说是一种退一小步而进一大步的胜利。倘若东胡是一块巨石的话，那么冒顿就必须要让自己成为一堆棉花，而不是同样硬的岩石，因为棉花与巨石相碰，则会很轻松地将其包在里面。而如果巨石与巨石相碰，必然会两败俱伤。

至柔制刚的智慧并非让我们在面对强者时一味退缩、忍让，而是让我们适时地避开锋芒，与别人巧妙地周旋，最终达到制胜的目的。历史上最有名的以柔克刚的事例莫过于《将相和》，蔺相如正是善于使用柔术，不但避免了窝里斗，还使廉颇自己认识到错误、主动请罪的。

阳刚是年轻人的标志，然而处事过于阳刚就不明智了。遇到问题应该以冷静的心态去对待，在某些不能直接解决的问题上不妨退一步，以一种柔弱的态度转到另一个方向去解决，这就是那些会办事的人通常采取软硬兼施手段的原因了。

**故事二：**

春秋末期，吴国与越国因解不开的世仇，兵戎相见。最终，越军战败，越王勾践只能屈辱地去吴国，为吴王夫差当马车夫。因为勾践毕恭毕敬地伺候吴王，于是三年后，他被吴王放回越国。勾践立志复仇雪国耻，所以，他摒弃了一切可能消磨志气的舒适生活，晚上就卧睡在柴草上，吃饭前必先尝尝苦极的苦胆，即所谓"卧薪尝胆"。

在国内，勾践狠抓了衣食的生产和兵马的操练，对吴国，勾践则不断给吴王送美人和极好的木料，以消磨吴王的斗志，并促使他大兴土木，招致民怨沸腾。勾践还设计离间吴国的君臣。如此经过九年的精心准备，越军终于打败了吴军，最终逼得吴国向越军求和。又经九年，越王勾践亲自率军攻灭了吴国，走投无路的吴王夫差只能自杀了之，勾践成为春秋时期的新霸主。因为勾践深切地认识到了那些邪僻险诈的人情，走过了一段坎坷曲折的仕途后，当他从一国之王而变为吴王的马车夫时，无疑是从天堂堕入地狱。难能可贵的是，失败的勾践并没有气馁。于是，他以坚韧的耐性与耐心，充分调动了越国臣民的能耐与力量，终于反败为胜获得更大的新胜利。

想想，倘若勾践心中少了一个"耐"字，他如何能够不堕入荆棘陷阱中？如何能够成为被对手打倒之后，仍能爬起来并最终打倒了对手的强者？所以，一个"耐"字融入人生的历程中，就是坚韧的耐性，是忍耐，是能耐，是恒心，也是毅力。

可以说，每一位成功者都经历过失败，而那些人生的大成功者，就更是体验过大失败的滋味。卧薪尝胆的勾践如此，因试验炸药导致意外爆炸而从血泊中爬起的诺贝尔如此，电灯发明家爱迪生也是如此，在他为发明蓄电池而经历了一万次失败之时，他仅是轻描淡写地对安慰他的朋友说："这没关系，我只是刚刚发现了一万种行不通的办法。"后来，他得益于那一万次失败而取得了成功。可见，学会失败才能取得成功。

在把握成功、减少失败的策略方面，还应该注意到两点：一是在挽救几成败局的事情时，心态与作为要如驾驭临崖之马，不要轻易就策打一鞭，而应以如履薄冰的心态处置。二是在图取垂成之功时，更不能松懈，如逆水行舟，不能少停一棹，否则，最终只会前功尽弃，功亏一篑。

难怪，日本的不少企业家对这"耐"字产生了深深的共鸣。因为自第二次世界大战后，他们大都有白手起家，在废墟中艰苦创业的经历，在参与世界性商品竞争时，他们又每每有呕心沥血、惨淡经营的履历，甚至还经受过破产倒闭的厄运，关键抉择的时刻，正是一个"耐"字成为他们精神上的支柱。

使他们能在不利的境遇中，依然奋发抗争，兢兢业业，常怀如履薄冰的感受，艰苦努力，从而取得了事业的成功。而当这种成功如雨后春笋般地涌现时，日本经济的起飞，也就是顺理成章的了。

# 第四十四章

## 【原文】

名与身孰亲？身与货孰多<sup>①</sup>？得与亡孰病<sup>②</sup>？甚爱必大费<sup>③</sup>，多藏必厚亡<sup>④</sup>。故知足不辱<sup>⑤</sup>，知止不殆，可以长久。

## 【注释】

①身与货孰多：多：轻重的意思。货，财富。
②得与亡孰病：得，指名利。亡，指丧失性命。病，有害。
③甚爱必大费：过于爱名就必定要付出很大的耗费。
④多藏必厚亡：丰厚的藏货就必定会招致惨重的损失。
⑤知足不辱：今本没有"故"字，据帛书补之。

## 【译文】

声名和生命相比哪一样更为亲切？生命和货利比起来哪一样更为贵重？获取和丢失相比，哪一个更有害？过分地爱名利就必定要付出更多的代价；过于积敛财富，必定会招致更为惨重的损失。所以说，懂得满足，就不会受到屈辱；懂得适可而止，就不会遇见危险；这样才可以保持长久的平安。

## 【解析】

老子在本章强调了中国古人做事时所奉行的原则，一为"知足"，也就是做事要能做到"恰到好处"；一为"知止"，也就是做事要能做到"适可而止"。虽然这些话表面上看起来很简单，但是实际上是永远都难以完成的理想境界。因为事物时时都在变化，所以"知足"和"知止"也得时时做相应的变化。从这一点来看，只有懂得了变化才能满足"知足"和"知止"。然而，"知足"和"知止"却是丰富一个箭头的时间内涵的基本方法。如果能不断丰富一个箭头的时间内涵，这个箭头就能够"长久"保持下去。

"名与身孰亲？身与货孰多？得与亡孰病？"

这里，老子用名利和生命作比较，意在说明生命重于名利。这一道理虽然浅显易懂，但是世人总是不能正确处理身体和名利的关系。在常人看来，追求名利是人生的目的，为了名利，可以不顾及身体甚至生命。因此有人说，"名利"二字甚于利箭，利箭易躲，名利难防。

"甚爱必大费，多藏必厚亡。"

执着于名利之爱的，必刻意求之，并为此而绞尽脑汁。投人所好，大献供品，阳奉阴违，奸诈机巧，不择手段，怎能不耗尽精神、费尽心机？积藏的东西越多，失去的就越多。而失去的不仅仅是财富，还包括人的精神、人格、尊严、品质等方面的损失。

"故知足不辱，知止不殆，可以长久。"

"知足、知止"者是体道之人，圣人之所以能够被褐怀玉，便是知足于内而知止于外的缘故。

本章是老子的贵生思想，辩证地论证了身体和名利的关系。常人贵生，两眼只盯着名利，认为有了名利就有了一切，结果反为名利所害。反对名利，并不是放弃对物质文明的追求，而是反对贪得无厌，反对片面地以金钱来衡量人生价值的思想观念。正确的贵生方式应该是反求于朴，只有返璞归真，才能获取真正的人生幸福。


## 【证解故事】

**故事一：**

外在的名声和生命相比，哪一样与你更亲近呢？生命与财富相比，哪一样对你更重要呢？获得世界与丧失生命，哪一样才是有害的呢？

当代社会无处不充满着名利的气息，工业化的迅速发展，使得人们的日常生活和工作都变得忙忙碌碌，古时候那种"采菊东篱下，悠然见南山"的生活已经变成了奢侈。人们为着生存和发展而互相竞争着，每个人都像绷紧的弦一样，被时代的洪流和自身的欲望驱使着向前奔跑。在社会上流传着一句话：年轻的时候是用命换钱，年老的时候是用钱换命。这话说得让人不寒而栗，想想我们现在的拼搏是牺牲了自己的健康，可最终得来的能比失去的更有价值吗？我们是不是应该稍稍放缓脚步，让自己的人生从容一些、健康一些呢？

有人认为，对于一个人来说，一生有三大重要投资：事业、家庭和健康。当然，这三样投资的排序因人而异，但大多数人都会像上面的排列顺序一样，把健康投资放到最后。于是，许多人生的悲剧就在这不经意的忽视中上演了：

2007年6月23日，著名相声演员侯耀文因突发心脏病逝世，年仅59岁。

2006年1月21日，上海中发电气集团董事长南民逝世，年仅37岁。

2005年9月18日，网易CEO孙德棣逝世，年仅38岁。

2005年8月30日，著名演员傅彪患肝癌逝世，年仅42岁。

2005年8月18日，著名小品演员高秀敏逝世，年仅46岁。

2005年4月10日，著名画家、商界精英陈逸飞因胃出血逝世，年仅59岁。

2005年1月18日，麦当劳CEO查利·贝尔因癌症逝世，年仅44岁。

2004年11月7日，均瑶集团董事长王均瑶因肠癌逝世，年仅38岁。

……

看到这些名单，你是否会悚然一惊？

按国际标准，人的寿命应该是100～175岁，但我国知识阶层的平均寿命才58.5岁，低于全国平均寿命10岁左右。现在死亡率最高的人群，不是穷人，不是难民，而是30～50岁的精英分子！

是什么让我们失去了健康？如果去询问在职场上打拼的人们，可能大多数人都会无奈地告诉你，为了车子、房子、孩子、职位，为了事业成功、出人头地、打败竞争对手，所以必须熬夜、加班、陪客户吃饭、陪领导暴饮……谁都知道这种状况不好，谁都想着好好休息一下，可是休息的日子似乎永远也不能够到来。

在一项调查中显示，有66%的人有多梦、失眠、不易入睡等现象；经常腰酸背痛者为52%；记忆力明显衰退的占57%；脾气暴躁、焦虑者占 48%。还有调查结果表明，慢性疲劳综合征在城市新兴行业人群中的发病率为 10%～20%，在某些行业中更高达 50%，如科技、新闻、广告、公务员、演艺人员、出租车司机等，这些都是"过劳死"的潜在人群。

2005 年演员傅彪的辞世，让很多人都深为震动，也让中年男人不由得反省自己，背负太多，过劳猝去，那么欠下的未履行的责任又何去何从呢？

没有了健康，一切都等于零。然而很多人都以为，责任不能舍弃，所以必须透支自己的生命。可是，当你真的将生命透支以后，你能知道自己还能走多远吗？真的一旦突然失去生命或失去健康，你所企望达到的责任永远也达不到了，甚至还会为你的家人增添了累赘和痛苦。

世界卫生组织曾宣布：每个健康人的寿命 15% 取决于遗传，10% 取决于社会安定，8% 取决于医疗条件，7% 取决于气候、环境，剩下的 60% 取决于自己的生活方式。所以，那些过劳死的人们，其实是死于一种不健康的然而却又是在社会上泛滥的生活方式。

我们习惯晚睡，习惯加班，习惯充电，习惯不吃早饭，习惯饮食不规律，习惯吃垃圾食品……很快有一天，我们会陡然发现身上的某个部件不好使了。

余秋雨说：人生最大的悲剧就是某一天照镜子时发现了额角早霜似的一丝白发，这一丝白发的悲哀远胜过莎士比亚戏剧里的毒药、爱情与谋杀。

也许生活的责任应该是一种和谐，责任不能太超负荷，有压力才有动力，可也要掌握度。要平衡，一旦超过了度，一旦失去了平衡，那就糟了。

是的，当我们为着责任和理想而努力拼搏的时候，千万要注意一个度，不妨时常问问自己："名利和生命哪个更重要？"

若能体会到道家的清淡无为、潇洒度世的精华，或许，你的人生之路会走得更远更好。

**故事二：**

唐朝李景让在浙西担任观察使期间，有一天军队内部群情激愤，气氛紧张，眼看就要发生事变。

李景让一筹莫展地叹着气，坐等事态的发展。这件事被他的母亲郑氏知道了，她走出内室一看，士兵们一个个瞪着眼睛，说话粗声粗气的，憋着一肚子的怨恨。她把一个士兵找到身边，友善地和他说话。士兵看着李母十分诚恳的样子，就告诉她士兵的情绪都是对着她儿子来的。

原来，李景让性格暴戾，不懂得爱护士兵，军中都有怨言。有一位牙将当面顶撞了他，李景让竟然命令卫士用刑杖将牙将活活打死。此事激起公愤，还不知怎样收场呢。

郑氏在军中生活了多年，知道一旦发生兵变，不仅儿子的生命和前程丢了，而且还会给国家带来祸害。怎么办呢？事情都是自己的儿子乱打乱杀引起的，这账首先要算到李景让身上。她拿定主意，命人将儿子叫到庭前，当着诸位将士的面大声斥责道："皇上把浙西托付给你，你理应把这块地方治理好。可是，你却滥杀无辜，激怒将士，万一由此发生动乱，你如何对得起朝廷和浙西的老百姓呢？"

李母越说越来火，禁不住声泪俱下："你在任上发生了如此不光彩的事，叫我如何还有脸面活下去呢？你不是想活气死我吗？这样不忠不孝的人，留着又有何用呢？"说毕，命人剥掉李景让的上衣，狠抽其背，直打得鲜血淋漓，伤痕累累。将士们看到李母这样责罚儿子，气消了大半，纷纷上前求情。最后，李母饶了儿子，军中的不满情绪也从此平息。

李母是一位爱护自己孩子的母亲，她通过打自己的孩子，来减少将士们对将军的不满，来免除儿子李景让的危机，同时也为儿子收买了军心，真是个了不起的策略。

# 第四十五章

**【原文】**

大成①若缺，其用不弊；大盈若冲②，其用不穷。大直若屈③，大巧若拙，大辩若讷④，大赢若绌。静胜躁，寒胜热⑤，清静为天下正⑥。

**【注释】**

①大成：最为完满的东西。

②冲：虚，空虚。

③屈：曲。

④讷：拙嘴笨舌。

⑤静胜躁，寒胜热：清静克服扰动，寒冷克服暑热。

⑥正：通"政"。

**【译文】**

最完满的东西，好似有残缺一样，但它的作用永远不会衰竭；最充盈的东西，好似空虚一样，但是它的作用是不会穷尽的。最正直的东西，好似有弯曲一样；最灵巧的东西，好似最笨拙的；最卓越的辩才，好似不善言辞一样；最大的赢利，好似亏本一样。清静克服扰动，寒冷克服暑热。清静无为才能统治天下。

**【解析】**

"大成若缺，其用不弊；大盈若冲，其用不穷。"

大器已成之人，返璞归真，与宇宙合一，面对浩瀚的宇宙，总感智慧不足。这种人生追求所产生的作用才是对自己、对社会没有危害的。浩然正气充盈体内却虚怀若谷，这种功夫的作用才是无穷的。

"大成若缺""大盈若冲"是通过长期修炼功德圆满的体现，是求之于内的结果。"不弊""不穷"是道德使然。

　　"大直若屈，大巧若拙，大辩若讷，大赢若绌。"

　　道德之学是探寻大道、强身健体、益寿延年、涵养品德、超越自我的学问。道德有成之人，虽有"大直"之德，"大巧"之能、"大辩"之才、"大赢"之获，却从不自我炫耀，留给别人的印象是"屈""拙""讷""绌"。体现了有道之人一切自我行为都完全遵循客观规律，绝不盲从主观情感，妄作妄为。这正是自我的无为之德，不争之德。

　　"静胜躁，寒胜热，清静为天下正。"

　　心静战胜燥热，运动战胜寒冷，"无为之治""不言之教"可以使天下安定。

　　躁，躁动、运动。"躁"和"静"相对，"寒"和"热"相对。动则生热，热则胜寒。心静自然凉，凉则胜热。"静胜躁，寒胜热"，是阴阳生克原理。运用这一辩证原理去治理国家，其具体措施就是用"清静"二字作为治国的指导思想。清静无为是圣人之治，圣人之治就是施行"不言之教"和"无为之治"。无为之治可以发扬民主使政治清明，不言之教可以消除狂热、浮躁，使民心安宁。政通人和、人心思定，这才是人间正道。

　　本章通过有道者人格的伟大体现了道德学的巨大作用，并运用阴阳生克原理论证了治国策略。如果统治阶级热衷于功名利禄，搞专制主义，则劳动人民必然会饥寒交迫。人民若要改变饥寒交迫的命运，就必须起来革命，变统治阶级的奴隶为国家的主人，实行民主法治，建设政治文明。建设政治文明的同时，必须加强精神文明建设，因为政治文明，必然带来物质文明，而单纯的物质文明，又必然使人心浮躁、欲望无限、患得患失、内心茫然，这就需要用"不言之教"，来加强人们的道德修养。人们有了正确信仰，社会自然安定。

## 【证解故事】

　　一个好用的东西若看似不够完美，在使用的时候，比较不会因为舍不得而没有充分使用；一个有才能的人，虽然已经经营了很多事业，但是看起来还是游刃有余，那么这个人为大众服务的功能是无穷尽的。真正正直的人，看起来比较柔软；真正技术高明的人，总是看起来普普通通；真正辩才无碍的人，总是看起来木木讷讷的样子。

老子认为有智慧的人，应该具备一种"大成若缺""大盈若冲""大直若屈""大巧若拙""大辩若讷"的内敛功夫，只有这样才能够在为人处事上游刃有余、置危险于身外。

如此看来，有才能的人不一定是幸福的人，因为才能不仅能带来荣耀，更能导致灾难。才能让人羡慕，也让人嫉妒。才能出众如同树大招风，心胸狭窄的无能之辈总是与有才能的人为仇的。因此，有才能的人更应懂得内敛的重要性，懂得如何去运用它，要不然定会在这方面栽跟头。

**故事一：**

唐代大诗人白居易才高八斗，刚直耿介。他在朝为官时，许多无才无德的小人就重点攻击他。

一次，唐宪宗召见白居易，对他说："你诗名很大，为人忠直，不像是个奸诈之人，可为什么总有人弹劾你呢？"

白居易说："皇上自有明断，我说什么也是无用的。不过依我看来，我和那帮人道不同不相为谋，一定是他们嫉恨我的才华忠直。否则，我和他们无冤无仇，他们为什么会无端诬陷我呢？"

白居易自知难与小人为伍，却不屑掩饰锋芒，他对那些无能之辈常出口讥讽，绝不留半点情面。

一次，朝中一位大臣作了一首小诗，奉承他的人不在少数。白居易看过小诗，却哈哈一笑，说："如果说这是一首好诗，那么天下人都会写诗了。"

事后，白居易的一位朋友劝他说："你身处官场，不应该当众羞辱别人。你不是和朋友谈诗论道，在朝堂上若讲真话，人家只会更加恨你了。"

白居易说："我最看不惯不懂装懂之人，本来我不想说，可还是压抑不住啊。"白居易自恃有才，说话办事往往少了客气。他对皇上也大胆进言，只要他认为不对的事，他就直言上谏，全不顾任何禁忌。

河东道节度使王锷为了晋升官职，大肆搜刮百姓，他向朝廷献上了很多财物，唐宪宗于是准备让他当宰相。

朝中大臣都没有意见，只有白居易站出来反对。唐宪宗生气地说："你是个才子，就该与众不同吗？你每次都和我唱反调，你是何居心呢？"

皇上发怒了，嫉恨他的小人趁势说他恃才傲物，目中无人。一时，白居易的处境更加恶劣，格外孤立。

大臣李绛同情白居易，劝他收敛锋芒，说："一个人如果因为才高招来八方责难，他就该把自己装扮得平庸了。你的见识虽深刻远大，但不可显示出来，你为什么总也做不到呢？这也是为官之道，不可小看。"

最后，白居易还是因为上谏惹祸，被贬出朝廷。白居易的才能人所共知，他尽忠办事，见解高明，却不能建功，只因他的才能过于外露，优点反变成了缺点。

世上没有绝对的公平，相信才能万能的人只能算幼稚。人们应当时刻提防小人的暗箭和中伤，把最能让他们嫉妒的东西藏起来，避免不必要的纠缠。

内敛，可以说是我们为人处世的传统方式。不以物喜，不以己悲，是一种内敛；智欲圆而行欲方，也算一种内敛；凡事不张扬，得意不忘形，富足时不骄矜，位卑或者贫穷时也不谄媚，更是一种内敛。

看小说、听评书我们不难知道，镖局这个旧行当在古代曾经盛极一时。镖局的人身怀武功，在舞刀弄棒的年代，仅凭此道，为人处事就可以胜人一筹，当着别人的面，剑拔弩张，趾高气扬，甚至喜怒溢于言表，也自有底气。可是，镖局恰恰应该是内敛型的。

镖局的对头是强盗，但镖局遇见强盗并非上来就是拳脚相加，而是把自己先收敛起来，进行话，论人缘，拉交情谈潜规则，不到万不得已时不动手。因为强中自有强中手，真打起来谁都未必占便宜。强盗拦住镖车，镖局的人要抱拳拱手，打个招呼：当家的辛苦了！镖局心里明白，自己这碗饭就是因强盗而得，对方才是当家的。如果对方问：穿的谁家的衣？回答就是：穿的朋友的衣！又问：吃的谁家的饭？再答：吃的朋友的饭！

人家听得高兴，自己又说的是事实，两下里一畅快，就过去了。当然，这也是由于那个时候的贼比较内敛，自有一套道上的规矩，这些底线自知不可轻易破坏，破坏了就丧失了立命之所。

如果古时候的强盗和镖局的人都不知道内敛，上来就兵戈相见，那谁都无法吃好自己的"饭"。

处世，当谦虚谨慎，虚怀若谷，内敛而不张扬。古人云"君子泰而不骄，小人骄而不泰"，说的就是仪表、行为上的差异。它告诫我们，在日常的生活和工作中，要时刻注意自己的言行举止，懂得在谦虚中善学，懂得在内敛中进步，而不要不知天高地厚，摆出一副唯我独尊、锋芒毕露的骄姿傲态。

**故事二：**

公元165年，汉桓帝时，长沙零陵等地盗贼蜂起，被平息后仍有盗贼卜阳、潘鸿等逃入深山潜伏，避实就虚地四处抢劫，蹂躏百姓，并勾结其他盗贼，声势颇大。

荆州刺史度尚，颇有胆略，招募本地的少数民族，悬赏进讨，大破贼众，连平三寨，获得珍宝无数。卜、潘二贼仍活跃山林，据险固守，与官府对抗。

此时的军士都已得金银珍宝，毫无斗志了。为了继续追剿盗贼，度尚说："卜阳、潘鸿为多年积贼，能战能守，现退据险地，不易驱除。我等军士经过几场激烈战斗，已相当疲劳，和盗贼相较，又是敌众我寡，一时不便轻进，我正征调各地兵马到来，并力围击，方可成功，在此期间，各军可以多多休息，还要随时习练武功，上山去打打猎，等到各地兵马齐集了，再大举进剿，岂不一劳永逸？"

众军士闻言，无不拍手称快，当即成群结队，四出游猎，每天捕获禽兽无数，充入庖厨，以供大嚼，可谓天天牙祭，晚晚宵夜。

度尚见军士们贪图享乐，很少顾及军营，便趁营内无人时，密派亲信，潜至各营放火，顷刻间，全营付之一炬。

黄昏时，众军士回营，无不触目惊心，叫苦连天，几座营盘都化为灰烬,各人平日获得的珍珠财宝都被烧得一干二净。大家涕泪交流,自悔自恨时,度尚说:"贼人如此可恶,竟敢乘机烧营,本官一时疏忽,定不辞其咎,血债要血偿,此次损失,向贼匪讨去。"最后,他又安慰军士:"卜、潘两贼所劫获之财货,足当数辈,其金银珠宝,堆积如山,只要我们奋力一战,便可全部取来,此次损失只是区区之数,不足挂齿,明天出发进剿便是了。保证马到成功,亦保证各人有更大收获,大家意见怎样?"

众军士整理行装,天刚亮就出发,飞抵贼寨。众贼毫无防备,被官兵如削瓜切菜一样,卜、潘二贼亦被乱刀杀死。因此荆州之乱迅即平息。

度尚放火烧掉了士兵所有的财宝,却激发了他们的斗志,获得了最后更大的胜利。我们应该佩服他这种敢于放手一搏的精神。

# 第四十六章

## 【原文】

天下有道，却<sup>①</sup>走马以粪<sup>②</sup>；天下无道，戎马<sup>③</sup>生于郊<sup>④</sup>。祸莫大于不知足，咎莫大于欲得。故知足之足，常足矣<sup>⑤</sup>。

## 【注释】

①却：屏去，退回。

②走马以粪：粪，耕种，播种。此句意为用战马耕种田地。

③戎马：战马。

④生于郊：指牝马生驹于战地的郊外。

⑤故知足之足，常足矣：知道满足的这种满足，是永远满足的。

## 【译文】

治理天下合乎"道"，就可以做到太平安定，把战马退还到田间给农夫用来耕种。治理天下不合乎"道"，连怀胎的母马也要送上战场，在战场的郊外生下马驹子。最大的祸害是不知足，最大的过失是贪得的欲望。知道到什么地步就该满足了的人，永远是满足的。

## 【解析】

"天下有道，却走马以粪；天下无道，戎马生于郊。"

就治身而言，"天下有道"是说人们懂得养生之道，通过夺精补脑之术来养生。"却走马以粪"即夺精补脑之术。"戎马生于郊"即漏泄精液，说明不懂得养生之道。

养生之道之于当今社会尤为迫切，尽管世界人民的平均寿命有了很大提高，但生命的质量并不乐观，身体对疾病的抵抗力越来越差。现在，人们用于治病的费用已远远高于吃粮的费用，并且越是发达国家医药费用越高。造成这一现状的根本原因就是不懂得养生之道。人们不知惜精如命,加强自身内在修养,却视之如粪土、垃圾,毫无节制地行淫欲之事,以满足自我情欲。不懂得养生之道,不仅造成身体的疾病,而且还造成精神上的疾病。现在,社会上因精神空虚而自杀身亡者逐年增加,老年忧郁症、痴呆症、精神分裂症等日趋严重。这些症状的产生都是不知修之于内,一味地寻求外来刺激,以满足自我欲望的结果。

"祸莫大于不知足,咎莫大于欲得。"

就养生而言,祸害莫大于不知满足欲望;凶险莫大于欲望得以放纵。

"故知足之足,常足矣。"

对于"知足之足",有道之士抱朴子也有高论:"知足者则能肥遁勿用,颐光山林。纡鸾龙之翼于细介之伍,养浩然之气于蓬荜之中。褴褛带索,不以贸龙章之暐晔也;负步杖筴,不以易结驷之骆驿也。藏夜光于嵩岫,不受他山之攻;沉鳞甲于玄渊,以违钻灼之灾。动息知止,无往不足。"

本章是老子的人性论。淫欲是健康的罪魁祸首,若要养生,必须从克制淫欲开始。

道德功的修炼,就是从克制淫欲开始的。修炼道德功是遵循"液化精,精化炁,炁化神,神还朴"这一思路前进的,最重要的一环就是强调守精如玉,惜精如命,使之不脱、不漏,并长期坚持不懈,直至返璞归真。其中的奥妙就在一个"化"字,只知惜守,不知转化,同样会给身体带来疾病。随着精气的转化,人一旦进入天人合一的玄妙境界,自我私欲就自然慢慢地消失了,自我价值观亦随之转化。

## 【证解故事】

### 故事一:

明朝时期的吕坤认为:有两三个志同道合的朋友,没有分别几天就相互想念,自己却以为这是世俗的想法,一分开就产生亲切深厚的情谊,相聚在一起时反而感到疏远。和低级趣味的酒肉朋友的交往的感觉就迥然不同了，只是其中的道理还不够深刻。

孔子、颜回、子思、孟子，我们这一辈人何曾与他们接触过？但是如今诵读体会他们的文章时，就好像与他们朝夕相处同屋谈话一样，又好比同家人亲友一样相依恋，为什么呢？是因为心灵相通、精神相合的缘故，虽然相隔千年也好比生活在同一个时代，虽远隔千山万水也好像就在身边一样。久而久之，彼此相互融合，哪还有什么亲和离疏的分别呢？如果友人之间相互处在一起就产生善念，一旦分别就产生出欲望来，那么，就算朝夕相处，一生相伴，又有什么有益的好处呢？

在平时得病，却往往把它归罪于某一天。起源于内脏，却往往只治疗于皮毛。太仓储粮全部空了，却怪罪于储粮的囷底。大厦倒塌了，却要对一场大雨怪罪。世间的人，听到对别的优点长处夸奖总有妒心，听到说及别人的缺点就有欢悦之心，这是忘记了上天所教的道理，让人的欲望肆意横行而造成的。

孔子所欢喜的，就是高兴谈及别人的好处；孔子所讨厌的，就是讨厌说他人的坏话。圣人如此，我们怎么又可能会有另一种想法呢？

人萌发欲望，刚开始时最为热烈，此时就需要缓一缓，马上去做就可能会出差错。天理的念头萌生，最初的时候最勇敢。须要立即就施行，放缓一下就会停顿下来。

大凡人干坏事时，刚开始时都不忍心去做，后来忍心和不忍心便占了一半，再后来就忍心去做了，而后便心安理得了，到了最后竟为自己所做的感到快乐。一个人到了以做坏事为乐的地步，他的良心也就坏到极点了。

听说他人的缺点就为别人大肆传播，或者添枝加叶，来夸大他人的缺点；听到说别人的优点就去遮盖和掩藏，或者就罗织罪名来诬蔑人家的内心。这样的做法恐怕连鬼神都会得罪了呀，我们在这一生中都一定要引以为戒！

"恕"这个字，原来是一个好道理，却要看那推心置腹的人是一种什么想法。好色的人饶恕别人的淫欲，喜欢借贷的人饶恕别人的贪婪，喜欢喝酒的人饶恕别人的狂醉，喜欢安逸的人则宽恕别人的懒惰和散漫，没有哪一种不是以己之心去揣度别人，没有哪样不是把别人看作自己，但这却是道义上的窃贼而已。所以对施行恕道之人，不能不细致地考察。

人心最怕三心二意，用情贵在专一。

有人总把他人的长短是非当作是自己的事，却感觉不到自家的痛痒，还要去问别人。不要用烦恼去求取恩爱，得不到恩爱却还要增添自身的烦恼。

对祸患的防范要到达意料所不能想及的地步；对于利害要考虑到没有剩余的地步。

**故事二：**

南北朝时期，东魏丞相叫高欢，他养了好几个儿子。

高欢平时对儿子们管教甚严，一心望子成龙。儿子们大都俯首帖耳，只要父亲有芝麻点儿的暗示，就纷纷踊跃去做。唯独一个名叫高洋的儿子，常常犟头倔脑，违抗父命，以致惹得高欢很不喜欢他。

一次，高欢想了一个点子，想考查一下儿子们的才智。儿子们赶来，齐刷刷列队站好，听候提问。"现在每人各发一把乱麻，谁整理得又快又好，谁就有奖。"说着，将乱麻分发到儿子们手里。

"开始！"一声令下，孩子们个个全神贯注，清理起乱麻来。好难整理的乱麻啊！那黄澄澄的团团乱麻，好似给人践踏过的乱草窝，麻线纠结缠绕在一起，连找个头都要费上好半天时间。亏得孩子们有耐心，只见他们将乱麻一根根地抽出来，然后一根又一根地理齐。

只有高洋捧着乱麻既不抽头，也不理线。他想了一想，去内室找来一把锋利的小刀，三下两下把乱麻齐刷刷地斩断了。完事后，即向高欢大声报告道："爸爸，乱麻已经清理好啦。"

高欢丢掉书本，离座前来验视。不看犹可，一看不由得勃然大怒道："叫你理线，怎么都斩断了？"高洋脸不红，心不慌，坚定而有力地答道："乱者必斩！"高欢先是一愣，即刻变嗔作喜，暗暗想道："想不到此儿竟有执政的气魄！看来他将来必成大器！"想着，连忙宣布高洋获胜，予以奖赏。果然不出所料，高洋长大后成了一国之君，就是北齐的文宣帝。

"快刀斩乱麻"的创始者高洋年轻时就表现出大丈夫敢于破旧立新、手段强硬的作风，令人敬佩有加。

还有这样一个故事：

南朝梁代末年，战乱纷起，小偷强盗出没山林，路上极不太平。

有一个叫梁艺的小军官，这天带着妻子骑驴出没山林小路。当走到芒砀山一带时，只见乱石峥嵘，荒草丛生。梁艺之妻说："这个地方很凶险呀，夫君还是赶快离开吧。"不料梁艺自恃身怀武艺，且又带着刀剑，哪里把妻子的话放在心上？他仰天大笑："想我梁某，乃当今武艺高强之人，若碰见小小强盗，定一刀一个，结果他性命。"

谁知他笑声未落，山石乱丛中窜出一个强盗。他们把梁艺团团围住，混战起来。最后梁艺寡不敌众，被强盗乱刀砍死。强盗们砍死梁艺后，把他身上的钱财洗劫一空，又举刀向梁艺之妻围了过来。梁艺之妻强忍悲痛，拍手大笑地说："众位好汉，你们杀得好啊。我是个良家妇女，被这个人强占，我正想逃走，苦于没有机会。今天你们杀了他，替我出了一口气，这是报应啊！"

强盗们以为她说的是真话，便放下了刀，又让梁妻把驴和行李收拾好，带着她向南走去。走到一个村子后，他们决定在这里吃饭休息。这时，梁妻从行李里拿出银钱，殷勤地说："众位好汉，前面不远有一酒店，我去买酒，请好汉们吃饭喝酒。"

强盗们见远处果然有一酒店，就让梁妻去了。谁知这个村子里有一支军队，军营就离酒店不远。梁妻来到了军营，就一直走进去，见了首领大哭起来。她一面哭，一面诉说自己丈夫被害经过。

首领听了梁妻的诉说后，就让梁妻带着酒回去。待强盗们欢欢喜喜饮酒时，首领带着兵士们把强盗捉住捆绑起来。然后，把强盗送进州府，审出许多命案。后来，把强盗就地正法，斩首街头。

作为一弱女子梁妻面对蛮横的强盗，依然保持镇定，其坚强的性格同样可亲可敬。

# 第四十七章

## 【原文】

不出户，知天下；不阒牖①，见天道②。其出弥远，其知弥少。是以圣人不行而知，不见而明③，不为④而成。

## 【注释】

①阒牖：阒，从小孔隙里看；牖，音 yǒu，窗户。

②天道：日月星辰运行的自然规律。

③不见而明：不窥见而明天道。

④不为：无为，不妄为。

## 【译文】

不出门户，就能够推知天下的事理；不望窗外，就可以认识日月星辰运行的自然规律。他向外奔逐得越远，他所知道的道理就越少。所以，有"道"的圣人不出行却能够推知事理，不窥见而能明了"天道"，不妄为而可以有所成就。

## 【解析】

"不出户，知天下；不阒牖，见天道。"

常言道："秀才不出门，便知天下事。"秀才能知天下事，凭借的是书本知识。圣人不出门，能知天下事，凭借的是他自身的修养功夫，是对人体基因组这一天书的破译。人体基因组是宇宙的全息缩影，记载了宇宙万物及人类有史以来的所有信息，是一部活的宇宙百科全书。只要具备了查阅这一天书的功夫，就可以足不出户而遍知天下大事；不窥探窗外，就可以知道日月星辰的运转情况及其规律。所以，秀才所知和圣人所知是无法相比的。

"其出弥远，其知弥少。"

圣人"不出户，知天下；不阙牖，见天道"，依赖的是反观内视的自身修养功夫，是解读自我基因组的结果。一个人的精力是有限的，智力也是有限的，仅凭五官去感知世界远远不够，因为宇宙是无限的。用有限的生命奔波世界各地，于事物的表面现象探索无限的宇宙奥妙，必然知之甚少。细胞虽是生命体的最小功能单位，却蕴藏着宇宙信息和遗传信息，所以，只要破译了基因密码，就能彻悟自然之道、社会之道和人生之道。这也就是"少则得，多则惑"的道理。

现在的人类基因工程，志在破译基因密码，目的就在于以小见大，揭示生命科学和自然科学的奥秘。

值得一提的是，基因工程将和分裂原子一样，是一把双刃剑，既有有利的一面，也有危害的一面，厉害程度完全取决于人类的道德水平。道这一天书，只有用德去解码，才有百利而无一害。另外，破译基因密码的电脑功能毕竟是有限的，永远无法和人类的心灵相比，因此，密码的破译程度也终将是有限的。

"是以圣人不行而知，不见而明，不为而成。"

圣人反观内视，修德悟道，不停留在事物的表面认识上，所以是"不行而知"；大道不能以目视，只能以神视，用心灵对基因组作生动、具体、形象的直观，所以说"不见而明"；圣人功德圆满，开发出了潜在的大智大慧和特异功能，虽然自我清静无为，却能成就无所不为的业绩，其关键是朴在发挥作用，所以说"不为而成"。

本章说明了微观认识论的巨大功用。微观认识功能为人人所具备，并非圣人独有。圣人之所以成为圣人，在于他不同于常人的认识方法。只要潜心修炼，人人可以成为圣人。

## 【证解故事】

人的生死是不可避免的，犹如昼夜交替那样永远地变化着，是自然的规律。许多事情是人所不能干预的。人们都以为天是生命之父而终身爱戴它，何况那独立高超的道呢？人们都以为国君的权位超过了自己，而舍身效忠，何况那独立高超的道呢？泉水干竭，鱼儿困在陆地上，用大口呼吸以得到一点湿气。相濡以沫，不如彼此相忘于江湖。与其赞誉唐尧而非议夏桀，不如把两者都忘掉而融化于大道。大地把我的形体托载，并且用生存来劳苦我，用衰老来闲适我，用死亡来安息我。所以，把我的存在看作是好事，也就因此可以把我的死亡看作是好事。

道是真实而又有信验的，但又是无为和无形的；可以心传却不可以口授，不可以用眼见；道本身就是本、就是根，还没有天地之前，自远古以来道就存在着；它引出鬼帝，产生天地；它在太极之上却不算高，而在六合之下却也不算深，先于天地存在却不算久，长于上古却也不算老。狶韦氏得到它，用来驾驭天地；伏羲氏得到它，用来调和元气；北斗星得到它，永远不会改变方位；太阳和月亮得到它，永远不停息地运行；堪坏（山神）得到它，可以掌管昆仑山；冯夷（河神）得到它，用来巡游大江大河；肩吾（山神）得到它，可以主持泰山；黄帝得到它，可以登上云天；颛顼得到它，可以居住玄宫；禺强（北海神，人面鸟形）得到它，可以立足北极；西王母得到它，可以安居少广山上。没有人能知道它的开始，也没有人能知道它的终结。彭祖得到它，从远古的有虞时代一直活到五伯时代；傅说得到它，可以统领天下，死后成为天上的星宿，乘坐东维星和箕尾星，永远排列在星神的行列里。

真人出"真知"。什么叫"真人"呢？古时候的"真人"，不以多欺少，不自恃成功，不图谋事情。若是这样，错过了机会不后悔，顺利得当而不自得。若是这样，登高不胜寒，下到水里不觉湿，进入火中不觉灼热。只有知识能达到与道相符合的境界才能这样。古时候的"真人"，睡觉时不做梦，醒来时不忧愁，饮食不求甘美，呼吸时气息深沉。"真人"呼吸凭借的是脚跟，普通人的呼吸只用咽喉。凡是嗜好和欲望太深的人，智慧一般都比较浅。古时候的"真人"，不知道喜悦生存，不知道厌恶死亡：出生不欣喜，人死不拒绝；无拘无束地去，无拘无束地来罢了。不记得自己从何处来，也不追求自己的归宿；事情来了欣然承受，忘掉死生任其重返自然，这就叫作不用心智去损害道，不用人的本领会帮助自然，这就叫"真人"。若这样，他的内心忘掉了一切，他的容貌静寂安闲，他的额头宽大恢宏。冷肃得像秋天，温暖得像春天，高兴或愤怒如四时运行一样地自然，对任何事物都合宜相称而无法探测他精神世界的真谛。所以古代圣人使用武力，灭掉敌国却不失掉敌国的民心；利益和恩泽广施万世，却不是为了偏爱什么人，乐于交往取悦外物的人，不是圣人；是"仁"就不会有偏爱；伺机行事，不是贤人；不能看到利害的相通和相辅，算不上是君子；办事求名而失掉自身的本性，不是有识之士；丧失身躯却与自己的真性不符，不是能役使世人的人。像狐不偕、务光、伯夷、叔齐、箕子、胥余、纪他、申徒狄，这样的人都被役使世人的人所役使，都是被安适世人的人所安适，而不是能使自己得到安适的人。

古时候的"真人"，神情巍峨而畏缩，好像不足却无所承受；态度安闲自然、特立超群而不执着顽固，襟怀开阔而不浮华；舒畅自适好像格外高兴，一举一动好像是出自不得已；内心充实面色可亲，德行宽厚令人归依；气度博大犹如宽广的世界；高远超迈而不拘礼法；沉默不语好像喜欢伯夷像封闭自己，不用心机好像忘记了要说的话。把刑律当作主体，把礼仪当作羽翼，用已掌握的知识去等待时机，用道德来遵循规律。把刑律当作主体的人，那么杀了人也是宽厚仁慈的；把礼仪当作羽翼的人，用礼仪的教诲在世上施行；用已掌握的知识去等待时机的人，是因为对各种事情出于不得已；用道德来遵循规律，就像是说大凡有脚的人就能够登上山丘，而人们却真以为是勤于行走的人。"天人合一"，不管人们是否喜欢，都是合一的。不管人认为合一还是不合一，它们都是合一的。认为天和人是合一的就和自然同类，认为天和人是不合一的就和人同类。"真人"是把天和人看作是相互对立的。能分清自然本领与人的本领这就达到了认识事物的极点。知道自然的本领，是明白事物出于自然；知道人的本领，是用自己的智力所知的去保养自己智力所不能知道的，使自己享尽天然的年寿而不中途死亡，这是智力对事物认识的最高境界。虽然这样，但是还有困难。知识一定要有所依凭的对象才能判断它是否正确，然而所依凭的对象却是变化不定的。怎么知道我所说的是本于自然的而不是出于人的所为呢？怎么知道我所说的是人为的又不是出于自然呢？

**故事一:**

明将钱藻在密云(今北京密云)驻守时,地方官府交来一桩案子。原来是两名驻守京城(今北京)的军士外出公干时,结伙在路上抢劫财物,被密云衙吏擒获。解到官府,那两名军士自恃是京城守军,地方上奈何不得他们,便口出狂言,目无官府。官府难以制服他们,便解到地方驻军长官钱藻处,请他代为审理此案。一经审问,那两名军士也不把作为地方驻军长官的钱藻放在眼里,照样刁蛮不讲理,并口出威胁之言。钱藻手下人都十分生气,吵着要揍他俩。钱藻一摆手制止了他们。钱藻明白,这两名军士的长官也是自己的上司,若这俩军士不能招供认罪,上司怪罪下来,于自己也不好。想了一想,他生出一条计来。

他看那甲军士性情火暴,便命手下人将甲军士押出军门外数丈处,让他看着自己审讯乙军士。钱藻装出温和的样子跟乙军士闲话起来。乙军士见这长官变了态度,且问些与本案无关的问题,因此也平静下来回答。每当乙军士说一段,钱藻就在纸上写一阵子。那甲军士把这一切都看在眼里。

过了一会儿,钱藻让人押走乙军士,传来甲军士,晃着手中的纸说:"看,乙军士都招供了,这事是你的主谋,还不快快认罪!"甲军士一听就火了,大跳大叫着说:"胡扯!这事都是他的主意,他怎么能赖我?"钱藻笑了笑:"他说了,这事是你先出主意抢劫的。"甲军士更火了,一跳老高,叫着:"他放屁!我俩出来公干,不小心把盘缠丢了,难回京都。他说:'人家偷咱的,咱不会抢人家的吗?咱手中有家伙,哪个不害怕!'于是领我躲在路边上,抢了那个商人。"钱藻一一记下来,又问了些细节,让甲军士画了押,押了出去。

他又把乙军士传来,说:"甲军士都招了,主谋是你。"乙军士是个奸诈人,起初还不相信,听钱藻念出细节之后,也火了,说:"主意是我出的不假,但动手的是他。"于是把经过也讲了一遍。钱藻记下之后,也让乙军士画了押。

这样,钱藻两边巧施离间计,让两个军士互相攀咬,终于审出了案子真情,把那俩军士分别治罪,并呈报给俩军士的长官。那长官看有军士供状，也就不好说什么。

**故事二：**

秦始皇死后，他的小儿子胡亥继承王位，就是秦二世。秦二世荒淫无度，不问政事。为了使京城咸阳更美观，显示皇帝的威严，他竟下令把城墙油漆一遍。大臣们一见这道命令，先是目瞪口呆，转而都愤愤不平，可又不知怎么办才好。去劝谏二世吧，他蛮横暴虐，劝不好，反倒自找苦吃。不按他的话去办吧，二世知道了，也会有死罪。人们想来想去，想到了乐人优旃。

优旃是个很幽默诙谐的人，善于用谈笑讲明道理，说动人心。大臣们把优旃找来商量，他笑笑说："等我去说几句。"优旃见了二世，直截了当地说："听说陛下下了一道命令，要油漆城墙？""我想把咸阳城变得更漂亮迷人。"二世说。优旃喜悦地说："妙极了！这真是个好主意。我打心眼里赞成。即使陛下不下这样的圣旨，我也要提出这样的建议。"二世笑眯着眼，直点头。

"漆城墙，虽然会给老百姓增加徭役和负担，然而可以使全城变得油光可鉴，光彩照人，好处可多了。我现在就急着想去把它油漆好。"优旃煞有介事地说，还拍手吟道，"城墙漆得溜光光，敌人来了不能上；城墙漆得油荡荡，敌人一爬准粘上！"这时，二世觉得油漆城墙的理由更充足了。

"再说，把城墙油漆一遍也不是多么难办的事啊！"优旃说，他忽然又显出十分为难的样子，"只是油漆过的东西，不能暴晒，要阴干，那漆才牢固，不会脱落。上哪儿去找一所大屋子把城墙罩起来呢？"优旃看看二世，建议说："陛下，还是先建一座能把整个咸阳城罩起来的大屋子，而后再油漆城墙吧。"二世虽然霸道糊涂，但一听也笑了起来，说："那就算了吧，不漆城墙了。"

优旃利用语言的技巧，正话反说，成功地劝说胡亥改变了初衷，免除了百姓的徭役和负担。

# 第四十八章

## 【原文】

为学日益<sup>①</sup>，为道日损<sup>②</sup>。损之又损，以至于无为，无为而无不为<sup>③</sup>。取<sup>④</sup>天下常以无事<sup>⑤</sup>，及其有事<sup>⑥</sup>，不足以取天下。

## 【注释】

①为学日益：为学，是反映探求外物的知识。此处的"学"当指政教礼乐。日益，指增加人的知见智巧。

②为道日损：为道，是通过冥想或体验的途径，领悟事物未分化状态的"道"。此处的"道"，指自然之道，无为之道。损，指情欲文饰日渐泯损。

③无为而无不为：不妄为，就没有什么事情做不成。

④取：治、摄化之意。

⑤无事：即无扰攘之事。

⑥有事：繁苛政举在骚扰民生。

## 【译文】

求学的人，其情欲文饰一天比一天增加；求道的人，其情欲文饰则一天比一天减少。减少又减少，到最后以至于"无为"的境地。如果能够做到无为，即不妄为，任何事情都可以有所作为。治理国家的人，要经常以不骚扰人民为治国之本，如果经常以繁苛之政扰害民众，那就不配治理国家了。

## 【解析】

"为学日益，为道日损。损之又损，以至于无为，无为而无不为。"

"为学"能够直接地给人类带来显而易见的实实在在的利益。现代教育的内容就属于"为学"的范畴。而老子的"为道"即道学则是现代教育还没有真正涉及的内容。老子的"道"既是智慧的大厦，又是通向智慧大厦的道路。"为道"就是追求智慧的道路，从这一点来说，道学就是哲学，因为它们的目的都是相同的。但是，传统哲学的课题是建立在单纯地对概念的分析研究基础上的，而不像道学是建立在默修实践基础上的，这是传统哲学的最大弊端。也正是这一弊端，导致了哲学至今处于困境之中。我们知道，"道"首先是一种境界，而这一境界是跳出了自我的圈子，跳出了有形世界的圈子所进入的客观存在的忘我的、无形的心灵的境界。要想进入这一境界，只对概念做深入细致的逻辑分析是无法实现的。但是要达到哲学的目的，获得大智大慧，非得进入这一境界不可。"不识庐山真面目，只缘身在此山中。"只在现象世界中摸索，是不会认识自我、认识世界的真面目的。所以，哲学只有统一到老子的道学上来，才能成为真正的名副其实的哲学。

　　关于智慧，苏格拉底认为，智慧是神才具有的，他所说的神其实就是人的心灵。我们注意到，在《道德经》中，老子把一个人分成"吾"和"我"，"吾"指代自我，"我"代表真我。智属于自我，是显意识、个体意识。智，知于表面现象，形成于后天。用自我之智看问题，只能是以物观物，以物观物则流于主观片面。慧属于心灵，是潜意识、集体意识。慧，明于道，形成于先天，但需要后天之智去开启、凝聚。用心灵之慧看问题，则以道观物。以道观物则客观全面。未体道之人，灵受制于魂，不能发挥应有的作用，慧就不能形成。智知于现象，慧明于大道，只有魂与灵和，智慧才能形成。如果说，自我只是大自然的半成品，并非完人，那么，道学就是指导自我由半成品向成品过渡的学问。超越自我，解放心灵，开发潜意识，使认识的主体由自我变为心灵，这就是道学的根本目的。也只有超越自我，人才能成为大自然的真正强者。

　　关于哲学的方法，传统哲学的方法是怀疑法、逻辑分析法、归纳推理法等，而老子哲学的方法是"损"。损就是破除自我主观意识，也就是佛家所说的"破我执"。损是扬弃，扬弃那些不符合客观规律的意识，使主观反映客观。"损之又损"就是否定之否定。损的过程是去粗取精、去伪存真、端正意识、肯定真理的过程，同时也是强身健体的过程，因为，德是否正确，是依靠身体的健康状况来检验的，如果在练功实践过程中，身体得不到健康反而走火入魔，以至于出现自杀、杀人等现象，这就证明已经走到邪路上去了。

另外，"损"是认识和实践的统一。不过这里的认识是对自我的认识，实践也是自我的默修实践。自我既是认识的主体，同时又是认识的客体，只有首先认识自我，才能把握真理，认识世界。认识的正确与否，又必须通过默修实践所带来的身心健康状况去检验。正确的认识对练功实践具有指导作用，否则，就会给身体带来灾难。"损之又损，以至于无为"，就是实践、认识、再实践、再认识，循环往复以至无穷，直至坐入道境，获得真正的解脱。

一切学问必须于我有益才是真正的学问。科学能给我们带来实实在在的物质利益，解决现实的诸多实际问题。哲学则必须首先给我们带来身心健康。倘若一个哲学工作者，不能使身心健康，反而头痛感冒、大病小灾不断，那么，智慧也就无从说起。

"取天下常以无事，及其有事，不足以取天下。"

就治身而言，只有魂诚于灵，灵才能获得自由。魂静灵动，魂则进入天人合一的境界，因为，"天下"是属于众灵的。就治国而言，"取天下"的动机应当自始至终是为了百姓的平等和自由，统治者心诚于民，才可以取得天下。如果取天下的目的是为了霸占天下，奴役人民，用人民的血汗来浇铸自己以及子孙后代的荣华富贵，那么他就不具备足以取得天下的正确思想，即使取得了天下，也不会江山永固。从奴隶社会到封建社会，历朝统治者无不用事实说明了这一历史规律。

这一章的中心是"为道"的问题。如果说"为学"涉及的是科学技术知识，是外在的学问，那么"为道"涉及的则是哲学，是追求内在智慧的学问。欲追求智慧必先正德，正德的过程就是"损"的过程，德正则"无事"，"无事"才可以进入道的境界，获得大智大慧。

"认识你自己"，这是哲学的根本目的。然而如何能够真正地认识自己，这是人类所处的困境。人类处于困境之中，是因为传统哲学处于困境之中。能够解脱人类困境的是哲学，而能够解脱传统哲学困境的是老子的《道德经》。

## 【证解故事】

每一个人，在任何情况下都应摆正自己的位置，保持谦虚的品质。即使是为国家建设有大功，成为天下崇拜的英雄，假如自己产生自夸功勋的念头，把自己沉浸在一个荣誉的花环中，那他的大功不但会在自傲中丧失，而且可能还会招来意外的祸患。

**故事一：**

八岁的康熙登基当了皇帝后，不能料理国事，便由四位辅政大臣代理。这四个人是鳌拜、索尼、苏克萨哈和遏必隆。其中拿大主意的是鳌拜。然而鳌拜是一个专横跋扈、野心勃勃的人。他利用其他三位辅政大臣的软弱退让，极力扩大自己的权势。凡是向他巴结献媚的，都受到提拔重用；凡是不肯顺从他的，不是被排斥罢黜，便是遭到不意陷害。辅政大臣苏克萨哈及大臣苏纳海、朱昌祚等人就因为与鳌拜持有不同的意见，而遭杀身之祸。他甚至经常在康熙皇帝面前耀武扬威，呵斥他人，而且多次擅自以皇帝的名义假传圣旨，滥用权力。朝廷内外的大小官员，凡是稍有一些正义感的，无不对鳌拜一伙的为非作歹恨之入骨，可是鳌拜的心腹党羽遍布从中央到地方的许多重要机构，掌握着生杀予夺的大权，谁也奈何他不得。

康熙立志要做一个像汉武帝、唐太宗那样有作为的皇帝，因此对鳌拜擅权十分不满，决心改变大权旁落的状况。于是在亲政不久他便下令取消了辅政大臣的辅政权，使鳌拜的权力受到限制。可是，这样一来，君臣之间矛盾便日益激化起来。鳌拜虽然意识到康熙要夺回自己的权力，但误认为"主幼好欺"，对于自己的所作所为非但不加收敛，反而更加肆无忌惮。在群臣向康熙朝贺新年时，鳌拜竟然身穿黄袍，俨如皇帝。在他托病不朝、康熙亲往探视时，他把刀置于床下，直接威胁皇帝的安全。对于鳌拜的这些欺君罔上的行为，康熙决心采取果断的措施，把他除掉。

康熙知道鳌拜的势力大、党羽多，除掉他不是很容易的，必须要计划周密，谨慎从事。他一方面把近身侍卫索额图、明珠提拔为朝廷大臣，作为自己的左膀右臂，通过他们联络朝廷内外反鳌拜的势力；另一方面又给鳌拜封官加爵，麻痹他对自己的警觉。同时，一个擒拿鳌拜的计划也酝酿出来了。不久，康熙从各王公显贵府中挑选了一百余名身强力壮的贵族子弟，以陪伴皇帝习武消遣之名入宫，鳌拜没有发觉其中有什么异常。一来是满族有让自己的子弟从小习武的习惯，二来是把康熙看成一个年幼无知，只图玩乐的纨绔之辈，乐得他少过问政事，所以没有把这件事放在心上。不到一年，这班少年侍卫一个个学得拳术精通，武艺高强，连康熙本人也学到不少本领。康熙看在眼里，喜在心头，认为擒拿鳌拜的时机成熟了。于是便以下棋为名，召索额图入宫，商量除掉鳌拜等人的计划。

一日，正值鳌拜入朝，康熙事先把少年侍卫招来，对他们说："你们常在我的身边，好像我的手足一样，你们是听从我的命令，还是听鳌拜的命令？"这些人对鳌拜的专横跋扈愤愤不满，又朝夕与皇帝相处，早已成为效忠于康熙的心腹，因此齐声高呼："听从陛下的命令！"接着康熙历数鳌拜的罪状，布置擒捉之法，只等这个权奸来投罗网。不久，鳌拜入朝，康熙传令要单独召见他。鳌拜不疑，欣然前往。到了内廷，只见康熙端坐在宝座上，两旁站立的全是一班少年侍卫。鳌拜一向把这些人看成是一群孩子，成不了什么气候，心里毫无戒备，仍旧摆出一副傲慢的架势，来到康熙面前，康熙一见时机已到，便果断地做出擒拿的手势。少年侍卫们一拥而上，把鳌拜团团围住。看到此状，鳌拜大吃一惊，一开始还以为是皇帝教一群孩子来与他戏耍，后来感觉不对劲，便全力进行挣扎，与这班少年打成一团。鳌拜也不是等闲之辈。他不仅生得熊腰虎背，有一股蛮力，而且精通武艺，曾经驰骋疆场几十年，立过不少大功，是清朝的一代骁将。论近身交手，他并不外行。他仗着自己体大力强，拳脚并用，竟一连打倒好几个人，差一点脱身。可是，这些少年侍卫毕竟训练了一年，不仅气血方刚，武艺超群，而且都有除奸报君的决心，岂容奸雄逃脱！他们你一拳，我一脚，轮番向鳌拜攻击，直打得他气喘吁吁，汗流浃背，哪有还手之力，最后不得不束手就擒。

俗话说"满招损，谦受益"，铭记它能令人终身受益。做人一定要胸怀坦荡，这是做人的基本原则。但处世时，我们则要蕴藏才华，这是处世的准则。德才兼备的君子并不忌讳别人知道自己的想法，这样可以让别人了解自己，建立和谐的人际关系。但自己的才华却不能炫耀，更不能恃才傲物，当然蕴藏才华并不是使自己的才干深藏不露，否则每个人都空怀才学，不仅是个人的悲哀，也是国家的损失，要正确把握发挥才干和抓住时机的关系，才能永不消极颓废，脚踏实地地干出一番事业来。

"满招损，谦受益"，这些道家思想对中国人生活方式影响很大。道家是以虚无为本，认为天地之间都是空虚状态，但是这种空虚却是无穷无尽的，万物就是从这种空虚中产生。子曰："三人行，必有我师焉。"以孔子这样的千古圣人尚能不耻下问，何况吾辈凡夫俗子。"满招损，谦受益"，这是永远颠扑不破的真理。

谦虚无论是于自身还是于一国一家的事业，都是有百利而无一弊的。毛泽东曾经也说过，"虚心使人进步，骄傲使人落后"。大海不择细流，故能成其汪洋；泰山不择尘土，故能成其崔嵬。

战国时期，燕昭王求贤，高参郭隗建议说：你把别人当作老师，那么比自己强百倍的人就会到来；你把别人当成朋友，那么比自己强十倍的人就会到来；你把别人当成部属，那么和自己能力差不多的人就会到来；如果颐指气使，怒吼呵斥，那么招来的只能是奴隶。

人们凡事都追求完美，并想方设法地来达到这个目标。其实，任何事情都不应妄想登峰造极，因为有上坡就必然有下坡，也就是有上台必然有下台的一天，事情到了一定的限度必然发生质的变化。应学会及时总结，使自己保持清醒的头脑。所以，总想展示自己的才华，是缺乏见识的表现。一个真正学问广博的人，虽饱经学术，却表现甚少；学识贫乏的人却常常卖弄自己。

心理上的自满状态，会导致人丧失继续进取的兴趣，或者也会导致人疯狂地进取的冲动。不管是丧失了进取心还是异化了进取心，它们都有一个共同的特点：忽视自我检点，忽视周围的危险。言行上的自满姿态，就表现为得意扬扬或者不可一世。这会招来人们厌恶、引人嫉恨。一个人太出风头，就会遭受打击；一个人过分完美，反而会遭到挑剔和批评。大多数人能够同情弱者，却敌视比自己强的人，生活中这样的情况是非常多的，所以为人处世一定要谦虚谨慎，不能狂妄自大。

**故事二：**

战国后期，七雄争王，最后秦国渐强，向东蚕食，吓得关东六国联合起来，名曰"合纵"。六国合纵力量中，数楚国和齐国最为强大。楚国地邻秦国，所以秦王决定先从楚人身上下手，破坏"合纵"阵线，于是派大纵横家、丞相张仪前去楚国游说。

张仪见到楚怀王，说秦王愿与楚国结好联盟。怀王一听当然高兴，但又怕失去六国联盟，日后秦人翻脸进攻时没人帮助，正在犹豫，张仪又说："为了表示结好的诚意，我们大王愿意献上商於之地六百里。"怀王一听，自然高兴，答应与秦结交。张仪见怀王上钩，又说："不过，我们秦国历来与齐人有仇，大王若与我们联盟——"怀王为得那六百里地，忙说："我们马上就与齐断交。"张仪拍掌大笑，说："好，请大王这就派人跟我回秦国去割地。"怀王大喜，忙派逢侯丑随张仪入秦。

来到咸阳（今陕西咸阳），张仪先在酒店设宴款待逢侯丑，约好明天即见秦王去割地。张仪送逢侯丑上车后，自己诈醉从车上摔下来，不省人事，手下人把他救回府去，逢侯丑只好住在驿馆中等张仪伤好后再同去见秦王。哪知张仪这一伤就是三月未好，怀王不时派人来催问消息，急得逢侯丑团团转，天天去张仪府上。张仪手下人只推说主人伤重卧房，不能见客。套住逢侯丑，张仪马上派奸细去齐都临淄（今山东临淄）广造舆论，说楚人已得了秦人好处，要与齐绝交。眼见得三月有余，逢侯丑再也等不及了，径自去见秦王，说出张仪割地之约。秦王已听了张仪计谋，说："割地可以，但楚齐尚未断交，寡人怕受愚弄。"逢侯丑得此话，忙回信给怀王，说一旦楚齐绝交，马上可以割地，怀王即刻宣布与齐绝交。齐国舆论纷纷，齐湣王已在怀疑，几次派使者追问怀王，怀王都支支吾吾。今见楚国宣布断交，勃然大怒，派使者入秦，表示联盟之意。

张仪得此消息，便宣称伤好入朝议事。逢侯丑得信，在路上拦住张仪，说同去禀秦王以割地。张仪装作惊讶地说："割地？问秦王干什么，我答应的是割我个人的封地六里，不用奏秦王的。"逢侯丑一听中计，气得忙回楚国报告去了。怀王一听大怒，发兵攻打秦国，结果吃了败仗，丢了汉中（今陕南川北一带），才又回过头来加入六国"合纵"。一年之后，张仪又派使者入楚，说秦楚修好，愿以商於之地换楚之黔中。怀王余气未消，告诉使者："若秦人把张仪送来，宁愿送上黔中之地。"张仪一听，自请入楚去换黔中之地。

　　一到楚都，怀王就把张仪囚了起来。哪知张仪早已派人收买了怀王宠臣靳尚。张仪被囚，靳尚便照张仪预先设计好的去找怀王宠姬郑袖，说："秦人为救张仪，正打算送美女来楚交换。那时，夫人的位置便危险了。"郑袖生性嫉妒，忙问靳尚有什么办法阻止。靳尚说："秦王送美女，无非是要换回张仪。若马上让张仪回国，秦国自然不用送美女来交换了。"郑袖听了，果然大吹枕边风，撒娇弄宠，非要怀王马上送回张仪不可。怀王是软耳朵人，禁不住"枕风吹拂"，传令送张仪回国。秦人白得了黔中之地，更加强大了。张仪的连环外交之计，实属妙哉，成功地离间了六国"合纵"，又白得了黔中之地，自己毫发无伤，实乃大智慧。

　　这里又从另一个方面说明，人无远虑，必有近忧，只顾眼前的小利，而葬送了大好的机会！

# 第四十九章

## 【原文】

圣人常无心①，以百姓心为心。善者，吾善之；不善者，吾亦善之，德②善。信者，吾信之；不信者，吾亦信之，德信。圣人在天下歙歙③焉，为天下浑其心④，百姓皆注其耳目，圣人皆孩之⑤。

## 【注释】

①常无心：一本作"无常心"。意为长久保持无私心。
②德：假借为"得"。
③歙（xī），意为吸气。此处指收敛意欲。
④浑其心：使人心思化归于浑朴。
⑤圣人皆孩之：圣人使百姓们都回复到婴孩般纯真质朴的状态。

## 【译文】

圣人常常是没有私心的，以百姓的心为自己的心。对于善良的人，我善待他；对于不善良的人，我也善待他，这样就可以得到善良了，从而使人人向善。对于守信的人，我信任他；对不守信的人，我也信任他，这样可以得到诚信了，从而使人人守信。有道的圣人在其位，收敛自己的欲意，使天下的心思归于浑朴。百姓们都专注于自己的耳目聪明，有道的人使他们都回到婴孩般纯朴的状态。

## 【解析】

"圣人无常心，以百姓之心为心。"

"以百姓之心为心"，是老子发自肺腑的正义的呼唤，蕴含的是民主法治思想，专制统治者绝不会"以百姓之心为心"。纵观历史上政治家的名言，皆莫能超之。

"善者，吾善之；不善者，吾亦善之，德善。信者，吾信之；不信者，吾亦信之，德信。"

前一句的意思是说，对于那些有道德知识的人，要善意相待，对于那些没有道德知识的人，同样要善意相待，这种善才是合乎道德的。句中体现了老子的人人平等思想。

后一句的意思是说，对于那些知名度高的专家、学者，要诚恳地听取他们的意见和建议，对于没有社会地位的平民百姓，也要诚恳地听取他们的意见和建议，善于听取不同的声音才是合乎道德的。

这是老子的"兼听则明，偏信则暗"的辩证思想，其潜音就是言论自由。

人人平等，言论自由，是民主思想的主要标志。

"圣人在天下歙歙焉，为天下浑其心。"

上一句是就圣人的修道治身而言。圣人在没有被推举为统治者的时候，不停地探寻大道，修养自我，以待时机。歙歙，心敛意欲使真息运转，体现了圣人追求浑然忘我的天人合一的精神境界。

下一句是就圣人的行道治国而言。圣人治身浑心于道，治国则浑心于民，和百姓心连心，体现了圣人公而忘私的高尚品德。

"百姓皆注其耳目，圣人皆孩之。"

"圣人皆孩之"，这一句的含义是，统治者对待政府官员要像家长对待自己的孩子一样严格要求，只有用不断完善的法律法规去制约他们，才是真正地关心和爱护他们。

"家有家规，国有国法"，没有法律制约的官员，徇私舞弊、贪赃枉法就在所难免。

政府官员产生腐败，虽然有他们的自身因素，但是，作为一国的统治者就像一家之长一样，家中的子女出了问题，做家长的同样有着不可推卸的责任，至于出现集体腐败，则是人事制度不健全的标志，最高统治者应负主要责任。

本章集中体现了老子的民主立法、人人平等、言论自由以及民主监督思想。这些都是健全法制的主要保障。

## 【证解故事】

道德的内涵随着时代的发展而变化。就是在这种发展变化中，中华民族传统中的优秀美德更显露出蓬勃的生命力，诸如天下为公、以民为本、融入社区、敬业负责、勤俭持家、诚实待人、敬老爱幼、保持和睦的人际关系等，今天依然有弘扬的必要与价值。同时，还要把这些美德具体落到实处，如在选拔干部时，坚持德才兼备的标准；在从事各行各业的工作中，注意遵守社会公德。总之，道德的要求在客观上伸张了社会的正气，在主观上则使个人无愧于人类的良知。因此，我们每个人都不可放松对自身的道德要求，更不可恃才失德，这不论是对于我们的立身处世、应酬交往，还是对于保持我们的内心宁静，都是至为关键的。

同在一个企业内，道德乃造就职员之间的和谐人际关系、培养职员对企业的忠诚感与认真敬业地工作的基础。在这方面，企业要将对雇员的品德要求予以具体化、细则化。如诚实，就是金融证券公司对雇员在这方面的最突出要求，唯有诚实者才堪担当掌管钱财的财务工作。强调了德才兼备，所以，在具体工作与职业培训中，大小不同的企业都要创造种种便利条件，不仅要培养和发挥每个人的才干，也要提倡和发扬每个人的高尚品德，使职业道德真正成为本职工作的灵魂。

**故事一：**

不少人对指鹿为马的故事耳熟能详：秦朝末年，宦官赵高将一头鹿称为献给秦二世的"马"。糊涂的秦二世还不至于糊涂到不辨鹿马的地步，所以就笑着纠正说这是鹿而不是马。赵高却不改初衷，一口咬定那头鹿是一匹"马"。

对此，朝中大臣们中，有附和赵高的信口雌黄之言者，也有反驳赵高混淆鹿马的正直不阿者。结果，说是鹿的那些大臣被赵高借故除掉了，秦二世也难逃杀身之祸，作为家奴宦官的赵高将秦廷秦国搅得乌烟瘴气，加速了秦王朝的灭亡。

这是中国封建社会历史上最著名的一幕家奴主事、宦官当政的闹剧。

在黑暗、腐败的封建王朝时期接二连三出现类似的闹剧，那些因性别器官受到阉割伤害而导致精神心理失调的宦官太监们，一朝得势，就会竭尽全力地向社会报复，既毫无原则地欺瞒自己的主子，又借助主子的威势来欺压百姓，极大地妨碍了社会的发展进步。

有鉴于此，封建王朝的那些明君贤王，都作出了不允许宦官太监们干预朝政的严格规定，以保朝政的清明公正。

在修身方面，古人十分强调道德品质的重要性，强调德才兼备而又以德为主导，认为德乃人生事业的基础，是个人才能的统帅与主心骨。反之，离开了道德的建树，立业也就失去了稳固的基础，犹如昙花一现；缺乏道德的约束，个人的卓越才能还有走向反面的可能，会耗尽在鬼蜮的猖狂作为中。显然，古人用家奴做主的事例来比喻那些有才无德之人，是为了指出他们的危险性，因为他们会运用自己的才干去营私舞弊、贪赃枉法，还可以特权特势来压制人才，对自己的错误做出万般诡辩，从而引致事业的失败、江山的丧失、个人的身败名裂。可见，才并不能主宰更不能取代德。而且比较来看，无德有才者较之无德无才者，对社会造成的危害会更深。

对此，魏征认为唐太宗不可粗率地选择官员，用了一个好人，就会引来别的好人；相反，用了一个坏人，别的坏人也都接踵而来。魏征则进一步肯定了这种思想，认为在天下动荡不安时，主要是用人的才干，顾不得德行；天下已定，所用的人也就必须德才兼备。

现代生活中我们也可以借鉴历史的经验之谈。

当然，历史是复杂的。历史上的不少品德道行的高洁者，走的路是很寂寞的。如人们熟知的贫居陋巷、箪食瓢饮而不改其乐的颜回；身遭流放而后自沉于汨罗的屈原；持节牧羊的苏武；坚持抗金而后血洒风波亭下的岳飞等等。他们不是政坛上的不倒翁，不是人生的春风得意者，但他们却是历史上的有德伟人，千百年来，他们的高尚品德一直流传在人间。相反，类似赵高、秦桧之流，生前趋炎附势，虽可享尽荣华富贵，却也免不了被押上历史的审判台，经受着凄凉万古的审判，遭人唾弃。

据此来论，富于高见的哲士达人们能够超越世俗的短暂功利，摆脱尘情的诱惑，注重品德的修养与修行，这似乎是世外玄虚之事，但却能时时体现在人生的实处。一个人即使无权无势，他也可以竭尽己力，遗德于黎民百姓，这样，他的自得自足感也无可比拟。只要一个人的荣誉富贵是建立在道德的基础上的，那么，一切就如山林的自然盛开之花，繁衍不息，是建立在功业或权力基础上的富贵名誉所不可企及的。

这种思想，可追溯到《左传》记载叔孙豹所论及的"君子三立"：立德、立功和立言。在这三项不朽的事业中，立德是居于首位的。

**故事二：**

明朝时，安吉州有一位老吏，在审讯一盗贼时，别出心裁地请妓女出庭，巧妙地制服了盗贼，听来别有趣味。这天，州内一富裕人家办喜事，家中张灯结彩，亲朋满堂。这时，有一小偷趁热闹之际，偷偷溜进了新房，钻进床底，想等到天黑时偷窃新娘的首饰财物。由于这家人家大业大，前来贺喜的人络绎不绝，新房里一连三天灯火通明，小偷下不得手。苦挨了三天三夜的盗贼，饥渴难忍，趁新房里只有新郎新娘时，爬出床底拔腿就窜。"抓小偷啊！"新郎见有人从床下出来，大叫一声追了出去，新娘则吓得浑身颤抖。

院内站着一些帮忙的人，见一陌生男人鬼头鬼脑地窜出新房，又传出抓小偷的喊声，便立即扑将上去，擒住小偷捆了个结实，直接送到了官府。县令即刻升堂审讯："盗贼是何许人也？"小偷镇静自若："大人，我是医生不是贼。"

县令喝道："既是医生为何躲到人家新房内？"小偷对答如流："大人，那新娘患有特殊的妇女病，出嫁前求我跟随着她，以便随时医治。"县令不管怎么审问，小偷都能有根据地回答，而且对新娘家的事也说得头头是道。小偷见县令无可审问，心中暗想：幸亏在床底下憋了二天二夜，新婚大妇的私房话，这会儿全成了我的挡箭牌，真是天助我也！县令无奈，只得对原告说："被告到底是医生还是小偷，只有请新娘上堂做证了。"

新郎的父亲回家一说，新娘子死活不肯上堂做证，刚结婚就上堂打官司太失脸面了！况且那贼竟然在床底下躲了三天三夜，想到自己的言行都让贼知道了，她觉得无地自容。县令听说新娘不肯上堂，就问身边的一位老吏怎么办。

老吏早有一计，他说："新娘爱面子乃是人之常情。依我之见，那小偷不一定认识新娘，若请另外一位年轻的女子出庭做证，就有好戏可看了。"于是，按照老吏的吩咐，一位由妓女装扮成的新娘，款步来到了堂后。"现在新娘子来了，你敢和她对证吗？"县令指指妓女问。

小偷牙一咬说："敢！怎么不敢！"这时，老吏领着漂亮的"新娘"走进了后堂。小偷急步上前："新娘子，可是你叫我跟来治病的吧？为什么又让你婆家将我当作贼，送到衙门呢？现在，你要给我做证啊！"小偷忽然跪了下来。

"哈哈！"在场的人哄堂大笑，妓女装扮的新娘笑说："真正的新娘还在新房呢。不信你去看看？"小偷一时傻了眼，县令再一审问，他便老实地认了罪。

故事看完了，令人捧腹，这就是变通的结果，既然新娘不肯出来做证，那么就换一个人，没有想到达到了更令人吃惊的效果。

# 第五十章

## 【原文】

出生入死①。生之徒②十有三③，死之徒④十有三。人之生，动之于死地⑤，亦十有三。夫何故？以其生生之厚⑥。盖闻善摄生者⑦，陆行不遇兕⑧虎，入军不被甲兵⑨。兕无所投其角，虎无所用其爪，兵无所容其刃。夫何故？以其无死地⑩。

## 【注释】

①出生入死：出世为生，入地为死。一说离开了生存必然走向死亡。

②生之徒：生之徒即长寿之人。徒，应释为类。

③十有三：十分之三。

④死之徒：属于夭折的一类。

⑤人之生，动之于死地：此句意为人本来可以长生的，却意外地走向死亡之路。

⑥生生之厚：由于求生的欲望太强，营养过剩，因而奉养过厚了。

⑦摄生者：摄生指养生之道，即保养自己。

⑧兕(sì)：属于犀牛类的动物。

⑨入军不被甲兵：战争中不被杀伤。

⑩无死地：没有进入死亡范围。

## 【译文】

人始出于世而生，最终入于地而死。属于长寿的人有十分之三；属于短命而亡的人有十分之三；人本来可以活得长久些，却自己走向死亡之路，也占十分之三。为什么会这样呢？因为奉养太过度了。据说，善于养护自己生命的人，在陆地上行走，不会遇到凶恶的犀牛和猛虎，在战争中也受不到武器的伤害。犀牛于其身无处投角，老虎对其身无处伸爪，武器对其身无处刺击锋刃。为什么会这样呢？因为他没有进入死亡的领域。

## 【解析】

"出生入死。生之徒十有三，死之徒十有三。人之生，动之于死地，亦十有三。夫何故？以其生生之厚。"

"出生入死"是养生之道，明白了养生之道，则健康长寿，否则，生命早逝。

"十有三"，十分之三。"生之徒十有三，死之徒十有三"，是就人类寿命的自然现象而言，即属于长寿的占总数的十分之三，属于短寿的占总数的十分之三。不言而喻，属于中等寿命的占总数的十分之四。

"人之生，动之于死地，亦十有三"，是说人的自然寿命（应不包括天灾人祸死亡的）因"动之于死地"，即不懂得养生之道而缩短了十分之三。按照这一说法来衡量世界人口的寿命，现在，全世界人口平均寿命约为七十岁，倘若世界人民都懂得养生之道，那么，在当今生活条件下，世界人口的平均寿命应为一百岁左右。老子的寿命一说是一百六十多岁，一说是二百多岁。但不管哪一说，都向世人证实了养生之道的科学性。

人的自然寿命为什么会缩短了十分之三呢？原因就在于人们太惯养生命、厚待生命了。生生，前一个"生"是动词，惯养的意思。后一个"生"是名词，即生命。所谓惯养生命，就是放纵欲望而不懂得加以克制。

"盖闻善摄生者，陆行不遇兕虎，入军不被甲兵。兕无所投其角，虎无所用其爪，兵无所容其刃。夫何故？以其无死地。"

"陆行不遇兕虎，入军不被甲兵"，是说通过练功，自我已经达到有情无欲的境界，故不需采取回避措施。兕虎虽猛，我无欲于它，我怎会受伤害呢？我以慈悲为怀，无"乐杀人"之心，与人和平相处，自然不为其伤害。

兕角虽凶却无投向之所，虎爪虽猛却无捕捉目标，兵刃虽利却无行刺对象，这是什么缘故呢？因为我没有了"死地"。

这一节用比喻的方式，说明了"善摄生者"的修养境界。

本章是摄生之道。人生皆因"生生之厚"，缩短了十分之三的寿命，以此说明了摄生的重要性。后面是用比喻的方式说明善摄生者所达到的境界。本章的秘诀是"出生入死"一句。

## 【证解故事】

### 故事一：

以出生到死亡来统计，长寿的人大约占三成，短命的人也大约占三成。本来可以活得长寿但却因为某些原因而折寿早死的，也有三成。是什么原因导致人会早死呢？是因为这些人生活过得太丰厚，太过于享受、娇生惯养的原因。

生和死是沉重的话题，老子围绕这个问题进行了至深的探讨。老子认为，导致许多人早死的原因主要因为这些人生活得太丰厚、太娇生惯养了。此后的孟子在这一智慧上也提出了"生于忧患而死于安乐"的观点（《孟子·告子下》）。可见，一个人要想成就大事，就不要让自己的生活太过于安逸。

人们都知道在温室里长成的花，是经不起风吹日晒的。人也是如此，在安逸的生活环境中，便很难养成克服困难，摆脱逆境的能力，会在困难面前束手无策，遇挫折、逆境则消沉绝望，往往导致灭亡，这也是"富家多败儿"的原因之一。

之所以说"生于忧患"，就是让人们在平时要养成一种生活紧迫感，只有这样才能产生不断进取的力量。

人们都知道勾践卧薪尝胆成为霸主的故事，然而很少有人知道勾践为什么之前被夫差打败并为奴三年的原因，其实夫差的成功也是与生于忧患有关。

夫差是吴王阖闾的儿子，春秋末吴国国君。

公元前496年越王允常死，其子勾践继位。吴国起兵攻越。吴越两军战于檇李（今浙江嘉兴南）。吴国的军队阵列整齐严肃，越王勾践派敢死队冲锋失败，就改用罪人在阵前集体自杀，吸引吴军的注意力，然后偷袭吴军，越将灵姑浮挥戈刺伤吴王阖闾，吴军败退，阖闾死于途中，其子夫差继位。

夫差为报父仇，派专人侍立官门，每逢夫差出入，便发问："夫差，越王杀害你父亲的仇恨你忘掉了吗？"夫差则回答："不敢忘！"终于在公元前497年，吴在夫椒（今江苏西南太湖中）大败越军，迫使越国臣服，并让越王勾践到吴为奴三年。

公元前485年，夫差在黄池（今河南封丘西南）会盟诸侯，击败晋而成为霸主。

"死于安乐"的例子更是举不胜举，从下面一则寓言中不难发现"死于安乐"的原因。

在一个奇冷的冬夜，富有的赵员外和有学问的陈老夫子正在家中赏乐，忽有一乞丐来行乞，而且自称不怕冷，只是饿了。赵员外给他吃饱之后，想弄清楚乞丐为何不怕冷。于是二人商定打赌——乞丐只要在员外院里的歪脖树下待上一夜而不被冻死，就可赢得五百亩良田、一套豪宅和一家当铺。当晚，乞丐不停地打太极、练武术，最终挨到了东方现出一缕红色的曙光，他赌赢了。乞丐因此发了财，娶了娇妻，也成了一位员外。

三年后，又是一个寒冷的冬夜，"乞丐员外"夫妇来赵员外家做客，陈老夫子作陪。赵员外说："你现在也是员外了，不过还不如我富，你敢不敢再赌一次，赌注还是和原来一样：你若是再赢了，就比我富了，而且是全城首富。想不想再赌一回？""乞丐员外"本来不想再赌，但"乞丐员外"的娇妻受不了"全城首富"的诱惑，对他撒娇不止，终于双方签下生死文书再赌一回。

"乞丐员外"还想再像三年前那样打太极、练武术，但发现自己步伐已乱，四肢不灵，全没了天人合一的能力，最后终于冻死。陈老夫子对赵员外总结说："他以前能赢你，是因为他原本就饥寒交迫，所以抗冻能力强；现在他和你一样了，吃好的、穿好的，抗冻能力自然就降低了，所以在同样的条件下而被冻死的！"

顺利的境遇，优越的地位，富足的资财，舒适的生活，似乎应该是个人、家庭以至民族发展的有利条件。然而事实并非如此——清朝的八旗子弟就是最好的例子，这个马背上的民族曾是骁勇剽悍的，但成了统治阶层后，不过几代，八旗子弟就沉醉于安乐享受之中，清朝的灭亡也随之来临。

遵循"生于忧患，死于安乐"的智慧，我们便不难找到一种生活之道、成功之道。

"宝剑锋从磨砺出，梅花香自苦寒来。"只有经历过忧患和磨难，才能逐渐迈向成功。在年轻的时候，多把自己放在逆境中，不仅会磨炼敲打出许多美好的品性，也增强了生活的能力，扩展了视野，掌握了很多技能。

**故事二：**

汉高祖四年（前203年）十月，韩信攻下齐国历下，并一举占领了齐都临淄。

齐王田广慌忙赶到楚国向楚王项羽求救："霸王，您是各国盟主，现在敝国情况万分危急，您总不能见死不救吧！""你别把韩信吹得那样神乎，那位钻裤裆将军竟把你吓成了这般样子，真是活见鬼。"楚王虽然看不起韩信，但他还是委派了大将龙且率二万兵卒，前往与齐国联合抵抗韩信。楚将龙且亦是位有勇无谋的人，用兵往往只求狠冲猛打，而不讲究计谋韬略。

十一月，齐楚联军与韩信的汉军在潍水两岸临水对阵。好战惯斗的龙且，几次要向汉军发起猛攻，都被齐王田广劝阻住了。"将军，我们真的是再经不起大的失败了，没有必胜的把握，过河去与汉军拼消耗，我们实在是拼不起啊。"齐王苦口婆心地劝说龙且应伺机而动，不可鲁莽行事。可是，齐王的良言相劝，终究没能阻止龙且给齐楚联军带来失败的厄运。这天，韩信突然指挥大军渡河进击龙且军，可是，部队渡过一半时，汉军便有秩序地向回撤军了。"龙将军，汉军不战自败，而且退得并不慌乱，可能其中有诈。"田广对龙且说。"哈哈，我早就知道韩信这人是个胆小鬼，齐王呵，您可不要'一朝被蛇咬，十年怕井绳'呀！"龙且根本听不进齐王田广的意见，一意孤行地指挥部队"乘胜追击"了。当龙且的将士渡过近一半时，潍水上游发起了洪水，激流滚滚，倾泻而下，一下子把龙且的部队冲散了。而对

老子｜411

岸的汉军也趁机回身反击。在急流之中疲于奔命的龙且兵卒成了汉军的活靶子，而阻在潍水东岸的楚兵，更是溃不成军，四散逃亡。汉军在韩信的指挥下过河乘胜追击，杀死了龙且。齐王田广也被韩信活捉了。

原来，韩信设置了诱敌之计。早在齐楚联军赶到潍水两岸布阵之前，他在夜里让士兵做了一万多个布袋子，里面装满了细沙，堆在潍水上游，这样潍水上游便形成了一个人工堤坝。于是，他再用佯装败退的战略，把敌军引入河中。让士兵突然在上游把沙堤打开，汉军借助洪水之势，轻而易举地打败了齐楚联军。

韩信设置了诱敌之计，水淹齐楚联军，龙且骄傲轻敌，一意孤行，果然中计，最终落得惨败，丢了自己的性命。故事警示大家遇事不能鲁莽行事，要好好分析，善于思考。

# 第五十一章

## 【原文】

道生之，德畜之，物形之，势①成之。是以万物莫不尊道而贵德。道之尊，德之贵，夫莫之命而常自然②。故道生之，德畜之，长之、育之、亭之、毒之③、养④之、覆⑤之。生而不有，为而不恃，长而不宰，是谓玄德⑥。

## 【注释】

①势：万物生长的自然环境。一说：势者，力也；一说，对立。

②莫之命而常自然：不干涉或主宰万物，而任万物自化自成。

③亭之、毒之：一本作“成之、熟之”。

④养：爱养，护养。

⑤覆：维护，保护。

⑥玄德：即上德。它产生万物而不据为己有，养育万物而不自恃有功。

## 【译文】

道生成万事万物，德养育万事万物。万事万物虽现出各种各样的形态，环境使万事万物成长起来。故此，万事万物莫不尊崇道而珍贵德。道之所以被尊崇，德之所以被珍贵，就是由于道生长万物而不加以干涉，德畜养万物而不加以主宰，顺其自然。因而，道生长万物，德养育万物，使万物生长发展，成熟结果，使其受到抚养、保护。生长万物而不据为己有，抚育万物而不自恃有功，导引万物而不主宰，这就是奥妙玄远的德。

## 【解析】

“道生之，德畜之，物形之，势成之。是以万物莫不尊道而贵德。”

大道赋予万物生命的种子，万物因遵循自然规律而得以繁殖、成长，有形物质凝聚造就其具体形态，万物因其所处的环境而成熟。所以，万物莫不以道为尊，以德为贵。

　　道是世界的本原，为万物之母，故说"道生之"。能够遵循自然规律为德，违背自然规律则生而不活，或者活而不久，故说"德畜之"。万物既生则以自身形态确认其本质特性。万物是否有成，是由其所处的环境即万物对环境的适应能力决定的。

　　"道之尊，德之贵，夫莫之命而常自然。"

　　道之所以尊，德之所以贵，在于道和德无为自然，不主宰、干涉万物，而是让万物完全顺应自然规律成长壮大。

　　"故道生之，德畜之，长之、育之、亭之、毒之、养之、覆之。"

　　一物种之所以拥有着强大的生命力，在于该物种不断培育自身性能的缘故。亭，均匀、协调的意思。在自然界中，各物种的生存能力是不受偏袒、机会均等的，其能否发展壮大，在于该物种的自身潜能和对环境阻力的抵抗力量。毒，遏制、侵害的意思。生物圈中，一物种的生长壮大是建立在对另一物种的遏制、侵害基础之上的。其遏制程度又受着环境阻力的制约。养，给养，即供给生活资料。生态系统中，一物种的成熟，又为另一物种的生长成熟提供了消费资料。覆，覆灭的意思。万物有生就有灭，生于无形，归于无形，这是自然规律。归于无形，并不意味着彻底消失，而是进行能量流通和养分循环，使万物生命得以组合，并处于永久存在的过程之中。

　　在这里，生之、畜之、长之、育之、亭之、毒之、养之、覆之，讲述的是一个完整的自然生态系统，简明地指出了生物间相互依存、相互制约的内在机制。

　　在生态系统中，太阳为生命提供了赖以生存的能量，地球为其生存发展提供了空间，于是，地球上有了动物、植物和微生物。站在动物的角度上看，植物是生产者。植物利用光合作用把周围环境中的无机养分制造成有机物质，为消费者提供了生活资料。其中食草动物直接以绿色植物为生活资料，食肉动物则通过食物链间接以绿色植物为生活资料。微生物则以分解者的角色把有机废物破坏、腐烂，使养分回到周围中去，又为生产者提供了养分。

生产者、消费者和分解者的关系是相对的，实质上，它们自身各自扮演着三重角色。三者的关系构成了使生态系统能够继续发挥作用的基本结构。

在这一生态系统中，"道生之，德畜之"，揭示了生命的起源和生命所必须遵循的自然规律。"长之、育之"，是生物的自身繁殖和发展，即"物形之"。"亭之、毒之"，则是这一生态系统的平衡机制，即"势成之"。"养之、覆之"，则是这一系统能够继续发挥作用的物质转化机制。

"生而不有，为而不恃，长而不宰，是谓玄德。"

生万物而不占有万物，为万物而不自恃己能，壮大万物而不主宰万物，这就是隐而不见的自然规律。圣人体道并能够遵循自然规律办事，就是"玄德"。

本章是生态系统论，讴歌了大自然的无为之德。大自然是和谐有序的，人与自然在本质上应当是一致的。人类在向自然索取生存和发展的物质资料的同时，应当遵循并利用自然规律，绝不能脱离自然规律的轨道去打破人类赖以生存的自然的生态平衡。人类与自然是对立统一的，利己主义的思想文化势必不断加剧人类与自然的矛盾，危及人类自身的生存和发展。老子的道德思想正是追求人与自然的和谐与统一。

## 【证解故事】

中国自古以来就是礼仪之邦。谦和、礼让更是中华民族的美德。当你在狭窄的路上行走时，要给别人留一点余地。羊肠小道两个人互相通过时，如果争先恐后，互不相让，那么两个人都有坠入深谷的危险，在这种情况下停住脚步让对方先过去，不仅是安全的体现，更是种礼貌。谦让并不是一味地让步，即使是终身的让步，也不过百步而已。也就是说，凡事让步表面上看来是吃亏，但事实上由此获得的收益要比你失去的还要多。这正是一种成熟的、以退为进的明智做法。

当你遇到美味可口的佳肴时，要留出三分让给别人吃，这样才是一种美德。路留一步，味留三分，是提倡一种谨慎的利世济人的方式。在生活中，除了原则问题须坚持外，对小事互相谦让会使个人的身心保持愉快。

事物的发展都是相对的，谦让很多时候都会发生在竞争的情形之中，由于谦和礼让的出现而使矛盾完全化解，更免去了一次不必要的争斗，对手变手足，仇人变兄弟。因此，避免斗争，对自身也有一定的价值。

如果得理不让人，让对方走投无路，有可能激起对方"求生"的意志，而既然是"求生"，就有可能是"不择手段"，这对你自己将可能造成伤害，好比老鼠关在房间内，不让其逃出，老鼠为了求生，会咬坏你家中的器物。放它一条生路，它"逃命"要紧，便不会对你的利益造成破坏。对方"无理"，自知理亏，你在"理"字已明之下，放他一条生路，他会心存感激，来日自当图报。就算不会如此，也不太可能再度与你为敌。

因此做事要留余地，给别人留面子，有好处时也多与人分享。留一步，让三分，即通常所说的谦让美德，适当的谦让不仅不会招致危险，反而是寻求安宁的有效方法，可以让人感到身心愉快，带来和谐的人际关系。清朝的张英与一个姓叶的侍郎，两家毗邻而居，叶家重建府第，将两家公共的弄墙拆去并侵占三尺，张家自然不服，引起争端。张家立即发鸡毛信给京城的张英，要求他出面干预，张英却作诗一首："千里家书只为墙，再让三尺又何妨？万里长城今犹在，不见当年秦始皇。"张老夫人看见诗，即命退后三尺筑墙，而叶家深表敬意，也退后三尺。这样两家之间即由从前三尺巷形成了六尺巷，被百姓传为佳话。常言道："与人方便，与己方便。"一个人处处为他人着想，不仅是对自己德行的考验，也能取得别人对自己的帮助。一个自私自利的人只能是一个孤家寡人。"径路窄处，留一步与人行；滋味浓时，减三分让人尝。此是涉世一极安乐法。"这句话旨在说明谦让的美德。在道路狭窄之处，应该停下来让别人先行一步。一个人时常心存这种想法，那么他的人生就会快乐平和。

今日的朋友，也许将成为明日的仇敌；而今天的对手，也可能成为明天的朋友。世事一如崎岖道路，困难重重，因此，走不过的地方不妨退一步，忍一时风平浪静，退一步海阔天空。让对方先过，哪怕是宽阔的道路也要留给别人足够的空间。时刻要记着，为他人着想，也就是给自己留后路。山不转水转，世界很大也很小，彼此相逢的事常有发生。你今天得理不让人，哪知他日你们二人又会狭路相逢。若那时他处于优势，而你处于劣势，你就有可能吃亏！"得理让人"，这也是为自己以后做人留条后路啊！正所谓"人情翻覆似波澜"。

荀子说："要想具有圣人的思想，就必然要积善成德，聪明睿智。"积累细小的事情，每月积累不如每日积累，每季积累不如每月积累，每年积累不如每季积累。凡是轻视小事，当大事来临之后，才开始去努力实行的人，常常不如那些努力去治理小事的人。这是因为小事来临频繁，办事所花的时间也多，积累起来数量也大；大事来临稀少，办事所花的时间也少，积累起来数量也小。不厌倦从善的人，接受规劝而能警诫自己的人，即便表面上看起来没有要求进步，也能够不断地取得进步。

处处完全合乎美德的法则是：调理血气，保养身体，那么就可心步寿星彭祖的后尘；培养道德品质，自立自足，那么名声就可以与尧、舜相媲美。既善于适应顺境，又善于度过逆境，靠的便是礼法和信义了。要想有所成就就必须运用血气、意志、智慧和思虑去处理问题，又要遵循礼法，不遵循礼法，就会悖乱松懈；凡是饮食、衣服、居处，一举一动遵循礼法的，就能和谐有节奏，不遵循礼法的，就毛病百出；凡是容貌、态度、进退、走路，遵从礼法就文雅，不遵循礼法就傲慢孤僻，庸俗粗野。

水火有气，但没有生命；草木有生命但没有知觉；禽兽有知觉但不懂礼仪。人有气，有生命，有知觉，又懂得礼，所以人是天下最高贵的。人的力气不如牛，奔跑不如马，但牛马却为人所役使，这是因为人能合群，牛马不能合群。人为什么能合群呢？因为人有等级名分，等级名分为什么能贯彻实行呢？因为有礼仪来协调彼此的关系。所以，用礼仪区别等级名分，各得其所，就能和衷共济，和衷共济就能团结一致，团结一致就力量强盛，力量强盛就能战胜万物。

学习到了实行这一步就达到了顶峰。实行了就能明白事理，明白了就是圣人。

圣人把仁义视为根本，是非准确，言行一致，丝毫不差，在这里没有其他的道，其止境在于实行。所以，听到了不如亲眼见到，即使表面上广博也一定会出现错误；看见了而懂得，即使能记住也一定会出现假象；懂得了而不去实行，就算是内容充实丰厚也一定会出现困窘。

**故事：**

公元前270年，秦昭襄王采用范雎远交近攻之策，拜白起为大将，先击破楚军收郢都，迫使楚国求和；又大败魏军，斩首四万，魏国只得献出三个城池求和。秦军连连克捷，秦王被胜利冲昏头脑，再派胡伤率师二十万伐韩，包围了边城阏与。

阏与是韩国边陲重镇，若被秦军攻破，非但韩国朝夕不保，同时也会危及赵国疆域。韩釐王遣使向赵求救，赵惠文王当即委派赵奢为将，率兵五万火速驰援。大军离开赵国都城邯郸，疾行三十里，突然传来主将的命令："停止前进，就地扎营。""怎么，才离开都城就要扎营，是不是命令传错了？""救援阏与军情紧急，不该停兵不进啊。"赵国官兵们疑惑不解，议论纷纷。赵奢随后又传命说："就地立垒下寨，有言及军事者斩！"这时，有一名打探军情的军官回来禀报秦军攻打阏与，其势勇猛，请赵奢尽快带兵救援。赵奢以违犯军令将他斩首示众，全军官兵再也不敢提进军救阏与的事了。赵军原地停留了二十八天，每天增垒挖沟，修筑防御。

秦国主将胡伤听说赵兵来救，二十八天不见人影，就派了一名亲信直入赵营面见赵奢说："秦军攻阏与，很快就要破城而入，赵将军若敢与秦军交锋，请速来一战。"赵奢回答说："赵王以邻邦告急，派遣我加强边防，我怎么敢与胡伤大将军交战呢？"他还用酒食款待了胡伤的亲信，让人领着他看过赵营防御又礼送出境。秦使如实回报，胡伤高兴地说："赵兵坚壁不进，增垒自固，根本不敢冒犯秦军，我可以专心攻打阏与了。"

送走秦军信使后，赵奢马上选精锐轻骑万人为先锋，大军随后，衔枚卷甲，昼夜兼行，两天一夜进军韩国，在离阏与十五里的地方安营扎寨。军士许历献策说："秦军不知赵军突至，所以没有防备。元帅当速据北山岭上，凡秦兵行动，一望而知。"赵奢就让许历带领一万人，屯据北山待命，然后厚集阵垒，等待秦兵来战。胡伤见赵奢的兵马出现在秦军背后，知道中了惑敌之计，倚仗着兵马强盛，打算先退赵兵再攻阏与。两军交战，赵兵在主帅指挥下与秦兵厮杀正烈之际，忽闻一声鼓响，许历驱万人从山顶杀下，喊声如雷，前后夹攻，立即将秦军杀得人仰马翻。胡伤咆哮大怒，企图争夺北山岭地势，几次冲锋都被飞石击溃。赵奢挥兵围来，几乎将胡伤生擒，乘胜追出韩境五十里才收兵，一战而解阏与之围。韩釐王亲自劳军，致书称谢赵王。

赵奢扎营惑敌兵，迷惑了胡伤，使其对自己掉以轻心，出其不意地给予攻击，取得了胜利，使大家口服心服。

# 第五十二章

## 【原文】

天下有始<sup>①</sup>，以为天下母<sup>②</sup>。既得其母，以知其子<sup>③</sup>；既知其子，复守其母，没身不殆。塞其兑，闭其门<sup>④</sup>，终身不勤<sup>⑤</sup>。开其兑，济其事<sup>⑥</sup>，终身不救。见小曰明<sup>⑦</sup>，守柔曰强<sup>⑧</sup>。用其光，复归其明<sup>⑨</sup>，无遗身殃<sup>⑩</sup>，是为袭常<sup>⑪</sup>。

## 【注释】

①始：本始，此处指"道"。

②母：根源，此处指"道"。

③子：派生物，指由"母"所产生的万物。

④塞其兑，闭其门：塞住嗜欲的孔穴，闭上欲念的门径。兑，指口，引申为孔穴。门，指门径。

⑤勤：劳作。

⑥开其兑，济其事：打开嗜欲的孔穴，增加纷杂的事件。

⑦见小曰明：小，细微。能察见细微，才叫作"明"。

⑧强：强健，自强不息。

⑨用其光，复归其明：光向外照射，明向内透亮。发光体本身为"明"，照向外物为光。

⑩无遗身殃：不给自己带来麻烦和灾祸。

⑪袭常：袭承常道。

## 【译文】

天地万物本身都有起始，这个起始作为天地万物的根源。如果知道根源，就能认识万物，如果认识了万事万物，又把握着万物的根本，那么终身都不会有危险。塞住欲念的孔穴，闭起欲念的门径，终身都不会有烦扰之事。如果打开欲念的孔穴，就会增添纷杂的事件，终身都不可救治。能够察见到细微的，叫作"明"；能够持守柔弱的，叫作"强"。运用其光芒，返照内在的明，不会给自己带来灾难，这就叫作万世不绝的"常道"。

## 【解析】

"天下有始，以为天下母。既得其母，以知其子；既知其子，复守其母，没身不殆。"

从这里可以看出，老子所遵循的认识规律是从"一般—个别"，而不是我们现在所遵循的认识规律，从"个别——一般—个别"，并且需要经过多次反复以至无穷。前者是微观认识论，后者是宏观认识论。

"塞其兑，闭其门，终身不勤。开其兑，济其事，终身不救。"

"塞其兑，闭其门，终身不勤"是说修道，"开其兑，济其事，终身不救"是说行道。后句意思是说：发表言论，从事安民济世活动，一定要遵循客观规律，并且善始善终，决不可把自己打扮成救世主，使自我居于支配地位，操控着国家大大小小的权力，否则，是极其危险的，个人身败名裂事小，祸国殃民事大。因为，国家的持久繁荣和稳定，是摆脱独裁统治，由民主法治来实现的。

"见小曰明，守柔曰强。用其光，复归其明，无遗身殃，是为袭常。"

只有"见小"，才能说是真正的明白。守住真朴，不以自我感情用事，才是真正的强者。运用大道所开启的智慧之光，重新认识现实的人生和社会，才可以真正地明察事理。用以治身、治国，就不会出现灾殃，这是窥破天机的缘故。袭常，即透过大道认识了永恒的自然规律。

本章是老子的微观认识论，即透过微观直接把握世界的本质和规律。本质与现象的关系，就是母与子的关系，知子守母，强调了本质对现象的认识指导作用。当代科学特别是生物学、原子物理学的发展方向，就是欲透过微观来认识世界。但是，这是一种机械的思维模式，其成果对人类既有有利的一面，又有着危害的一面。

## 【证解故事】

### 故事一：

若遇事来临时，只凭自己的感觉、记忆、印象及价值观来决定行为，而不能就事论事采取客观平等的态度去行为，则生活必然终生受挫，也无法真正地解决问题。

许多已经成形的思想或理念，在行动中常常支配着我们的行动。让我们的头脑逐渐懒惰起来，不愿意跳出这个固定思维模式，用一种更为合适或者说简洁的方法去思考、去行事。

老子曾经指出"开其兑，济其事，终身不救"。意思是凭借自身的感觉、记忆为行动指导，不能客观对待事情，便很难解决问题。唯有一种"跳出三界外，不在五行中"的客观态度，挣脱思想枷锁的束缚，才能就事论事将问题解决掉。

在一位犹太大师即将离开人世的时候，他的弟子们来到他的病床前，同他诀别。弟子们都站在大师的床前，最聪明的学生站在最前边，在大师的头部，最笨的学生就排到了大师的脚边。大师渐渐地只剩下一口气了。这时最优秀的学生俯下身，轻声地问大师："先生，在您即将离开我们的最后时刻，能否请您以简洁的语言告诉我们，人生的真谛是什么。"

大师积攒了一点力气，从枕头上微微抬起头来，喘息着说道："人生就像一条河。"

第一位弟子转向第二聪明的弟子，轻声说："先生说了，人生就像一条河。向下传。"第二聪明的弟子又转向下一位弟子说："先生说了，人生就像一条河。向下传。"这样，大师的箴言就在弟子们中间一个接着一个地传下去，一直传到床脚边那个最笨的弟子那里，他开口说："先生为什么说人生像一条河？他是什么意思呢？"

他的问题被传回去："那个笨蛋想知道，先生为什么说人生像一条河？"

最优秀的弟子压住了这个问题。他说："我不想用这样的问题去打扰先生。道理很清楚：河水深沉，人生意义深邃；河流曲折回转，人生坎坷多变；河水时清时浊，人生时明时暗。把这些话传给那个笨蛋。"

这个答案在弟子们中间一个接着一个地传下去，最后传给了那个笨弟子。但是他还是坚持问："听着，我不想知道那个所谓聪明的家伙认为先生这句话是什么意思，我想知道先生自己是什么意思。'人生像一条河'，先生说这句话，到底要表达什么意思？"

这个笨弟子的问题又被传回去了。

那个最聪明的学生极不耐烦地再俯下身去，对弥留之际的犹太大师说："先生，请原谅，咱们班上最笨的学生要我请教您：'您说人生就像一条河，到底是什么意思？'"

学识渊博的大师使出最后一点力气，抬起头说："那好，人生不像一条河。"说完，他双肩一耸，去世了。

真理与空言之间有时真的没有太多的差异。假设这位犹太大师在回答那位笨学生的"傻"问题之前死去，他的那句话"人生就像一条河"也许就会被演绎成一套深奥的人生哲学。他那些忠实的门生会走遍世界，传播他的智慧。有人也会为此写出很多著作，发表很多感想等。

在接受别人所谓的唯一可行的办法，或者所谓的"板上钉钉"的道理时，要敢于提出创新的思路，挑战一切，不怕提出"愚蠢"的问题，永远不被权威人士吓倒。

经验比想象中更根深蒂固地左右我们的想法。我们常常认定："那事过去已经试过好几次了，那是不可能的。""就是因为如此，这样的道理才行不通。"

我们应该从因循守旧的观念中解放出来，珍惜创意，发扬光大，产生出崭新的情境。

20世纪60年代，每个田径教练都这样指导跳高运动员：跑向横竿，头朝前跳过去。理论上讲，这样做没错，显然你要看着跑的方向，一鼓作气全力往前冲。可是有个名叫迪克·福斯贝利的小鬼，他临跳时转身搞了个花样，用反跳的方式过竿。当他快跑到横竿时，他右脚落地，侧转身一百八十度，背朝横竿鱼跃而过。《时代》杂志上称之为

"历史上最反常的跳高技法"。当时大家都嘲笑他，把他的创举称为"福斯贝利之跳"。还有人提出疑问，"此种跳法在比赛中是否合法"。但令专家们奇怪的是，迪克不仅照跳他的，还在奥运会上如法炮制，一举获胜。而现在，他的跳法已是全世界通行的跳法。

有些情况下，所谓的传统智慧不能适用于新的环境，放弃有时候是最佳的解决途径——放弃过去、放弃传统、放弃定式，还有，放弃自己。

正如俗语所说"穷则变，变则通"；当遇到困难时，不要立即认为难解决而泄气。注意不要被自己的想法、主观意识与既有的知识所拘束。重新坦诚地审视事态，往往会产生意想不到的新方法。

**故事二：**

内心清静能观察入微，叫作"明"；心地柔软平等待人，是真"强"。仔细观察事物的现况，再反向推演事物的本源，就能了解一切事理的本来面貌，如有违背正道常理之处，自然能予以改进或防范，自己就不会做错事情、遭受恶果；久而久之，也就会愈来愈熟练地正确处理事情了。

在老子的本段论述中，隐含着这么一个智慧或者说是一种忠告：要正视自己的不足，才能对这些不足加以防范和改正，才有利于长远发展。

在老子的本段论述中，隐含着这么一个智慧或者说是一种忠告：要正视自己的不足，才能对这些不足加以防范和改正，才有利于长远发展。

1984年，一群苏联专家来华传播"巡回展览画派"的绘画艺术。我们负责接待的同志热情地用勤劳、智慧等词语称赞俄罗斯民族，但苏联专家却摇头笑了，并毫不掩饰地说："俄罗斯民族是智慧的，但它是懒惰的。"由此来看，俄罗斯人是可贵的，他们敢于正视自己的缺点。这使他们在"二战"后变得强大，与美国成为竞争对手。而清朝末期，中国由于不把敌人放在眼里，骄傲自居，结果被外国打得支离破碎。实践证明，只有知道差距不足，才有可能进步！

有弱点并不可怕，可怕的是有弱点了却愚昧地不能正视自己的弱点，那样才真的毁了自己。

人生在世，不能自我陶醉，要经常性地、客观地与别人做下比较，找出不足，继而才能有针对性地加以克服，而不是讳疾忌医，这点我们就应该多向西汉的郑庄多学习学习了。

西汉景帝在位时，郑庄还年轻，官也小，只做到了"太子舍人"的官职。

在当时来说，郑庄的才学并不高，但是他却喜欢卖弄，他常对别人夸口说："现在是太平盛世，我的才学没有用处。如果不是生不逢时，那么我的职位是绝不会这样低的。"

郑庄只叹怀才不遇，便不再精研学问，人们在背后都讥笑他。一次，郑庄的朋友带他参加一个宴会，座上都是高才名儒。郑庄在旁听他们谈论学问，很多都是他闻所未闻的，他一下惊呆了。

郑庄越听越惊，他向朋友说："这些人其貌不扬，想不到有如此才能，他们都是高官吗？"朋友神秘道："他们是朝中大儒，平日难得一见，我们只管多听多看好了。"

郑庄参加完宴会，神情一下严峻起来，他对朋友说："想起我从前自夸己能，真是太无知了。和那些人相比，我不过是个孩童罢了。"

朋友安慰他说："那些人不是一般人能比的，你不必自卑了。你我都还年轻，以后未必不及他们。"

郑庄认真道："同样为人，我不能和他们差距太大，我要努力的地方太多了。"郑庄从此发愤苦学，一有时间，他便拜访名儒，虚心地请教学问。他常常通宵达旦地接待有才能的人。

一次，郑庄招待宾客，宾客夸他年纪轻轻便学问了得，郑庄苦笑说："在下从前不知天高地厚，以致耽误修习，虚度不少时光，今日想来犹有愧疚，先生就不要夸我了。"宾客感叹道："山外有山，人外有人，你不要自责太过，有些事还需自我安慰才是。"

郑庄送走宾客，自语道："明知自己不足，就该迎头赶上，否则就是终生遗憾了。"

郑庄如此求进，学问和声望都日渐提高。汉武帝即位后，有人便推荐他，说："郑庄求学不止，从没有满足的时候，他这样的人是不可久居下位的，否则便埋没了人才，对国家也是损失。"

汉武帝曾当面考问郑庄的学问，郑庄一一作答，没有一点错处。汉武帝夸赞他，郑庄急忙道："臣的学问浅陋，不值得陛下夸奖，陛下所问恰是臣所知道的，臣能回答无误不过是侥幸而已。"

汉武帝欢喜道："你能如此谦虚，足见你还有更大的上升空间，朕对你十分期待。"

郑庄先后担任了鲁中尉、济南太守、江都相，直至升任了九卿之一的右内史。

郑庄位居显官，也是谦恭如常，他对家人告诫说："有些人一旦有了权势，便要飞扬跋扈，结果招来大祸，这是因为他们太自满了，看不到自己的不足啊。我虽为高官，但比我强的人还有很多，我们不可高傲示人，更不可做出违法的事来。"

郑庄从不直呼小吏之名，和下属谈话，他也用词谨慎，害怕伤了人家的自尊心。他赞誉士人和属下官吏时，总是说："我不如他们，也许我命好的缘故，才有今日的高位。"人们一致称赞郑庄，把他视为自己学习的典范。

俗话说"金无足赤，人无完人"。有缺陷并不可怕，也不丢人，关键是你要清醒地认识到自己的不足，并努力克服不足、迎头赶上。

勇于正视自己的缺点是一枚青橄榄，它给你不尽的回味，无限的遐想。努力正视不足，不断地发现自我，挑战自我，才能完善自己。

# 第五十三章

## 【原文】

使我<sup>①</sup>介然有知<sup>②</sup>，行于大道，唯施<sup>③</sup>是畏。大道甚夷<sup>④</sup>，而人<sup>⑤</sup>好径<sup>⑥</sup>。朝甚除<sup>⑦</sup>，田甚芜，仓甚虚。服文彩，带利剑，厌饮食<sup>⑧</sup>，财货有余，是为盗夸<sup>⑨</sup>。非道也哉！

## 【注释】

①我：指有道的圣人。

②介然有知：微有所知，稍有知识。介，微小。

③施：邪、斜行。

④夷：平坦。

⑤人：指人君。

⑥径：邪径。

⑦朝甚除：朝政非常败坏。一说宫殿很整洁。

⑧厌饮食：饱得不愿再吃。厌，饱足、满足、足够。

⑨盗夸：即大盗、盗魁。

## 【译文】

假如我稍微地有了认识，在大道上行走，唯一担心的是害怕走了邪路。大道虽然平坦，但人君却喜欢走邪径。朝政腐败已极，弄得农田荒芜，仓库十分空虚，而人君仍穿着锦绣的衣服，佩带着锋利的宝剑，饱餐精美的饮食，搜刮占有富余的财货，这就叫作强盗头了。这是多么无道啊！

## 【解析】

"使我介然有知，行于大道，唯施是畏。"

让真我介入自我和大道之间，使自我获得真知，遵循大道行事，那么，让人唯一惧怕的就是施展威风。这表明"施"是违背大道的。

"大道甚夷，而人好径。朝甚除，田甚芜，仓甚虚。服文彩，带利剑，厌饮食，财货有余，是为盗夸。非道也哉！"

大道本来是平坦的，而统治阶级却偏偏喜欢邪路。帝王们为了炫耀自己的尊贵，追求浮华的生活，大兴土木，建造王宫。一边大肆搜刮民脂民膏，一边征调大量民工，结果田地荒芜，粮仓空虚，致使民不聊生。这是就不明道的帝王而言。有不明道的君主，就有不明道的文武百官。他们"服文彩"——文官，"带利剑"——武官，"厌饮食"——穷奢极侈，"财货有余"——贪赃枉法。在劳动人民不能真正当家做主的社会里，自上而下的官僚头目，大都是徇私舞弊、贪赃枉法、横行霸道、欺压善良的强盗。他们显财富、施威风，哪里有道德可言，无非是强盗的自我夸耀罢了。

## 【证解故事】

水是凉的，火是热的，金石是坚硬的，这几样东西并未自己标榜，可是人们都知道它们是哪种性质。这是什么原因呢？它的标记就附在它本身上面。所以说，假如我的所作所为诚如那几样东西一样，谁还会怀疑我的品行呢？如今人们不相信我的品行，却埋怨别人不相信自己，真是糊涂极了。修身有根本可察，做事有迹象可寻，只要仔细观察，那就谁也无法掩饰真相了。

孔子说："修身处世有一定的准则，而孝敬父母是根本；送葬有一定的礼仪，而哀悼死者是根本；战阵有一定的排列方式，而勇敢作战是根本。"姜太公说："人民不尽力务家，不是我的人民；官吏不公平廉洁、爱护百姓，就不是我的官吏；宰相不能富国强兵，调和阴阳四时，使国君安居王位，不能选拔训练群臣，使其名副其实，法令彰明、赏罚得当，就不是我的宰相。"这都是修身的根本。

什么是做事的迹象？齐威王召见即墨大夫，对他说："自从你到了即墨任职以后，每天都有人说你坏话。可是我派人去巡察即墨，看到荒地都开垦出来了，人民丰衣足食，官府没有积压的工作，东方一带因此宁静安定。这是因为你不用财物收买我身边的亲信以求荣誉啊。"因而将万家封给即墨大夫做采邑。又召见东阿大夫，对他说："自从先生做东阿太守后，每天都有人说你的好话。然而我派人去巡察东阿，只见到处荒芜，百姓贫困潦倒。赵国攻打甄城，你不能救助；卫国攻取薛陵，你竟然不知道。这是你常用财物收买我身边的亲信以求荣誉啊。"于是便杀了东阿大夫和身边亲信中说东阿大夫好话的人。

**故事一：**

汉元帝时，石显专权，京房私下晋见皇帝，问汉元帝："周幽王和周厉王当政，国家怎么陷入危机的呢？他们信任的是些什么人呢？"元帝说："君主不英明，信任的都是些投机取巧、吹吹拍拍的人。"京房说："是明知他们投机取巧、吹吹拍拍还要任用他们呢？还是认为他们有才能而任用他们呢？"元帝说："是认为他们有才能。"京房说："那么如今怎么知道他们不贤呢？"元帝说："根据当时社会混乱，在君主的地位受到威胁的情况下知道的。"京房说："齐桓公、秦二世也曾听到过这样的道理，但他们却嘲笑幽王、厉王的糊涂。然而他们仍然任用了竖刁、赵高这样的狡诈之徒，结果国家政治日渐混乱，造反的人满山遍野。为什么他们不能以幽王、厉王作为前车之鉴，从而认识到自己用人之非呢？"元帝说："只有懂得大道的人，才能鉴过去以知未来啊。"京房说："陛下看现在的朝政是清明还是混乱呢？"元帝说："也是非常混乱的。"京房说："如今受信任重用的是些什么人呢？"元帝说："有幸的是现在被任用的石显比竖刁、赵高他们都好。我认为朝政的混乱责任不在于他。"京房说："前世的齐桓公、秦二世也是这样认为的。我恐怕将来的人看现在的情形就如同我们看过去的情形是一样的。"上面这些故事，便是凡事都有迹象表现出来的道理。

唐代的赵蕤说："考察一个人最有效的方法是看他怎么做而不是看他怎么说。人的出行总会有迹象表现出来，根据一个人的根本品质去参验他办事的迹象，那么是善是恶就无法掩饰了。"因此，不管修身，还是从政，都必须有一个最根本的准则。政治是否清明，人是否有才也都有迹象表现出来。如果能把持住根本，以办事的迹象作为考核的依据，那么就像水是凉的、火是热的一样，人的善恶就无法掩饰了。

**故事二:**

明朝正德年间,福建福州府城内朱紫坊有个秀才叫郑堂,字汝昂,号雪樵山人。他琴棋书画、诗词歌赋样样皆通。这一年,他在繁华的鼓渡鸡口地方开设了个字画店。几个月来,生意兴隆,渐渐有了名气。

一天,有个叫龚智远的人,拿来一幅五代名画家的传世之作《韩熙载夜宴图》押当,这可是件稀世之宝。郑堂大喜,当场付了八千两银子。龚智远答应到期愿还一万五千两。可是一晃半月,到了最后一天,不见龚智远来赎画。郑堂取出放大镜,仔细看画,发现是幅假画。郑堂被骗去八千两银子的消息,在一夜之间不胫而走,惊动了全城的同行。第三天,郑堂却在朱紫坊家里办十桌酒席,遍请全城士子名流和字画行家聚宴。这晚宾客来得很齐,有的抱着关切的心情来,有的抱着吸取教训的心情来,也有的抱着看热闹的心情来,更有一些人抱着幸灾乐祸的心情来。

酒饮一半,郑堂从内室取出那幅画,挂在大厅堂的正中,对大家说:"今天宴请诸位,一方面向大家表示郑某立志字画行业,决不因此罢休的决心;另一层意思是,让我们同行共看假画,认识认识骗子如何用巧妙的手段以假乱真。"同行看完假画后,都说:"郑先生使我们开了眼界,帮同行以后避免受骗上当,真是功德无量!"此时,郑堂把假画投进火炉,边烧边说道:"不能留此假画害人!"郑堂烧画,一夜之间又轰动了整个榕城。

第二天,郑堂到店里,却见龚智远已坐在那里等着他,说是有事而误了银子的还期。郑堂说:"只误三天,无妨,但需加三成利息。"一算,共计本息达一万五千二百四十两银子。那龚智远早知画已烧了,所以并不害怕,说:"好,兑银,请郑先生兑画!"郑堂进内室取出那幅画,龚智远给了银两,接画在手,迅速展开一看,两腿一软,几乎瘫了下来。原来,曾经上当受骗的郑堂早已察觉这幅画是假的,当时故作不知,让龚智远就范。随后,郑堂照这幅画仿造一轴,同时在四处故意声张自己受骗了,设宴毁画,让典画的幕后策划者知道,主动送来本息巨金。郑堂在宴席上烧的画,是自己仿造的那一幅。

就这样,郑堂不但没损失钱财,反而赚了一笔,并且还惩治了欺骗自己的幕后黑手,这充分体现了郑堂的机智,让人们佩服。

# 第五十四章

【原文】

善建者不拔，善抱<sup>①</sup>者不脱，子孙以祭祀不辍<sup>②</sup>。修之于身，其德乃真；修之于家，其德乃余；修之于乡，其德乃长<sup>③</sup>；修之于邦，其德乃丰；修之于天下，其德乃普。故以身观身，以家观家，以乡观乡<sup>④</sup>，以邦观邦，以天下观天下。吾何以知天下然哉？以此。

【注释】

①抱：抱住、固定、牢固。

②子孙以祭祀不辍：祖祖孙孙都能够遵守"善建""善抱"的道理，后代的香火就不会终止。辍，停止、断绝、终止。

③长：尊崇。

④故以身观身，以家观家，以乡观乡：以自身察看观照别人；以自家察看观照别家；以自乡察看观照别乡。

【译文】

善于建树的不可能拔除，善于抱持的不可以脱掉，如果子孙能够遵循、守持这个道理，那么祖祖孙孙就不会断绝。把这个道理付诸自身，他的德行就会是真实纯正的；把这个道理付诸自家，他的德行就会是丰盈有余的；把这个道理付诸自乡，他的德行就会受到尊崇；把这个道理付诸自邦，他的德行就会丰盛硕大；把这个道理付诸天下，他的德行就会无限普及。所以，用自身的修身之道来观察别身；以自家察看观照别家；以自乡察看观照别乡；以平天下之道察看观照天下。我怎么会知道天下的情况之所以如此呢？就是因为我用了以上的方法和道理。

## 【解析】

"善建者不拔，善抱者不脱，子孙以祭祀不辍。"

善建者，善于建功立业的人。"善建者不拔"，是说一个善于建功立业的人必定从自我修养开始，绝不会好高骛远，去做超出自我能力的事情。

善抱者，善于抱朴的人。抱朴以德，朴是德的化身，守德才能守朴。"善抱者不脱"，是说一个善于抱朴的人要有正确的思想观念，绝不可脱离社会，脱离人民，做自我超脱。

这一节旨在说明人与社会的关系。每一个人都是属于社会的，不食人间烟火的出世思想于社会无补，也不能体现人生价值。为了自我超脱而不婚不嫁，出家无家，既不合乎阴阳之道，也不利于人类的繁衍生息。只有置自身修养于社会洪流之中，与社会同呼吸共命运，才能"子孙以祭祀不辍"。

"修之于身，其德乃真；修之于家，其德乃余；修之于乡，其德乃长；修之于邦，其德乃丰；修之于天下，其德乃普。"

透过修身的印证，他的思想才会纯真；把修身之道推及一家，他的品德就会在一家之中保留下来；把修身之道推广到一乡，他的品德就会在一乡中成长；把修身之道推广到一国，他的品德就会在一国中获得丰收；把修身之道推广到整个天下，他的品德就会普及整个天下。

承上节，说明欲建功于天下者，必须以道德化天下；以道德化天下，必须从我做起。这和儒家"修身、齐家、治国、平天下"的思想是一致的。但是，从根本上来说，儒家并不真正懂得修身之道，孟子虽然有一定的养生功夫，但其境界毕竟是低层次的，远远不能和彻悟大道的老子相比。因此，儒家只能推行"家国同构"的治国思想以及仁、义、礼、忠、孝等伦理观念，所以，罢黜百家，独尊儒术，以家长制为核心的封建等级思想成为中国两千多年封建社会的主导观念就成为历史必然。道家则是"身国同构"思想，其生命哲学是追求心灵的无限自由，政治哲学则是追求人人平等自由。"身国同构"和"家国同构"虽然只有一字之差，但它造就的必然是两种完全不同的社会意识形态。有且只有"身国同构"的哲学思想，才能指导人类达到天人合一的思想境界，实现天下大同的美好理想。

"故以身观身，以家观家，以乡观乡，以邦观邦，以天下观天下。吾何以知天下之然哉？以此。"

值得一提的是，衡量社会的道德水平，不能仅从语言、行为上来衡量，也不能仅从社会的繁荣程度上来衡量，还应从社会成员的整体健康状况包括精神、心理等方面去衡量。因为修身悟道首先是从强身健体、端正人们的思想观念和精神面貌开始的。完善的治国之法来源于治身之德，治身之道和治国之道是相辅相成的。

本章是老子的"身国同构"思想。哲学的世界化首先是哲学的自我化，凡是善于建功立德的人，必须以人为本，从修养自身做起。治身之道、处世之道、治国之道是统一的，而正确的处世之道、治国之道必须通过治身之道来体悟。欲转变人们的思想观念，不能凭口头说教，而是要从推广道德功开始，由点到面，由近及远，逐渐普及。一旦人人功成德就，天下也就太平了。

## 【证解故事】

先修身，完善自身。这才是做事的根本。更别说治理国家了。修养身心是做事的根本，以武力夺得天下，打破了天子是不可变定律的说法。商汤问伊尹："想要把天下治理好，怎么做才可以？"伊尹回答说："如果只是想把天下治理好，那天下不可能治理好；如果想把天下治理好的话，那就首先要把自己的身心修养好。"

历代的圣王，首先完善自身，天下大业才得以成功；首先修养自身，天下大局才得以安定太平。所以，回声好听的不在于回声，而在于产生回声的那种声音本身；影子好看的不在于影子，而在于产生影子的那种形体本身；治理天下的不在于怎样治理天下，而在十修养和完善自身。(即所，谓声善则响善，形正则影直，身正则天下治)。

心得其理，就能够听到真实而正确的情况；能听到真实而正确的情况，事情就会处理得适宜得当；事情处理得适宜得当，自然会功成名就。

首先要克制自己，这样才能够超越别人，想要评论别人的人，一定先要评论自己；想要了解别人的人，一定先要了解自己。不出门就能把天下治理得很好，这恐怕只有懂得自身修养并有自知之明的人才能做到吧！有修养的人说话，绝不胡搅蛮缠；有知识的人议论，也绝不胡说八道、信口开河。有修养、有知识的人，一定符合道理和原则，然后才说话或议论。

每件事的形成，都有其各自形成的原因。如果不知道它的成因，即使有时切合事物的实际，其实与不切事物的实际并没有根本上的不同，其结果必然为这种事物所困扰。凡事要先求诸己，即自己先要问一个为什么，只有真正明白该事物之所以是该事物的原因，才能进入自由不被外物所困扰。水从山里流出来奔向大海，并不是因为水厌恶山而向往大海，而是山高海低的形势使它这样的；庄稼生在田野而贮藏在粮仓中，并不是庄稼有这种欲望，而是人们都需要它。如果把黄金和黄米饭团分别放在小孩子面前，小孩子一定会抓取黄米饭团；把和氏璧和黄金放在鄙俗的人面前，鄙俗的人一定会取走黄金；把和氏璧和关于道德方面的至理名言放在贤人面前，贤人一定会选取至理名言。

人生在世，应当有职业。农民盘算耕种的事；商人议论货币财物的得失；能工巧匠精心制作器具；有才艺的人探索方法技术；武人练习武艺；文人讲议经书。经常可以见到许多文人、士族耻于务农经商、从事公务、劳役以及土木建筑事务。

射箭不能射穿铠甲，写字只能够把自己的姓名写上。酒足饭饱之后，无所事事，就这样虚度年华。有的人世袭先代的官爵得到一官半职，就自我满足起来，把学习的事置之度外。碰到吉凶大事，议论问题，就张口结舌，懵懵懂懂，如坐在云雾中。每逢公家私人宴饮相聚，谈古论诗的时候，毫无雅兴，只好默不作声，呵欠连天。有学问的人在一旁看着，替他们惭愧，恨不得能代他们钻入地下。与其这样丢丑，还不如努力学习几年，以免一生都会受到别的羞辱。

学习是为了增长知识，把事理通达。如果有超出众人的天才，做将领则能与孙武、吴起的战术相同；执掌朝政则能与管仲、子产的政教不谋而合，虽然没有读过书，我也说他已经学过了。人们看到自己的邻居和亲戚中有名望地位的人，十分羡慕，让自己的子弟去学他们。不知道向古人学习，这是多么糊涂啊！现在的人只知道把战马骑上，披上铠甲，手执长矛，自带强弓，就说"我能为将"；而不知道掌握节气、气候、阴晴、寒暑的变化，辨别战略上的有利地形，比较逆顺、通晓兴亡的奥妙。只知承上接下，把财富聚集，就说"我能为相"；而不知敬奉鬼神，转移风俗，改变习惯，掌握自然规律，发现和选拔人才。只知不接受贿赂，及时处理公事，就说"我能治理百姓"；而不知为人诚实，作为别人的榜样，治民就像驾驭马车一样得心应手，为百姓消灾免难、变善为恶的方法。只知死搬法令律条，早上判刑，晚上释放，就说"我能审理案件"；而不知同辕观罪，像汉代的何武一样明辨是非；像北魏时的李崇一样用假话来哄骗被告，使之露出马脚；像晋代的陆云审理奸情案一样不问而使案情大白。

**故事一：**

东汉时期，王修说："从古至今神圣英明的帝王，都需要勤奋学习，何况是平民百姓！"显贵人家的子弟，几岁以后，没有不接受教育的。教材多的有《周礼》《仪礼》《礼记》《公羊传》《谷梁传》和《左传》，少的也有《诗经》和《论语》。等他们到了青年时候，性情稍稍稳定，顺着他们的天资，更须教育诱导。志尚高远的人，能够不断地磨炼自己，以成就儒业。没有节操的人，从此懈怠轻忽，也就变成了平庸的人。

梁朝鼎盛时期，来自显贵人家的子弟，大都没有学问。他们只知打扮，人人都用香料熏衣服，把脸修得光光的，擦粉抹口红。驾着很考究的车子，穿着有齿的木屐，坐着漂亮的坐褥，斜靠着杂色丝做的软枕，左右陈列着赏玩的物品，走起路来态度从容，看上去就像神仙一样。参加明经考试的，雇人来代替自己对答；官家举行宴会，则请人吟诗歌赋。在这个时候，也算是豪爽快活的人。

遇到战乱的年代，朝廷变化迁徙改革，吏部选拔人才的官员，已经不是过去亲密的人；担任重要官职掌握大权的，找不到昔日的同党。从他们身上找不到真才实学，让他们到社会上办事又毫无用处。

失去华美的外表而露出拙劣的本质，呆立着像一段枯木，浅薄得像一条快要干涸的河流。在战争中颠沛流离，死后弃尸于沟壑之中，在这个时候，真是一个低劣的人。而有学问技术的人，就能安身在四方。自从灾荒战乱以来，多遭俘掠，世世代代为平民百姓而知道读《论语》和《孝经》的，还可以当个老师。祖祖辈辈不做官而没有文化的，无不耕田养马。由此看来，怎么可以不努力啊！

有客人责难主人说："我看见有人手执兵器，把罪人诛杀，使百姓安定，从而取得公侯爵位的。有人办理文书说明事宜，熟习吏事，拯救艰危的时势，使国家富强起来，以此取得卿、相之位的。但是有人学问贯通古今，才能兼备文武，却没有官职，老婆孩子跟着饥寒交迫，这样的人更是数不胜数，学问有什么值得重视的？"主人对答说："命运的好坏，就好像金玉木石有优劣一样。学习技艺，就像磨磐金玉、雕刻木石一样。把金玉磨得光亮，比没有磨过的矿、璞要美。没有经过雕刻的木石，比雕刻过的要难看。怎么能说雕刻过的木石就必定胜过没有磨砻过的矿金璞玉呢？因为它们是不同的物质，不能相比。所以也不能把有才学而贫贱与无才学而富贵两者相比较。何况，披着铠甲当兵，咬着毛笔为吏，身死名灭的多如牛毛，卓然特立的如灵芝草一样罕见。努力读书，歌吟道德，辛苦无益的人像日食一样少见。贪图享乐，追逐名利的人像秋茶一样繁荣茂盛，怎么能相提并论呢？"

**故事二：**

第一则故事发生在唐朝：

唐代的滕王极其荒淫，曾立誓要睡遍众官的美妻。他常以妃子呼唤为名，把人家的美妻骗到宫里，立即进行强奸。这样，他看中哪个女子，哪个女子就没有不被其污的。

当时典签崔简的妻子郑氏刚到这里，滕王闻讯，就派人来呼唤。崔简犯了愁：如果让妻子前往宫中，那妻子就要被糟蹋了；如果不让妻子去，那么，滕王降罪下来，岂不家破人亡？正在左右为难之际，郑氏对崔简说："良人放心，我决不会让滕王得手。"

郑氏跟着来人走进王府中门外的小阁，正在阁内等候的滕王看见崔简的美妻进来，扑过去就要下手。郑氏心中早有准备，大声呼叫左右的人道："大家快来呀，大王怎么会是干这种勾当的人呢？这人一定是个品行不端的家奴！"一边叫着，一边脱下一只鞋猛击滕王的头，把滕王的头打得血流满面，又抓破了滕王的脸，样子十分难看。郑氏还不解恨，又张嘴咬其耳朵、鼻子，就在此时，王妃听到叫声出来，郑氏乘机逃脱。滕王哪会想到郑氏如此厉害，被她一阵厮打，弄得十分狼狈。在王妃们面前又不便发作。他又气又恼，十多天不出来处理政事。郑氏回到家里，把在宫里发生的事一五一十告诉了崔简，崔简听后战战兢兢，害怕滕王将自己治罪，可又不敢不去参见滕王。就这样过了一段提心吊胆的日子。

后来，滕王获罪，崔简看准这个时机，前往宫中道歉。滕王十分惭愧，才认识到以前对不起崔简，对不起其他的官员和他们的妻子。于是下令放出众官的妻子。这些被糟蹋过的官员妻子，出宫后知道了郑氏拒辱的事，无不钦佩她的勇敢和智慧，为自己软弱怕事，遭受昏王奸污而感到无地自容，当天就有几人自杀身亡。

另外一则故事则是发生在清朝：

《阅微草堂笔记》，是清代文学家纪晓岚的名著，其中，有一篇记载了巧女自救的故事。

这个巧女叫荔姐，她的母亲是满族人，曾做过纪晓岚弟弟的奶妈。故事情节是这样的：荔姐听说母亲病了，急得她直想哭，可丈夫又出门去了，一两天回不来。得知母亲病讯时，已近黄昏。一个女人独自外出又恐出事，不去又怕母亲不测。思来想去，便顾不得许多，匆匆上路去看望母亲了。

两村之间是一片空旷的田野，月亮刚上树梢，清淡似水的月色洒在路面，时值深秋，夜露浓湿，和月色交织一起，显得非常寂静冷清。荔姐急步走着，也许是心中惦念母亲，脚下有力，她听见自己"嚓嚓嚓"的脚步声又急又快，仿佛身后另有人同行似的。荔姐这时借着朦胧的月光回头看了看——忽然，她发现有个黑影正紧随而来。荔姐顿时吓出了一身冷汗，她按住"扑通"狂跳的心房，思量着：此人一定是不怀好意而跟踪的，若被他追上自己不是被其抢劫，就是被其奸污！

这里空无村舍，想喊个救命的人都喊不到。一个弱女子哪是他的对手。如何摆脱这即将面临的噩运呢？她一边脚下加速，一边焦灼地思考着对策。

匆忙中来到了一座荒坟空场，荔姐驻足而望，忽然计从心来。她来到一棵白杨树下，急忙将头簪、银耳环之类的饰物摘下藏入内衣口袋；又把腰带解下挂在树上，然后攀住一树枝，拉长脸、吐出舌、睁大眼，一眨不眨地瞪着那逼视而来的歹徒……那人见女子停下，快步跑到树前，举目看时，惊恐地大叫了一声便倒地不动了。荔姐见状，便飞快地摘下腰带，转身箭似的飞跑起来。

当荔姐一口气跑到纪家，见到母亲时竟一下子瘫倒了！母亲连呼带捶，荔姐醒了过来。见母亲不像病重之人，荔姐心才放宽。此时，她悲喜交加，禁不住泪如泉涌……母亲问女何因，荔姐才把自己如何路上遇险，自己又怎样设计排险的情节一一道出了。母亲和纪晓岚等全家人惊喜之中，又都为荔姐的妙计而赞不绝口。第二天，村里传出了一个消息，说昨晚一无赖在坟场碰见了一女吊死鬼，当场吓昏了，天亮才被人救起。那无赖至今还在唠叨"吊死鬼，吊死鬼"呢！

看完两则故事，你有何感想？可见真正危急时刻只有靠自己的智慧来解救自己，所以我们要冷静对待眼前的危机，想出解决的办法。以上两位女性的做法就很值得我们学习。

# 第五十五章

## 【原文】

含德之厚，比于赤子。毒虫<sup>①</sup>不螫<sup>②</sup>，猛兽不据<sup>③</sup>，攫鸟<sup>④</sup>不搏<sup>⑤</sup>。骨弱筋柔而握固。未知牝牡之合而朘作<sup>⑥</sup>，精之至也。终日号而不嗄<sup>⑦</sup>，和之至也。知和曰常<sup>⑧</sup>，知常曰明，益生<sup>⑨</sup>曰祥<sup>⑩</sup>，心使气曰强<sup>⑪</sup>。物壮<sup>⑫</sup>则老，谓之不道，不道早已。

## 【注释】

①毒虫：指蛇、蝎、蜂之类的有毒虫子。

②螫：毒虫子用毒刺咬人。

③据：兽类用爪、足攫取物品。

④攫鸟：用脚爪抓取食物的鸟，例如鹰隼一类的鸟。

⑤搏：鹰隼用爪击物。

⑥朘作：婴孩的生殖器勃起。

⑦嗄：嗓音嘶哑。

⑧知和曰常：常指事物运作的规律。和，指阴阳二气合和的状态。

⑨益生：纵欲贪生。

⑩祥：这里指妖祥、不祥的意思。

⑪强：逞强、强暴。

⑫壮：强壮。

## 【译文】

道德涵养浑厚的人，就好比初生的婴孩。毒虫不螫他，猛兽不伤害他，凶恶的鸟不搏击他。他的筋骨柔弱，但拳头却握得很牢固。他虽然不知道男女的交合之事，但他的小生殖器却勃然举起，这是因为精气充沛的缘故。他整天啼哭，但嗓子却不会沙哑，这是因为和气淳厚的缘故。认识醇和的道理叫作"常"，知道"常"的叫作"明"。贪生纵欲就会遭殃，欲念主使精气就叫作逞强。事物过于壮盛了就会变衰老，这就叫不合于"道"，不遵守常道就会很快地死亡。

## 【解析】

"含德之厚，比于赤子。毒虫不螫，猛兽不据，攫鸟不搏。骨弱筋柔而握固。未知牝牡之合而朘作，精之至也。终日号而不嗄，和之至也。"

一个品德纯厚的人，好比初生的婴儿。蜂蝎毒蛇不伤害他，凶鸟猛兽不扑抓他，他的筋骨虽然柔弱，却能结实地抓住小的物体，不知交合之事，小生殖器却能自然勃起，这是精力旺盛的表现；有时整天号哭不止，嗓子却不会沙哑，这是真气畅通、和谐的表现。

透过婴儿的自然本能，我们可以悟出许多哲理：其一，之所以"蜂虿虺蛇不螫，攫鸟猛兽不搏"，是因为婴儿处于无私无欲的生理状态，无贪争之念，无相害之心，不会威胁到其他生命的存在和发展。纯真是婴儿的主要特征。其二，婴儿虽然骨弱筋柔，但弱中有强，柔中有刚。

"知和曰常，知常曰明，益生曰祥，心使气曰强。"

认识了矛盾的同一性也就把握了事物矛盾运动的客观规律，把握了这一客观规律，才能明察养生之道。有益于生命叫作吉祥，尊重客观规律，使理性战胜情感、意气才是真正的坚强。

这里，"益生"是同一说，"心使气"是斗争说，斗争的目的在于同一。

"物壮则老，谓之不道，不道早已。"

就人类的身体素质而言，最强壮的时期是二十二岁左右，此时身体完全发育成熟，超过这个年龄，身体就开始衰老。对此，世人都以为是正常现象，而在老子看来，这是不懂得养生之道的结果。不懂得养生之道，寿命就会缩短十分之三。

不懂得养生之道就会放纵欲望，对外执着于名利，或作损人之心，或作防人之心，终日疲惫不堪；对内追求感官刺激，贪杯贪色，吸烟吸毒。如此一来，内损外耗，元气大伤，阴阳失和，于是各种疾病相伴而生：头疼感冒、神经衰弱、失眠健忘、阳痿早泄、高血压、糖尿病、脑血栓、心脏病、艾滋病、各种老年性痴呆症、精神忧郁症等。现代人的生命终结，有多少人是无疾而终、自然老化的呢？看到人们在极端痛苦中死去，我们能从中感悟到什么呢？古人说："财是催命小鬼，色是刮骨刚刀，酒是穿肠毒药。"这些至理名言，谁能悟得透呢？

本章通过婴儿的生理现象，总结出事物的一般规律即对立统一规律。然而，统一是相对的，有条件的，认识了这一规律就要以顽强的道德意志去克服自我的不道行为，否则，就会遭到惩罚。《道德经》的中心议题在于强调整体的统一性。强调统一性并非不讲斗争，斗争是统一的必要条件，统一是斗争的必然结果。把握科学的斗争方式是取得统一的关键，这就是老子的用心所在。

【证解故事】

故事一：

造成"物壮则老"的关键就在于不能"心使气"，即只讲自我情感、意气，不讲理智，不顾客观规律，结果只能使阴阳失调，导致生命"早已"。

这就好像是一颗苹果，一旦熟得过分，那也就离腐烂不远了。名利便是这样的苹果，如果任追求名利的愿望过分膨胀，那就好像是在把苹果催熟，一不小心便得到了一颗烂苹果。

《红楼梦》中刻画了众多丰满的人物形象，王熙凤无疑是其中令人印象尤为深刻的人物之一。人们一面惊叹于她无与伦比的治家才能，她的人际交往的手段技巧，另一面又不禁感叹她的结局的凄凉。在书中王熙凤的判词是这样的："机关算尽太聪明，反误了卿卿性命。"

"机关算尽"这四字道尽了王熙凤对一己私欲的放纵，她个性好胜，作为管理贾府之人，她想尽办法想使贾府振兴起来，或者至少维持着大家族表面上的兴旺，但是她的鞠躬尽瘁却招来贾府上下的一片不满，最终也没能使贾府有什么起色，死后甚至连女儿都保不住。

熟悉凤姐的各色人等说她是："于世路上好机变，言谈去得。心机又极深细，竟是个男人万不及一的。""少说着只怕有一万个心眼子，再要赌口齿，十个会说的男人也说不过她呢！""真真泥腿光棍，专会打细算盘。""天下都叫她算计了去。"然而她这样一个聪明人，却不仅好名，而且好利。

不论是对于金钱的欲望，还是对于权名的欲望，王熙凤都毫不知道节制，也不担心会有什么不良后果，因为她说自己是从来不怕阴司地狱报应的，因此什么狠心的事她都做得出来。在第十五回，她弄权铁槛寺，一手操纵了张金哥之事。在这件事中，她巧妙地运用贾琏的关系，轻而易举地敲诈了三千两银子，至于张金哥与守备之子的死她全然不放在心上。手段高明但却阴险。——为了一个"利"字，可以枉顾他人性命，这又怎么能说不是对私欲的过于放纵呢？

在协理宁国府一回中，为操办秦可卿的丧事，她受命于混乱之际，目的自然是为了展现自己的才能。这种表现欲在当今社会看来无可厚非，但是同样的表现欲展现在他处就不仅仅是展现自己的才能而已了，就会演变成一种无法节制，不能收敛的贪婪。她对于金钱的贪欲，不仅是在外利用像张金哥一案那样的机会敛财，而且苛扣下人的月钱放高利贷，利用职务之便贪污受贿——为了争她身边一个丫鬟的名位，各色人等都来送礼，甚至在害死尤二姐之后，连丈夫贾琏的钱都搜刮得一干二净。就连她自己也说："若按私心藏奸上论，我也太行毒了。也该抽身退步，回头看了看。"

可是她真的抽身退步了吗？没有。欲望膨胀到一定的程度，就是洪水猛兽，她不仅没有退步，而且做什么事情都是赶尽杀绝，不留后路。

正如老子所说，"物壮则老"，欲望已经膨胀到这种地步，早已脱离了大道，那么自然也就只能是"不道早已"了。最后王熙凤作威作福，积怨渐多。赵姨娘想要为儿子贾环争夺继承权，不惜使用巫术对付她和宝玉；宁国府的尤氏则伺机奚落她，拉拢她的亲信和仇敌；连她的婆婆邢夫人也是抓住机会就要打压她，利用"绣春囊"一事大做文章；下人们也早已不能忍受她的刻薄贪吝和狠毒，骂她是"巡海夜叉"，用各种方式抵制她的统治，是"墙倒众人推"。各种错综复杂的矛盾弄得她心力交瘁，大病小病不断，额头上的膏药是总得贴着的。而且连贾琏对她也是恨之入骨，最后王熙凤落得个"一从二令三人木"的下场，实在令人感叹。

从这一点来看，王熙凤的聪明实在称不上多么高明，她有的只是世俗的小聪明，以为自己始终能把一切都掌握在手中，能将众人玩弄于股掌之上，但是她却没有看到"物壮则老"的规律，最后自食恶果。

王熙凤这个人物形象其实就是贾府的一个缩影，仗着祖先的余荫，仗着元春入宫为妃，整个贾府其实都在肆无忌惮地放纵着自己的欲望，尤其是那些代表着贾府的延续的男人们。贾府从"烈火烹油，鲜花着锦之盛"到"呼啦啦似大厦倾"，从极盛而至衰，恰恰体现了老子的论点。

那些老少主子爷们在生活上极尽奢华，当初为秦可卿这么一个年轻媳妇办丧事，宁国府的当家人贾珍就不惜倾其所有，只为了丧礼上的风光，就花了一千两银子为贾蓉买了个"五品龙禁尉"的虚衔；上好的杉木板皆不中用，直至选中了"拿着一千两银子，只怕没处买"的槠木棺材；停灵四十九天，家下执事仆从人等可数得上的，就有一百三十余人穿梭般忙碌于其中；出殡之日沿路搭设彩棚，设席张筵进行路祭，其势轰动朝野。而且他们吃喝嫖赌种种恶习无一不沾，直让柳湘莲感叹"只有门口这两只石狮子是干净的"。依财仗势，包揽词讼，欺压百姓，狎妓酗酒，种种恶行丑态不一而足。最后贾府被抄，革去世职，流放赎罪，赫赫贾府家计萧条，每况愈下。

这些场景缩小了来看，和王熙凤的所作所为直至结局是多么相似啊。贾府的由盛至衰，不就是因为那些老少主子爷们的放纵贪婪吗？他们的贪欲被无穷尽地放大了，就像拼命吹大的气球，总有吹破的那一大，到时便是落得"白茫茫一片大地真干净"的时候。

这便是"物壮则老"的规律。我们对于名利的追求切不可过度，否则就会落入为求名利而不择手段的圈套，只怕会像王熙凤一样"反误了卿卿性命"。

**故事二：**

汉武帝时，上官桀任未央厩令，负责御用马匹的喂养、调护。汉武帝能征善战，自然对自己的马倍加关心，责令上官桀好好喂养，不得疏忽。

某年，汉武帝大病一场，险些一命呜呼，宫内宫外一片忙乱，正常工作都乱了套。过了许久，汉武帝慢慢好起来了。一日，春光明媚，汉武帝游兴大发，让手下备马套车，外出游玩、赏春。许久不见，汉武帝自然关心他的马匹。哪知牵来一看，一匹匹都消瘦了不少，且没有梳洗，看上去脏兮兮的。汉武帝看罢，暴跳如雷，命手下人速去传上官桀，众人都为上官桀捏一把冷汗。

上官桀到来，汉武帝劈头大骂："朕命你好好调养马匹，想不到朕病了一场，你竟把马养成这样，你是不是以为朕再也见不到这些马了？"上官桀见大祸临头，便一下子跪在那里，连连叩头说："皇上息怒，这都是微臣的过错。数月来微臣听说皇上龙体冬安，故心中十分忧虑，日夜打听皇上消息，惦念皇上健康，所以没把心思放在养马上，使马瘦了许多，微臣真是罪该万死，请皇上处罚。"说着说着，上官桀流下泪来。汉武帝本来憋了一肚子气，是要把上官桀治死罪来解气的，却不料上官桀竟说出这番话来，心中气早消了。但又怕上官桀是临时编谎开脱罪责，正在沉吟之际，见上官桀泪流满面，于是相信了上官桀的话，不但没有处罚他，还嘉奖他的忠心。不久提拔上官桀做了太仆令。

上官桀善于揣摩皇上心理去讲话，随机巧对，取悦了龙颜，终于免除了杀身之祸，还得到了高官。

# 第五十六章

## 【原文】

知者不言，言者不知①。塞其兑，闭其门②，挫其锐，解其纷，和其光，同其尘③，是谓玄同④。故不可得而亲，不可得而疏；不可得而利，不可得而害；不可得而贵，不可得而贱⑤。故为天下贵。

## 【注释】

①知者不言，言者不知：此句是说，知道的人不说，爱说的人不知道。另一种解释是，聪明的人不多说话，到处说长论短的人不聪明。还有一种解释是，得"道"的人不强施号令，一切顺乎自然；强施号令的人却没有得"道"。此处采用第二种解释。

②塞其兑，闭其门：塞堵嗜欲的孔窍，关闭起嗜欲的门径。

③挫其锐，解其纷，和其光，同其尘：此句意为挫去其锐气，解除其纷扰，平和其光耀，混同其尘世。

④玄同：玄妙齐同，此处也是指"道"。

⑤不可得而亲，不可得而疏；不可得而利，不可得而害；不可得而贵，不可得而贱：这几句是说"玄同"的境界已经超出了亲疏、利害、贵贱等世俗的范畴。

## 【译文】

聪明的智者不多说话，而到处说长论短的人就不是聪明的智者。塞堵住嗜欲的孔窍，关闭住嗜欲的门径。不露锋芒，消解纷争，挫去人们的锋芒，解脱他们的纷争，收敛他们的光耀，混同他们的尘世，这就是深奥的玄同。达到"玄同"境界的人，已经超脱亲疏、利害、贵贱的世俗范围，所以就为天下人所尊重。

**【解析】**

"知者不言，言者不知。"

老子认为"知者不言，言者不知"，表面上看，它解释为"知道的人不言说，言说的人不知道"。在古代，"知"和"智"在某些时候可以通用，如唐代陆德明《经典释文》说："'知'者，或并云'智'。"老子分明又在暗指——聪明人绝不会去夸夸其谈、爱出风头的，更不会去炫耀自己知识广博。不管老子指的是"知道"还是"智者"，都说明了一个问题——他说明这种谨慎言谈的人都是有涵养和智慧的人。

"塞其兑，闭其门，挫其锐，解其纷，和其光，同其尘，是谓玄同。"

"塞其兑，闭其门"。道德功修至胎息境界，不用口鼻呼吸而用肚脐或毛孔呼吸，关闭自我知欲的一切门户，守住大道之境。这已不是练功的方法问题，而是由量变到质变修道有成的象征。

"挫其锐，解其纷"。挫除了自我妄为之念，不争不贪；化解了自我纷纷之想，无悔无怨。不合大道的自我主观意愿、情感，已彻底抛弃。

"和其光，同其尘"。自我目光统一于大道之光、真我之光，即主观意识统一于客观规律。功名利禄、荣华富贵皆为大道之尘埃，我与大道同真，与万物一体。不以己悲，不以物喜，一切顺其自然。

"是谓玄同"。自我之德统一于大道，完全扬弃自我，与真我同一，与宇宙同构而成为"神人""圣人"。

"故不可得而亲，不可得而疏；不可得而利，不可得而害；不可得而贵，不可得而贱。故为天下贵。"

朴的取得，是自我之德同于大道的结果，是自我超脱了亲疏、利害、贵贱乃至生死，达到物我两忘，不为一切主观的好恶、是非、美丑等情感所羁绊的成果。所以，对于自我而言，不可因得朴而与之亲近，也不可因得朴而与之疏远；不可因得朴而谋私欲，也不可因得朴而危害他人；不可因得朴而自以为贵，也不可因得朴而自以为贱。因此，成为天下最可贵的人。

本章论述了真人、圣人之所以为天下贵的品质。人生的真谛在于认识自我,超越自我,创造真我。只有重塑自我,才能与宇宙同心,确立正确的世界观、人生观和价值观。以超脱自我的精神从事社会实践活动,才会有益于他人,有益于社会。这样的人,必然成为社会上最可贵的人。

## 【证解故事】

有智慧的人知道,不该讲话的时候绝不能讲。因为在某个特定的形势、场合、背景下,尽管你知道,但是不该说的就不说,说了反而不如不说的好,甚至还会带来祸害。历史与现实生活中很多人就是不能把握这一点,不看对象,不看场合,说话有口无心,给自己带来很多的麻烦,甚至一生的悔恨。

**故事一:**

第二次世界大战期间,美国一个水兵,在他服役的军舰行将从美洲开往欧洲作战时,他多嘴多舌,竟借公用茶室的电话通知朋友,将出发的时间、开往地点、航行路线悉数暴露,不想隔墙有耳,当时在场窃听的一个德国间谍立即将这一情报报告了德国情报局,结果,这艘美国军舰很快被德国潜艇打入"龙宫",这个多嘴的"舌头"也喂了鱼虾。

当然话还是要说的,不过说话做到"慎言"才行。正如老子所说"知者不言,言者不知"一样。那些懂得说话分寸的人从来都不会瞎说、乱说,故而他们能够得到人们最大的信任,说出来的话才有可信度。晏子是古代一位智者,他虽然伶牙俐齿,然而他说的话却是字字珠玑,都能切入要点。为此,他也深受当时人们的敬仰和国王的信赖。

齐景公非常喜欢捕鸟,他常常将捕获的各种各样的鸟养起来赏玩,还专门指派了一个名叫烛雏的人主管捕鸟的事。

有一天,烛雏不小心放飞了齐景公养的鸟。于是齐景公十分生气,他大发雷霆,准备杀掉烛雏,并且不允许任何人为烛雏求情,求情者与烛雏同罪论处。

群臣虽然有心救烛雏却无奈齐景公有话在先。晏子知道了这件事后，赶紧跑来见齐景公。他对齐景公说："烛雏犯了罪，请让我来一一列举他的罪状，然后大王按他的罪过来处死他吧。"齐景公见晏子不是来求情的，便同意了他的请求。于是晏子派人把烛雏叫来，当着齐景公的面历数烛雏的罪状，说："大王派你专门看管鸟，你却粗心大意让鸟飞掉，这是第一条罪状；你使大王因为鸟飞掉的缘故而杀人，让大王背上杀人的名声，这是第二条罪状；如果让别的诸侯王听到这件事，认为我们的大王把鸟看得比人命还重，从此坏了大王名声，这是第三条罪状。"晏子一口气列举了烛雏三大罪状后，请齐景公处决烛雏。齐景公在晏子斥责烛雏罪状的时候早已醒悟过来，他摆摆手说："不要杀了，不要杀了，寡人盛怒之下差点做了错事。多亏爱卿指点。"就这样，齐景公不但没有杀烛雏，还向他表示歉意。同时又向晏子表示感谢。

斯大林说："人生有舌头是为了控制它和支配它。"当然，言之正误好坏，关键还在于思想。思想对了，才能谨言慎行，言之成理，言之有礼。企图用多言的方法来掩饰自己的无知，那样反而会暴露自己更多的缺点，显得自己不但无知而且愚蠢。唯有管住自己的舌头，在多数场合学会做一个绅士般的"听众"，细致分析、提炼别人话中的精髓，才能像智者那样一语道破天机，令人折服。

### 故事二：

春秋末期，越国为了洗雪"会稽之耻"，大夫范蠡忍辱负重，亲自将绝色美女西施送往吴宫。西施一住就是十年。她听说越国将兴师伐吴，就设法搞到一张吴都姑苏的城防图。可是宫墙里，戒备森严，地图怎么送到越国去呢？

西施苦思了几天，云鬓懒理，衣衫不整，饮食无味，眉心紧蹙。吴王不安地问她什么事不开心？西施以手捧心说："大王，不知为什么，臣妾近来又常感到胸口疼。"吴王忙召来最好的御医。但西施服了药，"病"反而更重了。吴王说："有谁能治好你的病？""能治好我病的是我的堂伯父施老医生，住在越国的芋萝山上。臣妾儿时胸口痛，一吃他的草药就好啦。"吴王马上派出特使。几天后，施老医生匆匆带了一包草药，来到馆娃宫，跨进椒花房。切脉问诊后，觉得西施并无大病，只是肝经稍郁，就开了方，交给吴王说："大王放心，娘娘不过是偶染小恙，马上就会好的。"

吴王大骂："庸医莫非想耽误娘娘的病？"施老医生不顾西施的暗示，生气地说："娘娘是我的侄女，凭什么说我要耽误她？"吴王勃然大怒，拔出宝剑，直向施老医生劈去。西施"啊"地惊叫一声吓昏过去。施老医生忙上前抢救。西施醒过来后，连声道："大王，杀不得！杀不得！杀了施老医生，臣妾就无救啦！"

这时，外传相国伍子胥求见，吴王对西施说："放心吧，寡人就叫他守在你身边，直到病愈。"吴王走后，西施向堂伯父讲明了装病的原因。又拿出地图，将它反折，做成千朵白花，教他如此这般，然后亲自送他出了内苑。施老医生手持白花，正要跨出内宫大门，伍子胥突然拦住了去路，说："娘娘的病还没有好，怎么就走？"施老医生道："娘娘仍思念亡父，结郁成疾，现在对症下药，不出三日保能痊愈。"伍子胥又问："手里拿的是什么？""娘娘做的花，叫小人带回，献于亡父坟前。大王有令，凡出入内宫者，均要检查！"西施见伍子胥要夺花，忙掀帘而出，质问道："伍相国，难道我的东西，你也要检查？"

伍子胥只得放行。施老医生跨出内宫大门，谁知台阶未下，吴王又到。伍子胥忙奏道："大王，施老医生说要回越国。臣认为，他应该永远留在宫中。"吴王连说有理。

施老医生说："娘娘乃小人侄女，我能常住在宫中，吃的山珍海味，住的琼楼玉宇，何乐而不为啊！可小人来时，没有多带当地草药，百宝箱也没带来，让小人回家一趟再来，定效犬马之劳。"吴王说："好啊，快去快回！"半个月后，范蠡收到地图，立即改变战斗计划，分兵两路直攻姑苏，终于首战告捷，最后灭了吴国。

故事看完了，我们不得不佩服美人西施的胆略，她利用自己的优势多次化解伍子胥的刁难。而施老医生最后的表现也很完美，他也清楚自己的优势，就是他能够医治西施的心痛。他们都是聪明人。

# 第五十七章

## 【原文】

以正①治国，以奇②用兵，以无事取天下③。吾何以知其然哉？以此④：天下多忌讳⑤，而民弥贫；人⑥多利器⑦，国家滋昏；人多伎巧⑧，奇物⑨滋起；法令滋彰，盗贼多有。故圣人云："我无为而民自化⑩，我好静而民自正，我无事而民自富，我无欲而民自朴。"

## 【注释】

①正：此处指无为、清静之道。

②奇：奇巧、诡秘。

③取天下：治理天下。

④以此：即以下面这段话为根据。此，指下面一段文字。

⑤忌讳：禁忌，避讳。

⑥人：一本作"朝"。

⑦利器：锐利的武器。

⑧人多伎巧：伎巧，指技巧，智巧。此句意为人们的伎巧很多。

⑨奇物：邪事、奇事。

⑩我无为而民自化：我无为而人民就自然顺化了。自化，自我化育。

## 【译文】

以无为、清静之道去治理国家，以奇巧、诡秘的办法去用兵，以干扰害人而治理天下，我怎么知道是这种情形呢？根据就在于此：天下的禁忌越多，而老百姓就越陷于贫穷；人民的锐利武器越多，国家就越陷于混乱；人们的技巧越多，邪风怪事就越闹得厉害；法令越是森严，盗贼就越是不断地增加。所以有道的圣人说，我无为，人民就自我化育；我好静，人民就自然富足；我无欲，而人民就自然淳朴。

## 【解析】

"以正治国，以奇用兵，以无事取天下。"

"以正治国"就是以公平、公正的法律治国。法律是光明正大的，要求人人知法守法。用兵则不然，欲运筹于帷幄之中，决胜于千里之外，必须运用奇谋。要想取得国家的领导权，成为人民拥戴的领袖，绝不能怀有不可告人的目的，必须以天下为公。

"吾何以知其然哉？以此：天下多忌讳，而民弥贫。"

正是由于统治者多忌讳，从而引起一系列社会问题，最终导致人民革命，"以奇用兵"，一举推翻严重阻碍社会发展的不道统治。

多忌讳，往往是那些心理脆弱不堪一击的人忌讳多，而无所顾忌的人心理健康，自然不需要什么忌讳。而忌讳多的人往往一旦被触犯，就会怒不可遏，做出些失常的举动来。如果是天下多忌讳，也就是国家的法令烦琐严苛，那人民不知道自己哪里一不小心就会触犯了法令，做起事来小心翼翼，不敢稍越雷池一步，为求自保，自然也就宁可少做少错，这样也就谈不上什么发展了，那么"民弥贫"也就是显而易见的事了。

"人多利器，国家滋昏；人多伎巧，奇物滋起；法令滋彰，盗贼多有"。

文明愈是先进，物质基础愈是丰厚，利器、智能、法令愈是增多，祸患反而愈深了。这是因为人们的自身修养并没有像迅速发展的物质基础一样发展起来，当人心不能够顺其自然、清静平正时，面对种种利器、智能、法令，自然也就容易盗贼奸伪迭起了。

"故圣人云：'我无为而民自化，我好静而民自正，我无事而民自富，我无欲而民自朴。'"

以上四句，是圣人治国的四大原则。

"我无为而民自化"。取消独裁统治，依法治国。随着社会制度的变革，人们的思想观念就会随着社会的发展而不断发生转化。

"我好静而民自正"。取消主观说教，确立科学的世界观和认识论，通过自身默修实践，加强自我道德修养。圣人实行"不言之教"，让人们在自悟的过程之中，逐渐确立正确的思想观念。

"我无事而民自富"。热爱和平，反对战争。圣人以天下为公，没有称霸天下的野心。人民生活在民主自由、和平稳定的社会里，自然生活富足。

"我无欲而民自朴"。反对利己主义，倡导集体主义。只要人人消除了自我私欲，人民自然归于淳朴。

## 【证解故事】

### 故事一：

不同问题应以不同措施去处理，做事没有必要直来直去，很多时候直来直去肯定是最简单，也是最容易碰钉子的做法。因此，生活中，你在处理具体事情时，就不要一条路走到黑，必要时不妨绕个弯。

三国时，刘备在四川当皇帝，碰上夏天长久不下雨，为了求雨，就下令不准私人家里酿酒，就如现在政府命令不准屠宰一样。因为酿酒也会浪费米粮和水，就下令不准酿酒。命令下达下来，执行命令的官吏，在执法上就发生了偏差，有的在老百姓家中搜出做酒的器具来，也要处罚。老百姓虽然没有酿酒，而且只搜出以前用过的一些做酒工具，怎么可算是犯法呢？但是执行的坏官吏，一得机会便"乘时而驾"，花样百出，不但可以邀功求赏，而且可以借故向老百姓敲诈、勒索。报上去说，某人家中，搜到酿酒的工具，必须要加以处罚，轻则罚金，重则坐牢。虽然刘备的命令并没有说搜到酿酒的工具要处罚，可是天高皇帝远，老百姓有苦无处诉，弄得民怨处处，可能会酿出乱子来。简雍是刘备的妻舅。有一天，简雍与刘备两郎舅一起出游，顺便视察，两人同坐在一辆车子上，正向前走，简雍一眼看到前面有个男人与一个女人在一起走路，机会来了，他就对刘备说："这两个人，准备奸淫，应该把他俩捉起来，按奸淫罪法办。"刘备说："你怎么知道他们两人欲行奸淫？又没有证据，怎可乱办呢！"简雍说："他们两人身上，都有奸淫的工具啊！"刘备听了哈哈大笑说："我懂了，快把那些有酿酒器具的人放了吧。"这又是"曲则全"的一幕闹剧。

当一个人发怒的时候，所谓"怒不可遏，恶不可长"。尤其是古代帝王专制政体的时代，皇上一发脾气，要想把他的脾气堵住，那就糟了，他的脾气反而发得更大，不能堵的，只能顺其势——"曲则全"——转个弯，把它化掉就好了。这是说身为大臣，做国家的干部，尤其是做高级干部，必须要善于运用的道理。

春秋时代的齐景公，也是历史上的一位明主，他拥有历史上第一流的政治家晏婴当宰相。当时有一个人得罪了齐景公，齐景公大发脾气，下令把此人抓来绑在殿下，要处以肢解。晏子听了以后，把袖子一卷，装得很凶的样子，拿起刀来，把那人的头发揪住，一边在鞋底下磨刀，做出一副要亲自动手杀掉此人的样子。然后慢慢地仰起头来，向坐在上面发脾气的景公问道："报告皇上，我看了半天，很难下手，好像历史上记载尧、舜、禹、汤、文王等这些明王圣主，在肢解杀人时，没有说明应该先砍哪一部分才对？请问皇上，对此人应该先从哪里砍起？"齐景公听了晏子的话，立刻警觉，自己如果要做一个明王圣主，又怎么可以用此残酷的方法杀人呢？所以对晏子说："好了，放掉他，我错了！"这又是"曲则全"的另一章。晏子当时为什么不跪下来求情说："皇上，这个人做的事对君国大计没有关系，只是犯了一点小罪，何必杀他呢！"如果晏子这样为他求情，那就糟了，可能火上加油，此人非死不可。他为什么抢先拿刀，要亲自充当刽子手的样子？因为怕景公左右有小人，听到主上要杀人，拿起刀来就砍，这个人就没命了。他身为大臣，抢先一步，拿着刀，揪着头发，表演了半天，然后回头问皇帝，从前那些圣明皇帝要杀人，先向哪一个部位下手？意思就是说，你怎么会是这样的君主，会下这样的命令呢？但他当时不能那么直谏，直话直说，反使景公下不了台阶，弄得更糟，所以他便用上"曲则全"的谏劝艺术了。

我们做每件事都不可能顺顺利利完成，总会遇到各种各样的麻烦，这时候，既然前行不能通过，那不如绕个弯，可能会收到不一样的效果。

无论是老子说的"大成若缺""大盈若冲"，还是"曲则全，枉则直"等，无不体现出一种"守弱"的主张。老子认为，柔弱是保存力量，因而成为刚强的方法，也是人们能够立身于世的最佳姿态。

**故事二：**

"人多利器，国家滋昏；人多伎巧，奇物滋起；法令滋彰，盗贼多有。"

美国的富裕已经成为世界上的一个象征，有许多国家的平民想要移民到美国去，认为那里有着许多机会和发展的空间。不错，美国有着丰富的物质基础，人民的生活水平很高，可是从另一方面来讲，美国又是罪犯的天堂。在那里一个人如果犯了罪也不一定就会被绳之以法，因为律师会尽可能地寻找法律的漏洞来为之开脱，例如有的律师会教酒后驾驶的人在被警察拦下来以后，当着警察的面喝酒，这样警察就没有证据证明他体内的酒精是在被拦下来之前就存在的了，因而也就没有办法告他酒后驾驶。而枪支的普及更是给社会带来了极大的不稳定，因为枪支买卖携带的随意，使得美国不断出现各种枪击事件，甚至是发生在校园里。虽然说种种犯罪行为的增多，或许是许多国家的社会问题，但是不可否认这些犯罪行为的增多，是由于现在物质生活的丰富刺激下的一个结果。这也是"民多利器，国家滋昏；人多伎巧，奇物滋起。法令滋彰，盗贼多有"的具体表现。

明太祖朱元璋刚刚即位不久，发现官员腐败之事已经开始迅速蔓延：刑部尚书收受罪犯贿赂，指示属下把罪犯放走，用死囚来替他坐牢；宝钞提举司和户部官员勾结，印了七百万锭纸币，自己私吞了一百四十三万锭；兵部侍郎借抓捕逃亡军人的机会，收受军人家属贿赂二十二万锭……而那些地方官中的贪污程度更是惊人。作为一个农民出身的皇帝，朱元璋非常痛恨贪污腐败，他采取了中国历史上最严厉的措施来惩贪。他规定凡贪污六十两的，就剥皮食草，摆在衙门前示众。按说这一规定已经残酷至极，不想他后来公布的政策更为极端："今后犯赃的，不分轻重都杀。"

朱元璋生性苛细，连多用一张信纸在他眼里都算贪污。翻开《大诰三编》，你会看见皇帝亲自惩办的贪污案里，有这样一些赃物："收受衣服一件、靴二双"，"圆领衣服一件"，"书四本，纲巾一个，袜一双"。

朱元璋对贪污之官，宁肯错杀一千，不可放过一个。他规定，凡有贪污案件，都要层层追查，顺藤摸瓜，直到全部弄清案情，将贪污分子一网打尽为止。但是这样做虽然可以使贪吏无所遁形，可是在法制不健全的情况下，却也易生流弊，审理者务为严酷以当上指，株连蔓引，往往累及无辜，有时候连坐冤杀的甚至达数万人之众。

虽然惩贪措施如此严厉，腐败却从来没有绝迹。大的腐败案消失了，小的腐败却仍然层出不穷。固然说官员们的贪污之风由来已久，一时难绝，但朱元璋的低薪制无疑在加剧着腐败的蔓延。史称明代"官俸最薄"，正一品官月俸米八十七石，正四品二十四石，正七品七石五斗。合成银两，一个县令月收入不过五两，折换成现在币值，一千元左右。我们要知道，这五两银子不光要负担县令个人的生活，还要供养家庭，支付师爷们的工资。因此，如果不贪污，大明王朝的官员们根本活不下去。

朱元璋却从来没有想到应该提高官员的待遇。他从道德高度出发，理直气壮地认为官员们都是用孔孟思想武装起来的人，理所当然地应该不计报酬，敬业奉献。然而，皇命也不能剥夺官员们糊口的权利，况且朱元璋一个人毕竟监督不过来普天下所有官员。随着朱元璋惩贪力度的不断加强，用"书四本，纲巾一个，袜一双"之类标准衡量出的贪污"案件"暴露得越来越多，在朱元璋眼里，腐败已经发展到了"无人不贪"的程度。

在这种情形下，再加上朱元璋惩治贪官污吏时往往不遵守自己修订的《大明律》的规定，而受自己情感的影响，经常出现轻罪重判、无罪枉断的现象。据说，洪武时期的大臣每天早朝前，定要与妻子诀别安排好后事，如同上刑场一般，意谓此去凶多吉少。下朝后合家欢悦，庆贺又活过了一天，真是度日如年。

我们可以想象，在人皮草囊相伴下，那些明朝的官员们的心境是如何忐忑不安，而且薪水又少得几乎养活不了家人，收一双袜子都要被砍头，这种情况下官员们又怎么能安下心来处理政事呢？所以虽然朱元璋惩贪的力度举世罕有，可是不仅不能使贪污之行绝迹，而且也没有使得明朝出现"贞观之治"那样的大好局面。这也正如老子所说的"天下多忌讳，而民弥贫；民多利器，国家滋昏；人多伎巧，奇物滋起；法令滋彰，盗贼多有"，虽然朱元璋重典严刑，可是朝廷中贪污不断，百姓中起义不断，实在是没有达到真正治贪倡廉的效果。可见，规矩太多并不一定是好事，想将事情处理好，不能光靠立规矩，还得真正将法令与社会现实相结合，不能不顾实际。

# 第五十八章

## 【原文】

其政闷闷<sup>①</sup>，其民淳淳<sup>②</sup>；其政察察<sup>③</sup>，其民缺缺<sup>④</sup>。祸兮福之所倚；福兮祸之所伏。孰知其极？其无正也<sup>⑤</sup>。正复为奇，善复为妖<sup>⑥</sup>，人之迷，其日固久<sup>⑦</sup>。是以圣人方而不割<sup>⑧</sup>，廉而不刿<sup>⑨</sup>，直而不肆<sup>⑩</sup>，光而不耀<sup>⑪</sup>。

## 【注释】

①闷闷：昏昏昧昧的状态，有宽厚的意思。

②淳淳：一本作"沌沌"，淳朴厚道的意思。

③察察：严厉、苛刻。

④缺缺：狡黠、抱怨、不满足之意。

⑤其无正也：它们并没有确定的标准。正，标准、确定。其，指福、祸变换。

⑥正复为奇，善复为妖：正的变为邪的，善的变成恶的。正，方正、端正；奇，反常、邪，善，善良。妖，邪恶。

⑦人之迷，其日固久：人的迷惑于祸福之门，而不知其循环相生之理者，其为时日必已久矣。（严灵峰释语）

⑧方而不割：方正而不割伤人。

⑨廉而不刿：锐利而不伤害人。廉，锐利。刿，割伤。

⑩直而不肆：直率而不放肆。

⑪光而不耀：光亮而不刺眼。

## 【译文】

政治宽厚清明，人民就淳朴忠诚；政治苛酷黑暗，人民就狡黠、抱怨。灾祸啊，幸福依傍在它的里面；幸福啊，灾祸藏伏在它的里面。谁能知道究竟是灾祸呢还是幸福呢？它们并没有确定的标准。正忽然转变为邪的，善忽然转变为恶的，人们的迷惑，由来已久了。因此，有道的圣人方正而不生硬，有棱角而不伤害人，直率而不放肆，光亮而不刺眼。

## 【解析】

"其政闷闷，其民淳淳；其政察察，其民缺缺。"

前者是朴治社会，后者是专制社会，不同的社会制度，带来不同的社会面貌。在朴治社会里，圣人莅临天下，施行"无为之治"和"不言之教"，根据人民的心声和社会发展的需要，不断建立和完善社会法律，不搞形式，不搞运动，不搞个人崇拜，各级行政官员都默默无闻地履行自己的神圣职责，工作程序按部就班，循序渐进。表面看来，政府里并没有什么天才人物，也没有轰动天下的大手笔，但是，社会却在健康发展，人民的物质生活水平和道德水平日益提高，淳朴、厚道的社会风貌自然形成。相反地，在专制社会里，统治者独断专行，唯恐失去了至高无上的权力，失去了既得利益。人民失去了自主权，积极性和创造性就得不到发挥，致使生活越来越贫穷，国家越来越混乱，人民生活处于水深火热之中。

"祸兮福之所倚；福兮祸之所伏。孰知其极？其无正也？正复为奇，善复为妖。"

百姓所遭受的灾祸，就是统治者穷奢极欲的幸福生活所依赖的；而统治者的幸福又为他们或者他们的子孙后代埋下了灾难的祸根。但是，这些愚蠢的统治者们谁又能预知自己的最终结果呢？他们不"以正治国"，百姓必然"以奇用兵"，本来善良的劳动人民必然变成推翻其统治的"妖军"。

这一节，老子用辩证的观点，深刻揭示出事物的对立转化规律。说明祸与福、正与奇、善与妖都是可以互相转化的，只是迷恋于权力的统治者不明其中道理罢了。

"人之迷，其日固久。是以圣人方而不割，廉而不刿，直而不肆，光而不耀。"

人们迷恋名利的思想观念，实在是太牢固、太长久了。所以，圣人最初的治国方针是：用道德来规范人们的思想行为而不割舍法律；使各级政府官员为政清廉而不为名利所害；给百姓言论自由，让他们直抒己见而又不肆意妄为；使人人都为自己所做出的奉献感到光荣而又不自我炫耀。

　　本章是老子的政治论。主要阐述了"以正治国，以奇用兵，以无事取天下"的具体方针政策，并且通过对两种不同的社会制度和不同的为政措施所带来的不同的社会效果的比较，说明一切社会弊端都是统治者"有为""有欲""好动""有事"造成的，从而主张朴治，否定人治。


## 【证解故事】

　　天地之所以能够长久，这是因为它的生存出发点不是为自己，所以能够长久生存。因此圣人总是主动把自己放在最后，不汲汲于争先，结果反而能够处处占先；总是将自己置之度外，结果反而能够保全生命。这正是由于圣人们从不怀抱自私之心的缘故。让万物顺乎自然的变化是修身的大"道"。狂风不会永不停息地刮下去，暴雨也不会一直下个不停。是谁造成这种局面的呢？是天地。天地的狂暴都尚且不能长久，更不必说我们人类了。因此汲汲于追求"道"的人应该明白这个道理：凡是寻求皈依"道"的，就和道相同；寻求皈依"德"的，就和德相同；寻求皈依"失"的，就和失相同。和道相同的人，道也乐于得到他；和德相同的人，德也乐于得到他；和失相同的人，失也乐于得到他。有不值得信任的情况存在，才会有不信任的事情发生。

　　精神和形体合而为一，积聚精气以致柔顺，能达到婴儿那样的状态吗？排除杂念，澄清心灵，能做到不留半点瑕疵吗？爱护民众，治理国家，能做到放弃运用聪明才智吗？面对自然的对立变化，能做到甘心退居柔雌的地位吗？通晓事理，了解奥妙，能进入清静无为的境界吗？让万物生长、繁殖，生养了万物却不据为己有，推动了万物却不恃为己功，导引万物却不妄加主宰，这就是至高无上的美德。

　　抛弃所谓的文化学问，才不会招致忧患。唯唯诺诺和高声呵斥，两者究竟相差多少？善良与罪恶，又究竟能相差几何？别人所害怕的，就不能不害怕，这风气自古以来就是如此，而且还不知道到何时才是尽头。众人都无忧无虑、兴高采烈、心情舒畅如同参加盛大的筵席，志得意满恰似在春天登台眺望美景，独有我淡泊宁静、无动于衷，就像婴儿还不会发出微笑。其他人都丰足有余，独有我一人似乎什么都欠缺，看似一副愚蠢之徒的心肠，混混沌沌，无知无识。其他人都是那么清楚明白，独有我是这样的昏聩糊涂。其他人都清醒精明，独有我懵懂无知。心胸宽阔恬淡，它就像无边无际的大海；行为飘逸洒脱，它就像不停疾吹的长风。众人都拥有一套本领，独有我显得笨拙无能、愚顽鄙陋。但我偏要跟普通人不同，因为我追求的境界是顺乎自然守道养性的。

春秋时期的老子认为：凡事处处要求圆满，不如趁早歇手不干；恃才傲物锋芒毕露，必然难以保持长久；黄金美玉堆满屋子，到最后谁也无法守藏；因财产丰厚、地位显赫而骄傲自大，必定留下祸患、埋下灾难。功成名就，即谦让告退，这样做才符合天道的规律。曲能保全，空洼反而能够充实，破旧反而能够崭新，少取反而会多得，贪多反而会落空。因此圣人坚守"道"这一原则，作为修炼心智和治理天下的纲领。不自我表现，所以才显赫于世；不自以为是，所以才是非昭彰；不自我标榜，所以才功勋卓著；低调所以才出人头地。人不争我，我不争人。古代所谓的"委曲可以保全"这种话，绝不是空话。

万物都在生长发展，我就此观察它们循环往复。万物复杂众多，纷纭变化，但最后都各自回归到它们的本原。回归到本原叫作"静"，"静"就是所谓的"复命"。"复命"叫作"常"，认识"常"叫作"明"。不认识理解"常"而轻举妄动，肆意胡为，那么必然导致灾难。了解认识"常"，才能兼容包涵一切。包涵一切，才能坦然公正，无私无偏。大公无私，才能使天下景附归从。天下归从，才算是顺乎自然。顺乎自然，就是合乎大"道"。只有合乎大"道"，一切才能永恒长久，才能终生安全无危。

**故事一：**

魏晋是一个异常混乱的年代，变故层出不穷，互相倾轧、互相陷害的事件时有所闻，一些不苟合于世的清正人物，尤其难免杀身之祸。阮籍眼见世事浑浊，自己既无肃清之力，又无法离群索居，所以只好放纵地饮酒，让满腔的理想、满腔的怨愤，从酒杯中发泄。在别人眼中，只把他视为酒徒，不会有什么心计，也就不算计他了。阮籍也从不谈论政事，只是借酒度日，消极地生活。

身为权臣的司马昭看中了阮籍的女儿，想把她娶了来做儿媳妇。阮籍哪肯与权贵打交道，但是又不敢正面拒绝，所以终日耽于酒中，借酒装疯，大醉几十天，不来见司马昭的面。司马昭不知阮籍是有意规避，所以在屡至不得见的情况下，只好打消了娶阮籍女儿为儿媳妇的念头。

钟会是个大奸臣，想陷害阮籍，因为司马昭老是庇护阮籍，钟会分外眼红，好几次钟会都想用时事考问阮籍的态度，想从阮籍话中找漏洞，借机陷害他。但是阮籍有他的保生之道，那就是时常酩酊大醉，借酒装疯，避而不答。这样。钟会想陷害他的目的终不能实现。

**故事二：**

王之涣（688—742年）是唐朝的著名诗人，还是个判案如神的清官。

王之涣在文安县任上时，曾办过一个案件：有户人家，当家人常年在外做生意，家中只有姑嫂二人相依为命。嫂嫂能干体贴，姑娘温柔美丽，日子过得很安定。但在一天晚间，姑娘突然惨死在房中。嫂嫂发现案情，立即呈报县衙。王之涣问那嫂子："你是怎样发现案情的？"嫂子说："晚上，我正在磨坊推磨，忽听小姑惨叫救命声，我就立即奔向卧室，在院内看见一个人影，因为天黑，看不清面目。只见他光着上身，我上前抓他，谁知他身强力壮，脊梁又光滑，被他脱身逃走了。"王之涣又问："你们两个年轻女子在家，难道平素不作防备吗？""我家饲养了一只黄狗，但不知怎的，晚上没听见狗叫声。"王之涣闻言大怒："那狗不为主人效力，实在可恶！"

次日，正值庙会，王之涣决定在庙会上当众审问恶狗。这真是件新鲜事。赶庙会的附近村民闻讯都来观看王之涣审狗。人越聚越多，整个庙宇都挤满了。此时王之涣吩咐差役把庙门关紧。他把孩子、老人、妇女分批地赶出门外，只留下百来个青年、壮年男子，这些人你看我望，不知王之涣要干什么。王之涣一声断喝："都把衣服脱了，面朝墙站好！"那些人不敢违抗，只得照办。

王之涣一个个验看那些男子的脊梁，其中有一男子脊梁上有两道红印，他便问道："你叫什么名字？""小的叫阿狗。""你与死者可相识？""不……"阿狗支支吾吾，但又不得不实说，"我与她是街坊邻居，当然相识。""给我将阿狗拿下，其余的人都可自行离庙。"经过审问，阿狗承认了强奸姑娘，进而将姑娘杀死的罪行。

王之涣如何在众多的赶庙会的人中认出罪犯的呢？事后他对提出疑问的人说："根据案情，这是一起强奸杀人案。那就必定是青壮年作的案。那晚黄狗不叫，说明了作案者是个熟人，再加那人曾被死者嫂嫂遇见，而且在光脊梁上抓过一把，只要逐步排除不可能者，那么具备上述几个条件的阿狗就必定是凶犯无疑。"至于审问黄狗，是王之涣故作耸人之举，以吸引众人来赶庙会，可麻痹作案者的心理，使之上钩。

王之涣根据狗不咬熟人的道理，逮住了杀人犯。可见为官者一定要注意细节，抓住主要的细节，便能够一举找到问题的关键。

# 第五十九章

## 【原文】

治人事天①莫若啬②。夫唯啬，是谓早服③。早服谓之重积德④，重积德则无不克，无不克则莫知其极，莫知其极，可以有国。有国之母⑤，可以长久。是谓深根固柢，长生久视⑥之道。

## 【注释】

①治人事天：治人，治理百姓。事天，保守精气、养护身心。对"天"的解释有两种，一是指身心，一是指自然。此句意为保养天赋。

②啬：爱惜，保养。

③早服：早为准备。

④重积德：不断地积德。

⑤有国之母：有国，含有保国的意思。母，根本、原则。

⑥长生久视：长久地维持，长久存在。

## 【译文】

治理百姓和养护身心，没有比爱惜精神更为重要的了。爱惜精神，得以能够做到早做准备；早做准备，就是不断地积"德"；不断地积"德"，就没有什么不能攻克的；没有什么不能攻克的，那就无法估量他的力量；具备了这种无法估量的力量，就可以担负治理国家的重任。有了治理国家的原则和道理，国家就可以长久维持。国运长久，就叫作根深蒂固，符合长久维持之道。

## 【解析】

"治人事天莫若啬。"这一句是说：修养自我、培育真朴莫过于遵守俭德。

"夫唯啬，是谓早服。"

这里是把精卵比喻跳蚤。精卵如蚤，具有活泼、躁动的特性。跳蚤属于害虫，同样，如果精卵不能转化成精气，对身体来说，同样是害虫。因精力过剩而狂躁不安，这对自身健康是有害的，现代医学也证明了这一点。只有懂得"啬"并使之转化成真气，才是科学的养生之道。

"早服谓之重积德，重积德则无不克，无不克则莫知其极，莫知其极，可以有国。有国之母，可以长久。"

早服的过程就是炼精化炁的过程，也就是通过修炼道德功来实证实悟的过程。只有通过实证实悟，让事实说明问题，才能培养和巩固科学的世界观和方法论，这就是"重积德"，德积才有精气不失，精气不失才能转化为真气。一旦真气充盈，则没有攻克不了的脉络穴道。没有攻克不了的脉络穴道，则不知道真气究竟有多大的功用；不知道真气究竟有多大的功用，则可以获得精神天国。常守精神天国之母即精气，就可以长久地沉浸在精神天国里。

"有国之母"是说精气是精神天国之母。因为精气是进入精神天国的物质基础，这也是强调"啬"的原因。

"是谓深根固柢，长生久视之道。"

"深根固柢"就是中医学的固本培原思想。精气为一身之本，只有视精如命，啬而藏之，修成不漏之身，才可谓"深根固柢"。也只有"深根固柢"，才能确保自我之躯长寿，精神天国久存。所以说，"深根固柢"才是健康长寿和心灵自由之道。

"长生久视"，并非长生不老，否则，"民至老死不相往来"则无法解释。延长寿命，尽其天年，无疾而终，就是"长生"；可以长时间地沉浸在道的境界里，直觉大道之奥妙，享受心灵的逍遥，就是"久视"。长生久视，兼顾了生命的量和质两个方面。

本章阐述了养生之道的一个重要原则即"啬"，它是积精累气、培蓄能量、进入精神天国、塑造真朴的必要条件。

本章强调了"有"的作用。有无相生，有"有"才能生"无"。也正是基于这一哲学思想，老子才能为人类指明"长生久视"之道。老子的朴乃精气所化，是"物形之"，遵循的道路是炼精化炁，炼炁化神，炼神返朴。宗教哲学之所以否定人生，寄希望于来世，陷于唯心主义泥潭，缺乏的正是"有无相生"的对立统一思想。因此也就不能为人类指出一条光明的人生大道。

就治国而言，本章同样是强调节俭之德。治身需要节俭，治国同样需要节俭，国家的繁荣和稳定是以物质文明为基础的，精神文明离不开物质文明，建设高度的精神文明必须以物质文明为基础。面对财富而不穷奢极侈，就是"早服"，这是不断改造主观意识的结果。

## 【证解故事】

### 故事一：

俗话说欲有尊卑，贪无二致。

王莽以皇亲国戚起家，屈己下人，勉力而行，从而博取名誉，赢得了家族称赞，得以登上高位，辅佐朝政。他表面上一副为国家辛勤工作、公正贤良的表象，好像宽仁厚道，本质上却虚伪奸诈邪恶，他篡夺皇位、窃取政权，和一般的权贵没有二致。王莽的父亲王曼是太后的异母兄弟，但王曼死得早，未能封侯，王莽家就相对此较寒酸。少年王莽立下大志，决心有朝一日位极人臣，让那些飞扬跋扈的兄弟们看一看。要想爬上高位，必须要弄个诚实的好名声。于是，王莽发愤读书，勤学好问，生活节俭，疏远游手好闲之徒，结交饱读诗书的京中名士，对人礼貌，十分恭谨，于是在京城中首先获得了好名声。有了好名声，并不等于能爬上高位，最关键的是那位当大司马的王凤。于是王莽就竭力讨好王凤。有一次，王凤得了病，他精心伺候伯父，一直守在病榻边，细心照料，事必躬亲。小至请医把脉，大至煎药倒尿，毫无怨言，煎好药时还要亲口尝一尝。王凤病重时，他衣不解带，昼夜服侍，脸都顾不得洗，这种诚心令伯父非常感动。王凤在临死之时，亲口向太后交托要她照顾王莽。王莽得以升为"黄门侍郎"，后又升为"射声校尉"。

王莽对其他几位叔父，也千方百计地表示出尊敬、诚厚、老实、勤俭的样子。终于王莽又感动了一位叔父王商。王商细一思量，这整个王家花花公子多，勤俭弟子少，真正能保住王家基业的只有王莽一个。于是他上书皇上，表示愿意把自己的封邑分出一半给王莽，让他也封侯。朝中大臣也纷纷上书，夸奖王莽德才兼备，应该重用，引起皇帝重视。成帝永始元年（前16年），王莽被封为新都侯，官职又升到骑都尉，光禄大夫。王莽虽然做了大官，仍然是一副谦逊谨慎、诚厚忠心的神态，而且十分节俭，不蓄家财，钱财都用于资助名士，颇有轻财重义的豪爽气概。王莽的哥哥王永早死，王永的儿子王光和嫂子由王莽供养。王光读书，王莽特地带了酒肉等礼物慰问王光的老师，与王光一同读书的同学也受到赠送。王莽身居高官，如此礼贤下士，令他的先生们感激不尽，这些先生们官位低微，一副寒酸相，谁又看得起他们，唯独王莽慧眼有珠。这样一做，先生学生争相宣传王莽的美德。朝中继王凤任大司马的王根也是王莽的叔父，王根病重，多次请示卸任，王莽遇到千载难逢的时机。公元前8年，王莽出任大司马。

王莽因为大司徒孔光是著名的儒者，辅佐过三个皇帝，是皇太后所尊敬的贵人，全国人都相信他，于是极力尊敬地对待孔光，选用孔光的女婿甄邯担任奉车都尉加侍中衔。当时依附顺从他的人被提拔，触犯怨恨他的人被消灭。对哀帝的外戚和他向来不喜欢的在职大臣，王莽都罗织他们的罪名，写成请示奏章，让甄邯拿去交给孔光。孔光一向小心谨慎，不敢不送上这些奏章，王莽再报告皇太后，这奏章总是被批准。王舜和王邑成为他的心腹，甄丰和甄邯掌管纠察弹劾工作，平晏管理机要事务，刘歆主管典章制度，孙建成为他的得力助手。还有甄丰的儿子甄寻、南阳郡人陈崇都由于有才能而得到王莽的宠爱。王莽脸色严厉，说话一本正经，想要有所行动，只需略微示意，同伙就会秉承他的意图明白地报告上去，而王莽自己却磕头哭鼻子，坚决推辞那些事，对上用这种手段迷惑皇太后，对下用这种手段向广大群众显示诚实。

一次，大臣们向太后报告说，王莽应该比照以前的大司马霍光和萧相国的成例受封。王莽上报说："我和孔光、王舜、甄丰、甄邯共同决策拥立新皇帝，现在希望仅条陈孔光等人的功劳和应得的赏赐，放下我王莽，不要和他们相提并论。"大臣们建议说："王莽虽然克己让人，朝廷还是应当表彰，表明重视首功，不负众望。"皇太后便下诏书把召陵、新息两县民户二万八千家封给王莽，免除他的后代的差役义务，规定子孙可以原封不动地继承他的爵位和封邑，褒赏他的功勋，仿照萧相国的成例。任命王莽担任太傅，主持四辅的工作，称号安汉公。之后又把从前萧相国的官邸作为安汉公的官邸，明确规定在法令上，永远流传下去。当时王莽装作诚惶诚恐的样子，不得已才上朝接受策命。王莽接受了太傅的官位和安汉公的称号，辞谢了增加封地和规定子孙可以原封不动地继承爵位、封邑这两项赏赐，说是希望等到老百姓都富足了，然后再给予这样的赏赐。各大臣又力争，王莽又推辞没有接受，而建议应当把诸侯王的后代和自从高祖以来的功臣子孙赐封为列侯。

王莽已经赢得了大家的好感，但他最想要的是专权独断，随着地位的巩固和权势的增长，王莽的权欲愈益滋长。他从政治斗争的得失中认识到，控制皇后是至关重要的，这可以巩固他的权位。他在元始二年（公元2年）提出为平帝议婚，打算乘机把自己的女儿配为帝后。为此，王莽展开了各种活动，终于达到了目的。

不久平帝去世。在议立新君时，元帝一系的子孙已经灭绝，宣帝一系有曾孙数十人，他们都已成人，不利于王莽篡位。王莽借口"兄弟不得相为君"，就在宣帝玄孙中挑了一个年仅二岁的刘子婴来继位，以便从中行奸。这时，王莽的党羽迎合王莽的意思，假造了一个刻有鼗告安汉公莽为皇帝的符命石。王莽的党羽上奏王政君，王政君坚决反对："这种诬告天下的事，不可施行。"然而，王政君经不住王莽党羽的蛊惑，糊涂的王政君竟然下令允准王莽"如周公故事"。至此，王莽名义上虽是"摄皇帝"，而其他一切礼仪、制度都无异于皇帝。

当了摄皇帝，他还想当真皇帝。王莽的党羽密谋弄假成真时，王莽"谦恭"的假面具被揭开，"巧伪人"的真面目暴露无遗。一些过去对王莽认识不清的人和部分汉室子弟开始觉察了王莽的野心，他们举行了好几次试图推翻王莽的起事和政变，但都没有成功。王莽的党羽把这些比为周公居摄时的"管蔡之变"，说什么"不遭此变，不章圣德"。但王莽心中明白，深恐夜长梦多，就在他"居摄"的第三年便匆匆忙忙公开篡位夺权了。当他派堂兄弟王舜去向王政君索要传国玉玺，准备位登大宝时，王政君才彻底地看清了王莽的真面目。她痛骂王莽和王舜，把传国玉玺狠狠地摔在地上。从此，王政君与王莽彻底决裂，退居深宫，仍穿汉家服饰，按汉廷旧制生活，以示坚守名节，不与王莽同流合污。公元6年，王莽正式称帝，封国号为"新"。至此，王莽彻底暴露了"大奸似忠"的真实面目。

**故事二：**

关于辽太祖的耶律阿保机的故事。

辽太祖耶律阿保机，出生于契丹迭剌部世族之家，自幼喜欢演兵习武，胸有大志。公元901年，二十九岁的阿保机被选为迭剌部首长，任"专征讨统帅"，他东征西讨，屡战屡胜，又被授予越尊号总理军国大事。公元907年，被推为契丹八部联盟可汗。阿保机任可汗后，首先反对他的是自己的弟弟剌葛。剌葛纠集诸弟及有当选可汗资格的贵族，先后发动了三次叛乱。

第一次，阿保机先下手为强，事变前将剌葛逮捕。他考虑自己称可汗不久，人心浮动，便以和睦为策赦免了几个弟弟的罪，并与他们上山盟誓，永远和好。不料事过不久，剌葛趁阿保机出兵之机，发动叛乱，结果被阿保机打败。阿保机又一次宽恕了他们。根据当时的形势，阿保机是用忍让、宽容来争取对他怀有敌意的弟弟。但剌葛口头上"谢罪"，心中仍欲夺取可汗之位。三个月后，他再次发动了更大规模的兵变。阿保机终于忍无可忍，亲自率兵讨伐，一举击溃叛军，并逮捕了几个主谋。剌葛见势不妙，慌忙北逃。阿保机并不罢休，率兵追击，当追到土河时，又突然下令停止追击。众将不解其意，阿保机说："剌葛远逃，过些天，被他煽动叛乱的人必然怀念故土，对北逃不满。那时候叛军上下离心，我们再追击，获胜将是轻而易举的事了。"几天后，叛军果然分崩离析，阿保机大兵一到，很快平息了叛乱。阿保机不再手软，下令将参与策划叛乱的三百余名大小首领全部斩首示众。

公元915年，阿保机连任三次可汗，实力越来越雄厚。契丹七部族长秘议："按照习俗，我们过去是三年选举一次可汗，可阿保机任可汗九年了，他想长期霸住权势，这怎么能行？"经过一番密谋，七部贵族举行了一次兵谏，威胁阿保机交出大权。

阿保机迫于形势，表示愿意遵守旧约。他提出了自己的要求说："我任可汗九年以来，不少汉人归附，我打算在汉城（今河北沽源之北）另立部落。"这一要求被答复后，他便在汉城整修城池，发展生产，开展贸易。

公元916年2月，阿保机邀请其他七部首领聚会盐池，共同改选可汗。毫无防备的七部首领应邀前往，中了阿保机的伏兵之计，被一网打尽。阿保机巩固了权力，统一了契丹各部，便仿照汉人王朝体制，自称"天皇帝"，封妻子为"地皇后"，立长子耶律倍为皇太子，堂而皇之地宣布辽王朝的诞生。

让我们再来看看宋朝开国皇帝赵匡胤的皇帝之路吧。

宋朝开国皇帝赵匡胤（927—976年），文武全才，谈吐颇具雄才大略。他在二十二岁那年投靠在后汉枢密使郭威帐下，只是一名普通士兵。后来在郭威推翻后汉的作战中，因连战连胜，智勇双全，终被提升为殿前都指挥使。公元959年，周世宗柴荣去世，已任殿前都检点的赵匡胤又兼任了宋州归德节度使，既掌握禁军，又负责防守京师。这时，他登基坐皇位的心愿便开始萌发了。公元960年旧历正月初一，后周宫廷内张灯结彩，君臣正欢度新年。镇、定二州边关突然报警，声称北汉和契丹联军入侵。小皇帝柴宗训急得手足无措，只好派赵匡胤率领禁军迎敌。

赵匡胤调兵遣将，故意大造声势，暗中却安排弟弟赵匡义和谋士赵普准备兵变。当大军行至大梁城北四十里的陈桥驿时，便驻扎下来。夜里，将士们围在一起议论说："现今皇上年幼无知，不能亲理国政，我们冒死出征有什么价值？不如先立点检为天子，再北征不迟。"赵匡义和赵普鼓动起将士来，立即飞骑约定留守汴梁的将领石守信等人作为回师的内应。然后又带着诸将闯入帅帐，大声说："诸将无主，我们愿立点检做天子！"这时，赵匡胤假装大醉不醒的样子，顺从地让人把早就准备好的龙袍给他穿上。众将士见赵匡胤已经黄袍加身，便一齐叩头礼拜，高呼："万岁！"

次日，赵匡胤率领大军回师京城。后周大臣闻变大惊，有人主张闭城抵抗，但得知宰相范质、王溥已经被软禁时，知道大势已去，已经无可挽回了。当赵匡胤来到左掖门时，内应石守信打开了官门，押解宰相、大臣迎接。赵匡胤故意在众人面前哭诉说："我赵匡胤受世宗厚恩无以为报，今天又被众将逼到如此地步，我真是有负于天地啊……"

宰相范质正想说话，站在一旁的军校罗彦瓌立即高声说："我等拥戴点检为天子，不从者格杀勿论！"赵匡胤大声叱责罗彦瓌，让他退下。罗彦瓌纠合一群人，跪拜在赵匡胤脚下，高呼"万岁"。王溥、范质面面相觑，心里全明白了，于是随着罗彦瓌一起跪拜。朝中大臣见大事已定，纷纷跪拜如仪，官内顿时响起了一片"万岁"的山呼。后周小皇帝柴宗训被迫宣布禅位，降为郑王。赵匡胤登基，国号为宋，以汴京为都城。这就是"陈桥兵变，黄袍加身"的来由，赵匡胤时年三十四岁。

辽太祖耶律阿保机利和宋太祖赵匡胤都是运用策略，建立了一代王朝。辽太祖和宋太祖都是有作为的君主，他们的很多策略很值得我们后世学习。

# 第六十章

## 【原文】

治大国若烹小鲜①。以道莅②天下，其鬼不神③。非④其鬼不神，其神不伤人；非其神不伤人，圣人亦不伤人。夫两不相伤⑤，故德交归焉⑥。

## 【注释】

①小鲜：小鱼。

②莅：临。

③其鬼不神：鬼不起作用。

④非：不唯，不仅。

⑤两不相伤：鬼神和圣人不侵越人。

⑥故德交归焉：让人民享受德的恩泽。

## 【译文】

治理大国，好像煎烹小鱼，不要频繁翻动导致破碎，要注意掌握火候。用"道"治理天下，鬼神起不了作用，不仅鬼不起作用，而且鬼怪的作用伤不了人。不但鬼的作用伤害不了人，圣人有道也不会伤害人。这样，鬼神和有道的圣人都不伤害人，所以，就可以让人民享受到德的恩泽。

## 【解析】

"治大国若烹小鲜。"这是说，治国策略可以从烹制小鲜鱼的方法上得到启示。小鱼的骨刺和鱼肉相当，如果不加以烹煎的话，其食用价值很小。烹煎的目的在于使小鱼骨酥、肉鲜，皆能为我所用。达到这一目的的关键在于把握火候，做到骨刺、鱼肉二者兼顾，既要把骨刺炸酥，又不能让鱼肉焦煳。这一道理用在治国上，就是要求统治者应掌握法律这一火候，运用法律手段，来处理政府官员（骨）和人民群众（肉）的关系，既不能是无政府主义，也不能任凭政府官员利用职权去贪赃枉法，伤害人民。

"以道莅天下，其鬼不神。非其鬼不神，其神不伤人；非其神不伤人，圣人亦不伤人。"

"鬼、神、人、圣人"这四个概念，鬼是害人的，代表的是社会上的恶人及黑社会集团犯罪势力。老子以"不神"言之，表明鬼也是社会制度的产物。正所谓"天下无道，妖魔横生；天下有道，鬼魅藏形"。神是除妖佑人的，代表的是各级政府官员和司法机关。人代表的是广大平民百姓。圣人是有道之世的理想统治者。

在无道的社会里，恶人横行霸道，黑道势力猖獗，善良的劳动人民成了他们欺压伤害的对象，于是人们不得不求助于神的保佑。神的职责本来是降魔服怪，保佑众生平安的，但是，他们却见怪不怪，善良而迷信的人们不得不为他们烧香磕头、献上贡品、金钱以表示虔诚。更有甚者，竟神鬼勾结，共同鱼肉百姓。于是，便形成了人人憎神恨鬼而又不得不敬神敬鬼的社会怪状。总地说来，还是做神好，吃在明处，拿在明处，因为主宰着他人的命运，自然可以大大方方地接受求神者的跪拜，收受求神者的贡品。世上有多少人不仰慕神灵，屈膝于神灵呢？于是乎，平民敬小神，小神敬大神，大神敬天神，下敬上，上庇下，神神相护，唯神是尊。天下自然也就成了众神的天下，众神的天下自然也就成了魔鬼的天下。其实，世上本来没有鬼神，鬼皆因社会无道而生，神则因鬼而显。鬼神的存在是相辅相成的，是统治者宣扬个人迷信的结果，也是受苦受难的人民看不到自己力量的结果。纵观历史，凡是香火旺盛的时代，定是鬼神当道的乱世无疑。

在有道的社会里，圣人位临大卜，"以百姓之心为心"，高举正义之剑，横扫以害人为能事的牛鬼蛇神。在浩然正气面前，他们再也不敢以鬼神自居，纷纷投胎做人。鬼逝则神灭，人们不知有鬼，焉知有神？这是因为人民成了鬼神的克星，鬼神岂敢害人？不仅他们不敢害人，作为最高统治者的圣人也不去伤害人民。因为圣人是由人民推举产生的,圣人所持的尚方宝剑是由人民铸造并用来维护人民利益的。

"夫两不相伤,故德交归焉。"

圣人和他所领导的政府官员都不伤害人民,并为人民所爱戴,这是因为圣人施行的"无为之治"和"不言之教",是以德合道,使道和德又一起回到人间。

本章以烹制小鱼作比,形象、鲜明地强调了依法治国的重要性。只要天下有道,人民有德,则鬼神匿迹,社会安定。

## 【证解故事】

治大国若烹小鲜。

小鱼体小而脆弱,所以烹调的时候不能力道太猛,也不能随意翻动,须小火慢烹,多加观察,细心调制,办事情也是同样的道理,你必须顺其自然,不能违反规律蛮干,否则事情也一定办不好。

**故事一:**

有一位客人去侯子家访问,送了他一只獐子。侯子问:"獐子可以驯化吗?"客人回答他说:"在太平盛世里,野兽都可以成群地出游,你难道不相信吗?为什么獐子不可以驯养呢?"侯子说:"对呀,我试试看吧。"

侯子为獐子造了间房子,开始驯养它。獐子的情绪很不稳定。它一会儿低声呦呦地叫,叫过之后,就静静地待在那里,一动不动,好像在思念什么;一会儿又嗥嗥地大叫,显得很是悲凉。到了晚上,獐子不愿被囚禁在房子里,常常用头去撞门。如果有人走近去看它,它就惊恐万状地在角落里缩成一团,一动不动地盯着来人。獐子虽然在这些方面表现得与人很相似,但还是难以将它的野性驯化。

仲鬼王子听说了这件事,就去对侯子说:"你显然不善于驯养獐子,为什么不把它交给我来驯养呢?"

侯子回答说:"你的院子里面有两条狗,大的像西旅氏的猛狗,小的也是韩子卢的后代,十分勇猛。如果獐子被这两条恶狗吃掉了,那可怎么办呢?"

王子听了哈哈大笑,说道:"你不但不善于驯养獐子,而且也不了解我的两条狗。我将会引着獐子去见那两条狗，然后逐渐让它们在一起吃食，逐渐让它们晚上同住一个地方，逐渐使它们成为好友，而且还要让它们的关系日益亲善。我既然驯养獐子，当然只会使它的生活更安定，怎么会去伤害它呢？"

侯子听了这话，觉得有点道理，但还是嘱咐说："尽管如此，你还是派小童子看着点，用绳子把獐子拴起来，别让狗太接近它。"

王子听罢沉思了一会没有说话。就这样，獐子就让这位王子带回去了。

过了三天，王子派人带话过来给侯子说："我已经不让童子看獐子了。我的那两条狗，看上去也很平静、安宁，不像是想侵犯獐子的样子。"

又过了三天，王子又派人告诉侯子说："现在我已经把绳子解开了，我的那两条狗，也能与獐子和睦相处，很是亲热。虽然獐子还是存有戒心，但我相信很快就会好起来的。"

又过了三天，王子再次派人送来消息："獐子已经消除了戒心，与我的两条狗真的是亲密无间了。"

又过了三天，西旅氏狗却趁獐子熟睡的时候，咬住了它的喉咙，韩子卢狗也上去咬住它的两肋，獐子就这样被咬死了。

愚蠢的仲虺王子不顾獐子和狗本是天敌，硬要逼它们相亲相爱，当然会造成可怕的后果。

顺其自然，可以使事情变得容易，但必须符合自然规律。

从前，有位樵夫生性愚钝，有一天他上山砍柴，不经意间看见一只从未见过的动物。于是，他上前问："你到底是谁？"

那只动物开口说："我叫'领悟'。"

这时，樵夫心想："我现在就是缺少'领悟'啊！把它捉回去算了！"

这时，"领悟"就说："你现在想捉我吗？"

樵夫吓了一跳：我心里想的事它都知道！那么，我不妨装出一副满不在意的模样，趁它不注意时赶紧捉住它！

结果"领悟"又对他说："你现在又想装成不在意的模样来骗我，等我不注意时，将我捉住。"

樵夫的心事都被"领悟"看穿，所以就很生气：真是可恶！为什么它都能知道我在想什么呢？

谁知，这种想法马上又被"领悟"发现。

它又开口说："你因为没有捉住我而生气吧！"

于是，樵夫从内心检讨：我应该把它忘记，专心砍柴。

樵夫想到这里，就挥起斧头，用心地砍柴。

一不小心，斧头掉下来，却意外地砸在"领悟"上面，"领悟"立刻被樵夫捉住了。

人们做事一定要学会顺其自然。违背规律去办事，就会步步艰难，而学会顺应规律，就会得心应手，一路坦途。

高僧神秀语："时时勤拂拭，勿使惹尘埃。"说的无非是让我们勤于自省，多加改正自身的不足，才能有长足的进步。老子曾说过："用其光，复归其明，无遗身殃，是为习常。"与此观点不谋而合，发人深省。

**故事二：**

勾践，春秋末年越国国君。越王允常之子，又称热执。公元前497—465年在位。曾被吴国击败，屈服求和。他卧薪尝胆刻苦图强，任用范蠡、文种等人整顿国政，十年生聚，十年教训，终于转弱为强，灭亡吴国。继在徐州（今山东滕县南）大会诸侯，成为霸主。夫差，春秋末年吴国国君，吴王阖闾之子，公元前495—473年在位。

初在夫椒打败越兵，乘胜攻破越都，迫使越王屈服，继开凿邗沟，以图向北发展，在艾陵（今山东莱芜东北）大败齐兵。前482年，在黄池（今河南封丘西南）和诸侯会盟，与晋国争霸，越王乘虚入关都。后来越国再次兴兵攻灭吴国，逼他自杀。越王勾践在被吴国灭亡时，屈身为奴，服侍吴王夫差，后来被准许回国，卧薪尝胆，终于打败了吴国。勾践为什么能打败吴王夫差呢？这其中有一个很关键的计策，就是用了美人计。

勾践回到越国后，从国内搜集了大量的珍宝，还挑选了美女数千人，选出了两个最漂亮的女子，一个是西施，一个是郑旦，将这二女子进行训练，每日教她们歌舞、礼仪，然后送给吴王夫差。吴王夫差得到两个美女后，整天沉醉于美女怀中，不问政事。西施还趁机离间夫差和伍子胥的关系。伍子胥识破了越王的美人计，多次劝谏吴王，夫差不但不听，反而赐伍子胥以"属镂之剑"，逼伍子胥自刎。伍子胥按剑在手，叹道："大王是让我自尽啊！"伍子胥徒跣下阶，立于中庭，仰天大呼："天乎，天乎！昔日先主不欲立你，全靠我力争，你才得到了嗣位。我为你破楚败越，威加诸侯。今你不听忠言，反赐我死！今日死，明日越兵至，掘汝社稷矣。"他对家人说："我死后，可抉我之目，悬于东门，以观越兵之入吴也！"说罢，自刎其喉而死。

夫差听手下人报告伍子胥的遗嘱，心中不快，亲往看其尸，冷笑说："胥，一死之后，你还知道什么？"乃自断其头，置于盘门城楼之上；取其尸，盛以鸱夷之器，使人载去，投于江中。伍子胥含恨死去，使越国除掉了一个有力的对手，后来越国乘吴王夫差北上争霸，国内大旱的有利时机，一举灭了吴国，吴王夫差亦自杀。吴王夫差逼杀伍子胥，不是专制昏庸，又是什么呢？

英雄难过美人关，古今中外多少英雄豪杰，在战场上叱咤风云，但却被美人的石榴裙所迷惑，以至丧身灭国。商场上也一样，抓住对手的弱点，善用策略，取得最终的胜利。

# 第六十一章

## 【原文】

大邦者下流，天下之牝，天下之交也①。牝常以静胜牡，以静为下。故大邦以下小邦，则取小邦；小邦以下大邦，则取大邦。故或下以取，或下而取②。大邦不过欲兼畜人③，小邦不过欲入事人。夫两者各得所欲，大者宜为下。

## 【注释】

①天下之交也：一本作"天下之交"，交，会集、会总。
②或下而取：下，谦下。取，借为聚。
③兼畜人：把人聚在一起加以养护。

## 【译文】

大国要像居于江河下游那样，使天下百川河流交汇在这里，处在天下雌柔的位置。雌柔常以安静守定而胜过雄强，这是因为它居于柔下的缘故。所以，大国对小国谦下忍让，就可以取得小国的信任和依赖；小国对大国谦下忍让，就可以见容于大国。所以，或者大国对小国谦让而取得大国的信任，或者小国对大国谦让而见容于大国。大国与小国不过是"取"和"取于"的关系。"欲兼畜人"即接纳吸收别国加入自己的联盟；"欲入事人"则是加入别国的同盟。两方面各得所欲求的，大国特别应该谦下忍让。

## 【解析】

"大邦者下流。"

用"下流"二字，让人立即明白，大国是以大海作比。大海之所以为大，是因为处下，天下所有河流在那里交汇的缘故。这一句用海洋和河流作比大国和小国，说明大国和海洋一样，是兼容小国的缘故。

"天下之牝，天下之交也。牝常以静胜牡，以静为下。故大邦以下小邦，则取小邦；小邦以下大邦，则取大邦。"

天下的雌性动物，常常以温柔征服天下的雄性动物。阴之所以胜阳是因其本性符合大道之性。牝胜牡，就是阴胜阳，静胜动。同样的道理，如果大国能够以谦下守静之德对待小国，就可以取得小国的拥护和归顺；如果小国以柔和守静之德对待大国，则可以取得大国的尊重和保护。

"故或下以取，或下而取。大邦不过欲兼畜人，小邦不过欲入事人。夫两者各得其所欲，大者宜为下。"

"或下以取，或下而取"，说明不管是大国征服小国，还是小国归附大国，其前提条件都是守静谦下，即大国和小国的和平共处是建立在相互信任、相互尊重基础上的。大国取得小国的归顺，目的不过是为了让更多的人加入道德事业的行列，使道德之树不断成长和壮大。小国加入大国的行列，目的不过是同大国一道，共同维护道德事业的发展，让道德普及天下。大国与小国的建交，既体现了共同的目标，又满足了各自的愿望。但是，在建交之初，大国更应该有大国的风度，以主动谦下之德去接纳小国。

本章论述的是国际外交政策。以天地阴阳之妙用，推论大国和小国的和平共处原则。大国守静处下，是符合客观规律的。倘若以强凌弱，以大欺小，就违背了自然法则，必被小国战胜。小国若不能遵守自然法则，躁动妄为，以小犯大，必国破人亡。所以，不论大国小国都必须建立在相互尊重的基础上，和平共处，共同造就人类社会的繁荣和稳定。

## 【证解故事】

大的国家有如江河下游地区的聚集地，如万物之母般，天下万物都会自然而然聚集于此处，交流互动、滋养生息、相生兼容。通常"雌"都是以柔静的低下姿态而胜过"雄"。所以，当大的国家有足够的包容能力时，小国都会愿意归附大国；当小国能够配合大国运作时，就能与大国相结合。所以不论大包容小或小配合大，大国的功能不过是多照顾一些人；小国不过就是多配合大国一点，让大国的政策更有效率；这样，双方就能够互蒙其利了。所以，站在愈是大的、强的一方应该要更加居下谦虚，才是有德者的治世之道。

在《道德经》第六十一章中，老子表面上虽然阐述的是国家如何发展壮大的智慧，实则阐述的是一种人生智慧——若想发展自己，唯有将自己放低才行。

放低自己，就是通常所说的低调做人。它是一个心态问题，也是对自己人生价值的估量问题。自觉非同一般、高人一等，便会放不下架子，也夹不住尾巴，只能颐指气使、俯视于人。只有把自己当成一个平凡人、不比别人在某方面强，才会与人平等、看人平视、待人平和。

**故事一：**

一个满怀失望的年轻人千里迢迢来到法门寺，对住持释圆说："我一心一意要学丹青，但至今没有找到一个能令我满意的老师。"

释圆笑笑问："你走南闯北十几年，真没能找到一个自己的老师吗？"

年轻人深深叹了口气说："许多人都是徒有虚名啊，我见过他们的画，有的画技甚至不如我。"

释圆听了，淡淡一笑："老僧虽然不懂丹青，但也颇爱收集一些名家精品。既然施主的画技不比那些名家逊色，就烦请施主为老僧留下一幅墨宝吧。"说着，便吩咐一个小和尚拿了笔墨纸砚来。

释圆说："老僧的最大嗜好，就是爱品茗饮茶，尤其喜爱那些造型流畅的古朴茶具。施主可否为我画一个茶杯和一个茶壶？"

年轻人听了，说："这还不容易？"

于是调了一砚浓墨，铺开宣纸，寥寥数笔，就画出一个倾斜的水壶和一个造型典雅的茶杯。那水壶的壶嘴正徐徐吐出一脉茶，注入到了茶杯中。年轻人问释圆："这幅画您满意吗？"

释圆微微一笑，摇了摇头。

释圆说："你画得确实不错，只是把茶壶和茶杯放错位置了。应该是茶杯在上，茶壶在下呀。"

年轻人听了，笑道："大师为何如此糊涂，哪有茶壶往茶杯里注水，而茶杯在上茶壶在下的？"

释圆听了，又微微一笑说："原来你懂得这个道理啊！你渴望自己的杯子里能注入那些丹青高手的香茗，但你总把自己的杯子放得比那些茶壶还要高，香茗怎么能注入你的杯子里呢？"

人们都知道，只有从山脚下攀登才能到达山顶，只有从起点起步才能到达成功的彼岸。

俗话说："满招损，谦受益。"杜甫说："水能性淡为吾友，竹解心虚即我师。"诸葛亮懂得放低自己，虽躬耕于山林，不也同样修得满腹韬略，成就了日后蜀国霸业？亚伯拉罕·林肯懂得放低自己，虽鞋匠出身不也成为受人景仰的美国总统吗？所谓智慧，并不是把自己摆在一个很高的位置让自己飘飘其然，而是来到低处以一种谦卑的心去仰视芸芸众生。

唐代诗人王维，他在年轻时就很有名气，他也因此显得十分高傲。

当时，科举考试盛行舞弊作假之风，如果应试之人没有权贵推荐，是很难高中的。因为这个缘故，读书人纷纷找权贵做靠山，千方百计讨取他们的欢心。

王维是个有骨气的人，他认为这样做有失读书人的身份，他还当面对人说："考试要靠真本事，读书人不能走旁门左道。国家选用人才是大事，如果就这样形同儿戏，对国家是大不利的。"

王维坚持苦学，没有托请，结果第一次考试就落第了。相反，那些有关系的虽不如王维学问好，却都高中了。

这件事对王维打击很大，他变得沉默寡言了。这时，王维的朋友对他说："科举的风气不正，这是不争的事实，你能改变得了吗？你要想高中，就该知道你不中的原因，从而对症下药，着手解决，这样才有希望。你的学识是不差的，关键是你没有结交权贵，补上这一课中个状元也不是难事。"

王维承认他说得不错，从此放下自尊，出入权贵之家。他不仅诗写得好，而且音乐才能也十分出色，特别是他的琵琶绝技，那是无人能比的。

岐王对王维十分赏识，他又把王维介绍给极有权势的公主。在拜见公主之前，有人提醒王维说："公主爱好音乐，只要你让她高兴了，天大的事都能办到。你一定要卖些气力，千万不要搞砸了。"

王维记在心上，很费了一番脑筋。在拜见公主时，他使出所有的本事，把琵琶弹得动人心魄，格外好听。

公主听完十分高兴，连连叫好。王维趁机又把自己的诗作献上，还恭维说："公主的才能，天下无人不知，有幸得到公主的教导，我现在即使死了，也没有遗憾了。"

公主更加高兴。岐王在旁也替王维美言，求公主帮助王维科举高中。后来，有了公主的关照，王维高中状元，实现了多年的梦想。

王维掌握了科举的命脉，这才屈尊权贵，结果顺利地实现了心愿。

这不是王维的过错，只是封建社会对人性扭曲的写照罢了。他的一首曲子比万卷书还管用，他找到了成就功名的一条捷径。

物体要吸收热量，首先得冷却；人要跳跃，首先要蹲下。冷却和蹲下不是目的，目的是为了变得更热和跳得更高。同样放低自己并不是我们所追求的目的，目的是加重成功的砝码。国家谦和卑下才能够长久，人类也是如此。所以我们作为人类的个体，就应该从我做起，对待周围的人要谦恭柔和，等居低位，这是人生成功之重要智慧。

放低自己，会不会真的使自己变矮？当然不会。放低不是降低，更不是贬低。相反，低调做人、潜心做事的人不但不会降低他的社会价值和社会地位，反而会得到社会更广泛的承认和人们更普遍的尊重。有一则谚语说得好："口袋里装着麝香的人不会在街上大吵大嚷，因为他身后飘出的香味已经说明了一切。"

**故事二：**

司马绍当了皇帝后，有时喜欢微服私访。有一次他扮作商人模样，穿一件旧皮衣，肩上挂着个钱褡，来到安徽芜湖一带。当时东晋叛臣王敦正驻扎在那里。

王敦手下的军士见来了一个走街串巷的商人，这商人不去集市酒楼，偏偏在军营附近转悠。于是军士们就盘问起这个商人来。司马绍毕竟不是商人，谈了一会儿，就在生意经上被问出许多破绽。然而他的文采、风度、气质却是一般商人不具有的。

军士们觉得这个商人不一般，好像是朝廷派来的探子。有一军士就向王敦报告了情况。王敦细细地盘问军士们，当听说此人长得高大魁梧、浓眉细眼、黄胡子，说话一口字正腔圆的京腔，就怀疑此人是司马绍微服私访。于是派出五名军官去追，并一再嘱咐要捉活的。

五名军官随着两名值勤军官追出了营门，但司马绍已不知去向。军官们走到岔路口上，见路旁有一堆马粪，又见路边有一凉棚，有一卖茶水的老太太正忙着卖茶倒水。军官们决定向老太太打听。他们下马来到凉棚问："老人家，您可看见有一个高个子、长着黄胡子的人，骑马从这里路过？"卖茶水的老太太说："有这么一个人，从这里骑马走过。已经好长时间了，他还忘了一条鞭子，我给他拾起来，请你们转交他。"说着，老人拿出一条金光耀眼的镶嵌着七彩宝石的鞭子。"啊，是七宝鞭！"军官们又惊又喜地抢夺着。他们争着欣赏那件珍贵的皇帝用品，都想据为己有，在争吵中，时间已过了半个时辰。这时，他们突然想起了自己抓人的使命。他们又去观察那堆马粪，见马粪都凉了，觉得一定追不上了，于是就带着七宝鞭回军营交差去了。

原来，司马绍微服私访被盘查后，他预感到事情不妙，就飞身上马，逃出军营附近。但他深知，凭自己的骑术是绝对跑不过骑兵的。当他看到卖茶水的老太太时，忽然有了个缓兵之计。于是，他掏出二两银子给了老太太，又把自己的七宝鞭递给她，对老太太作了一番交代，又把马屁股后的一堆马粪浇上水，这才飞快地骑马跑了。当五名骑兵军官追来时，一切果然如晋明帝的安排，他们中了缓兵之计。司马绍争取了时间，顺利地回到京城。

司马绍这一招也确实惊险，实属侥幸脱险。试想如果那位素不相识的老奶奶一时起了贪念，将那七宝鞭据为己有，又怎能拖延追兵的脚步？日常生活中，我们还是要多给自己留下后路。

# 第六十二章

## 【原文】

道者万物之奥①，善人之宝，不善人之所保②。美言可以市尊③，美行可以加人④。人之不善，何弃之有？故立天子，置三公⑤，虽有拱璧以先驷马⑥，不如坐进此道⑦。古之所以贵此道者何？不曰求以得⑧，有罪以免邪⑨？故为天下贵。

## 【注释】

①奥：一说为深的意思，不被人看见的地方；另一说是藏，含有庇荫之意。其实两说比较接近，不必仅执其一。

②不善人之所保：不善之人也要保持它。

③美言可以市尊：美好的言辞，可以换来别人对你的敬仰。

④美行可以加人：良好的行为，可以见重于人。

⑤三公：太师、太傅、太保。

⑥拱璧以先驷马：拱璧，指双手捧着贵重的玉。驷马，四匹马驾的车。古代的献礼，轻物在先，重物在后。

⑦坐进此道：献上清静无为的道。

⑧求以得：有求就得到。

⑨有罪以免邪：有罪的人得到"道"，可以免去罪过。

## 【译文】

"道"是荫庇万物之所，善良之人珍贵它，不善的人也要保持它。需要的时候还要求它庇护。美好的言辞可以换来别人对你的尊重；良好的行为可以见重于人。不善的人怎能舍弃它呢？所以在天子即位、设置三公的时候，虽然有拱璧在先驷马在后的献礼仪式，还不如把这个"道"进献给他们。自古以来，人们之所以把"道"看得这样宝贵，不正是由于求它庇护一定可以得到满足；犯了罪过，也可得到它的宽恕吗？就因为这个，天下人才如此珍视"道"。

**【解析】**

"道者万物之奥，善人之宝，不善人之所保。"

道，蕴藏着宇宙万物之所以存在和发展变化的奥妙，蕴含着获得人生幸福的大智大慧。善人得道，成为人生之至宝，终生受用不穷。那些贪求外在功利的不善之人不可能得道，但是，为了获得极端个人利益，满足他们的人生欲望，又不得不借助于道来掩饰、保护自己。

"美言可以市尊，美行可以加人。人之不善，何弃之有？故立天子，置三公，虽有拱璧以先驷马，不如坐进此道。"

美丽动听的语言可以换回别人的尊敬，美好的行为可以获得别人的拥戴——刘备摔子，曹操割发，即属于"美言""美行"。也正因为懂得"美言""美行"，才成就了他们的帝王之尊，猎取了他们所追求的外在名利。既然"美言可以市尊，美行可以加人"，不善之人又怎么能够弃绝呢？因此，世间才确立了"天子"，配置了"三公"。言下之意，天子、三公都是披着道的外衣，善于说漂亮话、做漂亮事的不善之人。

奴隶社会、封建社会的统治者，称自己为上天的儿子，那么由他们建立、执掌的帝王政权就是天命所授，自己的一切行为都是上天的旨意，因而是合理的。

公，公平、公正的意思，这里指称诸侯国的王。周朝的最高统治者称"天子"，各诸侯国的王称"公"。王公的任务是奉天子之命，公平、公正地为民办事。三，并非确数，是"多"的意思。天子、王公本来是剥削阶级的代表人物，却被美化成上天的儿子、人民的公仆，这才是天下最大的谎言。"自古权与贵，不系才与贤"，是对天子之尊、三公之贵的最确切的注解。天子、三公不绝，世间不善之人不灭！

"古之所以贵此道者何？不曰求以得，有罪以免邪？故为天下贵。"

身体的健康虽说是道德功的副产品，然而，从"有罪以免"的角度来说，无病无灾就是福，这也是人们所普遍向往的，所以，强身之道历来为人们所重视。

## 【证解故事】

### 故事一：

美好的言辞可以使人们互相尊重，良善的行为可以使人们互相感化。

渴望被肯定，渴望被赞美，这是每个人对成就感的需要。因此，生活中我们应该多去发现、寻找别人值得称赞的地方，这样不但能给对方的生活带来阳光与快乐，你也会因此更受欢迎。

几乎没人喜欢那些吹毛求疵的人，因为他们总是发现除了自己之外的其他人，也包括我们，有这样那样的缺陷，都成了他们批评和指责的对象。法官的眼光是苛刻的，他们比我们更相信罪犯都是些十恶不赦的社会垃圾，但犯罪心理学家却发现，如果不从法律的角度来看，在每一个罪犯身上都会发现一些真正值得赞赏的东西。这个道理实际上十分浅显，总是挂在我们的嘴边，那就是："金无足赤，人无完人。"

这就是说，无论我们的交往对象是谁，是什么样的人，我们都可以找到他们的某些值得称赞的特点，可以通过赞美使他们感受到温暖和快乐。擦亮自己的眼睛，寻找他人的长处，给予由衷的称赞，就会得到更多的朋友。

清朝有一部名为《一笑》的书，里面记载了这样一则笑话：

古时有一个说客，当众夸口说："小人虽不才，但极能奉承。平生有一愿，要将一千顶高帽子戴给我最先遇到的一千个人，现在已送出了九百九十九顶，只剩下最后一顶了。"一长者听后摇头说道："我偏不信，你那最后一顶用什么方法也戴不到我的头上。"说客一听，忙拱手道："先生说得极是，不才从南到北，闯了大半辈子，但像先生这样秉性刚直、不喜奉承的人，委实没有！"长者顿时手捋胡须，扬扬自得地说："你真算得上是了解我的人啊！"听了这话，那位说客立即哈哈大笑："恭喜恭喜，我这最后一顶帽子刚好送给先生您了。"

这只是一则笑话，但它却有深刻的寓意。其中除了那位说客的机智外，更包含了人们无法拒绝赞美之辞的道理。之所以如此，最主要的原因便在于赞美他人能满足他们的自我。如果你能以诚挚的敬意和真心实意的赞扬满足一个人的自我，那么任何一个人都可能会变得更令人愉快、更通情达理、更乐于协力合作。

在《孩子，我并不完美，我只是真实的我》这本书里，著名的心理学家杰丝·雷耳也评论说："称赞对温暖人类的灵魂而言，就像阳光一样，没有它，我们就无法成长、开花。但是我们大多数的人，只是善于躲避别人的冷言冷语，而我们自己却吝于把赞许的温暖阳光给予别人。"

卡耐基小时候是一个公认的非常淘气的坏男孩。在他九岁的时候，父亲把继母娶进家门。当时他们是居住在弗吉尼亚州乡下的贫苦人家，而继母则来自较好的家庭。他父亲一边向她介绍卡耐基，一边说："亲爱的，希望你注意这个全县最坏的男孩，他可让我头疼死了，说不定会在明天早晨以前就拿石头扔向你，或者做出别的什么坏事，总之让你防不胜防。"出乎卡耐基意料的是，继母微笑着走到他面前，托起他的头看着他，接着又看着丈夫说："你错了，他不是全县最坏的男孩，而是最聪明、但还没有找到发泄热忱的地方的男孩。"

继母说得卡耐基心里热乎乎的，眼泪几乎滚落下来。就凭着这一句话，他和继母开始建立起了深厚的友谊。也就是这一句话，成为激励他的一种动力，使他日后创造了成功的28项黄金法则，帮助千千万万的普通人走上成功和致富的光明大道。因为在她继母来之前没有一个人称赞过他聪明。

正是继母的赞美改变了卡耐基一生的命运。谈到改变人，比尔·盖茨说："假如你愿意激励一个人来了解他所拥有的内在宝藏，那我们所能做的就不只是改变人了，我们能彻底地改造他。"

夸张吗？听听威廉·詹姆斯睿智的观点吧！他是美国有史以来最有名、最杰出的心理学家。他说："若与我们的潜能相比，我们只是半醒状态。我们只利用了我们肉体和心智能源的极小一部分而已。往大处讲，每个人离他的极限还远得很。他拥有各种能力，但往往习惯性地未能运用它。"

在这些习惯性地未能运用的能力之中，有一种你肯定没有发挥出来，那就是赞美别人、鼓励别人、激励人们发挥潜能的能力。

真诚赞美别人其实也是自己进步的开端。只有当自己抱着开朗、乐观的态度面对生活时，才能被别人的优点和长处所吸引；只有当心胸开阔，对人对己有足够信心的时候，才能由衷地赞美别人，才能和谐地与人相处共事，使生活道路上少一些荆棘，多一份生命力。

"良言一句三冬暖"，你真的不想尝试一下吗？

**故事二：**

说话能站在他人立场设想的人，能令人尊敬；做事能站在他人立场设想的人，则令人愿意追随。

老子提出"美言可以市尊，美行可以加人。"这句话看似中庸，然而却令很多人深信不疑。汽车大王福特就深信此道，曾说过这样一句话："假如有什么成功秘诀的话，就是设身处地替别人想想，了解别人的态度和观点。"

世界上有许多从事推销工作的人，他们常常不能说服顾客购买他们的产品，这是为什么呢？在很多时候，并不是他们对自己所推销的产品不够了解；也不是他们的亲和力不够。而是他们在推销过程中总是想到怎么把"产品换成钱"，而没有想到顾客到底需要什么样的产品。如果这些推销员能够了解这些，想必推销工作一定会更有效果的。

老子的这种处事方法是一种放之四海而皆准的大智慧，它适用于任何方面。

有个小孩子不肯吃饭，长得很瘦弱。孩子的父母总是嘀咕："为妈妈吃一点呀！为爸爸吃下这个，赶快长成大人。"这孩子出于逆反心理，反而吃得更少了。最后，这个父亲终于明白了，他对自己说："这孩子要什么？我怎么把他所要的和我所要的结合起来？"他的孩子有一辆小童车，他很爱在门前骑车。离他家不远处，住着一个野孩子，经常把那小孩子从车上拉下来，自己骑着他的车玩。自然，这孩子跑到母亲那里诉苦了，她也必然要跑到外面去，把那野孩子从车上拉下来，再把自己的孩子抱上去。这种事几乎每天都要发生。

这个小孩这时所要的是什么呢？这个答案就不必去百科全书中找了。他渴望马上长大，有力气，谁也不敢来欺侮他，那个野孩子如果再把他拉下车来，他能把野孩子的鼻子揍出血来。这时，他父亲告诉他：如果他能吃他妈妈要他吃的东西，有一天，他能长得很有力气。从此以后，再也不用担心孩子不吃了。什么甜、酸、苦、辣的东西他都吃，因为他想长得有力气，好来对付那个欺他太甚的野孩子。

每个人都有自己想问题的观点和角度，有自己特定的意愿，这能导致他们自觉的行为。要使社交成功，请站在别人的角度想想问题。

怎样才能读懂、甚至学会老子的这一人生智慧呢？其实这才是问题的关键。生活中，大多数人都想着改变这个世界，但却极少有人想改造自己。改变自己的心态，世界看起来就没有我们想的那么多"为什么"了。

杰的房屋的后面有一棵葡萄树，几年来一直半死不活的。不料，去年葡萄树却像焕发了青春，枝叶茂盛，还结了许多葡萄。杰很高兴，就摘了些分给别人尝尝，让他们也分享一下这份喜悦的心情。

他送给了一位商人。商人用两个手指拈了一颗小心地送进嘴里，忙说好吃，问多少钱一斤？杰说"不要钱，请你尝尝"。商人不愿意，坚持要付钱。无奈，杰只好收下了他的钱。

杰又把葡萄送给一个干部。他接过葡萄后一直注视着杰，然后略显难色地问："你有什么事吗？"杰告诉他没有什么事，只是想让他尝尝这些老树结的新葡萄。

杰把葡萄送给一位少妇。她有些意外，而她的丈夫却一脸的警惕。杰很尴尬，忙说这种葡萄本地没有，很好吃。那位丈夫像吃毒药一样吃了一颗。"肯定是酸的，"杰想。从此，他们家就有了争吵声。

杰把葡萄送给一位过路的老人。他吃了一颗后，摸摸白胡子说了句"不错"，就头也不回地走了。杰很高兴，他终于找到了一个人，一个真正地吃葡萄的人。

大多数人想改变这个世界，但却极少有人想改造自己。改变自己的心态，就能改变自己的世界。而且人们也很容易将观念和思维编入现存的框架里，戴着有色眼镜去观察周围的人和事物。如果能换一种心态，我们眼中的世界将会更美好、更宽广。

对于人的一生是快乐的还是痛苦的，不同的人有不同的看法。

也许，同样是面临着惨淡的人生，而人做出的态度是不同的。有的人经历不住挫折的打击，总是埋怨老天的不公，总是埋怨自己的运气不好，于是畏缩不前。但他们不像前者，他们善于捕捉生活的亮点。换个角度看问题，使我们不再片面，也使我们的生活增加更多的亮点。换个角度看问题，使我们拥有顽强的精神，使我们拥有灿烂的人生。

# 第六十三章

## 【原文】

为无为，事无事，味无味①。大小多少②，报怨以德③。图难于其易，为大于其细。天下难事必作于易，天下大事必作于细。是以圣人终不为大④，故能成其大。夫轻诺必寡信，多易必多难。是以圣人犹难之。故终无难矣。

## 【注释】

①为无为，事无事，味无味：此句意为把无为当作为，把无事当作事，把无味当作味。

②大小多少：大生于小，多起于少。另一解释是大的看作小，小的看作大，多的看作少，少的看作多。还有一说是，去其大，取其小，去其多，取其少。

③报怨以德：此句当移至第七十九章"必有余怨"句后，故此处不译。

④不为大：是说有道的人不自以为大。

## 【译文】

以无为的态度去有所作为，以不滋事的方法去处理事物，以恬淡无味当作有味。大生于小，多起于少。处理问题要从容易的地方入手，实现远大目标要从细微的地方入手。天下的难事，一定从简易的地方做起；天下的大事，一定从微细的部分开端。因此，有"道"的圣人始终不贪图大贡献，所以才能做成大事。那些轻易发出诺言的，必定很少能够兑现；把事情看得太容易，势必遇到很多困难。因此，有道的圣人总是看重困难，所以就终于没有困难了。

## 【解析】

"为无为，事无事，味无味。大小多少，报怨以德。"

治理国家要实行无为之治。处理国家事务，不能怀有个人私心。思考问题要思考那些没有发生而可能发生的问题。要用辩证的观点看待大小、多少的关系，要以正确的思想观念对待群众的怨言。群众的怨言并不是无缘无故的，它是社会体制不健全的具体体现。

"图难于其易，为大于其细。天下难事必作于易，天下大事必作于细。是以圣人终不为大，故能成其大。"

解决难题，要从最容易的开始，规划宏伟蓝图要从最小处着眼。国家那些很难解决的问题，必定都是从看似简单的事情引起的；国家所取得的巨大成就，必定都是从小事开始，一步一步实现的。所以，圣人治理国家自始至终所从事的看起来似乎都是一些小事，但也正是这些小事才化解了国家的困难，造就了国家的繁荣富强，同时也铸就了圣人的伟大形象。

"夫轻诺必寡信，多易必多难。是以圣人犹难之。故终无难矣。"

轻易许诺的人不慎重考虑问题，把问题看简单了，待到实际去做的时候，却发现不是他当初想象的那么容易，这是造成"寡信"的原因。一旦失信于人，就很难再得到众人的帮助；得不到众人的帮助，困难就越多。所以，"多难"必是"寡信"的结果。

因此，圣人做事与轻诺的人不同，他总是举轻若重，慎终如始，这样一来，他就自始至终都不会有困难了。

本章以辩证法的观点，论述了大小、多少、轻重、难易的辩证关系，并指明了解决这些矛盾的具体措施，即遵循事物发展的量变质变规律。

## 【证解故事】

### 故事一：

凡是天下间最困难的事，都必是从容易处着手。凡是天下大事，必定从微小的事情做起。

老子"天下难事必作于易，天下大事必作于细"的智慧，应用于当今成功的实例很多。先不说个人的成功，就企业管理来说，丰田的精细化管理、海尔的"责任到人"原则，都是做精、做细的成功典范。因此老子的这一智慧是值得现代人拿来学习和研究的。

很多时候我们只要在事情的每一个细微之处稍加留心，便能感受到它的妙处。就拿现在最热门的话题——"求职应聘"来说，关注细节同样能够带来成功。

美国福特汽车公司的创始人福特，他大学毕业后，去过一家汽车公司应聘。和他一同应聘的三四个人都比他学历高，当他前面几个人面试之后，连他自己都觉得没有什么希望了。

但"既来之，则安之"。他也壮着胆子进入了董事长的办公室，当他一进办公室，便发现门口的地上有一张纸，他弯腰捡了起来，发现是一张被弄皱了的纸，便顺手将它扔进了废纸篓里。

当他走到董事长的办公桌前，介绍说："我是来应聘的福特。"没有经过任何的测试，董事长便对他说："很好，很好！福特先生，你已被我们录用了。"福特惊讶地说："董事长，我觉得前几位的条件都比我好，你怎么把我录用了？"董事长说："福特先生，前面三位的确学历比你高，且仪表堂堂，但是他们眼睛只能看见大事，而看不见小事。你的眼睛能看见小事，我认为能看见小事的人，将来自然更会看到大事，一个只能看见大事的人，他会忽略很多小事。他是不会成功的。所以，我才录用你。"福特就这样进了这个公司，这个公司不久就扬名天下，福特把这个公司改为福特公司。

"一屋不扫，何以扫天下"，如果人的脑袋里总是装着如何如何做大事，对于身边的小事不屑一顾，那样是做不成大事的。

在这里，一个不经意的细微之处就决定了面试的成败。然而我们一旦对这些小的甚至微不足道的细节过于疏忽，酿成的悲哀也足够令我们后悔一时或者一世的。

2003 年 2 月 1 日，美国"哥伦比亚号"航天飞机返回地面途中，着陆前意外发生爆炸，飞机上的七名宇航员全部遇难，全世界为之震惊。美国宇航局负责航天飞机计划的官员罗恩·迪特莫尔被迫辞职。此前，他在美国宇航局工作了二十六年，并已担任四年的航天飞机计划主管。

事后的调查结果表明，造成这一灾难的凶手竟是一块脱落的隔热瓦。

"哥伦比亚号"表面覆盖着两万余块隔热瓦，能抵御三千摄氏度的高温，以免航天飞机返回大气层时外壳被高温所熔化。一月十六日，"哥伦比亚号"升空八十秒后，一块从燃料箱上脱落的碎片击中了飞机左翼前部的隔热系统。宇航局的高速照相机记录了这一过程。

应该说，航天飞机的整体性能等很多技术标准都是一流的，但就因为一小块脱落的隔热瓦就毁灭了价值连城的航天飞机，还有无法用价值衡量的七条宝贵的生命。

成就大事不能忽视细枝末节，可以说，成功是一项系统工程，任何一个环节都至关重要，对全局都有着很大的影响。

保持对细节的关注，是成功者最后胜利的重要原因。如果对细节不察不问，办事不拘小节，隐患便会越攒越多，一旦爆发，事情的性质便会发生根本性的变化。

有个关于英国国王理查三世逊位的真实故事说的就是此事。

1485 年，理查三世在波斯沃思战役中被击败，莎士比亚的名句："马，马，一马失社稷！"使这一战役永载史册。

战斗进行的当天早上，理查三世派了一个马夫备好自己最喜欢的战马。

"快点给它钉掌，"马夫对铁匠说，"国王希望骑着它打头阵。"

"你得等等，"铁匠回答，"我前几天给国王全军的马都钉了掌，现在我得找点儿铁片来。"

"我等不及了，"马夫不耐烦地叫道，"敌人正在推进，我们必须在战场上迎击敌兵，有什么你就用什么吧。"

铁匠埋头干活，从一根铁条上弄下四个马掌，把它们砸平、整形，固定在马蹄上，然后开始钉钉子。钉了三个掌后，他发现没有钉子来钉第四个掌了。

"我需要一两个钉子，"他说，"得需要点儿时间砸出两个。"

"我告诉过你我等不及了，"马夫急切地说，"我听见军号了，你能不能凑合凑合？"

"我能把马掌钉上，但是不能像其他几个那么牢实。"

"能不能挂住？"马夫问。

"应该能，"铁匠回答，"但我没把握。"

"好吧，就这样，"马夫叫道，"快点，要不然国王会怪罪到咱俩头上的。"

两军交上了锋，理查国王就在军队的阵中，他冲锋陷阵，鞭策士兵迎战敌人。"冲啊，冲啊！"他喊着，率领部队冲向敌阵。

远远地，他看见战场另一头几个自己的士兵退却了。如果别人看见他们这样，也会后退的，所以理查策马扬鞭冲向那个缺口，召唤士兵掉头战斗。

他还没走到一半，一只马掌掉了，战马跌翻在地，理查也被掀在地上。

国王还没有抓住缰绳，惊恐的畜生就跳起来逃走了。理查环顾四周，他的士兵们纷纷转身撤退，亨利的军队包围了上来。

他在空中挥舞宝剑，"马！"他喊道，"一匹马，我的国家倾覆就因为这一匹马。"

他没有马骑了，他的军队已经分崩离析，士兵们自顾不暇。不一会儿，亨利的士兵俘获了理查，战斗结束了。这场战役所有的损失，都是因为少了一个马掌钉。

人们的失败，有许多并不是因为大事，而是败在对细节重视不够。对自己的要求不严，对他人的观察不细，都可造成严重的后果和误判，使事情的大方向渐渐走偏。

人与事都是由许多细节构成的，小就是大，大就是小，它们是完整的统一体，辩证地看它们才不会失之片面。在细微处把握住宏旨，人们就不会有大的闪失了。所以，有道的从来不自以为是，不粗率鲁莽，因为能成就大事。

"成也萧何，败也萧何"，做事的成败，同样决定在我们能否真正把握和了解事情的某些细微之处：一旦我们体会到这些细微之处，那就是成；倘若始终无法体会到这些细微之处，那就只有败了。

**故事二：**

难以处理的事情必然有容易下手之处，再大的事也是构建于细微之上。所以，圣人不好高骛远，按条理逐步进行，最后必能成功。

做事理应从大处着眼，小处做起。这是一条最简单的道理，然而，生活中却有很多人不明此理，一心向往辉煌灿烂的梦想，却轻视身边的小事，最终他们的美梦也只能化为泡影。

"人生百岁，七十稀少，更除十年孩童小，又十年昏老，剩下五十载，一半被睡魔分了。"细算起来，人生也不过数十载光阴，正因为人生苦短，所以要办成几件大事实在并不容易。

我们往往放不下架子，不能从小事、从最基层工作做起，自命不凡，总认为自己是干大事的料，期望一步登天，不知凡事都需要日积月累。还有一些人总是抱怨周围环境不利于自己发展和成功，诸如区域太小、老板不好、老婆不能干、朋友不帮忙，这样的客观原因数不胜数，将富不起来归咎于运气不好，从来没有想过其实最根本的原因是自己不屑于做小事。所谓"一屋不扫，何以扫天下！"

"天下大事必作于细"，意思是说凡事都要从小事做起，从眼前的杂事做起，坚持到底，才能将事情做好，达到长远追求的目标。为人处世，只要能够不辞劳苦，坚持不懈，那么，即使像女娲补天那样翻天覆地的难事，也终能扭转乾坤，获得成功的。

我们每个人所做的工作，都是由一件件小事组成的，但我们不能因此而忽视工作中的小事。

所有的成功者，他们与我们都做着同样简单的小事，唯一的区别就是，他们从不认为他们所做的事是简单的小事。

很多时候，一件看起来微不足道的小事，或者一个毫不起眼的变化，却能起到关键的作用。这就要求每一位员工始终保持高度的注意力和责任心，始终保持清醒的头脑和敏锐的判断力，能够对工作中出现的每个变化、每一件小事迅速做出准确的反应和判断。

希尔顿饭店的创始人、世界旅馆业之王康·尼·希尔顿就是一个非常注重小事的人。他经常这样要求他的员工："大家牢记，万万不可把我们心里的愁云摆在脸上，无论我们饭店遭到何等的困难，希尔顿服务员脸上的微笑永远是顾客的阳光。"

正是这小小的微笑，让希尔顿饭店获得了极佳的声誉。

没有哪一件工作是没有意义的，每一件小事都有自己的意义。

饭店的服务员每天的工作就是对顾客微笑、打扫房间、整理床单等小事；快递员每天的工作也是送递邮件。他们是否对此感到厌倦、毫无意义而提不起精神？

但是，这就是你的工作，你必须做好它。

一位年轻的女工进入一家毛织厂以后一直从事织挂毯的工作，做了几个星期之后她再也不愿意干这种无聊的工作了。

她去向主管辞职，无奈地叹气道："这种事情太无聊了，一会儿要我打结，一会儿又要把线剪断，这种事完全没有意义，真是在浪费时间。"

主管意味深长地说："其实，你的工作并没有浪费，你织出的很小的一部分是非常重要的一部分。"

然后主管带着她走到仓库里的挂毯面前，年轻的女工呆住了。

原来，她编织的是一幅美丽的百鸟朝凤图，她所织出的那一部分正是凤凰展开的美丽的羽毛。她没想到，在她看来没有意义的工作竟然这么伟大。

这是在具体的一件工作中，每一件小事都可以算是大事，要想把每一件事做到完美，就必须固守自己的本分和岗位，付出自己的热情和努力。这就是做出了最好的贡献。

许多小事并不小，那种认为小事可以被忽略、置之不理的想法，只会导致工作不完美。

美国标准石油公司曾经有一位小职员叫阿基勃特。他在出差住旅馆的时候，总是在自己签名的下方，写上"每桶四美元的标准石油"字样，在书信及收据上也不例外，签了名，就一定写上那几个字。他因此被同事叫作"每桶四美元"，而他的真名倒没有人叫了。

公司董事长洛克菲勒知道这件事后说："竟有如此努力宣扬公司声誉的职员，我要见见他。"于是，洛克菲勒邀请阿基勃特共进晚餐。

后来，洛克菲勒卸任，阿基勃特成了第二任董事长。

也许，在我们大多数人的眼中，阿基勃特签名的时候署上"每桶四美元的标准石油"，这是小事一件，甚至有人会嘲笑他。

可就是这件小事，阿基勃特却做了，并坚持把这件小事做到了极致。那些嘲笑他的人中，肯定有不少人才华、能力在他之上，可是最后，他却成了董事长。

可见，任何人在取得成就之前，都需要花费很多的时间去努力，不断做好各种小事，才会达到既定的目标。

有一个善于反省的人，在他生命中的某一天，突然省悟到自己迄今所做的全是微不足道的事情。他想到生命的短暂，不禁为自己虚度了宝贵的光阴而痛心，于是他发誓用剩余的生命做成一件最有价值的事情。许多年过去了，他一直在寻找那件足以使他感到不虚度此生的最有价值的事情。可是，他没有找到。结果，他什么事也没有做，既没有做微不足道的事情，也没有做最有价值的事情。

机会总是从你身边走过，你不用心去观察，怎能发现最有价值的事情呢！一味地去寻找、去发现又会有多大的收获呢？一个会发现身边的小事、会寻找微不足道的事情的人才会有可能发现最有价值的事。

人的一生到处都是大大小小的事，但只要会观察，会去发现这些事情，那你的一生总算还是有点收获，没有白活，寻找有价值的事情必须从寻找微不足道的小事做起，从小事一步步地走向成功，一步步地向最有价值的事情走近。做一件小事也就等于向成功与最有价值的事情靠近了，走近了。连一件小事都不做的人，怎能做得了一件最有价值的事？

人的一生总之只有一句话："凡事从小事做起。"

我们应认识到细微处体现的大文章，反思我们浮躁的心理，反思我们工作的态度，反思我们为人的素质，甚至反思我们的文化。

何为细节？何为大事？何为成败？也许在每个人的眼中都有着不同的含义。每个人都有满腔热血，想干一番大事业的雄心，期盼或功成名就，或衣锦还乡，或企业百年兴旺，或民族昌盛……但我们有多少人能做成其中的一件呢？一谈到这些就免不了浮躁情绪的滋生，苦于自己的"文韬武略"无从施展，天降大任于斯人，怎能纠缠区区细节？于是乎中国人从不缺乏勤劳，从不缺乏智能，但我们最缺的是做细节的精神。

# 第六十四章

## 【原文】

其安易持，其未兆易谋，其脆易泮<sup>①</sup>，其微易散。为之于未有，治之于未乱。合抱之木，生于毫末<sup>②</sup>；九层之台，起于累土<sup>③</sup>；千里之行，始于足下。为者败之，执者失之<sup>④</sup>。是以圣人无为，故无败；无执，故无失<sup>⑤</sup>。民之从事，常于几成而败之。慎终如始，则无败事。是以圣人欲不欲，不贵难得之货。学不学<sup>⑥</sup>，复众人之所过。以辅万物之自然，而不敢为<sup>⑦</sup>。

## 【注释】

①其脆易泮：物品脆弱就容易消解。泮，散、解。

②毫末：细小的萌芽。

③累土：堆土。

④为者败之，执者失之：一说是二十九章错简于此。

⑤是以圣人无为，故无败；无执，故无失：此句仍疑为二十九章错简于本章。

⑥学：这里指办事有错的教训。

⑦而不敢为：此句也疑为错简。

## 【译文】

局面安定时容易保持和维护，事变没有出现迹象时容易图谋；事物脆弱时容易消解；事物细微时容易散失；做事情要在它尚未发生以前就处理妥当；治理国政，要在祸乱没有产生以前就早做准备。合抱的大树，生长于细小的萌芽；九层的高台，筑起于每一堆泥土；千里的远行，是从脚下第一步开始走出来的。有所作为的将会招致失败，有所执着的将会遭受损害。因此圣人无所作为所以也不会招致失败，无所执着所以也不遭受损害。人们做事情，总是在快要成功时失败，所以当事情快要完成的时候，也要像开始时那样慎重，就没有办不成的事情。因此，有道的圣人追求人所不追求的，不稀罕难以得到的货物，学习别人所不学习的，补救众人所经常犯的过错。这样遵循万物的自然本性而不会妄加干预。

## 【解析】

"其安易持，其未兆易谋，其脆易泮，其微易散。为之于未有，治之于未乱。"

《黄帝内经》上说："圣人不治已病治未病，不治已乱治未乱"，"夫病以成而后药之，乱以成而后治之，譬犹渴而穿井，斗而铸锥，不亦晚乎？"这和老子所说的道理是完全一致的。

这一节，强调圣人之治的重点在于认识并遵循自然规律，防患于未然。

"合抱之木，生于毫末；九层之台，起于累土；千里之行，始于足下。"

这里列举三个具体事例，说明一切事物的发展变化都有量变到质变的过程，只求质变而不注重量的积累是不切实际的。

"为者败之，执者失之。是以圣人无为，故无败；无执，故无失。"

为者，主观妄为而不顾客观规律的人；执者，执着于自我使自我居于支配地位的人。主观妄为而不顾客观规律的必然失败，执着于自我使自我居于支配地位的必然失去支配地位。因此，圣人始终遵循客观规律而为，所以没有失败；始终不使自我居于支配地位，所以没有丧失。

这一节，从正反两方面说明了顺其自然的重要性。人是大自然的产物，应当接受自然规律的主宰。如果不能自觉遵循客观规律，却执着于自我而妄作妄为，必然要遭到惩罚。

"民之从事，常于几成而败之。慎终如始，则无败事。"

人们从事于某一项事业，常常在接近成功的时候遭受失败，其根本原因在于他们不能遵循自然规律，而是心存自我，心存名利，心存狂妄。如果在其接近成功的时候仍能保持举事之初的谨慎，就不会有失败了。如中国历史上的农民起义，往往在接近成功的时候遭到失败，病根就在于那些领袖人物当革命临近成功的时候思想发生了根本性的转化。举事之初，他们怀着对统治阶级的无比仇恨和对劳苦大众的无比同情而高举义旗，旨在为穷人打天下。革命即将成功的时候，他们却迫不及待地享受胜利果实，以至内部之间争权夺利，导致革命失败。如李自成、洪秀全之流，倘若他们能够慎终如始并摆正自己与人民、与国家的利害关系，就不会出现失败的命运了。

这一节说明慎终如始的重要性，强调任何时候都不能偏离大道。

"是以圣人欲不欲，不贵难得之货。学不学，复众人之所过。以辅万物之自然，而不敢为。"

圣人所欲，为真朴之欲，常人所欲为自我名利之欲。圣人之欲在内，常人之欲在外。欲望在内的不贵身外之物却能保全自我，欲望在外的求名求利却祸患不离自我。圣人所学为大道之学，目的在于返璞归真；众人所学为名利之学，目的在于升官、发财。圣人不学众人所学，是因为大道之学利人利己，扭转、避免了众人所学中的过失。众人所学损人利己，最终人己俱损。大道之学在于掌握世界的本质规律，用以辅助万物因循自然规律，而绝不敢违背自然规律去妄作妄为。辅，辅助。一个"辅"字表明人是具有能动性的。人与自然是对立统一的，承受着自然界作用的人，并非单纯消极地适应自然，完全有能力去把握和利用自然规律，从而能动地辅助万物，利用万物，充分享用大自然馈赠给人和人类社会生存和发展所需要的一切财富。但是，人的能动作用绝不能脱离自然规律的轨道去任意发挥，否则，势必遭到大自然的报复和惩罚。

这一节说明圣人所欲、所学都是合乎大道的，常人所学则是偏离大道的。

本章论述了人与自然、社会的关系。人是属于大自然的，大自然的发展是有规律的，规律是不以人的主观意志为转移的。人具有能动性，可以认识和利用自然规律。人的自身实践活动及社会实践活动只有尊重自然规律，才能获得与大自然的和谐统一。

## 【证解故事】

### 故事一：

旅行千里是从脚下第一步的跨出开始。

每个人小的时候，都会被老师或者家长问及：你长大了想当什么？想成为什么样的人？想从事哪类工作？同样，每个孩子都会在童年梦想着自己长大了能够成为白衣天使、园丁、科学家、记者、作家等。然而，当这些孩子长大之后，又有多少人实现了自己的愿望和理想呢？答案很显然：少之又少。

老子在这里点明了人们失败的原因，或者说告诉了我们如何踏上成功之路的方法——"千里之行，始于足下。"

这句话虽不是什么豪言壮语，但它却为人们揭示了一个简单而又客观实在的道理，即再远的路只有一步步去走才可以到达，再大的困难只要不断地去克服就一定能够成功。千里之行说的就是一种远大的奋斗目标，也就是孩子们常说的"我长大了要做科学家、要做作家……"如果没有这个"千里之行"，"始于足下"就无从谈起了。

陈涉少时，曾受人雇佣，替人耕种，心中不满于这种处境，在垄上休息时，常感慨怅恨，有一回对同耕者说："假如哪一天富贵了，彼此不要忘了拉朋友一把。"同伴嘲笑他："你现在替人耕种，地位卑微，还说什么富贵呢？"陈涉长叹一声："唉，燕雀怎知鸿鹄的志向呢？"陈涉后来在大泽乡和吴广发动起义灭秦，做出了惊天动地的壮举，若无埋在心底的鸿鹄大志，怎能想象后来的富贵荣华？

陈涉曾说过一句话："壮士不死则已，死即举大名耳。王侯将相宁有种乎？"有这样的雄心壮志，有这样一种虽死不辞的精神及高度的自尊自信，则人在此种心志下所激发出来的潜能，又岂是那些连好梦都不做一个的沉睡者所能比及？

周恩来从小就树立了为中华之崛起而读书的宏伟志愿，有了这一理想和他积极投身革命活动才使他成长为一名伟大的无产阶级革命家，为新中国的解放事业鞠躬尽瘁，成为深受人民爱戴的总理。

人们常说："成功，始于心动，成于行动。"只有心动而没有行动，任何成功都将以失败告终。若想步行千里，首先要做的就是迈出成功的第一步，然后是第二步，第三步……直至达到千里终点。

对于那些想要"行千里"而不去"迈步"的人来说，他们只能默默承受失败的命运；任何不付出行动的等待都不会产生成功的奇迹，就像一名减肥者计划每天减掉半两肥肉，却每天和往常一样不采取运动或节食措施，谁都不难猜到减肥的梦想最终结果。

蒸汽机的发明者史蒂芬孙共有八个兄弟姐妹，小时候穷得全家十多个人都挤住在一个房间里。史蒂芬孙没有机会读书，只好去给邻居放牛。但一有时间，他就用黏土和空心树枝做他想象中的蒸汽机模型。到他十七岁时，他就真的装成了一部蒸汽机，还让父亲帮他烧火做实验。史蒂芬孙虽然没有进学校读书的机会，但机器就是他的老师，而且他是非常用功的学生。当同龄人在游山玩水、逛酒吧间的时候，他却在拆洗机器，仔细研究和反复做实验。当他作为一个伟大的发明家和蒸汽机的改进者闻名于世的时候，那些游手好闲的人又都羡慕他了。

美国著名的废奴主义者布朗，小时候为了到书店买一本书，连夜赶了三十公里的路。书店老板盯着这个头发蓬乱、衣衫破旧而且满身是土的牧童，很奇怪这个乡下的孩子怎么会提出这样的要求。于是，老板就和众人一起开始嘲弄他。这时进来一位大学教授，当他知道布朗的要求之后说："这样吧，如果你能念出这本书的一行诗句，而且把它翻译出来，我就把这本书送给你。"布朗从容不迫地接着念完并且译出好几行诗句。于是，在人们的惊讶表情中，布朗自豪地拿到了自己应得的奖品。他是在放牧的时候学习了希腊文和拉丁文，这给他赖以成名的丰富学识打下了坚实的基础。

古往今来，能够在事业上取得成就的人很多。他们的成就和荣誉，往往令人敬佩、羡慕，人们也常渴望着能取得他们那样的成就。无论哪一个有志者，都应该记住老子的这句话："千里之行，始于足下。"

不管做任何事，迈出第一步都很重要。智者虽有千虑，如果不付诸行动，必将一事无成；愚者虽少智慧，只要在行动中磨炼自己，也将心想事成。任何时候我们都不要忘记提醒自己：行动是通往成功的阶梯。

每个人都有自己的理想与目标，哪怕仅仅是微乎其微的——能吃饱饭、有好衣服穿、有房子住……然而，唯有行动可以帮助我们实现这些目标：若想吃饱饭就要去劳动、就要去工作；同理，我们如果想在人生之路上有所作为，就不要将我们心中的那份宏伟蓝图，深藏于大脑之中，随着我们的老去而发霉烂掉，要敢于迈出成功的第一步，这样的人生才更有意义，我们离成功也会越来越近。

**故事二：**

合抱的大树都从小树苗开始生长，九层的高塔是由泥土堆积起来，老子对于积累的认识很深刻，他认为"合抱之木，生于毫末；九层之台，起于累土"。任何事物都是由小成大，聚少成多的。

老子的这一观点很客观，也很符合事物发展的规律。正如人们常说的"不积跬步，无以至千里；不积小流，无以成江海"一样，无论做什么事，若能不断努力，长期不懈，永恒地做下去，总能有所收获。

格拉斯哥大学的教授凯尔文爵士，喜欢在物理课上给学生们做这么一个示范：他把一块很重的铁吊在教室的天花板上，然后从一个装满纸团子的篮子里，抓起一个又一个纸团，不停地向铁块投去、砸去。那块铁起初可以说是纹丝不动；但过了一会儿，开始轻微地颤动；然后开始摆动，最后居然像钟摆一样，荡来荡去。

这个实验中的纸团对于铁吊来说简直微乎其微，然而正是这微乎其微的纸团一个连着一个地不断累加撞击，使得较重的铁吊动摇了、摆动了。这同样是积累的成功。倘若纸团并不是连绵不断地冲击铁吊，一个小纸团是很难打动铁吊的。

《汉书·董仲舒传》记载："聚少成多，积小致巨。"成功需要积累，没有扎实的基础，无法实现质的飞跃。

一个人想要获得成功，必须在日常的生活中有所积累，有所沉淀，在这个基础上，才有可能抓住机遇。那些获得大成功的人都具备善于掌握理解并善于利用他人宝贵经验的能力。

20世纪最初的几十年里，在太平洋两岸的美国和日本，有两个年轻人都在为自己的人生努力着。经过六年的拼搏，日本的藤田靠节衣缩食攒钱起家，美国的江恩靠研究 K 线理论致富。

在这两个看似风马牛不相及的故事中蕴含着一个相同的道理，那就是许多成就大事业的人，他们也同样是从一点一滴的努力中创造和积累着成功所需的条件。

人们常常希望摆脱小事的束缚，甚至不愿意去做小事，企盼着能够"一招成名"。当然，我们并不否认有不少人是"一招成名"的，然而这里要说的是，那毕竟是有很大的机缘在里面，然而这机缘又不是大多数人能够碰上的。对于一般人来说，要想成就大事，就不能忽视对小事的积累。如果我们忽略小事、小物、小地方，绝对不可能完成大事，获得成功。

提起我国的数学家陈景润，谁都会把他与那颗数学王冠上的明珠——"哥德巴赫猜想"联系起来。但是，你是否会因他的成绩联想到别的，比如他是从什么时候开始积攒那十几麻袋的草稿的？我们是否会想到，在通过这座科学高峰的千里路上，攀登者是怎样一步一步地艰难向前的呢？

陈景润的事例告诉我们，伟人之所以成为伟人，便是因为他们曾为理想一步一个脚印地奋斗过，因此他们成功了。

曹雪芹花了十年写成《红楼梦》，如今却有上千万人钻进红学里；司马迁花十八年的岁月写成他的《史记》，并且在艰苦的环境里，让你震撼；李时珍用二十七年的时间写了《本草纲目》，给医学留下光辉的一页；哥白尼撰《天体运行论》用了三十年，这样的精神就可以鼓舞你的人生；马克思奋斗了四十年写成《资本论》，今天中国把它奉为真理；雨果写的《悲惨世界》用了三十年，是人们精神的粮食；歌德用六十年的光阴来写他的《浮士德》，人们光为他的耐心和写作精神就敬佩他。

在现实世界里，每个人都有梦想，都渴望成功，然而智大才疏往往是阻碍人成功的最大的障碍。人们看到的只是成功人士功成名就时的辉煌，却往往忽略了他们在此之前所进行的艰苦卓绝的努力，任何人只有通过不断的努力才能凝聚起改变自身命运的爆发力。老子告诫我们：成功需要积累。这永远是一条最原始也最简单的成功智慧。

　　现在有些人很想成功，然而他们更关注树立怎样的理想，却对于如何实现自己的理想不感兴趣，这样的人日夜眺望着远方辉煌的目标，却不想方设法地去缩短这其中的距离，这样的理想我们称之为空想。古人常说"读书破万卷，下笔如有神"，"读书破万卷"是一个积累的过程，如果没有这个过程，很难达到"下笔如有神"的境界。因此，任何有远大抱负的人也应该拥有这个"读书破万卷"的积累过程，一点点缩短这个距离才能接近、实现自己的理想。

# 第六十五章

## 【原文】

古之善为道者，非以明民①，将以愚之②。民之难治，以其多智③。故以智治国，国之贼④；不以智治国，国之福。知此两者⑤，亦稽式⑥。常知稽式，是谓玄德。玄德深矣，远矣，与物反矣⑦，然后乃至大顺⑧。

## 【注释】

①明民：让人民知晓巧诈。明，知晓巧诈。

②将以愚之：愚，敦厚、朴实，没有敲诈之心。不是愚弄、蒙昧。此句意为使老百姓无巧诈之心，敦厚朴实、善良忠厚。

③多智：智，巧诈、奸诈，而非智慧、知识。

④贼：伤害。

⑤两者：指上文"以智治国，国之贼；不以智治国，国之福"。

⑥稽式：法式、法则，一本作"楷式"。

⑦与物反矣：反，通"返"。此句意为"德"和事物复归于真朴。

⑧大顺：自然。

## 【译文】

古代善于为道的人，不是教导人民知晓智巧伪诈，而是教导人民淳厚朴实。人们之所以难于统治，乃是因为他们使用太多的智巧心机。所以用智巧心机治理国家，就必然会危害国家；不用智巧心机治理国家，才是国家的幸福。了解这两种治国方式的差别，就是一个法则，经常了解这个法则，就叫作"玄德"。玄德又深又远，和具体的事物复归到真朴，然后才能极大地顺乎于自然。

## 【解析】

"古之善为道者，非以明民，将以愚之。"

老子的"愚民"思想实为明民之举，绝不是"愚民政策"。"愚"是扬弃自我之智而明真我，明真我才能明白世界，明白一切。常人明自我而昧真我，实为内外皆愚。守自我而不明真我，必然以自我为中心，以自我为中心，则行"人之道"，"损不足而奉有余"；明真我，自然形成以"他人"为中心的世界观，以他人为中心，则行"天之道"，"损有余而补不足"。"人之道"和"天之道"是对立的。"人之道"是个人主义、利己主义，"天之道"是集体主义、利他主义。如果用个人主义、利己主义去衡量"明"和"愚"，那么，具有个人主义、利己主义思想的人是"明人"，具有集体主义、利他主义思想的人是"愚人"。相反，如果用集体主义、利他主义去衡量"明"和"愚"，那么，具有个人主义、利己主义思想的人是"愚人"，具有集体主义、利他主义思想的人是"明人"。也就是说，观念一致的同为明人，观念不一致的对方是愚人。"非以明民，将以愚之"，是说要消除人们的个人主义、利己主义思想，培养人们的利他主义、集体主义思想，走共同富裕的道路。因为，个人主义、利己主义是人心浮躁、社会纷乱的根源，而集体主义、利他主义是人心思定、天下大顺的根本。

"民之难治，以其多智。故以智治国，国之贼；不以智治国，国之福。"

"以智治国"就是利用自我之智实行"人治"。所谓人治，就是由统治者垄断国家权力，搞专制统治，以一人之心或少数人之心统治全国人民，最大限度地满足统治者的欲望，这难道不是国家的最大祸害吗？"不以智治国"就是实行"无为之治"，即民主法治。实行民主法治必然"以百姓之心为心"。人民当家做主，享有充分的人权和自由，这自然是国家和人民的福气。"国之贼"说明独裁统治对于国家的危害性，是对人治的否定；"国之福"则是对法治的肯定。

"知此两者，亦稽式。常知稽式，是谓玄德。玄德深矣，远矣，与物反矣，然后乃至大顺。"

"知此两者，亦稽式"，是说认识到了人治之于社会的危害和法治之于社会的有益，也就懂得了辩证法。能够自始至终用科学的辩证思想来指导国家建设和人们的道德实践活动，就是具备了玄德。玄德，来源于道的正确意识，是合乎自然规律的普遍真理。玄德的指导作用是巨大的，影响是深远的。玄德与名利观念完全相反，只要用玄德取代了人们以自我为中心的名利观念，"人之道"就会转向"天之道"，天下大顺的局面也就形成了。大顺，社会规律完全符合自然规律的理想社会。

本章论述了道德教育之于社会进步的重要性，而完善的社会制度是进行全民道德教育的基础。老子否定人治，肯定法治，强调"愚民"，旨在建立以集体主义为核心的道德观，反对极端个人主义和利己主义。

## 【证解故事】

恶是人的本性，而善是后天人为的。人生来就有喜好私利的本性，顺着这种本性，于是人与人之间相互争夺的事就发生了，谦让的事便消失了。人生来就有嫉妒、仇恨的本性，顺着这种本性，于是残害忠良的事发生了，忠诚信用的事便消失了。人生来就有七情六欲、喜好声色的本性，顺着这种本性，就会有淫乱的事发生了，礼仪、等级制度和道德观念也随之消失了。既然这样，放纵人的本性，顺着人的情欲，必然会发生争夺，出现违反名分、破坏社会礼仪秩序的事，从而导致暴乱。所以，一定要有老师和法制的教化、礼仪的引导，才能产生谦让，出现合乎等级制度的礼仪秩序，从而出现社会安定的局面。由此看来，人的本性是恶的已经清楚了，性善，只不过是后天人为培养形成的。

君子只要通过广泛博览地学习，并且每天检查和反省自己，会明白许多道理，从而就不会让自己的行动有所偏差。志向完美，就对权贵傲视，以道义为重，就藐视王公大臣；内心省察自己、注重思想修养，就觉得外物轻微了。如果你看见了好的品行，一定要认真地省察自己有没有这种好的品行；看见了不好的行为，一定要怀着忧惧的心情反躬自问。自己有了好的品行，一定要坚定不移地加以珍视；自己有了错误，一定要像被玷污了一样感到厌恶。

假如普通人把实行仁义法制作为主要内容来学习，专心一意，认真思考，仔细审察，长此以往，一天天地增进，积累善行而不停止，那么就能达到神明的境界。只要不停地前进，就是跛了脚的甲鱼，也能行走千里；只要不停地堆土，终究会堆成一座大山；把水源堵住了，又挖开沟渠让水流出，即使是深广的长江、黄河，也可能会干涸。见到好事，立刻去做，遇到疑难，立即去问，不等过夜。对于天下的各种事情不能融会贯通，就不能称作是擅长学了。

人的资质秉性、知识和能力，君子与小人一样。爱好荣誉、厌恶耻辱；爱好利欲、厌恶祸害，君子与小人也一样。但是，求得荣誉和利欲、避免耻辱和祸害，君子与小人所采用的方法就不一样了。小人拼命做荒诞不经的事，还想要别人相信自己；拼命干欺诈的事，还想要别人亲近自己；行为如同禽兽，还想要别人用善意对待自己；心术叵测、行动诡诈，所持的观点难以站住脚，结果必然得不到荣誉与利益，也必然遭受耻辱与祸害。至于君子，对别人诚实，也想别人对自己诚实；自己忠厚待人，也想别人亲近自己；品行正直，办事中肯，也想别人用善意对待自己；襟怀坦白，行为安稳，所持的观点易于成立，结果必然得到荣誉和利益，肯定不会遭到耻辱和祸害。

天底下有能耐的好人本来就很少，应该想着同心协力为社会多做贡献。不能因为各自的思想方法不同，性格上的差异，甚至微不足道的小过节而互相诋毁，互相仇视，互相看不起。古人说："二虎相争，必有一伤。"这样做下去，大家都不好过，抬头不见低头见，得饶人处且饶人吧！朋友之间相处要和气待人，需要用"和气"来化解彼此之间的矛盾。每个人都是不同的，对于性格、见解、习惯等方面的相悖，要以和为重，若"急风暴雨、迅雷闪建"，会影响朋友之间的关系，甚至导致友谊破裂，反目成仇；而若和气面对彼此的不同，进而欣赏对方的优点，则对方也会对你加以赞美。这样的话，你们的关系会相处得更好。

**故事一：**

宋朝的王安石和司马光二人非常投缘，两人在公元1019年与

1021 年相继在同一机构担任完全一样的职务。两人互相倾慕，司马光仰慕王安石绝世的文才，王安石尊重司马光谦虚的人品，在同僚们中间，他们俩的友谊简直成了典范。

做官好像就是与人的本性相违背，王安石和司马光的官愈做愈大，心胸却慢慢地变得狭窄起来。相互唱和、互相赞美的两位老朋友却因此反目成仇。倒不是因为解不开的深仇大恨，人们都不相信，他们是因为互不相让而结怨。两位智者名人，成了两只好斗的公鸡，雄赳赳地傲视对方。有一回，洛阳国色天香的牡丹花开，包拯邀集全体僚属饮酒赏花。席中包拯敬酒，官员们个个善饮，自然毫不推让，只有王安石和司马光酒量极差，待酒杯举到司马光面前时，司马光眉头一皱，仰着脖子把酒喝了，轮到王安石，王执意不喝，全场哗然，酒兴顿扫。司马光大有上当受骗、被人小看的感觉，于是喋喋不休地骂起王安石来。一个满脑子知识智慧的人，一旦动怒，开了骂戒，比一个泼妇更可怕。王安石以牙还牙，祖宗八代地痛骂司马光。自此两人结怨更深，王安石得了一个"拗相公"的称号，而司马光也没给人留下好印象，他忠厚宽容的形象大打折扣，以至于苏轼都骂他，给他取个绰号叫"司马牛"。

到了晚年，王安石和司马光对他们早年的行为感到后悔，大概是人到老年，与世无争，心境平和，世事洞明，可以消除一切拗性与牛脾气。王安石曾对侄子说，以前交的许多朋友，都得罪了，其实司马光这个人是个忠厚长者。司马光也称赞王安石，夸他文章好，品德高，功劳大于过错，仿佛是有一种约定似的，两人在同一年的五个月之内相继归天，天国是美丽的，"拗相公"和"司马牛"尽可以在那里和和气气地做朋友，吟诗唱和了，什么政治斗争、利益冲突、性格相违，对他们来说已经变得毫无意义了。

**故事二：**

秦国出兵偷袭郑国，大军悄悄向东进发。郑国有位贩牛者叫弦高，带人赶了几百头牛西向行进，去京师雒阳贩卖，在黎阳津遇到朋友蹇他。二人相见大喜，吃酒闲谈。无意之中，蹇他说起路遇秦军东进，据说要去攻郑的消息。弦高一听大惊，心想：郑国是我的祖国，我怎能坐视不救？但又想：即使现在就返回郑国报告，怕国内也来不及准备了。怎么办呢？诸侯国间打仗，一般是先派使者威胁，下战书，而今秦国却悄然出兵，这分明是想趁我们无防备，打我们个措手不及。想到这里，弦高突然眼睛一亮，心想：有了，对，就这么办。

他一边派人迅速回国送信，一边带人向秦军迎去。走不多远，果然碰到了秦军的先头队伍。弦高整整衣服，叫人按当时的礼节，前边带着四张熟牛皮，后边赶着十二头肥牛，走到秦军先头部队前，说："我是郑国的使臣，有事要见你们主帅。"前哨通报给主帅孟明。孟明闻听大惊：我们是秘密偷袭，怎么会有郑国使者来接呢？踌躇再三，还是先见一下为好，或许郑人不知我军意图，有别事要讲。想到这里，孟明忙传郑使来见。

弦高拜见孟明，寒暄之后，说："我们国君听说将军率兵将要到我国去，特派我来犒劳大军。"于是命人献上礼物。又说："不知大军是在我国小驻呢？还是仅仅路过？国君还让我问明白了，好预先准备粮草。"孟明支吾不出来，最后说："我军不是去郑国，而是有别的任务。"弦高说："那么我回去报告我们国君，就不用再准备别的了。"

弦高离去后，孟明与部下计议："我们原想偷袭郑国，打它个措手不及。但人家早已听到了消息，肯定预先准备好了。我们是轻师远袭，没有后援，不能持久作战。这仗是打不赢了，还是回师吧。"于是就近把小小的滑国灭掉，退兵西去了。

弦高凭借自己的机智，假借君命，犒劳秦师，打草惊蛇，张扬消息，使秦帅误以为郑人已早做准备，失去了偷袭的条件，因而转危为安，不用寸兵，智退秦军，拯救了祖国，使国人避免了一场劫难。

# 第六十六章

**【原文】**

江海所以能为百谷王<sup>①</sup>者，以其善下之，故能为百谷王。是以圣人欲上民，必以言下之；欲先民，必以身后之。是以圣人处上而民不重<sup>②</sup>，处前而民不害，是以天下乐推而不厌。以其不争，故天下莫能与之争。

**【注释】**

①百谷王：百川峡谷所归附。

②重：累，不堪重负。

**【译文】**

江海之所以能够成为百川河流所汇注的地方，乃是由于它善于处在低下的地方，所以能够成为百川之王。因此，圣人要领导人民，必须用言辞对人民表示谦下，要想领导人民，必须把自己的利益放在他们的后面。所以，有道的圣人虽然地位居于人民之上，而人民并不感到负担沉重；居于人民之前，而人民并不感到受害。天下的人民都乐意推戴而不感到厌倦。因为他不与人民相争，所以天下没有人能和他相争。

**【解析】**

"江海所以能为百谷王者，以其善下之，故能为百谷王。"

这是以江海比作圣人。圣人之所以能够成为百姓之王，是因为圣人具有谦下而不与百姓争权夺利的高尚品德。

"是以圣人欲上民，必以言下之；欲先民，必以身后之。是以圣人处上而民不重，处前而民不害，是以天下乐推而不厌。"

这里，"以言下之""以身后之"是"天下乐推而不厌"的前提条件。"以言下之"是言，"以身后之"是行，只有言行一致，人民才会"乐推而不厌"。

"天下乐推而不厌"，是老子彻底的民主思想，理想的统治者是由人民推举产生的，统治者的权力来源于人民。

"以其不争，故天下莫能与之争。"

圣人的权力不是凭借搞阴谋诡计得来的，也不是世袭继承来的，更不是独裁者"培养"和"选拔"的接班人，而是以实际行动赢得人民信任的结果。如果不能获取广大人民群众的信任，任何人都不可能和圣人争夺权力。在有道的社会里，统治者的权力是扎根于人民的。那些为了个人名利而争权的人，人民决不会把权力授予他们。不争名利而争得民心，即是"不争之争"。"不争之争"是争名争利者永远不可战胜的。

本章是老子的民主思想，热情讴歌了实行民主法治的圣人，褒扬了圣人的伟大，并对不道的统治者进行了否定和抨击。

## 【证解故事】

江海之所以能为百川河流所汇注，就是因为它善于处下，所以才能成为百川之王。

俗话说："人往高处走，水往低处流。"人们往往认为，站得越高越好，所以有"节节高"的祝愿，至于处低处下，那是水的事情。如果有哪一个人说"我愿意像水一样'善下之'"，那只怕会被别人当成是没出息、没理想的懦夫。

但事实上，只有真正能够效法于江海，善于处下的人，才能够真正丰盈起来，汇聚力量，成为百谷王。

**故事一：**

晋文公是春秋时期的一位霸主，未即位时曾因争权而逃亡在外，历尽艰危险阻，吃尽苦头，几乎连命都丢掉，流亡了十九年，最后才复国。

在晋文公成为春秋霸主之时，翟（在今山东）这个地方有人进献给他一件很大的狐狸皮和豹皮，都是普通百姓穿不起的名贵之物。晋文公收到后十分感慨，长叹说："狐狸和豹子活得好好的，也没犯什么过错，就这样被人给杀了，只是因为它们的皮毛长得太漂亮，所以引来灾祸。真是可怜可叹啊。"

晋文公身边有一个叫架枝的大夫，曾经跟随他流亡多年，听到晋文公的感慨，就说道："一个国家拥有广大的土地，可是分配得不够平均；君主的内府里财帛那么多，可是并没有分配给百姓，所以百姓仍然没饭吃。这岂不是和被杀死的狐狸、豹子一样可悲吗？"他的意思是说，我们国家的土地很多，你私人的财富也很多，这就像狐狸和豹子的皮毛一样，华美而惹人惦记，说不定哪天就要因此招来灾祸啊。

晋文公是个聪明人，他听了架枝的话以后，就说："你说得很有道理，请把话都讲出来，不要含含糊糊有所顾忌了。"

架枝就接着说："地广而不平，就会引来百姓的怨恨，将来他们会为了争夺土地而起来替你分配的；你官廷中财产那么多，只是聚敛在一起供自己享乐，而不是给社会谋福利，将来没饭吃没钱用的百姓就会来将你宫中的宝贝都拿走了。"也就是说，只有君主富有，而百姓穷困，那么当百姓生活过于困苦的时候，人们就会起来造反了，水能载舟亦能覆舟，到时候君主就会被百姓给推翻，什么都将要失去了。

晋文公说："你说得很对。"于是马上实施政治改革，"列地以分民，散财以赈贫"。

这也就是"以其善下之，故能为百谷王"的道理。

能处下，也就能吸纳，能汇聚，能丰盈。

关于晋文公还有一个故事，有一个叫咎犯的人，和架枝一样是跟随晋文公流亡过的亲信，有一天晋文公和他讨论施政上的事情。

咎犯说："分熟不如分腥，分腥不如分地，割以分民而益其爵禄，是以上得地而民知富，上失地而民知贫。"

意思就是说：比如我们要分配一块肉，煮熟了来分，不如生着的时候分给人家好。因为生着的时候分，别人拿到了可以炒着吃，可以炖着吃，这都很方便。如果一定要煮熟了再分，那人家就只能吃煮熟的，不能按自己的口味来吃了。这就是有着强迫别人顺从自己意志的倾向了。而且，分肉给人又不如分地给人自己去耕种好，想吃什么就种什么。不但分配给他土地，使之生活安适，而且给他适当的职务，使他有事情可做。这样一来，虽然表面上是把自己的财产都分给百姓了，好像自己什么都没有了。但其实百姓富了，也就是王室国家的富有。因为国家的土地和财富都分给百姓了，那么万一有人想侵犯我们，百姓不用号召自己就会起来作战，保卫自己的财产，这是因为百姓的命运和国家的命运是联系在一起的。历史上有很多朝代的灭亡，其实就是因为君主和贵族们将土地和财富牢牢抓在自己手里，舍不得分给百姓，结果百姓在贫困的生活里生存不下去了，就会起来反抗，争取自己的利益。或者有外来的侵入者，而百姓反正什么也没有，也就没有保护自己财产利益的想法，又怎么会牺牲自己的性命去帮贵族们守卫他们的土地呢？所以就出现那种兵败如山倒，让入侵者长驱直入的现象了。

这种治国的道理，放到我们今天来说也是一样的，把范围缩小，小到一个企业、一个公司，有的公司给员工发行股票，让员工都成为公司的股东，那么员工自然而然会加倍地努力工作，处处为公司的利益而打算。为什么呢？因为这时候公司不只是老板一个人的财产，它还是每个员工的财产，所以大家当然要想办法让自己赚更多的钱啊。

表面上把自己的东西都分给别人了，但其实利益是更加巩固而且增加了。这是先把自己的位置放低，吸纳汇聚之后的发散，这是道家在世俗的应用道理。

说到这里，好像会觉得离道家的清静无为的思想太远了，常有人认为佛家和道家都是出世的，只有儒家是入世的。其实这需要辩证地来看。佛教认为人生皆苦，四大皆空，一切事物都是因缘和合而生，而且佛教徒一般都要离开家庭，出家修行，所以被人们认为是一种出世的理念。但是从另一个角度来看，佛教有"我不入地狱，谁入地狱"以及"佛祖以身饲虎，以身喂鹰"的故事，体现了佛教对人生的热爱。佛教中的地藏菩萨有五大誓愿，如要为众生担荷一切难行，要度尽地狱众生，这都是入世的，是积极关注世人生活的。佛教还教导人们孝敬父母、执子之道，这都是入世的思想。

儒家的积极入世是无可否认的。而儒家其实也是有着出世思想的，从这一点来说，佛、道、儒是道妙暗合、有同有异的。

而道家呢，宣扬清静无为，静观玄览，追求内心的安宁，这就形成了离俗出世的理论。但从另一个角度来看，虽然老子主张清静无为，可是却留下了《道德经》才出的函谷关，这便是道家入世的最好证明。另外，在《道德经》里有很多涉及政治和世事的策略，可见老子其实是主张入世后才出世，是"功成身退""事了拂衣去"的，而不是从一开始就要求人们脱离实际，超脱世俗。

所以我们在读老庄之道时，首先要从入世上来理解，这就好比盖高楼，基础是空的，那高楼只能是图纸上的空谈，只有基础是实在的，高耸入云的通天塔才有建成的可能。毕竟在现在这样的社会里，想要出世是非常困难的，我们只是普通人，想出世成仙是很不容易的。但是我们如果总是陷于世间各种事务之中，被物欲所奴役，疏忽了精神上的自足，那就会对生活感到恐惧和疲惫，所以以出世的心情做入世的事情就很有必要了。其实无论儒、道、佛都是讲这个道理的，只不过各有偏重罢了。

如何以出世的心情做入世的事情呢？譬如老子的"无为而无不为"，譬如佛家的"砍柴担水，无非妙道"，譬如儒家的"谋事在人，成事在天"，讲的都是这个道理。我们要工作，要为家人的幸福而努力，要为社会的建设而付出心血，这就是入世。但是我们自己不应该抱有挟恩图报、沾沾自喜的念头，以为自己做了多么了不得的事情，付出了多么大的牺牲，更不应该想要得到别人的感恩和回报，只要觉得尽了力，从了心，那就足够了，也就是道家提倡的顺其自然了。

所以，我们可以如江海善于处下，而后自然内心丰盈，不受外物所役。

**故事二：**

孟轲（前372—前289年），字子舆。战国时期著名的政治家、思想家。公元前336年，孟子来到了魏国，受到了魏国君臣的热烈欢迎。魏惠王问："老先生，您不远千里而来，想必是对我们魏国奉献利益的吧？"

孟子回答说："国君何必把利益挂在嘴上，应该以仁义为重。如果君王说怎样才能有利于我的国家，大夫说怎样才能有利于我的家族，下官与百姓说怎样才能有利于我自身，上下互相为了谋求利益而争斗，国家就危难了，这样也就没有仁德遗留给亲朋了，也就没有忠义去追随国君了。"魏惠王听了称赞说："好极了！"

　　起初，孟轲曾拜子思为师，孟轲问子思治理百姓的办法哪一种应放在前边，子思说："先给百姓以利益。"孟子又问："君子教育百姓只讲'仁义'二字，又何必再讲利益呢？"子思说："仁义本来也是为了利益，因为上边不仁下边就会不得其所，上边不义下边就会热衷于欺诈，这样才是大不利的呀！因此《周易》上说：'利是义的总和'。《周易》还说：'利益用来安定民心，而后才能使人崇尚道德'，这都是在讲利益是个大前提。"司马光评论说：子思和孟子的话是一致的。只有仁义的人才知道仁义是如何成为利益的，不讲仁义的人是不知道的，所以，孟子对魏惠王只讲仁义而不涉及利益的原因，是所讲的对象不同的缘故。

　　以上的两位哲人在这一点上是统一的。正是有了君王的仁政，才有了百姓的安居乐业；也是因为有了百姓的安居乐业，才有了国家的长治久安。可见，优秀的领导才能是多么的重要。

# 第六十七章

## 【原文】

天下皆谓我道大<sup>①</sup>，似不肖<sup>②</sup>。夫唯大，故似不肖。若肖，久矣其细也夫<sup>③</sup>！我有三宝<sup>④</sup>，持而保之。一曰慈，二曰俭<sup>⑤</sup>，三曰不敢为天下先。慈，故能勇<sup>⑥</sup>；俭，故能广<sup>⑦</sup>；不敢为天下先，故能成器长<sup>⑧</sup>。今舍慈且<sup>⑨</sup>勇；舍俭且广；舍后且先，死矣！夫慈，以战则胜<sup>⑩</sup>，以守则固，天将救之，以慈卫之。

## 【注释】

①我道大：道即我，我即道。"我"不是老子用作自称之词。

②似不肖：肖，相似之意。意为不像具体的事物。一说，没有任何东西和我相似。

③若肖，久矣其细也夫：以上这一段，有学者认为是他章错简。

④三宝：三件法宝，或三条原则。

⑤俭：啬，保守，有而不尽用。

⑥慈，故能勇：仁慈，所以能勇武。

⑦俭，故能广：俭啬，所以能大方。

⑧器长：万物的首长。器，指万物。

⑨且：取。

⑩以战则胜：一本作"以阵则亡"。

## 【译文】

天下人能说圣人伟大，不像任何具体事物的样子。正因为它伟大，所以才不像任何具体的事物。如果它像任何一个具体的事物，那么"道"也就显得很渺小了。我有三件法宝执守而且保全它：第一件叫作慈爱，第二件叫作俭啬，第三件是不敢居于天下人的前面。有了柔慈，所以能勇武；有了啬俭，所以能大方；不敢居于天下人之先，所以能成为万物的首长。现在丢弃了柔慈而追求勇武，丢弃了啬俭而追求大方，舍弃退让而求争先，结果走向死亡。慈爱，用来征战就能够胜利，用来守卫就能巩固。天要援助谁，就用柔慈来保护他。

## 【解析】

"天下皆谓我道大，似不肖。夫唯大，故似不肖。若肖，久矣其细也夫！"

天下人都说圣人伟大，但是，他那平易近人的形象和以往人们心目中显赫的帝王形象不一样。正因为伟大，才和已往的帝王们不一样。如果和他们一样的话，那么，随着历史的发展、时代的变迁，也就逐渐变得渺小了。

"我有三宝，持而保之。一曰慈，二曰俭，三曰不敢为天下先。"

圣人以慈、俭、不敢为天下先为宝。此三宝，皆修道而得，为人生之至宝，当终生持而不失。慈，即仁慈。爱人之心，恻隐之心，皆慈之德。俭，即节约。节约而不奢侈，收敛自我而不放纵欲望，顺乎道义而有所节制，乃俭之德。不敢为天下先，即以礼为德。守静谦下，进退有节，不锋芒毕露，不以自我为主宰，乃礼之德。

"慈，故能勇；俭，故能广；不敢为天下先，故能成器长。今舍慈且勇；舍俭且广；舍后且先，死矣！"

慈，可以使士兵勇猛；俭，必然兵足将广；不敢为天下先，则因礼贤下士，懂得用兵之道而成为军队的首长。慈是强调仁爱之心，知爱则知恨，爱得真切则恨得深切，恨深则勇往直前。俭是强调用兵须小心谨慎，恪守道义，切莫乘一时之勇，以牺牲为代价，懂得爱兵才懂得用兵。

不敢为天下先则强调在关键时刻应以守为攻，以退为进。倘若"舍慈且勇，舍俭且广，舍后且先"，乃兵家之大忌，完全违背了作战规律，必败无疑。

"夫慈，以战则胜，以守则固，天将救之，以慈卫之。"

以仁慈之心指导战争，不以牺牲为代价，始终保持优势兵力，这样一来，战则胜，守则固。"天将救之，以慈卫之"，不是说上天可以伸出救援之手，而是说仁慈之德合乎天地之道，合道则胜，违道则败。坚守仁慈之德，是立于不败之地的根本保证。

## 【证解故事】

慈爱的人打仗必胜，守城必能平安。上天如果要救人，必给他慈爱的心来护卫他。

不论是哪个朝代，哪个国家，人们对奉行仁义的人都充满了敬仰和爱戴。因此，在古代就出现了什么"仁义大侠""仁义之师"之类的称呼。老子对待这个问题是这样看的——"夫慈，以战则胜，以守则固。天将救之，以慈卫之"。后来，孟子对老子的这句话进行了进一步的解释——"爱仁者人人爱之，敬仁者人人敬之"。

汉朝著名的学者董仲舒也很支持老子的这一观点，在他著的《仁义法》中，他讲道，"仁之法在爱人，不在爱我；义之法在正我，而不在正人"，意思就是首先是要爱别人而不是爱自己，讲正义首先从自己做起而不是对别人要求。

清朝学者吴敬梓讲"以仁义服人，何人不服"，就是指以仁义来服人，谁又会不服呢？

"弯弓射大雕"的英雄成吉思汗，虽然一生杀人无数，但当不该杀时，他也能放人一马。因此成吉思汗得到了更多人甚至是敌人的拥护。

一天，成吉思汗率部外出打猎，恰好遇上与自己有仇的泰赤乌部的朱里耶人。部众请求说："这是我们的仇人，请您下令把他们杀个一干二净。"

成吉思汗望着惊慌失措的朱里耶人，说道："他们既然现在不与我为敌了，还杀他们干什么？"并喝令想动手的人放下武器，不得动眼前的朱里耶人。

朱里耶人起初颇为疑惧，现在见成吉思汗无心杀他们，便纷纷上前答话，言谈中，成吉思汗得知他们常受泰赤乌部的虐待，既无粮食，又无帐篷。于是，成吉思汗慷慨地说："既然如此，那就请你们与我们一起住吧，明天行猎所获我们平分。"

第二天，成吉思汗果然兑现了自己的诺言。朱里耶人对此非常感动，皆曰泰赤乌无道，而成吉思汗才是大度的主子，便纷纷投靠了成吉思汗。此事传到泰赤乌部后，大将赤老温也来投靠，就连曾经射杀成吉思汗坐骑的勇士哲别也投到成吉思汗的帐下。

武力可以使人屈服，却难以使人心服。所以，高明的御人法，就是与人为善，以真情感化对方，以自己的仁心去换取别人的真心。

1754年，美国独立以前，弗吉尼亚殖民地议会选举在亚历山大里亚举行。以后成为美国总统的乔治·华盛顿上校作为这里的驻军长官也参加了选举活动。

选举最后集中于两个候选人。大多数人都支持华盛顿推举的候选人。但有一名叫威廉·宾的人则坚决反对。为此，他同华盛顿发生了激烈的争吵。争吵中，华盛顿失言说了一句冒犯对方的话，这无异于火上加油。脾气暴躁的宾怒不可遏，一拳把华盛顿打倒在地。

华盛顿的朋友们围了上来，高声叫喊要揍威廉·宾。驻守在亚历山大里亚的华盛顿部下听说自己的司令官被辱，马上带枪赶了过来，气氛十分紧张。

在这种情况下，只要华盛顿一声令下，威廉·宾就会被打成肉泥。然而，华盛顿是一个头脑冷静的人，他只说了一句："这不关你们的事。"就这样，事态才没有扩大。

第二天，威廉·宾收到了华盛顿派人送来的一张便条，要他立即到当地的一家小酒店去。威廉·宾马上意识到，这一定是华盛顿约他决斗。于是，富有骑士精神的宾毫不畏惧地拿了一把手枪，只身前往。

一路上，威廉·宾都在想如何对付身为上校的华盛顿。但当他到达那家小酒店时却大出意料之外，他见到了华盛顿的一张真诚的笑脸和一桌丰盛的酒菜。

"宾先生"，华盛顿热诚地说，"犯错误乃是人之常情，纠正错误则是件光荣的事。我相信我昨天是不对的，你在某种程度上也得到了满足。如果你认为到此可以和解的话，那么请握住我的手，让我们交个朋友吧。"

宾被华盛顿的宽容感动了，把手伸给华盛顿："华盛顿先生，请你原谅我昨天的鲁莽与无礼。"

从此以后，威廉·宾成为华盛顿的坚定的拥护者。

当华盛顿被打倒在地时，是很容易失去理智，做出一些悔恨终身的事的。可贵的是华盛顿能保持冷静，以一种宽心仁厚的姿态去面对自己的竞争对手，最终赢得了竞争对手的心。

"乘风破浪会有时，直挂云帆济沧海。"只要我们拥有一颗仁义之心，终有一天可以得偿所愿。所谓"莫愁前路无知己，天下谁人不识君"，同样地，只要我们拥有一颗仁义之心，便能"知交遍天下"。

# 第六十八章

## 【原文】

善为士者<sup>①</sup>不武,善战者不怒,善胜敌者不与<sup>②</sup>,善用人者为之下。是谓不争之德,是谓用人之力,是谓配天古之极也<sup>③</sup>。

## 【注释】

①善为士者:士,即武士,这里作将帅讲。此句意为善做将帅的人。
②不与:意为不争,不正面冲突。
③配天古之极也:符合自然的道理。一说"古"字是衍文。

## 【译文】

善于带兵打仗的将帅,不逞其勇武;善于打仗的人,不轻易激怒;善于胜敌的人,不与敌人正面冲突;善于用人的人,对人表示谦下。这叫作不与人争的品德,这叫作使用别人的能力,这叫作符合自然的道理。

## 【解析】

"善为士者不武,善战者不怒,善胜敌者不与,善用人者为之下。是谓不争之德,是谓用人之力,是谓配天古之极也。"

"不武""不怒",是慈德,不以感情用事。三国时许褚赤膊上阵遭箭穿,就是武、怒的结局。

"不与",是俭德,为胜敌的必要条件。

"为之下",是"不敢为天下先",为谦下、守静之德。以退为进,以守为攻,是用兵策略,可以确保慈、俭之德不失。

"不争之德",是克制而不盲动,不争一时之勇。

不争则守,守则敌动我静,动则必耗其力,我以逸待劳,以静制动，又以强大的兵力作后盾，自然可以取胜。这是最符合天地创始的规律的。

配，相复合。古，天地之始。

## 【证解故事】

### 故事一：

春秋初期，楚国日益强盛，楚将子玉率师攻晋。楚国还胁迫陈、蔡、郑、许四个小国出兵，配合楚军作战，此时晋文公刚攻下依附楚国的曹国，深知晋楚之战迟早不可避免。

子玉率部浩浩荡荡向曹国进发，晋文公闻讯，分析了形势。他对这次战争的胜败没有把握，楚强晋弱，气势汹汹，他决定暂时后退，避其锋芒。于是对外假意说："当年我被迫逃亡，楚国先君对我以礼相待。我曾与他有约定，将来如我返回晋国，愿意两国修好。如果迫不得已，两国交兵，我定先退避三舍。现在，子玉伐我，我当实行诺言，先退三舍（古时一舍为三十里）。"他撤退九十里，仗着临黄河，靠太行山，相信足以御敌。他又在事先派人往秦国和齐国求助。

子玉率部追到城濮，晋文公早已严阵以待。晋文公已探知楚国左、中、右三军，以右军最薄弱，右军前头为陈、蔡士兵，他们本是被胁迫而来，并无斗志。子玉命令左、右军先进，中军继之。楚右军直扑晋军，晋军忽然撤退，陈、蔡军的将官以为晋军惧怕，才要逃跑，就紧追不舍。忽然晋军中杀出一支军队，驾车的马都蒙上老虎皮。陈、蔡军的战马以为真虎，吓得乱蹦乱跳，转头就跑，骑兵哪里控制得住。楚右军大败。晋文公派士兵假扮陈、蔡军士，向子玉报捷："右师已胜，元帅赶快进兵。"子玉登车望，晋军后方烟尘蔽天，他大笑道："晋军不堪一击。"其实，这是晋军诱敌之计，他们在马后绑上树枝，来往奔跑，故意弄得烟尘蔽日，制造假象。子玉急命左军并力前进。晋军上军故意打着帅旗，往后撤退。楚左军又陷于晋国伏圈内，遭到歼灭。等子玉率中军赶到，晋军三军合力，已把子玉团团围住。子玉这才发现，右军、左军都已被歼，自己已陷重围，急令突围。虽然他在猛将成大心的护卫下，逃了性命，但部队伤亡惨重，只得悻悻回国。

应变之计极多，但三十六计，有时还是走为上计为好。

走为上，指在敌我力量悬殊的不利形势下，采取有计划的主动撤退，避开强敌，寻找战机，以退为进。这在谋略中也应是上策。

这则故事中晋文公的几次撤退，都不是消极逃跑，而是主动退却，寻找或制造战机。所以，"走"，是上策。

**故事二：**

自建安元年后，献帝完全落入曹操的掌握之中，曹操对自己代汉的意图却一直是讳莫如深的。献帝入都前后，侍中太史令王立曾多次对献帝说："天命有去就，五行不常盛，代替火德的是土德，承即汉位的是魏，能安天下的是曹姓，只要委任曹氏就行了。"曹操听说此事后，让人带话给王立，说："知道你忠于朝廷，然而天道深远，希望你不要多说！"曹操当时羽翼未丰，自然不能不采取慎之又慎的态度。

随着献帝傀儡化程度的不断加深，曹操代汉的意图也暴露得越来越明显，这招来了政敌的不断攻击。如周瑜骂曹操是"托名汉相，实为汉贼"，刘备说曹操"有无君之心"，"欲盗神器"。如果任其自然而不加以辩解，曹操不仅可能丧失"挟天子以令诸侯"的政治优势，而且可能会成为四方诸侯"清君侧"的对象；内部的拥汉派势力也会起来反对他。赤壁之战遭受挫折后，开始形成天下三分的局面，刘备、孙权虎视眈眈，以马超为首的关中诸将心怀叵测成为曹操的心腹大患。在这种情况下，内外政敌乘机加强了宣传攻势，说曹操有"不逊之志"，企图动摇他的政治基础，有人甚至干脆要求曹操交出兵权，以削弱曹操的政治实力。为了反击政敌，安抚内部的拥汉派势力，继续保持自己"挟天子以令诸侯"的政治优势，曹操不得不将自己代汉的意图进一步深藏起来，而特别强调自己对于汉室的忠心。曹操处在当时的特殊情况下，为了长远的统一大业，奉行韬晦之计，对自己的政治意图做了许多讳饰。建安二十四年（219年）冬，曹操在孙权的配合下，取得襄樊大捷之后，孙权给曹操上书劝曹操当皇帝，自己情愿称臣。曹操读罢来信，将信出示群臣，说："这小子竟想让我蹲在火炉上去挨烤啊！"

曹操的用意是，如果以魏代汉，必然招致来自各方的反对，就像在火炉上挨烤一样。说这话的目的一是为了揭露孙权的真实用心；二是为了试探一下群臣的意向态度。群臣对曹操的用意心领神会，于是文官以陈群、桓阶为首，武将以夏侯惇为首，纷纷劝进。这些人劝进自然都不无阿附曹操之意，但对曹操代汉称帝条件的分析大抵还是比较客观的，比如说献帝只剩下一个皇帝的名号，一寸土地、二个老百姓都不再属汉朝所有说的就是事实。

其实曹操早已成竹在胸，听完大家的建议，他冷静地说："'施于有政，是亦为政'。如果天命在我这里，我就做一个周文王得了！"

"施于有政，是亦为政"意思是说只要将孝顺父母、友爱兄弟的风气影响到政治上去，也就是参与了政治，何必一定要做官才算参与了政治呢？

曹操引用这句话，意在说明只要掌握了实权，不必计较有没有皇帝这个虚名。即使当皇帝的时机已经成熟，他也不当皇帝，而要像当年周文王给周武王奠定基业那样，积极创造条件，让自己的儿子去做皇帝。此计策不为不妙。

# 第六十九章

## 【原文】

用兵有言，吾不敢为主<sup>①</sup>而为客<sup>②</sup>，不敢进寸而退尺。是谓行无行<sup>③</sup>，攘无臂<sup>④</sup>，扔无敌<sup>⑤</sup>，执无兵<sup>⑥</sup>。祸莫大于轻敌，轻敌几丧吾宝。故抗兵相若<sup>⑦</sup>，哀<sup>⑧</sup>者胜矣。

## 【注释】

①为主：主动进攻，进犯敌人。

②为客：被动退守，不得已而应敌。

③行无行：行，行列，阵势。此句意为：虽然有阵势，却像没有阵势可摆。

④攘无臂：意为虽然要奋臂，却像没有臂膀可举一样。

⑤扔无敌：意为虽然面临敌人，却像没有敌人可赴。

⑥执无兵：兵，兵器。意为：虽然有兵器，却像没有兵器可执。

⑦抗兵相若：意为两军相当。

⑧哀：闵、慈。

## 【译文】

用兵的人曾经这样说："我不敢主动进犯，而采取守势；不敢前进一步，而宁可后退一步。"这就叫作虽然有阵势，却像没有阵势可摆一样；虽然要奋臂，却像没有臂膀可举一样；虽然面临敌人，却像没有敌人可打一样；虽然有兵器，却像没有兵器可以执握一样。祸患再没有比轻敌更大的了，轻敌几乎丧失了我的"三宝"。所以，两军实力相当的时候，悲痛的一方可以获得胜利。

## 【解析】

"用兵有言，吾不敢为主而为客，不敢进寸而退尺。是谓行无行，攘无臂，扔无敌，执无兵。"

凡用兵交战，有进有退，当进则进，当退则退。进则"不武""不怒"，只为取得战果；退则审时度势，是为保存优势兵力，绝不做无谓的牺牲。

"吾不敢为主而为客，不敢进寸而退尺"。是"三宝"之一"不敢为天下先"具体的运用。"行无行，攘无臂，扔无敌，执无兵"，是用兵的具体指导思想。"行无行"，是我静敌动，以静制动，以逸待劳；"攘无臂"，是说不要陷入敌人的包围圈。臂，以臂环抱。"扔无敌"，是强调抛弃轻敌意识。无敌，即轻敌。"执无兵"，是说要有无兵的精神境界。

"祸莫大于轻敌，轻敌几丧吾宝。故抗兵相若，哀者胜矣。"

轻敌思想是用兵的最大祸患。轻敌必骄，骄兵必败，败则丧我"三宝"。所以，两军相抗，兵力相当，有哀悯之心的一方取胜。哀者，以"三宝"为德的一方。

本章是老子的用兵之道。慈、俭、不敢为天下先是用兵者最根本的指导思想。以"三宝"为指导思想的是仁义之师、正义之师。自古正义战胜邪恶，以争、贪为目的的侵略战争必然以失败而告终。

## 【证解故事】

懂得兵法的专家有这种说法：我不敢主动作战，宁愿被动而战，不敢侵犯攻击对方一寸，宁可忍让退后一尺让他。这就是以静制动、以退为进、人不知我之图及至让对方看我似乎有备战，却又好像没有备战；虽然看似抵挡，却看不见我举出来的手臂；虽然似乎有攻击动作，却又好像没拿任何兵器；虽然似乎要擒住敌人，却又看不见我的战士。

古人用兵最讲究虚虚实实、真真假假，这样能够使敌人摸不清自己的真正实力不敢善举妄动。老子虽然不会打仗，也不曾带军，然而他却对兵法有着深入的研究。他从这一兵法中引申出了一个"虚实并用"的人生智慧。故而他提出了"兵有言吾不敢为主而为客，不敢进寸而退尺，是谓行无行，攘无臂，扔无敌，执无兵"的论断。

当然，老子的这一论断的对象是竞争对手或敌人，对待我们的竞争对手或敌人，千万不能实打实、硬碰硬，那样只能在竞争中消耗掉我们的实力，而无法获得卓有成效的胜利。

老子的"虚实并进"的智慧，在《三国演义》中体现得淋漓尽致——在长坂坡一役中，看似鲁莽愚笨的张飞一人便阻住了曹操十几万大军。

**故事一：**

《三国演义》中这样记载：却说文聘引军追赵云至长坡桥，只见张飞倒竖胡须，圆睁环眼，手绰蛇矛，立马桥上。又见桥东树林之后，尘土大起，疑有伏兵，便勒住马，不敢近前……把住阵脚，一字儿摆在桥西，使人飞报曹操。操闻知，急上马，从阵后来。张飞睁圆环眼，隐隐见后军青罗平盖，旄钺旌旗来到，料得是曹操心疑，亲自来看。飞乃厉声大喝曰："我乃燕人张翼德也！谁敢与我决一死战？"声如巨雷。曹操闻之，尽皆股栗。曹操急令去其伞盖，回顾左右曰："我曾闻云长言：翼德于百万军中，取上将之首，如探囊取物。今日相逢，不可轻敌。"言未已，张飞睁目又喝曰："燕人张翼德在此，谁敢来决死战？"曹操见张飞如此气概，颇有退心。飞望见曹操后军阵脚移动，乃挺矛又喝曰："战又不战，退又不退，却是何故？"喊声未绝，曹操身边夏侯杰惊得肝胆碎裂，倒撞于马下。操便回马而去。于是诸军众将一起往西奔去。正是，黄口孺子，怎闻霹雳之声；病体樵夫，难听虎豹之吼。一时弃枪落盔者不计其数，人如潮涌，马似山崩，相互践踏。

张飞之所以能够喝退曹军并不是偶然的：张飞在曹操大军到来之前就命令所率的二十多名骑兵都到树林子里去，砍下树枝，绑在马后，然后骑马在林中飞跑打转。而他一人在长坂桥上单人单骑、立马扬威毫无惧色，尤其是他那惊天地泣鬼神的三声怒喝，吓死曹将之余，增加了几分"实像"。而对面的曹操呢？曹操深知诸葛亮的本事，怕诸葛亮用张飞作诱，后有伏兵。曹操亲自前来观战，见到张飞那勇猛的样子，想关羽曾告诉他，张飞能在百万军中取上将之首。另外，张飞的吼叫，吓死夏侯杰，张飞又在那里立马提枪，咄咄逼人，使曹军不敢冒着风险向前。

如果能熟练运用这一"虚实并进"的智慧，那么在与对手的交锋中定能略胜对手一筹，稳稳地将胜利握在自己手中。

**故事二：**

公元前686年，齐襄公在国内叛乱中被杀。大夫高侯与侨居莒国的公子小白关系很好，于是他派人前往莒国，迎接公子小白回国做国君。然而，此时齐襄公的另一个儿子公子纠也由旅居的鲁国派军队送其回国抢位，并且还分拨管仲带领军队在半路上拦截从莒国来的小白。

管仲领兵昼夜兼程，来到公子小白必经之地即墨，一打听，小白的车队已经过去。于是，管仲带着人马迅速追赶，行了三十余里，见小白的队伍正在停车做饭。管仲面带笑容上前同小白打招呼："公子近来身体可好？现在要到哪里去？"小白回答道："回去为父亲治丧。"管仲说："公子纠是长子，应该主丧，不必劳您去辛苦了。"小白没有应答，其随从人员个个横眉怒目，准备动武。管仲恐怕自己寡不敌众，就假装退走，在暗中却突然弯弓搭箭，对准小白射了过来。只见小白大叫一声，口吐鲜血，倒在乘坐的车上。小白的随从人员一齐啼哭起来，管仲见射倒了小白，便拨转马头，飞快地去向公子纠报信。在路上，管仲感叹道："公子纠有福，合该为君！"公子纠一队人马知道小白已被射死，就悠然自得地在路上慢慢行走，过了六天才到达国都临淄。

可是，这时小白已经登基当上了国君，称为齐桓公。公子小白被管仲一箭射死，怎么又复活了呢？原来，管仲的这一箭正好射在小白腰间的带钩上。古人宽衣博带，带端有一个用青铜做的钩，称作带钩，一般长约三寸，宽约一寸左右；其作扇同现今人们的腰带扣一样。管仲射来的箭虽然没有使小白受伤，但小白恐怕管仲再射，于是急中生智，咬破舌尖，口喷鲜血，装死倒在车上，从而麻痹了管仲。等管仲走后，小白连忙换上普通人的服装，带领随行人马抄小路星夜兼程。快到都城临淄时，小白派能言善辩的鲍叔牙先进城说服诸位大夫。鲍叔牙在众大夫面前历数了公子小白的贤明，取得了大夫们的认可。然后，大家出城迎接公子小白即王位。

公子小白之所以能抢在异母兄、长子纠的前面登上王位，在于他临机应变，采用示假隐真、虚实并用的计谋，战胜了居心叵测的公子纠，得到了至高无上的王位。

对待老实人，我们要坚决奉行以实打实、将心比心的做法，然而对待那些奸诈、叵测的竞争对手，我们不妨来点儿虚实并进，在虚虚实实中挫败对手。

# 第七十章

## 【原文】

吾言甚易知，甚易行。天下莫能知，莫能行。言有宗<sup>①</sup>，事有君<sup>②</sup>。夫唯无知<sup>③</sup>，是以不我知。知我者希，则<sup>④</sup>我者贵，是以圣人被褐<sup>⑤</sup>而怀玉<sup>⑥</sup>。

## 【注释】

①言有宗：言论有一定的主旨。

②事有君：办事有一定的根据。一本"君"作"主"。"君"指有所本。

③无知：指别人不理解。一说指自己无知。

④则：法则。此处用作动词，意为效法。

⑤被褐：被，穿着。褐，粗布。

⑥怀玉：玉，美玉，此处引申为知识和才能。"怀玉"意为怀揣着知识和才能。

## 【译文】

我的话很容易理解，很容易实行。但是天下竟没有谁能理解，没有谁能实行。言论有主旨，行事有根据。正由于人们不理解这个道理，因此才不理解我。能理解我的人很少，那么能取法于我的人就更难得了。因此有道的圣人总是穿着粗布衣服，怀里揣着美玉。

## 【解析】

"吾言甚易知，甚易行。天下莫能知，莫能行。"

这句话是说，大道至深至奥，却又简明易行。"甚易知，甚易行"，是对明道之人而言；"莫能知，莫能行"，是对不明道之人而言。问题的关键在于所遵循的认识路线。世人强调宏观认识论，老子强调微观认识论。世人执着于对外部世界的认识，老子则执着于对自我的认识。大道隐藏于自身，只有求之于内，才能认识世界的本质规律。关于道的学说，是老子毕生实践、独立思考的成果，这一成果很难为世人所理解和接受。正因为老子考虑到"天下莫能知，莫能行"，所以为世人留下了不朽名著《道德经》以及功夫传人，使大道之学经久不衰，并且越来越为世人所重视。

"言有宗，事有君。"

人们的人生观和价值观是受世界观支配的，一切言论必须以世界的本原为宗旨。君，自然规律。人类的一切实践活动必须遵循自然规律，接受自然规律的主宰。就自我而言，朴是自我之君，是通过自我修身实践创造出的真我，也是自然规律的化身。创造出真我，也就完成了认识的主体由自我向真我的过渡，从而，真我为君，自我为臣。

一切言论要有它的本源，一切行动要服从客观规律。这是老子的自然观。

"夫唯无知，是以不我知。知我者希，则我者贵，是以圣人被褐而怀玉。"

自我之知是对现象世界的认识，是肤浅的、主观片面的；真我之知是对世界本质的认识，是深刻的、客观全面的。

这一节的意思是说：人们没有真知的唯一原因是不能以真我来认知世界，认识真我的人很少，能够效法真我亦即用真我来规范自我的人最可贵。圣人之所以成为圣人，是因为圣人不执着于表面现象而贵在拥有真我。

被褐怀玉，身上穿着粗布衣服，怀里揣着宝玉，说明圣人关注的不是表面现象而是内在实质。


【证解故事】

故事一：

我的话很容易理解，也很容易做到，但天下却没有人能理解，也没有人去实行。我的言论都有根据，行事都有所本，他人对这用意、动机的不明白，所以才导致对我的不理解。能理解我的人很少，能效法我而在行事中加以贯彻的就更难能可贵。因此说，圣人外面穿着的似乎是粗布衣裳，但里面包含的却是稀世的美玉啊。

在大千世界芸芸众生之中，人类有着得天独厚的专长，就是"知"，也是"智"。可以说这是人类区别于万物的最基本的属性，所以，"知"是人类生存发展的关键。但是"知"不代表就能"行"，也就是说讲理论很容易，可是实行却是很难的。这不是古人的偏见，而是客观存在的事实。

举个很浅显的例子。

大家都知道十字路口的红绿灯的作用，也都知道红灯的时候不应该过马路，可是当红灯亮起，左右五百米之内没有疾驰的车开过来时，大多数人都还会选择闯红灯。这些人不知道交通法规吗？具体的条款不知，但不可闯红灯这一条可是连幼儿园小孩子都懂的，只是知道却不肯去做罢了。至于违反规定的背后隐藏着怎样的社会问题，那是多数人都不会去考虑的了。这便是知易行难的一个常见的例子。

唐代鸟窠道林禅师九岁出家，初随长安西明寺复礼法师学《华严经》和《大乘起信论》，后来学禅，参谒径山国一禅师得法，并成了他的法嗣。

南归后，道林禅师见杭州秦望山松林繁茂，盘曲如盖，便住在树上，人们遂称他为"鸟窠禅师"。

元和十五年，诗人白居易出任杭州刺史。白居易对禅宗非常推崇，听说高僧鸟窠禅师住在秦望山上，非常高兴，决定上山探问禅法。

一天，白居易上山来参访鸟窠禅师。他望着高悬空中的草舍，十分紧张，不由得感慨："禅师的住处很危险哪。"

鸟窠禅师回答说："我看大人的住处更危险。"

白居易不解地问："我身为要员，镇守江山，有什么危险可言？"

鸟窠禅师回答说："欲望之火熊熊燃烧，人生无常，尘世如同火宅，你陷入情识知解而不能自拔，怎么不危险呢？"

白居易沉思了一会儿，又换了个话题，问鸟窠禅师："什么是佛法大意？"

禅师回答说："诸恶莫做，众善奉行。"

白居易听禅师用这样简单的话来搪塞自己，非常失望，说："这话连三岁小孩都知道。"

鸟窠禅师说："虽然三岁小孩都知道，但八十岁老翁却都未必能做到。"

白居易豁然开悟，施礼而退。

要做善事，不要做坏事，这是三岁小孩都懂得的道理，可是观其一生，到他垂垂老矣的时候，却未必能做到这一点。甚至可以这样说，我们在红尘俗世里的芸芸众生，有几个人一生都能够扬善惩恶的呢？

1978年，七十五位诺贝尔奖获得者在巴黎聚会。

人们对于诺贝尔奖获得者非常崇敬，有个记者问其中一位："在您的一生里，您认为最重要的东西是在哪所大学、哪所实验室里学到的呢？"

这位白发苍苍的诺贝尔奖获得者平静地回答："是在幼儿园。"

记者感到非常惊奇，又问道："为什么是在幼儿园呢？您认为您在幼儿园里学到了什么呢？"

这位诺贝尔奖获得者微笑着回答："在幼儿园里，我学会了很多很多。比如，把自己的东西分一半给小伙伴们；不是自己的东西不要拿；东西要放整齐；饭前要洗手；午饭后要休息；做了错事要表示歉意；学习要多思考，要仔细观察大自然。我认为，我学到的全部东西就是这些。"

所有在场的人对这位诺贝尔奖获得者的回答报以热烈的掌声。

这个故事与白居易的故事有着相通的道理，做人处世的道理其实并不深奥，其中很多原则我们在孩提时代就已经知道了，但是能够将这种已知的道理贯彻在自己的日常生活中，却是很难的。因为我们都有着私欲，当道理与私欲相冲突的时候，我们又总是那样容易就退让给私欲，将道理轻轻扔到一边。

小孩子都知道做错了事要承认错误，要道歉，可是真的犯了错的时候，又不由得会说谎逃避，因为会害怕随之而来的惩罚。等到成人立世，步入工作岗位，推卸责任、让别人背黑锅的事更是做得信手拈来，毫不费力。究其根底，就是因为我们其实不明了"道"的真谛，将自己看得过于尊贵，将别人看得过于低下，所以任何事情发生的时候，都自然而然地先为自己的私利着想，而不是先去想自己的所作所为是否符合道义。

再举个常见的例子，大家都知道坐车的时候要买票，小孩子身高超过一米一的时候也要买票。但是很多家长为了省下票钱，会教小孩子在量身高的时候稍微向下蹲一蹲，不够一米一的线。他们是不知道逃票是不对的吗？当然知道，但是这种违规和省下的钱相比实在不够让他们产生任何愧疚感。不仅不会愧疚，而且理直气壮，旁边的人看来也都觉得十分正常。

其实这是不正常的行为，孩子时时都在观察和模仿成年人的行为，当他们看到父母让自己逃票的时候，会以为钻空子讨便宜是很正常的事，以后就会照样模仿。可笑的是，有的父母一边教育着孩子要诚实，一边却又在"以身作则"地教孩子不要诚实，理由是太诚实了在社会上会吃亏。

然而，在很多发达国家其实都具备较高的诚信水平。

有一位在德国出生的中国男孩，为学习中文，主动与中国来的一些研究生在一起。一天，他发现中国的研究生买十六岁以下儿童票坐地铁，立即断绝了与他们的来往。德国有一套机制来维护诚信，比如说德国人没有听说过"做假账"这个词。德国的财务人员不敢做假账，他们在大学毕业之后，还要经过大约两三年的学习才能够做财务人员，要是做一次假账，就终身不得再做财务工作。

在德国的中国留学生中曾经引发过一次诚信危机。很多中国人弄虚作假惯了，"枪手""做假证"的事件也被传到了德国，甚至有人在报上登广告来推销作假，这在德国引发了诚信危机。

德国驻华大使馆为此专门成立了留德学生审核部，中国人要去德国变得比以前麻烦多了。在德国，中国学生考试，德国人会拿了照片，反复地看你的脸相，要看长得像不像这个人。在德国留学的许多中国学生都觉得脸面蒙羞。为什么德国人不用看，日本人不用看，偏偏只有中国的学生被反复地看呢？

这就是诚信危机。分析世界上一些大企业家成功的因素不难发现，第一个原因就是诚信。市场经济是以诚信为基础的，没有诚信哪有市场。这是最基本的交往规则。诚信危机是怎么出现的呢？或许就是在父母教孩子逃票、闯红灯这样的小事上开始的。知易行难，其实也就是难以让知与行统一起来，所以老子才会发出这样的感叹：吾言甚易知，甚易行；而天下莫之能知，莫之能行。

能知亦能行，让知与行统一起来的人，才是合乎于道的。这样的人或许在有些自认为聪明的人眼里是呆板蠢笨的，但是从长远来看，他们才是得到尊重的，才是真正获利的。这样的人也才是能够支撑起华夏脊梁的人。

**故事二：**

我说的"无知无为"，实在是要大家不要为了私利私欲而去刻意求知、作为；应该依照自然法则去行为、互相照顾，以求共生共存，所以不需去刻意求知。

老子在《道德经》中这样说过："夫唯无知，是以不我知。"他认为凡事都不能为了私利私欲而去刻意追求，而应该遵循自然法则而为，否则即便我们去刻意求私，也必不能得到满意的结果。

私心，可以说私欲伴随着人度过了一生——小时候，相差无几的兄弟间、姐妹间都会出现为了争夺玩具或好吃的而发生争执，当然"孔融让梨"那样的故事终究是少之又少的；长大后，为了争夺某个职位与同事明争暗斗、设计陷害等等行为，都是为了能够得到更多的名和利；当我们老了，面对众多的儿孙，自然也会对某个有特殊的感情，心里的天平也会随之倾斜。

私心虽然是人的本能，然而有的人私心轻，在大事上不敢越雷池一步，这些人虽有私心，但能顾全大局头脑比较清醒；另外一些人则私心过重，为了一己之私简直是不择手段，秦桧就是一个"私"字太重的人，因此他做出来的事不但令人厌恶，最终还害了他自己的性命。

秦桧的孙子秦埙，准备参加科举考试。在所有孙子中，秦桧最宠的就是秦埙，从小秦桧对他就悉心调教，未尝离膝下。虽然在儿子秦熔面前，秦桧总是一副严肃古板的样子，可是，一见秦埙，马上就眉开眼笑，成了个慈祥的祖父了。

秦埙很聪明，自幼从师学习，虽然刚满十八岁，才学已经不错了。不过，科举考试集中了全国各地的读书人，其中人才济济，秦桧不能不为秦埙担心：毕竟他人小，见识少，阅历浅，落榜不是没有可能的。况且，秦桧不但想要秦埙高中，而且还要状元及第，这可不是一件易事了。秦桧为此事煞费了一番苦心，做了精心的筹划。

中书舍人程敦厚，是苏东坡的表兄程士元之孙，平日和秦桧关系不错。一日，秦桧呼召程敦厚至相府。

程敦厚奉命来到了望仙桥的秦桧府邸，在家奴的引导下来至内阁。程敦厚奉命而来，却不见秦桧，只得坐候，看着日影西移，百无聊赖。他四处张望，发现一室萧然，独案头上有书一册，以紫绫裱面，极为美观，就取来观看。

程敦厚打开一看，见书题为"圣人以日星为纪赋"，篇末有"学生类贡进士秦埙呈"九个字。其赋文采绮艳，程敦厚煞是喜爱，且因守候秦桧，遂兀坐窗下，仔细吟咏，几乎可以背诵下来。秦府的家奴不时送来酒肴茶点，往来服侍，殷勤异常。不知不觉，天色已是黄昏，程敦厚这才发觉自己在这里几乎等了一天，可是还是不见秦桧的影子。他不便再等，只得退离秦府，心内颇为诧异，不知秦桧是何用意，每一念及此事，便惴惴不安。

程敦厚心惊肉跳了好几日，朝廷有诏下，差程敦厚为知贡举，宣押入院，这时，程敦厚方才恍然大悟，遂以前几日在秦府所见的"圣人以日星为纪赋"命题。

原来，这都是秦桧一手在幕后导演的。他想为秦埙预备打通关节，自觉不便启齿，因此才想出此计。在考官人选的确定上，秦桧也花费了不少心思，选择了御史中丞魏师逊、右正言郑仲熊、吏部郎中、权太常少卿沈虚中、监察御史董德元等人为知贡举，都是秦桧的心腹，只有主考官陈之茂平日与自己没有什么来往。秦桧只好派人偷偷暗示他：将秦埙取为第十名。

进士考试分为省试和殿试。省试，由礼部尚书主试；殿试，由皇

老 子 | 537

帝对会试取录的贡士在殿廷上亲发策问，也称廷试。参详官董德元，于誊录处取号得到秦埙的试卷，喜形于色地说："吾曹可以富贵矣！"又将试卷传与众人看，说："此卷子高妙，魁等有余。"然而，主考官陈之茂却并不赏识秦埙之文，他看好了名为陆游的士子，不畏权势，不听别人的威胁之词，将其取为第一名。

早有心腹把这个消息传给秦桧，秦桧利用职权之便，硬把陆游刷掉，并要惩办陈之茂。(陆游，即后来的南宋爱国大诗人。这年他二十九岁。从此他失去由科举博取功名的机会。直至秦桧死后三年，陆游才被任命为福州宁德市主簿，以后又调到京师临安任编修官。孝宗即位后，赐他进士出身。)

省试之后的廷试，秦桧又奏以汤思退为编排(负责考试的官员)，以师逊为详定(调查、评定试卷的官员)。

高宗策试正奏名进士，策问诸生以师友之渊源，志所钦慕，行何修而无为，心何治而克诚。秦埙和第二名曹冠早有准备，对答如流。曹冠是秦桧的馆客，曾教过秦埙。

高宗读了二人的策论，发觉通篇都是秦桧、秦熺说过的话，无非是攻击程颐一派的学说，心中不悦。又读了其他几个的策论，发现其中一篇主张重用同心同德的元老旧臣，且提及存赵之事，字迹刚劲，文采斐然，一看，原来是乌江(今安徽和县乌江镇)的士人张孝祥。高宗异常欣喜，认为张孝祥是个难得的人才，于是提笔，钦定张孝祥为进士第一名，将秦埙定为第三名。

这一年的进士举，秦埙、秦桧的侄儿秦焞、秦熵，姻党周寅、沈兴杰、馆客曹冠皆榜上有名，士论大为不平。

秦埙没有高中状元，心中闷闷不乐。秦桧心中更要难过万分。"宰相肚中能撑船"，虽然对张孝祥恨之入骨，表面上却还得摆出宰辅的大度。他将张孝祥召至礼部，殷切慰问。

张孝祥时年二十三岁，正是少年意气、血性方刚之时，加上他天性爽直，对秦桧的为人为政，早有满腔怨恨，一进来就绷着脸，一句话也不说。

秦桧打量了一下面前的这位青年：面色白皙，下颏有点尖，显得清瘦，完全是一副文弱书生的模样。但是他的一双剑眉和高耸的颧骨，宽阔的前额，以及紧闭的双唇，却带着沉着而刚毅的神气，更像是一个习武之人。秦桧干笑了两声，对张孝祥说："不唯喜状元策，又喜状元诗与字，可谓三绝。"

见他不答话，又问："不知状元诗何所本，字何所法？"张孝祥见秦桧不住追问，就没好气地答道："无师自通。"这更触怒了秦桧，好在秦桧未能着手迫害他，就先一命呜呼了。（张孝祥是南宋著名的爱国词人，在中国词史上，上承苏轼之传统，下开辛弃疾之先路，词风豪放深沉，慷慨悲凉，有《于湖词》一百七十余首留传至今。）

参与这次进士举的知贡举后来都得到了提拔，只有陈之茂因未顺承秦桧之意被贬官。

这些只是秦桧私心未果的事例，然而他栽赃陷害岳飞，最后却使他遗臭万年。

社会中的一些现象不得不令我们反思：为什么弟兄反目为仇；为什么一些拥有众多儿女的老人被赶出家门，为什么有些政府官员被撤职查办，为什么有许多工厂破产倒闭……这都是私心在里面的原因——总是想多拥有、多霸占点儿，结果常常是一无所获。

有句老话说"人算不如天算"。不管你信不信这句话，这句话还是有它的道理，尤其是针对那些私心过重，为一己之私而不择手段的人。面对这样或那样的诱惑，我们不要失去应有的理智。

# 第七十一章

## 【原文】

知不知<sup>①</sup>，尚矣；不知知<sup>②</sup>，病也。圣人不病，以其病病<sup>③</sup>。夫唯病病，是以不病。

## 【注释】

①知不知：注解家们一般对此句有两种解释。一说知道却不自以为知道，一说知道自己有所不知。

②不知知：不知道却自以为知道。

③病病：把病当作病。病，毛病、缺点。

## 【译文】

知道自己还有所不知，这是很高明的。不知道却自以为知道，这就是很糟糕的。有道的圣人没有缺点，因为他把缺点当作缺点。正因为他把缺点当作缺点，所以，他没有缺点。

## 【解析】

"知不知，尚矣；不知知，病也。圣人不病，以其病病。夫唯病病，是以不病。"

认识上的弊病是产生自身疾病和社会疾病的主要原因。要消除一切疾病，必须首先消除认识上的弊病。病病，以认识上的弊病为弊病。

这一节是说，能够认识到常人认识不到的东西，这是掌握了认识的上乘之法。不知道什么是最需要认识的，是认识上的最大弊病。只有以不识道这一认识上的弊病为弊病，才能消除认识上的弊病。圣人没有弊病，是因为他以不识道这一弊病为弊病，所以没有弊病。

**【证解故事】**

知道自己不知道是聪明人，不知道自己的无知甚至还要装作什么都知道就是"病"。人只有承认这种病才可以不患这种病，圣人之所以看起来没有毛病，是因为他们总反省自己的毛病，毛病自然就"不治而愈"了。

老子说："知不知，尚矣；知不知，病也。"意思是知道自己的无知是高明的，而强不知以为知就是弊病了。老子针对当时的人自以为是、自作聪明的病态提出了严厉的控诉。他在对这些病态的人做了剖析之后，又将圣人的"不病"摆在了世人的面前，以此进行对照，结果不说自明了。圣人怎样呢？"圣人不病，以其病病。夫唯病病，是以不病。"老子说圣人没有毛病的原因是圣人能承认自己的缺点和不足，并努力加以改正，长此以往他也就没有什么毛病了。

圣人贵在能承认自己的不足，而不是自以为是、刚愎自用，所以圣人日益完善成了大家学习的榜样。我们每个人都不可能孤立生存，都和他人发生着各种各样的联系，生活在大集体中的我们，怎样才能和他人和睦相处？首先我们必须克服自以为是的弱点。

可是生活中总不乏这样的人，他们不懂装懂，刚刚了解了一些事物的皮毛，就以为掌握了宇宙变化与发展的规律；还有些人没有什么知识，而是凭借权力地位，招摇过市，便摆出一副智者的架势，用大话、假话欺人、蒙人。对于这些人，老子大不以为然，并且提出了尖锐的批评。

在这个问题上，中国古代哲人们有非常相似的观点。孔子有言曰："知之为知之，不知为不知，是知也。"（《论语·为政》）在老子看来，真正领会"道"之精髓的圣人，不轻易下断语，即使是对已知的事物，也不会妄自臆断，而是把已知当作未知，这是虚心的求学态度。只有持这个态度，才能使人不断地探求真理。

所以，老子认为，"知不知"才是最高明的。在古今社会生活中，刚愎自用、自以为是的人并不少见。这些人缺乏自知之明，刚刚学到一点儿知识，就以为了不起，从而目中无人，目空一切，甚至把自己的老师也不放在眼中。这些人肆意贬低别人，抬高自己，以为老子天下第一，这说到底，如果不是道德品质问题，那就是不知道自己几斤几两。

知人不易，自知更难。老子认为能识别他人只是机智，而能认识自己才算高明。

**故事一：**

战国时期，楚庄王准备出兵攻打越国，杜子进谏说："听说大王准备攻打越国，这有什么特别原因吗？"

庄王回答说："因为现在越国的政治很腐败，兵力也很弱。"

杜子说："也许是我自己太愚蠢了，我真为你攻打越国的事放心不下。智慧就像人的眼睛一样，能清楚地看见百步之外的东西，反而看不见自己的眼睫毛。大王的军队前不久被秦国和晋国打得惨败，丧失国土几百里，这不是已经表明我们的兵力也不强吗？国内到处是百姓造反，贪官污吏多如牛毛，大王多次想搞廉政建设就是不实行，我们楚国的政治腐败混乱，至少和越国不相上下。不清楚自己的兵弱政乱，倒想着发兵去攻打越国，这样的智慧正如眼睛一样，看不见自己的睫毛啊。"

楚庄王经杜子这么一说，才意识到问题的严重性，立即打消了攻打越国的念头。

做人难不仅难在要能认清别人，更难在能清楚自己。怎样才能既不盲目骄傲又不妄自菲薄呢？这就需要我们进行广泛的社会交往，人也和任何事物一样，需要在相互比较中时时自省，正确看待自己的不足和长处。如有人谈到自己的能力时说："比上不足，比下有余。"这一认识就是通过比较得来的。同时，更重要的是要进行广泛的社会实践，在实践中不断丰富和修正对自己的认识。俗话说："旁观者清，当事者迷。"苏东坡在《题西林壁》一诗中也说：

横看成岭侧成峰，

远近高低各不同。

不识庐山真面目，

只缘身在此山中。

我们自己看不清自己的主要原因，就和身在庐山反而看不清庐山真面目是一个道理。要有自知之明，还得让自己跳出自我的小圈子，站在旁观者的立场来分析和评价自己。孔夫子称他每天反省自己三次。反省就是自己把自己作为对象进行审视，让自己成为自己的审判官。鲁迅先生也曾说过："我有时解剖别人，但常常更严格地解剖自己。"这样才能对自己有清醒的认识。

古人说"破山中贼易，破心中贼难"，实在有道理。每个人都有自己不健康的情感、不良的生活习惯，甚至还有一些见不得人的欲望。如果成了这些情感、欲望、习惯的俘虏，我们就会变得放荡、荒淫、自私、贪婪、怯懦、粗野，那样，什么坏事和丑事都干得出来，我们就成了披着人皮的野兽，任何一件有价值的工作也做不好。因为成就一番事业，要"破山中贼"，首先就得"破心中贼"，就得时时自省。

如果经常在反省中扪心自问：自己是怎样的一个人？哪些东西对自己最为重要？自己能否把每一件事做得更好，这样的心路历程将会成为一个人在成长过程中审视自己的价值观、质疑自己的思路和锻炼自己的判断力的最好方法。经过了这种方法的考验，一个人会变得更强大、更自信，他的人生目标也会更加明确。

唐代著名诗人白居易在《观刈麦》一诗中是这样描写农民在麦收时的辛苦劳作的："足蒸暑土气，背灼炎天光；力尽不知热，但惜夏日长。"还有一个抱着孩子的贫困妇女，因为租税繁重，把家里的田地都卖光了，只得捡拾散落在田里的麦穗"充饥肠"。面对农民们的艰辛困苦，白居易心中很不平静："今我何功德，曾不事农桑。吏禄三百石，岁晏（年底）有余粮。念此私自愧，尽日不能忘。"想到自己俸禄虽多，却既无稼穑之劳，又没有为国为民做更多的事情，感到十分惭愧。因此，他居官期间，清廉简朴，勤勤恳恳，爱民为民，替百姓办了许多好事。

每个人都会有错误或缺点，只有认真反省才不会在错误和失败的道路上越走越远。这个道理简单至极，可还是有许多人不愿意这么做。

之所以有很多人拒绝承认错误，就是因为他们害怕别人因此而看轻自己，但无论从哪个角度上说，这种想法都不过是在自欺欺人。

一个人所犯的错误首先会被别人看到，而且在别人眼中，问题会显得更加客观和透彻。在这种情况下，坚持己见只会给人留下不自觉、太清高、太爱面子的糟糕印象，这不但有损自己的声誉，也会伤害那些原本打算善意劝谏的师友。为了小小的面子问题而不愿承认错误、不愿改进自己，是一种愚蠢的做法。

自省就是我们平时所说的做自我批评，就是用超我、自我来战胜本我，把卑鄙的念头和冲动压下去。现在我们来看一则战胜自我的故事。

子夏有一天去拜访曾子，他们曾一起在孔子门下读书，过去同窗时关系很要好。曾子一见子夏就说："老兄，几年不见，你看起来发福多了。"

子夏回答说："我自己战胜了自己，所以长胖了。"

曾子大惑不解地问道："你的话我一点也不明白。"

子夏说："以前我在书房里读到那些圣贤的高风亮节的描写就非常敬仰，出门看到别人享受荣华富贵又很羡慕，既想做一个品行高尚的君子，又想贪图眼前的利禄富贵。这两种力量在心里相持不下，长期不分胜负，所以人越来越消瘦。现在圣贤的道德战胜了享受的要求，崇高镇住了卑劣，见到别人大把大把地花钱也不眼红，心里感到非常平静，生活清贫也很快乐，这样下去怎么会不胖呢？"

一个人是否具有反省能力对其为人很重要。自省可以改变一个人的命运和机缘。它在任何人身上，都会发生大效用。因为自省所带来的不只是智慧，更是夜以继日的精进态度和前所未有的干劲。

以下是关于自省的经验之谈：

一个真正英勇果敢的人，绝不会用拳头制止别人发言。

脾气暴躁，火气大，容易引起愤怒与烦扰，这种恶习能导致一时冲动而没有理性的言行。

不伤害人，把他人所应得的给予他人，应当避免虚伪与欺骗，显出诚恳悦人的态度，学习品行正直。

讲话气势汹汹，未必就是言之有理。

尽量避免用言语去伤害别人，但是，当别人以言语来伤害自己的时候，也应该受得起。

脾气暴躁是较为卑劣的天性之一，人要是发脾气，就等于在进步的阶梯上倒退了一步。

即使你独处之时，也不要随便说坏话或做坏事，相反，要显出热诚有礼的样子。

做人，与其低着头埋怨错误，不如昂起头纠正错误；与其在自省中衰颓，不如在自省中奋起。自省之后，心灵得到净化，人性真正流露，这时不论你做什么，都会有前所未有的热情。

俗话说："静坐常思己过，闲谈莫论人非。"静坐常思己过是一种反省的功夫。我们假如常能在静下来的时候，想到自己在做事或待人方面有疏忽有亏欠的地方，自然就能减少对别人的抱怨嫉恨或报复，也同时由于明白了自己的过失而得到一些警惕，以后将不致再犯同样的过错。这是"静坐常思己过"的真正意义。

**故事二：**

宋朝年间，江西泰和县有个吏胥，为人非常好习狡诈，是个心术不正、唯利是图的家伙。每有新县令上任，这个吏胥就诱唆县民，成群结队地到县府告状，而且，所告之事都是些莫名其妙、鸡毛蒜皮的琐事。

起初，有些县令还逐一过问，可是，这些烦琐小事，处理起来很复杂，弄得县令心中生烦，只能草草了事。后来，有个县令索性将这些案子，统统交与吏胥经办，这正是他希望的结果。大权在握的吏胥，便贪赃枉法，为非作歹，大捞其财。老百姓敢怒不敢言，县令也往往因此在泰和县当不下去，而纷纷调离。这样一来，倒成了这个吏胥大捞不义之财的途径。

后来，朝廷派葛源到泰和县任县令，吏胥故技重演，乘葛源新来乍到之际，又纠集了数百人到县府起哄，也想让葛源钻进他的怪圈。

颇具心计的葛源，对这个吏胥的行为早有所闻，他准备整治一下这个恶吏胥。第一天上堂料理公务，门外便传来了纷杂的叫闹声，一群群的告状之人涌进堂内，他们七嘴八舌、乱哄哄一片，什么也听不清。葛源怒火陡升，一拍惊堂木，厉声喝道："肃静！此乃公堂，何以如此毫无规矩！申冤诉屈，亦得有个秩序，这成何体统？"众人被葛源如此一喝，顿时哑了口，大堂上安静了。

葛源威严地扫了一下人群，吩咐道："所有状子依序交上。告状人分两边站好，待本官静心阅后，再做论断！"

众人听后依次而站，手下收了状子呈递上去，葛源阅了几张后，言道："依照规矩，状子应以事实为主，可这些状子所述事实，模糊不清，本官难以判断，请你们当堂重写。"说完，命手下将纸笔分发下去。有些不认字的人，便叫吏胥代笔。

不多时，状子收上。令葛源生疑的是，大多状子内容，居然与先前的内容不一样，而那吏胥代笔的几张，其笔迹和先前收上的几张又同出一手。葛源稍加分析，心中的疑虑就解开了。查明了真相，才能整治这个吏胥。于是，葛源重重地拍了下惊堂木，大怒道："听着！你们所写之状前后矛盾，纯属有意戏弄本官！来人，将他们押下，重重责打！"

众人一听，霎时吓得纷纷跪地求饶："大人饶恕，此状并非我们要告，是吏胥老爷所逼而来！"一旁的吏胥恼羞成怒，刚要分辩，葛源立即命人将其拿下，经审讯吏胥只得认罪。

新官上任的葛源，这第一把火就烧出了威望和名声。泰和县的奸诈之辈再不敢为非作歹了。

葛源从那些闹事的村民身上着手，寻找机会使其露出破绽抓住幕后主使，从而得以将吏胥惩治。

# 第七十二章

## 【原文】

民不畏威①，则大威至②，无狎③其所居，无厌④其所生。夫唯不厌⑤，是以不厌。是以圣人自知，不自见⑥；自爱，不自贵⑦。故去彼取此⑧。

## 【注释】

①民不畏威：威，指统治者的镇压和威慑。此句意为，百姓们不畏惧统治者的高压政策。

②大威至：这个威是指人民的反抗斗争。

③无狎：狎通"狭"，意为压迫、逼迫。无狎，即不要逼迫的意思。

④无厌：厌指压迫、阻塞的意思。

⑤不厌：这个厌指人民对统治者的厌恶、反抗斗争。

⑥不自见：不自我表现，不自我显示。

⑦自爱，不自贵：指圣人但求自爱而不求自显高贵。

⑧去彼取此：指舍去"自见""自贵"，而取"自知""自爱"。

## 【译文】

当人民不畏惧统治者的威压时，那么，可怕的祸乱就要到来了。不要逼迫人民不得安居，不要阻塞人民谋生的道路。只有不压迫人民，人民才不厌恶统治者。因此，有道的圣人不但有自知之明，而且也不自我表现；有自爱之心也不自显高贵。所以要舍弃后者（自见、自贵）而保持前者（自知、自爱）。

## 【解析】

"民不畏威，则大威至。"

这是对历史经验的总结。法律本来是对付社会上那些损害人民利益的不法之徒的，当法律成为剥削和压迫人民，维护统治阶级利益的工具时，法律本身就代表了邪恶。一旦人民不堪承受剥削和压迫，向反动势力以死抗争的时候，统治阶级的末日也就到来了。

"无狎其所居，无厌其所生。夫唯不厌，是以不厌。"

哪里有压迫，哪里就有反抗。当人们一旦感到生活无望、生不如死的时候，就会以死相拼，去反抗腐朽的统治阶级。纵观历史，不论是奴隶社会还是封建社会，国家分分合合，每一个王朝都不是永久的。反动统治一旦出现无法挽回的政治危机，就会被一个新的朝代所代替。这一历史现象产生的根源就在于统治者"以智治国"，实行利己主义。只有实行"无为之治"，让权利永远属于人民，社会才能永远安定，人民才会永远富足。

"是以圣人自知，不自见；自爱，不自贵。故去彼取此。"

自知、自爱，是超越了功名利禄的最高的人格形象。所以，圣人取自知、自爱，舍弃自见、自贵。

本章是政治论。歌颂了圣人的自知、自爱精神，鞭挞了专制统治者的自见、自贵作风。并告诫统治者，不要无视人民的力量，否则，必被人民打翻在地。

## 【证解故事】

范仲淹说：先天下之忧而忧，后天下之乐而乐，他确实是事事处处都能从民众利益而不是一己之私出发，后人对此是有口皆碑的。

兹举范仲淹的两个故事：

其一：范仲淹在庆历年间施行新政，措施之一是派一批按察使巡回各地作视察，视察内容包括了对各地官吏的政绩的考察，然后再根据这种考察的结果，罢免那些不能胜任的官员，把他们的名字从官员登记簿上抹去。

有个朝中重臣，就劝范仲淹少勾一些，说："你一笔勾掉一个名字容易，但是，被勾掉名字的官员及其一家人生活怎么办。"范仲淹马上予以反驳："一家人哭，怎么比得一路（"路"在宋朝相当于现在的省的编制）人哭呀！"他依然不改初衷。

第二个故事：以前，苏州有个街名叫"卧龙街"。其得名的缘起，就跟范仲淹有关。原来，范仲淹在苏州为官时，一位风水先生认为此街的南头为龙头，北头为龙尾，所以就建议他建房于街南，如此，则可保范家的子孙世代进科中举，世代有功名富贵。

不料范仲淹却予以断然地拒绝。范仲淹说道："我一家的世代富贵，哪里比得上本地士大夫知识分子们的世代富贵呢？"

所以，范仲淹就命人在该街的南头建孔庙，设府学，并大力聘请当时的名儒来此讲学，先后培养出了不少益国益民的才子，此地也就被众人视为藏龙卧虎之地，并称之为"卧龙街"。

因此，当官从政的最高原则就是造福于民。即使因此得罪于权贵，也不能违背自己的良心，更不能违背人的常情。

为民负责，为民做主，才是为官的正道，品行修炼的正途，这样才能被百姓称赞，受万世敬仰。

李允祯，山东德州人，顺治元年（1644年）任直隶故城县知县。该县旧丁口册载十六岁以上男丁一万多，经过战火摧残，编审实丁只有七千多一点，可是仍按旧册数目征兵纳税。允祯正要行文上司照实丁计征，忽接调令去江南丰县任知县。人们劝他这里的事就别管了，他慨然说道："我还没有交差，要负责到底。"于是在县府庭院召集县民。当众焚烧旧丁口册，连夜赶造新册，申请省府审批。由于他的实事求是，虽然他调走了，故城的百姓因此没交浮粮，都对他感恩戴德。

后来他到丰县任职。有一年黄河决口，上级命令丰县征集柳条上万捆，县吏建议由各里甲办理送去。允祯说道："你们倒舒服，可是想没想老百姓就要鸡犬不宁了！县城西郊十里左右就是一大片柳林，无主的就可以砍伐，让有牛车户运输，由官家按时价租赁，你们照此速办。"果然，上级交给的任务只用了不到十天就完成了。

丰县当地有个大土豪，一直想霸占别人的妻子，用重金买通死囚犯供某人同伙，某人已入狱，受重刑快死了。允祯查案卷觉得有冤，晚上微服进牢房，慢慢从犯人口中获得狱吏与土豪相互为奸的情况,又从社会上调查出该案原委,于是马上释放某人,对土豪和狱吏依法处置。

**故事:**

"良夜颐宫奏管簧,无端烽火烛穹苍。可怜列国奔驰苦,止博褒妃笑一场。"

西周幽王宫湼为博美人一笑,烽火戏诸侯,失信天下。公元前770年,犬戎大举入侵,逼近镐京;幽王再举烽火,各路诸侯之兵无片甲只骑驰援,终落了个京都失陷、身首异处的下场。太子宜白即位为周平王,不采取积极的御敌之策,断然决定东迁洛邑,西周遂亡。这一年是东周的开端,以后三百年史称春秋时期。从此诸侯争霸,战争频繁。当时,虽然周王室衰微,但诸侯仍利用周天子的影响,祭起周天子的大旗,以成就自己的霸业,为征讨别国找一个"替天行道"的借口。郑庄公一直想攻打宋国,但宋国爵尊国大,要伐宋必须有冠冕堂皇的理由,以便取得诸侯的支持。为此,郑庄公带着谋臣祭足去朝觐周天子。但是,周天子不喜欢郑庄公,不仅不设宴款待,反而语露讥诮,故意挖苦他。临别之日,只送给他十车黍米,说让郑庄公以备荒年粮食不足。

郑庄公受到冷遇,内心十分不快,后悔不该来自讨没趣。足则颇有心计,劝说郑庄公在十车黍米上做文章。他笑着说:"诸侯之所以尊重主公,是因为郑国世为周室卿士,历来是周天子的左右股肱。天子所赐的东西,无论厚薄,总是天宠。主公要是辞而不受,分明会失去天子的宠信。那样,郑国还受诸侯的尊重吗?再说,郑国君臣朝觐周天子,邻国都已经知道了,有这十车天子赐予的财物,是大有用途的。"于是,郑庄公一行离开洛阳时,将十车黍米用锦袱覆盖,伪装成十车财宝,宣称是天子所赐。又在车上放置彤弓弧矢,诈称:"因为宋国久不朝贡,郑庄公亲自奉周天子之命,率兵前去征讨。郑公亲承王命号召列国,责以从兵,如有不应者,即系抗拒天子之命。"就这样,郑庄公出了周境,一路上假传圣旨,散布宋国久不朝贡的罪责,不明真相的诸侯都信以为真,不免为宋国捏了一把汗。

消息传到宋国,宋殇公深感不妙,自知理亏又自忖不是郑国的对手，便想和郑国讲和。他急忙派使臣请卫国、齐国出面为郑、宋讲和，约定日期在周地瓦屋相会，歃血订盟。但郑庄公置之不理，并且以周天子的名义，命令齐国和鲁国助郑伐宋。齐侯出兵车三百乘，鲁侯出兵车二百乘，前来助郑。郑庄公率领三国联军，打着一面"奉天讨罪"的大旗，耀武扬威，浩浩荡荡开往宋国，很快便攻下了宋国的郜、防二城，然后深入宋国腹地，势如破竹。

郑庄公矫命伐宋，假借周天子的旗号，得到了各诸侯的协助，取得了预想的成功，终于成为春秋初期最强盛的诸侯国。

# 第七十三章

## 【原文】

　　勇于敢则杀，勇于不敢则活①。此两者，或利或害②。天之所恶，孰知其故？是以圣人犹难之③。天之道④，不争而善胜，不言而善应，不召而自来，绰然⑤而善谋。天网恢恢⑥，疏而不失⑦。

## 【注释】

①勇于敢则杀，勇于不敢则活：敢，勇敢、坚强。不敢，柔弱、软弱。此句意为勇于坚强就会死，勇于柔弱就可以活命。

②或利或害：勇于柔弱则利，勇于坚强则害。

③是以圣人犹难之：此句已见于第六十三章。

④天之道：指自然的规律。

⑤绰然：安然，坦然。

⑥天网恢恢：天网，指自然的范围。恢恢，广大、宽广无边。

⑦疏而不失：虽然宽疏但并不漏失。

## 【译文】

　　勇于坚强就会死，勇于柔弱就可以活，这两种勇的结果，有的得利，有的受害。天所厌恶的，谁知道是什么缘故？有道的圣人也难以解说明白。自然的规律是，不斗争而善于取胜，不言语而善于应承，不召唤而自动到来，坦然而善于安排筹划。自然的范围，宽广无边，虽然宽疏但并不漏失。

## 【解析】

　　"勇于敢则杀，勇于不敢则活。此两者，或利或害。"

　　统治者一旦腐败到极端，致使民不聊生，就会有勇敢的人站出来为民请命，与不道的统治阶级进行抗争。但是，最初这些人往往遭受杀身之祸。相反，那些贪生怕死的人却能苟且偷安地活下来。这两种情况，各有利害。"勇于敢"者被杀，是舍生取义，以人民的利益为重——利，却死得悲惨——害；"勇于不敢"者能够活下来，是重生轻义，虽然不利于社会的文明进步——害，却保全了自己的生命——利。

"天之所恶，孰知其故？是以圣人犹难之。"

处于社会最下层的受苦受难的劳动人民，相对于强大的统治阶级而言是软弱的，他们之所以变得坚强不屈、视死如归，是统治阶级残酷剥削、压迫的结果。替天行道，与命运抗争，是完全合乎道义的，只有那些社会上的强盗才是天理不容。既然如此，为什么"勇于敢则杀，勇于不敢则活"呢？谁能明白其中的缘故呢？对此，圣人是明白其中道理的。一方面，反动派不甘心失去他们的统治地位，必然做垂死挣扎，对反抗他们的人大开杀戒。"顺我者生，逆我者亡"，是所有的反动统治者惯用的手段。另一方面，不推翻腐朽的反动统治，大道就难以推行，社会就难以发展，人民就永远饱受苦难。然而，有勇无谋，莽撞行事，不但劳而无功，还会遭到反动势力的血腥镇压，使更多的人惨遭杀害。这又不合乎上天的好生之德，也是为圣人所不能忍视的。所以，这一天道事业犹使圣人小心谨慎。难，使感到为难而小心谨慎。

"天之道，不争而善胜，不言而善应，不召而自来，繟然而善谋。"

胸怀天地之志的圣人，要想拯救人民于水火，完成推翻不道统治的天道事业，就必须遵循自然规律，这是能否完成历史使命的关键。

"不争而善胜"，善于取胜的圣人不争一时之勇而在于争得民心。审时度势，运筹帷幄，广泛发动群众，壮大革命力量，并且伺时而动。人民群众的普遍觉醒，是取得革命胜利的保证。

"不言而善应"，用实际行动体现革命的公平、正义，让广大革命群众得到实际利益，看到希望，这样一来，人民群众自然纷纷响应。

"不召而自来"，只要高举道的大旗，天下英雄豪杰就会"不召而自来"，加入替天行道的行列。

"繟然而善谋"，随着革命队伍的壮大，人才的云集，圣人心地坦然而不顾虑自己的得失，推选有勇有谋之士担任军队的各级将领，绝不是任人唯亲,拉帮结派,各占山头。

"天网恢恢,疏而不失。"

这句话的意思是说,历史是由人民来写的,不管时代多么久远,历史绝不会忘记每一个有功于人们的人,同时,那些人民的罪人永远也逃脱不掉历史的审判。

本章紧承上章,号召有识之士在统治阶级处于政治危机之时,顺应历史发展的潮流,伺机而动,揭竿而起,加速反动统治者的灭亡。在与反动派的斗争中,应当沉着冷静,不可做无谓的牺牲。最后强调,为了人民的事业而勇于献身的人,人民会永远记住他们,而那些与人民为敌的人,必然遭到历史和人民的审判。

## 【证解故事】

天道如网,广大无垠。看似疏散,但却没有漏失。

凡事有因必有果,有果必有因。天网疏散是因为上天有好生之德,给人以反省检讨的机会,因此才有那句俗语:"穷寇莫追。"生活中,我们每个人也都与社会有千丝万缕的联系,所以凡事都不要做得太绝,给人留余地也就是在给自己留后路。

故事一:

有这样一则寓言:有一天,狼发现山脚下有个洞,各种动物由此通过。狼非常高兴,它想,守住山洞就可以捕获到各种猎物。于是,它堵上洞的另一端,单等动物们来送死。

第一天,来了一只羊,狼追上前去,羊拼命地逃。突然,羊找到一个可以逃生的小偏洞,从小洞仓皇逃窜。狼气急败坏地堵上这个小洞,心想,再也不会功败垂成了吧。

第二天,来了一只兔子,狼奋力追捕,结果,兔子从洞侧面的更小一点的洞里逃生。于是,狼把类似大小的洞全堵上。狼心想,这下万无一失了,别说羊,与兔子大小接近的狐狸、鸡、鸭等小动物也都跑不了。

第三天,来了一只松鼠,狼飞奔过去,追得松鼠上蹿下跳。最终,松鼠从洞顶上的一个小道跑掉。狼非常气愤,于是,它堵塞了山洞里的所有窟窿,把整个山洞堵得水泄不通。狼对自己的措施非常得意。

第四天，来了一只老虎，狼吓坏了，拔腿就跑。老虎穷追不舍。狼在山洞里跑来跑去，由于没有出口，无法逃脱，最终，这只狼被老虎吃掉了。

对这一案例，各界人士说法不一。

哲学家说：绝对化意味着谬误。

宗教家说：堵塞别人生路意味着断自己的退路。

环境学家说：破坏原生态平衡者必自食其果。

经济学家说：预算和计划都要留有余地。

军事家说：除非你是百兽之王，否则，别想占有整个森林。

法学家说：凡规则皆有例外，恶法非法。

政治学家说：绝对的权力导致绝对的腐败，绝对的腐败必然导致彻底的失败。

渔民说：一网打尽，下一网打什么？

农民说：不留种子就是绝种绝收。

总之，人的生存与发展，依赖于千丝万缕的社会关系，所以无论做什么事都不要做得太绝，得为自己留一条后路。

本寓言里的狼发现了一个山洞，各种动物由此通过，为了捕获各种动物，狼把这个洞里除洞口外的所有通道都封死了，却不料将自己陷入万劫不复之地，成了老虎口中的美食。灭人者终自灭。"竭泽而渔"，"杀鸡取卵"，古而有之。

在人与人的交往中，也有一些人为了追求个人利益而对别人不管不顾，甚至是在别人身处逆境时落井下石，这样的做法是极其愚蠢的，因为一个人再成功，也不能保证自己就没有倒霉的时候，把事情做绝了，到时谁又会向你伸出援手呢？

**故事二：**

在一个茫茫沙漠的两边，有两个村庄。从一个村庄到另一个村庄，如果绕过沙漠走，至少需要马不停蹄地走上二十多天；如果横穿沙漠，那么只需要三天就能抵达。但横穿沙漠实在太危险了，许多人试图横穿沙漠，结果无一生还。

有一天，一位智者经过这里，让村里人找来了几万株胡杨树苗，每半里一棵，从这个村庄一直栽到了沙漠那端的村庄。智者告诉大家说："如果这些胡杨有幸成活了，你们可以沿着胡杨树来来往往；如果没有成活，那么每一个走路的人经过时，要将枯树苗拔一拔，插一插，以免被流沙给淹没了。"

果然，这些胡杨苗栽进沙漠后，很快就全部被烈日烤死了，成了路标。沿着"路标"，在这条路上大家平平安安地走了几十年。

有一年夏天，村里来了一个僧人，他坚持要一个人到对面的村庄去化缘。大家告诉他说："你经过沙漠之路的时候，遇到要倒的路标一定要向下再插深些；遇到要被淹没的路标，一定要将它向上拔一拔。"僧人点头答应了，然后就带了一皮袋的水和一些干粮上路了。他走啊走啊，走得两腿酸累，浑身乏力，一双草鞋很快就被磨穿了，但眼前依旧是茫茫黄沙。遇到一些就要被尘沙彻底淹没的路标，这个僧人想："反正我就走这一次，淹没就淹没吧。"他没有伸出手去将这些路标向上拔一拔。遇到一些被风暴卷得摇摇欲倒的路标，这个僧人也没有伸出手去将这些路标向下插一插。但就在僧人走到沙漠深处时，寂静的沙漠突然飞沙走石，有些路标被淹没在厚厚的流沙里，有些路标被风暴卷走了，没有了影踪。

这个僧人像没头的苍蝇似的东奔西走，却怎么也走不出这个大沙漠。在气息奄奄的那一刻，僧人十分懊悔：如果自己能按照大家吩咐的那样做，那么即便没有了进路，还可以拥有一条平平安安的退路啊！

是的，给别人留路，其实就是给我们自己留路。善待他人，关爱他人，实际上就是善待自己，关爱自己。

在一场激烈的战斗中，连长忽然发现一架敌机向阵地俯冲下来。照常理，发现敌机俯冲时要毫不犹豫地卧倒。可连长并没有立刻卧倒，他发现离他四五米远处有一个小战士还站在那儿。他顾不上多想，一个鱼跃飞身将小战士紧紧地压在了身下，此时一声巨响，飞溅起来的泥土纷纷落在他们的身上。连长拍拍身上的尘土，抬头一看，顿时惊呆了：刚才自己所处的那个位置被炸了两个大坑。

故事中的小战士是幸运的，但更加幸运的是故事中的连长，因为他在帮助别人的同时也帮助了自己。在我们的人生大道上，肯定会遇到许多为难的事。但我们是不是都知道，在前进的路上，搬开别人脚下的绊脚石,有时恰恰是为自己铺路?

所以,一个高明的人往往是个心胸宽广的人,缺乏智能的人才会得饶人处不饶人,最终断绝自己的后路。

**故事三:**

公元1004年秋,辽国萧太后亲率二十万大军南下,进袭澶州,威胁北宋京城。对于辽军突然侵犯,宋真宗赵恒非常惊恐,连忙召集群臣商议对策。参知政事王钦若主张放弃东京迁都金陵,另一位副宰相陈尧叟则主张迁都成都。

宰相寇准喝斥说:"主张迁都者应当斩首,以谢天下!"他与主和派展开了尖锐的争论,最终说服宋真宗御驾亲征,以壮军民斗志。当宋真宗率兵到达东城时,辽军已至澶州以北的德清郡,形势十分紧急。真宗动摇不前,主和派乘机请奏迁都,以避敌军锋锐。寇准力谏说:"现在敌兵逼近京师,情况非常危急,陛下只可前进,不能后退;况且黄河之北的将士日夜盼望看到陛下的车銮。如陛下驾到,士气一定会增加百倍;如陛下的车銮稍有后退,就会使前线的军队顷刻瓦解。"殿前都指挥高琼也进谏说:"愿陛下速至澶州,臣等愿以死报国,敌兵可一鼓击破!"宋真宗无可奈何,只好继续向澶州进发。

辽军南侵虽然占领了大片土地,却因孤军深入,军事供应逐渐发生困难,于是加紧进攻澶州。辽军统帅萧挞凛被宋军张臻用伏兵弩射中前额,当晚身亡,士气大受挫伤。宋真宗听到澶州告捷的消息,又想与辽议和,不准备前进了。

寇准十分着急地敦促说:"陛下不过河,辽军的气焰压不下去,议和也没有希望。"在他再三催促下,宋真宗的辇车终于通过了黄河浮桥,登上了澶州的北城。宋军将士看到皇帝的黄龙伞盖,士气大振,齐声高呼"万岁",呼声震天,传到了几十里以外。各地援军纷纷向澶州集结,声威大振。辽军自知不能取胜,只好派使者表示与宋军议和,最后定下了"澶渊之盟"。寇准的扬威决胜之计,终于使辽军回师北方。但由于宋真宗的屈辱妥协,澶渊之盟只给北宋带来了短暂的苟安。

树倒猢狲散,当逃兵当然也不会再战了。皇帝的到来给士兵们带来了战斗的力量,最终使辽军退兵,北方人民有了太平。

# 第七十四章

## 【原文】

民不畏死，奈何以死惧之？若使民常畏死，而为奇①者，吾得执②而杀之，孰敢？常有司杀者③杀，夫代司杀者④杀，是谓代大匠斫⑤。夫代大匠斫者，希有不伤其手矣。

## 【注释】

①为奇：指为邪作恶的人。奇，奇诡、诡异。

②执：拘押。

③司杀者：指专管杀人的人。

④代司杀者：代替专管杀人的人。

⑤斫：砍削。

## 【译文】

人民不畏惧死亡，为什么用死来吓唬他们呢？假如人民真的畏惧死亡的话，对于为非作歹的人，我们就把他抓来杀掉，谁还敢为非作歹？经常有专管杀人的人去执行杀人的任务，代替专管杀人的人去杀人，就如同代替高明的木匠去砍木头，那代替高明的木匠砍木头的人，很少有不砍伤自己手指头的。

## 【解析】

"民不畏死，奈何以死惧之？若使民常畏死，而为奇者，吾得执而杀之，孰敢？"

"民不畏死，奈何以死惧之？"这是对强权统治者的愤怒斥责。不道之世，人们"狎其所居""厌其所生"，反抗是死，不反抗也是死，谁还害怕统治者用死亡来威胁呢？如果天下有道，政治清明，世界太平，人民安居乐业，生活幸福美满，自然都重生畏死。在这样的社会里，倘若再出现兴兵作乱、危害人民利益的人，我就可以逮捕并依法杀死他。这样一来，谁还敢与人民作对呢？

从"以奇用兵"来看，"为奇者"是指以非常手段聚众闹事或者从事军事政变、篡夺国家权力的人。在一个真正民主法治的国度里，"为奇者"则是违法背道、与人民为敌的人，所以，必须依法严惩。吾，最高统治者。

"常有司杀者杀，夫代司杀者杀，是谓代大匠斫。夫代大匠斫者，希有不伤其手矣。"

这里，"大匠"和"斫"相连，说明大匠就是精通木工的木匠。老子称神圣的法律为"朴"，而朴的原意为"没有人为雕琢的大木头"，所以，这里的"大匠"是指精通法律的人。斫，用刀斧砍（木头）。

惩办"为奇者"，一定要由司法机关依法处理。如果统治者取代了司法机关的职能，就是用手中的权力代替了神圣的法律，是权大于法。那些以权代法的人，很少有不伤及权力的。

为什么"代大匠斫者，希有不伤其手"呢？这是因为，在一个真正民主法治的国家里，国家的立法权属于人民，人民要用法律来规定和限制统治者的权力。无视法律的统治者就是无视人民，这是人民所不允许的。

本章是老子三权分立的政治思想。立法权、司法权、行政权各自独立，是民主法治的重要保障，否则，统治者就会滥用职权，以权代法，将势必重新走上"以智治国"的道路。


## 【证解故事】

**故事一：**

孔子，名丘，字仲尼。春秋时期思想家、政治家、教育家，儒家学说的创始人。孔子出生于鲁国陬邑（今山东曲阜市），少"贫且贱"，问礼于老子，学乐于苌弘，学琴于师襄。年五十岁，任鲁国司寇，摄行相事。

公元前487年，齐国君臣恐鲁国重用孔子日渐强盛，便致书鲁定公，约鲁侯于夹谷山相会，以通两国之好，永息干戈。宠臣黎弥献计，打算在乘车之会上拘押鲁侯和孔子，逼迫鲁国臣服。鲁定公不知是计，准行。孔子劝鲁定公说："有文事者，必有武备。诸侯出疆，应派大将同行。"于是安排左右司马各率兵车五百乘，另由大夫兹无还率兵车三百乘，在夹谷山十里待命。

届时，两君集于夹谷坛下，揖让而登。齐国是晏婴为相，鲁国由孔子为相，两相揖礼，各从其主，登坛交拜，共叙太公、周公之好，并互相赠送了礼物。齐景公说："齐国有新歌舞，愿与鲁侯共观之。"说完，下令奏齐乐，齐乐刚起，坛下鼓声大振，三百名兵士手执矛戟、剑盾蜂拥而至。狂呼乱喊，杀气腾腾。鲁定公吓得脸色发白，孔子走至齐景公面前说："两君相会通好，本行中国之礼，怎么能用蛮夷歌舞？"晏子不知黎弥阴谋，便劝齐景公斥退了兵士。

黎弥又生一计，安排优人献艺，任情戏谑，以淫词羞辱鲁国。然后，他升阶请示说："请奏宫中之乐，为两君寿。"齐景公答应了，和鲁定公一起观看。倡优侏儒二十余人，异服涂面，装女扮男，涌至鲁侯面前，跳的跳，唱的唱，且歌且笑，满口淫词。孔子怒喝："匹夫戏诸侯者，罪当死！请齐司马行法。"齐景公不应，优人嬉笑如故。孔子说："两国既已通好如兄弟，鲁国司马可代行执法！"话音刚落，鲁国二将飞身上坛，各执领班一人，当下斩首。齐景公吓得魂不附体，没了主意。黎弥仍想在坛下拘捕鲁侯，探得鲁军就在附近，只好缩着脖子忍下恶气。

孔子归鲁，鲁定公言听计从。孔子献策立纲陈纪，教以礼义，养其廉耻，所以鲁国民安吏治。三个月后，风俗大变，市场交易不饰虚价，男女行路而左右有别，夜不闭户，路不拾遗，四方之客入鲁境，皆有常供，宾至如归。

鲁侯问："何谓政治的根本原则？"孔子说："君君，臣臣，父父，子子。"他主张君主要以德治天下，感化人民，让他们奋发向上。他大力宣传"仁"的学说，认为"仁"即"爱人"。提出"己所不欲，勿施于人"，而"克己复礼为仁"。他反对苛政和刑杀，并提出"不患寡而患不均，不患贫而患不安"的论点。

后来，齐国君臣离间鲁侯与孔子的关系，孔子只得周游宋、卫、陈、蔡、齐、楚等国，自称"如有用我者，吾其为东周乎？"晚年，孔子致力于教育，整理《诗》《书》等文献，并把鲁史《春秋》加以删修，成为我国第一部编年体的历史著作。弟子相传有三千人，其中著名的有72人。他注重"学"与"思"的结合，提出"学而不思则罔，思而不学则殆""温故而知新"等命题。

自汉以后，孔子学说成为中国历代文化正统，他以德治天下的主张，为两千余年封建统治所推崇，一直被尊为圣人，至圣先师，万世师表。"天不生仲尼，万古长如夜"，由此也可看出他在儒学中的地位。

**故事二：**

武则天执政整整半个世纪，对于唐代社会的发展有着重要的影响。这里，仅择数事，以见其"忧劳天下""不敢爱身"之处。

武则天十四岁进宫封为才人。唐太宗死后，出宫为尼。高宗永徽三年再入宫，封为昭仪。六年，为皇后。由于百司奏事，皇后决之，"处事皆称旨"，显庆五年高宗"始委以政事"。至麟德元年，高宗视朝，武后"垂帘于后，政无大小，皆预闻之"，"中外谓之二圣"。

武则天"预闻"朝政之后，首先考虑的便是安定天下，劝课农桑。咸亨元年，四十余州遭虫、霜、旱灾，百姓饥馑，关中尤甚，朝廷急调江南谷米赈济。武后对灾表示出极大的关注，以致要求避位，冀以减轻灾害。上元年间，她连年亲祀蚕神，以示重视农桑。同时，上书高宗，提出著名的"建言十二事"：

一、劝农桑，薄赋徭。二、给复三辅地。三、息兵，以道德化天下。四、南、北中尚禁浮巧。五、省功费力役。六、广言路。七、杜谗口。八、王公以降皆习《老子》。九、父在为母服齐衰三年。十、上元（年号）前勋官已给告身（委任状）者，无追核。十一、京官八品以上，益禀入。十二、百官任事久，材高位下者，得进阶申滞。

前五条都是属于劝农、安定的内容，高宗下诏实施，收到较为显著的效果。仪凤三年大旱，高宗、武后避正殿。武后更亲自审阅案卷，亲自批复，释赦无辜。

弘道元年，高宗卒，武后临朝执政。经过一番努力，使动乱的社会安定下来。一天，她对群臣言道："朕辅先帝逾三十年，忧劳天下"，"先帝弃群臣，以社稷为托，朕不敢爱身，而知爱人。"她在平定了裴炎、徐敬业、程务挺等人的叛乱，稳定了朝政之后，紧接着又于垂拱二年正月编成《兆人本业记》，颁发各道，鼓励发展农业生产。由于社会安定，农业发展，人口增长较快。永徽三年，全国三百八十万户，到神龙元年增至六百一十五万户。

武则天"躬勤"的另一重要政务便是广开言路，招揽人才。垂拱元年二月，下令：西朝堂的登闻鼓、东朝堂的肺石，不再派人看守，不论什么人都可以击鼓或立石，表示有意见向朝廷外申诉，御史必须受理。第二年，更铸铜匦置于朝堂，接受天下上书。其中，一曰"招谏"，凡言朝政得失的，都可投入；一曰"申冤"，凡有冤抑者，皆可投入，设专人受理。这两项措施，保证了下情上达，打通了上下闭塞的状况。一些重要的建言或冤情，武则天都要亲自处理。天授元年，武则天登基为女皇。这一年，她亲自考试举人于洛阳洛城殿，贡士殿试的制度自此始。长寿二年正月，武则天又亲自引见诸道巡抚使所举荐的人才，分别试用，试官制度由此始。于是，一些地位低下的人才通过试官制度，得以发挥其才智，进位将相。相反，对于那些不称职的试官，一经发现，立即罢免。至于冒充人才，混入官场者，则加刑诛。由于武则天能够"明察善断"，"故当时英贤亦竟为之用"。武则天执政五十年间，共用宰相七十八个。刘仁轨、狄仁杰、娄师德、徐有功等，都是有功于国于民的正派能臣。玄宗时的名相姚崇、宋璟，也是武则天亲自选拔上来的。长安二年，已年近八旬的武则天，仍然不忘选拔人才。正月，又新设武举之制，以选将帅之才。武举制度，亦自此始。"安史之乱"中为李唐皇室所倚重的郭子仪，便是武举出身而成为国之栋梁的。德宗时的名相陆贽，对于武则天拔擢人才有两句评语，十分恰当："进用不疑，访求无倦。"

武则天所表现出的"不敢爱身，而知爱人"之情以及为人才"访求无倦"的做法，既表明她是一位"忧劳天下"的女皇，又使后人可以从中汲取某种养分。

# 第七十五章

## 【原文】

民之饥，以其上食税之多，是以饥。民之难治，以其上之有为<sup>①</sup>，是以难治。民之轻死，以其上求生之厚<sup>②</sup>，是以轻死。夫唯无以生为<sup>③</sup>者，是贤<sup>④</sup>于贵生<sup>⑤</sup>。

## 【注释】

①有为：繁苛的政治，统治者强作妄为。
②以其上求生之厚：由于统治者奉养过于丰厚奢侈。
③无以生为：不要使生活上的奉养过分奢侈丰厚。
④贤：胜过、超过的意思。
⑤贵生：厚养生命。

## 【译文】

人民之所以遭受饥荒，就是由于统治者吞吃赋税太多，所以人民才陷于饥饿。人民之所以难于统治，是由于统治者政令繁苛、喜欢有所作为，所以人民就难于统治。人民之所以轻生冒死，是由于统治者为了奉养自己，把民脂民膏都搜刮净了，所以人民觉得死了不算什么。只有不去追求生活享受的人，才比过分看重自己生命的人高明。

## 【解析】

"民之饥，以其上食税之多，是以饥。"

在专制社会里，统治者的本性是贪婪的。劳动人民之所以遭受饥荒，是因为统治者对人民的剥削太残酷。统治者的苛捐杂税越多，劳动人民所剩越少。劳动人民的饥荒是因统治者的不道造成的。

"民之难治，以其上之有为，是以难治。"

劳动人民之所以难以治理，在于统治者实行有为之治即人治。有为之治就是垄断权力、依仗自己的智力实行独裁统治。自恃有为的统治者，无视人民的智慧和力量，妄想凭借强大的国家机器与人民为敌。面对无道的统治者，失去一切权利的人民群众必然要做各种各样的斗争，国家自然难以治理。

　　"民之轻死，以其上求生之厚，是以轻死。"

　　劳动人民之所以轻视死亡，敢于和统治阶级做针锋相对的斗争，是因为统治者贪得无厌，只去满足自己奢侈的生活，而不顾及劳动人民的死活。统治者厚己，必薄人民，所以，人民才敢于和统治阶级以死相拼。

　　"夫唯无以生为者，是贤于贵生。"

　　只有那些不以厚待自己的生命为人生目的，而是全心全意为人民服务的人，才是真正贤于以自我生命为贵的人。

　　本章是老子的义利观。老子从"民之饥""民之难治""民之轻死"三个方面，揭示出统治者重利忘义、贵己贱民、损人利己的不道行为，是社会罪恶的根源，归结出只有以人民的利益为重，让权利永远属于人民的人，才是贤明的圣人。


## 【证解故事】

　　唐朝的宰相卢怀慎清正廉洁，不搜刮钱财，他的住宅和家里的陈设用具都非常简陋。他当官以后，身份高贵，妻子和儿女仍免不了经常挨饿受冻，但是他对待亲戚朋友却非常大方。

　　他在东都（洛阳）担当负责选拔官吏的重要公务，可是随身的行李只是一只布口袋。他担任黄门监兼吏部尚书期间，病了很长时间。宋璟和卢从愿经常去探望他。卢怀慎躺在一张薄薄的破竹席上，门上连个门帘也没有，遇到刮风下雨，只好用席子遮挡。卢怀慎平素很器重宋璟和卢从愿，看到他们俩来了，心里非常高兴，留他们待了很长时间，并叫家里人准备饭菜，端上来的只有两瓦盆蒸豆和几根青菜，此外什么也没有。卢怀慎握着宋璟和卢从愿两个人的手说："你们两个人一定会当官治理国家，皇帝寻求人才和治理国家的策略很急迫。

但是统治的时间长了，皇帝身边的大臣就会有所懈怠，这时就会有小人乘机接近讨好皇帝，你们两个人一定要记住。"过了没几天，卢怀慎就死了，他在病危的时候，曾经写了一个报告，向皇帝推荐宋璟、卢从愿、李杰和李朝隐。皇帝看了报告，对他更加惋惜。

安葬卢怀慎的时候，因为他平时没有积蓄，所以只好叫一个老仆人做了一锅粥给帮助办理丧事的人吃。玄宗皇帝到城南打猎，来到一片破旧的房舍之间，有一户人家简陋的院子里，似乎正在举行什么仪式，便派人骑马去询问，那人回来报告说："那里在举行卢怀慎死亡两周年的祭礼，正在吃斋饭。"玄宗于是赏赐细绢帛，并因此停止了打猎。

另外人们传说：卢怀慎去世时，他的夫人崔氏不让女儿哭喊，对他说："你的父亲没死，我知道。你父亲清正廉洁，不争名利，谦虚退让，各地赠送的东西，他一点也不肯接受。他与张说同时当宰相，如今张说收受的钱物堆积如山，人还活着，而奢侈和勤俭的报应怎么会是虚假的呢？"到了夜间，卢怀慎又活了，左右的人将夫人的话告诉了他，卢怀慎说："道理不一样，阴间冥司有三十座火炉，日夜用烧烤的酷刑来惩罚发不义横财的人，而没有一座是为我准备的，我在阴间的罪过已经免除了。"说完又死了。

# 第七十六章

【原文】

　　人之生也柔弱<sup>①</sup>，其死也坚强<sup>②</sup>。草木<sup>③</sup>之生也柔脆<sup>④</sup>，其死也枯槁<sup>⑤</sup>。故坚强者死之徒<sup>⑥</sup>，柔弱者生之徒<sup>⑦</sup>。是以兵强则灭，木强则折<sup>⑧</sup>。强大处下，柔弱处上。

【注释】

①柔弱：指人活着的时候身体是柔软的。

②坚强：指人死了以后身体就变成僵硬的了。

③草木：一本在此之前有"万物"二字。

④柔脆：指草木形质的柔软脆弱。

⑤枯槁：用以形容草木的干枯。

⑥死之徒：徒，类的意思，属于死亡的一类。

⑦生之徒：属于生存的一类。

⑧兵强则灭，木强则折：一本作"兵强则不胜，木强则共"。

【译文】

　　人活着的时候身体是柔软的，死了以后身体就变得僵硬。草木生长时是柔软脆弱的，死了以后就变得干硬枯槁了。所以坚强的东西属于死亡的一类，柔弱的东西属于生长的一类。因此，用兵逞强就会遭到灭亡，树木强大了就会遭到砍伐摧折。凡是强大的，总是处于下位；凡是柔弱的，反而居于上位。

【解析】

　　"人之生也柔弱，其死也坚强。草木之生也柔脆，其死也枯槁。故坚强者死之徒，柔弱者生之徒。"

人活着的时候，躯体是柔软而富有弹性的，待到死了的时候，躯体就变成坚挺强硬的了。

草木活着的时候，枝叶是柔弱而有脆性的，死去的时候，也就干枯了。

所以说，凡是坚强的，都是死亡了的；凡是柔弱的，都是有生命的。

这是老子透过人和草木的生理现象所揭示的客观规律：柔弱、柔脆皆因生，坚强、枯槁皆因死。

然而老子所要揭示的不仅是这些自然现象，所谓透过现象看本质，老子正是要透过这一现象揭示其内在的本质，即坚强与柔弱、死与生的辩证关系。

常言说："软的怕硬的，硬的怕横的，横的怕不要命的"，"置之死地而后生"。

有的人之所以懦弱，皆因顾及生命，如果不再顾惜生命，而是决心决一死战的时候，人人都会变得坚强无比。在不道的社会里，统治阶级视劳动人民如草木，劳动人民根本没有人权和自由，终年与饥荒相伴，面容枯槁，过着牛马不如的生活。

所以说，在极度黑暗的日子里，坚强的都是视死如归的勇士，真正怕死的则是"求生之厚"的统治阶级，他们才是真正的柔弱之徒。

"是以兵强则灭，木强则折。强大处下，柔弱处上。"

"兵强则灭，木强则折"，用兵逞强就会遭到灭亡，树木强大了就会遭到砍伐摧折。

"强大处下，柔弱处上"，凡是强大的必处于下方，凡是柔弱的必处于上方。这是本章的中心论点，也是符合自然规律的。统治者所面对的国家就像一棵大树，只有根本强大，才有枝叶茂盛，倘若树本枯死了，枝叶还能存活吗？王弼注："强大处下，木之本也。柔弱处上，枝条是也。"

自然万物是这样，社会同样是这样，处于社会下层的劳动人民才是真正强大的，处于社会上层由人民豢养的反动统治阶级才是真正柔弱的。

本章论述了坚强与柔弱的辩证关系，得出了"强大处下，柔弱处上"这一符合客观事实的结论，充分肯定了劳动人民的坚强伟大，揭示了统治阶级的柔弱本性。

## 【证解故事】

人刚出生的时候身体是柔软的，人死后身体变得僵硬。草木在刚长出来的时候是柔嫩脆弱的，草木死后则变得枯槁。所以坚强皆跟死亡是同一种类型，柔弱与生存是同一种类型。因此，兵力强大之国反而容易被当作对象而被消灭，巨大的树木因资源较多、容易利用，反而容易被当作目标而被砍伐。强大的往往因树大招风而容易居于下风，柔弱的则常常居于上风。

老子认为"兵强不胜，木强则兵"的原因就是在于锋芒过露。他认为"强大处下"，而"柔弱处上"——为人处世应该善于隐匿自己的锋芒，才能让自己永远不落"下风"。

能成大事的人在做一件大事之前，都将真实的自己置身于暗处（将才能、智慧隐藏起来），为了观察明亮处其他人的行动，自己保持静默从而细心观察别人的动作。这样所有人的内外情形就都真实地展现在自己眼前，这件事自然能成。

古代就有许多人深知老子的这一哲学，并将之发扬光大了。楚庄王的"不鸣则已，一鸣惊人"的举动，正是悟透了老子的这一智慧而为的。

春秋战国时期，楚庄王即位伊始，便受到内外的瞩目，因为他的祖父、父亲两代国君都很有作为。楚国上下希望他能继承父、祖遗志，开疆拓土，使楚国更加强盛，而邻近的小国则是战战兢兢，危不自安，甚至连中原的大国秦、晋也都密切注意楚国的动向。

然而出人意料的是，楚庄王即位后，根本不理国政，每日不是在官中听音乐，饮美酒，与妃妾们寻欢作乐，便是率领卫士于深山大泽打猎，一副标准的荒淫无度的国君形象。

楚国的大臣们自然不甘心楚国前两代国君奋斗的成果就此毁灭，纷纷入宫劝谏，楚庄王置之不理，我行我素。后来听得烦了，干脆在王宫外立一道牌子，上写：敢入谏者死。严令之下，楚国的大臣们大概觉得还是保命要紧，真的没人敢再劝谏了。

楚庄王夜以继日，荒淫不已，一连持续了三年。国君不理朝政，下面自然乱作一团：权臣们借机树党争权，谄谀小人们则逢迎拍马，捞取官职，贪官们更是浑水摸鱼，中饱私囊。楚国的政治一下子陷入了混乱无序的状态，而忠臣贤良只有扼腕叹息的份儿了。

楚国的大夫伍举实在忍不住了，他决定入宫进谏，不过他也不愿意拿自己的头往刀刃上撞，于是想出了一个巧妙的方法。

他入宫见到楚王时，楚庄王正左搂郑姬，右拥越女，一边喝着美酒，一边听乐师们奏乐。见到伍举，楚庄王问道："大夫是想喝美酒，还是要听音乐？"

伍举笑道："臣既不想喝酒，也不想听音乐，而是听人们说大王智慧过人，所以想请大王猜个谜语。"

楚庄王知道伍举是要借机进谏，但既然伍举没明说，自己也不点破。伍举便说道："在楚国的一座高山上，停落一只大鸟，它羽毛五彩缤纷，异常华丽，可是三年来它既不鸣叫，也不飞走，臣实在不明白其中的原因。"

楚庄王沉思片刻，说道："这不是一只平凡的鸟，它三年不鸣，是在积蓄自己的力量；三年不飞，是等待看清方向。这只鸟不鸣则已，一鸣惊人；不飞则已，一飞冲天。你去吧。你的意思我都明白了。"

伍举听完楚庄王的解释后异常兴奋，他出宫后告诉自己的好友，同是楚国大夫的苏从，国君是很有头脑的人，他是在等待时机，而绝不是一个沉溺酒色的荒淫君主，看来楚国还是大有希望的。

几个月过去了，楚庄王不但没有丝毫改变，反而更加荒淫无度，苏从感到受了骗，他全无顾忌，舍身直闯王宫，直言进谏："您身为国君，不理国政，只知道享受声色犬马之乐，却不知道乐在眼前，忧在不远，不久就会民众叛于内，敌国攻于外，楚国离灭亡不远了。"

楚庄王勃然大怒，拔出长剑，指着苏从的鼻尖，厉声叱道："大夫不知道寡人的禁令吗？难道你不怕死吗？"

苏从凛然正色道："假如我的死能让君王悔悟，能让楚国富强，我的死就是值得的。"

楚庄王看了苏从半晌，忽然扔下长剑，双手抱住苏从，感慨道："我等的就是大夫这样忠于国家、不怕死的栋梁。"他挥手斥退歌男舞女，与苏从谈论起楚国的政务了。苏从这才惊异地发现：国君对国家上下了解比自己还要多。

楚庄王随后发布一系列政令，把那些权臣政客、谄谀小人、贪官和不称职的官员该杀的杀，该罢职的罢职；把那些包括伍举、苏从在内的忠于国家、有才能、刚直不阿的人提拔上来。一番洗涤振刷后，楚国的政治从昏庸混乱一下子变成清明而富有活力。

楚庄王待国内基础巩固后，不仅继续开疆拓土，平定了周围附属小国的背叛，而且挺进中原，夺得了霸主地位，成为历史上著名的"春秋五霸"之一。

楚庄王即位时，楚国的情况表面上看来不错，但实际上却有隐忧——在当时，国内权臣夺利，小人充斥，群臣良莠不齐，忠奸难辨。他就故意收敛住自己的锋芒，将真实的自己隐匿起来，装扮成一个荒淫君主的形象，这样不仅解除了周围国家对自己的戒心，更消除了群臣的顾忌，让他们尽情施展自己的手段，露出自己的庐山真面目。在苦等三年，摸清了所有的情况后，猝然施展霹雳手段，将楚国政治振刷一新，这才是真正的人生智慧。

将自己藏起来，并非是让我们一声不响默默无闻，而是让我们自己在这种不被关注的情况下，去发现那些隐藏在表面现象之中的本质问题，然后再实行具体的措施，达到"一鸣惊人"的效果，这就是老子的一种"柔弱处上"的人生哲学。

# 第七十七章

## 【原文】

天之道，其犹张弓与！高者抑之，下者举之；有余者损之，不足者补之。天之道，损有余而补不足。人之道<sup>①</sup>则不然，损不足以奉有余。孰能有余以奉天下？唯有道者。是以圣人为而不恃，功成而不处，其不欲见贤<sup>②</sup>。

## 【注释】

①人之道：指人类社会的一般法则、律例。

②是以圣人为而不恃，功成而不处，其不欲见贤：陈鼓应先生认为这三句与上文不连贯疑为错简复出。此处仍予保留。

## 【译文】

自然的规律，不是很像张弓射箭吗？弦拉高了就把它压低一些，低了就把它举高一些，拉得过满了就把它放松一些，拉得不足了就把它补充一些。自然的规律，是减少有余的补给不足的。可是社会的法则却不是这样，要减少不足的，来奉献给有余的人。那么，谁能够减少有余的，以补给天下人的不足呢？只有有道的人才可以做到。因此，有道的圣人这才有所作为而不占有，有所成就而不居功。他是不愿意显示自己的贤能。

## 【解析】

"天之道，其犹张弓与！高者抑之，下者举之；有余者损之，不足者补之。"

天之道，自然规律。自然规律，不就像拉弓一样吗？居高的（箭）向下压制，居下的（弦）则向上托起。削减凸出的，补足缺陷的。

透过自然规律，可以认识社会规律，社会规律必须符合自然规律。这段话的深层意思是说，合乎道的社会规律不就像拉弓一样吗？统治者（高者）压迫人民，人民（下者）就起来推翻它。剥夺官僚豪绅（有余者）的财富，分给贫苦的劳动人民（不足者）。

"天之道，损有余而补不足。人之道则不然，损不足以奉有余。"

这里，老子把"天之道"和"人之道"作了鲜明的对照，借"天之道"来衬托"人之道"的不公。"天之道"体现的是集体主义，"人之道"体现的则是个人主义。

个人主义是违背自然规律的。这表明了老子对社会历史的深刻认识，个人主义是造成贫富悬殊、两极分化、社会矛盾加剧的根源。

"孰能有余以奉天下？唯有道者。"

在这里，老子所要强调的是，社会的物质文明必须以精神文明做依托。

精神文明是社会繁荣和稳定的根本保障。如果人人都能彻悟大道，与天地合德，那么，"我为人人，人人为我"的"天之道"社会就会成为现实。

"是以圣人为而不恃，功成而不处，其不欲见贤。"

所以，圣人推行天道，不去凭借自我之智，而是充分依靠群众的智慧和力量，实行民主法治，走集体主义道路。功德圆满而不居功自傲，不倚仗手中的权力为自己牟私利，这是因为圣人不以个人的金钱财富当作衡量自己才德的标准。

圣人推行天道，以身作则，率先垂范，不以名利之心诱导人民，处处以人民的利益为重，体现的是集体主义的道德风范，这就自然成为人民群众道德实践的楷模。

本章体现的是老子的大同理想。面对剥削阶级的反动统治，老子提出了"高者抑之，下者举之"的革命斗争路线，绝不能向反动势力妥协。推翻反动统治阶级以后，实行民主法治建设和集体主义道德教育，以集体主义取代个人主义，最终实现社会大同。

## 【证解故事】

### 故事一：

天地运作的道理，是取多余的去补不足的。

俗话说，"尺有所短，寸有所长"。世界上各种事物都是这样，从不同的角度看，各有所长，又各有所短。唯有互相取长补短，才会互相取益，各显其才。长处和短处每个人都有，关键在于如何看待。

老子看待长处与短处这个问题上是这样认为的："天之道，损有余而补不足"，他觉得取人之长，补己之短，才是人生的处世之道。从下面这则寓言故事，我们就不难感受到老子的这一人生智慧了。

一天，上帝对一个盲人、一个瘸子以及两个壮汉说："你们沿着这条路一起出发，谁先把幸福之门打开，我将满足他的任何愿望。"上帝说着就一声令下，比赛正式开始。

只见两个壮汉拔腿就跑，其速度快如风驰电掣。而盲人因眼疾，只能一步步试探性地前进，瘸子虽然明确目标，可也只能缓缓前进。

历经无数次的坎坷摸索之后，盲人和瘸子达成了共识，即盲人背起瘸子充当双腿，瘸子给盲人充当双眼，两人取长补短，一步步向幸福之门迈进。

眼看着两个壮汉临近终点，一个壮汉突然停下将另一个壮汉狠狠地推倒在地，而后自己又向前跑去。被推倒的人又迅速爬起来追上前者，一脚踢在对方的后腿上。两人厮打起来，他们谁都不允许对方推开幸福之门。

就在他们纠缠在一起时，盲人和瘸子赶了上来。两个壮汉因为互相阻挠，都没注意到周围事物的变化。盲人和瘸子因为互相弥补了自己的缺陷，慢慢地走到了前面。在幸福之门前面，他们并没有互相抛弃，而是彼此示意了一下，共同打开了幸福之门。

有人以自己的长处为满足点，终日骄傲无比、自以为是。对于他人的短处，有人总冷嘲热讽地去嘲笑，结果既害了自己又害了别人。长处是我们应该加以发扬的，但却不能骄傲；短处是我们应该加以克服的，但却不可因此而掩饰。

丹麦天文学家第谷有出色的观察能力，但不擅长于理论研究，结果得出了很多错误的结论。后来，第谷请了德国天文学家开普勒做助手。虽然开普勒在观察方面不如第谷，但他很有理论方面研究的才华。

在他们的合作下，终于发现了行星运动的"三定律"。显然，在他们两者中，只要有一个不存在，那么就不会有这样伟大的天文发现，也正因为他们的密切配合，互相取长补短，才能在天文学领域做出卓越的贡献。

俗话说："人无完人。"人毕竟不是"神"，是活生生的有着缺点和长处的结合体，尤其是在科学文化发达的今天，分工很细，现代化建设需要有各种各样的专门人才。而由于时间和精力的限制，我们每个人又不可能什么都学，什么都懂。因此人与人之间，所长和所短差距很大，这就要求我们每个人既要谦虚谨慎，时时正视自己的短处，又要不断看到别人的长处，不能因别人有缺点或短处就紧盯着别人不放，把别人看得一无是处。

老子的言论告诫我们，在人生中应该多一些取长补短。广泛吸取别人的优点弥补自身的缺点，是对待长处、短处的正确方法，也是达到让人进步的必备条件。

用一双慧眼去发现生活中身边人的优点，捕捉它们，并用这些人的优点来点亮自己的人生，我们的人生才能更光彩夺目。

**故事二：**

韩信早年曾追随项羽，后来又投到刘邦门下。他足智多谋，屡出奇计，为刘邦打天下立下了赫赫战功，被封为齐王，后又降为淮阴侯。

刘邦坐稳了江山之后，看到韩信握有重权，并且深得军心，不由得食不甘味，辗转难眠。他宴请群臣，面对臣下的恭贺，也忧心忡忡。张良察言观色，明白了是刘邦害怕功高之人今后难以驾驭，就私下对韩信说："你是否记得勾践杀文种的故事？自古以来，只可与君主共患难，而不可与其共享福。飞鸟尽，良弓藏；狡兔死，走狗烹。前车之鉴，后事之师啊！我们要好自为之。"于是，张良急流勇退，见好就收，他请求回乡养老。刘邦故作恋恋不舍状，再三挽留，最后封其为留侯。张良功成身退，终于保身全名，可谓有先见之明。

韩信尽管认为张良的话有道理，但是对刘邦还是抱有幻想：自己当初曾舍命救过他。可是不久，便有奸佞之臣诬告韩信恃功自傲，不把君主放在眼里。那时项羽乌江自刎之后，他的一个大将钟离眛拼死杀出了重围，逃到韩信那里避难。因为韩信与他是生死之交，就偷偷地把他藏了起来。刘邦知道此事后，认为他怀有二心，决心除掉他。

可是韩信作为一朝权臣，要除掉他也不是那么容易。于是刘邦就设了一个圈套，让韩信自投罗网。他以巡游为借口，要到楚地的云梦（今湖北安陆）去打猎，同时派信使通知诸侯王到阵地会合。这样就能调虎离山，把韩信从封地中骗出。一旦他脱离靠山——军队和封地，就不愁没机会下手了。

韩信听到这个消息后，很害怕。明知前面有陷阱，也不得不硬着头皮前往陈地谒见刘邦。为了保全自己，不让刘邦找到借口抓他，他权衡再三，最终还是逼着好友钟离眛自杀了，然后就提着钟的首级来见刘邦，想以此来表明他对刘邦的忠诚。

欲加之罪，何患无辞？韩信一走进刘邦的驻地，两边的武士就一拥而上，把他五花大绑起来，押到刘邦座前。韩信很不服气，他一边挣扎一边大叫："皇上，我鞍前马后跟随您这么多年，南征北战，出生入死，才打下汉朝江山，臣下何罪之有？"此时，刘邦也看到给韩信以谋反定罪，确实证据不足，难以服人心。于是他就假惺惺地怒喝着武士，亲自下来为他松绑，然而，他还是借机解了韩信的军权。

至此，韩信终于心灰意冷。他后悔当初不听张良的劝告而至今日，不禁仰天长叹道："飞鸟尽，良弓藏；狡兔死，走狗烹；敌国灭，谋臣亡。现在天下大局已定，我也该遭殃了。"不久，又有人借机落井下石，诬告他要谋反，于是刘邦终于对他下了毒手，了却了一大心事。

中国历代君主，对那些在患难时生死与共、立有大功的谋臣将士，不但不加以高官厚禄，而且一旦江山打下、政局平稳之后，就害怕他们功高盖主，怀有二心。于是为了巩固自己的帝位，就找各种借口来为之加罪，然后对他们或者杀死或者削职。古代这样，那今天呢？往日共同创业的好伙伴，现在成了仇人；往日同甘共苦的朋友，现在成了敌人！很值得深思！

# 第七十八章

**【原文】**

天下莫柔弱于水，而攻坚强者莫之能胜。以其无以易之①。弱之胜强，柔之胜刚。天下莫不知，莫能行。是以圣人云，受国之垢②，是谓社稷主；受国不祥③，是为天下王。正言若反④。

**【注释】**

①无以易之：易，替代，取代。意为没有什么能够代替它。
②受国之垢：垢，屈辱。意为承担全国的屈辱。
③受国不祥：不祥，灾难，祸害。意为承担全国的祸难。
④正言若反：正面的话好像反话一样。

**【译文】**

遍天下再没有什么东西比水更柔弱了，而攻坚克强却没有什么东西可以胜过水，因为没有什么能取代它。弱胜过强，柔胜过刚，遍天下没有人不知道，但是没有人能实行。所以有道的圣人这样说："承担全国的屈辱，才能成为国家的君主；承担全国的祸灾，才能成为天下的君王。"正面的话好像在反说一样。

**【解析】**

"天下莫柔弱于水，而攻坚强者莫之能胜。以其无以易之。"

这里，老子把处于弱势的劳苦大众比作柔弱之水，"水可以载舟，亦可以覆舟"，在推翻剥削阶级的革命斗争中，被剥削者是革命的先锋，是冲锋陷阵的中坚力量，是攻无不克、战无不胜的。他们前仆后继，视死如归，是因为没有任何其他方式可以改变自己的命运。

"弱之胜强，柔之胜刚。天下莫不知，莫能行。"

反动统治阶级貌似强大，实则弱小，处于被统治地位的劳动人民才是真正强大的，只要人民齐心协力，就完全有力量推翻反动统治，获得翻身解放。这个道理天下没有不知道的，但是，领导劳动人民彻底推翻反动统治的任务却没有谁能够胜任。

"是以圣人云，受国之垢，是谓社稷主；受国不祥，是为天下王。正言若反。"

"正言若反"，即"若反正言"的倒装句，意思是说，如若造反，必先正言。

反是天赋人权，也是人的自卫本能，是劳动人民改变自己命运的唯一方式。但是，伟大的革命行动需要伟大的革命理论作指导，要想取得革命的胜利，就必须为广大的劳动人民提供强大的思想武器。否则，革命必然以失败而告终。

正如列宁所说："没有革命的理论，就没有革命的行动。""天下莫不知，莫能行"，其关键在于不能"正言"。

《共产党宣言》的伟大意义，就在于为无产阶级革命者的斗争指明了方向，为整个封建统治的彻底覆灭敲响了丧钟。正言，即确立正确的符合劳动人民利益的革命理论。

本章强调了理论对实践的指导作用。从事革命斗争要有科学的革命理论作指导，科学理论一旦为革命群众所掌握，就会在斗争实践中变成强大的物质力量。否则，革命就会带有盲目性，最终导致革命失败。


## 【证解故事】

天下没有什么比水更柔弱的了，但攻坚克强却没有什么能胜过它，因为它的柔弱所以没有什么能真正改变得了它。柔能胜过刚，弱能胜过强，天下没有人不知道这个道理，但却没有人能实行。

老子一直提倡以温和或迂回的方式来实现自己的主张，也就是以柔胜刚，以弱胜强。

他在《道德经》中反复强调了这个观点，并以水为例。但是水滴石穿的道理谁都明白，可真正能这样去做的却是少之又少。柔中含刚，刚中存柔，刚柔相济，不偏不倚，才是中国人处世的正宗。这一理想化的处世方式，一个小小的太极图表现得最为形象。

在一个圆圈中有一条白色的阳鱼和一条黑色的阴鱼，阳鱼头抱阴鱼尾，阴鱼头抱阳鱼尾，互相纠结，浑融婉转，恰成一圆形，无始无终，无头无尾，无前无后，无高无下。最妙的是阴鱼当中有阳眼，阳鱼当中有阴眼，相互包容，相互蕴涵，相互激发，相互转化而又相互促生。这正是刚柔并济的哲理。

**故事一：**

春秋时期，郑国的子产出任宰相的时候，正值郑国内忧外患之时，处境十分困难。子产一方面以大刀阔斧的政治手腕使国内政治步入轨道，另一方面又积极展开外交活动，功绩斐然，从而改变了郑国的困难处境。

当时朝廷有许多暴政扰民，老百姓对朝廷多有怨恨。子产建议废除暴政，他说："国家如果不为百姓设想，只会盘剥取利，那么百姓就视国家为仇人了，这样的国家是不会兴旺发达的。给百姓一些好处，好比放水养鱼一样，国家看似暂时无利，但实际上大利还在后边，并不会真正吃亏的。"

郑国大族公孙氏在郑国很有影响，为了安抚他们，子产就格外照顾公孙氏，一次竟把一座城邑作为对他们的奖赏。子产的下属太叔表示反对，说："让国家吃亏而讨公孙氏的欢心，天下人就会认为你出卖国家，你愿意背上这样的罪名吗？"

子产说："每个人都有他的欲望，只要满足了他的欲望，就可以役使他了。公孙氏在郑国举足轻重，如果他们怀有二心，国家的损失会更大。我这样做可促使他们为国效力，对国家并无损害。"

几年之后，郑国由于子产的改革，使全国人民的生活水平臻于富裕安康，渐渐步入强国的行列。

百姓常在乡校休闲聚会，非议政府的政策，大夫然明向子产建议关闭乡校，但子产不同意，他说："为什么要毁掉乡校呢？百姓在一天工作完毕之后，聚集在一起批评我们的施政得失，我们可以参考他们的意见，对获得好评的政策继续努力推展，对于获恶评的施政虚心改善，他们岂不是相当于我们的恩师？我听说尽力做好事以减少怨恨，没听说过依权仗势可以来防止怨恨的。如果以强制的手段封闭他们的言论，就如同要切断水流，最终使河水决堤造成大洪水，产生重大损失一般，到时抢救都来不及了。不如在平时就任随水流倾泻以疏通水路。对于人民的言论，堵塞不如疏通，这才是治乱的根本。"

然明说："我从现在起才知道您确实可以成大事，我的确不如您啊。"

在子产的这段话中，或者说是在他的施政方法上，可以看出他对水之本性的深刻理解。这种理解也就是他实行刚柔相济政策的依据。

子产临终时，在病榻之前，他把后事托付给心腹，并忠告说："我认为施政的方式不外柔与刚两者，一般来说以刚性的施政较妥。刚与柔两者譬如水与火一般，火的性质激烈，故人民见之畏之不敢接近它，所以因火丧生的人极微；反观水，因为水是温和的，故而不易使人生畏，但因为水而丧命的却不在少数。施行温和的政治看起来虽然容易，但实际上实行起来却极困难。"

其实子产就是因为掌握了刚与柔的平衡，才能刚柔并济治国有道。他能看到民心不可逆，也能看到施政的诀窍在哪里，并从中掌握一种巧妙的平衡，既能得人心，又能使国家复兴。

如果我们在生活中和子产一样明智，能够刚柔并济，以柔克刚，以退为进，那么无论是工作还是学习，都可以以一种平衡的状态去实施。因为子产的明智，在他死后，郑国人凡是男子都舍弃玉制装饰品，妇人都舍弃珠珥，男女都在巷口痛哭，三个月不闻音乐之声。这是由于子产像水一样浸透了大地，他所浸透的地方就能生长出草木，所以老百姓这样爱戴他。

大到管理一个国家，小到管理一个企业，甚至是经营一个家庭，都有着与子产的施政措施相通的地方，都可以运用到水的智慧，而这同样也是道的智慧。

身居领导之职的人，或者是一家之长，都要有这样的觉悟：对下属或家人，切不可以过于严苛，也不可以过于宽大；过严则失去人心，没有人情味，过于宽大则不能立威，无规矩不能成方圆。当然，在细节上还是有着不同的，管理企业要更偏于刚一些，而经营一个家庭则更注重宽柔。但是无论是哪一种，作为领导者或是家长，都应该像水润草木一样，要把企业或家庭的利益放在前面。这也就需要有一颗静如止水的心灵，需要它能够明鉴万物，不受蒙蔽了。

必须指出的是，不论在历史中还是在现实中，人们做人处事时往往是刚者居多，柔者居少，只知进取的多，明了后退之理的少。虽然人们都知道以柔克刚的道理，可是由于贪婪、暴躁、逞一时之快、急功近利、目光短浅等人性中的弱点，人们一般不去施用，或是施行得不好。这就需要从老庄之道中吸取智慧了。

**故事二：**

金太宗完颜晟（1075—1135年）即位后，国力渐强，一面玩弄与北宋和睦相处的友好邦交关系，一面从各方面创造条件伺机攻宋。

公元1125年，天会三年十月，完颜晟正式下诏伐宋。金兵以完颜呆兼都元帅，兵分两路侵犯中原。一路由宗翰兼左副元帅，自西京入太原；另一路由宗望为南京路都统，自南京攻燕山。

宋徽宗赵佶是一个政治上昏庸无能，生活上穷奢极欲的误国皇帝。他重用奸相蔡京，排挤贤臣，敲剥民财，大兴"花石纲"，激起了宋江、方腊轰轰烈烈的起义，虽然起义被血腥镇压下去，但北宋王朝已在义军的打击下风雨飘摇，败乱不堪了。

徽宗担心义军东山再起，企图借助金国兵力威胁农民起义。然而，正是"联金"的政策，才助长了金太宗完颜晟入侵中原的野心。

金军宗翰进攻太原，遭受到张孝纯等人的顽强抵抗，一时无力向南推进。

东路金兵在宗望统帅下，轻易地占领燕京，相继攻下邢州、相州。汴京城内，徽宗皇帝歌舞饮宴，既不派兵救援太原，又不关心黄河的防务。当金兵大军逼近黄河时，北岸的宋军不战而逃，放火烧毁桥梁，弃甲焚营，使金兵从容地用小船渡过黄河。宗望叹息说："宋军若有一千兵马抵抗，金军纵然插翅，也难飞越黄河啊！"

然而，金兵渡过黄河的消息，却把宋徽宗惊吓得气昏过去。侍臣灌药急救，他苏醒后便索要纸笔，下诏传位太子赵桓，自号"教主道君皇帝",准备逃跑。钦宗皇帝即位,朝廷主战主和争论不休。大敌当前,李纲以文臣而兼领武事,受命于危难之际,急速组织京师防守,一次又一次击退了金军的攻击。

宗望兵围汴京久攻不下,随时都有被宋朝四方勤王军队包围聚歼的危险,一时进退两难。金太宗闻报,密遣信使授计宗望玩弄议和骗局。宗望得到金太宗的密诏大喜,将议和信射入汴京城内。

宋钦宗果然派出使者去金营议和,送给金军黄金五百万两,白银五千万两,牛、马各万头,缎一百万匹;割让太原、中山、河间三镇的山川土地,还派康王赵构、丞相张邦昌出使金营作人质,并尊大金皇帝为伯父。甚至为了讨好金军,罢免了坚守汴京的李纲相位。宗望终以全师退军,满载而归。

公元1126年,靖康元年二月,金太宗经过整顿军队,撕毁和约,进兵南侵。八月,任宗翰、宗望为左、右副元帅,仍分东西两路南下攻宋。太原城被围八个多月,终因弹尽粮绝失陷,知府张孝纯被俘降金。宗翰、宗望合兵攻下中山,十一月兵临汴京城下。

宋朝廷乱成一团,钦宗只好派使到金营求和。宗望故技重演,对宋使说:"我们不想灭宋,只要赵佶亲自来商议割地议和,我们就退兵。"

十一月末,堂堂大宋天子钦宗赵桓,居然屈膝跪在完颜宗翰、完颜宗望脚下,呈一亡降表云:"既烦汗马之劳,敢缓牵羊之请上皇负罪以播迁,微臣捐躯而听命。"真是懦弱无耻到了极点。十二月初,金营放回钦宗,派使入城检视府库,将九十二个内藏库中积攒了一百七十余年的金银财宝全部查封。

公元1127年正月,金军又要钦宗至金营。钦宗去后被拘留,随即派大员二十四人去汴京掳掠,除金银财帛,又掠走皇帝宝玺、仪仗、天下州府图、祭器等不计其数,掳走百工、技艺、嫔妃宫女、内侍、僧道、医卜、后妃亲王贵族三千余人。宋徽宗、钦宗站立于木笼囚车之内,被押解向茫茫大漠。这就是历史上著名的"靖康之难"。

金太宗利用北宋皇帝的昏庸无能、软弱可欺,在孤军深入的情势下以缓兵之计赢得了时间,终于灭亡了北宋。

# 第七十九章

## 【原文】

　　和大怨，必有余怨，报怨以德，安可以为善？是以圣人执左契<sup>①</sup>，而不责<sup>②</sup>于人。有德司契，无德司彻<sup>③</sup>。天道无亲<sup>④</sup>，常与善人。

## 【注释】

　　①契：契约。
　　②责：索取所欠。
　　③司彻：掌管税收的官职。
　　④无亲：没有偏亲偏爱。

## 【译文】

　　和解深重的怨恨，必然还会残留下残余的怨恨；用德来报答怨恨，这怎么可以算是妥善的办法呢？因此，有道的圣人保存借据的存根，但并不以此强迫别人偿还债务。有"德"之人就像持有借据的圣人那样宽容，没有"德"的人就像掌管税收的人那样苛刻习诈。自然规律对任何人都没有偏爱，永远帮助有德的善人。

## 【解析】

　　"和大怨，必有余怨，报怨以德，安可以为善？是以圣人执左契，而不责于人。"

　　"大怨"指对抗性矛盾即剥削阶级和被剥削阶级之间的矛盾。"余怨"指非对抗性矛盾即人民内部矛盾。契，契据。古人刻木为契，分左右两半，左契是财产所有权的凭证，右契是财产使用权的凭证。责，责备、追究，这里指行政干预。"圣人执左契"，是生产资料的公有制形式,由圣人代表人民管理国家财产。

这一句的意思是说,圣人带领劳苦大众推翻了剥削阶级,调和了劳动人民的深仇大恨,建立起劳动人民自己的政权,此时,阶级矛盾虽然消除了,可是人民内部矛盾还将依然存在。作为国家的最高统治者,应该如何去妥善处理人民内部矛盾呢?对此,圣人首先要做的就是确立生产资料的公有制形式。人民获得生产资料,拥有生产经营自主权,国家行政机关不去搞行政干预。

"有德司契,无德司彻。"

"有德司契"强调国家公务人员的道德品质。"无德司彻"强调增强各级政府的工作透明度和人民群众的监督机制。当然,这里的"有德"和"无德"是相对而言的。

"天道无亲,常与善人。"

这里,"天道无亲"和"天地不仁""圣人不仁"的观念是一致的,都体现了老子的朴治主义思想,也就是肯定法治,否定人治。"有德司契"强调了一个"德"字,"常与善人"强调了一个"才"字,若要确保国家公务人员的德才兼备,必须建立健全民主机制。

本章阐述了圣人带领人民推翻剥削阶级以后所实行的治国策略。首先确立合乎自然规律的社会制度即以生产资料公有制代替生产资料私有制。其次,要建立健全用人机制,推选德才兼备的人管理国家事务,绝不能任人唯亲,并加强社会监督机制。总之,要想最大限度地化解人民内部矛盾,促进社会发展,制度是关键。


## 【证解故事】

### 故事一:

无论如何化解深重的怨恨,必然还会残留难以消除的余怨,这怎么能算完善?所以圣人待人即使被伤害了,也不会利用有利的地位去报复。有德的人只给予别人而不向别人索取,这就像拿着契约却不去逼债一样。无德的人像掌管税赋的一样,只向人索取而不给予别人。天道虽不偏袒,但却护卫有德者。

有人的地方就有江湖,有江湖的地方就有争斗,如果不懂得宽容，那么就难免要处处树敌，寸步难行。而对老子来说，不记旧怨还不是宽容的最高境界，真正懂得宽容的人会放弃报复对方的想法，热情大度地待人，求得人与人的谅解、和谐。

一位名叫卡尔的卖砖商人，由于另一位对手的竞争而陷入困境。对方在他的经销区域内定期造访建筑师与承包商，并告诉他们：卡尔的公司不可靠，他的砖块不好，生意也面临即将歇业的危险。卡尔对别人解释说他并不认为对手会严重伤害到他的生意。但是这件麻烦事使他心中生出无名之火，真想"用一块砖来敲碎那人肥胖的脑袋作为发泄"。

"有一个星期天早晨，"卡尔说，"牧师讲道时的主题是要施恩给那些故意为难你的人。我就把在上个星期五我的竞争者使我们失去了一份二十五万的订单的事跟牧师说了。牧师却教我们要以德报怨，化敌为友，而且他举了很多例子来证明他的理论。当天下午，我在安排下周日程表时，发现住在弗吉尼亚州的我的一位顾客，正因为盖一栋办公大楼需要一批砖，对方所指定的砖型号并不是我们公司制造供应的，而与我的竞争对手出售的产品很类似。同时，我也确定那位满嘴胡言的竞争者完全不知道有这笔生意机会。"

这使卡尔感到为难，是遵从牧师的忠告，告诉对手这笔生意的机会，还是按自己的意思去做，让对方永远也得不到这笔生意？那么到底该怎样呢？卡尔的内心斗争了一段时间，牧师的忠告一直萦绕在他心田。最后，也许是因为很想证实牧师是错的，他拿起电话拨到竞争对手家里。

接电话的人正是他本人，当时他拿着电话，难堪得一句话也说不出来。卡尔还是礼貌地直接告诉他有关弗吉尼亚州的那笔生意。结果，那个对手很是感激卡尔。卡尔说："我得到了惊人的结果，他不但停止散布有关我的谣言，而且甚至还把他无法处理的一些生意转给我做。"卡尔的心里也比以前感到好多了，他与对手之间的误解也获得了澄清。

太过顺遂的人生反而是不好的，只有经历挫折才能让人真正成熟起来。如果一个人能以这样的心态去看待曾经伤害自己的人，那么他也就悟透了宽容的含义。

宽容意味着给予，给予别人能使自己变得更加丰富。刻薄意味着摄取，摄取得太多则容易干涸。宽容是有力量的表现，而刻薄却是力量不足的流露。

宽容是人类情感中最重要的一部分，这种情感能融化心头的冰霜，驱散眉宇的荫翳，焕发出重整旗鼓的力量，使你留得青山，可图再起。

宽容是一种无声的教育，"唯宽可以得人"，宽容最终将使伤害你的人情愿或不情愿地走向道德法庭的被告席位，或者受到这宽容的巨大感召，放弃伤害，归顺于美好的人际中来。

宽容是人类性情的空间，这个空间愈大，你的情绪就会有转折的余地，就愈加不会大动肝火，纠缠于鸡虫之争；宽容别人，给别人留条后路，别人才会报之以宽容，这也为自己留下了余地；从某种意义上说，宽容别人也是宽容自己，保护自己。给别人留一些空间，你自己将得到一片蓝天；一个宽容的人，到处可以契机应缘，和谐圆满，微笑着对待人生。

还在为受到的一次伤害怨气满腹吗？还在为自己的不平寻求报复吗？何苦来呢？人生不过短短数十载，多包容一些，让心境更平和一些，你不是可以活得更轻松一些吗？

**故事二：**

极大的冤仇不论怎么去化解，还是必有余怨，所以，积大怨怎能算是好方法？所以圣人行事都好像是负债的人一般，只有付出从不向别人索取。有德之人只持有借据，却不索讨。无德之人就像是征税者一般，只拿不给。天道对人是没有分别心的，但却常常跟良善之人亲近。

老子认为"圣人执左契而不责于人"，在付出帮助别人的时候，不应总惦记着别人的回报。期盼回报的付出不但狭隘，而且还会失去助人的本意，让原本高尚的行为蒙上了一层势利的阴影。

做好事的目的不同，结果就大不一样。人的善心不该用来作为交易，否则就失去善良的本义了。一旦计较了这些，人们的心里就失去了原本的安宁，为了得失寻找平衡，对受惠者颐指气使就不可避免了。这样，人们只能怨恨施惠者的虚伪，也不会再有丝毫的感激之情了。

唐玄宗时，安禄山发动叛乱。后来，随着形势的不利，安禄山的心情越来越坏，他开始随意惩罚身边的人，包括他最信任的谋士严庄和贴身侍卫李猪儿。

严庄是安禄山一手提拔起来的心腹。当初，安禄山发现严庄是个人才，对他礼贤下士，很快就把他安置在重要岗位上。他曾对严庄推心置腹地说："你是读书人，知道的道理比我多，你可以随时指出我的过失，我是绝不会怪罪你的。"

严庄受了安禄山的大恩，从此也一心报效，为他出谋划策，竭尽心力。他对朋友说："安禄山对我有知遇之恩，我就是为他搭上性命也报不完呀。大恩不可言谢，我现在只有默默地做事报答他。"

李猪儿原是一个归降的童仆，安禄山喜欢他的聪明伶俐，破例把他留在身边服侍自己。他给李猪儿许多赏赐，又给了他许多特权，随时都让他陪伴自己。

安禄山起兵叛乱不久，他的眼睛便失明了，身上也长了毒疮，他的情绪开始烦躁不安了。直到后来叛军进展不利，战败的消息接连不断，安禄山的情绪更坏，他杀身边的人泄气，平时总是大吼大叫。严庄劝他说："胜败乃兵家常事，不应该过于认真。现在形势虽然对我军不利，但是并不是不可以挽救的。"

严庄话没说完，安禄山就指着他骂个不停，说："我对你有恩，你就是这样报答我吗？早知道你是个不中用的家伙，我就把你一刀砍了，留你有什么用呢？"

他命人鞭打严庄，打得他皮开肉绽。这样的凌辱发生过多次，严庄从心里恨他入骨，只是表面还保持恭顺。李猪儿也经常无缘无故遭到安禄山的痛骂和鞭打，安禄山还恶狠狠地对李猪儿说："我不收留你，你早死了，现在我就要了你的命也是应该的。"

严庄和李猪儿同病相怜，他们担心有一天安禄山会杀了他们，便勾结安庆绪，三人合谋，将安禄山杀死在床上。

安禄山自恃对严庄和李猪儿有恩，就无所顾忌地凌辱惩罚，而又不加丝毫防范，这是他对人缺乏了解的缘故。他施恩的用心并不真诚，严庄和李猪儿既已明白，他们当然会怨恨他了，对他不利便是很正常的了。

施恩不图报答，恩情才显得可贵。给人恩惠不论多少，重要的是，不是为了索取。一个人无私奉献之后，他的道德境界就会提升，到了一定的高度之后，他这个人便会高尚起来，面貌焕然一新。

付出其实不限于什么方式、什么人，付出也不需要书写，不需要描画，更不需要把它放在心中，只要把它表现在我们的实际行动中，唯有这样我们才是快乐的。有这样一则寓言正好验证了这层关系。

从前有一个男孩与一棵树一起度过了他的童年：他在树上荡秋千，上树摘果子，在树荫下睡觉，树也很留恋那些快乐无忧的时光。

小男孩一天天长大，他与树在一起的时间也变得越来越少，因为要生活就必须想办法去赚钱。

树就对男孩说："拿我的果子去卖吧。"于是他把果子卖掉了，树感到很快乐，因为它为男孩做了事。

又过了很长一段时间，已经长大成为年轻人的男孩很久没有来找树玩，树感到心里空荡荡的。有一次，树看见男孩走过来，就向他微笑着说："来啊，让我们一起玩吧！"但是男孩已经长大了，他要到外面去闯世界了，他不愿固守在这里，他要离开眼前的一切。

树很理解他，就毫不犹豫地说："把我砍下来吧，拿我的树干去造一艘船，你就可以航行到达你的目的地了。"于是，年轻人就把树砍了下来，做了一艘船到外面闯世界了。

夏去冬来，时光一年年过去了，无数个寒冷和寂寞的夜晚树都在默默等待，最后，那个男孩终于回来了。但他已经满头白发了，年老和疲惫使他不能再玩耍了，也不能赚钱或出海航行了。

树说："我还是一个不错的树桩，你何不坐下来休息一会儿呢？"他果然坐下来了，树又是满心欢喜。

原来，付出不是把一切放在心里，而是要做出来呀！

俗话说，"希望越大，失望越大"。期望回报的付出，常常会失望大于满足，沮丧大于惊喜；不期望回报的付出，则会惊喜大于失落，快乐大于悲伤。既然付出是一种奉献，何必去寻找奉献后的回报，让自己的内心奢望太多呢？

# 第八十章

小国寡民①，使②有什伯之器③而不用，使民重死④而不远徙⑤。虽有舟舆⑥，无所乘之；虽有甲兵⑦，无所陈⑧之；使民复结绳⑨而用之。甘其食，美其服，安其居，乐其俗⑩。邻国相望，鸡犬之声相闻，民至老死不相往来。

【注释】

①小国寡民：小，使……变小。寡，使……变少。此句意为，使国家变小，使人民稀少。

②使：即使。

③什伯之器：各种各样的器具。什伯，意为极多，多种多样。

④重死：看重死亡，即不轻易冒着生命危险去做事。

⑤徙：迁移，远走。

⑥舆：车子。

⑦甲兵：武器装备。

⑧陈：陈列。此句引申为布阵打仗。

⑨结绳：文字产生以前，人们以绳记事。

⑩甘其食，美其服，安其居，乐其俗：使人民吃得香甜，穿得漂亮，住得安适，过得习惯。

【译文】

使国家变小，使人民稀少。即使有各种各样的器具，却并不使用；使人民重视死亡，而不向远方迁徙；虽然有船只车辆，却不必每次坐它；虽然有武器装备，却没有地方去布阵打仗；使人民再回复到远古结绳记事的自然状态之中。国家治理得好极了，使人民吃得香甜，穿得漂亮，住得安适，过得快乐。国与国之间互相望得见，鸡犬的叫声都可以听得见，但人民从生到死，也不互相往来。

## 【解析】

"小国寡民。"

小和大、寡和多是对立统一、相辅相成的。"小国寡民"社会是经过长期的"无为之治"和"不言之教"使人类的传统观念根本转变了的社会，是国家已经衰亡了的没有阶级压迫和阶级剥削的德治社会。德治社会必须是全世界的，只要世界上还有一个国家不能实现德治，"小国寡民"就不能真正形成，所以，"小国寡民"是全世界人民的太平盛世。在人们的传统观念中，国大民广才是大同之世。但是，历史上的国大民广都是封建割据的产物，如罗马大帝国、阿拉伯大帝国、沙俄大帝国等。然而，这些大帝国没有一个是稳固的。这是因为人们皆以功利主义为人生观和价值观，都欲居天下为己有。因此，国家总是跳不出"分久必合，合久必分"的历史圈子，天下人民也总是摆脱不掉战争带来的灾难。所以，一味地求多求大，人类的大同世界就永远不可能实现。只有求"小"、求"寡"，才是人类的金光大道。

"使有什伯之器而不用，使民重死而不远徙。虽有舟舆，无所乘之；虽有甲兵，无所陈之；使民复结绳而用之。"

这里充分说明流行于现代社会的价值体系和思想观念已经发生了质的转变，也就是说，人们由单纯地"向外求"的传统观念转变为以"向内求"为主的道德观念。因为只有向内求才能获得人生所需要的大智大慧、精神享受的最佳境界以及身体的健康长寿。有了这一最佳境界，人们就不会再执着于追求外在的声色和名利了。那时，人们需要的是征服自我而不是别人。

"甘其食，美其服，安其居，乐其俗。"

"甘其食，美其服，安其居"，体现的是富足的物质生活；"乐其俗"则体现了完美的社会风俗及文化生活。人们既有丰富的内心世界，又有充实、欢乐、祥和的现实世界，这就是"小国寡民"社会生活的实质内容。

"邻国相望,鸡犬之声相闻,民至老死不相往来。"

说明本国所产的物质财富完全可以满足本国人民的需求,不需跨国贸易。人们各安本国,各享天产,日作夜息,丰衣足食;人们各修其内,各悦道境,无须出国观光旅游。不求他国财富,不慕他国秀丽山川,有各自欢乐的社会风俗,自然是"民至老死不相往来"。"邻国相望,鸡犬之声相闻",并非说明国家小得如同一个自然村,四周都可以望见,周边国家的鸡犬之声都可以听见,这里强调的只是"邻国"。

另外,"老死"二字说明,人们一心修道,以朴治身,没有劳苦愁烦,不受疾病折磨,自然身体健康长寿,直至自然老化死去。当今世界,有多少人没有遭受疾病的折磨,又有多少人不是在痛苦的呻吟中死去而是自然老去的呢?"小国寡民"社会,充分注重并体现了人生追求的生命的质和量。

"小国寡民"是老子哲学思想的归结,正如共产主义社会是马克思主义哲学思想的归结、世界末日是宗教哲学思想的归结一样。"小国寡民"不是"世外桃源",也不是"乌托邦",而是人们向往不已并完全可以实现的大同世界。

马克思主义哲学和宗教哲学的共同不足就是缺乏"不言之教"思想。共产主义思想符合老子的天道思想,也是整个人类的共同愿望,但是,脱离了"不言之教"而奢望共产主义也只能是幻想。宗教哲学来源于直觉思维,但是教主们还没有彻悟大道,所以,他们既不能科学地解释道境中出现的各种现象,也不能教人们以科学的方式进入这一境界,而是把于道境中的一切所见所闻归结到上帝身上,并以世界末日论规劝人们把一切交托给神,以求来世进入天堂,这正是唯心主义的悲哀。随着"不言之教"在整个世界的推广,宗教的生存地盘必将消失。那时,事实将证明世界末日论是荒谬的。

"小国寡民"社会是社会发展的最高阶段,也必将有其漫长的历史过程。但是,"小国寡民"社会也不是永恒的,物极必反,人类将会从一个极端(外求)走向另一个极端(内求)。内求的结果必然导致物质文明的衰退和人口的逐渐减少,"小国寡民"社会将会慢慢地演化为氏族社会。氏族社会将从母系氏族到父系氏族。母系氏族社会还是以内求观念为主导的社会，在这一社会里，妇女在赡养老人、抚养孩子的家庭事务中比男子占有更重要的地位，自然会形成以妇女为中心的母系氏族社会。父系氏族社会的形成，标志着外求观念的形成，其发展方向就是奴隶社会。人类社会由氏族社会——奴隶社会——封建社会——资本主义社会、社会主义社会——朴治社会——小国寡民社会，再到氏族社会。这大概就是老子所说的"周行而不殆"吧。基于这种观点，今人所说的原始社会看来并不一定原始。如果这一逻辑成立的话，人们百思不得其解的"史前文明"也就容易理解了。

## 【证解故事】

### 故事一：

博大的胸襟！恢宏的意识！从容的气度！是成功人士所必备的。判断一个人是否具有大胸襟的主要尺度之一，就是看他能否容人。唐朝名臣魏征，原是唐高祖李渊所立的太子李建成的亲信幕僚。因李建成与其弟李世民之间为争夺君位而形同水火，魏征曾力劝李建成先下手为强，杀掉李世民。后来终于发生了玄武门之变，李建成被杀，李世民即位成为历史上有名的唐太宗。作为胜利者的唐太宗，其文治武功之所以能达到盛唐的高峰，跟他胸怀宽广，放眼长量，能容也善用包括魏征在内的忠诚却非唯唯诺诺的能人，有莫大的关系。唐太宗与魏征的关系也因此超越了一般的君臣关系，成为千古佳话，印证了孔子所言的"君子和而不同，小人同而不和"之理。事实上，不单单是君臣之间的关系如此。

"宰相肚里可撑船。"特指宰相必须能团结百官，搞好内部建设，抗御外来侵犯。宰相缺此胸怀，常怀"非我族类，其心必异"之想，一味党同伐异，就没有成为贤相的基础。

邵康节（北宋哲学家，名雍，字尧夫，谥号康节）并没有追究包括魏征在内的原李建成的许多部属，而是对他们量才而用，魏征 就被任命为谏议大夫。他先后向唐太宗陈谏国事二百多次，即使君臣之间为此而产生误解、争吵与冲突，也在所不避。

战国时期的蔺相如之所以能一味忍让廉颇的挑衅，就是为了保持将相的和睦，不让秦国趁机侵犯赵国。正因蔺相如不失相国的胸怀，深受感化的廉颇的"负荆请罪"才成为了千古美谈。

相反，如果一个人的心胸过于狭窄，在遇到不顺心之事、听到不顺耳的话语时，就怒不可遏，见到强于自己者，就萌生那种"最卑劣最堕落的情欲"——嫉妒，结果只会危害了事业，甚至殃及自身。

《三国演义》中的周瑜就是这方面的典型，他年少气盛，虽英才盖世却心胸狭窄，妒才嫉能，屡害诸葛亮而不能如愿，自己却因此而被活活气死，死前还有"既生瑜，何生亮？"的怨愤。

在这方面，古人提到了屈原。诚然，屈原是一个道行高洁者，是楚国的忠臣，是伟大的诗人，但他却不可称为一个伟大的政治家。因为一个伟大的政治家，既应有高瞻远瞩的智慧、审时度势的机智，还应有容人的度量、团结人和用人的策略和技巧，从而增强而不是削弱自己所归属的政治团体的凝聚力。而屈原恰恰缺少了这些。

他狷介高傲，多愁善感，独来独往，好持瑰节骑行，好作惊世骇俗之语，宣称整个世界都混浊不堪，所有的人都醉得昏昏沉沉，唯有自己才是头脑清醒的，唯有自己才是对楚王忠心不二的。这正是他不断怨天尤人的依据之一。这样，他的政治头脑中甚至缺乏"求大同，存小异"的意识，历史进程也就难以朝他所设想的方向运行。

可以说，屈原的悲剧不仅是道德与政治的冲突所造成的（封建社会的政治往往是不道德的），也是他个人的狭窄心胸和简单的思维定式与社会历史的复杂发展进程相冲突而造成的。确实，他坚持了他的原则，不随波逐流，但却没有一丝一毫的灵活与变通，似乎只有社会历史适应他而没有他适应社会历史的道理。

在这种意义上说，他的认识不可称为通情达理，他的人生也不是理想与完美的。鲁迅先生则曾把曹雪芹笔下的焦大比喻为"贾府的屈原"（见《言论自由的界限》），这一比喻，并非是在抬高焦大，也不是拟贬低屈原，而是说他们两人在愚忠、自认唯我独醒等方面，几无二致。当然，两人也有不同，即假如焦大"能做文章，我想，恐怕也会有一篇《离骚》之类。"屈原的《离骚》，不外是因其愚忠不被楚王赏识所发的文字性诗歌化的高级牢骚罢了。

据此，这样认为："地之秽者多生物，水至清者常无鱼。"事实的确如此。按我们的理解，人应建树大胸襟时，论及了君子当存含垢纳污之量，并不是主张君子可放松自己高洁的道德志向与修养，可以与黑暗势力同流合污，而是指人生一世，应当看到社会的复杂性，应当像大地善于将污垢转化为肥料，进而据此育出新苗一样，注意从各种正反经验中汲取养料来完善自己的人生，应当对"人无完人，金无足赤"的状况有一种清醒的认识从而去认可，应该做到会察人也会容人，会容人也会用人。

人至察则无徒，高深的且不说，类似郑板桥所言的"难得糊涂"，因时因地，也不失为处世之一妙法。

有大胸襟者，才是大聪明的人，"吕端大事不糊涂"，对于小事也就不会斤斤计较，朦胧处置；反之，大懵懂的人，对小事是伺察在胸，对把握大事却茫然无措。可见，伺察小事乃人之成为懵懂的根源，而对小事模糊朦胧处置，往往正是营造着大聪明的无穷空间。从这个角度，我们或能更好地理解陆王心学所特别推崇的孟子之言："先立乎其大者，则其小者不能夺也。此为大人而已矣。"

从泛指方面看，历史上曾担当一人之下、多人之上的宰相职务者，十分有限。但这并不是说，不担当宰相者就不应培植起这种大海般的胸怀。其实，培植起这种胸怀，有助于人与人之间宽怀相待，有助于个人心胸趋于坦荡，养成宽舒的气象。

每年端午节，在以纪念屈原作名义的赛龙舟活动中，人们也能感觉到另一种迥异于屈原式思维定式的团体智慧：你我他同处一条船，与他船同处一条起跑线前，起跑枪一响，我们不争上游，就会处下风，彼此唯有同舟共济，齐心协力，何暇分孰醉孰醒？冲过终点线了，赢家扛回了奖品——大缸酒加大块肉，然后，大家一醉方休，其乐无穷。

输家也不必难受，筹划来年再赛，才是正道，游戏嘛，总是有机会的，所以，在怀念之外，用现代意识来看待屈原，屈原的独立人格、自由精神、血肉文字和作为知识分子所有的良知，依然令我们神往，这其中蕴含着维系人类历史与人文精神的命脉。而他的那种狭隘自恋的情结，则是应该抛弃的。古今中外，何时何地无小人？无人前人后的是非？为小人为是非而自沉自毁，不值得。

老百姓所梦寐以求的福禄寿，在古人看来，只不过是仁厚之人的宽舒心地的副产品而已。就我们今天所见的一些百岁老寿星来看，他们的长寿秘诀中，都有宽怀待人、随遇而安、不易激动、不轻易对人发怒这一条，这种胸怀与良好修养，正是他们获得长寿的处世基础之一。

佛教有这样一则人格化的人生座右铭，那是贴在弥勒佛像旁的：大肚能容，容天下难容之事；张口便笑，笑世间可笑之人。所以，大肚而又总是笑吟吟的弥勒佛，就不是口常说空者——不为空缠，也不是为物所役者——不为法缠。要做到这一点很难。宋朝词坛大家苏东坡在瓜洲任职时，某天，因坐禅开悟，自认为已超凡脱俗，不为世俗的称、饥、毁、誉、利、哀、苦、乐等八种风所动。于是，因体悟而作成一诗偈：

稽首天中天，豪光照大千；

八风吹不动，端坐紫金莲。

然后令书童乘船从江北送到江南，呈给金山寺的佛印禅师指正。

佛印禅师看后，挥毫批了两字：放屁。

东坡见侍者带回的批字后，火冒三丈，立即乘船过江。

佛印早已料到东坡会前来兴师问罪，故早已在江边恭候。

一见面，苏东坡指责道："禅师，你为什么侮辱我的诗？"

佛印若无其事地答道："没有啊！我骂了你什么？"

东坡指着"放屁"二字，责道："这是什么？你还狡辩？"

佛印呵呵大笑："噢，你不是八风吹不动嘛，怎么被一个屁打过江来了？"

东坡一听，哑口无言，自叹修养不及禅师。

据此，再归纳建树人生大胸襟的诀窍，即：意似行云流水，不执着！

的确，不执着连对"不执着"之念也不要执着，这就近于禅宗六祖慧能所说的"无念""无住"了。

我们的心灵具有囊括宇宙、超越光速的伟力，它比熔金铸铁的冶炼大炉更富于力量，比吞溪容污的长江更浩瀚博大。这就是建树我们为人处世的大胸襟与大气魄的依据。

**故事二：**

公元前318年，燕国发生内乱，齐湣王发兵十万攻打燕国占领燕都，靠阴谋篡位的燕王自缢于别宫。燕人见齐王意在灭燕，民心不服，便推举故太子平，奉以为君，是为昭王。燕昭王为了收复失地，向太傅郭隗求教。郭隗说："国君成帝业，尊贤士为师；成王业尊贤士为友；成霸业尊贤士为重臣。亡国之君，则把贤士亡作为奴仆看待。大王欲雪先王之耻，报齐国侵犯之仇，必须招贤纳士。"燕昭王问："我倒是真想招贤纳士，请先生告诉我，先招谁最合适？"

郭隗向他讲了一个故事。

古代有位国君，以千金之价派他所宠信的门役去买一匹千里马。门役走了许多地方没有买到，归途中看见很多人围着一匹死马叹息。他问是怎么回事，人们告诉他说："这匹马活着时，日行千里，风驰电掣。如今它死了，真是太可惜了。"门役花五百金买了马骨，带给国君。

国君大怒道："死马的骨头有什么用处，竟费去五百金？"

门役说："一匹千里马的骨头尚且重价购买，更何况活马呢？天下人必由此盛传大王诚心买千里马，不久就会把千里马送来的。"果然，不到一年，这位国君就得到三匹千里马。

郭隗讲完故事，又说："如今大王欲招揽天下贤士，请以老臣为马骨。连我郭隗都能受到重用，那比我更有才能的贤士，一定会应者云集了。"

燕昭王觉得很有道理，于是拜郭隗为相国，为他修建了宫室，执弟子之礼，北面听教，亲供饮食，极其恭敬。又在易水旁筑起黄金台，招纳四方贤士。从此燕王尊贤好士之名，远近闻名。剧辛由赵国来，苏代由周地来，邹衍由齐国来，屈景由卫国来，很多治国能臣争相投奔尊贤好士的燕昭王，燕国大治，最后打败齐国，恢复了故疆。

元代刘因有《黄金台》一诗云："燕山不改色，易水无新声。谁知数尺台，中有万古情。区区后世人，犹爱黄金名。黄金亦何物，能为贤重轻。……周道日东渐，二老皆西行。养民以致贤，王业自此成。"

燕王以重金求贤才，表明了自己的诚意，最终招来了四方贤士，恢复了自己的疆土。

**故事三：**

唐代宗时，郭子仪在扫平安史之乱中战功赫赫，成为复兴唐室的元勋。唐代宗为了表示自己对他的敬重，将女儿升平公主嫁给了郭子仪的儿子郭暧为妻。郭暧是将门虎子，升平公主是金枝玉叶，这小两口互不服气，常常发生口角。

有一天，两个人又拌起嘴来，郭暧看到妻子摆出一副臭架子，根本不把他放在眼里，就愤愤不平地说："你有什么了不起！实话告诉你，大唐江山是我父亲打败了安禄山保住的，我父亲因为瞧不起皇帝的宝座，所以才没当皇帝。"封建社会的皇帝至高无上，一般人想取而代之，便是大逆不道，是犯了十恶不赦的死罪。升平公主听到郭暧口出狂言，立刻奔到宫中，向唐代宗一五一十讲了一遍，指望父皇会重惩郭暧，替她出口气。

不料，唐代宗听完女儿的汇报，不动声色地说："你丈夫说的都是实情，天下是你公公保全下来的，如果他想当皇帝，早就当上了，天下也早就不是咱李家所有的了。"然后又劝慰了女儿一番，不要抓住丈夫的一句话，就要以"谋反"治罪，小两口要和和气气过日子。在唐代宗的劝解下，升平公主消了气，回到了郭家。

郭子仪听说此事却十分恼火，即刻命人将郭暧捆绑起来，送到宫中，要求代宗严惩。

唐代宗却毫无怪罪之意，反而劝慰郭子仪说："有句俗话叫'不痴不聋，不为家翁'，儿女们在闺房中的私语，岂可当真？咱们只当作聋子、傻子，装没听见就行了。"听了亲家这一番入情入理的话语，郭子仪顿时感到一阵轻松，由衷地钦佩唐代宗胸怀大度，治家有方。

虽然郭暧也不过是和妻子争几句口角而已，但毕竟对方是公主，借机滋事也是可能的。假如代宗皇帝不是胸怀大度，早已对郭暧治罪。

# 第八十一章

## 【原文】

信言①不美，美言不信；善者②不辩③，辩者不善；知者不博④，博者不知。圣人不积⑤，既以为人，己愈有⑥，既以与人，己愈多⑦。天之道，利而不害⑧；圣人之道⑨，为而不争。

## 【注释】

①信言：真实可信的话。

②善者：言语行为善良的人。

③辩：巧辩、能说会道。

④博：广博、渊博。

⑤圣人不积：有道的人不自私，没有占有的欲望。

⑥既以为人，己愈有：已经把自己的一切用来帮助别人，自己反而更充实。

⑦多：与"少"相对，此处意为"丰富"。

⑧利而不害：使万物得到好处而不伤害万物。

⑨圣人之道：圣人的行为准则。

## 【译文】

真实可信的话不漂亮，漂亮的话不真实。善良的人不巧说，巧说的人不善良。真正有知识的人不卖弄，卖弄自己懂得多的人不是真有知识。圣人是不存占有之心的，而是尽力照顾别人，他自己也更为充足；他尽力给予别人，自己反而更丰富。自然的规律是让万事万物都得到好处，而不伤害它们。圣人的行为准则是，做什么事都不跟别人争夺。

## 【解析】

"信言不美，美言不信。"

老子言道论德是"言有宗，事有君"的，是对治身实践经验的哲学总结，并非抽象的凭空而谈。因此，他所构建的道德这一哲学大厦，虽然仅有五千余言，而且历经两千多年，不但没有为历史所尘封，反而随着科学的发展越来越放射出夺目的光芒，为世界各国人民所重视，就是印证了"信言不美，美言不信"这一哲言，即有根有据的言论不需要用华丽的辞藻来修饰，但它揭示的是真理；主观、唯心的言论是缺乏科学依据的，绝对经不起历史的检验。

自然的才是最美的。老子的《道德经》文笔简洁、朴实，章节之间，乍看起来杂乱无序，但它文约义丰，博大精深，有着高度完整的哲学体系，是对自然科学、社会科学和人体科学的高度概括和总结。可以说，老子的《道德经》是世界上最美的哲理诗篇。

"信言不美，美言不信"，表明了老子的自然主义思想。

"善者不辩，辩者不善。"

这一句话的意思是说，彻悟大道的人不诡辩，诡辩的人没有彻悟大道。真知来源于自我的实修实证，只凭主观愿望、主观想象来辩论是是非非，是不科学的。自《道德经》问世以来，内修家视其为灵文至宝，称为《道德真经》，并尊老子为"太上老君""道德天尊"，奉为道家鼻祖。另有文人墨客则总是不停地辩论其是是非非，有消极避世、保守倒退说，有南面之术说，有主观、唯心、片面说，有神秘主义说等，持这些观点的大概就是老子所说的不善者。

"善者不辩，辩者不善"，表明了老子的实践见证真理的辩证法思想。

"知者不博，博者不知。"

具有真知灼见的人不博学于外，博学于外的人不会有真知灼见。知者，求知于大道，获取真知，是"观妙"和"观徼"相结合。博者，只执着于研究书本，获取的只是现象世界的知识。探求真理于事物的表面现象的人，永远打不开真理的大门。据说，当年"文通万国，学超三教"的胡适博士，在攻读《道藏》时，被道德家的隐语秘诀拒之门外，从而判定道家书"多是半通不通的鬼话"。这也正是印证了"知者不博，博者不知"这一哲言。

"知者不博，博者不知"，体现了老子的微观认识论。

"圣人不积，既以为人，己愈有，既以与人，己愈多。"

圣人不刻意积累财富，一心为众人着想，自己反而愈富有；竭尽全力地奉献于人民大众，自己反而得到的越多。这就如同众多的历史伟人，他们并没有为了金钱和名声而活着，反而获得了更多的福利和荣誉。

这一节，老子用辩证的观点，为世人指明了经营之道和处世之道，体现了"我为人人，人人为我"的集体主义思想。

"天之道，利而不害；圣人之道，为而不争。"

自然规律是利万物而不害万物。圣人效法自然，乐于奉献而不索取。

这是老子效法自然的思想。表明了老子的世界观、人生观和价值观。

本章是对《道德经》的概括和总结，昭示了老子彻底的自然主义思想、科学的辩证法和微观认识论，并号召人们走集体主义道路，遵自然之道，行圣人之道。


【证解故事】

故事一：

很多人因为无知，以至于那些值得相信并采纳的话就觉得不好听；反而言之，当别人对你说好听话的时候，说话的人必有所图；所以，爱听信美言的人，反而常会招致恶果。因此，不要草率相信而应观察说者的动机，看清话中的本质。

人们都喜欢听到夸耀自己的美言，不喜欢听取别人对自己的批评建议；人们都喜欢吃甘甜的药草，不喜欢吃涩苦的药草。但事实上，听信美言常常使人迷失自我、陷自己于危难之中；甘甜的药草一般很难达到药到病除的功效。

人际交往中说话很重要，聆听也很重要，中国文化中关于聆听的智慧是非常多而且美妙的，名言警句俯拾皆是，熠熠生辉。老子为此曾经提出过"信言不美，美言不信"的论断，正是要人们提高对语言的鉴别能力，不能一味地听信顺耳美言、摒弃逆耳忠言。

邹忌讽齐王纳谏的故事尽人皆知：邹忌在镜前穿朝服，随口问妻："我和徐公谁漂亮？"妻曰："君美甚，徐公何能及公也！"徐公之美齐国有名，邹忌当然不信，又问其妾："我与徐公谁漂亮？"妾曰："徐公何能及君也！"翌日有客来访，邹忌再问："我和徐公谁漂亮？"客人还说："徐公不如你漂亮。"后来邹忌亲眼见到徐公，方知确实不如人家。换别人，故事可能就结束了。但邹忌的特别之处恰恰在此：他先是"寝而思之"，明白了"吾妻之美我者，私我也；妾之美我者，畏我也；客之美我者，欲有求于我也"。然后又以此事面谏齐威王："今齐地方千里，百二十城，宫妇左右，莫不私王；朝廷之臣，莫不畏王；四境之内，莫不有求于王。由此观之，王之蔽甚矣！"导致齐威王下令悬赏纳谏，促使国家得以振兴。

邹忌的过人之处就在于，他能够对称赞自己的美言抱有怀疑的态度，而不是毫不客气地收入耳中、飘飘然起来。因为他懂得真实可信的言语一般不华美，而华美的言语往往并不可信。

唐太宗李世民曾经对大臣萧瑀说："我少年时就喜爱弓箭，得到好弓几十张，自以为再不会有更好的弓了，近来拿给工匠看，工匠说都不是好弓。我问是什么原因，工匠说，木心不直，自然脉理都斜，弓虽然硬，发箭却不能直。我才知道以往的鉴别不够精确。我以弓箭定天下，尚且不能真正识别弓箭的优劣，何况天下的事我怎么能都懂得。"有一次，他问魏征："君王怎样才算明智，怎样才算昏暗？"魏征回答说："兼听则明，偏听则暗。"他十分赞同，于是，鼓励大小官员都可以积极进谏。

李世民在位时魏征进谏二百多次，提出的意见都是十分尖锐的，但是李世民每次都能非常理性地对待，改变自己的施政方略，对他开创盛世起了至关重要的作用。

在现实生活中，有的人讲话说得天花乱坠，很动听，很华美，但是到头来是让你上当受骗。因为他不伪装得美一些，怎么会打动你、让你上钩？所以"不信"的话经过外表"包装"变成的"美言"，不就容易使一些人轻而易举地相信了！相反"信言"是真实的、素朴的，一般都不会使用"包装"、没有那种外表的掩饰，却经常被一些人愤怒地抛弃。历史告诉我们说，谁能够区分美言与忠言，并能接受那些逆耳忠言，谁就能成为"圣人"。

生活中，有的人笑脸迎人，心中未必友好；有的人痛哭失声，心中未必悲伤。人的内心常与外表不一，很难看透。给你恰当的批评的人，是你的老师；给你恰当肯定的人，是你的朋友；给你不恰当恭维的人，是你的敌人。讲别人的坏话，并非直爽；帮别人做坏事，并非有义。

**故事二：**

圣人不为自己囤积，他尽力帮助别人，而自己更充实；他把自己所有的施予众人，自己也更丰富。真正的天道，是对天下有利而不妨害万物；圣人之道，是服务于天下而不与人争。

所谓舍得，总是要先舍而后得，你付出的越多，收获的自然也就越多，所以乐于施予的人有福了，那些只想占便宜而不愿付出的人最后只会一无所获。明白了这个道理，生活中我们就该学着多付出一点，多帮助别人，多善待别人。

这种"与人方便"的做法，貌似糊涂，实则多么智慧，因为在善待他人的同时，自己也方便了。

不要吝啬给予，还有另外一个原因就是在帮助别人、方便别人的同时，你其实也是在帮助自己、方便自己。

佛家也有对给予与获得的深刻阐释，他们认为先舍而后得是人生的道理。

"舍得"一词，是佛家语，是禅境语。本意是讲万丈红尘扑朔迷离，人生在世总会有获得有舍去。舍与得互为因果，往与复本来是自如的，如果领略其中的奥妙，自然可以打破分别之心。佛无分别心；无分别心，即无烦恼挂碍，心境圆融通达，万象归于一乘，人生有限之生命就会融入无限的大智慧中。

舍与得的问题，多少有点哲学的意味。舍得，舍得，先有舍才有得，不舍不得，小舍小得，大舍大得，舍即是得。舍是得的基础，将欲取之，必先予之，因而人生最大的问题不是获得，而是舍弃，无舍尽得谓之贪。贪者，万恶之首也。领悟了舍得之道，对于做人做事都有莫大的益处。做人，应该抛弃贪婪、虚伪、浮华、自私，力求真诚、善良、平和、大气。做事，应该有所为有所不为。

生活本来就是舍与得的世界，我们在选择中走向成熟。做学问要有取舍，做生意要有取舍，爱情要有取舍，婚姻也要有取舍，实现人生价值更要有取舍，正如孟子所说："鱼，我所欲也；熊掌，亦我所欲也。二者不可兼得，舍鱼而取熊掌者也。"人生即是如此，有所舍而有所得，在舍与得之间蕴藏着不同的机会，就看你如何抉择，倘若因一时贪婪而不肯放手，结果只会被迫全部舍去，这无异于作茧自缚，而且错过的将是人生最美好的事物，即使最后也能获得什么，那也是一种得不偿失，何苦来哉？

记住，给予不是无奈地放弃，而是智慧的选择。

## 故事三：

公元 211 年，汉献帝建安十六年。割据关中的将领马超、韩遂据守潼关反抗曹操。

秋季，七月，曹操亲自率军进攻马超。许多参与军事讨论的人都说："函谷关以西的士兵善于用长矛，若不选精兵做前锋，是抵抗不住的。"曹操说："战争中左右局势的是我，而不是敌人。他们虽然很会使用长矛，我将让他们的长矛没法刺，你们等着瞧吧。"八月，曹操来到潼关，在关下扎营与马超等隔关相峙。曹操表面上加紧战备与马超作战，暗中却派遣徐晃、朱灵率领步、骑兵四千人渡过蒲坂渡口，到黄河以西扎下营寨。闰八月，曹操从潼关北渡黄河。士兵先过河，曹操单独与虎贲武士百余人留在黄河南岸断其后。马超率领步、骑兵一万人来进攻，箭如雨下，曹操坐在折凳上一动不动，后来许褚扶曹操上了船。船工中流箭而死，许褚左手举起马鞍来为曹操遮挡乱箭，右手撑船。校尉丁斐看到情势危急，把曹军的牛马放出来，作为诱饵引诱敌军，结果马超军大乱，兵士争抢牛马，曹操这才渡过黄河。曹操大军就从蒲坂渡过西河，沿河作甬道，向南推进。马超等退守渭水流入黄洞的渭口。曹操设许多役兵，暗中用船装载士兵进入渭水，修造浮桥。夜里，分兵经浮桥到渭水南岸修筑营垒。马超等乘夜攻营，被伏兵打败。马超在渭南驻军，派遣使者向曹操表示愿割让黄河以西土地，请求和解。曹操不答应。九月，曹操进军，军队全部渡过渭水。马超等几次挑战，但曹军并不应战。马超仍然请求割地，并送儿子去做人质。贾诩认为可以假装同意，曹操再问他具体谋略，贾诩说："离间他们的联盟而已。"曹操说："我懂了。"韩遂请求与曹操相见，曹操与韩遂是旧交，于是，他们俩人来到阵前，马头相交，在一起说了很长时间，并没有提到军事，只是谈论当年在京都的往事，竟兴奋地拍手欢笑。当时，马超等部队中的关中人与胡人都来围观，人多得重重叠叠，曹操笑着对他们说："你们是想来看曹操吗？我也是人，并没有四只眼睛两张嘴，只是足智多谋罢了。"会面结束后，马超等问韩遂："曹操说了些什么？"韩遂说："没说什么。"马超等有些怀疑韩遂。一天，曹操又给韩遂写了封信，信中涂改了许多地方，好像是韩遂涂改的，马超等更加怀疑韩遂。曹操又与马超等约定日期会战。曹操先派轻装部队挑战，与马超大战多时，才派遣精锐骑兵进行夹击，杀死成宜、李堪等。韩遂、马超逃奔凉州，杨秋逃奔安定。

看看另外一则故事：

诸葛亮为复兴汉室，第一次北伐曹魏。在初期作战阶段，蜀军夺得南安、安定两城，俘虏了魏国驸马、都督夏侯楙，军威大振。可在进攻天水时，碰上了智勇双全的年轻骁将姜维，交手之下，诸葛亮竟失利两次。诸葛亮平时就留心普查贤才，以便培养自己在军事指挥上的继承人，而今见到魏国有如此能人，非常喜爱，决心收降姜维。然而，听人说姜维非常忠于曹魏，他思考了好久也想不出办法。

后来，听说姜维是个孝子，他母亲在冀县闲居，诸葛亮心生一计，便令魏延率军佯攻冀县。姜维得到消息，只得哀求天水郡守马遵让他领兵前去冀县守卫。姜维快到冀县，魏延假意与他交战，没有几个回合，又假意败走，放他入城。于是诸葛亮派人到南安郡叫来夏侯楙，说："你怕死吗？"夏侯楙慌忙跪地请求饶命。诸葛亮说："现在姜维守卫冀县，派人告诉我，'只要夏侯驸马活着，我愿投降。'我饶你性命，你肯招安姜维吗？"夏侯楙忙道："情愿招安。"诸葛亮便给他马匹衣服，放他离去，也不叫人跟随。夏侯楙逃脱蜀寨，寻找道路时碰到几个逃难的百姓，便问："你们到哪里去？"百姓答道："我们是冀县人，今姜维投降了诸葛亮，献出了城池，魏延驱马烧杀，我等只好逃出来投奔上邽去了。"夏侯楙问明了道路，朝天水急驰而去，路上又碰到了几群扶老携幼的逃难百姓，说法都是一样："姜维献了冀县，投降了蜀汉。"夏侯楙到天水城下叫门，守兵认得他，慌忙开门接入，郡守马遵跪拜迎接。夏侯楙说起姜维之事，马遵叹息道："想不到忠诚可靠的姜维会叛变啊！"梁绪说："我认为他是想救都督，故意说此话假投降。"夏侯楙斥责道："他已经投降了，怎么还是假的？"

正议论时，忽报蜀兵又来攻城。这时已近初更，火光中见姜维在城下大叫道："我为夏侯都督投降，都督为什么违背诺言？"夏侯楙斥骂道："你受魏国大恩，为什么要投降蜀汉？有什么诺言？"姜维说："是你写信教我投降的。你要脱身，却将我陷在泥坑里，我已为蜀国封为上将，怎么能返归魏国？"说完，驱军攻城，快到天亮才退兵，原来夜间进攻天水的姜维是假的，是诸葛亮在部队里选择与姜维形貌相似的人装扮的，因为夜色火光朦胧，城上人难以分辨。

却说诸葛亮率军进攻冀州，城中军粮越来越少。诸葛亮故意叫蜀军搬运粮草，诱惑姜维出城抢劫，却叫魏延偷袭了冀城。姜维欲归不得，只好另走别路，即遭到蜀国伏兵截杀，最后落得单骑匹马冲杀到天水城下叫门。马遵见是姜维，命人乱箭射下，姜维只得投奔上邽城，城上守将见是姜维，大骂："反叛之将，竟敢诱我打开城门！"又是乱箭射下，姜维分辩不得，仰天长叹，双泪直流，朝长安落荒而去，路上给诸葛亮伏兵团团围住，只得下马投降。

曹操、诸葛亮巧施"反间"之计，瓦解了对方的阵营，利用敌人间的猜忌，削弱了对方的实力，取得了作战的胜利。

庄子

# 内 篇

## 逍遥游

【原文】

北冥①有鱼，其名为鲲。鲲之大，不知其几千里也。化而为鸟，其名为鹏。鹏之背，不知其几千里也。怒②而飞，其翼若垂③天之云。是鸟也，海运④则将徙于南冥。南冥者，天池也。

【注释】

①冥：又作溟，指海。北冥即北海。

②怒：奋发的样子。

③垂：通"陲"，即边际。

④运：海波动荡，海动时必有大风，鹏即乘此风徙往南海。

【译文】

北海里有一种名为"鲲"的鱼。它的身体极为庞大，大到不知道有几千里。鲲变成鸟，名字叫鹏。鹏的脊背，同样大到不知道有几千里。当鹏奋发飞翔的时候，它的翅膀好像天边的云彩。这种鸟在海水剧烈运动的时候便迁徙到南海。那里是一个天然形成的大池。

【原文】

《齐谐》①者，志怪者也。《谐》之言曰："鹏之徙于南冥也，水击②三千里，抟扶摇③而上者九万里，去以六月息④者也。"野马⑤也，尘埃也，生物之以息⑥相吹也。天之苍苍，其正色⑦邪？其远而无所至极邪？其视下也，亦若是则已矣！

①《齐谐》：书名。出于齐国，古代记录怪异之书，今不传。

②击：拍击，指鹏拍打水面借力奋飞。

③抟(tuán)：涡旋。扶摇：旋风。

④息：风。海上六月常有大风。

⑤野马：游气，春天阳气发动，远望野外林泽间，有气上扬，犹如奔马，故叫野马。

⑥息：气息。

⑦正色：原本的颜色。

【译文】

　　《齐谐》是古代记录怪异的书。《齐谐》中记载："大鹏向南海迁徙的时候，击打水面扬起的水花有三千里，由于涡旋而产生的暴风则直上九万里高空，乘着六月里的大风飞去。"大地上的游气，飞扬的尘埃，都是被生物的气息吹拂着在空中游荡，天色苍茫，这究竟是它原本的颜色呢，还是由于无穷无尽的高远而呈现出来的颜色呢？大鹏在高空俯视下界也如同下界视天，只见一片苍苍之色，不辨正色。

【原文】

　　且夫水之积也不厚，则其负大舟也无力；覆杯水于坳堂①之上，则芥②为之舟；置杯焉则胶③，水浅而舟大也。风之积也不厚，则其负大翼也无力。故九万里则风斯在下矣，而后乃今培④风；背负青天而莫之夭阏⑤者，而后乃今将图⑥南。

【注释】

①覆：倒出来。坳堂：堂的低洼处。

②芥：小草。

③胶：粘，犹言搁浅。

④培：通"凭"，凭借风的浮力。

⑤天阙(è):阻拦,遏制。

⑥图:图谋,打算。

【译文】

　　再说如果水积聚的厚度还不够,它就没有足够的浮力来荷载大船。把一杯水倒在堂中的低洼处,可以漂起一根小草么大的船,如果把杯子放上去就浮不起来了,这是由于水浅而船大。风的积聚不够,那么它就没有足够大的浮力来负载巨大的翅膀。所要飞上九万里的高空,大风就必须在它下面,然后才开始凭借风的浮力(飞行)。背靠着青天而没有什么可以阻挡它,然后才开始向南海飞去。

【原文】

　　蜩与学鸠①笑之曰:"我决②起而飞,抢③榆枋,时则不至而控④于地而已矣,奚以之九万里而南为?"适莽苍者,三飡⑤而反,腹犹果然⑥;适百里者,宿舂粮;适千里者,三月聚粮。之二虫,又何知!小知不及大知,小年不及大年。奚以知其然也?朝菌⑦不知晦朔,蟪蛄⑧不知春秋,此小年也。楚之南有冥灵⑨者,以五百岁为春,五百岁为秋;上古有大椿者,以八千岁为春,八千岁为秋。而彭祖⑩乃今以久特闻,众人匹之,不亦悲乎!

【注释】

①蜩(tiáo):蝉。学鸠:斑鸠。

②决:迅疾的样子。

③抢:突,一说集。

④控:引,落下。

⑤飡:即餐。

⑥果然:饭饱的样子。

⑦朝菌:一种朝生暮死的虫。

⑧蟪蛄:寒蝉,夏生而秋死。

⑨冥灵:树名。

⑩彭祖:相传是唐尧的臣子,封于彭,寿七百余岁,以长寿著称。

## 【译文】

　　蜩与学鸠讥笑大鹏说:"我们奋力一飞,能冲上榆树、檀树的枝头,有的时候还飞不到,那就落在地上罢了,哪里需要飞上九万里而去南海呢?"到郊野去的人,带上三顿饭的干粮上路,回来的时候肚子还是饱饱的。如果到百里以外的地方,那就需要夜里就开始舂捣干粮做准备了。要是去千里以外的地方,则需要花三个月的时间准备粮食。这两只小鸟又怎么能理解呢?才智小的不能理解才智大的,寿命短的不能理解寿命长的。怎么知道是这样的呢?朝菌不了解昼夜的更替,蟪蛄不了解季节的变化,这些都是寿命短的。楚国南部有一种叫作冥灵的树,把五百年当作一个春天,五百年当作一个秋天;上古的时候有一种名为大椿的树,把八千年当作一个春天,八千年当作一个秋天。而只活了八百岁的彭祖,却以长寿闻名,所有希望长寿的人往往拿他来做比较,这不令人悲哀吗!

## 【原文】

　　汤之问棘①也是已:穷发②之北,有冥海者,天池也。有鱼焉,其广数千里,未有知其修③者,其名为鲲。有鸟焉,其名为鹏,背若太山,翼若垂天之云,抟扶摇羊角④而上者九万里,绝⑤云气,负青天,然后图南,且适南冥也。斥鷃⑥笑之曰:"彼且奚适也!我腾跃而上,不过数仞而下,翱翔蓬蒿之间,此亦飞之至也,而彼且奚适也!"此小大之辩也。

## 【注释】

①棘:一作"革",人名,相传是商汤的大夫。

②穷发:指不生草木的蛮荒之地。

③修:长。

④扶摇羊角：风曲而上行若羊角。

⑤绝：超越。

⑥斥鷃(yàn)：生活在草泽中的小雀。

## 【译文】

汤问棘的话有这样的记载：在北边寸草不生的蛮荒之地有大海，就是所谓的天池。天池中有鱼，名为鲲，它有数千里宽，没有人知道它究竟有多长。天池有鸟叫作鹏，它的脊背好像泰山，翅膀好像垂于天际的云层，凭借着自下而上的旋风飞上九万里的高空，超越了气云，背负着青天，然后向南飞往南海。斥鷃嘲笑大鹏说："它将飞向什么地方呢？我跳起来向上飞，不到几仞便落下来，在蓬蒿之间嬉戏，这也是飞翔的极限了。而它将飞往何处呢？"这就是小与大的分别。

## 【原文】

故夫知效①一官，行比②一乡，德合一君而征一国者③，其自视也，亦若此矣。而宋荣子④犹然笑之。且举世而誉之而不加劝⑤，举世而非之而不加沮，定乎内外之分，辩乎荣辱之境，斯已矣。彼其于世，未数数然⑥也。虽然，犹有未树也。夫列子御风而行⑦，泠然⑧善也，旬有五日而后反；彼于致⑨福者，未数数然也。此虽免乎行，犹有所待⑩者也。若夫乘天地之正，而御六气之辩，以游无穷者，彼且恶乎待哉！故曰：至人无己，神人无功，圣人无名。

## 【注释】

①效：胜任。

②比：适合。

③而：读作"能"，才能。征：信，取信。

④宋荣子：即宋钘，学说近墨家。

⑤劝：勉励。

⑥数数然：急促的样子。

⑦列子：战国时候思想家列御寇。御风：乘风。

⑧泠然：轻妙的样子。

⑨致：求。

⑩待：凭借，依靠。

## 【译文】

所以，才智可以担任某一官职，行为可以符合某一地方人的期望，首先可以符合某一国君的要求，能力可以取信于一国之民，他们对自己的看法也是如此，而宋荣子却讥笑他们。全天下的人都赞颂你，也不会更加勤勉。全天下的人都责难你，也不会因而沮丧。严守自我与外物之间的分别，辨别荣与辱的界限，宋荣子就是这样的超脱。他对于民众的声誉、评价并没有放在心上。虽然如此，仍有未能树立至德。列子御风而行，样子很轻妙，半个月后便回来。他对于那些祈求幸福的行为，从来就没当回事。虽然能够避免步行的劳苦，然而仍有所凭借和依赖。如果能够顺应天地万物的本性，因循六气的变化，遨游于无穷尽的世界里，那还有什么可以凭借的呢！所以说，修行极高的人能顺应自然，修养达到神化不测境界无意于求功，修养臻于完美的圣人不追求名誉。

## 【原文】

尧让天下于许由①，曰："日月出矣，而爝火②不息，其于光也，不亦难乎！时雨降矣，而犹浸灌，其于泽③也，不亦劳乎！夫子立而天下治，而我犹尸④之，吾自视缺然。请致天下。"

许由曰："子治天下，天下既已治也。而我犹代子，吾将为名乎？名者，实之宾⑤也。吾将为宾乎？鹪鹩⑥巢于深林，不过一枝；偃鼠饮河，不过满腹。归休乎君，予无所用天下为！庖人⑦虽不治庖，尸祝不越樽俎而代之矣⑧。"

## 【注释】

①许由：颍川人，尧让天下给他，他不受而逃，隐于箕山。

②爝（jué）火：小火把。

③泽：滋润。

④尸：古代在祭祀前人时用活人假扮前人主持仪式。

⑤宾：从生物，附属品。

⑥鹪（jiāo）鹩（liáo）：一种小鸟。

⑦庖人：厨师，这里指烹制祭品的人。

⑧祝：持祭板祷祝的人。樽、俎：皆为古代祭祀时所用的礼器。

## 【译文】

尧想让位给许由，让他治理天下，说："日月都出来了，烛火还没有熄灭，它想为日月增添光亮，不是很难吗！雨按时令降下了，还要进行人工灌溉使土壤滋润，岂不是徒劳吗？如果先生你立为天子，那么天下将大治，而我还占据这个位子，我自认为不够资格，所以请允许我把天下交给你。"许由说："在您的治理下，天下已经很好了，如果我要取代你的位置，难道是为了名声吗？名是依附于实而产生的事物，我难道要成为附属物吗？鹪鹩把巢安在森林中，也不过占有一根树枝；偃鼠在河边饮水，不过喝饱肚皮。你请回吧，天下对我来说没有什么用处！即使厨师不下厨，祭祀的司仪也没必要代替厨师去做菜啊！"

## 【原文】

肩吾问于连叔曰①："吾闻言于接舆②，大而无当，往而不反。吾惊怖其言，犹河汉而无极也；大有径庭，不近人情焉。"

连叔曰："其言谓何哉？"曰："'藐姑射③之山有神人居焉，肌肤若冰雪，绰约④若处子。不食五谷，吸风饮露；乘云气，御飞龙，而游乎四海之外；其神凝，使物不疵疠⑤而年谷熟。'吾以是狂而不信也。"

连叔曰："然，瞽者无以与乎文章之观，聋者无以与乎钟鼓之声。岂唯形骸有聋盲哉！夫知亦有之。是其言也，犹时女⑥也。之人也，之德也，将磅礴万物以为一，世蕲⑦乎乱，孰弊弊⑧焉以天下为事！之人也，物莫之伤，大浸稽⑨天而不溺，大旱金石流土山焦而不热。是其尘垢秕糠，将犹陶铸尧舜者也，孰肯以物为事！宋人资章甫而适诸越，越人断发文身，无所用之。尧治天下之民，平海内之政，往见四子藐姑射之山汾水之阳，窅然⑩丧其天下焉。"

## 【注释】

①肩吾、连叔：皆为古时贤人。

②接舆：楚国狂士，隐居不仕。

③藐姑射：传说中的神山。

④绰约：柔婉的样子。

⑤疵疠：疾病，病害。

⑥时女：女，通"汝"，即肩吾。

⑦蕲（qí）：求。

⑧弊弊：经营的样子。

⑨稽：至。

⑩窅（yǎo）然：惆怅的样子。

## 【译文】

肩吾问连叔："我听接舆说话，宏大而不着边际，说到哪里是哪里，我惊叹他的言论，好像天上银河一样漫无边际。与常理大不相符，实在是不近人情啊。"

连叔问："他说些什么？"肩吾说："他说：'在藐姑射那座山上住着神仙，肌肤像雪一样白，姿态婉媚如同处子，不吃五谷杂粮，终日吸风饮露，乘着云气驾驭飞龙，遨游于四海之外，他的神情专一，能使农作物不受病害而五谷丰登。'我认为他所说的话虚妄不可信。"

连叔说："不错，盲人无法看到纹理的美观，聋人无法听到钟鼓的声音。难道只有形体上才有盲、聋这一类的缺陷吗？其实人的心智也是一样的。听你刚才说的话，你还和往日一样。那个神人，他的德行，与万物混同在一起。世人祈求他来治理天下，谁肯劳心劳力把治理天下当回事呢！他这样的人，外物无法伤害到他，洪水滔天也淹不死他，天气旱热即使把金属与石头都晒化了，土壤、山林都烤焦了，他也不觉得热。他的尘垢秕糠，也能铸造出尧舜来，谁又肯把世务当回事呢！宋国人到越国去贩卖帽子，而越国人断发文身，帽子对他们来说是无用之物。尧治理天下的百姓，掌控海内的政局，于是到汾水北边的藐姑射山上去见四位高人，怅然间忘记了自己的天下。"

## 【原文】

惠子①谓庄子曰："魏王贻我大瓠②之种，我树之，成，而实五石；以盛水浆，其坚不能自举也；剖之以为瓢，则瓠落无所容。非不呺③然大也，吾为其无用而掊④之。"庄子曰："夫子固拙于用大矣！宋人有善为不龟手之药者，世世以洴澼絖为事⑤。客闻之，请买其方百金。聚族而谋曰：我世世为洴澼絖，不过数金。今一朝而鬻⑥技百金，请与之。客得之，以说吴王，越有难，吴王使之将。冬，与越人水战，大败越人，裂地而封之。能不龟手一也，或以封，或不免于洴澼絖，则所用之异也。今子有五石之瓠，何不虑以为大樽⑦而浮乎江湖，而忧其瓠落无所容，则夫子犹有蓬之心也夫！"

## 【注释】

①惠子：即惠施，战国思想家。

②瓠：葫芦。

③呺（xiāo）：大而中空。

④掊（pǒu）：击破。

⑤洴澼（píng pì）：漂洗。絖（kuàng）：棉麻絮。

⑥鬻（yù）：卖。

⑦樽：又名腰舟，形如酒器，缚在身上，浮于江湖，可以自渡。

## 【译文】

惠子对庄子说："我把魏王送给我的大葫芦种子种下，收获了能容纳五石东西的大葫芦。用它盛水浆，硬度差，不能举起来。剖开用作瓢，葫芦底浅，不能装东西。它不能说不够大了，但我因为它无用而把它打破了。"庄子说："你实在是不善于用大的东西。宋国有人善于制造防治手龟裂的药，他们家世世代代靠洗衣为生。有一回客人听说了，请求用百金买他的药方。那个宋国人聚集族人商量说：我们家世代以漂洗衣服为生，不过换回几金的收入，现在只要卖药方瞬间可以得到百金，卖给他吧。客人得到药方，去游说吴王，适值越国发难，吴王派遣他统率军队，在冬天，与越国人水战，大败越国人，为此吴王划地分封奖赏他。同一个防治手裂的药方，有人因此得分封之赏，有人则拿它去漂洗衣服，这就是使用上的差异了。现在先生有能容纳五石东西的大葫芦，为什么不考虑把它做成腰舟在江湖间漂浮，却为葫芦底浅而发愁？可见你的心思像蓬草一样杂乱，还没有开窍呢。"

## 【原文】

惠子谓庄子曰："吾有大树，人谓之樗①，其大本拥肿而不中绳墨②，其小枝卷曲而不中规矩，立之涂③，匠者不顾。今子之言，大而无用，众所同去也。"庄子曰："子独不见狸狌④乎？卑身而伏，以候敖者⑤；东西跳梁，不辟高下，中于机辟⑥，死于罔罟⑦。今夫斄牛⑧，其大若垂天之云，此能为大矣，而不能执鼠。今子有大树，患其无用，何不树之于无何有之乡，广莫⑨之野，彷徨乎无为其侧，逍遥乎寝卧其下；不夭斤斧⑩，物无害者，无所可用，安所困苦哉！"

## 【注释】

①樗（chū）：臭椿。

②本：树根。拥，繁体为"攤"，即"臃"。

③涂：同"途"。

④狸狌（shēng）：野猫。

⑤敖：通"遨"，游。敖者，指往来的小动物。

⑥辟：通"避"。机辟指猎人设置的机关。

⑦罔罟（gǔ）：网。

⑧犛（lí）牛：牦牛。

⑨广莫：辽阔空旷。

⑩斤斧：大斧。

**【译文】**

惠子对庄子说："我有一棵大树，人们把它叫作樗，它的根庞大臃肿，不合绳墨；它的小枝条卷曲而不中规矩。长在道路上，路过的木匠看都不看它一眼。现在你说的就像棵樗树一样大而无用，大家都不愿意听你说。"庄子说："你没见过野猫吗？压低身子伏在地上，候捕来往的猎物，一会儿东一会儿西跳来跳去，不避高低。常常触及猎人设置的机关，而死在网罗中。再看牦牛，身体庞大好像天边垂挂的云彩。它的身体能够很大，却不能捕鼠。现在你有这么一棵大树，却因为它无用而忧虑，为什么不把它种在什么也没有的地方，广袤无垠的旷野上，自由自在地在树旁悠游，或者随心所欲地睡在树下，不会遭到斧头的砍伐，也没有东西来伤害它，虽然没有用处，哪里会有什么困苦呢！"

**【解析】**

什么是"逍遥游"？按庄子自己的说法就是"若夫乘天地之正，而御六气之辩，以游无穷者，彼且恶乎待哉"。换句话说，只要"无己""无功""无名"，摆脱世俗的功名、利禄、权势的束缚，泯灭物我的界限，顺应事物的自然本性，就可以无所凭借，而获得一种不受时空限制的超然物外的绝对的精神自由了。

庄子先从大鹏说起。大鹏虽然硕大无比，但"风之积也不厚，则其负大翼也无力"，要"水击三千里，抟扶摇而上者九万里"，因此大鹏没有绝对的自由。至于说蜩、学鸠、斥鹦等虽然对"飞之至"的理解不同，但它们同样没有获得绝对的自由。那么像宋荣子、列子这样的世外高人是否就达到了绝对的自由境界呢？也没有。宋荣子虽然能做到"举世而誉之而不加劝，举世而非之而不加沮"，但是却依然"定乎内外之分，辩乎荣辱之境"，因此还是"犹有未树也"。同样，列子"虽免乎行，犹有所待者也"，仍然受到时空的限制。总之，只有像许由那样不求名声，像藐姑射山上的神人那样不求功业，像庄子那样不求有用于世，才能真正达到"逍遥游"的境界。

当然，这种绝对的自由只是庄子的幻想，在现实生活中是根本不存在的。但是，它并非与现实生活毫无关系，从某种意义上说，它为现实人生提供了一种反观和审视的视角。正因为现实生活中有种种压抑、扭曲、损害人性的现象，所以庄子才去追求这种绝对自由的理想人生。因此可以说，这种"自由"是对现实人生的否定和批判。是人们摆脱"异化"，回归自我的有效武器。

庄周或许是先秦最有文学天赋的人，又或许如他自己所倡导的只是无为而自然，他的文章被后人推敲了几千年，却总有意犹未尽之憾。虽然已有不乏过度阐释的嫌疑，可是即便已经细致到一字一句，其中的千丝万缕，犬牙交错，圆润天成，仍然叫人常常领受"欲辩已忘言"的美感。恐怕文学和美，确与庄周口中神秘的"道"相似，我们越是要用语言穷尽它，却越会遗落更多。在浑然天造的庄周之文面前，我们只能是挥斥如风的匠石旁边羡慕不已的旁观者。但即便如此也不能阻止我们去探究它，因为探究的意义在于发现和欣赏，而不是穷尽。

《逍遥游》是《庄子》中最为后世称誉的奇文，不仅因为庄周在其中展示了他奇诡的想象力，更在于他飘忽不定、摇曳多姿的文风。初读《逍遥游》往往被其中接连而至的寓言故事吸引了视线，却忽略了庄周真正要说的"逍遥"；再读之时隐隐觉到故事之下隐伏着的文脉，却又道不明说不清；三读《逍遥游》发现它便如三波冲向海滩的潮汐，一波进似一波，一波盖过一波，直到翻出真意"若夫乘天地之正，而御六气之辩，以游无穷者，彼且恶乎待哉"，并归到"至人无己，神人无功，圣人无名"之上，才又变作三条细流各自化去。总之，《逍遥游》的结构是大头大尾，揭示主旨之前和之后都用了大量的篇幅。揭示之前用两大段文字把读者从寓言引渡到文章主旨上。通过寓言的层层重复、嬗变，才全盘托出逍遥意。

作为三十三篇之首，《逍遥游》所述鄙弃一切尘障语，音似天籁，势同险峰，给予众生近乎窒息的极限感受，睁开眼却是难以置信的澄净与通脱。其旨所在，历来各家自有不同说法，或因时局，或凭己意，化生出千姿百态，镜花水月之像。其中自以郭象"适性逍遥"说与支遁"逍遥至足"说最具代表性。

郭象在《庄子注》中为《逍遥游》做了如下题解："夫小大虽殊，而放于自得之场，则物任其性，事称其能，各当其分，逍遥一也，岂容胜负于其间哉！"在郭象看来，世间万物无论在各个方面有着如何的不同，只要满足了自身性分的要求，都同样无往而非逍遥。譬如文中抟扶摇而上九万里的大鹏和在榆枋间雀跃叽喳的小学鸠，虽然"鸟各有志"，但都是顺其自然，率性而为，就其"适性逍遥"而言并无差别。他并进而认为文中"帝尧、许由，各静其所欲，此乃天下之至实也"，尧的"弊弊焉以天下为事"和许由的"无所用天下为"也只是殊途而同归，"其于逍遥一也"。郭象把超越高远的逍遥境界等同于芸芸众生在世俗生活中对一己之欲的满足，将其降低到了自适其乐的现实层面，使庄子那"非梧桐不止，非练实不食，非醴泉不饮"的冷傲清高的生命理想沦为经纶世务者茶余饭后的精神调剂品。但郭象更主要的还是表现出了褒扬唐尧而贬斥许由的思想。如他说："夫自任者对物，而顺物者与物无对。故尧无对于天下，而许由与稷、契为匹矣。"所谓"对物"，是说与他物相对立；"与物无对"，是说不与他物相对立。

郭象认为，许由自以为是，把自己与现实社会对立起来，而唐尧却顺从他物，不把自己与百姓对立起来，而且他的这种"与物无对"，又是属于"无心玄应，唯感之从"，连自己都觉察不到的，所以唐尧是可以为君的圣人，许由只不过是俗中之一物，即稷、契之辈而已。显然，郭象的这一解释是完全违背庄子本意的。

在支遁看来，郭象的"适性逍遥"只是一种低级的形躯上的欲望满足，远非逍遥至足的境界。他援引佛教般若性空之学来解释逍遥旨意，认为"至人乘天正而高兴，游无穷于放浪"（《世说新语》刘孝标注引），这正是庄子原文中所谓"乘天地之正，而御六气之辩，以游无穷"的"无所待"的逍遥游。支遁指出，要达到这种"无所待"的逍遥，必须做到"物物而不物于物"，不为一切外物所负累，无悲、无喜、无挂碍，才可能进入上下天光、一碧万顷的冲虚明静心态，亦即庄子所谓"至人无己，神人无功，圣人无名"的超拔境界。大鹏的绝云气、负青天，小学鸠的抢榆枋、跃蓬蒿，宋荣子的宠辱不惊，列御寇的泠然御风，虽然各自有高下之分，却都不是真正的"逍遥游"。甚至就连"神人无功，圣人无名"，也只是"至人无己"这一彻底逍遥境界的前提与陪衬而已。大音希声，天下读庄者本为郭象注所蔽，懵然随流，溺而不返，然经由支遁"以佛解庄"的阐释发挥庄子逍遥义终得以重视本相。

真正的思想，应当是能够点亮灵魂的无上光明，而并非由即时即地的某些权威来赋予世界一个不可更改的"正确答案"。尼采在《悲剧的诞生》中写道："一个人意识到他一度瞥见的真理，他就处处只看见存在的荒谬可怕。"先知们和普通人一样，也常常处在犹疑彷徨的阶段，不知如何应对漫长岁月。在困顿之外，我们或许也会见到生命的奇迹，会偶遇一片春和景明，但更多时候，生命是没有奇迹的。"人生百龄同臂伸，断梗流萍暂相亲。"（秦观《别贾耘老》）匆匆一世，愈是成长，愈是深陷于热闹繁华中，就愈是会感到一种举目无亲的孤独凄冷，恍若置身于广漠空荡的平原，四处的喧嚣正衬出生命的荒芜。

庄子的《逍遥游》，是人与世界的两两相忘，是"闲放不拘，怡适自得"（陆德明《经典释文》）。他用海天云气之间，鹏飞鱼跃，照亮了我们曾被世事蒙蔽的纯净天性。从此再看待世界，看待每一种真实的存在，看待自己，我们会发现，自由仍然是梦想的荆棘路上最强大、最内在、最持久的前行动力。庄子说："小知不及大知，小年不及大年。"终此一生，或许每个人都会有无法逾越的命限，也都会有永远无法弥补的缺憾，然而生命却仍然为我们保留了一片梦想的天地。在庄子所推崇的幻情异彩的"无何有之乡"，我们可以突破人世间的任何阻隔，也可以放下心底的所有困苦忧伤，然后，与他笔下那些至人、神人、圣人一同拥抱苍茫的天宇、怒号的海涛，一同领会滔天洪水、炎炎烈火之中凝聚不散的静穆与轻灵，一同凌虚蹈空，放浪形骸，磅礴万物，在有限的人生之外"永结无情游，相期邈云汉"（李白《月下独酌》）。

夫大鹏之上九万里，尺𬸣之起榆枋，小大虽差，各任其性，苟当其分，逍遥一也。然物之芸芸，同资有待，得其所待，然后逍遥耳。唯圣人与物冥，而循大变为能，无待而常通，岂独自通而已！又从有待者，不失其所待，不失则同于大通矣。

夫逍遥者，明至人之心也。庄生建言大道，而寄指鹏𬸣。鹏𬸣以营生之路旷，故失适于体外；鷃以在近而笑远，有矜伐于心内。至人乘天正而高兴，游无穷于放浪，物物而不物于物，则遥然不我得；玄感不为，不疾而速，则逍然靡不适，此所以为逍遥也。若夫有欲，当其所足，足于所足，快然有似天真，犹饥者一饱，渴者一盈，岂亡蒸尝于糗粮，绝觞爵于醪醴哉！苟非至足，岂所以逍遥乎！（晋·支遁《逍遥论》）

鲲大几千里，扬气日增。一时俄化羽，万古记为鹏。鳞族畴能化，龙门不足登。天池将转徙，云翼快飞腾。怪矣齐谐志，壮哉庄叟称。鸢飞与鱼跃，曾不事夸矜。（宋·楼钥《鲲化为鹏》）

大鹏飞南溟，抟风九万里。斥鷃无所适，翱翔蓬蒿里。为大既云乐，小者亦自喜。（元·程端礼《古意》）

意中生意，言外立言。旷中线引，草里蛇眠。云破月映，藕断丝连。作是观者，许读此篇。（明·陆西星《南华真经副墨》）

篇中忽而叙事，忽而引证，忽而譬喻，忽而议论，以为断而非断，以为续而非续，以为复而非复，只见云气空濛，往反纸上，顷刻之间，顿成异观。（清·林云铭《庄子因》）

无端叙起一鱼一鸟，以为寓意，尚非寓意所在；以为托喻，尚非托喻之意所在。方是虚中撰，闲闲布笔。（清·宣颖《南华经解》）

《庄子》文法断续之妙，如《逍遥游》，忽说鹏，忽说蜩与学鸠、斥鷃，是为断；下乃接之曰"此小大之辩也"，则上文之断处皆续矣，而下文宋荣子、许由、接舆、惠子诸断处，亦无不续矣。(清·刘熙载《艺概》)

开手撰出"逍遥游"三字，是南华集中第一篇寓意文章。全幅精神，只在"乘正""御辩""以游无穷"，乃通篇结穴处。却借鲲鹏变化，破空而来，为"逍遥游"三字立竿见影，摆脱一切理障语，烟波万状，几莫测其端倪，所谓洋自恣以适己也。老子论道德之精，却只在正文中推寻奥义；庄子辟逍遥之旨，便都从寓言内体会全神，同是历劫不磨文字，而缥缈空灵，则推南华为独步也。其中逐段逐层，皆有逍遥境界，如游武夷九曲，万壑千岩，应接不暇。

## 【证解故事】

### 不必十全十美

凡事不必十全十美，其实就是要给自己留下一点儿空间。毕竟在这个一切都在以几何速度增长的时代里，留给每一个人的空间都已经剩不了多少了。追求十全十美是绝对不可能实现的，那么凡事也就更没必要非去苛求一种所谓的尽善尽美了。所谓物极必反，事情有鼎盛就一定有衰亡，人生也同样有成功就一定会有失败。如果不是这样的话，道教的创始人老子就没有必要在《道德经》中说出"持而盈之不若其已，揣而锐之不可长保"的至理名言，而司马光也就更不会在《资治通鉴》中发出"汉三杰而已，萧何系狱，韩信诛夷，子房托于神仙"的千古遗憾了。

从某种角度上说，当我们学会了凡事都不去追求完美而是留有余地的时候，也就等于是掌握了一种可以更好地保全自己的处世方法。这样不仅可以为自己的继续进取留下足够的空间，同时也不会把他人的嫉恨甚至是伤害招惹到。

许多人总认为自己的人生，就应该达到一种尽善尽美的状态，不仅对自己的任何事情都苛求完美，甚至无法容忍周围的其他人或事存在着一点点的错误或纰漏。也正是因为抱着这种近乎病态的人生态度，他们更是时刻都会因为自己在相貌、出身、贫富、工作、情感等各个方面所出现的缺陷和不足，深感痛苦或满怀抱怨，更有甚者还会因此而嫉妒和仇恨他人，或是干脆就因为一种深深的自卑情绪而最终陷入消极悲观的泥潭中不能自拔，更不用谈其他的了。

其实这些大可不必，因为"金无足赤，人无完人"，不应该让这种所谓的完美主义来干扰甚至是破坏自己的健康生活。要知道，无论是为人还是处世，所谓的十全十美是根本就不存在的。即便我们在很多时候也会使用"完美"这个词语来评价某些人或事，但那也只不过是一种相对意义上的完美罢了，其中带有的强烈的主观色彩，并不能把事物本身依然存在着的固有缺憾真正掩盖。

就算我们真的能够在某一天里把绝对意义上的那种完美实现了，那么我们也势必将会因为一种巨大的满足感，进而使自己处于一种空虚和无为的状态之中，自然也就不会再有任何的进步和追求可言了。人类只有在不断地变革和创造中才能得以持续向前发展和完善。而一旦所谓的绝对完美已经变成了现实，我们就会完全失去前进的勇气和追求的动力，这肯定不是我们期望的。

当然，做事不求尽善尽美的同时，也并不意味着我们在面对他人或处理事情的时候就必须取消自己的努力和付出，甚至在明明可以做得更好的情况下却选择中途放弃。恰恰相反的是，在面对具体工作和日常生活的时候，我们还是应该始终如一地保持着追求完美和实现完美的一种基本态度，并以此作为动力去继续付出自己的全部努力。这只是一种积极上进的人生观的集中体现，而绝对不是什么看上去自相矛盾的明显错误。其中最为关键的区别就在于，我们追求的只是一种相对意义上的完美，而不是强求什么。

## 享受山林之乐

能享受到山林之乐的人，必须要具备四个方面的素质才能长享其乐、实有其乐，这是古往今来不容易做到的。哪四个方面呢？就是道德、文章、经济、福命。

道德，就是指性情不孤僻，不忌恨，不褊狭，不暴躁，不为外界纷扰而移情，不为世态炎凉而气恼。在家里做到严肃、平和、简朴、镇静，能为妻子儿女所信赖；在乡里做到厚道、持重、谦和，能受到邻里的尊重。要做到淡泊，少一点营求之心，无愧于自己的良心。不得罪别人，不贪慕世俗，不与人争斗，不难为自己，然后天地让他安逸，鬼神许他享福，没有使人心烦意乱的病痛，没有计较利害得失所带来的烦恼，这难道不是道德在起作用吗？

佳山胜水，茂林修竹，全部凭借着我的性情知识才能尽情欣赏，否则，这些佳境看一次觉得悦目，见多了也就感到厌烦了。有时吟诵古人的篇章，有时挥笔抒写自己的所见所感，一字一句都可能流传千古；即使默然无语，也能领悟到大自然的真谛。古人所言："行到水穷处，坐看云起时。"又说："登东皋以舒啸，临清流而赋诗。"这些境界绝不是没有文化修养的人能够领会到的。这难道不是文章在起作用吗？

虽然是茅亭草屋，但布置得很有规范；虽然是菜田瓜棚，但井然有序，一草一木有布置也有法度。生活淡泊可以免于饥寒，步行就不至于疲劳。良辰美景而酒壶不空，每年祭祀两次，鸡豚还是有的。分花乞竹的事，不用多费精神，而自有雅士送来；疏通池子和结篱笆之类的事，不用弄得很豪华，顺其自然也能入画。这难道不是经济在起作用吗？

平时对悠闲喜爱的人，好像都闲不了；而有空闲的人，好像都不喜爱悠闲。公卿将相，时机一到就能去做。而在山林享受清福，却是老天最吝惜给人的。试看世上的人，有几人能真正解脱？记载在书卷中的，也不多见。置身在穷达毁誉之外，名利不能让他去奔走，世悔也不能束缚他。家里有贫妻，而没有埋怨的话；田里有夏冬两次收获，就不用向人乞食。白香山所谓心事都没了，这不是福命又是什么呢？

这四者中只要不具备一个方面，就不能够享受隐居山林的清福。所以，世上那些有聪明才智的读书人，也有一些只是一知半解的，不能全知山林的趣味，而最终不能身入其中，主要就是这个原因。

凡是喜怒哀乐劳苦恐惧的事，只用五官四肢去对付，心中有方寸之地，常常是空洞的，非常清醒的，绝不让外界的纷扰闯入，所以心情常常很宽松纯净。我把心中这块方寸之地变成一座城池，将城门紧闭，时时严加防守，唯恐外界纷扰擅自闯入。有时它们来势凶猛，城门稍一疏忽，它们就会闯了进来，这时应立即加以觉察，及时把它们驱赶出城外，随后牢闭城门，让这里仍旧宽绰洁净。十年来慢慢觉得外界纷扰闯入的少了，偶然有闯入的，不很用力就能加以驱逐。这样，城外虽仍不免纷扰，但主人住在里面，还有浑然忘我的乐趣。倘若得以到田园归隐，见到山的时候多，见到人的时候少，空潭碧落，就可以了。

## 人要不断反省自己

孟子说："不讲仁义的人，我们怎么能与他交流谈话呢？"一个人办事说话，能够深思熟虑，并且自己不断反省，这样的人不幸犯了过错，可以对他进行规谏劝告，帮助他把错误改正。至于那种随心所欲、无所顾忌、胡作非为，或者是明知道这件事是错误的，却非要故意去做的人，必定会凭借其凶狠暴戾、强健勇悍来排除别人对自己的议论。善于处理邻里关系的人，如果看到类似这样的人，不但不敢对他进行劝告规谏，就是听到别人议论他，自己也要躲开，这是为了避免受到他的侮辱。有人不忍心看平时交谊深厚的人犯有过失，用诚恳正直的话规谏劝告他，反倒引起那人的恼怒，说："我与你交情极其深厚，难道连你也来毁谤我吗？"

品德高尚的君子唯恐自己犯有过失和错误，暗暗察访别人对自己的议论，听到这些议论就会感谢别人，并且考虑改正过错。品德低下的小人听到别人对自己的议论，就爱强行替自己辩解，以至于断绝了朋友的交往，为此还有人而对簿公堂。

圣人和贤者还不能够没有过错，何况一般人不是圣贤，怎么能够每件事都做得尽善尽美呢？一个人犯了过错，不是他的父母兄长，谁肯教诲责备他呢？不是他情投意合的朋友，谁肯规谏劝告他呢？关系一般的人，不过是背地里议论议论他而已。

## 知足常乐

天下的事物，不能够凭借着怀疑的心理去看待。万物摆在我们眼前，水鸭短小而天鹅修长，绳直而钩曲，唐尧仁义而夏桀暴虐，伯夷廉洁而盗跖贪婪。性质已经区别清楚，本来就不应有什么疑惑，然而一旦产生怀疑的心理就会把水鸭看作天鹅，把直绳看作曲钩，把唐尧看作夏桀，把伯夷看作盗跖。这并不是事物本身给人们造成的错觉，而是由于人们首先凭怀疑的心理去看待他们，因此他们所观察到的事物自然不是本来的面目。内心的疑虑没有解除，只看表面现象，必定会被蒙蔽。

从古至今讲凶德致败的道理大体有两条，一是长傲，二是多言。丹朱不肖，曰傲、曰嚚讼，就是多言。历代公卿，败家丧命，也大多是因为这两点。给夏桀、盗跖驾驭车马的人称赞夏桀、盗跖，从申不害、韩非门下出来的弟子称赞申不害、韩非，有谁能相信他们的赞美之辞呢？以表里不一的伪善者的嘴脸来诋毁伯夷的廉洁，以村妇的身份来诋毁西施的美貌，有谁能相信他们诋毁的话呢？春秋时，宋昭公想除掉族中的众公子，而乐豫以族中公子的身份为众公子争辩。

乐豫的话虽然正确，而宋昭公固然认为自己对乐豫已经产生了怀疑。战国时，楼缓从秦国来到赵国，请求赵王割让土地给秦国。楼缓的话虽然正确，然而使赵国牢不可摧的妙计很难有机会被赵国统治者所采纳。由此看来，凡是言论发自于内心而被看作是出于私情的，固然是由于君主对谏言的人有所疑虑，而君子又没有办法替自己辩白。

不知足是人生之苦，方苞讲汉文帝终身常觉得自己不能胜任天子的职位，最善于形容古人的心曲。大抵人怀愧对万物之意，便是载福之器具，修德之门径。比如觉得上天待我深厚，我愧对上天；君主待我恩泽优渥，我愧对君主；父母待我过于慈爱，我愧对父母；兄弟待我非常友善，我愧对兄弟；朋友待我情深义重，我愧对朋友，这样就觉得处处都是和善之气。如果总觉得自己对待万物无愧无怍，总觉得别人对不起自己，上天对自己刻薄，那么就觉得处处都是违戾不顺之气，道德因自满而会受到损害，因为骄傲福分会受到折减。

## 无知无为胜有知有为

凡是做官的，治理得好就奖励赏赐，治理得乱就惩罚处理。假如治理混乱却不加以惩处，那么混乱就更加重了。君主用喜好显露展示自己的才能，用喜好倡导来自夸，臣子用不诤谏来保持自己的官位，用曲意听从来换取容纳，这是君主代替主管官吏行使职权。这样，臣子就得以紧随其后来提高自己的职位。君主与臣子的关系不确定，耳朵即使在听也无法听清，眼睛即使在看也无法看清，内心即使知道也无法发动，这是形势使他们这样的。大凡耳朵能听是凭借着寂静，眼睛能看是凭借着光亮，内心能知是凭借着原则。君臣把各自的职守交换，那么上述三种官能就被废弃了。国家灭亡的君主，他的耳朵不是听不到，他的眼睛不是看不到，他的内心不是不知道。君臣的职分混乱，尊卑上下不分，即使听到，又能真正听到什么？即使看到，又能真正看到什么？即使知道，又能真正知道什么？把没听到当作听到，把没看到当作看到，把不知道当作知道，达到随心所欲无所不至的境界，这是愚蠢的人所不能到达的。

　　耳朵、眼睛、心智，它们很有限地了解、认识的东西，它们能听见的东西很肤浅。凭着有限的、肤浅的知识推行天下、安定不同的习俗、治理全国人民，这种主张必定行不通。十里远的距离，耳朵就听不到了；帷幕墙壁的外面，眼睛就看不到了；三里大的宫室里的情况，内心就不能知道了。靠它往东到达开梧，往南安抚多颡，往西降服寿靡，往北怀柔儋耳，能怎么样呢？所以当君主的，不可不明察这些话。治乱安危存亡，本来就没有第二种道理。所以，最大的聪明是丢弃聪明，最大的仁义是忘掉仁义，最大的德行就是不要德行。不说话、不思考，静待时机，时机到了做反应，心里闲暇的人取胜。凡时机到了做反应的道理，应是清静无为、公正质朴，使事物自始至终都端正。这样使事物自始至终都端正，即使没人倡导，但却有人跟随。

　　再说耳朵、眼睛、智术、技巧，本来就不能作为依靠，只有在研究那些方法、辨察那些规律时才可以依靠。韩昭厘侯视察用来祭祀宗庙的祭品，看见猪小了，命令官员更换它。官员又把这只猪拿了回来，昭厘侯说："这不是刚才的猪吗？"官员无话可说。昭厘侯就命令官吏惩处他。侍从问："君王您根据什么知道这一点的？"国君说："根据它的耳朵。"申不害听说这件事后说："根据什么知道他聋？根据他的听觉好；根据什么知道他瞎？根据他的视觉好；根据什么知道他疯狂？根据他言谈妥当。所以说，去掉听觉无法听就听清楚了，去掉视觉无法看就看清楚了，去掉智慧无法知道就公正无私了。三者都不使用就能治理得好，三者使用就治理得乱。"

古代的君王，他们做得少，沿着世袭多。因袭，是当君主的方法；做事，是当臣子的准则。做事就会忙乱，因袭就会平静，顺应冬天的寒冷，适应夏天的暑热，君主还做什么事呢？所以说，当君主的原则是无知无为，却胜过有知有为。这就把当君主的要领得到了。

主管官吏向齐桓公请示工作，桓公说："把这事告诉给仲父。"主管官吏又请示，桓公说："去告诉仲父。"像这样有好几次。桓公周围的人说："第一次让找仲父，第二次还是让找仲父，当君主太容易了！"桓公说："我没得到仲父时很困难，得到仲父以后，为什么要困难呢？"桓公得到管仲，做事尚且十分容易，更何况把道术得到呢？

被围困在陈、蔡两国之间的孔子只能吃没有米粒的野菜汤，七天没有尝到粮食。

颜回去讨米，讨到后烧火做饭。快要熟了，孔子看见颜回抓取锅里的饭吃，假装没有看见。眨眼之间饭熟了，颜回把饭端上来给孔子。孔子起身说："今天我梦见先君把饭弄干净了然后献饭祭祀。"颜回回答说："不行。刚才煤灰粒掉到锅中，扔掉食物不吉利，我就抓出来吃了。"孔子感叹说："所相信的是眼睛，可眼睛看到的仍不可相信；所依靠的是内心，可内心仍旧不能够依靠。学生们记住：了解人本来就不容易。"所以，有所知并不难，把知人之术掌握就非常困难了。

## 转换角度思考问题

俗话说："有想法才能有作为。"在我们遇到问题时，正面考虑如果行不通的话，不如运用逆向思维的思考方式，有时会有意想不到的效果，总之，为人处事要动脑子，要灵活。下面让我们来看看孙膑与齐威王的故事。

孙膑从魏国到了齐国，齐威王十分高兴。他早就从元帅田忌那里听说过，孙膑精通兵法，有智有谋，是个难得的人才。不过，齐威王还没有亲自领教过，他很想找机会试一试孙膑的智谋。

有一天，齐威王由元帅田忌和其他几个大臣陪着，与孙膑一块儿来到一个山脚下。齐威王对周围的人说："你们谁有办法让我自己走到这座小山顶上去？"这道考题出得未免太怪了。大家端详了一下小山，又你看看我，我看看你，谁也想不出什么好办法来。

过了一会儿，元帅田忌说："现在正叶落草黄，在周围点起一把大火，陛下就得往山上走。""这是用火攻。"齐威王说，"也是一个办法，不过太笨了点。""再就是用水淹。"一个大臣这么说。齐威王摇了摇头，没作声。"要引外国军队打进来，包围起这座山，不怕陛下不上去。"一个大臣心里这样想，不过没敢说出口。大家想来想去，都说实在没有什么好办法能让陛下自己走上山。

这时，齐威王问孙膑："你有什么办法能让我走上山吗？"一直没出声的孙膑，见威王问，十分为难地说："陛下，我没有办法让你自己从山脚下走到山顶上去。可是，你要是在山顶上，我倒有办法让你自己走下来。""真的？""陛下不妨试一试。"于是，齐威王由元帅、大臣们簇拥着，往山顶走去。边走，齐威王边琢磨：孙膑能用什么办法让我自愿走下来呢？大家也都边走边想：孙膑能有什么妙法呢？到了山顶，孙膑谦虚地对齐威王说："陛下，请饶恕我的冒昧，我已经让您自己走到山顶上来了。"

这时人们才恍然大悟。孙膑惊人的智谋，赢得了每个人由衷的敬佩。孙膑运用聪明的智慧赢得了大家的赞许，更赢得了齐威王的赏识。

看看下面这个故事：

清咸丰年间，太平天国英王陈玉成、胡以晄率领的起义军，在安徽境地，遭曾国藩统领的湘军围剿。两军每次交战都非常激烈，却又总是难分胜负，暂时处于对峙状态。

当时，曾国藩官任一方。一天，有人向他密报，说有些军人心存不轨，劣迹累累，经常去民家抢劫财物，调戏民女。曾国藩听说后，便到乡间微服私访，从中了解到，许多良民对依仗权势欺压他们的贪官污吏，非常痛恨，对一些地主的强横恶霸之行，更是敢怒不敢言。人们怨仇在心，却不敢向衙门检举控告。曾国藩将了解的情况对下属们说了，有人建议在营署前挂一个大箱子，然后张贴文告：凡是地方有人想控诉某人，可以用匿名信的形式，写好控诉文书投入箱内。本官定时派人从箱中取出文书，即行究办。曾国藩觉得此法可行，便很快采纳了。

文告贴出不久，果然很奏效，每天晚上开箱都取出许多信件。根据信中所检举之事，进行调查后查办了不少人，没有检举到的贪官污吏、恶霸闻听后，也将自己的行为收敛了不少。可是，也有许多不尽如人意的地方，一些心地不善、心术不正的百姓，因与人存有私怨，就捏造事实投书控告，以泄个人私愤。一时投告之风猛若旋风。甚至有高风亮节、行正品优的官吏，因秉公办事，得罪了一些小人，这些奸小之徒，就借机诬告陷害。尽管最终都能查明为诬陷，但是，最初审判质询时，往往令人很难堪，也极大地伤害了其自尊心。而担任主审判的官员，对这些空穴来风的申诉，却又很难找到原告，以至于处理起来十分困难，弄得他们很烦恼。于是，有一位官员向城中的一位讼师求教，该怎样解决此类问题。

这位老讼师德高望重，经验非常丰富。他沉思了一会儿说："你放心，三天之内此事就会销声匿迹。"这位官员听后，将信将疑，又不便多问，就谢过老讼师回去了。老讼师说这话后的第二天，曾国藩突然下令，将营署外的大箱子全部撤掉！停止投诉之事。

原来，老讼师写了十几张匿名控诉文书，都是痛斥曾国藩本人的。曾国藩对此既不能置之不理，可又实在查不出是谁写的。抓不到诬告人，只得夜夜反省自己，觉得自为官以来，总是竭尽职守，秉公办事，没有做过负国负民的事，却竟然遭严厉的指责！想到自己所管辖的官吏，也会无缘无故地被诬告，那么，这文诉箱便与初衷相违了。留它还有何意义呢？只好取消了先前的命令，撤掉了文诉箱。

在我们遇到问题时，不要一条路走到底，转换考虑问题的角度，同样可以得到事半功倍的效果。做事情要动脑子，机智灵活。讼师的方法成功了，文诉箱成功地被撤除。既然不能解决它，那么就加剧他的矛盾，让他自己退缩，这就是逆向思维的成果。

## 保持冷静，急中生智

人的一生不知道要遇到多少危难，很多问题是不能预见的，主要是靠自己的临场发挥，面对突如其来的麻烦，保持冷静的心态至关重要，这样才能急中生智，想出好办法来解决问题。

这年初冬，反清将领石达开，率领太平军与清军又一次展开了激烈的战斗。清军势如潮水席卷而来，太平军抵挡不住，节节败退下来。

在清军的追击中，石达开领兵退败到了四川，又被清军逼得跑向了狭窄的斜坡，看看四处再无退路，石达开决定在这斜坡上，与清军进行殊死的周旋。他见清军在下，便命令将士捡拾路旁的石头、木桩等物，乘高砸下，此次还击，将清军砸死了很多，破头的断了手臂腿脚的，在路边号叫不止。

清军部将见状怒火中烧，他们用毛毡覆盖着车辆，在拉兵车的马尾巴上绑上鞭炮，点燃后爆竹震天，战马受到惊吓，便飞也似的向前猛冲。以车马为先锋，太平军被马蹄、车辆践踏致死的难以估计。但是英勇的太平天国将士前赴后继，仍在顽强地抵抗着，可身边的石头、木桩之物已无处可寻……在这生死存亡的紧要关头，石达开忽然看见了一片片干枯的茅草，他像见了救星一般高兴地喊道："众将士赶快割取茅草，装进空粮车内！"众将士飞速地行动起来，割的割、拔的拔，装车的来回奔跑，不一会儿，几十辆空粮车就装了高高的茅草。望着山墙一样的车辆，石达开向天长叹道："真是天助我也！"

车辆奔跑着，既可以作后盾又可碍敌人的眼目。这时，石达开望见毡车再度上来后，便命人纵火焚烧那些装着枯草的车。清军的毡车追到时，那枯草已经蔓延燃烧起来了！霎时间，浓烟滚滚，火光冲天，烟火弥漫了天空。清军被呛得大咳不止，眼睛根本睁不开了……石达开机智地率兵来到一有利地势，指挥部队展开了有力的反攻，边奋力拼杀，边命令全军高声呐喊以振军威。这么一来，清军顿时乱了套，在黑烟弥漫中，他们无法辨别出面貌。慌作一团的清兵，竟胡乱地自相残杀起来。直到烟雾渐渐散去后，他们才弄清了真相。然而，石达开的军队已无踪影了。

就这样，石达开挽救了自己和军队，改变了战场局势和战争的后果，在自己处于不利地位的时候给予清兵狠狠的打击，这都是他急中生智的结果。

# 大思想有大神奇

　　智慧能让你变得更加有魅力；智慧能让你遇到问题后迎刃而解；智慧能在你遇到危险的时候让你轻松脱身。但是，正确的、为人称颂的智慧才算得上大智慧。骗人的、投机取巧的坏点子不叫智慧。因此，一个人的品质好坏直接影响你智慧的发挥，看下面的故事：

　　宋朝的尚书李南公，出任长沙县令时，一天，有甲、乙两个汉子来告状。李南公见甲高大魁伟，煞是壮实；乙却瘦弱憔悴，一派病态。李南公问："你们为何告状？"甲说："乙打我，把我身上打得遍体是伤，请老爷明判。"乙气愤地辩诉说："他胡说，明明是他打我，不信可以看我身上的伤为证。"两人争执不下，互相指责。李南公喝道："来人，将他俩的衣服脱下，待本官验伤定夺！"几名衙役上前脱下甲、乙的衣服，见两人膀上、胸口等处青赤，伤痕累累，看来这一架打得还不轻。

　　李南公心中生疑，这两人打架，从体力上讲，甲强乙弱，而且体魄悬殊太大，吃亏的肯定是乙。可为什么甲身上居然也会受此重伤呢？于是，问乙道："你练过武功没有？"乙垂泪回答："小人体弱多病，从未练过武功。倘若有功在身，今日岂会遭他如此欺凌？"李南公忽然想起了什么，便捏捏他们的伤处，一摸便有数了，于是正色道："乙伤是真伤，甲伤是假伤。"

　　甲不服，经审讯，果然如此。原来，甲、乙两家一向不和。为泄愤，甲预先采集了一些榉柳树叶，用树叶涂擦胸口及手臂，不一会儿，皮肤上便会出现青赤如同殴打的伤痕。然后，他又把剥下的树皮平放在皮肤上，用火热熨，便又出现了棒伤的痕迹，用眼根本无法判其真伪。一切准备完毕，便诱乙出门。至僻静处，一顿拳打脚踢，把乙打得遍体鳞伤。乙不甘受辱，拼死拉其见官，甲亦不惧，以为自己身上的假伤足以乱真。于是便出现了以上一幕。李南公大怒，立即判打甲一百板子，罚银二十两给乙作赔偿。衙役不解李南公何以觉察甲伤有假，李南公道："殴打的伤痕会因血液凝聚而变得坚硬，而伪造的伤痕却是柔软平坦，一摸便知。他用榉柳树叶涂擦皮肤，如何骗得了本官？"

智者所展现出的聪明才智，与其所得总不会相差很大。因此，只有满足于自己良好的感性和理性思维判断力，才能使你在这群同样出色的人当中长久地受到欢迎。我们应牢记一点：也许你会因为自己的才智而受到他人的敬慕，但只有你具备良好的品质，你才能真正地被人爱戴。

## 不要让规律束缚你的头脑

水中之物，往往都是顺流而下。如果被此所缚，当然会做出一些劳而无获之事。假如我们在遇到一些问题的时候突破常规去解决，也许你会有新的收获。用发展的眼光看问题永远都不会过时。"船工河底捞石兽"的故事，就说明了这个道理。

故事发生在宋朝沧州。有一年沧州降暴雨，把南边一座濒河的古庙冲塌了，庙前的两只石兽也顺势滚进了河底。多年后，庙里的和尚们四处云游，化缘筹款，准备重造庙宇。

几经筹建，庙终于落成了，可是庙门的石兽一时却请不到高明的石匠打制。和尚们便悬赏，请人下河打捞那两只落水的石兽。船工们打捞了几天，一无所获。有人猜测说："这两只石兽一定给河水冲到下游去了。"

于是，几个年轻力壮的小伙子，又去下游打捞了十几里，然而，十几天的努力，又是一无所获。大家渐渐灰心了，但又觉得奇怪：这么沉重的石兽，明明掉进河底了，怎么会捞不着呢？难道它飞出水面了不成？正当人们对打捞石兽一筹莫展的时候，当地一位德高望重的学者，来指点迷津了："你们真是四肢发达、头脑简单！这么重的石兽，怎么会被冲到下游去呢？石头坚硬沉重，而河底的沙土松浮不实，石兽沉陷河沙里，一定越陷越深，埋在河底深层了！"

众人听罢，豁然开窍，于是又划船到庙旧址附近的河里去捞。有人还在长竹竿上绑住铁器，伸到河底去寻探。大家昼夜奋战，忙忙碌碌半个多月，还是徒劳！

这时，有个过路的老船工，听了事情的原委后笑说道："你们总是按着常理想，怎么不全面探研一下河底沙土的运动规律呢？河底的石兽既不会顺流而下，也不会沉在原处不动。现在，这两只石兽正在河上游的某处睡大觉哩！听我讲完道理，你们就明白了。因为石头坚实沉重，河沙松浮不实，石兽沉到河底，激流冲不动它。可激流的不断冲击，却能把石兽下面的泥沙渐渐掏空。激流越冲空穴越大，有一天大到石兽失去重心时，就会跟翻筋斗似的倒在空穴里。在时间的长河里，石兽这样周而复始地运动着，便会慢慢地爬到河上游去了。不信，你们去上游找看看？"众人按照老船工的指点，划船到几里外的上游去打捞，果真一举捞出了那两只大石兽！

这就启示我们要善于运用逆向思维，不能一成不变地去看待一个问题，用发展的眼光来看问题，这样才会有进步。

## 巧设伏笔，占尽先机

遇事最忌手忙脚乱，如果提前将布局设好，打通各路关卡，这样会使计划实施得更加顺利，对方只能甘拜下风。这里举一个安禄山重兵在握，大肆笼络朝中要人，又善于算计，重创大唐军队的故事。

公元 756 年，正是安史之乱第二年。唐明皇每日在宫中享乐，根本没把安禄山放在眼里。他急功近利，命常胜将军哥舒翰率二十万大军杀退安禄山。

哥舒翰是员老将，身经百战，镇守潼关。他见安禄山猖狂不可一世，决定壁垒防守消耗其兵力。安禄山和哥舒翰兵力差不多，但个个如狼似虎，杀气腾腾，他们急于攻下兵家要塞潼关，以长驱直入杀进长安。

哥舒翰坚守不出战，急坏了安禄山。他深知这员老将不好对付，于是派奸细潜入长安城，到处散布说哥舒翰胆小怕死，不敢出战。安禄山军如今只剩下老弱残兵不堪一击。

消息很快传到唐明皇耳中，他大为震怒，命杨国忠去察看军情。杨国忠本来就是个大奸臣，他去了潼关一看，哥舒翰果然不出兵，而阵前又都是安禄山三三两两的老弱残兵。他急忙回朝添油加醋说了哥舒翰的许多坏话。唐明皇马上下令，命哥舒翰出兵杀退安禄山。

君命难违，哥舒翰只得亲自披挂上阵。安禄山派将军崔乾祐带老兵出战。战了几十个回合，崔乾祐大败，退回营地。哥舒翰带兵追杀，不知不觉中，追兵进了山谷。这时，安禄山埋伏的精兵杀出，唐军无法撤退，只好迎战。山两旁又滚下擂木山石，把唐军砸伤无数。

　　哥舒翰下令突围，但安禄山军队前后夹击，唐军只能被动地挨打。待天黑了下来，突然四边火起。唐军在山谷中自相践踏，死伤不计其数。

　　安禄山亲自率大军出击，兵分两路，一路阻截唐军，一路杀奔唐军营寨。唐军营寨中主将不在，其他将士如何抵抗安禄山的虎狼大军？刹时间，兵败如山倒，唐军丢盔弃甲，有的摔进黄河，有的摔死在山谷。山谷内被阻截的唐军最后只剩下数百人拼死血战。然而寡不敌众，最后，全军覆没，哥舒翰重伤被俘。

　　潼关一战，使安禄山叛军取得决定性胜利，唐明皇仓皇出京，逃到蜀地避难。

　　安禄山军力日盛，又善于做表面文章，连皇帝宠臣都听信于他，又怎能不无往不胜，杀得唐军节节败退？

# 齐物论

南郭子綦隐几而坐<sup>①</sup>，仰天而嘘<sup>②</sup>，荅焉似丧其耦<sup>③</sup>。

颜成子游<sup>④</sup>立侍乎前，曰："何居<sup>⑤</sup>乎？形固可使如槁木，而心固可使如死灰乎？今之隐机者，非昔之隐机者也。"

子綦曰："偃<sup>⑥</sup>，不亦善乎而问之也！今者吾丧我<sup>⑦</sup>，汝知之乎？女闻人籁而未闻地籁，女闻地籁而未闻天籁<sup>⑧</sup>夫。"

子游曰："敢问其方。"

子綦曰："夫大块噫气<sup>⑨</sup>，其名为风，是唯无作，作则万窍怒呺<sup>⑩</sup>。而独不闻之翏翏<sup>⑪</sup>乎？山林之畏隹<sup>⑫</sup>，大木百围之窍穴，似鼻，似口，似耳，似枅<sup>⑬</sup>，似圈，似臼，似洼者，似污<sup>⑭</sup>者。激<sup>⑮</sup>者，謞<sup>⑯</sup>者，叱者，吸者，叫者，譹<sup>⑰</sup>者，宎<sup>⑱</sup>者，咬<sup>⑲</sup>者，前者唱于而随者唱喁<sup>⑳</sup>。泠风<sup>㉑</sup>则小和，飘风则大和，厉风济则众窍为虚<sup>㉒</sup>。而独不见之调调之刁刁乎<sup>㉓</sup>？"

子游曰："地籁则众窍是已，人籁则比竹<sup>㉔</sup>是已，敢问天籁。"

子綦曰："夫吹万不同，而使其自己<sup>㉕</sup>也，咸其自取，怒<sup>㉖</sup>者其谁邪？"

【注释】

①南郭子綦（qí）：楚昭王庶弟，居住在南郭，故称此号。隐：凭靠。几：案几。

②嘘：吐气。

③荅（tà）焉：肢体放松，离形去智的样子。耦：匹对。丧其耦，表示精神超脱身体达到忘我的境界。

④颜成子游：南郭子子綦的学生，姓颜成，名偃，字子游。

⑤何居：何故。

⑥偃：即颜成子游。

⑦吾丧我：吾，指真我，内在我。我，指外在我。

⑧籁：箫，这里泛指从孔穴里发出的声响。

⑨大块：天地。噫气：吐气。

⑩呺：亦作"号"，吼叫。

⑪翏翏：大风呼呼的声响。

⑫林：通"陵"，大山。畏佳（cuī）：亦作"崔佳"，即嵬崔，山陵高峻的样子。

⑬枅（jī）：柱头横木。

⑭污：小池。

⑮激：急流声。

⑯謞：飞箭声。

⑰叱：号哭声。

⑱吸：沉吟声。

⑲咬（yǎo）：哀叹声。

⑳于、喁：前后相和的声音。

㉑泠风：小风、清风。

㉒厉风：猛烈的暴风。济：止。

㉓调调、刁刁：晃动摇曳的样子。

㉔比竹：各种竹管类的乐器。

㉕使其自己：意思使它们自身发出各种各样的声音。

㉖怒：这里是发动的意思。


【译文】

　　南郭子綦靠几案坐着，仰起头做深呼吸，身心放松，进入了忘我的境界。

　　弟子颜成子游刚好侍立在前，就问道："您这是怎么了？形体竟然能像干枯的树木，精神也可以使它像死灰一般吗？您今天靠几案而坐跟往常的神情不一样。"

　　子綦回答："偃，你问得正好啊！今天我是忘掉了外在的自己，你知道吗？你听说过'人籁'而没有听说过'地籁'；你听说过'地籁，'却没有听说过'天籁'！"

子游说："请问这是什么意思？"

子綦答道："天地吐气风。风不吹则已，一旦劲吹就会使众多孔窍发出声音怒吼不已。你难道就没有听过那呼呼的长风吗？山林参差不齐，合抱大树上的孔穴，有的似鼻，有的似口，有的似耳，有的似方孔，有的似杯圈，有的似舂臼，有的似深池，有的似洼地，有的似浅坑。风吹这些孔窍发出声响，如急流声，如飞箭声，如叱骂声，如呼吸声，如大叫声，如号哭声，如沉吟声，如哀叹声，前呼后应，小风则小和，大风则大和，暴风停止则所有的孔窍归于无声。你难道就没有看到草木随风摇动的样子吗？"

子游说："'地籁'就是风吹孔窍而发出的声响，'人籁'就是用竹管吹出的乐声，请问'天籁'是什么呢？"

子綦回答："'天籁'就是风吹众多孔窍而发出的不同声响，这些不同的声音是孔窍本身的原因，哪有谁命令它们响呢？"

## 【原文】

大智闲闲①，小知间间②。大言炎炎③，小言詹詹④。其寐也魂交，其觉也形开⑤。与接为构⑥，日以心斗。缦⑦者、窖⑧者、密⑨者。小恐惴惴⑩，大恐缦缦⑪。其发若机栝⑫，其司⑬是非之谓也；其留如诅盟⑭，其守胜之谓也。其杀若秋冬，以言其日消也；其溺之所为之，不可使复之也；其厌也如缄，以言其老洫⑮也；近死之心，莫使复阳也。喜怒哀乐，虑叹变慹⑯，姚佚⑰启态。乐出虚⑱，蒸成菌⑲。日夜相代乎前，而莫知其所萌。已乎，已乎！旦暮得此，其所由以生乎！

非彼无我，非我无所取。是亦近矣，而不知其所为使。若有真宰⑳，而特不得其眹㉑，可行己信，而不见其形，有情而无形。

百骸、九窍㉒、六藏㉓，赅而存焉，吾谁与为亲？汝皆悦之乎？其有私焉？如是皆有为臣妾乎？其臣妾不足以相治乎？其递相为君臣乎？其有真君㉕存焉？如求得其情与不得，无益损乎其真。

一受其成形，不亡以待尽㉖。与物相刃相靡，其行尽如驰，而莫之能止，不亦悲乎！终身役役而不见其成功，苶然㉗疲役而不知其所归，可不哀邪！人谓之不死，奚益？其形化，其心与之然，可不谓大哀乎？人之生也，固若是芒㉘乎？其我独芒，而人亦有不芒者乎？

夫随其成心㉙而师之，谁独且无师乎？奚必知代㉚而心自取者有之？愚者与有焉。未成乎心而有是非，是今日适越而昔至也。是以无有为有。无有为有，虽有神禹且不能知，吾独且奈何哉！

## 【注释】

① 闲闲：广博的样子。

② 间间：细别的样子。

③ 炎炎：猛烈，比喻说话时盛气凌人。

④ 詹詹：喋喋不休。

⑤ 形开：指形体不宁。

⑥ 搆（gòu）：交合的意思。

⑦ 缦（màn）：通"慢"，迟缓。

⑧ 窖：深沉。

⑨ 密：隐秘。

⑩ 惴惴（zhuì）：恐惧不安的样子。

⑪ 缦缦：神情沮丧的样子。

⑫ 机栝（guā）：机，弩上发射的机关。栝，箭末扣弦处。

⑬ 司：通"伺"，伺察。

⑭ 诅（zǔ）盟：誓约。

⑮ 洫：田间的水道，喻指封闭。

⑯ 慹（zhé）：恐惧。

⑰ 姚：轻浮躁动。佚：奢华放纵。

⑱ 乐出虚：乐声发自中空处。

⑲ 蒸成菌：湿气蒸发而生出各种菌类。

⑳ 真宰：真我，即我身的主宰。

㉑朕：端倪，征兆。

㉒九窍：人体上九个可以向外张开的孔穴，指双眼、双耳、双鼻孔、口、生殖器、肛门。

㉓藏：内脏，古代写作"臟"，简化成"脏"。心、肺、肝、脾、肾俗称五脏。

㉔赅：齐备。

㉕真君：即"真我""真心"。

㉖不亡：没有。尽：耗竭。

㉗苶然：疲倦困顿的样子。

㉘芒：通"茫"，迷昧。

㉙成心：成见。

㉚代：更改，变化。

## 【译文】

　　大智之人悠然自得，小智之人斤斤计较。说大话的人气势凌人，说闲话的人喋喋不休。这些人休息时思前想后，醒来时恐惧不安；接人待物则钩心斗角。他们的表现或慢条斯理，或故作深沉，或细心谨慎。他们小恐时坐立不安，大恐时沮丧落魄。他们有的出言如飞箭，先发制人，这叫作善于洞察是非；有的说话如盟约一样谨慎，这叫作以守取胜。他们有的出言像秋冬一样肃杀而日渐消衰；有的沉溺于自己的言行而不能自拔；有的缄默不语而自我封闭，犹如死人之心，对一切无动于衷。他们或欣喜、愤怒、悲哀、欢乐，或忧思、叹惋、反复、恐惧，或浮躁、张狂、放纵、作态，宛如音乐从中空的竹管中发出，又如菌类由地气蒸腾而起。这种种情态心境日夜变换，却不知道它们是怎样发生的。算了吧！算了吧！一旦悟到了造物者，便懂得了诸种心境情态发生的缘由。

　　没有自然就没有我，没有我自然也就无法体现。天地万物是相近的，却不知道谁是主宰者。即使有主宰者，人们也无法寻找它们的迹象。我只能实行我所信奉的，却看不到什么形象，因为心境情态本是无形的。

"百骸""九窍"藏备于一身,我和哪一部分亲近呢?还是同样地喜欢它们?或者有所偏爱?这样说来,它们都是隶属者吗?隶属者之间就不能自己和谐相处吗?它们是轮流主宰呢?还是有一个永恒君主在主宰呢?人们对此苦苦寻求也不会有什么结果,却并不影响这个世界如此这般地存在。

人一旦秉气成形,就是一种走向死亡的存在,若老是跟人家斗来斗去,整日奔波而不知停歇,难道不觉得悲哀吗?一生忙忙碌碌也不见有什么结果,一辈子困顿劳累找不到自己的归宿,这不是很可悲的吗?这样的人生有什么价值呢?人的形体会渐渐衰老,而人的心灵也随着衰老而死亡,这难道不是最大的悲哀吗?人生在世都是这样迷茫无知吗?还是只有我迷茫而人家尚有不迷惑的呢?

如果各人都拿自己的意见作为衡量的标准,那么谁会没有自己的标准?难道只有智者才有吗?事实上愚者也有啊!如果在没有形成主见之前就乱分是非,这跟昨天去越国而今天就到了一样不可能。这就是以无标准作为标准,若以无标准作为标准,即使神圣的大禹也不知道该怎么办,我又有什么办法呢?

## 【原文】

夫言非吹也①。言者有言,其所言者特未定也。果有言邪?其未尝有言邪?其以为异于鷇音②,亦有辩③乎?其无辩乎?

道恶乎隐而有真伪?言恶乎隐而有是非?道恶乎往而不存?言恶乎存而不可?道隐于小成,言隐于荣华④。故有儒墨之是非,以是其所非而非其所是,欲是其所非而非其所是,则莫若以明⑤。

物无非彼,物无非是。自彼则不见,自知⑥则知之。故曰:彼出于是,是亦因彼。彼是方生⑦之说也。虽然,方生方死,方死方生;方可方不可,方不可方可;因是因非,因非因是。是以圣人不由而照之于天⑧,亦因是也。是亦彼也,彼亦是也。彼亦一是非,此亦一是非。果且有彼是乎哉?果且无彼是乎哉?彼是莫得其偶⑨,谓之道枢。枢始得其环中⑩,以应无穷。是亦一无穷,非亦一无穷也。故曰莫若以明。

以指喻指之非指，不若以非指喻指之非指也⑪；以马喻马之非马，不若以非马喻马之非马也⑫。天地一指也，万物一马也⑬。

可乎可，不可乎不可。道行之而成，物谓之而然。恶乎然？然于然；恶乎不然？不然于不然。物固有所然，物固有所可；无物不然，无物不可。故为是举莛与楹⑭，厉⑮与西施，恢恑憰怪⑯，道通为一。

其分也，成也；其成也，毁也。凡物无成与毁，复通为一。唯达者知通为一，为是不用而寓⑰诸庸。庸也者，用也；用也者，通也；通也者，得也；适得而几矣。因是已，已而不知其然谓之道。劳神明为一而不知其同也，谓之朝三。何谓朝三？狙公赋芧⑱，曰："朝三而暮四。"众狙皆怒。曰："然则朝四而暮三。"众狙皆悦。名实未亏而喜怒为用，亦因是也。是以圣人和之以是非而休乎天钧⑲，是之谓两行⑳。

古之人，其知有所至矣。恶乎至？有以为未始有物者，至矣，尽矣，不可以加矣！其次以为有物矣，而未始有封也。其次以为有封焉，而未始有是非也。是非之彰也，道之所以亏也。道之所以亏，爱之所以成。果且有成与亏乎哉？果且无成与亏乎哉？有成与亏，故昭氏㉑之鼓琴也，无成与亏，故昭氏之不鼓琴也。昭文之鼓琴也，师旷之枝策也㉒，惠子之据梧也，三子之知几乎，皆其盛者也，故载之末年㉓。唯其好之也以异于彼，其好之也欲以明之。彼非所明而明之，故以坚白之昧终㉔。而其子又以文之纶终㉕，终身无成。若是而可谓成乎？虽我亦成也；若是而不可谓成乎？物与我无成也。是故滑疑㉖之耀，圣人之所图㉗也。为是不用而寓诸庸，此之谓以明。

## 【注释】

①夫言非吹也：意思是言论出于己见，不像风吹一样出于自然。

②彀（kòu）音：初生小鸟的叫声。

③辩：通"辨"，分辨。

④荣华：这里指巧言。

⑤莫若以明：不如明鉴之心。

⑥自知："自是"之误。

⑦方生：并生，并存。

⑧照：察看。天：指自然，即本然。

⑨偶：对，对立面。

⑩环中：环中为空虚处，意思是无是非处。

⑪以指喻指之非指，不若以非指喻指之非指也：以名称（概念）来说明事物（对象）不是名称（概念），不如用非名称（概念）来说明事物（对象）不是名称（概念）。

⑫以马喻马之非马，不若以非马喻马之非马也：用一般的"马"来说明具体的马不是一般的"马"，不如用非一般的"马"来说明具体的马不是一般的"马"。

⑬天地一指也，万物一马也：天地就是同一"名称"，万物就是同一"马"。

⑭莛（tíng）：草茎。楹：厅堂前的木柱。"莛""楹"对文，代指物之细小者和巨大者。

⑮厉：通"疠"，指皮肤溃烂，这里用表丑陋的人。

⑯恢：宽大。恑：奇变。憰：诡诈。恢恑憰怪概指千奇百怪的各种事态。

⑰寓：寄托。

⑱狙公：养猴的人。狙（jū），猴子。芧：橡子。

⑲和：调和，混合。"和之以是非"即"以是非和之"，把是和非混同起来。天钧：即自然而调和。

⑳两行：物与我，即自然界与自我的精神世界都能各得其所，自行发展。

㉑昭氏：即昭文，善于弹琴。

㉒师旷：精通韵律，晋平公的乐师。枝策：作动词，用枝或策叩击拍节。

㉓载：载誉，夸赞。

㉔坚白：指石的颜色白而质地坚，但"白"和"坚"都独立于"石"之

外。公孙龙子曾有"坚白论"之说，庄子是极不赞成的。昧：迷昧。

㉕其子：指昭文之子。纶：绪业，这里指继承昭文的事业。

㉖滑疑：纷乱的样子，这里指各种迷乱人心的辩说。

㉗图：革除。

## 【译文】

　　人们说话不像刮风，自有说话人的意旨，然而他说的话却并没有准则。人们果真是在说话呢，还是不曾说话呢？人们认为他们说的话不同于小鸟的鸣叫，那么到底是有区别呢，还是没有区别呢？

　　道被什么遮蔽才出现了真伪？言被什么遮蔽才有了是非？道怎样往而不存？言怎样存而不可？其主要原因是道被成心所遮蔽，言被华丽的辞藻所覆盖。从而也就有了儒家和墨家是非争辩；以其所非而非其所是。想要非其所是而是其所非，则不如以明鉴破除是非。

　　世间的万物非此即彼，自彼看不见此，自此看不见彼。所以彼出自此，此也因乎彼；彼此是相对而成立的。有生即有死，有死即有生；有可即有不可，有不可即有可；有是就有非，有非就有是。所以圣人从不以此来考察事物的本然状态，而是因顺自然的道理。因为此即是彼，彼即是此，所以从此看有是非之分，由彼看也有非之分。事物真的有彼此之分呢，还是真的没有彼此之分呢？只有一个途径能让事物彼此不相对待，这就是大道的枢纽。抓住大道的枢纽也就占据了关键的位置，从而可以顺应事物的自然变化。因为是非的变化无穷无尽，所以不如以明鉴之心来关照事物的实情。

　　用名词来说明事物并非你所指称的概念，不如不使用名词来说明这个事物并不是你所想象的概念；用"白马"来说明马的"白色"属性不是马本身，不如用别的事物来说明马具有的白色属性。从命名的自由性角度来看，"天地"也是一个名词，万物都可以用"马"这样的名词来命名。

　　说"可"，是人们认为是"可"；说"不可"，是人们认为这是"不可"。道路是通过行人走而成的，事物是人们命名而造就的。何以说"然"？因为"然"就是"然"。何以说"不然"？因为"不然"就是"不然"。何以说"可"？因为"可"就是"可"。何以说"不可"？因为"不可"就是"不可"，事物原本就有"然"，事物原本就有"可"。没有什么事物"不然"，没有什么事物"不可"。所以，可以举出细小的草茎和高大的庭柱，丑陋的癞头和美丽的西施，奇变、诡诈、怪异等千奇百怪的各种事态来说明这一点，而从"道"的观点看它们都是贯通而浑一的。

有分就有成，有成就有毁。其实，万事万物无所谓成毁，从整体看成毁就是循环往复、圆通一体的。这是只有通达之人才了悟的通达之理，他不用成毁之见而诉诸圆通为一的常理。按照这一常理行事，即可无所不用，又可无所不通，还能无所不得，这也就差不多了。顺其自然而又不求其所以然，这就是大道的境界。如果竭尽心志固执一端而不知事物本来是浑一的，这就是所谓的"朝三"。何谓"朝三"？有一个玩猴子的人拿橡子喂猴子，他跟猴子说："早上给每个猴子三个橡子，晚上给四个。"所有的猴子听了都急了。随后他又说："早上给四个，晚上给三个。"所有的猴子都高兴了。橡子的名和实没有改变而猴子的喜怒却前后不同，这是因为玩猴者把"朝三暮四"颠倒为"朝四暮三"，通过喂食多少的顺序改变而满足了猴子。所以，圣人不分是非而加以调和，就可以达到顺任万物之境，这就是"两行"。

古时候的人，他们的认识能力达到很高的境界。什么叫高境界？他们以为宇宙开始于虚无，这确实是尽善尽美的认识，其次认为宇宙有万物而无界限。最后以为事物虽有分别却不存在是非。是与非的出现就表明人眼里的大道有了亏损。换句话说，大道的亏损是由于人的偏私所造成的。果真有成与亏呢，还是没有成与亏呢？举例而言，昭文弹琴就有成与亏，昭文不弹琴就没有成与亏。昭文弹琴，师旷击鼓，惠施论辩，这三位先生的才技称名后世。他们各有所好，并且极力彰显自己的所好，这样一来，他们的自作聪明，其结果使惠施终身沉迷于"坚白"之论，而昭文的儿子承其父业也终无建树。像这样的可以算作成功吗？如果这也叫成功，那我也就是成功的了。如果他们不算成功，那么别人和我就都没有成功。所以也无所谓圣人并不以版面之辞、一技之长而夸赞世间。不辨是非、不自夸赞而诉诸事物的常理，这叫作"以明"。

**【原文】**

今且有言于此,不知其与是类乎?其与是不类乎?类与不类,相与为类①,则与彼无以异矣。虽然,请②尝言之:有始也者,有未始有始也者,有未始有夫未始有始也者;有有也者,有无也者,有未始有无也者,有未始有夫未始有无也者。俄而③有无矣,而未知有无之果孰有孰无也。今我则已有谓④矣,而未知吾所谓之其果有谓乎,其果无谓乎?

天下莫大于秋豪之末⑤,而太山⑥为小;莫寿于殇子⑦,而彭祖为夭⑧。天地与我并生,而万物与我为一。既已为一矣,且得有言乎?既已谓之一矣,且得无言乎?一与言为二,二与一为三,自此以往,巧历⑨不能得,而况其凡⑩乎!故自无适⑪有,以至于三,而况自有适有乎?无适焉,因是已⑫!

夫道未始有封⑬,言未始有常⑭,为是而有畛⑮也。请言其畛:有左有右,有伦有义⑯,有分有辩,有竞有争,此之谓八德⑰,六合⑱之外,圣人存而不论;六合之内,圣人论而不议⑲;《春秋》经世,先王之志⑳,圣人议而不辩。故分也者,有不分也;辩也者,有不辩也。曰,何也?圣人怀㉑之,众人辩之,以相示㉒也。故曰,辩也者,有不见也。

夫大道不称㉓,大辩不言,大仁不仁,不廉不嗛㉔,不勇不忮㉕。道昭㉖而不道,言辩而不及㉗,仁常而不成,廉清而不信,勇忮而不成,五者园㉘而几向方矣。故知止其所不知,至矣。孰知不言之辩,不道之道?若有能知,此之谓天府㉙。注焉㉚而不满,酌焉而不竭㉛,而不知其所由来,此之谓葆光㉜。

**【注释】**

①类:同类,相同。

②请:请允许我。

③俄而:突然。

④谓:评说,议论。以下几句同此解。

⑤于:比。豪:通"毫",细毛。末:末梢。秋毫之末比喻事物的细小。

⑥太山：一说读如泰山。

⑦殇子：未成年而死的人。

⑧夭：夭折，短命。

⑨历：历数，计算。

⑩凡：平凡，这里指普通的人。

⑪适：往，到。

⑫因：顺应。已：矣。

⑬封：界线，分别。

⑭常：定见，定论。

⑮为是：各自认为自己是正确的。是，对的，正确的。畛（zhěn）：田地里的界路，这里泛指事物、事理间的界限和区分。

⑯伦：次序。义：仪，等别。一说本句当作"有论有议"，姑备参考。

⑰八德：八类，八种。

⑱六合：天、地和东、西、南、北四方。

⑲论：研究。议：评说。

⑳春秋：这里泛指古代历史，并非指战国以前的那一段历史年代。经世：经纶世事，这是用调理织物来喻指治理社会。志：记载；这个意义后代写作"誌"。

㉑怀：囊括于胸，指不去分辨物我和是非，把物与我、是与非都容藏于身。

㉒示：显示，这里含有夸耀于外的意思。

㉓称：举称。一说通作"偁"，宣扬的意思。

㉔嗛（qiān）：通"谦"，谦逊。

㉕忮（zhì）：伤害。

㉖昭：明；这里指明白无误地完全表露出来。

㉗不及：达不到，这里指言论表达不到的地方。

㉘园：这里作做圆、求圆解。几：近，近似。"圆而几向方"，意思是求圆却近似于方，比喻事与愿违。

㉙天府：指自然生成的府库，也就是整个宇宙。府，储存财物的地方。

㉚注：注入。焉：讲作"于之"。

㉛酌：舀取。竭：尽。

㉜葆光：即潜隐光亮而不露。葆，藏，隐蔽。

## 【译文】

现在暂且在这里说一番话，不知道这些话跟其他人的谈论是相同的呢，还是不相同的呢？相同的言论与不相同的言论，既然相互间都是言谈议论，从这一意义说，不管其内容如何也就是同类的了。虽然这样，还是请让我试着把这一问题说一说。宇宙万物有它的开始，同样有它未曾开始的开始，还有它未曾开始的未曾开始的开始。宇宙之初有过这样那样的"有"，但也有个"无"，还有个未曾有过的"无"，同样也有个未曾有过的未曾有过的"无"。突然间生出了"有"和"无"，却不知道"有"与"无"谁是真正的"有"，谁是真正的"无"。现在我已经说了这些言论和看法，但却不知道我听说的言论和看法是我果真说过的言论和看法呢，还是果真没有说过的言论和看法呢？

天下没有什么比秋毫的末端更大，而泰山算是最小；世上没有什么人比夭折的孩子更长寿，而传说中年寿最长的彭祖却是短命的。天地与我共生，万物与我为一体。既然已经浑然为一体，还能够有什么议论和看法？既然已经称作一体，又还能够没有什么议论和看法？客观存在的一体加上我的议论和看法就成了"二"，"二"如果再加上一个"一"就成了"三"，以此类推，最精明的计算也不可能求得最后的数字，何况大家都是凡夫俗子！所以，从无到有乃至推到"三"，又何况从"有"推演到"有"呢？没有必要这样地推演下去，还是顺应事物的本然吧。

所谓真理从不曾有过界限，言论也不曾有过定准，只因为各自认为只有自己的观点和看法才是正确的，这才有了这样那样的界限和区别。请让我谈谈那些界限和区别：有左有右，有序列有等别，有分解有辩驳，有竞比有相争，这就是所谓八类。天地四方宇宙之外的事，圣人总是存而不论；宇宙之内的事，圣人虽然细加研究，却不随意评说。至于古代历史上善于治理社会的前代君王们的记载，圣人虽然有所评说却不争辩。可知有分别就因为存在不能分别，有争辩也就因为存在不能辩驳。有人会说，这是为什么呢？圣人把事物都囊括于胸、容藏于己，而一般人则争辩不休夸耀于外，所以说，大凡争辩，总是因为有自己所看不见的一面。

至高无上的真理是不必称扬的，最了不起的辩说是不必言说的，最具仁爱的人是不必向人表示仁爱的，最廉洁方正的人是不必表示谦让的，最勇敢的人是从不伤害他人的。真理完全表露于外那就不算是真理，逞言肆辩总有表达不到的地方，仁爱之心经常流露反而成就不了仁爱，廉洁到清白的极点反而不太真实，勇敢到随处伤人也就不能成为真正勇敢的人。这五种情况就好像着意求圆却几近成方一样。因此懂得停止于自己所不知晓的境域，那就是绝顶的明智。谁能真正通晓不用言语的辩驳、不用称说的道理呢？假如有谁能够知道，这就是所说的自然生成的府库。无论注入多少东西，它不会满盈；无论取出多少东西，它也不会枯竭，而且也不知这些东西出自哪里，这就叫作潜藏不露的光亮。

**【原文】**

故昔者尧问于舜曰："我欲伐宗、脍、胥敖①，南面而不释然②，其故何也？"

舜曰："夫三子者③，犹存乎蓬艾之间④。若⑤不释然，何哉？昔者十日并出⑥，万物皆照，而况德之进⑦乎日者乎！"

啮缺问乎王倪⑧曰："子知物之所同是⑨乎？"曰："吾恶乎知之！""子知子之所不知邪？"曰："吾恶乎知之！"

"然则物无知邪？"曰："吾恶乎知之！虽然，尝试言之。庸讵⑩知吾所谓知之非不知邪？庸讵知吾所谓不知之非知邪？且吾尝试问乎女⑪：民湿寝则腰疾偏死⑫，鳅⑬然乎哉？木处则惴慄恂惧⑭，猨⑮猴然乎哉？三者孰知正处？民食刍豢⑯，麋鹿食荐⑰，蝍蛆甘带⑱，鸱鸦耆鼠⑲，四者孰知正味？猨猵狙以为雌⑳，麋与鹿交，鳅与鱼游㉑。毛嫱㉒丽姬，人之所美也，鱼见之深入，鸟见之高飞，麋鹿见之决骤㉓。四者孰知天下之正色哉？自我观之，仁义之端㉔，是非之涂㉕，樊然殽乱㉖，吾恶能知其辩㉗！"

齧缺曰："子不知利害，则至人㉘固不知利害乎？"王倪曰："至人神㉙矣！大泽㉚焚而不能热，河汉冱㉛而不能寒，疾雷破山、飘风振海而不能惊㉜。若然者，乘云气，骑日月，而游乎四海之外。死生无变于己㉝，而况利害之端乎！"

## 【注释】

①宗、脍、胥敖：三个小国国名。

②南面：君主临朝；古代帝王上朝理事总坐北朝南。释然：不耿介于怀的样子。

③三子者：指上述三国的国君。

④蓬艾：两种草名。"存乎蓬艾之间"比喻国微君卑，不足与之计较。

⑤若：你。

⑥十日并出：指古代寓言中十个太阳一并出来的故事，庄子借此比喻阳光普照到每一个地方。

⑦进：进了一步，具有超过、胜过的意思。

⑧齧缺、王倪：传说中的古代贤人，实为庄子寓言故事中虚拟的人物。

⑨所同是：意思是相互间共同的地方。

⑩庸讵：怎么，哪里。

⑪女：通"汝"，你。

⑫湿寝：在潮湿的地方寝卧。偏死：偏瘫，即半身不遂。

⑬鳅："鳅"字的异体，即泥鳅。

⑭木处：在高高的树木上居住。惴、慄、恂、惧：四字都是恐惧、惧怕的意思。

⑮猨："猿"字的异体，"猨猴"即"猿猴"。

⑯刍豢：用草喂养，这里代指家畜、牲口。刍，草。豢，养。

⑰麋：一种食草的珍贵兽类，与鹿同科。荐：美草。

⑱蝍蛆：蜈蚣。甘：甜美，嗜好；这里为意动用法，意为"以……为甜美"。带：小蛇。"甘带"意思是以小蛇为美食。

⑲鸱（chī）：猫头鹰。耆：亦写作"嗜"，嗜好。

⑳猵（biān）狙（jū）：一种类似猿猴的动物。"猨猵狙以为雌"，即"猿

以狙猵为雌"。旧注猵狙喜与雌猿交配，"以猿为雌"，但与句法不合，姑备参考。

㉑游：戏游，即交尾。

㉒毛嫱（qiáng）、丽姬：古代著名的美人。

㉓决：迅疾的样子。骤：快速奔跑。

㉔端：端绪。

㉕涂：通作"途"，道路，途径。

㉖樊然：杂乱的样子。殽：这里讲作"淆"，混杂的意思。

㉗辩：通作"辨"，分别、区分的意思。

㉘至人：这里指能够达到忘我境界的、道德修养极高的人。

㉙神：神妙不测。

㉚泽：聚水的洼地。泽地水源充足，林木灌丛生长茂密。

㉛沍：河水冻结。

㉜根据前两句的句式结构分析，这一句似应分别成两个七字句，故有人认为此处有脱落，疑为"疾雷破山而不能伤，飘风振海而不能惊"，姑备参考。

㉝无变于己：意思是对于他自己全无变化。

## 【译文】

从前尧曾向舜问道："我想征伐宗、脍、胥敖三个小国，每当上朝理事总是心绪不宁，是什么原因呢？"舜回答说："那三个小国的国君，就像生存于蓬蒿艾草之中。你总是耿耿于怀心神不宁，为什么呢？过去十个太阳一块儿升起，万物都在阳光普照之下，何况你崇高的德行又远远超过了太阳的光亮呢！"

啮缺问王倪："你知道各种事物相互间总有共同的地方吗？"王倪说："我怎么知道呢！"啮缺又问："你知道你所不知道的东西吗？"王倪回答说："我怎么知道呢！"啮缺接着又问："那么各种事物便都无法知道了吗？"王倪回答："我怎么知道呢！虽然这样，我还是试着来回答你的问题。你怎么知道我所说的知道不是不知道呢？你又怎么知道我所说的不知道不是知道呢？我还是先问一问你：人们睡在潮湿的地方就会腰部患病甚至酿成半身不遂，泥鳅也会这样吗？人们住在高高的树木上就会心惊胆战、惶恐不安，猿猴也会这样吗？人、泥鳅、猿猴三者究竟谁最懂得居处的标准呢？人以牲畜的肉为食物，麋鹿食草芥，蜈蚣嗜吃小蛇，猫头鹰和乌鸦则爱吃老鼠，人、麋鹿、蜈蚣、猫头鹰和乌鸦这四类动物究竟谁才懂得真正的美味？猿猴把猵狙当作配偶，麋喜欢与鹿交配，泥鳅则与鱼交尾。毛嫱和丽姬，是人们称道的美人了，可是鱼儿见了她们深深潜入水底，鸟儿见了她们高高飞向天空，麋鹿见了她们撒开四蹄飞快地逃离。人、鱼、鸟和麋鹿四者究竟谁才懂得天下真正的美色呢？以我来看，仁与义的端绪，是与非的途径，都纷杂错乱，我怎么能知晓它们之间的分别！"

啮缺说："你不了解利与害，道德修养高尚的圣人难道也不知晓利与害吗？"王倪说："进入物我两忘境界的圣人实在是神妙不测啊！林泽焚烧不能使他感到热，黄河、汉水封冻了不能使他感到冷，迅疾的雷霆劈山破岩、狂风翻江倒海不能使他感到震惊。假如这样，便可驾驭云气，骑乘日月，在四海之外遨游，死与生对于他自身都没有变化，何况利与害这些微不足道的端绪呢！"

## 【原文】

瞿鹊子问乎长梧子①曰："吾闻诸夫子②：'圣人不从事于务③，不就④利，不违⑤害，不喜求，不缘⑥道，无谓有谓⑦，有谓无谓，而游乎尘垢之外。'夫子以为孟浪⑧之言，而我以为妙道之行也。吾子以为奚若⑨？"

长梧子曰："是黄帝之所听荧⑩也，而丘也何足以知之！且汝亦大早计⑪，见卵而求时夜⑫，见弹而求鸮炙⑬。予尝为汝妄言之，汝以妄听之。奚旁⑭日月，挟宇宙，为其脗合⑮，置其滑涽⑯，以隶⑰相尊。众人役役⑱，圣人愚芚⑲，参万岁而一成纯⑳。万物尽㉑然，而以是相蕴㉒。

"予恶乎知悦㉓生之非惑邪！予恶乎知恶死之非弱丧㉔而不知归者邪！丽之姬㉕，艾封人之子㉖也。晋国之始得之也，涕泣沾襟，及㉗其至于王所，与王同匡床㉘，食刍豢，而后悔其泣也。予恶乎知夫死者不悔其始之蕲㉙生乎！梦饮酒者，旦而哭泣；梦哭泣者，旦而田猎㉚。方㉛其梦也，不知其梦也。梦之中又占其梦焉，觉而后知其梦也。且有大觉而后知此其大梦也，而愚者自以为觉，窃窃然㉜知之。'君乎、牧乎！'固哉！㉝丘也与汝，皆梦也，予谓汝梦亦梦也。是其言也，其名为吊诡㉞。万世之后而一遇大圣知其解者，是旦暮㉟遇之也！"

既使我与若㊱辩矣，若胜我，我不若胜㊲，若果是也？我果非也邪？我胜若，若不吾胜？我果是也？而㊳果非也邪？其或是也？其或非也邪？其俱是也？其俱非也邪？我与若不能相知也。则人固受其黮㊴暗，吾谁使㊵正之？使同乎若者正之？既与若同矣，恶能正之？使同乎我者正之，既同乎我矣，恶能正之？使异乎我与若者正之，既异乎我与若矣，恶能正之？使同乎我与若者正之，既同乎我与若矣，恶能正之？然则我与若与人俱不能相知也，而待彼㊶也邪？化声㊷之相待，若其不相待，和之以天倪㊸，因之以曼衍㊹，所以穷年也㊺。

何谓和之以天倪？曰：是不是，然不然。是若果是也，则是之异乎不是也亦无辩；然若果然也，则然之异乎不然也亦无辩。忘年忘义㊻，振于无竟㊼，故寓㊽诸无竟。

**【注释】**

①瞿鹊子、长梧子：杜撰的人名。

②夫子：孔子，名丘，字仲尼，儒家创始人。

③务：事，琐细事务。

④就：趋赴，追求。

⑤违：避开。

⑥缘：因循。"不缘道"即不拘于道。

⑦谓：说，言谈。

⑧孟浪：言语轻率不当。

⑨奚若：何如，怎么样。

⑩听荧：疑惑不明。

⑪大早：过早。计：考虑。

⑫时夜：司夜，即报晓的鸡。

⑬鹗：一种肉质鲜美、形似斑鸠的鸟。炙：烤肉。

⑭奚：同"盍"，意思是"怎么不"。旁（bàng）：依傍。

⑮脗："吻"的异体字。

⑯滑：通作"汩"，淆乱的意思。潘：乱。一作"暗"。

⑰隶：奴仆，这里指地位卑贱，与"尊"相对。

⑱役役：驰骛于是非之境，意思是一心忙于分辨所谓是与非。

⑲芚：浑然无所觉察和识别的样子。

⑳参：掺糅。万岁：年代久远。"参万岁"意思是糅合历史的长久变异与沉浮。纯：精粹不杂，指不为纷乱和差异所乱。

㉑尽：皆、全。

㉒以是：因此，因为这个缘故。蕴：积。

㉓悦：喜悦。

㉔恶死：讨厌死亡。弱：年少。丧：这里指流离失所。

㉕丽：也作"骊"，丽戎，春秋时的小国。姬：美女。"丽之姬"即丽姬，宠于晋献公，素以美貌称于世。

㉖艾：地名。封人：管理疆界的官员。子：女儿。

㉗及：等到。

㉘匡床：方正而又安适的床。

㉙蕲：祈，求的意思。

㉚田：打猎。这个意义后代写作"畋"。"田猎"即畋猎。

㉛方：正当。

㉜窃窃然：明察的样子。

㉝牧：牧夫，用指所谓卑贱的人，与高贵的"君"相对。固：鄙陋。

㉞吊诡：奇特，怪异。

㉟旦暮：很短的时间，含有偶然的意思。

㊱若：你，即说话人的对方瞿鹊子；"我"则为说话人长梧子。

㊲不若胜：即不胜你。

㊳而：你。

㊴ 暋：昏暗不明的样子。

㊵ 谁使：使谁，古汉语，疑问代词作宾语放在动词前。

㊶ 彼：这里讲作另外的什么人。

㊷ 化声：变化的声音，这里指是非不同的言论。这一句及至"所以穷年也"，计五句二十五字，旧本原在下段中部"然若果然也"之前，今据上下文意和多本校勘意见前移于此。

㊸ 倪：分，"天倪"即天然的分际。

㊹ 因：顺应。曼衍：变化发展。

㊺ 所以：这里讲作"用这样的办法来……"。穷：尽，终了。

㊻ 年：概指生死。义：概指是非。

㊼ 振：畅。竟：通"境"，境界、境地。

㊽ 寓：寄托。

## 【译文】

瞿鹊子向长梧子问道："我从孔夫子那里听到这样的谈论：圣人不从事琐细的事务，不追逐私利，不回避灾害，不喜好贪求，不因循成规；没说什么又好像说了些什么，说了些什么又好像什么也没有说，因而遨游于世俗之外。孔夫子认为这些都是轻率不当的言论，而我却认为是精妙之道的实践和体现。先生你认为怎么样呢？"

长梧子说："这些话黄帝也会疑惑不解的，而孔丘怎么能够知晓呢！而且你也谋虑得太早，就好像见到鸡蛋便想立即得到报晓的公鸡，见到弹子便想立即获取烤熟的斑鸠肉。我姑且给你胡乱说一说，你也就胡乱听一听。怎么不依傍日月，怀藏宇宙？跟万物吻合为一体，置各种混乱纷争于不顾，把卑贱与尊贵都等同起来。人们总是一心忙于去争辩是非，圣人却好像十分愚昧无所觉察，糅合古往今来多少变异、沉浮，自身却浑成一体不为纷杂错异所困扰。万物全都是这样，而且因为这个缘故相互蕴积于浑朴而又精纯的状态之中。

"我怎么知道贪恋活在世上不是困惑呢？我又怎么知道厌恶死亡不是年幼流落他乡而老大还不知回归呢？丽姬是艾地管理疆界的官员的女儿，晋国征伐丽戎时俘获了她，她当时哭得泪水浸透了衣襟；

等她到晋国进入王宫，跟晋侯同睡一床而被宠为夫人，吃上美味珍馐，也就后悔当初不该那么伤心地哭泣了。我又怎么知道那些死去的人不会后悔当初的求生呢？睡梦里饮酒作乐的人，天亮醒来后很可能痛哭饮泣；睡梦中痛哭饮泣的人，天亮醒来后又可能在欢快地逐围打猎。正当他在做梦的时候，他并不知道自己是在做梦。睡梦中还会卜问所做之梦的吉凶，醒来以后方知是在做梦。人在最为清醒的时候方才知道他自身也是一场大梦，而愚昧的人则自以为清醒，好像什么都知晓什么都明了。君尊牧卑，这种看法实在是浅薄鄙陋呀！孔丘和你都是在做梦，我说你们在做梦，其实我也在做梦。上面讲的这番话，它的名字可以叫作奇特和怪异。万世之后假若一朝遇上一位大圣人，悟出上述一番话的道理，这恐怕也是偶尔遇上的吧！

　　"假使我和你展开辩论，你胜了我，我没有胜你，那么，你果真对，我果真错吗？我胜了你，你没有胜我，我果真对，你果真错吗？难道我们两人有谁是正确的，有谁是不正确的吗？难道我们两人都是正确的，或都是不正确的吗？我和你都无从知道，而世人原本也都承受着蒙昧与晦暗，我们又能让谁做出正确的裁定？让观点跟你相同的人来判定吗？既然看法跟你相同，怎么能做出公正的评判！让观点跟我相同的人来判定吗？既然看法跟我相同，怎么能做出公正的评判！让观点不同于我和你的人来判定吗？既然看法不同于我和你，怎么能做出公正的评判！让观点跟我和你都相同的人来判定吗？既然看法跟我和你都相同，又怎么能做出公正的评判！如此，那么我和你跟大家都无从知道这一点，还等待别的什么人呢？辩论中的不同言辞跟变化中的不同声音一样相互对立，就像没有相互对立一样，都不能相互做出公正的评判。用自然的分际来调和它，用无尽的变化来顺应它，还是用这样的办法来了此一生吧。

　　"什么叫调和自然的分际呢？对的也就像是不对的，正确的也就像是不正确的。对的假如果真是对的，那么对的不同于不对的，这就不需去争辩；正确的假如果真是正确的，那么正确的不同于不正确的，这也不需去争辩。忘掉死生忘掉是非，到达无穷无尽的境界，因此圣人总把自己寄托于无穷无尽的境域之中。"

**【原文】**

罔两问景①曰："曩②子行，今子止；曩子坐，今子起；何其无特操③与？"

景曰："吾有待④而然者邪？吾所待又有待而然者邪？吾待蛇蚹蜩⑤翼邪？恶识所以然？恶识所以不然？"

昔者庄周梦为胡蝶⑥，栩栩然⑦胡蝶也，自喻适志⑧与，不知周也。俄然⑨觉，则蘧蘧然⑩周也。不知周之梦为胡蝶与？胡蝶之梦为周与？周与胡蝶则必有分矣。此之谓物化⑪。

**【注释】**

①罔两：影子之外的微阴。景：影子；这个意义后代写作"影"。

②曩（nǎng）：以往，从前。

③特：独。操：操守。

④待：依靠，凭借。

⑤蚹（fù）：蛇肚腹下的横鳞，蛇赖此行走。蜩（tiáo）：蝉。

⑥胡蝶：亦作"蝴蝶"。

⑦栩栩然：欣然自得的样子。

⑧喻：通"愉"，愉快。适志：合乎心意，心情愉快。

⑨俄然：突然。

⑩蘧蘧（qú）然：惊惶的样子。

⑪物化：事物自身的变化。根据本段文意，所谓变化即外物与自我的交合，推进一步，一切事物也都将浑而为一。

**【译文】**

影子之外的微阴问影子："先前你行走，现在又停下；以往你坐着，如今又站了起来。你怎么没有自己独立的操守呢？"影子回答说："我是有所依凭才这样的吗？我所依凭的东西又有所依凭才这样的吗？我所依凭的东西难道像蛇的腹鳞和鸣蝉的翅膀吗？我怎么知道因为什么缘故会是这样？我又怎么知道因为什么缘故而不会是这样？"

过去庄周梦见自己变成蝴蝶，欣然自得地飞舞着的一只蝴蝶，感到多么愉快和惬意啊！不知道自己原本是庄周。突然间醒来，惊惶不定之间方知原来是我庄周。不知是庄周梦中变成蝴蝶呢，还是蝴蝶梦见自己变成庄周呢？庄周与蝴蝶那必定是有区别的。这就可叫作物、我的交合与变化。

## 【解析】

春秋战国时期，诸子百家从各自立场出发，展开了一次次针锋相对的争辩。他们为了给自己的学说赚得立足之地，殚精竭虑，口诛笔伐，相互非难。只有庄子浅唱低吟，避开了尘世的扰攘。他认为这些争辩不休的学者就像争着"朝三暮四"或"朝四暮三"的猴子一样，其"名"与"实"并没有因争论而改变。所以他在开篇即提出一个命题："吾丧我"。

庄子要齐同物论，非先忘"我"不可。"吾丧我"，表现在外，是"形同槁木"；表现在内，是"心如死灰"。"丧我"，并非要丧失自我，而是要去掉纷繁芜杂的"诸我"，复归生命本源的虚静灵台。那便是一个澄明净澈的本我，亦即文中所谓的"吾"。

美国作家梭罗在《瓦尔登湖》中写道："只有我们迷了路，换句话说，只有我们失去了这个世界，我们才会发现自己，才会欣赏到大自然的宏伟与奇特，才会意识到自己的处境和我们之间的关系。"当我们孩提时代树立起来的生命理想一个个破灭，当我们扮演着各种社会的、人生的角色却偏偏迷失了自己，当我们经历了诸多苦痛、忧患、孤寂与变故之后，才会感受到赤子情怀的可贵，才会感受到那宛若"长烟一空，皓月千里"的灵台（心）的质朴与纯净。行进在人世中，只觉得"来世不可待，往世不可追"，仿佛举步维艰，既不能逾越，又不可逃，似乎只得低着头，一步一步向前走：其实终究只因为放不下这个"我"。平凡人总会追问：究竟是庄周做梦化成了蝴蝶，还是蝴蝶做梦变作了庄周？而蝴蝶从不疑惑，它飞！

南郭子綦是悟道之人，他由"吾丧我"引发开去，导出"三籁"：天籁与地籁相应，地籁与人籁相应。自日月星辰、山河大地以至于人身，都是一个大和谐。人籁、地籁是"有声之声"，众人都能听到；而天籁则是"无声之声"，只有至人才能感受。所谓"天籁"，也就是消除了人间种种"是非""成心"，达到物我两忘的超然境界。音乐来自虚空的乐器，朝菌来自虚空的地气，喜怒哀乐也都如虚空，不知从何处而来，只在朝朝暮暮，困扰着我们的心灵。我们一味任性，不停地驰骛追逐，浑然不觉生命最核心的本质已渐行渐远，天真亦已丧失殆尽。庄子失望与恸心之余，不禁发出慨叹："人之生也，固若是芒乎？其我独芒，而人亦有不芒者乎？"一个有限的小我处在苍茫的宇宙中，每天都有希望的光在引导我们前行，又总是有惨痛的心火在炙烧；排解不开那漂泊无踪的悲哀，更消解不了"前不见古人，后不见来者"的孤冷寂寞。但庄子不退却，也不卸下任何重担，他只是直面，只是承担。泰戈尔的话在此得到了验证："最孤独的也是最坚强的。"

庄子强调人和宇宙对话，他的精神追求便是"天地与我并生，而万物与我为一"。大道遍及万物，既不要自我封闭，也不要以人类为中心；在天地之间，众生平等，是为"齐物"。在庄子看来，人世间的种种价值都是偶然的，会随着不同的判断标准而改变，"彼亦一是非，此亦一是非"，没有"错"哪来"对"，没有"死"哪来"生"，没有"丑"哪来"美"，没有"分"哪来"合"……所以他认为，应该去除"成心"，打破事物间的对立，最终达到"同一"。

鲁迅先生说："这世上本没有路，走的人多了，也便成了路。"联想到《齐物论》，就能明白，物与物之间本也没有差别，人与自然本也没有矛盾，是非异同都是我们一点一滴找出来的，认同的人多了，也就成了习惯，成了所谓的"标准"，但天地万物的本性并不因此而有丝毫的增损。

在庄子心目中，古人的智慧达到了完美的境界，能体悟大道根源于未始有物之前，而后人有了是非、彼此的观念，则使大道日益亏损而隐没了，即所谓"道昭而不道"。圣人总能含光敛耀，以不辩为怀；而众人则喋喋不休，以争辩夸示于世。庄子怀着纯然之心想"齐物论"，却也说自己既要开口，便和他们是同一类了。思维总难以突破语言的边界，庄子"妄言之"，可叹"孰令听之"？！连他自己都说：我谈的这番道理，可以称为吊诡，万世之后能遇到一位能悟解这番道理的大圣人，就已经像是在旦暮之间了。张爱玲说："因为懂得，所以慈悲。"而庄子则是"情到深处人孤独"。因为看得透彻，所以各家争吵不休的是是非非，在他眼中只是个虚幻的旋涡，他写下一段"辩无胜"的说辞，遗世独立其外，放眼于更广大的宇宙人生。

当我们全身心地与宇宙合一，融入生命的运化循环之时，我们已无须条分缕析地去认识这个世界，因为此时，认识与认识者都不复存在了。正如在尘世中，当一个人爱时，他便对所爱只感一片混沌；而在恨里，却时刻记得"我心被伤，如草枯干"（《圣经》），得失祸福，历历分明，套上了层层人为的枷锁。

人生如梦：醒是梦，醉是梦；生是梦，死亦是梦。清醒如庄子，何出此言？实乃痛定思痛，痛何如哉！谁也不知道，这一刻的欣喜是否会成为下一刻哀愁的源头；多少欢乐，多少悲凉，总归于虚无的泡影。觉不比梦实在，梦也不比觉虚幻。庄子的蝴蝶翩翩地在空中飞扬，"飘飘乎羽化而登仙"。美，是人间不灭的光辉，这也是诗意的庄子在万物齐一的观念下，梦醒后化作悠游自在的蝴蝶而非他物的最终缘由了。

附：古人鉴赏选

钧天之乐，鞶轕铿锵。常山之蛇，首尾相望。驱车长坂，倏尔羊肠。过脉微眇，结局广洋。寻其正眼，开卷数行。……首尾照应，断而复连。藏头于回顾之中，转意于立言之外。于平易中突出多少层峦叠嶂，令人应接不暇。奇哉妙哉！（明·陆西星《南华真经副墨》）

文之意中出意，言外立言，层层相生，段段回顾，倏而羊肠鸟道，倏而叠嶂重峦。世儒见之，每不得其肯綮，辄废阁不敢复道，此犹可恕；乃敢率臆曲解，割裂支离，俾千古奇文，埋没尘土。呜呼，庄叟当日下笔落想时，原不许此辈轻易读得也，又何怪焉！（清·林云铭《庄子因》）

写地籁忽而杂奏，忽而寂收，乃只是风作风济之故。以闻起，以见收，不是置闻说见，止是写闻忽化为乌有，借眼色为耳根衬尾，妙笔妙笔！初读之，拉杂崩腾，如万马奔趋，洪涛汹涌；既读之，希微杳冥，如秋空夜静，四顾悄然。写天籁，更不须另说，只就地籁上提醒

一笔，便陡地豁然。(清·宣颖《南华经解》)

须看其通篇大势，前半顺提，中间总锁，后半倒应，千变万化，一线穿来，如常山之蛇，击首尾应，击尾首应，击中则首尾皆应也。(清·孙嘉淦《南华通》)

前以"丧我"发端，见我身且非我有，安用哓哓辩论？后以"物化"作结，见彼此皆属幻形，还他空空无着。如此设想，真觉古今来高论危言，一切皆可听其有无也。(清·刘凤苞《南华雪心编》)

前幅借子游问答，揭出人籁、地籁、天籁，暗影物论，已伏不可齐之根。而以天籁为化机，全在"无"字句处领会，纷纶妙义，不落言筌。"大知闲闲"以下，承"丧我"意，层层透发，寻出一个"真君"，与天籁互相勘合。天籁以无声而运化有声，真君以无形而主使有形。执定有声，则万籁之怒呺，不过一瞬；执定有形，则终身之疲役，不过百年。然则人世间本无可据之形声，又安有可齐之物论哉？随提出无有为有一等人，切指受病之处，痛下针砭，将物论一齐推倒，语重心长。(同上)

其用笔忽纵忽擒，忽起忽落，节节凌空，层层放活，能使不待齐、不必齐、不可齐、不能齐之意，如珠走盘，如水泻瓶，如砖抛地，乃为发挥尽致也。末幅撰出"罔两问景"一层，骤读之，不知从何处落想，细玩之，分明是"吾丧我"三字，顶上圆光，空中变相，眼光直射题巅，而真宰已了然言下矣。随借庄周梦为蝴蝶，现身说法，齐而不齐，不齐而齐，而以"物化"一句结住通篇，更从何处拟议分辨？仙乎仙乎，非庄生无此妙境也！(同上)

此与"濠梁观鱼"一段，文心同为超妙。但彼是一片机锋，全身解数，此是浑沦元气，参透化机，虽同一语妙，而其泄天地之奥，则《齐物论》末段独臻上乘也。(同上)

## 【证解故事】

### 与自然万物融为一体

做到心神融洽不泥迹象，你会很快进入一个新境界，不但学到了知识，你的事业也会豁然开朗。读书做学问同样如此，既需要独立于身边万物的心智，又要使自己全身心地投入其中，并与自然万物及社会万事融为一体。

北魏孝文帝，他是一位了不起的少数民族政治家，以从汉俗进行民族融合而闻名的。这位皇帝有一个突出的爱好，喜欢咏诗作赋。史家对他这一爱好不知所由，因为他生在北疆，五岁登基，不可能受过老师的严格训练，却能有较深的文学造诣，是一般理论解释不了的。

像魏孝文帝这样的有名君王，史书自然不乏溢美之词，但很多史实并非虚构。比如说："手不释卷，在舆据鞍，不忘讲道。""帝善属文，多马上口占，既成，不更一字。""不更一字"恐怕有些夸张，但口授成文恐怕不会假。史书上还具体描写了孝文帝咏诗作赋的场面。孝文帝率兵攻打悬瓠，在和众大臣饮酒时互相以诗助兴，应酬答对。孝文帝率先作诗说："白日光天兮无不曜，江左一隅独未照。"彭城王元勰紧接着说："愿以圣明兮登衡会，万国驰诚混日外。"郑懿说："去雷大振兮天门辟，率士来宾一正历。"在众臣应对后，孝文帝又咏诗道："遵彼汝坟兮昔化贞，未若今日道风明。"

他把对文学的爱好化作辛勤的创作活动，把自己的文集赠给大臣刘昶作纪念，并且说："虽然这里面的文章有很多是不符合文理要求的，但浓厚的兴趣又不能使我因无知而停止写作，所以这本书赠给你，暂且作为你茶余饭后的笑料吧。"大臣崔挺从外地来到孝文帝居住的地方，孝文帝对他说："自从和你分别到现在，眨眼之间两年已经过去了。我所写的文章已经汇成了一个小集子，现在把副本送给你。"

魏孝文帝又把卓越的文学才能施展于政治斗争之中，从太和十年后的十四年间他亲自起草了全部治册，为统一北方增强民族团结做出了贡献。

## 忍和让是处世的基础

我们在用词时，经常把"忍"与"让"相连接。琢磨之下，忍与让之间的确是有区别的。忍，主要是就个人的精神心理承受度来说的，忍与不忍，忍得住与忍不住，往往就是一念之间的事，是一种内心的活动。如韩信忍得胯下之辱，就是如此。让，则更多地表现在个人的具体行为上，总会有相应的行为表现，如讲某人很会谦让。则这种谦让就必定体现在他的微笑的面庞、文雅得体的礼貌语言与谦恭的礼让动作等方面。所以，"忍"是"让"的思想基础，让则可视为忍的具体表现。

让，作为一种谦虚的美德，适用的范围很广泛，不仅限于交际中，还可涉及众多的领域，在多方面多层次上表现出智者的胸怀。

让有层次的不同，它有很多种，而具有普遍意义的，还是日常交际应酬中的退让。如在购物与乘车中，男士们讲究"女士优先"，是一种基本的让；在发生危难时，让妇女与儿童优先撤离，就更是一种反映出人类的良知的让。再如在单位分房中，在职称评定中，乃至在家庭成员中对内部事务的处理等方面，多一些退让与谦让，就会防止出现同窗反目、兄弟结仇的结局，可防止结怨双方出现那种不正常的一辈子"老死不相往来"的局面，从而有利于每个人的学习、生活与工作。

这种忍让还可以引申到生活中的诸多方面，读者诸君当会结合自己的生活，逐渐发现退让之举，原是可应用在日常交际应酬的更多场合，会带来更多意料不到的良好效果。这里关键之处，在于从小事做起，从一点一滴开始培养。

还有必要具体分析一下让的两种不同的对立面。一个是值得提倡的"当仁不让"，这就是在集体、国家和民族利益需要个人的奉献时，在面临着棘手的工作、困难的局面时，每个人都应当仁不让，有毛遂自荐般的勇气、胆识与行为，在自己熟习的领域，以自己的微薄之力来尽到自己的义务，完成自己的职责使命，这绝对是值得鼓励的。另一种是要防止和杜绝可能结下仇恨的不退让，罗密欧与朱丽叶的爱情悲剧，之所以能产生，主要原因就在于这两个青年男女所分属的两大家族，没有解开历史的结怨，彼此互不相让，彼此攻击角斗不止，终致用仇恨来扼杀了罗密欧与朱丽叶所培植起来的美丽的爱情之花，其中的悲剧意义、警世作用却是明确的，也是深刻的。对于意气之争，尤其不应意气用事，避免图一时之快而遗恨千古。

## 顺其自然

天地虽然大，它们的运动和变化却是均匀平衡的；万物虽然多，它们的条理却是一致的；百姓虽然多，但他们的主宰者却是国君。国君管理天下要以顺应事物为根本而成功于自然，所以说，远古的君主治理天下，一切都出自无为，顺其自然就是了。

古时候养育百姓的君主不贪欲，天下就可以富足；自然无为，万物便将自行发展变化；清静不扰，百姓便能安定。以道的观点来看待言论，天下的名称都合理；以道的观点来看待职分，君臣各自承担的道义就非常明确了；以道的观点来看待才能，天下的官员都尽职尽责；以道的观点广泛地观察，万物的对应都齐备。所以，通达于天的是道；顺应于地的是德；周行于万物的是义；上位的治理人民是各任其事；才能可得到充分发挥的是技巧。技巧合于事，事合于义理。义理合于记，德合于道，道合于天。

庄子说："道，是覆盖和托载万物的，多么广阔而盛大啊！君子不可以不剔去成心去效法。以无为的态度去做就叫自然，以无为的态度去说就叫顺应，爱人利物就叫作仁爱，让各不相同的事物回归同一的本性就叫作大，行为不与众不同叫宽容，心里包容着万种差异就叫作富有。所以执持自然赋予的禀性就是纲纪，德行实践就是建立，遵循于道就是全备，不受外物挫折心志就是完全。君子明白了这十个方面，就是包容万物心地宽大广阔，而且像滔滔的流水汇集一处成为万物的归往。像这样，藏金于深山，沉珠于深渊，不贪图财物，也不追求富贵，不把长寿当成是快乐，不把夭折看成是哀伤，不把通达看成是荣耀，不把穷困看成是羞耻，不把谋求举世之利作为自己的追求，不把统治天下看成是自己处于显赫的地位。显赫就是炫耀。万物最终必定自于同一。死和生也并没有区别。"

庄子还说："道，深渊是它的居处，是清澈明澄的。钟磬不敲就无法鸣响。所以，钟磬有声，不敲不鸣。万物的感应谁能确定它的性质。""盛德的人，应该是持守素朴的真情往来行事而以通晓琐细事务为羞耻，立足于固有的真性而智慧通达于不测的境地。因而他的德行广远，他心思起作用，也是由于外物的交感。因而他的形体若不凭借行动就不可以产生，他的生命如果没有德行就不可明达。保全形体，充实生命，树立盛德、彰明大道，这岂不就是盛德吗！浩大啊！忽然显露，突然而动，万物都紧紧地跟随着呢！这就是具有盛德的人。"道，看上去是那么深远，听起来又是那么寂然无声。深远之中，却能看见明晓的真迹，无声之中，却可听到万窍唱和的乐音。深而又深之中却能产生万物，玄妙而又玄妙之中却能产生精神；所以道和万物相连接，道体虚寂却能供应万物的需求，时时驰骋不已却能成为万物的归宿。"

宇宙刚刚起源的时候，一切都存在于"无"，没有"有"，也没有名称；道的开始呈现混一的状态，混一的状态还没有成为形体。万物从混一的状态中产生，这便是"德"；没有成形体时却有阴阳之分，不过阴阳的交合是十分吻合而没有缝隙的，这便称为"命"；阴气静止阳气运动化生万物，万物生成便具有各种样态，这就称为"形"；形体保有精神，各有轨迹与法则，这就称为"性"。性经过修养再返归"德"，"德"同于太初。同于太初心胸便会虚豁，虚豁就包容着广大。浑合无心之言，无心之言的浑合，这便与天地融合为一而共存。这种融合没有痕迹，好像蒙昧又好像昏暗，这就称为深奥玄妙的大道，同于自然。

庄子问老子说："有人修道却与大道相背，将不可的说成可，将不是的说成是。善于辩论的人说：'分离石的质坚和色白好像高悬在天下宇宙那样容易看得清楚。'这样的人能称为圣人吗？"

庄子说："这样的人如同聪明的小官工作时被技能所累，让身躯劳顿，心神迷乱。捕狸的狗被人拘系，猿猴因为灵敏才被人从山林里捕捉回来。孔丘，我告诉你，你所不能够听到和你所不能够说出的道理。凡是具体的人，无知无闻的多，有形的人和无形无状的道共同存在是绝对没有的。运动、静止、死亡、生存、衰废、兴盛，这六种情况全都出自自然，而却不知其所以然。若真的存在着什么治理，那也是人们遵循本性和真情的各自活动，忘掉外物，忘掉自然，那么就会忘掉自己。忘掉自己的人，称为与自然融为一体。"

孝子不奉承他的父母，忠臣不谄媚他的国君，这是忠臣、孝子的最好表现。父母所说的都给予肯定，父母所做的都加以称赞，世俗便称他为不肖之子；君主所说的都加以应承，君主所做的事都加以奉迎，世俗便称他为不肖之臣。而不知道这样的行为真的是必然妥当的吗？世俗上所认为是的就认为是，所以为对的就认为对，却不称他们为谄谀的人。然而，世俗的观念和看法难道比父母更可敬，比君主更可尊了吗？

有人说自己是个谄媚的人，定会勃然大怒、顿时变色，说自己是阿谀的人，便脸色大变产生怨恨。然而终身谀媚的人，比喻修辞以博取众人的欢心，却始终辨认不出过错。穿上华丽的衣裳，绣制斑斓的纹彩，打扮艳丽的容貌，来谄媚一世，自己却不认为是阿谀，与世俗人为伍，符合是非观念，然而又不把自己看作是普通百姓，愚昧到了极点。知道自己是愚昧的人，不是太愚昧；知道自己是迷惑的人，不是太迷惑。太迷惑的人，终身不解悟；太愚昧的人，终身不晓得自己的愚昧。

三个人一道行走而有一个人迷惑，所要去的地方还是可以到达的，因为迷惑的人少；要是三人中有两个人迷惑，就会徒劳而不能达到，因为迷惑的人多。现在天下人全都迷惑不解，我虽然祈求有向导，也不可能得到帮助。这不令人可悲么！

高雅的音乐，世俗的人是不可能欣赏的，民间小曲，世俗人听了便会高兴弟笑起来。所以崇高的言论是不会被世俗的人内心接受的，而至理名言也不会从世俗人口中说出来，因为被流俗的言论所掩盖。要是让其中两个人迷惑而裹足不前，所要到达的地方也到达不了了，如今天下的人都迷惑，我虽然有祈求的向导，又怎么能达到呢！明知道达不到还要勉强去做，这又是一大迷惑呀，所以还不如弃置一旁不予推究。不予推究，谁和我同忧！丑陋的人半夜生孩子，赶快找人来照看，心里十分着急，唯恐生下的孩子像自己。

百年的大树，伐倒破开做成祭祀用的酒器，用青黄彩色来绘出花纹，余下的断木被弃置在沟中。青黄彩色的精美酒器与弃置沟中的断木比起来，美丑是有差别的，然而从失去原有的本性来看却又是一样的。夏桀、盗跖和曾参、史鱼，他们的行为好坏是有巨大差别的，然而从他们失去人所固有的本性来看却是一样的。

失去本性可列为五种：一是五色扰乱视觉，使得眼睛不明；二是五声扰乱听觉，使得耳朵不灵敏；三是五种气味熏扰嗅觉，袭刺鼻腔直通于嗓；四是五味败坏味觉，使得口舌受到损伤；五是好恶迷乱心神，使得心情轻浮躁动。这五种情况都是生命的祸害。

然而杨朱、墨翟用尽心力想出人头地自以为有所得到，并不是我所说的自得。得到什么反被这所得所困扰，这可以说是有所得吗？那么大斑鸠小斑鸠在笼子里，也可以算是自得了。况且取舍于声色的欲念像柴草一样塞满内心，冠冕、朝服，拘束体外，内心塞满了栏栅，体外被绳索捆了一道又一道，眼看在绳索捆缚之中自以为有所得，那么罪犯反绑着双手，虎豹被关在兽槛里，也可以算作自得吗？

## 无过无不及

对圣人最高的评价是中庸，无过无不及是处世的最高准则。然而，要想做到轻重适度、缓急适宜，又谈何容易，只有经过长期修炼的人才能达到这一境界。切记：要对各种偏材取长补短，以他们的才能来补充自己的才能，才是实现中庸的真正途径。

人的本质是出于情性，关于情性的道理，非常玄妙而深奥，如果没有圣人超常的洞察力，又有谁能够探究清楚呢？凡是有血气的生命，没有不包含天地混元之气为其本质的，没有不秉承阴阳两面的因素而树立根性的，没有不容纳金、木、水、火、土五种元素而成形的。如果具备了形貌气质，就可以探究其本性了。中正平和作为人的气质最为可贵，中正平和的气质必然平淡无味，但正是因为如此，才能够使人体内的金、木、水、火、土五行和谐，变化顺畅无碍而又能够适应客观规律。因此。观察一个人的气质，一定先看他是否平淡和缓，然后再看他是否聪明睿智。所谓聪明睿智，是天地阴阳的精华。阴阳之气协调清和，内能够睿智，外能够明察。圣人淳朴聪明，能够兼备平淡与聪明两种美质。了解事物显露的一面和隐藏的一面，不是圣人不能够做到两全其美。

洞悉明白一切的人，能够通晓进退应变的关键，而缺乏深思远虑；老谋深算的人，能够体味静默安处的玄机，但不知迅捷与机变的道理。这就像火日生辉，明焰外照，不能够看见内部的东西；金水相生，荧光内映，不能够照射外面的东西。这两者之间的不同，正是阴阳区别的象征。

如果衡量一个人的才能资质，可用五行的道理去考核，五行的各种征象，也体现在人的身体和气质之中。人生与五行是这么一个对应顺序，木为骨，金为筋，火为气，土为肌，水为血。人体所具备的金、木、水、火、土五种特征，各有各的特点和作用。因此，骨骼坚挺而柔韧，就叫宏大刚毅，宏大刚毅是"仁"的内质；气质清新而明朗，就叫文雅，文雅是"礼"的根本；体性端正而坚实，就叫坚贞不移，坚贞不移是"信"的基础；筋腱强劲而精壮，就叫果敢勇武，果敢勇武是"义"的先决条件；血色平和而通畅，就叫体察幽微，体察幽微是"智"的本源。由五种体质形成五种恒定的性分，所以称之为五常，即仁、礼、信、义、智。

五常的区别，可分列为五种品德。因此，温和直率而又坚毅果断，属于木德；刚健信实而宏大坚毅，属于金德；朴实恭谨而端肃有礼，属于水德；宽厚肃穆而又柔顺坚定，属于土德；简明顺畅而又明识砭割，属于火德。虽然人的才德类型众多，变化无穷，仍然本于这五种品质。

刚强柔和，明晰畅达，坚贞稳固的征象，在人的形貌容姿上能够显露出来，外现于人的言语声色，发自于人的内在情感，各与它们的表现相协调。因此，心性耿直忠诚观其仪容就显得坚定有力；心性简洁而善于决断的，其仪容就显得奋进勇猛；心性坦然平和，其仪容就显得安详闲适。仪容的变化，与各种不同的状貌举止相适应。姿容端直，就会勇武刚强；姿容美善，就会谨慎庄重；姿容肃穆，就会恭敬威严，气宇轩昂。

内心的气质决定人的仪容动作，是心神气质的象征，又体现为声音的变化。气质相合形成声音，不同的声音应和不同的乐律。有平缓和顺之声，有清润舒畅之声，有连绵回旋之声，声音因气的贯通而顺畅,容貌神色应声律而显现。因此,真正仁爱的人,必定会有谦恭柔和的神色;真正勇敢的人,必定会有威严激奋的神色;真正富有智慧的人,必定有明智通达的神色。面色变化表现于形貌,是精神外显的表征。精神显为形貌,就像情感从你的眼睛向外流露一样。因此,"仁"就表现为眼的精气凝聚,显得目光诚实,端庄朴实;"勇"是胆的精气凝聚,目光有神,孔武有力。

这些人的体貌特征都超过了精神气质,所以他们都是偏至之材。所以气质过胜而不精粹,做事情就不易成功。因此,正直而不柔和就会显得呆滞;强劲而不精细就会显得鲁莽;固执而不端正就会显得愚暗;气势充沛而不清朗平和,就会超越限度;畅达而不平正,就会放纵失度。而具有中庸品质的人,与此不同。这样的人,金、木、水、火、土五行具备,并使之和谐相处,包容于平淡之中。仁、礼、信、义、智五种品质充实于内心,心、肺、肝、脾、肾五脏精气彰显于外,因此眼睛辉耀着五彩的光芒。所以说,事物的产生发展都有它的外在特征,而形貌又相应体现于内在的精神。能够把握住精神,就能够穷究事物的义理、人物的本性。

总的来看,人之性的变化,有九个方面的征象。平正或偏颇的气质源于神明;聪慧或愚钝的气质源于精气;勇敢或怯懦的气质源于筋脉;强健或纤弱的体魄源于骨骼;急躁或沉静的气质源于气血;悲伤或愉悦的情绪源于面色;衰殆或肃穆的形象体现于仪表;造作或自然的举止体现于容貌;和缓或急切的状态体现于言语。为人宁静淡泊,内心敏慧,外表清朗,筋骨强健坚挺,声音和神色清润怡悦,仪表庄重,容貌端正。

如果这九种特征都具备的人,就是德才兼备的人才。如果九种征象相互违谬,就只能够称为偏杂之材。偏才、兼才、兼德的三种情况不同,它们相应的才德也就各不相同。所以,偏才的人,以某一专长立名;兼才的人,往往以某一品德见称;而兼有各种美德的人才,往往具有美好的称号。因此,有兼德又能达到完美的境界,就称为中庸。

## 学会冷静处理麻烦

清代，有一个新娘面对死于非命的盗贼，略施小计，避免了一场难打的官司。

洞房花烛之夜，两个新人刚要歇息，忽然从墙壁上发出了一种异样的响声，新娘吓得脸色发白，抖抖索索地缩成了一团，新郎则屏息敛声地侧立门后，一边准备应付一边观察着动静。过了会儿，响声停止了，新郎点亮灯火，待要查看时，突然，房间一根粗大的木头倒了，只听"哎哟"一声惨叫，新郎新娘吓了一跳。新郎鼓鼓勇气，移灯一看，原来木头砸了一个人，头都扁了。待再细看，发现这盗贼是他们的邻居。事实很清楚：他想凿开壁洞，意欲偷盗，不料被一根木头夺去了性命。

看见尸体，新郎倒吓得浑身发抖了。他害怕由此引来官司，人死在他家，大堂之上说不清道不明，这无头无绪的官司，打起来可麻烦了。这时，新娘反倒冷静下来，她宽慰丈夫："这是他自己寻死，我们不告他盗窃就便宜他了。至于这尸体，我想这么办——"她对丈夫耳语了一会，丈夫脸上显出了轻松之色。于是，便依照妻子的交代，腾出一个箱子，把窃贼的尸体放入箱内，又加了一把大铜锁。趁夜色，两人把箱子悄悄地抬到贼家门口，敲了几下便迅速离开了。

且说贼妻听见敲门声，以为丈夫回来了，急忙开了门。见门口有个大箱子不胜欢喜，她瞅瞅四周无人，忙拖进了屋，见锁着大铜锁，心想一定是贵重之物，待丈夫回来再作处理吧！

等了两天，仍不见丈夫回来，贼妻心中犯疑，那时正值酷暑，箱子周围苍蝇哄哄，贼妻愈发不安，又等了两天，便闻到了一股异味，她惊恐地用锤头砸开锁，打开箱子一看，顿时呆住了：丈夫的尸体已经开始腐烂！贼妻悲痛欲绝又不敢放声大哭；想告官却又说不清丈夫死于谁手。且箱子在家多日，一旦被官府认定丈夫是她所害，又怎么能说清这事呢？说丈夫去偷窃被人杀了，还不是照样吃官司吗？罢了，自认倒霉吧！于是，她草草葬了丈夫，只身潜逃他乡度日去了。新郎新娘得知此讯，都放下心来了。

俗话说：做贼心虚，新娘就是利用这点来避免了本身的麻烦，同时又以绝后患。我们在遇到问题时，既然不能够逃避，那么就冷静地处理吧。

## 做事要三思而后行

古人云："小心谨慎者，必善其后，畅则无咎也。"意思是说凡是小心谨慎的人，事后必定谋求安全的方法，因为只要戒惧，必然不会犯下过错。这就要求我们做事三思而后行，不能鲁莽行事。

郑国的子产任相国后，巧妙地化解了一次强国入侵的危急。在郑国南面的楚国是个大国，总想欺负比自己弱的郑国。后来，郑国的大夫公孙段把女儿许配给楚国的公子围。公子围也答应了。郑国许多人都挺高兴，以为郑国成了楚国的亲戚，就不会受楚国的欺负了。子产可不这么看，他认为楚国不会为了一个女孩子，就放弃消灭郑国的野心，所以仍然时刻提防着楚国。

过了些日子，楚国通知郑国，要派大队兵马到郑国迎亲，还要举行隆重的婚礼。郑国人欢天喜地，准备迎接楚国的迎亲队伍。子产知道以后，心想，迎亲就迎亲吧，何必要派那么多军队来呢？楚国一定不怀好意，想借娶亲的机会，攻占郑国的都城。于是，他立刻埋伏好人马，防止敌人偷袭。没过几天，公子围果然亲自率领迎亲队伍来了。他招亲是假，想借机打败郑国是真，所以带来不少精兵强将。

这一队人马到了郑国都城下，见城门紧闭着，都大吃一惊。正在纳闷，子产派了一个叫子羽的大臣出来见公子围。子羽说："我们郑国城小，你们迎亲的人太多。所以请你们就不要进城了，婚礼就在城外举行吧！"

公子围一听，火冒三丈，气哼哼地说："婚礼在野地举行，真是天大的笑话。你们不让我进城，这不是让天下人笑我们楚国无能吗？"子羽想起了子产嘱咐自己的话，就板着脸，不客气地说："直说吧！我们不相信你们。你们真是来娶亲的吗？我们国小不算错误。如果因为国小就想依赖大国，自己不加防备，那就是错了。"

公子围惊讶地问："你这话什么意思？"子羽直截了当地说："我

们同你们楚国结亲，本来想两家友好相处。可你们心眼儿太坏了，想趁机攻打我国，还以为我们不知道吗？"他说着，指了指楚国的军队。公子围听着，低下了头。他见郑国已有准备，只好放弃偷袭计划，对子羽说："你们要是不放心，我让我的士兵把箭袋倒挂着（实际上就是不带箭），进城好了。"子羽把这话报告给子产。子产这才答应让公子围进城。楚国士兵都不带武器，倒挂着箭袋，跟着迎亲队伍规规矩矩地走进了城。这件事，如果不是子产有预见，郑国准得吃大亏。

子产正是做事谨慎才避免了国家的一场大祸。这就启示人们在做事以前一定要考虑周全，以免有不必要的损失。

## 不要让利益左右你的头脑

"螳螂捕蝉，黄雀在后"的谚语大家都听说过，就是告诉大家不要贪图眼前的利益而酿成大错。这就需要当局者不能凭一时的冲动去做事，要量力而行，这样才能收到好的效果。

春秋时期，吴王想出兵攻打楚国。有的大臣劝阻说："楚国正处于强盛时期，现在还不能去和它交战。望大王三思而行。"吴王一心想称霸，此时哪里听得进劝谏之言，拔出寒光闪闪的宝剑厉声说："我已经决心进攻楚国，谁再敢劝阻，我就把他碎尸万段！"吓得大臣们再不敢开口了。

王宫里有个年轻的卫士，认为这次出兵不是正义之战，肯定会失败的，但又不敢面对吴王讲。他想了好几天，终于想出了一个办法。这天，他一清早就走进王宫的后花园。手里拿着一把弹弓，转到东，转到西，连衣服被露水打湿了也毫不在乎。就这样，他在那里转了三天。吴王见了，觉得很奇怪，就把卫士叫到跟前，问："你为什么老在花园里走来走去，把衣服都弄湿了呢？"

卫士恭恭敬敬地说："报告大王，我是在观察一件挺有趣的事呢——花园里有一棵树，树上有只蝉，它在树的高处喝着露水并且得意地鸣叫，却一点儿也不知道有只螳螂藏在它的后边，弯着身子，举着前爪，准备扑上去捉它呢；可是那只螳螂，也完全没有料到，在它的身后有一只黄雀，正悄悄地伸长脖子想去啄；那黄雀根本不知道我正拿着弹弓，正对着它瞄准呢！"

吴王笑道："确实很有趣。"卫士继续说："尊敬的大王，蝉、螳螂、黄雀只想到它们眼前的利益，却没考虑到隐藏在身后的危险啊。"吴王沉默了一会儿，恍然大悟：原来卫士在用寓言来巧谏，想让他停止进攻楚国。他笑笑说："你讲得很有道理。"于是取消了攻打楚国的计划。

吴王能够明白这样的寓意就避免了很大的损失。这也教育我们处事要多方面考虑，不能只顾眼前的利益。

## 给自己留点思考的空间

思考使人成熟，思考使人睿智。每做一件事，都要留有时间静静地思考。只有深思熟虑，落实行动才会变得容易，才能提高办事的效率。盛度节外生枝写诏书就是故意拖延时间，为自己争取宝贵的思考时间。

宋仁宗时，盛度任翰林学士兼史馆撰修，偶尔帮皇上起草点文字。盛度最头疼的是帮助仁宗写诏书。仁宗自幼读书用功，文思敏捷，最看不惯那班半天才琢磨出一句话来的文臣，每次让人代写诏令，都火催火急，并要当他的面完成。而盛度循规蹈矩惯了，作文章喜欢慢慢悠悠，反复修改，斟酌半天，怎合仁宗的胃口？

这一年，天气长久干旱，数月内几个大州郡都不见雨滴。旱情报到朝廷，仁宗决定效法前代圣王，下诏自责，以求上天原宥，普降喜雨，为此，令太监传来盛度。

参拜已毕，仁宗说出意思，命盛度代自己起草一份《罪己诏》。盛度领旨，就要退去撰写。仁宗一摆手，说："盛爱卿就在这里起草吧。"说着他一指旁边的几案，"这样，朕可随时与你商酌，省得来去呈送不方便，又费时间。"

这下子可让盛度犯了难，盛度一向文思迟缓，再加上在皇上面前，心情紧张，仓促之间怎能写得好？但皇上有旨，自己怎好违背，怎么办？他灵机一动，启奏道："臣身体肥胖，趴在几案上喘不过气来。恳请陛下找人抬高桌来，臣才好写。"仁宗一听说得在理，就让太监们去搬高桌子。盛度得此空隙，忙在腹中打草稿，先想想前代史书《罪己诏》的格式，又挖空心思想了几个典故。等桌子找来时，腹稿也已有了，于是展纸磨墨，一挥而就。

仁宗见他没费多少思考就写好诏令，忙令太监取来观看。但见文笔流畅，引经用典，仁宗看了大加夸奖，直说："盛爱卿才思敏捷，文章一挥而就。"盛度趴在地上叩头谢恩，偷偷擦去额上冷汗，哭笑不得地叹了一口气。

盛度巧妙地"节外生枝"，为自己争取了思考的时间，事先打好了腹稿，因此做到了一挥而就，虽是有点无奈，但也是明智之举。

## 不要轻易相信别人

对待传闻要注意辨别真伪，聪明的人善于进行理性分析，愚蠢的人总是把传闻当作自己决策的依据，有时候成与败，就取决于对信息把握的准确度，凡事要考虑前因后果，凡言要考察真假对错，别人的话能否相信，还得进行自己的分析和洞察。

战国时期，周王室日益没落衰微。不仅周天子的号令对诸侯毫无作用，王室内部争权夺位的矛盾也愈演愈烈，最后竟把少得可怜的封地一分为二，各立新君，称作东周和西周。

西周的大臣昌他有心争夺王权，不料泄露了机密，他担心阴谋败露会招致杀身之祸，遂在事发前叛逃到东周。当时，东周王也想扩大自己的疆域，与西周争雄，便把昌他奉为上宾，打算委以重任。昌他一方面要借东周势力保护自己性命，另一方面更想利用东周的军事力量打击西周，报复西周王。因为他熟悉西周所有机密情况，将军国大事一一向东周王诉说，指出灭亡西周并非难事，还为东周王出谋划策，做好待机进攻的准备。东周王大喜，言听计从，一一照办。昌他叛逃后，西周王恨得咬牙切齿，不除掉这个心腹之患，他一日也不得安宁。西周大臣冯且，足智多谋，见西周王为昌他叛逃一事寝食不安的样子，便进宫安慰道："大王不必为昌他忧虑了，臣冯且有办法为王室除掉这个叛逆。"西周王感激地说："先生能为王室除掉叛臣，孤愿举国听命，不知先生要调用多少军队车乘？""不须大王劳师动众，臣挥笔写下一封书信，昌他不日即可人头落地。"冯且轻松地笑了笑，胸有成竹地说。

冯且设下了一条反间计。他收买了一位往来于东、西周做生意的商人，嘱托他带给昌他一封密信，上面写着："事若办妥，当速引兵入境。若急切不能成事，可赶快回来。事不宜迟，拖久恐败露，性命难保。"商人走后，冯且又派人将这一秘密故意透露给东周边境的守将，说今晚有西周奸细扮作商人进入东周。东周守将闻报不敢大意，当晚果然在边境上抓住了那个给昌他送信的商人，搜出了那封密信。东周王看了冯且写给昌他的信，毫不怀疑地认定昌他是西周派来的间谍。为防止他设法逃跑，立即下令把他杀了。

东周王不能对事情进行正确分析，轻信了传言，中了冯且设下的反间计，成为借刀杀人的凶器，替敌人除去了心患。

## 善避谗言，巧获信任

生活中难免会遇到搬弄是非的小人，让人不得不提防。如果一味地宽容，往往会落入小人的陷阱。历史上，多少忠臣被奸佞所害，如可歌可泣的杨继业，民族英雄岳飞。用善良去面对心狠手辣并不值得提倡。所以防人之心不可无，我们要善于辟除谣言，获得别人的信任。

下面要讲的是甘茂巧计避谗的故事。

秦武王雄心勃勃要完成统一天下的大业。有一天，他召集左丞相甘茂、右丞相樗里疾商讨攻打韩国的事，问哪一个丞相愿意带兵出征。右丞相不同意。左丞相说："要打韩国，必须联合魏国才有力量。魏王那里，我可以前去游说。"秦武王同意了甘茂的建议。

甘茂很有口才，很快说服魏王一起发兵攻韩。可是，他担心樗里疾在秦武王面前做小动作，到时攻韩不成还会丢了性命。于是派人向秦武王汇报说："魏王已同意出兵，我们是不是改变主意放弃攻打韩国为好？"秦武王得不到要领，亲自赶到息让这个地方，找到甘茂，问他为什么改变了主意。甘茂说："要战胜韩国，并不是一件轻而易举的事，我国要消耗很多财力，也不是几个月就能结束战争的。如果中途发生了什么变故，不是要前功尽弃吗？""有你主持带兵打仗的一切事务，还担心什么变故呢？"秦武王不以为然地说。

"有些事情的发展是现在难以预料的。历史上曾经有过这样一件事：一个跟孔子的门生曾参同名同姓的人闯祸杀了人，有人去报告曾参的母亲说：'曾参杀人啦！'曾参的母亲正在织布，听了头也不抬地说：'我的儿子是不会杀人的。'过了一会儿，又有人来报告说：'你的儿子曾参杀人啦！'曾母仍旧不相信儿子会杀人。第二个人刚走，第三人又来报告说：'曾参杀人犯了大罪，官府来捕人啦！'这次曾母相信了这个谣言，吓得扔下梭子躲了起来。""左丞相对寡人讲这个故事，这同出兵夺取韩国又有什么联系呢？"秦武王不明白甘茂葫芦里卖的什么药。

"道理很简单，"甘茂解释说，"如果我率领千军万马离开大王身边去攻打韩国，说我坏话的人一定大有人在，万一大王也像曾参母亲那样听信谗言，那么，我的后果可悲不去说他，夺取韩国的大业一定也会付之东流了。"秦武王想了想说："为了让你一心带兵作战，没有后顾之忧，我一定不听信别人的闲言碎语，如若不信，可以给你写个凭证。"

接着，秦武王和甘茂订了一个盟约，就藏在息让。甘茂被拜为大将，领兵五万，先打宜阳城。没有想到五个月都没把城攻下来，右丞相趁机说："甘茂拖延这么长时间，莫非要搞兵变或投降敌人。"秦武王经不住右丞相的挑唆，下令甘茂撤兵。甘茂派人向秦武王送去一封信，上面只写着"息让"两个字。秦武王拆开一看，知道自己轻信谗言动摇了攻韩的决心，觉得很对不起甘茂。于是增兵五万开赴前线，终于攻下了宜阳城。

甘茂能够预料到可能会受到小人的攻击，提前警醒了秦武王，免除了自己的后顾之忧，得到了秦武王的信任和支持，最终攻下了宜阳城。

## 明察秋毫才不会犯错误

不要冤枉一个好人，也不要放过一个坏人。在我们的生活中，只有认真仔细才不会犯错误，而作为一个管理者更应明察秋毫，对待员工要奖罚分明，以免做出错误的决定造成损失。

五代后唐时连年混战，盗贼横行，民不聊生。当时长垣县有四个大盗，他们结伙偷盗，横行乡里，百姓们联合去县衙门告状，要求县里严惩盗贼，确保一方百姓平安。

然而四个盗贼早就闻风而逃，衙差去了几次都扑了空。后来，这四个盗贼觉得长期逃窜在外，有家难回总不是办法，就决定用金银贿赂县衙官员，让他们帮着想办法开脱。

县衙之人见钱眼开，决定不予追究。但州府衙门追得很紧，州府官员孔循根据县衙和百姓们的上报，认为此案是一重大案件，四个盗贼必须正法，方能平民愤。所以孔循责令长垣县衙一定把四贼擒获，押解州府。不久，长垣县衙果然把四贼擒获，交到州府。孔循根据案犯罪行，决定就地正法，并亲自监斩。

孔循断案一贯认真。他每次担任监斩时，行刑前总要和犯人谈话，以免出现差错。这次他又和四个临刑前的盗贼谈话，问他们还有什么话说，但问了数遍，四个囚犯只低着头不吭气。

孔循又说了一遍："你们所犯的罪行，死有余辜。本官现将你们押赴刑场处决，你们若不服气，可以申诉。但如果没有话说，就等到午时三刻人头落地了。"

四个囚犯仍然不语。待刽子手押送他们出去时，四个囚犯却长跪不起，含泪望着孔循。孔循命押解人员退下，继续追问四犯。这时四个囚犯才说："我们冤枉啊，刚才狱卒用枷尾压住我们的喉咙，我们说不出话来。"孔循命随从们退下，四犯才敢道出实情，原来他们是穷苦百姓，正在大街上行走时，被县衙抓去，严刑拷打，逼他们承认是盗贼，他们吃不住酷刑，只得屈招。

孔循下令，与长垣县同审此案。结果很快查出，真正的盗贼逍遥法外，现准备处决的四人乃是无辜百姓。是长垣县衙制造的一起冤案。孔循立即派人将四名真正的盗贼抓获，就地正法，将四名百姓放出，又将长垣县衙受贿赂的官吏们严加惩处。

由于孔循的明察秋毫，使得四个无辜之人的性命得以保全，而惩治了真凶，使人民的苦难结束，实现了自己的价值。

## 真诚对待每一个人

孟子把"天时、地利、人和"看作是战争中取胜的三个要件。其实，战争如是，政坛如是，干工作事业如是，人生之成败也莫不如是。人生难得一知己，的确，像张咏和寇准已不多见。他们给我们的启示不只是对待朋友要真诚，更要珍惜友谊，保存友谊，这样才能使友谊地久天长！

北宋宰相寇准，同张咏是至交，寇准谙谋略，有治国兴邦之能；张咏善诗文，有倚马可待之才。两人的共同特点是为人耿直，不卑不亢。

张咏在天府之国做官，饱览西蜀风光。且不说沃野千里，膏腴泽民，也不说人杰地灵，物华天宝，单说那股子辣味风情，也足以使张咏诗兴豪发，咀嚼一辈子还不够。张咏喜欢和同僚登高临风，一览无余，切磋阴阳八卦，抒咏豪情壮志，望天高云淡，数大雁南飞。一天，同僚们把话题扯到他和寇准身上："听说寇准要当宰相了。你和他可谓是当今双杰。"张咏并没有压人抬己、嫉才妒贤之意，真诚地说："寇公奇才，可惜学术不足。"

后来，张咏从成都回来，拜访寇准。两个老朋友一见面，不作揖打拱，只拍肩相悦，问长问短，说不完的知心话。寇准摆下百禽宴，盛情款待他。酒逢知己千杯少，他们你来我往，杯盏交错，喝得好不痛快。天下没有不散的酒席，人间没有不别的朋友。过了一些时候，张咏要回成都了。

分手前，寇准诚恳地请张咏赠言指教。张咏是不会说"寇公多多高升"的话的，再高升，皇帝放哪儿；也不会说"听君一席话，胜读十年书"的恭维话，寇准学术不足嘛！张咏只说了句："《霍光传》不可不读。"

送走张咏，寇准回家后立即找出《汉书》，翻到《霍光传》，逐字逐句往下读，直读到快完了，心头"咯噔"一愣，"光不学无术"一句进入眼帘。寇准恍然大悟："这是张咏说我的缺点呀！"从此寇准刻苦研读，成了忠贤皆备、文略俱全的好宰相。

酒逢知己千杯少，千杯过后，我们听到的是忠言，虽说忠言逆耳，但它是朋友的真心话。朋友之间就是要这样，指出对方的缺点是为了让对方更加完美！这才是真正的朋友！

## 团结起来力量大

要想攻破一座很坚固的城池，最好的办法就是让它从里面瓦解。这样，进攻者就可以不费一兵一卒就能取得胜利了。这个很浅显的道理，大家都懂，但是能不能把它用在实际的生活中呢？请看崔安潜以毒攻毒息盗贼的故事。

崔安潜是唐代人，素有"虽位将相，身听狱讼"之称。僖宗时，他代替高骈做了西川的节度使。

崔安潜到任时，西川境内盗贼四起，社会治安极度混乱，民心惶惶。人们都瞪大眼睛看着这位新节度使，如何平息境内的盗贼。然而，崔安潜到任后，却没有下令捕捉盗贼，蜀中的百姓都感到非常奇怪，这位节度使是怎么想的呢？崔安潜认为：境内的这些盗贼如果不是有人通融包庇，他们是不会这样猖狂的。于是，他采取了一个奇特的办法。

他命令拿出府库中的一些钱，放在各地的闹市上，并且贴出榜文说："凡是告发、捕捉盗贼的，赏五百钱；若是同伙告发的，和平常人一样，并且开释无罪。"榜文发出后，老百姓议论纷纷，不少人怀疑："这个办法能行吗？为了五百钱，这贼能咬贼吗？"

不久，来了一个人，还绑来一个惯贼。这个盗贼很不服气，大声吆喝："他和我同样干了十七年，获赃都是平分。他怎么能捉我呢？"崔安潜说："你既然知道我已发下榜文，为啥你不把他先捉来见官？若是那样的话，他就该是死罪，你就该受赏了。现在，你被他占了先，该你死，你还说啥！"而后，当着盗贼面赏给告捕的那人赏钱，并在大庭广众之下斩杀了被捉来的盗贼。这件事一传开，那些盗贼之间互相猜疑起来了，唯恐被告发，也不敢再到过去的窝藏者家了，连夜纷纷散逃出境。此后，这里再也没有一人敢做盗贼了。

从上面的例子我们可以看出，在坚固的组织中，如果内部产生了猜疑，那么它会很快地瓦解，这就告诫大家，一定要搞好团结，那是稳定的首要条件。

## 事实是最有说服力的

对于聪明人来说，并非事事都要靠机遇。运气要借助于努力才能生效。有的人灵活一些，他们审慎大胆，阔步迈进命运之门。他们凭借美德与勇气的翅膀，胆识过人地与运气周旋，终能抓住机遇、如愿以偿。很简单的道理，但是未必所有的人都能想到。

宋朝至和年间（1045—1056年），长安城里都传说铁钱快作废了。

文彦博接到底下人的通报，心里还不信呢："怎么会有这么回事？我一定要去查个水落石出。"第二天早晨，文彦博换上一身便装，散步在店铺、商行私访。长安城里集市买卖的一举一动尽收眼底，一处越来越高的争吵声吸引着他走上前去看个仔细。

一个三十多岁的商人买了一匹丝绸，付出几吊铁钱后刚欲转身离去，那卖丝绸的中年商人一把拉住他："喂，你留下这几串废铁钱，让我一家老小喝西北风去？告诉你，朝廷要废除陕西铁钱啦，快，回家拿铜钱来！"那青年商人当然不甘示弱，两个人一下子争吵起来。一会儿，店内外观者如云。文彦博一听中年商人的话，佯作啥事也不懂的样子，连忙问他："这位老板，你这消息怎么来的？让朝廷知道，可是要杀头的呀！"

那中年商人没好气地转过头，白了文彦博一眼："你这位先生是外地人吧？告诉你，长安城里都在传说，有人上书皇上，请求废除陕西铁钱。皇上一时没答应，但那一天快了。"

文彦博心中一惊："这朝廷内部的消息，怎么会传成这样子！追查谁是造谣者已没有必要，要用事实使它不攻自破。如果禁止，人们更会疑惑，市场更会骚乱。好！就这么办。"他马上打道回衙。一会儿，把长安城内丝绸行业的商人给召来。文彦博坐在大堂上，笑着吩咐："你们把各家的丝绸拿出几百匹卖掉，凡是来买丝绸的，一定要让他们交铁钱，不要收铜钱。"

众商人一听，心中略略安稳："原来铁钱不会作废。家里的铁钱不会变成一堆破铁！"他们纷纷乐滋滋地回家，张罗买卖去了。谣言不攻自破，长安市场又恢复了安定。

叫事实说话，那么没有人会再来反驳了，因为存在的事实就是真理！文彦博正是运用了这一点，来打破了谣言。

国学经典

# 道德经全集

〔春秋〕老子　著

第三卷

吉林出版集团股份有限公司

# 养生主<sup>①</sup>

## 【原文】

吾生也有涯，而知也无涯。以有涯随无涯，殆已！已而为知者，殆而已矣！为善无近名，为恶无近刑，缘督以为经，可以保身，可以全生，可以养亲，可以尽年。

庖丁为文惠君解牛，手之所触，肩之所倚，足之所履，膝之所踦<sup>②</sup>，砉然向然<sup>③</sup>，奏刀騞然<sup>④</sup>，莫不中音，合于桑林之舞<sup>⑤</sup>，乃中经首之会<sup>⑥</sup>。

文惠君曰："嘻，善哉！技盖至此乎？"

庖丁释刀对曰："臣之所好者道也，进乎技矣。始臣之解牛之时，所见无非全牛者，三年之后，未尝见全牛也；方今之时，臣以神遇而不以目视，官知止而神欲行。依乎天理，批大郤<sup>⑦</sup>，导大窾<sup>⑧</sup>，因其固然。技经肯綮<sup>⑨</sup>之未尝，而况大軱<sup>⑩</sup>乎？良庖岁更刀，割也；族庖月更刀，折也；今臣之刀十九年矣，所解数千牛矣，而刀刃若新发于硎<sup>⑪</sup>。彼节者有间而刀刃者无厚，以无厚入有间，恢恢乎<sup>⑫</sup>其于游刃有余地矣。是以十九年而刀刃若新发于硎。虽然，每至于族<sup>⑬</sup>，吾见其难为，怵然<sup>⑭</sup>为戒，视为止，行为迟，动刀甚微，謋然<sup>⑮</sup>已解，如土委地。提刀而立，为之四顾，为之踌躇满志，善<sup>⑯</sup>刀而藏之。"

文惠君曰："善哉！吾闻庖丁之言，得养生焉。"

## 【注释】

①养生主：保全生命之道。这里反映出庄子顺应自然，依循天理，葆光全真的生存意念。

②踦：通"倚"，用膝顶住。

③砉（huā）然向然：形容宰牛时皮骨支离的声音。

④骍然：形容皮骨爆裂的声音。

⑤桑林之舞：配上桑林乐曲的舞蹈。桑林是高汤王的乐曲名。

⑥经首之会：经首乐段的音节。经首是尧帝乐曲咸池中的一个乐章。

⑦大郤：筋骨交接的地方。

⑧大窾：骨节之间的空穴。

⑨技经肯綮（qìng）：技应作"枝"，枝经，经络相连的地方。肯，附在骨上的肉。綮，筋骨连贯的地方。

⑩大軱：大骨，如髀骨。

⑪硎（xíng）：磨刀石。

⑫恢恢乎：宽绰的样子。

⑬族：指骨骼聚焦的地方。

⑭怵（chù）然：谨慎的样子。

⑮謋然：骨肉支离的声音。

⑯善：通"拭"，擦。

## 【译文】

我的生命是有限的，而知识是无限的。用有限的生命去寻求无限的知识，太疲困了。这样还去追求知识的话，简直疲困之极了。做好事不要沾上名利，做坏事不要触犯刑罚，以自然之理作为常法，就可以保护身体，可以健全生命，可以蓄养精神，颐养天年。

庖丁给梁惠王宰牛，他的手所触到的地方，肩膀所靠到的地方，脚所踩到的地方，膝盖所顶到的地方，皮肉筋骨发出咔嚓咔嚓的声响，运刀之际的咔嚓之声，没有一处不符合音律，既符合《桑林》的舞蹈，又符合《经首》的节奏。

梁惠王说："哈哈！好啊！你的技巧为何能达到这种程度呢？"

庖丁放下刀回答道："微臣所喜好的是道啊，它远远超过技术的范围。当初微臣在宰牛的时候，所见到的都是一头头完整的牛；三年以后，就再也看不见一头完整的牛了。到现在，微臣是用心神来领会而不是用眼睛来看，器官感觉停息了，可是心领神会正在进行。依照天然肌理，劈开筋骨交接的地方，伸向骨节之间的空穴，顺着它原本的结构，要是经络骨肉相连的地方还未曾试过，还谈得上大块骨骼吗？好的厨师一年换一次刀，用来切割；一般厨子一个月换一次刀，用来砍劈。现在微臣的刀已经用了十九年了，宰过几千头牛，可是刀锋仍像刚在磨刀石上磨过一样。牛的骨节间有缝隙，而这刀刃却薄得没有厚度，用没有厚度的刀刃切入有缝隙的骨节，当然宽绰轻松，运起刀刃还有余地呢。因此这把刀用了十九年还像新磨的一样。虽然如此，每次到了骨骼聚焦的地方，我总是谨慎行事，观察凝止了，行动迟缓了，用刀非常细致，随着哗啦声响骨肉已经支离，就像土块掉在地上。我拿着刀站起来，不禁四下张望，感到志得意满，擦一下刀然后把它封藏起来。"

梁惠王说："好啊！我听了庖丁的话，领悟出养生之道了。"

## 【原文】

公文轩见右师①而惊曰："是何人也？恶乎介②也？天与？其人与？"曰："天也，非人也。天之生是使独也，人之貌有与也。以是知其天也，非人也。"

泽雉十步一啄，百步一饮，不蕲畜乎樊中。神虽王，不善也。

老聃③死，秦失④吊之，三号而出。弟子曰："非夫子之友邪？"曰："然。""然则吊焉若此可乎？"曰："然。始也吾以为其人也，而今非也，向吾入而吊焉，有老者哭之，如哭其子；少者哭之，如哭其母。彼其所以会之，必有不蕲言而言，不蕲哭而哭者，是遁天倍情，忘其所受，古者谓之遁天之刑。适来，夫子时也；适去，夫子顺也，安时而处顺，哀乐不能入也，古者谓是帝之县解⑤。"

指穷于为薪⑥，火传也，不知其尽也。

## 【注释】

①公文轩见右师：公文轩，姓公文，名轩。右师，字职名，借指任职之人。二人都是宋人。

②介：《方言》：特也，单足。

③老聃（dān）：即老子，姓李名耳，字聃。

④秦失：有道之士，老子的朋友。

⑤帝之县解：天然的束缚解开了。帝，指天。县，通"悬"，系吊。

⑥指穷于为薪：指，通"脂"，蜡脂。薪，此指烛。

## 【译文】

公文轩见到右师十分惊讶，问道："这是什么样的人啊？何以只有一只脚，是天生如此？还是人为安成的呢？"右师回答说："是天生的，不是人为原因。他天生就是单足，人的形貌由上天赋予，由此我明白他是天生的，不是人为的。"

泽畔的野鸡十步一啄食，百步一喝水，它并不希望被畜养在樊笼之中。精力虽然旺盛，可并不舒服啊。

老聃死了，秦失去吊唁他，号哭三声就出来了，学生就问道："你不是先生的朋友吗？"秦失回答："是的。"学生又问道："那么吊唁形式是这样对吗？"秦失答道："对的。起初我认为他是普通人，可是我现在并不如此看。刚才我进去吊唁时，有老年人在哭他，就像哭自己的儿子一样；有少年人在哭他，就像哭自己的母亲一样。他们之所以聚集在这里，肯定有不愿吊唁却吊唁哭泣的情况。这可是失去天性违背真情的，丧失掉自己所禀受的本性，古时候把这个叫作伤天害理的刑罚。当来时，先生应时而来；当去时，先生顺天而去，安于时运，顺应天然，悲哀欢乐的感情是不能进入其中的，古时候把这个叫作解除了天然的束缚。"

蜡脂给烛薪燃尽了，可是火还在延续，从不知道它会终结啊。

## 【解析】

道家学派普遍重视探讨养生问题。老子在阐发他的哲学思想时，实际上也提出了一些关于养生的原则，而庄子则把这些养生原则进一步发展成了一套完整的养生理论，其主旨就是要求人们弃绝世事，顺乎自然，以恬淡虚无为养生之本。庄子的这一养生思想，对中国古代医学理论发生过一定的影响。此外，桓谭曾在《新论·祛蔽》中以"烛火"之喻来阐述形尽神灭的道理,王充在《论衡·论死》中也认为"天下无独燃之火,世间安得有无体独知之精?"杨泉在《物理论》中同样以"薪火"为喻,认为"人死之后,无遗魂矣"。凡此,虽或与《养生主》篇末"指穷于为薪,火传也,不知其尽也"的意旨不同,但其所用比喻在形式上当皆与庄子的"薪火"之喻有一定关系。

朱熹对《养生主》篇曾有很多论述。如他在《朱子语类》中对"庖丁解牛"寓言故事多有赞许之语,认为其中正呈现出了"许多道理"。但他在《养生主说》专论中却尖锐地指出,庄子借这一寓言故事来发挥他的"但欲依阿于其间,以为全身避患之计"的思想,这却是大错特错的。因为在他看来,"盖圣贤之道但教人以力于为善之实","夫君子之恶恶,如恶恶臭,非有所畏而不为也",而庄子在这里却"不论义理之当否",只是"欲以其依违苟且之两间为中之所在而循之",岂非有违圣人为善、君子恶恶之道!朱熹还进而指出,庄子的这种"不论义理之当否"的思想,实际上正是与他所崇尚的"没拘检""不拘绳墨"等思想相一致的。

其实,朱熹在《朱子语类》中对"庖丁解牛"寓言故事的评论是正确的,因为这则寓言故事确实包含着许多有益的启示。如它正如《达生》篇"痀偻承蜩""津人操舟""吕梁丈夫"的寓言故事一样,其本身所体现出来的客观意义,远远超过了作者的创作原意,使人们诵读之后,可以从中引出如何在实践中精通技术,掌握存在于各种事物中的"道"(即内在规律),以便由"必然王国"进入"自由王国"的合理见解。

## 【证解故事】

### 养生全性之道

富贵却不懂得养生全性之道,足以成为祸患,与其这样,反不如贫贱。贫贱,难以有过分的物质享受,况且,就是想有过分的物质享受,哪有门路呢?出门乘车,入门坐步辇,以求安逸,这是颠覆的丹端。吃肥肉喝醇酒,而且吃饱了还要吃,喝足了还要喝,这是烂肠穿胃的饮食。整天和细理弱肌、明眸皓齿的美人厮守在一起,沉迷于郑、卫之地的靡靡之音,纵情恣意地娱乐,这正是砍伐自己生命的利斧。这三种祸患,都是因为富贵而不懂得养生全性之道才招致的。所以有的古人宁守清贫(如尧时的许由、方回,舜时的雄陶,商时的伯夷等),这是他们珍爱自己生命的缘故,并不是以疾富安贫的虚名自矜,而是养生全性之实啊!

最初创造出生命的是天,养育生命并使之成长的是人。水本是清澈的,泥土使它浑浊,于是水不再清澈;人本来是可以长寿的,可是由于外物的干扰,于是不能永生。外物是用来养护生命的,不能耗费生命去追求外物。现在不少人多以耗费生命的代价去追求外物,这就是不知道轻重了。不知道孰轻孰重,就会以重为轻,以轻为重。长期这样,只会走向失败。

一万人拿着弓箭一齐射向同一个箭靶,这个箭靶没有不被射中的。万物茂盛,如果用以伤害一个生命,这个生命没有不被伤害的;如果用以养育一个生命,这个生命没有不长久的。对于声音,听了一定要感到愉快,如果听到以后使人耳聋,就一定不要听;对于颜色,看了一定要感到舒服,如果看了以后使人眼瞎,就一定不要看;对于食物,吃了一口定要感到满意,如果吃了以后使人成为哑巴,那就不要吃。因此,圣人对于声色滋味的态度是,有利于生命的就取它,不利于生命的就舍弃它,这是保全和发展人的生命的一条重要原则。不少富贵者迷惑于声色滋味,日求夜索,一旦得到就痴迷沉溺其中而不能自拔;最终他的生命绝对会受到伤害。

## 养生妙方,慈俭和静

论一个人长寿之道有四个方面:即慈祥、节俭、平和、清静。如果一个人不做损害别人利益的事,就会做到不轻易说出一句有损于别人的话,由此推及劝诫不要杀生以爱惜一切人和物,谨慎讨伐以养自然之和气。自己胸中自有一股吉祥平和之气,自然阴阳不和之气不会冒犯,从而人可以长寿。

慈、俭、和、静这四个方面，对于养生之道是很切实的，比起吃药治病何止胜过万倍。如果吃药就会出现物性容易偏失的问题，有的大多燥热滞积而不能产生好的效果。而正确引导吐纳胸中之气，就易于中止病情的发展。因此，要延年益寿就必须做到这四个方面，不可以抛弃这个根本而去求取其他不重要的方法。老子《道德经》主要的内容就没有超出这四个方面，如果把这四个方面的内容作为座右铭看待，时时对照加以体察，一定会有利的。

白居易曾说："我有一句话请你记住，人世间自取苦恼的人很多。"试问那些劳忧烦苦的人，这件事情是可做可不做，还是非做不可的呢？看到这层道理，就应明白这是自己没把握好。一个人如果常常存有一种平和的心态，那么就会心气畅通而五脏安然，这也就是人们常说的养精神。白天办理公事，夜晚回家休息，必须尽可能去找些高兴的事。与客人纵情畅谈，捋起胡须开怀大笑，用来抒发一天劳顿郁结在心中的浊气，这才是真正获得了养生的要诀。

人生享受幸福之事，都有分数。爱惜福分的人，得到的幸福很多，而任意糟蹋福分的人，就会把自己逼得没有后路。所以春秋时思想家老子主张以"俭"字为贵。不只是财物用费方面应当节俭，一切事情都应常常考虑节约的意义所在，这才会留有余地。在饮食方面节俭，就可以保养脾胃；在喜好欲望方面节俭，就可以聚集精神；在言语方面节俭，就可以减少是非；在结交朋友方面节俭，就可以选择好的朋友；在交际往来方面节俭，就可以养护身心防止过度劳累；在夜寝方面节俭，就可以安神舒体；在饮酒方面节俭，就可以养成好的品性；在思虑方面节俭，就可以免除烦恼。一切事情省却一分，就会有一分的收益。天下的事，万不得已的，不过十中有一，一开始看到以为这件事是不可能成功的，仔细推算筹划，也不是万不能去做的，这样就会逐渐省去许多烦恼，日益看到难做的事少了。

《左传》中说："仁义之人没有欲望而心静。"又说："知识之人日求进取而动。"常常见到气躁的人举动轻浮不严肃，所以大多不能高寿。何文端公在世的时候，有一次，有位老人做百岁寿辰，何公向这位老人询问养生之道，老人说："我们乡村的人不知道什么养身法，但一生只晓得喜悦欢乐，从来不知道有烦恼。"

古人说砚的生命用世纪来计算，墨的生命用时辰计算，笔的生命用天计算，这指的就是动静的区别。静字的意义有两个方面：一是身心不过于劳累；二是心境不轻易动发。凡是遇到不愉快的事时，外表按常规对付，心中宁静不动摇，如清澈见底的深潭，如水井一般纯净，用自己的心智指挥言行，外界的纷扰便会被战胜。

## 修身要养心、治心、诚心

人必须虚怀若谷，心胸坦荡，没有私心杂念的存在，然后才能真实无妄。诚实，就是不欺骗。人之所以要欺骗别人，心中必然还装着别的东西。有了私心，就不敢告诉别人。于是只得编造假话骗人。如果心中没有丝毫杂念，又何必欺骗人呢？他之所以要自己欺骗自己，也是因为心中还有其他杂念。良知在于好德，私心在于好色。如果不能去掉好色的私心，就不能不欺骗自己好德的良知了。所以说，诚就是不说假话。替上司办事，应当以自己的诚意来感动他，以真心对待他，这才是真正的奉承上司之道。如果阿谀奉承，随声附和，这不是真正的对上司的尊敬。

养心修身，没有必要有太多的理，所知道的也不必太杂，与自己切身相关，每时每刻都用得着的，不过一两句话，就是要守约。古人患难忧虑的时候，正是他的品德、事业进步的时候，其功表现在胸怀坦荡，其效表现在身体健康。圣贤之所以成为圣贤，佛陀之所以成佛陀，其关键都在于遭到大难时，把心放得下，养得灵，有乐观的心胸，坦荡的意境，即使身体受了外伤，也不至于身体内部受到伤害。

自古到今的圣贤豪杰、文人才士，他们的志向不同，但豁达光明的心胸却大致相当。我们既然办理军务，就处在名利场中，应当时时勤劳，就如忙于收割谷物的农夫，忙于赚钱的商人，撑船下河滩的艄公。白天做事，晚上好好反思，以求把事办好。治理军事之外，其中应当有冲融气象。如果治事与冲融同时并进，为国勤劳，又淡泊名利，最是意味深长的了。写字的时候心情刚刚稳定下来，马上就感到安逸轻松了许多，由此可见，平时遇事不能忍耐，不能静下心来，必然导致疾病的产生。过去的日子里只注重患得患失，怎么能把宏图大志树立起来呢？

我们应当永远要待人以真诚，处世虚心。心诚则志气专一，历尽磨难，也不改变初衷，终有顺理成章，获得圆满结果的一天。虚心则不会矫揉造作，不挟私见，最终可以被大家所理解。凡是正确的话、实话，多说几句没有关系，久而久之，人们自然能明白你的心意，即使直来直去的话，也不妨多说几句，但千万不可将别人的隐私当作直话，尤其不可以在背后诋毁别人的短处。领导将领的艺术，最重要的是开诚布公，而不是对于权术的玩弄。

治心的方法，应先把心的毒害除去，外在的毒恶是愤怒，内在的毒恶是私欲。治身的方法，一定要防备自身的恶患。刚烈的恶习是暴躁，柔懦的恶习是散漫。治口的方法，两者要交互警惕，一是谨慎说话，二是节俭饮食。大凡这数种，用什么药来医治呢？以礼来居守恭敬，以乐来保持和顺。外表刚强的恶习，用和来调适它。内在柔懦的恶习，用敬来把持它。饮食的不节制，用敬来检束它。说话多的过失，用和来收敛它。敬达到完美而表现为肃肃，和达到完善而表现出雍雍。尊敬和睦，这才是有德的容貌。雍容表现在外表，实际根源于内心。动和静交互颐养，温雅润泽就见于面，盎于背，成为有德之人的仪容和姿态。首先心要安定下来，然后气才安定；气要安定，然后精神才安定；精神安定以后，身体才会安定。治理身心的最好办法，是以自己的力来战胜它，有两种方法：一种是以顽强的意志指挥气，一种是以静制动。凡人疲惫不堪、精神不振的时候，都是由于气弱。气弱则精神颓废。然而，意志坚强的人，气也会随意志而改变。比如贪早睡晚起的人，如果立志早起，就必然能够早起。在百无聊赖之时，是气在疲乏四散。如果端坐而固气，气也必会振作。这就是以志帅气。久病则气虚胆怯，时时怕死，困扰于心，就是做梦，也难以安静。必须将生前的名誉，死后的一切事情，以及各种私心杂念，统统忘掉。这样，自然心中会生出一种恬淡的意味来。寂静之极，真阳自生，这就是以静制动的方法。

君子之道，最重要的是在天下倡导"忠诚"二字。每当天下大乱，无论上下哪一等人，都会放纵物欲，彼此都使奸诈的手段，相互争夺，以阴谋诡计来争夺胜负。自己则想尽办法谋求尽可能的安全，而把别人置于最危险的境地。怕难避害，不肯出一点点力来拯救天下的危难。只有忠诚的君子，才奋起匡正时乱，不惜牺牲自己的利益，为天下百姓做出贡献，除去天下虚伪的恶习，崇尚朴实。自己历尽危难，而不要求别人也和自己一样。为了国家，不惜舍弃自己的生命，视死如归，没有一丝一毫的畏惧。于是，感动了大家，都以他们为榜样，以苟且偷生为耻，以逃避事情为羞耻之事。

庄子曾说："只听说要使天下的人自在而舒服地生活，没有听说要统治天下的。"苏东坡就把这两句话摘取作为养心之道。你对小学很熟悉，可取"在宥"二字的训诂体会玩味一番，就知道庄子、苏东坡都有顺其自然的意思。个人保养身心是如此，治理天下也是这样。如果吃药而每天更换几种药方，无缘无故而整年猛烈地补养，病情本来轻微而妄加药物强求发汗，那就像商鞅治理秦国，王安石治理北宋，完全丧失了自然的妙味。柳宗元所说的"名义上是爱护，其实是伤害"，陆游所说的"天下本无事，庸人自扰之"，说的都是这个道理。苏东坡《游罗浮》诗中说："小儿少年有奇志，中宵起坐存黄庭。"下句一个"存"字，正合庄子"在宥"二字的意思，因苏家父子兄弟都讲究养生，采取黄老之说精微的旨意，所以对他的儿子称赞为有奇志。

## 平常心是道

人生数十年如一日，苦是一日，乐也是一日。一个乐观的人，可以把仅剩的半瓶水看成是上天最好的恩赐，而人生不如意事十有八九，要如意，何不"不思八九，常想一二"？多接受正面的、积极的信息，如此，人生虽然难免挫折，但仍是努力往前，奋力不懈。可见，要感受生活的快乐，常只是一个心境的问题。善待生活，善待自然，善待他人，善待自我，保有平常心，才能获得生命的新意，才能把握全新的生活。这里的诀窍在于，不要因困境而轻起执着之心，不要因爱憎而轻起烦恼之心，不轻易被外界因素牵着鼻子走，不要因多管闲事而招来烦恼。平常心是道，百折不回，千真万确。如此，面对纷繁多变的世事，才可兵来将挡，水来土掩，有万变不穷的妙用。

心学大师陆九渊有言："吾心即宇宙，宇宙即吾心。"这里所说的"吾心"，不仅是拳头般大的生理意义上的心，更是一种主观意志，一种主体精神。"四方上下曰宇，往古来今曰宙。"就涵容而言，作为主体精神的"吾心"可以包容宇宙；从范围而言，思维的"吾心"可以"触"及宇宙的边缘，连接古今；从速度而言，思维的"吾心"可以超越光速。确实，人心是部大文章。但要把握"吾心"，却又是最难的。所以，在禅宗的公案中，屡有"觅心而心不可得"之说。为什么？在古人看来，人心这部真文章，常常被残编断简之类的书文封闭固塞了。这与老子在《道德经》中所说的"为学日益，为道日损"（四十八章），意思相近。

人的为学，是用脑去学知识，学而知不足，结果就是相对有限的知识越积累，就越浩繁越广博，学者也就自满自溢。人的为道，则是用心领悟，结果是越近于道，为道者就越谦卑虚己，越澄明宁静，这虽不是具体知识的直接增加，但对一个人心智境界的提升，一颗心灵的豁然开朗，却是不可或缺的。从方法上讲，"为学"用的是加法。"为道"用的则是减法。"为学"的对象是知识，而知识如罐头，是有保质期的，时光流逝，知识老化也就是必然的；"为道"的核质则在智慧，简洁澄明，时光流逝，智慧的亮色却与日俱增，跨时跨代，在有灵犀有准备的心灵中，如吹拂出阵阵春色。这些，借用陆九渊的诗句来表述，就是"易简功夫终久大，支离事业竟浮沉"。可见，一个人"为学"与"为道"，一个人的知识多寡与是否睿智明达，并不是成正比的。也正因为"为学"基于有限，所谓生也有涯而学海无涯，也就不可能达到无限的境界。所以，古往今来，多少学者虽皓首穷经，终生也只是神思陷在象牙塔内，入乎其中而不能出乎其外，有限的知识成为苍白生命的遮羞布、贫瘠人生的"皇帝的新衣"，人心这部真文章，也就埋没在虚幻短暂的捕风之中。

在凝聚传统意识的常识中，心是人的主宰。因此，修身养性也就是人生的一大功课。怎样修身养性呢？在世俗之眼看来，天地间物种、风情人事都有万千种，众多纷纷，各不相同；而在智慧之眼看来，这些万千物体、风情与人事，却是殊途同归、异曲同工的。何须分别？又何须取舍？所以，喝一勺海水，便可以知道四海之水皆成味，世间万般滋味不必尽尝；看月印千江，看的总是体一不二的月光，个我的智慧更宜明朗如乾坤。关键之处，在于"心珠宜当独朗"。心珠又如何才能独朗？

禅者所言的"平常心是道"，对此提供了一个很好的注解。"平常心是道"一语，源自赵州从念禅师请教师父南泉普愿禅师的公案。赵州问南泉："何以为道？"南泉的回答是："平常心是道。"对此，马祖道一有这么一个阐述："道不用修，但莫染污。但有生死心造作趣向，皆是染污。若欲直会其道，平常心是道。何谓平常心？无造作，无是非，无取舍，无凡圣。"

按笔者的理解，平常心是处变不惊的泰然自若之心，是不因荣辱升降而妄生喜忧的恒常之心，是数十年持恒如一日恪守信念又踏实劳作的平和之心，是能涵天容地的宽厚大度之心，是处世做事能不勉强不逾矩的自然而然之心，是消除了畏惧的自信之心，是告别了浮躁紧迫的从容之心，是可以恒久地领受心境安然宁静的返璞归真之心。如此，以平常心观不平常事，则事事平常。如此，波澜不惊，生死不畏，远离颠倒梦想，堂堂正正地做人。人有平常心，才可以培植、体验和领受平平淡淡才是真的人生真滋味。

从人间烟火的角度看，平常心也自有其表征。禅宗史上，有源律师问大珠禅师："和尚修道，还用功否？"大珠禅师回答："用功。"有源律师再问："如何用功？"大珠禅师以八字作答："饥来吃饭，困来即眠。"有源律师不解："一切人总如是，同师用功否？"大珠禅师曰：

"不同。"有源律师还是不解:"何故不同?"大珠禅师指出:"他吃饭时不肯吃饭,百种须索;睡时不肯睡,千般计较。所以不同也。"由此公案可知,平常心是难得的。因此,平常心,实不平常也。作为生命体,一个人就算腰缠万贯,夜眠时也不过只需一张八尺床,日间能吃到肚里的也不过只是二升米,一日是一生的浓缩写照,人又何须百般计较?

是否有平常心的关键,在于是境随心转,还是心随境转。禅宗六祖慧能从五祖弘忍处得到了衣钵传承后,来到了广州法性寺,听到两位和尚在寺前的旗幡旁争论。甲和尚认为:"这是幡在动。"乙和尚驳道:"这是风在动。"慧能则指出:"不是风动,也不是幡动,是你们这些仁者的心在动。"当时,"仁者心动"一语既出,众人皆服,并成为历史上"境随心转"的典型公案。不是风动,不是幡动,仁者心动,这是迥异于一般认识的。一般认识只是从外境的现象着眼,并仅此而已地得出结论的。因为个人内心的反应,会因时因地因个人内心的变化而有所不同,也就失去了绝对的标准。所以,两个和尚看到同一种现象,就产生了幡动或是风动的异议。

人间所谓是非、好坏、优劣、善恶等更复杂的判断,并没有绝对的标准,而是因时因地因主观想法的差异,而有所不同乃至有大不同,万事万物是因缘际会的,世界因此而更显现出虚妄、荒诞的对立面,月有阴晴圆缺,人有悲欢离合。因此,如果我们的一颗心,只是随着外在环境的变动而变动,所谓心随境转,那么,心就恒处在漂泊之中,乱如麻,而身心一体,随之而来的就是饥来吃不下饭,困来睡不着觉。

现代人中,为什么精神病患者与日俱增?为什么自杀者屡见不鲜?这就是缘由之一。与此相反,智慧的出路则在于,面对世事无常,时时保有平常心,让外境随我心转。

以人活在四季为例,面对着同样的日子,如果抱着心情欠佳的观念,日子就不外是"春雨绵绵愁煞人,秋月孤寂恼绝人,夏阳如火烧死人,冬雪如冰冻死人",再如古诗所言:"芭蕉叶上无愁雨,只是听时人断肠"……如此,人生也就了无乐趣可言。而从"人心不可一日无喜神"的积极乐观的人生观出发,所见所感却是大异其趣的。

云门禅师有语云:"日日是好日。"为"日日是好日"一语,云门慧开禅师写下了一首传诵千古的诗偈:"春有百花秋有月,夏有凉风冬有雪,若无闲事挂心头,便是人间好时节。"同样是春花秋月,同样是夏风冬雪,同样是天地间气候变化的自然产物,然而境随心转,感受也就有天壤之别,春花令人心花怒放,秋月令人神飘天外,夏风令人心旷神怡,冬雪令人神朗气清,境由心生,感因心起,面对人生,举重若轻,常有若无事人的平常心,如此,日日才是好日,可引起灵明的澄思,启发生命的智慧,引导我们的人生如何度过那一个个普通却不再平常的日子。这一点,对于那些因学富五车、才高八斗而未得一日清闲的忙碌人,更是切中矢之的。人生不如意事,十有八九。如果一个人总是心随境转,心为物役,心中常戚戚,患得患失,心智必被悲观与绝望的负面情绪所蒙蔽,人生的跋涉也就举步维艰。对此,智者的应对是别开生面的。民国元老于右任老先生,一生饱经沧桑,却能淡泊宁静,荣辱自安。他的高寿养生之道,就是悬挂在客厅中的一副对联所云:不思八九,常想一二。横批:如意。

人心这部真文章,常常被妖歌艳舞声色犬马所障蔽湮没了。这,通于老子在《道德经》所说的"五色,令人目盲;五音,令人耳聋;五味,令人口爽"。(十二章)从道的角度言,大象无形,目不可视;大音稀声,耳听不见。人如果只执着于五色(红、黄、蓝、白、黑,泛指可见世界的颜色)世界,五色所构成的光色污染就可以乱目,使人迷失了心灵,而心灵的失明,会使人真正迷茫;人如果只执着于外在的声音,忽略了心灵的呼唤,共鸣与回音,那么,五音(宫、商、角、徵、羽,泛指可闻世界的声音)所构成的噪声污染就可以乱耳,导致心灵的失聪,人就难免寂寞孤独;人如果只执着于五味(酸、甜、苦、辣、咸,泛指可吃东西的味道),贪求口福,只去满足口感的需要,心灵也就无缘于那淡而有味又韵味无穷的大道。所以,要把握"吾心",学者就不要被外在的一切所束缚,直觅本来心,保有平常心，人生才有个真受用。所以，夸逞自我的功业，炫耀自我的文章，诸如"老子称第二，谁敢称第一？""天下文章属三江，三江文章属敝乡，敝乡文章属舍弟，我为舍弟改文章"之类的心态与言行，都是靠外物做人。殊不知，自我心体光明莹然，本来自在，所以，一个人即使是无寸功傲世，无片语只字传世，也自有其堂堂正正做人之处。一片冰心在玉壶，一个人一生清白，同样可以百代留下清芬。

从这些角度，我们或许可以理解，即使过去是英雄，为何也是"好汉不提当年勇"。从这些角度，我们或许可以理解，那些含蓄蕴藉而玩味无穷的诗词，何以有"不着一字，尽得风流"的高妙境界。从这些角度，我们或许可以理解，周游了列国又学富五车的孔夫子，可谓行路超万里，读书破万卷，何以还依然有"朝闻道，夕死可矣"的追求与感慨。

所以，平常心是道。

平常心是收放自如之心，是可以自我把定之心。在古人看来，人活在世上，身要忙闲得宜，心要收放自如。此心亮堂，虽处外境物欲之中，也不放纵，但也不是干枯如死井。平常心疏放于收摄之后，也就可鼓畅天机，融入大化自然的。人能常有平常心，身在万物中，心在万物上，立定自我，也就能自然随缘地应世，拿则拿得起，放也放得下，保持平和协调的心绪，日日心中有喜神，也就可以日日生活在好日中，离道也就不远了。

只是，《尚书》有云："人心惟危，道心惟微。"危则难安，微则难明。人活一生，其实都是在这"危"与"微"的途中行走，如何在这"危"与"微"的途中，减少坠毁入危途的概率？如何使"危者安，微者著"？这都是问题。而人有不同，人的根基、际遇、历练与见识等，也有不等。于是，不同的人闻道后，反应也就不一。老子在《道德经》曰："上士闻道，勤而行之；中士闻道，若存若亡；下士闻道，大笑之。"（四十一章）意思是说，上等贤士听闻了道，就勤勉努力去实行；中等人士听闻了道，将信将疑；下等人士听闻了道，就哈哈大笑。所以，看似平常的平常心，尤其是在不平常时期面对异常人与异常事的平常心，并不平常。

## 谦虚接受过来人的意见

俗话说：姜是老的辣，这并不是一句空穴来风之言，长者的智慧是从几十年的生活中提炼出来的人生阅历，他们知道的事情比较多，所以我们在遇到一些自己不能解决的问题时，可以请教他们来给自己提供帮助，让自己少走弯路。

明朝万历年间（1573—1620年），苏北宝应城外有户姓张的财主，家雇两个伙计。大伙计叫万老大，小伙计叫柳老面。那天启明星刚露脸，张财主便把两个伙计叫醒下地割麦子。万老大扛着一把锋利的大镰刀在前头走，柳老面忽感肚子痛，招呼了一声便钻入竹林去出恭。完事后柳老面赶到地头，见前面沟里躺着一个人，不由得喊起娘来，原来是万老大的脖子上直冒鲜血，已倒地身亡。柳老面发疯似的奔回张财主家。张财主赶到地头惊呆了，这人命案非同小可，就挂下脸说道："这里并无他人脚印，必是柳老面所为！"当下地保、里正一拥而上，将柳老面押到官府。

适逢宿迁戴知县告假回扬州省亲，船过宝应，见岸上围了一大群人，就上岸察看。宝应知县正在验尸，苦于无法破案，就请戴知县帮助他分析案情。戴知县只见尸体周围麦棵整齐，脚印清晰，并无搏斗痕迹，旁边一把贼亮的大镰刀，刀刃锋利，上沾鲜血。乡人做证：此刀是万老大的。

戴知县又调查了柳老面平日的禀性，人们都说他胆小怕事，逆来顺受，连鸡也不敢宰，是有名的软面疙瘩。戴知县又仔细将尸首查看，看见尸身下躺着只死蛤蟆。他摇摇头叹息：蛤蟆成凶手？自古未曾听说过。不过此案不是自杀，亦非他杀，其中定有蹊跷。忽然身旁有个随从叫起来："这儿有血！"

戴知县细瞧，果见草丛里有几点淡血迹，可不像人血。旁边还有一条二尺多长的死蛇，蛇腰上有一道很深的伤痕。他想怪了，蛇和蛤蟆不可能操起镰刀割万老大的脖子，但为啥现场留下这两个死物？便和宝应知县带了死蛇和死蛤蟆回衙门。第二天，戴知县扮成江湖郎中到百姓家中串门，和几位老者拉家常，讲得兴起，便把那蛇拿出，请教为何物所伤。大家同声道："像是螳螂锯的。"一个老者问："在捡到死蛇处可见到蛤蟆、老鼠等物？"戴知县一惊道："果有一只蛤蟆。不知何故，请赐教。"老者笑道："先生有所不知。这几物是天敌，蛇吞蛤蟆、老鼠为常情，螳螂拔刀相救为天性，跳到蛇腹咬紧蛇身，锯开皮肉。还有一说，大凡螳螂救出被害之物，精疲力尽，往往就变成被搭救之物的一顿美餐。这虫豸之类也有恩将仇报的。"

戴知县听此欣喜万分，回到县衙即叫宝应知县升堂断案。百姓听说奇案已破，相约赶来衙门口围了个水泄不通。两个知县坐堂上，戴知县说："据本官查明，万老大属自误身亡。究其原因，乃是蛇、蛤蟆两物作祟。"人群中发出一片惊叹声。戴知县又道："万老大来到地头，看见一条蛇正吞蛤蟆，一只螳螂跳过来，锯开蛇肚，救出蛤蟆，蛤蟆见面前的螳螂，一口把它吞进肚中。万老大是个忠义的孝子，见这蛤蟆恩将仇报，气极了。肩上扛着大镰刀，便攥着刀把用力拉下去打蛤蟆，谁知莽撞之中锋利的大镰刀把自己的脖子给割断了。万老大身子倒下压死了蛤蟆。柳老面在后面出恭，不知这一切，故造成此桩奇案。"

案子解决了，这都是老人的宝贵的人生经验所提供的。要知道一些在书本上根本得不到的东西，就需要人们在平常的实践中去总结获益。

## 要勇敢面对困难

古人云："天将降大任于斯人也，必先苦其心志、劳其筋骨、饿其体肤……"

战国时期，孙膑和庞涓曾同师学习兵法。庞涓入世心切，早早下山去了魏国，被拜为军师，指挥魏军东征西杀，屡建奇功，魏王十分倚重他。但是，庞涓心里总是有点不安，他知道，自己走后，孙膑又跟师傅学了三年，又听说孙膑还有祖传的兵法（其祖孙武的《兵法》十三篇），若他有一天下山来，便会成为自己的劲敌。思谋良久，庞涓忽生一计。第二天，他入宫去见魏王，大吹了一通孙膑的才能，并自愿修书召他来为魏国出力。魏王大喜，忙命使者持书带重金前去相聘。

孙膑见师兄不忘旧好，果然欣然而来，想助师兄成就大业。到魏后，魏王忙把孙膑请进宫面谈，果然见其才学不凡，想委以重任，便与庞涓商议。庞涓假意高兴，但又说师弟刚来，没有半点功劳，不如等有功时再封，以服众心。魏王见他说得有理，只好依此而行。

庞涓第一步阴谋得逞后，便加紧第二步措施，模仿孙膑笔迹写了一封情报信，让人带到齐国，而命边防将士把他扣住，给孙膑扣上了一顶通敌的帽子。魏王大怒，欲斩孙膑，庞涓百般求情，最后孙膑被除以髌刑（砍去膝盖骨），并在脸上刺了"罪"字。庞涓见孙膑已成废人，便假意同情，精心护理，孙膑感到过意不去。庞涓求他传示兵法，孙膑慨然应允。庞涓给他木简，要他缮写。孙膑写了不到十分之一时，一名叫诚儿的仆人看不下去，将实情告诉了他。孙膑大吃一惊："原来庞涓如此无情无义，怎么能传给他《兵法》？"他又想，"如果不写，他一定会发怒，我命在旦夕。"孙膑左思右想，欲求一条生路。他忽然记起老师临行前给他的一个锦囊，赶紧打开看看，只见上面写着"诈风魔"。孙膑自言自语说："原来如此！"

晚饭时，下人送饭来，孙膑突然扑倒在地。众人救起，只见他口吐白沫，半日方醒。一睁开眼便大哭大闹，将所写的竹书全部投入炉火中，等庞涓赶到，所写之书已尽数化为灰烬。孙膑在庞涓面前仍疯疯癫癫，言语失常。庞涓认为他有诈，命人拖入猪圈。孙膑便与猪争食，又捡起猪粪吃。庞涓命人端来酒饭，孙膑摔在地上，又去抢猪食吃。庞涓长叹一声："看来是真疯了。"此后，孙膑疯疯癫癫，胡言乱语，以猪圈为家。日久天长，人们都说他真疯了，庞涓也放松了警惕。后来，齐国使者到魏国，孙膑得以逃离魏国，拜为齐国军师，在马陵道战役中大败魏军，杀死庞涓，报了大仇。

尽管孙膑遭此戕害，蒙受奇耻大辱，却大难不死，并不坠鸿鹄之志，立誓以自己的满腹才学和韬略，寻找时机与"同窗好友"较量，报一箭之仇。同齐使接触，一番畅谈，齐使知孙膑乃难得之奇才，遂秘密用车将孙膑载到齐国，从此，孙膑摆脱厄运，开始施展才华。最后他终于成为一个伟大的军事家。

# 人间世

颜回①见仲尼②，请行。曰："奚之③？"曰："将之卫。"曰："奚为焉？"曰："回闻卫君，其年壮，其行独④，轻用其国，而不见其过。轻用民死，死者以国量乎泽若蕉⑤，民其无如矣。回尝闻之夫子曰：'治国去之，乱国就之⑥；医门多疾。'愿以所闻思其则，庶几其国有瘳⑦乎！"

【注释】

①颜回：春秋末鲁国人，姓颜名回，字子渊，孔子的得意门生。

②仲尼：即孔子，名丘，字仲尼，鲁国陬邑人。春秋末思想家、儒家学派创始人。

③奚之：到哪里去。奚，何。之，往。

④行独：独断专行。

⑤若蕉：蕉，泽中草芥。比喻死者极多。

⑥治国去之，乱国就之：国家大治，就要离开；国家混乱，就要前去。

⑦有瘳（chōu）：瘳，病愈。指可以治愈。

【译文】

颜回前去拜见孔子，并向他辞行。孔子问："要到哪里去？"颜回回答说："准备去卫国。"孔子又问："干什么去？"颜回说："我听说卫国的国君，年少气盛，横行霸道，他轻率地处理国家大事，却无视自己的过失。他轻率地动用民力导致百姓死亡，全国死去的人可以填满大泽，多得像大泽中的草芥。百姓都无路可走了。我曾经听您讲过：'国家大治，就要离去；国家混乱，就要前往。就像医生门前病人多一样。'我希望听从您的教导，思考治国的良策，那么卫国可以得到整治吧!"

## 【原文】

仲尼曰:"谐!若殆<sup>①</sup>往而刑<sup>②</sup>耳!夫道不欲杂。杂则多,多则扰,扰则忧,忧而不救。古之至人,先存诸己而后存诸人。所存于己者未定,何暇至于暴人之所行!"

"且若亦知夫德之所荡而知之所为出乎哉?德荡乎名,知出乎争<sup>③</sup>。名也者,相轧<sup>④</sup>也;知也者,争之器<sup>⑤</sup>也。二者凶器,非所以尽行也<sup>⑥</sup>。"

## 【注释】

①殆:恐怕。
②刑:刑罚,杀戮。
③知出乎争:知通"智"。智慧的外露是由于争强好胜导致的。
④轧:倾轧。
⑤争之器:相互争斗的工具。
⑥非所以尽行也:不可推行于世。尽,精于,善于。

## 【译文】

仲尼说:"唉!恐怕你去了之后会遭杀戮!推行道是不能过于庞杂的,一旦庞杂,就会产生许多的纷扰,纷扰多了就会产生忧患,忧患多了就难以救治。古时的智者,首先保全自己,如此才能去保全别人,连自己都保全不了,还怎么去制止暴君的恶行!"

"而且你也知道道德沦丧、智慧外露的原因吧?道德沦丧是因为沽名钓誉,智慧外露是因为争强好胜。名誉是人相互倾轧的原因,智慧是人们争斗的工具,两者都是凶器,不能把它们推行于世。"

## 【原文】

"且德厚信矼,未达人气<sup>①</sup>;名闻不争,未达人心。而强以仁

庄 子 | 703

义绳墨②之言术暴人之前者，是以人恶有其美也，命之曰菑③人。菑人者，人必反菑之，若殆为人菑夫！且苟为悦贤而恶不肖，恶用而求有以异？若唯无诏④，王公必将乘人⑤而斗其捷。而目将荧之，而色将平之，口将营之，容将形之，心且成之。是以火救火，以水救水，名之曰益多。顺始无穷，若殆以不信厚言⑥，必死于暴人之前矣！

"且昔者桀杀关龙逢⑦，纣杀王子比干⑧，是皆修其身以下伛拊⑨人之民，以下拂其上者也，故其君因其修以挤⑩之。是好名者也。昔者尧攻丛枝、胥敖⑪，禹攻有扈⑫，国为墟厉⑬，身为刑戮。其用兵不止，其求实无已，是皆求名实者也。而独不闻之乎？名实者，圣人之所不能胜也，而况若乎？虽然，若必有以也，尝以语我来。"

## 【注释】

① 且德厚信矼，未达人气：德厚，道德纯厚。信矼（kòng），行为诚实。达，了解。气，精神状态。

② 绳墨：法度，规矩。

③ 菑：灾害。

④ 无诏：不进谏。

⑤ 乘人：指乘人之疵，抓住别人的短处。

⑥ 若殆以不信厚言：你反复的诤言将不被信任。

⑦ 桀杀关龙逢：桀，夏桀王。关龙逢是桀时贤臣因谏诤被杀害。

⑧ 纣杀王子比干：纣，商纣王。王子比干，纣王叔父，因进谏被挖心。

⑨ 伛（yǔ）拊（fǔ）：怜爱抚育。

⑩ 挤：排挤。

⑪ 丛枝、胥敖：古代小国名。

⑫ 有扈：古国名。

⑬ 国为墟厉：厉，指人死没有留下后代。意为国家变为废墟，百姓遭到灾难。

## 【译文】

"而且，一个人即使道德纯厚，行为笃实，但未必能够理解别人的思想状况，不与别人争夺名声，但未必能通晓别人的心理情形。如果非要将侠义准则的话传达给暴君，别人会认为你利用他人的恶行来炫耀你的美德，而把你的行为称作"灾害"。害人的人，别人一定会来害他，你恐怕会遭他人所害啊！况且如果卫国国君渴求贤能而讨厌不肖之徒，又何须你去改变呢？你除非不向他进谏，否则他肯定会趁你失误之机，展示他的辩才，你的双眼会被迷惑而眩晕，你的神色会慢慢平静下来，你的嗫嗫嚅嚅地为自己辩解，你的脸上会流露出顺从的表情，你的内心也会认同他的主张。这就如同用火去救火灾，用水去救水灾，可谓错上加错，刚开始你若顺从他，就一定会顺从下去。如果他根本不信你的诤谏，那你必将死在暴君面前。"

"而且，过去桀王杀害关龙逢、纣王杀害比干，都是因为他们修身立德，以臣下的地位爱抚百姓，以臣下的地位违逆凶残的君王，所以君王因他们修身立德而迫害他们并将他们杀害。这就是爱好名声的结果。当年尧帝征伐丛枝和胥敖，夏禹攻打有扈，这些国家变成废墟，人民死绝国君被杀，这是因为他们不断用兵，贪求别国的土地和人口。这些都是追名逐利的结果。你没有听说过吗？名利即使圣人也很难超脱，何况是你呢？虽然如此，你必定有所依凭，尝试着告诉我吧！"

## 【原文】

颜回曰："端而虚，勉而一。则可乎？"曰："恶<sup>①</sup>！恶可！夫以阳为充孔扬<sup>②</sup>，采色不定<sup>③</sup>，常人之所不违。因案人之所感，以求容与其心，名之曰日渐<sup>④</sup>之德不成，而况大德乎！将执而不化，外合而内不訾<sup>⑤</sup>，其庸讵<sup>⑥</sup>可乎！"

"然则我内直而外曲，成而上比<sup>⑦</sup>。内直者，与天为徒<sup>⑧</sup>。与天为徒者，知天子之与己，皆天之所子。而独以己言蕲乎而人善之<sup>⑨</sup>，蕲乎而人不善之邪？若然者，人谓之童子，是之谓与天为

庄 子 | 705

徒。外曲者，与人为徒也。擎跽曲拳<sup>⑩</sup>，人臣之礼也，人皆为之，吾敢不为邪？为人之所为者，人亦无疵<sup>⑪</sup>焉，是之谓与人为徒，成而上比者，与古为徒，其言虽教，谪<sup>⑫</sup>之实也，古之有也，非吾有也。若然者，虽直而不病，是之谓与古为徒。若是则可乎？"仲尼曰："恶，恶可！大多政法而不谍<sup>⑬</sup>。虽固，亦无罪。虽然，止是耳矣，夫胡可以及化！犹师心者也。"

## 【注释】

①恶：叹词，驳斥之声，表否定。

②以阳为充孔扬：阳，阳刚之气。充，装满内心。孔，非常。扬外露于表面。

③采色不定：喜怒无常。

④渐：浸润。

⑤訾（zī）：非议。

⑥庸讵（jù）：难道，怎么。

⑦成而上比：成，引用现成的话。上比，与古代做法相比较。

⑧与天为徒：与自然同类。

⑨而独以己言蕲乎而人善之：独，副词，表示反问。蕲，求。善，称赞，赞成。

⑩擎跽（jì）曲拳：擎，手拿朝笏。跽，长跪。曲拳，鞠躬。

⑪疵：毛病，作动词用。

⑫谪（zhé）：责备。

⑬谍：适当。

## 【译文】

　　颜回说："外貌端庄而内心谦虚，勉力行事而意志专一，这样可以吗？"孔子说："唉，这怎么可以呢？卫君骄气横溢，喜怒无常，平常人都不敢违拗他，为了自己内心的一时之娱而压制臣下的劝告。他这种人，每天用小德慢慢感化都不会有成效，更何况用大德来劝导呢？他必将固执己见而不会改变，即使表面赞同内心里也不会对自己的言行做出反省,你采取的方法如何能行呢?"

颜回说:"如此,那我就内心诚直而外表恭敬,内心自有主见并处处拿古代贤人作比。所谓'内心诚直',就是与自然同类。与自然同类的,就可知道国君与自己在本性上都属于天生的,又何必把自己的言论宣之于外而希望得到人们的赞同,或者希望人们不予赞同呢?像这样做,人们就会称之为童心未泯,这就叫跟自然为同类。所谓'外表恭敬',是和世人一样。手拿朝笏躬身下拜,这是人臣应尽的礼节,人家都这么去做,我敢不这么做吗?做大家所做的事,别人就不会责难我,这就叫与世人为伍。心有成见上比古代贤人,是跟古人为同类,他们的言论虽然很有教益,指责世事才是真情实意。自古就有这样的做法,并不是我自己的编造,这样做,虽然正直不阿却也不会受到伤害,这就叫作与古人为伍,这样做可以吗?"孔子说:"唉!怎么可以呢?太多的事情需要纠正,就是有所效法也会出现不当,虽然固陋而不通达也没有什么罪责。即使这样也不过如此而已,又怎么能感化他呢!你太固守于自己的成见了。"

## 【原文】

颜回曰:"吾无以进矣,敢问其方。"仲尼曰:"斋①,吾将语若。有心而为之,其易邪?易之者,暤天不宜。"

颜回曰:"回之家贫,唯不饮酒不茹②荤者数月矣。如此则可以为斋乎?"曰:"是祭祀之斋,非心斋也。"

回曰:"敢问心斋。"仲尼曰:"若一志,无听之以耳而听之以心,无听之以心而听之以气。听止于耳,心止于符③。气也者,虚而待物者也,唯道集虚④。虚者,心斋也。"

颜回曰:"回之未始得使,实自回也;得使之也,未始有回也。可谓虚乎?"夫子曰:"尽矣!吾语若:若能入游其樊而无感其名,入则鸣,不入则止,无门无毒⑤,一宅而寓于不得已⑥,则几矣。绝迹易⑦,无行地难⑧。为人使易以伪⑨,为天使难以伪。闻以有翼飞者矣,未闻以无翼飞者也;闻以有知知者矣,未闻以无知知者也瞻彼阒<sup>⑩</sup>者，虚室生白<sup>⑪</sup>，吉祥止止。夫且不止，是之谓坐驰，夫徇耳目内通而外于心知，鬼神将来舍，而况人乎！是万物之化也，禹舜之所纽也，伏戏几蘧之所行终，而况散焉者<sup>⑫</sup>乎！"

## 【注释】

①斋：斋戒，这里指清除心中的欲念。

②茹：吃。

③心止于符：符，迹象，现象。

④唯道集虚：虚，指虚空的心境。

⑤无门无毒：不要摆出医师的门面，不要把自己的主张看作治病的良方。

⑥一宅而寓于不得已：心灵专一，把自己寄托于无可奈何的事物中。

⑦绝迹易：不走路容易。

⑧无行地难：走路不着地就很困难。

⑨使易以伪：使，驱使。伪，虚伪。

⑩瞻彼阒：观察那空虚的境界。

⑪虚室生白：空明的心境可以产生光明。

⑫散焉者：没有成就的一般人。

## 【译文】

颜回说："我没有什么更好的方法了，请问您有什么方法。"孔子说："你去斋戒，我来告诉你。你做事虽有诚意，但哪有那么容易成功呢？太容易了，就不符合自然规律。"

颜回说："我家里很贫穷，以往几个月不曾喝酒吃肉了，如果这样，能否算是斋戒？"孔子说："这是符合祭祀的那种斋戒，但不是精神上的斋戒。"

颜回说："请问什么是精神上的斋戒。"孔子说："你要精神集中，不要用耳朵去听，而要用心灵体会。不仅要用心灵去体会，而且要用气去感应。听只能局限于耳朵所能听到的事物，心灵感受只局限于事物的种种迹象，而气则是空明而包容万物的。道就皆信在这空虚的心境之中，达到心灵的虚空，也就是精神上的斋戒。"

颜回说："我没有听到这些道理时，确实存在一个实在的我，我接受了这些道理后，开始觉得从没有一个实在的我，这算是达到虚空境界了吗？"孔子说："你的理解很深刻！让我来告诉你，如果能在尘世中自由自在地遨游而不为名利所动，卫国国君听取你的意见就说，不听取就不说。不摆出医师的架子，不把自己的主张看作是治病的良方，心灵安于专一，把自己寄托在无可奈何的事物中，那就差不多了。人不走路很容易，但走路时脚不着地却很困难。顺应世俗就容易产生虚伪，而顺应自然法则则很难虚伪。听说过有翅膀而飞翔的，但没有听说过没有翅膀也能飞翔的。听说过有智慧方能了解事物，没有听说过没有智慧也可以了解事物的。观察那虚空的境界，空明的心境可以产生光明，吉祥的事情都会随之消逝。如果内心无法宁静，这就叫身体在而驰骋心灵。使耳目感官向仙通达心机，鬼神也会来依附，更何况是人呢！这就是万事万物的变化，是禹和舜把握到的关键，也是伏羲、几蘧所始终遵循的法则，更何况普通人呢！"

## 【原文】

叶公子高①将使于齐，问于仲尼曰："王使诸梁②也甚重，齐之待使者，盖将甚敬而不急。匹夫犹未可动，而况诸侯乎！吾甚栗③之。子常语诸梁也曰：'凡事若小若④大，寡不道⑤以欢成。'事若不成，则必有人道之患⑥；事若成，则必有阴阳⑦之患。若成若不成而后无患者，唯有德者能之。吾食也执粗而不臧⑧，爨⑨无欲清之人。今吾朝受命而夕饮冰，我其内热⑩与！吾未至乎事之情⑪而既有阴阳之患矣！事若不成，必有人道之患，是两也。为人臣者不足以任⑫之，子其有以语我来！"

仲尼曰："天下有大戒⑬二：其一命也，其一义也。子之爱亲，命也，不可解于心；臣之事君，义也，无适而非君也⑭，无所逃于天地之间。是之谓大戒。是以夫事其亲者，不择地而安之，孝之至也；夫事其君者，不择事而安之，忠之盛⑮也；自事其心⑯者，哀乐不易施<sup>⑰</sup>乎前，知其不可奈何而安之若命，德之至也。为人臣子者，固有所不得已。行事之情而忘其身，何暇至于悦生而恶死！夫子其行可矣！

"丘请复以所闻：凡交近则必相靡以信<sup>⑱</sup>，远则必忠之以言<sup>⑲</sup>，言必或传之。夫传两喜两怒之言<sup>⑳</sup>，天下之难者也。夫两喜必多溢美之言<sup>㉑</sup>，两怒必多溢恶之言。凡溢之类妄<sup>㉒</sup>，妄则其信之也莫<sup>㉓</sup>，莫则传言者殃。故法言<sup>㉔</sup>曰：'传其常情，无传其溢言，则几乎全'<sup>㉕</sup>。且以巧斗力<sup>㉖</sup>者，始乎阳<sup>㉗</sup>，常卒乎阴<sup>㉘</sup>，大至则多奇巧；以礼饮酒者，始乎治<sup>㉙</sup>，常卒乎乱，大至则多奇乐<sup>㉛</sup>。凡事亦然，始乎谅<sup>㉜</sup>，常卒乎鄙<sup>㉝</sup>。其作始也简，其将毕也必巨。

"夫言者，风波也；行者，实丧<sup>㉞</sup>也。风波易以动，实丧易以危。故忿设<sup>㉟</sup>无由，巧言偏辞<sup>㊱</sup>。兽死不择音，气息茀然<sup>㊲</sup>，于是并生心厉<sup>㊳</sup>。剋<sup>㊴</sup>核大至，则必有不肖<sup>㊵</sup>之心应之而不知其然也。苟为不知其然也，孰知其所终？故法言曰：'无迁<sup>㊶</sup>令，无劝<sup>㊷</sup>成，过度益<sup>㊸</sup>也'。迁令劝成殆<sup>㊹</sup>事，美成<sup>㊺</sup>在久，恶成不及改，可不慎与？且夫乘物<sup>㊻</sup>以游心，托不得已以养中<sup>㊼</sup>，至矣。何作<sup>㊽</sup>为报也！莫若为致命<sup>㊾</sup>，此其难者。"

## 【注释】

①叶公子高：楚庄王玄孙尹成子，名诸梁，字子高。为楚大夫，封于叶（旧注读为shè），自僭为"公"，故有"叶公子高"之称。

②使诸梁：以诸梁为使。

③栗：恐惧。

④若：或者。

⑤寡：少。道：由，通过。

⑥人道之患：人为的祸害，指国君的惩罚。

⑦阴：事未办成时的忧惧。阳：事已办成时的喜悦。这里是说忽忧忽喜而交集于心，势必失调以致病患。

⑧执粗：食用粗茶淡饭。臧：好。"不臧"指不精美的食品。

⑨爨（cuàn）：炊，烹饪食物。这句话颇费解，联系上下文大意是，烹

饪食物也就无须解凉散热的人。

⑩内热：内心烦躁和焦虑。

⑪情：真实。

⑫任：承担。

⑬戒：法。"大戒"指人生足以为戒的大法。

⑭无适而非君也：适，往、到。全句是说，天下虽大，但所到之处，没有不受国君统治的地方。

⑮盛：极点，顶点。

⑯自事其心：侍奉自己的心思，意思是注意培养自己的道德修养。

⑰施（yí）：移动，影响。

⑱靡（mó）：通作"摩"，爱抚顺从的意思。一说通作"縻"，维系的意思。"相靡以信"，用诚信相互和顺与亲近。

⑲忠之以言：用忠实的语言相交。一说"忠"字为"志"字之误，"志"为"固"字之古体。

⑳两喜两怒之言：两国国君或喜或怒的言辞。

㉑溢：满，超出。"溢美之言"指过分夸赞的言辞。下句"溢恶之言"对文，指过分憎恶的话。

㉒妄：虚假。

㉓莫：薄。"信之以莫"意思是真实程度值得怀疑。

㉔法言：古代的格言。

㉕全：保全。

㉖斗力：相互较力，犹言相互争斗。

㉗阳：公开地争斗。

㉘卒：终。阴：指暗地里使计谋。

㉙大至：达到极点。奇巧：指玩弄阴谋。

㉚治：指合乎常理和规矩。

㉛奇乐：放纵无度。

㉜谅：取信，相互信任。

㉝鄙：恶，欺诈。

㉞实丧：得失。这句话是说，传递语言总会有得有失。

㉟设：置，含有发作、产生的意思。

㊱巧：虚浮不实。偏：片面的。

㊲茀然：气息急促的样子。茀（bó），通"勃"。

㊳心厉：指伤害人的恶念。厉，狠虐。

㊴克核：即苛责。剋，"克"字的异体。

㊵不肖：不善，不正。

㊶迁：改变。

㊷劝：勉力。这里含有力不能及却勉强去做的意思。

㊸益：添加。

㊹殆：危险。

㊺美成：意思是美好的事情要做成功。

㊻乘物：顺应客观事物。

㊼中：中气，这里指神智。

㊽作：作意。大意是何必为齐国作意其间。

㊾为致命：原原本本地传达国君的意见。

## 【译文】

叶公子高将要出使齐国，他向孔子请教："楚王派我诸梁出使齐国，责任重大。齐国接待外来使节，总是表面恭敬而内心怠慢。平常老百姓尚且不易说服，何况是诸侯呢！我心里十分害怕。您常对我说：'事情无论大小，很少有不通过言语的交往可以获得圆满结果的。事情如果办不成功，那么必定会受到国君惩罚；事情如果办成功了，那又一定会忧喜交集酿出病害。事情办成功或者办不成功都不会留下祸患，只有道德高尚的人才能做到。'我每天吃的都是粗糙不精美的食物，烹饪食物的人也就无须解凉散热。我今天早上接受国君诏命到了晚上就得饮用冰水，恐怕是因为我内心焦躁担忧吧！我还不曾接触到事的真情，就已经有了忧喜交加所导致的病患；事情假如真办不成，那一定还会受到国君惩罚。成与不成这两种结果，做臣子的我都不足以承担，先生你大概有什么可以教导我吧！"

孔子说:"天下有两个足以为戒的大法:一是天命,一是道义。做儿女的敬爱双亲,这是自然的天性,是无法从内心解释的;臣子侍奉国君,这是人为的道义,天地之间无论到什么地方都不会没有国君的统治,这是无法逃避的现实。这就叫作足以为戒的大法。所以侍奉双亲的人,无论什么样的境遇都要使父母安适,这是孝心的最高表现;侍奉国君的人,无论办什么样的事都要让国君放心,这是尽忠的极点。注重自我修养的人,悲哀和欢乐都不容易使他受到影响,知道世事艰难,无可奈何却又能安于处境、顺应自然,这就是道德修养的最高境界。做臣子的原本就会有不得已的事情,遇事要能把握真情并忘掉自身,哪里还顾得上眷恋人生、厌恶死亡呢!你这样去做就可以了!

"不过我还是把我所听到的道理再告诉你:不凡与邻近国家交往一定要用诚信使相互之间和顺亲近,而与远方国家交往则必定要用语言来表示相互间的忠诚。国家间交往的语言总得有人相互传递。传递两国国君喜怒的言辞,乃是天下最困难的事。两国国君喜悦的言辞必定添加了许多过分的夸赞,两国国君愤怒的言辞必定添加了许多过分的憎恶。大凡过度的话语都类似于虚构,虚构的言辞其真实程度也就值得怀疑,国君产生怀疑,传达信息的使者就要遭殃。所以古代格言说:'传达平实的言辞,不要传达过分的话语,那么也就差不多可以保全自己了。'况且以智巧相互较量的人,开始时平和开朗,后来就常常暗使计谋,达到极点时则大耍阴谋、倍生诡计。按照礼节饮酒的人,开始时规规矩矩合乎人情,到后来常常就一片混乱大失礼仪,达到极点时则荒诞淫乐、放纵无度。无论什么事情恐怕都是这样:开始时相互信任,到头来互相欺诈;开始时单纯细微,临近结束时便变得纷繁巨大。

"言语犹如风吹的水波,传达言语定会有得有失。风吹波浪容易动荡,有了得失容易出现危难。所以愤怒发作没有别的什么缘由,就是因为言辞虚浮而又片面失当。猛兽临死时什么声音都叫得出来,气息急促喘息不定,于是迸发伤人害命的恶念。大凡过分苛责,必会产生不好的念头来应付,而他自己也不知道这是怎么回事。假如做了些什么而他自己却又不知道那是怎么回事，谁还能知道他会有怎样的结果！所以古代格言说：'不要随意改变已经下达的命令，不要勉强他人去做力不从心的事，说话过头一定是多余、添加的。'改变成命或者强人所难都是危险，成就一桩好事要经历很长的时间，坏事一旦做出悔改是来不及的。行为处世能不审慎吗！至于顺应自然而使心志自在遨游，一切都寄托于无可奈何以养蓄神智，这就是最好的办法。有什么必要作意回报！不如原原本本地传达国君所给的使命，这样做有什么困难呢！"

## 【原文】

　　颜阖将傅卫灵公太子，而问于蘧伯玉①曰："有人于此，其德天杀②。与之为无方③则危吾国，与之为有方则危吾身。其知适足以知人之过，而不知其所以过。若然者，吾奈之何？"

　　蘧伯玉曰："善哉问乎！戒之慎之，正女身也④哉！形莫若就，心莫若和⑤。虽然，之二者有患。就不欲入，和不欲出。形就而入，且为颠为灭，为崩为蹶⑥；心和而出，且为声为名，为妖为孽。彼且为婴儿，亦与之为婴儿；彼且为无町畦，亦与之为无町畦；彼且为无崖，亦与之为无崖；达之入于无疵⑦。"

## 【注释】

①"颜阖"两句：颜阖（hé），姓颜名阖，鲁国贤人。傅，太子的老师，这里当动词用。蘧伯玉，姓蘧，名瑗，字伯玉，卫国贤大夫。

②其德天杀：天生的品性是凶残嗜杀。

③无方：没有规矩、约束。

④正女身也：女通"汝"，端正你自己。

⑤形莫若就，心莫若和：外表不如表现亲近，内心不如顺从诱导。

⑥为崩为蹶：崩，崩坏。蹶，失败。

⑦疵：病，这里指的是行动上的过失。

颜阖奉命去做卫灵公子的师傅，他去请教卫国贤大夫蘧伯玉："现在有一个人，天性残酷。如果任其自然，就会危害国家；如用法度约束，就会危及自身，他的智慧足以了解别人的过失，但不知道自己的错误，碰到这种情况，我该怎么办呢？"

蘧伯玉说："问得很好，要谨慎从事，首先要站稳脚跟。外表不如表现亲近的样子，内心却要存着诱导的思想，虽然这样，这两种方法仍有隐患。亲近他但不要太密切，诱导他不受心意显露。外表亲近到关系密切，就要颠败毁灭；内心诱导太显露，将被认为是沽名钓誉，就会招致灾祸。他如果像天真的孩子那样烂漫，你就姑且任他像个孩子那样烂漫；他如果没有界限，那么你就姑且随他那样不分界限；他如果跟你无拘无束，那么你也姑且跟他无拘无束。慢慢地引导，就可以使他达到免于错误的地步。"

【原文】

"汝不知夫螳蜋乎？怒其臂以当车辙①，不知其不胜任也，是其才之美者也。戒之慎之，积伐②而美者以犯之，几矣！汝不知夫养虎者乎？不敢以生物与之，为其杀之之怒也；不敢以全物与之，为其决之之怒也。时其饥饱，达其怒心。虎之与人异类，而媚养己者，顺也；故其杀者，逆也。

"夫爱马者，以筐盛矢③，以蜄盛溺④，适有蚉虻仆缘⑤，而拊之不时，则缺衔毁首碎胸。意有所至而爱有所亡，可不慎邪！"

【注释】

①怒其臂以当车辙：怒其臂，奋起手臂。车辙，车轮碾出的痕迹，这里指代车轮。

②积伐：多次夸赞。

③矢：粪便。

④以蜄盛溺：蜄（shèn），指大蛤蜊壳。溺，尿液。

⑤蚉虻仆缘：蚊虻叮在马身上。

## 【译文】

　　"你没有听说过那螳螂吗？它奋起手臂去阻挡车轮，不知道自己根本不能做到这一点，反而认为这是自己最得意的力量。要警惕啊！要小心啊！多次地夸耀自己最得意的东西会触犯王子，这就和螳螂差不多了。你不知道那养虎之人吗？不敢拿活的动物给老虎吃，因为这样做会激起它的凶残。注意顺应它饥饱的状态，疏导它凶残的本性。老虎虽不同于人类，却顺从喂养它的人，这是因为顺应了它的天性。而被老虎咬死的人，是因为违背了它的天性。"

　　"那些爱马的人，用精美的筐子去盛装马粪，用大蛤蜊的壳去盛装尿液，正巧遇到蚊虻叮咬马，就不是时候地拍打它。那马就会咬断口勒，撞毁笼头，磨碎肚带。好意却适得其反，难道行事适得其反不应该谨慎吗！"

## 【原文】

　　匠石①之齐，至于曲辕，见栎社树②。其大蔽数千牛，絜之百围③，其高临山十仞而后有枝，其可以为舟者旁④十数。观者如市，匠伯不顾，遂行不辍。弟子厌观之，走及匠石，曰："自吾执斧斤以随夫子，未尝见材如此其美也，先生不肯视，行不辍，何邪？"曰："已矣，勿言之矣，散木也。以为舟则沉，以为棺椁⑤则速腐，以为器则速毁，以为门户则液⑥㰌，以为柱则蠹⑦。是不材之木也，无所可用，故能若是之寿。"

## 【注释】

①匠石：木匠名石。
②见栎社树：栎(lì)，树名。社树，被拜为土地神的树。
③絜之百围：絜，测量周长的方式。围，一尺。
④旁：旁枝。
⑤椁："椁"字的异体，指棺外的套棺。

⑥液：脂液流出如树。

⑦蠹（dù）：虫子蛀蚀。

## 【译文】

　　有个名叫石的木匠到齐国曲辕，看见被人们称为神树的栎树。那棵树非常高大，树荫可以遮蔽数千头牛，测量它的树干足有百尺之围，树高达至山顶，几丈高后才长树枝，可以用来造船的树枝都有几十枝。参观它的人如同在赶集。这位匠人不去看它，却不停向前走，他的徒弟在那看够了跑着赶上木匠说：“自从我拿着斧子跟随您做木工，还没有见过这么大的树，先生不肯看一眼，却向前走个不停，这是为何呢？”木匠回答说：“算了，不要再说了！那木头是无用之物，做成船它会沉没，做成棺材它会很快地腐朽，做成器具它很快会毁坏，做成门户它会像树一样流出污浆，做成柱子，它会被虫子蛀蚀。这是一棵不能成材的树木，没有一点用处，所以才有这么长的寿命。”

## 【原文】

　　匠石归，栎社见梦①曰：“女将恶乎比予哉？若将比予于文木邪？夫柤梨橘柚果蓏之属②，实熟则剥，剥则辱。大枝折，小枝泄③，此以其能苦其生者也。故不终其天年而中道夭，自掊④击于世俗者也。物莫不若是。且予求无所可用久矣！几死，乃今得之，为予大用。使予也而有用，且得有此大也邪？且也若与予也皆物也，奈何哉其相物也？而几死之散人⑤，又恶知散木！”

　　匠石觉而诊⑥其梦。弟子曰：“趣取⑦无用，则为社何耶？”曰：“密！⑧若无言！彼亦直寄焉，以为不知己者诟厉也。不为社者，且几有翦⑨乎！且也彼其所保与众异，而以义誉之，不亦远乎！”

**【注释】**

①栎社见梦：梦见做社神的栎树。

②夫柤梨橘柚果蓏之属：柤，山楂。果蓏，草本植物的木实叫果，草本植物的果实叫蓏。

③泄：通"抴"。即用力拉。

④掊（póu）：打。

⑤散人：平凡普通的人。

⑥诊：通"畛"，告诉。

⑦趣取：自己希望得到的。

⑧密：即"闭嘴"。

⑨翦：指遭人砍伐。

**【译文】**

　　木匠回来后，梦中见社神的栎树对他说："你拿什么东西跟我作比呢？你拿我同文木比较吗？那些楂梨橘柚之类的树木，果实成熟后就会被打落，打落下来就会受辱，大的树枝被折断，小的树枝被拉扯。它之所以受苦就是因为它生来有用，所以不能享其天年而中途夭折，任何事物都是如此。我寻求没有用的办法已经很久了，几乎死去，如今才获得这个办法，这无用之能正是大用，还有比这更大的用途吗？况且你和我都是自然界中的事物罢了，怎么能够用这种方式看待事物呢？你是快接近死亡的普通凡人，又如何知道树木无用的道理呢！"

　　木匠醒来后说出了他的梦，徒弟说："自己希望的是无用，又怎么能为社神之树呢？"木匠说："闭嘴！你不要再说了。它只不过是寄寓于此，使那些不理解他的人去诟骂他。如果不做社神，他一定会被砍伐！他保全自身的方法与众不同，如果用常理来理解它，不是相差太远了吗？"

**【原文】**

　　南伯子綦游乎商之丘<sup>①</sup>，见大木焉，有异，结驷<sup>②</sup>千乘，隐将芘其所藾③。子綦曰："此何木也哉？此必有异材夫！"仰而视其细枝，则拳曲④而不可以为栋梁；俯而视其大根，则轴解而不可以为棺槨⑤；咶⑥其叶则口烂而为伤，嗅之则使人狂酲⑦，三日而不已⑧。

子綦曰："此果不材之木也，以至于此其大也。嗟乎⑨，神人以⑩此不材。"

宋有荆氏⑪者，宜楸柏桑。其拱把⑫而上者，求狙猴之杙者斩⑬之；三围四围⑭，求高名⑮之丽者斩之；七围八围，贵人富商之家求禅傍⑯者斩之。故未终其天年，而中道之夭于斧斤，此材之患也。故解之以牛之白颡者，与豚之亢鼻者⑰，与人有痔病者，不可以适⑱河。此皆巫祝⑲以知之矣，所以为不祥也。此乃神人之所以为大祥也。

**【注释】**

①南伯子綦：人名，庄子寓言中人物。商之丘：即商丘，在今河南省，地名。

②驷：一辆车套上四匹马。

③芘：通"庇"，荫庇。藾（lài）：荫蔽。

④拳曲：弯弯曲曲的样子。

⑤轴：指木心。解：裂开。"轴解"意思是从木心向外裂开。一说"解"讲作"散"，指纹理松散不可用。槨："椁"字的异体，外棺。

⑥咶（shì）：通"舐"，用舌添。

⑦酲（chéng）：酒醉。

⑧已：止。

⑨嗟乎：感叹声。

⑩以：如，这个意义后代写作"似"。

⑪荆氏：地名。

⑫拱：两手相合。把：一手所握。

⑬杙（yì）：小木桩，用来系牲畜的。斩：指砍伐。

⑭围：一说指两臂合抱的长度。一说两手拇指和食指合拢起来的

长度。

⑮高名：指地位高贵名声显赫的人家。

⑯椫（shàn）傍：指由独幅做成的棺木左右扇。

⑰解之：指祈祷神灵以消灾。颡（sǎng）：额。亢：高；"亢鼻"指鼻孔上仰。古人以高鼻折额、毛色不纯的牲畜和痔漏的人为不洁净，因而不用于祭祀。

⑱适：沉入河中祭神。

⑲巫祝：巫师。

## 【译文】

南伯子綦在商丘一带游乐，看见长着一棵出奇的大树，上千辆驾着四马的大车，荫蔽在大树树荫下歇息。子綦说："这是什么树呢？这树一定有特异的材质啊！"仰头观看大树的树枝，弯弯扭扭的树枝并不可以用来做栋梁；低头观看大树的主干，树心直到表皮旋着裂口并不可以用来做棺椁；用舌舔一舔树叶，口舌溃烂受伤；用鼻闻一闻气味，使人像喝多了酒，三天三夜还醒不过来。

子綦说："这果真是什么用处也没有的树木，以至长到这么高大。唉，精神世界完全超脱物外的'神人'，就像这不成材的树木呢！"

宋国有个叫荆氏的地方，很适合楸树、柏树、桑树的生长。树干长到一两把粗，做系猴子的木桩的人便把树木砍去；树干长到三四围粗，地位高贵名声显赫的人家寻求建屋的大梁便把 树木砍去；树干长到七八围粗，达官贵人富家商贾寻找整幅的棺木又把树木砍去。所以它们始终不能终享天年，而是半道上被刀斧砍伐而短命。这就是材质有用带来的祸患。因此古人祈祷神灵消除灾害，总不把白色额头的牛、高鼻折额的猪以及患有痔漏疾病的人沉入河中去用作祭奠。这些情况巫师全都了解，认为它们都是很不吉祥的。不过这正是"神人"所认为的世上最大的吉祥。

## 【原文】

支离疏者①，颐隐于脐②，肩高于顶，会撮③指天，五管④在上，两髀为胁⑤。挫针治繲⑥，足以糊口；鼓策播精⑦，足以食十人。上⑧征武士，则支离攘臂⑨而游于其间；上有大役，则支离以有常疾不受功⑩；上与病者粟，则受三钟⑪与十束薪。夫支离其形者，犹足以养其身，终其天年，又况支离其德者乎！

## 【注释】

①支离疏：假托的人名。

②颐：下巴。脐：肚脐。

③会撮：发髻。因为脊背弯曲，所以发髻朝天。

④五管：五官。旧说指五脏的腧穴。

⑤髀：股骨，这里指大腿。胁：腋下肋骨所在的部位。

⑥挫针：即缝衣。繲：洗衣。

⑦鼓：簸动。播：扬去灰土与糠屑。

⑧上：指国君、统治者。

⑨攘臂：指捋起衣袖，伸长手臂。攘，捋。

⑩以：因。常疾：残疾。功：通作"工"，指劳役之事。

⑪钟：古代粮食计量单位，合六斛四斗。

## 【译文】

有个名叫支离疏的人，下巴隐藏在肚脐下，双肩高于头顶，后脑下的发髻指向天空，五官的出口也都向上，两条大腿和两边的胸胁并生在一起。他给人缝衣浆洗，足够度日；又替人筛糠簸米，足可养活十口人。国君征兵时，支离疏捋袖扬臂在征兵人面前走来走去；国君有大的差役，支离疏因身有残疾而免除劳役；国君向残疾人赈济米粟，支离疏还领得三钟粮食十捆柴草。像支离疏那样形体残缺不全的人，还足以养活自己，终享天年，又何况是非形体残缺，只德行不全的常人呢！

孔子适楚，楚狂接舆<sup>①</sup>游其门曰："凤兮凤兮，何如德之衰也！来世不可待，往世不可追也！天下有道，圣人成焉；天下无道，圣人生焉。方今之时，仅免刑焉；福轻乎羽，莫之知载<sup>②</sup>；祸重乎地，莫之知避。已乎，已乎！临人以德；殆乎，殆乎！画地而趋。迷阳迷阳<sup>③</sup>，无伤吾行！吾行郤曲<sup>④</sup>，无伤吾足。"

山木自寇也；膏火自煎也。桂可食，故伐之；漆可用，故割之。人皆知有用之用而莫知无用之用也。

【注释】

①楚狂接舆：楚狂，楚国狂人。接舆，楚国人，姓陆名通，字接舆。

②莫之知载：意为没有人知道享受它。

③迷阳：棘刺。

④郤曲：刺榆之类的小树。

【译文】

孔子到楚国，楚国的狂人接舆游荡在孔子的门前唱道："凤鸟啊凤鸟！为何道德会这样衰败。来世让人们无法期待，往世又无法返回。天下有道，圣人的事业可以成功；天下无道，圣人只能保全生命。当今这个时代，只求免于刑罚。福祉比羽毛还轻，没有人知道去享受它。灾难比大地还重，没有人知道去避免它。罢了罢了，别在人面前夸赞自己的品德。危险啊危险，不要在世间制定规则让人遵循。棘刺啊棘刺，不要妨碍我走路。旅途中的刺榆啊，不要刺伤了我的双脚！"

山木自己招致砍伐；油脂自己招致燃烧；桂树因为可以食用，所以遭人砍伐；漆树因为有用，所以热爱刀割。人们都知道"有用"的作用，却不知道"无用"的作用啊。

【解析】

"人间世"这三个字包含着多少内容，对于每个世间的人当然是不同的。就庄子来说，当他用这三个字来命名这篇文字，或者是立下这个题目，然后写这篇文章的时候，他在想些什么？也许没有人知道。作为题目的这三个字，既可看作是一个整体，也可以分开来体味这人、这世界及这人和这世界之间。人活在世上，他和这个世界究竟是如何相处？

庄子思考的主要是生命在乱世中的安顿。他不是不关心秩序，而是觉得这问题非他所能关怀，或者说暂时的放弃，这种放弃的态度使他可不必殚精竭虑地进入这个世界，从而可与世界保持适当的距离。

很多人都有一个误解，以为庄子如天马行空，无拘无束，如大鹏般翱翔于九万里之上，视世界如敝屣，殊不知他很清楚地意识到这世界是无法放弃的，这是命运。早时候刘康公的教诲"民受天地之中以生，所谓命也"。在庄子这里有了更明确的了解。天地更具体化为君主和双亲，也就是这里所谓的大戒："天下有大戒二：其一命也，其一义也。子之爱亲，命也，不可解于心；臣之事君，义也，无适而非君也，无所逃于天地之间。"大戒也可看作是两个大"桎梏"，或者是"枷锁"，存在于人的生命中，不过这枷锁或者是桎梏不是人自己安置上去的，而是命运，是天。只要你生活在这个世界上，从降生的那一刻起，你就被套进这桎梏之中，无法逃避，这是与生俱来，无法选择的，因此也无法抗拒。认识到这一点是无奈的，特别是对一个追求自由的人来说；但是从另一方面来说，认识到限制正是追求和获得自由的前提。这种限制决定了庄子对这世界有限度的肯定：不管你愿意与否，你都生活在世界之中，因此这世界就不仅仅是身外之物，而是和身体血脉相连的存在。

在某种意义上，是这样的人间世让庄子把生命作为思想的核心问题，这样的问题，当然会反过来影响他如何选择与世界处在一种什么样的关系之中。对人和世界关系的思考，似乎是《人间世》要讨论的中心。在这里，庄子实际上给出了三种不同的关系类型：第一种，以颜回为主，那个满腔热情想要谏暴君化乱世的知识分子。他代表着希望以及进入这个世界的人。第二种是叶公子高、颜阖等，使者、太傅的身份显示出他们已置身于政治、权力和秩序中间，他们已是这世界中的人。第三种是楚狂接舆，一个决心和这个世界保持距离的人，一个冷眼旁观的看客。

在庄子笔下，颜回代表的年轻人的冲动受到老师无情的讥讽，孔子的一个"嘻"字给人的印象是深刻的，看起来像是冷笑；而"若殆往而刑耳"的话，听起来绝对是当头棒喝。在一个仅免刑焉的时代，在人们应该努力寻找生存空间的时候，颜回却朝着相反的方向走去。这里，庄子借孔子之口提出了对他自己而言最重要的一个原则：

"古之至人，先存诸己而后存诸人。所存于己者未定，何暇至于暴人之所行！"

读这段话的时候，总会想起真正的孔子所说的："己欲立而立人，己欲达而达人。"在这种推己及人的思路中，包含的是儒者积极救世的愿望和理想。虽然已立和已达也是需要的，但其重点是放到了立人和达人上面。

寓言中的孔子显然不同，"先存诸己而后存诸人"的说法虽然并没有完全排斥推己及人的思路，但完全无疑是"存诸己"。和立人、达人比起来，这个差别是重要的，"存诸己"体现出的首先是对自己生命的重视，救世因此落在了生命之后，成为次要的东西，这样，在救世和生命之间发生冲突的时候，选择就是一件很容易的事情了。

"先存诸己而后存诸人"的原则，使得对己的关怀成为比救世更重要的考虑。当然这只是个原则，提出之后，你还要证明它。你要证明救世的不可能，证明牺牲的无谓，从而让人安心于这种后退。譬如，当一个人像颜回那样去做的时候，你该如何说服他呢？也许，我们该引用寓言中孔子的话：

"且若亦知夫德之所荡而知之所为出乎哉？德荡乎名，知出乎争。名也者，相轧也；知也者，争之器也。二者凶器，非所以尽行也。且德厚信矼，未达人气；名闻不争，未达人心。而强以仁义绳墨之言术暴人之前者，是以人恶有其美也，命之曰菑人。菑人者，人必反菑之，若殆为人菑夫！"

当你想以自己的德行和知识去感化人的时候，你实际上是把自己看成是善的象征，同时把别人看成是恶的代表，并借由自己的善来凸显别人的恶，用别人的恶来显示自己的善，这样做就好比是在向别人的头上扣屎盆。用庄子的话来说，就是"菑人"。这还不是挖个坑让别人跳这种情形之下，别人还有跳与不跳的选择。这是直接在别人坐的地方挖坑，而地陷、而陆沉，让人没有选择的余地。也许你并没有这种想法，但这不重要，重要的是别人是否认为你有这种想法。特别是一个暴人，他是不会理解你善良的愿望的。你的德和知刚好足以引发和强化他倾轧和争斗之心。"菑人者，人必反菑之"，这是人之常情，尤其是当被你"菑"的人是一个拥有绝对权力的人的时候，你的命运如何，是可想而知的。

## 【证解故事】

### 心境如月，空而不著

六根清净，是指眼、耳、鼻、舌、身、意六者都要不留任何印象。而物我两忘是使物我相对关系不复存在，这时绝对境界就自然可以出现。可见想要提高人生境界必须除去感官的诱惑，六根清净，四大皆空。

在现代人看来，绝对的境界即人的感官不可能一点不受外物的感染，但要提高自身的修养，加强意志锻炼，控制住自己的种种欲望，排除私心杂念，完全可以建立高尚的情操境界。

在公元 1643 年 9 月 20 日，皇太极病死于沈阳清宁宫。虽然皇太极临终前已有了安排，但围绕皇位继承问题还是闹了风波。少数少壮派贝勒想立皇太极的长子豪格，因为豪格年龄较大，在青年贝勒中有一定的影响。代善之孙阿达礼（多尔衮之侄）和其叔硕托亲王想立多尔衮，按当时的情况来看，多尔衮一派力量较为强大一些，尤其是多尔衮本人，既军权在握，又骁勇善战，在军队中颇有威望，性格也刚毅果断，所以才为他人所拥立。但多尔衮考虑到自己若登皇位将会引起内乱，尤其是皇太极的长子豪格一派的力量更是难以制服，最终，他还是决定立福临为帝。

其实多尔衮立福临为帝的用心大家是看得很清楚的，当年福临年仅六岁，即位后必然由多尔衮摄政。多尔衮就会一步步地剪除异己，控制局面，在适当的时机再登皇位。因此，一些亲王不愿意同多尔衮合作，阿济格就称病不出，撒手不管。福临即位，即顺治皇帝。嫡母和生母吉特氏俱被尊为皇太后，多尔衮摄政，被尊为皇父。

庄妃心里也十分明白，孤儿寡母秉政，若无人尽心辅佐，必然权位不保，所以对多尔衮一意笼络。不久，多尔衮亲自告发并主持审理了阿达礼、硕托叔侄的谋逆案件，杀了阿达礼，并罪及其妻子，以表明自己的心迹，这使得庄妃极为感激，从此更加信赖多尔衮。

多尔衮也可谓"兢兢业业"，凡事无论大小都一概禀告庄妃，庄妃也让多尔衮随便出入宫廷，便宜行事，不必事事奏告，也不必多避嫌疑。于是，多尔衮随意出入宫禁，有时甚至留宿宫中。

多尔衮其人据说长得一表人才，十分精干秀拔，但是很好色，庄妃也正值盛年，时间一久，便有了苟且之事，宫廷内外便有了一些闲言碎语，连顾命大臣济尔哈朗也说三道四。多尔衮知道以后，告诉了庄妃，让她拟了一道圣旨，派济尔哈朗前去攻打山海关。

多尔衮嗜色如命，庄妃既年轻美丽，又聪慧能干，多尔衮想渔猎其色，可想而知。多尔衮的好色无耻，还可以用另一件事来证明。一次，多尔衮在庄妃那里见到了一位十分美丽的妇人，与庄妃之美不相上下，他十分眼馋。回去一打听，才知道原来是皇太极的长子、肃王豪格的福晋。从此，多尔衮又迷上了这位福晋，最后竟然使肃王豪格死于狱中。

这一时期，努尔哈赤的几个有兵权的儿子相继病死或战死，孝端皇太后也驾崩了。平时，庄妃虽与孝端皇后同为皇太后，但毕竟名分上有差，一是正室，一是侧室，所以虽时有专权之举，却还是多少有所顾忌。好在孝端皇太后并不过问朝政，庄妃也就放心了。孝端皇太后一死，庄妃再无顾忌，便大胆地处理起政务来。就在这时，多尔衮那边又发生了变化。

原来，多尔衮的原配妻子听说多尔衮与侄媳鬼混，就经常与多尔衮吵闹，多尔衮一如既往，无丝毫的改悔，她极为气愤，日久生疾，竟得了气臌病，不久就死了。多尔衮办完了丧事，竟明目张胆地娶了豪格的福晋，福晋正式做起夫人来了。

庄妃知道，如果任其发展下去，自己同多尔衮的关系难保，于是当机立断，派小太监把多尔衮请来，与他密谈了半日。回去以后，多尔衮忙找范文程等极为老成持重而又大有学问的老臣来商量，他们耳语了半天，只见多尔衮面上有红羞之色，范文程则眉头皱了几皱，但最后还是范文程大有主意，向多尔衮献了一计，多尔衮大喜，忙拜托他们几个人立即办理。

范文程等人给顺治帝上了一道恐怕是中国历史上最为奇怪的奏章，其内容是要皇上嫁母的，皇父（多尔衮）刚刚死了老婆，而皇太后又独居寡偶，秋宫寂寂。这不合我们皇上以孝治天下的办法。根据我们这些愚陋的臣下的见解，应该请皇父皇母，到一个宫室里居住，以尽皇上的孝敬之道。这千古一绝的奏章一上，立即交由内阁讨论，大家都知道多尔衮势大，皇太后又同意，哪个还敢反对，于是大家都随声附和，连连说好。

朝廷内外忙了好多天，大婚之时，朝臣全往拜贺，十分热闹。庄妃与多尔衮结婚之后，倒也恩爱，但多尔衮还忘不了那位侄媳，不免偷寒送暖，经庄妃盘问，多尔衮据实相告。最后，庄妃只得让多尔衮把豪格的福晋立为侧福晋。

后来多尔衮宠爱朝鲜的两位公主，经常出外打猎，让两位朝鲜公主陪伴，很长时间不回宫廷。侧福晋备受冷落，多有吵骂，多尔衮生就的喜新厌旧的脾气，对她不再理会。至于对待庄妃，多尔衮一则敷衍，一则命令宫中的太监使女紧密封锁消息，不让庄妃知道。

不久，多尔衮因纵欲过度，在喀喇城围猎时，不幸得了咯血症，最终不治身亡。

多尔衮死后，平时怨恨他的大臣就纷纷趁机上书攻击多尔衮，起初庄妃还从中调解，后来大臣得知顺治帝隐恨多尔衮，便放胆揭发，把多尔衮宠爱两位朝鲜公主的事告知了庄妃。庄妃大怒，才知道之前为什么多尔衮时常出猎，于是发狠说："如此看来，他死得迟了。"

至此，许多大臣罗列了多尔衮的罪状：收受贿赂，逼死豪格，引诱侄媳，私制御服，私藏御用珠宝等。最后顺治下诏，诛除多尔衮的党羽，追夺多尔衮家属所得的封典。

## 德在人先，利居人后

生活中人的品质修省是从实际的利益中体现和磨炼出来的。范仲淹说"先天下之忧而忧，后天下之乐而乐"，这是一种传统的优良的人生态度。现在提倡"吃苦在前，享乐在后"，表现的同样是"德在人先，利居人后"的境界。

曾经在"苛政猛于虎"、百姓不堪重负的元代，董文炳在县令任上，敢于为民获罪，设法隐实不报实际户数，使百姓大为减少朝廷加的赋敛的负担。后又拒绝府臣的贪得无厌，最终居然以"理终不能剥民求利"的情怀，弃官而去。董文炳出任县令，逢朝廷开始普查百姓的户数，以便按户数征收税赋，并且下令敢于隐瞒实际户数的，都要处以死刑，没收家财。董文炳看到百姓的税赋太重，要百姓聚居一起，以减少户数，众官吏都反对此举，董文炳说："为百姓犯法而获罪，我心甘情愿。"百姓中也有人不太愿意这样做，董文炳说："他们以后会知道我要他们这样做的好处；会感谢我而不会怪罪我的。"

由此，赋敛大为减少，百姓都因而很富足。董文炳的声誉波及四周，旁县的人有诉讼不能得到公正判决的，都来请董文炳裁决。董文炳曾到大府去述职，旁县的人纷纷聚拢来看他，有人说："我多次听说董县令，无缘一见。今看到董县令也是人，为何明断如神呢？"当时的府臣贪得无厌，向董文炳索取钱物，董文炳拒不肯给。同时有人向府里进谗言诋毁董文炳，府臣便欲加以中伤陷害，董文炳说："我到死也不会剥削百姓。"说完就辞去官职不干。

董文炳不仅"终不能剥百姓求利",而且处处为百姓谋利,除上述他冒死罪要百姓聚居一起减少户数,以减轻赋税外,他还多次慷慨地为百姓捐私产。《元史·董文炳传》载:当地十分贫穷,加之干旱,蝗虫肆虐,而朝廷的"征敛日暴",使得百姓无法生存,董文炳自己拿出私粮数千石分给百姓,以使百姓的困境有所宽解。又因为前一任县令"军兴乏用,称贷于人",而贷家索取利息数倍,县府没办法还贷,欲将百姓的蚕丝和粮食拿来偿还。这时,董文炳站出来说:"百姓实在太困苦了,我现在位当任县令,义不忍视百姓再遭搜刮,由我来代偿吧。"于是将自己的"田、庐若干亩,计值与贷家",同时"复籍县问田以民为业,使耕之",使得流离失所的百姓逐渐回来安居乐业,几年后百姓都能吃饱穿暖了。

只做有利于百姓的事情,即使是违犯了朝廷的法令也不在乎,不怕丢官,甚至不怕丢命,"为民获罪,吾所甘心",贪婪的府臣索贿不成,欲借机加以陷害,董文炳弃官而去,其理由则是至死也不愿为个人的前程去剥夺百姓,满足那些贪官污吏难填的欲壑。

董文炳勇于舍弃前程,给贫民捐粮,他不忍心取百姓的衣食还前任县令的借贷,而是将自己的田地、房舍抵贷,这些都是为苍生百姓着想。不谋私利,不敛钱财。为民请命,体察民情,在世俗官吏的眼中董文炳没有为官一任,富己一人,是大大的糊涂,但百姓没有忘记这样的糊涂。

董文炳领兵进入福建后对百姓秋毫无犯,《元史·董文炳传》有记载:"文炳进兵所过,禁士马无敢履践田麦,曰:'在仓者,吾既食之;在野者,汝又践之,新邑之民,何以续命。'是以南人感之,不忍以兵相向。"后来,"闽人感文炳德最深,高而祀之"。百姓和历史都会记住这样的良吏。

在名利享受上不争先,不分外;在德业修为上时时提高,是个人走向品德高尚的具体表现。

## 积威，宽一分则安；积恩，减一分则怨

古人之间相互交往，光明正大，推心置腹。在他没说话之前，不必事先怀疑；说出话来之后，也无须有后顾之忧。如今的人们相互交往，小心翼翼，屏气凝神，用虚假的表情来隐藏他自己的真实意图。他还没有说话，就对别人已产生了怀疑和畏惧；他一旦说出来之后，就会招惹灾祸，真是让人感到可悲啊！到哪去找光明正大的君子，来同他倾心交谈彼此的情怀，畅谈肺腑之言呢？真是可悲啊！某些人表面上看起来光明磊落，而暗地里却设下陷阱陷害他人。明朝的吕坤这么认为。

古代的君子，从不用自己的才能去困扰别人，这才是正人君子；如今的人却用自己所不能办到的事去困扰别人。古代名望和地位相近的人，能够相互友好相处，现在名望和地位相近的人，他们之间却彼此妒忌。

事情还未做就到处声张，事情还未做就去沽名钓誉，事情还未成功就领受俸禄，这些行为都是伪君子的行为，君子的耻辱。双方都痛悔自己的过错就没有解不开的仇怨，双方都友好交往合作就会十分的成功，双方都发怒生气就没有酿不成的灾祸。自己没有才能却不肯让位给有才能的贤士，甚至还设法陷害别人；自己作恶多端却痛恨别人行善积德，甚至还诬陷别人；自己贫穷卑微却痛恨别人富贵荣华，甚至还极力破坏别人的富贵，这三种爱嫉妒的人，实在是极恶之人。

用贫穷卑微时的心情来对待富贵时的日子，用身处患难中的心情来对待安乐的日子，用委屈不安的心情来对待能够自由伸展时的日子，这样，那么什么时候都能够泰然自若。把深渊峡谷看作是康庄大道，把健康的体魄看作是疾病缠身，用惊警之心来对待安宁之日，任何时候都会感到安稳。不怕在朝廷当官时没有隐退的心思，只怕在山林里隐居时还有当官的想法。

积累威严和恩惠，都会招惹灾难。积威所带来的灾难可以补救，而积恩所带来的灾祸却难以补救。威严积累起来之后，只需放宽一点

就会让人安宁，增加一些恩惠人家就会感到高兴；而恩惠积累起来之后，一旦停止施恩，对方就认为你有所淡漠冷薄，减少一点恩惠人家就会对你抱怨。施予人家的恩惠到了极限就会导致自身的贫困，一旦自己贫困就难以继续施恩；溺爱到了极限就会让人放纵，而一旦放纵就难以让人继续忍受。而不继续施恩下去，他们的关系便不会进一步改善，而威严和恩惠的势态也会大大减退。因此威严减弱就会带来福分，而恩泽减弱了就会招致灾祸。恩惠有所增加就会招来福分，而威严的增加就会招来灾祸了，圣贤之人并不是吝啬恩惠，而是害怕灾祸的缘故。

潮湿的柴火容易解开，而干柴却很难捆扎好。圣人之所以吝啬恩泽给寡人，难道不是因为他爱人之情已达到了极限的缘故吗？所以这种方法是用来调剂人们感情的极微小的权变之法啊！

人们都只知道为少而感到担忧，却不懂得有时多也让人担忧。只有聪明能干的人才明白多了也让人担忧的道理。

生活中，我们能很容易发现一些令人讨厌的东西，众人都喜爱的东西也必定能察觉得到，这是容易的事情；自己讨厌的事物要察觉，自己喜爱的事物要察觉，这就比较难。有的人对人情方面的事懂得比较多，有的人对物理方面的知识了解得比较深刻，有的人对事物的变化了解得比较多，有的人对细致的事物了解得较为深刻，有的人对博大精深的事物了解得比较透彻，有的人对事物的时势了解得比较深刻，这些知识不是一个人所能全都具备的，而其中认识事物变化方面的知识是较为困难的，但是，具有渊博精深的知识更加难能可贵。

## 人无远虑，必有近忧

具有高明的远见能让你有备无患。远见卓识的人，在做事情之前要先做好准备，就不会陷入窘境。要运用理智来预测尚未降临的困难，可以解除眼前的忧虑。

李林甫独揽朝中大权之后，为保自己地位天长地久，特别把心思用在人事安排上，对官员的擢斥升迁亲自过问，插手安排，提拔两类人，打击两类人，以做到一统天下。提拔哪两类呢？一是对自己效忠卖力的，二是愚不可及唯命是从的。打击哪两类呢？一是对自己"指鹿为马"胆敢非议的，二是有潜在能力日后或许会威胁自己前程的。一般奸臣都是忤己者黜，顺己者升，李林甫又加上一条原则：提愚斥能，真是奸上加奸。当时有位太守就是因为能力太强了，所以才被李林甫打击诬陷的。

绛郡（今山西绛县一带）太守严挺之，清正廉明，政声颇佳，又有治世之才，到任不几年便把绛郡治理得夜不闭户，路不拾遗，民富官足。唐玄宗闻之大喜，心想重用他。

李林甫看在眼里，急在心中。这严挺之若提到朝中，施展才干，日后必为自己劲敌，不如当他权位未到时及时除之。于是，他派人去把严挺之的弟弟严损之找来，大套近乎，并说对其兄政治才干如何如何欣赏，表示若严挺之能调任京都的话，自己定大力提拔他。

那时节做官之人，谁不盼升迁？严损之一听李林甫对哥哥这般看重，喜不自胜，忙问怎样才可调来京师。李林甫捻了一下胡子说："这个——办法倒有。若令兄能奏明皇上，说自己身体不适于在北地任职的话，我便从中周旋。"严损之一听大为感激，回家忙给哥哥写一封信，陈述李相国美意，让严挺之要求调任京职。严挺之被弟弟说动，忙写一奏章，说自己身患湿疾，难以在绛郡任职，要求进京调治之类的话。

玄宗接到奏章，找李林甫商量。李林甫装模作样地说："久闻严太守是一干才，政声颇佳，哪知他身体状况竟这般糟。我看，不如调他个好去处，给他一个闲职养起来，也好让天下人说皇上不忘功臣。"玄宗说："好。"于是李林甫代皇上批一圣旨，把严挺之调到内陆富邑洛阳去做闲官。

李林甫笑里藏刀，两面使手腕，除掉了一个潜在的日后敌手。事前有远见，遇事再作深思熟虑，就是未雨绸缪的长远之计了。这就教育我们做事情、看问题，都要有远见卓识才能取得进步。

# 遇事不慌，沉着冷静

历史上有很多文人墨客运用他们的学问，帮助老百姓戏弄那些纨绔子弟，留下了很多有趣的故事，并且这些才子也得到了人们的尊敬。然而这也正是他们智慧的结晶体现，体现了他们非凡的正义感和灵活的头脑。下面的几个小故事讲述的就是这样一个道理。

第一则故事发生在明代。

在某地一个村庄里，有一对小夫妻，男的叫王二，长得魁梧结实，人高马大的，可是性格却十分木讷，人老实得近乎迂了，而他的妻子却是一个大美人，长得俏丽玲珑，可谓人见人爱。这天，王二的妻子去河边洗衣时，被村里的大财主王万砍撞见了，顿时淫心大发，便扯住她调戏，女人又气又羞，拼了命地挣脱，这王万砍仍死皮赖脸地纠缠，女人高声大呼救命。王二正好赶到了，他抡起榔头似的拳头，冲王万砍一阵猛挥，心气力重，只几下就把王万砍打趴下了！

王万砍有个儿子在京城做官，父仗子威，他经常在村里为非作歹，村民对他恨之入骨，但畏惧他有权有势的儿子，只能敢怒不敢言。王二打了王万砍，村民们解恨，明知他要吃官司却也是爱莫能助。王万砍当然不肯罢休了。他连忙派人去县衙击鼓喊冤，说王二行凶打人，妄图谋财害命。知县闻知即差人传王二到堂，王二之妻想到丈夫平时木讷得连句话都不会说，到了大堂，还不更是形同木头一般？讲不出道理，只能任王万砍诬告吃官司了。想到这层，夫妻俩便大哭起来。

哭声被路过此地的徐文长听见了，他循声而来问明了原因，思索了一会儿，吩咐他们弄来笔墨。徐文长让王二伸出双手，在每只手掌上写出几个字后，关照他说："到了大堂，不管县太爷问你什么，你都不要开口，只将左手举起，再问时，就举右手。县太爷要是问是谁写的，你就说是徐文长。"徐文长交代完毕，便又赶路去了。且说这王二到了大堂，早已吓得面色惨白，只听县太爷一拍惊堂木，喊道："王二，你狗胆包天！竟敢对王老太爷行凶，把你谋财打人之事，快快从实招来！"王二默不作声，举起了左手让县太爷看。

这时，县太爷倾了身子仔细地看了一会儿，开口念道："我妻有貂蝉之貌。"县太爷惊诧，又问，王二又把右手放在了他面前，县太爷再念道："万砍有董卓之淫。"县太爷吟罢这两句话，难免生出了一丝正义之情，想这王万砍偌大年纪，竟这般无耻，遭打活该。想要问罪这淫棍，又怕他儿子怪罪下来，丢了乌纱帽。为难之际，忽想王二绝对写不出这十四字，一定有高人在幕后操纵他，便厉声喝问王二此句是何人所写！王二依照徐文长之嘱，支吾了半天，才挤出了"徐文长"三个字。县太爷闻听徐文长，心中暗叹：怪不得呢？只有他才会有如此绝妙之计啊！他一挥手，对王二说："本官恕你无罪，快回家去吧！"王万砍不肯罢休，县太爷笑笑："你还是识相一点吧！此案要审出名堂来，丢人的是你啊！"徐文长凭十四字，为王二打赢了这场官司。

这是明代著名画家唐伯虎的一个故事。

一日，南昌知府接到宁王府递来的一份状纸，状词只有八个字：鹤系金牌，系出御赐。原来，宁王朱宸濠得到皇帝赐给的一只仙鹤，颈上挂有"御赐"金牌。宁王十分喜爱和珍视这只仙鹤，派人细心照料，每天还要仆人陪它上街散步。这天仙鹤来到街上，突然被一家门洞里窜出的狗咬伤了。宁王府管家大为恼火，派人来南昌投递了诉状。南昌知府分外为难。此案牵扯到皇帝和宁王，不敢不受理。受理吧，状词之中没有被告，去处罚养狗的百姓，民心必然不服。这时，他想到了由苏州来南昌的唐伯虎。

苏州唐伯虎是江南最有名气的风流才子，平日放荡不羁，清高自傲却又足智多谋。来到南昌后，访亲问友，论诗作画。如果请他来处理这个棘手的案子，或许会想出高明的办法来。于是，南昌知府就把他请进府衙。唐伯虎听知府讲完事情的经过，接过状词看了看，略事思索，挥笔批了十六字：鹤系金牌，犬不识字；禽兽相伤，不关人事。状子退回宁王府，愤愤然要求知府抓人判罪的管家，一看到唐伯虎的判词，马上默然无语了。

　　看完故事之余我们不得不佩服这两大才子的过人智慧，也赞赏他们敢于同权贵作对的铮铮傲骨。我们在遇到问题时，也要向他们两人学习：遇事不慌乱，要沉着应对，多动脑筋想出对策。

# 德充符①

鲁有兀者王骀②，从之游者，与仲尼相若。常季③问于仲尼曰："王骀，兀者也，从之游者，与夫子中分鲁。立不教，坐不议，虚而往，实而归。固有不言之教，无形而心成者邪？是何人也？"仲尼曰："夫子，圣人也。丘也直后而未往耳。丘将以为师，而况不若丘者乎！奚假鲁国，丘将引天下而与从之。"

常季曰："彼兀者也，而王先生，其与庸亦远矣。若然者，其用心也，独若之何？"仲尼曰："死生亦大矣，而不得与之变；虽天地覆坠，亦将不与之遗。审乎无假而不与物迁，命物之化而守其宗也。"

常季曰："何谓也？"仲尼曰："自其异者视之，肝胆楚越也；自其同者视之，万物皆一也。夫若然者，且不知耳目之所宜，而游心乎德之和。物视其所一而不见其所丧，视丧其足犹遗土也。"

常季曰："彼为己，以其知得其心，以其心得其常心。物何为最之哉？"仲尼曰："人莫鉴于流水而鉴于止水。唯止能止众止。受命于地，唯松柏独也，在冬夏青青；受命于天，唯尧、舜独也正，在万物之首。幸能正生，以正众生。夫保始之征，不惧之实，勇士一人，雄人于九军④。将求名而能自要者而犹若是，而况官天地、府万物、直寓六骸⑤，象耳目，一知之所知而心未尝死者乎！彼且择日而登假？人则从是也。彼且何肯以物为事乎！"

①德充符：道德完满的表征。德，道德。充，充满。符，象征。

②兀者王骀：兀者，被处刖刑断足的人。王骀（tái），假托人名。

③常季：孔子弟子。

④九军：天子六军，诸侯三军，统为九军。

⑤六骸：两手两足，头和身，合指人体。

## 【译文】

鲁国有个断了腿的人叫王骀，跟他学习的人数同跟随孔子学习的人数差不多。常季问孔子说："王骀是个断腿之人，跟从他学习的人同跟从先生的在整个鲁国平分秋色。他站着不施教诲，坐着不发议论。学生虚空而往，满载而归。岂有不说话的教学，能使学生于无形之中心领神会的呢？他是怎样一个人呢？"孔子说："那先生是个圣人啊。我是如此落后还未能追随他呀。我准备拜他为师，何况那些不如我的人呢？岂止是鲁国人，我将要带领天下人来跟他学习。"

常季说："他是个断了腿的人，可是却胜过先生，更是远远超过了常人，像这种情形，那他的思想，究竟是怎样的呢？"孔子说："生死之事也够大的了，他却不会因为这个有所变化；纵然天塌地陷，他也不会随着它消失掉；他明察真谛而不随外的变化，主宰万物的变化而坚守自己的根本。"

常季说："这是什么意思呢？"孔子说："从不同的角度观察，肝和胆就好像楚国和越国的距离那么远；从相同的角度观察，万物都是一样的。像王骀这种人，就不知道什么才是耳目感到适宜的，只让出心神遨游在道德的和谐之中。对于万物他只看到它们的统一却无视它们的差别。他看待失去的腿如同丢掉的土地一样。"

常季说："他修养自己，用他的智力坚守自己的心灵，用他的心灵领悟出永恒的思想。人们为什么都聚焦到他那里呢？"孔子说："人没有在流动的水里临照而只会在静止的水面临照。只有静止的水才能保留人们停下来的影像。树木同样是禀受大地孕育，唯独松柏得到真性，因而冬夏常青；众人同样是禀受上天性命，唯独尧舜得到真性，因而成为万民的首领。通过端正自己的心性，来端正众人的心

庄 子 ｜ 737

性。那些信守先前诺言的人，具有无所畏惧的品格，就敢直闯千军万马。为追求名声却能够自我要求的人倘且如此，何况那把握天地、包容万物、只把形体寄托在天地之间、把耳目当作虚假形式、用同一的智慧去统一所有的认识而且心灵鲜活的人呢？他还会在某个时日上升臻至大道，那时人们就会跟从他的。他又哪里肯把世俗的事情当回事呢？"

## 【原文】

申徒嘉<sup>①</sup>，兀者也，而与郑子产同师于伯昏无人<sup>②</sup>。子产谓申徒嘉曰："我先出则子止，子先出则我止。"其明日又与合堂同席而坐，子产谓申徒嘉曰："我先出则子止，子先出则我止。今我将出，子可以止乎？其未邪？且子见执政而不违，子齐执政乎？"申徒嘉曰："先生之门固有执政焉如此哉？子而悦子之执政而后人者也。闻之曰：鉴明则尘垢不止，止则不明也。久与贤人处则无过。今子之所取大者，先生也，而犹出言若是，不亦过乎！"

子产曰："子既若是矣，犹与尧争善。计子之德，不足以自反邪？"申徒嘉曰："自状其过以不当亡者众；不状其过以不当存者寡。知不可奈何而安之若命，唯有德者能之。游于羿之彀中<sup>③</sup>，中央者，中地也，然而不中者，命也。人以其全足笑吾不全足者多矣，我怫然<sup>④</sup>而怒，而适先生之所，则废然<sup>⑤</sup>而反。不知先生之洗我以善邪？吾之自寤邪？吾与夫子游十九年矣，而未尝知吾兀者也。今子与我游于形骸之内，而子索我于形骸之外，不亦过乎！"子产蹴然<sup>⑥</sup>改容更貌曰："子无乃称！"

## 【注释】

①申徒嘉：姓申徒名嘉，郑国人。

②与郑子产同师于伯昏无人：郑子产，郑国大夫子产，姓公孙名侨，字子产，官郑国执宰。伯昏无人，假托人名。

③羿之彀（gòu）中：羿，传说中的射箭能手。彀中，射程之内。彀，

用力张弓。

④怫（fú）然：脸色变状。

⑤废然：消除怒气状。

⑥蹴（cù）然：脸色不安状。

## 【译文】

　　申徒嘉是个断腿之人，他和郑国大夫子产一同在伯昏无人门下学习。子产对申徒嘉说："如果我先出去你就暂且留下，如果你先出去我就暂且留下。"第二天，子产又和申徒嘉同房同席而坐。子产对申徒嘉说："如果我先出去你就暂且留下，如果你先出去我就暂且留下。现在我要出来了，你是可以留下呢，还是不可以呢？而且你见了执政官也不回避，你想跟执政官平起平坐吗？"申徒嘉就说："我们老师的门下哪有什么像你这样的执政官呢？你是喜欢你的执政却看不起别人啊。我听到说：'镜子明亮灰尘就不会沾上，沾上就不明亮了。经常跟贤人相处就没有什么过错了。'现在你所倚重的是老师啊，你还说出这样的话来，不是太过分了吗？"

　　子产说："你既然少了一条腿还要跟尧帝比美。衡量一下你的品德，还不令你反省吗？"申徒嘉说："自愿承认过错认为自己不应当折了腿的人是很多的；不愿承认过错认为自己不应当留腿的人是很少的。懂得处在无可奈何的境地却看待它如同本来如此一样，只有有道的人才能做到。进入羿的弓箭射程之内，中心点就是弓箭命中的地方；然而并没有被射中，那是天命啊。人们用他的齐全的腿来耻笑我这不齐全腿的事情够多了，我总是脸色一变就动起怒来，等到了老师的住所，我就消除了怒气恢复到原样，不知道是不是老师用善行给我清洗了一番呢？还是我自己觉悟了呢？我跟老师相处十九年了，他还未曾知道我是个断了腿的人，现在你我之间用心相处，可没想到你却苛求我的外形，不是太过分了吗？"子产脸色骤变，惶惑地说："请你不要这样说。"

## 【原文】

　　鲁有兀者叔山无趾，踵①见仲尼。仲尼曰："子不谨，前既犯患若是矣。虽今来，何及②矣！"无趾曰："吾唯不知务③而轻用吾身，吾是以亡足。今吾来也，犹有尊足④者存，吾是以务⑤全之也。夫天无不覆，地无⑥不载，吾以夫子为天地，安知夫子之犹若是也！"孔子曰："丘则陋⑦矣！夫子胡不入乎？请讲以所闻。"无趾出。孔子曰："弟子勉之！夫无趾，兀者也，犹务学以复补前行之恶，而况全德⑧之人乎！"无趾语老聃⑨曰："孔丘之于至人，其未邪？彼何宾宾以学子为⑩？彼且以蕲以諔诡幻怪之名闻⑪，不知至人之以是为己桎梏⑫邪？"老聃曰："胡不直使彼以死生为一条⑬，以可不可为一贯⑭者，解其桎梏，其可乎？"无趾曰："天刑之⑮，安可解！"

## 【注释】

①踵：脚后跟，这里指用脚后跟走路。叔山无趾被刑断脚趾，所以只能用脚后跟来走路。

②何及：怎么赶得上。言外之意怎么能够补救。

③不知务：犹言不通晓事理。

④尊足：即尊于足，"尊足者"意思是比脚更尊贵的东西，这里指道德修养。

⑤务：务求，努力做到。

⑥无：莫名，没有什么。

⑦陋：浅薄固陋。

⑧全德：即全体，指形体没有残缺。

⑨老聃：即老子。

⑩宾宾：频频。学子：学者。

⑪蕲（qí）：求。諔（chù）诡：奇异。

⑫桎梏：古代的一种刑具，犹如今言脚镣手铐，喻指束缚自己的工具。

⑬一条：一致，一样的。

⑭贯：通。"一贯"即齐一相通。

⑮天：自然。刑：这里讲作"惩罚"的意思。

## 【译文】

鲁国有个被砍去脚趾的人，名叫叔山无趾，靠脚后跟走路去拜见孔子。孔子对他说："你极不谨慎，早先犯了过错才留下如此的后果。虽然今天你来到了我这里，可是怎么能够追回以往呢！"叔山无趾说："我只因不识事理而轻率作践自身，所以才失掉了两只脚趾。如今我来到你这里，还保有比双脚更为可贵的道德修养，所以我想竭力保全它。苍天没有什么不覆盖，大地没有什么不托载，我把先生看作天地，哪知先生竟是这样的人！"孔子说："我孔丘实在浅薄。先生怎么不进来呢，请把你所知晓的道理讲一讲。"叔山无趾走了。孔子对他的弟子说："你们要努力啊。叔山无趾是一个被砍掉脚趾的人，他还努力进学来补救先前做过的错事，何况身形体态都没有什么缺欠的人呢！"

叔山无趾对老子说："孔子还未能达到'至人'的境地吧？他为什么总把自己当成个学者呢？他还在祈求奇异虚妄的名声能传扬于外，他不知道至人总是把这一切看作是束缚自己的枷锁呢！"老子说："你怎么不径直让他把生和死看成一样，把可以与不可以看作是齐一的，从而解脱他的枷锁，这样就可以了吧？"叔山无趾说："这是上天加给他的处罚，哪里可以解脱！"

## 【原文】

鲁哀公问于仲尼曰："卫有恶人焉，曰哀骀它①。丈夫与之处者，思而不能去也；妇人见之，请于父母曰'与为人妻，宁为夫子妾'者，十数而未止也。未尝有闻其唱者也，常和人而已矣。无君人之位以济乎人之死，无聚禄以望②人之腹，又以恶骇天下，和而不唱，知不出乎四域，且而雌雄合乎前。是必有异乎人者也。寡人召而观之，果以恶骇天下。与寡人处，不至以月数，而寡人有意乎其为人也；不至乎期年，而寡人信之。国无宰，寡人传国焉。闷然<sup>③</sup>而后应，泛若而辞。寡人丑乎，卒授之国。无几何也，去寡人而行。寡人恤焉<sup>④</sup>若有亡也，若无与乐是国也。是何人者也？”

仲尼曰："丘也尝使于楚矣，适见狁<sup>⑤</sup>子食于其死母者，少焉眴若<sup>⑥</sup>，皆弃之而走。不见己焉尔，不得类焉尔。所爱其母者，非爱其形也，爱使其形者也。战而死者，其人之葬也不以翣<sup>⑦</sup>资；刖者之屦，无为爱之。皆无其本矣。为天子之诸御：不爪翦、不穿耳；取妻者止于外，不得复使。形全犹足以为尔，而况全德之人乎！今哀骀它未言而信，无功而亲，使人授己国，唯恐其不受也，是必才全而德不形者也。"

哀公曰："何谓才全？"仲尼曰："死生、存亡、穷达、贫富、贤与不肖、毁誉、饥渴、寒暑，是事之变命之行也，日夜相代乎前，而知不能规乎其始者也，故不足以滑和，不可入于灵府。使之和豫，通而不失于兑<sup>⑧</sup>。使日夜无郤<sup>⑨</sup>，而与物为春。是接而生时于心者也。是之谓才全。"

"何谓德不形？"曰："平者，水停之盛也。其可以为法也，内保之而外不荡也。德者，成和之修也。德不形者，物不能离也。"

**【注释】**

①哀骀它：哀骀，丑貌。它是假托人名。

②望：月满，引申为使……饱。

③闷然：不在意状。

④恤焉：忧虑的样子。

⑤狁（tún）：小猪。

⑥眴若：惊慌的样子。

⑦翣：棺材装饰，如扇之类。

⑧兑：道穴，如耳目口鼻之类。

⑨郤：同隙，间。

## 【译文】

鲁哀公问孔子："卫国有个样貌丑恶的人，叫哀骀它。和他相处的男人，都思慕着他不肯离开；都请求父母说'与其做别人的正妻，不如做这位先生的妾侍'，并反复请求不肯罢休。从来也没有听说他倡导过什么，不过总是附和别人罢了。他既没有人君的地位来救济人民的危难，也没有积蓄来使人填饱肚子，加上容貌丑恶足以使天下人都惊骇，附和却不倡导，知识也超不出四方范围，可是女人男人都聚拢在他面前，他肯定有与众不同之处的。寡人把他召来一看，果然是副丑得吓死人的模样。他和寡人相处，不到一个月，寡人已经倾慕于他的为人了；不到一年，寡人就完全信任他了。国家还没有宰相，寡人把国家委托给他。他心不在焉地应承了，又漠不关心地像要拒绝一样。寡人感到难堪，终于还是把国家委任给他。没有多久，他就离开寡人走了。寡人忧心忡忡觉得像失去了什么，似乎感到再没有人和我一起分享这个国家了。这是个什么样的人呀？"

孔子说："我曾经出使过楚国，遇见一群小猪在它们已经死去的母亲身上吮奶。不一会儿它们显得很惊慌，都抛开母猪跑走了。因为它们发现母亲看不见自己才这样，不像过去情形才这样的。之所以爱自己的母亲，不是爱它的形貌，而是爱它主宰形貌的精神。战斗的死难者，他们安葬时无须装饰；受过刖刑的人的鞋子，无须再爱惜。因为它们都已经丧失本元了。作为天子的侍从，不剪指甲，不穿耳孔；娶妻的人留在宫外，不再担任事务。形体完整的人还能够做到这样，何况是有完美道德的人呢？如今哀骀它没说什么取得了信任，没做什么就受人敬重，让人甘愿把国家委托给他，还唯恐他不肯接受。他必定是个德才兼备而不外露的人啊。"

鲁哀公问道："什么叫作才性完美呢？"孔子回答道："死和生、存和亡、穷和达、贫和富、贤和不肖、毁和誉、饥和渴、寒和暑，这些都是事物的变化、天命的运行。白天黑夜交替在我们眼前，可是人的智力还无法窥探到它的初起。所以不要被它扰乱心性的平和，不要让它扰乱心灵。保持自己心灵和顺，保持畅通不丧失道穴的感应功能。保持自己的感应力日夜流转不息，从而和万物共同吸取阳春生气，这便是接应万物并从内心感应四时变化。这就是才性完美。"

鲁哀公又问："什么叫作德行不外露呢？"孔子说："平衡是水平静的状态。它可以用作水准，内部保持平衡而外部不会动荡。德行就是培养和顺的修养。德行不外露的话，万物就不会分开了。"

## 【原文】

哀公异日以告闵子①曰："始也吾以南面而君天下，执民之纪②而忧其死，吾自以为至通矣。今吾闻至人之言，恐吾无其实，轻用吾身而亡其国。吾与孔丘非君臣也，德友而已矣！"

## 【注释】

①闵子：人名，孔子的弟子。
②纪：纲纪。

## 【译文】

有一天鲁哀公把孔子这番话告诉闵子，说："起初我认为坐朝当政统治天下，掌握国家的纲纪而忧心人民的死活，便自以为是最通达的了，如今我听到至人的名言，真忧虑没有实在的政绩，轻率作践自身而使国家危亡。我跟孔子不是君臣关系，而是以德相交的朋友呢。"

## 【原文】

闉跂支离无脤①说卫灵公，灵公悦②之，而视全人，其脰肩肩③。瓮㼟大瘿④说齐桓公，桓公悦之；而视全人，其脰肩肩。

故德有所长而形有所忘，人不忘其所忘而忘其所不忘，此谓诚⑤忘。故圣人有所游，而知为孽⑥，约为胶⑦，德为接⑧，工⑨为商。圣人不谋恶用知？不斫⑩恶用胶？无丧⑪恶有德？不货⑫恶用商？四者，天鬻⑬也。天鬻者，天食⑭也。既受食于天，又恶用人！有人之形，无人之情。有人之形，故群于人；无人之情，故是非不得于身。眇⑮乎小哉，所以属于人也；謷⑯乎大哉，独成其天。

**【注释】**

①跂：通"企"。"阘跂"指腿脚屈曲常踮起脚尖走路。支离：伛偻病残的样子。脤：唇。这里用跛脚、伛背、无唇来形容一个人的形残貌丑，并以此特征作为这个丑陋之人的名字。

②悦：喜欢。

③脰：颈项。肩肩：细小的样子。

④瓮：腹大口小的陶制盛器。㼜：瘤。颈下的瘤子大如瓮㼜，这里也是用畸形特征作为人名。

⑤诚：真实。

⑥孽：祸根。

⑦约：盟誓。胶：粘固，胶着。"约为胶"，意思是把盟约当成胶着似的束缚。

⑧德为接：意思是把施德看作交接外物的手段。

⑨工：工巧。

⑩斫：砍削的意思。

⑪丧：丢失，缺损。

⑫货：意思是买卖东西以谋利。

⑬天：自然。鬻：通作"育"，养育的意思。

⑭天食：禀受自然的饲养和供给。

⑮眇（miǎo）：通作"秒"，微小的意思。

⑯謷（áo）：高大的样子。

**【译文】**

　　一个跛脚、伛背、无唇的人游说卫灵公，卫灵公十分喜欢他；再看看那些形体完整的人，他们的脖颈实在是太细太细了。一个颈瘤大如瓮盎的人游说齐桓公，齐桓公十分喜欢他；再看看那些形体完整的人，他们的脖颈实在是太细太细的了。所以，在德行方面有超出常人的地方而在形体方面的缺陷别人就会有所遗忘，人们不会忘记所应当忘记的东西，而忘记了所不应当忘记的东西，这就叫作真正的遗忘。因而圣人总能自得地出游，把智慧看作是祸根，把盟约看作是禁锢，把推展德行看作是交接外物的手段，把工巧看作是商贾的行为。圣人从不谋虑，哪里用得着智慧？圣人从不砍削，哪里用得着胶着？圣人从不感到缺损，哪里用得着推展德行？圣人从不买卖以谋利，哪里用得着经商？这四种做法叫作天养。所谓天养，就是禀受自然的饲养。既然受养于自然，又哪里用得着人为！有了人的形貌，不一定有人内在的真情。有了人的形体，所以与人结成群体；没有人的真情，所以是与非都不会汇聚在他的身上。渺小呀，跟人同类的东西！伟大呀，只有浑同于自然。

## 【原文】

惠子谓庄子曰："人故无情乎？"庄子曰："然。"

惠子曰："人而无情，何以谓之人？"庄子曰："道与之貌，天与之形，恶得不谓之人？"

惠子曰："既谓之人，恶得无情？"庄子曰："是非吾所谓情也，吾所谓无情者，言人之不以好恶内伤其身，常因自然而不益生也。"

惠子曰："不益生，何以有其身？"庄子曰："道与之貌，天与之形，无以好恶内伤其身。今子外乎子之神，劳乎子之精，倚树而吟，据槁梧而瞑。天选子之形，子以坚白鸣。"

## 【译文】

惠施问庄子："人本来没有情欲吗？"庄子说："是这样的。"

惠施又问："人如果没有情欲，又怎么能叫作人呢？"庄子说："道赋予他容貌，天赋予他形体，怎么能不叫作人呢？"

惠施说："既然叫他作人，那哪能没有情欲呢？"庄子说："你所说的情欲不是我所说的情欲。我所说的情欲，是说人不要用喜好和厌恶从内部伤害自己的身体，一切顺乎自然却不要人为地去补充活力。"

惠施说："不增加活力，怎么能够保有自己的身体呢？"庄子说："道赋予他容貌，天赋予他形体，不要用喜好和厌恶从内部伤害自己的身体。现在你外耗你的神智，劳累你的精力。靠在树木吟咏，伏在干枯的梧桐上睡觉。上天选择了你这个形体，你就用坚白论来争鸣。"

## 【解析】

庄子思想对老子哲学的继承，主要是"道"所体现的道德方面。在承认"道"的"自然、无为"（即客观）属性的基础上，庄子把"道"作为"古代世界"的象征。老子的"道"，反映的是古代低下的生产力水平，而庄子的"道"，反映的是氏族贵族拥有崇高地位的"古代世界"。

氏族农民和氏族首领都属于"古代世界"，但在春秋以后的新时代中，他们的命运是不同的。氏族农民能在"国家"中继续生活（虽然是被压迫的生活），而氏族首领随着"国家"的出现，他们的"古代世界"则永远地成为过去。与老子哲学相比，庄子的思想更消极，更激进，表现出了"古代世界"与世俗"国家"不能、也无法妥协的战斗精神。

庄子看到，属于他的那个"古代世界"，在事实上已经是一去不复返了。因此，庄子的思想比老子更无奈，他就在头脑中幻想出属于他的世界，并在这个世界中取得胜利。这就是国人思想传统中著名的"精神胜利法"。

庄子无尽留恋的"古代世界"，不是他的虚构。这个世界在中华民族历史上，真实地存在过，并发展了几千年。从伏羲时代开始，到庄子生活的春秋时代，中华民族一直生活在以氏族或氏族联盟为主要制度形态的社会中。关于中国古代不存在奴隶社会的原因，这个时代超过六千年。从庄子时代到现在，也不过两千多年，还不到"古代世界"的三分之一。

许多人无法理解，庄子的思想为什么那么"消极"，同时又却具有不妥协的战斗精神。了解庄子的立场后，这个问题很容易说明。另外，许多人对庄子哲学作品中气象万千的文学描述感到惊奇，这也不难理解，"古代世界"的美好无须过多论述，与丑恶的"国家"社会相比，"古代世界"需要更多的肖像画。

庄子告诉中国人，人可以用另一种方式逍遥天地，从另一个角度来思考生命。这另一个方式和另一个角度，都来自"古代世界"对现实世界的"观察"。虽然它离我们越来越遥远，但每次接触到这个世界，我们都会感到它是那么熟悉、亲切和清新。

## 【证解故事】

### 展季仁德治国

柳下惠的弟弟跖在鲁国起义，鲁国人把他看成是祸患。公孙无人对展季（柳下惠）说："舜的父亲是瞎子而讲孝悌，舜因孝能够同他和谐相处，淳厚有才德，不受奸邪阻碍。有这回事吗？"展季伤心得无言以对。第二天展季到跖处，跖身环甲兵而自卫，他很快就坐下，扬扬得意地问道："圣人聚集人有办法吗？"展季说："有。"

跖便向他请教，展季说："最好的办法是用德，其次是用政治。最下等是用钱财。用德长久便使人感怀，政治松弛就使人涣散，钱财用尽了就使人背离。所以德为主，政为佐，财为使。招引君子没有比用德更好的办法了，招引小人不如用钱财好，既可对君子也可对小人，就用政治开导他们，引导他们行善而阻止他们作恶。圣人兼用这三样而又不颠倒它们的上下关系，因此天下的百姓没有不能聚集的了。"跖的脸上变色说："我聚集人和你说的这些不一样。我用刀刃驱赶他们，用血污渍染他们。服我的人就留下，不顺从我的人就杀掉，焚烧他们的房屋，除尽他们的妻子儿女，使他们的田地荒芜，割断他们的恩爱之情。断绝他们的顾念，使他们不掠夺就没饭吃，离开我就无处去。我将以此横行于天下，而不像兄弟那样迂腐啊。"展季哑口无言地返回说："原先我说人无论贤和不肖，都和禽兽不同，从今天看来，恐怕有人就不如禽兽了。"于是展季隐居在柳下，而为了同他的家族区别开就叫"柳下氏"。

法制固然重要，但只一味以强令施加于人，难免会引起人们的反抗，所以还要提倡德治，施以仁义，只有内外兼施，软硬兼施，才能达到最好的效果。

## 王猛行善政

王猛是前秦皇帝苻坚驾下的宰相。初时，苻坚派王猛担任始平县令。始平县是京师的西北门户，地位极为重要。但长期以来，那里豪强横行，劫盗充斥，百姓叫苦连天。王猛下车伊始，便明法严刑，禁暴锄奸，雷厉风行。有个"树大根深"的奸吏，作恶多端，王猛把他当众鞭死。奸吏的狐群狗党起哄上告，上司逮捕了王猛，押送到长安。苻坚闻讯，亲自责问王猛："为政之体，德化为先。你莅任不久就杀掉那么多人，多么残酷啊！"王猛平静地回答说："我听说过这样的道理：治安定之国可以用礼，理混乱之邦必须用法。陛下不以臣为无能，让臣担任难治之地的长官，臣一心一意要为明君铲凶暴奸猾之徒。才杀掉一个奸贼，还有成千上万的家伙尚未伏法。如果陛下因我不能除尽残暴、肃清枉法者而要惩罚我，臣岂敢不甘受严惩以谢辜负陛下之罪？但就现在的情况而论，加给我'为政残酷'的罪名而要惩罚，臣实在不敢接受。"苻坚听罢，且叹且赞，向在场的文武大臣说："王景略可真是管仲、子产一类人物呀！"

后来，王猛升至三公之位，苻坚还要给他位居三公之上的录尚书事，王猛对此殊宠辞而不受。

杂草不除，良苗不秀；乱暴不禁，善改不行。王猛深明此义，执政以来，首先着力整顿吏治，严明赏罚，裁汰冗劣，擢拔贤能。

当时朝廷内外有一批氐族显贵，仗恃与皇室同族或"有功于本朝"等，身居要津，恣意妄为，无法无天。王猛的矛头首先对准他们。甘露元年，王猛刚由咸阳内吏调任侍中、中书令，兼京兆尹，便听说贵族大臣强德酗酒行凶，抢男霸女，但谁也不敢"太岁头上动土"——因为他是皇太后的弟弟。王猛立即收捕强德，等不及奏报，便将他处死。待到符坚太后之故派人持赦书飞马赶到时，强德早已"陈尸于市"了！紧接着，王猛又与御史中丞邓羌通力合作，全国彻查害民乱政的公卿大夫，一鼓作气，无所顾忌，弹指之间即将横行不法的权贵二十多人铲除干净。"于是，百僚震肃，豪右屏气，路不拾遗"，令行禁止。符坚感叹道："直到今天我才知道天下是有法的，天子是尊贵的！"王猛又让符坚下令挑选得力官员巡察四方及戎夷地区，查处地方长官刑罚失当和虐害百姓等劣行，整顿地方各级统治机构。

王猛主持进行了多项革新，使得秦境安定太平，家给人足，一派繁荣气象。他还多次统兵征战，辅佐符坚在十年时间里统一了北方。王猛临死，嘱咐其子以十具牛耕田务农，其余一无所求，比之诸葛亮的"有桑八百株，薄田十五顷"还要清俭。

杂草不除，良苗不秀；乱暴不禁，善政不行。只有明法严刑，去恶存善，才能稳定统治秩序，进而求得国富民强。

## 郁离子任人唯贤

郁离子对执政者说："如今用人才，是只凭凑数呢？还是认为贤良而倚靠他来图谋治国呢？"执政者说："也是选取那些贤良者而录用的！"郁离子说："倘若是这样，那么相国您的执政和您说的话就不大一样了。"执政者说："为什么这样说呢？"

于是，郁离子向执政者谈了用人的道理。郁离子说："我听说，农民耕田，不用羊负轭；做买卖的商人赶车，不用猎担任骖服。因为知道它们不可能成事，恐怕被它们弄坏了事啊。所以夏、商、周三代取士的办法，首先必须学习，而后才可做官；必须用处理政事考核他，若有才能，然后才录用他。不管他的世系家庭如何，只看他是否贤良，不轻视那些有才德而位卑微的人。如今担任法度和纲纪职务的人，担负着像耳朵和眼睛那样重要的使命，要严格选拔。只看仪表服饰吗？只听言谈词语吗？您却不能公平对待天下的贤士，而全部录用那些世家贵族的后代、与自己关系亲近的纨绔子弟为官。您这样爱国家的做法，还不如农民爱耕田、商人爱车的做法呢。"执政者虽然口头上同意他的话，但内心却不以为然。

人才关系到国家社稷安危。一些自命为伯乐的人，嘴上高喊举贤任能，实际上却是任人唯亲，压制人才。如此作为，实是社会发展的大患。领导者在选拔人才之时，当时刻谨记任人唯贤，将适合的人放在适合的位置上。

## 朱元璋稳民心

只要能得到民心，就能建筑起无数钢铁长城，各个时代的领导者当然都深谙此道。

朱元璋作为一代英豪的军事领导者，他同样也认识到了人民的力量是宝，因此，他是如此地重视民心。为了谋求新的发展，朱元璋率军进兵江南，以图有新的发展，每到一处地方，便收买一处的民心，军队所到之处深受民众欢迎，颇有点儿"鱼水之情"。

采石城是一个比较富庶的南岸城池，该城一破，红巾军千军万马顿时如潮水一般涌向城中的各个角落。对于久困和州，粮食供应紧缺、吃过伙食供应不足的苦头的将士来说，出现在他们面前的那些牲畜、粮食，在他们心目中是比任何东西都珍贵的。尽管军纪严明，但出于囤粮为公的心理，都想把东西抢到自己的部队里去。因而采石城破之后，各路将士争先恐后，不管是仓里的还是囤里的，是官家的还是平民百姓的，也无论是衣是粮，鸡鸭猪狗，你抢我夺，抢到手就往船上装载，弄得满城鸡飞狗跳，乱作一团。此时军纪已难以制众，将士们全抢红了眼，此时就是杀几个人也难以遏止。将士们饿苦了，饿怕了，因而就是拼命也要抢掠一番，以便能吃上一段时间的好饭。

对此，朱元璋很担心，士兵们都是只图这些眼前利益。他是个很重军纪的人，他为自己军中的一些未直接管辖的部队犯忌而生气，于是抓紧派人组成了纠缉队在街头巡逻，城中秩序才渐归平静。他朗声向部队解释说："我们这支队伍要成大事，不图眼前的这点儿小利。前面就是太平城，那才是个富庶的去处，兄弟们到那里去，一起去大开眼界吧！"经过这一鼓动，将士们的抱怨才算消退了。接着便是犒赏军队，好猪好牛好米饭，饱餐一顿。

经过这一风波，朱元璋担心在太平城中再起波澜，便在从采石城出发以前命书记李善长紧急起草了《戒缉军士榜》，意在约束军队，防止扰民。果然，在太平城，战斗刚一结束，士兵们在准备动手抢掠、大发横财的时候，却见城中的大街小巷贴满了榜文，上面赫然写道：敢有抢掠财物、杀害百姓者，杀无赦。

朱元璋就是这样重视自己的队伍在民众眼中的形象，他所起草的榜，很有作用。朱元璋杀一儆百，所以混乱的局面立刻变得井然有序，这样反而保护了战斗力。在战事结束后，朱元璋论功行赏，军士们都有一份。朱元璋的高明做法，既得到了民心，也稳住了军心。

朱元璋在得民心后，根据地得到了很好的巩固，他又在巩固扩大江南根据地的同时，再让自己的新政深入人心。他在占据应天后，并没有沉浸在胜利的喜悦中，欲挥师再攻镇江。镇江可是个鱼米之乡，富甲天下、美女如云，朱元璋深恐将士们经不起诱惑，故对部下严加训诫说："我自起兵以来，从未随意杀人。今尔等带兵出征，望能体察我的心意，严格约束士卒。城破之日，不得妄行杀掠。有违军令者，军法处置。倘再纵容，定当严惩不贷！"诸将战兢兢，奉命而去，很快就攻下镇江。入城后果然纪律严明，秋毫无犯。这种情况迅速传到其他地方，各地士民都称颂朱元璋的军队是仁义之师，这给朱元璋经营江南带来很大便利。攻占镇江后，徐达又分兵占领了金坛、丹阳等县，面向张士诚占领区构筑了一道防线。

朱元璋知道得民心可以安定局面，利用民心可以增强自己的后备储力，是自己威力无形的延伸。对边界问题，朱元璋要求"睦邻守国，保境息民"。在攻克江浦时，朱元璋树起"奉天都、统中华"的金牌，他亲自出征，以便更能激发起人们心中的斗志。而此时敌军人心本已浮动，见救援无望，有些军官便联合起来，开门投降。朱元璋顺利进入婺州，在那里设立军政机构。接着，又派兵出城，占领了婺州周围地区。朱元璋还派人到庆元路（今浙江宁波），招降控制浙江沿海地区的割据首领方国珍。方国珍见朱元璋势力强盛，知道自己不是其对手，又想借其声势，便遣使进献礼物，表示归附。到龙凤五年（1359年）下半年，衢州、处州等地也落入朱元璋手里，元军在浙东的据点都被拔掉。朱元璋进击东南的战略决策，获得圆满成功。

朱元璋乐于采纳建议，为了倡仁义、收人心，他在根据地的建设上采取了一系列赢得民心的措施。在政治上，朱元璋所行的仁义首先体现在废除元朝苛政，减轻刑罚，宽减税役。龙凤二年（1356年）十二月，朱元璋下令释放应天府所辖监狱里的所有轻重罪犯，规定当月二十日拂晓之前，所有触犯刑律的官吏军民，一律免罪释放，并要求执行官吏不得敷衍其事，如借口拖延，要以罪论处。到了龙凤四年三月，又派提刑按察司佥事分巡郡县，询查案犯的罪状，规定原来判处笞刑的释放，判处杖刑的减半处刑，重罪囚犯处以杖七十的刑罚，贪污受赃的不再追缴赃物；司法官吏没有按规定期限处理刑事案件的，重者从轻处分，轻者免予处分；武将出征犯有过失的，也都予以赦免。也就在这一年，对朱元璋这一规定，当时也有官员想不通，认为"去年释罪囚今年又从未减，用法太宽则人不惧法，法纵无以为治"。朱元璋的回答则是："自兵乱以来，百姓初离创残，今归于我，正当抚绥之。况其间有一时误犯者，宁可尽法乎？大抵治狱，以宽厚为本，少失宽厚则流入苛刻矣。所谓治新国用轻典，刑得其当，则民自无冤抑。若执而不通，非合时宜也。"

在经济上，朱元璋设法减轻百姓的赋役负担。龙凤三年，他亲征婺州时路经徽州，曾召见当地儒士唐仲实、姚琏二人询问民事得失。唐仲实反映当地守将邓愈役民筑城，百姓颇有怨气，他立即下令邓愈停工。唐仲实说话间又婉转地反映"民虽得其所归而未遂生息"的情况，意即百姓负担过重。朱元璋当即坦率地承认："此言是也。"并做出解释说："我积少而费多，取给于民，甚非得已，然皆为军需所用，未尝以一毫奉己。""民之劳苦，恒思所以休息之，曷尝忘也。"到了龙凤四年，他下令在徽州实行土地经营，令民自实田。龙凤九年又在徽州落实"民自实田"之策，并要求防止官吏横敛百姓财富。民自实田而定科徭的结果，使过去地主隐瞒土地向农民转嫁负担的现象大为减少。后来，当朱元璋把农业生产抓了上去，军队的屯田取得一定成绩，他又着手减轻各种赋税和徭役，废除新归附地区的旧政，对新归附地区的所有赋税和徭役实施"尽行蠲免三年"的政策。

做到此，朱元璋还觉得不够，于是进行了免租和赈灾活动。他"斟酌元制，去其弊政"，改变"贫者愈贫，富者愈富"的不平等现象，他还实行"给民户田"的政策，支持农民夺取地主的土地和财产。朱元璋没有忽视人民，而且懂得爱民才是最大的政治，他任用当地德高望重的人做官，对人民来说就是一件大喜事。

古人说，得人心者得天下。得人心，领导者才能创造"人和"的良好态势，也才有利于平定天下。很显然，朱元璋这个一国之君就很善于笼络人心，而且也取得了不错的效果。

得人心者得天下。对于在权力场中打拼的领导者来说更是如此。因此，要想在错综复杂的权力圈内占一席之地，就必须处理好同周围人群的关系。

## 做事要把握住时机

做事情最重要的是把握时机，在不到一定阶段时，不要声张，在有了完全的保证之后，再一举击破，完成使命。否则，不仅事情做不成，还会被人耻笑。唐朝刘崇龟遇到一件复杂的案件以后，是如何处理的呢？

唐朝，有一个叫刘崇龟的官员到广东省南海郡上任。刚上任就遇到了一个很复杂的案件。有一个风流多情、性格轻浮的富商，在赚了钱心满意得地在街上闲逛时，走到一家门口，见一年轻美貌的少妇，倚在门口顾盼含笑很是迷人。富商过去搭话，少妇也情投意合，两人约定晚上见面。晚上，少妇在屋内梳妆打扮，等待成其好事。这时见一人影推门进院来。少妇忙迎接出来。岂料来人并非富商，乃是一过路小偷。见大门未关，想入室行窃，谁知见有人过来，便举刀行刺，把来迎情郎的少妇杀死在地，然后逃之夭夭。

过了一会儿，那富商推门进来，在院中没走几步，就被绊倒。他伸手一摸，原来是那少妇尸体，顿时吓得魂飞胆丧，大叫一声连滚带爬地向外跑。富商跑到街上，碰到了巡夜兵丁。兵丁见他神色慌张一身血迹，就把他抓进了官府，交给了刘崇龟审问。刘崇龟到了杀人现场，只见一艳妆少妇死在院中，仔细勘查，发现凶器乃是一把屠刀。刘崇龟心里已有数了。待审问富商时，富商坚决否认杀人，只承认男女私情。刘崇龟也认为富商说得有道理。

第二天，刘崇龟下令，让全城屠夫集合到府中听令。待众屠夫到了，刘崇龟说："今天天色已晚，明天举行大祭。都把刀子留下，明天再来。"当天晚上，刘崇龟命人将那把凶刀拿进了大堂中，把其中的一把刀换下来了。第二天，屠夫们各自来认领自己的刀，只有一个屠夫找不到自己的刀。刘崇龟说："剩下的那把刀难道不是你的？"那个屠夫把那把凶刀拿过来看了看："这是王三狗的刀，不是我的。"刘崇龟马上命人去抓王三狗。岂料王三狗已逃跑在外。刘崇龟马上让衙役如此这般……

当天下午，刘崇龟命人从狱中提出一名死囚罪犯押往刑场处决。并满街贴告示说，一名富商为调戏妇女不遂，杀人致死，现已伏法认罪，就地正法。这消息传遍了大街小巷。王三狗潜逃在外听说了此事后，心中暗喜。他认为自己的杀人罪谁也不知道了，就大摇大摆地回到家。谁知一进家门，一副枷锁马上将他锁住。王三狗知道中计，但为时已晚。刘崇龟将王三狗押往死牢，将富商责罚后放出监狱。

刘崇龟在使计谋让真正的罪犯现形后，在得知罪犯已经逃脱，他没有打草惊蛇地到处去追捕王三狗，而是使计谋不费吹灰之力把罪犯捉拿归案。

## 没有规矩不成方圆

规矩即常规纪律，即要求每个成员都应遵守的用来约束自己行为的规则、条文等。它是一件事情想取得成功的保证。只有有了"规矩"，才有了"方圆"，才可言其他。当然，规矩是要建立在科学的基础上的。

孙武是齐国人，精通兵法，被吴王阖闾召见。吴王想拜他为将军，先故意考验他一下。

吴王告诉孙武说："你那十三篇兵法我都已读过，很好，但你能不能给我实际训练训练？"孙武说："可以。"吴王又说："你给我训练三百名宫女吧。"孙武知道这是吴王想测验一下自己，就决心给他亮一手，于是就答应了。孙武先把这些宫女分成两队站好，从吴王所宠幸的姬妾中挑选出两个，做这两个队的队长。命宫女们各持一件兵器，然后就开始教她们阵法。孙武首先问道："你们知道在军中要听从号令、服从指挥吗？"宫女们都觉得挺好玩，嘻嘻哈哈地答道："知道。"接着，孙武就告诉她们队伍要以鼓声为号令，前进或后退，要听从指挥，不服从命令者，斩首！

演习开始，第一遍鼓响，宫女们不但不按口令行动，反而捂着嘴笑。孙武说："约束不明，号令不行，这是大将的责任。"于是，又把军令重申了几遍。再次击鼓，宫女们仍如风摆杨柳，乱作一团。孙武大怒道："纪律已三令五申，号令已经熟知，而仍不按军令操练，这就是你们的责任了。"于是要斩两队的队长。

吴王一看要斩爱妃，很吃惊，忙让人阻止道："这是我最喜爱的女子，请不要杀她们。"孙武说："军令如山，将在军中，君主之命有所不受。"于是就把她俩斩首示众，另选了两名队长。然后又击鼓演习，宫女们终于明白这不是闹着玩，就按号令认真地操练起来，达到了兵法的要求。

孙武知道，这些宫女平时懒散惯了，又依仗着君主宠幸，根本不把他放在眼中。他只好杀鸡给猴看，终于震慑了她们，使军令得以顺利执行。

请始终记得没有规矩不成方圆，我们应当要从中悟出一番哲理，如此我们才能成就一番盖世功业而不败。

## 一人之辨，重于九鼎之宝

一言可以兴邦，一言可以救国。以自己的口舌完成了百万军队都难以完成的事，这完全是运用智慧和口才的结果。

九鼎是中国古代政权的象征。相传为夏禹用九州贡金所铸，历经夏、商、西周。春秋战国时期，九鼎在东周洛阳。

周王朝衰落，各诸侯争雄，都想据九鼎为己有。这一年，秦国扬言要发兵到东周国索要九鼎，东周国君为此忧虑不安。策士颜率自告奋勇，向东周君保证，他去东方的齐国求借救兵，用计策使九鼎得以保全。东周君问他想用什么计策，他说："如今各个诸侯国都不甘示弱，雄心勃勃地想争得霸主的地位。他们之间矛盾重重，我们就可以借他们的矛盾，来保住九鼎。"东周君采纳了他的意见，并派他依计而行，先到齐国去搬求救兵。来到齐国，颜率求见齐王。齐王根本就没把东周小国的使臣放在眼里，勉勉强强总算是召见了他。颜率刚施过礼，齐王就摆出一副极不耐烦的样子，问："东周国的使臣来此有何贵干？"颜率早就看出齐王的冷淡，心中很是气愤。但为了完成出使任务，只能先忍气吞声。为了引起齐王的注意，他故意说："我这次到贵国来，并无他事，只是为了九鼎……"

"九鼎？"齐王一听，果然来了兴致，忙吩咐给颜率赐坐，一边迫不及待地询问根由。颜率这才不慌不忙地说道："秦国不讲道义，想发兵到我们东周国索要九鼎。我们君臣私下商议，认为齐王您是有道的明君。我们与其把九鼎拱手送给秦国，还不如送给大王您呢。不知您意下如何？"

齐王想得九鼎之念由来已久，听颜率一问，忙说："你们有什么需要我帮忙的，尽管说。这九鼎嘛，好商量……"颜率见齐王信以为真，借机说出了求发救兵一事。齐王二话没说，当即应允。随即派出五万大军赶往东周国，为东周国解了秦兵之围。派兵解围之后，齐王就美滋滋地等着东周国送九鼎来。但一连好些天，都不见音讯。齐王心中不由大怒，派人去质问东周君，索要九鼎。东周君又有些担忧，而颜率却还是胸有成竹，请东周君派他再次出使到齐国去。齐王一见颜率，厉声质问："你们为何言而无信？寡人派军队已经为你们解了围，但为何还不见你们把九鼎送来？"颜率仍不慌不忙地说："东周国幸亏有大王您相助，才得以保全。我们君臣感激大王还来不及，怎么会言而无信，欺骗大王您呢？我们这些天都在为奉献九鼎做准备，只等大王派人来取了。不知大王想从哪条路上运来？"

　　齐王说："这还不好办，从魏国借路不就行了？"颜率忙说："不可，不可！难道大王不知道魏国君臣也想得到九鼎吗？他们已为此事商谋了好长一段时间了。如果九鼎从他们国家借道运输，不正中他们的下怀吗？"齐王暗自思忖了好一会儿，又说："我向楚国借路，如何？"颜率又赶忙说："也不行！楚国也和魏国一样想得到九鼎。他们更是蓄谋已久。从楚国借路，九鼎肯定也不会安全送出来的。"齐王想不出办法了，只好问颜率："你看寡人应从哪条路上运九鼎呢？"颜率故意为难地说："说的是啊！我们君臣也正为此发愁呢。这九鼎并非一般的东西，不能拿在手中、夹在怀里顺利地送到贵国来。想当年，周武王讨伐殷纣，得到九鼎时，可是动用了八十一万人护运啊！大王您就算有那么多人，可是从哪条路上走安全呢？唉，真是愁人啊！大王，还是您自己拿主意吧。您想好了，就通知我们，我们等候大王的吩咐。"齐王绞尽了脑汁，也没想出个好主意，只得作罢。颜率凭借自己的聪明才智，巧借列国间的矛盾，拒秦却齐，为东周国保全了九鼎。

　　颜率不愧是个战略家，他已谋划好怎样收场。他以道路这样的小借口，使齐王的非分之想落空。他用夸张、铺陈的语言，渲染运九鼎之难，语言的堆砌在这里起了强大的心理作用，使齐王望而生畏。道路问题确实是无法克服的客观原因，所以看起来颜率并没有失信。颜率也不是欺骗，因为齐王已得到美誉，而且齐王在道义上就应该救助东周。何况，九鼎之宝是小国家随便就能拥有的吗？

## 逆耳忠言终有益

　　俗话说"良药苦口利于病，忠言逆耳利于行"，在人得意的时候给他有益的提示，最终会换来当局者的醒悟。这样的忠言在当今社会似乎少了一点，希望借以下的故事来唤醒不能吸纳别人建议的人。

有一天，齐景公和群臣来到公阜这个地方游玩。早上，宽阔的大地一片生机，绿的庄稼，红的鲜花，相映生辉。鸟儿唱着歌，蜂蝶跳着舞，景公感叹地说："如果我能长生不老，天天畅游在这山水之中，那该多好啊！"

齐景公身边的晏子听到这话，觉得国君如果去追求长生之术，必然淡于治国之道而不求进取，于是接过景公的话头说："生和死是不能改变的自然规律。再说人人都长生的话，那也未必是好事。""那又为什么呢？"景公不解地追问。"这道理很简单，如果齐国的开国君主太公和丁公活到现在，他们一定还是一国之主。那么，桓公、文公、武公就只能当他们的助手，而您也只能头戴竹笠，手拿锄头终日在田里劳动，怎么还能率领群臣到处玩乐呢？"晏子的话扫了景公的游兴，景公别过脸去不理睬他。

到了中午，远处出现了一辆六匹马拉的大车，烟尘滚滚而来。景公得意地对晏子说："这是梁丘据接我来了，你看他驾驶的马车奔得多快！朝中文武只有他最了解我的脾气了。"晏子却不满地说："梁丘据称不上好的臣子。古人说过：作为一个忠实的臣子，不应该事事附和国君，因为国君认为是好的，并不一定都对。国君认为不对的，也不一定都对。这个梁丘据对国君最会察言观色，拍马奉承，不论对错，一味迎合，您听了也许心顺气平，可是对国家长远利益，又有什么好处呢？"景公很不高兴，转身拂袖而去。

夜色降临，星光灿烂。这时一颗流星在头顶疾驰而过，景公面如土色，以为这是不祥之兆，忙请主管祈祷的官员设香案祷告，保佑齐国君臣的平安。晏子赶去劝阻，对景公说："流星有什么可怕呢？它只扫除邪恶的事情，国君如果没有做这种丑事，何必提心吊胆的呢？要是做了这类事，让流星扫掉，不是很好吗？"景公气得脸色铁青，说不出一句话来。可是晏子言犹未尽，批评的分量也越来越重："现在我担忧的倒不是流星的出现，而是国君贪恋酒色，亲近小人，喜听谗言，疏远贤臣，长期下去，灾难必然降临到我们齐国。国君的这些过失，靠祈祷是帮不了忙的。"

齐景公再也没有游览的兴致了，立即下令驾车回宫。这天夜里，这位齐国至高无上的人，翻来覆去睡不着觉，准备寻找机会整整这位相国的气焰。然而当他细细品味晏子三次批评自己的话时，觉得每句话都有道理，终于钦佩起这位相国对自己的忠心来。晏子去世后，景公在吊唁时痛哭流涕地说："那天相国在公阜三次给我指出过错，这样忠心耿耿的贤臣我现在哪里去找啊？"

景公能理解晏子的一片忠心难能可贵，亡羊补牢犹时未晚。当今大公司、大企业大都聘请顾问作为企业的监督，也正是认识到了这一点。

## 智慧语言的力量

在说话、演说时，我们可以多讲一些故事、寓言，将一些深奥的道理直白化，并赋予一定的趣味和意义，让听众更易于理解。对一些复杂的不能直说的隐情也可以用故事来暗喻，以便达到最佳的效果。

战国时期，韩国和魏国互相攻伐，打了整整一年，还没有停止，秦惠文王想要使他们停止战争，召集群臣问道："我想使韩、魏两国停火，和平共处。诸位以为如何？"一个文官说："对！我们应该去解救他们。"一个武将说："他们打他们的，关我们什么事？"有个楚国来的客卿叫陈轸，他说："大王想统一天下吗？"秦王说："当然想统一天下，您有妙计吗？"陈轸说："妙计谈不上有，不过我不妨讲个卞庄子刺虎的故事，也许对您有所启发。"秦惠文王颇感兴趣，说："很好，你讲吧。"

陈轸于是讲了起来：春秋时期，鲁国（现在山东一带）有个武艺高强的人叫卞庄子。一天，他到一个地方住宿，听说当地有两只老虎，经常出来伤害家禽，甚至咬伤、咬死人。卞庄子决定为民除害，带了一把寒光闪闪的青铜剑，就要出去刺虎。旅店里有个小伙计也要同去。两人走到一个山谷里，忽然看见一大一小两只老虎正在争着抢一头牛。卞庄子拔剑就要冲上去。小伙计说："壮士，不要性急，你看它们正在津津有味地吃牛，吃到后来，它们一定会争夺，一争夺就必定会互相撕咬起来，小的一定会被咬死，大的一定会被咬伤。这时，你再冲上去，对付一只受伤的老虎，不就比同时对付两只健壮的老虎省力得多吗？"

卞庄子连连点头，两人就在树丛里隐蔽了起来。过了一会儿，两只老虎果然争斗起来，又是剪，又是扑，又是抓，又是咬，斗得旁边的石头乱滚，尘土飞扬。渐渐地，小老虎支持不住了，咽喉处被大老虎咬破，血流干后，便死去了。大老虎也遍体鳞伤，倒在地上动弹不得。这时候，卞庄子猛扑过去，一剑就刺中老虎的要害部位，那老虎长啸一声就断气了。

陈轸讲完故事后又说："如今，韩国和魏国互相攻打，打了一年还不停止，这样，他们之间必定互有损伤。您如果想完成统一天下的大业，就只有让他们继续打下去，到他们伤亡惨重的时候，再用重兵去征讨他们，这样就能一举两得，就像卞庄子刺虎那样。大王觉得如何？"秦惠文王于是决定不解救他们。

这则故事证明了语言的魅力，所以我们在说话办事时，有例可循是说服人的好办法，让别人认同你的观点比盲目地发泄自己更重要。

## 反弹琵琶，言外有意

反弹琵琶，也叫正话反说，话里套话，言外有意。说者有心，听者晓义，不言而喻，常常能够达到自己的目的。这也是一种语言的技巧，生活中，不妨多学学这些技巧，这样会使自己的人际关系更加和谐，在社交场合如鱼得水。

楚庄王爱马成癖，几乎到了无以复加的程度。

这一年，南方属国进贡来一匹白龙驹，浑身雪白，没有一根杂毛。它柔软的鬃毛又密又长，像丝绸一般闪亮；它明亮的眼睛机敏而富有生气，似乎善解人意；骨骼、四肢、身材，连蹄子尾巴都那样标致无可挑剔。楚庄王喜爱得不忍心骑它，叫人给马准备了干净华丽的房子，唯恐脏了它洁白的鬃毛，吩咐用精美的饮食服侍它，连外出遛腿都担心累坏了它。可是，白龙驹毕竟不是公主，它享受不了富贵生活，居然很快生病死了。楚庄王听说他心爱的马死了，非常悲痛，让王宫主管安排上好的棺椁，准备按照给大臣办丧事的礼仪为这匹爱马送葬。几位文臣劝他不要这样做。楚庄王一听就怒由心起，大声命令说："谁要再来劝，寡人就杀了他为马殉葬！"

楚王宫有一个叫优孟的乐伎，他想了个聪明的主意来劝楚王。一进王宫，就伏地大哭起来，那样子显得痛不欲生。楚庄王见他哭得太伤心，就问："你为什么哭啊？"他回答说："我是为大王的爱马哭丧。我们楚国如今称霸天下，要什么没有啊！可是大王只按给大臣办丧事的礼仪为爱马送葬，太亏待它了。依我看，应该用给国君办丧事的礼仪，这才显得出大王对爱马的恩宠。"楚庄王感到顺耳，就问优孟："你看该怎样举办葬礼呢？"优孟说："请大王用白玉雕成棺椁，用香木做好棺套；叫善战的楚军将士去挖坟坑，让四方的百姓来搬石运土；葬礼更要隆重：请盟国的诸侯列队于前，令南方的国君执仪于后。这样一来，天下人都知道大王是诚心诚意地爱一匹死了的马，各国的诸侯对您就更尊敬了！"

楚庄王听着听着，很快就明白了优孟的用意。他想，要是真的这样做了，后果难以设想，楚国丢尽脸面，尽失天下人心。他改换了口气说："礼葬一匹马是太过分了，可你以为该怎么处置好呢？"优孟回答："用铜锅做棺椁，用炉灶做棺套，用油盐葱姜上供，给它穿上火做的寿衣，埋在众人的肚子里，才是最好的葬礼。"楚庄王无奈，只好让优孟招来人，把这匹爱马煮熟食尽。

优孟反弹琵琶，话里有话，不言而喻，使楚庄王从中领会到了礼葬一匹马的荒谬，改变了做法，维护了楚国的脸面，挽救了民心。

# 大宗师①

【原文】

知天之所为，知人之所为者，至矣！知天之所为者，天而生也；知人之所为者，以其知之所知以养其知之所不知，终其天年而不中道夭者，是知之盛也。虽然，有患。夫知有所待而后当，其所待者特未定也②。庸讵知吾所谓天之非人乎？所谓人之非天乎③？

且有真人而后有真知。何谓真人？古之真人，不逆寡，不雄成④，不谟士⑤，若然者，过而弗悔，当而不自得也。若然者，登高不栗，入水不濡，入火不热。是知之能登假于道者也若此⑥。

古之真人，其寝不梦，其觉无忧，其食不甘，其息深深，真人之息以踵，众人之息以喉。屈服者，其嗌言若哇。其耆欲深者，其天机浅。

古之真人，不知说生⑦，不知恶死，其出不䜣，其入不距。翛然而往，翛然而来而已矣。不忘其所始，不求其所终。受而喜之，忘而复之。是之谓不以心捐道，不以人助天⑧，是之谓真人。若然者，其心志，其容寂，其颡頯⑨。凄然似秋，暖然似春，喜怒通四时，与物有宜而莫知其极⑩。故圣人之用兵也，亡国而不失人心。利泽施乎万世，不为爱人。故乐通物，非圣人也；有亲，非仁也；天时，非贤也；利害不通，非君子也；行名失己，非士也；亡身不真，非役人也。若狐不偕、务光、伯夷、叔齐、箕子、胥馀、纪他、申徒狄，是役人之役，适人之适，而不自适其适者也。

古之真人，其状义而不朋⑪，若不足而不承；与乎其觚而不坚也，张乎其虚而不华也⑫；邴邴乎其似喜也⑬，崔崔乎其不得已乎，滀乎进我色也，与乎止我德也，厉乎其似世乎⑭，謷乎其未可制也，连乎其似好闭也，悗乎忘其言也。以刑为体，以礼为翼，以知为时，以德为循。以刑为体者，绰乎其杀也；以礼为翼者，所以行于世也；以知为时者，不得已于事也；以德为循者，言其与有足者至于丘也，而人真以为勤行者也。故其好之也一，其弗好之也一。其一也一，其不一也一。其一与天为徒，其不一与人为徒，天与人不相胜也，是之谓真人。

## 【注释】

①大宗师：即以大道为宗为师。庄子所赞美的"道"，是"天人合一"的实体，而这种哲学思想，显然具有唯心主义色彩。

②"夫知"两句：意为正确的认识必须依赖于一定的条件才能获得，而这个条件却是变化不定的。

③"庸讵"两句：意谓何以知道我所说的是出于自然不是人为呢？我所说的人为不是出于自然呢？

④不雄成：意谓不以身先人成功（宣颖说）。

⑤不谟（mó）士：意谓无心于事，虚己以游。谟，谋。士，古与"事"通。

⑥不热：谓不感到炽热。知：见识。登假于道谓达到大道的境界。假：至。

⑦说生：对生存感到欣喜。说，通"悦"。

⑧"是之"两句：意谓这就叫不以欲心弃自然之道，不以人为助天命之常。捐，弃。天，天命之常。

⑨"若然者"四句：意谓像此等人，他专心于道，容貌寂然淡漠安闲，额头广大宽平。

⑩"喜怒"两句：意谓喜怒无心，像四季自然变化，随事合宜，无迹可寻（宣颖说）。

⑪"其状"句：意谓真人形象高大而不崩坏。义，通"峨"，高大的样子。

⑫"与乎"两句：意谓安闲超群而不固执，心胸宽广清虚而不浮华。

⑬"邴邴（bǐng）乎"句：意谓畅然和悦，似有喜色。

⑭"厉乎"句：意谓真人胸襟恢宏，阔大无涯。

## 【译文】

能够通晓天地自然的运化之道，明白你的行为，就达到认识的极致了。能够通晓自然运化之理，是顺应自然而知；明白人的行为，是用其智力所能知道的道理，去顺应其智力所不能知道的，直到享尽天年而不半途而废，这就是认识的最高境界了。虽然这样，其中还是有隐忧存在。正确的认识必须依赖于一定的条件，而这个条件却是不断变化的，何以知道我所说的出于自然不是人为的呢？我所说的人为不是出于自然呢？

先有"真人"然后才有真知。什么样的人才是"真人"呢？古时候的"真人"，不拒绝薄德无智慧的愚人，不以身先，无心于事而虚己遨游。像这样的人，虽有差失而无懊悔，虽合机宜而不快意；像这样的人，登攀高处而不畏惧，潜入水底不被沾湿，走到火中不感到炽热，只有认识达到"大道"的境界才能如此。

古时候的"真人"，睡觉不会做梦，睡醒毫无忧虑，不甘于味，气息深沉。"真人"用脚跟呼吸，众人用喉咙呼吸。爱争辩的人理屈词穷时，说话就会吞吞吐吐，上言不接下言。那些嗜欲深的人会被外物拖累，他的天性就会浅。

古时候的"真人"，不为生存感到欣喜，也不惧怕死亡，不贪生，不怕死；无拘无束地降生人世，又无忧无虑地回归自然，不忘记生命之源，守而不失；不寻求归宿，而一任自然；受生之后常自得其乐，忘其死而复归于自然。这就叫作不以欲心弃自然之道，不以人为助天命之常。能够这样，就可以叫作"真人"。像此等人，他们专心于道，容貌寂然淡漠安闲，额头广大宽平，他们表情像明朗的秋天令人可亲可爱，又像春天那样和煦温暖；喜怒无常，像四季自然变化，随事合宜，无迹可寻。所以古代圣人使用武力，灭掉敌国却不失掉敌国的民心；利益和恩泽广施于万世，却不是为了偏爱什么人。乐于交往取悦外物的人，不是圣人；有偏爱就算不上是"仁"；伺机行事，不是贤人；不能看到利害的相通和相辅，算不上是君子；办事求名而失掉自身的本性，不是有识之士；丧失身躯却与自己的真性不符，不是能役使世人的人。像狐不偕、务光、伯夷、叔齐、箕子、胥馀、纪他、申徒狄，这样的人都是被役使世人的人所役使，都是被安适世人的人所安适，而不是能使自己得到安适的人。

古时候的"真人"，形象高大而不崩坏，好像不完全而又无以承受；安闲超群而不固执，心胸宽广清虚而并不浮华，畅然怡悦，似有喜色，不得已则后动，容颜和悦的样子亲切和蔼，宽厚之德使人乐于归服，胸襟恢宏而阔大无涯，高放自得而不可驾驭，绵邈深长好像是闭口缄默，不经心的样子好像忘其言谈，以刑律作为主体，以礼仪作为辅助，用智慧审时度势，以坚持高尚道德作为处世所遵循的原则。把刑律当作主体的人，杀了人也是宽厚仁慈的；把礼仪当作辅助的人，用礼仪在世上施行；用智慧去审时度势的人，是因为对很多事情迫不得已；用道德作为处事原则的人，就像是说有脚的人都能登上山丘，而人们真的以为是勤于行走的人。所以"真人"无心好恶，好与恶都是同一心境，"真人"抱一，相同与不同都是一样的。"真人"处于混同心境时，则与自然天道同游；处于差别境界时，则与世人混迹，天人合德，互不相胜，这就叫作"真人"。

## 【原文】

死生，命也，其有夜旦之常，天也①。人之有所不得与，皆物之情也②。彼特以天为父，而身犹爱之，而况其卓乎③！人特以有君为愈乎已，而身犹死之，而况其真乎④！

泉涸，鱼相与处于陆，相呴以湿，相濡以沫，不如相忘于江湖。与其誉尧而非桀也，不如两忘而化其道。

夫大块载我以形⑤，劳我以生，佚我以老，息我以死⑥。故善吾生者，乃所以善吾死也，夫藏舟于壑，藏山于泽，谓之固矣⑦！然而夜半有力者负之而走，昧者不知也。藏小大有宜，犹有所遁。若夫藏天下于天下而不得所遁，是恒物之大情也⑧。特犯人之形而犹喜之⑨。若人之形者，万化而未始有极也，其为乐可胜计邪！故圣人将游于物之所不得遁而皆存。善妖善老，善始善终，人犹效之⑩，又况万物之所系而一化之所待乎！

## 【注释】

①"死生"两句：意谓生与死，是不可避免的生命活动；它也好像昼夜的不停运行，是自然的规律。

②"人之"两句：意谓对于自然的规律，人是无法干涉的，这都符合事物变化之情理。

③"彼特"三句：意谓人皆以"天"为生父，而且爱戴它。何况对卓然独化而至于玄冥的大道呢！

④"人特"三句：意谓世人认为国君的才智、地位超过自己，应为其效忠而捐身，何况对待无与伦比的真人之道呢！愈乎己，超过自己。

⑤"夫大块"句：意谓大地用形体托载着我，大块，大地。载，托载。

⑥"劳我"三句：意谓用生长来勤劳我，用衰老来闲逸我，用死亡来安息我。佚，通"逸"，闲逸。

⑦"夫藏"三句：意谓把船隐藏在山谷中，把渔具隐藏在大泽中，可以说是很可靠了。

⑧"若夫"两句：意谓假若把天下隐藏在天下中是不会亡失的，这是万物普遍的至理。恒物，常物。大情，至理。

⑨"特犯"句：意谓一旦被大自然铸成人形就欣喜若狂。特，与"一"义同。犯，通"范"，铸造。

⑩"善天"三句：意谓对能够明白寿命长短和生死的人，人们尚且效法他。善，指能看透。"少""老"指生命长短。"始""终"指生命。

## 【译文】

生死是生命的必然过程，它好像昼夜运行不息，符合自然的规律。人是无法干预的，这都符合事物变化的情理，人皆以"天"为生父，而且爱戴它，何况对于卓然独立的大道呢！世人认为国君的才智、地位超过自己，应为其效忠而牺牲，何况对待卓绝的真人呢！

泉水枯竭了，鱼相互拥挤在陆地上，用呼吸的湿气相互滋润，用唾沫相互沾湿，还不如在江湖里彼此相忘。与其赞美尧而非议桀，不如把他们都忘掉而与道化而为一。

大地用形体托载我，用生长来勤劳我，用衰老来闲逸我，用死亡来安息我。所以，把我的出生看作好事，就应该把我的死亡也看作好事。把船隐藏在山谷中，把渔具隐藏在大泽中，可以说是很可靠了的。然而，半夜有个大力士把它背走，睡着的人是不会知道的。将小东西隐藏在大东西中，是非常适宜的了。然而还是会有所遗失的，这是万物普遍的至理，人们一旦被大自然铸成人形就欣喜若狂。但人的形体，千变万化是不曾穷尽的，因有形体而欣喜，欣喜的事哪里能计算清楚呢？所以，圣人游心于无得无失、与道共存的自然。对待能够明白寿命长短和生死的人，人们尚且效法他，何况对待万物的宗师、千变万化所依赖的大道呢！

## 【原文】

夫道，有情有信①，无为无形；可传②而不可受，可得③而不可见；自本自根，未有天地，自古以固存；神④鬼神帝，生天生地；在太极之先⑤而不为高，在六极⑥之下而不为深，先天地生而不为久，长于上古而不为老。狶韦氏⑦得之，以挈⑧天地；伏戏氏⑨得之，以袭气母⑩；维斗⑪得之，终古不忒⑫；日月得之，终古不息；堪坏⑬得之，以袭昆仑；冯夷⑭得之，以游大川；肩吾⑮得之，以处太山；黄帝⑯得之，以登云天；颛顼得之，以处玄宫⑰；禺强⑱得之，立乎北极；西王母⑲得之，坐乎少广，莫知其始，莫知其终；彭祖得之，上及有虞，下及五伯⑳；傅说㉑得之，以相武丁，奄㉒有天下，乘东维㉓、骑箕尾㉔而比于列星。

## 【注释】

①情、信：真实、确凿可信。

②传：传递、感染、感受的意思。

③得：这里是体会、领悟的意思。

④神：这里是引出、产生的意思。

⑤太极：派生万物的本原，即宇宙的初始。先：据上下文理和用词对应的情况看，"先"字当作"上"字，这样"太极之上"对应下句"六极

之下"，且不与"先天地"一句重复。

⑥六极：即六合。

⑦狶韦氏：传说中的远古时代的帝王。

⑧挈：提挈，含有统领、驾驭的含义。

⑨伏戏氏：即伏羲氏，传说中的古代帝王。

⑩袭：入。一说讲作"合"。气母：元气之母，即古人心目中宇宙万物初始的物质。

⑪维斗：北斗星。

⑫忒：差错。

⑬堪坏：传说中人面兽身的昆仑山神。

⑭冯夷：传说中的河神。

⑮肩吾：传说中的泰山之神。

⑯黄帝：即轩辕氏，传说中的古代帝王，中原各族的始祖。

⑰颛顼：传说为黄帝之孙，即帝高阳。玄：黑。颛顼又称玄帝，即北方之帝，"玄"为黑色，为北方之色，所以说"处玄宫"。

⑱禺强：传说中人面鸟身的北海之神。

⑲西王母：古代神话中的女神，居于少广山。

⑳"五伯"旧指夏伯昆吾、殷伯大彭、豕韦，周伯齐桓、晋文。

㉑傅说：殷商时代的贤才，辅佐高宗武丁，成为武丁的相。传说傅说死后成了星精，故下句有"乘东维、骑箕尾"之说。

㉒奄：覆盖，包括。

㉓东维：星名，在箕星、尾星之间。

㉔箕尾：星名，为二十八宿中的两个星座。


## 【译文】

　　"道"是真实而又确凿可信的，然而它又是无为和无形的；"道"可以感知却不可以口授，可以领悟却不可以面见；"道"自身就是本、就是根，还未出现天地的远古时代"道"就已经存在；它引出鬼帝，产生天地；它在太极之上却并不算高，它在六极之下却不算深，它先于天地存在还不算久，它长于上古还不算老。狶韦氏得到它，用来统驭天地；伏羲氏得到它，用来调和元气；北斗星得到它，永远不会改变方位；太阳和月亮得到它，永远不停息地运行；堪坏得到它，用来入主昆仑山；冯夷得到它，用来巡游大江大河；肩吾得到它，用来驻守泰山；黄帝得到它，用来登上云天；颛顼得到它，用来居处玄宫；禹强得到它，用来立足北极；西王母得到它，用来坐镇少广山。没有人能知道它的开始，也没有人能知道它的终结。彭祖得到它，从远古的有虞时代一直活到五伯时代；傅说得到它，用来辅佐武丁，统辖整个天下，乘驾东维星，骑坐箕宿和尾宿，而永远排列在星神的行列里。

## 【原文】

南伯子葵问乎女偊曰①："子之年长矣，而色若孺子，何也？"曰："吾闻道矣。"

南伯子葵曰："道可得学耶？"曰："恶！恶可②！子非其人也。夫卜梁倚有圣人之才而无圣人之道③，我有圣人之道而无圣人之才。吾欲以教之，庶几其果为圣人乎？不然，以圣人之道，告圣人之才，亦易矣。吾犹守而告之，参日而后能外天下④；已外天下矣，吾又守之，七日而后能外物；已外物矣，吾又守之，九日而后能外生；已外生矣，而后能朝彻；朝彻而后能见独；见独而后能无古今；无古今而后能入于不死不生。杀生者不死，生生者不生。其为物，无不将也，无不迎也，无不毁也，无不成也⑤，其名为撄宁。撄宁也者，撄而后成者也⑥。"

## 【注释】

①南伯子葵、女偊（yǔ）：虚构人物。

②恶：不。上面的"恶"字，叹其道难言；下面的"恶"字，叹其道不易学。

③卜梁倚：虚构人物。道：谓虚心散淡之性。

④"吾犹"两句：意谓我还是有保留地把大道传授给他，三日之后他就能够遗忘天下。守而告之：犹言不轻易教他，有保留地传道给他。

参：同"三"。外：置之度外，遗忘。

⑤"其为物"五句：意谓道作为万物之宗师，无所不送，无所不迎，无所不毁，无所不成。将：送。

⑥"撄宁"两句：所谓"撄宁"，就是说虽置身于纷纭骚动，争夺之地却不受干扰，方能修成虚寂宁静的心境。

## 【译文】

南伯子葵问女偊说："你年岁这样大，而容颜却像童子，这是什么原因呢？"女偊回答道："我得道了。"

南伯子葵说："道可以学习吗？"女偊说："唉！怎么可以学呢！你不是能学道的人。卜梁倚有圣人的天赋却没有圣人虚心散淡的心境，我有圣人虚心散淡的心境却没有圣人的天赋。我想用虚心散淡来教诲他，差不多他果真能够成为圣人吧？道不易学，用圣人之道，去传授圣人之才，那就容易了。我还是有保留地把大道传授给他，三日之后他就能遗忘天下；他既已遗忘天下，我又有保留地把大道传授给他，七日之后他能遗忘万物；他既已遗忘万物，我又有保留地将大道传授给他，九日之后他能忘掉自身；他既已遗忘自身，而后他便能够彻悟；他能够明彻，而后就能够体悟大道，他能体悟大道；而后他就能超越古今的时空界限；他能超越古今，而后他就能达到无生无死的最高境界。死者未曾来，生者未曾生。大道作为万物之宗，无所不送，无所不迎，无所不毁，无所不成，这就叫作'撄宁'。所谓'撄宁'，就是说虽置身纷纭扰动、交争互触之地却不受干扰，而后才能修炼成虚寂宁静的心境。"

## 【原文】

子祀、子舆、子犁、子来①四人相与语曰："孰能以无为首，以生为脊，以死为尻②，孰知死生存亡之一体者，吾与之友矣！"四人相视而笑，莫逆于心③，遂相与为友。

俄而子舆有病，子祀往问④之。曰："伟哉，夫造物者将以予为此拘拘⑤也。"曲偻发背⑥，上有五管⑦，颐隐于齐⑧，肩高于顶，句赘⑨指天。阴阳之气有沴⑩，其心闲而无事，跰𨄮⑪而鉴于井，曰："嗟乎！夫造物者又将以予为此拘拘也！"

子祀曰："汝恶⑫之乎？"曰："亡⑬，予何恶！浸假⑭而化予之左臂以为鸡，予因以求时夜⑮；浸假而化予之右臂以为弹，予因以求鸮炙⑯；浸假而化予之尻以为轮，以神为马，予因以乘之，岂更驾⑰哉！且夫得⑱者，时⑲也；失者，顺⑳也；安时而处顺，哀乐不能入也。此古之所谓县解㉑也，而不能自解者，物有结之。且夫物不胜天久矣，吾又何恶焉！"

俄而子来有病，喘喘然㉒将死，其妻子环㉓而泣之。子犁往问之，曰："叱㉔！避！无怛化㉕！"倚其户与之语曰："伟哉造化！又将奚以汝为㉖，将奚以汝适？以汝为鼠肝乎？以汝为虫臂乎？"

子来曰："父母于子，东西南北，唯命之从。阴阳㉗于人，不翅㉘于父母；彼近吾死而我不听，我则悍矣，彼何罪焉！夫大块载我以形，劳我以生，佚我以老，息我以死。故善吾生者，乃所以善吾死也。今之大冶铸金㉙，金踊跃曰'我且必为镆铘㉚'，大冶必以为不祥㉛之金。今一犯㉜人之形而曰'人耳！人耳！'夫造化者必以为不祥之人。今一以天地为大炉，以造化为大冶，恶乎往而不可哉！"成然寐㉝，蘧然觉㉞。

## 【注释】

①子祀、子舆、子犁、子来：寓言故事中假托虚构的人名。

②尻：脊骨最下端，也泛指臀部。

③莫逆于心：内心相契，心照不宣。

④问：拜访、问候。

⑤拘拘：屈曲不伸的样子。

⑥曲偻：弯腰。发背：背骨外露。

⑦五管：五脏的穴口。

⑧颐（yí）：下巴。齐：肚脐，这个意思后代写作"脐"。

⑨句（gōu）赘：颈椎隆起状如赘瘤。

⑩沴（lì）：阴阳之气不和而生出的灾害。

⑪蹒跚：蹒跚，行步倾倒不稳的样子。

⑫恶：厌恶。

⑬亡：通作"无""没有"的意思。

⑭浸：渐渐。假：假令。

⑮时夜：司夜，即报晓的公鸡。

⑯鸮（xiāo）：斑鸠。炙：烤熟的肉。"鸮炙"即烤熟的斑鸠肉。

⑰更：更换。驾：这里指车驾坐骑。

⑱得：指得到生命，与下句的"失"表示死亡相对应，"得""失"也即生、死。

⑲时：适时。

⑳顺：指顺应了规律。

㉑县解：即解脱倒悬。县，悬挂。庄子认为人不能超脱物外，就像倒悬人一样其苦不堪，而超脱于物外则像解脱了束缚，七情六欲也就不再成为负担。

㉒喘喘然：气息急促的样子。

㉓妻子：妻子儿女。环：绕。

㉔叱：呵叱之声。

㉕怛（dá）：惊扰。化：变化，这里指人之将死。

㉖为：这里是改变、造就的意思。

㉗阴阳：这里指整个自然变化。

㉘翅：这里讲作"啻"，"不翅"就是不啻。

㉙冶：熔炼金属；大冶指熔炼金属高超的工匠。金：金属。

㉚踊跃：跃起。镆铘：亦作"莫邪"，宝剑名。相传春秋时代干将、莫邪夫妇两人为楚王铸剑，三年剑成，雄剑取名为"干将"，雌剑取名为"莫邪"。

㉛祥：善。

㉜犯：遇，承受。

㉝成然：安闲熟睡的样子。寐：睡着，这里实指死亡。

㉞蘧然：惊喜的样子。觉：睡醒，这里喻指生还。

　　子祀、子舆、子犁、子来四个人在一块摆谈说："谁能够把无当作头，把生当作脊柱，把死当作尻尾，谁能够通晓生死存亡浑为一体的道理，我们就可以跟他交朋友。"四个人都会心地相视而笑，心心相契却不说话，于是相互交往成为朋友。

　　不久子舆生了病，子祀前去探望他。子舆说："伟大啊，造物者！把我变成如此屈曲不伸的样子！腰弯背驼，五脏穴口朝上，下巴隐藏在肚脐之下，肩部高过头顶，弯曲的颈椎形如赘瘤朝天隆起。"阴阳二气不和酿成如此灾害，可是子舆的心里却十分闲逸好像没有生病似的，蹒跚地来到井边对着井水照看自己，说："哎呀，造物者竟把我变成如此屈曲不伸！"

　　子祀说："你讨厌这屈曲不伸的样子吗？"子舆回答："没有，我怎么会讨厌这副样子！假令造物者逐渐把我的左臂变成公鸡，我便用它来报晓；假令造物者逐渐把我的右臂变成弹弓，我便用它来打斑鸠烤熟了吃。假令造物者把我的臀部变化成为车轮，把我的精神变化成骏马，我就用来乘坐，难道还要更换别的车马吗？至于生命的获得，是因为适时，生命的丧失，是因为顺应；安于适时而处之顺应，悲哀和欢乐都不会侵入心房。这就是古人所说的解脱了倒悬之苦，然而不能自我解脱的原因，则是受到了外物的束缚。况且事物的变化不能超越自然的力量已经很久很久，我又怎么能厌恶自己现在的变化呢？"

　　不久子来也生了病，气息急促将要死去，他的妻子儿女围在床前哭泣。子犁前往探望，说："嘿，走开！不要惊扰他由生而死的变化！"子犁靠着门跟子来说话："伟大啊，造物者！又将把你变成什么，把你送到何方？把你变化成老鼠的肝脏吗？把你变化成虫蚁的臂膀吗？"

　　子来说："父母对于子女，无论东西南北，他们都只能听从吩咐调遣。自然的变化对于人，则不啻父母；它使我靠拢死亡而我却不听从，那么我就太蛮横了，而它有什么过错呢！大地把我的形体托载，用生存来劳苦我，用衰老来闲适我，用死亡来安息我。所以把我的存在看作是好事，也因此可以把我的死亡看作是好事。现在如果有一个高超的冶炼工匠铸造金属器皿，金属熔解后跃起说'我将必须成为良剑莫邪'，冶炼工匠必定认为这是不吉祥的金属。如今人一旦承受了人的外形，便说'成人了！成人了'，造物者一定会认为这是不吉祥的人。如今把整个浑一的天地当作大熔炉，把造物者当作高超的冶炼工匠，用什么方法来驱遣我而不可以呢？"于是安闲熟睡似的离开人世，又好像惊喜地醒过来而回到人间。

## 【原文】

子桑户、孟子反、子琴张三人相与友<sup>①</sup>，曰："孰能相与于无相与，相为于无相为？孰能登天游雾，挠挑无极，相忘以生，无所终穷<sup>②</sup>？"三人相视而笑，莫逆于心，遂相与为友，莫然<sup>③</sup>。

有间，而子桑户死，未葬。孔子闻之，使子贡往侍事焉。或编曲，或鼓琴，相和而歌，曰："嗟来<sup>④</sup>桑户乎！嗟来桑户乎！而已反其真，而我犹为人猗！"子贡趋而进曰："敢问临尸而歌，礼乎？"二人相视而笑曰："是恶知礼意！"

子贡反，以告孔子，曰："彼何人者邪？修行无有而外其形骸，临尸而歌，颜色不变，无以命之。彼何人者邪？"孔子曰："彼游方之外者也，而丘游方之内者也。外内不相及，而丘使女往吊之，丘则陋矣<sup>⑤</sup>！彼方且与造物者为人，而游乎天地之一气。彼以生为附赘县疣<sup>⑥</sup>，以死为决疣溃痈。夫若然者，又恶知死生先后之所在！假于异物，托于同体；忘其肝胆，遗其耳目；反覆终始，不知端倪；芒然彷徨乎尘垢之外，逍遥乎无为之业<sup>⑦</sup>。彼又恶能愦愦然<sup>⑧</sup>为世俗之礼，以观众人之耳目哉！"

子贡曰："然则夫子何方之依？"孔子曰："丘，天之戮民<sup>⑨</sup>也。虽然，吾与汝共之。"子贡曰："敢问其方<sup>⑩</sup>？"孔子曰："鱼相造乎水，人相造乎道。相造乎水者，穿池而养给；相造乎道者，无事而生定。故曰：鱼相忘乎江湖，人相忘乎道术。"子贡曰："敢问畸人。"曰："畸人者，畸于人而侔于天。故曰：天之小人，人之君子；人之君子，天之小人也。"

## 【注释】

①子桑户、孟子反、子琴张：皆为虚构人物。

②"登天"四句：意谓高蹈绝尘，超然世外，游于太虚，相忘有生，与道游于无穷之境。挠挑，宛转。

③莫然：即"漠然"，淡漠无心。

④嗟来：犹"嗟乎"，招魂的叹词。来，语助词，在《庄子》书中多有。

⑤女：通"汝"，你。陋：鄙陋。

⑥附赘县疣：谓附生在人身的瘤。附，附生。赘，肉瘤。县，通"悬"，悬生。疣，瘤疖。

⑦芒然：即"茫然"，无所系累的样子。彷徨：与"逍遥"同义，自得逸乐的意思。尘垢之外：谓世外。无为之业：意谓无为寂寞之乡。

⑧愦愦然：烦乱的样子。

⑨天之戮民：意谓天施给刑罚的人。孔子自以为不能摆脱天之桎梏，故谓"天之戮民"。

⑩其方：意谓用什么方法。方，术。与上"方"字不同。

## 【译文】

子桑户、孟子反、子琴张三人相互结交为朋友，他们说："谁能在无心中相交，在无迹中相助呢？谁能登天绝尘，徘徊于太虚，相忘有生，与道同游于无穷之境呢？"他们都会心地相视而笑，彼此心意相通，无所违背。于是他们就相互结交为朋友。

他们相交不久，子桑户死去，尚未埋葬。孔子听到子桑户死去的噩耗，便派子贡前去吊唁和帮助治丧。子琴张和孟子反却一个编撰词曲，一个弹琴，相互应和而歌唱，他们说："哎呀，子桑户啊！哎呀，子桑户啊！你已经复归大道，我们尚且为人啊！"子贡快步走到他们跟前说："请问对着死人的尸体唱歌，合乎礼仪吗？"子琴张和孟子反相视而笑道："你们这种人哪里会懂礼的真正意义呢！"

子贡回去，把所见所闻告诉给孔子，说："他们都是何等人呢！他们没有德行修养，而把形骸置之度外，对着尸体歌唱，全无哀戚之色，不知称他们为何等人。他们究竟是什么样的人呢？"孔子说：

"他们都是超脱凡人，逍遥于世外的人，我孔丘只是生活在礼仪法度里，世外之人和世内之人彼此不相干。我派你去吊唁子桑户看来我是何等鄙陋啊！他们正在与造物者结成伴侣，而与大道浑然一体。他们把人的生命看作附生在人身上的多余的瘤，把人的死亡看作皮肤上的脓疮溃破。像他们这样的人，又哪里知道生死的差别！假借于不同物体，而共成一身；忘掉身上的肝胆，忘掉向上的耳目；从生到死，循环往复，不见头绪；茫然无所挂牵地逍遥于世外，彷徨于空寂无为之荒野。他们又怎么能去做烦琐的世俗礼仪，让众人听闻和观看呢！"

子贡说："那么，先生将依从方外还是依从方内呢？"孔子说："我孔丘，是苍天施给刑罚的人。虽然如此，我未能超脱，我还是与你共游于方内。"子贡说："请问用什么方法呢？"孔子说："鱼相生于水，人相生于道。相生于水的鱼，掘地成池而供养丰足；相生于道的人，彷徨无为而心性平静。所以说：鱼相忘在江湖中，人相忘在大道里。"子贡说：'请问什么叫不同于世俗的方外之人？"孔子说："不同于世俗的方外之人，不同于世人却与大自然相合，所以说：大自然的小人，但是人世间的君子；人世间的君子，也就是大自然的小人。"

## 【原文】

颜回问仲尼曰："孟孙才①，其母死，哭泣无涕，中心不戚，居丧不哀。无是三者②，以善处丧盖鲁国，固有无其实而得其名者乎？回壹怪之③。"

仲尼曰："夫孟孙氏尽之矣，进于知矣，唯简之而不得，夫已有所简矣。孟孙氏不知所以生，不知所以死；不知就先，不知就后；若化为物，以待其所不知之化已乎！且方将化，恶知不化哉？方将不化，恶知已化哉？吾特与汝，其梦未始觉者邪！且彼有骇形而无损心，有旦宅而无情死④。孟孙氏特觉，人哭亦哭，是自其所以乃。且也相与'吾之'耳矣，庸讵知吾所谓'吾之'乎？且汝梦为鸟而厉乎天⑤，梦为鱼而没于渊。不知今之言者，其觉者乎？其梦者乎？造适不及笑，献笑不及排，安排而去化，乃入于寥天一⑥。"

## 【注释】

①孟孙才：姓孟孙，名才，鲁国人。

②是：此。指涕泪、悲伤和哀痛。

③回壹怪之：谓我颜回感到奇怪。壹，语助词。

④"且彼"两句：意谓孟孙才认为其母在变化中虽有变动之形，其心并无损耗；虽有惊扰，而并无精神之丧。骇，动。旦宅，通"怛咤"，惊扰。情，精神。

⑤厉乎天：谓至于天。

⑥"乃入"句：意谓进入虚空寂寥的自然境界，而与大道浑然成为一体。寥天，虚寂的自然境界。

## 【译文】

颜回请教孔子说："孟孙才母亲死了，他哭丧的时候没有掉眼泪，看不出有悲伤，守丧期间也不哀痛，没有这三者，竟能以善于处理丧事而名扬鲁国，难道真有名不副实吗？我颜回感到很奇怪。"

孔子说："孟孙才已经尽到治丧之礼了，并且超了知晓服丧礼仪的人，他想简化办丧礼仪却办不到，而他实际上已有所简化了，孟孙才不知人为何生，不知人为何死。他不知求先生，不知寻后死。他像是正在变成一物，他在等待一种自己也不知道将要变成何物的变化！况且正要变化时，又如何知道不变化呢？正在不变化时，又如何知道已经变化了呢？只是我和你，正在做梦而没有睡醒呢！孟孙才认为他母亲在变化中虽有形体之动，其心并无损耗；虽有惊扰，而无精神之丧。孟孙才独自觉醒，别人哭泣，他也跟着哭泣，所以才如此哭泣而不哀痛。世人看到自己暂时有了形体，就相互说'这是我'，怎么知道暂时有了形体的'我'，就是属于'我'呢？你做梦变成鸟就想飞向天空，做梦变成鱼就想潜入水中，不知道现在说话的我，是在醒着呢，还是在做梦呢？人的内心忽然快乐时，是来不及笑的；头志突然发出时，又来不及安排是否妥当；只有任凭大道安排而由其变化，进入虚空寂寥的自然境界，与大道浑然成为一体。"

## 【原文】

意而子①见许由。许由曰："尧何以资②汝？"意而子曰："尧谓我：'汝必躬服③仁义而明言是非'。"

许由曰："而奚来为轵④？夫尧既已黥⑤汝以仁义，而劓⑥汝以是非矣，汝将何以游夫遥荡恣睢转徙之涂乎⑦？"意而子曰："虽然，吾愿游于其藩⑧。"

许由曰："不然。夫盲者无以与⑨乎眉目颜色之好，瞽者无以与乎青黄黼黻之观⑩。"意而子曰："夫无庄之失其美⑪，据梁之失其力⑫，黄帝之亡⑬其知，皆在炉捶⑭之间耳。庸讵知夫造物者之不息⑮我黥而补我劓，使我乘成以随先生邪⑯？"

许由曰："噫！未可知也。我为汝言其大略：吾师乎⑰！吾师乎！整万物而不为义，泽⑱及万世而不为仁，长于上古而不为老，覆载天地刻雕众形而不为巧，此所游已。"

## 【注释】

①意而子：虚拟的人名。

②资：给予。

③躬服：亲身实践，身体力行。

④而：你。轵（zhǐ）：同"只"，句末语气词用法。

⑤黥（qióng）：古代的一种刑法，用刀在受刑人的额上刺刻，而后以墨涂之。

⑥劓（yì）：古代的一种刑法，割去了受刑人的鼻子。

⑦遥荡：逍遥放荡。恣睢：放任不拘。转徙：辗转变化。涂：通作"途"，道路的意思。

⑧藩：篱笆，这里喻指受到一定约束的境域。

⑨与：赞许、赏鉴。下句同此解。

⑩瞽：瞎眼。一般来说，"盲者""瞽者"都指瞎子，细分之，"盲"指有眼无珠，"瞽"指眼瞎而无视力。黼（fǔ）黻（fú）：古代礼服上绣制的花纹。

⑪无庄：虚构的古代美人之名，寓含不装饰的意思。传说她闻道之后不再装饰而自忘其美。

⑫据梁：虚构的古代勇夫之名，寓含强梁之意。

⑬亡：丢失，忘却。

⑭炉捶：冶炼锻打，这里喻指得到"道"的熏陶而回归本真。

⑮息：养息。

⑯乘：载。成：备。"乘成"的意思就是，托载精神的身躯不再残缺。

⑰师：这里实指"道"。

⑱泽：恩泽。

## 【译文】

意而子拜访许由。许由说："尧把什么东西给予了你？"意而子说："尧对我说：'你一定得亲身实践仁义并明白无误地阐明是非'。"

许由说："你怎么还要来我这里呢？尧已经用'仁义'在你的额上刻下了印记，又用'是非'割下了你的鼻子，你将凭借什么游处于逍遥放荡、纵任不拘、辗转变化的道途呢？"意而子说："虽然这样，我还是希望能游处于如此的境域。"

许由说："不对。有眼无珠的盲人没法跟他观赏姣好的眉目和容颜，瞎子没法跟他赏鉴礼服上各种不同颜色的花纹。"意而子说："无庄不再打扮忘掉自己的美丽，据梁不再逞强忘掉自己的勇力，黄帝闻'道'之后忘掉自己的智慧，他们都因为经过了'道'的冶炼和锻打。怎么知道那造物者不会养息我受黥刑的伤痕和补全我受劓刑所残缺的鼻子，使我得以保全托载精神的身躯而跟随先生呢？"

许由说："唉！这可是不可能知道的。我还是给你说个大概吧。'道'是我伟大的宗师啊！我伟大的宗师啊！把万物碎成粉末不是为了某种道义，把恩泽施于万世不是出于仁义，长于上古不算老，回天载地、雕创众物之形也不算技巧。这就进入'道'的境界了。"

颜回曰:"回益<sup>①</sup>矣。"仲尼曰:"何谓也?"曰:"回忘仁义矣。"曰:"可矣,犹未也<sup>②</sup>。"

他日复见,曰:"回益矣。"曰:"何谓也?"曰:"回忘礼乐矣!"曰:"可矣,犹未也。"

他日复见,曰:"回益矣!"曰:"何谓也?"曰:"回坐忘矣。"仲尼蹴然<sup>③</sup>曰:"何谓坐忘?"颜回曰:"堕肢体,黜聪明,离形去知,同于大通<sup>④</sup>,此谓坐忘。"仲尼曰:"同则无好也,化则无常也。而果其贤乎! 丘也请从而后也。"

**【注释】**

①益:增益。指经过修养而进入"道"的境界。

②"可矣"两句:意谓忘仁义,有可能入道,然而还是没有进入大道境界。

③蹴然:惊奇而变容的样子。

④"堕肢体"四句:意谓毁废形体,泯灭见闻,形智皆弃,与大道浑然一体。

**【译文】**

颜回说:"我有进步了。"孔子说:"你的进步是指什么说呢?"颜回说:"我已经忘掉仁义了。"孔子说:"忘掉仁义,有可能入道,然而还是没有进入大道。"

过了几天,颜回又去拜见孔子,说:"我又有进步了。"孔子说:"你的进步又是指什么说呢?"颜回说:"我已经忘掉礼乐了。"孔子说:"忘掉礼乐,有可能入道,然而还是没有进入大道。"

过了几天,颜回又去拜见孔子,说:"我又有进步了。"孔子说:"你的进步又是指什么说呢?"颜回说:"我静坐而忘掉一切了。"孔子惊奇而变容地说:"什么叫作静坐而忘掉一切呢?"颜回说:"毁废形体,泯灭见闻,抛弃形智,与大道浑然一体,这就叫作静坐而忘掉一切。"孔子说:"与大道浑同则无偏好,顺应大道的变化就不会滞守常理。你果真成为贤人了啊！那我孔丘也要修道而步你后尘了。"

## 【解析】

本文是《庄子》一书的其中一篇,《庄子》的思想包含着朴素辩证法因素,主要思想是"天道无为"。"宗"指敬仰、尊崇,"大宗师"的意思是最值得敬仰、尊崇的老师。谁够得上称作这样的老师呢？那就是"道"。庄子认为自然和人是浑一的,人的生死变化是没有什么区别的,因而他主张清心寂神,离形去智,忘却生死,顺应自然。这就叫作"道"。全文可以分为八个部分。第一部分至"是之谓真人",虚拟一理想中的"真人","真人"能做到"天""人"不分,因而"真人"能做到"无人""无我"。"真人"的精神境界就是"道"的形象化。第二部分至"乘东维、骑箕尾而比于列星",从描写"真人"逐步转为述说"道",只有"真人"才能体察"道",而"道"是"无为无形"而又永存的,因而体察"道"就必须"无人""无我"。这两段是全文论述的主体。第三部分至"撄而后成者也",讨论体察"道"的方法和进程。第四部分至"蘧然觉",说明人的死生存亡实为一体,无法逃避,因而应"安时而处顺"。第五部分至"天之小人也",进一步讨论人的死和生,指出死和生都是"气"的变化,是自然的现象,因而应"相忘以生,无所终穷",只有这样精神才会超脱物外。第六部分至"乃入于寥天一",说明人的躯体有了变化而人的精神却不会死,安于自然、忘却死亡,便进入"道"的境界而与自然合成一体。第七部分至"此所游已",批判儒家的仁义和是非观念,指出儒家的观念是对人的精神摧残。第八部分至"丘也请从而后也",论述"离形去知,同于大通"是进入"道"的境界的方法。

## 【证解故事】

### 为师之学

冰是由水变的,但比水更寒冷,这是说学生的能力超过了先生;

青出于蓝胜于蓝，这是说弟子胜于师傅。没能到先生的馆里当面请教，叫作在官墙外面眺望；得到先生的秘密传授，称为衣钵真传；人们称呼杨震为关西夫子，世人称贺循是当世儒家学派的宗师；东汉的苏章背着书籍，行走千里去求学，这是他拜师的殷勤；北宋的游酢和杨时去拜见老师程颐先生，看见先生在闭目养神，不敢惊动，于是二人站在雪地里等候，这足以说明二人对老师的敬爱；弟子称赞老师善于教导，就如自己坐在春风中沐浴；自己学业有成，感谢老师的教学，这是承接及时雨的温润。

为人处世一定要记住的三件大事：父母生养，老师教诲，君王恩泽。做一个好老师有四种方法：有尊严使学生敬畏，年老稳重使人信赖，以身说教而不违反，讲解知识详尽细致。拿着经书向先生请教文章的要义，要态度诚恳，把老师当作严父一样对待。古代学馆开学，击鼓开馆，发放书籍，讲解学习要求，求学者担着行囊从四面八方涌来，做先生的从来不会拒绝收教资质差的学生。古时的先生教授门徒，左边放史书，右边放经书，早上研究，晚上诵读，这样学生才能学到真正的知识。杨龟山跟随程明道学习，学成之后，杨龟山回去时，程明道对客人说："我的道义已经传到南方去了。"丁宽曾经向田何学《易经》，等丁宽回去时，田何对门人说："我的易学已传到东方去了。""道已南，易已东"是说弟子沾染了老师教育的恩泽。张复胤曾做过唐太宗的老师，在唐太宗月池赐宴上他夸耀自己引导太宗的功劳。张奂出使外国，碰上反叛，士兵都很惊慌，他带着弟子在帐中安然读书，使军心安定，躲过了兵祸。曾巩曾经收录了《忠臣录》《孝子录》，使三纲五常振兴起来。胡瑗建立了经义斋、治事斋，教会学生知识，把理论与实践结合起来。除了东汉经学家郑玄可以与孔丘比较才学外，再没有第二人可以与之相比较了，他的道德是从他的文章显耀出来。唐朝狄仁杰才华出众，像北斗星一样明亮，人们称他为"北斗以南一人耳"，他的事业是从他的功勋、他的学术中得来的。

## 学以致用

学、问、思、辨、行，都是所说的学，不去行的则不能称之为学。比如学孝，就必须服侍奉养，身行孝道，然后才叫作学。哪能光凭口说舌谈就可以叫作学孝呢？学射箭就必须张弓搭箭，拉满弓以击中目标。学写字，就必须准备好纸张笔墨。天下所有的学，没有不去行就能叫作学的。所以学的开始，本来已经是行了。勤学好问，问就是学，就是行。问又不能没有疑，有疑就有思。思就是学，就是行。思又不能没有疑，有疑就有辨。辨就是学，就是行。辨已明了，思已慎了，问已审了，学已能了，还继续用功地学，这就叫作笃行。不是说学、问、思、辨以后，才落实去行的。所以，就为了能做成事来说，叫作学；就为了解除困惑来说，叫作问；就为了能通晓事物的道理来说，叫作思；就为了精细考察来说，叫作辨；踏踏实实地做，叫作行。它们的功用可以分为五个方面，结合这五个方面就是一件。我的心理合一为本体，知行并进是功夫论的观点，不同于朱熹的观点的地方，正是在这里。只举出学、问、思、辨来穷尽天下的理，却不说笃行，这样只以学、问、思、辨为知，而穷理就没有行了。天下只有不行而学的，哪有不行就可以叫作穷究天下的理的呢？

程颢说："只穷理，便尽性致命。"所以，必须行仁且达到仁的极致，然后才能说穷尽了仁的理；行义达到义的极致，然后才能说穷尽了义的理。行仁达到仁的极致，就能尽仁的性，行义达到义的极致，就能尽义的性。学已经穷理到极致，却还没有落实在行动中，天下不会有这样的情况，由此可见，不行不可以看成是学，不行不可以看成是穷究天理。知行二者是相统一的，缺一不可。

万事万物的理，就在我们的心中。而一定说穷尽天下的理，这大概是认为我心的良知不足，而一定要向外广求天下的事物，以增补心的不足，这还是把心和理一分为二。学、问、思、辨、笃、行的功夫，虽然有的人资质低，要付出比别人多百倍的努力，但努力到极致，到达尽性知天的功夫。也不过是尽我心的良知罢了。良知以外，不能加上任何丝毫？如今一定要说穷天下的理而不知返回内心探求，那么，所说的善恶的机缘，真伪的区别，舍弃了我心的良知，又将怎么样体察呢？所说的气的约束和物的蒙蔽，正是被"穷天下之理"约束和蒙蔽罢了。如今要除去这一弊病，不知在内心用功，却一味想向外探求，这就像眼睛看不清，不去服药调理医治眼睛，却盲目地在身外找寻光明，光明就不会从身外找得到，任情恣意的害处，也是因为不能在人心良知中细察天理。这就是差之毫厘谬以千里的问题，足以让人辨明。

## 知识如金字塔

三尺长剑，其作用是一丝宽的利刃；笔长三寸，真正能发挥作用的却只是笔尖那么一点点，其余的都只不过是没有什么大用处的装饰之物。即便如此，但是如果剑与笔只有利刃和笔尖，它们的用处也就难以发挥。那么如此看来，没有用的东西，却是那有用的东西的依托；有用的东西，却要靠没有用的东西来帮助发挥作用。善于烹调的易牙也不能没有人来帮厨，擅长铸剑的莫邪也不能少了砧手，善做木工的鲁班也不能没有钻工帮忙。既然不能缺少，那就等同于有用的，就不要认为它是多余的无用之物。

掺了味并不是最美的味道，五味中最美的自然是白水了。着了颜色并非是最美的颜色，所以无色反而成了五色中的主色。着了影像并非是最好的象，所以没有像反而是万象之母。着了力并非是最大的力，所以大地承载了万物就好像没有负载一样。着了情并不是至真至纯的情，因此天地生成万物却不亲。着了心并不是真正的最用心，所以说圣人处理万事万物就好像毫不用心一般。如果一个病人到了面无血色，发润如油的状态，就无法治愈了。因为一身的元气和血脉都集中到了面目之上。假如只有君主一个人富有，而天下的百姓都很贫穷，这是非常令人感到可怕的。

治理国家的人，让民众富足，体恤百姓，这并不仅是为了人民。这好比构筑城墙，下部宽广而上部窄小才会坚固不摧。又好比种树，浇灌根部，修剪树冠树枝，树木才会长得茂盛。城墙没有上宽下窄而不倒塌的，树木没有根部露在外面树梢繁茂而不枯萎死亡的。那就让人感到担心害怕了，天下的形势，都是逐渐积累而形成的。不能忽略一丝一毫的细节，装载羽毛的车子却折断了车轴，那是日积月累造成的；不要忽略那寒冷的露水，也许不久它就会变成坚冰，这也是逐渐积累造成的。自古以来，天下、国家、自身的败亡，都离不开"积渐"这两个字，累积之初是微小的，逐渐形成的也许是刚开始的，真让人感到心寒啊！

熊熊燃烧的大火不会冒烟，顺流而下的流水没有响声，人的心情平静就没有什么言语。风刚从山谷里吹出来的时候，它强劲的势力能拔木走石。吹远了风势就会减小。再远一点风势又会减弱，再远就变得微弱，再远一点就会灭尽了，这是它的必然势态。假如风从山里刮出来时，只能使树叶振动，使羽毛拂动，那它就寸步难行了。京城是号令发出的首要之地，纪法不能不让人感到它的振作和威严。背上有东西，回头看上千万遍自己却看不到，因此就以为人言不可相信。假如一定要等到自己看见才相信，那就没有能够看见的时候了。有的人因害怕换衣服时的寒冷而一年都忍受寒冷，有的人因害怕打一针时的疼痛而心甘情愿保留那能置自身于死地的疮。一劳永逸的事情，只能限于和那有见识的人谈。牙齿紧密地排列在一块却不嫌互相压迫，这是自然理应如此的。假如其中某颗脱落了再补上，就觉得口中有了异物。只有保持原本应该存在的东西，多也不行，少了也照样不行。

对于坐井观天的人来说，不可以与他谈论天的广大，只有他自己从井里出来四下看看，才会知道天空的广大。虽然如此，但是如果被云彩和树木挡住了视野，那么所看到的天空就会受影响了。登上泰山的顶峰，就会看到天空显得广阔无边。虽然如此，不如亲自去游览八方极远的地方，心通到九重天之外，天在胸中好比太仓之中的一粒米那样，只有这样，才会有言及通达的见识。

## 读书是立身之本

圣贤认为，人心很容易变坏，而良好的品德却不容易培养起来。

"危"指的是追求欲望之心，好像大堤约束水，堤围崩溃声：容易的事，一旦溃决就会一发不可收拾。"微"指的是理义伦常之心，好像帐子映灯火，似有似无。

一个人如果不读书，那么就会只看到自己的经历很苦，而产生无穷无尽的怨恨愤激之情，忧郁烦躁不安，为什么要弄到如此地步呢？况且富裕兴盛的事情，古人也会碰到，气盛权倾一时，转眼也都会没有了。所以读书可以增长道义之心，是保养身体的首要事情。读书时死记硬背大部头的文集，用以争长短胜负、名声利禄，那是很辛苦的。如果粗略浏览一遍，就不会弄到劳心疲神的境地，只当冷眼于自由自在之中看出古人文章里面重要而转折承接的地方就行了。

人的心胸至灵至动，不可过分劳累，亦不可过分安逸，只有读书学习才可以保养它劳逸适中。我们常常见到风水先生用磁石养护指南针，这个道理正好说明书籍才是保养身心的最佳选择。安闲逸乐无事可做的人整天不看书，那么他的起居出入，身体心灵就没有依留安定的地方。眼睛没有安顿的时刻，一定会精神涣散、杂乱颠倒，处于逆境感到不高兴，处于顺境也会感到不高兴。别人常常令他惊慌烦恼，觉得别人的一举一动没有顺眼的。这样的人必定是一个不读书学习的人。

古人说过，扫地焚香后，清福已经具有。有福气的人，在享福的同时也读点书；没有福气的人，心中便会产生其他的念头。这些话真是讲到了最重要之处。对于那些违背自己意愿的事情，从不读书的人认为，似乎全被自己一人碰到了，感到极其难堪。这样的人由于不读书，所以他不知道古人碰到的违背自己意愿的事，比自己多有百倍，只是没能细心体验罢了。比如宋代苏东坡先生，一生吟诗作赋，在他死后，乏章一刊印出来，名声震惊千古后世。而他在世之时忧虑别人说坏话，害怕别人讥笑毁谤，困苦艰难往复迁移于潮州、惠州之间，他的儿子光着脚过河，睡在牛栏边上，这是一种什么样的境况啊！又如唐代诗人白居易没有后代，宋代文学家陆游忍饥挨饿，这些都载在古书里面。他们都是名传千古的人，而所经历的事情却如此不尽如人意，如果平心静气地观察他们的经历，那么人世间所碰到的违背自己意愿的事情，就可以想得通，任何不满意的想法也会很快打消了。

## 知己知彼，百战不殆

在竞争当中，如果能善于思考，做到知己知彼，成功的系数就会大大增加。了解别人就是为自己的策划打基础，有了目的性，就不会盲目下决定。

汉代的大辞赋家司马相如，出川漫游，一篇《子虚上林赋》博得了海内文名。博雅之士，无不以结识司马相如为荣。但司马相如放荡不羁，不拘礼教，又不治生业，故一派浪荡公子相。

这一年，司马相如外游归川，回成都（今四川成都）的路上，路过临邛（今四川邛崃）。临邛县令久仰司马相如之名，恭请至县衙，连日宴饮，写赋作文，好不热闹。此事惊动了当地富豪卓王孙。那卓王孙原是赵人，秦代移民时迁来临邛，以冶铁致富，家有万金，奴仆千人，听说来了个才子司马相如，也想结识一下，附庸风雅。但他仍摆脱不了商人的庸俗，所以实为请司马相如，但名义上却是请县令王吉，让司马相如作陪。司马相如本看不起这班无才暴富之人，所以压根没准备去"陪宴"。

到了约定日期，卓王孙尽其所能，大排宴席。县令王吉因平日依仗卓王孙钱财之事甚多，所以早早就到了，但时辰早过，司马相如却没有来。卓王孙如热锅蚂蚁，王吉只好亲自去请。

司马相如正在高卧独饮，驳不过王吉面子，来到卓府。卓王孙一见穿戴，心中早已怀瞧不起之意，心想自己是要脸面之人，请来的却是这样一个放荡无礼之辈。司马相如全然不顾这些，大吃大嚼，只顾与王吉谈笑，早把卓王孙冷在一边。忽然，司马相如听到内室传来凄婉的琴声，那琴声不俗，司马相如一下子停止了说笑，倾耳细听起来。卓王孙原被冷在一边，讪讪地无意思，今见琴声吸引住了这位狂士，于是夸耀地卖弄说这是自己的女儿卓文君所奏。司马相如早已痴迷在那里，忙请求让卓文君出来相见。卓王孙经不住王吉撺掇，派人唤出卓文君。

司马相如一见卓文君，两眼直勾勾地愣在那里，他万万没想到这俗不可耐的卓王孙竟有这般美丽高雅的女儿。于是要过琴来，弹了一曲《凤求凰》，向卓文君表达爱意。卓文君心里明白，爱慕司马相如的相貌和才华，当夜私奔司马相如，订下终身。二人天明便起身回了成都。

哪知司马相如家中一贫如洗，无法生活。卓文君便又回到临邛，向爹爹求援。那卓王孙见女儿违礼私奔，早已气在心里，半个钱也不给卓文君夫妻。司马相如笑了笑，对卓文君说："无妨。你父亲最怕的是什么？"卓文君想了想说："他最怕的是丢了面子。咱俩的事也是他怕人说没按程式聘娶，才不管的。"司马相如说："无妨。我们定要他自己送上钱来。"

于是，司马相如卖掉车子，在卓府对面开了个酒馆，让卓文君卖酒，而自己穿上短裤，与酒保佣作之人一块干活，制酒卖。消息传出，城内城外的人都来看美人卓文君卖酒。卓王孙听后，气撅了胡子。万般无奈，分给卓文君夫妻仆人百名，钱财百万。司马相如夫妇大喜，带上仆人和钱财，回成都过活去了。

正是因为司马相如能够很清楚地分析卓王孙的脾气秉性，所以能抓住他的弱点，最后让他屈服。这也告诉我们大家，要善于分析，找到解决问题的突破口，就能轻松取胜。

## 聪明的人能看到机遇

古今历史唯有智慧者能善于把握机遇，为自己的生活添加闪亮的篇章，也唯有这样的人，能运用策略，达到巅峰状态。这就启示世人，成功者乃能辨时事者，请看下面的故事。

五代末年，后周的兵权逐渐集中到赵匡胤手中。赵匡胤能征善战，足智多谋。后周世宗柴荣在世时，他还能俯首听令。柴荣中年身亡，幼子柴宗训一即位，他便不甘心受人驱使，生出夺位之心来。

柴荣一死，后周宿敌北汉便勾结契丹入侵后周，年幼的后周恭帝柴宗训便请赵匡胤统领所有可调动的兵马，倾巢北去迎敌。赵匡胤父子见京城空虚，所有兵马调动大权都集中在自己手中，决定利用这一天赐良机发动政变。

正巧，这天出城后，天半阴半晴，由于光线折射，太阳底下又出现了一个太阳。军中将士们对这一现象十分惊讶。当天夜晚大军驻扎在陈桥驿（在今河南开封东北），赵匡胤的弟弟赵光义便找来随军占星士苗训，授意他制造"天上两个太阳，地上两个皇上"的谶言。一时间，军营中纷纷扬扬，都说周家江山不稳，将有真龙天子现身。后半夜，赵光义又通过赵匡胤的禁军广造舆论，说赵匡胤就是那位真龙天子。

军中鼓噪了一夜，赵匡胤在帐中听得一清二楚，心中大喜。但他警告自己，不要形于颜色，要假意推让一番，免得别人说主人尸骨未寒，就欺负人家孤儿寡母，从弱者手中硬抢过皇位，难服众心。

第二天天一亮，赵匡胤的亲信将士便找来一件黄袍，到军帐中请赵匡胤穿上做新皇上。赵匡胤一听，装作大吃一惊，表面上义正词严地说："此事万万使不得！恩主刚刚过世，我们理当忠心扶持幼主，同心抗敌才是，你们怎么出此言语。"他的亲信知道赵匡胤的真实想法，装作激愤地说："如今天下纷争，能者为尊。小皇上幼年即位，已被邻国瞧不起，故有北汉勾引契丹入侵之事。若点检能承大统，还有哪个国家敢小瞧我们？"赵匡胤还要推让，手下亲信将士一拥而上，把黄袍披在他身上，七手八脚地给他穿上，扶他上马去京都夺位。

大多数将士不知就里，都像看把戏一般看赵匡胤及其亲信们表演。赵匡胤被亲信们扶上马，也不再谦让了，环视了一下周围的将士们，问："若我即位，列位能听我的吗？"手下亲信大喝："哪个不听，就砍了他！"那时当兵打仗，一是为混口饭吃，二是为劫掠点财物，谁当皇上都一样，于是都点头说"听"。赵匡胤也不管强敌压境了，带头向京师进发。太后一见赵匡胤身穿黄袍回来，心中已明白了八分，忙交出国玺，只求得孤儿寡母平安就是了。

赵匡胤及弟弟暗中做手脚，造舆论，谋夺后周大权，但迫于其他政治势力，表面上又装出正经模样，成功地表演了一出两面派把戏，夺得皇位，建立了宋朝。

虽然这样的手段在当今社会不值得提倡，但是不能否认的是，在适当的时候有点小聪明和小智谋，也是可以理解的。当今社会是法治社会，我们的行为要受到法律的制约，任何违法的事情必将受到法律的严惩。所以，我们必须在法律容许的范围内，运用我们的智谋，取得事业上的辉煌和进步！

# 应帝王

　　啮缺问于王倪①，四问而四不知。啮缺因跃而大喜②，行以告蒲衣子③。蒲衣子曰："而乃今知之乎？有虞氏不及泰氏④。有虞氏其犹藏仁以要人⑤，亦得人矣，而未始出于非人⑥。泰氏其卧徐徐。其觉于于⑦，一以己为马，一以己为牛。其知情信⑧，其德甚真，而未始入于非人。"

【注释】

①啮缺、王倪：皆为虚拟人物。

②因跃而大喜：读为"因大喜而跃"。

③行以告：去告诉。蒲衣子：虚拟人物。

④有虞氏：即舜。泰氏：传说中的上古帝王。

⑤要人：要结人心。

⑥非人：指物，与人相对的外物。

⑦于于：安闲的样子。

⑧知：同"智"。情：实。

【译文】

　　啮缺向王倪请教，问了四次，王倪都回答说不知道。啮缺因此高兴得跳了起来，把这事告诉蒲衣子。蒲衣子说："现在你才知道了吧，有虞氏不如泰氏。有虞氏还心怀仁义，以此要结人心，虽然也获得了人心，却未能超然物外，而泰氏睡眠时呼吸舒缓，醒来时悠闲自在，任人把自己称为马，或是牛，他的心智真实不虚，他的品德纯真高尚，丝毫没有受到外物的牵累。"

## 【原文】

肩吾见狂接舆。狂接舆曰："日中始何以语女<sup>①</sup>？"

肩吾曰："告我：君人者以己出经式义度<sup>②</sup>，人孰敢不听而化诸！"

狂接舆曰："是欺德<sup>③</sup>也。其于治天下也，犹涉海凿河而使蚊负山也。夫圣人之治也，治外<sup>④</sup>乎？正而后行<sup>⑤</sup>，确乎能其事者而已矣。且鸟高飞以避矰弋<sup>⑥</sup>之害，鼷鼠深穴乎神丘之下以避熏凿之患<sup>⑦</sup>。而曾二虫之无知！"

## 【注释】

①日中始：虚拟人物。女：同"汝"，你。

②君人者：国君。经、式、义、度：皆谓法度。义，读为"仪"。

③欺德：虚伪骗人的言行。

④治外：指用"经式义度"来治理人的外表。

⑤正而后行：自正而后化行天下。此"正"指无为。此"行"指自然。

⑥矰弋：捕鸟的器具。矰是鸟网，弋是系有丝绳的箭。

⑦鼷（xī）鼠：小鼠。熏凿：谓烟熏和挖掘。

## 【译文】

肩吾见到狂接舆，狂接舆说："日中始对你都说了些什么？"

肩吾说："他告诉我，那些做国君的，凭一己的想法制定各种法规，人们谁敢不听而归服呢？"

狂接舆说："这是虚伪骗人的做法。他这样去治理天下，就如同在大海里开凿河道，让蚊虫背负大山一样，圣人治理天下，难道是用法度来约束人们的外表吗？圣人是先端正自己，而后才去感化他人，任凭人们能够做的事情去做就是了。譬如鸟儿知道高高飞起来躲避罗网弓箭的伤害，鼷鼠知道深深藏在神坛下的洞穴中来避免烟熏挖掘的祸患，这难道能够说鸟和鼠是无知的吗？"

【原文】

天根游于殷阳<sup>①</sup>，至蓼水<sup>②</sup>之上，适遭无名人<sup>③</sup>而问焉，曰："请问为天下。"

无名人曰："去！汝鄙人也，何问之不豫<sup>④</sup>也！予方将与造物者为人<sup>⑤</sup>，厌则又乘夫莽眇之鸟<sup>⑥</sup>，以出六极之外，而游无何有之乡，以处圹埌<sup>⑦</sup>之野。汝又何帠<sup>⑧</sup>以治天下感予之心为？"

又复问，无名人曰："汝游心于淡，合气于漠，顺物自然而无容私焉，而天下治矣。"

【注释】

①天根：虚假人物。殷阳：虚拟地名。

②蓼（liǎo）水：虚拟水名。

③无名人：虚拟人物。

④不豫：不悦，不快。

⑤为人：为友。

⑥莽眇之鸟：像鸟般的轻盈虚渺之气。

⑦圹埌（kuàng làng）：空旷辽阔。

⑧帠："臬"为坏字，读作"臲"，"呓"的本字。

【译文】

天根在殷阳游览，走到蓼水岸边，恰巧碰见无名人，便问道："请问治理天下的办法。"

无名人说："走开！你这鄙陋的人，为何要问这些令人不快的问题！我正要和造物者结伴遨游，一旦厌烦就乘像鸟一样的轻盈清虚的气流，飞出天地四方之外，畅游于无何有之乡，歇息在广阔无边的旷野，你又为何要用治理天下的梦话来触动我的心呢？"

天根再次询问，无名人说："你的心神要安于淡漠，你的形气要合于虚寂，顺着万物的自然本性而不掺杂私意，天下就可以大治了。"

**【原文】**

阳子居①见老聃曰:"有人于此,向疾强梁②,物彻疏明③,学道不倦。如是者,可比明王乎?"

老聃曰:"是于圣人也,胥易技系④,劳形怵心⑤者也。且也虎豹之文来田,猨狙之便执嫠之狗来藉。如是者,可比明王乎?"

阳子居蹴然⑥曰:"敢问明王之治。"

老聃曰:"明王之治:功盖天下而似不自己,化贷万物而民弗恃⑦,有莫举名⑧,使物自喜;立乎不测,而游于无有者也⑨。"

**【注释】**

①阳子居:虚拟人物。历来多认为阳子居是主张"贵己"的杨朱,其实不相干。

②向疾:敏捷如响。向,通"响"。强梁:强悍果断。

③物彻:观察事物透彻。疏明:疏通明白。

④胥:有才智的小吏。易:掌管占卜的小官。技系:被技术所束缚而不能脱身。

⑤劳形怵心:形体劳累,内心担惊受怕。怵,惊惧。

⑥蹴(cù)然:脸色突然改变的样子。

⑦贷:施。弗恃:不觉有所依赖。

⑧莫:无。举:显示,称说。

⑨无有:指至虚之境。

**【译文】**

阳子居见到老聃,问道:"有这样的一个人,做事敏捷果断,看问题通透明达,学习勤奋不倦。这种人,可以和圣明之王相比吗?"

老聃说:"这样的人在圣人看来,不过就像有才智的小吏,被自己的技艺职守所困,终日劳碌,担惊受怕罢了。况且像虎豹由于皮有花纹而招来捕猎,猕猴由于灵便、猎狗由于会捕捉狐狸而招来拘系。这种人能够和圣明之王相比吗?"

阳子居脸色突变,惭愧地说:"请问圣明之王是如何治理天下的呢?"

老聃说:"圣明之王治理天下,功绩布满天下却好像与自己无关;化育万物而百姓却不觉得有所依赖;有功德却无法去称谓,而让万物欣然自得;立于不可测见的地位,生活在至虚无为的境地。"

## 【原文】

郑有神巫曰季咸<sup>①</sup>,知人之死生、存亡、祸福、寿夭,期以岁月旬日,若神。郑人见之,皆弃而走。列子见之而心醉<sup>②</sup>,归,以告壶子<sup>③</sup>,曰:"始吾以夫子之道为至矣,则又有至焉者矣。"

壶子曰:"吾与汝既其文,未既其实。而固得道与?众雌而无雄,而又奚卵焉<sup>④</sup>!而以道与世亢<sup>⑤</sup>,必信<sup>⑥</sup>,夫故使人得而相汝<sup>⑦</sup>。尝试与来,以予示之。"

明日,列子与之见壶子,出而谓列子曰:"嘻!子之先生死矣!弗活矣!不以旬数矣!吾见怪焉,见湿灰焉<sup>⑧</sup>。"

列子入,泣涕沾襟以告壶子。壶子曰:"乡吾示之以地文<sup>⑨</sup>,萌乎不震不止<sup>⑩</sup>。是殆见吾杜德机也<sup>⑪</sup>。尝又与来。"

明日,又与之见壶子。出而谓列子曰:"幸矣!子之先生遇我也,有瘳<sup>⑫</sup>矣!全然有生矣!吾见其杜权<sup>⑬</sup>矣!"

列子入,以告壶子。壶子曰:"乡吾示之以天壤<sup>⑭</sup>,名实不入,而机发于踵。是殆见吾善者机也<sup>⑮</sup>。尝又与来。"

明日,又与之见壶子。出而谓列子曰:"子之先生不齐<sup>⑯</sup>,吾无得而相焉。试齐,且复相之。"

列子入,以告壶子。壶子曰:"吾乡示之以太冲莫胜<sup>⑰</sup>,是殆见吾衡气机<sup>⑱</sup>也。鲵桓之潘为渊<sup>⑲</sup>,止水之潘为渊,流水之潘为渊。渊有九名<sup>⑳</sup>,此处三焉<sup>㉑</sup>。尝又与来。"

明日,又与之见壶子。立未定,自失而走。壶子曰:"追之!"列子追之不及。反,以报壶子曰:"已灭矣,已失矣,吾弗及已。"

壶子曰:"乡吾示之以未始出吾宗。吾与之虚而委蛇<sup>㉒</sup>,不知其谁何,因以为弟靡<sup>㉓</sup>。因以为波流,故逃也。"

然后列子自以为未始学而归。三年不出。为其妻爨,食豕如食人，于事无与亲。雕琢复朴㉔，块然独以其形立。纷而封哉㉕，一以是终㉖。

## 【注释】

①神巫：精于祈祷降神、占卜吉凶的人。季咸：事见《列子·黄帝篇》。

②心醉：指迷恋、折服。

③壶子：名林，号壶子，郑国人，是列子的老师。

④"众雌"二句：喻有文无实不能称为道。

⑤而：通"尔"，你。道：指列子所学的表面之道。亢：同"抗"，较量。

⑥信：伸。

⑦使人得而相汝：让神巫窥测到你的心迹，从而要给你相面。

⑧湿灰：喻毫无生气，死定了。

⑨乡：通"向"，刚才。地文：大地寂静之象。

⑩萌乎：犹"芒然"，喻昏昧的样子。萌，通"芒"。震：动。止：通行。本作"正"，据《阙误》引江南古藏本改。

⑪杜：闭塞。德机：指生机。

⑫有瘳（chōu）：疾病可以痊愈。

⑬杜权：闭塞中有所变化。权，变。

⑭天壤：指天地间一丝生气。

⑮善者机：指生机。善，生意。

⑯不齐：神色变化不定。

⑰吾乡：当是"乡吾"的误倒。太冲莫胜：太虚之气平和无偏颇，无迹可寻。

⑱衡气机：生机平和，不可见其端倪。

⑲鲵（ní）：鲸鱼。桓：盘旋。审：借为"沈"，深意。

⑳渊有九名：《列子·黄帝篇》："鲵旋之潘为渊，止水之潘为渊，流水之潘为渊，滥水之潘为渊，沃水之潘为渊，氿水之潘为渊。雍水之潘为渊，汧水之潘为渊，肥水之潘为渊，是为九渊焉。"

㉑此处三焉：指鲵桓灾害水喻杜德机、止水喻善者机、流水喻衡气机。

㉒虚：无所执着。委蛇（yí）：随顺应变的样子。

㉓弟靡：茅草随风摆动。形容一无所靠。弟，读作"稊"，茅草类。

㉔雕琢复朴：去雕琢，复归于素朴。

㉕纷而封哉：谓在纷乱的世事中持守真朴纯一大道。封，守。

㉖一以是终：终身不变。

## 【译文】

郑国有一个名叫季咸的神巫，能够占卜人的生死存亡和祸福寿命，所预言的时间，哪年哪月哪日，都能如期发生，料事如神。郑国人见了他，因为害怕知道自己的凶日而都远远逃走。列子，却被他的神算所折服，回来后，便把此事告诉了壶子，说道："当初我还以为先生的道术最高明了，没想到还有更加高深的。"

壶子说："我教授你的都是外在的东西，还没有展现道的本质，难道你就认为自己得道了吗？就像有许多雌性的鸟而缺少雄性的鸟，又怎能生出卵来呢？你用表面的道与世人较量，希望得到肯定，所以才让神巫窥测到你的心迹，从而要给你相面。试着把他带来，让他给我看看相。"

第二天，列子与季咸一起来见壶子。季咸出来后，对列子说："唉！你的先生快要死了！活不成了！不超过十来天了！我见他形色怪异。犹如湿灰一样毫无生机。"

列子进去，泪水汪汪沾湿了衣裳，把季咸的话告诉了壶子。壶子说："刚才我显给他看的是大地般的寂静，茫然一片，不动不止，他大概是看到我闭塞生机的景象，试着再让他进来看看。"

第二天，列子又跟季咸一起来看壶子。季咸出来后，对列子说："你的先生幸亏遇上了我，现在可以痊愈了！完全有生机了！我看见他闭塞的生机开始活动了！"

列子进去，把季咸的话告诉了壶子。壶子说："刚才我显示给他看的是天地间的一丝生机，名利不入于心，一丝生机从脚跟升起。他大概看到了我这线生机了。你试着再请他一起来看看。"

第二天，列子又跟季咸一起来见壶子。季咸出来后，对列子说："你的先生神情恍惚不定，我无法给他相面。等他心神安宁的时候，我再给他看相。"

列子进去，把季咸的话告诉了壶子，壶子说："我刚才显示给他看的是无迹可寻的太虚境界。他大概看到了我生机平和而不偏一端的情形。鲸鱼盘旋的深水是渊，不流动的深水是渊。流动的深水是渊。渊有九种，我给他看的只是三种。试着再请他一起来看看。"

第二天，列子又跟季咸一起来见壶子。季咸还没有站稳，就感觉不对，便惊慌地逃走了。壶子说："追上他！"列子没有追上，回来告诉壶子说："已经跑掉了，不见踪迹，我追不上他了。"

壶子说："刚才我显示给他看的并不是我的根本之道。我不过是和他周旋，他分不清彼此，犹如草随风披靡，水随波逐流，只得逃走。"

此后列子才认识到自己并没有学到什么，但返回家中，三年不出家门。他替妻子烧火做饭，对待一切事物无所偏爱。他扬弃浮华，返璞归真，无知无识、不偏不倚的样子，犹如土块立于地上。他在纷乱的世事中固守着质朴，终身如此。

## 【原文】

无为名尸①，无为谋府②，无为事任③，无为知主④。体尽无穷，而游无朕⑤。尽其所受乎天，而无见得⑥，亦虚而已！至人之用心若镜不将不迎⑦，应而不藏，故能胜物而不伤。

## 【注释】

①尸：主。

②谋府：出谋划策的地方。

③事任：担当事物的责任。

④知主：智慧的主人，主谋。智慧的总集。

⑤无朕：无迹象，无征兆。朕，征兆。

⑥天：指自然。无见得：不自现其所得。见，同"现"。

⑦不将不迎：物去不送，物来不迎。将，送。

## 【译文】

不要承担附加的名誉，不要作为智慧的府库，不要担当事物的责任，不要成为智慧的主宰。体悟大道，应化没有穷尽；逍遥自在，游于无物之初。尽享自然所赋予的本性而不自现人为的所得，这正是虚寂无为的心境！至人用心犹如明镜，物来不迎，物去不送，物来应照。物去不留，顺应自然，不存私心，所以能够超脱物外而不为外物所害。

## 【原文】

南海之帝为儵，北海之帝为忽[①]，中央之帝为浑沌[②]。儵与忽时相与遇于浑沌之地，浑沌待之甚善。儵与忽谋报浑沌之德，曰："人皆有七窍[③]以视听食息，此独无有，尝试凿之。"日凿一窍，七日而浑沌死。

## 【注释】

①"南海"二句：儵、忽，虚拟人物。儵，通"倏"。"倏""忽"二字都含有神速意，喻有为。
②浑沌：虚拟人物。"浑沌"是纯朴自然的意思，喻无为。
③七窍：一口、两耳、两目、两鼻孔。

## 【译文】

南海的帝王名叫儵，北海的帝王名叫忽，中央的帝王名叫浑沌，儵和忽时常在浑沌的境内相遇，浑沌对他们很好。儵和忽商量回报浑沌对他们的好处，说："人们都有七窍，用来看、听、包含、呼吸，唯独他没有，我们试着给他凿出来。"于是每天凿出一窍，到了第七天浑沌就死了。

## 【解析】

《应帝王》是《庄子》内篇中的最后一篇，它表达了庄子的为政思想。庄子对宇宙万物的认识基于"道"，他认为整个宇宙万物是浑一的，因此也就无所谓分别和不同，世间的一切变化也都出于自然，人为的因素都是外在的、附加的。基于此，庄子的政治主张就是以不治为治，无为而治便是本篇的中心。什么样的人"应"成为"帝王"呢？那就是能够听任自然、顺乎民情、行"不言之教"的人。

全篇大体分为七个部分。第一部分至"而未始入于非人"，借蒲衣子之口说出理想的为政者，听任人之所为，从不堕入物我两分的困境。第二部分至"而曾二虫之无知"，指出制定各种行为规范乃是一种欺骗，为政者无须多事，倘要强人所难就像"涉海凿河""使蚊负山"一样。第三部分至"而天下治矣"，进一步倡导无为而治，即"顺物自然而无容私焉"的主张。第四部分至"而游于无有者也"，提出所谓"明王"之治，即"使物自喜""化贷万物"的无为之治。第五部分至"一以是终"，叙述神巫给得道的壶子看相的故事，说明只有"虚"而"藏"才能不为人所测，含蓄地指出为政也得虚己而顺应。第六部分至"故能胜物而不伤"，强调为政清明，应像镜子那样，来者就照，去者不留，"胜物"而又"不伤"。余下为第七部分，叙述浑沌受人为伤害失去本真而死去的故事，寓指有为之政祸害无穷。全篇以这七个故事，寓托了他无为而治的政治主张。

《庄子》内七篇，我们研究方法是一系列的，连贯性的。从第一篇《逍遥游》讲如何解脱，到怎么样悟道，怎么样修道，然后到《大宗师》，由得道的完成，既可以出世又可以入世。当然重点偏向于入世，偏向于形而上道，但是它的用，是偏向于入世的。这是中国文化的道家之所以不同于儒家、佛家之处。尤其这个观念，在《庄子》内七篇中，由第一篇《逍遥游》到第七篇的《应帝王》，都是一以贯之的。

那么这一篇是讲《应帝王》，不是应对的意思，帝王代表了治世的圣人，这是中国旧文化最古老的观念。因为足以领导天下国家的人，非有道之士不可，那么有道之士，才可以做"齐家治国平天下"的帝王。我们普遍认为，学佛是偏重于出世的，而真正的大乘佛法，是偏重于入世的，大乘的佛法偏重于转轮圣王。这个转轮圣王，是中国文字的翻译，转轮的意思，是指能够扭转乾坤，这样的治世明

王，同佛一样，不是一个时代常有的，不知是几千年几百年，所谓
"五百年而后王者兴"，偶然才出一个。所以，一个转轮圣王，是十地
以上的菩萨，也就等于是佛。换句话讲，成了佛的人，转身才能成为
转轮圣王。同样地，大魔王也要十地菩萨以上，才能化身为大魔王，
那是反的教化、反的教育。转轮圣王是顺的教育。这种观念，常常
在佛学里面被忽视了。因此，总认为佛学是完全出世的，这个观念
是一个错误。

## 【证解故事】

### 死，要重于泰山

　　修身是有智慧的标志，具有同情心并好施舍于人是仁义的起点，
慎重对待取予之事是守道义的表现，判断一个人是否勇敢的标准是看
其如何对待耻辱，一个人修养品德的最高准则是树立名节。士人具备
了这五种品德，便可以立足于世，与君子并肩齐名了。因此祸害没有
比贪欲私利更惨痛的了，悲伤没有比心灵上受到创伤更痛苦的了，行
为没有比使祖先受辱更丑恶的了，侮辱没有比受官刑更大的了。遭受
过官刑的人，是没有人能与他们并列的。这不是一时的现象，而是从
来就是如此啊！

　　自古以来，人们就以做宦官为耻。那些中等材质的人做事情如
果与宦官相牵连，没有不灰心丧气的，更何况是慷慨的士人呢！现在
朝廷即便是缺乏人才，怎么要我这样的受到官刑的人去推荐天下的豪
杰俊士呢！我依仗着先人遗留的事业，在朝廷里供职，已有一二十年
了。因此时常在想，首先，我没有贡献诚信，博得有才大德的盛誉，
以此来取得皇帝的信任；其次，又没能为皇帝拾遗补缺，推荐贤能之
士，使山林隐士得以显名；再次，对外没能充数于行伍，攻城野战，获
有斩敌将、拔故旗的战功；最后，也没能平日积微小之分，取得高官
厚禄，用来光耀宗族朋友。这四方面，我一无所成，只是苟合迁就，
取悦于皇上，没有什么成绩贡献，可见我这一生也是如此了。

# 做人要先立定志向

人需要立定志向。有的人立志要做有德的人，但后来却变成无德的人。如果开始不先立下一个坚定的志向，那么长大后没有固定的志向，就会无所不为，成为天下无德的人。众人都会轻贱、厌恶他。你立志要做一个有德的人，则无论做官不做官，人人都会敬重你，所以做人首先要立起志向来。

人们在读书的时候，看到书里面有一件好事，就想着将来一定要照着去做；看到一件坏事，则想着以后一定不能照着去做。看见一个好人，则想着以后一定要与他一样好；看见一个不好的人，则想着以后一定不能学他。这样，心地自然就光明正大，做起事来自然也不会马虎草率，这样就是天下第一等的好人了。

心是整个人体的主要器官，如树的根，果实的蒂，不能先坏了思想。头脑里如果存在公道，那么他做出来的事必然是好事，他便是有德行的人。如果满脑子都是个人的欲望，虽然做点好事，也是有始无终，虽想伪装好人，也会被人识破。这正像树根衰了，则树就枯了；果蒂坏了，则果子就脱落了。

## 勤做实事，少说大话

勤奋劳作可以尽职。看看农民父老，一年到头勤勤恳恳地劳动，他们很少生病，我们因此认识到劳动可以锻炼身体，看看舜、禹、周公，他们一辈子都爱劳动，所以他们都能活到高寿，因此我们可以知道劳动可以养心。

基本上说，勤劳就不容易腐朽，安逸就容易学坏，一切事物都是这样。勤有五勤：一是身勤。危险遥远的路，亲身去走一趟试试；艰苦的环境，亲身去体验一番。二是眼勤。碰到一个人，一定要仔细地观察一番；接到一篇文章，一定要反复审读。三是手勤。容易被丢掉的东西要随手收拾；容易被忘掉的事要随手用笔记下来。四是嘴勤。对待同事要互相规劝；对待下属要再三指导。五是心勤。精诚所至，金石为开；认真思考积累起来的智慧连鬼神也能通晓。这五勤都做到，就不会成为不尽职的人。

勤学好问可以增长才干。现在社会上事情繁多杂乱，但重要的不外乎四项：军事、吏事、饷事、文事。凡是从事这些事的人，在这四项当中，各项中都应该精心解决每一件事。学习军事的就要研究进攻、防守、地形、敌情等内容。学习吏事的就要研究催粮收赋，审理案件，促进农业增产等内容。学习饷事的就要研究人口负担，治理捐税，开辟财源，节制流失等内容。学习文事的就要研究奏疏、条教、公文、信函等内容。研究的方法不外乎"学"和"问"两个字。向古人学就要多看书，向今人学就要多找榜样。向当事的人"问"就会知道其中的甘苦；向旁观的人"问"就会知道其中的作用和结果。不断勤学苦练，才智会在不知不觉中自然而然地增长起来。

戒除骄傲和怠惰可以矫正社会风气。我在军队里时间长了，虽然不懂得算卦、算命的技巧，但颇能预见打败仗的征兆。凡将士有骄傲情绪时一定会败，有怠惰情绪时一定会败。不仅将士是这样，凡是官员有骄傲情绪的，也一定会坏事，有怠惰情绪的也一定会出差错。每个人都晚起，会使全国都是夜晚。现在我与各位约定：多做实事，少说大话；需要出力的不躲避，有了功绩不自夸。如果人人都这样要求自己，那么业绩就会从此出现，风气就会从此端正，人才也会从此兴旺起来。

崇尚节俭可以培养廉政。往年州、县的佐杂人员，在省当差，是没有薪银的。现在每月要发给数十金，而且还嫌少。这就叫作不知。要想做到廉政，首先必须知足。看看各地的难民，讨饭的人遍地，那么我们这些人能够吃饱穿暖有房住，已经是很幸运的了，还有什么奢望呢？还敢糟蹋东西吗？不仅应当从廉政中得到利益，还应当从廉洁中获得好名声。不贪心，不好虚荣，凡事知足，人人遵守公约，那么社会风气就可以恢复到正常。

## 忧勤勿过，淡泊勿枯

"富贵于我如浮云"，心境也就自然平静清凉，如此无忧无虑该是何等飘逸潇洒。不过什么事都不要走极端，假如以淡泊为名而忘记对社会的责任，忘记人间冷暖以至自我封闭就不对了，甚至演变为不管他人瓦上霜而自私自利，就会被人视为没有公德没有责任感甚至有害于社会，这样最终只会被社会大众所唾弃。勤于事业，忙于职业是美德，但如果陷于事务圈而不能自拔，如果因无谓的忙碌而心力交瘁失去自我是不足取的。

陶渊明不为五斗米折腰，采菊东篱，种豆南山，精神上是够幸福的。但他作为理智的性情中人，也应考虑基本的物质需求。陶渊明几次出仕，都是当小官吏。以他的个性来说，绝不可能巧取豪夺。既然打算要隐退，总得要为日后的衣食作打算。因此，陶渊明费尽周折谋取到了离家不远的彭泽令的职务。这次做官的目的就是"聊欲弦歌以为三径之资"。他还打算将公田全部种上粳米，用来酿酒备饮。但是，他的妻子反对全部田地种上粳米，劝他也要种些粮食，陶渊明才决定五十亩种秫、五十亩种粳米，以实现他"吾尝醉于酒足矣"的美好打算。这次赴任正好赶上岁末，有位督邮前来视察，旁人提醒他应该穿戴好官服毕恭毕敬，陶渊明心里愤愤不平，督邮算什么？我怎么能为五斗米折腰呢？恰在这时，他妹妹病故了，借此机会，他就奔丧去了，彭泽县便成了他仕途中的最后一站。他从二十九岁起出仕，到四十一岁归隐田间，前后共十三年。在这十三年中，仕与隐的矛盾始终交织不断，而且越往后斗争越激烈，东篱采菊，种豆南山，一个"猛志逸四海"的有理想、有抱负、慷慨激昂的青年，最后还是痛苦地"觉今是而昨非"。

陶渊明虽然向往林泉之趣的淡泊生活，但他要考虑到生计温饱问题，"吾尝醉于酒足矣"，由此可见艺术同生活的矛盾确实需要调和。

## 善于造势者为俊杰

人们在谋划事情时一般讲究"名正言顺"，尤其是涉及重大的利益时，一定要有一个行事的理由，这个理由一定是合乎道义的，为世人所认可的。

隋炀帝当政时，天下已呈败迹，及炀帝被杀之后，天下更加混乱，各地的豪杰之士与盗贼流寇并出，自踞一地，自封为王，互相攻伐，都想扩大自己的势力范围，巩固自己的权力。

李密本来跟随着楚公杨玄感举兵反叛隋朝，杨玄感因没有采纳李密的意见，终于失败被杀，李密幸得逃匿。李密逃至山东，聚集了一些人起兵，自号为魏王。当他击破了隋军宇文化及之后，大家都来投靠他，军势渐盛。没多久，因为人一增多，粮食不足，军队有人逃走，将士怨天尤地。李密心想：现在大家士气低落，如果我急攻洛阳成功，不但粮食问题能解决，也可振奋士气，重振声威。

隋朝仆射王世充当时驻守洛阳，知道李密正缺粮，军势锐减，想乘机迎击，但是多数的官吏都被李密一向壮大的声势镇住了，生怕大家不能同心协力。他思索许久，终于想出一计。他暗中唆使左军卫士张永能到处散播谣言，假装说周公托了三次梦，要他向大众传达意旨——令王世充出兵击贼。大家皆信以为真，立即为周公立庙，王世充便率军出兵征讨李密。每次出兵之前，都先至庙中祈祷，军民士气逐渐加强。王世充更进一步与巫者暗中说好，说是周公之意，要王世充立即率军出兵攻打李密，且必定能奏大功；否则将会有一场瘟疫来临，士兵人民谁也逃不了。大家对巫者之言深信不疑，无不奋臂请战，军势壮盛。

到了第二天，王世充引兵攻讨李密，李密出来应战。李密的军队尚未散开，王世充的兵将已冲杀过来，双方一下子混战在一起。

王世充事先已找到了一个外表与李密非常相似的人，把他绑起来暗藏军中。当两军交战正烈之际，就将此人缚在马背上绕阵示众，大喊："李密捉到了！"李密的军队惊恐不安，隋军士气大振，致使李密落荒而逃。王世充以自己的智谋大获全胜。

王世充称得上是老谋深算的人，将起事的理由归于"周公托梦"，可谓是顺人心得道者。他步步设营，每一步都按照既定目标进行，李密难挡其气势洪洪，一举溃败也在所难免。

## 做人要有胆有识

面对比自己强大的敌人，不能牺牲自己的原则，要做到不卑不亢。如果畏惧权威，常常会自取其辱。所以，要有过人的智慧，随机巧对，施展自己的才华，抢先在道理上站住脚，这样才能巩固自己的阵营，维护自己的立场。

曹丕自称魏王后，大显威风。他派使者出使江东，以自己颁布圣旨的谕诏，宣布封孙权为吴王，加九锡。吴王孙权很委屈地接受了。照例，只要接到加封的谕诏，应当派人谢恩。派谁去呢？这人要有蔺相如那样的才智，才能不辱使命。于是孙权就派了赵咨去。

赵咨拜见魏王曹丕，曹丕便询问赵咨："吴王是什么样的君主呢？"赵咨昂然回答："我吴王秉承父兄大业，从镇江东，是大智大勇仁义雄略之主。"

曹丕一听，心中大为不快，但还装出一副感兴趣的样子问道："有何为凭？"赵咨有礼有节地答道："既然魏王不耻下问，在下就列举几件事。鲁肃本是江东商人，出身平民之家，而今吴王重其人品才智，让他掌军政大权，这不是知人善任？吕蒙出身于行伍，吴王拜他为上将军，这不是任人唯贤吗？俘虏了魏将于禁不杀他，这不是仁义吗？攻下了荆州却命令兵士不许伤害百姓，这不是明智吗？仅此几点，难道不是为王的雄才大略吗？"赵咨的话，不卑不亢，头头是道，柔中有刚。曹丕竟无话可答。过了一会儿曹丕又问："吴王有学问吗？"赵咨说："吴王选贤任能，胸有文采，广读书经，专心研究兴邦济国大计，乃一代文韬武略君主，绝非纸上谈兵之人。"曹丕又问："吴王这么能起用贤人，想对外出战吗？"赵咨回答："大国有征伐的雄兵，小国也有防御良策。"

曹丕突然冷笑一声，问道："赵先生，你说吴国怕不怕魏国？"赵咨答道："东吴有雄兵百万，有长江天险，有丰足的粮米，怕谁呢？"曹丕无话可再问，便又同赵咨套近乎："赵先生真是有文采，像赵先生这样的人才，吴王府上有多少呢？"赵咨答道："吴中人才济济，多名士，多才子，多将领。像我这样的人，只不过是很一般化的。"

曹丕点头不语，心中暗暗佩服吴王派了这么一位有胆有识的外交使者。

赵咨有胆有识，在强大的敌人面前不卑不亢，不辱使命，又机智施展自己善辩的才能，维护了吴国的尊严。

## 知己知彼，百战不殆

知己知彼，百战不殆。既了解对方情况，又了解自身情况，便能百战百胜而不会有危险。既不了解自己，也不了解对方，那样注定会失败了。努尔哈赤攻下开原正是因为知己知彼，才能一举成功。

明朝末年，关外的女真族强盛起来。女真首领努尔哈赤建立后金，率八旗兵向明军发动了攻势，特别是萨尔浒一战，后金军大获全胜。明军的败绩报到京师，朝野震动。各级官员收拾细软，准备逃往南方；老百姓整天惶惶不安；京城大门每天都早早关闭。但是，各级官吏只知互相埋怨和推卸责任，却没有人提出有力对策扭转辽东局势。

与此同时，努尔哈赤却在厉兵秣马，积蓄力量，准备乘胜攻取开原。

开原是一座古城，不仅是关外经济交流的中心，也是一座军事重镇，是明朝阻止后金南进的重要堡垒，而且易守难攻。努尔哈赤要进军辽沈，首先要攻下开原。

努尔哈赤先派间谍潜入城中，对明军的布防探听得一清二楚，对军队内部将官智庸，士兵勇怯，甚至粮草等情况了如指掌。

一天，乘明军在离城很远处牧马时，努尔哈赤指挥军队突然攻城。攻城时，努尔哈赤又兵分两路，小股部队直奔沈阳，沿途虚张声势；主力部队则直奔开原。

明朝守军兵无粮饷，马缺草料，腐败不堪。而开原总兵马林同蒙古兵订有盟约，蒙古军队答应后金进攻开原时出兵支援。马林便因此疏于戒备，不加设防。八旗军突然打到城下，明军连布防都来不及。八旗军在南、北、西三面奋勇攻城，布好战车，竖起云梯，鱼贯而上，沿城冲杀，杀得守兵纷纷溃逃。同时又集重兵进攻东门。由于后金军早派了奸细混进城内，奸细早有准备，开门内应，八旗军顺利地夺门而入。开原守将郑之范登城防御，并向四门增兵。无奈后金军有备而来，对明军了解得一清二楚，不久，开原就被八旗军占领了。

努尔哈赤在这次战斗中，先派间谍探明情况，掌握了对方的军情，然后又出其不意，里应外合，没费多少力气就占领了开原，为进一步南进创造了条件。

## 运筹帷幄于千里之外

睿智的人善于分析事物的发展情况，能够抓住事物的特点，成功地预测事物的发展方向。这样就能成竹在胸，料事如神，决胜于千里之外，谈笑间，樯橹灰飞烟灭，把事物的发展进程掌握于股掌之中。让我们看一看高拱决胜千里平变乱的故事。

明穆宗隆庆年间，贵州发生了大规模的械斗。原来土官安国亨受人挑拨，杀了安信。安信的哥哥安智便起兵为弟报仇。双方聚众仇杀，死了很多人。巡抚王诤派兵镇压，没有成功，便报告朝廷说安国亨起兵叛乱，眼看一场朝廷与当地人的大冲突就要发生。

明穆宗见王诤办事不力，便改派阮文中新任巡抚。阮文中早就知道宰相高拱足智多谋，于是在上任前去拜见高拱。高拱分析事情经过，对阮文中说："现在贵州实际上是土人相互仇杀，跟朝廷本没什么关系。只是巡抚偏信安智，安国亨心存疑虑，不服拘拿而已。这算什么反叛？"阮文中恭敬地向高拱请教："那我应当怎么处理这件事呢？"高拱说："有些做官的人，喜欢搞欺骗蒙蔽，地方出了事情，总是隐瞒不报。又有些人，喜欢小题大做，把假的变成真的，将小事激成大乱子，这些都不是君子所为。你到了贵州，应当查清真实情况，公平处理。先为安国亨洗刷叛国的罪名，制止他们的仇杀，这样他才会听从审理，然后你再判他违拗之罪。这才公平合理。"

阮文中到了贵州，经过秘密访查，事实果然如高拱所料。于是他做出几项决定：责令安国亨交出挑拨是非的人犯；按当地风俗，命令赔偿安信等被杀的人命；加重对安国亨的处罚，惩治他的违拗之罪。

但是命令公布之后，安国亨看到安智居住在省城，疑心巡抚设计诱杀他，因而仍然拥兵自固，拒绝赴审，同时又上书为自己辩白，申诉冤情。阮文中迫于舆论压力，不得不奏请朝廷征剿安国亨。高拱考虑到派兵征剿不是办法，不征剿又有损朝廷威信，于是同意阮文中派兵征剿，但同时又派吏部官员前往贵州审讯安国亨。

安国亨听到吏部官员奉命前往审讯，非常高兴，他说："我是听审的人，巡抚大人必定不敢杀我，这样我就可以辩明自己的冤情了。"于是他交出挑拨是非的小人，而赴省城听审。对于阮文中所做的决定，安国亨全部同意，并自愿交出罚银三万五千两，以补偿自己的违拗之罪。阮文中又解除了安智的职务。没有派兵，就使一场大动乱烟消云散了。

高拱凭借自己的才智，准确分析了事情的缘由，千里之外定决策，解决了一件棘手的事情，赢得了人们的敬佩。

## 智谋应变，海阔天空

海阔凭鱼跃，天高任鸟飞。历史故事给我们以无限的启示，借古喻今，古为今用才是关键。晏子使楚的故事我们都知道，它告诉我们应该善用自己的聪明才智来取得事业上的进步，在遇到事情的时候要冷静思考，要以智取胜。

晏子出使到楚国去。楚国的君臣想要笑一下晏子，显显楚国的威风。他们知道晏子是个矮个子，就在大门旁边开了一个小洞，让晏子从这个小洞进城去。

晏子走到小洞前边，看了看，说："这是狗洞，不是城门。出使狗国的人，才从狗洞进。今天，我是出使楚国，不是出使狗国。请问我是来到了狗国呀，还是来到了楚国？"楚人无话可对，只好打开城门，迎接晏子进去。晏子见到楚王，楚王笑嘻嘻地说："怎么，齐国就没有人吗？"

晏子知道楚王是在讽刺他，就不动声色地回答说："您这是什么话！单是我们齐国首都临淄，就有七万余户人家。街上的行人要是都张开衣袖，可以遮天蔽日；要是都甩一下汗水，就可以汇集成一场大雨，人挤得肩膀挨着肩膀，脚尖碰着脚跟。大王，您怎么说齐国没有人呢？"楚王说："既然有这么多人，为什么要派你这样的人出使呢？"

晏子不慌不忙地回答："噢！这您就不知道了。我们齐国派遣使臣有个规矩：要是对方是个上等国家，就派一个有本事、有德行的人去；要是对方是个下等国家，就派一个碌碌无能的人去。我是最没出息的人，所以才派我到你们楚国来。"

楚王安排了酒席招待他。大家正喝得高兴的时候，只见两个吏卒绑着一个犯人来到楚王面前。楚王故意问："这个犯人是哪国人哪？犯了什么罪？"吏卒回答道："是齐国人，犯了盗窃罪。"楚王看了看晏子，笑嘻嘻地问晏子："齐国人都善于偷盗吗？"

晏子离开座位，不慌不忙地回答："我听人说过，橘子生在江南一带的叫作橘，又大又甜；假使把它移到江北一带，就变成枳了，又小又酸。它们的叶子很相似，果实的味道可完全不同。为什么会这样呢？就是因为两个地方的水土不同啊！现在这个人，生活在齐国的时候并不偷盗，到了楚国就偷盗，是不是楚国的水土使百姓善于偷盗啊？"楚王听了，脸羞得通红，心想："晏子真了不起啊！我想要笑他，没想到，反叫他给要笑了。"

晏子运用自己的才智巧妙地智取楚王，赢得了本国的尊严，这就启示我们在是非面前要冷静思考，以智取胜。

## 忍辱负重，东山再起

俗话说"君子报仇，十年不晚"。在现实的竞争中，经常会有公司破产，但是只要当事人能够忍住一时的痛楚，积聚力量以备东山再起，那么，还是有可能在以后的竞争中取得胜利的。关键是看有没有忍辱负重，东山再起的意志！

范雎是战国时期魏国人，原是魏中大夫须贾的家臣，曾跟随须贾出使齐国。齐王倾慕范雎的学识才华，就派人给他送去一些贵重的礼物，希望他能留在齐国任职。范雎坚决地推辞了。

不料此事被须贾知道了。回国之后，须贾将此事报给相国魏齐。魏齐也不问缘由，认定范雎把魏国的机密泄露给了齐王。于是便把范雎抓入监牢，严刑拷打要他招供。范雎不招，被打得遍体鳞伤，一根肋骨被打断，门牙也被打掉两颗。一时气绝，昏死过去。

魏齐见范雎昏死过去了，还不解恨，又让人把他用破苇席裹起来，扔进厕所，让众人往他身上撒尿。好在范雎命不该绝，天黑时，他慢慢苏醒过来，从苇席内偷眼向外一望，见有个狱卒离他不远坐着打盹呢。他强忍住浑身的疼痛，用微弱的声音把那人叫过来，对他说："我看来是活不成了。你要是能让我死在家中，我就把家里仅有的一些金子给你。"那狱卒一听，起了贪心，马上答应了。他按范雎所说，先跑去告诉魏齐说范雎的尸体已发臭了。魏齐正在与人一起饮酒，听他汇报，也未在意，命他把范雎的尸体扔到郊外去。

狱卒回来，等到夜深人静之时，悄悄把范雎背回了家中。范雎命家人拿出金子酬谢那狱卒，又一再叮嘱他回去后把破苇席扔到郊外去。狱卒走后，范雎还是觉得不安全。他想：魏齐为人阴险狡诈，他要置我于死地，肯定不会善罢甘休。如果对我"已死"存有疑心，明天就可能到家里来搜查，那样我就再难活命了。

考虑到这些，范雎即命家人把他转移到他的好友郑安平家去。家人照他的吩咐连夜把他送到了郑家。第二天，魏齐果然派人来范雎家中查看，见范家正在为范雎办丧事，魏齐这才放下心来。范雎在郑家调养了一段时间，身体渐渐地复原了。每当想起自己被魏齐毒打至昏死过去时，他都不由得胆战心惊。他暗暗下定决心，一定要报这血海深仇！等到身体完全康复了，他便改名叫张禄，只身来到秦国拜见秦王。当时秦国昭王在位，势力相当强大。但秦国内部矛盾重重：太后专制，"四贵"擅权，穰侯为扩大自己的势力，多次远攻齐、魏。

所有这些矛盾，范雎知道得一清二楚。但为了取得秦王的信任，他先是沉着谨慎，含而不露。后来看准时机，才单刀直入，向秦王摆明了眼前形势，并提出许多诚恳可行的建议。秦王见"张禄"很有远见卓识，非常器重他，封他为应侯。他提出的贬逐"四贵"和"远交近攻"两项建议，均被秦王采纳，先收回了穰侯的相印，削弱了太后及其他贵族大臣的势力，又撤回前去攻打齐国的军队，把韩国、魏国作为进攻的主要目标。

魏国得知这个消息，十分恐慌，立即派须贾到秦国求和。须贾到了秦国，才知秦国应侯"张禄"就是起死回生的范雎，吓得慌忙向范雎请罪，范雎饶过了他，对他说："你回去告诉魏王，让他快把魏齐的脑袋送来，我还可以向秦王说些好话，不去攻打魏国了。否则的话，我就亲自带兵去攻打大梁，到时你们可别后悔！"

须贾谢过范雎的不杀之恩，连夜回国，向魏王作了汇报，魏王满口答应范雎提出的要求。魏齐见势不好，逃出了魏国。后走投无路，被迫自杀了。范雎终于如愿以偿，报了杀身血仇。

范雎正是忍辱负重，为了以后的东山再起，而受尽了折磨。但是天遂人愿，最终他终于报了血海深仇。这里也说明了一个道理，那就是成事不一定要急在一时！

# 外 篇

## 骈 拇

【原文】

骈拇①枝指出乎性哉，而侈于德；附赘县疣出乎形哉，而侈于性；多方乎仁义而用之者，列于五藏哉，而非道德之正也。是故骈于足者，连无用之肉也；枝于手者，树无用之指也；多方骈枝于五藏之情者，淫僻于仁义之行，而多方于聪明之用也。

是故骈于明者，乱五色，淫文章，青黄黼黻之煌煌非乎？而离朱是已。多于聪者，乱五声，淫六律，金石丝竹黄钟大吕之声非乎？而师旷是已。枝于仁者，擢德塞性以收名声，使天下簧鼓以奉不及之法非乎？而曾史是已。骈于辩者，累瓦结绳窜句，游心于坚白同异之间，而敝跬誉无用之言非乎？而杨墨是已。故此皆多骈旁枝之道，非天下之至正也。

【注释】

①骈拇：脚拇指连着第二指。

【译文】

脚的大趾与第二趾相连，手的大拇指旁多生一指，是天生多余的部位。肉瘤、毒疮虽是后天所生，但对自然的本性来说，也是多余的；想方设法要施行仁义的念头，虽然比列于身体本身的五脏，却不是纯正的道德。因此，脚趾骈生，不过多连了一块无用的肉；手上长六指，不过多长了一个无用的指头；超出了五脏之情，走上仁义之外的歪门邪道，只不过是小聪明而已。

超出本体的"多余"对于一个视觉明晰的人来说，难道不是搅乱五色、迷滥文采、绣制出青黄相间的华丽服饰而炫人眼目吗？而离朱就是这样。超出本体的"多余"对于听觉灵敏的人来说，难道不是搅乱五音、混淆六律，岂不是搅浑了金、石、丝、竹、黄钟、大吕的各种音调吗？而师旷就是这样。超出本体的"多余"对于倡导仁义的人来说，难道不是矫揉道德、闭塞真性来捞取名声，而使天下的人们争相鼓噪信守不可能做到的礼法吗？而曾参和史䲡就是这样。超出本体的"多余"对于善于言辞的人来说，难道不是堆砌辞藻、穿凿文句、将心思驰骋于"坚白"诡辩的是非之中，而艰难疲惫地罗列无数废话去追求短暂的声誉吗？而杨朱和墨翟就是这样。所以说这些都是多余的、矫造而成的不正之法，绝不是天下的至理和正道。

## 【原文】

彼正正<sup>①</sup>者，不失其性命之情。故合者不为骈，而枝者不为跂；长者不为有馀，短者不为不足。是故凫胫虽短，续之则忧；鹤胫虽长，断之则悲。故性长非所断，性短非所续，无所去忧<sup>②</sup>也。意仁义其非人情乎，彼仁人何其多忧也？

且夫骈于拇者，决之则泣；枝于手者，龁之则啼。二者，或有余于数，或不足于数，其于忧一也。今世之仁人，蒿目而忧世之患；不仁之人，决性命之情而饕贵富。故意仁义其非人情乎？自三代以下者，天下何其嚣嚣也？

## 【注释】

①正正：至道正理，本然之理。
②无所去忧：没有什么忧虑的。

## 【译文】

那纯正的道，不失去它的本性。所以合在一起不能算是"骈拇"，分歧也不能算是"枝指"。长的不能看作多余，短的不能看作不足。野鸭的腿虽短，给它接上一节就带来痛苦；鹤的脚虽长，截下一节就会带来悲哀。所以，本来长的不能截短，本来短的不能接长，没有什么可以忧虑的。我想那仁义大概不是人的本性吧，那些仁者为何不施仁义的行为如此。

况且对于脚趾并生的人来说，分裂两脚趾他就会哭泣；对于手指旁出的人来说，咬断歧指他也会哀啼。以上两种情况，有的是多于正常的手指数，有的是少于正常的脚趾数，而它们所导致的忧患却是一样的。如今世上的仁人，放目远视而忧虑人间的祸患；那些不仁的人，摒弃人的本真和自然而贪求富贵。唉！仁义恐怕不是人所固有的真情吧？而从夏、商、周三代以来，天下又怎么会那么喧嚣竞逐呢？

## 【原文】

且夫待钩绳规矩而正者，是削其性者也；待绳约胶漆而固者，是侵其德者也；屈折礼乐，呴俞仁义，以慰天下之心者，此失其常然也。天下有常然。常然者，曲者不以①钩，直者不以绳，圆者不以规。方者不以矩，附离不以胶漆，约束不以纆索。故天下诱然②皆生，而不知其所以生；同焉皆得，而不知其所以得。故古今不二，不可亏也。则仁义又奚连连如胶漆纆索而游乎道德之间为哉！使天下惑也！

## 【注释】

①以：用。

②诱然：自然而然。

## 【译文】

用规矩准绳来矫正形体，就是伤害了事物的本性；用绳索、粘胶来加固，就是侵蚀了事物的原貌；规定礼节和音调，和气地履行仁义，用以安慰天下，就是违背了原初的常态。天下事物都有它的本原常态。这种本原常态就是指：曲的不用钩，直的不用绳，圆的不用规，方的不用矩，黏合的不用胶漆，捆绑的不用绳索。所以，天下事物任其自然而然地生长却不必知道生的缘故，万物存在而不知道存在的缘故。因而古今的道理并无两样，都是无法损害。那么，仁义为什么不断地如同胶漆粘合、绳索捆绑那样往复于人性道德之间，使天下人感到困惑呢？

## 【原文】

夫小惑易方<sup>①</sup>，大惑易性。何以知其然邪？自有虞氏招仁义以挠天下也，天下莫不奔命于仁义。是非以仁义易其性与？故尝试论之：自三代以下者，天下莫不以物易其性矣！小人则以身殉利；士则以身殉名；大夫则以身殉家；圣人则以身殉天下。故此数子者，事业不同，名声异号，其于伤性以身为殉，一也。臧与谷，二人相与牧羊而俱亡其羊。问臧奚事，则挟箧读书；问谷奚事，则博塞以游。二人者，事业不同，其于亡羊均也。伯夷死名于首阳之下，盗跖<sup>②</sup>死利于东陵之上。二人者，所死不同，其于残生伤性均也。奚必伯夷之是而盗跖之非乎？天下尽殉也：彼其所殉仁义也，则俗谓之君子；其所殉货财也，则俗谓之小人。其殉一也，则有君子焉，有小人焉。若其残生损性，则盗跖亦伯夷已，又恶取君子小人于其间哉！

## 【注释】

①小惑易方：惑，迷惑。易，发迹。方，方向。
②盗跖：春秋时代的大盗。

## 【译文】

小糊涂会迷失方向，大糊涂会丧失本性。凭什么知道是如此呢？自从虞舜标榜仁义而扰乱天下以来，天下之人没有不为仁义而疲于奔命的。这不就是以仁义错乱了本性吗？所以我且来试论这个问题：自夏、商、周三代以来，天下没有不因外物而错乱本性的，小人为了追求利益而牺牲自己，士人为了追求名声而牺牲自己，大夫为了维护家室而牺牲自己，圣人为了治理天下而牺牲自己，这四种人，事业虽不相同，名声虽不一样，但从损伤本性、自己这一点上看，却是相同的。臧与谷二人同去放羊，都把羊丢失了，问臧当时在干什么。他说正在那里捧着简册读书；问谷当时在干什么，他说正在那里下棋。他们二人所做的事情虽不相同，但都丢失了羊。伯夷死于首阳山下是为名，盗跖死于东陵之上是为利，他们二人所死的原因虽不同，但在丧生害性上却是相同的。既然如此，又何必去肯定伯夷而否定盗跖呢！天下人都在为了某种目的而牺牲了自己，有的为仁义而死，世人称之为君子；有的为财富而死，世人称之为小人。同样都是死，却有君子与小人的区别；如果以丧生害性来说，盗跖与伯夷本无两样，又何必去分什么君子、小人呢！

## 【原文】

且夫属①其性乎仁义者，虽通如曾史，非吾所谓臧②也；属其性于五味，虽通如俞儿③，非吾所谓臧也；属其性乎五声，虽通如师旷，非吾所谓聪④也；属其性乎五色，虽通如离朱，非吾所谓明⑤也。吾所谓臧者，非仁义之谓也，臧于其德而已矣；吾所谓臧者，非所谓仁义之谓也，任其性命之情而已矣；吾所谓聪者，非谓其闻彼也，自闻而已矣；吾所谓明者，非谓其见彼也，自见而已矣。夫不自见而见彼，不自得而得彼者，是得人之得而不自得其得者也，适人之适而不自适其适者也。夫适人之适而不自适其适，虽盗跖与伯夷，是同为淫僻也。余愧乎道德⑥，是以上不敢为仁义之操⑦，而下不敢为淫僻之行也。

## 【注释】

①属：从属，归向。一说"属"读zhǔ，接连、缀系的意思。二说皆可通。

②臧：善、好的意思。

③俞儿：相传为齐人，味觉灵敏，善于辨别味道。

④聪：听觉灵敏。

⑤明：视觉明晰、敏锐。

⑥道德：这里指对宇宙万物本体和事物变化运动规律的认识。

⑦操：节操，操守。

## 【译文】

况且，把自己的本性缀连于仁义，即使如同曾参和史鳅那样精通，也不是我所认为的完美；把自己的本性缀连于甜、酸、苦、辣、咸五味，即使如同俞儿那样精通，也不是我所认为的完善；把自己的本性缀连于五声，即使如同师旷那样通晓音律，也不是我所认为的聪敏；把自己的本性缀连于五色，即使如同离朱那样通晓色彩，也不是我所认为的视觉敏锐。我所说的完美，绝不是仁义之类的东西，而是比各有所得更美好罢了；我所说的完善，绝不是所谓的仁义，而是放任天性、保持真情罢了；我所说的聪敏，不是说能听到别人什么，而是指能够内审自己罢了；我所说的视觉敏锐，不是说能看见别人什么，而是指能够看清自己罢了。不能看清自己而只能看清别人，不能安于自得而向别人索求的人，这就是索求别人之所得而不能安于自己所应得的人，也就是贪图达到别人所达到而不能安于自己所应达到的境界的人。贪图达到别人所达到而不安于自己所应达到的境界，无论盗跖与伯夷，都同样是滞乱邪恶的。我有愧于宇宙万物本体的认识和事物变化规律的理解，所以就上一层说我不能奉行仁义的节操，就下一层说我不愿从事滞乱邪恶的行径。

## 【解析】

与《庄子》内七篇不同的是，外、杂篇一般被认为非庄子本人所作，但历来注家却也认为外、杂篇能"羽翼内篇而尽其未尽之蕴者"（陆长庚《南华真经副墨》）。根据实际的阅读经验，我们可以体会出内篇与外、杂篇之间的差异。从某种意义上说，内七篇形成了一个独立而不可撼动的整体，是庄子本人超拔世俗的思想与诗意飞扬的文笔的综合体现，是圆融静定而又光华四射的千载不朽的心灵世界。而外、杂篇则更多纷繁面貌，时而如一激愤之士，慷慨陈词，时而如一纵横之家，说剑游谈；隐逸与观世之语，杂处其间，养生与安死之命，变幻莫测。

正如外、杂篇中其他篇目一样，"骈拇"这一标题出自于文章首句，是一个比较切合主旨的题目，此篇谈的正是道德上的"骈拇枝指"

和"附赘县疣"。所谓"骈拇"是指大脚趾与第二趾粘连，是比平常人少去一个脚趾。"枝指"是说一只手长出六个指头，那就比正常人又多出一个手指。所谓"附赘"讲的是身体上多生出来的肉，"县疣"指身上长出来的小瘤结。上天赋予人类优美清洁的形体，而这些"骈拇枝指""附赘县疣"却都是在正常范围之外的东西。这样的描述自然让我们联想起《人间世》《德充符》中的诸多怪人，他们或是瘸腿、驼背、没有嘴唇，或是脖子上长着像盆一样大的肉瘤。但尽管他们形体上丑陋至极，却仍然使人们肃然起敬，钦佩他们的品行而忘却他们的外表。于是，就有人产生了疑惑，为什么在《人间世》《德充符》中这些大瘤、小肉都无关紧要，到了《骈拇》处却成了"出乎性哉，而侈于德"，"出乎形哉，而侈于性"的恶物？其实，区别在于：《人间世》和《德充符》宣扬人的内在精神修养要高于外表；而《骈拇》强调这些东西的多余，只是以此作比方来引出文章的批判中心，亦即"仁义"。就像"骈拇枝指"虽是与生俱来，对体貌来说只是无用，"附赘县疣"虽是从形体上长出来，对本性而言却也只是多余；同样，旁生枝节般地造作仁义而加以应用，把它与五脏相配合，也只是滥用聪明的淫僻之行，绝非任性率真的自然之道。

孟子认为仁义是人内在本然就具有的，告子与之争辩，把仁义一切为二，一半"仁"归于人的本然之内，一半"义"归在人之外。庄子则彻底地一笔抹杀，痛贬仁义是人类本性之外的"淫僻"。他认为，要使自然本性得以彻底回归，就必须摆脱人为的、作为社会道德规范的"仁义"。人不是拯救世界光明普照的天使，也不是无恶不作、自私自利的魔鬼，人只需做回他自己：一个有真情实感而无偏私的真正的"人"。所谓"大仁不仁""至仁无亲"，庄子理想中的社会，摒弃了"违失性命之情"的宗法礼制，卸下了桎梏人心的礼教规范，复归于一片"常然"的天下。

在讲求"克己复礼"的儒家眼中，"仁义"是一种极高的、并非人人都能真正达到的道德境界，甚至连孔子自己也说"若圣与仁，则吾岂敢"(《论语·述而》)。但对于超越世俗之礼，"游乎尘垢之外"的庄子而言，人的最高精神追求，就是从"仁义"等观念中摆脱出来，心境返归于无是非、善恶、哀乐的本然状态。或许"仁义"本身是一种难得的宽容伟大的品行，可是庄子认为，自从仁义名号腾空出世，万丈红尘内便多有假造仁义或利用仁义沽名钓誉之徒。一时间，真仁义、假仁义喧嚣扰攘，反而搅乱了人世间本来的平静。一些人靠仁义获取名利，一些人放弃正途去追求变了质的仁义，终身役役而不可得。在这样的氛围中，更为根本的"道德"渐渐被人忽略和遗弃。在庄子看来，无论是离朱的视觉、师旷的听觉或杨墨的言说，都是脱离本然而生造出的旁门左道，既非大美，亦非纯真，而是一种损害了自然本性之美、扰乱了视听的事物。可惜人们往往被其华美表象所迷惑，虽识得大体，却拙于辨识，在名实之间难分泾渭。

## 【证解故事】

### 陆陇其以理服人

陆陇其是清朝初年讲授程朱理学的学者，当过知县、御史一类的小官。他不仅能认真领会程朱理学的道理，而且还当在实际中履践之，为百姓办了许多好事。陆陇其行政断案十分重视道德教化。他认为，天下万事万物中都包含着同样的"理"，人们只有懂得了这些"理"，才能使自己的言行符合规矩，遵守国家的法制。所以，他在行政断案时，首先要深入浅出地讲一番道理，以"理"化民。

催缴赋税，是朝廷赋予各级官员的一项极其重要的政务。一般的县令在催缴赋税时，总是指挥大批衙役下乡督促，稍有缓慢就采取惩罚手段，使官民产生对立情绪，甚至激成民变。而陆陇其却不这样做。

陆陇其在当嘉定县令时，每当缴粮纳赋的日子临近时，通常把乡民召集起来，讲一番按时赋税的道理。他说："向大家收缴的钱粮，全是朝廷的国课，并非县官的私蓄。如果百姓们能急朝廷之所急，按时上缴钱粮，不仅自家心安理得，而且给当官的减去许多麻烦，以便有更多的工夫为民办事。我与大家没有任何宿怨，不想为收钱粮而杖责任何人。何况一旦受到杖责不仅要花许多冤枉钱，还要落得欠粮受责的名声。倒不如及早凑齐应纳之款，让大家都相安无事地办完这件事。"乡民们听了之后，觉得陆陇其的话说得实在、透彻，乐于接受，很少发生欠粮受责的事。

陆陇其对于监狱中的犯人，也好言开导。他曾经写过一篇《劝盗文》，派人给犯人们宣讲，大意是：人的本性原来都是善的，你们也不例外。只是由于一念之差，做出犯法的事来，关在这里受尽痛苦。这些都是由于心中的杂念蒙蔽了善性造成的结果。然而只要你们能够深刻地悔过，去掉心中的杂念，就能重新做人，依旧可以成家立业。听到这里，在场的犯人们不禁哭了起来。

1692年陆陇其逝世。次年冬天，朝廷需要委派两名文臣管理直隶、江南的书院。康熙未听从延臣们的主张，从翰林院中物色人选，而提出派陆陇其去江南管理书院。当康熙得知陆陇其已故的消息时，深感惋惜，他慨叹道："陆陇其是本朝不可多得的人才。"

## 齐桓公以德报怨

公元前687年，齐襄公政令无常，荒淫无道，致使齐国民怨沸腾，一片混乱。为了避难，公子小白在鲍叔牙保护下出奔莒国，管仲随公子纠逃往鲁国。不久，公孙无知弑君自立，旋即又被乱兵杀死，造成了君位空缺。

公子纠和小白闻讯都想赶回齐国争夺君位。管仲带兵埋伏在莒、齐之间要道上，见小白的车子驰来，一箭射倒车上的小白，以为他必死无疑，遂同公子纠一行慢慢地向齐国出发。其实，管仲的箭只是射在小白的衣带钩上，小白咬舌吐血，用装死骗了管仲。当管仲离开后，他急忙同鲍叔牙等人抄近路昼夜兼程，终于抢先赶回齐国都城，捷足先登君位，被立为桓公。

齐桓公准备拜鲍叔牙为相，但鲍叔牙极力推辞，并推荐管仲。他说："管仲从小就是我的好朋友，此人有经天纬地的才干。如果任他为相国，齐国会很快地强盛起来。"

齐桓公不悦："管仲差一点把我射死，我怎能重用仇人？"

鲍叔牙说："当初，管仲是为了让公子纠登上君位才这样做的。国君不可记私仇而忘齐国大业，失掉这位难得的人才。"

齐桓公被说服了，决定重用管仲。他派人到鲁国，向鲁庄公说："我们国君要报管仲一箭之仇，请把他交给齐国处治。"

鲁国大臣施伯知道管仲回齐会被重用，将来对鲁国不利，便劝阻鲁庄公不要交人。鲁庄公怕获罪齐国，令人把管仲装进囚车，押解出境。

管仲坐在囚车内，归心似箭。他深知自己回齐国是好友鲍叔牙的主意，自己施展才能的机会就要来了；一路上，押解囚车的士兵行军速度缓慢。管仲心里非常着急，担心鲁庄公万一醒悟过来，定会派兵追赶。他想了一个主意，就在囚车里编了一首名《黄鹄》的歌，唱给士兵们听。唱了两三遍后，他又教士兵一起唱。士兵们听着歌，学着歌，忘记了疲劳，行军速度逐渐加快了，两日路程，只用了一日半就到了齐国。

就在齐国君臣迎接管仲入境的同时，鲁国公子偃也带兵追来了。原来，鲁庄公果然醒悟，知道放管仲归齐，等于放虎归山，急忙下令追杀，侥幸的是，管仲靠一首自编的歌，机智地赢得了宝贵的时间。

齐桓公以德报怨，重用贤才，表现了非凡的治国远见。管仲倾心辅佐齐桓公，提出"分国都为士乡、商乡，分鄙野为五属，士经三次审选可为上卿之赞，发展盐铁，召集商贾……"等一系列治国良策，从而使国力大振。

此后，经数年改革变法，励精图治，齐国终于成为春秋第一霸主。

## 善打心理战

心理素质的高低直接影响到一个人情商的高低。随着生活节奏的加快，人们所面临的压力也越来越大。在竞争中，给对手的心理造成冲击和打压，使其不能平静以对，同样也是一种战术。

挂在壁上的角弓，投影在其下的酒杯中，客人不加细察，竟以为蛇影，碍着主人的情面，勉强喝下，心里着实不舒服，回家便害了病。主人发觉客人好久不来，写信去问，始知客人为此害病，于是再请客人前来，坐在原先的位子上，杯子也照以前的位置放着，当然杯子里有像蛇的弓影在，主人除去壁上的角弓，杯中的影子也随而不见，客人的病豁然而愈。这是"杯弓蛇影"一成语的大概内容，常用来比喻为虚幻不实的现象而惊疑。在这故事中，主人若不为客人解开蛇影的谜，恐怕客人的病没有医治的希望。以下是安排类似的处境，使对方产生惊疑的心理，而不设法开示其谜的故事。

宋真宗气息奄奄不久人世的时候，太子年纪还小。李迪为此担心有意外事件发生，经常借口为皇上祈祷消灾而睡卧在内殿，以保护年轻的太子。当时有位八大王名叫元俨，很有权势，阴谋图取真宗的皇位，所以常常借口探问皇上的病情而稽留宫内，李迪对元俨很注意，可是没有理由赶走王爷。有一回看到皇宫的内侍端着金杯走过面前，李迪严防杯中下了毒药进呈皇上，便问道："你所捧的金杯里面盛着什么东西？将它呈献给什么人？"内侍回答："这是八王爷要的开水；您的忠诚由日夜小心地把守宫廷可以看得出来，而我常受到圣上的恩惠，绝对不敢做亏心事，您可不必操心。"李迪相信这话，同时知道这位内侍平时也很忠诚，于是拿桌上的毛笔把杯中的开水搅得黑乌乌的，说道："你就这样拿去，假定王爷怪罪你进了毒药，你可请他叫个医生来检验！"内侍把这金杯端进给八大王，王爷一看吓了一大跳，以为杯中必下过毒药，静心思索着自己在宫中逗留的几天，难保所吃的食物都是卫生的，于是匆忙地离去，还请了名医诊断，医生强调他没有中毒，可是他心里惊疑不已，从此篡夺皇位的念头也就打消了。

李迪这一招杯弓蛇影倒是让元俨看到了自己心中的蛇影，心中始终存有疑虑，篡夺之心终被克制了。

唐代狄仁杰也是摸透了对方敬鬼神，怕报应的心理弱点，所以才演出了一场阎王小鬼来索命的假戏。正所谓"不做亏心事不怕鬼敲门"，光明正大地行事最好，免得整日惴惴不安，东窗事发时再懊悔已经晚了。

唐朝的狄仁杰为官清正，断案如神。他在当县令时，就破过不少案子。其中有一例杀夫案，断得令犯人也无话可说。

有一个叫郝财的男子，白天还同妻子饮酒说笑，当天夜里忽然死去，而且死相很凶，双目凸现，口角歪斜。郝财家的人赶到现场后，觉得郝财死得不明不白，又素知郝妻为人轻浮，夫妻之间常吵架。于是就到县衙门告状，要县太爷为郝家做主。

狄仁杰是个不轻易下结论的人。他细心查看了郝财的尸体，发现无中毒现象，也无伤痕。又查看屋内，发现外墙有一活动石砖，这一小片活动石砖被大衣橱挡着，不细心看不出丝毫痕迹。待差役们把大衣橱搬走，露出活动砖墙时，狄仁杰命人将活动砖拆开，竟是一扇小小的门，直通邻居王五之家。狄仁杰审讯王五、郝妻，两人均不承认有私情，并说从来不知道活动砖墙之事。

狄仁杰审案不是那种动辄就用刑的人。他问郝妻："你丈夫为何白天还好好的，却在夜里突然死去，你要从实讲来。"郝妻一口咬定："小妇人不知丈夫死因。俗话说，阎王要人三更死，不敢留人到五更。郝财是命里该死。小妇人纵然悲痛，也无可奈何。"狄仁杰见郝妻巧言善辩，又见她口口声声相信阴阳报应、命里因果之说，便定下一个计策。

夜里，郝妻在狱中被一阵阴风吹醒，她睁眼一瞧，只见黑白无常、牛头马面站在面前。郝妻顿时吓晕了。她被小鬼们用铁链拖在阎王殿上，只见阎王高坐大殿，阴暗的火光中尽是凶神恶煞，鬼哭狼嚎。又见丈夫郝财举着状纸，哀哀索命。郝妻此时魂不附体，又听阎王说大刑伺候。郝妻为免遭大刑，只得招供平时与邻居王五私通。这天趁郝财酒醉，用一枚大钢钉钉入丈夫头上，又用头发盖好，所以找不到伤口。

郝妻招供画押完毕，大殿上灯火齐明，原来阎王、小鬼等均是狄仁杰和差役所扮。郝妻还想翻供，但差役来报，已在郝财头上找到钢钉。郝妻无法抵赖，只得认罪。

## 两面夹击敌难逃

对付强大的对手，就要多方策划，不单一个拳头打人，而是两个拳头同时出击。这样既可以分散对手的注意力，又不能让对方兼顾左右。朱全忠提前设下埋伏，使敌人腹背受敌，损失惨重。

公元899年（唐昭宗光化二年），刘仁恭征发幽州、沧州等十二个州的军队共十万人，想兼并黄河以北的地盘。他最先攻陷贝州，城内一万多户居民，全部被屠杀，尸体被扔到清水河中。从此各城都坚决固守决不投降。刘仁恭进攻魏州，在城北安营扎寨，魏博节度使罗绍威向朱全忠求救。

三月，朱全忠派遣属下将领李思安、张存敬率军救援魏博，屯驻在内黄县。初十，朱全忠派主力在滑州安营。刘仁恭对儿子刘守文说："你的勇猛是李思安的十倍，你应当先俘虏这些鼠辈，然后再擒获罗绍威！"刘仁恭便派刘守文和他的妹夫单可及率精兵五万人在内黄攻打李思安。十四日，李思安派遣部将袁象先在清水的右侧埋伏下军队，李思安在繁阳迎战刘守文，佯装不能取胜而退却；刘守文便追赶李思安，追到内黄县的北部时，李思安率军掉头攻击，埋伏的军队也发起进攻，两面夹击。结果刘仁恭的幽州军队被打得大败。单可及被斩杀，三万人被斩杀擒获，刘守文幸免一死。单可及是幽州的猛将，号称"单无敌"，刘仁恭的军队失去他以后，战斗力大大减弱。

这时，葛从周从邢州带精锐骑兵八百人进入魏州。十五日，刘仁恭攻打上水关、馆陶门，葛从周与宣义牙将贺德伦出城交战，回头对守城门的士兵说："前方有强敌，决不能让士兵们撤退。"下令关上城门。葛从周等率军拼死作战，刘仁恭再次大败，他的手下将领薛突厥、王邰郎被抓获。第二天，汴州军队和魏州军队乘胜联合追击刘仁恭，攻破八个营寨，刘仁恭、刘守文父子烧毁营寨而逃。汴州和魏州的军队长驱追赶，追到临清，把刘仁恭的军队逼入永济渠中，被杀和淹死的数不胜数。镇州的王镕也派军队在东边的深州、冀州一带拦击刘仁恭。从魏州到沧州五百里之间，刘仁恭军僵硬的尸体纵横交错连续不断。刘仁恭从此一蹶不振，而朱全忠的势力更加强大了。

## 粗中有细更精明

用兵是一种智谋之道，需要运用种种掩人耳目的方法，或示弱，或诈强，或利诱，或麻痹敌人，或激怒敌人，此乃军事家取胜之道。一提起张飞，大家都知道他是一个粗鲁汉子，殊不知他粗中有细，也有精明的时候。要成事，就要有计谋。让我们看看他使用计谋的两个小故事。

且说曹操战胜吕布后，即带刘备回到许都。刘备不甘心寄人篱下，就用计迷惑曹操。后来刘备借口截击袁术，逃离许都，打败袁术，杀了曹军将领车胄，夺回了徐州，又策动袁绍起兵伐曹。曹操大怒，一面亲率二十万大军迎战袁绍，一面派刘岱、王忠二将打着丞相旗号讨伐刘备。

正值初冬，大雪纷飞，两军冒雪布阵对峙。关云长飞马提刀同王忠杀了起来，不几个回合就将王忠活捉，返回本军。张飞见二哥立了头功，心中焦灼，立刻对刘备说："待我去活捉刘岱来。"刘备说："刘岱也是一镇诸侯，不可小看了他。"张飞冷笑道："此辈何足挂齿？我一定把他活生生捉来见你。"刘备故意说道："只恐你鲁莽性子坏了他性命。"张飞急了，叫道："如杀了他，我偿性命！"刘备就交三千兵马给张飞，张飞即率军前进。

刘岱见王忠被活捉后，紧闭寨门，就是不出来迎战。张飞就每天在寨门前恶语叫骂，刘岱知道张飞厉害，愈加不敢出战。张飞叫骂了几天，见刘岱不出，寨门攻打不下，又在刘备面前夸下了海口，心中焦急，但焦躁之余忽生灵感。他传令全军当夜二更去劫刘军营寨，白天，却在自家营帐里饮酒作乐，喝得酩酊大醉，故意寻找一个帐前军士的错处，喝令左右将他痛打一顿，并将他捆缚在营里，骂道："哼，待我今晚出兵凯旋时，再拿你的脑袋拜祭军旗。"私下里张飞却悄悄指使左右故意放他逃走。那军士逃出寨门，越想越气，便径往刘岱营中，密告张飞企图夜劫刘寨的情报。

刘岱见那军士给打得皮开肉绽，便相信了他的情报，高兴地说："好，今日叫张飞尝尝我伏兵的味道。"传令空出营寨，士兵全部埋伏在寨外，单等张飞闯入，来个"瓮中捉鳖"。

这天晚上，张飞果然兵分三路，长驱而入，但他的中路却只有三十人，任务是闯入刘寨抢先放火，却教左右两路人马抄在刘寨背后，单等火起为号，然后夹击刘岱的伏兵。到了三更时分，张飞亲自率一支精兵，先断刘岱后路。中路三十人，果然抢入刘寨放火。寨外刘岱伏兵大声喊叫，以为张飞中伏，皆向寨内杀入，张飞两路军马一齐出动，围杀刘岱伏兵。刘军顿时乱作一团，也不知张飞究竟有多少人马，四面溃逃。刘岱知大势已去，率一支余部夺路欲逃，正撞见张飞像天神一样拦住退路，急忙回避，却被张飞飞马赶上，只一回合，便把刘岱活捉过来。余众纷纷投降。

张飞派军使跃马驰入徐州报捷，刘备大喜，对关云长说："三弟向来粗鲁、莽撞，今天也会用智谋作战了，可喜可贺，我再也不必为他担忧了。"

还有下面这个故事：

三国时，桃园三结义中的张飞，性格急躁粗鲁，以威猛著称于世。他曾单枪匹马于当阳桥头，一声怒吼，喝退了百万曹兵。可就是这个急躁粗鲁的张飞，也有精细的时候，并且因此而降服了大将严颜。

那是在刘备向四川进军的时候，诸葛军师拨了一万人马叫张飞先去夺取巴郡，从荆州杀至巴郡，然后再到雒城会齐。张飞带兵出征，一路上节节胜利，一直到了巴郡，却被巴郡守将严颜挡住了去路。

严颜是一位英勇善战的老将，他见刘备大军来攻城，心里早已打好了主意：打不赢就坚守不出。所以张飞一到，他先出城交战，见一时敌不过张飞，便假装败走，进了城，再也不出来了。下令守住城池便是大功一件，不论张飞怎么叫阵，都不许迎战。张飞率军连续攻打了好多天，也没有攻进城去。他火了，派手下士兵轮番到城下骂阵，可不论骂得多凶，多难听，严颜和守城将士就是不理不睬。张飞没办法了，只得吹胡子瞪眼干着急。

慢慢地，张飞冷静了下来。他想到：硬攻是不行了，又没法让严颜出城交战。看来只能用其他的办法，把严颜引诱出来，再将他击败。但是想什么办法呢？忽然，一条妙计浮上心头：我可以派人去传播一些假消息，就说我们要从小路上去偷袭巴郡的后方。这样，严颜闻知，必会想趁此机会来偷袭我军大营。到时候，我假装营中空虚，暗中设下埋伏，严颜一到，就别想逃出去了。

打定了主意，张飞便依计而行。严颜果然中计，闻听张飞要来偷袭后方，一面派了重兵去把守后方；一面领了一些兵士，悄悄地出了城，意欲趁张飞营中不备，夺取他的军粮。谁知，刚进了张飞大营，四面便冲出了好多伏兵。严颜这才明白上了张飞的当，但为时已晚，没战几个回合，便被张飞生擒活捉了。

张飞自以为曾喝退大队曹操人马，严颜这个被活捉的俘虏定会吓得跪倒在地，叩头求饶。于是，他摆出一副傲慢的样子，等着严颜请降，哪知，严颜却根本满不在乎，昂头挺胸，立而不跪。

张飞一见，心头火起："现在被我活捉，还敢抵抗吗？还不尽早投降，我也可以免你一死！"严颜不卑不亢，厉声回道："这里只有断头将军，没有投降鼠辈！"张飞气得火冒三丈，令左右将严颜推出斩首。而严颜呢，不等众人来推，自己抬腿就向外走。

张飞看在眼里，敬佩之意油然而生，现在，他已经深深喜欢上这位勇猛不屈的老将军了。忙上前，拉回严颜，亲自为他松了绑，恭敬地说："老将军，您的英雄气概真令人敬佩，刚才是我鲁莽失礼，请多多包涵。"老将严颜见张飞确实诚心诚意尊敬自己，深受感动，于是心悦诚服地投降了。

张飞利用自己的机智终于降服了严颜，使刘备军中又多了一位勇猛大将。

## 改掉鲁莽做事的习惯

做事情，不要莽撞地下结论，要经过仔细调查和研究，只有这样才能够得出正确的结果，而不至于犯下错误。下面就让我们看看裴均的判案故事吧。

唐朝时，有些郡州法律涉及面很广，甚至连偷鸡摸狗都在严惩之例。倘若有人偷盗家畜家禽被逮住，就要被治罪。

襄阳地区的法令就是如此。这天担任襄阳节度使的裴均接到一案，赵六状告邻居王五偷了他家的狗，并且把狗宰了煮肉吃。说着，把从王五家拿来的狗皮呈上，恳求裴大人做主。裴均命把王五传到堂上。王五吓得浑身哆嗦叩头求饶，恳求大人恕偷杀狗之罪，并一再说明，不是自己知法犯法，是新娶的老婆生病，非要吃狗肉不可。裴均说："你为何非要偷杀邻居的狗呢？"王五说："大人，我自己家里没有狗，我又不敢违背我老婆的话，只好偷着杀了邻居的狗。"裴均命人了解，得知王五为人老实，而媳妇精明泼辣又俊俏风流，平时在家中说了算，王五唯命是从。

这天王五妻说自己病得厉害，需要吃狗肉治病。王五很为难，自己家里没养狗，又心疼老婆有病，急得团团转，不知如何是好。王五妻又哭又闹，说："有你这样的男人吗？就不会想办法给老婆治病吗?"这时邻居赵六家狗吠声传来,王五妻对王五说:"邻居家就有狗,你看着办吧。"王五万般无奈,只得壮着胆子,趁夜晚去了邻居赵六家,把狗偷来宰了,给老婆炖狗肉吃。裴均听了王五的叙述,把脸一沉,立即命王五老婆来堂上听审。王五妻来后,裴均喝道:"你既为王五之妻,如何不守妇道,与人通奸谋害你丈夫。还不从实招来!"王五妻大惊,语无伦次。裴均见状,严加追问。王五妻终于招供。原来她确实与人有奸情。为了达到陷害丈夫之目的,故意诱使丈夫犯罪,不料被裴均看穿。裴均即下令释放王五,王五妻与奸夫受到惩罚。

第二则故事:李杰明断忤逆案

中国民间有句古语:有不孝的儿女,没有狠心的爹娘。但唐朝的李杰在河南任州官时,却遇到了一件母亲告儿子的案子。这位母亲是一位中年妇人,"徐娘半老,风韵犹存"。她声泪俱下地跪在大堂,向李杰状告儿子如何不孝,如何虐待她,还列举了很多事例证明儿子大逆不道。

在当时的封建社会,以"孝"治天下,如果父母去告儿子不孝,就以法律论处。所以李杰再三劝告这位母亲:"你是一个寡妇人家,而且只有这一个儿子,又要靠他养老送终,如果把他抓起来定罪,你老来依靠谁?"但那妇人一口咬定儿子不孝,恨不得立即把他抓起来坐牢,哪里还管以后。

李杰命人暗中调查此事。又传讯了妇人的儿子,见这年轻人知书达理,绝非像其母说的那样蛮横。李杰心中有了数,便命传讯原告说:"按本朝法律,母告子实属罕见,而且一经审定,你儿子就是忤逆之罪,为严明法纪,本官判他死罪。"只见那妇人脸露惊喜之色,连连谢恩。李杰命人跟踪妇人,只见那妇人回到家忙上街为儿子买了具棺材,又去了一座庙里见到一个道士说:"那个不孝的东西已定成死罪。从今后咱们就公开了,没人再碍眼。"差人将此事报告了李杰。李杰冷笑道:"我料定此事定有原因。来人哪,马上把原告和那道士抓来。"差人们将妇人和道士及那具棺材带到大堂上。那妇人见事已败露,只得承认私情,并供出是道士出主意让她陷害儿子的。

道士也供认不讳，叩头请求饶命。

　　身为被告的儿子也吐露了真情，原来他一直处处监视母亲，不准她与那道士来往。道士恼羞成怒，便设计让妇人诬告儿子。李杰命令将道士打入死牢，行刑后将其尸体装进那口棺材。

　　这则故事也告诫了人们：在风花雪月的场所中，失足的人实在是太多了啊！因此招致了半生的沦落而穷途潦倒一生。

# 马 蹄①

**【原文】**

马，蹄可以践霜雪，毛可以御风寒，龁草饮水，翘足而陆，此马之真性也。虽有义台路寝②，无所用之。及至伯乐③，曰："我善治马。"烧之，剔之，刻之，雒④之。连之以羁馽⑤，编之以皂栈⑥，马之死者十二三矣；饥之渴之，驰之骤之，整之齐之，前有橛饰⑦之患，而后有鞭筴之威，而马之死者已过半矣。陶者曰："我善治埴⑧。"圆者中规，方者中矩。匠人曰："我善治木。"曲者中钩，直者应绳。夫埴木之性，岂欲中规矩钩绳哉！然且世世称之曰："伯乐善治马，而陶匠善治埴木。"此亦治天下者之过也。

吾意善治天下者不然。彼民有常性，织而衣，耕而食，是谓同德。一而不党，命曰天放。故至德之世，其行填填⑨，其视颠颠⑩。当是时也，山无蹊隧，泽无舟梁；万物群生，连属其乡；禽兽成群，草木遂长。是故禽兽可系羁而游，鸟鹊之巢可攀援而窥。夫至德之世，同与禽兽居，族与万物并。恶乎知君子小人哉！同乎无知，其德不离；同乎无欲，是谓素朴。素朴而民性得矣。及至圣人，蹩躠⑪为仁，踶跂⑫为义，而天下始疑矣；澶漫⑬为乐，摘僻⑭为礼，而天下始分矣。故纯朴不残，孰为牺尊！白玉不毁，孰为珪璋！道德不废，安取仁义！性情不离，安用礼乐！五色不乱，孰为文采！五声不乱，孰应六律！夫残朴以为器，工匠之罪也；毁道德以为仁义，圣人之过也。

**【注释】**

①马蹄：这里将马的本业真性以及被人驯服与人的原生天性以及被礼乐仁义束缚相互对照，批判礼法道德败坏人性。

②义台路寝：义台，仪台。路寝，正室。

③伯乐：姓孙名阳，伯乐是字，秦穆公时人。

④雒：通络。

⑤羁馽：羁，马络头。馽，马前足绊绳。

⑥皁栈：皁（zào），马槽。栈，马棚。

⑦橛饰：橛，马嚼。饰，马缨。

⑧埴（zhí）：黏土。

⑨填填：稳重的样子。

⑩颠颠：愚朴直视的样子。

⑪蹩躠（bié xiè）：费力的样子。

⑫踶跂（zhì qǐ）：踮起脚尖。

⑬澶漫：放纵。

⑭摘僻：弯曲。

## 【译文】

马的蹄子可以踏霜踩雪，皮毛可以挡风蔽寒。吃草喝水，撒腿跳跃，这就是马的真性，虽然有仪台正室，对它却没有用处，后来出了伯乐，他自称："我善于驯服马。"于是就给它烙印，给它剪毛，给它钉蹄，给它戴笼。用络头和缰绳绑着它，用马槽和马棚围着它，使马的死亡率占了十分之二三了；使它饥饿使它口渴，使它奔驰使它快跑，使它整饰使它划一，前有马嚼马缨的束缚，后有马鞭马棒的威压，使马的死亡率超过半数了。陶工说："我善于做土坯。"圆的符合圆规，方的符合矩尺。木匠说："我善于做木块。"曲的符合划钩，直的适合准绳。沾土木料的本性，难道是想符合圆规矩尺划钩准绳的吗？然而人们世代称赞他们说："伯乐善于驯马，陶工木匠善于做土坯木块。"这也是治理天下之人的过错啊。

我想善于治理天下的人不是这样的。人民具有不变的本性，织布穿衣，耕作进食，这叫作共性。纯一不偏私，这叫作天赐的自由，所以在道德最高尚的时代，人们的行为都很稳重，人们的面目都很质朴。在这个时代里，山中没有小路隧道，水上没有船只桥梁；万物共同生长，连接成共同的住处；禽兽成群结队，草木顺利成长。因此禽兽可以牵着玩耍，乌鹊的窝可以爬到树上窥视。在道德最高尚的时代里，人同禽兽一起居住，跟万物聚焦共处。哪里知道什么君子小人呢？人跟无知的东西一样，他的天性不会失掉；人跟没有欲望的东西一样，这叫作纯朴。纯朴说明人性的存在。等到出了圣人，苦心经营仁义，天下开始迷惑了。放纵作乐，扭捏制礼，天下开始崩解了。所以完朴的木头不被破开，怎么造出祭祀的酒樽来？白净的玉石不被雕琢，怎么造出珍贵的珪璋来？道德不被废弃，哪里得着仁义？天性不被支离，哪用得着礼乐？五色不被搅乱，哪需编织文采？五声不被破坏，哪需调配六律？破开完朴的木头用来制造器皿，是工匠的罪过；毁弃道德来制订仁义，是圣人的罪过。

## 【解析】

《骈拇》与《马蹄》两篇主旨相近，都极力劝说人们应当保存自然本性，摈弃仁义枷锁。只不过《骈拇》篇着重从人性受损角度论说仁义对身心的危害，是微观论述，而《马蹄》篇着重从物性受戕害的角度描述仁义对天下的害处，是宏观论述。一大一小，两者呼应补充，浓墨重彩，只为唤起人们对仁义的反思和对本性的珍视。

《马蹄》开篇即言马之本性：食草饮水，奔腾欢悦，活得悠然自得，颇具风骨。伯乐一来，从此汩没性灵。后世的韩愈因为感士不遇，觉天下真知马者寡，叹曰："世有伯乐，然后有千里马。千里马常有，而伯乐不常有。故虽有名马，祇辱于奴隶人之手，骈死于槽枥之间，不以千里称也。"那么所谓的伯乐又是怎样对待这些马儿的呢？庄子用一连串惊心动魄的动词为我们刻画了一幅幅真实到近乎残酷的画面："烧之，剔之，刻之，雒之。连之以羁馽，编之以皂栈，马之死者十二三矣；饥之渴之，驰之骤之，整之齐之，前有橛饰之患，而后有鞭筴之威，而马之死者已过半矣。"马儿满身伤痕，死者过半，受尽苦难与折磨的幸存者也只能在鞭子下和车套中苟延残喘，度过丧失尊严的余生。而这一切，仅仅源自伯乐的一句"我善治马"！

以自我为中心的人类，何曾考虑过马儿的喜怒哀乐，更何曾考虑过其余生物与我们共存一隅所被迫承受的境遇有多么不堪？在旷野上狂奔的马比起在车前温顺乖巧的马来，原本是更自由、更快乐。即使没有丰盛的水草，即使可能遭受虎狼的追逐，但没有一匹马的天性里会心甘情愿地写着"驯服"，它们都是野地里随意往来的灵魂，绝不会堕落到丢弃性命之实而去换取仁义之名的虚伪之境。庄子不是说情愿做污泥里自在翻滚的乌龟，也不愿登上庙堂受到膜拜吗？然而伯乐既存于世，良马便难逃被禁锢摧折的厄运。伯乐驯马，陶人制陶，工匠锯木，他们一气勾连，奉行万物因我善治而为我所用的原则，人对物的危害由此可见一斑。物有真性而无言可辩，万般委屈也只得在静默中顺应；人有真性，有头脑，有意志，却因为被人所治而和马、埴、木一样堕入命运的深渊。君不见"比干剖心，子胥鸱夷"，君不见"玉人献宝，楚王诛之；李斯竭忠，胡亥极刑。是以箕子佯狂，接舆避世，恐遭此患"（邹阳《狱中上梁王书》）。多少仁人志士，丧于其间。无怪乎老子发慨曰："大道废，有仁义；慧智出，有大伪；六亲不和，有孝慈；国家昏乱，有忠臣。"老庄对仁义的批判实是痛心于当世，并非无端之辞，空穴来风。

爱之弥深，责之愈切，庄子越是批判，越说明他并不曾放弃世界。在他的内心深处，还为这个自然本性已被破坏与异化的社会构建了一个理想国，亦即他在《马蹄》《胠箧》《天地》《盗跖》等篇中多次提及的"至德之世"。在那里没有纷争，没有差别，不但人和人之间亲善友好，人和动物也是和睦相处。野兽们可以任由人们牵引着四处闲逛，鸟巢里的小鸟也不惧怕人们爬上树来窥探。"彼民有常性"，此处的"常性"正是《骈拇》中的"常然"，即"诱然皆生，而不知其所以生；同焉皆得，而不知其所以得"。常然状态下的人们不懂得要聚敛财物、贪求声名，也不懂得使用技巧来驯养动物。百姓无知而无欲，宛如生活在安详美好宁静自适的远古社会。庄子追求的并非一个理性机制绝对完备、物质生活充裕富足的世界，相反，蒙昧混沌、真性不失才是他所向往的境地。内篇《应帝王》中有一则寓言，说南海之帝和北海之帝为了感谢中央之帝浑沌的厚待，在他身上"日凿一窍"，因为人人都有眼耳鼻舌身意、人人皆知色声香味触法，独独浑沌无知亦无觉。却不料，一番好意换来的是七窍成而浑沌死。没有七窍本是浑沌的真性，人为地造出七窍，正如伯乐驯马或圣人以仁义规箴天下一样，都是损害自然本真的行为，其结果可想而知。庄子生活在"窃钩者诛，窃国者为诸侯"的乱世之中，眼见着人们颠倒黑白、混淆是非，统治者假仁义之名以妄为，怎能不生沉痛悲慨之心？当他在现实里找不到出路时，免不了回过头去怀想那曾经和谐友善而又恬静的原始世界。这种真诚的憧憬曾一再地被误解为软弱的逃避与空想，甚至是可怕的倒退。但我们必须承认，庄子以"自然"为唯一原则，超越世俗道德约束，甚至超越人类中心观念的思想，的确不可能赢得世间蝇营之士的赞同。大部分人已经如同那些伯乐鞭下的马，早早地驯服于"文明"的规则之下，他们正忙着为自己的成就沾沾自喜或为自己的落败懊丧不已，又怎会有"空闲"静下心来追寻失去的纯真？曾经充满野性的生命，如今只会匍匐于现实的槽枥，低头啜饮物质世界的糟粕，自由的欢跃不知何时已被放逐于记忆的荒原，任由它们远去飘散，渐渐被遗忘与淡泊。当自我的欲念膨胀到不可收拾，当人类举着科学文明的大势妄图征服与掌控整个星球乃至于星球外的未知天地时，还有几颗纯净的心灵敢于只身踏上梦想的荆棘路，还有几个人敢脱离了熙熙攘攘的主流，像庄子那样平静地坚守生命的本源？前方是急湍暴流，奔腾回荡着愈益激烈的倾轧与争斗；后方是回不去的惠风和畅，静穆醇和的美好只有在圣哲与诗人的书中尚有一丝遗响。我们人类，将何去何从？

庄子在《逍遥游》中曾写到一位冰清玉洁、吸风饮露、"乘云气，御飞龙，而游乎四海之外"的神人，他身上的"尘垢秕糠""将犹陶铸尧舜者也"。所以那些仁义礼乐，也只是尘世间的"尘垢秕糠"，它们的出现反而破坏与残损了原始的淳朴与真实。在这点上，法国思想家卢梭有着和庄子相似的观点："野蛮人所以不是恶的，正因为他们不知道什么是善。因为阻止他们作恶的，不是智慧的发展，也不是法律的约束，而是情感的平静和对邪恶的无知。"（《论人类不平等的起源和基础》）等到圣人出现，以仁义礼乐来匡正天下安抚人心时，人民才学会了"好知，争归于利"。面对这样道德日废、性情渐离不可挽回的局面，庄子所呼唤的自然无为以及他对人性与自由的尊重，就显得益发难能可贵。那片"同域而居,民不轻去其乡里;忘机而狎,物以相感以和平"(刘凤苞《南华雪心编》)的乐土,本来就是我们精神的故园,无须苦苦寻觅或是徒然等待它的降临。岁月的清流荷载着所有的悲欢,丝毫不眷恋河岸旁的风光,它引领我们渐渐奔向不可知的远方。也许,只有在山重水复,历尽沧桑之后,我们心底"回家"的热望才会被点亮,庄子的言谈会是支撑那热望的一棵参天巨木,怀着明澈与了然的心境,守候在故园的大道上。

附:古人鉴赏选

是篇一意,语分四节。首叙题意,以御马明治民,与《尚书》御马喻临民义同,而此篇首尾形容马之性情喜怒曲尽其态,虽画笔之工,曾不是过。(宋·褚伯秀《南华真经义海纂微》)

此篇专言近世之多事,不若太古之无为,皆圣人毁道德而为仁义之过也。通篇剽剥圣人,然其文辞独最,如腾驹野马迈放不羁。(明·陈深《庄子品节》)

前后借马为喻,首言喻马者,不以治之为善,天下可以为拂哉!只观至德之世,无知无欲,而民性得,可见圣人只在同民,始疑始分,何异治马者烧剔刻雒哉?末复即马之知,喻民之能,见得真知真能,信不可拂,治天下者反其真性而已。(明·吴伯与《南华经因然》)

此篇自首至末,只是一意,其大旨从上篇"天下有常然"句生来,庄文之最易读者,然其中之体物类情,笔笔生动。(清·林云铭《庄子因》)

此篇言以仁义为治则拂人之性,是就害于物上说。前后用譬喻错落洗发,如雨后青山,最为醒露。(清·宣颖《南华经解》)

大旨言以仁义为治则拂人之性,正喻夹写。忽喻忽正,错落有致,笔势跳脱,与《骈拇》篇同一机轴。(清·高嵣《庄子集评》)

此篇庄文之尤近人者,西汉人文字多祖之,而字法句法,要非秦汉以下所有也。至其巨篇奥旨,则固别成一经矣。(清·陆树芝《庄子雪》)

开手陡下三喻,用笔如风驰雨骤,飘忽非常。三个"善治",从伯乐、陶匠口中,写得踌躇满志,神情意态栩栩如生,与下面仁义礼乐四项病根针锋相对，而喻义只归重治马。陶匠二层，原是足上治马意，借来添作波澜，行文乃为尽致。看他开手取喻治马，连用两折，叠叠归罪伯乐，随手带出埴木，却止用一折，轻轻抹煞陶匠。文法错综变化，修短浓纤，各臻其妙。下文两个"善治"，又从旁面极力一飏，文势盘旋飞舞，如生龙活虎，不可羁縻。（清·刘凤苞《南华雪心编》）

《马蹄》《秋水》乃南华绝妙文心，须玩其操纵离合、起伏顿挫之奇。此篇开首一喻，即腾跃奋迅而来，写出马之真性……一路夹叙夹议，恣肆汪洋，如万顷惊涛，忽起忽落，真有排天浴日之奇。至此已归结正文，后二段乃其馀波耳。再将伯乐圣人对写一番，与前幅配合均匀，格局极为完密，而正意喻意萦回宕漾在有意无意之间，微云河汉，疏雨梧桐，可以想其逸致矣。（同上）

## 【证解故事】

### 善待下属莫肆意妄为

孙皓是三国东吴的最后一个君主。由于他的残暴统治，一代英雄孙权开创的江山就丢在他的手里。据说，他生性嗜酒，经常与群臣宴会，而且一定要大家喝个烂醉，旁边派十个亲近臣官监督。他认为人只有酒后才吐"真言'，宴会之后，让这些宦官把文武百官说过什么话，有什么举动统统汇报给他，据此定罪。严重的当场杀戮，轻微的记录在案。凡敢逆鳞的，或剥面皮，或挖双眼，无所不用其极。

还是在武昌的时候，孙皓看到朝臣王蕃醉酒后趴伏在案子上，怀疑他是假装。平时王蕃品性高洁，不会看孙皓的脸色说话，甚至常有顶撞。孙皓心中十分恼怒，决心要治一治他，就令人把他架出去。稍停又命令召回王蕃。王蕃修整好仪表，克制着走了回来。孙皓更信他是装醉，当即令左右把王蕃斩首于殿下。然后亲自登上城南的来山，把王蕃的头掷下山谷，任由虎狼群兽撕啮成碎片。

侍中韦昭，着有《国语注》等书，是东吴著名的学者。他领修国史，著《吴书》，孙皓要把其父孙和列入本纪，韦昭认为孙和没有当过皇帝，只能放在列传里。孙皓就老大不痛快，非斥即责，寻隙加罪。原来孙皓宴饮群臣，不问酒量大小，都要喝完七升，韦昭优容，以茶代之。现在孙皓硬是不许，逼其喝酒。韦昭实在喝不下去，孙皓就说他不奉诏命，抓进狱中杀掉。

孙皓还有一个怪毛病，即不许别人正眼看他，大臣朝见，也只能双目视地，不敢抬头。后来镇西大将军陆凯劝诫说："皇上和臣下哪能互相不认识呢？一旦有突然事变，臣下怎么来救援皇上呢？"孙皓于是允许陆凯正视自己，其他人还是不行，不然就抓起来治罪。

孙皓修官殿，起苑囿，又嫌后官的美女太少。于是派出宫官们走遍各州郡，为他选取官宦之家的美女。朝中大臣家凡有姑娘，每年都要登记姓名，到了十五六岁就要在孙皓面前亮亮相，看不中的才可以出嫁。最后他宫中的美女，达到万人，还总是不停地挑选。

中书令兼太子大傅贺邵曾经上书劝阻过他，说："陛下现在以严刑来禁止忠臣直言，以杯酒之罪使人们生死不保，这只能造成那些奸臣小人败坏国家大事。今天国家没有一年的储备，百姓家没有一月的积蓄，而后宫中的一万多美女却浪费大量钱财粮食，北方和强敌时刻注视着我们国家的盛衰，虽说有长江天险，一旦我们自己的将士无力来守，敌人借一束芦苇就可以攻过来……"孙皓读过奏章不但毫不警觉，反而恨透了这个多嘴多舌的贺邵。后来贺劭中风不语，请病假离朝。孙皓就说他是假装，抓起来反复拷打，可贺劭一句话也说不出来。最后竟用烧红的锯子锯下了贺邵的头。

孙皓动不动就杀戮大臣，而且手段残忍。会稽太守车浚清廉能干，只是因为干旱闹饥荒，请求开仓赈济穷人，孙皓就说他收买人心，派人把他杀掉悬首示众。尚书熊睦说应该待人宽容，孙皓把他抓起来后，不用刀砍，而是用刀把上的铁环猛击其全身，最后使他体无完肤血尽而死。孙皓有一个宠爱的宫姬，派人到市场上抢夺财物。司市中郎将陈声依仗自己也是孙皓面前得脸的一个大臣，就将那人依法处置。不想孙皓也顶不住枕旁风，下令用烧红的锯锯下陈声的头，把他的身子从四望山上抛入水中。

孙皓忌妒心特强，不容人出己之上。侍中、中书令张尚，口舌雄辩，经常铺陈利害，攫古论今，说得孙皓无言以答。时间长了，孙皓羞愧成怒。一次他问张尚："我饮酒可以比谁？"张尚回答："陛下有百觚之量。"据说，战国时的平原君赵胜曾说过"尧饮千钟，孔子百觚，古之圣贤，无不能饮"的话，张尚本意是褒美孙皓。孙皓听了却勃然大怒："你明明知道孔丘一辈子有才而无成王之命，偏偏拿我来比他，岂不是说我也当不成皇帝吗？"立刻把张尚遣往建安造船，不久就把他杀了。

刻毒忠贤之臣，必然亲近谄媚小人，孙皓最信任的是内侍何定。何定在孙权时就曾在宫中任差，后被罢遣。孙皓即位后，他主动回到宫中任侍从，专会窥测孙皓心意，逢迎巴结，大得欢心。他看孙皓爱吃兔子肉，就要每个将领都献上最好的猎犬，一只猎犬配上一名士兵，专门为孙皓捕兔下厨。将领们只得到市场上去买，狗价顿时上涨，每只值几十匹细绢，连扎狗脖子用的缨田都值一万。大将陆凯斥责何定，孙皓却以为何定忠诚勤事，赐爵封侯，使得何定仗势作威作福，专权朝中。孙皓的堂弟孙秀，任夏口都督。由于神巫都说孙秀有当天子的贵相，对孙皓不利，他就派何定率五千士兵，以打猎为名直赴夏口。孙秀大惊，只得连夜率领亲兵数百人投奔晋朝。由于孙皓的统治不得人心，司马炎不费吹灰之力，便灭了东吴。

孙皓由于性情残暴，对待下属无所不用其极，因而众叛亲离，成为东吴的末代君主。由此可见，领导者只有善待下属，才能使他们全心全意为自己做事，巩固并发展自己的事业。

## 晏子仁爱百姓

有一次，齐景公在御苑"寿宫"中游玩，看见一些老人面有饥色，却背着沉重的柴火。此情此景，使景公感到十分悲伤，他长叹一声说："让官府供养他们吧！"

晏子见状，说道："我听说，喜爱有才德的人，哀怜寡德不才的人，这是国家长治久安的根本。现在，您爱怜老人施恩无所不及，这也是治国的根本呀。"

齐景公听了此话，转忧为喜。

晏子乘机进言，道："圣明的帝王见到贤人就喜欢他们，见到贫弱的人就哀怜他们。现在，我看可以这样办：对那些无人供养的老人，没有家室的鳏夫寡女，分不同情况，都供给他们必需的生活用品吧。"

"好吧。"景公欣然允诺。从此，年老病弱的人有了国家的供养，鳏寡之人有了安身之处。

齐桓公继景公之位。有一次，他去平陵城，见到有一个年纪很大的老人自己烧火做饭，便问是什么缘故。那老人说："我虽有九个儿子，却因家里贫穷，未能给他们娶妻。我让他们出去帮工，还没有回来，所以只好由我来做饭。"

桓公闻言，当即让自己的五个外御侍女留下，嫁给老人之子为妻。

大臣管仲知道了这件事，进宫拜见桓公，奏说："君主所施的恩惠，是不是太小了点呢？"

"为什么这样说呢？"桓公问。

"君王您要是等亲眼看见了才施于恩惠，那齐国有妻室的也就太少了。"管仲说。

"依先生之见，该怎么办呀？"桓公又问。

"规定国内男子二十岁必须娶妻成家，女子十五岁必须出嫁。"

个人的眼光难免有狭隘之处，正如齐景公虽有仁义之心，但只能施微薄之恩，他经过晏子提醒之后，才将个人恩情上升到国家法律高度，成为制度惠及国民。同样，领导者的身后应该有一个领导集团，时时提醒匡扶领导。

## 曹操厚待归顺者

建安十九年十一月，张鲁率全家来到南郑，向曹操表示臣服。

曹操亲自出城迎接，立即任命张鲁为镇南将军，封阆中侯，食邑一万户，以客礼相待。张鲁的五个儿子也都被封为列侯，曹操还让自己的儿子娶了张鲁的女儿。

曹操对于张鲁表现了异乎寻常的优待。张鲁虽有归附之心，但毕竟是战败以后才来投降的，而曹操却将他封为万户侯，五个儿子也全都封了侯，曹操的着眼点不仅仅是为了优待张鲁一个人，而是为了以张鲁为榜样，影响、动摇和吸纳与张鲁类似的割据者。在曹、刘、孙三方鼎立的局面下，只有在经济实力、军事实力和所施恩信等方面都超过对手才有最后取胜的可能，曹操对此自然不会不明白。此外，汉中僻远艰险，得来不易，以后要坚守更不易，必须施以重赏，以安定人心、利于今后，这也是曹操不得不考虑的问题。

刘雄鸣的情形也与此类似。刘雄鸣是蓝田人，年轻时以采药打猎为业，常居覆车山下，每天早晚出入云雾之中，从不迷路，人们说他能兴云吐雾。李傕、郭汜为乱时，不少人前去归附他。马超反叛时，他不肯随从，被马超打败，后去投曹操。曹操拉着他的手说："我刚进关中时，梦得一神人，这神人就是你吧？"

于是以厚礼相待，任他为将军，让他回去招揽部属。谁知刘雄鸣回去后，部属不肯投降曹操，逼着他一起反曹，于是聚众数千人，扼守武关道口。曹操派夏侯渊前去讨伐，获胜，刘雄鸣南奔汉中。曹操平安汉中，刘雄鸣无处可逃，又来投降曹操。曹操一见面便说："老贼，真把你捉住了！"但并未予以追究，而是恢复了刘雄鸣的官职，把他调往渤海了事。

此外，程银、侯选在建安十六年（211 年）曾随马超一起起兵反抗曹操，兵败后南逃汉中，这时也来投降曹操，曹操同样既往不咎，也都恢复了他们原有的官爵。这些措施，对安抚人心无疑具有很大的作用。

需借人成事时，当以事业为重，厚待前来归附之人，既能增强自己的实力，又能展示自己的胸襟，树起自己的形象，名利双收之策，又何乐而不为？

## 蒯越赏罚分明

蒯越字异度，原为大将军何进的东曹掾。他劝何进诛宦官，何进犹豫不决，出奔刘表，成为刘表的重要谋士。官渡之战时，刘表持观望态度，蒯越曾劝刘表归附曹操，刘表不听。

曹操早想得到蒯越，平定荆州后，即任蒯越为光禄勋，并给荀彧去了一封信，说：不喜得荆州，喜得蒯越耳。表达了自己得到蒯越后异常兴奋的心情。

类似的例子还有很多。韩嵩字德高，官渡之战时也曾劝刘表归附曹操。刘表拿不定主意，决定派韩嵩先到曹操那里去探听一下虚实。韩嵩推辞说："将军如打算归附曹公，派我前去可以。如果还在犹豫，就最好不要派我去。因我到许都后，如天子给我一官半职，我推辞不掉，我就成了朝廷的臣子，对将军来说就成了故吏了。到那时，就不能再为将军效力了。希望将军慎重考虑才是！"

但刘表仍坚持要韩嵩去，韩嵩只得遵命。到许都后，韩嵩果然被任命为侍中、零陵太守。韩嵩回到荆州对朝廷和曹操赞不绝口，并劝刘表把儿子送到许都去做人质。刘表勃然大怒，认为韩嵩背叛了自己，要将韩嵩斩首。韩嵩镇定自若，对刘表说："是将军辜负了韩嵩，韩嵩没有辜负将军！"

接着将临行时说的一番话复述了一遍。刘表仍然怒气未消，但因韩嵩说得在理，妻子蔡氏又出面替韩嵩说情，只得将韩嵩囚禁起来了事。曹操到荆州后立即把韩嵩从监狱中释放出来，当时韩嵩正在生病，曹操就在其住处将大鸿胪的印绶授给他，把他当成至交好友对待。曹操还请韩嵩品评荆州士人的优劣，凡韩嵩推举的一律予以任用。

曹操同时重用了大将文聘。文聘字仲业，原为刘表大将，刘表让他北击曹操。刘琮投降时文聘不肯跟他一起投降，说："我不能保全荆州，只有等待惩罚而已！"曹操渡过汉水后，他才前来投附。曹操问他："您怎么来得这么晚呢？"

文聘回答："早先我不能铺佐刘荆州（刘表），以致使荆州丢失。荆州虽已丢失，但我还想据守汉水，这样活着可以不负于孤弱，死了可以无愧于死者。但计划仍然难以实现，以致弄到这个地步。我内心深感悲痛和惭愧，没有脸面早来见您！"

曹操听了，不禁为之动容，说："仲业，您真是一个忠臣啊！"

于是仍将兵权交给文聘，让他同曹纯一道去追击刘备。平定荆州后，因江夏与孙吴接壤，民心不安定，又让文聘担任江夏太守，并赐爵关内侯。

汝南王儁，年轻时同曹操交好，后避居武陵。献帝到许昌后，征为尚书，不就。刘表见袁绍强大，私下与之往来，王儁曾加以劝阻。

后死于武陵，曹操得知消息后十分悲伤。平定荆州后，曹操特地将王儁迁葬江陵，亲自到江边迎接灵柩，并上表封为先贤，表达了对亡友的缅怀之情。

赏罚之间，在于一个情字，则不论受赏与受罚，皆能感之服之。它必将感召士人心甘情愿地为自己效力，共助自己实现自己的宏图大业。人是感情的动物，凭一"情"字，收买人心，必能大见功效。

## 学会控制自己

激怒敌人，也是一种方法，大怒之下，人冲动而丧失理智，贸然行事，做出错误决定，这才有了激将法。经常发怒，意味着自控能力极差，素质欠佳，所以我们要会控制自己学会制怒。诸葛亮层层进逼，终于激怒周瑜，变被动为主动，掌握了主动权，控制了局面。

汉献帝建安十三年（208年），曹操大兵伐吴，水陆并进，大有一举吞并东吴之势。这时，诸葛亮已被刘备请出山来，他正确地分析了当前形势，认为刘备新败，尚无立足之地，不足与曹操抗衡。唯一可与曹操抵抗的只有东吴一家，但是，东吴内部一部分人却被曹操的气势汹汹所吓倒，力主降曹。若一旦东吴降曹，那么曹操马上就会全力对付刘备，刘备的灭亡之日也就到了。所以，诸葛亮权衡形势，定下联吴抗曹之计。为了实现这一计划，他孤身一人去江东，意欲制服投降派，帮东吴抗击曹兵。

当时，东吴的主降派是张昭等一班谋士，主战派是都督周瑜等，国主孙权却持观望态度，搞得周瑜也立场不稳起来。诸葛亮明白，若要说服孙权抗曹，首先要坚定周瑜的抗曹决心。于是他通过老朋友、东吴重臣鲁肃的关系，去拜见周瑜。

周瑜是何等聪明人！他一听说诸葛亮来访，就明白了刘氏集团鼓动东吴抗曹实为日后自保的意图。所以，他要在诸葛亮面前摆出降曹的架势，逼迫诸葛亮说服自己，甚至哀求自己，一来日后好挟制刘备集团，二来也煞一下诸葛亮这位天下闻名的智谋之士的威风，让他老老实实受自己摆布。所以，诸葛亮进来坐下不久，周瑜就吹起了

"投降风"。鲁肃是老实人，一听周瑜一反常态要降曹，怕是他变了主意，忙陈言相劝，二人争论起来。诸葛亮却看透了周瑜的把戏，在那里只笑不搭话。

逼得周瑜无法了，他只好问诸葛亮为何"哂笑"，诸葛亮说："我笑子敬（鲁肃之字）不识时务。"这是双关语，表面是说鲁肃不识形势严峻，实际上是笑鲁肃看不透周瑜的鬼把戏。于是列数曹操东征西战，歼灭各路诸侯的战绩，最后说："周将军决计降曹，这是明智之举，可以保全妻子，仍享荣华。至于东吴社稷存亡，那是天命了。"一席话把鲁肃说得大怒，痛斥周瑜不为国家着想。这时，周瑜才知道诸葛亮不是等闲之辈，早已被诸葛亮讽刺得怒火中烧。但周瑜不露声色，决心与诸葛亮周旋下去，耍一下这家伙，直到他撑不住劲了向自己哀求联合抗曹为止。于是，周瑜说："对，你看诸葛先生也主张降曹嘛。我将劝说主公，向曹操献上降表，割地求和。"

诸葛亮笑了笑说："何用割地，只要献上两人，曹操就马上收兵。"周瑜想："这家伙还想和我斗下去，看来是说献上国君孙权来求降了。"哪知诸葛亮却说："只要将江东乔公之二女献给曹操，此事就成了。"周瑜一听，火直往上蹿，因那天下闻名的江东二乔，已分别嫁给孙策和周瑜。周瑜强压火气，问："为什么呢？""曹操建铜雀台，收罗天下之美女，指名要得江东二乔以娱晚年，今次大兵压境，不一定没这个意思。将军只要花上点钱从乔老公手中把这二乔买来献上。"诸葛亮装作不知大乔已嫁孙策，二乔已嫁周瑜，说，"那么，曹操马上就会退兵的。"周瑜再也忍不住了，破口大骂："曹贼欺我太甚！"诸葛亮依旧装糊涂，笑着说："哎，将军之言差矣！昔日天子让公主出塞和亲，以此免匈奴掠边，您怎么连两个民女也舍不得！"周瑜已被气糊涂了，解释道："那大乔和二乔已分别嫁给先主和我。"诸葛亮佯装大惊，起身施礼说："将军恕罪，亮实不知情，才这等胡说的。"周瑜仍大怒："曹贼欺我太甚，我誓与其拼杀到底！"诸葛亮一见周瑜中了激将法，心中暗笑，但表面上仍装作冷静地说："将军三思而后行，曹操势力确实不小啊！"直把周瑜气得脸色发青，鼻子发歪。

诸葛亮先用"夺国"，后用"夺妻"，层层进逼，终于把周瑜激火了，自己道出真情，变被动为主动，控制了局面。

## 切不可意气用事

做事不能凭感觉，意气用事必有麻烦。事情往往不是想象的这么简单，只有理性行事才不会出现大的差错，才不会使自己后悔莫及，凡事不能太冲动，否则容易被人利用。让我们看看陆逊是如何两面点火夺荆州的。

自从刘备乘吴、曹大战之机巧夺荆州（今湖北江陵）后，东吴一直耿耿于怀，伺机夺取。刘备也看透了这一点，他在夺取蜀川后，留下最得力的大将关羽镇守荆州。

东吴一直垂涎于荆州，故派大将吕蒙驻在陆口（今湖北嘉鱼），以挡蜀刘进攻，以伺夺取之机。但关羽一向谨慎，不轻易对外用兵，保持军事优势，使吕蒙无处下手。

日久天长，关羽见东吴不敢妄动，又见入蜀诸将随诸葛亮征东征西，立下不少功劳，而自己却只知静守，没立半点功劳，傲心上腾，想寻机干点事业。正巧，这时不远处，曹仁驻守的樊城（今湖北襄樊）兵力空虚，关羽便打起樊城的主意来，但又怕东吴来夺荆州，故举棋不定。

吕蒙得到消息，为进一步促使关羽去战曹仁，便假装有病，回建业（今江苏南京）去了。走前，任命尚无名声，但熟读兵书的陆逊为右都督，代自己镇守陆口。关羽听到消息，以为除去了后顾之忧，便准备进军樊城。

这时，新上任的陆逊为坚定关羽离开荆州的决心，给关羽一封信，信上说："久闻关将军威名，可与晋文公、韩信齐名。自己是一书生，不懂军事，今后还仰仗将军看顾，保持两军相安无事便足矣。"关羽得此信，马上进军樊城。

陆逊又修书一封给曹氏集团，说刘备占我荆州，久怀气愤之心，愿与曹家联合，共谋对付刘蜀之策。

关羽离开荆州后，荆州兵力空虚。吕蒙探到可靠消息，便从建业发水军直指荆州。与陆逊会合后，把兵船扮成商船模样，沿汉水上溯至荆州。就在关羽水淹于禁等七军之后，吕蒙、陆逊也拿下荆州，抄了关羽的老巢。

关羽急于建功立业，意气用事，轻信了陆逊的话，最后大意失荆州，被陆逊端了老巢。

# 胠 箧

将为胠箧<sup>①</sup>、探囊、发匮之盗而为守备，则必摄缄縢<sup>②</sup>，固扃鐍<sup>③</sup>，此世俗之所谓知也。然而巨盗至，则负匮揭箧担囊而趋，唯恐缄縢扃鐍之不固也。然则向之所谓知者，不乃为大盗积者也？

故尝试论之：世俗之所谓知者，有不为大盗积者乎？所谓圣者，有不为大盗守者乎？何以知其然邪？昔者齐国邻邑相望，鸡狗之声相闻，罔罟<sup>④</sup>之所布，耒耨<sup>⑤</sup>之所刺，方二千余里。阖四竟之内，所以立宗庙社稷，治邑屋州闾乡曲者，曷尝不法圣人哉？然而田成子<sup>⑥</sup>一旦杀齐君而盗其国，所盗者岂独其国邪？并与其圣知之法而盗之，故田成子有乎盗贼之名，而身处尧舜之安。小国不敢非，大国不敢诛，十二世有齐国，则是不乃窃齐国并与其圣知之法以守其盗贼之身乎？

尝试论之：世俗之所谓至知者，有不为大盗积者乎？所谓至圣者，有不为大盗守者乎？何以知其然邪？昔者龙逢斩，比干剖，苌弘胣<sup>⑦</sup>，子胥靡<sup>⑧</sup>。故四子之贤而身不免乎戮。故跖之徒问于跖曰："盗亦有道乎？"跖曰："何适而无有道邪？夫妄意室中之藏，圣也；入先，勇也；出后，义也；知可否，知也；分均，仁也。五者不备而能成大盗者，天下未之有也。"由是观之，善人不得圣人之道不立，跖不得圣人之道不行。天下之善人少而不善人多，则圣人之利天下也少而害天下也多。

故曰：唇竭则齿寒，鲁酒薄而邯郸围<sup>⑨</sup>，圣人生而大盗起。掊击圣人，纵舍盗贼，而天下始治矣。夫川竭而谷虚，丘夷而渊实。圣人已死，则大盗不起，天下平而无故矣！圣人不死，大盗不止。虽重圣人而治天下，则是重利跖盗也。为之斗斛以量之，则并与斗斛而窃之；为之权衡以称之，则并与权衡而窃之；为之符玺以信之，则并与符玺而窃之；为之仁义以矫之，则并与仁义而窃之。何以知其然邪？彼窃钩者诛，窃国者为诸侯，诸侯之门而仁义存焉，则是非窃仁义圣知邪？故逐于大盗，揭诸侯，窃仁义并斗斛权衡符玺之利者，虽有轩冕之赏弗能劝，斧钺之威弗能禁。此重利盗跖而使不可禁者，是乃圣人之过也。

故曰："鱼不可脱于渊。国之利器不可以示人⑩。"彼圣人者，天下之利器也。非所以明天下也。故绝圣弃知，大盗乃止；擿玉毁珠，小盗不起；焚符破玺，而民朴鄙；掊斗折衡，而民不争；殚残天下之圣法，而民始可与论议；擢乱六律，铄绝竽瑟，塞瞽旷之耳，而天下始人含其聪矣；灭文章，散五采，胶离朱之目，而天下始人含其明矣；毁绝钩绳而弃规矩，攦工倕⑪之指，而天下始人有其巧矣。故曰：大巧若拙。削曾史之行，钳杨墨之口，攘⑫弃仁义，而天下之德始玄⑬同矣。彼人含其明，则天下不铄矣；人含其聪，则天下不累⑭矣；人含其知，则天下不惑矣；人含其德，则天下不僻矣。彼曾、史、杨、墨、师旷、工倕、离朱，皆外立⑮其德，而以爚乱⑯天下者也，法⑰之所无用也。

【注释】

①胠箧：胠，撬开。箧，小箱。指偷窃。从偷窃财物联系盗窃国柄，指明它们的本质是一样的，都是圣人智慧流毒天下的恶果，因此圣人之道与强盗逻辑是一致的，亟须绝圣弃智，盗乱方止。

②缄縢：都是绳子。

③扃鐍：扃，门的闩。鐍，箱的钥。

④罔罟：罔，捕鸟的网。罟，捕鱼的网。

⑤耒耨：耒，犁柄。耨，锄柄。

⑥田成子：春秋时齐国大夫陈恒。田、陈古音同。成子为后人所加称。他杀齐简公夺权。

⑦苌弘胣（chǐ）：苌弘，周敬王大夫，与晋国范中行氏有旧，晋赵鞅与范有隙而讨周，周杀弘。胣，车裂。

⑧子胥靡：子胥，姓伍名员，楚国人，父兄被平王杀而投吴王夫差，因谏夫差被赐死，投尸江中。靡，通"糜"，烂。

⑨鲁酒薄而邯郸围：楚宣王会诸侯，鲁恭公迟到，且献酒薄味，宣王怒而攻打鲁国。梁惠王早拟攻赵，但担心楚国援赵，今见楚伐鲁，即兵围邯郸。见出事有因由。

⑩"故曰"句：语出《老子》。

⑪攦工倕：攦，折断。工倕，尧时巧匠。

⑫攘：推开，排除。

⑬玄同：混同。玄，黑，幽暗。

⑭累：忧患。

⑮外立：在外表上树立，即对人炫耀之意。

⑯爚乱：迷乱。爚，炫耀。

⑰法：这里指圣智之法，一说"法"即"大道"。

## 【译文】

为了抵御撬箱子、摸袋子、开柜子种种偷窃而进行防备，就一定要绑紧绳子，固好门闩箱钥，这就是世俗所认的聪明。然而，大窃贼一到，总是背上柜子、提起箱子、抬着袋子就跑，他还唯恐捆绳和锁钥不牢固呢。这么说过去所认为的聪明人，不就是给大窃贼准备财物的人吗？

所以试着谈谈这个问题：世俗所认为的聪明人，有不给大窃贼积蓄财物的吗？所认为的圣人，有不给大窃贼看守财物的吗？何以知道是这样呢？以前齐国邻近的城邑相互望得见，鸡狗的叫声相互听得见，鸟罗渔网的设置，犁头锄头的耕掘，方圆两千多里。总合四境之内，所有建立的宗庙神坛谷祠，所有管辖的县邑州区乡村，何尝不是效法圣人呢？然而田成子一旦杀了齐国国君窃取国柄，他所窃取的难道仅仅是他的国家吗？就连那神圣的充满智慧的礼法也窃走了，所以田成子虽有盗贼的名声，可是却享有如同尧舜帝王般的安逸。小的国家不敢非议，大的国家不敢讨伐，延续了十二代拥有齐国，这不正是窃取齐国以及用神圣智慧的礼法来守护他的盗贼名声吗？

　　试着谈谈这点：世俗所认为的最聪明的人，有不给大窃贼积蓄财物的吗？所以为的最圣明的人，有不给大窃贼看守财物的吗？何以知道是这样呢？以前关龙逢被杀头，王子比干被挖心，苌弘遭受车裂，伍子胥糜烂了尸体。以这四个人的贤明却没能保全身体免于杀戮。所以盗跖的喽啰问盗跖说："盗贼也有道义吗？"盗跖说："哪里没有道义呀？猜测房里所藏的物品，就称得上英明了；进去抢先，就称得上勇敢了；出来时最后，就称得上义气了；能把握成功与否，就称得上明智了；分赃均匀，就称得上仁惠了，这五项不具备是不能成为大盗贼的。"由此可见，好人得不到圣人之道就不成事，盗跖之流得不到圣人之道就行不通。天下的好人少而坏人多，正是因为圣人有益于天下少而有害于天下多。

　　所以说：嘴唇没了牙齿就冷了，鲁国的酒味淡薄就引发邯郸遭受围攻，圣人出现了大盗贼也就起来了。只有抨击圣人，放走盗贼，天下才会太平，干枯了山谷也就空虚了，山丘铲平了深渊也就填满了。圣人死了，那么大盗贼就不再产生了，天下也就平安无事了。圣人不死，大盗贼就不会停止，虽然加倍地任用圣人治理天下，实质上是加倍地有利于盗跖之流。圣人制作斗斛来量东西，盗贼就将东西连同斗斛一起偷走；圣人制作秤锤秤杆来称东西，盗贼就将东西连同秤锤秤杆一起偷走；圣人制作符契印玺来作为凭证，盗贼就连同符契印玺一起偷走。圣人制订仁义来矫正人心，盗贼就连同仁义一起偷走，何以知道是这样呢？那个偷窃带钩的人会被杀头，窃取国柄的人成为诸侯，诸侯的门庭就仁义存在里面，这不正是窃取仁义圣智了吗？所以追随大盗贼，推举做诸侯，盗窃仁义及其斗斛秤锤秤杆符契印玺利益的人，虽然有高官的奖赏也不能劝止他，有刑罚的威压也不能禁止他，这种加倍有利于盗跖之流使得他们处于不可禁止的局面，正是圣人的罪过了。

　　所以说："鱼儿不可以脱离渊泽，国家的权柄不可以显示给人。"那圣人便是天下的权柄，不能够将他展示给天下。所以杜绝圣明抛弃智巧，大盗贼才会止息；扔掉玉器、毁掉珠宝，小窃贼才不产生；烧掉符契砸掉印玺，人就变得质朴了；打碎升斗、折断秤杆，人就不会争执了；彻底摧毁天下的圣法，人们才可以共同讨论大道；搞乱六律，销绝竽瑟，堵塞乐师的耳朵，那么天下的人才拥有听力；消灭图纹，离散五色，粘住离朱的眼睛，那么天下的人才拥有视力；销毁一切化钩准绳和抛弃圆规矩尺，折断工倕的手指，那么天下的人才拥有自己的技艺。所以说：天然大巧珙似笨拙。削除曾参、史鳍的忠孝，钳住杨朱、墨翟善辩的嘴巴，摒弃仁义，天下人的德行方才能混同而齐一。人人都保有原本的视觉，那么天下就不会出现毁坏；人人都保有原本的听觉，那么天下就不会出现忧患；人人都保有原本的智巧，那么天下就不会出现迷惑；人人都保有原本的秉性，那么天下就不会出现邪恶。那曾参、史鳍、杨朱、墨翟、师旷、工倕和离朱，都外露并炫耀自己的德行，而且用来迷乱天下之人，这就是圣治之法没有用处的原因。

**【原文】**

子独不知至德之世乎？昔者容成氏、大庭氏、伯皇氏、中央氏、栗陆氏、骊畜氏、轩辕氏、赫胥氏、尊卢氏、祝融氏、伏犠氏、神农氏[①]，当是时也，民结绳而用之[②]。甘其食，美其服，乐其俗，安其居，邻国相望，鸡狗之音相闻，民至老死而不相往来。若此之时，则至治已。今遂至使民延颈举踵[③]，曰“某所有贤者”，赢粮而趣[④]之，则内弃其亲而外弃其主之事，足迹接乎诸侯之境，车轨结[⑤]乎千里之外，则是上[⑥]好知之过也。

上诚好知而无道，则天下大乱矣。何以知其然邪？夫弓弩毕弋机变[⑦]之知多，则鸟乱于上矣；钩饵、罔罟、罾笱[⑧]之知多，则鱼乱于水矣；削格罗落罝罘[⑨]之知多，则兽乱于泽矣；知诈渐毒，颉滑坚白、解诟同异之变多[⑩]，则俗惑于辩矣。故天下每每[⑪]大乱，罪在于好知。故天下皆知求其所不知而莫知求其所已知者，皆知非其所不善而莫知非其所已善者，是以大乱。故上悖[⑫]日月之明，下烁[⑬]山川之精，中堕四时之施[⑭]，惴耎[⑮]之虫，肖翘[⑯]之物，莫不失其性。甚矣，夫好知之乱天下也！自三代以下者是已！舍夫种种[⑰]

之民而悦夫役役之佞⑱；释⑲夫恬淡无为而悦夫哼哼㉑之意，哼哼已乱天下矣！

## 【注释】

①容成氏、大庭氏、伯皇氏、中央氏、粟陆氏、骊畜氏、轩辕氏、赫胥氏、尊卢氏、祝融氏、伏羲氏、神农氏：传说中的古代帝王或部落首领，但多数不见于经传。

②结绳而用之：指文字产生之前的结绳记事。

③遂：竟。延颈：伸长脖颈。举踵：踮起脚跟。

④赢：裹，包着。趣：通作"趋"，快步走的意思。

⑤结：往来交错。

⑥上：这里指国君，也可泛指统治者。

⑦弩（nǔ）：带有机关的连珠箭。毕：一种带柄的网。弋（yì）：系有丝绳可以回收的箭。机变：疑为"机辟"之误，即捕鸟兽的机关。

⑧罾（zēng）：用竿子支撑形如伞状的渔网。笱（gǒu）：用作捕鱼的竹笼。

⑨削：竹桩。格：木桩。"削""格"都是用来支撑兽网的桩子。罗落：用来关守野兽的网状篱笆。罝（jū）罘（fú）：捕兽的网。

⑩渐毒：欺诈。"知诈渐毒"指工于心计，欺骗伪诈。颉（xié）滑：奸黠狡猾。解诟：言词诡曲。同异：战国名家的又一诡辩论题，认为事物的同与异是相对的，因而也就没有同异之别。变：权变，变诈。

⑪每每：即昧昧，昏昏的意思。

⑫悖：遮掩。

⑬烁：通作"铄"，销解的意思。

⑭堕：通"隳"，毁坏的意思。施：推移。

⑮惴耎（ruǎn）：蠕动的样子，这里指附地而生的小虫。

⑯肖翘：飞在空中的小虫。

⑰种种：淳朴的样子。

⑱役役：钻营狡黠的样子。佞：巧言谄媚的小人。

⑲释：放置，废弃。

⑳哼哼（tūn）：喋喋不休，不停地说教的样子。

## 【译文】

你唯独不知道那盛德的时代吗？从前容成氏、大庭氏、伯皇氏、中央氏、栗陆氏、骊畜氏、轩辕氏、赫胥氏、尊卢氏、祝融氏、伏牺氏、神农氏，在那个时代，人民靠结绳的办法记事，把粗疏的饭菜认作美味，把朴素的衣衫认作美服，把淳厚的风俗认作欢乐，把简陋的居所认作安适，邻近的国家相互观望，鸡狗之声相互听闻，百姓直至老死也互不往来。像这样的时代，就可说是真正的太平治世了。可是当今竟然达到使百姓伸长脖颈踮起脚跟说，"某个地方出了圣人"，于是带着干粮急趋而去，家里抛弃了双亲，外边离开了主上的事业，足迹交接于诸侯的国境，车轮印迹往来交错于千里之外，而这就是统治者追求圣智的过错。

统治者一心追求圣智而不遵从大道，那么天下必定会大乱啊！怎么知道是这样的呢？弓弩、鸟网、弋箭、机关之类的智巧多了，那么鸟儿就只会在空中扰飞；钓饵、渔网、鱼笼之类的智巧多了，那么鱼儿就只会在水里乱游；木栅、兽栏、兽网之类的智巧多了，那么野兽就只会在草泽里乱窜；伪骗欺诈、奸黠狡猾、言词诡曲、坚白之辩、同异之谈等等权变多了，那么世俗的人就只会被诡辩所迷惑。所以天下昏昏大乱，罪过就在于喜好智巧。所以天下人都只知道追求他所不知道的，却不知道探索他所已经知道的；都知道非难他所认为不好的，却不知道否定他所已经赞同的，因此天下大乱。所以对上而言遮掩了日月的光辉，对下而言销解了山川的精华，居中而言损毁了四时的交替，就连附生地上蠕动的小虫，飞在空中的蛾蝶，没有不丧失原有真性的。追求智巧扰乱天下，竟然达到如此地步！自夏、商、周三代以来的情况就是这样啊，抛弃那众多淳朴的百姓，而喜好那钻营狡诈的谄佞小人；废置那恬淡无为的自然风尚，喜好那喋喋不休的说教。喋喋不休的说教已经搞乱了天下啊！

## 【解析】

"胠箧"的意思是打开箱子。本篇的主旨跟《马蹄》篇相同，但比《马蹄》更深刻，言辞也直接，一方面竭力抨击所谓圣人的"仁义"，一方面倡导抛弃一切文化和智慧，使社会回到原始状态中去。宣扬"绝圣弃智"的思想和返归原始的政治主张，就是本篇的中心。

全篇大体分成三个部分。第一部分至"而天下始治矣"，从讨论各种防盗的手段最终都会被盗贼所利用入手，指出当时治天下的主张和办法，都是统治者、阴谋家的工具，着力批判了"仁义"和"礼法"。第二部分至"法之所无用也"，进一步提出摒弃一切社会文化的观点，使"绝圣"的主张和"弃智"的思想联系在一起。余下为第三部分，通过对比"至德之世"与"三代以下"的治乱，表达缅怀原始社会的政治主张。

本篇深刻揭露了仁义的虚伪和社会的黑暗，一针见血地指出"窃钩者诛，窃国者为诸侯"，但看不到社会的出路，于是提出"绝圣弃智"的主张，要摒弃社会文明与进步，倒退到人类的原始状态。这是庄子社会观和政治观的消极面。

## 【证解故事】

### 曹操的"情感投资"

三国时期，袁、曹官渡之战，是我国历史上一次以少胜多的著名战役。

当时袁绍实力雄厚，粮草充足，有七十多万人马。而曹操只有七万人马，又远离后方，粮草十分缺乏。

沮授、许攸等谋士，多次向袁绍建议，要利用兵多粮足的优势，采用持久战的战略，拖垮曹操。但是袁绍没有接受，命令大军向前推进，渡过黄河，准备发起大规模进攻。

曹操在官渡与袁绍相持了八个月，粮草眼看就要用光。正在这时，袁绍的谋士许攸，因为所提的建议不仅不被采纳，反而被辱骂了一顿，于是溜出军营，投奔了曹操。

许攸告诉曹操说："袁绍有军粮一万多车，全都囤积在乌巢。如果派一支骑兵，前去偷袭，把粮囤全都烧毁，用不了三天，袁绍不战自败。"

第二天，曹操亲自带领五千人马，打着袁军的旗号，进入乌巢，放起大火，把粮草全部点燃。

袁绍在军帐中接到报告，说是北面火光冲天，恐怕是乌巢出了事。袁绍立即召集军将、谋士商议对策。大将张郃说："请派我和将军高览，同去救援乌巢。倘若乌巢失守，我军便危在旦夕。"

另一个谋士郭图说："曹军劫粮，曹操必率兵亲往，大营定会空虚。可派重兵去袭击曹营，必能一举成功。"

张郃再三劝阻，袁绍不允，只派少数兵马去救乌巢，仍派张郃、高览到官渡去进攻曹营。

曹操早在大营中设强兵防守，烧完乌巢又急速率军而回，把张郃、高览打得大败。

张郃、高览败回袁营之后，听说袁绍要叫他们去问罪，高览杀了前来传令的将士，二人带着本部人马，投降了曹操。

袁绍失去了谋士许攸，又走了大将张郃、高览，加上乌巢粮仓被烧毁，营中顿时人心惶惶，军无斗志。

许攸建议曹操火速发兵，乘势进攻。当天半夜时分，曹军三路出兵，袭击袁绍的大营。曹军越战越勇，袁军死伤大半，剩下的四散奔逃，溃不成军。

袁绍看大势已去，又怕曹操进攻大本营邺城，惊慌失措，都来不及戴头盔，穿铠甲，只戴着头巾，穿着单衣，仓皇上马逃命。他的小儿子袁尚紧紧跟在后面策马奔逃。车辆、仪仗、金银、绸缎、信件、图册，扔得满地都是。袁绍只带领随行的八百多人，渡过黄河，向邺城逃去。

曹军一直追杀到河边，才停止追击。

这一仗，曹军杀死袁兵八万多人，鲜血染红了河水，淹死的更是不计其数。

战斗结束之后，曹操命人清点战利品。把所获得的金银珠宝、绫罗绸缎，全都奖给了士兵，把文书档案、地图书籍全部归拢到一起，加以整理，以便分析敌情，作为日后行军作战参考之用。

在清理过程中，有人在乱纸堆里发现了一捆书信，信捆的上面附着一张纸，标明这些信件全都是来自曹操的根据地许都，以及现在的曹军之中。

曹操的亲信们说："这些都是与袁绍暗通的书信，要打开细看看，看他们都说了些什么。"

还有的说："要挨信查对姓名，把他们都揪出来杀了。"

曹操连忙制止说："不要这么办。当时袁绍强大，连我自己也不能自保，何况别人呢？"

曹操连一眼也没看，就下令把这捆信全部烧掉，表示既往不咎，迅速安定了人心。

曹操下令烧信，无疑是"情感投资"的一种表现，因为他知道，人在特殊情况下，被眼前利益驱使，都有可能说错话，做错事。事情已经过去，何必再去追究那些无聊的事情呢？再说，正是用人之际，何必把身边的人推给自己的敌人呢？

## 太宗不分亲疏

贞观十四年，高昌王曲文泰切断西域通商之路，太宗征召曲文泰入朝，曲文泰谎称染病在床而拒绝应召。太宗命侯君集为交河道行军大总管，征讨曲文泰。侯君集率军西行数千里，历尽艰辛，终破高昌。

当侯君集攻破高昌时，不向太宗上奏战况及请旨行动，而是擅自处治无罪之人，并且私取高昌王的宝物据为己有。部下将士得知以后，竟相前去高昌王宫盗窃宝贝，侯君集怕自己的事被人告发，也就不敢去制止部下的不法行为。回到京城以后，主管办案的官员奏请太宗，要求惩治侯君集的罪行。太宗降旨，下令将侯君集拘捕入狱。中书侍郎岑文本认为对功臣大将不能轻易治罪，于是上奏章请求太宗宽恕侯君集。太宗采纳了岑文本的意见，命人将侯君集释放。

侯君集自认为在西域立下大功，却因为贪财而被囚禁，心中愤愤不平。当时，太子李承乾在东宫，唯恐太宗行废立太子之事。他又知道侯君集深怀怨愤之心，就和侯君集通谋。侯君集的女婿贺兰楚石当时任东宫千牛，李承乾几次让贺兰楚石将侯君集引入东宫，询问保全太子之位的方法，侯君集也知道李承乾是个懦弱不中用的人，只是想利用他，乘机图谋报仇。于是帮助太子李承乾出谋划策，准备带兵攻入西宫，杀魏王李泰，夺取皇位。

后来，李承乾密谋造反之事被人告发，太宗命长孙无忌、房玄龄等人共同审理，李承乾谋反的情节——证实。侯君集因参与谋反，也被拘捕入狱，他的女婿贺兰楚石又亲自入皇宫，向太宗报告侯君集的反叛之情。

太宗亲临府衙审问案情。太宗说："我不愿意让刀笔吏羞辱您，所以来亲自审理。"侯君集无言以对。太宗对百官说道："往昔，国家尚未安全，侯君集确实发挥了重要的作用，我不忍心依法治他。我请求饶他一命，公卿们能不能答应我的请求呢？"众臣道："侯君集的罪行，为天地所不容，请处死他以维护国家法律和尊严。"于是，太宗对侯君集说："我要与您永别了，从今以后，只能见到您的遗像了！"说完唏嘘流泪。审问完毕，将侯君集在街市上斩首，并将其家产全部抄走。

法律面前人人平等，领导者执法更该如此，做到一视同仁，不分亲疏，才能维护正常秩序，树立个人威信，博得下属信赖。

## 张良顺应大势所趋

张良是刘邦的第一谋士，为刘邦战胜项羽建立汉朝政权出过大力。刘邦评价张良说："运筹策帷帐中，决胜千里之外，子房功也。""以箸代筹"的"箸"是筷子，"筹"为古时卜卦的工具。"以箸代筹"说的是张良以筷子为工具，替刘邦策划的故事。

公元前204年，在楚、汉相争中，刘邦被项羽围困在荥阳，形势危急，他忧心如焚，与谋士郦食其商量削弱、分化项羽力量的问题。

郦食其说："过去商汤讨伐夏桀，将夏桀的后代封于杞；周武王讨伐殷纣王，将殷纣王的后代封于宋。现今秦朝残虐无道，灭亡了六国，霸占了六国的土地，使六国的后代连立足之地都没有，如果您能重新拥立六国的后代为王，这些六国的君臣百姓必然会感激并拥戴您，心甘情愿地做您的臣下，楚国也会毕恭毕敬地朝拜，这样您就可以面南称霸了。"

刘邦认为这些话很有道理，赶快吩咐人去制作印信，并安排郦食其代表他去各地分封六国的后代。

正在这个时候，张良来见刘邦，刘邦正在吃饭，顺便将郦食其的办法告诉了张良，并征求张良的意见。

张良说："按照这个办法去办，您的事业必将毁于一旦！"

刘邦问："为什么呢？"

张良说："我借用您的筷子，来为您指画当前的形势，说明这个道理——商汤讨伐夏桀，之所以封夏桀的后代于杞，是有把握置夏桀于死地，您现在能有把握置楚国于死地吗？"

刘邦说："不能！"

张良说："这是第一个不能做的原因。周武王讨伐殷纣王，封殷纣王的后代于宋，是有把握杀死殷纣王，您现在能有把握杀死项羽吗？"

刘邦说："不能！"

张良说："这是第二个不能做的原因。过去周武王进入殷朝，标榜商容、示敬箕子、纪念比干等，社会名士为之归心，以您现在的状况，能做这些工作吗？"

刘邦说："不能！"

张良说："这是第三个不能做的原因。周武王在钜桥仓库开仓放粮，用殷纣王集存的粮食救济百姓，深得百姓之心，您现在自己吃的粮食都困难，能开仓济贫吗？"

刘邦说："不能！"

张良说："这是第四个不能做的原因。周武王战胜殷纣王后，将战车改造成平常乘人之车，将兵器覆盖虎皮倒置存放，以表示再不用兵了。以现在的形势能不用兵吗？"

刘邦说："不能！"

张良说："这是第五个不能做的原因。周武王战胜殷纣王后，还将军马散放于华山以南，表示军马已经完成了使命，以后不会再用了。这种做法您能效仿吗？"

刘邦说："不能！"

张良说："这是第六个不能做的原因。周武王战胜殷纣王后，将为军队输送粮草的牛全部放养在桃林以北，表示以后再不劳民伤财长途输送粮草了，现在您能做吗？"

刘邦说："不能！"

张良说："这是第七个不能做的原因。最关键的是这么多的人，背井离乡来投靠您，跟着您出生入死，南征北战，图的是立功受封，您今天封六国之后为王，跟您的人就会各归其主、各求其主，回家团聚，有谁还愿意跟随您打天下呢？再说，楚国不强倒还罢了，楚国强了，六国必然跟随楚国去了，有谁还能跟随您呢？因此，这个办法将会使您的事业付诸东流。"

一番话使刘邦幡然醒悟，忙把正在咀嚼的饭吐出来，骂道："差点让这小子把大事给坏掉！"遂即下令销毁六国印信。

张良的这番话着实是太厉害了！幸亏刘邦及时醒悟，如果不是张良这番话，郦食其的办法得以实行，别说战胜项羽、建立汉朝政权，恐怕刘邦自己都死无葬身之地了。

为什么呢？首先，社会情景不同了，照搬千年前古人的做法，难免是腐儒所为；其次，也是更重要的，这种做法违背了当时的大势所趋、人心所向。

在此，不妨先分析一下当时的大势所趋、人心所向。从春秋到战国，社会已经经历了五百余年的分裂争斗了，好不容易秦始皇实现了统一，但秦朝政令苛刻、劳役沉重，人们实在无法忍受才揭竿而起推翻暴秦，而统一和平的生活应是当时社会各阶层的一致要求。

项羽占领关中消灭秦朝后，沿用的仍是春秋战国的旧例，分封诸王，衣锦还乡，以西楚霸王称霸天下。历史与当时的现实都证明，这种做法必然会导致分裂和争斗，是逆历史潮流而行的，是违背人心所向，不得人心的。

刘邦如果按照郦食其的办法，分封六国后代为王，就会丢掉了统一的大旗，同样违背人心所向，同样是逆历史潮流而行，同样得不到人民的拥护和支持，自己的力量又不如项羽，不败何为！

如果再分析一下刘邦阵营中的人心所向，或许会看得更清楚。正如张良说的：人们背井离乡来投靠刘邦，出生入死，南征北战，图的是立功受封，相信或者说期望能改善自己的现状，一旦封六国之后为王，期望化为泡影，军队自然散去，没有了凝聚力、没有了人，自保尚且困难，怎么打天下？

无论是古代还是现代，做事都要顺应人心，只有把握住"势"之所趋，才能在事情的态势中，处于主导地位，特别对一个领导者而言，必须善于把握有利的形势和态势来推动工作。

## 管鲍相助

齐桓公名小白，是齐国公子。管仲原来是小白之皇兄公子纠的师傅。齐国的君主僖公死后，诸位王子相互争夺王位，到最后就只剩下小白与公子纠争夺。管仲为了替公子纠争王位，还曾用箭射伤公子小白。最终还是小白回到齐国继承了王位，这就是齐桓公。帮助客居鲁国的公子纠争王位的鲁国在与齐国交战中大败，只得求和。桓公要求鲁国处死公子纠，并交出管仲。

消息传出后，大家都同情管仲，因为被遣送回齐国他无疑是要被折磨至死。于是有人说："管仲啊！与其厚着脸皮被送到敌方去，不如自己先自杀。"但是管仲只是一笑了之。他说："如果小白要杀我，当初就该和主君一起被杀了。既然还找我去，就不会杀我。"就这样，管仲被押回齐国。

出人意料的是，桓公马上任用管仲为宰相，这连管仲也没有想到。

管仲之所以能够当上齐国宰相，这与他的好朋友鲍叔牙有很大关系。他们年轻时曾秘密约定辅佐齐桓公建立霸业。当时在公子纠处当师傅的管仲对当小白师傅的鲍叔牙说："齐国必定是由纠或小白当上君主，其他公子不配继承。很幸运，我们在这两个优秀的公子旁当师傅。不管谁继承王位，我们都要合力辅助君主。"

桓公继位，因此鲍叔牙招来管仲，救了他的命，并且推荐他为宰相，遵守了彼此的约定。

鲍叔牙年轻时就发觉了密友管仲卓越超凡的才智，彼此奠定了笃定的友情。有一次，两个人一起去做买卖，管仲常常分四分之三的利润。因为管仲穷困，所以鲍叔牙认为这是应该的。又有一次，管仲为鲍叔牙做了一件事情，反而使鲍叔牙陷入窘境，然而鲍叔牙并没有怨恨管仲。

由这些事，可以看出鲍叔牙对管仲有如家兄一般。而鲍叔牙本身也是个有才略的人，深谋远虑，处事恰如其人，正确无误，推荐管仲为相只是自己策略转嫁而已。在他们的共同努力之下，齐桓公平定乱世成为开创霸业的先驱。

真正的朋友是互相欣赏、互相帮助的，在事业上互相扶持。真正的朋友不会用利益去互相谋算，不会钩心斗角。

## 李光地观言行得心智

清康熙年间，有一个同时活跃于政界和学术界的人物，叫李光地，他为清廷出谋划策，平定耿精忠叛乱，收复台湾，是一个出色的谋略家。

李光地早熟早慧，机敏过人。九岁那年，不幸落入绿林大盗之手。当时，李氏一门人丁兴旺，家族中在外为官者不少。人们都说："李家'风水'好。"山里一姓李的绿林首领，绰号"李大头"，看中李家这块"风水宝地"，想据为己有。

一天清晨，李大头率一批喽啰兵，杀气腾腾地占领了李氏祠堂。族长召集族人商量对策，李光地随父亲也来到了这里。

李大头看到了眉清目秀的李光地，突然冒出一个奇怪的想法：自己的儿子已经八岁了，总不能接自己的班做强盗吧，应该让他去读书，如果能让眼前这个孩子去与自己的儿子做伴读书，该有多好。于是他打开祠堂大门，指着李光地大声喊道："喂，你过来！"

李氏人大气都不敢出，李光地镇定自若地走进祠堂。

李大头马上派人传出话："一笔难写两个'李'字，你们如果同意把小孩送给我做儿子，从此，我们井水不犯河水。否则……"

李父权衡再三，只好点头答应。

李大头对李光地说："我们已是父子，就要以父子相称。"他见李光地没有答应，狠狠地瞪了李光地一眼说："你听到了没有？"

李光地撇撇嘴说："你不是我的父亲，我如何能喊你父亲呢？"李大头勃然大怒："在认养仪式上，不是已经行过大礼了吗？"李光地接口说："那是我遵从父命，并非出自本意。"

"我看你要滑头嘴硬！"说着，李大头劈头就是重重的一巴掌，又把李光地关了两天。可他还是不肯屈从。

盛怒之下的李大头，想了个坏主意。他命人把李光地关进一间空屋，把门窗关死，用烟向里熏，声称如果李光地不讨饶，就将他熏死。倔强的李光地始终不讨饶，被烟熏了一天一夜。李大头估计李光地必死无疑，命人打开门看看。

谁知房门打开，浓烟散去之后，李光地揉了揉眼睛，却摇摇晃晃地站了起来！李大头惊得一时说不出话来。原来，精明的李光地发现靠门边的地面要低一些，门下也有缝隙，就趴在地上，用嘴巴靠着门边缝隙缓缓地呼吸。烟轻向上跑，地面烟雾浓度低，缝隙处又能换气，因此，李光地在满屋浓烟中幸存下来。李大头心想：吉人自有天相，这小东西神态不凡，一定是有菩萨保佑，不知不觉中态度软下来了。

李光地说话了："上天保佑，我命不该绝！你知道'螳螂捕蝉，黄雀在后'这句话吗？"

"此话怎讲？"李大头心里一悸。

"法网恢恢，疏而不漏，朝廷的军队肯定要给你们撒下天罗地网,我看你是'秋后的蚂蚱,蹦不了几天了'。你想想看,自古哪有不败的绿林人?"李光地看了看陷入沉思的李大头,接着说:"官军要是抓住你,你一家人的性命就要保不住了,你的儿子也不能幸免。我死了,我还有几个弟弟,我们李家还会一代一代地延续下去。你的儿子一死,你家就会绝后,所以,我劝你要赶快另打主意!"

李光地的一番话,把李大头说得动了心。李大头与妻子一商议,只听妻子说:"这小孩命硬,将来肯定会大富大贵。我们过了半辈子提心吊胆的日子,该为我们的儿子想想后路了,眼看儿子渐渐懂事了,难道还要让他继续过这种日子?我看不如把李光他送回去,把我们的儿子也托付给他家。保全了儿子,就延续了我们李家的香火,万一我们有个不测,也不必担心什么。"

妻子的话正合了李大头的心意。于是,他派人请来李光地的父亲,将两个小孩都交给他带回。

我们判断一个孩子的将来如何,可以看他小时候是否聪明,这个聪明不是指耍小聪明,而是指有非凡之处,异众之处。但即使小时聪明者仍需后天培养,我们在用人之时,也应考察其聪明而后据其所长而用之。

## 擒贼先擒王

"擒贼先擒王"作为一种战略战术,在今天仍有重大的借鉴作用。群龙无首的局面是最没有威慑力的。所以应该建立健全全面而灵活的防备机构,哪怕失去了最高统帅,也无损于组织的战斗力,不会瞬间陷入混乱失去反抗力。这才是上上策。

张巡英勇善战,在与安禄山大军周旋作战时屡建奇功。张巡继雍丘之战取胜后,又奉命带军进驻睢阳城,援助危在旦夕的睢阳。睢阳城已被安禄山的大将尹子奇率十万大军围困。睢阳城内粮草不多,兵士只有万余人,情况万分危急。

睢阳太守许远和张巡召集众将研究对策,他们分析了情况,认为必须用智谋,才能取胜。张巡说:"俗话说'擒贼先擒王',我们必须想办法杀死主将尹子奇，使叛军群龙无首，不战自乱。"

神箭手南齐云说："凭着我百发百中的神箭，只要认准尹子奇，准让他当活靶子。"可是谁又能在阵前千军万马中认出尹子奇呢？张巡考虑了一会儿说："我有一计，这么办……"

这天夜里，睢阳城突然战鼓咚咚，城外叛军以为张巡要出城战斗，急忙集合军队，出阵迎敌。但出营一看，没有了动静，于是又回营地睡觉。

这时张巡指挥军队偷袭进尹子奇军营内，他们个个英勇无比，杀死了许多叛军。这时尹子奇急忙亲自带领军士出来迎敌。天已大亮，张巡指挥兵士退到营外，见尹子奇等人出营后，张巡指挥弓箭手放箭。霎时间，箭如飞蝗般射来，落到尹子奇等人的身上，又掉了下来。军士们拾起箭来一看，原来是些青蒿秆削尖制成的"箭"。军士们立即拿着这些"箭"向尹子奇禀报，尹子奇接过"箭"来哈哈大笑说："看来睢阳城里已经无粮无箭了。"话音未落，一支利箭飞来，正中尹子奇眼睛，他顿时血流满面，摔下马来。

原来南齐云早已搭弓备箭，见军士拿着青蒿箭向一将军禀报，他判断此人就是尹子奇。一箭射去，正中他的左眼。尹子奇昏死过去，军心大乱，张巡指挥大军一齐追杀，直杀得尹子奇的军队落花流水，惨败而逃。

张巡通过设计辨认对方的首领，再将其射杀，就是要让对方短时间内陷入慌乱，趁机全面还击，取得胜利。

## 真才实学获得奖赏

一个人要有真实的本领，只有这样，在自己面临考验的时候，才能够从容不迫地回答问题，解决事情，体现自己的能力。

济南的大明湖有一副脍炙人口的对联："四面荷花三面柳，一城山色半城湖。"

这副对联以简洁生动的十四个字，把济南这座泉城的特色和大明湖的诗情画意表现得淋漓尽致。那么是何方高手，为大明湖写此楹联呢？提起此人，在历史上也是很有名气，他就是曾做过济南府太守的刘凤诰。

刘凤诰是清代乾隆年间的一名秀才。此人自幼苦读诗书,立志进取。然而家境贫寒,读书艰难。他白日务农,当教书先生。晚上在残灯如豆的茅草寒舍中读书写文章。天长日久,竟得了眼疾。家中又无钱医治,不久,一目失明,他仍然不灰心,继续苦读。数年后,进京赶考。

由于刘凤诰踏实的学问,在考试中笔走龙蛇,文章写得妙笔生花。发榜之时,竟高中金榜,得第三名探花。封建科举年代,考试第一名是状元,第二名是榜眼,第三名是探花。他们都要按名次到金殿朝拜皇帝。乾隆皇帝高坐龙椅,对新考取的进士们一一过目,有的还询问几句,基本上都还满意。但举目之间,看到刘凤诰时,心中不快。因为刘凤诰面目清瘦,只有一只眼睛。乾隆觉得此人长得不体面,如封官走马上任,是否有人嘲笑我朝中无人?想到此,乾隆不觉脱口而出:"独眼岂能登皇榜?"刘凤诰在台阶下听得真切,他毫不气馁,顺口接道:"半月依旧照乾坤。"

这一句下联对得妙极了。乾隆皇帝大为欣慰说:"想不到刘爱卿如此有真才实学,朕出一联,你可敢对下联?"刘凤诰答道:"万岁爷乃当今风流天子,既有此雅兴,卑职敢不从命?少不得献丑了。"乾隆皇帝想了想说:"东启明,西长庚,南极北斗,朕乃摘星手。"这上联确实厉害,但没有难倒刘凤诰。他沉吟片刻,说道:"春牡丹,夏芍药,秋菊冬梅,臣为探花郎。"乾隆大喜,对刘凤诰倍加赞赏。后来刘凤诰到了山东济南,写下了吟咏大明湖的千古绝句。

不知你有没有去济南大明湖看到这首吟咏大明湖的千古绝句?如果你看到了,请不要忘记:这是一位眼睛失明的人写的。具有真才实学的人永远受到人们的尊敬与爱戴。

## 机遇是成功的伴娘

在这个世界上,对机遇有准备的人总是能够高人一筹,使自己的事业蒸蒸日上,而且能够不断地深入下去,自如挥洒,没有任何的阻碍。所以抓住机会,你就向成功迈进了一步!下面就是这样的一个例子!

汉景帝励精图治,汉王朝兴盛起来。但景帝却有一事十分为难,就是皇后没生出男孩来。于是,继承人问题成了他晚年需要解决的大问题。

除了皇后之外,妃嫔中最先生男孩的是栗姬。按照立长的规矩,栗姬之子当立为太子,那么,栗姬就成了皇后了。但是,栗姬生性嫉妒尖酸,景帝很看不上她的品行。那时候讲究后妃之德,为天下母仪。若栗姬这样的人当了皇后,怎么统御后宫,又怎能做天下母亲的表率呢?所以,景帝长久下不了决心。

景帝曾试探着劝说栗姬,让她仁厚一点儿,但栗姬却听不进去。一次,景帝试探着问她,若让她统御后宫,她将怎样对待其他王儿。按理说,这话再明白不过了,是表示让她当皇后,要她以仁爱的母心对待非她所生的孩子。但栗姬一味执迷不悟,说"自己的孩子还照顾不过来,哪有闲心去管别人的孩子"。这句话使景帝伤透了心,他决心抛开栗姬,另选太子了。

景帝慢慢看上了王夫人所生的儿子刘彻。首先,那王夫人仁义贤淑,人缘好,在后宫诸妃中没人说个不字,并特别得婆母窦太后的欢心。其子刘彻聪明好学,恭敬有礼,也很得景帝欢心。但刘彻不是长子,立了他会不会招来众臣反对?景帝拿不定主意。

王夫人从景帝举动中知道他已对栗姬厌恶,对自己的彻儿感兴趣了,便决心抓住时机,夺得皇后之位。就在原皇后刚死,而景帝在试探栗姬时被栗姬的话伤透了心时,王夫人知道机会来了。她找到一位朝廷重臣,告诉他:"国家不可一日无主,后宫不可一日无皇后。如今栗姬之子为长,理应立栗妃为皇后。请您向皇上进言。"这位大臣一听说得有理,若自己的建议被采纳,以后太子即了位,那自己不就成了第一功臣吗?于是,他匆匆拽景帝进言,立栗姬为皇后。景帝正生着栗姬气呢,一听这位大臣的话,只当是栗姬买通了他来当说客的,当即把这位大臣下狱,将栗姬打入冷宫。王夫人见第一步成功,便行起第二步来。她把栗姬的孩子招到身边,照顾他吃住生活,比自己的儿子还上心，终于感动了景帝，立王夫人做皇后。她儿子刘彻当然成了太子，他就是后来的汉武帝。

王夫人就是这样紧紧抓住了属于大家的机会，成为最后的赢家。这就启示我们，一定要抓住转瞬即逝的机会，那样才能如鱼得水，挥洒自如！

# 在　宥

【原文】

　　闻在宥天下<sup>①</sup>，不闻治天下也。在之<sup>②</sup>也者，恐天下之淫<sup>③</sup>其性也；宥之也者，恐天下之迁其德<sup>④</sup>也。天下不淫其性，不迁其德，有治天下者哉？昔尧之治天下也，使天下欣欣焉人乐其性，是不恬也；桀之治天下也，使天下瘁瘁<sup>⑤</sup>焉人苦其性<sup>⑥</sup>，是不愉也。夫不恬不愉，非德也；非德也而可长久者，天下无之。

　　人大喜邪，毗于阳<sup>⑦</sup>；大怒邪，毗于阴。阴阳并毗，四时不至，寒暑之和不成，其反伤人之形乎！使人喜怒失位，居处无常，思虑不自得，中道不成章<sup>⑧</sup>，于是乎天下始乔诘卓鸷<sup>⑨</sup>，而后有盗跖曾史之行。故举天下以赏其善者不足，举天下以罚其恶者不给。故天下之大不足以赏罚。自三代以下者，匈匈<sup>⑩</sup>焉终以赏罚为事，彼何暇安其性命之情哉！

　　而且说<sup>⑪</sup>明邪，是淫<sup>⑫</sup>于色也；说聪邪，是淫于声也；说仁邪，是乱于德也；说义邪，是悖<sup>⑬</sup>于理也；说礼邪，是相于技<sup>⑭</sup>也；说乐邪，是相于淫也；说圣邪，是相与艺<sup>⑮</sup>也；说知邪，是相于疵<sup>⑯</sup>也。天下将安其性命之情，之八者，存可也，亡可也。天下将不安其性命之情，之八者，乃始脔卷狯囊<sup>⑰</sup>而乱天下也。而天下乃始尊之惜之。甚矣，天下之惑也！岂直过也而去之<sup>⑱</sup>邪！乃斋戒以言之，跪坐以进之，鼓歌以儛<sup>⑲</sup>之。吾若是何哉！

【注释】

①在宥天下：听任天下自在宽容的发展。即"无为而治"。

②在之：使之自在。

③淫：超过。

④德：指自然的常态。

⑤瘁瘁：忧愁。

⑥苦其性：为其性而苦，为保有真性而苦恼。

⑦毗：损伤。阳：与下句的"阴"本指日光的向背，引申指气候上的冷暖，中国古代哲学著作中又借此解释事物对立对应的正反两个侧面。

⑧章：章法，法度。

⑨乔诘：意不平。卓鸷：行不平。"乔诘"和"卓鸷"泛指世上出现的种种不平之事。一说"乔诘"是狡黠诈伪之意，"卓鸷"是卓尔不群之意，可备参考。

⑩匈匈：即"讻讻"，喧嚣吵嚷的样子。

⑪说：喜悦，这个意思后代写作"悦"。

⑫淫：沉溺，为之所迷乱。

⑬悖：违背。

⑭相：助。技：技巧，这里指熟悉礼仪。

⑮艺：才能。

⑯疵：毛病，这里指辨别细小的是非。

⑰脔(luán)卷：拳曲而不舒展的样子。狯(cāng)囊：扰攘纷争的样子。

⑱直：止，仅仅。过也而去之：一代一代地流传下去。过，经过。

⑲儛(wǔ)：舞。

## 【译文】

只听说过让天下自然而然地发展，没有听说过要控制天下。让天下人安然自在，唯恐天下人超越了自身的本性。让天下人安然宽容，唯恐天下人改变自身的自然常态。天下人不超越自身的本性，不改变自身的自然常态，哪里用得着去治理天下呢？过去尧治理天下，让天下人欣喜而使之天性快乐，这是不安宁的表现。桀治理天下，让天下人忧愁而使之天性苦闷，这是不欢愉的表现。不宁静不欢愉，这都不是人恒常的性情，违逆了人恒常的性情还能够长治久安的，恐怕天下没有这种情况。

人们过度欢欣，定会损伤阳气；人们过度愤怒，定会损伤阴气。阴与阳相互侵害，四时就不会顺应而至，寒暑也就不会调和形成，这恐怕反倒会伤害自身吧！使人喜怒失却常态，居处没有定规，考虑问题不得要领，办什么事都半途失去章法，于是天下就开始出现种种不平，而后便产生盗跖、曾参、史鳅等的各个不同的行为和做法。所以，动员天下所有力量来奖励人们行善也嫌不够，动员天下所有力量来惩戒劣迹也嫌不足，因此天下虽很大仍不足以用来赏善罚恶。自夏、商、周三代以来，始终是喋喋不休地把赏善罚恶当作当政之急务，他们又哪里有心思去安定人的自然本性和真情呢！

　　而且，喜好目明吗，这是沉溺于五彩；喜好耳聪吗，这是沉溺于声乐；喜好仁爱吗，这是扰乱人的自然常态；喜好道义吗，这是违反事物的常理；喜好礼仪吗，这就助长了烦琐的技巧；喜好音乐吗，这就助长了淫乐；喜好圣智吗，这就助长了技艺；喜好智巧吗，这就助长了琐细之差的争辩。天下人想要安定自然赋予的真情和本性，这八种做法，存留可以，丢弃也可以；天下人不想安定自然赋予的真情和本性，这八种做法，就会成为拳曲不伸、扰攘纷争的因素而迷乱天下了。可是，天下人竟然会尊崇它，珍惜它，天下人为其所迷惑竟达到如此地步！这种种现象岂止是一代一代地流传下来呀！人们还虔诚地谈论它，恭敬地传颂它，欢欣地供奉它，对此我将能够怎么样呢！

## 【原文】

　　故君子不得已而临莅①天下，莫若无为②。无为也，而后安其性命之情，故贵以身于为天下，则可以托天下；爱以身为天下，则可以寄天下。故君子苟能无解③其五藏，无擢④其聪明，尸居而龙见⑤，渊默而雷声⑥，神动而无随，从容无为而万物炊累焉。吾又何暇治天下哉！

## 【注释】

①临莅：统管，治理。

②无为：无所作为，顺其自然。

③解：敞开。

④擢：提升。引申为有意显露。

⑤尸居而龙见：像受祭的活人那样安然不动地坐着，精神去像腾龙显现一般。

⑥渊默而雷声：像深渊一样深沉默默，像雷声一样在震动。

## 【译文】

所以君子是迫不得已才治理天下，最好的办法就是无所作为。无所作为之后才能使天下人的本性和真情得到稳定的保持。所以说，把自身看得比天下还重要的人，才可以把天下托付给他。把爱护自身看得比爱护天下还重要的人，才可以把天下寄付于他。因此，君子若不去敞开他的五藏欲望，不有意显露他的才华机智，像受祭的活人那样安然不动，而精神却像腾龙显现一般，身心安稳像深渊一般深沉默默，精神活动却像打雷一般震动天下。从容自在，无所作为，而万物则像炊烟游尘一样自由自在。我又何必抽出时间去治理天下呢？

## 【原文】

崔瞿①问于老聃曰："不治天下，安藏②人心？"老聃曰："女慎，无撄③人心。人心排下而进④上，上下囚⑤杀，淖约⑥柔乎刚强。廉刿雕琢⑦，其热⑧焦火，其寒凝冰。其疾俯仰之间而再抚⑨四海之外。其居也，渊⑩而静；其动也，县而天。偾骄而不可系⑪者，其唯人心乎！

昔者黄帝始以仁义撄人之心，尧舜于是乎股无胈⑫，胫⑬无毛，以养天下之形。愁其五藏⑭以为仁义，矜其血气⑮以规法度。然犹有不胜也。尧于是放讙兜于崇山⑯，投三苗于三峗⑰，流共工于幽都⑱，此不胜天下也。夫施及三王而天下大骇⑲矣，下有桀、跖，上有曾、史，而儒墨毕起。于是乎喜怒相疑，愚知相欺，善否相非，诞信相讥，而天下衰矣；大德⑳不同，而性命烂漫矣；天下好知，而百姓求竭㉑矣。于是乎斤㉒锯制焉，绳墨杀㉓焉，椎凿决㉔焉。天下脊脊㉕大乱，罪在撄人心。故贤者伏处太山嵁岩㉖之下，而万乘之君忧栗乎庙堂之上。今世殊死㉘者相枕也，桁杨者相推㉙也，刑戮者相望也，而儒墨乃始离跂攘臂乎桎梏之间㉚。意，甚矣哉！其无

愧而不知耻也甚矣！吾未知圣知之不为桁杨椄槢㉛也，仁义之不为
桎梏凿枘㉜也，焉知曾史之不为桀跖嚆矢㉝也！故曰：绝圣弃知而
天下大治。"

**【注释】**

①崔瞿：虚拟的人名。

②藏：乃，"臧"字之讹。"臧"是善的意思。

③撄：纠缠，扰乱。

④排：排斥，压抑。进：推进，提升。"排"和"进"分别喻指不得志之
时和得志之时；"下"和"上"则分别指两种心态，即颓丧、消沉和欢
欣、气盛。

⑤囚：拘禁。

⑥淖约：柔弱美好的样子。文内为"强"。

⑦廉：方正，有棱角，比喻品行端正，不随合世事。刿：割伤。雕琢：
犹言刻削。

⑧热：与下句的"寒"分别形容两种截然的心态，即情感激动和情
绪低落。

⑨疾：快速；这里指心境变化迅速。抚：临。

⑩渊：这里是深沉的意思。

⑪偾骄：骄矜而不可禁。系：缀连，这里含有拘绊的意思。

⑫股：大腿。胈：白肉。

⑬胫：小腿。联系上一句，"股无胈"与"胫无毛"都是用来形容劳累
奔波的。

⑭五藏：即五脏，这里泛指心胸和思想。

⑮矜其血气：指耗费了无数心血。矜，苦。

⑯讙兜：人名，传说跟尧作对，被尧放逐。崇山：地名，传说在当时中
原之地的南陲。

⑰三苗：帝尧时代的古国名，地处南方。三峗：又作"三危"，山名，
地处西北。

⑱共工：帝尧的水官。幽都：即幽州，地处北方。

⑲施（yì）：延续。三王：即夏、商、周三代。骇：惊骇。

⑳大德：指人的基本观念和生活态度。

㉑求竭：指永远不能满足。一说"求竭"即"纠葛"，与上句之"烂漫"对文。姑备参考。竭，尽。

㉒钘："斤"字之异体，即横口之斧。

㉓杀：疑为"设"字之误，处置的意思。"杀"，繁体写作"殺"。

㉔椎凿：穿孔的工具。决：打穿，引申指刑戮、处决。以上"钘锯""绳墨""椎凿"都是木匠的工具，借指伤害人和约束人的刑法和礼义。

㉕脊脊：相互践踏的样子。一说是渍乱的意思。

㉖伏处：隐居。嵁（kān）岩：深谷。

㉗乘（shèng）：古代一车四马为一乘。"万乘之君"指能统驭上万辆战车的国君，即大国的国君；这里泛指居于统治地位的诸侯。

㉘殊：断。"殊死"也就是斩首。

㉙桁（háng）杨：加在被囚禁者颈上和脚上的刑具。相推：一个挨着一个。

㉚离跂：奋力的样子。攘臂：举臂。桎（zhì）梏（gù）：脚镣手铐，用于拘系罪犯的刑具，这里喻指用来束缚人的真情本性的工具。

㉛椄（jié）槢（xí）："槢"通"楔"；"椄槢"就是连接脚镣或手铐左右两部分的插木。

㉜凿：孔。枘（ruì）：榫头，即插入孔中的木栓。

㉝嚆（hāo）矢：即响箭，这里含有导向、先导的意思。嚆，吼。

## 【译文】

崔瞿子向老聃请教："不治理天下，怎么能使人心向善？"老聃回答说："你应谨慎而不要随意扰乱人心。人们的心情总是压抑便消沉颓丧而得志便趾高气扬，不过消沉颓丧或者趾高气扬都像受到拘禁和伤害一样自累自苦，唯有柔弱顺应能软化刚强。端方而棱角外露容易受到挫折和伤害，情绪激烈时像熊熊大火，情绪低落时像凛凛寒冰。内心变化格外迅速转眼间再次巡游四海之外，静处时深幽宁寂，活动时腾跃高天。骄矜不禁而无所拘系的，恐怕就只是人的内心活动吧！

"当年黄帝开始用仁义来扰乱人心，尧和舜于是疲于奔波而腿上无肉、胫上秃毛，用以养育天下众多的形体，满心焦虑地推行仁义，并耗费心血来制定法度。然而他还是未能治理好天下。此后尧将谨兜放逐到南方的崇山，将三苗放逐到西北的三峗，将共工放逐到北方的幽都，这些就是没能治理好天下的明证。延续到夏、商、周三代更是多方面地惊扰了天下的人民，下有夏桀、盗跖之流，上有曾参、史鳍之流，而儒家和墨家的争辩又全面展开。这样一来或喜或怒相互猜疑，或愚或智相互欺诈，或善或恶相互责难，或妄或信相互讥刺，因而天下也就逐渐衰败了；基本观念和生活态度如此不同，人类的自然本性散乱了，天下都追求智巧，百姓中便纷争迭起。于是用斧锯之类的刑具来制裁他们，用绳墨之类的法度来规范他们，用椎凿之类的肉刑来惩处他们。天下相互践踏而大乱，罪在扰乱了人心。因此贤能的人隐居于高山深谷之下，而帝王诸侯忧心如焚战栗在朝堂之上。当今之世，遭受杀害的人尸体一个压着一个，戴着脚镣手铐而坐大牢的人一个挨着一个，受到刑具伤害的人更是举目皆然，而儒家墨家竟然在枷锁和羁绊中挥手舞臂地奋力争辩。唉，真是太过分了！他们不知心愧、不识羞耻竟然达到这等地步！我不知道那所谓的圣智不是脚镣手铐上用作连接左右两部分的插木，我也不明白那所谓的仁义不是枷锁上用作加固的孔穴和木栓，又怎么知道曾参和史鳍之流不是夏桀和盗跖的先导！所以说，'断绝圣人，抛弃智慧，天下就会得到治理而太平无事'。"

## 【原文】

黄帝<sup>①</sup>立为天子十九年，令行天下，闻广成子在于空同<sup>②</sup>之上，故往见之。曰："我闻吾子达于至道，敢问至道之精。吾欲取天地之精，以佐五谷<sup>③</sup>，以养民人。吾又欲官<sup>④</sup>阴阳以遂<sup>⑤</sup>群生，为之奈何？"广成子曰："而所欲问者，物之质<sup>⑥</sup>也；而所欲官者，物之残<sup>⑦</sup>也。自而治天下，云气不待族而雨<sup>⑧</sup>，草木不待黄而落，日月之光益以荒<sup>⑨</sup>矣。而佞人之心翦翦<sup>⑩</sup>者，又奚足以语至道！"

黄帝退，捐<sup>⑪</sup>天下，筑特室<sup>⑫</sup>，席白茅<sup>⑬</sup>，闲居<sup>⑭</sup>三月，复往邀之。

## 【注释】

①黄帝：轩辕氏，相传为中原部族的祖先。

②广成子：传说即老子，实为虚构的人物。空同：亦作"崆峒"，神话中的山名。

③佐五谷：即帮助五谷生长。佐，辅助。

④官：用作动词，主宰的意思。

⑤遂：顺应，顺着。

⑥质：正，本质。

⑦残：余剩，残损。

⑧族：聚集。雨：用作动词，指下雨。

⑨益：渐渐。荒：迷乱，晦暗。

⑩佞人：谗谄的小人。翦翦：心地狭劣。

⑪捐：弃置。

⑫筑特室：指为了避喧嚣而另辟静室。

⑬席：铺。白茅：古代祭祀时用于缩酒，这里取其洁白的特点，用以表示洁身自好。

⑭闲居：犹言独处；清心养性，因而杜绝与他人来往。

## 【译文】

黄帝做了十九年天子，诏令通行天下，听说广成子居住在空同山上，特意前往拜见他，说："我听说先生已经通晓至道，冒昧地请教至道的精华。我一心想获取天地的灵气，用来帮助五谷生长，用来养育百姓。我又希望能主宰阴阳，从而使众多生灵遂心地成长，对此我将怎么办？"广成子回答说："你所想问的，是万事万物的根本；你所想主宰的，是万事万物的残留。自从你治理天下，天上的云气不等到聚集就下起雨来，地上的草木不等到枯黄就飘落凋零，太阳和月亮的光亮也渐渐地晦暗下来。然而谗谄的小人心地是那么偏狭和恶劣，又怎么能够谈论大道！"

黄帝听了这一席话便退了回来，弃置朝政，筑起清心寂智的静室，铺着洁白的茅草，谢绝交往独居三月，再次前往求教。

## 【原文】

广成子南首而卧①，黄帝顺下风②膝行而进，再拜稽首③而问曰："闻吾子达于至道，敢问：治身奈何而可以长久？"广成子蹶然④而起，曰："善哉问乎！来，吾语汝至道：至道之精，窈窈冥冥⑤；至道之极，昏昏默默。无视无听，抱神以静，形将自正。必静必清，无劳汝形，无摇女精，乃可以长生。目无所见，耳无所闻，心无所知，女神将守形，形乃长生。慎汝内⑥，闭汝外，多知为败。我为汝遂于大明之上矣，至彼至阳之原⑦也，为汝入于窈冥之门矣，至彼至阴之原也。天地有官，阴阳有藏；慎守汝身，物将自壮。我守其一以处其和。故我修身千二百岁矣，吾形未常衰。"黄帝再拜稽首曰："广成子之谓天⑧矣！"

## 【注释】

①南首而卧：头朝南躺着。

②顺下风：从下方。

③稽首：叩头至地。

④蹶然：非常迅疾的样子。

⑤冥冥：昏暗。

⑥内：内心世界。

⑦原：本原。

⑧天：与自然浑然一体。

## 【译文】

广成子头朝南躺着，黄帝跪着进来，叩头触地行完大礼后说："我听说您精通大道，请问怎样修身才能长久？"广成子迅速地起身，说："问得好啊！过来！我告诉你大道。大道的核心，昏昏暗暗；大道的极尽，晦涩沉寂。什么都不看，什么都不听，持守着精神的安宁，你的躯体自然健康。一定要寂寂，一定要清静，不要劳累你的身形，不要动摇你的精神，你才会生长。眼睛不要看什么东西，耳朵不要听什么东西，内心不要有什么智巧，让你的精神守护你的形体，这样你才会长生。坚守你的内心世界，排除外物的干扰，智巧多会败坏你的修为。我帮助你达到光明的境界，使你达到'至阳'的本原。我帮助你进入到深远的境界，使你达到'至阴'的本原。天地都有所主宰，阳和阴各有其居所，慎重地持守你的身躯，万物会自然地生长繁盛起来。我执守'至道'的纯一，把握'至道'的和谐，所以我修身至今已有一千二百多年，而我的身躯却没有衰老。"黄帝再次叩头行礼说："广成子真可谓与自然浑然为一体了。"

## 【原文】

广成子曰："来，余语汝：彼其物无穷，而人皆以为有终；彼其物无测，而人皆以为有极。得吾道者，上为皇而下为王；失吾道者，上见光而下为土。今夫百昌①皆生于土而反②于土。故余将去汝，入无穷之门，以游无极之野。吾与日月参③光，吾与天地为常。当我缗④乎，远我昏⑤乎！人其尽死，而我独存乎！"

云将⑥东游，过扶摇⑦之枝而适遭鸿蒙⑧。鸿蒙方将拊脾⑨雀跃而游。云将见之，倘然止，贽然⑩立，曰："叟何人邪？叟何为此？"鸿蒙拊脾雀跃不辍⑪，对云针曰："游！"云将曰："朕愿有问也。"鸿蒙仰而视云将曰："吁！"云将曰："天气不和，地气郁结，六气不调，四时不节。今我愿合六气之精以育群生，为之奈何？"鸿蒙拊脾爵跃掉头曰："吾弗知！吾弗知！"云将不得问！

## 【注释】

①百昌：百物昌盛。

②反：通"返"。

③参：同辉。

④缗：不在意，无所察觉。

⑤昏：同缗。

⑥云将：云的主帅。庄子虚构的人物。

⑦扶摇：一种神树。

⑧鸿蒙：自然的元气。庄子虚构的人物。

⑨拊脾：拍击大腿。

⑩赟然：站立不动的样子。

⑪辍：停止。

## 【译文】

广成子说："过来！我告诉你，宇宙间的事物是无穷无尽的，而人们都认为会有尽头。宇宙间的事物是高深莫测的，而人们都认为有极限。领悟我的道的人，上可以成为皇帝，下可以成为王侯。丧失了我的道，上可以见到日月之光，下可以化为尘土。如今百物昌盛都生长于大地而复归于大地，所以我将离开你，进入到无穷的境界，遨游于没有边际的旷野。我将与日月同辉，我将与天地并寿。迎我而来，我不在意；离我而云，我也不在意。人们都死去，唯独我会永存！"

云将去东方游历，经过扶摇神树的枝旁时正好遇到鸿蒙。鸿蒙正在拍着大腿跳跃着游玩。云将见到他，惊疑地停下来，一动不动地站着问："老先生是什么人？怎么会这样？"鸿蒙拍着大腿跳跃不停，对云将说："游玩啊！"云将又说："我想向您请教。"鸿蒙抬头看看云将说："啊！"云将说："上天之气不和谐，地上之气有郁结。六气不顺畅，四季变化不合节时。如今我想融合六气的精华去养护众生灵，怎么样去做呢？"鸿蒙拍着腿跳跃着回过头来答："我不知道！我不知道！"云将没有得到答案。

## 【原文】

又三年，东游，过有宋之野，而适遭鸿蒙。云将大喜，行趋而进曰："天①忘朕邪？天忘朕邪？"再拜稽首，愿闻于鸿蒙。鸿蒙曰："浮游不知所求，猖狂②不知所往。游者鞅掌③，以观无妄。朕又何知！"云将曰："朕也自以为猖狂，而民随予所往；朕也不得已于民，今则民之放④也！愿闻一言。"

鸿蒙曰"乱天之经⑤，逆物之情，玄天弗成，解兽之群而鸟皆夜鸣，灾及草木，祸及止虫⑥。意！治人之过也。"云将曰："然则吾奈何？"鸿蒙曰："意！毒哉！仙仙乎归矣。"云将曰："吾遇天难，愿闻一言。"

【注释】

①天：指鸿蒙。云将将其尊如上天。

②猖狂：漫不经心，随意活动。

③鞅掌：众多，纷扰。

④放：仿效。

⑤经：纺织物上的纵线，引申为常规。

⑥虫蛮："虫"同"豸"，无脚的虫子。

【译文】

又过了三年，云将再次巡游东方，路经宋国的原野，恰好遇到鸿蒙。云将非常高兴，赶忙上前说："您忘记我了吗？您忘记我了吗？"再次叩头行礼，希望鸿蒙教导。鸿蒙说："随便游巡，不知道求取什么。散散漫漫，不知道去哪里，游于纷纷扰扰之中，去体察宇宙的本真，我又知道什么。"云将说："我也自认为无所用心，可百姓们却追随在我身后，我不得已同人民联系，现在又被人民仿效。想听听您的见解。"

鸿蒙说："扰乱了自然的常规，违背了事物的本性，自然的原貌被破坏了。野兽离散，鸟儿夜啼，草木遭灾，虫子遭难。噫！这是治理人民的罪过啊！"云将说："那么我该怎么办？"鸿蒙说："噫！你中毒太深了，快点就这样回去吧！"云将说："我遇到您很不容易，想听听您的见解。"

【原文】

鸿蒙曰："意！心养①！汝徒处无为②，而物自化。堕尔形体，吐尔聪明③，伦与物忘，大同乎涬溟④，解心释神，莫然无魂。万物云云，各复其根，各复其根而不知。浑浑沌沌，终身不离⑤。若彼知之，乃是离之。无问其名，无阒⑥其情，物固自生。"云将曰："天降朕以德，示朕以默。躬身求之，乃今也得。"再拜稽首，起辞而行。

世俗之人，皆喜人之同乎己而恶人之异于己也。同于已而欲之，异于已而不欲者，以出乎众为心也。夫以出乎众为心者，曷常⑦出乎众哉？因众以宁所闻，不知众技⑧众矣。而欲为人之国者，此揽⑨乎三王之利而不见其患者也，此以人之国侥倖也，几何侥倖而不丧人之国乎？其存人之国也，无万分之一；而丧人之国也，一不成而万有馀丧矣！悲夫，有土者⑩之不知也！

## 【注释】

①心养：养心。即凝神清心，摒除杂念。

②汝徒处无为：你只要处心任顺。

③吐尔聪明：吐当作"杜"，杜塞听觉、视觉。

④滓溟：自然之气。

⑤离：违背。

⑥阚：窥视。

⑦曷常：何尝。

⑧众技：众人的智慧。

⑨揽：把持。

⑩有士者：指拥有国土的君王。

## 【译文】

鸿蒙说："噫！你去养心吧！你只要顺应自然无所作为，万物就会自生自灭。毁掉你的形体，杜塞你的听觉、视觉，常规和万物一起被忘记，与自然之气相融通，解除你的心虑，释放你的精神，无所用心而内心混沌。万物纷纭复杂，各自返归它的根本，各自返回根本而不带智巧，混混沌沌保持真性，终身不相违背。假如使用智巧，就会违背本真。不要询问它的名称，不要窥究它的实情，万物本来是会自然生长。"云将说："你把道理传授给了我，告诉我要持守虚静，亲自去追求，今天才得到这个道理。"再次叩头行礼，起身告辞而去。

世俗上的人，都喜欢别人与自己相同，不喜欢别人与自己不同，希望别人与自己相同而不希望别人与自己不同的人，是想出人头地，以出人头地为目的的人，又何尝能超越众人呢？因为得到大家的认同而心安，但并不如大家的智慧多。想要成为别人君王的人，他们是把持了夏、商、周三代帝王的利益，而看不到后患的人。这样做是凭借国家的权力来侥幸谋取个人的利益，而这种侥幸谋利又不丧失国家的人又有多少呢？他们中能保持住国家权力的人，还不到万分之一；而丧失掉国家权力的人，自己一无所成还留下了万般祸患，可悲啊！拥有国土的君王们实在不明智啊！

## 【原文】

夫有土者，有大物①也。有大物者，不可以物②物而不物③，故能物物④。明乎物物者之非物也，岂独治天下百姓而已哉！出入六合，游乎九州⑤，独往独来，是谓独有⑥。独有之人，是谓至贵。

大人⑦之教，若形之于影，声之于响⑧。有问而应之，尽其所怀，为天下配⑨。处乎无响，行乎无方。挈汝适复之挠挠⑩，以游无端，出入无旁⑪，与日无始。颂论⑫形躯，合乎大同。大同而无己。无己，恶乎得有有⑬。睹有者，昔之君子；睹无者，天地之友。

## 【注释】

①大物：旧注指至高无上的人物，疑非是，联系下一句，当从字面讲，"有大物"即拥有万物。

②这句之"物"字用表被动，即"为物所用"之意。

③这句里有两个"物"字，前一个表主动，后一个表被动，"物而不物"是说用物而又不为外物所用。

④物物：物使天下之物；前一"物"字用作动词。

⑤九州：其所指历来含义不定，这里可以理解为当时中原一带人们熟悉的地域。

⑥独有：指不为外物所拘滞。

⑦大人：即上句的"至贵"的人。

⑧响：回声。

⑨配：匹对，这里指应答；问话者为主，应答者则为匹对。

⑩挈：提。适复：往返。挠挠：纷纷。

⑪旁：依。

⑫颂论：容颜、谈吐。颂，容。论，语。

⑬这句里有两个"有"字，其中前一"有"字是动词，据有、持有的意思；后一"有"字用作名词，指存着的各种物象，包括自身的形躯。下一句之"有"字则同于本句后一"有"字的用法。

## 【译文】

　　拥有土地的国君，必然拥有众多的物品。拥有众多的物品却不可以受外物所役使，使用外物而不为外物所役使，所以能够主宰天下万物。明白了拥有外物又能主宰外物的人本身就不是物，岂止是治理天下百姓而已啊！这样的人已经能往来于天地四方，游乐于整个世界，独自无拘无束地去，又自由自在地来，这样的人就叫作拥有万物而又超脱于万物。拥有万物而又超脱于万物的人，这就称得上是至高无上的贵人。

　　至贵之人的教诲，就好像形躯对于身影，传声对于回响。有提问就有应答，竭尽自己所能，为天下人的提问做出应答。处心于没有声响的境界，活动在变化不定的地方，引领着人们往返于纷扰的世界，从而遨游在无始无终的浩渺之境，或出或进都无须依傍，像跟随太阳那样周而复始地没有尽头；容颜、谈吐和身形躯体均和众人一样，大家都一样也就无所谓自身。无所谓自身，哪里用得着具有各种物象！看到了自身和各种物象的存在，这是过去的君子；看不到自身的各种物象的存在，这就跟永恒的天地结成了朋友。

## 【原文】

　　贱而不可不任者，物也；卑而不可不因①者，民也；匿而不可不为者，事也；粗②而不可不陈者，法也；远而不可不居③者，义也；亲而不可不广④者，仁也；节而不可不积者，礼也；中而不可不高⑤者，德也；一而不可不易者，道也；神而不可不为者，天也。故圣人观于天而不助，成于德而不累⑥，出于道而不谋，会于仁而不恃，薄于义而不积，应于礼而不讳，接于事而不辞，齐⑦于法而不乱，恃于是民而不轻⑧，因于物而不去。物者莫足为也，而不可不为。不明于天者，不纯于德；不通于道者，无自而可⑨；不明于道者，悲夫！

## 【注释】

① 因：顺应。

② 粗：不周全。

③ 居：恪守。

④ 广：推广。

⑤ 高：尊崇。

⑥ 累：受拘束。

⑦ 齐：取齐。

⑧ 轻：随意役使。

⑨ 无自而可：没有什么事情可以办成。

## 【译文】

低贱但不可不凭借的是万物；卑下但不可不顺应的是百姓；隐藏但不可不做的是事情；粗略但不可不说的是效法的语言；遥远但不可不恪守的是道义；亲近但不可不推广的是仁爱；小节但不可不增多的是礼仪；顺从而不可不尊崇的是道德；同一而不可不变化的是大道；玄妙而不可不顺从的是自然。所以，圣人体察自然但不去扶助，行为出于德而不受拘束，行为出于道而不去思考，符合于仁义但不去依靠它，靠拢了道义但不去保留它，应合了礼仪但又不回避什么；接触了外物又不离弃什么，取齐了法度而不妄为，凭借了百姓而不随意役使，遵从了事物而不离弃。不懂得道的人，没有什么事情可以办成；不通晓道的人，真是可悲啊！

## 【解析】

《在宥》以篇首句中二字名篇。本篇较长，内容也较杂。大体说来，全篇的基本宗旨是发挥无为而治的思想。开头提出"闻在宥天下，不闻治天下也"，是全篇的总纲，以下各段大体围绕这个纲领展开。

第一段为议论，认为对天下不是要治理，而是要保持其自然本性。治天下，不管是治理得好，还是治理得坏，都会破坏人的自然本性，人的本性一旦被破坏，就是尽天下之力去赏罚，也无法挽回。如果失去本，聪明仁义礼乐圣知都可成为乱天下的因素。因此，君子如果逼不得已而莅临天下，就要实行无为而治。第二段通过老聃回答崔瞿子"不治天下，安藏人心"之问展开，核心是讲不要扰乱人心。认为社会对人的教化赏罚，不但不能使人向善，还会造成"喜怒相疑，愚知相欺，善否相非，诞信相讥"，"天下脊脊大乱"，以至于被杀头者尸体堆垒，戴刑具者相推于道路。认为仁义之类说教不过是暴君大盗的先声，绝圣弃知，方能天下大治。第三段，黄帝与广成子对话，认为治天下破坏了自然的和谐，造成"云气不待族而雨，草木不待黄而落"，是违背"至道"的。"至道"深远暗昧，昏暗静默，看不见听不着，只有抱神守形，不为外物扰乱心神，才能与"至道"冥合。所以知"至道"必先治身。此段讲长生、养身内容，有浓厚的神仙家色彩。第四段记述云将与鸿蒙的故事，极言有为之害，宣扬"堕尔形体，吐尔聪明"，与自然元气同一，处无为而物自化。第五段为议论，讲述为人治国而使国家得以保存的，万不得已。因此，拥有国土之诸侯，应不以有国为意，有同于无，才能不生私欲骄矜之心，不为有国之心所役使，而为天地万物之主宰。第六段为议论，讲述天道与人道的关系，天道无为而人道有为，天道为主而人道为辅，强调天道，亦不抹灭人道。其中抽象议论，有调和道、儒、法思想之倾向，和庄子的一贯思想有较大距离，有人以为是后世儒者所加。

## 【证解故事】

### 宓子贱仁政爱民

鲁国国君任命宓子贱为单父（今山东单县一带）宰。上任前，他访贤问能，求教施政之道。孔子对他说："执政者不要随便迎合人和拒绝人，也不要随意责怪人和许诺人。轻易许诺会丧失节操，一概拒绝就会疏远众人，结果必然闭塞视听。"宓子贱点头，一一记在心里。

宓子贱上任途中，单父的官吏大户、士绅名流争出城迎接，闹得车盖如云，尘土飞扬。他急忙催促车夫避开，不愿意见这些人。他来到衙门，地方官吏都来拜见。他一一交谈，并吩咐跟随而来的鲁君的亲信作记录。当那个亲信提笔时，宓子贱暗中扯他的臂肘，然后怒斥他说："你连这么一点小事也干不成，留在单父有什么用？"

鲁君亲信一气之下跑回国都，向鲁君说了许多宓子贱的坏话。鲁君不解，询问孔子。孔子笑着说："宓子贱满腹经纶，雄才大略，君王任命他做单父宰却又派亲信监视他，使他难以放开手脚施政。宓子贱扯肘，其用意是向国君劝谏吧。"

鲁君恍然大悟，急忙派人飞马单父，准宓子贱大胆处理政务。

宓子贱实施仁政，宽厚爱民，政务处理得井井有条，自己重任在肩却若无其事，悠然自得。他在城南筑了一个琴台，经常鸣琴唱和，把单父治理得很出色，人们称赞他"身不下堂，鸣琴而治"。

表面上看，宓子贱是无为而治，实际上他的见解非常高明。一次齐国军队打鲁国，大军经过单父。当时正值麦熟季节，齐军将临，城外百姓的麦子收割已经来不及了。有人建议，放城里的人出去，谁收割了归谁。这样能很快收完，而不让敌军得到一点军粮。宓子贱不顾下属官吏的多次请示，坚决反对。不久，齐军来了，抢割了许多麦子。鲁国大夫季孙听到这件事非常恼火，责备他说："百姓辛苦种的麦子，你拦着不让城里人收割，反倒留给敌国的军队，岂不太令人痛心了吗？如果敌军突至，尚可原谅。可是，有人多次向你建议，你都不答应，难道这是为国家着想吗？"宓子贱笑了笑，意味深长地说："今年的麦子被齐军割了，明年还可以种。如果敌军一来，就让不种田的人任意收割别人的庄稼，岂不助长了这些人盼望敌军的心理？况单父一季小麦，鲁国收了不见得因此而富，丢了也弱不了许多。如果因此鼓励百姓不劳而获，去抢别人的劳动果实，给百姓心理上造成的坏影响，就不是三五年所能消除的。"

听了这番话，季孙才知道宓子贱考虑的是社会道德风尚这件大事，钦佩他见识深，看得远。宓子贱施政，学习尧、舜任贤使能。他说自己靠的是知人善任，任力者自己辛苦，任贤者自己轻松。他认为自从任单父宰以来，学过的知识能够实行，因而学识更加长进；薪俸有余可照顾亲邻，亲邻关系密切了；公务闲暇中能去走亲访友，朋友间的情谊也更深厚了。

孔子听了十分高兴，称赞他才智过人，有君子风范。

后人对宓子贱分外推崇。唐代诗人李白登上琴台，挥笔写道："筑台像半月，回向高城隅。置酒望白云，商飙起寒梧。秋山入远海，桑柘罗平芜。水色渌且明，令人思镜湖。"高适在《宓公琴台诗》中写道："宓子昔为政，鸣琴登此台。琴和人亦闲，千载称其才。"

## 曹操以义动人

曹操在消灭吕布的战争结束后，得到了许多有用之才。臧霸等人就是此时收降的。对这些人的任用方法与态度也在一定程度上体现着一个领导者是否具备王者之风。

臧霸、孙观、吴敦、尹礼原为陶谦部将，陶谦死后他们成为泰山郡一带的地方割据势力，附吕布。吕布败亡后，臧霸逃往他处躲藏起来，曹操把他找到，给予款待，让他去招降吴敦、尹礼、孙观等人。然后，曹操将这些人全都任为郡守、国相，划出青州、徐州靠海的一些地方，委托他们管理，从琅琊郡、东海郡和北海郡中分出部分地方，设立了城阳郡、利城郡和昌虑郡，让臧霸做了琅琊相，吴敦做了利城太守，尹礼做了东海太守，孙观做了北海国相。

此外，曹操还通过臧霸收降了徐翕和毛晖。徐翕、毛晖原为曹操部将，后来背叛曹操投奔了臧霸。曹操让刘备给臧霸传话，让他把这两个人的头颅割下送来。臧霸不同意，对刘备说："我之所以能够自立，就是因为我不肯去做这一类不义的事情。我受曹公之恩，不敢违命，但建立霸王之业的人是可以义动之的，希望将军能够替我去说明一下。"

刘备将臧霸的话转告了曹操，曹操大为感叹，立即召见臧霸，对他说："这是古人才能做到的事情，而您却做到了，这正是我所希望的啊！"

于是不仅不再追究徐翕、毛晖的罪过，还任命他们为郡守，加以重用。

显然，曹操在这时若执意命臧霸按照他的话去做，他在臧霸及时人眼中的形象或地位就会是另一番景象了。这就从某一点说明了曹操是一个可以"以义动之"的建立霸业之人。

其实，很多志向高远之士，都是可以用道义感召的。

曹操调董昭提任徐州牧一事就说明此理。袁绍派遣大将颜良攻打东郡，曹操又调董昭担任魏郡太守，跟随曹操征讨颜良。颜良死后，曹操进军包围邺城。当时袁绍同族人春卿担任魏郡太守，在邺地时，他的父亲元长在扬州，曹操派人迎来。董昭写信给春卿说："听说孝顺的人不背离父母去获得功利；仁义的人不背弃君王来谋求私利，有志之士不趁局时动乱而侥幸获取成功，聪明的人不以虚假奸诈之道而危害自己。您的父亲过去躲避内乱，南游百越一带，并非疏远儿女，而是陶醉于吴国的山水。明哲的人见识深远，认为这样做是很恰当的。曹操怜惜他坚守志向，离群索居，听以特地派使者前往江东，迎来送往，现在快到此地了。即使你处于偏僻平静的地方，依赖有仁义道德的主人，位置像泰山一样稳固，身体像乔松那样挺健，从道义来说，仍然应当离开，舍弃百姓而侍奉父亲。况且邾仪父开始同隐公结盟时，鲁人虽褒奖他，但不记录爵位。然而凡未经君王下令，不能尊以爵位，这是《春秋》所阐明的大义。何况你现在所依托的是一个危机之国，接受的是假托的命令呢？如果与不逞之徒为伍，而自己父亲的安危却不能体恤，不能说是孝；忘记祖宗所居住的是汉朝，安于担任不是正道的伪职，很难说是忠。忠孝都已废除，说不上是智。再说你曾经被曹操以礼相召，你亲近同族人而疏远父母，依靠袁绍而远离王室，留恋不正当的俸禄而背叛知己，远离幸福而接近危亡，抛弃明白的道义而蒙受大辱，不是很可惜吗！如果你能迅速改过，辅佐皇帝奉养父亲，跟随曹公，忠孝都不丧失，荣誉功名都很显赫，你应该考虑长远计划，早日决出上策。"邺城平定后，任命董昭为谏议大夫。

## 秦穆公不爱良马爱百姓

秦穆公是春秋五霸之一。他治国有方，处理政事井井有条，而且他很注意施恩布惠，笼络百姓。

秦穆公养有一匹千里马。这匹良马是西方很远的少数民族进献给秦穆公的，因此他格外钟爱，不但给马新盖了马厩，而且给它配备了宝石马鞍，并专门派了几名马夫尽心尽力侍候它。

千里马长得膘肥体壮，但整天被关在马厩里，它也觉得发闷。有一天，一个马夫不小心，没把马厩门关好，千里马偷偷跑了出去，一会儿就跑到了城外。

这时，一群饥饿的老百姓看见了它，围了上来。千里马整天有人侍候，没想到有人会伤害它，结果被饥民抓住了。这些老百姓已经好几天没吃饭了，三下五除二将马杀了，熬成肉汤，狼吞虎咽地吃了起来。

马夫发现马丢了，大惊失色，连忙报告上司。上司一听，马上派人到处寻找。秦王喜爱的千里马丢了，那还了得！一旦国君怪罪下来，谁也担当不起。但是，马是不可能找回来了。找马的人带着一堆马骨马皮，押着一群百姓，垂头丧气地回来了。

官吏问明情况，马上报告秦穆公。这些百姓竟敢吃国君的千里马，谁都认为死罪难逃，没想到秦穆公听后，沉吟了半晌，说："把他们放了！"

"可是，他们吃了您的千里马呀！"一个官吏说。

秦穆公解释道："君子不能为了牲畜而害人，别为难他们了！"他又补充说："我听说吃过马肉而不喝酒，对身体不好。送些酒给他们，让他们走吧！"

过了几年，秦国发生饥荒，晋国乘机入侵，秦穆公率大军拼命抵抗。这时，有三百名勇士主动要求参战，原来他们就是几年前吃掉千里马的那群百姓。秦穆公被晋军包围，身上也受了伤。这时，勇士们护住秦穆公，拼死冲杀。晋军抵挡不住，开始后退。秦穆公乘机率兵追杀，结果不但转危为安，还大败晋军。

秦穆公不爱良马爱百姓，关键时刻救了自己一命。

## 孟子仁义谏宣王

齐宣王一心想称霸天下，便问计于孟子说："先生，有什么妙计可以助我统一天下吗？"

孟子觉得眼下人民生活很是困苦，应该批评齐宣王一番。但齐宣王是个爱听奉承话的国君，如果说他不爱护老百姓，准会被他轰出王宫，因此孟子不动声色地说："在我回答大王的这个问题之前，我想先问大王一件事，行吗？"

"什么事呀？"齐宣王好奇地问。

"我听说，有一回新钟铸成，准备杀牛祭钟，您因为看见好好的一头牛无罪而被杀，感到不忍，结果没杀那头牛，是有这么一回事吧？"

齐宣王想，这孟老夫子还记得我的这件善事呢，心里当然很高兴，忙回答说："是呀！是有这么一回事。"

孟子说："大王，这就是恻隐之心哪！凭你这副善心肠，便可以行王道，统一天下！"

齐宣王更乐了："对，您接着说下去。"

孟子又说："问题是您肯不肯干罢了。比如有人说：'我力能举起千斤东西，但却举不起一根羽毛；眼睛能看得清毫毛，但却看不见满车的柴火。'您相信这话是真的吗？"

齐宣王不禁哑然失笑："哈！我怎么能相信这种话呢？"

孟子也笑道："这就对啦！所以如果有人说，大王您能用好心对待牛，却不能用这种好心去爱护百姓，这也同样叫人不能相信。这就和不肯举一根羽毛和看不见一车柴火一个样。现在，老百姓之所以流离失所不能安居乐业，这是您根本不去关心的缘故，而不是能不能干的问题。所以我说，您能行王道，能统一天下。问题是您不干，不是不能啊!"

孟子以奉承做批评的陪衬,使之相得益彰,浑然一体。在这样的气氛下,齐宣王就没有对孟子产生恶感,而是欣然接受了他的批评。

一次,齐宣王问孟子:"请问先生,和邻国相交,有什么原则和方法吗?"

孟子答道:"有的。只有仁爱的人才能够以大国的身份来帮助小国,只有聪明的人才能够以小国的身份依靠大国。以大国身份帮助小国的,是无往而不快乐的人。无往而不快乐的人足以安定天下,谨慎畏惧的人足以保护住自己的国家。"

齐宣王说:"我有个毛病,很喜爱钱财,实行仁政恐怕有困难吧。"

孟子说:"从前,周朝的公刘也喜爱钱财。《诗经·大雅·公刘》上写道:'粮食真多,外有囤,内满仓;还包裹着干粮,装满囊。装满囊,人民团结,国威发扬,箭上弦,弓开张,其他武器也上场,浩浩荡荡向前方。'因此留在家里的人有积谷,行军的人有干粮,这才能率领军队前进。如果大王您喜爱钱财,能跟百姓一道,那对于实行仁政统一天下,有什么困难呢?"

齐宣王不好意思地说:"我还有个毛病,很喜爱女人,实行仁政怕有困难吧?"

孟子答道:"从前周王也喜爱女人,十分疼爱他的妃子。《诗经·大雅·帛》上写道:'古公亶父清早便跑着马,沿着州地西边溪水河岸来到岐山之下。还带领着他的妻子姜氏女,都来这里视察住处。'在这个时候,天下没有找不着丈夫的老姑娘,也没有找不着妻子的单身汉。大王如果喜爱女人,能跟百姓一道,那对于实行仁政统一天下,有什么困难呢?"

## 智慧是无价之宝

人的智慧的力量是无穷的,只要能好好地利用就能够去伪存真,智慧的发挥对于我们分析纷繁复杂的事实,起到了很关键的作用。有人说,智慧比宝石的价值还高;也有的人说,智慧的价值胜于世上已开采的全部黄金。所以我们一生的真正目标是理解一切,求取智慧。

毕矮是一位足智多谋的人。一天，他的一个在县衙中管事的朋友，请他到县衙门去一趟，原来是刚刚上任不久的黄知县的大印不翼而飞了。

知县怀疑是狱吏胡某偷的。此人生性贪财，常徇私枉法。为此知县对他进行过斥责，故而胡某对知县心怀不满，为了报复，胡某与掌印的人交了朋友，并趁此人外出之机，盗走了大印。

案发后，知县将贴心的部下叫来商议，都觉得很棘手，因为胡某没有留下任何证据。若是将他抓起来，他必定矢口否认；逼得过急，他就会把大印丢掉，那时也无法证明他有罪。这样不仅大印找不回来，而且丢印的责任还须知县承担，轻则罢官，重则定罪。但如果把胡某请来，好言相劝，胡某也不可能承认作案。因为他深知知县执法严明，对作案人切齿痛恨。为此，知县的部下们绞尽脑汁，冥思苦想，但还是觉得无计可施。最后，只好把号称"智多星"的毕矮请来帮忙。

毕矮听说黄知县是个清廉的官员，于是他满口答应全力帮忙。毕矮沉思片刻后，对愁眉不展的知县说道："大人不必再担心了，依我之计，你明日起开始称病，三日内不见客，不升堂，不批文。三天后，我自有良策，拿回县印。"知县听了满心欢喜，连连致谢。

第三天夜里，县衙突然起火，全城为之震动。知县令所有的衙役前来救火，一时间，锣鼓喧天，人声鼎沸，胡某也应召而来。他匆匆赶来后，知县马上把他叫来说："救火者人多手杂，我将亲临指挥，你不必回去。现在本县将县印托付与你，望你妥为保管，若安然无恙，即是救火之功。"

说完，知县飞快离去。胡某也没有多想，便把官印盒接了过来。这时他忽然发现，盒子没有上锁，顿时他恍然大悟，原来中计了。他不禁脸上发麻，心中暗暗叫苦，一旦他把盒子交还知县，就得当众打开，如果里面的官印不见了，那县官就必然咬定是他偷走了。在万般无奈的情况下，胡某只得带印盒溜回家中，把他偷走的大印重新放进盒子里。大火在当夜被扑灭了。第二天，知县召集所有的衙役，要对他们奖赏，胡某也捧着官印忐忑不安地来了。知县当场打开了盒子，只见大印完好无损地放置在其中，知县一见暗暗佩服毕矮的高明，但表面上他却装作若无其事的样子，也给了胡某一份赏钱。

毕矮的办法真是让人佩服，此计的关键在于明知对方的谬误，却不当面戳穿，而是用其人之道还治其人之身，让他尝一下自己的谬误带来的苦果，从而改误归正。

# 天　地

## 【原文】

天地虽大，其化均也①；万物虽多，其治②一也；人卒③虽众，其主君也。君原于德而成于天④，故曰：玄古之君天下，无为也，天德而已矣。

以道观言⑤而天下之君正，以道观分而君臣之义明⑥，以道观能而天下之官治，以道泛观⑦而万物之应备。故通于天地者，德也；行于万物者，道也；上治人者，事也⑧；能有所艺者，技也，技兼于事，事兼于义，义兼于德，德兼于道，道兼于天，故曰：古之畜天下者，无欲而天下足，无为而万物化，渊静而百姓定。记曰："通于一而万事毕，无心得而鬼神服。"

## 【注释】

①其化均也：它的变化是均衡的。

②治：指条理。

③人卒：指百姓。

④原于德而成于天：原，本原。德，自德。天，自然。

⑤以道观言：从道的观点来看称谓。言，称谓。

⑥而君臣之义明：义，道义。明，分明。

⑦泛观：遍观。

⑧事也：各司其事。

## 【译文】

天地虽然大，但它们的运动变化却是均匀平衡的。万物虽然众多，它们的条理却是一致的。百姓虽然多，但他们的主宰是君王。国君要顺应事物的本原而成事于自然。所以说，远古的君主统治天下，一切自然无为，任其变化罢了。

从道的观点来看待称谓，天下的名称都合理；用道的观点来看待职分，君臣各自的道义就分明；用道的观点来看待才能，天下的官员都会尽职；用道的观点来遍观事物，则万物自得又自足，所以通达于天的是道；顺应于地的是德；周行于万物的是义；在职位上百姓的是各司其职；才能可以充分发挥的是技巧。技艺合于事体，事体合于义理，义理合于德，德合于道，道合于自然。所以说，古代养育天下的人，没有什么奢求却能使天下富足，无所作为而任万物自然变化，深沉虚静而使百姓安定。《记》中记载："通晓大道则万事可成，无心获取则鬼神折服。"

## 【原文】

夫子①曰："夫道，覆载万物者也，洋洋②乎大哉，君子不可以不刳心③焉。无为为之④之谓天，无为言之之谓德，爱人利物之谓仁，不同同之⑤之谓大，行不崖异⑥之谓宽，有万不同⑦之谓富。故执德之谓纪，德成之谓立，循于道之谓备，不以物挫志之谓完⑧。君子明于此十者，则韬⑨乎其事心之大也，沛⑩乎其为万物逝也。若然者，藏金于山，藏珠于渊；不利货财，不近贵富；不乐寿，不哀夭；不荣通，不丑穷⑪。不拘一世之利以为己私分⑫，不以王天下为己处显。显则明。万物一府，死生同状。"

夫子曰："夫道，渊乎其民也，澡⑬乎其清也，金石不得无以鸣。故金石有声，不考⑭不鸣。万物孰能定之⑮！"

## 【注释】

①夫子：指庄子。

②洋洋：盛大的样子。

③刳心：掏空心胸，排除杂念。刳，剖开挖心。

④无为为之：以"无为"态度"为之"。

⑤不同同之：使不同的事物回归于同一的本性。

⑥崖异：指与众不同。伟岸，奇异。

⑦有万不同：内心包含万种差异。

⑧完：完美无缺。

⑨韬：容藏。

⑩沛：水流湍急的样子。

⑪不丑穷：不以困乏为耻辱。

⑫私分：个人分内的。

⑬漻（liú）：清澈的样子。

⑭考：敲打。

⑮万物孰能定之：万物的感应谁能够确定。

## 【译文】

先生说："覆盖和托载万物的道，是多么广阔而盛大啊！君子不能不挖空心胸，排除杂念。无所作为地去做，叫作自然；无所作为地表达，叫作德；给人带来慈爱，给万物带来利益叫作仁；使不同的事物归于同一的本性叫作大；行为与众不同叫作宽容；内心包含了万种差异叫作丰富。所以，执守自然的禀赋叫作纲纪；以道德去实践就是立身社会建功立业；遵循于道就是完备；不因外物而挫伤志向是完美无缺。君子若是理解了这十个方面，也就包含建功立业的远大心志，像湍急的流水一样汇集一处成为万物的归向。像这样，就会隐藏金子于深山，沉溺珠宝于深渊，不贪图财物，不趋求贵富，不以长寿为乐，不以短寿为悲，不以通达为荣耀，不以困乏为耻辱，不谋取天下的利益作为个人的私利，不以称王于天下作为显赫的资本。显耀就是向外彰明，但世上万物终会归于一体，生与死同一，并无差别。"

先生说："道，居住如深渊，清澈而又清流。钟磬之类的乐器，不合于道，就无法发出声响。所以钟磬不敲击，它便不会作响，万物的感应，谁能够准确把握呢！"

## 【原文】

"夫王德①之人，素逝而耻通于事②，立之本原而知通于神③，故其德广。其心之出，有物采之④。故形非道不生，生非德不明，存形穷生⑤，立德明道，非王德者邪？荡荡乎⑥！忽然出，勃然动，而万物从之乎！此谓王德之人。视乎冥冥⑦，听乎无声。冥冥之中，独见晓⑧焉；无声之中，独闻和⑨焉。故深之又深，而能物焉⑩；神之又神，而能精焉⑪。故其与万物接也，至无而供其求，时骋而要其宿⑫，大小长短修⑬远。"

## 【注释】

①王德：盛德。

②素逝而耻通于事：素，虚怀。逝，游。指虚怀而游，以通晓细琐之事为耻。

③神：神秘之境。

④有物采之：有外物感应它。

⑤存形穷生：保全形体延续生命。

⑥荡荡乎：浩渺盛大的样子。

⑦冥冥：幽暗、深渺的样子。

⑧晓：明晓。

⑨和：唱和，应和。

⑩能物焉：能够从中产生万物。

⑪能精焉：即能够从中产生出精神。

⑫骋：驰骋，纵放。要：总，求。宿：会聚，归宿。

⑬修：同修，高、长的意思。

## 【译文】

"盛德的人，虚怀而游，以沉溺于俗务为耻辱，立身于本原而智慧通达在神秘之境。他德行宽广，心思外露，有外物感应他。所以没有道就不能产生形体，德行彰明不能产生生命。保全形体延续生命、培养德行、宣扬大道，这不就是盛德之人吗？浩渺盛大啊！突然出现，突然运行，万物都在追随，这就是具有盛德的人。"道，看上去是那么幽暗深渺，听起来又是那么寂然无声。然而幽暗深渺之中却能见到光明的真迹，寂然无声之中却能听到万窍唱和的共鸣。幽深而又幽深能够从中产生万物，玄妙而又玄妙能够从中产生精神。所以道与万物相接，虚寂却能满足万物的需求，时时驰骋纵放却能总合万物成其归宿，无论是大还是小，是长还是短，是高还是远。"

## 【原文】

黄帝游乎赤水<sup>①</sup>之北，登乎昆仑之丘而南望。还<sup>②</sup>归，遗其玄珠<sup>③</sup>。使知<sup>④</sup>索之而不得，使离朱<sup>⑤</sup>索之而不得，使喫诟<sup>⑥</sup>索之而不得也，乃使象罔<sup>⑦</sup>，象罔得之。黄帝曰："异哉！象罔乃可以得之乎？"

## 【注释】

①赤水：虚拟的水名。

②还：通"旋"，随即、不久的意思。

③玄珠：喻指道。

④知：杜撰的人名，寓含才智、智慧的意思。索：求，找。

⑤离朱：人名，寓含善于明察的意思。

⑥喫（chī）诟：杜撰的人名，寓含善于闻声辩言的意思。

⑦象罔：杜撰的人名。"象"指形，"罔"则指"无"或"忘"，因而"象罔"之名寓含无智、无视、无闻的意思。

## 【译文】

黄帝在赤水的北岸游玩，登上昆仑山巅向南观望，不久返回而失落玄珠。派才智超群的智去寻找未能找到，派善于明察的离朱去寻找未能找到，派善于闻声辩言的喫诟去寻找也未能找到。于是让无智、无视、无闻的象罔去寻找，而象罔找回了玄珠。黄帝说："奇怪啊！象罔方才能够找到吗？"

## 【原文】

尧之师曰许由<sup>①</sup>，许由之师曰齧缺，齧缺之师曰王倪，王倪之师曰被衣。

尧问于许由曰：“齧缺可以配天②乎？吾藉王倪以要③之”。许由曰：“殆哉，圾④乎天下！齧缺之为人也，聪明叡⑤知，给数⑥以敏，其性过人，而又乃以人受天⑦。彼审⑧乎禁过，而不知过之所由生。与之配天乎？彼且乘人而无天⑨。方且本身而异形⑩，方且尊知而火驰⑪，方且为绪使⑫，方且为物绒⑬，方且四顾而物应⑭，方且应众宜⑮，方且与物化而未始有恒⑯。夫何足以配天乎！虽然，有族有祖⑰，可以为众父⑱而不可以为众父父⑲。治，乱之率⑳也，北面㉑之祸也，南面之贼㉒也。”

## 【注释】

①许由：连同以下数句中的齧缺、王倪和被衣均为人名，除许由曾见于其他典籍外，其余三人都是作者杜撰的隐士，他们清廉洁己，不同于世俗。

②配天：做天子。

③藉：借助。要：通“邀”，请的意思。

④圾：通“岌”，危险的意思。

⑤叡："睿"字之异体，聪慧的意思。

⑥给：捷。数（shuò）：频繁，引申为快捷的意思。

⑦乃：竟。人：指人为。受：相应，调和，“受天”是说对应或调和自然的禀赋。

⑧审：明了。

⑨乘：趁，引申为借助。“乘人”即借助于人为。无天：抛弃自然的秉性。

⑩本身：以自身为本，把自我当作万物归向的中心。异形：改变万物固有的形迹。

⑪尊知：尊崇才智。火驰：像大火蔓延似的快速急骤，指急急忙忙地为求知和驭物而奔逐。

⑫绪：端，这里喻指细末的小事。使：役使。

⑬绒（gāi）：拘束。

⑭物应：为外物而应接，即应接外物的意思。

⑮应众宜：应接众多的外物而奢求处处适宜。

⑯与物化：指参与外物的变化。恒：固定不变，"未始有恒"指从不曾有过定准。

⑰祖：初始之人。

⑱父：这里指同族人中的首领，也可以理解为统领一方的官长。

⑲父父：前一"父"字同于前一注，后一"父"字指统领众多首领或地方长官的国君，即前面所说的"天子"。

⑳率：先导。

㉑北面：古代帝王座位向南，臣子面见国君时则面朝北方，因此"北面"乃是臣下和百姓的代称，而下句的"南面"则是国君的代称。

㉒贼：这里指像《胠箧》中田成子那样杀死国君而自立为诸侯的窃国大盗。

## 【译文】

尧的老师叫许由，许由的老师叫啮缺，啮缺的老师叫王倪，王倪的老师叫被衣。

尧问许由说："啮缺可以做天子吗？我想借助于他的老师来请他做天子。"许由说："那样恐怕天下也就危险了！啮缺这个人的为人，耳聪目明、智慧超群，行动办事快捷机敏，他天赋过人，而且竟然用人为的心智去对应并调和自然的禀赋。他明了该怎样禁止过失，不过他并不知晓过失产生的原因。让他做天子吗？他将借助于人为而抛弃天然，将会把自身看作万物归向的中心而着意改变万物固有的形迹，将会尊崇才智而急急忙忙地为求知和驭物奔走驰逐，将会被细末的琐事所役使，将会被外物所拘束，将会环顾四方，目不暇接地跟外物应接，将会应接万物而又奢求处处合宜，将会参与万物的变化而从不曾有什么定准。那样的人怎么能够做天子呢？虽然这样，有了同族人的聚集，就会有一个全族的先祖；可以成为一方百姓的统领，却不能成为诸方统领的君主。治理天下，必将是天下大乱的先导，这就是臣子的灾害，国君的祸根。"

## 【原文】

尧观乎<sup>①</sup>华。华封<sup>②</sup>人曰："嘻，圣人！请祝圣人，使圣人寿。"

尧曰:"辞③。""使圣人富。"尧曰:"辞。""使圣人多男子④。"尧曰:"辞。"封人曰:"寿、富、多男子,人之所欲也。汝独不欲,何邪?"尧曰:"多男子则多惧,富则多事,寿则多辱。是三者,非所以养德⑤也,故辞。"封人曰:"始也我以女为圣人邪,今然⑥君子也。天生万民,必授之职。多男子而授之职,则何惧之有?富而使人分之,则何事之有?夫圣人鹑居而鷇食⑦,鸟行而无彰⑧。天下有道,则与物皆昌;天下无道,则修德就闲;千岁厌世,去而上僊⑨;乘彼白云,至于帝乡⑩;三患⑪莫至,身常无殃,则何辱之有?"封人去之尧随之曰:"请问。"封人曰:"退已!"

## 【注释】

①乎:于。华:地名。

②封:守护疆界的人。

③辞:谢绝,推辞。

④男子:男孩子。

⑤所以养德:调养无为之德的办法。

⑥然:通"乃",竟然的意思。

⑦鹑:鹌鹑,一种无固定居巢的小鸟,"鹑居"意思就是像鹌鹑那样没有固定的居所。鷇(gòu):初生待哺的小鸟,"食"意思是像初生待哺的小鸟那样无心觅求食物,这里喻指圣人随物而安。

⑧无彰:不留下踪迹。

⑨僊:"仙"字的异体字。

⑩帝乡:旧注指天和地交接的地方。

⑪三患:即前面谈到的寿、富、多男子所导致的多辱、多事和多惧。

## 【译文】

　　尧在华巡视。华地守护封疆的人说:"啊,圣人!请让我为圣人祝愿吧。祝愿圣人长寿。"尧说:"用不着。""祝愿圣人富有。"尧说:"用不着。""祝愿圣人多男儿。"尧说:"用不着。"守护封疆的人说:"寿诞、富有和多男儿,这是人们都想得到的。你偏偏不希望得到,是为什么呢?"尧说:"多个男孩子就多了一层忧惧,多财物就多出了麻烦,寿命长就会多受些困辱。这三个方面都无助于培养无为的观念和德行,所以我谢绝你对我的祝愿。"守护封疆的人说:"起初我把你看作圣人呢,如今竟然是个君子。苍天让万民降生人间,必定会授给他一定的差事。男孩子多而授给他们的差事也就一定很多,有什么可忧惧的!富有了就把财物分给众人,有什么麻烦的!圣人总是像鹌鹑一样随遇而安、居无常处,像待哺雏鸟一样觅食无心,就像鸟儿在空中飞行不留下一点踪迹;天下太平,就跟万物一同昌盛;天下纷乱,就修身养性趋就闲暇;寿诞千年而厌恶活在世上,便离开人世而升天成仙;驾驭那朵朵白云,去到天与地交接的地方;寿诞、富有、多男孩子所导致的多辱、多事、多惧都不会降临于我,身体也不会遭殃;那么还会有什么屈辱呢!"守护封疆的人离开了尧,尧却跟在他的后面,说:"希望能得到你的指教。"守护封疆的人说:"你还是回去吧!"

## 【原文】

尧治天下,伯成子高①立为诸侯。尧授舜,舜授禹,伯成子高辞为诸侯而耕。禹往见之,则耕在野。禹趋就下风②,立而问焉③,曰:"昔尧治天下,吾子立为诸侯;尧授舜,舜授予,而吾子辞为诸侯而耕。敢问其故何也?"子高曰:"昔尧治天下,不赏而民劝④,不罚而民畏;今子赏罚而民且不仁;德自此衰,刑自此立,后世之乱自此始矣!夫子阖⑤行邪,无落⑥吾事。"俋俋⑦乎耕而不顾。

## 【注释】

①伯成子高:杜撰的人名。

②下风:下方。

③焉:用同于"之"。

④劝:劝勉。

⑤阖(hé):通"盍",怎么不。

⑥无:毋,不要的意思。落:荒废。

⑦俋俋(yì):用力耕地的样子。

## 【译文】

　　唐尧统治天下,伯成子高立做诸侯。尧把帝位让给了舜,舜又把帝位让给了禹,伯成子高便辞去诸侯的职位而去从事耕作。夏禹前去拜见他,伯成子高正在地里耕作。夏禹快步上前居于下方,恭敬地站着问伯成子高道:"当年尧统治天下,先生立为诸侯。尧把帝位让给了舜,舜又把帝位让给了我,可是先生却辞去了诸侯的职位而来从事耕作。我冒昧地请问,这是为什么呢?"伯成子高说:"当年帝尧统治天下,不需奖励而百姓自然勤勉,不需惩罚而人民自然敬畏。如今你施行赏罚的办法而百姓还是不仁不爱,德行从此衰败,刑罚从此建立,后世之乱也就从此开始了。先生你怎么不走开呢?不要耽误我的事情!"于是低下头去用力耕地而不再理睬。

## 【原文】

　　泰初①有无,无有无名;一②之所起,有一而未形③。物得以生④谓之德;未形者有分⑤,且然无间⑥谓之命;留⑦动而生物,物成生理⑧谓之形;形体保神,各有仪则⑨谓之性。性修⑩反德,德至同于初。同乃虚,虚乃大。合喙⑪鸣。喙鸣合,与天地为合。其合缗缗⑫,若愚若昏,是谓玄德,同乎大顺⑬。

## 【注释】

①泰:同"太"。初:始。在庄子的哲学观念中,宇宙产生于元气,元气萌动之初就叫作太初,因而"泰初"也就是宇宙的初始。

②一:混一的状态,指出现存在的初始形态。

③未形:没有形成形体。

④得:自得。"物得以生"是说万物从浑一的状态中产生,即所谓自得而生,外不借助于他物,内不借助于自我,不知所以产生而产生。

⑤未形者:没有形成形体时。分:区别,指所禀受的阴阳之气不尽相同。

⑥间:指两物之间的缝隙。

⑦留:滞静,与"动"相对应。阴气静,阳气动,阴阳二气之滞留和运

动便产生物。一说"留"作"流","留动"亦即运动。

⑧生理：生命和机理。

⑨仪则：轨迹和准则。

⑩修：修养。

⑪喙（huì）：鸟口。

⑫缗缗（mín）：泯合无迹的样子。

⑬大顺：指天下回返本真之后的自然情态。

## 【译文】

　　元气萌动宇宙源起的太初一切只存在于"无"，而没有存在也就没有称谓；混一的状态就是宇宙的初始，不过混一之时，还远未形成个别的形体。万物从混一的状态中产生，这就叫作自得；未形成形体时禀受的阴阳之气已经有了区别，不过阴阳的交合却是如此吻合而无缝隙，这就叫作天命；阴气滞留阳气运动而后生成万物，万物生成生命的机理，这就叫作形体；形体守护精神，各有轨迹与法则，这就叫作本性。善于修身养性就会返归自得，自得的程度达到完美的境界就同于太初之时。同于太初之时心胸就会无比虚豁，心胸无比虚豁就能包容广大。混同合一之时说起话来就跟鸟鸣一样无心于是非和爱憎，说话跟鸟一样无别，则与天地融合而共存。混同合一是那么不露踪迹，好像蒙昧又好像是昏暗，这就叫深奥玄妙的大道，也就如同返回本真而一切归于自然。

## 【原文】

　　夫子问于老聃曰："有人治道若相放①，可不可，然不然。辩者有言曰：'离坚白，若县寓②，若是则可谓圣人乎？'"

　　老聃曰："是胥易技系③、劳形怵心者也。执留之狗成田④，猿狙之便自山林来。丘，予告若，而所不能闻与而所不能言：凡有首有趾⑤、无心无耳⑥者众；有形者与无形无状而皆存者尽无。其动止也，其死生也，其废起也⑦，此又非其所以也，有治在人。忘乎物，忘乎天，其名为忘己。忘己之人，是之谓入于天。"

将间蒧见季彻曰⑧："鲁君谓蒧也曰：'请授教。'辞不获命，既已告矣，未知中否⑨，请尝荐之。吾谓鲁君曰：'必服恭俭，拔出公忠之属而无阿私，民孰敢不辑⑩！'"

## 【注释】

①放：悖逆。

②离坚白，若县寓：离，折。寓，"宇"的异体字。县寓，高悬于天空，清楚醒目。

③胥易技系：胥通"谞"。有智巧的小吏。技系，为技能所累。

④执留之狗成思：善于捕捉竹鼠的狗被人所猎取。

⑤有首有趾：有头有脚，指业已成形。

⑥无心无耳：指无知无闻。

⑦其动止也，其死生也，其废起也：动止，运动、静止。废起，衰败、兴盛。

⑧将间蒧见季彻曰：将间蒧、季彻，均为人名。

⑨未知中否：不知道行还是不行。

⑩辑：和睦。

## 【译文】

孔子问老聃说："有人修道却与大道相违背，承认那些不能认可的，把不正确的当作正确的。善于辩论的人说：'离析石头的质坚和色白，好像高悬于天空一样清楚醒目。'这样的人可以称为圣人吗？"

老聃说："这如同有智巧的小官吏被技能所累，形体困顿而扰乱心神。善于捕捉竹鼠的狗被人所猎取。猿猴行动敏捷却被人从山林中捕来。孔丘，我告诉你，你所不能听到和不能讲出的道理，凡是业已成形而无知无闻的多，有形的事物和无形的大道是不可能共同存在的。运动、静止、生存、死亡、衰败、兴盛，全都出于自然，却不知为何会这样，对人真的进行治理的话，就要忘掉外物，忘掉天命，这就叫忘己。忘掉自己的人。才叫作与自然浑为一体。"

将间蒧见季彻说："鲁国国君对我说：'请指教。'我推辞不掉告诉了他，不知道对还是不对，让我说给你听听。我对鲁国国君说：'为政必须做到恭敬节俭，选拔公正忠直的人而没有偏私，百姓岂敢不和睦！'"

## 【原文】

季彻局局①然笑曰："若夫子之言，于帝王之德，犹螳螂之怒臂以当车轶②，则必不胜任矣！且若是，则其自为处危，其观台多物，将往，投迹者③众。"

将闾葂觑觑然④惊曰："葂也汒⑤若于夫子之所言矣，虽然，愿先生之言其风也。"

季彻曰："大圣之治天下也，摇荡民心，使之成教易俗，举灭其贼心⑥而皆进其独志，若性之自为，而民不知其所由然。若然者，岂兄⑦尧舜之教民溟涬然⑧弟⑨之哉！欲同乎德而心居矣。"

子贡南游于楚，反⑩于晋，过汉阴，见一丈人方将为圃畦⑪，凿隧而入井，抱瓮⑫而出灌，搰搰⑬然用力甚多而见功寡。子贡曰："有械于此，一日浸百畦，用力甚寡而见功多，夫子不欲乎？"

## 【注释】

①局局：俯身而笑。

②螳螂之怒臂以当车轶：怒臂，奋臂。当，阻挡。车轶，原指车轮的印迹，引申为车轮。

③投迹者：投向那里的人。

④觑觑（xì）：吃惊的样子。

⑤汒（máng）：同"茫"。

⑥贼心：伤害他人之心。

⑦兄：看重，尊崇。

⑧溟涬然：混沌不分。

⑨弟：轻视。

⑩反：通"返"。

⑪圃畦：圃，菜园。畦，开畦种菜。

⑫瓮：素瓦罐。

⑬挣：用力的样子。

## 【译文】

季彻听后俯身大笑道："像您说的这些话，对于帝王的德行，如同螳螂奋臂挡车，必然失败。如果真是这样，就会身处高危，在高楼看台上，众多的事物必将归往，奔向那里的人必定很多。"

将间葂吃惊地说："我对您的话感到迷茫。尽管如此，也请您讲一个大概。"

季彻说："伟大的圣人治理天下，让百姓的性情自然生发，使他们受到教化，改变陋习，消除掉伤害别人的用心，而增进他们自我的性情修养。就像发自内心自然而然地去做，而百姓却不知道为什么这样去做。如果这样，难道要去推崇尧舜教化百姓的做法，而轻视混沌不分的吗？希望顺应自然的本性而心安。"

子贡向南巡游到楚国。返回晋国时，在汉水的南岸，遇到一位开畦种菜的老翁，挖了一条水渠通往水井，抱着瓦罐取水浇地，费力很多但功效甚微。子贡说："这里有一种器械，一天可以浇灌百畦菜地，用力少而功效大，您不想试试吗？"

## 【原文】

为圃者卬而视之，曰："奈何？"曰："凿木为机，后重前轻，挈①水若抽，数如泆汤②，其名为槔③。"为圃者忿然作色而笑曰："吾闻之吾师，有机械者必有机事④，有机事者必有机心⑤。机心存于胸中，则纯白不备。纯白不备，则神生不定。神生不定者，道之所不载也。吾非不知，羞而不为也。"

子贡瞒然⑥惭，俯而不对。有间，为圃者曰："子奚为者邪？"

曰："孔丘之徒也。"

为圃者曰："子非夫博学以拟圣⑦，於于⑧以盖众，独弦哀歌以卖名声于天下者乎？汝方将忘汝神气，堕⑨汝形骸，而庶几乎！而身之不能治，而何暇治天下乎！子往矣，无乏吾事⑩。"

子贡卑陬<sup>⑪</sup>失色，顼顼然<sup>⑫</sup>不自得，行三十里而后愈<sup>⑬</sup>。

## 【注释】

①挈：提。

②数如泆汤：数，频繁，引申为快速。泆，溢。

③槔（gāo）：桔槔，原始的提水工具。

④机事：机巧的事情。

⑤机心：机巧的心思。

⑥瞒然：羞愧的样子。

⑦拟圣：依次圣人。

⑧於于：夸诞，矜持。

⑨堕：通"随"，毁坏。

⑩无乏吾事：不要耽误我的事情。

⑪卑陬：惭愧的样子。

⑫顼顼（xù）然：怅然若失的样子。

⑬愈：恢复常态。

## 【译文】

　　灌园的老人仰首望着子贡说："应该如何做呢？"子贡说："用木材加工成机械，后重前轻，提水就像从井中抽水似的，迅速犹如沸腾的水向外溢出，其名叫桔槔。"灌园的老人面露怒色而讥笑道："我听我的老师说，有了机械之类的东西必定会出现机巧之类的事情，有了机巧之类的事情，必定会出现机变之类的心思。机变的心思存在胸中，便不能保全纯洁空明；不能保全纯洁空明，便心神不定；心神不宁，便不能载负大道。我不是不知道，只不过是感到羞耻而不愿去做。"

　　子贡羞愧满面，低下头去不作回答。

　　过了一会儿，灌园的老人说："你是干什么的？"

　　子贡说："我是孔丘的弟子。"

　　灌园的老人说："你不就以博学仿效圣人，以夸矜来超群出众，自唱自和哀叹世事之歌以周游天下卖弄和声的人吗？你遗忘精神，不执守形骸，恐怕就可以渐渐接近于道吧！你自身都不善于修养与护理，哪里还有空闲时间去治理天下呢！你去吧！不要耽误了我的耕作。"

子贡惭愧失色，怅然若失而难以自持，走出三十里外，才渐渐恢复常态。

## 【原文】

其弟子曰："向之人何为者邪？夫子何故见之变容失色，终日不自反邪？"

曰："始吾以为天下一人耳，不知复有夫人也。吾闻之夫子，事求可，功求成，用力少，见功多者，圣人之道。今徒不然。执道者德全，德全者形全，形全者神全①。神全者圣人之道也。托生与民并行而不知其所之，汒乎淳备②哉！功利机巧必忘夫人之心。若夫人者，非其志不之，非其心不为。虽以天下誉之，得其所谓，謷然③不顾；以天下非之，失其所谓，傥然④不受。天下之非誉无益损焉，是谓全德之人哉！我之谓风波之民⑤。"

反于鲁，以告孔子。孔子曰："彼假修⑥浑沌氏⑦之术者也。识其一，不知其二；治其内，而不治其外。夫明白入素⑧，无为复朴，体性抱神，以游世俗之间者，汝将固惊邪？且浑沌氏之术，予与汝何足以识之哉！"

## 【注释】

①神全：精神世界完备。

②汒乎淳备：汒通"茫"。汒乎，深远不可测。淳备，淳和，完备。

③謷（áo）然：謷通"傲"，孤高的样子。

④傥然：无动于衷的样子。

⑤风波之民：风波，随波逐流。喻指心神不定，为世俗牵动的人。

⑥假修：借助于修养。

⑦浑沌氏：庄子虚构的人名。

⑧入素：归于质朴。

## 【译文】

子贡的弟子说："刚才的那个人是干什么的？您见到他为何会脸色突变，整天都恢复不了常态呢？"

子贡说："起初我认为我的老师是天下的圣人，不知道还有刚才那位那样的人。我听老师说：事情要考虑可行性，功业要追求成功，用力少而成效大的，才是圣人之道。如今才知道并非这样。领悟大道的人德行完备。德行完备的人形体健全，形体健全的人精神完备。精神完备，才是圣人之道。寄托于身形与世人同行，却不知道往哪里，深远不可测而淳和完备，功利机巧不会放在他的心上。像这样的人，不符合他心志的就不去追求，不符合他本性的不去作为。即使天下人都赞赏他，只要他认为可以，便会傲然不顾；即使天下人都指责他，只要认为不可以的，便会无动于衷。天下人的指责和赞赏，对他而言，没有增益，也没有损伤，这才叫德行完备的人啊！我只是所谓的心神不定，为世俗牵动的人啊！"

子贡返回鲁国，把这事告诉孔子。孔子说："他是修炼浑沌氏的主张的人，只知其一而不知其二。只顾及内在的修养，却忘记外在的修为，那些明澈素洁，真朴无为，体悟本性，护持精神并悠闲自在地遨游于世俗之间的人，你当然会感到惊讶。而且浑沌氏的主张，你我怎么能够认识呢？"

## 【原文】

谆芒将东之大壑①，适遇苑风②于东海之滨。苑风曰："子将奚之？"曰："将之大壑。"曰："奚为焉？"曰："夫大壑之为物也，注③焉而不满，酌④焉而不竭，吾将游焉！"

苑风曰："夫子无意于横目之民⑤乎？愿闻圣治。"谆芒曰："圣治乎？官施⑥而不失其宜，拔举而不失其能，毕见其情事而行其所为⑦，行言自为⑧而天下化。手挠顾指⑨，四方之民莫不俱至，此之谓圣治。"

"愿闻德人<sup>⑩</sup>。"曰:"德人者,居无思,行无虑,不藏是非美恶。四海之内共利之之谓悦<sup>⑪</sup>,共给之<sup>⑫</sup>之谓安;怊乎<sup>⑬</sup>若婴儿之失其母也,傥乎若行而失其道也。财用有馀而不知其所自来,饮食取足而不知其所从,此谓德人之容<sup>⑭</sup>。""愿闻神人。"曰:"上神乘光<sup>⑮</sup>,与形灭亡,此谓照旷<sup>⑯</sup>。致命尽情,天地乐<sup>⑰</sup>而万事销亡,万物复情,此之谓混冥<sup>⑱</sup>"。

**【注释】**

①谆芒:虚拟的寓言人物,并寓含谆和、迷茫的意思。东之,向东去到。大壑(hè):深深的沟谷,这里指大海。

②苑风:小风,这里拟人化而成为一人名。

③注:注入,流入。

④酌:舀取。

⑤横目之民:亦即人民。人的双目横生于面部,故"横目"成为"人"的代称。

⑥官:用作动词,指设置官吏。施:施布政令。

⑦行其所为:做自己应做之事。

⑧自为:自动地去做,自己管束自己。

⑨手挠:即用手指挥。挠,动。顾指:用眼示意。

⑩德人:德行充实的人,这里指体察于道,顺应外物而居安自得的人。

⑪共利之:共同以之为利,是说恩泽施及广众,人人都共有好处。谓:通作"为","之谓"即"之为"。

⑫共给之:共同资给财货。

⑬怊乎:怅然有所失的样子。

⑭容:容迹、举止。

⑮上:至高无上。乘光:驾驭光亮。

⑯照旷:犹如普照万物。旷,广远。

⑰天地乐:与天地同乐。

⑱混冥:混同玄合没有差别。

## 【译文】

谆芒向东到大海去，正巧在东海之滨遇到苑风。苑风问道："你打算去哪儿呢？"谆芒说："打算去大海。"苑风又问："去做什么呢？"谆芒说："大海作为一种物象，江河注入它不会满溢，不停地舀取它不会枯竭，因而我将到大海游乐。"

苑风说："那么，先生无意关心庶民百姓吗？希望能听到圣人之治。"谆芒说："圣人之治吗？设置官吏施布政令但处处合宜得体；举贤任才而不遗忘一个能人，让每个人都能看清事情的真情实况去做自己应该做的事，行为和谈吐人人都能自觉自动而自然顺化，挥挥手示示意，四方的百姓没有谁不汇聚而来，这就叫圣人之治。"

苑风说："希望再能听到关于顺应外物凝神自得的人。"谆芒说："顺应外物凝神自得的人，居处时没有思索，行动时没有谋虑，心里不留存是非美丑。四海之内人人共得其利就是喜悦，人人共享财货便是安定；那悲伤的样子像婴儿失去了母亲，那怅然若失的样子又像行路时迷失了方向。财货使用有余却不知道自哪里来，饮食取用充足却不知道从哪儿出。这就是顺应外物凝神自得的人的仪态举止。"苑风说："希望再能听到什么是神人。"谆芒说："精神超脱物外的神人驾驭着光亮，跟所有事物的形迹一道消失，这就叫普照万物。穷尽天命和变化的真情，与天地同乐因而万事都自然消亡，万物也就自然回复真情，这就叫混同玄合没有差异。"

## 【原文】

门无鬼与赤张满稽①观于武王之师，赤张满稽曰："不及有虞氏乎！故离②此患也。"

门无鬼曰："天下均治③而有虞氏治之邪？其乱而后治之与？"

赤张满稽曰："天下均治之为愿，而何计以有虞氏为？有虞氏之药疡④也，秃而施髢⑤，病而求医。孝子操药以修慈父，其色燋然⑥，圣人羞之。"

"至德之世，不尚贤，不使能⑦，上如标枝⑧，民如野鹿，端正而不知以为义，相爱而不知以为仁，实而不知以为忠，当而不知以为信,蠢动而相使,不以为赐。是故行而无迹,事而无传。"

## 【注释】

①门无鬼与赤张满稽:均为虚构的人名。

②离:通"罹",指遭受。

③均治:太平无事。

④药疡(yáng):用药治疗头疮。

⑤施髢(dì):戴假发。

⑥燋然:憔悴的样子。

⑦使能:任使能人。

⑧标枝:自然长于树顶的树枝。

## 【译文】

门无鬼和赤张满稽看见武王的军队,赤张满稽说:"周武王的确比不上虞舜啊!所以天下遭受这么大的祸患。"

门无鬼说:"天下太平无事时虞舜才去治理呢,还是天下动乱才去治理呢?"

赤张满稽说:"天下安定是人们的心愿,还需要虞舜干什么?虞舜治疗头疮,给秃子戴上假发,如同有了病才去求医一样。孝子拿着药去医治父亲,面色憔悴,圣人还羞他。"

"大德盛行的时代,不崇尚贤才,不任用能人,帝王如同自然生长于树顶的枝条,百姓如同野鹿一样自在。百姓行为端正却也不知道什么是道义,相互友爱却不知道什么是仁爱,真诚不伪却不知道什么是忠诚,外事妥帖却不知道什么是诚信,随意行动而相互帮助,却不知道什么是恩赐,因此做了之后却不留下痕迹,有了事迹也不流传下去。"

## 【原文】

孝子不谀其亲,忠臣不谄其君,臣子之盛也。亲之所言而然,所行而善,则世俗谓之不肖子;君之所言而然,所行而善,则世俗谓之不肖臣。而未知此其必然<sup>①</sup>邪？世俗之所谓然而然之，所谓善而善之，则不谓之道谀<sup>②</sup>之人也！然则俗故严<sup>③</sup>于亲而尊于君邪？谓己道人，则勃然作色；谓己谀人，则怫然作色。而终身道人也，终身谀人也，合譬饰辞聚众也，是终始本末不相坐<sup>④</sup>。垂<sup>⑤</sup>衣裳，设采色，动容貌，以媚一世，而不自谓道谀；与夫人之为徒，通是非，而不自谓众人，愚之至也。知其愚者，非大愚也；知其惑者，非大惑也。大惑者，终身不解；大愚者，终身不灵<sup>⑥</sup>。三人行而一人惑，所适者犹可致也，惑者少也；二人惑则劳而不至，惑者胜也；而今也以天下惑，予虽有祈<sup>⑦</sup>向，不可得也，不亦悲乎！大声不入于里耳，折杨皇华，则嗑然而笑。是故高言不止于众人之心；至言不出，俗言胜也。以二垂踵惑，而所适不得矣。而今也以天下惑，予虽有祈向，其庸可得邪？知其不可得也而强之，又一惑也，故莫若释之而不推，不推谁其比忧！厉之人夜半生其子，遽取火而视之，汲汲然唯恐其似己也。

## 【注释】

① 必然：正确。

② 道谀：道，诌。道谀同"诌谀"。

③ 严：尊敬。

④ 是终始本末不相坐：始终不认识自己的过错。坐，过错。

⑤ 垂：穿上。

⑥ 灵：知晓。

⑦ 祈：疑"所"字之误。

## 【译文】

孝子不奉迎父母，忠臣不诋毁君王，这是为人子、人臣的最好表现。对父母所说的都认可，对他们所做的都称善，世俗便称他是不肖之子。对君王所说的都认可，对君王所做的都称善，世俗便称他是不肖之臣。然而这种行为真的正确吗？世俗上所认为正确的就肯定它，认为好的就推崇它，却不说他们是诌谀之人。然而世俗观念比父母还可敬，比君王还尊贵吗？有的人说他奉承人，就会勃然大怒，说他阿谀人，就登时变色。而终身去奉承别人，终身去阿谀别人，用比喻修辞以博取众人的欢心，却始终认识不到自己的过错。穿上华丽的衣裳，制造各种纹彩，打扮自己的容颜，以献媚于一世，而自己却不认为是阿谀之人。与世俗为伍，以众人的是非为是非，而自认为同众人不一样，这简直愚蠢到了极点。知道自己是愚昧的人，不是真正的愚昧；知道自己迷惑，不是真正的迷惑。真正迷惑的人，一辈子也找不到答案，真正愚蠢的人一辈子也不能知晓。三个人一起行走，其中一个迷惑，所要去的地方还可以到达，这是因为迷惑的人占少数；如果两个人迷惑，费尽力气也无法到达目的地，这是因为迷惑的人占了优势。如今，天下的人都迷惑了，我虽然有所指导，却没有办法解决。这不是太可悲了吗？

高雅的音乐世俗人不可能欣赏，折杨、皇华之类的民间小曲，世俗人听了都会欣然而笑。所以高雅的谈吐不可能留在世俗人的心里，而至理名言也不能从世俗人的口中说出，因为流俗的言谈占了优势。让其中两个人迷惑而弄错方向，因而所要去的地方便不可能到达。如今天下人都大惑不解，我即使寻求导向，又怎么可能到达呢！明知不可能到达却要勉强去做，这又是一大迷惑，所以不如弃置一旁不予推究。不去寻根究底，还会跟谁一道忧愁！丑陋的人半夜里生下孩子，立即拿过火来照看，心情急切地唯恐生下的孩子像自己一样丑陋。

## 【解析】

《天地》篇以"天地"二字开篇。"天地"在庄子哲学中有着极其重要的地位，它们是元气之所生，万物之所托，是"自然无为"的根源。

《天地》篇又是一个寓言的大汇集，它列举了大量的寓言，来充实自己的理论，这些寓言虽然表面上看起来彼此疏离，关系不甚紧密，但细究起来，一言以蔽之，无非是"无为"二字。

《庄子》外、杂篇大部分被视为庄子后学的著作，它们一方面阐述和深化了庄子的基本思想，另一方面也适应着当时社会形势的改变而对庄子思想进行了部分的调整，《天地》篇中对"无为"思想的阐述，就能看出这种细微的调整。可以说，《天地》篇是将庄子的"无为"思想注入了"有为"的内核。

《天地》篇说："玄古之君天下，无为也，天德而已矣。以道观言而天下之君正，以道观分而君臣之义明，以道观能而天下之官治，以道泛观而万物之应备。"又说："德人者，居无思，行无虑，不藏是非美恶。四海之内共利之之谓悦，共给之之谓安；怊乎若婴儿之失其母也，傥乎若行而失其道也。财用有馀而不知其所自来，饮食取足而不知其所从，此谓德人之容。"其中蕴涵的意思非常明显，只要能"无为"而顺应自然，就可以达到"有为"而天下大治。这"有为"的结果，表现在政治上就是"天下之君正""君臣之义明""天下之官治"；表现在经济上就是"财用有馀""饮食取足"。可以看出，这种思想明显是介于庄子"无为"思想与汉初黄老学"无为"观点之间的，很可以看出一些黄老学的端倪了。可见，庄子后学们并不反对"有为"，也并不避讳"王天下"，只是强调如何"以无为而无不为"，如何"不以王天下为己处显"。但是，从现实的眼光来看，若事无大小，都以"无为"处之，显然是不可行的，因此庄子后学们在无为的君主和有为的臣僚之间进行了严格的角色划分，理论上也区分了"天道"和"人道"与之相适应。因此，可以说，《天地》篇中所强调的"无为"是针对君主而言的，所谓"玄古之君天下，无为也，天德而已矣"，这种"天德"（即"天道"）并不排除治民的种种具体内容，只是强调在治民中尽量采取顺其自然的态度而已，其具体表现也就是文中所说的"昔尧治天下，不赏而民劝，不罚而民畏"。所以，《天地》篇中虽然强调"无为"，但实际指向的却是"有为"；"无为"是一种手段，"有为"才是根本目的。作者对于君臣万物的关注程度绝不亚于儒家，不同之处仅在于儒家以"仁义"统率一切，而作者却认为应以无为无欲的"道"来统率一切，从而做到如"古之畜天下者"，"无欲而天下足，无为而万物化，渊静而百姓定"，其想要达到的结果与儒家可谓殊途同归。

此外，《天地》篇中的"技术观"也是常令人津津乐道的，其中子贡与丈人的寓言几乎成了庄子哲学中反技术主义的代表篇章。但是，如果将这则寓言理解为庄子哲学对所有技艺的一概否定，则是莫大的误解。熟悉《庄子》的人都应该对"庖丁解牛"(《养生主》)、"匠石运斤"(《徐无鬼》)的故事记忆犹新,庄子对于这些巧夺天工的精湛技艺不但不予反对,反而推崇备至,称赞它们"合于桑林之舞,乃中经首之会"。那么,庄子为何独独对桔槔就不能接受呢?仔细考察,可以看出,在庄子眼中,"技"与"机"、"艺"与"巧"是有着天差地别的区别的。庄子所推崇的是"技艺",而非"机巧",而两者的区别就在于,前者是身体与自我潜能的发展与发挥,这种出神入化、炉火纯青的技艺完全是顺应自然的,结果是为了达到一种高超的"境界",在这种境界中,真正获得的是自由与美的感受,即所谓"随心所欲不逾矩";而后者则是一种机械化,其出发点在于功利性,其目的在于减轻身体劳苦、满足人心欲望,其结果是物质的享受,而非精神的体验。可以说,庄子所推崇的技术应当是一种身体的、艺术的技术,在这种有境界追求的技术里,技术的最终产物只是副产品,技术活动本身才真正具有存在的意义。而机械则没有这种特质,机械促使人完成工作,生产产品,工作或劳动成为手段,本身不再具有任何艺术价值,生命在机械中丧失了其对美的创造性而沦为了机械的工具,这是多么悲哀的处境啊!

但是,庄子哲学虽然反对机械,但又并非完全赞同丈人的做法,即将所有的机械一概摒弃,而是认为只要是顺应自然、保持本性,不为外物所役,不为机械所累,做到"技兼于事,事兼于义,义兼于德,德兼于道,道兼于天",使"技"与"天"达到某种沟通,那么一味地反对利用机械反而成了一种"刻意"的行为,所以,庄子才借孔子之口说出"识其一,不知其二"的批评。

## 【证解故事】

### 齐丑后通治国之道

齐宣王主政后,采取了一些清明的政治措施,使得齐国国力得以发展。可是,在齐国强盛后,他自认为国泰民安,便开始追求享乐,不理朝政,平日亲信和重用一班阿谀奉承的奸臣,对忠臣良将却猜忌和排斥,使齐国面临着重大的政治、经济危机。

一天，齐宣王在富丽堂皇的雪宫里大设筵席，同亲近的大臣一起，一边喝酒，一边观赏宫女们翩翩起舞。正在高兴时，宫廷侍卫赶来禀报："大王，宫外有个长得很丑的女人，吵着要面见大王，说要进宫侍候大王。"

"她是谁？"

"无盐之女，钟离春。"

钟离春是有名的丑女，已经三十多岁了，找过许多人家，至今没有出嫁。齐王听说她要进宫求见，心里很不高兴，但又好奇地想："我后宫聪明活泼的美女多得数不清，再漂亮的女人也不敢说有资格侍候我，这个丑陋的女人要么是神经病，要么真的有些本事吧？"想着，便传令丑女晋见。

齐宣王一见丑女，果然长得奇丑：前额宽宽的，眼窝深深的，背有点驼，身体粗胖，头发黄乱，肤色黝黑，穿戴破旧不堪。在场的宫女和大臣们没有不掩嘴暗笑的。

齐宣王冷冷地问道："你为什么要闯进来见我？"

丑女说："我听说大王在雪宫里设宴作乐，特来要求大王收留我做侍妾。"

齐宣王哑然失笑道："听着，钟离春！我宫里美丽的嫔妃有的是，你如此奇丑，乡下人都不要你，我怎么会要你？难道你有什么奇才吗？"

钟离春笑了笑，说："我没有什么奇才，只不过会表演各种动作，以它们来暗示和比拟国家大事。"

齐宣王惊奇道："那你就试试吧，说得好，我收留你；说谎呢，立即推出宫门斩首！"

于是，钟离春睁圆眼睛，咬紧牙齿，挥动手臂，拍着膝盖大声喊道："危险！危险！"停了一下，便问齐宣王："你懂我表演的动作的意思吗？"

齐宣王莫名其妙，问问左右，他们也都摇摇头。他只好问道："它们是什么意思啊？"

钟离春回答道："睁圆眼睛，就是要您提高警惕，消灭战祸；咬紧牙齿，就是望您忍痛接受忠臣清官的规劝批评；挥动手臂，就是要您把那班不干事专捣鬼的奸邪小人赶跑；拍膝盖，就是要您拆除供人游乐的雪宫！"

齐宣王听罢大发雷霆，说："好大胆的乡下丑女，竟敢胡说八道！"命令侍卫将钟离春推出门外斩首。

钟离春大笑道："我死不足惜，只可惜您不久也要死了。"

齐宣王大怒："我怎么会死？！"

钟离春说道："秦国商鞅变法后非常强盛，常派兵向东作战，现在齐国边防松弛，岂不有战祸吗？所以我要睁大眼睛。君主有忠臣，国家才平安，现在您一味沉醉于酒色，忠言听不进，难道不应硬着头皮广开言路吗？所以我要您咬紧牙齿听取逆耳的忠言。大王又被一班只会吹牛不干实事的小人包围，他们会贻误国家大事的，所以我提醒您挥动手臂驱赶他们。您修建这么豪华奢侈的行宫，搞得国库空虚，百姓贫穷，这等于坐在火上啊，难道雪宫不应拆除吗？大王有以上四大过失，国家形势十分危险，自己还蒙在鼓里呢！这样下去，您不是迟早要被人杀头吗？我怀着一颗忠心来劝告您，您要杀就杀，我死而无怨！"

这一番有情有理的话，顿使齐宣王浑身冒出冷汗，猛然惊醒。他立即宣布撤去筵席，将钟离春带回王宫，封她做了王后。在她的帮助下，励精图治，齐国很快出现了强盛局面。

## 太宗至仁尽义治豪强

魏太宗登基后，对先帝太祖的重臣崔玄伯仍旧十分信赖，每遇大事必定先与崔玄伯商议，还曾下诏命崔玄伯与南平公长孙嵩等人在朝廷中坐堂，审断狱案。

魏时各地都有许多豪强大族，权势极大，常有人聚众滋事，作奸犯科，对抗官府，骚扰百姓，危害社会秩序。太宗担忧日久天长，他们羽毛丰满，势力日盛，就会失去控制，因此下道诏书，要把这些豪门大姓迁徙到京城，加强控制，防患于未然。

这些人家，久居本土，又有根基，何等自在；再说，"越鸟栖南枝，狐死必首丘"，人恋故土，难舍难离，都不愿意背井离乡远迁。负责督办此事的那些地方官吏办事不力，频频向他们施加压力，强令迁离，弄得怨声载道，人心惶惶。于是，一些不良子弟、好事之徒借机到处煽动，互相联络，聚集起来寻衅生事。而西河、建兴等地的盗寇乘机纷纷起事，四处劫掠。加上当时战事不断，民生艰难，铤而走险的人很多，一时间群寇蜂起，一片混乱，民怨沸腾。当地的官府弹压不住，连连向朝廷告急。

太宗见状，十分担忧，急忙召集崔玄伯及北新侯安同、寿光侯叔孙建、元城侯元屈等商议对策。太宗说："过去那些凶顽狂放之徒侵扰百姓，因此征召他们到京城加以节制，而各地的守官又不能妥善安抚督管，致使许多人逃亡流离，做了违纪犯法之事，但不能全部诛杀，朕欲实行大赦，一律宽免，安定人心，你们以为如何？"

元屈回答："刁民潜逃，触犯律条，不予治罪，却施恩赦免，似乎是在上者反而有求于下，无形之中助长刁民气焰，不若先斩杀为首凶犯，再赦免余党。"

玄伯则不这么认为，他说："为君者治理天下，以安定民心为其根本，不可拘泥于细小是非曲直，执行法律也须审时度势，合乎实际。立法与执法，应当琴瑟和谐，否则就应改弦更张，法律如不合理恰当，就需要改修。大赦虽不是上策，但为今日情势所迫，唯有此法暂且可行。自秦汉以来，都是这样相互效法，灵活处置。元屈主张先斩后赦，臣以为不妥，不宜又杀又赦，可一律大赦，仁至义尽，如仍有不思悔过者，再杀不迟。"

太宗也怕施行高压会激起民变，认为玄伯的主张比较稳妥，最终还是采纳了他的看法。

对待混乱的局面，可以杀一儆百，也可以先以宽大政策进行教化，但目的都是相同的，即在不激化矛盾的前提下控制住局面。

## 冯谖大义毁契

田文很喜欢招揽宾客，他的家里常常会聚集几千人，田文对待他们无贵贱之分，饮食起居和自己一样，他就是后来的孟尝君。

有一次，田文在晚上招待客人，其中有一个客人被遮住了光亮，认为自己的饭菜与大家不同，顿时大发雷霆，不吃不喝，打算立即离开这里。于是田文拿着自己的饭菜过去同那个客人相比较，结果一模一样，那人觉得自己无颜见人，羞愧难当，当晚自杀了。

当时还有一个人叫冯谖，穷得揭不开锅，全家几天粒米未进，后来听说孟尝君非常喜欢招揽门客，于是即刻去拜见孟尝君，孟尝君立即收留了他，并将他安排在自己家舍住下。但过了不久，冯谖弹着佩剑一边唱一边吟道："长剑啊长剑，这儿没有鱼吃，我们还是回家吧！"孟尝君听说后将他又转到了幸舍，因为那里吃饭的时候有鱼吃。

即便如此，没有过多久，冯谖又唱了起来："长剑啊长剑，这儿没有车子坐，真没意思，我们还是回家吧！"孟尝君闻言又将他转到代舍里住下，在代舍里住的人，出门都有车子坐。但过不了几天，冯谖还是唱道："长剑啊长剑，在这里我只能保我自己一个人，又怎能养活家人啊，我们还是回去吧。"其他的人听了冯谖唱的这些歌，都十分讨厌他，认为他是一个永不知足让人讨厌的穷小子。田文知道以后问冯谖家里还有哪些人，他回答道："只剩一个老母亲了。"于是田文又派人为他家老母亲送去了许多粮食和日常生活用品。打这以后，再也没有听到他唱这些歌了。

有一次，田文要收账，他对所有的食客说："不知哪位能够替我到薛地收债？"冯谖自告奋勇地说："我愿效劳。"田文把他请来说："我由于公务繁忙，得罪了你，你非但不见怪，反而愿意帮助我，真是太难得了啊！"冯谖临走时，对孟尝君说："我收齐了债务，回来的时候您需要带点什么东西吗？"田文笑着说："那就请您带点家中没有的东西吧。"

冯谖到达薛地后，见那里的农民食不果腹衣不蔽体，根本没有能力偿还这笔债务，于是他自作主张，当众把债券全部烧毁了。他驾车回到了齐国，一大清早求见，孟尝君对他的回来感到非常奇怪，根本不相信他这么快就能够回来，于是穿好衣服就去见他说："您怎么这么快就回来了，带来了什么好东西给我？"冯谖立即回答说："您宫中稀世之宝，金银绸缎，山珍海味，牛、羊、马、狗应有尽有，数不胜数，您最缺少的就是'仁义'，所以我给你带回了'仁义'，我到薛地，到处宣扬您的美名。"孟尝君听后，连忙道谢，对冯谖的做法十分赞赏。

一年以后，田文回到了薛地，还隔一百多里地，沿路就有老百姓站在道路上欢迎田文，所到之处都是一片赞许声，孟尝君对一同前往的冯谖说："你为我带回的'仁义'，我今天亲眼看到了。"

## 西门豹惩巫婆

魏文侯时，西门豹做邺地令。邺地处在黄河中游，本是历史上的富地，但西门豹到任一看，却见田园荒芜，百姓逃亡。他大感不解，忙问缘故。当地百姓告诉他："本地风俗，一年要为河神娶一个媳妇。选到谁家女子，便打扮起来，放到河中床上，行不太远就沉下去了。有女儿的怕被选成河伯妇，带女儿出逃。其他人家，一年要交一次赋税，作为河神娶妇的费用。穷人家交不起，便带家人外逃。这样几年下来，人口越来越少，荒地就越来越多，这里就越来越穷了。"西门豹听后，心中生出一计，问清了今年河神娶妇的日期，告诉百姓说到时候要去看。

主持此事的乡老和巫婆听说今年新县令要来看，便更加卖力操办，找的新娘特别漂亮，事情办得特别隆重，当然派的赋税也特别重。西门豹听说了，也不管不制止。

河神娶亲的日子到了。一大早，西门豹便换上官服，来到河边。乡老和老巫迎上来，请西门豹坐定。西门豹说："河神是保佑当地百姓平安的，为他娶媳妇可是件大事，万万草率不得。"乡老和老巫相视一笑，连连点头。西门豹又问："不知新娘子是否漂亮？会不会讨河神喜欢？你们带来我瞧瞧。"乡老赶忙去喜棚中领来新娘。

西门豹起身迎来，前后左右仔细审视一遍，说："不怎么样。这样的女人嫁给河神,河神肯定不会喜欢。

若河神一旦发起脾气来,遭殃的还不是我们?我看这样吧,先换个日子,留出几天时间来,让我亲自为河神选个好的,然后送去,你们看怎么样?"乡老和老巫不知西门豹葫芦中卖的什么药,只好点头称是。西门豹话头一转,说:"不过,由谁去通知河神一声呢?"他环视一圈,乡老和老巫这才明白过来西门豹要干什么,吓得都变了脸色。西门豹仍装出认真的样子,一指老巫说:"那么你去送个信吧,讲定了就快回来。"说完不管老巫的拒绝,叫手下人把她抛下河去。

然后,西门豹继续装出一副认真的模样,站立在河边等老巫回信。一个时辰过去了,西门豹回头说:"怎么不回来了呢?再派人去催一下。"又让手下人把老巫的弟子扔下河去。西门豹继续恭立在河边等候。

又过了一会儿,西门豹说:"女人做事就是婆婆妈妈的,还是派个男人去催一下吧。"又让人把乡老扔下河。

又过了一会儿,西门豹回过头来看其余那些主事人,眼光一扫到谁,谁就吓得马上跪下叩头。西门豹继续装出认真的样子说:"看来河神是留他们吃饭,一时半会儿不会回来了。这样吧,今天先散伙,这事找时间再说吧!"那些主事者一听,赶忙抱头而去,庆幸自己捡了一条命。

自此,邺地再没人敢提为河神娶妇的事了。老百姓闻知,都逐渐回乡,把邺地又建成了鱼米乡。

## 无中生有,以假乱真

大敌当前,不管怎样的计谋,只要能克敌制胜就是好计策。两军交战,就要保持高度的警惕,更要明辨是非,不要被表面现象所蒙蔽,下面故事中的匈奴兵有勇无谋,还没有搞清状况就吓得撤兵,而吃了败仗。

公元73年,东汉明帝永平十六年。一天晚上,月明星稀,万籁俱寂。云中(今内蒙古自治区托克托一带)太守廉范却愁眉不展,心事重重地在军营帐篷内踱步思索。他的书案上摆着看了一遍又一遍的兵书，却依然想不出破敌良策。眼见匈奴大举进攻，自己手下的部队只有匈奴人马的半数，怎么能奉命抵抗呢？

跟随廉范多年的部将们，见廉范苦思冥想，便建议向四邻驻军求救，共同抵抗匈奴。但廉范认为不妥。他说："不到万不得已时，不能请求增援。因为这次匈奴大举进攻，四邻皆知。有的为保存自己力量不愿发兵，有的也势单力薄分不出兵。我们首先立足自身力量，才能置之死地而后生。"

但部将们确实为难，他们说："咱们想要打退匈奴的进攻，只有靠太守您想个以少胜多的破敌奇策。""对，以少胜多，兵不厌诈。"廉范顿然醒悟："三十六计中有'无中生有'之计，我怎么忘记了呢。"

廉范对疑惑不解的部将们，如此这般地布置一番，部将们一一领会，点头称妙，马上召集士兵们按照廉范太守的计谋去做。

军营内外，巡逻的哨兵们举着火炬在巡营。每人手里火炬只有一团火焰。可是按照廉范的计策，每个士兵都成为手握火炬的哨兵，而且他们握的火炬，不是只有一团火焰，而是十字形火炬，用手握一头，其余三头都点着火。然后在军营里分散站开。这样，一个人"变"成了三个人。

这时，正准备大举进攻的匈奴人看到廉范的军营内，士兵成阵，火炬如海。他们认为一定是汉朝的增援大军到来了，很是害怕。待天色渐曙，晨风凛冽，匈奴部队悄悄地收起帐篷，急急忙忙撤兵。廉范命令士兵们战鼓敲得震天响，喊杀声铺天盖地。精锐部队杀了出来，追击匈奴撤退大军，匈奴兵个个心惊胆战，在慌乱中自相践踏，死伤不计其数。

廉范用"无中生有"计智退匈奴兵，威名远扬。

有时眼见未必就是真实，廉将军的"无中生有"就是用视觉效果上的错觉蒙蔽了敌方，可谓以智取胜，以少胜多的典范。

北周大冢宰宇文护率军攻打北齐洛阳，临行前，命令大司空杨忠联合突厥人征服稽胡（今陕西米脂、横山一带的少数民族）。可是半个月已过去，杨忠的军粮越来越少，不要说在短期内无法征服稽胡人，反而有被其困死的危险。何况，宇文护在洛阳已被齐军打败。如果这个消息再让稽胡人知道了，那后果更不堪设想。

中军帐内，众多北周将领都皱紧了双眉，一时想不出什么破敌取胜的好办法。过了好长时间，杨忠终于想出了一条妙计，他说："我们布置个圈套，让稽胡人乖乖钻进去！"

第二天下午，稽胡首领全都喜滋滋地坐在杨忠的中军帐内。这天上午，他们都接到了杨忠盛邀赴宴的大红请帖，便一个不漏地来了。

这批首领落座后，开始面露喜色地谈笑风生。这时，北周湖州刺史王杰全副武装，敲着战鼓大步闯了进来，那模样像是要上战场似的。杨忠一见，佯作不懂："王大人，这是什么意思？"

王杰装作不知道有稽胡首领在场，大声作答："大冢宰（指宇文护）已经攻下洛阳城。皇上听说银、夏二州之间的稽胡不老实，特地派我来和您一块儿出兵攻打他们。"

两人正言语间，假突厥使者策马奔来，刚跳下马，便气喘吁吁禀告："杨大人，我们可汗（首领）已在长城下面布置十万雄兵。他特意派我来通报，如果稽胡不服，马上统统调来帮您打败他们！"在场稽胡首领听罢，个个呆若木鸡："这，我们要反抗，岂不是以卵击石？"杨忠看在眼中，双手抱拳，虚情假意地安慰他们："请放心，我北周大军决不会滥杀生灵！"

这批人千恩万谢地躬身曲腰退出，不少人回家以后越想越害怕，几天后，便相约一些胡人首领，率兵前来归顺杨忠。其实稽胡首领看到的听到的，都是杨忠精心设计的一出假戏。

寥寥数语，杨忠编造了一番军事战况，故意让稽胡人听到信以为真，结果令对方心惊胆战而顺利归降。

# 天　道

## 【原文】

天道运而无所积①，故万物成；帝道②运而无所积，故天下归；圣道③运而无所积，故海内服。明于天，通于圣，六通四辟④于帝王之德者，其自为也，昧然无不静者矣！圣人之静也，非曰静也善，故静也。万物无足以铙⑤心者，故静也。水静则明烛须眉，平中准⑥，大匠取法焉。水静犹明，而况精神。圣人之心静乎。天地之鉴⑦也，万物之镜也！夫虚静恬淡、寂漠无为者，天地之平而道德之至，故帝王圣人休⑧焉。休则虚，虚则实，实者伦矣。虚则静，静则动，动则得矣。静则无为，无为也则任事者责矣。无为则俞俞⑨。俞俞者忧患不能处，年寿长矣。夫虚静恬淡、寂漠无为者，万物之本也。明此以南乡⑩，尧之为君也；明此以北面⑪，舜之为臣也。以此处上，帝王天子之德也；以此处下，玄圣素王⑫之道也。以此退居而闲游，江海山林之士服；以此进为而抚世，则功大名赤而天下一也。静而圣，动而王，无为也而尊，朴素而天下莫能与之争美。夫明白于天地之德⑬者，此之谓大本大宗⑭，与天和者也。所以均调天下⑮，与人和者也。与人和者谓之人乐，与天和者谓之天乐。

## 【注释】

①天道运而无所积：天道，自然规律。积：积滞，自然规律的运行没有积滞。

②帝道：帝王治国的规律。

③圣道：圣人对宇宙万物的看法。

④六通四辟：上下及东西南北四方相通，四季顺畅。

⑤铙（ráo）：通"挠"，扰乱。

⑥平中准：水平面符合水平测定的标准。

⑦鉴：镜子。

⑧休：息心。

⑨俞俞：从容自得的样子。

⑩南乡：指面朝南，指居帝王之位。

⑪北面：指北面，指位于臣位。

⑫玄圣素王：玄圣、素王均指像老聃一样通晓大道，具有帝王无法而不居帝王之位的人。

⑬天地之德：天地的规律，即无为为本。

⑭大本大宗：真正的根本、真正的宗原。

⑮所以均调天下：以此来均衡万物，调理民情。

## 【译文】

　　天道自然运行没有积滞，所以万物得以生成。帝王治理法则运行没有积滞，所以天下的百姓归顺。圣人对宇宙万物的看法和主张没有积滞，所以四海之内的人都来归顺。了解自然规律，精通圣人之道，六合四时符合帝王之德的人，会让万物自然运行，万物都在寂然地自然生长。圣人内心宁静，并非认为宁静是好的所以才宁静，是因为万物不能扰乱他的内心，所以处于虚寂而宁静的境地。

　　水平静时可以照见须眉，水平面任命水平的测定标准，所以工匠们前来取法，水宁静而清澈，更何况人的精神！圣人内心宁静，可以比作天地的镜子，可做世间万物的镜子。虚静、恬淡、寂寞、无为是天地的本原和道德修养的最高境界，所以古代的帝王圣人都坚守这个境界。保持这个境界则会内心空明，内心空明才是真正的充实，充实才能做到完备。内心空明才能做到宁静，宁静才能变化，变化才有所得。内心宁静则要无所作为，无所作为才能让做事情的人尽职尽责。无所作为才能从容自得，从容自得的人就没有忧患，因而能延年益寿。那虚静、恬淡、寂寞、无为，是万物的根本。明白这个道理再处于君王之位，所以尧才会成为帝王。明白这个道理再处于臣子之位，所以舜才会成为臣属。凭借这个道理而处于上位，这是君王的常德。凭借这个道理处于下位，这是玄圣、素王所持守的大道。凭借这个道理退隐而闲游，江海山林的隐士都会折服。凭借这个道理积极进取安抚天下，就会功勋卓著名声显赫而使天下归一。虚静可以成为圣人，行动可以成为帝王。无为可受万物尊崇，朴素可以与天下争美。领悟了天地的规律，就可以说掌握了根本和宗原，是与自然相和谐的人。并以此来均衡万物，体察民情。与人和谐，叫作人乐；与自然和谐，称为天乐。

## 【原文】

庄子曰："吾师乎！吾师乎！齑万物而不为戾①，泽及②万世而不为仁，长于上古而不为寿，覆载天地刻雕众形而不为巧，此之谓天乐。故曰：知天乐者，其生也天行③，其死也物化④。静而与阴同德⑤，动而与阳同波。故知天乐者，无天怨，无人非，无物累，无鬼责。故曰：其动也天。其静也地，一心定而王天下；其鬼不祟，其魂不疲⑥，一心定而万物服。言以虚静推于天地，通于万物，此之谓天乐。天乐者，圣人之心以畜天下也。"

## 【注释】

①齑万物而不为戾：齑，碎毁。戾，残暴。

②泽及：恩泽及被。

③天行：顺应自然的运动。

④物化：浑同万物而变化。

⑤同德：具有共同的性质和常态。

⑥其鬼不祟，其魂不疲：祟，作祟。疲，疲倦。

## 【译文】

庄子说："我的老师啊！我的老师啊！碎毁万物而不残暴，恩施万世而仁爱，生长于远古而不衰老，覆天载地雕刻各种物形而不算智巧，这就是所说的天乐。所以说：'懂得天乐的人，他顺应自然的运动，死亡混同万物而变化。宁静与阴气是有相同的性质和常态，运动与阳气从属同流。'所以懂得天乐的人，不会受到自然的忌恨，不会受到人们的责难，不会受到外物的牵累，不会受到鬼神的谴责。所以说：'运动时如同自然的运行，宁静时如同大地的沉寂。内心安定便能驾驭天下，魔鬼难以阻挡，神魂不会疲倦，内心安定遂使万物折服。'这就是说把虚静推广到天地，与万物相沟通，这就叫作天乐。所谓天乐，就是圣人的心性，可以以此来养育天下。"

**【原文】**

夫子曰："夫道于大不终①，于小不遗②，故万物备。广广乎③其无不容也，渊乎其不可测也。形德仁义，神之末也④，非至人孰能定之！夫至人有世，不亦大⑤乎，而不足以为之累；天下奋棅而不与之偕⑥；审乎无假而不与利迁；极物之真，能守其本。故外天地⑦，遗万物⑧，而神未尝有所困也。通乎道，合乎德，退仁义，宾礼乐⑨，至人之心有所定矣！"

世之所贵道者，书也，书不过语，语有贵也。语之所贵者，意也，意有所随。意之所随者，不可以言传也，而世因贵言传书。世虽贵之，我犹不足贵也，为其贵非其贵也⑩。故视而可见者，形与色也；听而可闻者，名与声也。悲夫！世人以形色名声为足以得彼之情。夫形色名声，果不足以得彼之情，则知者不言，言者不知，而世岂识之哉！

**【注释】**

①大不终：从大的方面看，没有终结。

②于小不遗：从小的方面看，没有遗漏。

③广广乎：广阔无垠的样子。

④形德仁义，神之末也：形通"刑"。末，衰败。

⑤大：指责任大。

⑥奋棅而不与之偕：棅，同"柄"。奋棅，争夺权柄。偕，同"道"。

⑦外天地：无视天地。

⑧遗万物：弃置万物。

⑨宾礼乐：摒弃礼乐。

⑩为其贵非其贵也：因为它所看重的并不是真正重要的东西。

## 【译文】

先生说："道，从大处看没有完结，从小处看没有遗失，所以在万物之中完备。它广阔而无所不包，深远而无法探测。宗族刑罚教化仁爱道义，是精神的衰落啊！若不是至人，谁又能确定！至人统治天下，责任不是很大吗？但却不足以成为他的负担。天下人争夺权柄，他不与其同道；他内心清醒，无所凭借而不为利益所动。深究事物的本真，并能保持根本，所以无视天地，弃置万物，而精神不曾受到困扰。融通于道，合乎于德，辞却仁义，摒弃礼乐，至人的内心恬淡安静。"

世人所推崇和称道的是书籍。而书籍没有超越语言，语言自有它的可贵之处，比如它的意义。而意义的指向只可意会不可言传。世人因尊崇语言而流传书籍，无论世人如何尊崇，而我却不看重它，因为他们所看重的并不是真正本质的东西。所以可以看到的是形和色，可以听到的是名和声。可悲啊！世人以为从形、色、名、声中可以探求事物的本质。如果形、色、名、声不足以表明事物的本质，知道的人就不会去说，说的人就一定不知道。而世上的人又怎能认识到这一点呢？

## 【原文】

桓公①读书于堂上，轮扁斫轮于堂下②，释③椎凿而上，问桓公曰："敢问公之所读者，何言邪？"公曰："圣人之言也。"曰："圣人在乎？"公曰："已死矣。"曰："然则君之所读者，古人之糟魄④已夫！"桓公曰："寡人读书，轮人安得议乎？有说⑤则可，无说则死！"轮扁曰："臣也以臣之事观之，斫轮徐则甘而不固⑥，疾则苦⑦而不入，不徐不疾，得之于手而应于心，口不能言，有数⑧存焉于其间。臣不能以喻⑨臣之子，臣之子亦不能受之于臣，是以行年七十而老斫轮。古之人与其不可传也死矣，然而君之所读者，古人之糟魄已夫！"

**【注释】**

①桓公：齐桓公。

②轮扁斫轮于堂下：轮扁，制作车轮的工匠，名扁。斫，砍削。

③释：放下。

④魄："粕"字的借字。

⑤有说：有说得出来的道理。

⑥徐则甘而不固：徐，运作慢。甘，松缓。固，坚固。

⑦苦：涩滞。

⑧数：指掌握快慢的限度。

⑨喻：告诉。

**【译文】**

  齐桓公在堂上读书，轮扁在堂下砍削制作车轮。他放下锥凿走到堂上，向齐桓公问道："请问您读的是什么书？"齐桓公说："是记载圣人之言的。"轮扁又问："圣人还在吗？"齐桓公说："已经去世。"轮扁说："如果这样，您所读的书，都是古人的糟粕啊！"齐桓公说："我在读书，制作车轮的人怎能随便议论呢！若能说出道理还可以，若说不出道理，就要被处死。"轮扁说："我就从我所做的工的角度来观察。砍削车轮，慢了就会松缓而不牢固，快了就会涩滞而难以削入。不快不慢，手中做到了却在心中想到，嘴里说不出来，这个快与慢的限度就存在于其间。我无法把这个技巧告诉给我的儿子，而我的儿子也无法从我这里接受这个奥秘。因此，我都快七十岁了，还在砍削车轮。古时候的人和他们那些不可言传的东西都已经消失了，那么您所读到的不过是古人的糟粕罢了！"

**【解析】**

  本文具体阐述了天道贵、人道卑的道理。与内篇的观点虽有不同，但能从无为勘出有为，复从有为归到无为，全文符合道家无为的精神，又能自圆其说，且脉络可寻，行文流畅。

庄子生活的年代，天下纷纷扰扰，诸子蜂起，其中不乏欺世盗名之徒，蛊惑人心。世人争名逐利，人心失其正，丧其真。庄子有感于此，便通过对天道、人道关系的重释，说明君道贵、臣道贱的道理，要求人们弃绝仁义，返璞归真，虚静无为。

先秦时郑子产已提出天道、人道的观念，他说"天道远，人道迩"。孔子和孟子基本上继承了子产的思想，承认有天道有人道，认为天道和人道有一个比较远的距离，人难以把握天道，因此他们大谈礼智、仁义、道德。而道家则尊崇天道，认为道是万物之源。老子说："人法地，地法天，天法道，道法自然。"又说："天之道，损有余而补不足。人之道则不然，损不足以奉有余。"老子认为天道公平无私而人道卑劣，肯定天道，排斥或否定人道，因此提倡绝仁弃义，绝圣弃智，返璞归真。庄子在此基础上又作了新的阐释。

庄子认为君道是天道，臣道是人道。君道应该效法天道，天道有自己的运行规律，它自运自化，寂寞无为，虽然化育万物，恩及万世，但都是无心而作，在不知不觉中完成的。因此君道也应以天地为宗，以自然为用，以虚静、恬淡、寂寞、无为为本，虽有天下，但要做到不为所累，无为而治，让天下万物自治自化。那么怎样才能做到无为呢？庄子强调君道虚静，他说虚静才能像镜子一样无所不包，虚静才能各得所宜，虚静才能使臣下各守其职，各尽其责。内心虚明若镜，才能映照万物，虚明才能无为，无为才能精神愉悦、超然物外，这样才能达到天人合一、物我两忘的境界。纵观《庄子》文前后，虚静思想贯穿始终，可以说是其理论的重要内容之一。其虚静思想虽然在治国方面陷入了虚无主义，但对后代文艺思想和文人的创作却产生了深远的影响。事实证明作家只有保持虚静的心灵，超脱世外，"登山则情满于山，观海则意溢于海"，才能达到"精骛八极，心游万仞"的境界，这样才能保持创作的佳境，纵心宇内，挫笔万端。"万物静观皆自得，四时佳兴与人同"，"采菊东篱下，悠然见南山"，都是心灵虚静、超然物外、俯观天地的产物。即使在现实生活中，保持一份虚静，对于为生活所迫，在车马喧嚣的城市中疲于奔命的现代人来说，也是很有意义的。投身自然，或者静心阅读，让生活的压力得到暂时的解脱，让自己的心灵得到片刻安宁，对调节自己的身心健康还是很有好处的。李泽厚先生在谈到老庄玄禅时也说："它可以教人们去忘怀得失，摆脱利害，超越种种庸俗无聊的现实计较和生活束缚，或高举远蹈，或怡然自适，与活泼流动盎然生意的大自然打成一片，从中获得生活的力量和生命的意趣。"

儒家强调君君臣臣父父子子，君有为臣亦有为，此为经世致用之道即人道。庄子却认为天道尊、人道卑，因此君道、臣道也有尊有卑，君无为是天道，臣有为是人道。本在于上，末在于下；要在于主，详在于臣，因此刑名赏罚只能被天下人所用，不能用来统治天下，为臣者拘于一孔之见，只能是一曲之士，为君者绝不能像臣者那样实行有为政治，否则就君不君臣不臣了。作者随手拈出了三个事例来说明有为的臣道的危害性，告诫世人要虚静无为，超然物外，坚守天道本源。尧以百姓为心，对鳏寡孤独关心备至，舜教训他说这只是胶扰百姓，没有做到像云行雨施那样自然，有心而为只不过是卑下的臣道罢了。孔子为藏书于周，西行拜访老子，大谈仁义，老子对他嗤之以鼻，认为孔子乱人心性，高举虚假的仁义，就像击鼓而求子，缘木而求鱼，其结果只能是无功而返。士成绮批评老子不仁不义，老子漠然不应，任凭别人唤牛唤马，无心而服从。士成绮卑恭求道，老子说他面带骄色，心为物役，像被系的逸马，离箭的弓弩，只不过是边境上的一个盗贼而已，最多只能做一个有为而卑劣的臣者罢了。《庄子》中的"君道无为，臣道有为"的思想主要是用来说明人道的不足取，但后人如吕不韦、韩非子、唐朝魏征等却根据时代需要把这一理论完全引向了现实政治生活，认为这一理论是理想的治国策略，从而对庄子的本真思想进行了改造。历史证明在改朝换代之际，庄子的这一思想对于统治者实施休养生息的政策，保持安定的政治局面起了积极作用。

《天道》篇中最精彩的当属"轮扁斫轮"的故事了，可与"庖丁解牛""濠梁观鱼"等寓言故事相媲美，一直流传至今，为后人所乐道，成语"得心应手"便来源于此。轮扁堂下制作车轮，见一匡天下九合诸侯的齐桓公堂上读书求道，便放下手中的活向前现身说法。斫轮贵在体会，其技口不能言，因此不能传子，七十岁了还是一个老匠人。同样地，圣人的精华早随其身体一同死亡了，留下的只不过是糟粕而已。这就说明，道体至虚，是根本无法用语言文字加以传达的。执薪求火，火在薪外；执履求迹，迹在履外；执书求道，道在书外。语言文字只不过是古人留下来的糟粕罢了，那些想通过书本来求道的做法是错误的。这里作者完全否定语言文字的传达功能显然是错误的，但指出语言文字在表情达意方面的局限性，对于人们突破语言文字符号本身去领会文字之外的意义是有积极意义的。在《外物》篇中作者进一步指出："荃者所以在鱼，得鱼而忘荃；蹄者所以在兔，得兔而忘蹄；言者所以在意，得意而忘言。"语言只是像荃、蹄一样的工具而已，并非意本身，所以既已得意，其言便可忘去。庄子关于言意关系的表述对中国古代文艺思想的影响是前无古人的。魏晋时期王弼所谓的"得意忘象""得象忘言"，唐代司空图所谓的"不着一字，尽得风流"，宋代严羽所谓的"羚羊挂角，无迹可求"，以及近人王国维所谓的"境界说"等等，都与庄子的思想有渊源关系。可以这样说，没有庄子的这一思想，中国的文艺发展就会大打折扣了。

附：古人鉴赏选

尝谓《庄子·天道》篇，辞理俱到，有蔚然之文，浩然之气，苍然之光，学者更当熟读。（明·陆西星《南华真经副墨》）

篇中以天地作线，而归本于无为，言及本末、要详、上下、君臣，理极醇正而且近情。但细玩其文，别有一种苍秀缭绕之致，行云流水之机，切近时趋，全无奇气，恐亦叔敖衣冠士。然有此，则自成一家，可不必深辩矣。（清·林云铭《庄子因》）

疾徐，指轮笋而言。徐，宽；疾，紧也。宽则甘滑易入而不坚，紧则苦涩坚持而难入。此方是不可传处。有数存乎其间，即道家所谓个中之说。此数字，亏他偏说得出！岂非惊人之语？不可传者，果是何物？可深长思。说此一喻，正见意非言所能传也。求道当于不传处通之，则几矣。此段议论，是千古教学之指归，词意精微，发前未有。（同上）

道在天地，无瞬息停留，故能贯穿古今，遍彻万类。苟有所积，

便堆在这里而行不去，着在一物而气不周矣，故"运而无所积"一句，便道尽化体也。（清·宣颖《南华经解》）

虚者，静之原也。从虚落静，从静落无为，连用四"矣"字，错落赞叹。提句八个字，下止落出"虚静无为"，其"恬淡寂漠"四个字，止弄"静"字，下形容到"无为"之字。与上节对作赞叹，上节细，此节宽。本为有天下者言，看他一主一陪夹叙。（同上）

收篇忽入一段读书妙论，非为学究下砭石也。夫书以传道，犹无足贵者，以其为糟粕也，况于有为之迹如五末九变者乎？固知道之在虚也、静也、无为也，王天下者可以深省矣。虽然，千万世之学究亦可以深省矣。轮扁一段，文法乃《檀弓》《考工》之绝佳者，住法最为悠然。（同上）

末节推论书籍不足贵，并语言文字而扫除之。书以载道，而道之妙有不可以言传者，执书籍以求道，亦犹执形色名声而谓道在是也。道果在是乎哉？知者不言，不言而道自存也。言者不知，知之而道终晦也。庄子为天下后世深致悲痛，一腔心血，一副眼泪，信手挥来，正和秋夜寒碪，音传空外。（清·刘凤苞《南华雪心编》）

"轮扁"一段妙文，将古人明道之书，看作糟粕。从艺事之微，衬出道之混沦无间。对面写照，笔妙入神，当与《养生主》篇庖丁对文惠君语异曲同工。官知止而神欲行，得之手而应于心，两处见识议论，俱臻绝顶。此篇前后机杼浑成，惟中幅五末九变数段，随手铺叙，意尽于言。虽有精奥语，亦不过如韩非《说难》、刘向《新论》而止，颇不类漆园笔意，识者当能辨之。（同上）

"轮扁"一段妙论，托出正意，事外逸致，弦外馀音，使人低徊不尽，当与庖丁对文惠君语，及"濠梁观鱼"一段，同为绝顶文心，绝妙机锋，迥非寻常意境。（同上）


## 【证解故事】

### 周武王顺"道"得民心

周武王一直等待时机讨伐商纣。为了刺探殷商的虚实，他不断地派探子去朝歌刺探情况。

不多久，探子回来禀报说："殷商大概要出现混乱了！"

武王问："混乱到了什么程度？"

探子回答说："邪恶的人胜过了忠良的人。"

武王摇头说："还不行。"

过了一段时间，探子又回来报告："殷商的混乱程度加重了！"

"达到了什么程度？"

"贤德的人都出逃了。"

武王又摇头说："还是没有达到极点！"

过了一阵子，探子回来禀报："殷商的混乱已经很厉害了！"

"到底怎么样了！"

"老百姓已经都不敢说怨恨不满的话了。"

周武王一听，高兴极了，说："太好了，时机终于到了。邪恶的人胜过了忠良的人，叫作暴乱；贤德的人都出逃在外，叫作崩溃；而老百姓不敢讲怨恨不满的话，那叫作刑罚太苛刻了。殷商的混乱已经达到了极点，无以复加了。这正是我们出兵的好机会！"

于是，周武王挑选了战车三百辆，虎贲勇士三千人为先锋，朝会诸侯约定以甲子日为期共同发兵牧野。

周武王率领大军渡过鲔水时，纣王派了胶鬲前来刺探周国大军的情况。周武王接见了他。

胶鬲问："您带领大军到哪里去？请不要欺骗我。"

武王笑着告诉他："我不会骗你的。我这次是率大军讨伐商纣。"

"什么时候到达？"

"将在甲子日到达殷都郊外。你就拿这话去禀报纣王吧！"

胶鬲走后，天下起了大雨，日夜不停，周国大军前进很困难。周武王下令全军加速前进。

将帅们都请求说："士兵们都已经很疲惫了，请大王让他们停下来休息一下吧！"

周武王叹了口气，说："我何尝不想这样呢？但我已经让胶鬲把甲子日到达殷都郊外的消息禀报给纣王了。如果我军不能在甲子日按时到达的话，这就是让胶鬲失去信用。纣王就一定会杀他。我下令全军加速前进，是为了救胶鬲的命啊！"

周武王的大军果然在甲子日抵达了朝歌的郊外，这时殷商大军已经先摆好了阵势。两军一交战，殷军立即就溃逃后撤。结果周军一举攻入朝歌，纣王被迫纵火自焚。

周武王进入朝歌以后，听说有个德高望重的人，便亲自去拜访他，向他请教殷商之所以灭亡的原因。

那个德高望重的人回答说："您如果要想知道这一点的话，那就请您在明天中午的时候再来吧！"

周武王和周公旦第二天提前去了，但到时却没有见到他。周武王觉得很奇怪。

周公旦想了想，说："我已经知道了他的意思，他真是个君子啊！他本来就采取了不亲近自己君王的态度，而现在又要把自己君王的坏处告诉您，他不忍心这样做。至于约定了日期却不如期赴约，说了话却不守信用，这就是殷商之所以灭亡的原因。他已经用这种方式告诉了您殷商灭亡的原因。"

周武王遇上了混乱的世道，面对天下百姓，他顺应天下的人心，发扬自己的道义，从而成就了自己的功业。这正是因为他顺应和凭借了外物的缘故。他所做的事情正是人们所希望的事情，而纣王所做的事情却是人们所讨厌的，他失去了天下的大"道"，所以他最终走向了灭亡。得道多助，纣王怎么会是武王的对手呢？

## 子产以德赢民心

在子产执政期间，他将以宽为主、宽猛直济的治国方针贯彻得很好。在经济措施上，丈量土地，兴修水利，重新划定田界，通过调动人民劳动积极性去发展生产；在税收制度上，他以丘为单位，规定每丘负担军马一匹、牛三头的上缴任务，改变过去乱摊乱派的现象。他又广开言路，让那些贵族子弟能在学校里发表关于国家政事的议论，以改进政府的各项工作。与此同时，他又将国家法令镌刻在鼎上，向全国人民公布，要他们遵纪守法。

子产认为：要治理好一个国家，主要是用德行去感化人，用宽宏的态度去教育人，才能使百姓心悦而诚服。其次要配之以刑罚，用威猛的法律去约束百姓。他以水和火作比喻，由于水性柔弱，人们轻视它，结果往往因玩水而溺死；火则不然，它使人望而生畏，故死于火中的人较少。意思是说，以宽为主，宽猛相济，是治理国家的根本方针。子大叔继任执政以后，只宽而不猛，结果在崔苻的湖边有许多盗贼相聚，后来，经过派兵去镇压，才将乱事平定下来。

与子产同时代的孔子对他的治国方针十分赞许。孔子说："子产说得好呀！宽以济猛，猛以济宽，宽猛并用，国家的政局安定和美了。"定公八年，子产死了。当噩耗传来，郑国人民悲痛至极，农民不再耕作，妇女不戴玉佩，青年们捶胸顿足，号啕大哭，老年人齐声悲哀地呼喊着："子产离开了我们，叫我们去依靠谁呢？"

## 张良智策保太子

汉高祖刘邦想改立戚夫人的儿子赵王当太子，吕后就派吕泽强求张良想办法。

张良说："这件事光凭口舌争取是没用的。商山有四位贤人，皇上一直网罗不到，太子务必要请到他们，如果能让皇上看到，大有帮助。"

吕泽于是派人拿了太子的信函，带着厚礼，恭敬客气地迎接商山四皓来到宫廷。接着设宴置酒招待，太子陪侍。这四位贤人，年纪都已八十好几，胡须眉毛呈银白色，仪态雍容尊贵。高祖很惊讶地请问姓名，这四位各自做了介绍。

高祖吃惊地说："我招聘各位，各位都逃避我，现在却怎么跟我儿子在一起呢？"

四皓回答说："陛下看轻士人，又喜欢谩骂，我们不愿受辱，所以心怀恐惧而逃亡，如今听说太子仁慈孝顺，待人恭敬，又重视士人，天下人都盼望能为太子奉献，所以我们就来了。"

高祖说："请各位多调教太子吧！"

高祖召见戚夫人，指着商山四皓给夫人看，并且说道："我想撤换太子，这四位贤人却辅佐他，看来羽翼已成，难以动摇了。"

最后还是没有撤换太子，这就是张良的功劳。不可否认，无论是古还是今，人都是最重要的资本，特别是在今天人才竞争日益激烈，谁拥有高技术、高能力的人才，谁就是赢家。所以领导者一定要珍视人才，广纳贤才。

## 李成梁借风点火

蒙古部落的速把亥、歹青等人集兵，准备大举进犯辽沈地区。王杲闻讯后，急忙集结各部五千余骑，欲与之配合，并打算从东州附近的五味子冲发动进攻。明将李成梁急调重兵，紧张部署，决定用武力围剿。当王杲率三千骑袭来时，遭到明军强有力的还击，王杲受挫退守古勒寨，试图凭借深池高垒固守抵抗。

万历二年十月十日，明军发起全面猛烈的进攻，一时间，火炮、火枪、火箭齐发，但无法轰开坚密的木栅，用斧子砍也不能短时间砍开，明军士兵只好攀缘木栅而过。这时，王杲命部下射箭，抛石头，其势如雨，明军攻势受挫。李成梁亲自督阵，下令后退者斩。明军再次拼死往上冲，终于攻克了东北和西南两面，王杲部退到了寨中一座高大的台子处，居高临下，以射箭、投石子再次阻遏了明军的攻势。李成梁心急如焚。这时刮起风来，且越刮越大。在这千钧一发的时刻，刮起了大风，而明军是顺着风攻击，能不能利用风呢？

突然，一个念头在李成梁脑中闪现，"火攻"。他立即令明军借风纵火。霎时间，火势大起，迅速蔓延，很快就烧掉了王杲寨中五百余间房子和全部粮草，王杲部顿时土崩瓦解。

李成梁利用己方顺风的优势，果断地使用火攻，不愧为一代名将！

## 瓠里子均衡治国

瓠里子到了老年，对那些大夫说："往日国君的左服马病倒了，人们说用了活马的血喝了就可以治好。国君的围人派人杀我的骖马，我拒斥，没有给。"大夫说："用杀马来救马，这不合乎情，那怎么敢呢？"

瓠里子说："我私下里也感到疑惑了。即使如此，也已经了解国君的心了，愿由此而有所告知。我听说执掌国政的人心须依靠农耕和兵战，农夫和兵哪个不是国君的百姓呢？由于兵力不足，那么农夫就没有安全保障；农耕不足，那么士兵就没有粮食吃了。士兵和农夫相比就像脚和手一样，不可缺少一个。如今国君的士兵对农夫施暴行，而国君却不禁止，农夫和士兵发生诉讼案件，而农夫必定失败，耕田的人困窘了，这是只看见手看不见脚啊。现在国君的围人，只见国君不可没有左服马，不见我不可没有骖马。从前陈胡公原配夫人大姬喜欢舞蹈，于是宛邱一带的人们都拔了那里的桑树而植上了柳树，我内心替国君害怕这样的事发生。"

治国之道在于均衡，切不可有所偏废，厚此薄彼，顾此失彼，必将捉襟见肘，漏洞百出。故而考虑问题必须周全，切忌只见树木，不见森林。

## 明仁宗广施恩德

洪熙元年，明仁宗即位不久，国家就遭遇到了饥荒，山东、淮安、徐州一带粮食严重歉收，但为了应付朝廷的庞大开支，有关部门不断加强征收税粮，以致百姓不堪重负，怨声载道。仁宗知道了这件事后，心想一定要减免这些地方的税粮。

一次，仁宗故意当着众臣的面，问一位刚从南京来到京城的地方官员说："你所经过的地方情况如何？"这位地方官支支吾吾不敢直说，在仁宗的一再逼问下，才回答说："淮安、徐州、山东，很多百姓缺乏粮食，已到了难以为继的地步，而有的部门却征税粮，造成地方上的混乱，还出现了抗税不交的现象。"

仁宗听完，又问众大臣："众卿以为如何？"众大臣沉默不语，面面相觑。他见众臣不说话，便说："民可载舟，也可覆舟，这是关系到社稷安危的大事！朕要免去这些地方的税粮，以稳民心。"

随后他招来少保兼兵部尚书杨士奇，令其起草诏书，免掉这三地的税粮。

杨士奇听到皇帝的吩咐后，心想：此事应由户部、工部负责，我替皇帝起诏，下令免税，岂不有超越职权之嫌？于是，他对仁宗说：

"此事可先令户部、工部知道，方为妥善。"仁宗略加思索，便断然说道："不必通过他们了！救百姓的穷困，应当像救火和救溺水者一样急迫，不能迟疑。如果总考虑国家用度不足，必定犹豫不决，一旦推托下来，岂不误了大事？"杨士奇仍不动笔，仁宗见杨士奇还在思虑，索性让太监取来纸笔，逼着杨士奇就立在说话的门楼上，把诏书写完。

仁宗将诏书仔细阅览一遍，随即派遣使臣火速前往山东等地颁诏。然后，回头看了一眼立在那儿的杨士奇，开心地说："现在，你可以去户部、工部了，告诉他们：朕对这些地方，已免去粮税了！"

当诏书颁布以后，有些大臣还曾提出异议，说："这些地方总共有千余里，未必都是颗粒不收，应该有所区别，减免一部分就可以了。这样，才不至于滥施恩德。"

仁宗针锋相对地回答："抚恤百姓宁可过厚，广施恩德。朕为天下之主，能与百姓斤斤计较吗？"

应对非常之事，可用非常之举，在遇紧急情况时，最高领导可跃过层层机构与步骤，直接下达命令执行。

## 逻辑推理最可靠

事实胜于雄辩，然而事实往往隐藏起来，需要严密的逻辑推理才能使其显露出来。任何谎言都经不起检验和推敲，只要善于推理就可能接近真相。李惠太守断案就是依靠逻辑推理，从物证上寻找纰漏，揭露谎言的。

南北朝时，北魏的雍州太守李惠遇到一个相争不下的案子：

有个盐贩子背了一袋盐到雍州城去卖，恰巧遇到一个卖柴的樵夫也要进城。两人就结伴而行。一路上两人谈得倒也投机。快到雍州城了，两人也都累了，就在路边的大树下休息。当两人起身准备继续赶路时，却为铺在地上的一张羊皮相互争抢起来。两人都说羊皮是自己的，为此发生口角，后又动起手来。正在两人难分难解地互相纠缠时，正巧有个差役经过，要把他俩带到州府去解决。就这样，两人互相拉扯着跟差役来到州府。

太守李惠让他们把事情的经过讲清楚。两人都争先恐后地说，李惠让他俩安静下来后，让樵夫先说。樵夫一副余怒未消的样子，气呼呼地道："这张羊皮是我的。我每天早出晚归进山砍柴，冷了拿它取暖，背柴时拿它垫在肩上，多年来，从未离身，没想到今天碰到这个贪心之人，竟想将我的羊皮据为己有，请大人明断。"

盐贩子听完，气得面红耳赤。他向李惠作揖道："大人，他一派胡言，我走南闯北，拿它背盐已经五年了，谁想今天这么倒霉，遇到如此无赖之人。早知这样，我何必与他同行！"

两人各持己见，互不相让。堂上的差役们也都皱着眉头，心想："这种事情怎么判啊？"

只见李惠听完两人的申诉后，先让两人到前庭等候，自己则低头沉思，过了片刻，李惠胸有成竹地对左右差役说："这件事倒也容易，只要拷问这张羊皮就行。"众差役都愣在原地未动，李惠又说："只需对羊皮拷打一番，就能知道它的主人到底是谁了。"众差役听后更加疑惑不解了，大人这葫芦里卖的是什么药呀？左右实在奇怪，只听李惠吩咐道："来人呀！把羊皮放在席子上，打它四十大板。"差役们差点儿笑出声来，但不敢违抗命令。大堂上一阵"啪、啪"声响，四十大板过后，李惠走上前拎起羊皮看了看，又看了看席子，满意地说："果然经不住拷打而招供了。"众差役这时恍然大悟，都暗自佩服李惠的才智。只见李惠转身回到太师椅，坐定后说："传他们上堂。"

盐贩子和樵夫来到堂上。李惠说："本府已审问过羊皮，它说卖盐的是它的主人。"樵夫听后，脸涨得通红，很不服气地说："大人，小民不服，羊皮怎么能说话呢？"李惠冷笑道："大胆刁民，你看这席上散落的盐屑，你又如何解释？"

樵夫一看，知道无法再抵赖了，马上跪地求饶，承认自己因一时贪心而犯错。盐贩子也跪地叩头，谢李惠的英明决断。

柳庆巧破窃金案也是依赖严密的推理得到的，表面上的顺理成章可能是对方故意造成的假象，借以掩盖真实的情况，人们也往往满足于表面上似乎合理的推断就轻率地下结论。而养成缜密的思维习惯有利于我们去伪存真。

柳庆在任北魏雍州别驾的时候，遇到一件奇案。

有一次，一个商人携带黄金二十两，到京城去做买卖，寄居在一户人家，商人每次外出，都细心地锁好房门，自己掌管钥匙。

一天外出回来，见门锁得和往常一样，进屋一看，黄金却全部不见了。商人想，除了房主人以外，别人是进不了房间的。于是他便到县衙去告发房主人偷窃之罪。县官立即将房主拘来审问。略施刑讯，房主便全部招认。县官将房主投入监牢，又继续追查赃物。

雍州别驾柳庆得知此案后，想：房主进入自家的客房，也是情理中之事，但破案却不能这样顺理成章。房主人可能偷窃，但也不能排除另有窃贼。柳庆召来商人道："你的钥匙常放在什么地方？"

商人答道："大人，小人总是随身携带着钥匙。"

柳庆问道："你平常和谁在一起睡觉呢？"

商人答道："没有。"

柳庆又问："你曾同别人一起喝过酒吗？"

商人答道："前些天曾和一个和尚两次欢宴畅饮，但和尚没有近我身边，也未曾进我住房。"

"你可曾在外面睡过觉吗？"

"第二次与和尚饮酒喝醉了，在和尚的屋中睡了片刻午觉。"

柳庆断然指出："房主人是因为受不了严刑拷打，自诬盗金之罪，他并非真正的窃贼。那个和尚才是真正的窃贼啊！"

柳庆立即派衙役去传讯那个和尚，和尚已经携金逃跑。后来才将他捕获，追回了商人失去的黄金。

# 天　运

## 【原文】

"天其运乎？地其处乎<sup>①</sup>？日月其争于所乎？孰主张是？孰维纲是<sup>②</sup>？孰居无事推而行是？意者<sup>③</sup>其有机缄而不得已邪？意者其运转而不能自止邪？云者为雨乎？雨者为云乎？孰隆施是<sup>④</sup>？孰居无事淫乐而劝是<sup>⑤</sup>？风起北方，一西一东，有上彷徨，孰嘘吸是？孰居无事而披拂是？敢问何故？"

巫咸袑曰<sup>⑥</sup>："来！吾语汝。天有六极五常<sup>⑦</sup>，帝王顺之则治，逆之则凶。九洛<sup>⑧</sup>之事，治成德备，监照下土<sup>⑨</sup>，天下戴之，此谓上皇。"

## 【注释】

①天其运乎？地其处乎：运，运行。处，静止。

②孰维纲是：维，维系。纲，统领。是，这些。

③意者：与"或者"同义。

④孰隆施是：隆，兴，指形成云。施，指布雨。

⑤劝是：促成这种现象。

⑥巫咸袑：商代神巫，名袑。

⑦六极五常：六极，上下及东西南北四方。五常，即五行，金、木、水、火、土。

⑧九洛：九州聚落。

⑨监照下土：光照人间。

## 【译文】

"天在运转吗？地在静止吗？日月交替升空是在争夺居所吗？是谁在维系这些现象？是谁安居无事而推动这些现象的运行？恐怕有

什么机关主宰着而不得已吧？恐怕是自行运转而无法停止吧？云层是为了降雨吗？雨水是在云层吗？是谁在兴云布雨呢？是谁在安居无事，过分求乐而促成这些现象？风从北方吹起，一会儿向西一会儿向东，在天空中来回彷徨，是谁吐纳气流造成了这种现象？是谁在安居无事吹动它而形成这些现象？请问是什么原因？"

巫咸祒说："来！我告诉你。大自然存在着六极和五常。帝王顺应它则天下太平，违背它则天下大乱。九州的事务，应该使天下得到治理而道德完备，光照人间，天下的人都拥戴他，这就叫作上皇的治理。"

## 【原文】

商太宰荡①问仁于庄子，庄子曰："虎狼，仁也。"曰："何谓也？"庄子曰："父子相亲，何为不仁？"曰："请问至仁。"庄子曰："至仁无亲。"大宰曰："荡闻之，无亲则不爱，不爱则不孝。谓至仁不孝，可乎？"

庄子曰："不然，夫至仁尚矣，孝固不足以言之②。此非过孝之言也，不及孝之言也。夫南行者至于郢③，北面而不见冥山④，是何也？则去之远也。故曰：以敬孝易，以爱孝难；以爱孝易，以忘亲难；忘亲易，使亲忘我难；使亲忘我易，兼忘天下难；兼忘天下易，使天下兼忘我难。夫德遗尧舜而不为也⑤，利泽施于万世，天下莫知也，岂直太息⑥而言仁孝乎哉！夫孝悌仁义，忠信贞廉，此皆自勉以役其德者也，不足多也。故曰：至贵，国爵并⑦焉；至富，国财并焉；至愿⑧，名誉并焉。是以道不渝。"

## 【注释】

①商太宰荡：商，指宋国。宋乃殷商的后裔，所以称为商。太宰，官职名。荡，太宰的名字。

②不足以言之：不足以说明它。

③郢：楚国的都城。

④冥山：北边的山名，地处北极。

⑤德遗尧舜而不为也：遗，蔑视。不为，无为，顺应自然。指蔑视尧舜之德而顺应自然。

⑥太息：深深地叹息。

⑦并：弃除。

⑧愿：应作"显"，意为显荣。

## 【译文】

宋国的太宰荡问仁于庄子。庄子说："虎和狼也有仁爱。"荡又问："这如何解释？"庄子说："虎狼父子相互亲爱，为什么不是仁？"荡又说："请问什么是最高境界的仁。"庄子说："最高境界的仁就是没有亲情。"太宰荡说："我听说过，没有亲情就不会有爱，没有爱就不会有孝。说最高境界的仁是没有孝心，这样可以吗？"

庄子说："不是如此，至高境界的仁是值得尊崇的，孝本来就不足以说明它。这并不是非孝的议论，而是与孝并无关联。向南行走的人到了楚国的都城郢，向北看则看不见冥山。这是什么原因呢？是因为相距太远。所以说，用尊重来尽孝容易，用爱来尽孝就困难。用爱来尽孝容易，用无我淡泊的态度对待双亲就难。用淡泊的态度对待父母容易，使双亲用淡泊的态度对待我则难。使双亲用淡泊的态度对待我容易，而用淡泊的态度去对待天下人则难。用淡泊的态度对待天下人容易，而让天下人都忘却自身则难，蔑视尧舜之德而顺从自然，利益恩泽被及万世，而天下人却并不知晓。难道还要叹息着去谈论仁和孝吗？孝悌仁义，忠信贞廉，这些都是用来劝勉自身而违背真性的，不值得赞美。所以说，最为珍贵的，一国的帝位可以弃之不顾；最大的心愿，任何名誉可以弃之不顾，所以大道是永恒不变的。"

## 【原文】

北门成①问于黄帝曰："帝张《咸池》之乐于洞庭之野②，吾始闻之惧，复闻之怠③，卒闻之而惑，荡荡默默④，乃不自得⑤。"

帝曰："汝殆其然哉⑥！吾奏之以人⑦，征⑧之以天，行之以礼义，建之以太清⑨。四时迭起，万物循生。一盛一衰。文武伦经⑩。

一清一浊，阴阳调和，流光其声。蛰虫始作⑪吾惊之以雷霆。其卒无尾，其始无首。一死一生，一偾⑫一起，所常无穷，而一不可待⑬。汝故惧也。

吾又奏之以阴阳之和，烛之以日月之明。其声能短能长，能柔能刚，变化齐一⑭，不主故常⑮。在谷满谷，在阬满阬⑯。涂郤⑰守神，以物为量。其声挥绰，其名高明。是故鬼神守其幽，日月星辰行其纪⑱。吾止之于有穷，流之于无止。予欲虑之而不能知也，望之而不能见也，逐之而不能及也。傥然立于四虚之道⑲，倚于槁梧而吟；目知穷乎所欲见，力屈⑳乎所欲逐，吾既不及，已夫！形充空虚，乃至委蛇㉑。汝委蛇，故怠。

**【注释】**

①北门成：人名，复姓北门，传说为黄帝之臣。

②张：演奏。《咸池》：古代乐曲名。

③怠：松弛。

④荡荡默默：心神不定而缄口无言。

⑤不自得：不能把握自己。

⑥汝殆其然哉：你恐怕会这样吧。殆，恐怕，大概。其，会。

⑦人：指人情。

⑧征：取法。

⑨太清：天道。

⑩伦经：秩序更迭。

⑪蛰虫始作：在泥土中冬眠的虫子。作，起。

⑫偾（fèn）：仆倒。

⑬一不可待：全不可期待。

⑭齐一：遵循一定的规律。

⑮不主故常：不拘泥于旧规。

⑯阬（kēng）：同坑。

⑰郤：堵塞。

⑱纪：轨迹。

⑲恍然：无心的样子。四虚之道：四方没有边际的大道。

⑳屈：竭尽。

㉑委蛇(yí)：随机应变，随顺应化。

## 【译文】

北门成向黄帝问道："您在洞庭的荒野上演奏《咸池》之乐，我初听时感到惊惧，再听时感到松弛。听到最后却感到迷惑了。心神不定而缄口不言，以至于无法把握自身了。"

黄帝说："你恐怕会这样吧。我因袭人情来弹奏，取法于自然，运行以礼义，确立于天道，乐声犹如四季相交而起，万物应顺而生。忽盛忽衰，春季的生长和秋季的肃杀，秩序更迭。忽轻忽重，阴阳和谐，声光交错流溢。蛰虫从冬眠中开始活动，我用雷霆之声惊动它们。乐声终结时没有结尾，乐声初起时没有前奏。忽而消失忽而迭起，忽而低沉忽而高亢，变化无穷而无所期待。所以你感到惊惧。

"我又演奏起阴阳调和的乐声，用日光来烛照，乐声能短能长，能柔能刚，变化遵循一定的节律，不拘泥于旧规常态。传入山谷，山谷充盈，传入大坑，大坑充盈，杜绝纷扰而凝守心神，顺其自然以为衡量。乐声悠扬，称之为高亢明快。所以连鬼神也能守其幽隐，日月星辰按自己的轨迹运行。我把乐声停留在一定的境界中，而它的余韵却流播于无穷的天地。我想研究它却无法弄明白，想审视它却看不见，想要抓住它却无法赶上，茫然置身在没有边际的大道上，靠在槁梧木制成的几案上吟咏。内心穷竭于所想了解的真理，目光穷竭于所想见到的事物，精力穷竭于所要追求的大道。我已经赶不上了啊！形体充盈而内心虚静，才能随机应变。你能做到随机应变，所以感到松弛。

## 【原文】

吾又奏之以无怠之声①，调之以自然之命。故若混逐丛生，林乐②而无形，布挥③而不曳，幽昏而无声。动于无方④，居于窈冥⑤，或谓之死，或谓之生；或谓之实，或谓之荣，行流散徙⑥，不主常声。世疑之。稽<sup>⑦</sup>于圣人。圣也者，达于情而遂于命也。天机不张而五官皆备，此之谓天乐，无言而心说<sup>⑧</sup>。故有焱氏<sup>⑨</sup>为之颂曰：'听之不闻其声，视之不见其形，充满天地，苞裹六极。'汝欲听之而无接<sup>⑩</sup>焉，而故惑也。乐也者，始于惧，惧故祟<sup>⑪</sup>；吾又次之以怠，怠故遁<sup>⑫</sup>；卒之于惑，惑故愚；愚故道，道可载而与之俱也<sup>⑬</sup>。"

## 【注释】

①无怠：不存在感情上的恐惧和松弛，即忘情忘我的境界。

②林乐：众乐齐奏。

③布挥：乐声播散震扬。

④方：所在。

⑤窈冥：深远幽暗之境。

⑥行流散徙：像行云流水一般飘散流徙。

⑦稽：查询。

⑧说（yuè）：喜悦，高兴。

⑨有焱氏：即神农氏。

⑩无接：无法衔接连贯。

⑪祟：祸患。

⑫遁：心情松弛，恐惧消除。

⑬道可载而与之俱也：接近大道，就可凭此而与道共存了。

## 【译文】

此后，我又用忘情忘我的境界来演奏，以自然的节奏来调和，所以乐声同弛逐丛然并生，如同众乐齐奏而没有痕迹。乐声传播震扬而无外力牵引，昏暗幽昧而无声响。乐声源于深不可测的境界，萦绕在深远晦暗之中，有时可以说它消逝了，有时又可以说它兴起了；有时可以说它实在，有时可以说它虚华。像行云流水一般飘散流徙，不限于平常的乐声。世人迷惑不解，向圣人探询。所谓圣，就是通达本性而顺应天命。自然的枢机没有开启而五官俱全，不能说出来但心中却十分欢喜，这就叫作天乐。所以神农氏称颂它说："听不到声音，看不到形迹，充满于天地，包容了六极，你想听到它，却又无法将之连贯起来，所以感到迷惑。这样的音乐，开始听时让人惊惧，惊惧便认为它是祸患。我再演奏松弛的音乐，使人消除恐惧。最终让人感到迷惑，觉得迷惑就会淳和无知，淳和无知才接近于道。接近大道，就可以凭此与大道共存。"

## 【原文】

孔子西游于卫<sup>①</sup>，颜渊问师金<sup>②</sup>曰："以夫子之行为奚如？"师金曰："惜乎，而夫子其穷哉！"颜渊曰："何也？"

师金曰："夫刍狗<sup>③</sup>之未陈也，盛以箧衍<sup>④</sup>，巾以文绣<sup>⑤</sup>，尸祝<sup>⑥</sup>斋戒以将之。及其已陈也，行者践其首脊，苏者取而爨<sup>⑦</sup>之而已。将复取而盛以箧衍，巾以文绣，游居寝卧其下，彼不得梦，必且数眯<sup>⑧</sup>焉。今而夫子亦取先王已陈刍狗，聚弟子游居寝卧其下。故伐树于宋，削迹<sup>⑨</sup>于卫，穷于商周，是非其梦邪？围于陈蔡之间，七日不火食，死生相与邻，是非其眯邪？

"夫水行莫如用舟，而陆行莫如用车。以舟之可行于水也，而求推之于陆，则没世不行寻常<sup>⑩</sup>。古今非水陆与？周鲁非舟车与？今蕲<sup>⑪</sup>行周于鲁，是犹推舟于陆也。劳而无功，身必有殃。彼未知夫无方之传<sup>⑫</sup>，应物而不穷者也。

"且子独不见夫桔槔者乎？引之则俯，舍之则仰。彼，人之所引，非引人也，故俯仰而不得罪于人。故夫三皇五帝<sup>⑬</sup>之礼义法度，不矜于同而矜<sup>⑭</sup>于治。故譬三皇五帝之礼义法度，其犹柤梨橘柚邪！其味相反而皆可于口。

"故礼义法度者，应时而变者也。今取猨狙而衣以周公之服，彼必龁啮<sup>⑮</sup>挽裂，尽去而后慊<sup>⑯</sup>。观古今之异，犹猨狙之异乎周公也。故西施病心而矉<sup>⑰</sup>其里，其里之丑人见之而美之。归亦捧心而矉其里。其里之富人见之，坚闭门而不出；贫人见之，挈妻子而去之走。彼知矉美而不知矉之所以美。惜乎，而夫子其穷哉！"

孔子行年五十有一而不闻道，乃南之沛<sup>⑱</sup>见老聃。老聃曰：子来乎？吾闻子，北方之贤者也，子亦得道乎？"孔子曰："未得也。"老子曰："子恶乎求之哉？"曰："吾求之于度数<sup>⑲</sup>，五年而未得也。"老子曰："子又恶乎求之哉？"曰："吾求之于阴阳，十有二年而未得。"

老子曰："然使道而可献，则人莫不献之于其君；使道而可进<sup>⑳</sup>，则人莫不进之于其亲；使道而可以告人，则人莫不告其兄弟；使道而可以与人，则人莫不与其子孙。然而不可者，无佗<sup>㉑</sup>也，中无主而不止，外无正<sup>㉒</sup>而不行。由中出者不受于外，圣人不出；由外入者无主于中，圣人不隐。名，公器<sup>㉓</sup>也，不可多取；仁义，先王之蘧庐<sup>㉔</sup>也，止可以一宿而不可久处。觏而多责。"

## 【注释】

①卫：春秋时期的国家，位于今河南境内。

②师金：人名。

③刍狗：古代祭祀时，用茅草结扎成的狗。

④箧衍：这里泛指箱子。

⑤文绣：绣有纹饰的盖巾。

⑥祝：祭祀时对"尸"祝祷的人。

⑦爨（cuàn）：烧火做饭。

⑧眯（mì）：梦魇。

⑨削迹：绝迹，表示不允许再进入某地。

⑩寻常：古代的计量单位，八尺为一寻，二寻为一常。

⑪蕲：通"祈"，祈求，希望。

⑫传：传车，用于快速传递公文。

⑬三皇：伏羲、神农、黄帝。五帝：少昊、颛顼、高辛、尧、舜。此外还有其他说法。

⑭矜：尊重，推崇。

⑮龁啮：用牙齿咬。

⑯慊：满意，满足。

⑰矉：通"颦"，皱眉的意思。

⑱沛：地名。

⑲度数：规范，法度。

⑳进：进献，献给。

㉑佗：同"他"。

㉒正：匹配，相合，验证。

㉓公器：公共使用的物品。

㉔蓬庐：茅草搭成的简陋房子。

## 【译文】

孔子向西边游历到卫国。颜渊问师金道："你认为夫子此次卫国之行会怎么样？"师金说："可惜呀，先生一定会遭遇困厄啊！"颜渊说："为什么呢？"

师金说："用草扎成的狗还没有用于祭祀，一定会用竹箱子装起来，用绣有纹饰的盖巾覆盖着，祭祀主持人斋戒后迎送着。等到它已用于祭祀，行路人踩踏它的头颅和脊背，打柴的人捡回去用于烧火煮饭而已。如果有人又把它取回来，用竹箱装起，用绣有纹饰的盖巾覆盖，游乐居处于主人的身旁，即使它不做噩梦，也会一次又一次地感受到梦魇困扰。现在你的先生，也是在取法先王已经用于祭祀的草扎之狗，并聚集众多弟子游乐居处于他的身边。所以在宋国大树下讲习礼法而大树被砍伐，在卫国游说而被铲掉了所有的足迹，在宋国与东周遭到困穷，这不就是那样的噩梦吗？被乱兵围困在陈国和蔡国之间，整整七天没有能生火就食，已临近死亡边缘，这又不就是那压得喘不过气来的梦魇吗？

"在水上通行没有什么比得上用船，在陆地上通行没有什么比得上用车，因为船可以通行于水上，而要求在陆上推行它，那么终身也不能行走多远。古代与今天的不同不就像是水面和陆地的差异吗？周鲁治道的区别不就像是船和车的不同吗？现今一心想在鲁国推行周王室的治理办法，这就像是在陆地上推船而行，徒劳而无功，自身也难免遭受祸殃。他们全不懂得运动变化并无限定，只能顺应事物于无穷的道理。

"况且，您难道没见过那吊杆汲水的情景吗？用手去拉它就落下来，松开手它就仰起去。那吊杆，是由人牵引的，不是牵引了人，所以或俯或仰均不得罪人。所以三皇五帝的礼义法度，不在于相同而为人顾惜，在于治理而为人看重。拿三皇五帝时代的礼义法度来打比方，恐怕就像柤、梨、橘、柚四种酸甜不一的水果，它们的味道彼此不同而都能合乎人的口味。

"所以作为礼义法度，都是顺应时代而有所变化的东西。现在如果把猴子抓来给它穿上周公的衣服，它必定会咬碎或撕裂，直到全部剥光身上的衣服方才满足。观察古与今的差异，就像猴子不同于周公。从前西施心口疼痛而皱着眉头在邻里间行走，邻里中一位相貌丑陋的女人看了觉得很美，回去也模仿西施，双手抚着胸口对邻里人皱起眉头。邻里的有钱人看见了，紧闭家门不出；穷人看见了，带着妻儿子女跑开了。那个丑女人只知道皱眉好看却不知道皱眉好看的原因。可惜呀，你的先生一定会遭遇厄运啊！"

孔子五十一岁还没有领悟大道，于是就往南方沛地去见老聃。老聃说："您来了吗？我听说您是北方的贤者，您已经获得大道了吗？"孔子说："还未得道。"老子说："您是怎样寻求大道的？"孔子说："我在规范、法度方面寻求大道，五年还未得到。"老子说："你又怎样寻求大道呢？"孔子说："我于阴阳变化中求道，十二年而没有得到。"老子说："会是这样的。假使道可以献给人，则人无不把它献给自己的国君；假使道可以奉送，则人无不把它奉送给自己的父母；假使道可以告诉人，则人无不把它告诉给自己的兄弟；假使道可以传给人，则人无不把它传给子孙。然而这是不可能的，没有其他原因，内心没有与道相应之主见，道就不能使它留下来；内心之道不得外界接受，就不能推行。道由心中发出，不为外界接受，圣人也就不会有所传教；由外面来的种种理论，与内心之主见不合，圣人也就不会有所怜惜。名誉，是众人公用之物，不可过多猎取。仁义，乃是前代帝王的馆舍，只可以停留一宿，不可以久居。多次交往必然会生出许多责难。

## 【原文】

"古人至人，假道于仁，托宿于义，以游逍遥之虚①，食于苟简②之田；立于不贷之圃。逍遥，无为也；苟简，易养也；不贷，无出③也。古者谓是采真之游。

"以富为是者，不能主禄；以显为是者，不能让名；亲权者，不能与人柄。操之则栗，舍之则悲，而一无所鉴，以窥其所不休者④，是天之戮民也。怨、恩、取、与、谏、教、生、杀八者，正之器也⑤，唯循大变无所湮⑥者为能用之。故曰：正者，正也。其心以为不然者，天门⑦弗开矣。"

孔子见老聃而语仁义，老聃曰："夫播穅眯目⑧，则天地四方易位矣；蚊虻噆⑨肤，则通昔⑩不寐矣。夫仁义憯然乃愤吾心⑪，乱莫大焉。吾子使天下无失其朴，吾子亦放风而动、总德而立矣，又奚杰杰然若负建鼓而求亡子者⑫邪！夫鹄不日浴而白，乌不日黔而黑。黑白之朴不足以为辩，名誉之观不足以为广。泉涸鱼相与处于陆，相呴以湿，相濡以沫，不若相忘于江湖。"

## 【注释】

①虚：同"墟"，境域。

②苟简：简朴。

③无出：没有耗费。

④以窥其所不休者：窥，窥视，指反省。不休者，指无休止地追逐名利权势的人。

⑤正之器也：是端正人的手段。

⑥湮：寒滞。

⑦天门：心灵的门户。

⑧播穅眯目：飞扬的穅皮迷住眼睛。

⑨噆：叮咬。

⑩昔：通"夕"。

⑪仁义憯然乃愤吾心：憯，同"惨"。愤，昏聩，糊涂。

⑫杰杰然若负建鼓而求亡子者：杰杰然，用力的样子。建鼓，击鼓。亡子，逃亡的人。

## 【译文】

"古代的圣人，把仁看作是借路，把义看作是暂住。他游乐于逍遥自在的境地，生活在简朴的田野，立身于不施给的园圃之中。逍遥，就无为了。简朴，就容易满足；不施，也就没有耗费。古代的人把它称作是探求本真的遨游。

"看重财富，就不会让利于人；看重显赫，就不会让名于人；看重权力，就不会放权于人。这种人操持着这些，因唯恐失去，而提心吊胆。一旦丧失这些，就会心中苦悲。他们从没有鉴别，不知反省自己，而无休止地追逐名利权势。他们会受到自然的惩罚。怨恨、恩惠、获取、施予、谏诤、教化、生存、杀戮，这八种方法是端正人的手段。只有顺应自然的变化而无所窒滞的人才能使用。所以说，自正者才能正人。如果内心认为这不对，心灵的门户是不会打开的！"

孔子见到老聃后谈论仁义。老聃说："飞扬的穅皮迷住了眼睛，天地四方看起来变换了方位，蚊虻叮咬皮肤，就会通宵睡不着觉，仁义毒害人心，天下没有比这更严重的祸害了，如果您使天下人保持质朴，如果您也顺应自然而行动，本性持守而立身。又为什么要奋力地背着大鼓，敲击着去寻找逃亡的人呢？天鹅并不是天天沐浴才显出白色，乌鸦并不是天天染黑才显出黑色。黑与白的本质，不值得分辨。名声和荣誉等外在的东西不值得张扬。泉水干涸了，鱼相互困在陆地上。它们相互吐着湿气来湿润，相互用口沫来沾湿，其实倒不如彼此相忘于江湖。"

## 【原文】

孔子见老聃归，三日不谈。弟子问曰："夫子见老聃，亦将何规①哉？"孔子曰："吾乃今于是乎见龙，龙合而成体，散而成章②，乘云气而养乎阴阳。予口张而不能嗋③，予又何规老聃哉？"子贡曰："然则人固有尸居而龙见、雷声而渊默、发动如天地者乎？赐亦可得而观乎？"遂以孔子声④见老聃。

老聃方将倨⑤堂而应，微曰："予年运而往⑥矣，子将何以戒我乎？"子贡曰："夫三皇五帝之治天下不同，其系声名一也。而先生独以为非圣人，如何哉？"

老聃曰："小子⑦少进！子何以谓不同？"对曰："尧授舜，舜授禹，禹用力而汤用兵，文王顺纣而不敢逆，武王逆纣而不肯顺，故曰不同。"

老聃曰："小子少进，余语汝三皇五帝之治天下。黄帝之治天下，使民心一⑧。民有其亲死不哭，而民不非⑨也。尧之治天下使民心亲，民有为其亲杀其杀⑩而民不非也。舜之治天下使民心竞⑪，民孕妇十月生子，子生五月而能言，不至乎孩⑫而始谁。则人始有夭矣。禹之治天下使民心变，人有心而兵有顺⑬，杀盗非杀人；自为种而'天下耳'，是以天下大骇，儒墨皆起。其作始有伦⑭，而今乎妇女⑮，何言哉！余语汝三皇五帝之治天下，名曰治之，而乱莫甚焉。三皇之知，上悖日月之明，下睽⑯山川之精，中隳四时之施。其知憯于蛎虿⑰之尾，鲜规之兽，莫得安其性命之情者，而犹自以为圣人，不可耻乎？其无耻也！"子贡蹴蹴然⑱立不安。

孔子谓老聃曰："丘治《诗》《书》《礼》《乐》《易》《春秋》六经，自以为久矣，孰⑲知其故矣，以奸⑳者七十二君，论先王之道而明周召㉑之迹，一君无所钩用㉒。甚矣！夫人之难说也，道之难明邪？"

老子曰："幸矣，子之不遇治世之君也！夫六经，先王之陈迹也，岂其所以迹哉！今子之所言，犹迹也。夫迹，履之所出，而迹岂履哉！夫白鶂㉓之相视，眸子不运㉔而风化；虫雄鸣于上风，雌应于下风而风化。类㉕自为雌雄，故风化。性不可易，命不可变，时不可止，道不可壅。苟得于道，无自而不可。失焉者，无自而可。"

孔子不出三月，复见曰："丘得之矣，乌鹊孺，鱼传沫㉖，细要者化，有弟而兄啼。久矣，夫丘不与化㉗为人。不与化为人，安能化人！"老子曰："可，丘得之矣！"


【注释】

①规：规劝，劝说。

②章：华美的文采。

③嗋（xié）：闭上嘴。

④以孔子声：用孔子的名声作为引介。

⑤倨：通“踞”，伸开腿坐。

⑥年运而往：年纪大了。

⑦小子：长者对年轻人的称呼。

⑧一：专一，同一。

⑨非：指责，责备。

⑩杀其杀：按亲疏程度依次减少，降低。

⑪竞：争斗。

⑫孩：婴儿的笑声。

⑬顺：正当、合理的意思。

⑭伦：伦理。

⑮今乎妇女：像女人般矫揉造作。

⑯睽（kuí）：违背，扰乱。

⑰蛎虿：蝎子之类的毒虫。

⑱蹴蹴（cù）然：惊恐不安的样子。

⑲孰：通“熟”，熟悉。

⑳奸：通“干”，干谒，有所求而拜访。

㉑周召：指周公和召公，都是周武王的弟弟。

㉒钩用：取用的意思。

㉓白鹢：一种水鸟。

㉔眸子不运：眼珠不转动，这里指互相注视。

㉕类：同类。

㉖传沫：通过口沫相交而交配。

㉗与化：随自然变化而变化。

【译文】

　　孔子拜见老聃回来，整整三天不讲话。弟子问道：“先生见到老聃，对他作了什么规劝吗？”孔子说：“我直到如今才竟然在老聃那儿见到了真正的龙！龙，合在一起便成为一个整体，分散开来又成为华美的文采，乘驾云气而养息于阴阳之间。我大张着口久久不能合拢，我又哪能对老聃作出规劝呢！”子贡说：“这样说，那么人难道有像尸体一样安稳不动而又像龙一样神情飞扬地显现，像疾雷一样震响而又像深渊那样沉寂，发生和运动犹如天地运动变化的情况吗？我也能见到他并亲自加以体察吗？"于是借助孔子的名义前去拜见老聃。

老聃正伸腿坐在堂上，轻声地应答说："我年岁老迈，你将用什么来告诫我呢？"子贡说："远古时代三皇五帝治理天下各不相同，然而却都有好的名声，唯独先生您不认为他们是圣人，这是为什么呢？"、

老聃说："年轻人，你稍稍近前些！你凭什么说他们各自有所不同？"子贡回答："尧让位给舜，舜让位给禹，禹用力治水而汤用力征伐，文王顺从商纣不敢有所背逆，武王背逆商纣而不顺服，所以说各不相同。"

老聃说："年轻人，你再稍微靠前些！我对你说说三皇五帝治理天下的事。黄帝治理天下，使人民心地淳厚保持本真，百姓有谁死了双亲并不哭泣，人们也不会加以非议。唐尧治理天下，使百姓敬重双亲，百姓有谁为了敬重双亲依照等差而做到亲疏有别，人们同样也不会非议。虞舜治理天下，使百姓心存竞争，怀孕的妇女十个月生下孩子，孩子生下五个月就张口学话，不等长到两三岁就开始识人问事，于是开始出现夭折短命的现象。夏禹治理天下，使百姓心怀变诈，人人存有机变之心因而动刀动枪成了理所当然之事，杀死盗贼不算杀人，人们各自结成团伙而肆意于天下，所以天下大受惊扰，儒家、墨家都纷纷而起。他们初始时也还有伦有理，可是时至今日以女为妇，还有什么可言呢！我告诉你，三皇五帝治理天下，名义上叫作治理，而扰乱人性和真情没有什么比他们更严重的了。三皇的心智就只是，对上而言遮掩了日月的光明，对下而言违背了山川的精粹，就中而言毁坏了四时的推移。他们的心智比蛇蝎之尾还惨毒，就连小小的兽类，也不可能使本性和真情获得安宁，可是还自以为是圣人。是不认为可耻吗，还是不知道可耻呢？"子贡听了惊惶不定，心神不安地站着。

孔子对老聃说："我研修《诗》《书》《礼》《乐》《易》《春秋》六部经书，自认为很久很久了，熟悉了旧时的各种典章制度；用违反先王之制的七十二个国君为例，论述先王（治世）的方略和彰明周公、召公的政绩，可是一个国君也没有取用我的主张。实在难啊！是人难

以规劝,还是大道难以彰明呢?"

老子说:"幸运啊,你不曾遇到过治世的国君!六经,乃是先王留下的陈旧遗迹,哪里是先王遗迹的本原!如今你所谈论的东西,就好像是足迹;足迹是脚踩出来的,然而足迹难道就是脚吗!白鹇相互而视,眼珠子一动也不动便相诱而孕;虫,雄的在上方鸣叫,雌的在下方相应而诱发生子;同一种类而自身具备雌雄两性,不待交合而生子。本性不可改变,天命不可变更,时光不会停留,大道不会壅塞。假如真正得道,无论去到哪里都不会受到阻遏;失道的人,无论去到哪里都是此路不通。"

孔子三月闭门不出,再次见到老聃说:"我终于得道了。乌鸦喜鹊在巢里交尾孵化,鱼儿借助水里的泡沫生育,蜜蜂自化而生,生下弟弟哥哥就常常啼哭。很长时间了,我没有能跟万物的自然变化相识为友!不能跟自然的变化相识为友,又怎么能教化他人!"老子听了后说:"好。孔丘得道了!"

## 【解析】

外篇中的《天运》是《庄子》中"天"字号系列的第三篇,道体的运行以及人和道的关系是这一篇的主旨。

我们常说庄子的笔法是"寓言十九,重言十七,卮言日出,和以天倪"。其实,就文章与文章之间的内容来看,"重"也是一个普遍的现象。庄子之文常常回环相扣,迂曲而行,在重复中层层推进。对于篇章也是如此,一篇的前半部分常常承着上篇末的文义而下,浓笔勾画之后再翻出新意。

《天运》的前三段便是承着《天道》而来,着眼在"道"字上分层展开,这和《骈拇》《马蹄》《胠箧》的步步勾连是同样的。

《天运》的开头劈头盖脸砸下十六个问题,从天地、日月一直诘问到云、雨、风。这十六个问题井然有序,一层问其状态:"天不停地在运转吗?地是静止不动的吗?日月出没往来,是在相互追逐吗?"一层问其主宰:"谁指挥着天运转?谁维持着地静止不动?谁又闲着无事推动着日月运行?"把古人在苍苍茫茫中感受到的无形力量全盘托出，跃然纸上。十六个问题摆出来，问者是谁，被问者又是谁，一概不知。翻开《天运》便遭遇这样汹涌而莫知所出的诘问，让读者措手不及，反躬自问，继而疑窦迭生。便在此时，巫咸现身了。说了一段貌似神秘的话，留下什么都没有解决的问题。其实，神秘玄奥并非故弄玄虚，言说无物也是理所必然。只因为一点：即"道"字说出口，便不是完整的道了。所以冥冥之中有"道"，字字都围绕着"道"，却不点透。注家刘凤苞说："六极五常，不足尽道，而于天人感应之机最为切近。就此轻轻点逗，而道已在个中也。"又说："一眼窥定道字，却故作疑阵，使人于言外领会。"这是说六极五常并不是道的全部，只是与天人关系切近的一部分，文中轻轻点到，"道"在其中已隐约可见了。人人都能从十六个问题背后窥见"道"的影子，庄子却只出谜而不戳破谜底，为的是让人摆脱不可信又有限的语言来领会无形无迹的"道"。

太宰荡问庄子仁义和北门成问乐两段与首段都属于"重"的部分，仍围绕着"道"本身展开各色的描述。写的都是如何堪破仁义和智识，最终体悟"道"的过程，即"损之又损之"，一层层脱卸掉障识和道德教条，最终返璞归真。两段与首段手法不同却异曲同工，整段整段的描写和论述都不着"道"字，唯到了段末才点透，"是以道不渝"，"愚故道，道可载而与之俱也"。好像听相声，抖包袱要留到最后的关键时刻，四两拨千斤，着字不多，效果却被渲染到极致。

从第四段开始，全文才算真正入题，围绕天运的"运"字，描写天道的运转无穷。

师金答颜渊一段，文法没有奇特的地方，但比喻累累，读来意趣盎然。整段连缀了六个比喻来讽刺孔子的泥古不化，不合时度。语词虽刻薄但却击中儒家要害。孔子推崇周公之礼，一意力挽濒临崩溃的礼乐制度。苦心孤诣宣讲仁义，周游列国无所用武之地后退而授学，从而形成影响了中国数千年的儒家学说。但是正由于儒家的正统地位，自先秦百家争鸣之后，其学说立于经典之地没有受到应有的质疑。吕思勉在其《中国简史》中对儒家也有类似庄子的评价。他说："儒家之贻害于后世的，在于大同之义不传，所得的多是小康之义。小康之世的社会组织，较后世为转制。后人不知此为一时的组织，而认为天经地义，无可改变，欲强已进步的社会以就之，这等于以杞柳为杯，等于削足以适履，所以引起纠纷，而儒学盛行，遂成为功罪不相掩之局。这只可说是后来的儒家不克负荷，怪不得创始的人。但亦不能一定怪后来的任何人。因儒学是在这种社会之中逐渐发达的。凡学术，固有变化社会之功，同时亦必受社会的影响，而其本身自起变化。这亦是不可如何的事。"所以庄子的评论虽然有不厚道的嫌疑，却也发现了儒家问题的所在。

师金答颜渊一段的第一喻把孔子尊奉周王礼数比作拿人已陈的刍狗，讥诮他因此屡遭厄运。第二喻是说孔子把西周制度搬到鲁国实行无异于陆上行舟，劳而无功。第三喻把礼节和桔槔作比较，指出它们同是被人所用的东西。桔槔俯仰随人，而儒家礼法却违时忤人。这三个比喻都是讲儒家孔子之礼义法度的不合时宜。第四喻最精辟，写出了"治"之变，"故夫三皇五帝之礼义法度，不矜于同而矜于治"，"故礼义法度者，应时而变者也"。柤梨橘柚各有其不同的口味，却都为人所喜爱，如只坚持一种口味便是拘泥于陈迹了。第五喻以猴子和周公之别来形容古今的不同，有如此大的不同又如何能用同一种礼义法度来治理呢？第五喻承接第四喻之意深入缕析。既然治理之法并不唯一，而古今差别又不可忽略，沿用古法岂非无异于沐猴而冠？庄子认为孔子之所以犯下这样一个可笑的错误，是因为没有领会西周社会之所以能治理得好的原因，所以也成了个效"西周"的"东周"，学得的只是外表和皮毛，而其内里却被忽略了。庄子认为这个关键的内在，便是"道"。所以下一段便是"孔子行年五十有一而不闻道，乃南之沛见老聃"。

孔子问道一段不再就"道"的本体做过多的赘述，而深入到"道"的认识、掌握层面。道不可言说，不可口授，只能自得，这在内篇已经有所论述，这里并没有多大的发挥。这段的重点是践履了庄子提出的"因时而变"的主张，"唯循大变无所湮者为能用之"。认为只有内心体认大道，能懂得因时因地因人而变的人才知道突破门户之分、派别之见，在该借鉴的时候借鉴其他学派的合理之处，在该舍弃的时候放弃自己学派中不合时宜的东西。那么，即便是怨、恩、取、与、谏、教、生、杀这些整治百姓的政术也是可以为我所用的。可疑的是这一段对仁义的过多认同，文中认为古时的先王和至人，都要暂时借仁义来遨游于逍遥之境，成就自由自在的生活状态。这与庄子一贯对仁义的态度是有区别的，可能来自庄子后学或其他学派。

道的特点是"变"，"变"的特点是无迹，便像道不能用文字形容，对至精至妙的体认不能通过书本传授一样，道的运化是无法从痕迹上把握的。"六经"是先王陈迹，便如蛇蜕去的皮一样只是堆死物，凭着这些静滞死去的痕迹去推敲，运化无穷的大道已经飘摇到九霄之上了。末段孔子见老聃的末尾，孔子感叹道："不与化为人，安能化人！"这里的"化"成了"道"的代名词。由此，道自化，人与之化，正是随顺天运的真谛！

附：古人鉴赏选

此篇所论天地帝王之道，贵无为而贱有为，重道德而轻仁义，篇篇一旨，但阖辟变化，如风云之卷舒，千态万状，令人应接不暇，故予谓读《庄子》者，如观幻人幻物，知其为幻，则千法万法，皆从一法而生，不复受其簸弄矣。（明·陆西星《南华真经副墨》）

入理能深，出笔能浅，尚矣，然不足多也。深入精微，曲折尽致，而不晦暗；浅出笔墨，情事毕达，而不肤漫，斯为多耳。读《天运》篇，知其经营惨淡于心目之间者不知几时，而有此至精至密之作，鬼斧神工未易有也。若以笔墨之迹求之，亦乌能以知其妙哉！（清·方人杰《庄子读本》）

《天运》篇是发明道之自然，而体道者泯其迹象，行道者合乎时宜。前后分八大段读，首段借天地日月云雨各件功能，层层推究，故作疑阵，势若飘风骤雨，飒沓而来。"运"字、"处"字、"争"字、"为"字、"起"字写得错落参差，此道之枢纽也。"主张""维纲""隆施""嘘吸""披拂"等字写得精微灵奥，此道之根柢也。五个"孰"字听之有声，扪之有棱，却只在空际盘旋，不言道而随处皆征道妙矣。巫咸止从六极五常，答还他"何故"一问。六极五常，不足尽道，而于天人感应之机最为切近，就此轻轻点逗，而道已在个中也。引九洛以证之，正为"道"字立竿见影。（清·刘凤苞《南华雪心编》）

借乐以明道，极精微，极炫烂，千古论乐者，无此妙文。究竟"乐"字亦只是个影子，其意全不在言乐也。后面"愚故道"二句特醒"道"字，已将前幅论乐一段妙文随手脱卸矣。通体只重一"愚"字。回之闻道也不违如愚，是以坐忘而几于化也。载道以往，听其所止而休焉，收句邈然无际。（同上）

## 【证解故事】

### 宓子贱爱民如子

宓子贱是孔子的学生，他在任单父宰时，政绩斐然，好评不断。孔子想起那次宓子贱辞行时的问对来，师行间交流了不少治政主张；经过实践的宓子贱，政见又如何呢？孔子真想见见这位学生，印证一番。

恰巧，宓子贱来访，孔子便问：

"听说你治理单父得到众人的好评，能不能告诉我，你是如何做的呢？"

宓子贱回答："我像对待自己的父亲一样对待老百姓的父亲，像爱护自己的子女一样爱护老百姓的子女，抚恤所有的孤儿，为百姓的丧事而哀痛。"

"喔？还行。"孔子不动声色，"不过，这是小节，只能让平民亲附。这还很不够呀！"

宓子贱又说："被我当作父亲一样对待的有三人，当作兄长一样对待的有五人，所结交的朋友有十一人。"

"嗯！当作父亲对待的三人，可以用来教导人们尽孝道了；当作兄长对待的五人，可以用来教导人们敬爱兄长了；结交朋友十一人，可以用来教导人们互相学习了。"孔子面色稍缓，淡淡地说道，"这是中间环节，能让中等阶层的人们亲附，也还不够呢！"

宓子贱接着说："当地有五位比我贤明的人，我向他们请教，他们都教给我一些治政方法。"

"对了！想成就大事业，关键就在这里了！孔子掩抑不住自己的欣悦之情，话语中颇有称许之意。接着，他看着弟子，意味深长地说：

"当年尧、舜放下架子，虚心谦和，广泛观察、了解天下的人才，千方百计地罗致贤人。这推举贤人，可是各种福佑的根本，也是神明主宰的要务呀！"

治理国家就必须理政，理政时需要贤能的人才，所以说举贤是百福之宗。

只有能举荐贤人的人，才能理国政，才能治国安邦，使天下平安，使人民康乐、百业齐兴、百福齐集。

## 李森先秉公执法

李森先，字琳枝，祖籍山东平度，后入籍山东掖县。明末进士，官博士。他仕途坎坷，三经革职，又三复其官。但是，他全然不顾，只要在监察御史的位置上，他就恪尽职守，"弹举官邪，敷陈治道"，终于成为一名不畏权贵的"铁面御史"。

明末阉党的重要人物冯铨，降清后任大学士，但他继续作恶，制造分裂，打击与原东林党有联系的南人汉官，并且招摇纳贿，包藏祸心。南人汉官对他极为不满。顺治二年八月，轰动一时的弹劾冯铨案终于发生了。这其中以李森先对冯铨的抨击最为猛烈。李森先并不隶江南，但他疾恶如仇，对冯铨的不法极为愤慨。他在《题参冯铨本》中大声疾呼："当今大利欲兴，尤在大恶先除。"而大学士冯铨大即恶之一。他直言不讳地指出，冯铨"倾覆明之社稷，复犯清朝法度"，应治之以法，"倘解缚纵虎，为患更甚！"为此，他恳求摄政王多尔衮"亲御殿廷"，询问群臣，命"忠诚亲信"，遍访全国。并表示，如果所劾不实，愿以"欺罔之罪"伏法；如所举劾不差，那就应"伸雷电之法"，将冯铨父子"戮之于市！"由于多尔衮宠信冯铨，结果李森先反遭斥责。多尔衮在题本中批示：李森先参劾冯铨"竟无实据"，而"欲将其父子戮于市"等请求，"甚是无理！"并明确表示，对李森先"用亦无益，著革了职，无复叙用"。于是，李森先成了因弹劾冯铨被罢官的第一人。

李森先罢官后，虽归乡闲居，但其志不改。他曾作诗云："绝巘芙蓉终不改，幽岩梧依然。"借以抒发不屈于邪恶势力之心志。

顺治七年，多尔衮病死，顺治帝亲政。由于大学士范文程为李森先平冤，李森先得以首次复职。顺治十三年，李森先以四川道监察御史之职巡按苏松。

自顺治初年以来，苏松地区的贪官污吏和土豪劣绅相互勾结，狼狈为奸，鱼肉百姓。当朝大学士金之俊的族人金又文伏势杀人，无人敢管，一直逍遥法外；当地一个叫三遮的和尚，淫纵不法，无人过问；艺人王紫稼虽精于弹唱歌舞，颇有名气，但他却替赃官和恶霸充当耳目，同流合污，民愤很大。至于官吏中贪赃枉法之事更屡见不鲜。

李森先巡按苏松的消息传出，使那些贪官污吏紧张，一些做贼心虚者纷纷送礼。对此，李森先一概拒绝，秉公执法。他"诛锄豪右"，劾罢淮安、苏州两名贪吏，并按律严惩之。接着又将三遮和尚与王紫稼拿进监狱，为了金又文杀人一案，他再拘传吴名妓，在苏州大堂上按名审问。案情清楚后，他约集苏州之民于玄妙观，对八名案情严重的"豪猾胥吏"及三遮和尚、王紫稼等十一人当场毙之于杖！一时间，就连负责全国监察工作的高官要员也"咸为丧胆"。而苏州内外，民心大悦。

不久，李森先为一个曾贪污漕粮的官吏请求免律，被顺治帝认为是有意"徇纵"遂下令革职问罪，押往京师。对此苏州城内"民咸愤怨"，"吴中罢市，哭送者万人"，以至李森先被押至船中，僚属均在此恭候相送，彼此见面，"相视挥涕"。李森先接过同僚斟满的酒，一饮而尽，捋须大笑，遂别众而去。

李森先入京后，顺治帝不辨是非，即令严审。刑讯时，李森先被重打四十一棍，险些丧命，但他却直言争辩。后案情大白，他再次复职。顺治十五年，李森先被派往河南汝州查荒。当时河南汝州因丈量土地的"弓式"不一，常引起争讼。李森先赴任之后，汝州之民闻其"刚直廉明"，便"公呈恳发弓式，以杜纷更"。李森先为了扩大垦荒，杜绝弊端，即命人于州治前石刻标准弓式，"永为画一之制"。直到道光末年，当地之民仍"遵奉行之"。

法之施行，对一国之治，大有裨益，掌权监察之人，更是手握法上之法，对法的推行更是意义重大。能有不屈不挠、不避身危、秉公行事精神的人，才是真正称职的监察官员，真正的铁骨铮臣。

# 有若缓赋敛

自从有国家和政府以来，赋税便出现了。国家权力机构是统治管理人民，为人民服务的，从人民那里抽取赋税也就入情入理。由此而言，赋税该是取之于民，用之于民；否则，便毫无道理了。

然而，偏偏出现了违反此理的事情。

战国时期有一年鲁国收成欠佳，朝廷各项开支严重不足，鲁哀公向孔子的学生有若请救："年成不好，用度不足，我们当如何解决？"

有若说："何不只抽十分之一的税呢？"

鲁哀公听了，非常生气："即使收十分之二我还不够用呢，怎么可以只抽十分之一呢！"

有若说："老百姓富足，国君还有什么不够？老百姓不够，国君又哪来的够？"（百姓足，君孰与不足？百姓不足，君孰与足？）

有若讲的道理，鲁哀公不见得能懂，只是各自心中所想不同罢了，够与不够就大有区别：如果以民为本，百姓足够了，君王也就足够了；但只想着自己，不仅十分之一、二不够，怕是十分之三、四、五、六也不嫌多吧？究竟是十分之一，还是十分之二好呢？古来的圣哲们都不太重视这问题，他们要说的只是：赋税必须轻、缓。

中国早期税负并不以货币的形态出现，而是以动物和布帛、粮食及劳役三种形态存在。对此"三征"，孟子说："君王应该在用其中一种的时候，减缓其他二种。倘使用两种，民间就要饿死人；倘若三种都用，老百姓就会老子顾不得儿子了。"

如果老百姓老子不顾儿子，儿子不顾老子，怎么还能顾得上天子？所以说，赋税虽是小道，实则大法——因为这是和老百姓直接相关的。赋税是"取之于民，用之于民"，是国家财政的组成部分，绝对不能成为某些个人或小集体的私有金库。否则只能滋生腐败，民生怨念。

## 齐桓公诚招天下客

春秋时的大政治家管仲所著《管子》一书中记载了这样一个故事。

一日，齐桓公将管仲召到官中，向他请教国内民众安置的方法。

"爱卿,我都城内人口越来越多,居住繁杂,应该怎样安置才能井然有序?"

"主公,人口日众是国运昌盛,是主公治国有方,可喜可贺!"管仲答。

"那怎样才能让士、农、工、商务得其业,各安其居呢?"

"主公,可让士人居在城中悠闲自在,以缄其口舌,不讲不利主公的话。"

"好!"齐桓公同意。

"可让工匠组织起来,到官府的各制作兴建之地,为官府的各种需用服务,以利军国。"管仲又说道。

"善!"齐桓公又赞成道。

"可把农夫安置于田野,让他们力耕农作,以生产富国。"

"那商民呢?"齐桓公追问道。

"应将商民安置在市场附近。"管仲答。

"为什么?"

"因为将他们安置在市场附近,他们可交流商业知识,交换商品信息,还能结帮搭伙贩运四方,以利互通有无,以利军民之用。"

"爱卿言之有理。"齐桓公点头称赞道。

后来,齐桓公又召管仲来商议强国之策。

"爱卿,齐国地处东陲,地多盐碱,山无珍宝,如何富国强兵?"

"陛下,齐国地虽非在中原。但地多湖泽靠近大海,故有鱼盐之利,海产之丰。"管仲回答道。

"虽有鱼盐之利海产之丰,但我国民缺少衣食,故人口稀少如之奈何?"

"我国当减税撤下关卡,建馆舍以通四方来客,由此与中原各国互通有无。"

"所言极是,就如此办理。"齐桓公听了连连点头。

不久管仲在齐国发布通告,鼓励本国和外国的商人,凡将齐国的鱼、盐、手工业品输往各国的全部免税,对输入齐国关系民生和用来制造武器的,如骨筋、竹箭、羽毛、粮食等也免税。

不久管仲又下令,在齐国通往中原各国的境内干道上,每三十里修一驿站，站内积储粮食和饲养马匹，以供各国及齐国商人途中休息和换乘之用。

对于到齐国都城贸易的客商，不但建有大量馆舍以供食宿，条件还更优惠。规定凡一人驾四匹马拉车的商人，供本人食宿免费；凡三人驾四匹马拉车的商人，加供一份马料；若是五个乘二辆经商的车，加供一个仆人的饮食等等。

由于齐国颁布了这些优惠政策，不久"天下之商贾归齐若流水"。齐国的都城临淄很快就成了天下闻名的大商城。齐国产的珠贝、海鲜、手工业品也行销天下，而齐国需要的粮食、布麻及制造弓箭的材料也不匮乏了。齐国由此富强起来，终于成为春秋首霸。

齐国的治理之道是使各人归各位，农民耕田，工人做工，商人经商，使人尽其材，物尽其用。

## 范雎能言善辩

范雎是魏国人，字叔。家中贫寒，游说诸侯，先事从魏国大夫须贾，后化名张禄入秦，提出远交近攻的策略，对秦兼并列国统一天下贡献很大，是战国时期著名的连横派纵横家。

范雎曾跟从须贾出使齐国，齐襄王听说范雎颇有辩才，就让人赐范雎黄金十两及其他等物。范雎坚辞不受。须贾得知，大怒，以为范雎暗通齐国。归魏后，须贾报告魏相魏齐，魏齐大怒，严刑拷打，范雎的肋骨都被打断了，牙齿被打脱，性命难保，靠装死才捡得半条性命，被用席子卷住置于厕中，任人尿溺。

范雎对守卫说："您能让我逃走，我必将厚报于您。"守卫便向魏齐请求弃厕中死人。魏齐饮醉，就批准了。范雎这才得以脱逃。后来魏齐后悔，又派人捉拿范雎，魏人安平听说，就安排范雎逃走，范雎化名张禄，隐藏起来。

不久，秦昭王派使者王稽出使魏国，郑安平扮作士卒，侍卫王稽，王稽问大家："魏国有贤人可与我一起回秦国同游吗？"

郑安平说："臣的邻居有一位张禄先生，欲见君，言天下大事。其人有仇在身，不敢公开露面。"

王稽说:"晚上一起来这里。"

郑安平与范雎夜见王稽,尚未深谈,王稽就发现范雎是一位难得的贤才,便与范雎私约辞魏而去,用车载范雎入秦。

车至湖城,有车骑从西而来。范雎说:"对面走过来的是谁?"

王稽说:"是秦相穰侯魏冉东行,视察县邑。"

范雎说:"我听说穰侯执掌秦国大权,厌恶结纳诸侯宾客,恐怕他会侮辱我,我宁愿匿于车中。"

一会儿,穰侯到来。慰劳王稽,立于车上问道:"关东有何变动?"

王稽说:"没有。"

又问:"是否有诸侯宾客与您一起回来?这些人于国无益,只能敌人之国。"

穰侯离去,范雎说:"我听闻穰侯此人乃智士,但其应稍慢,刚才他怀疑车中有人,却忘记搜查。"于是范雎就下车步行,混入队伍中去,说道:"他一会儿肯定后悔。"

行十余里,穰侯果然派人骑着快马赶来,检查车中,见车中没有宾客,才折回。

王稽向秦王交差,并汇报说:"魏国有位张禄先生,此人乃天下辩士。他对臣说:'秦王之国危于累卵,得臣则安,然而不可以书信说明。'臣就把他带回来了。"

秦昭王不信,待范雎如下客,也无意接见。范雎大难尚且不死,这点挫折更不算什么,他耐心地等待崛起的时机。

公元前270年,秦国以穰侯魏冉为将,攻伐齐国。范雎得不到秦昭王的接见,就写了一封长信给昭王。

信中说:"臣闻明主莅政,有功者不得不赏,有能者不得不官,劳大其禄厚,攻多者其爵尊,能治众者其官大。故无能者不敢当其职,能者亦不得隐其力。若认为臣之言正确,则应行而益利其道;如若不行,则久留臣也无用。语曰:'人主赏所爱而罚所恶。明君则不然,赏必加于有功,刑必断于有罪。'臣出身卑贱,生死固不足论,但岂敢以没有把握之事让大王尝试。……

"臣闻周有砥厄,宋有结绿,梁有悬黎,楚有和璞,这四种宝玉,天生贵玉。良工却不能识之，它们却是天下名器。圣王所嫌弃者，难道不足以厚国家吗？臣闻善厚家者取之于国，善厚国者取之于诸侯。天下有明主，则诸侯不能擅权，为何？为能割其荣权。良医知病人之生死，圣主明于事之成败，利则行之，害则舍之，疑则浅尝之。虽尧、舜、禹、汤复生，也不过如此。臣想深言的，不敢在信上说；浅言的，又恐大王不听……"

范雎信中多讲道理，多引故事，却少言时。这是因为穰侯专权，宫中多穰侯等王室亲贵耳目，恐于己不利。因而信中隐隐约约，批评秦国内政，劝昭王赏罚分明，识辨贤才。秦昭王看信，大悦，谢王稽，召范雎觐见。

昭王准备在离宫接见范雎，范雎入宫后，故意入宫中的狱室之地。昭王来到，宦官非常着急，驱赶范雎离开，说："大王来了！"

范雎假装糊涂，说道："秦国哪有王？秦国只有太后、穰侯而已。"

范雎意在激昭王之心。昭王闻言，忙赔礼说："寡人早就应该自己做主了，以前因义渠国之事紧急，因而旦暮请示太后，现在事情已经了结，寡人才得以安心执政。请原谅我昏然不敏，请让我敬执宾主之礼。"

昭王礼贤下士，范雎连忙辞让不已。当日目睹昭王接见范雎的群臣，莫不变色易容，对范雎肃然起敬。范雎张口便说出了秦国群臣不敢说的话，批评的矛头直指当权的宣太后及其弟穰侯，来了个下马威。群臣皆不敢小觑范雎。

秦昭王屏退左右，宫中尽撤从人。秦昭王道："先生可以幸教寡人？"范雎只是哼哼两声，如此再三。

秦昭王说："先生终究不肯赐教寡人吗？"

范雎说："臣不敢。臣闻从前吕尚之遇文王，身为渔父，钓于渭水之滨。当此之时，交往尚疏。交谈之后，文王立吕尚为太师，车载同归，此时才推心置腹，言谈至深。因而文王以收吕尚之功而终于获天下，今臣乃外客，与大王交情疏浅，而所要讲的都是匡扶国的大事，处于王室骨肉亲戚之间，虽原效愚忠，但未知大王之心。所以大王三问而臣不敢对答。臣并非胆小怕死而不敢言。臣明知今日言之于前，明日就可能伏诛于后，然而臣虽死不敢有所隐蔽。大王听信臣之言，臣死不足为患，亡不足为忧，漆身生癞、被发为狂不足为耻。况且以五帝之圣而死，三王之仁而死，五伯之贤而死，乌获、任鄙之力而死，成荆、孟贲、庆忌、夏育之勇而死。看来死是人在所难免的。处此必然之势，可以稍稍有补于秦国，这就遂了臣之大愿，臣即使死，又有何患呢！"

接着，范雎又以伍子胥兴吴国、箕子和接舆放浪隐居却无益于王政等故事为例，说明贤王用人之道，并指出昭王上畏太后之严，下惑奸臣之态，为政不明。若已死而可使秦治，胜于白活一世。

秦王认为自己受益匪浅，一面安慰范雎，一面再拜致谢。

范雎说："大国之国北有甘泉、谷口，南带泾、渭，右陇、蜀，左关、阪；战车千乘，精兵百万。以秦卒之勇，车骑之多，若攻诸侯，如同以韩卢追病足之兔，易如反掌，可成霸王之功，今反而闭关不敢窥视崤山以东，是穰侯为国家谋划不够尽忠，大王也有失误所致。"

昭王说："愿闻失误之处。"

范雎发现宫中多窃听者，不敢先言内政，便先论外事，观昭王态度，说道："穰侯越韩、魏而击齐，并非上策。发兵少则不足以伤齐，出兵多则对秦本土防守不利。臣揣测大王的想法，是想自己少发兵而让韩、魏尽发兵员，这不合适。对盟国不亲善又要越过人家的国家去打仗，可行吗？太疏于计谋了！往昔，齐人伐楚，破军杀将，大获全胜，拓地千里，可尺寸之地不归己有，难道说齐国不想扩大疆土吗？而是地形上隔着别国，无法拥有。诸侯见齐兵疲惫，君臣不亲，举兵伐齐，主死国破，为天下耻笑。之所以会如此，是因为齐国伐楚而壮大了韩、魏，这就是所谓的助贼兵、资盗食，最终害己。大王不如远交而近攻，得寸则王有寸地，得尺则王有尺地。今舍近攻远，不亦谬乎！从前，中山方圆五百里，赵国独吞中山，功成名立，居获其利，天下却不能害赵。今韩、魏处于中国，乃天下的中枢。大王若想称霸，就必须亲近中国，掌握天下的枢纽，威加楚、赵。赵强则楚国附秦，楚强则赵国附秦。楚、赵归附，齐国必然惧怕秦国,必然卑辞厚币以事秦国,齐回归附,则韩、魏必然为秦人之虏。"

昭阳王说:"寡人欲亲近魏国,但魏国多变,不可亲近,请问该怎么做?"

范雎说:"卑辞厚币以事之,不可的话,就削地贿赂之,仍不可,就举兵而伐之。"

于是,秦昭王封范雎为客卿,谋兵事。派兵先后攻克了魏国的一些地方。魏国果然派人来请和,此后,范雎又说服昭王用同样的手段收取韩国。

远交近攻的策略是连横战略的深化,它为秦国一口一口地吞并诸侯,一统天下,制定了切实可行的战略方针。

## 不要贪图小便宜

俗话说:"无功不受禄。"当我们在生活中遇到别人无缘无故送给自己东西时,就要考虑到这件事情的背后的意义,毕竟天上没有掉馅饼的美事,贪小便宜往往吃大亏。

春秋时期,自从晋国失去霸主地位,国势愈加衰落,到了晋定公时,晋国六卿势力强大,渐渐互相争权,根本不把国君放在眼里。自范、中行二氏灭后,只存智、赵、魏、韩四卿。四卿听说齐国发生了田氏弑君专国的内乱,而诸侯各国无人过问,于是私自立议,各自拓占土地,作为自己的封邑。

直到晋出公即位时,国君所属的土地,反而少于四卿的封邑,却也无可奈何。后来,晋出公秘密派出使者向齐国、鲁国求助,请派大军讨伐四卿,以正国君之名。不料齐、鲁反以其谋告于智伯。智伯大怒,联合韩、魏、赵三家,索性把一个有职无权的国君赶出晋国。自此后,晋之大权,尽归于智伯。

智伯以结好卫国的名义,派出使者赠送给卫侯四匹良马和一枚白璧。卫侯热情地款待了使者。他看着膘肥体健、四蹄生风的良马喜不自胜;捧着价值千金,通体透明白如凝脂的宝璧爱不释手,笑得眼睛都眯成了一条线。见到国君十分高兴,群臣都来祝贺。

上大夫南文子也来了,他看过良马,又看了宝璧,不仅没有向卫侯致贺，反而脸上顿时蒙上了一层忧虑之色。卫侯奇怪地问："智伯派人送给寡人良马宝璧，举国上下无不欢喜庆贺，而您面带忧虑是怎么回事？"南文子说："没有功劳受到赏赐，没有力量收到重礼，不可不考虑一下。良马宝璧，这是小国贡奉大国的礼物，而大国却把礼物送给我们弱小的卫国，国君您不觉得奇怪吗？智伯眼下独揽晋国大权，早有吞并赵、魏、韩三家的野心，怎么会向卫国结好呢？""上大夫的意思是……"卫侯有些明白了。"臣以为，智伯定有吞并卫国，壮大自己势力的企图，国君不可不严防。于是，卫侯命令大将屯兵边境，严加戒备。

　　智伯果然发兵偷袭卫国，他带着大队人马刚至边境，见卫国边防戒备森严，严阵以待，只好叹了口气说："卫国有贤人，已料到我的计谋了。"智伯无机可乘，回晋后又生一计。他与长公子颜密谋，假装父子失和，被他驱逐逃亡的样子带着部分军队投奔卫国，以便里应外合。

　　南文子再次识破这一阴谋，他说："公子颜贤名远近皆知，智伯又很宠爱他，无缘无故逃亡卫国，其中必然有诈。"他对晋国来的密使说："卫国可以收留公子颜，但他的车乘若超过五辆，就不许入境。"智伯听说了此事，赞叹道："南文子真是料事如神啊。"从此，他打消了偷袭的念头。

　　南文子识破了智伯的阴谋诡计，不仅靠的是自己的智慧，还有自己高尚的品格，最终使卫国免除了灭顶之灾。任何贪图便宜的诡异都将在事实面前曝光，只有高尚的品质才能真正地帮助人们获取胜利。

## 做人要心胸宽广

　　在我们的生活中，经常会有这样的事情，比如看到别人职位或者工资比自己高，就会在背后议论纷纷，于是议论的人和被议论的人之间的矛盾就出现了，很多时候这种矛盾会影响到全局。

　　做人要大度，尤其是能容忍别人的错误，容忍他人的过失，刻意追求他人过错，追寻仇人的人是最愚蠢的。

吕端是宋太宗时的宰相，十分年轻就被任为副宰相。当他列席朝议时，群臣中有人突然嘲讽："这么年轻就当副宰相……"

吕端装作充耳未闻，从容地自队列中走过。同僚中有人为他抱不平，退朝以后，为没有探出那些嘲讽吕端的姓名而深感懊恼。"不，还是不打听的好。如果知道是谁，心中难免怀恨，不知道的话，也没有什么损失。"听到这些话的人，都觉得吕端肚量宽宏，大为敬佩。

又有一次，有人告密汴河的水运运输业者偷取官物，宋太宗说："任何时代都有想占便宜的人，要堵住老鼠洞并不是一件容易的事。同样地，船夫盗取的一些官物，只要无关紧要也就罢了，不必追究。只要大部分物资能够流通就好了。"结果吕端也赞同地说："'水清鱼不能活'，太过于揭人隐私，追根究底，反而不好收拾。君子不计小人过，以宽大的度量对人，才能完善地处理事情。这件事最好暗下注意，不要追究得一清二楚。"

看完这则故事，不知你有什么感慨呢？你是否也赞同吕端的处理方法呢？

## 坚定自己的立场

做事情，一定要有自己的立场，在紧急时刻坚持自己的立场是很难的，这既需要自己的人格魅力，还需要聪明的智慧。看看下面这个故事：

宋太宗任用官吏时，非常用心，所以很少有官吏玩弄权势、欺上瞒下的情形。尤其是丞相的人选，更是毫无偏差，每位丞相都能充分发挥政治手腕，不负他的期望。宋太宗任用的最后一位丞相吕端，也是一位极为优秀的政治人才。吕端上任不久，就有人说："吕端处理事务的能力不值得信赖。"甚为了解吕端的宋太宗听到这句话时说："吕端处理小事的确不怎么样，但是大事却难不倒他。"

日后宋太宗病危，朝中势力庞大的宦官王继恩，想废英明的太子，改立能为自己所操纵的宋太宗长子元佐为新帝。朝中有许多大臣都表示赞同，事态十分严重。一等宋太宗驾崩，皇后立即命王继恩召见吕端。吕端用计把王继恩骗到书库反锁，径自到宫里晋见皇后。皇后和吕端商量嗣位之事，吕端回答："先帝事先决定太子，就是为了防患于未然，没有什么好说的。"使皇后无话可说。

接着，吕端马上召集群臣，举行太子的登基大典。皇帝坐前有垂帘，吕端特地要求揭帘，确定是太子以后，才和百官一起跪拜新任太子。等到王继恩从书库出来时，新王已经登基，根本起不了任何作用。这位新任天子就是第三代的真宗。

吕端如宋太宗所言，凡朝政大事，坚定自己的立场，一点都不含糊，处理得入情入理，令人佩服。

# 刻　意①

## 【原文】

刻意尚行，离世异俗，高论怨诽，为亢而已矣。此山谷之士、非世之人，枯槁赴渊者之所好也。语仁义忠信，恭俭推让，为修而已矣。此平世之士、教诲之人，游居学者之所好也。语大功，立大名，礼君臣，正上下，为治而已矣。此朝廷之士、尊主强国之人，致功并兼者之所好也。就薮泽，处间旷，钓鱼间处，无为而已矣。此江海之士、避世之人，闲暇者之所好也。吹呴呼吸，吐故纳新，熊经鸟申，为寿而已矣。此道引之士、养形之人，彭祖寿考者之所好也。若夫不刻意而高，无仁义而修，无功名而治，无江海而间，不道引而寿，无不忘也，无不有也。澹然无极而众美从之。此天地之道、圣人之德也。

故曰：夫恬惔寂漠②，虚无无为，此天地之平而道德之质也。故曰：圣人休休焉，则平易矣。平易则恬惔矣。平易恬惔，则忧患不能入，邪气不能袭，故其德全而神不亏。故曰：圣人之生也天行，其死也物化。静而与阴同德，动而与阳同波。不为福先，不为祸始。感而后应，迫而后动，不得已而后起。去知与故，循天之理。故无天灾，无物累，无人非，无鬼责。其生若浮，其死若休。不思虑，不豫谋。光矣而不耀，信矣而不期。其寝不梦，其觉无忧。其神纯粹，其魂不罢③。虚无恬惔，及合天德。故曰：悲乐者，德之邪；喜怒者，道之过；好恶者，德之失。故心不忧乐，德之至也；一而不变，静之至也；无所于忤，虚之至也；不与物交，惔之至也；无所于逆，粹之至也。故曰：形劳而不休则弊，精用而不已则劳，劳则竭。水之性，不杂则清，莫动则平；郁闭而不流，亦不能清，天德之象也。故曰：纯粹而不杂，静一而不变。动而以天行，此养神之道也。

夫有干④越之剑者，柙⑤而藏之，不敢用也，宝之至也。精神四达并流，无所不极，上际于天，下蟠于地，化育万物，不可为象，其名为同帝。纯素之道，唯神是守。守而勿失，与神为一。一之精通，合于天伦。野语有之曰："众人重利，廉士重名，贤士尚志，圣人贵精。"故素也者，谓其无所与杂也；纯也者，谓其不亏其神也。能体纯素，谓之真人。

## 【注释】

①刻：借为高，提高。刻意即提高意志，力求恬淡无为，臻真人境界。

②恬惔寂漠：惔，通"淡"。漠通"寞"。

③罢：通"疲"。

④干：吴国溪名，产剑。借指吴。

⑤柙：通"匣"。

## 【译文】

提高意志推崇品行，脱离世俗与众不同，发表高论批评时俗，只是为了清高罢了。这是隐居山谷的士子，对抗社会的人和自戕自沉的人所奉行的法则。谈论仁义忠信，恭良俭让，只是为了修身罢了，这是治理世务的人教育学生的人和边游说边讲学的人所奉行的。谈论功业，传播名声，规定君臣礼仪，维护上下等级，只是为了治理天下罢了。这是朝廷的官员推崇君主壮大国家的人和致力于兼并诸侯的人所奉行的。躲在湖泽居天旷野，钓鱼消闲，只是无所作业罢了。这是隐居江海的人，躲避世扰的人和有闲阶层所奉行的。呼吸运气，吐故纳新，如熊似的悬吊和如鸟似的伸展，只是延长寿命罢了。这是导通气脉的方士，颐养身体的人和祈求有如彭祖寿命的人所奉行的。至于无须提高意志就清高了，无须推行仁义就修身了，无须隐居江海就闲适了，无须导通气脉就长寿了，就无所忘怀，无所拥有了。心境淡漠没有极限，所有美好的东西都随之而来。这才是天地之道，圣人之德。

所以说：恬淡寂寞，虚静无为，这是天地的准则和道道的本质。

所以说：圣人从从容容就心平气和了。平和恬淡，忧患就不能侵入，邪气就不能侵袭，因而德行完备则精神不亏损。所以说：圣人的生存是自然的运行，他的死亡是物理的变化。静止时跟阴气共存，运动时跟阳气同流。既不成为福祉的引导，也不成为祸害的根由。受到触发然后回应，受到逼迫然后启动，出于不得已然后反抗。抛弃智慧和习惯，遵循自然的道理。所以不遭受天灾，没有外物牵累，没有外人非议，没有鬼神的责罚。他活着如同浮游，他死去如同休息。不思虑事物，不预测未来，虽然光亮却不闪耀，虽然守信却不求兑现。他就寝时没有梦想，他清醒时没有忧虑。他的精神纯粹，他的魂魄永不疲劳。虚无恬淡，符合自然。所以说：悲伤和欢乐，是天性的偏邪；喜悦和愤怒，是天性的过失；喜好和厌恶，是天性的迷失。内心不怀忧乐是天性的最高境界；执守纯一不变不动，是宁静的最高境界；不会与万物发生抵触，是虚空的最高境界；不跟外物发生关系，是恬淡的最高境界；不跟外物产生对抗，是纯粹的最高境界。所以说：形体工作不停就会疲惫，精神消耗不断就会困顿，劳累就会生命竭衰。水的天性，不掺杂就清澈，不搅乱就平静，积郁闭塞不流动的话，也就不会清澈了。这是天性的表象。所以说：纯粹不挽怀，宁静纯一不变不动。按自然规律来行动，这就是颐养心神工鬼斧的道理了。

拥有吴越宝剑的人，把剑放在匣子里藏起来，舍不得用，珍贵极了。精神四处横流，没有不到的地方，上会合天，下遍及地，化育万物，不可捉摸，它的名字等同天地。维持纯朴的方式，唯有守护精神。守护不致丧失，就能和神明合为一体。精通了合一，也就符合了自然法则。民间有句俗语：普通的人看重利益，廉洁之士看重名声，贤明之士崇尚意志，圣人推崇精神。"所以朴素呢，是指它没有任何掺杂；纯粹呢，是指它没有亏损。能够表现纯粹朴素，就是真人。

## 【解析】

《刻意》以篇首两字作为篇名，"刻意"的意思就是磨砺自己的心志。本篇内容是讨论修养的，不同的人有不同的修养要求，只有"虚无恬惔"才合于"天德"，因而也才是修养的最高境域。全文较短，大体分成三个部分，第一部分至"圣人之德也"，分析了六种不同的修养态度，唯有第六种才值得称道，"澹然无极"才是"天地之道""圣人之德"。第二部分至"此养神之道也"，讨论修养的方法，中心就是"无为"。余下为第三部分，提出"贵精"的主张，所谓"贵精"即不丧"纯""素"，这样的人就可叫作"真人"。

他的思想包含着朴素辩证法因素，主要思想是"天道无为"，认为一切事物都在变化，他认为"道"是"先天生地"的，从"道未始有封"，庄子主要认为自然的比人为的要好，提倡无用，认为大无用就是有用。就像一棵难看的树被认为无用，有一个木匠要找一棵树作房梁，但这棵树太弯了，没法做房梁；第二个木匠找树做磨的握柄，要弯的，但这棵树太难看了，又没办法；第三个木匠要做车轱辘，但这棵树长得不行，从某方面讲是无用的。但从庄子的角度看，无用就是有用，大无用就是大有作为，所以庄子提倡无用精神（即"道"是无界限差别的），属主观唯心主义体系。"道"也是其哲学的基础和最高范畴，即关于世界起源和本质的观念。

庄子主张"无为"，放弃一切妄为。又认为一切事物都是相对的，因此他否定一切事物的本质区别，极力否定现实，幻想一种"天地与我并生，而万物与我为一"（《齐物论》）的主观精神境界，安时处顺，逍遥自得，倒向了相对主义和宿命论。在政治上主张"无为而治"，反对一切社会制度，摒弃一切文化知识。

## 【证解故事】

### 栖守道德

在中国历史中，才人辈出，却大浪淘沙，说到底，归于文格、人格之高低。真正有骨气的人，恪守道德，甘于清贫，尽管贫穷潦倒，寂寞一时，终不免受人赞颂。仔细品味道德如吃饭穿衣，真切自然，它是人人所恪守的行为准则之一。

西汉著名文学家、哲学家扬雄，世代以农桑为业，家产不过十金，"乏无儋石之储"，却能淡然处之。他口吃不能疾言，却好学深思，

"博览无所不见"，尤好圣哲之书。扬雄不汲汲于富贵，不戚戚于贫贱，"不修廉隅以徼名当世"。扬雄四十多岁游学京师。大司马车骑将军王音"奇其文雅"，召为门下史。后来，扬雄被荐为待诏，以奏《羽猎赋》合成帝旨意，除为郎，给事黄门，与王莽、刘歆并立。哀帝时，董贤受宠，攀附他的人有的做了二千石的大官。扬雄当时正在草拟《太玄》，泊如自守，不趋炎附势。有人还嘲笑他，"得遭明盛之世，处不讳之嘲"，竟然不能"画一奇，出一策"，以取悦于人主，反而著《太玄》，使自己位不过侍郎，"擢才给事黄门"，扬雄闻言，著《解嘲》一文，认为"位极者宗危，自守者身全"。表明自己甘心"知玄知默，守道之极；爱清爱静，游神之廷；惟寂惟寞，守德之宅"，决不追逐势利。

王莽代汉后，刘歆为上公，不少谈说之士用符命来称颂王莽的功德，也因此授官封爵，而扬雄不为禄位所动，依旧在天禄阁校书。王莽本以符命自立，即位后，他则要"绝其原以神前事"。可是甄丰的儿子甄寻、刘歆的儿子刘棻却不明就里，继续作符命以献。于是王莽大怒，诛杀了甄丰父子，将刘棻发配到边远地方，受牵连的人，一律收捕，无须奏请。刘棻曾向扬雄学作奇字，扬雄不知道他献符命之事。案发后，他担心不能幸免，身受凌辱，最后就从天禄阁上跳下，幸好未摔死。

## 用人不必求全责备

金无足赤，人无完人。用人不必求全责备，也不必均是贤才。很多人只看到别人的缺点而无法赏识别人的长处，这样的人是不会成就大事业的。"水至清则无鱼，人至察则无徒。"成就一番大的功业，必须要有这样的用人意识。天下奇才，偏于一面者，十有八九。在用人的问题上，除了要有气量，还应用人之所长，不求全责备。只因势而用人，为制势而择人，这是统御者御将用人的基本出发点。不从个人印象的好恶出发，能御用自己不得意的人，用其所长，避其所短，不讲资历，不论出身，只要有功绩、有本事就会给予提拔。

曹操用人的一大特点是大度用人、容人之错。他冲破了固有的迂腐标准的禁锢，具有创新的见地，他认为"人无完人，慎无苛求，才重一技，用其所长"。 东汉建安四年，曹操与实力最为强大的北方军阀袁绍相持于官渡，袁绍拥兵十万，兵精粮足，而曹操兵力只及袁绍的十分之一，又缺粮，明显处于劣势，当时很多人都认为曹操必败无疑。曹操的部将以及留守在后方根据地许都的好多大臣，都纷纷暗中给袁绍写信，准备一旦曹操失败以后便归顺袁绍。

官渡之战曹操采用了许攸的计策，袭击袁绍的粮仓，一举扭转了战局，打败了袁绍。曹操打扫战场时，从袁绍的文书案卷中拣出一束书信，都是曹营里的人暗中写给袁绍的投降书信。当时有人向曹操建议，要严肃追查这件事，对凡是写了投降信的人，统统抓起来治罪。然而曹操只是说："当时袁绍强盛，我都担心能不能自保，何况别人呢？"于是，他连看也不看，下令把这些密信全都付之一炬，这么一来，那些曾怀有二心的人便全都放心了，并对曹操心存感激，军心、臣心稳定，处于弱势的曹操集团迅速巩固了胜利的战局。

# 缮　性①

缮性于俗学②以求复其初；滑欲于俗思③，不求致其明，谓之蔽蒙之民。

古之治道者，以恬养知。知生而无以知为也，谓之以知养恬。知与恬交相养，而和理出其性。夫德，和也；道，理也。德无不容，仁也；道无不理，义也；义明而物亲，忠也；中纯实而反乎情，乐也；信行容体而顺乎文，礼也。礼乐偏行，则天下乱矣。彼正而蒙己德，德则不冒，冒则物必失其性也。

古之人，在混芒之中，与一世而和澹漠焉。当是时也，阴阳和静，鬼神不扰，四时得节，万物不伤，群生不夭，人虽有知，无所用之，此之谓至一。当是时也，莫之为而常自然。

逮德下衰，及燧人④、伏羲始为天下，是故顺而不一。德又下衰，及神农⑤、黄帝始为天下，是故安而不顺。德又下衰，及唐虞始为天下，兴治化之流，澆⑥淳散朴，离道以善，险德以行，然后去性而从于心。心与心识，知而不足以定天下，然后附之以文，益之以博。文灭质，博溺心，然后民始惑乱，无以反其性情而复其初。由是观之，世丧道矣，道丧世矣，世与道交相丧也。道之人何由兴乎世，世亦何由兴乎道哉！道无以兴乎世，世无以兴乎道，虽圣人不在山林之中，其德隐矣。隐故不自隐。

古之所谓隐士者，非伏其身而弗见也，非闭其言而不出也，非藏其知而不发也，时命大谬也。当时命而大行乎天下，则反一无迹；不当时命而大穷乎天下，则深根宁极而待，此存身之道也。

古之行身者，不以辩饰知，不以知穷天下，不以知穷德，危然处其所而反其性，己又何为哉！道固不小行，德固不小识。小识伤德，小行伤道。故曰：正己而已矣。乐业全之谓得志。

古之所谓得志者，非轩冕之谓也，谓其无以益其乐而已矣。今之所谓得志者，轩冕之谓也。轩冕在身，非性命也，物之傥来，寄者也。寄之，其来不可圉⑦，其去不可止。故不为轩冕肆志，不为穷约趋俗，其乐彼与此同，故无忧而已矣！今寄去而不乐。由是观之，虽乐，未尝不荒⑧也。故曰：丧己于物，失性于俗者，谓之倒置之民。

## 【注释】

①缮性：修身养性。缮，修。本篇中庄子追踵淳朴古风，反对附时趋俗。

②俗学：指当时流行的儒学、墨学等。

③滑欲于俗思：用世俗观念陶冶性情。滑，治。欲，情。俗思，追求名位的世俗观念。

④燧人：远古学王，发明钻木取火吃熟食。

⑤神农：远古帝王，发明耕种。

⑥澡（jiāo）：通"枭"，扰乱。

⑦圉：借为"御"，抵挡。

⑧荒：通"慌"，迷乱。

## 【译文】

用世俗之道理来修身养性企图回归本真，用世俗观念陶冶性情企图明理求知，这不是闭塞被蒙蔽的一类人。

古来修道的人，以恬淡颐养智慧。活着无须靠智慧行事，只是用智慧颐养恬淡。智慧和恬淡互相颐养，道德也就从中产生出来。所谓德，就是和顺；所谓有道理，就是条理，德无所不包，就是仁；道理无所不合，就是义；义理明白和与物相亲，就是忠；心中朴实又返归到情，就是乐；行为忠信宽容仁爱又合乎自然文理，就是礼。礼乐盛行，天下就大乱了。那纯正还要加上自己的德行，有了德行就不受蒙蔽，蒙蔽的事物就必然失去它的本性。在这个时代里，阴阳之气和顺宁静，鬼神从不干扰，四季按节令运行，万物都不受伤害，各类生物不会夭折，人虽然有智慧，却毫无用处，这就是最纯粹的时代。在这个时代里，毫无作为却永远合乎自然。

等到道德中落以后，轮到燧人氏、伏羲氏来掌控天下，于是只有顺却不纯粹了。道德一天天衰落，轮到神农氏、黄帝来掌管天下，于是只有安定却不和顺了。道德又逐渐地衰落，轮到唐尧、虞舜来治理天下，兴起统治教化的风气，消解淳厚支离质朴，用善的准则来背离道德，用品行的要求来包容天性，这样就舍弃了天性却有了私欲。彼此间用心智探察，已经不能够稳定天下了。这样还攀附文采，增加博识。一旦文采毁灭本质，博识淹没心性，那么就使人出现迷惑混乱，再也无法返回他的性情和复归他的本初了。由此看来，世俗使道德败坏，道也败坏了世俗，世俗和道相互败坏了。有道的人凭什么复兴世道，世俗又凭什么复兴道呢？只要道无法复兴于世，世俗也就无法复兴道，即使圣人不躲在山林之中，他的德行也会隐藏起来。隐藏并非自己甘愿封锁。

古时的所谓隐士，并非藏起身子不再出现，并非封锁言论不再作声，并非埋没才智不再表达，只因时运谬乱。适合时运大道盛行天下，就反归纯一了无痕迹；不合时运大道困于天下，就深藏静处地等待。这就是保全自身的方法了。

古时保全自身的人，不用诡辩文饰智慧，不用智慧困扰天下，更不用智慧来困扰道德，秉正地处在自己的位置和回返自己的本性。自己还有什么可做的呢？道本来就不是小品行，德本来就不是小见识。小见识有伤于德，小品行有伤于道。所以说：端正自身就是了。致力全真就叫作得志。

古时所谓得志，不是说得了高官厚禄，而是说它再也无法增加它的快乐罢了。如今所谓得志，是说高官厚禄。高官厚禄沾在身上，不是性命原有的。外物偶尔到来，只是寄存。寄存的东西，它要来时难以抗拒，它要去时也难以遏止。所以不因为得到官禄得意忘形，不因为穷困受阻趋炎附势，做到喜欢那个跟喜欢这个一样，所以可以无忧无虑。如今是寄存物失去就怏怏不乐。由此可见，即使快乐，也未尝不会陷入心慌意乱。所以说：由于追逐外物而失区自我，由于趋会时俗而迷失本性的人，被称作本末倒置一类。

## 【解析】

本篇取开头二字为题，与题意相近。内容简短，主旨在讲自性复归的道德修养问题。从形式上看，与《刻意》篇有相似处，但具体内容与思想倾向又有很大差异。本篇在论述道家理论中，还吸收和掺杂某些儒家主张和《管子》书中《内业》《心术》篇的思想，表现一种综合的趋势。

全文可分三部分。第一段，提出要自性复初，不能靠俗学，而要"以恬养知"，有知而不用知，持守自性。认为礼乐遍行，天下就会大乱。第二段，讲述上古之人处在混沌蒙昧之中，与自然绝对同一，这是自性复初的理想境界。后世道德不断衰落，世与道相丧失，民心惑乱，难以恢复。第三段，讲述古人存身、养德、正己，以及处富贵与穷约皆能无忧之道德境界，并与热衷功利、相争不息的流俗相对照，使人觉悟。

## 【证解故事】

### 修身的界定

道、德、仁、义、礼、智、信、忠、顺，以及负面的范畴如暴、虐、狂、惑、险、逆等是社会伦理关系中最重要的一些范畴。要修身，必须明确了解这些范畴。古人对此早有界定。如果仅仅内心明白了某种道理，但不借助语言，就不能把这种道理表达出来；把某种事物用一定的名称规定下来，但不借助语言，就无法把它与别的事物区分开来。不借助语言表达自己内心的思想，就无法与别人沟通交流；不借助名称来区分事物，就无法显现你对事物本质的认识。但如追本溯源，并非事物自来就有名号称谓，也并非道理自来就有固定的概念范畴。而要区别事物的本质就必须为它们规定不同的名号称谓；要传达你内心的思想，就必须确立一定的概念范畴。

道，就是人必须遵循的规律。坐在那里时，知道自己将要做什么；出行时知道要往哪里去；办事知道所凭借的条件；行动起来要知道什么时候该停止，这就是道。德就是人所获得的，也能够使别人各得其所。仁就是爱，得到利益，除去祸害，博爱无私就是仁。义就是合宜，明确是与非，肯定与否定的界限就是义。礼就是人们必须要实行的，或进或退必须有一定的规范，尊卑、长幼、上下、贵贱都要有所差别就是礼。智就是人们的知识。用来判断得失、是非等等的能力就是智。信就是人们的承诺，发号施令时，都以最高统帅一人的意志为准则就是信。看到事物的开端，就能预知它的后果，执不变之道应对变化无常、复杂多端、形形色色的具体事物就是术。

顺从君主的命令，其结果也确实有利于君主就是顺。顺从君主的命令，君主不正确而臣下顺从就是逆。违背君主的命令，却对君主有利就是忠，用高尚的德行遮护君主并能感化他，这是最大的忠；用自己的品德弥补君主品德的缺失是次忠；以正确的意见劝谏君主不正确的做法，激怒君主是下忠。违背君主的命令而且不利于君主的就是乱。君主有错误，而且即将威胁到国家根本利益，这时能畅所欲言，陈述己见，君主采纳，便留下来继续为官，不采纳便辞官回家，这是谏臣。采纳自己的意见便罢，不采纳自己的意见，便以死明志，这是诤臣。能率领群臣向君主进谏，解除国家的祸患，这是辅臣。违抗君主错误的命令，改变君主的行事，使国家从危难中安定下来，消除了君主的耻辱，这是弼臣。所以说谏、诤、辅、弼之臣才是国家的忠臣，明主的财富。

如果什么都不管，一味求进就是佞，观察君主的好恶然后说话就是谄。说话不分别是非一味顺从就是谀。好说别人的坏话就是谗。假装称誉别人，而实际上希望别人倒霉叫慝。不分善恶，两者兼容，都表现出和颜悦色的样子，暗中却盗取自己想要的东西就叫险。古语说：用可行的方法补救不可行的方法就叫和。无论对自己喜欢的还是憎恶的，一概不表示反对意见就叫同。用贤者取代贤者就叫夺。用不贤者取代贤者就叫伐。法令本来宽缓，可是定罪却很苛刻就叫暴。把好的东西都窃为己有就叫盗。自己有罪恶却不知改过就叫虐。态度恭敬却不合于礼数就叫野。有禁令也不停止自己的所作所为就叫逆。禁止错误的，树立正确的就叫法。明知是善事而执意不去做叫狂。明知做了坏事却不想改正就是惑。敛取天下珠宝、玉石、美女、金银、彩缎就叫残。收用暴虐的官宦、滥杀无罪的人，完全不按法度就叫贼。不体恤国君的荣辱，不体恤国家的得失，苟合取荣，拿国家的俸禄供养自己的朋友，就是国家的盗贼。贤人不来报效朝廷就叫蔽。忠臣不来报效朝廷就是塞。表面上选择仁爱而实际上违背仁爱就叫虚伪。不以诚心对待臣子却指望臣子以诚心侍奉自己就叫愚蠢。从混沌的状态中分离出来成为人就是性。秉受天地之性叫命。凡是人都有金、木、水、火、土五种秉性，但不同地域的人却有刚、柔、缓、急、音、声的差别，这是与水土之气有关系的，这就叫土风。

## 圣贤是后天修成的

圣人的言行举止并不妨碍他们的气质，贤人的行为不是表现出雄浑厚道就是率直大方，于是将气质体现在本人的行为举止上；圣人不沾染地方风俗，假若贤人出生在燕赵之地，他的性格就表现出豪侠慷慨，若是生长在吴越之地，就表现得宽容柔和，那便是染上了地方风气习俗。

至善的圣人，总能让自己的个性和道理互不相冲，并能和道融为一体，不需要考虑，只管大胆地横冲直撞，刚好和中庸之道相吻合而毫不偏颇。与此相反，经过修养磨炼而成的圣人时刻都小心谨慎，总是按规矩行事，前后环顾，才能够达到中庸的境地。假若稍有放松，便会有超过或者达不到的差错。所以希望那些圣人君子的心目中，每时每刻都不恣生肆意纵情的邪念。

圣人能够守住自己的心让它专一不二，而且又能达到道德完备，专一不二的心可以让人达到独到精深的造诣，德才兼备就能领略到它们各自的精妙所在。有的圣人只具备专一不二的品质却没有德才兼备，所以他们的见解受到了约束。

性格刚毅的品德之所以可贵，就在于他们用刚毅来战胜自己的柔弱，而并非用它来战胜别人。子路不能战胜克服自身好勇的缺点，因而被勇字所折服，最后也没能成为刚毅的人。圣人的弟子里能够称得上刚毅的人要数谁呢？我认为忠信诚实的颜渊能够算得上刚毅的人，其次就是笨拙迟钝的曾参了，其他的就没有听说过了。

圣人的修养治身之道不足为奇，倘若奇特，便不是圣人而是贤人了。

孔子是金、木、水、火、土五行所造成的化身，由阴阳二仪化生而成的品性。其他的圣人，具备金气较多的人一般刚毅果断，具备木气较多的人就朴素率直，具备火气较多的人则迅猛刚烈，而得到水气较多的人就明彻圆融，得到土气较多的人则沉着浑厚，具备阳气较多的人就光明豁达，得到阴气较多的人就沉默精细。这七种圣人在原则问题上和大节上是相同的。孔子与颜渊一生贫穷困顿，没有受到帝王的任用，但这并不妨碍他们的仁德遍盖天下。因为覆盖天下的仁德都集中在他们身上，而要以仁德覆盖天下的思想，他们一天都未曾忘吗。

战国时代是一个气运残酷的时期，也算是一个虚伪狡诈的世道，那个时期的君王只讲富国强兵的策略。臣子除了夺取功名利禄的策略其他的就不干，整个天下的正气唯独集中于孟子一个人身上。所以孟子特别痛恨当时世道严酷无情，对黎民百姓非常担忧。清、任、和、时，是孟子对伯夷、伊尹、柳下惠、孔子这四个圣人所做的评价。"祖述尧舜，宪章文武，上律天时，下袭水土"，这是子思称赞圣人孔子的话。

圣贤之人经过修养能够获得上天所赐给的完整道理；仙家通过修炼获得上苍赐予的完整的气运。如果精神一旦脱离了肉体，仙家也不可能不死，只是他留下的正气与道理永远存在。圣贤即使是道德修养达到了最高境界也从没有不死的，只是他留下的正气与道理永存。至于说到修养的深浅与寿命的长短问题，那就和他自己的气质的浓厚与浅薄有关系了，而圣贤却并不计较这些。

圣人从不强人所难，只是稍稍点拨启迪一下他自觉自愿的心愿。法令施行，可以让泥人木偶都来遵守执行；恩惠所浸润的地方，可以让枯木萌生出新枝；教化所抵达的地方，可以让鸟兽都驯服；精神所感染的地方，可以让鬼神都感通，也只有圣人才能做到这一切。参与、协助天地化生教导万物的圣人，虽然身处在人类之中，其实却是一个活着的天。孔子只不过是一个贯通各种事物的人，除了贯通之外就不会有孔子。圣人不会随着运气走，更不会随着风俗走，也不会受某个人的气质所左右。

圣人能平衡天下事，但并不是像移山填海那样，而是高出一寸就减掉它一寸，低一分就补添它一分。圣人之举动到了无法理喻明了的地步就叫作神。不可知是可知的源头，没有不可知就无法生出可知来，如果没有可知，那么不可知也就无处归附。世上的人只是因为有了这种知觉，就生出许许多多的情缘，也就无故添了许多的苦恼。花落飘零怎么能没有生与死？它只不过是委婉柔顺地听从大自然的安排而已。富贵、贫贱、生死、宠辱等，这一切对圣人来讲，也未尝不像落花飞絮那样听从自然的安排。即使有知觉，却不会因此而感觉到痛苦。

圣人不会感到不自在，反省内心没有感到愧疚，就没有忧虑和恐惧。面对外来的灾难，也不会怨天尤人。只是有一些放心不下的地方，那就是敬畏天命，为百姓的穷困感到悲叹，定、静、安、虑这几种心态，圣人没有哪个时刻不是这样。任凭它喜、怒、哀、乐，而圣人的定、静、安、虑的心境一丝一毫都不会有所改变。孔子说他到了七十岁以后才能达到随心所欲的境界，任何念头都不会超越这个规矩，即使是六十九岁也还不能做到这一点。一般的人一生只知随心所欲，当然学不好。圣人学问老老实实，胆战心惊只为了克服一个"从"，不要戒慎恐惧，就说要忧勤惕厉，就是要防止从心所欲。难道没有快乐的时候？快乐也只是乐天知命。但众人的欢乐却和圣人有所不同。假若能做到随心所欲又不偏离轨道，假如圣贤的本性不与普通人相同，那就没必要修养磨炼了。

阳光对于万种形体，镜子对于万般景象，风对于各种事物发出的声响，尺度权衡对于各种事物的轻重长短，圣人对于天下万事万物，因为它们的本性，交付于自然，丝毫都不加以干涉，然后感动的常常平静，应承的经常安逸。欢乐来自于上天，愤怒来自于上天，而我心中的上苍依然如故。各种物体均因受到感动而急迫不安，万众骚动而各种矛盾纵横交错，而我的心中的自然依然如故。

如果一生中没做过欺瞒的事情，这是一种很大的快乐。尧、舜虽然是生而知之、安而行之的圣贤之人，但是尧、舜也有他们自己的功夫与学问。但是他们的聪明与睿智超过普通人千倍百倍之多，怎么能不靠见多识广，怎么不需要思考？朱文公曾这样说："圣人生知安行，更无积累之渐。"圣人自有圣人的生活积累，并非儒者所知。

圣人不矫揉造作以示高明。圣人从来没有昏庸困惑的地方。《诗经·周颂·酌》说："遵养时晦，时纯熙矣，是用大介。"意思是讲退而养精蓄锐，等待时机，时机一旦成熟，一动兵戈就可定天下。天命与人心这两样一丝一毫也不能借助别的。商朝根深蒂固，须要等到天命人心丧失到最大限度，没有牵连，好比瓜熟蒂落、果实熟了自己落下一样，不需别人去剥去摘。且莫说文王的时候能不能动手，即使到了武王的时候，商纣王又失去了几年人心，武王又收拢了几年人心。《尚书》中《牧誓》《武成》两篇就记载了武王代纣的事，费了多少口舌去动员百姓民众。《多士》《多方》两篇记载了守业的情况，那又是何等地让人担惊受怕。这一切都是因武王在时机尚未成熟时生摘硬剥地去攻取商纣的结果。这又好比疮疖脱落、小鸡从蛋里孵出，差一刻都不行。假若是文王处在武王的时期，定然不会轻易下手，或者会让位给微予、箕子他们；像舜、禹那样，自己躲避到南河、阳城去，慢慢地再观察天命人心的归属。如果属于自己，就把握住；不属于自己，自己就不招之使来。只管安心定志，听凭它自去自来而已。这便是文王之所以称为有至德的原因。假若文王安然接受那二分人心的归向，不单单有损至德，假若殷纣王出兵来讨伐叛变的人，即使不能取胜，文王又怎么能推辞掉叛变的罪名呢？即使是比文王相差万倍的人也不敢接受背叛商朝的叛国之罪啊！可见周文王的仁熟智精之举，他可谓圣人。

## 做到静，才能把握住动

心平气和说起来很容易，如果没有一定涵养是做不到的。最重要的就是要消除火性。火性消除后万物就会变得清晰明了，万事各得其理。水性清纯透明而火性昏躁，所以静的属性是水，动的属性则是火。因此病人一旦发火就会狂躁不安，待他清醒安定后，一点也不记得病中的情形。之所以能够清醒安定，是因为水澄清了，火熄灭了。

所以人没有火性就无法生存，然而没有火性也不会死亡；干事情没有风风火火的干劲就不能成功，而没有火性也不会失败。唯有君子善于处理火性，所以身心安定泰然，然后才得以滋长德业。

当一个人能够去怨恨别人、能够对人发怒、能够为自己辩白、能够对人倾诉、能够表达高兴或惊讶的时候，他却依然保持平和宁静的心境，这需要深的涵养才能办得到。自身的长处要掩藏几分，这叫作用含蓄来培养自己的深厚德行；别人的缺点要替他掩饰几分，这叫作浑朴厚道，用其培养自己宽大的胸怀。思考事情的最佳方法是静心忍耐。安稳周详，是处理事情的最好方法。谦虚忍让，是保全自身的最佳办法。把那些富贵、贫贱、生与死以及人生坎坷置之度外，是修身养性的最好方法。在思考问题时，要看得出春天并不是繁花似锦，夏日并不是凉风舒畅，秋天并不是寂寞冷落，冬季并不是万物凋零，只有这样才会安心。

明代的吕坤说违犯了法律，也许还能四处逃避；若是触犯了天理，那么就没有安身之处了，因此，君子畏惧天理远远超过害怕法律。有人这样问："鸡叫就起床，还没做事又怎么行善呢？"程子说："只要心中有所敬畏就是行善。"我以为：只有圣人无事时才不会有思虑。一般人刚躺下就会有所思考，或是想起以前做过的事，或是考虑明天要做的事。因为这个时候更容易控制自己的欲念；更容易清醒理智地剖析自己。因此说摒弃邪恶须从细微处开始，保持仁爱和善须从内心做起。

眼睛如果昏花，看一切事物都是虚幻模糊的；耳朵如果有"嗡嗡"作响的毛病，那么听到的一切都是假的。心中如果有顾虑与牵挂，那么处理一切事务时所产生的意识和判断也都是虚幻的。因此，人的心境能达到虚无的境地难能可贵。遗忘是没有留心的原因，拔苗助长刻意人为是过于留心，人心应当从容自在，在真实虚无间来去自由才是真正的人心。

"静"这个字，每时每刻都需要。一旦没有静就会混乱。门每天不停地关和开，而户枢却经常保持不动；美丽与丑陋的容貌每天在镜子面前晃动，而镜子始终保持宁静；人们天天忙于种种应酬，而心灵却静如止水。只有做到了"静"，才能把握住"动"。如果随波逐流，人动我动，所做之事就一定不会有什么结果。即使在睡觉时，如果不保持宁静的心，那么所做的梦也一定会胡乱荒诞。

如果沉静自己的意念，还有什么真理不可以得到呢？如果把自己的志气振奋起来，那么什么都可以做得很好。如今的学者们，只用一个浮躁的心理去观察事物，用一种萎靡不振的心态去从事他的事业，只能糊里糊涂地虚度一生。

## 藏巧于拙，以屈为伸

以守为攻，以退为进，同样能把主动权掌握在手里，胜券在握，潜藏不露才是人生的真正智慧。做人不必过于暴露锋芒，要善于潜藏，要善于韬光养晦，夫能屈能伸，只有这样才能成就大事业。

南朝刘宋王朝的开国皇帝宋武帝刘裕临死托孤给司空徐羡之、中书令傅亮、领军将军谢晦、镇北将军檀道济。并告诫太子刘义符，在这些人中，谢晦最难驾驭，应当小心。刘裕是个有作为有识见的开国皇帝。但不幸的是，一没选好继承人，二没有完全正确估计这几位顾命大臣。刘裕死后，其长子刘义符即皇帝位，史称营阳王。刘裕的次子名义真，官南豫州刺史，封庐陵王。刘裕的第三个儿子名义隆，封宜都王。即后来的南朝宋文帝。刘义符做上皇帝后，不遵礼法，行为荒诞。

徐羡之在刘义符即位两年后，准备废掉刘义符另立皇帝。按刘义符的行为，废掉他是理所应当的。但徐羡之等人因为怀有私心，贪权恋位，谋权保位，竟把事情做绝，遭到杀身之祸。要废掉刘义符，就得有别人来接替皇帝的班。按顺序该是刘义真，但刘义真和谢灵运等人交好，谢灵运则是徐羡之的政敌。为了不让刘义真当上皇帝，徐羡之等人挖空心思，先借刘义符的手，将刘义真废为庶人。接着，徐羡之、傅亮、谢晦、檀道济、王弘五人合力，发动武装政变，废掉了刘义符。然而，还没等新皇帝即位，徐羡之和谢晦竟主谋分别将刘义符、刘义真先后杀死。刘义隆被他们押立为新皇帝。刘义隆面临的是控制朝廷大权的、杀死自己两个哥哥的几个主凶。

新皇帝当时正在江陵郡（治所在今湖北江陵）。徐羡之派傅亮等人前往迎驾。徐羡之这时又藏了个心眼，恐怕新皇帝即位后将镇守荆州重镇的官位给他人，赶紧以朝廷名义任命谢晦做荆州刺史，行都督荆、湘七州诸军事，想用谢晦做自己的外援，于是将精兵旧将全都分配给了谢晦。

刘义隆对是否回京城做皇帝犹豫不决。听到营阳王、庐陵王被杀的消息，刘义隆的部下不少人劝他不要回到吉凶莫测的京城。只有他的司马王华精辟中肯地分析了当时的形势，认为徐羡之、谢晦等人不会马上造反，只不过怕庐陵王为人精明严苟，将来算旧账才将他杀死。现在他们以礼来相迎，正是为了讨您欢心。况且徐羡之等五人同功并位，谁也不肯让谁，就是有谁心怀不轨，也因其他人掣肘而不敢付诸行动。殿下只管放心做皇帝吧！于是刘义隆带着自己的属官和卫兵出发前往建康，果然顺利做上了皇帝，但朝廷真正的实权仍在徐羡之等人手中。

刘义隆先升徐羡之等人的官，徐羡之进位司徒；王弘进位司空；傅亮加"开府议同三司"，即享受和徐羡之、王弘相同的待遇；谢晦进号卫将军；檀道济进号征北将军。同时认可徐羡之任命的谢晦做荆州刺史。谢晦还害怕刘义隆不让他离京赴任。但刘义隆若无其事地放他出京赴荆州。谢晦离开建康时，以为从此算是没有危险了，于是回望石头城说："今得脱危矣。"刘义隆当然也不动声色地安排了自己的亲信，官位虽不高，但侍中、将军、领将军等要职都由他的亲信充任，从而稳定帝位。

宋文帝元嘉二年（425年）正月，徐羡之、傅亮上表归政，即将朝政大事交由宋文帝刘义隆处理。徐羡之本人走了一下请求离开官场回府养老的形式，但几位朝臣认为，这样不妥，因此徐羡之又留下了。后人评论认为这几位主张挽留徐羡之继续做官的人，实际上加速了徐羡之的死亡。当初发动政变的五个人中，王弘一直表示自己没有资格做司空，推让了一年时间，刘义隆才准许他不做司空，最后他只做车骑大将军、开府仪同三司。直到这一年年底，宋文帝刘义隆才准备铲除徐羡之等人。因惧怕在荆州拥兵的谢晦造反，先声言准备北伐魏国，调兵遣将。在朝中的傅亮察觉出事情不对头，便写信给谢晦通风报信。

宋文帝元嘉三年（426年）正月，刘义隆在动手之前，先通报情况给王弘，又召回檀道济，认为这两个人当初虽附和过徐羡之，但没有参与杀害刘义符、刘义真的事，应区别对待，并要利用檀道济带兵去征讨准备在荆州叛乱的谢晦。正月丙寅（公元426年2月8日），刘义隆在准备就绪后，发布诏书，治徐羡之、傅亮擅杀两位皇兄之罪。同时宣布对付可能叛乱的谢晦的军事措施。

就在这一天，徐羡之逃到建康城外二十里的叫新林的地方，在一陶窑中自缢而死。傅亮也被捉住杀死。谢晦举兵造反，先小胜而后大败，逃亡路上被活捉，最终被杀死。至此，宋文帝刘义隆由藩王而进京做上皇帝，由有名位无实权到做上名副其实的皇帝，最后顺利除掉杀"二王"的一伙权臣。

# 秋 水

【原文】

　　秋水时至，百川灌河，泾流之大，两涘①渚崖之间，不辨牛马。于是焉河伯欣然自喜，以天下之美为尽在己；顺流而东行，至于北海，东面而视，不见水端，于是焉河伯②始旋其面目，望洋向若③而叹曰："野语有之，曰'闻道百，以为莫己若者'。我之谓也。且夫我尝闻少仲尼之闻而轻伯夷之义者，始吾弗信。今我睹子之难穷也，吾非至于子之门则殆矣，吾长见笑于大方之家。"北海若曰："井蛙不可以语于海者，拘于墟也；夏虫不可以语于冰者，笃于时也；曲士不可以语于道者，束于教也。今尔出于崖涘，观于大海，乃知尔丑，尔将可与语大理矣。天下之水，莫大于海：万川归之，不知何时止而不盈；尾闾泄之，不知何时已而不虚；春秋不变，水旱不知。此其过江河之流，不可为量数。而吾未尝以此自多者，自以比形于天地，而受气于阴阳，吾在天地之间，犹小石小木之在大山也。方存乎见少，又奚以自多！计四海之在天地之间也，不似礨空④之在大泽乎？计中国之在海内，不似稊⑤米之在大仓乎？号物之数谓之万，人处一焉；人卒⑥九州，谷食之所生，舟车之所通，人处一焉；此其比万物也，不似毫末之在于马体乎？五帝之所连，三王之所争，仁人之所忧，任士之所劳，尽此矣！伯夷辞之以为名，仲尼语之以为博。此其自多也，不似尔向之自多于水乎？"

【注释】

①涘（sì）：河岸。

②河伯：黄河之神。

③若：海神之名。

④礨（lěi）空：石块的小孔。

⑤稊（tí）：一种形似稗的草，果实像小米。

⑥卒：借为"萃"，聚集。

## 【译文】

　　秋雨绵延不绝，河水按时上涨，千百条河流都灌注到黄河，使黄河干流大大加宽，两岸之间，河中小洲之上，望过去分辨不清是牛是马，于是河神扬扬自得，以为天下壮美尽在自身了。顺河流向东走，到达北海，向东面望去，看不到水的边界，在这时候河伯才收敛了自满自得的神态，望着浩瀚无边的大海对海神感叹："俗话说：'听到道理多了，就自以为没有人能赶得上自己，我就是这样的人啊。我曾听说有人小看孔子的学识，轻视伯夷的信义，起初我不相信，一在我看到你的浩瀚无边，才发现我如果不到你这里来，就糟了，我将长久地被懂得大道的人笑话。"

　　海神说："对于井底之蛙，不可以和它谈论大海，因为它受到居所的限制；对于夏天的虫子，不能和它谈论冰，因为它受到季节的限制；对于孤陋寡闻的人，不可以同他谈论大道，因为他受到俗学的限制。现在你走出河流两岸，看见无边的大海，于是知道自己的鄙陋，这样就可以同你讨论大道了。天下的水，没有比海再大的了，千万条河都流向它，没有停止的时候，海也不会溢满；尾闾不停排放，海也永不枯竭；不论是春天还是秋天，大海都没有什么变化；不论是水涝还是干旱，大海都没有改变。大海超过江河的容量是没有办法估量的。而我从来没有因此而自满，因为我从天地那里继承了形体，从阴阳变化中秉受了生气，我在天地之间，如同小砖块、小树木在大山之中，我只觉得自己很渺小，又哪里会自满呢？算起来中国在四海之内，不也就像一粒米在大谷仓之中吗？事物数量以万计，人只是其中之一；人聚居在九州中，谷物生长的地方，舟车可以通行的地方，而个体只是众人中之一，个人与万物相比，不也就像马身上的一根汗毛一样微乎其微？五帝以禅让相传承的，三王以武力相争夺的，仁人所担忧的，贤能之士所操劳的，都是这样的一根汗毛啊。伯夷辞让以博行好名声，仲尼谈论以彰显博学，这种自以为是，不就像你刚才自夸黄河之水壮观一样吗?

## 【原文】

河伯曰:"然则吾大天地而小毫末,可乎?"北海若曰:"否。夫物,量我穷,时无止,分无常,终始无故<sup>①</sup>。是故大知观于远近,故小而不寡,大而不多,知量无穷。证曏今故,故遥而不闷,掇而不跂,知时无止,察乎盈虚,故得而不喜,失而不忧:知分之无常也。明乎坦涂<sup>②</sup>,故生而不悦,死而不祸:知终始之不可故也。计人之所知,不若其所不知;其生之时,不若未生之时;以其至小,求穷其至大之域,是故迷乱而不能自得也。由此观之,又何以知毫末之足以定至细之倪?又何以知天地之足以穷至大之域!"

## 【注释】

①故:通"固"。
②涂:通"途"。

## 【译文】

河伯说:"既然这样,那么我以天地为大,以毫末为小,可以吗?"北海神说:"不可以。物的数量是无穷尽的,时间是不会停止的,得失不是恒常不变的,终始也不是固定不变的。所以大智之人能够观察远处和近处的一切事物,因而小的东西不觉得小,大的东西也不觉得大,这就是他深知物量是没有穷尽的;考察古今变化无穷的情形,所以对遥远的古事不感厌倦,对于伸手可触的未来也没有期待,这就是他通晓时间是没有止境的;看清事物盈满和空虚的相转化,所以得到了并不感到欣喜,失去了也不会悲伤,这是因为他知道得失不是恒常不变的;明白死生是人生走过的一条坦途,所以对生不感到欣喜,对死也不看作灾祸,这就是他知道死生往复的道理。算起来,人所知道的,不如他所不知道的为多;拥有生命的时间,远不如他失去生命的时间长;以其极有限的智慧和极其短暂的生命去穷尽宇宙的知识，因此陷入迷惑而无所得。由此看来，又怎么知道毫末足以确定极小的界限呢？怎么知道天地足以穷尽最大的领域呢！"

## 【原文】

河伯曰："世之议者皆曰：'至精无形，至大不可围。'是信情乎？"北海若曰："夫自细视大者不尽，自大视细者不明。夫精，小之微也；埒①，大之殷也；故异便。此势之有也。夫精粗者，期于有形者也；无形者，数之所不能分也；不可围者，数之所不能穷也。可以言论者，物之粗也；可以意致者，物之精也；言之所不能论，意之所不能察致者，不期精粗焉。是故大人之行，不出乎害人，不多仁恩；动不为利，不贱门隶；货财弗争，不多辞让；事焉不借人，不多食乎力，不贱贪污；行殊乎俗，不多辟异；为在从众，不贱佞谄；世之爵禄不足以为劝，戮耻不足以为辱；知是非之不可为分，细大之不可为倪。闻曰：'道人不闻，至德不得，大人无己。'约分之至也。"

## 【注释】

①埒（fú）：通"郭"，外城。

## 【译文】

河神说："世间议论说：'最细小之物没有形体，最庞大之物是无法度量其外围的。'这话真实可靠吗？"北海神说："从细小的角度看待庞大的事物总看不全面，从宏大的角度看细小的事物总看不清楚。所说的'精'，是指小事物中最微小的；所说的'埒'，是指大事物之外更为庞大的，所以事物小大不同，却有各自的自然本性。这是事物自身发展的趋势。这里所说的精和粗，都是限一个个形体的描述，至于至精无形之物，是度数所不能计量、划分的；至大不可规定范围之物，是用度数所不能穷尽的。可以言说议论的是事物中的粗的部分，只能用心去体会的是事物中精细的部分，那些言语所不能谈论，意识所不能领会的，就超出精的范围了。因此，大人行事，不会有意害人，也不会夸耀对他人的仁爱和恩惠；行动不为牟取利益，也不看轻守门之奴；不与别人争夺财物，也不推崇辞让财物的举动，行事不借助他人之力，也不夸赞自食其力，不鄙视贪财污浊的行为；行事与世俗不同，却不是故意标新立异；顺从众人，却不鄙视谄媚讨好；世间的高爵位厚俸禄不足以鼓励他，刑罚和耻辱也不足以羞辱他；因为他深知是非是不可分辨的，精细与庞大同样无法分辨。听说过这样的说法：'得道之人不闻名于世，大德之人不期望有所得，大人忘却自己。'这样就消灭万物的差别达到了极致了。"

## 【原文】

河伯曰："若物之外，若物之内，恶至而倪贵贱？恶至而倪小大？"北海若曰："以道观之，物无贵贱；以物观之，自贵而相贱；以俗观之，贵贱不在己。以差观之，因其所大而大之，则万物莫不大；因其所小而小之，则万物莫不小。知天地之为稊米也，知毫末之为丘山也，则差数睹矣。以功观之，因其所有而有之，则万物莫不有；因其所无而无之，则万物莫不无。知东西之相反而不可以相无，则功分定矣。以趣观之，因其所然而然之，则万物莫不然；因其所非而非之，则万物莫不非。知尧桀之自然而相非，则趣操睹矣。昔者尧舜让而帝，之哙让而绝①；汤武争而王，白公②争而灭。由此观之，争让之礼，尧桀之行，贵贱有时，未可以为常也。梁丽③可以冲城，而不可以窒穴，言殊器也；骐骥骅骝④，一日而驰千里，捕鼠不如狸狌，言殊技也；鸱鸺⑤夜撮蚤，察毫末，昼出瞋目而不见丘山，言殊性也。故曰：盖师是而无非，师治而无乱乎？是未明天地之理，万物之情者也。是犹师天而无地，师阴而无阳，其不可行明矣！然且语而不舍，非愚则诬也！帝王殊禅，三代殊继。差其时，逆其俗者，谓之篡夫；当其时，顺其俗者，谓之义徒。默默乎河伯！汝恶知贵贱之门，小大之家！"

## 【注释】

①之：指燕国宰相子之。哙（kuài）：指燕国国君哙。燕王哙将王位禅

让给宰相子之，而燕国也几乎灭亡。

②白公：楚平王之孙，因起兵叛逆被镇压。

③丽：通"棚"。

④骅骝（huá liú）：古代良马。

⑤鸱鸺（chī xiū）：即猫头鹰。

## 【译文】

河伯说："是从物性之外还是从物性之内来区分它们的贵贱？怎么区分它们的大小呢？"北海神说："从大道来看，万物没有贵贱之分。从万物自身角度来看，万物各自为贵，而以对方为贱。从世俗观念来看，事物之贵贱不是自身所固有的。从万物的差别来看，如果顺着万物大的方面视其为大，那么万物没有不是大的；如果顺着万物小的方面视其为小，那么万物没有不是小的，天地既可看作像一粒细米那般小，一根毫毛末梢也可看作丘山那般大，那么万物大小的相对性很明白了。从事物的功用来看，顺着其有用的一面看，万物没有不具功用的；顺着其不具功用的一面看，则万物没有具备功用；明白东与西虽然方向相反却又相互依存的道理，则万物的功用职分就确定下来了。从万物的趋向来看，顺其值得肯定的一面把它视为对的，则万物没有不是对的；顺其否定的一面把它看成错的，那么万物没有不是错的；明白尧与桀的自以为是，而互以对方为非，那么观点与操守的不同就很明白了。从前尧、舜由禅让而成为帝，燕王哙与子之却因禅让而遭灭绝；商汤与周武王以武力相争而为王，白公胜却因为争夺而灭亡。由此看来，争夺与禅让的礼法，尧与桀的行为，他们的贵贱是因时而异的，没有一定的常规。栋梁可用来冲撞城门，而不可用来堵塞老鼠洞，这就是说器用的大小不同。骐骥、骅骝一类的良马可日行千里，而捕捉老鼠则不如野猫和黄鼠狼，这就是说技能的不同。猫头鹰夜里可以抓住跳蚤，明察秋毫，白天出来瞪大眼睛也看不见丘山，这就是说物性的不同。俗语说：何不只师法对的而抛弃错的，师法好的而抛弃混乱的？这种说法实在是不了解天地间事物变化的实情。这就如同师法天而抛弃地，师法阴而抛弃阳一样，此路行不通。然而还是有人说个不停，这样做不是愚昧无知便是存心骗人！五帝三王禅让的方式不同，夏、商、周三代王位的继承方法也不一样。不合时宜，违背世道人心的，被称为篡逆的人；合乎时宜，顺应世道人心的，被称为高尚的人。沉默吧，河伯！你哪里能明白区分万物贵贱、大小的道理呢？"

## 【原文】

河伯曰："然则我何为乎，何不为乎？吾辞受趣①舍，吾终奈何？"北海若曰："以道观之，何贵何贱，是谓反衍；无拘而志，与道大蹇。何少何多，是谓谢施②；无一而行，与道参差。严乎若国之有君，其无私德；繇繇乎若祭之有社，其无私福；泛泛乎其若四方之无穷，其无所畛域③。兼怀万物，其孰承翼？是谓无方。万物一齐，孰短孰长？道无终始，物有死生，不恃其成。一虚一满，不位乎其形。年不可举，时不可止；消息盈虚，终则有始。是所以语大义之方，论万物之理也。物之生也，若骤若驰，无动而不变，无时而不移。何为乎，何不为乎？夫固将自化。"

## 【注释】

①趣：通"取"。
②谢施（yì）：谢，代谢。施，延伸。
③畛（zhěn）域：界线。

## 【译文】

河伯说："既然如此，那么我应该做什么？不该做什么？对于事物的辞让、受纳、取得、舍弃，我究竟应该采取什么标准呢？"海神说："从道的角度来看，什么是贵什么是贱呢？可以说贵、贱都是可以向反方向转化的；不要用传统成见去束缚你的心志，使它与大道相违背。什么是少什么是多呢？可以说多少是相互转化的；做事不要拘执一得之见，免得与大道相违背。庄重威严的像国君一样，对待人民没有偏爱；悠然自得像受祭的社神一样，对参与祭祀的人没有偏袒；要像四面延伸的平地一样宽广，没有彼此的边界。对万物兼容并包，有谁能受到特殊庇护？这就是不偏向任何一方。万物原本是一样的，谁为短谁为长呢？大道是无始无终的，而万物有生有死，但其生死不是固定不变的，所以不足以依赖。大道空虚盈满时时转化，并没有固定不变的状态。岁月不能留存，时间不能停止。天地万物的生息、消亡、盈满、空虚都在终而复始运转不停。这就是讲说大道的法则，论述万物的道理。万物之生长，如同马儿疾驰车儿疾行，一举一动都在变化，无时无刻不在变化。什么是该做的？什么是不该做的？万物本来就是遵循自己的本性而变化的。"

## 【原文】

河伯曰："然则何贵于道邪？"北海若曰："知道者必达于理，达于理者必明于权，明于权者不以物害己。至德者，火弗能热，水弗能溺，寒暑弗能害，禽兽弗能贼。非谓其薄之也，言察乎安危，宁于祸福，谨于去就，莫之能害也。故曰：'天在内，人在外，德在乎天。'知天人之行，本乎天，位乎得，蹢躅①而屈伸，反要而语极。"曰："何谓天？何谓人？"北海若曰："牛马四足，是谓天；落马首，穿牛鼻，是谓人。故曰：'无以人灭天，无以故灭命，无以得殉名。谨守而勿失，是谓反其真。'"

## 【注释】

①蹢躅（zhí zhú）：通"踯躅"，进退两难。

## 【译文】

河神说："既然如此，那么道还有什么可贵之处呢？"海神说："明白大道的人必能通达事理，通达事理的人必能明白权变，明白权变的人不会让外物损害自己。真正懂得大道的人，火不能烧伤他，水不能淹死他，严寒酷暑不能侵害他，凶禽猛兽不能伤害他。不是说至德的人迫近、触犯这些而不受伤害，而是说他能明察安全与危险的情况，能看透祸福之间的转化关系，能谨慎地对待进退去留，所以没有什么外物能损害他。因此说：'人的天性是内在的，社会环境对人的影响是外在的，至德之人重在不失自然本性。'知道天性与人为两方面，以天性为根本，处于自得的位置上，或进退或屈伸，这便是返归大道的关键，谈论大道的极致。"河神说："什么是天性？什么是人为？"海神说："牛马长有四足，就是天性；给马戴上笼头，给牛穿上鼻绳，就是人为。所以说：'不要以人为来破坏天性，不要用造作来损害天性，不要为追求名声而戕害本性，执守本性而不丧失，就是复归天真的本性'。"

## 【原文】

夔怜蚿①，蚿怜蛇，蛇怜风，风怜目，目怜心。夔谓蚿曰："吾以一足趻踔②而行，予无知矣。今子之使万足，独奈何？"蚿曰："不然。子不见夫唾者乎？喷则大者如珠，小者如雾，杂而下者不可胜数也。今予动吾天机，而不知其所以然"。蚿谓蛇曰："吾以众足行，而不及子之无足，何也？"蛇曰："夫天机之所动，何可易邪？吾安用足哉！"蛇谓风曰："予动吾脊胁而行，则有似也。今子蓬蓬然起于北海，蓬蓬然入于南海，而似无有，何也？"风曰："然。予蓬蓬然起于北海而入于南海也，然而指我则胜我，蝤③我亦胜我。虽然，夫折大木、蜚④大屋者，唯我能也，故以众小不胜为大胜也。为大胜者，唯圣人能之。"

## 【注释】

①夔（kuí）：古代神话中的一足兽。蚿（xián）：百足虫。
②趻踔（chěn chuō）：跳着行走。
③蝤（qiū）：本亦作"蹎"，逆踢。
④蜚：通"飞"。

## 【译文】

独脚的夔羡慕多足的蚿，多足的蚿羡慕无足的蛇，无足的蛇羡慕无形的风，无形的风羡慕明察秋毫的眼睛，能明察的眼睛羡慕能隐藏的内心。夔对蚿说："我用一只脚跳着走路，我不如你。现在你用万只脚走路，究竟怎样使用这些脚呢？"蚿说："你说得不对，你没有看见打喷嚏的人吗？喷出的唾沫大的如水珠，小的如雾气，混杂着落下来，数都数不清。现在我只是顺着天性而行，而不知道它究竟为什么是这样。"蚿对蛇说："我用众足行走却不及你没有脚走得快，这是为什么呢？"蛇说："我依靠天然的本能行走，怎么可以改变呢？我哪里用得着脚啊？"蛇对风说："我运动脊背和肋部而爬行，这是有形可循的；现在你呼呼地由北海刮起，又呼呼地吹入南海，好像完全没有形迹似的，这是为什么呢？"风说："是的。我呼呼地从北海刮起然后吹入南海。可是，人们用手指来指我，就能胜过我，用足踏我也能胜过我；虽然如此，那折断大树、吹起房屋的，也只有我能办得到。所以在众多小的方面不能取胜，却能在大的方面取胜。取得大的胜利，只有圣人才能办得到。"

## 【原文】

孔子游于匡①，宋人围之数匝②，而弦歌不惙③。子路入见曰："何夫子之娱④也？"孔子曰："来，吾语女。我讳穷⑤久矣，而不免，命也；求通久矣，而不得，时⑥也。当尧舜而天下无穷人⑦，非知得也；当桀纣而天下无通人，非知失也：时势适然⑧。夫水行不避蛟龙者，渔父之勇也；陆行不避兕⑨虎者，猎夫之勇也；白刃交于前，视死若生者，烈士⑩之勇也；知穷之有命，知通之有时，临大难而不惧者，圣人之勇也。由，处矣⑪！吾命有所制⑫矣！"无几何，将甲者⑬进，辞曰："以为阳虎⑭也，故围之；今非也，请辞而退。"

## 【注释】

①匡：春秋时卫国邑名，在今河南睢县西。

②宋：卫之误。据《史记·孔子世家》载，孔子由卫去陈，路经匡邑。因以前阳虎侵暴过匡邑，孔子长得很像阳虎，又因孔子弟子颜剋也曾与阳虎一起凌犯匡人，此次又恰好是他为孔子御车，匡人误以为阳虎

重来，便出兵把他们包围起来。匝：环绕一周。

③弦歌：弦指琴瑟之类的乐器，歌为诵诗、唱诗，指孔子和弟子们虽被包围，仍在行礼作乐，唱诗并以琴瑟等乐器伴奏。慁：通"辍"，止也。

④娱：快乐。孔子一行为匡人所包围，处境十分危险，孔子不忧惧，反而让弟子唱诗奏乐，子路不理解，而有此问。

⑤讳穷：忌讳困穷。

⑥时：机遇、时势、时运之意。

⑦穷人：困穷不通达之人。

⑧时势适然：时势、时运造成这样的。

⑨兕：犀牛一类的猛兽，独角，青色，体重可达三千斤。

⑩烈士：古代泛指有志于功业或重义轻生的人，此指后者。

⑪处矣：安心吧。指让子路不用担心，顺天安命而已。

⑫制：分限，限定。孔子意为，我的命运是由上天安排确定的，只须顺时安命就是了，不必担心什么。

⑬将甲者：统帅甲士的长官。将，统帅也。甲，指甲士，即着盔甲之兵士。

⑭阳虎：又名阳货，本为鲁国季孙氏家臣。后篡夺鲁国政权，把持大权达三年之久。在鲁定公六年，他带兵侵犯匡邑，与匡人结仇。

## 【译文】

孔子师徒游经匡邑，卫国军人把他们层层包围起来，孔子和弟子们唱诗奏乐之声并未因此而停下。子路进来见孔子说："为什么先生还这样快乐呢？"孔子说："来吧，我讲给你听！我忌讳困穷很久了，而摆脱不掉，这是命该如此啊！我渴求通达很久了，而不能得到，这是时运不佳啊！处在尧舜时代，天下没有困穷之人，不是因为他们有智慧；处在桀纣时代，天下没有通达之人，不是因为他们没有智慧，一切都是时运造成的呀。那些在水底通行不躲避蛟龙的人，是渔夫的勇敢。在陆上行走不躲避犀牛老虎的人，是猎人的勇敢。闪光的刀剑横在面前，把死看得如生一样平常，是烈士的勇敢。知道困穷是由于命运，知道通达是由于时机，遭逢大危难而不畏惧的，这是圣人的勇敢。仲由，你安心吧！我的命运是由老天安排定的。"没过多久，统领甲士的长官进来道歉说："以为你们是阳虎一伙，所以把你们包围起来，现在知道不是，请让我表示道歉而退兵。"

## 【原文】

公孙龙①问于魏牟曰："龙少学先王之道，长而明仁义之行；合同异②，离坚白；然不然，可不可③；困百家之知，穷众口之辩④；吾自以为至达⑤矣。今吾闻庄子之言，汒焉⑥异之。不知论之不及与？知之弗若与⑦？今吾无所开吾喙⑧，敢问其方。"公子牟隐机大息⑨，仰天而笑曰："子独不闻夫坎井⑪之蛙乎？谓东海之鳖曰：'吾乐与！吾跳梁乎井干⑫之上，入休乎缺甃之崖⑬。赴水则接腋持颐⑭，蹶泥则没足灭跗⑮。还虷蟹与科斗⑯，莫吾能若⑰也。且夫擅一壑之水⑱，而跨跱⑲坎井之乐，此亦至矣。夫子奚不时来入观乎⑳？'东海之鳖左足未入，而右膝已絷㉑矣。于是逡巡㉒而却。告之海曰：'夫千里之远，不足以举㉓其大；千仞之高，不足以极其深。禹之时，十年九潦㉔，而水弗为加益；汤之时，八年七旱，而崖不为加损㉕。夫不为顷久推移㉖，不以多少进退㉗，此亦东海之大乐也。'于是坎井之蛙闻之，适适然㉘惊，规规然㉙自失也。且夫知不知是非之竟㉚，而犹欲观㉛于庄子之言，是犹使蚊负山、商蚷㉜驰河也，必不胜任矣。且夫知不知论极妙之言，而自适一时之利者㉝，是非坎井之蛙与？且彼方跐黄泉而登大皇㉞，无南无北，奭然四解㉟，沦于不测；无东无西，始于玄冥㊲，反于大通㊳。子乃规规然㊴而求之以察，索之以辩，是直用管窥天㊵、用锥指地也，不亦小乎？子往矣！且子独不闻夫寿陵余子之学行于邯郸与㊶？未得国能㊷，又失其故行矣，直匍匐㊸而归耳。今子不去，将忘子之故，失子之业。"公孙龙口呿㊹而不合，舌举而不下，乃逸而走。

## 【注释】

①公孙龙：战国时期赵国人，曾做过平原君的门客。名家主要代表人。

②合同异：为名家惠施一派的典型命题，强调事物的同一性。

③然不然，可不可：以不然为然，以不可为可。就是在辩论中，把别人认为不对的论说成对，把别人认为不可以的论说成可以。

④知：知识、见解。辩：口才。

⑤至达：极为通达事理。

⑥汒焉：同茫然，迷惘不清之意。汒，同"茫"。

⑦论：指口才、辩才。知：指知识、智力。

⑧喙：鸟兽的嘴，此指人之口。因庄子之言奇异虚玄，公孙龙无从理解，虽善辩亦不知从何开口。

⑨方：方法、方术、道理。

⑩公子牟：即魏牟。隐机大息：公子牟是位得道者，体道清高，超然物外，对公孙龙热衷于世间的是非之争，以能言善辩自许、不明大道的浅薄无知，而深深叹息。隐机，背靠小几。古人席地而坐，靠小几以减轻疲劳。机，同"几"。

⑪独：唯独、只有之意。坎井：浅井。

⑫跳梁：又作"跳踉"，跳跃之意。井干，井上之围栏。

⑬缺甃之崖：井壁缺口靠水之处，井蛙在这里休息。甃，井壁。崖，水边。

⑭腋：腋窝。颐：两腮下面。这句指井蛙入水时，水托在前肢和两腮下面。

⑮蹶（jué）：践踏。没、灭：埋到、埋没之意。

⑯还：环视，向周围看。虷（hán）：井中赤虫。又说为孑孓，蚊子幼虫。蟹：小螃蟹。科斗：蝌蚪，蛙类幼虫。

⑰莫吾能若："莫能若吾"的宾语提前，表示强调。没有能像我这样的。

⑱且夫：递进连词，表句子或段落意义的连接和加深，与况且、再说意思接近。擅：独占。壑：深沟，此指土井。

⑲跨跱：形容蛙在井中跳跃、蹲踞的神态。跱（zhì），蹲着。

⑳夫子：井蛙对东海之鳖的尊称。奚，何。时来：时常前来，经常前来。

㉑絷（zhí）：绊住。东海之鳖身躯巨大，而坎井空间狭小，所以左足未踏到井底，右膝就被绊住了。

㉒逡（qūn）巡：犹豫徘徊，迟疑不决。

㉓举：称说，形容。

㉔潦：同"涝"，雨水过多，发生水灾。

㉕崖：同"涯"，水边，此指海水边缘。这句意为虽多年干旱水少，海水也不会因而减少，使海水边界向内缩小。

㉖顷：短暂。久：长久。推移：改变，变化。

㉗不以多少进退者：不会因雨水之多少而使海水有所进退。

㉘适适然：惊骇恐怖的样子。

㉙规规然：惊视自失的样子。形容井蛙听到关于大海的议论，惊怖不已，茫然自失的神态。

㉚知不知：智慧不能通晓。前一"知"，通"智"，指人的智能、智慧，后一"知"，当通晓讲。竟：同"境"。

㉛观：观察领会。

㉜商蚷（jù）：又名马蚿、马陆，一种暗褐色小虫，栖息于湿地和石堆下，能在陆地爬行，不会游水。

㉝极妙之言：指庄子讲论大道极其玄虚微妙的言论。适：快意、满足。此句意为：况且智慧不足以理解和论述极微妙玄虚之言，而自满自足于一时口舌相争之胜利。

㉞彼：指庄子。跐：踏地，履也。黄泉：地底深处之泉水，此泛指地下极深处。大皇：指天之极高处。大，同"太"。此句意为，庄子之言，神妙无方，变幻莫测，就像刚刚踏在地之极深处，忽而又升至天的极高处。

㉟奭然：释然，逍遥自在，无拘无束的样子。四解：四面八方无不通达理解。

㊱沦于不测：深入于不可测知的境界。

㊲玄冥：幽远暗昧不可测知的玄妙境界。

㊳大通：于万事万物之道无不通达。

㊴规规然：琐细分辨的样子。

㊵用管窥天：从管子里去看天，比喻视线极小。

㊶寿陵：燕国邑名。余子：少年。邯郸：赵国都城。

㊷国能：赵国人行路的本领。

㊸直：竟然。匍匐：爬行。

㊹呿(qū)：张开口。

# 【译文】

公孙龙问魏牟说："我少年时就学习先王大道，年长后通晓仁义的行为，能把相同相异的事物论证为无差别的同一，能把坚白等属性论证为与物体相分离；能在辩论中把别人认为不对的论说成对，把别人认为不可以的论说成可以；能困窘百家之见解，使众多善辩者理屈词穷；我自以为已经是极力通达事理了。现在我听了庄子的言论，深感迷惘不解；不知是我的辩才不及他高呢，还是知识不如他博呢？现在我都不知道从哪里开口了，请问这是什么道理呢？"魏牟凭靠小几深深叹息，又仰天而笑说："唯独你没有听说浅井之蛙的故事吗？井蛙对东海之鳖说：'我多么快乐呀！我跳到井栏上，又蹦回到井中，在井壁缺口水边休息，游水则井水托庄腋窝和两腮之下，践踏淤泥则没过脚背；环视周围的小红虫、小螃蟹、小蝌蚪，没有能像我这样自如的！况且独占一井之水，在其中跳跃蹲踞的乐趣，这也就算达到极点了，先生你何不时常进来观光呢？'东海之鳖左足还没有踏到井底，右膝就被绊住了。于是，迟疑一会儿就退出来了，并告诉井蛙关于大海的样子说：'用千里的遥远，不足以形容海之大；用八千尺的高度，不足以穷尽海之深。大禹的时代，十年有九年发生水灾，而海水并不因此而增加；商汤时代，八年有七年闹旱灾，海水边沿也不因此而向后退缩。它不为时间的短暂和长久而有所改变，不因雨水多少而有所进退，这也就是东海之最大乐趣啊！'浅井之蛙听了这些，惊怖不已，现出茫然自失的样子。再说，你的智慧还未能通晓是非之究竟，就要观察领会庄子的言论，这就如同让蚊子背大山，让商蚷在河中游一样，必定不能胜任。况且你的智慧不足以理解和论述极微妙之言论，而自满自足于一时口舌相争之胜利，这不是和浅井之蛙一样吗？再说庄子之言玄妙莫测，就像刚刚站在地下极深处，又忽而上升天之极高处，不分南北，四面畅通无滞碍，深入于不可知之境；不分东西，从幽远暗昧之境开始，再返回于无不通达之大道。你就只知琐细分辨，想用明察和辩论去求索其理，这简直是从管子里看天，用锥子尖指地一样，不是所见太小了吗？你回去吧，唯独你没有听过寿陵少年去邯郸学习走步的故事吗？没有学会赵国人走路的技艺，反而把自己原来的走法也忘记了，只好爬着回去！现在你要不离开，将会忘记原来的本事，失掉固有的事业。"公孙龙听了这套高论，惊异得合不拢嘴，说不出话，就匆忙逃离了。

## 【原文】

庄子钓于濮水①，楚王使大夫二人往先焉，曰："愿以境内累矣！"庄子持竿不顾，曰："吾闻楚有神龟，死已三千岁矣。王巾笥②而藏之庙堂之上。此龟者，宁其死为留骨而贵乎？宁其生而曳尾于涂中乎？"二大夫曰："宁生而曳尾涂中。"庄子曰："往矣！吾将曳尾于涂中。"

## 【注释】

①濮水：水名，在今安徽芡河上游。
②笥（sì）：盛衣服的方形竹箱。

## 【译文】

庄子在濮水边钓鱼，楚威王派二位大夫前来邀请他出会仕，说："愿意把国事委托给先生！"庄子手持钓竿，头也不回地说："我听说楚国有只神龟，已经死去三千年了。楚王将它的骨甲蒙上罩巾装在竹箱里，供奉在太庙明堂之上。对于这只龟来说，它是愿意死后留下骨甲而尊贵呢，还是宁愿活着在泥里拖着尾巴爬行呢？"两位大夫回答说："宁愿活着拖着尾巴在泥里爬行。"庄子说："你们请回吧！我将照旧拖着尾巴在泥里爬行。"

惠子①相梁，庄子往见之。或谓惠子曰："庄子来，欲代子相。"于是惠子恐，搜于国中三日三夜。庄子往见之，曰："南方有鸟，其名曰鹓鶵②，子知之乎？夫鹓鶵发于南海而飞于北海，非梧桐不止，非练实不食，非醴③泉不饮。于是鸱得腐鼠，鹓鶵过之，仰而视之曰'吓！'今子欲以子之梁国而吓我耶？"

【注释】

①惠子：即惠施，名家的代表人物，庄子的辩友。

②鹓鶵（yuān chú）：传说中与鸾凤同类的鸟。

③醴（lǐ）：甜酒。

【译文】

惠施做梁国的相，庄子前去拜访他。有人对惠施说："庄子前来，打算夺取你的相位。"于是惠施十分惊恐，派人在都城内搜索庄子，搜了三天三夜。庄子前去见惠施说："南方有一种鸟，名叫鹓鶵，你知道吗？这种鸟从南海出发，飞往北海；不是梧桐树不肯停息，不是竹子的果实不肯食用，不是甘美的泉水不肯取饮。在这时猫头鹰得到一只腐烂的老鼠，见鹓鶵飞过，仰头看着发出一声威吓：'吓！'今天，你也想用你的梁国来吓我吗？"

【原文】

庄子与惠子游于①濠梁之上。庄子曰："鲦②鱼出游从容，是鱼之乐也。"惠子曰："子非鱼，安知鱼之乐？"庄子曰："子非我，安知我不知鱼之乐？"惠子曰："我非子，固不知子矣；子固非鱼也，子之不知鱼之乐，全矣！"庄子曰："请循其本。子曰'汝安知鱼乐'云者，既已知吾知之而问我。我知之濠上也。"

【注释】

①濠：水名，在今安徽凤阳县境内。

②鲦：通"鲦"，白条鱼。

## 【译文】

庄子与惠施在濠水桥上游玩。庄子说："白条鱼悠闲自在地游水，真是快乐呀。"惠施说："你又不是鱼，怎么知道鱼的乐趣？"庄子说："你不是我，怎么知道我不知鱼的乐趣？"惠施说："我不是你，本来就不知道你；你本不是鱼，你也不知鱼的乐趣，完全可以肯定。"庄子说："请循着我们争论的起点说起，你所说的'你怎么知道鱼的乐趣'这句话，表明已经肯定我知道鱼的乐趣之后向我发问的。只不过问我从哪里知道的罢了，告诉你我是在濠水桥上知道鱼的乐趣呀！"

## 【解析】

《秋水》一篇文字，历来为文论家所激赏赞叹，称其"有气蒸云梦、波撼岳阳之势"（刘凤苞《南华雪心编》），所谓"不可无一，不可有二"（林云铭《庄子因》），笔力超绝，元气浑然。明陈深也给予《秋水》极高的评价："《庄子》书有迂阔者，有荒唐者，有愤懑者，语皆未平，独此篇说义理阔大精详，有前圣所未发，而后儒所不及闻者。"（《庄子品节》）

开篇即言秋水之大，一路波涛汹涌，荡漾出无限文情。继而又写河伯之惑，由欣然自喜复见北海无端，当下愧悔不已，始闻海若大理。人曰境由心造，河伯之沾然自美，实是庄子冷眼觑破大千世界芸芸众生相。若能自出存身之所，照见己丑，则不负庄子苦心。"满眼波涛终古事，年来惆怅与谁论"，河伯终究曾经历过千年万载的寂寞，亦曾激荡于高山悬崖之间，绝非井蛙曲士之徒，故而北海若一言既出，如为其呈现洞天，不由幡然领悟。嵇康《琴赋》亦云："非夫旷远者不能与之嬉游，非夫渊静者不能与之闲止；非夫放达者不能与之无恡，非夫至精者不能与之析理。"好在河伯仍知望洋兴叹，海若亦不自以为大。

万顷烟涛，倏起倏灭。庄子刚引出一个"大"字，忽然又全部推倒，承继《齐物论》中的观点，取消一切对立差别，无大无小，无贵无贱，遗生忘死，如入化境。他将四海纳于天地之间，将中国放入四海之内，又将人类归于万物，个人融入大众，层峦叠嶂，回环往复，妙绪纷披，仿佛七宝楼台，使人应接不暇，却又透彻晶莹，洞见纤毫。几番问答之后，落实于人间是非。事物的精粗贵贱、功德技用，皆在于人们看待它的眼光与心态。庄子排出一系列的"以道观之""以物观之""以俗观之""以差观之""以功观之""以趣观之"，目的就是为了揭示一己的成见给世间带来的纷乱无序，片面的分类背后，全都隐匿着抑彼扬此的私心。庄子独于僻处自说，只身在至道的旷野上飘零，千言万语里透露了他忧世的深情，水天一色中倒映着他思想的辽阔孤寂。春秋以后，篡夺者多假名于揖让征诛，庄子文中所言"尧舜让而帝，之哙让而绝；汤武争而王，白公争而灭"，便是看破人间战祸纷争，以古讽今。北海若怅然一句"默默乎河伯"，也只是想在一片沉静中埋葬了这个不可言说的秘密。

"人世几回伤往事，山形依旧枕寒流"，逝者不可追，今者不可留，道无始终，物有盈虚。悟得此理，则一切滞见雪释冰融。大道本属坦途，"无所畛域""兼怀万物"，唯拘泥固执者终陷于塞境。庄子一语透宗，落下"夫固将自化"五字，映现明月在天，有水到渠成之妙。既已漉尽沙砾，他便再荐出一位"火弗能热，水弗能溺，寒暑弗能害，禽兽弗能贼"的至德之人。

这位几近于神话色彩的得道者形象，曾多次出现在《逍遥游》《齐物论》《大宗师》等篇中。一些现代学者结合西方神话哲学理论，认为庄子对这些具有奇异性能的理想人物的构想，"与其说是超脱世俗的思想，不如说是在远古社会生产力低下的情况下，人们对征服限制威胁人类生存的自然力的幻想"（崔大华《庄学研究》），这不失为一种看透人生本质的想法。但对于纵心自如、随口出喻、不顾天荒地老的庄子而言，他塑造这些"察乎安危，宁于祸福，谨于去就，莫之能害"的至人，更多地还是为了将玄虚空灵无相无形的天道以一种具体感性的人格化笔法展示出来，易于后人领会理解。

河伯与北海若七番问答，一气卷舒，自成片段，终于推导出全文宗旨。庄子划开天、人界限，着墨不多却一针见血："牛马四足，是谓天；落马首，穿牛鼻，是谓人。"人类若尚存一丝清醒的良知，必当为之羞愧不已。所谓智慧机巧的背后，隐藏的往往不是对万物的呵护与珍惜，而是贪婪的利用和掠夺。究竟是"万物之灵"还是"万物之害"，只有我们自己才知道。庄子倡导的"无以人灭天，无以故灭命，无以得殉名"，未必是无情的出世之语，他只是真诚地希冀我们谨守天真的本性，不要再让它一代代地零落成泥碾作尘。

篇旨既见，庄子便继续一贯文风，串起六个韵流简外的寓言故事，以飨后学。首则夔怜蚿一节，屈曲宛折，幽微深隐，如怀珠蕴玉，泠然有善音。天机于此初明，渐达通灵宝境，卓显圣人之能。次则孔子游匡一节，言语略嫌做作，曾见疑于大方之家。清林云铭以为"笔颇平庸，非庄所作也"，刘凤苞亦曰"此段并无精意，非南华妙境"。虽然寄言孔子，但其中讳穷、求通、制命之语，确与庄子思想有所出入。第三节文字提到了当时著名的"辩者之徒"公孙龙，他"诡辞数万"，最热衷于"困百家之知，穷众口之辩"。在名辩思潮中，公孙龙代表名家两个基本派别中的"离坚白"派。庄子曾在《齐物论》中批驳过他分离万物之同的"白马""指物"二论，并针对他割裂事物性质的观点提出"天地一指也，万物一马也"，意在回归泯灭是非、无分彼我的"道"的立场。文中公孙龙听闻庄子"极妙之言"，不由对其神冥玄默的境界迷惑不已，陷入与浅井之蛙以及学步邯郸的寿陵少年相同的困境。而与公孙龙对答如流的"万乘公子"魏牟虽也曾有"身在江海之上，心居乎魏阙之下"（《让王》）的迷惘，此间却言谈悠然有致，与《秋水》之旨互相映发，抹去断续离合之迹。

篇尾归结出的三个故事并不因为前文的运化奇横就黯然失色，相反，它们恰恰以淡宕深妙的精神记载了庄子生平的三个重要片段。庄子持竿濮水上，宁作曳尾涂中之龟，也不应楚王庙堂之请。《史记》中记载："楚威王闻庄周贤，使使厚币迎之，许以为相。"而且司马迁还用更激扬生动的文学化语言铺张犀利地描述了庄子辞聘楚相的具体缘由。有此相与为证，后人多袭以为真。但宋代学者黄震认为"史无其事"，"凡方外横议之士，多自夸时君聘我为相而逃之，其为寓言未可知也。"（《黄氏日抄》）在他看来，这些记载其实是体现了庄子清高品格及对自由与生命极度珍视的某种寓言，而非史实。正如英国诗人拜伦所言："我不愿用我自由的思想，来交换国王的权杖。"庄子"拣尽寒枝不肯栖，寂寞沙洲冷"，绝不与世俗同流合污。

相反，与庄子过从甚密的惠施却十分热衷于社会活动。他是战国时名家"合同异"派的代表，"以善辩为名"(《天下》)，尤其喜爱与庄子争论诸如有用无用、有情无情一类的问题，这在《庄子》一书中也多有所录。庄子本人也认为若无惠施，则天下"无与言之"者。但他对惠施"逐万物而不反"、贪名好势的行为是极为鄙夷的，不仅本文中记载了他对惠施"不知腐鼠成滋味，猜意鹓鶵竟未休"的疑心的大加嘲讽，《淮南子·齐俗训》中也有一则记事："惠子从车百乘，以过孟诸，庄子见之，弃其余鱼。"庄子的率真任性有时未免使惠施的言行沦为后世的笑柄，宋人林希逸多有不忍之心，在"惠子相梁"一节后为其辩驳申明："庄子惠子最相厚善，此事未必有之，戏以相讥耳。"无论是寓言抑或真事，庄子的引述都是一番醒世之情。

文末，庄子与惠施辩于濠上，机锋绝世，一唱一答间，灵光慧境，透彻无遗。庄子再次妙合天人，收拢全篇，由最初天风海涛之曲，复归于如今水净沙明之乐。《秋水》一篇，处处与《齐物论》遥相呼应。秋水长天，蝶飞鱼游，庄子自知其乐，又哪管经纶世务者信与不信。

附：古人鉴赏选

自篇首至此，凡六问答，如风驱远浪，渐近渐激，至是而雪涛喷薄，使人应接不暇，须臾澄静，则波光万顷，一碧涵天，人之息伪还真、中扃虚湛者有类于此。(宋·褚伯秀《南华真经义海纂微》)

《秋水》篇，论大不大，论小不小，说在人又不在人，文字阘癖变化，如生龙活虎。中间"明理达权"四字，是此老实在学问，究竟反真，亦只是个自然。"无以人灭天""无以故灭命""无以得殉名"，语甚醇正，下段畏匡却楚讥惠，皆发此意。(明·陆西星《南华真经副墨》)

言天机所动，各有自然，彼之所难，此之所易，则难易不在于多少有无之间也；亦河伯问答一段馀意。"心目"二语，不着疏解，文如半身美人图，正于未画处传神，奇绝奇绝！(清·林云铭《庄子因》)

假河伯、海若问答，一层进似一层，如剥蕉心，不尽不止。学道最忌识卑，第一番要见大，见大似可忽小。第二番不可忽小，然则小大俱当究心矣。第三番小大一齐扫却，扫却小大则物何故又有个贵贱、有个小大？第四番本无贵贱小大，既无贵贱小大，学者何所适从，将何者当为，何者当不为？第五番为不为一齐放下，止是无方自化，如此似乎无取学道。第六番知道者超然物外，纯乎任天，则是无方自化，道之妙处，正天之妙处，岂不足贵？天人何所分别？第七番自然者是天，作为者是人，故不可以人灭天；不可以人灭天，岂可以故灭命；不可以故灭命，岂可以名丧德？凡七番披剥，用此三句一束，结出反真。盖渐引渐深，造乎极微而后止也。（清·宣颖《南华经解》）

《秋水》一篇，体大思精，文情恣肆。尤妙在"濠梁观鱼"一段，从寓意中显出一片真境，绝顶文心，原只在寻常物理上体会得来。末二句更为透彻圆通，面面俱到。内篇庄化为蝶，蝶化为庄，可以悟《齐物》之旨；外篇子亦知我，我亦知鱼，可以得"反真"之义；均属上乘慧业，不能有二之文。（清·刘凤苞《南华雪心编》）

濠梁观鱼，知鱼之乐，即以濠上之乐印证得之，活泼泼地，物我同此真机。至惠、庄问答，止就本词掀转机关，愈转愈灵，愈折愈醒。绝妙机峰，全身解数，真飞行绝迹之文。（同上）

## 【证解故事】

### 人不应该做情绪的奴隶

一个人不应该做情绪的奴隶，不可让行动受制于自己的情绪，人应该反过来控制自己的情绪。无论我们周围的境况怎样的不利，我们也当努力去支配我们的环境，把自己从黑暗中拯救出来。当一个人有勇气战胜困难，从黑暗中走出来，那他身后便不会有阴影了。

一个身处逆境却依旧能微笑的人，要比一陷入困境就立即崩溃的人获益更多。处逆境而乐观的人，才具有获得成功的潜质，比一般人要强。许多人一处逆境，便立刻会感到沮丧，因此，还未达到目的便放弃了。在我们的社会中，没有郁郁不乐者、忧愁不堪者或陷于绝望者的地位。如果一个人在他人面前总是表现出郁郁不乐，就没有人愿意同他在一起，人们都要避而远之。

成功最大的敌人，便是思想的不健康，便是以沮丧的心情来怀疑自己的生命。其实，生命中的一切成功，全靠我们的勇气，全靠我们对自己的信心，全靠我们对自己有一个乐观的态度。唯有如此，方能成功。然而一般人处于逆境的时候，他们往往会让恐惧、怀疑、失望来捣乱，而丧失了自己的意志，致使自己多年以来的目标毁于一旦。有许多人，如井蛙一样，辛苦往上爬，但是一旦失足，就前功尽弃。

突破困境的方法，首先在于要肃清胸中快乐和成功的仇敌，其次在于要集中思想，坚定意志。只有运用正确的思想，并抱定坚定的精神，才能战胜一切逆境。一个在心智上训练有素的人，能够做到在几分钟内从忧愁的情绪中解脱出来。但是许多人的通病是，不能排除忧愁去接受快乐；不能消除悲观来接受乐观。他们把心灵的大门紧紧地封闭起来，虽然费力挣扎，却没什么成效。人在忧郁沮丧的时候，要尽量改换自己的环境。无论发生任何事情，对于使自己痛苦的问题，不要过多地去想，不要让它再占据我们的心灵，而要尽力想着最快乐的事情。对待他人，也要表现出仁慈、亲切的态度，说出最和善、最快乐的话，要努力以快乐的情绪去感染我们周围的人。这样做以后，思想上黑暗的影子必将离我们而去，而快乐的阳光将映照我们的一生。

每个人都应该养成一种永远不回忆过去悲痛事件的习惯，要进入最有兴趣的环境中，去寻求几种能使自己发笑和受到鼓舞的快乐。有些人在家庭中寻找快乐，和他们的孩子们嬉戏，而另外一些人则在戏院中、在谈话，或在阅读富有感染力的书籍中寻求快乐。因此我们应该随时调整自己的心理状态，乐观地面对生活，让自己的每一天都过得快快乐乐。

## 海纳百川，有容乃大

人要具有豁达的胸怀才能够学会忍让，在为人处世、待人接物时，不能对他人要求苛刻。应学会宽容、谅解别人的缺点和过失。要做到这一点，就要有气量，不能心胸狭窄，而应宽宏大度。特别是在小事上，如果宽大为怀，尽量表现得"糊涂"一些，便容易使人感到你通达世事人情。

战国时，梁国与楚国相邻，两国在边境上各设界亭，亭卒们也都在各自的地界里种了西瓜。梁亭的亭卒很勤劳，锄草浇水，瓜秧长势极好，而楚亭的亭卒懒惰，对瓜事很少过问，瓜秧又瘦又弱，和对面瓜田的长势简直不能相比。楚人死要面子，在一个无月之夜，偷跑过去把梁亭的瓜秧全给扯断了。梁亭的人第二天发现后，气愤难平，报告县令宋就，说我们也过去把他们的瓜秧扯断好了。宋就听了以后，对梁亭的人说："楚亭的人这样做当然是很卑鄙的，可是，我们明明不愿他们扯断我们的瓜秧，那么为什么再反过去扯断人家的瓜秧？别人不对，我们再跟着学，那就太狭隘了。你们听我的话，从今天起，每天晚上去给他们的瓜秧浇水，让他们的瓜秧长得更好，而且你们这样做，一定不要让他们知道。"梁亭的人听了宋就的话后觉得有道理，于是就照办了。楚亭的人发现自己的瓜秧长势一天好似一天，仔细观察，发现每天早上地都被人浇过了，而且是梁亭的人在黑夜里悄悄为他们浇的。楚国的边县县令听到亭卒们的报告后，感到非常惭愧又非常敬佩，于是把这事报告给了楚王。楚王听说后，被梁国人修睦边邻的诚心所感动，特备厚礼送梁王，一方面以此表示自责，另一方面也表示酬谢，结果这一对敌国成了友邻。

"尺有所短，寸有所长"，每个人都有自己的缺点和优点。人际交往中应当求同存异，尊重每个人的个性差异，要容纳别人的缺点，原谅别人的过错，做到"海纳百川，有容乃大"。一位禅师住在山中茅屋修行，有一天，趁夜色到林中散步，在皎洁的月光下，他突然开悟了。他走回住处，亲眼见到自己的茅屋遭小偷光顾。找不到任何财物的小偷要离开的时候在门口遇见了禅师。原来，禅师怕惊动小偷，一直站在门口等待，他知道小偷一定找不到任何值钱的东西，早就把自己的外衣脱掉拿在手上。小偷看见站在门口的禅师，正感到惊愕的时候，禅师说："你走老远的山路来探望我，总不能让你空手而回呀！夜凉，你带着这件衣服走吧！"说着，就把衣服披在小偷身上，小偷不知所措，低着头溜走了。禅师看着小偷的背影穿过明亮的月光，消失在山林之中，不禁感慨地说："可怜的人呀！但愿我能送一轮明月给他。"禅师目送小偷走了以后，回到茅屋赤身打坐，他看着窗外的明月，进入空境。第二天，他在温暖的阳光的抚摸下，看到他披在小偷身上的外衣被整齐地叠好，放在门口。禅师非常高兴，喃喃地说："我终于送了他一轮明月！"

这就是人心受到感召的力量做出的改变。也许有人认为克制忍让是卑怯懦弱的表现。其实，这正是把问题看反了。古人说得好："猝然临之而不惊，无故加之而不怒。"这才是真正的英雄。只有头脑简单的无能之辈，才会为芝麻绿豆大的小事各不相让，争得面红耳赤。真正心胸豁达、雍容雅量的成功者所应具备的高贵个性应该是能放手时则放手，得饶人处且饶人。

## 水至清则无鱼，人至察则无友

为人处世自然不能玩世不恭，游戏人生，但也不能太较真。太认真了，就会对什么都看不惯，连一个朋友都容不下，把自己同社会隔绝开。镜子看上去很平，但在高倍放大镜下，就成了凹凸不平的山峦；肉眼看着很干净的东西，拿到显微镜下，满眼都是细菌。"水至清则无鱼，人至察则无友"，为什么有人活得太累，有的人活得很潇洒，这就说明做人不能太较真。但是，如果一个人真正能做到不较真、能容人，是件很难的事，首先需要有良好的修养、善解人意的思维方法，并且需要经常从对方的角度设身处地地考虑和处理问题。多一些体谅和理解，就会多一些宽容。

试想，如果我们"戴"着放大镜、显微镜生活，恐怕连饭都不敢吃了。再用放大镜去看别人的毛病，恐怕许多人都会被看成罪不可恕、无可救药的了。孔子带众弟子东游，走了很多路感到饿了，看到一个酒家，孔子吩咐一弟子去向老板要点吃的，这个弟子走进酒家跟老板说："我是孔子的学生，我们和老师走累了，给点吃的吧。"老板说："既然你是孔子的弟子，我写个字，如果你认识的话，随便吃。"于是写了个"真"字，孔子的弟子想都没想就说："这个字太简单了，'真'字谁不认识啊！这是个'真'字。"老板大笑："连这个字都不认识还冒充孔子的学生。"吩咐伙计将之赶出酒家，孔子看到弟子两手空空垂头丧气地回来，问后得知原委，就亲自去酒家，对老板说："我是孔子，走累了，想要点吃的。"老板说："既然你说你是孔子，那么我写个字如果你认识，你们随便吃。"于是又写了个"真"字，孔子看了看，说这个字念"直八"，老板大笑，果然是孔子，你们随便吃，弟子不服，问孔子：这明明是"真"嘛，为什么念"直八"？孔子说："这是个认不得'真'的时代，你非要认'真'能不碰壁吗？处世之道，你还得学啊。"

这虽是个故事，但告诉我们，做人不能太较真。在工作中，不是你把所有的事情做好了就是认真，有时候事情没做好，在领导的眼里也是认真，因为你认真地揣摩了领导的需要而且尽可能地配合了领导的需要。认真不是较真，为什么很多兢兢业业工作的人没有得到晋升，而工作并不出色的人反而得到晋升，因为前者多较真，而后者是认真；前者多被领导表扬，但和领导走得远，后者多被领导批评却和领导行得近。

你说谁更认真？糊涂是外人看到的糊涂，郑板桥说"难得糊涂"，大概也是这个道理吧。有位同事总抱怨他们家附近小店售货员态度不好，像谁欠了她钱一样。后来同事的妻子打听到了女售货员的身世，她丈夫有外遇，和她离了婚，老母瘫痪在床，上小学的女儿患哮喘病，每月只能开四五百元工资，一家人住在一间十五平方米的平房里。难怪她一天到晚愁眉不展。这位同事从此再不计较她的态度了，甚至还想让大家都帮帮她，为她做些力所能及的事。

在公共场所遇到不顺心的事，更不能较真生气。有时素不相识的人冒犯你，其中肯定是另有原因，不知哪些烦心事使他此时情绪恶劣，行为失控，正巧让你赶上了，只要不是恶语伤人、侮辱人格，我们就应宽大为怀，以柔克刚，晓之以理。没有必要和你无仇无怨的人较劲。假如较起真来，大动肝火，枪对枪、刀对刀地干起来，再酿出个什么严重后果来，那就太划不来了。与萍水相逢的陌路人较真，实在不是聪明人做的事。假如对方没有文化，与其较真就等于把自己降低到对方的水平，很没面子。另外，从某种意义上说，对方的触犯是发泄和转嫁他心中的痛苦，虽说我们没有义务分摊他的痛苦，但确实可以用你的宽容去帮助他，你无形之中也就做了件善事。

如果能这样想，也就会容忍他了。

## 做人脱俗，应事随时

宇宙与人生的所有景象，大至日月经天、江海横流，小至此时的笔者在沥沥的雨声中写此段文字，彼时的你在灯光下阅读此段文字，所有的一切，所有的生死幻灭，都包含了各种因果关系或条件——缘。离开这些，不存在着独立的个体与事件。

另一方面，人在适应现实生活的同时，善于不落俗套地补救时弊，似和风消除酷暑的炎热，润人肺腑；在世俗生活中，保持脱俗的品性与人格，不存为纠正敝俗而有意标新立异之心，不起追逐时尚之念，似淡淡的月光映洒着轻云，相得益彰。

可能有的人会想：随缘顺事，是否就是随波逐流呢？是否就是安于现状呢？似乎是，却又不是。历史虽然发展到了今天，我们还是不难在现实生活中发现为数不少的善于长吁短叹的怨天尤人者——甚至包括自己在内，这种人在现实生活与工作中，往往不能适应现实，却对让现实适应自己的想法想入非非。于是，他们会抱怨北方的冬天太寒冷，抱怨南方的夏天太炎热，会埋怨这个单位的人际关系太复杂，埋怨那个单位不能发挥自己的才能等等，似乎天地之大，唯无自己的立足之处。于是，人生的宝贵光阴，也就消耗在这无尽的犹豫、动摇、迁移之中。所以，随缘顺事，就是对症下药的一剂良方。随缘顺事的实质，正如创立了禅宗五宗之一的临济宗的义玄禅师所说："随处可以做主人。"

在管理工作中运用这种思想，善于举一反三的管理者们就认为，一个人不论是处在现代生产与管理系统中的哪个职位，在任何时候、任何地方和任何境遇中，他都应该把握自己，珍惜现时，在自己的岗位中，毫无怨言地尽职尽力，随遇而安。这样，他就会因此而获得很多的智慧与经验，从而有助于他在日后负担起更重要的工作。如一个银行总经理在开始参加银行工作的头八年中，所担任的都是会计、存款员、复核员之类的普通工作，而与他同时进入银行参加工作者，都早得到了升迁，担负起责任更重大的工作。虽然如此，他依然是默默地工作、学习，并得益于此，对银行的工作与系统有了一个全面的认识，这些都是促成他在日后成为一个成功的银行总经理的基础之一。

所以，随缘顺事与安于现状，看上去差不多，但在实质上却有很多的不同。随缘顺事是积极的、主动的，而安于现状则是消极的、被动的处世观，它意味着人只能浑浑噩噩地混日子。而且，古人在论及人应随缘顺事地生活时，还论及了人应有脱俗的品行，要学会善于补救时弊，不要无原则地追逐每个时代都有的时髦病。这些无疑都是积极可取的，至今还有现实指导意义。因为它们指导着个人应有所作为，学会把握事物发展的远景，同时又抓住了自我的个性与本色。

比如正在进行的现代化建设，现实中依然有老牛拉破车的落伍思想，工作中那些松松散散的拖拉作风，不干正事却善于指手画脚等等时弊，就是值得每个人用切实的行动来予以纠正的，这样才能做好现代化的建设。

有这样一个事例：闻名中外的上海宝钢总厂，是一个有着数十万人的大型重点企业，各种往来的电话繁多，可想而知。而宝钢总厂信息部却不因此而降低工作标准，还勇于向社会宣布：无论每天二十四小时中的任何时候，任何电话打到宝钢总机后，三声铃响之后，应有接线员应答。如果打电话者等待的时间超过十秒，查实后，每次将扣信息部的奖金一万元。此言一出，即使是经那些善于在鸡蛋中挑骨头的好事者的反复试探，也无懈可击。此举无疑就是补救时弊之举，确实不同凡响，它表明了宝钢信息部的一班人，已经建立起珍惜别人时间、提高自己工作效率的现代观念。

从这个事例可以看出"做人要脱俗""应事要随时"的传统原则，但它们所蕴含的合理的成分，却依然是具有生命力的。

## 内外兼修，实现自我

智慧之重要，之难得与难能可贵，一如数学公理之重要，就历史长河来看，都是不待证而自明的。可喜的是，智慧如盐，单调乏味，但它的加盟，却使所有的味道都得以激活，得以更鲜活，而其中的养分，更是不在话下，并在天长日久中体现出来。但是，在我们生活的这个时时处处在忙碌中透露出浮躁的时代，智慧尽管稀少，却总是供过于求。对照孔夫子的人生年龄设计，包括自己在内的不少现代人"有志于学"的年龄已早于十五，少数成功者的立业也在"三十而立"之年前。但在这之外，又有几人能真正"四十而不惑"呢？现实中不乏一些曾经春风得意、曾被公认为聪明无比的成功人士，一脚落入了诸如"三十九岁现象""五十九岁现象"之类的俗套陷阱中，旁观者也可能不明白其中的道理。

智慧，并不是因聪明而反被聪明误的聪明。聪明是天生的，是个体的一种能力，是个体的慧根；智慧则是后天熏陶与培植的，是靠相应原则与信念构建的大厦，是个体的慧根长成的参天绿荫，可以超越时空，泽及无数后来者……所以，即使是小小幼儿，人也尽可以夸赞其聪明；而白发苍苍的老翁老妇，也不一定就是智慧老人。成功的终极精神因素，就是智慧培植的开发与扩衍。因此，把心性练大，把心力练强，提升自我的智慧，就是一切追求成功者所最需要解决的问题。史载，两千多年前，老子出关后写出《道德经》，是"不知所终"——这一幕。

经典如死般地躺在书架上，依然鲜活的，唯有智慧的思想与信念。所以，当先哲们已化为宇宙的尘埃时，他们那些智慧的思想与信念，依然存世，依然在后世成为驱逐黑暗与愚昧的火炬。所以，通过阅读经典去寻找大师！在那里，即使找不到可望一劳永逸的全面结论，但还是能够找到闪光而又深刻的智慧之光，依然能给寻找者带来心性上的享受，激发相应的思幽怀古之情，引起的浮想联翩，把握人事成败的沧桑，真正领悟成功的真谛。所以，我们说："古人不余欺也。"

智慧又是简洁的，难的不在于知道不知道，而是在行动上。对此，古人曾表达出类似的意识：三岁孩童也道得，八十老翁行不得。可见，智慧的践履，在于拒绝一念之差的行，在于数十年如一日的笃行。所以总是：一是少部分人因此而成功，二是大部分人因此而平庸，三是少部分人因此而失足。

所以，我们总结成功人士之所以能走向成功，之所以能避免失败的内中奥秘，有以下几个关键：

第一，要确立高远的目标，"立身要高一步立"。没有哪个成功者是在自己不喜欢或不感兴趣的领域，取得自己毕生的最大成就的。因此，要成功，就要有的放矢，就要订立目标。要订立追求成功的目标，就要考虑与自己的兴趣兴奋点密切相连。从感性的角度说，成功者的目标是自己追求成功的欲望的表达，只有先明确"我要达到什么目标？"然后，才可能具体设想与设计"我如何才能达到这个目标？"从理性的角度说，目标又不仅仅是欲望，目标的内涵更具体，也有相应的空间时限。因此，目标是明确的，目标既受欲望、感情和兴趣兴奋点的牵动，同时也包括了自己要有主心骨，从而排除因油然而生的惰性而在散漫无序中游移不定的因素。

第二，要有广阔的胸襟，有用天下之才、尽天下之利的气度。在人际关系上，这种大胸怀也包括了最大限度的包容，如对异己者的包容，对陌生者的包容，对不如己者的包容，对于他人创见的尊重，对于不同意见的重视，"毋因群疑而阻独见，毋任己意而废人言，毋私小惠而伤大体，毋借公论以快私情"，等等。如此，追求成功者才能形成一种博大而有无限涵存的人生观，提升自我的生命境界，加强团队的凝聚力，把事业做大，更上一层楼，最终攀上自我成功的顶峰。

第三，要有尝试与行动的勇气。面对着无限世界的无限可能性，人有着相应的能动性。目标明确后，通过不断的尝试与行动，才能更进一步知道自己更适合做什么，更进一步地明确自己到底要什么，然后更客观地明确目标，调整追求成功的策略与步骤。万事开头难，所以毋怕初难；居安要思危，所以毋恃久安。成功的一切转机，从当事人的奋斗中来，从动态的发展中来。要想成功，就必须尝试再尝试，行动再行动。

第四，要有耐性，有定力，通过坚持来获得最后的成功。许多事没有成功，不是由于目标不明确，也不是行动策略不好，也不是由于完全没有努力，而是由于努力不够，功亏一篑最可惜。因此，要获得最后的成功，就必须拒绝形形色色的诱惑，排除各种各样的干扰，咬定目标不放松，在遇到困难时，要有一股决不放弃的韧劲。要牢记，坚持就是胜利，坚持就是成功。

最后，在同等的客观条件下，人事成败往往系于主观一念。成败得失之微妙，存乎一心。目标、胸怀、勇气、坚持、定力、道德等等因素，因智慧的统帅，成功者之所以能获得成功尤其是最终成功的重要保证。

## 转换视角天地宽

在我们遇到困难或者危险的时候，就应该全方位去思考解决问题的办法，如果从正面来不能解决，那么可以使用逆向思维的方式，找到可行的办法。让我们来看一则关于宋国华元将军的故事。

楚国大夫申无畏奉命使齐，途经宋国都城睢阳。关吏知是楚使过境，索要假道文书验查，因申无畏自恃大国使臣拒绝验查而把他们扣押起来。楚使一行，怒冲冲来到宋文公宫内，傲慢无礼，破口大骂。宋国的执政大臣华元，为了维护宋国与国君的尊严，下令将申无畏割舌处死。

从人回报楚庄王。正在用午膳的楚庄王闻讯投箸，奋裾而起，即拜司马公子侧为大将，整备战车兵马，亲自伐宋，声称要灭宋为申无畏报仇！

楚军大兵压境，把睢阳城围困，造了和城墙一样高的楼车，四面攻城。华元亲自率宋国将士巡守，并派遣使者火速向晋国告急求救。晋景公表面答应出兵救宋，却听信伯宗坐山观虎斗的建议，没有派兵解救。自秋季九月至次年夏季五月，楚宋两军相拒九个月。睢阳城中粮草俱尽，人多饿死。华元以忠义激励军民，百姓感泣，甚至到了易子为食，拾骸骨为炊的危急时刻，全城军民仍旧同仇敌忾，全无变志。这与华元平日以德政治国，深得民心分不开。

楚军公子侧见睢阳久攻不下，命令军士筑土堙高楼于城外，亲自登临俯瞰城内，宋军将士的一举一动都看得非常清楚。华元也在城内筑起土堙高楼登临指挥，楚兵从哪里攻城，就指挥军民在哪里抵抗。楚庄王登楼阅视宋城，见华元调度有方，军士甚是严整，只好叹息道："我真没想到，宋国竟这样难以攻破！"此时，他已对灭宋丧失了信心。楚国距离宋国有两千里之遥，粮运不继，军吏禀报说营中只有七日之粮了。楚庄王只好召楚军主帅公子侧议论撤围班师。申无畏之子哭拜道："臣父奉王命被宋国君臣杀死，大王班师是失信于臣父！"他又献计说："宋国之所以不降，是以为楚军围城难以持久。若使军士筑室耕田，示以长久之计，宋君臣必然恐惧投降。"楚王下令，军士沿城一带筑起营房，每军留一半攻城，一半耕田，十日一更换，故意让城内的宋人知道。

华元知道这一情况，向宋文公说："楚王不打算撤围了，晋国救兵迟迟不至，睢阳是很难坚守了。臣只有冒险夜入楚营，面见公子侧，迫使他讲和，或许会侥幸成功。"华元早已观察公子侧在土堙楼上住宿，又打探到左右姓名及奉差守卫的细节。夜里，他悄然一人由城上缒下，改扮楚王信差模样，对巡军和守卫说："大王有紧要机密事吩咐主帅，派我面告，立等回复。"军士信以为真，让他登楼。

楼上灯烛尚明，楚军主帅公子侧和衣睡倒。华元轻轻把他拍醒，公子侧刚要起身时，两袖被一个陌生人坐住了，急问："你是什么人？"华元低声答道："元帅勿惊，我是宋国右师华元。奉主公之命，特地深夜来楚营求和。元帅若答应，宋国从此与楚国结盟友好；若不答应，我华元和元帅的性命，都要在今夜俱尽！"说完，他左手按住卧席，右手于袖中掣出一柄雪亮的匕首，在灯光下晃了两晃。公子侧慌忙回答："有事大家商量，不可粗鲁。"华元收了匕首，向他道歉说情势所迫，不得不如此。公子侧问睢阳城内情况，华元将易子而食，拾骨而炊的危急——尽述。公子侧惊疑地问："这是敌国间重要机密，你为什么告诉我实情？"华元说："君子矜人之厄，小人利人之危，元帅乃君子，华元不敢隐瞒。"公子侧又问："那你们为何不投降？"华元回答："国有已困之形，人有不困之志。君民效死，与城俱碎，岂肯为城下之盟呢？倘蒙矜厄之仁，楚军退三十里，寡君愿以国从楚，两相结盟，誓无二志！"

公子侧为之感动，也把楚军筑室耕田的假象，军中只有七日之粮的秘密告诉了华元，二人起誓拜结为兄弟，安全地将华元送回城内。次日天明，公子侧如实禀告楚王，晓以利害。楚王降旨退军三十里外，华元前来致宋公之命请受盟约。公子侧随华元入城，与宋文公歃血为誓。

　　华元以其出人意料的行为结束了这场艰苦的持久战，结束了宋国的危难和困苦。华元孤身入楚军蹈危履险，智勇双全，令后人赞誉不已。智慧和勇敢并存，任何问题将会迎刃而解。在困难面前，往往是纸老虎挡住了去路，勇敢地走下去，你一定会收获胜利。

国学经典

# 道德经全集

〔春秋〕老子　著

第四卷

吉林出版集团股份有限公司

# 至 乐

**【原文】**

天下有至乐无有哉？有可以活身者<sup>①</sup>无有哉？今奚为奚据？奚避奚处？奚就奚云？奚乐奚恶？

夫天下之所尊者，富贵寿善也；所乐者，身安厚味美服好色音声也；所下<sup>②</sup>者，贫贱夭恶也；所苦者，身不得安逸，口不得厚味，形不得美服，目不得好色，耳不得音声。若不得者，则大忧以惧，其为形<sup>③</sup>也亦愚<sup>④</sup>哉！

夫富者，苦身疾作，多积财而不得尽用，其为形也亦外<sup>⑤</sup>矣！夫贵者，夜以继日，思虑善否<sup>⑥</sup>，其为形也亦疏<sup>⑦</sup>矣！人之生也，与忧俱生。寿者惛惛<sup>⑧</sup>，久忧不死，何苦也！其为形也亦远<sup>⑨</sup>矣！烈士<sup>⑩</sup>为天下见善矣，未足以活身。吾未知善之诚善邪？诚不善邪？<sup>⑪</sup>若以为善矣，不足活身；以为不善矣，足以活人。故曰："忠谏不听，蹲循<sup>⑫</sup>勿争。"故夫子胥争之以残其形<sup>⑬</sup>；不争，名亦不成。诚有善无有哉？

今俗之所为与其所乐，吾又未知乐之果乐邪？果不乐邪？吾观夫俗之所乐，举群趣者<sup>⑭</sup>，誙誙然<sup>⑮</sup>如将不得已，而皆曰乐者，吾未之乐也，亦未之不乐也<sup>⑯</sup>。果有乐无有哉？吾以无为诚乐矣，又俗之所大苦也。故曰："至乐无乐，至誉无誉<sup>⑰</sup>。"

天下是非果未可定也。虽然，无为可以定是非<sup>⑱</sup>。至乐活身，唯无为几存<sup>⑲</sup>。请尝试言之：天无为以之清，地无为以之宁，故两无为相合，万物皆化。芒乎芴乎<sup>⑳</sup>，而无从出乎！芴乎芒乎，而无有象乎！万物职职<sup>㉑</sup>，皆从无为殖。故曰：天地无为也而无不为也。人也孰能得无为哉！

**【注释】**

①活身者：全生保身的方法。

②下：与"尊"相对，尊为所追求的价值，下即否定性价值。

③为形：保养身体。

④愚：不得"所尊"即忧而惧，此为"所苦"之事，对保养身体无益，所以说是愚蠢的。

⑤外：苦身疾作的目的是为了富积财物，还是为了保养身体，如果为了保养身体，苦身疾作本身就是在伤害身体，不是与目的正好相反吗？所以说"外"，即目的和手段是相反的。

⑥否(pǐ)：不善。

⑦疏：疏远。言"贵者"的夜以继日，思虑善与不善，也离保养身体的目标更远了。

⑧惛惛(hūn)：糊涂，神志不清。长寿和"与忧俱生"的人生是矛盾的，"久忧不死"是一件痛苦的事，所以说是糊涂。

⑨远：求寿就久忧，所以也是自相矛盾，目的和手段越来越远。

⑩烈士：即儒家所讲的杀身成仁舍生取义的人。

⑪吾未知善之诚善邪？诚不善邪：善有两意，前一个"善"字指儒家的"善"，后两个"善"字指价值。

⑫蹲循：如逡巡，退却之意。

⑬子胥争之以残其形：吴王夫差接受越王勾践的求和请求，伍子胥认为勾践的求和是越国的阴谋，苦谏夫差，因而被赐死。

⑭举群趣者：举，都。趣，同"趋"。世俗生活中所有的人都奔往所乐之处。

⑮誙誙(kēng)然：坚定的样子。

⑯未之乐也，亦未之不乐也：既不以为乐，也不以为不乐。

⑰至乐无乐，至誉无誉：有乐则有忧，乐与忧共存，如东西之相反而不可以相无。所以，乐之极至为无乐，因为只有无乐才能无忧，这样就可以达于至乐之境。

⑱无为可以定是非：是非并没有同一的客观标准，"彼亦一是非，此亦一是非"，随人所命，既然如此，就不如以"无为"的态度，任万物

自行去区别是非。

⑲唯无为几存：几，近似，差不多。即只有无为近似于至乐活身之道。

⑳芒乎芴乎：即老子的"恍兮忽兮"，形容无形无象的大道。

㉑职职：繁多。

## 【译文】

世上到底有没有"至乐"境界呢？有全生保身的办法还没有呢？现在应当有何作为？以何为依据？回避什么？定位在哪里？趋就什么？舍弃什么？喜好什么？厌恶什么？

天下人最崇尚的就是富有、尊贵、长寿、声誉；最喜爱的就是身体安逸，美味佳肴，服饰漂亮，色彩艳丽，音乐动听；人在价值上所否定的是生活贫穷，地位低下，夭折和坏名声；最苦恼的是身不能安逸，口不得美味，没有漂亮的衣服，看不到艳丽的色彩，听不到悦耳的音乐。如果不能得到这些，就大为恐惧，这样的养身方法岂不是太愚蠢了吗！

富有的人，为了财富而劳心劳力抓紧做事，但聚积财富却不能尽数享用，这是求养身于外了！高贵的人，夜以继日，费心劳神地分辨善与不善的界限，这和养身也根本不沾边！人一生下来，就和忧虑同在。长寿的人稀里糊涂，长久地处于忧愁之中而等死，何等苦恼啊！这样地养身健体，与原初的设定，相距更远了！殉名之士为天下人所称道，却不能保全身的性命。我真不知道这种所谓的善到底是善呢，还是不善呢？如果认为是善，却连自身都不能保全；如果认为不善，它的确是又成全了他人。所以说，忠诚劝谏人不听，那就退身不强争。伍子胥因为强谏而遭受残害，然而如果不谏争，他也不会赢得声名。这样说来，这善到底是有还是没有呢？

现如今流行方式和兴趣爱好，我也不知那是不是快乐？我观察那些流行的兴趣爱好，大家似乎都在成群结队地赶时髦，一个个坚定果敢的样子，好像无法停止似的，而他们都以为乐不可支的事情，我却认为并没有什么可乐的，然而也没有什么不可乐的。到底这快乐是有还是没有呢？我认为"无为"才确实是可乐的，可是流行的观念却又认为那是大大的痛苦。我认为:"最高的快乐就是无忧无乐,最高的赞誉就是不褒不贬。"

天下的是非确实是难以确定的。虽然这样说,"无为"却可以决定是非。最高的快乐是让自己活下来,也只有"无为"才能勉强可以达到这一目的。我们不妨试着讨论一下:天正是由于它的无为才得以清虚,地正是由于它的无为才得以安宁;所以天和地二者的无为结合起来,万物才都得以生发出来。恍惚暧昧,我们不知道它们究竟是从何而来!暧昧恍惚,它们似乎没有一定的形象!然而万物是如此众多繁杂,它们都在"无为"中生长出来。所以说,天地是无为,又是无不为的。人啊,谁能得到这"无为"的真谛啊!

## 【原文】

庄子妻死,惠子吊之,庄子则方箕踞①鼓盆②而歌。

惠子曰:"与人居,长子、老、身死③,不哭亦足矣,又鼓盆而歌,不亦甚乎!"

庄子曰:"不然。是其始死也,我独何能无概然④?察其始而本无生⑤;非徒无生也,而本无形⑥;非徒无形也,而本无气。杂乎芒芴⑦之间,变而有气,气变而有形,形变而有生。今又变而之死。是相与为春秋冬夏四时行也。人且偃然⑧寝于巨室,而我噭噭然随而哭之,自以为不通乎命,故止也。"

## 【注释】

①方箕箕踞:叉开双腿坐着,其形如簸箕。

②鼓盆:敲击瓦盆。

③长子、老、身死:长子,生育子女。老,白头偕老。身死,谓老妻一旦去世。

④概然:慨然,慨叹哀伤。

⑤无生:未曾生下来的时候。

⑥形:形质,人没有生命之前当然也没有形质。

⑦芒芴(hū):恍惚迷离、亦真亦幻的神秘状态,是从无到有转化的

中间环节。

⑧偃然：安息的样子。

## 【译文】

　　庄子的妻子死了，惠子来吊唁，庄子正叉着腿坐在地上敲击瓦盆唱歌。

　　惠子说："你和老伴过一辈子，她为你生育子女，白头偕老，现在突然去世，你不哭也就罢了，却在这里敲着瓦盆唱歌，这不是太过分了吗！"

　　庄子说："不是这样的呀。她刚死的时候我岂能不悲伤！然而推究起来，她最初本来是未曾有生命的，不但没有生命，而且本来也没有什么形质可寻；不但没有形质，而且怕是连精气也没有。她在那恍惚迷离的状态中，一变就有了气，气再变就有了形，形再变才有了生命。现在又由生而变成了死，这就像春夏秋冬四季运行一样。现在她还安安稳稳地睡在天地之间，而我在旁边嗷嗷地哭不停，自以为这是不懂天命的表现，所以就不哭了。"

## 【原文】

　　支离叔与滑介叔<sup>①</sup>观于冥伯之丘，昆仑之虚<sup>②</sup>，黄帝之所休。

　　俄而柳<sup>③</sup>生其左肘，其意蹶蹶然<sup>④</sup>恶之。支离叔曰："子恶之乎？"

　　滑介叔曰："亡，予何恶！生者，假借也。假之而生生者<sup>⑤</sup>，尘垢也。死生为昼夜。且吾与子观化而化及我<sup>⑥</sup>，我又何恶焉！"

## 【注释】

①支离叔与滑介叔：虚拟人名。支离表示忘形，滑介表示忘智。

②昆仑之虚：虚，同"墟"，土丘。昆仑之虚喻遥远渺茫之处。

③柳：通"瘤"。

④蹶蹶然：惊恐而耿耿于怀的样子。

⑤假之而生生者：指生于左肘之瘤。生生，指人借物而生，而瘤子又借人体而生。

⑥观化而化及我：观化是一种超越的说法，因为只有超越出这个世界，才可以观这个世界之"化"。化及我，即长了瘤子是一种在我身上体现出来的"化"。

## 【译文】

支离叔和滑介叔在冥伯之丘和昆仑之墟"观化"，这都是黄帝曾经休息过的地方。

突然，滑介叔的左肘上长出来一个瘤子，他显得非常惊惧不安，好像很厌恶这个瘤子。

支离叔说："你厌恶它吗？"

滑介叔说："不，我为什么要厌恶它！人的身体不过是假借众物合成而已。假借而生之身体又生出瘤子，不过是尘垢罢了。死生好比是昼夜交替。况且，我和你来这里是要观察造化的运行，化到了我的身上，正好借机仔细看看，我为什么会要厌恶它呀！"

## 【原文】

庄子之楚，见空髑髅①，髐然有形②。

撽以马捶③，因而问之，曰："夫子贪生失理而为此乎？将子有亡国之事，斧钺之诛，而为此乎？将子有不善之行，愧遗父母妻子之丑而为此乎？将子有冻馁之患而为此乎？将子之春秋故及此乎？

于是语卒，援④髑髅，枕而卧。

夜半，髑髅见梦曰："子之谈者似辩士，视子所言，皆生人之累⑤也，死则无此矣。子欲闻死之说⑥乎？"

庄子曰："然。"

髑髅曰："死，无君于上，无臣于下，亦无四时之事，从然⑦以天地为春秋，虽南面王乐，不能过也。"

庄子不信，曰："吾使司命⑧复生子形，为子骨肉肌肤，反⑨子父母、妻子、闾里、知识，子欲之乎？"

髑髅深矉蹙頞⑩曰："吾安能弃南面王乐而复为人间之劳乎！"

①髑髅：死人的头骨。

②髐然有形：髐然，头骨干枯的样子。有形，有似生人形貌。

③撽以马捶：用马鞭敲打。撽，敲打。捶同"棰"，马捶即马鞭。

④援：牵，拉过来。

⑤累：牵累，负担。

⑥说：同"悦"，愉悦，快乐。

⑦从然：随便自如的样子。

⑧司命：主管人生死的神。

⑨反：通"返"，归还。

⑩深矉（pín）蹙頞：矉通"颦"，皱眉头。頞同"额"。蹙为皱，皱着眉头，愁眉苦脸的样子。

## 【译文】

庄子到楚国去的路上，看到一颗人头骨，虽干枯却仍有如活人的一般形貌。

庄子用马鞭敲打着骷髅，盯着它问道："先生是由于贪图享乐，放纵情欲，做了违法乱纪的事情才导致了这样的结果呢？抑或是遭遇亡国之战，被斧钺诛杀而变为现在这个样子呢？或者你是做了坏事，怕给父母妻子留下耻辱而羞愧自杀在此地吗？还是你因为不堪挨饿受冻的折磨而变成这样的呢？也许是你年事已高寿终正寝，也许遇到什么变故才身首异处来到这里的吧！"

就这样说完了话，庄子拉过骷髅，枕着躺下睡了。

半夜时分，骷髅给庄子托梦，对他说："听您的言谈好像是位辩士，看你所说的事儿，也都是活人的负担，死人在西海岸没有这么多的事儿啊。您愿意听听死人的快乐吗？"

庄子说："可以。"

骷髅说："人一死，上面没有君主，下面没有臣属，也没有一年四季的操劳，自由自在地和天地同存，即使是南面为王的乐事，也比不过死人啊。"

庄子不相信，说："我让主管生死的神恢复你的形体，配上你的骨肉肌肤，归还你父母妻子，让你住在原来的村落房舍，并且恢复你生前的记忆，你愿意吗？"

骷髅深深皱起眉头，表现出愁苦的样子："我怎能舍弃南面为王的快乐而再去受人间的劳苦呢？"

## 【原文】

列子行，食于道从，见百岁髑髅，攓蓬①而指之曰："唯予与汝知而未尝死，未尝生也。汝果养②乎？予果欢乎？"

种有几③，得水则为继④，得水土之际则为蛙蠙之衣⑤，生于陵屯⑥则为陵舄⑦，陵舄得郁栖⑧则为乌足⑨，乌足之根为蛴螬⑩，其叶为胡蝶。胡蝶胥也化而为虫，生于灶下，其状若脱⑪，其名为鸲掇⑫。鸲掇千日为鸟，其名为乾余骨⑬。乾余骨之沫为斯弥⑭，斯弥为食醯⑮。颐辂⑯生乎食醯，黄軦⑰生乎九猷⑱，瞀芮⑲生乎腐蠸⑳。羊奚㉑比乎不箰㉒，久竹㉓生青宁㉔。青宁生程㉕，程生马，马生人，人又反入于机。万物皆出于机，皆入于机。

## 【注释】

①攓（qiān）蓬：攓通"搴"，拔取。蓬，蒿草。骷髅隐于草下，所以要拔去蒿草。

②养：读为"恙"，忧。

③几：几微。指物种包含的精微本质，潜存着物种的基因之类。

④继：水中断续如丝的低级生物。

⑤蛙蠙之衣：生长在水边，覆盖在水面上的水藻、浮萍之类。因蛙常隐蔽于其下，故名蛙蠙之衣。

⑥陵屯：高爽之地。

⑦陵舄（xì）：车前草。

⑧郁栖：栖息于粪土之中。

⑨乌足：草名。

⑩蛴（qí）螬：俗称地蚕，金龟子幼虫粪壤中，并由乌足根所化而来。

⑪脱：同"蜕"，蜕皮。

⑫鸲掇（qú duō）：虫名，其状柔嫩，像刚刚脱皮的样子。

⑬乾馀骨：鸟名，不知何鸟。

⑭斯弥：虫名，未详。

⑮食醯（xī）：食醋。

⑯颐辂（lù）：醋放久了，孳生出的一种小飞虫，称蠛蠓，与蚋相似。故《荀子·劝学》篇有"醯酸而蚋聚焉"之说。

⑰黄軦（kuàng）：虫名。

⑱九猷：虫名。

⑲瞀芮（mào ruì）：蠓虫之类。

⑳腐蠸（quán）：瓜中黄甲虫。一说为萤火虫。

㉑羊奚：竹蓐，一名竹箈。

㉒不箰：不生笋之竹。

㉓久竹：老竹。

㉔青宁：竹根虫。

㉕程：赤虫名。殷敬顺《列子释文》引《尸子》："程，中国谓之豹，越人谓之獏。"聊备一说。

## 【译文】

列子出行，在道旁吃饭，见到一具百年骷髅，他拔去骷髅身边的蒿草指着它说："只有我和你知道，你其实是既不曾生，也不曾死。你果真忧愁吗？我果真欢乐吗？"

物类的千变万化源于几微，有了水的滋养便会逐步相继而生，到水土交汇之处，便成为青苔，生于高土之地为车前草，车前草栖息在粪上就成乌足，乌足的根变成地蚕，叶变成蝴蝶。蝴蝶很快又变化成虫，生活在灶下，样子像蜕了皮似的，名叫鸲掇。鸲掇过一千天变为鸟，它的名字叫乾馀骨。乾馀骨的吐沫变为斯弥虫，斯弥虫造出食醋。蠛蠓生在食醋中，黄軦虫从九猷虫生出，蠓虫生于黄甲虫，竹蓐与不生笋的老竹并连一起，老竹生出竹根虫，竹根虫生赤虫，赤虫生马，马生人，人又复归于无机物。总之动物都从有机物生出，又都复归于无机物。

## 【解析】

"壑舟无须臾，引我不得住。前途当几许，未知止泊处。"(陶渊明《杂诗》)人生仿佛一场神秘的漂泊之旅，没有谁能挽住岁月的流逝，也没有谁能预测前方将要遭遇的会是美景抑或礁石，更没有谁能知晓生命的小舟会在哪一天忽然停驻，不再向前。草必枯干，花必凋残，所有生命体在有限的年华里唯一可以确定的就是它们具有同样的终点——死亡。对于死亡的无知与猜测渐渐化作迷惘与恐惧的迷雾，笼罩着人类，每一个人都竭尽全力寻找一些脆弱而短暂的理由，来维系自己对于生命的信仰。死亡就像是另一个世界的太阳，发出刺目而不可直视的光芒，它凭借自身不可抵御的强大力量，将永恒留在身后的阴影里，却把时间的余屑抛在了人间。它给人类带来了无尽的忧伤与焦虑，迫使人们将有限的时光投入到一场旷日持久而又飘忽即逝的争斗中去：嫦娥奔月，始皇寻药，汉武帝起章台铸铜人，祈求灵霄之露……千秋万代过去了，人间动用了一切的想象与努力，企图突破生死大限，却无一例外地以失败告终。死亡，使一切的"有"变作了"无"，使一切的"可能"变作了"不可能"，它成了所有人共同的天敌。除非是彻底的厌世与痛苦的绝望来逼迫，否则任何人都不会主动上前亲近死亡的门槛。

然而就是在这样一个人人都拼命抓住短暂有限的现世生活的世界里，在这样一个人人都以"富、贵、寿、善"为重，以"身安、厚味、美服、好色、音声"为乐的世界里，偏偏还有一个庄子，凭着他谬悠荒唐横无际涯的言说，否定世俗之乐，独立于生死边界之上，"上与造物者游，而下与外死生、无终始者为友"(《天下》)。如果说在《大宗师》篇庄子勘破生死，悟得了"死生存亡之一体"的道理，那么这篇《至乐》，则更是他出生入死，寻得天地化机的要文。

举世梦梦，皆以善养形骸者为乐。"来日大难，口燥唇干；今日相乐，皆当喜欢。"(汉乐府《善哉行》)这是寻常人真实的情感，既然百年之后全归乌有，何不用喜怒哀乐锁住贴身的每一个日子，至少这样挽留下来的会是属于自己的人生。无常的战乱和险恶莫测的世情让一切变得不再可信，还不如鼓瑟吹笙，煮酒弄花，哪怕是一场游戏一场梦，也比一无所有的虚空来得实在。但庄子却不以为是："天无为以之清，地无为以之宁，故两无为相合，万物皆化。"在庄子眼中，这样天宽地广可以容纳千变万化的"无为"，才是"至乐"的唯一前提。生命本身尚且如同一阵云烟，那些附着于生命之上的荣辱得失、是非成败，又怎能不是浮光掠影呢？

也许庄子的哲学对寻常人而言是太过于广大，又太过于玄妙神秘，所以连同他所经历的人生也都被附丽上一层诡异奇特的光彩。相伴一生的发妻亡故了，庄子鼓盆而歌，流传到后世，便成了无情负义的典范。其实情若能忘，又何必歌？庄子未尝没有"嗷嗷然随而哭之"，只是他更在痛失至亲之后体验出人生的飘忽与脆弱。从无到元气，从元气到形体，从形体到生命，又从生命复归于无，万事万物，尘埃落定。"夫至人以生死为往来，故生不喜其成，而死不哀其毁。"（王雱《南华真经新传》）生死之变，展开到亘古无穷的天地之间，不过就像四季的辗转更替。存世的岁月转瞬即逝，每个人都只是过客，匆匆一别，不知所往。滑介叔左肘长瘤而不忧不惧，正是源于他悟得生命如寄，外物如尘，这形体上派生的瘤只不过是"化"的一部分，是天地运行的一种自然显现罢了，真可谓深入妙谛。

更出乎意料的是，庄子竟然在前往楚国的途中和髑髅交起了朋友，而且同入一梦中，相谈甚欢。好文字总是这样，能以人人意中所有，写人人笔下所无。庄子向髑髅连发五问，错落有致，层层剥去世情表象，说尽人间忧患负累；反过来髑髅又还他以一番"死之说"，万事皆空，四时全无，"从然以天地为春秋，虽南面王乐，不能过也"。自古至今，从来只有生者畏死，鲜闻有如此篇中死者惧生之说，想来白杨青枫之侧，生人无端忧戚死者，却未必知晓死者更不屑于世间营营逐逐作茧自缚的生活。死后天地，一切虚空粉碎，再无他物可为负累牵挂，最是自在逍遥，髑髅怎会再留恋人间竭尽全力亦难求难保的有限之乐？生者自以形骸享受为乐，殊不知其实为"拘身之桎梏，腐肠之毒药，伐性之斧斤"。（宣颖《南华经解》）

一念为"生"所累，就是放弃了真正永无穷尽的"至乐"。古希腊神话中的精灵也曾经说："可怜的浮生呵，无常与苦难之子，你为什么逼我说出你最好不要听到的话呢？那最好的东西是你根本得不到的，这就是不要降生，不要存在，成为虚无。不过对于你还有次好的东西——立即就死。"倒称得上与髑髅，更准确地说是与庄子志同道合。与其让孤独无依的生命小舟在喧嚣翻腾的大海上茫然无从地飘荡流离，还不如"乘云气，骑日月，而游乎四海之外"（《齐物论》），回到庄子的"无何有之乡"。悲歌可以当泣，远望可以当归，闻一多也一直将庄子这种关于无为无有的思想称作"客中思家的哀呼"，他说："纵使故乡是在时间以前、空间以外的一个缥缈极了的'无何有之乡'，谁能不追忆、不怅望？何况羁旅中的生活又是那般龌龊、逼仄、孤凄、烦闷？"鲁迅、郭沫若则分别在《故事新编·起死》和《漆园吏游梁》中借用庄子与髑髅的原型以充实自己的文学作品。庄子的生死观以及他鄙俗乐的人生态度也深刻影响了汉魏六朝乃至后世的诸多有识之士，刘向《说苑·指武》即言："忘其身故必死。必死不如乐死，乐死不如甘死，甘死不如义死，义死不如视死如归。"真正的视死如归，并非是一味地厌生乐死，而是以平和的心态去顺从自然的运化流变。

　　生亦何欢，死亦何苦？文末"列子见百岁髑髅"一段，联系前文，确有庄文所谓飞云断雁的离合之妙。当至圣先贤在人间已无路可走，他们也只有在荒凉的大道旁寻觅归属，化腐朽为神奇，与髑髅语重心长，做一对莫逆知己。其间的辛酸与孤傲，又有几人曾经品尝与尊重？回首来时种种，尻轮、神马、虫臂、鼠肝，一身之内，曲尽物情；乌足、蝴蝶、久竹、青宁，人与万物，辗转相生，出于机，入于机，反复始终，绵绵若存。阿拉伯诗人说过："只有在你从沉默之河中饮水时，你才真正引吭高歌了。只有在你到达高山顶峰时，你才真正开始攀登了。只有在大地向你索取四肢时，你才真正手舞足蹈了。"（纪伯伦《论死亡》）虽然不是人人都有大鹏的勇力与气度来"抟扶摇而上者九万里"，但若是有机会坐在一朵白云上俯瞰人间，相信每一个人更愿意看见的不会是那一段段冷漠死寂的人为分界与有形无形的硝烟，而应该是一片生机盎然，自在从容的乐土。死亡本身绝不会是一位救苦救难的仙子，只有我们自己的双手和心灵才能决定如何让这片渐渐碎裂的大地重新恢复往日的辉煌与芬芳。

附：古人鉴赏选

是篇名以《至乐》，而首论有生为累，忧苦多端，以至避处去就，罔知所择，而莫得其所以活身之计，何邪？意谓人能于忧苦中心生厌离，勇猛思复，则其乐将至矣。故凡俗之所谓乐者，未知其诚乐否邪？盖天下之事，盛则有衰，极则必变。孤臣孽子操心也危，虑患也独，故达。由是知贫贱忧戚，玉女于成，则祸福之机，常相倚伏，所以举世陷于哀乐之域而不能自出，其能安于性命之情乎？故卒之于无乐、无誉，是为至誉、至乐也已。次载鼓盆而歌，髑髅之答，皆以人所不乐为己之乐，则其乐也岂世俗所可共语哉！（宋·褚伯秀《南华真经义海纂微》）

虚提"至乐"，以待下文分别。俗情如此，不过为形骸计耳。将俗之所乐，荡漾一番揭过去。未之乐，未之不乐，言并不足经意也。转入无为方是至乐。……须知庄子说至乐无为，是天地不朽之真理，活身几存，乃对世俗之伤生者言，故下此字面耳，不是说以此长生也。看下文纯是打破生死便知。（清·宣颖《南华经解》）

此篇以"至乐活身，无为几存"二句为主。惟至乐乃足活身，则俗乐之伤身可见；惟无为方是至乐，则俗乐之无所不为可知。（清·刘凤苞《南华雪心编》）

自无而有者生之始，自生之死者生之终，有始即有终，有生即有死，一如四时之迭起循生而终古流行焉。参透此理，哀乐不能入乎中，觉黄门《悼亡》诸诗，犹为不达也。庄子此篇，全是知命工夫，非外生死而堕入空虚者可比。（同上）

从"观化"二字打破生死关。虚空粉碎，全是化机。以生为假借，喻义精妙绝伦。寄行天地之间，如尘垢之忽聚忽散，与野马游丝递转于风轮之内，以此形容假借，妙得入微。现在之形骸，终当还之造化，而真宰不毁，亦与之观化于无穷而已。末二句对面一照，透彻晶莹，又行文之化境也。（同上）

死则谓之悬解，而所以累生者俱空，何等逍遥摆脱！南面王不易此乐，何况身安、厚味、美服、好色、音声之可有可无哉？接连五问，错落有致，死不同而累则同。白杨青枫之侧，万古同悲，然而悲其死不如悲其生。生者可悲，转觉死者可乐，不言死之乐，不足以见生之忧，毕竟生死一致，有何悲乐之不同？能自适于清虚而不为形骸所累，则至乐存焉矣。前幅层层诘问，感慨无端，如有悲风起于毫末；后幅说得生之劳转不如死之快，正为贪生者唤醒痴迷也。（同上）

## 【证解故事】

### 消除不必要的怨恨

我们每个人都可能会受到伤害，在受到伤害的时候，最容易产生两种不同的反应：一种是怨恨，一种是宽恕。生活在现实中的人，每天都在和人打交道，一个人甚至出于好意也会伤害他人。朋友背叛我们，父母责骂我们，爱人离开我们。产生怨恨的情绪是我们对受到深深的无辜伤害的自然反应，这种情绪来得很快。无论是被动的还是主动的，怨恨都是一种郁积着的邪恶，它窒息着快乐，危害着我们的健康。它对怨恨者的伤害比怨恨更大。为了我们自己，必须把怨恨消除。

宽恕是消除怨恨最直接有效的方法。宽恕必须承受被伤害的事实，要经过从"怨恨对方"到"我认了"的情绪转折，最后认识到不宽恕的坏处，从而积极地去思考如何原谅对方。在生活中的宽恕可以产生奇迹，宽恕可以挽回感情上的损失，宽恕犹如一个火把，能照亮由焦躁、怨恨和复仇心理铺就的黑暗道路。也许当我们宽恕别人的时候，也正是我们人类固有的非凡的创造行为得以实现的时候，我们既治愈了创伤，又创造了一个摆脱过去痛苦的新方法。

宽容是风度，是美德，更是一种气质。悠悠岁月，茫茫人海，谁能保证不犯一点点的错误呢？抛弃怨恨，选择宽恕吧，宽恕别人，也是给自己展开一片新天地。

有个十六岁的少女叫爱伦。她的生母遗弃了她，这让她非常气愤，她常常问自己为什么生母不抚养自己呢？后来，她找到自己的生身父母，发现她们很年轻，十分贫穷，而且还没有结婚，只是在一起居住罢了。后来，爱伦的一个女友怀孕了，可是又因为害怕把婴儿打掉了。爱伦帮助她的女友渡过了难关。渐渐地，她懂得了，在这种环境下，这么做是对的。她开始理解自己生母当时的处境了——因为太爱自己的孩子，所以只得送给别人，否则就会饿死。爱伦的同情心使她的愤怒情绪渐渐平息，她原谅了自己的生母。

## 自检自省，慎独处世

人无论得意时，还是失意时，都注意依据不同的内容作自检自省：无事闲暇时，反省自己是否有闲杂的念想；有事忙碌时，反省自己是否因忙碌而意粗气浮；人生得意时，反省自己待人接物是否有骄矜辞色；人生失意时，反省自己是否有怨天尤人的埋怨情绪。

慎独还有一个重要的好处，就是能使人避嫌，在这方面，古人有"瓜田不纳履，李下不整冠"之类的训诫，意思是，当孤身一人经过别人的瓜田时，即使鞋子脱落了，也不要弯腰去提鞋子，以免别人怀疑你在偷瓜；同理，在经过别人的李树下时，即使帽子被碰歪了，也不要举手去戴正它，以免别人怀疑你在偷李子。可见，在处世时，要成为品格高尚的人，绕避类似瓜田李下的种种嫌疑，就不可不慎独。这个道理古今皆然。我们可以借鉴前人的自省标准，再根据自己的具体情况，订出切实可行的自省标准，务实不务虚，一旦订出，就应切实做到，不可一曝十寒，这一点很重要。

古代的君子，时时不忘寻找空闲的时间来自检自省，以保持安静的心境来做细密的打算，以减少行动上的失误，把那些不合时宜、不合规范的幻想抛弃。君子在处世时，不论是面临大事或小事，在人前或人后，能心中亮堂堂，坚持始终如一的处世道德观念。他们的高风亮节、磊落态度，是从小事、从无人处、从山穷水尽而如履薄冰时培植起来的。他们光照日月的思想，源自冥默精诚的为人原则，并通过他们的具体言行，被他人所把握、认识和认同，进而影响到他人、团体、社区乃至国家，这也是他们指点江山、旋转乾坤的依据之一。

孔子的弟子曾子自述道："我每天都就三件事来反复检查自己：替人办事时，有未曾竭尽全力之处吗？与朋友交往时，有未能诚实相待之处吗？对老师传授的学业，有尚未认真温习的部分吗？"他每天依据这三条自律标准，逐条反省自己的日常作为，好则发扬之，不足则改正之，使其作为认识自己、把握自己并最终提高自己的处世水准的有效途径，从而让自己的修养更趋向完善。

的确，自己最易找到自己的短处和不足。对此予以自检自省，对症下药，既可完善自己，又会有助于民众的事业和利益。如果能够自检自省、自我约束者，就不难做到慎独，就可以在无人监督或不受舆论谴责的境况中，谨慎处世，恪守自己的道德信念，洁身自好，从而自觉调整并处理好自己与他人、个人与团体、团体与社会的关系。

## 塞翁失马，焉知非福

舍得，舍得，舍在前得在后。心地善良、胸襟开阔等良好的品性，才是健康长寿之本。贪图小便宜，终究是要吃大亏的。适当放弃，离开那些看似美好，却不能使人再进步发展的事物。人必须不断在放弃中前进和生存。"追求"是个无止境的行动，但只有走得进又能走得出的人才是高人。经商是为了发财，但不能成为金钱的奴隶；求学是为了报效祖国，但不能为了学习而学习；从政是为了更好地服务于人民，但不能为了当官不择手段。如果为了求取功名富贵而不择手段，为了博得仁义道德的美名而虚情假意，即使取得了功名富贵、博得了仁义道德的虚名，也会丧失本来的意义。

有得必有失，有失才有得。"塞翁失马，焉知非福。"揭示了一个亘古不变的真理。有"体操王子"美誉的李宁，退出体坛后选择了办实业的道路，不也取得了令人称羡的成功吗？如同一切时髦的东西都会过时一样，一切的荣耀或巅峰状态也都会被抛到身后或烟消云散。所以，一个拥有智慧与理性的人，既然"拿得起"那颇有分量的光环，也同样应当"放得下"它，从而使自己步入柳暗花明的新天地，做出另一种有意义的选择。那么，我们还会有什么遗憾呢。

有这么一个故事，法国人从莫斯科撤走后，一位农夫和一位商人在街上寻找财物。他们发现了一大堆未被烧焦的羊毛，两个人就各分了一半捆在自己的背上。回来的路上，他们又发现了一些布匹，农夫将身上沉重的羊毛扔掉，选些自己扛得动的较好的布匹；贪婪的商人将农夫所丢下的羊毛和剩余的布匹统统捡起来，重负让他气喘吁吁、行动缓慢。走了不远，他们又发现了一些银质的餐具，农夫将布匹扔掉，捡了些较好的银器背上，商人却因沉重的羊毛和布匹压得他无法弯腰而作罢。这时，天降大雨，饥寒交迫的商人身上的羊毛和布匹被雨水淋湿了，他踉跄着摔倒在泥泞当中；而农夫却一身轻松地回家了。他变卖了银餐具，逐渐变得富足。

这就是所谓的拿得起放得下。正如我们人生路上一样，大千世界，万种诱惑，什么都想要，会累死你，该放就放，你会轻松快乐一生。

## 爱憎分明，分寸适当

人生之中，每个人都必定会遇到许许多多令自己"难堪"的情境，对此，人们可以借助于"糊涂"，忍让一下，不过于斤斤计较，暂时"吃点小亏"，做点"退却姿态"。这种"糊涂"，可以让你有更多的时间去享受人生，更多的时间维护自己。什么事都要有一个度的衡量，否则性质就会发生变化，这就要求人们矫枉切勿过正。一个人很值得称道的优点也不免会伴随着不足，宅心仁厚的人可能会因为心肠太好而原则性不强，善于观察的人可能会因为明察秋毫而不轻易饶人，清廉正直的人可能会因为疾恶如仇而流于偏激，只有在发挥自己优点的同时又能克服自己的弱点，才能达到预期目标。

一个人，做到爱憎分明并不容易，而做到分寸适当就更为不容易了。对待小人的缺点和过失，我们常常心生憎恶，不去教育，那么小人依然还是小人，或者是连人带事一起批评，而不是从爱护的角度出发对事不对人，这样做的结果往往是伤害了小人的自尊心，使他们丧失了改过自新的信心，所以，与其批评一个人，还不如真正去爱一个人。而对待比自己地位、声誉高的人，一般人都会去以礼相待，在这种情况下，最难做到的是礼节有度，而不是恭敬过度，甚至流于奉承谄媚，所以这一切度的把握上很重要。

在春秋时期，楚庄王大宴群臣，名叫太平宴。文武大小官员，宠姬妃嫔，统统出席，各要尽欢。席间奏乐歌舞，美酒佳肴，饮至黄昏，兴犹未尽。楚王命点烛继续夜宴，还特别叫最宠爱的两位美人许姬和麦姬，轮流向各人敬酒。忽然一阵怪风，吹熄了所有蜡烛，漆黑一团，席上一位官员乘机摸了许姬的玉手，许姬一甩手，扯断了他的帽带，匆匆回座附耳对楚王说："刚才有人乘机调戏我，我扯断了他的帽带，赶快叫人点起烛来看看谁没有帽带，就知道是谁了。"楚王听了，忙命不要点烛，却大声向各人说："寡人今晚，就要与诸位同醉，来，大家都把帽子摘下来痛饮一场。"

于是百官把帽子摘下，楚王命令点烛，都不戴帽子了，也就看不出是谁的帽带断了。席散回宫，许姬怪楚王不给她出气，楚王笑说："此次宴会目的在狂欢，酒后狂态，乃人之常情，若要追究，岂不是大煞风景，这怎么会是宴会的本意呢？"

听完后，许姬方服了楚王装糊涂的用意。后来，在楚庄王伐郑的战斗中，有一健将独率数百人，为三军开路。斩将过关，直逼郑的都城，使楚王声威大震，这位将军后来承认他就是当年摸许姬手的那个人。

## 真诚是人的自我完善

真诚是人的自我完善，他的方法是自己引导自己。真诚，贯穿于一切事物的始终，没有真诚就没有万物，因此君子以真诚为贵。真诚，并非只是自我完善而已，还要用来成就万物。自我完善，是仁义的表现；成就万物，是智慧的体现。

天赋的真诚品德，是结合了天地内外的道理，因此随时运用而无不适宜。因此，最真诚的德行是永不停息的，永不停息就能长久，长久就会通达，通达就可悠远，悠远就会广博深厚，广博深厚就会高大光明。广博深厚用以承载万物，高大光明用以覆盖万物，悠远用以成就万物。广博深厚与地相匹配，高大光明与天相匹配，悠远而无边无际。这样，不用表现却自然彰明，不用行动却能感人化物，无所作为却能自然成就万物。天地的德行可用一句话概括：它自身真诚不二，化生万物深奥难测。天地的德行真是广博啊，深厚啊，高大啊，光明啊，悠远啊，永久啊！

所谓自身品德修养，在于端正自己的内心。自身有所愤怒，内心就不能端正；自身有所畏惧，内心就不能端正；自身有所逸乐，内心就不能端正；自身有所忧患，内心就不能端正。心思不能集中，看东西就像看不见，听声音就像听不见，吃东西也不知道滋味。这就是说：修养自身品德在于把自己内心端正。有最真诚的德行，可以把未来预知。国家即将兴盛，一定有吉祥的预兆；国家将要灭亡，一定有灾祸邪异。这些可以从占筮占卜的卦辞中发现，也可以从人们的动作威仪中察觉。祸福即将来临之时，是福必然能预先知道，是祸也必然能预先知道。因此最真诚的就好像是和神明一样。

全天下只有最圣明的人，才能做到聪明睿智可以临视万物，宽厚温柔可以包容天地，奋发刚强坚毅可以决断事物，端庄公正可以使人尊敬，条理清晰细致可以辨别是非邪正。圣人的美德博大精深而又适时表现出来。博大像天，深沉像渊，表现在仪表上则人们没有不敬佩的，表现在言论上则人们没有不信任的，表现在行为上则人们没有不欢欣的。所以他的美好声名广泛流传在中国，并传播到边远的少数民族部落；车船所到的地方，步行所到的地方，天所覆盖的地方，地所负载的地方，日月照耀的地方，霜露降落的地方，只要有血脉气息的人，就没有人不对他尊敬亲近，所以说圣人的德行可以与天匹配。

孔子说："天下只有最真诚的人，才能制定治理天下的法则，树立天下的根本，掌握天地化育万物的道理。"他要依倚些什么呢？多么诚恳啊他的仁爱之心，多么深远啊他的聪明才智，多么广大啊他的美德善行。如果他本来就不是聪明智慧通达天赋美德的人，还会有谁明白天地的真诚呢？

天下只有最真诚的人，才能尽量发挥自己天赋的本性；能尽量发挥自己天赋的本性，才能尽量发挥其他人天赋的本性；能尽量发挥其他人天赋的本性，才能充分发挥万物天赋的本性；能充分发挥万物天赋的本性，就可以帮助天地哺化孕育万物，可以与天地匹配，并立而为三了。

那些比圣人稍次的贤人，把真诚推致细小事物上，在细小事物上能做到真诚，真诚就会显现出来，显现出来就会渐渐显著，渐渐显著就会彰明，彰明就会感动万物，感动万物就会变革人心，变革人心就能感化民众。只有天下最真诚的人才能把民众感化。

## 修身才能立于不败之地

晋朝时，有人写信给阮籍先生说："天下没有比君子更加尊贵的了。他们的衣服有一定的颜色，表情有一定的准则，言谈有一定的标准，行为有一定的法式，站着就像磬一样折腰，作揖打拱就像抱着鼓一样，动静都有节度，走路的快慢都合乎音乐的节奏。进退应酬，都有规矩。心中好像怀有冰块一样，在不停地颤抖。

约束自己，修养品行，一天比一天谨慎。走路时选择地方，唯恐失礼。背诵周公、孔子的遗训，赞叹唐尧、虞舜的道德。一心按礼法来修养自己、克制自己。手中捧着行仪礼的玉器，脚下踩着礼法之道。行为要成为当代的榜样，言论要成为后世的准则。少年时在家乡闻名，长大后名震邦国。往上想担任朝廷最高官职，往下说也不失为一州之长。因而能拥有金银财宝，身佩组绶，享受尊位，被封为诸侯。扬名后世，功比往古。伺奉君王，管理百姓。回到家里则治家求福，养育妻子儿女，占卜以求吉利的宅地，想使福禄代代传下去。远祸近福，永远使自己立于不败之地。这才真正是君子的高尚情趣，古今不变的美好品行。可是现在先生却披头散发独居大海之中，远离那些君子，我担心世人惋惜并非难先生。一个人的行为被世人所讥笑，无法使自己显达，这可以说是一种耻辱了。您身处困境，而且世人都耻笑你行事的做法，我以为先生您是不对的。"

阮籍于是悠然自得地叹了一口气，凭借云霓而回答，说："你所谈的哪能说得通呢？所谓'大人'，他与造物者同体，与大地并生，在世上逍遥飘游，与世界的本原合为一体。生死变化，形体不定。天地造成大人先生的内心世界，表现在外面的是自在而明智。天地的永恒和坚固，不是世俗之士所能想到的。我现在就给你讲讲：过去天曾经在下面，地曾经在上面，天地都能翻覆颠倒，不能安固，哪还有什么恒定不变的法度规范呢？天随地动，山丘陷落，河谷突起，云散雷坏，四方和天地失去秩序，你又怎么能择地而行，连走路的快慢都含着音乐的节奏呢？物竞天择，万物终有一死，等到人老死去，身为泥土，一切都消失得无影无踪，你又怎么能修身洁行、谦恭有礼？李牧立功而被害死，伯宗忠谏而断绝了后人，进身仕途追求利益即有杀身之祸，贪求官爵封赏则有灭门之灾，你又怎么能拥有无数金银财宝，侍奉君王、保全妻子儿女呢？你没有看见过裤子之中的虱子吗？它逃进深深的衣缝里，藏在破败的棉絮中，自以为是安全吉利的宅地。行动不敢离开衣缝边，做事不敢走出裤裆，自以为行为合乎法则。饿了就咬人，自以为有无穷无尽的食物。但是在南方炎热之地，热浪像火一样流出来，毁灭了城镇都邑，群虱都逃不出来而死在裤子里。你们这些正人君子处在人世上，与那些虱子处在裤子里有什么区别呢？可悲啊，而你们还自以为远祸近福，永远站立在不败的地方。"

## 吃一堑，长一智

"一朝被蛇咬，十年怕井绳"，因为吃过亏，而产生了惧怕的心理，从而畏缩不前，这是一种逃避心理，殊不知，生活中什么都有，但却不能逃避。要做到"吃一堑，长一智"，勇于面对困难，逐渐适应它，消除这种心理障碍。切莫做惊弓之鸟！

战国时期，赵、楚、燕、齐、魏、韩六国联合对抗秦国。一次，赵国派魏加到楚国去会见春申君黄歇，商谈有关军事联盟的问题。魏加问："您有领兵的将军吗？"春申君答道："我准备叫临武君担任主将。"魏加想："临武君是跟秦国交战时吃过大败仗的，对秦国心存畏惧，怎能当主将呢？"他想直言相告，但话到嘴边又咽了回去。想了想，笑着岔到别处去："我年轻时爱射箭，我来讲个关于射箭的故事——"春申君兴致勃勃地说："好啊，你讲吧。"

于是，魏加讲了起来：从前魏国有个著名射手叫更赢，他的箭术，真是百发百中。一天，他和魏王在京台下散步闲眺。忽见一只大雁从东方飞过来。更赢对魏王说："大王，我只要空拉一下弓，不用射箭，就能使那只大雁跌落下来。"魏王说："开玩笑！射箭技术再怎么高超，不搭箭空拉弓弦还不是白搭？"更赢说："怎敢跟大王戏言？大王您看——"正说着，那只雁飞到头顶上。更羸马上拉开弓，却并不搭箭，只听得一声弦响，那只大雁果然应声落地。魏王一阵惊叹。更羸捡起大雁说："其实，这雁曾受过伤。""先生怎么知道呢？""这只雁飞得很慢，它的叫声很凄惨。飞得很慢，说明它受过伤；叫得凄惨，说明它和雁群失散很久。创伤还没有痊愈，惊心还没有平息，所以，这只惊弓之鸟一听弓弦响，就吓得往高空飞。结果伤口破裂，支持不住，当然就掉下来了。"

魏加讲完故事，又说："临武君也是惊弓之鸟，他是被秦国的弓所伤的。请他做抗秦主将的问题，请您重新考虑。"春申君听了魏加的巧妙劝告，觉得很有道理，点头说："先生说得很对。我一定好好考虑考虑。"

临武君被秦国的弓箭所伤，创伤没有痊愈，惊心没有平息，做抗秦主帅，可能难以胜任。这就告诫我们，只有积极地面对过去，消除心理障碍，才能担负起重任。

# 达 生

达生之情者<sup>①</sup>，不务生之所无以为<sup>②</sup>；达命之情者，不务命之所无奈何<sup>③</sup>。养形必先之以物<sup>④</sup>，物有馀而形不养者有之矣。有生必先无离形，形不离而生亡者有之矣。生之来不能却，其去不能止。悲夫！世之人以为养形足以存生，而养形果不足以存生，则世奚足为哉！虽不足为而不可不为者，其为不免矣。

夫欲免为形者，莫如弃世<sup>⑤</sup>。弃世则无累，无累则正平<sup>⑥</sup>，正平则与彼<sup>⑦</sup>更生，更生则几矣！事奚足弃而生奚足遗？弃事则形不劳，遗生则精不亏。夫形全精复<sup>⑧</sup>，与天为一。天地者，万物之父母也。合则成体，散则成始<sup>⑨</sup>。形精不亏，是谓能移<sup>⑩</sup>。精而又精，反以相天。

【注释】

①达：通达，通晓。情：实，实情。

②务：求，务求。无以为：无以为用，无所用。

③命：原误作"知"，依武延绪、马叙伦、刘文典诸家之说及本文文义改。

④形：形体，身体。物：物质，如衣食住行等物质条件。

⑤弃世：谓抛弃世间繁杂之事而心超世外。

⑥正平：心正气平。

⑦彼：指大自然，造化。

⑧精复：精神康复不亏。

⑨"合则"二句：谓天地阴阳二气相结合就会生成某一物体，如若阴阳二气离散就会复归于物之初。

⑩能移：能够与自然一起变化迁移。

## 【译文】

通晓生命真实情形的人，不去追求生命所不必要的东西；通晓地命实情的人，不去做对寿命无能为力的事情。保养身体，一定先要具备物质条件，物资充足而不能保养身体的人也是有的；保住生命，必须先保证形体不离开，形体不离而生命已经消亡的人也是有的。生命的降临是无法拒绝的，它的离去也是无法阻止的。可悲啊！世俗之人认为保养身体就完全可以保全生命，然而是保养身体果不足以保存生命，那么世人还有什么事情可做呢！虽然不值得去做，却也不得不去做，这样的作为便难免操劳了！

要想避免为了养身而操劳，不如抛弃世俗。抛弃世俗之事就没有拖累，没有拖累就会心正气平，心正气平就能和大自然一同变化发展而生生不息，生生不息就接近大道了！为什么世事值得抛弃，而生命值得遗忘呢？因为抛弃世事就能让身体不操劳，遗忘生命就能让精神不亏损。形体得到保全，精神复归凝聚，就能与自然融为一体。天地，是万物的父母；阴阳二气的相合就形成万物之体，阴阳二气的离散就又复归于物的原初。形体与精神都不亏损，这叫作能够随着自然变化而更新。精神修养到了极高处，反过来可以辅助大自然的化育。

## 【原文】

子列子问关尹①曰："至人潜行不窒②，蹈火不热，行乎万物之上而不栗③，请问何以至于此？"关尹曰："是纯气之守④也，非知巧果敢之列。居⑤，予语汝。凡有貌象声色者，皆物也。物与物何以相远？夫奚足以至乎先⑥？是色而已！则物之造乎不形而止乎无所化⑦，夫得是而穷之者⑧，物焉得而止⑨焉！彼将处乎不淫之度⑩，而藏乎无端之纪⑪，游乎万物之所终始。壹其性，养其气⑫，合其德，以通乎物之所造⑬。未若是者，其天守全⑭，其神无郤，物奚自入⑮焉！夫醉者之坠车，虽疾⑯不死。骨节与人同，而犯害⑰与人异，其神全⑱也。乘亦不知也，坠亦不知也，死生惊惧不入乎其胸中，是故逆物而不慑⑲。彼得全于酒而犹若是，而况得全于天⑳乎！圣人藏于天㉑，故莫之能伤也！复仇者，不折镆干㉒；虽有忮心者不怨飘瓦<sup>㉓</sup>，是以天下平均<sup>㉔</sup>。故无攻战之乱、无杀戮之刑者，由此道也。不开人之天，而开天之天<sup>㉕</sup>。开天者德生<sup>㉖</sup>，开人者贼生<sup>㉗</sup>。不厌其天，不忽于人<sup>㉘</sup>，民几乎以其真<sup>㉙</sup>。"

## 【注释】

①子列子：即列子，名御寇。见《逍遥游》《列御寇》诸篇，古人称谓老师时，在姓氏前加子，如子墨子、子华子之类，以表示恭敬。关尹：为春秋时函谷关令，以官职为姓，称关尹，又称关令尹。据《史记》载，老子西去至关，关令尹让其著书上、下篇五千言。在本书《天下》篇，将关尹、老聃列为同一学派，对其思想理论有所评介，可参看。《神仙传》亦有关尹一些记载，多属无稽之谈。

②潜行不窒：潜入水底行走而不窒塞。

③栗：恐惧。

④纯气之守：保守纯和之气，使心志专一。

⑤居：坐下。

⑥奚：何。至乎先：在他物之先、之上。凡有形象声色之物，都是同等的，谁有资格处先居上呢？

⑦不形：无形，指道。无所化：虚静无为之道体。万物都复归于它，终止于它。

⑧是：此，指万物生化之理。穷：穷尽，穷深研几之意。

⑨止：限定，留止。通达万物生化之理，就不会以具体事物为意，不会受其限定。

⑩彼：指得道之至人。不淫之度：无过无不及，恰到好处的界限。淫，过，超过。

⑪藏：冥合，暗中相合之意。无端之纪：指大道循环无穷而又推移日新之纲纪。纪，纲纪。

⑫壹：专一执守。养其气：涵养存养其精神。

⑬物之所造：物之创造者，指自然。因万物皆由天地自然所创生。

⑭天守全：持守自然之道完备无亏缺。

⑮物奚自入：世俗事物从何处能入侵于心。

⑯疾：快。言其快速从车上摔下来。

⑰犯害：受害，受伤。

⑱神全：精神凝聚完备，不分散。

⑲逆（è）：同"遌"，碰撞。慑（shè）：惊惧。

⑳得全于天：与天守全意同，持守完备之自然之道。

㉑藏于天：持守自性与天道冥合。

㉒折：折断，损坏。镆干：干将、镆邪之简称。传说为楚国一对善于铸剑的夫妻，男名干将，女名镆邪。后来变为宝剑的代名。此句意思是说，仇人用宝剑伤我，我只找仇人报仇，不会罪及宝剑，要把它折断，因为剑是无意的。

㉓忮心：忌恨之心。飘瓦：被风吹落的瓦片。这句的意思是，即使忌恨报复心极重的人，被风吹落的瓦片砸伤，他也不会抱怨瓦片，因为瓦片是无心的。

㉔平均：平等无争心。无心故不相怨而无争。

㉕开人之天：开启人之智慧，运用智巧去处理事务。开天之天：开启自性，不运用思虑智巧，循性而动，顺乎自然而无心。

㉖德生：循性而动，则能培养出好道德。

㉗贼生：运用智巧，则生贼害之心。

㉘厌：满足。不满足于对自性的修养，还要坚持不懈。不忽于人：不忽略人对天理之认识。忽，忽略，忽视。

㉙几：近。真：自性，本性。以其真：按本性行事。

## 【译文】

列子问关尹说："至人在水下潜行而不窒息，踩在火上也不觉得热，在万物之巅峰上行走也不恐惧。请问为什么能达到这样？"关尹说："这是持守纯和之气的结果，不属于智巧果敢之列。坐下吧，我讲给你。凡是有形象声音色彩的，都是物，物与物何以差别甚远？都是物哪个又有资格处先居上？这些都是形色之物而已。而物是由无形之道创生出来，又复归于虚静无为之道体。得此万物生化之理而又能穷尽之人，世俗之物哪能限定他呀！他将处在无过无不及的恰到好处的限度，而又冥合于循环无穷推陈出新之大道纲纪，逍遥于万物之终始。专一持守其自性，存养其精神，使德行与天道相合，以与创生万物之自然相通。如果能做到这样，他持守自然之道就完备无缺，其精神没有空隙，外物又从何处入侵心灵呢！喝醉酒的人从车上摔下来，虽然摔得快速也不会死。他的骨节与别人相同而所受伤害与人不同，就因为他精神凝聚而完备。他乘车时不知，坠车时也不知，死生惊惧这些念头没有进入他的心中，所以与物碰撞而不惊惧。他靠酒使精神凝聚完备还能做到这样，更何况得全于自然之道呢！圣人与天道冥合，所以不能使他受到伤害。报仇的人，不去折断宝剑；虽然忌恨心极重的人，也不怨恨风吹落砸了自己的瓦片，因此天下才平等无争心。所以没有相互攻战之动乱，没有杀戮之刑罚，都是由于这无为无心之道。不去开启人的智巧，而去开启人的自性。开启人的自性就能培养好的道德，开启人的智巧就会产生贼害之心。不满足于对自性的修养而持之以恒，也不忽略人对天理的认识，这样的人就近于按本性行事了。"

**【原文】**

仲尼适楚，出于林中，见痀偻者承蜩<sup>①</sup>，犹掇<sup>②</sup>之也。

仲尼曰："子巧乎！有道邪？"

曰："我有道也，五六月累丸二而不坠，则失者锱铢<sup>③</sup>；累三而不坠，则失者十一；累五而不坠，犹掇之也。吾处身也，若厥株拘<sup>④</sup>；吾执臂也，若槁木之枝。虽天地之大，万物之多，而唯蜩翼之知，吾不反不侧<sup>⑤</sup>，不以万物易蜩之翼，何为而不得！"

孔子顾谓弟子曰："用志不分，乃凝于神<sup>⑥</sup>。其痀偻丈人<sup>⑦</sup>之谓乎！"

**【注释】**

①痀偻：驼背。承：用杆去粘。蜩（tiáo）：蝉。

②掇（duō）：拾取。

③失：失误。锱铢（zī zhū）：古代重量单位，六铢为一锱，四锱为一两。此喻极少。

④厥：通"橛"，竖。株拘：即"株枸"，树根盘错处。

⑤不反不侧：指身心都不变化。反、侧，均指活动。

⑥凝于神：精神凝聚专一。

⑦丈人：对老人的尊称。

## 【译文】

孔子到楚国去，经过树林中，看见一位驼背老人教人用竹竿粘蝉，就像用手拾取那样简单容易。

孔子说："你的手灵巧啊，这里有什么门道吗？"

驼背老人回答说："是的，我有门道。我在竹竿上累放两个弹丸，经过五六个月的练习就不会掉下来，那么粘蝉失误的概率就只有十分之一了；如果再继续练习到累放五个弹丸也掉不下来，那么粘蝉就如随手拾取那样容易了。当我粘蝉时，身体站在那里一动不动，就像一个竖立的木桩；我伸臂执竿，如同枯槁的树枝。虽然天地无限广大，万物纷纭繁杂，而我眼中心中只有蝉翼。我身心不动不变，不因纷杂的万物改变我对蝉翼的关注，如此怎么能得不到蝉呢！"

孔子回头对弟子们说："用心专一，精神凝聚，不就是说的这位驼背老人嘛！"

## 【原文】

颜渊问仲尼曰："吾尝济乎觞深之渊①，津人②操舟若神。吾问焉③曰：'操舟可学邪？'曰：'可。善游者数能④。若乃夫没人⑤，则未尝见舟而便操之也⑥。'吾问焉而不吾告⑦，敢问何谓也？"仲尼曰："善游者数能，忘水⑧也；若乃夫没人之未尝见舟而便操之也，彼视渊若陵⑨，视舟之覆犹其车却⑩也。覆却万方陈乎前而不得入其舍⑪，恶往而不暇⑫！以瓦注者巧⑬，以钩注者惮⑭，以黄金注者殙⑮。其巧一也⑯，而有所矜则重外也⑰。凡外重者内，拙⑱。

## 【注释】

①济：渡。觞深：渊名，水深而形似酒杯，故名。地在宋国。

②津人：在渡口上撑船之人。

③焉：于此，指"操舟若神"之事。

④善游者：擅长游水的人。数能：多次练习则可学会。

⑤若乃：至于。没人：能长时间潜入水中，精通水性之人。

⑥则未尝见舟而便操之也：因为没人深通水性，虽未见过舟，未经训练，也能操纵自如。

⑦吾告：告诉我。

⑧忘水：忘记对水的恐惧。

⑨视渊若陵：把水上看成同陆上一样。陵，丘陵、高地。

⑩却：退却。

⑪万方陈乎前而不得入其舍：对各种事端都不在意，处之泰然，没有紧张恐惧感，不会因外物扰乱心之平静淡漠。万方，万端。指变化无穷的各种事端。舍，指心。

⑫暇：闲暇，悠闲、从容不迫。

⑬注：赌注。巧：碰巧、恰巧。瓦片为轻贱之物，输赢皆不在意，没有思想负担，听其自然，反而常常碰巧命中。

⑭钩：腰带环，以银或铜制，比瓦稍贵重。惮：担心害怕。这句的意思是，以钩为赌注，想胜怕负而又心中无底，故心虚气馁，反而易负。

⑮殙：心绪昏乱。拿黄金这种贵重之物做赌注，胜负非同小可，故而思想负担极重，举措失常，以这种心绪去赌很少有不输掉的。

⑯其巧一也：碰巧得胜的机会都是一样的。

⑰矜：危惧。外：身外之物，如带环、黄金之类。

⑱拙：笨拙。

## 【译文】

颜渊问孔子说："我曾经渡过觞深之渊，见船夫驾船的技艺奇异莫测，我问及此事说：'驾船的技艺可以学会吗？'船夫回答说：'可以。善于游水的人经过多次练习能学会。至于会潜水之人，他们即便未曾见过船，也能操纵自如。'我问及于此，他不肯告诉我，请问这是何意呢？"孔子说："善于游水的人经多次训练而能，是因为他们遗忘了对水的恐惧心理；至于会潜水之人，他们即使未见船也能操纵自如，是因为他们把水上和陆上同样看待，把船之覆看成如同车退坡一样。翻船退车等变化无穷的各种事端摆在面前，他们也毫不在意、处之泰然，这样何往而不悠闲从容！以瓦片为赌注而常常碰巧得胜，以衣带环为赌注则害怕心虚，以黄金为赌注则心绪混乱。他们碰巧得胜的机会都一样，而因为有所危惧就注重身外之物。凡是注重身外之物，内心必然笨拙。"

## 【原文】

田开之见周威公<sup>①</sup>，威公曰："吾闻祝肾学生<sup>②</sup>，吾子与祝肾游，亦何闻焉？"田开之曰："开之操拔篲<sup>③</sup>以侍门庭，亦何闻于夫子！"威公曰："田子无让<sup>④</sup>，寡人愿闻之。"开之曰："闻之夫子曰：善养生者，若牧羊然，视其后者而鞭之。"威公曰："何谓也？"田开之曰："鲁有单豹<sup>⑤</sup>者，岩居而水饮，不与民共利<sup>⑥</sup>，行年七十而犹有婴儿之色，不幸遇饿虎，饿虎杀而食之。有张毅者，高门县薄<sup>⑦</sup>，无不走也。行年四十，而有内热之病以死。豹养其内而虎食其外，毅养其外而病攻其内<sup>⑧</sup>，此二子者，皆不鞭其后<sup>⑨</sup>者也。"仲尼曰："无入而藏<sup>⑩</sup>，无出而阳<sup>⑪</sup>，柴<sup>⑫</sup>立其中央。三者若得，其名必极。夫畏涂<sup>⑬</sup>者，十杀一人<sup>⑭</sup>则父子兄弟相戒也，必盛卒徒<sup>⑮</sup>而后敢出焉，不亦知乎！人之所取畏<sup>⑯</sup>者，衽席<sup>⑰</sup>之上，饮食之间，而不知为之戒者，过也！"祝宗人玄端以临牢策说彘<sup>⑱</sup>，曰："汝奚恶死？吾将三月㹛<sup>⑲</sup>汝，十日戒，三日齐<sup>⑳</sup>，藉白茅<sup>㉑</sup>，加汝肩尻<sup>㉒</sup>乎雕俎之上，则汝为之乎？"为彘谋，曰不如食以糠糟而错<sup>㉓</sup>之牢策之中；自为谋，则苟生有轩冕之尊，死得于腞楯之上、聚偻之中则为之<sup>㉔</sup>。为彘谋则去之，自为谋则取之，所异彘者何也<sup>㉕</sup>？

## 【注释】

①田开之：人名，姓田，名开之，事迹不详。周威公：《史记·周本纪》："考王封其弟于河南，是为桓公，以续周公之官职。桓公卒，子威公代立。"当即指此人。考王在位时间是公元前440—前426年，为战国初期。

②祝肾：人名。学生：学练养生之道。

③操拔篲：做洒扫之杂务。

④让：推辞、谦让。

⑤单豹：人名，鲁国隐者。

⑥共利：同利。利同则相争，不同利则无争。

⑦张毅：人名，鲁人。高门：富贵之家。县薄：悬垂帘以代门，为贫寒之家。县，同"悬"。薄，垂帘。

⑧外：形体。内：精神心性。庄子认为，这两个人各有一偏，单豹注重修养内心精神，不注重使形体远害，而为老虎吃掉。张毅广交富贵与贫寒之家，可使身体远害，却又用心太过而病故。

⑨鞭其后：如对二人不足的方面加以鞭策，则有助于养生。

⑩入而藏：进入而又深藏，则是过分注重隐藏。

⑪出而阳：出外而又显露，则是过分张扬。

⑫柴：枯木，比喻无心无欲之物。像枯木一般无知无欲地立于中道。

⑬畏涂：危险的道路，路上有强盗杀人越货，人不敢行。

⑭十杀一人：指从此路经过，十人中就有一人被杀。

⑮盛卒徒：聚集众人一块，方敢通行。卒徒，徒众、众人。

⑯取畏：自取祸患。

⑰衽（rén）席：卧席。衽席之上男女色欲过度，足以害身。

⑱祝宗人：掌管祭祀祝祷之官。玄端：掌管祭祀之官穿的斋服。牢策：猪栏，猪圈。彘（zhì）：猪。

⑲豢（huàn）：同"豢"，用谷物饲养。

⑳齐：同"斋"。

㉑藉白茅：如《在宥》篇的"席白茅"，把白茅草铺在神座和祭物下面，以示洁净。

㉒尻：臀部，即猪后鞧肉。雕俎：在俎上雕有图案花纹之类。俎，祭祀时盛肉的礼器，有青铜制和木制漆饰的。

㉓错：通"措"，放置。

㉔腞楯（zhuàn shǔn）：送葬载灵柩之车。聚偻：棺椁上面放的众多装饰物。

㉕所异彘者何也：与猪不同处又在哪里呢。

## 【译文】

田开之见周威公，威公说："我听说祝肾学习养生之道，先生与祝肾交往，也曾听到一些什么吗！"田开之说："开之在那里只是扫扫院子，在门房侍候，又能从先生那里听到什么呢？"威公说："田先生不必谦让，寡人愿意听一听。"开之说："听先生讲，善于养主的人，如同牧羊一样，看那落在后面的，就用鞭子抽打它。"威公问："这是什么意思呢？"田开之说："鲁国有个叫单豹的人，住在山洞里喝泉水，不与世人争利，年纪已七十多脸色还和婴儿相似，不幸遇到饿虎，饿虎将其捕杀吃掉了。有个叫张毅的人，不管富贵人家还是贫寒人家，无不交往走动，四十岁时患有内热之病而死。单豹保养其精神心性而老虎吃掉其身体，张毅保养其身体而病攻其内心。这两个人，都不懂得鞭策其不足的一面。"孔子说："不要过分深藏，不要过分显露，像枯木一样立于中道。这三点都能做到，他的名声必然极高。一条凶险之路，十个人走过就有一个被杀，则父子兄弟相互警告，一定要聚集许多人才敢行走，不也是很明智吗！人之所自取灾祸的，是在卧席之上，饮食之间，对这些反而不引以为戒，真是过错啊！"掌管祭祀祝祷之官穿着黑色的斋服，来到猪圈旁对猪说："你为何要厌恶死！我将要用三个月时间用精料饲养你，还要为你做十日戒，三日斋，铺上白茅草，把你的前槽和后蹄放在雕花的俎上，你愿意这样吗？"如果真是为猪谋划，就不如放置在猪圈里以糟糠为食更好，为自己谋划，如果活着有高官厚禄之尊贵，死后能有装饰华美的棺椁柩车送葬，就可以去做。为猪谋划而要抛弃的，自己为自己谋划反而要取用，与猪所不同之处在哪里呢。

## 【原文】

桓公田于泽①，管仲御②。见鬼焉，公抚管仲之手曰："仲父③何见？"对曰："臣无所见。"公反，诶诒④为病，数日不出。齐士有皇子告敖⑤者，曰："公则自伤，鬼恶能伤公！夫忿滀⑥之气，散而不反，则为不足⑦；上⑧而不下，则使人善怒；下而不上，则使人善忘；不上不下，中身当心⑨则为病。"桓公曰："然则有鬼乎？"曰："有，沉有履⑩，灶有髻⑪。户内之烦壤⑫，雷霆⑬处之；东北方之下⑭者，倍阿鲑蠪跃之⑮；西北方之下者，则泆阳⑯处之。水有罔象⑰，丘有峷⑱，山有夔⑲，野有彷徨⑳，泽有委蛇。"公曰："请问委蛇之状何如？"皇子曰："委蛇，其大如毂㉑，其长如辕㉒，紫衣而朱冠㉓。其为物也，恶㉔闻雷车㉕之声，则捧其首而立，见之者殆乎霸㉖！"桓公辗然㉗而笑曰："此寡人之所见者也！"于是正衣冠，与之坐。不终日㉘，而不知病之去也。

## 【注释】

①桓公：齐桓公，春秋时第一位霸主。田：田猎。泽：薮泽，低洼积水，草木丛生的沼泽荒地。

②御：驾车。

③仲父：桓公对管仲的尊称。

④诶诒：因惊吓失魂出呓语，自言自笑。

⑤皇子告敖：皇姓，名告敖，子为尊称。为齐之贤士。

⑥忿滀：怒气郁结。滀为水停聚的样子，引申为蓄愤，郁结。

⑦"夫忿滀"三句：这句的意思是，喜怒哀乐为人之自然情感，怒气亦人所不可或缺，如果当怒而不怒，则是没有血性，故称不足。

⑧上：怒气滞留在身体上部，不能上下贯通。

⑨中身当心：古人认为心是人之主宰，心在人身之中部，如果怒气郁结在身体中间，与心的部分相合，则会使心受扰乱而得病。

⑩沉：污水聚积之处。履：污水聚集处之鬼名。

⑪灶有髻：这句的意思是，灶神穿红衣，梳如髻，状如美女。

⑫烦壤：打扫房间积下之灰尘垃圾等。

⑬雷霆：鬼名。

⑭东北方之下：住宅东北墙下面。

⑮倍阿：神名，有说指蜥蜴类。鲑（guī）：鬼名。据传说，状如小几，长一尺四寸，着黑衣，戴红头巾，带剑持戟。有说指蛙类。

⑯洓阳：神名，豹头马尾。

⑰罔象：又作无伤，水神名，状如小儿，黑色、赤衣，大耳、长臂。

⑱峷：怪兽，状如狗，有角，身上有五彩花纹。

⑲夔：一足兽，见《秋水》注。

⑳彷徨：又作"方皇"，状如蛇，两头，身有五彩花纹。

㉑毂：车轮中心套轴的圆木，又代表车轮。

㉒辕：车辕。指怪兽体长如车辕。因桓公在乘车时见此兽，故以车作比。

㉓紫衣朱冠：或指此兽身体为紫色，头为红色。言紫衣朱冠，更增加神秘性。

㉔恶：丑陋。

㉕雷车：田猎之战车奔跑轰鸣，响声如雷，故名雷车。

㉖殆乎霸：近于成为霸主。殆：近。

㉗辴（chǎn）然：欢笑之态。

㉘不终日：不满一日。

## 【译文】

　　齐桓公在沼泽中打猎，管仲为他驾车，忽然见到一个鬼物。桓公按住管仲之手说："仲父你看见什么没有？"管仲对答说："臣下没见什么。"桓公返回后，失魂呓语而得病，几天不出门。齐国有位贤士叫皇告敖的，说："您是自己伤害自己，鬼哪能伤害您呢！愤怒之气郁结起来，如果散掉不返回，就会变得血气不足；如果滞留在身体上部而不能贯通于下，就会使人好发怒；如果滞留在下体而不能上，就会使人好遗忘；如果滞留中间与心的部位相当，就会使人得病。"桓公说："那么有没有鬼呢？"回答说："有。污水聚积处有履鬼，灶有带髻的灶神，户内堆放灰尘垃圾处，雷霆之鬼住在那里；住宅东北面墙下，有倍阿、鲑鬼在那里跳跃；西北面墙下，则有洓阳鬼停留。水中之鬼叫罔象，土丘之鬼叫峷，山中之鬼叫夔，旷野之鬼叫彷徨，沼泽之鬼叫委蛇。"桓公说："请问委蛇的样子如何？"皇子回答说："委蛇有车轮一般粗细，有车辕一般长短，身体是紫色头是红色。这种怪物形象丑陋，听到战车轰鸣就捧着头立在那里。见到这种怪物的人差不多可以做霸主了。"桓公欢颜而笑说："这就是寡人所见到的鬼。"于是整理一下衣冠坐起来和皇子谈话，不满一天工夫，病就不知不觉消失了。

## 【原文】

纪渻子为王养斗鸡[①]，十日而问："鸡已乎[②]？"曰："未也。方虚憍而恃气[③]。"十日又问，曰："未也，犹应向景[④]。"十日又问，曰："未也，犹疾视而盛气。"十日又问，曰："几矣，鸡虽有鸣者，已无变[⑤]矣，望之似木鸡矣！其德全[⑥]矣！异鸡无敢应[⑦]者，反走矣。"

孔子观于吕梁[⑧]，县水[⑨]三十仞，流沫[⑩]四十里，鼋鼍[⑪]鱼鳖之所不能游也。见一丈夫游之，以为有苦而欲死也。使弟子并流而拯之[⑫]，数百步而出，被发行歌而游于塘下[⑬]。孔子从而问焉，曰："吾以子为鬼[⑭]，察子则人也。请问蹈水[⑮]有道乎？"曰："亡，吾无道。吾始乎故[⑯]，长乎性，成乎命，与齐俱入[⑰]，与汩[⑱]偕出，从水之道而不为私[⑲]焉，此吾所以蹈之也。"孔子曰："何谓始乎故、长乎性、成乎命？"曰："吾生于陵而安于陵[⑳]，故也；长于水而安于水，性也[㉑]；不知吾所以然而然，命也[㉒]。"

梓庆削木为鐻[㉓]，鐻成，见者惊犹鬼神[㉔]。鲁侯见而问焉，曰："子何术[㉕]以为焉？"对曰："臣工人，何术之有？虽然，有一焉：臣将为鐻，未尝敢以耗气[㉖]也，必齐以静心[㉗]。齐三日，而不敢怀庆赏爵禄[㉘]；齐五日，不敢怀非誉巧拙；齐七日，辄然忘吾有四枝形体也[㉙]。当是时也，无公朝[㉚]，其巧专而外骨消[㉛]。然后入山林，观天性[㉜]，形躯至矣[㉝]，然后成见鐻，然后加手焉，不然则已。则以天合天[㉞]，器之所以疑神[㉟]者，其是与！"

## 【注释】

①纪渻子：姓纪，名渻子。王：指齐王。纪渻子当为纪国后代，纪为齐所灭，纪渻子即在齐国供职。而斗鸡之戏春秋战国时期在齐国最为盛行。据此，文中"王"，当为齐王，而不是周宣王。

②已乎：练成了吗。问其是否已将斗鸡练成。

③虚：内心空虚而神态高傲，色厉内荏的样子。憍，同"骄"。恃气：昂头鼓翅挟气以威吓对方。

④向景：向同"响"，景同"影"。发觉鸡的声音影子就有所反映。

⑤无变：没有反应。

⑥德全：精神安定专一，不动不惊。

⑦异鸡：其他的鸡。应：应战，对敌。

⑧吕梁：究指何处，说法不一。钟泰《庄子发微》："吕梁在今江苏铜山县东南，所谓吕梁洪者，是也。郦道元《水经注》云：'泗水过吕县南，水上有石梁，谓之吕梁。'"其地当时属宋国，距孔子故里曲阜不远。孔子曾游历宋，国吕梁指此较可信。他说不足取。

⑨县水：瀑布。县，同"悬"。仞：古代长度单位，周制八尺为仞，汉制七尺为仞。

⑩流沫：瀑布泻下溅起的水沫。

⑪鼋：鳖中之大者为鼋。鼍（tuó）：鳄鱼类，俗称猪婆龙，有说即扬子鳄。

⑫并：傍。拯：援救。

⑬被发：披散着头发。行歌：边走边哼着歌谣，显出潇洒悠闲的样子。塘下：岸边。

⑭以子为鬼：孔子以为那个人一定淹死了，故而把他当成鬼。

⑮蹈水：踩水，游水。

⑯故：习惯。

⑰与齐俱入：与旋涡中心一起入水。齐，同"脐"。石磨中央上下扇连接之处称脐，水流旋转如磨，旋涡中央即是脐。

⑱汩：涌出之旋涡。

⑲不为私：顺水之性，不按己之私意妄动。

⑳陵：高地。

㉑"长于"句：这句的意思是，在水边长大，安于水上生活，久习而成性。

㉒这句的意思是，自然而然就那样做了，不知为什么要那样，其中还有什么道理。

㉓梓庆：人名。梓，梓匠，指木工，此人以职为姓，称梓庆。镶（jù）：悬挂钟鼓之木架，形似虎，上面雕刻有精美生动的图案。

㉔惊犹鬼神：制作雕饰极尽精妙，不类人工所为，见者惊叹不已，以为鬼斧神工。

㉕术：技艺、方法。

㉖耗气：精神分散，心神不能凝注专一。气，精神，心神。

㉗齐：同"斋"，斋戒。静心：使心志安静专一。

㉘怀：思。庆赏：奖赏。

㉙非誉：非，非难，指责。誉，赞誉。巧拙：精巧与笨拙。

㉚辄然：不动的样子。枝：同"肢"。

㉛无公朝：心中不存朝见君主之念。

㉜外骨消：外界之扰乱完全排除。骨，同"滑"，乱之意。

㉝观天性：观察木料之自然性能。

㉞形躯至矣：木料之自然形态完全符合标准。

㉟以天合天：以己之自然天性与木之自然天性相合。

㊱疑神：比如鬼神所造。疑，同拟。

## 【译文】

　　纪渻子为齐王驯养斗鸡，十天后齐王派人来问："驯练成了吗？"回答说："还没有，现正表现为内心空虚而神态高傲，盛气凌人的样子。"十天后又来问，回答说："还没有，听到鸡的声音，看到鸡的影子就有反应。"十天后又问，回答说："还没有，现在还视物敏锐而充满怒气。"十天后再来问，回答说："差不多了，鸡虽有鸣叫挑战者，也没有什么反应，看上去像个木鸡了，它已精神安定专一，不动不惊了。其他的鸡没有敢与之应战者，都退走了。"

　　孔子在吕梁观光，见到瀑布从二十多丈高的地方泻下，水沫流至四十里外，鱼鳖鼋鼍也无法游过。看见一个男人在那里游水，以为是有困苦想投水而死的人，令弟子们傍水流而下去援救他。数百步以外那个人从水中浮出上岸，披散着头发，边走路边哼着歌在岸边闲游。孔子跟过去问道："我以为你是鬼，仔细观察你才知是人呐。请问，游水有什么道术吗？"回答说："没有，我没有什么道术。我开始于习惯，长大了变成习性，成年后就顺其自然。我与旋涡中心一同入水，又随涌出的旋涡浮出，顺从水之性而不按己私意妄动。这就是我游水之方法。"孔子说："什么叫作开始于习惯，长大了成为习性，成年后顺其自然？"回答说："我生在高地而安于高地生活，这就叫开始于习惯；在水边长大，安于水上生活而久习成性，这就叫长大了成为习性；自然而然就那样做了，而不知为什么要那样做，就是成年后顺其自然。"

梓庆刻削木料做成镶，镶做成后，见到的人都惊叹其鬼斧神工。鲁侯见了之后对梓庆说："你用什么技艺方法做出来的呀？"回答说："臣是一名工匠，哪有什么技艺！虽然如此，有一点可以讲一讲。臣将要作镶时，不敢有一点分散精神，一定要斋戒使心志安静专一。斋戒三日，不敢有思得奖赏官爵俸禄的念头；斋戒五日，不敢想及别人是非难作品笨拙或是赞誉作品精巧；斋戒七日，则木然不动忘记我有四肢和形体的存在。在这个时候，心中不存在朝见君主的想法，专心致志于制作技巧而外界的扰乱全部排除。然后进入山林中，观察木料的自然性能，选取那些自然形态完全合乎标准的，然后一个现成的镶如同就在眼前了，然后才动手去做，没有这些条件就不去做。这是以己之天性与木之天性相合，器物之所以如同鬼神所造，大概就是这个原因吧！"

## 【原文】

东野稷以御见庄公①，进退中②绳，左右旋中规。庄公以为文③弗过也，使之钩百④而反。颜阖遇之⑤，入见曰："稷之马将败⑥。"公密⑦而不应。少焉，果败而反。公曰："子何以知之？"曰："其马力竭矣，而犹求⑧焉，故曰败。"工倕旋而盖规矩⑨，指与物化而不以心稽⑩，故其灵台一而不桎⑪。忘足，履之适也；忘要，带之适也；⑫知忘是非，心之适也；不内变，不外从，事会之适也⑬；始乎适⑭而未尝不适者，忘适之适也。

## 【注释】

①东野稷：人名，姓东野名稷。御：驾驭车马。庄公：鲁庄公，为春

秋前期鲁国君主。

②中：合于。绳为直线，规为弧线。言东野稷驾车前进后退，左右转弯，都能合于标准。

③文：《太平御览》第746页引作"造父"。清人吴汝纶认为"文"当为"父"之误，前脱造字。其说颇近理。传说造父为周穆王御车，日驰千里，为古代最出名的善御者。

④钩百：驾驭车马兜一百个圈子。

⑤颜阖：鲁之贤人。遇之：遇见东野稷驾车表演。

⑥败：仆倒。

⑦密：默。

⑧求：驱赶不停。

⑨倕：传说为尧时之能工巧匠。盖：胜过。这句是说，倕以手旋物即能测定其方圆，胜过圆规与矩尺。

⑩稽：存留。言手指随物测定，不需存留于心，再去有言度量。

⑪灵台：心。桎：通"窒"，滞塞。

⑫要：同"腰"。忘记腰的粗细，带子就都合适。

⑬不内变：持守自性，虚静淡漠。不外从：不随外物迁变。事会：与外物交接。

⑭始乎适：庄子认为，本来自性与外物是相适应的，如心存适应观念，还是把己与物分开，还不是真正的相适应，只有忘记适应，消除物我界线，才是真正的无所不适。

## 【译文】

东野稷以御车之术去见鲁庄公，驾车前进后退像绳子一般笔直，左右转弯像圆规一样圆，庄公以为造父的驾车技艺也不能超过他。命他驾车兜一百个圈子而返回。颜阖遇见此事，入见庄公说："东野稷的马就要仆倒了。"庄公默不作声。一会儿，果然因马仆倒而回。庄公说："您何以知道马要仆倒呢？"回答说："他的马气力已经用尽了，还驱赶不停，所以说要仆倒。"工倕旋物而测胜过圆规与矩尺，他的手指随物而变化，不需存留于心，再作有意度量，所以他的心志专一而没有滞碍。忘掉脚的大小，什么鞋子都合适；忘记腰的粗细，什么带子都合适；忘记了是非，心无所不适；持守自性，不迁变，与外物交接无不适应。本来自性与外物是相适应的，而要达到无所不适，就要忘记为了适应而适应。

## 【原文】

有孙休<sup>①</sup>者，踵门而诧子扁庆子<sup>②</sup>曰："休居乡不见谓不修<sup>③</sup>，临难不见谓不勇<sup>④</sup>。然而田原不遇岁<sup>⑤</sup>，事君不遇世<sup>⑥</sup>，宾<sup>⑦</sup>于乡里，逐于州部<sup>⑧</sup>，则胡<sup>⑨</sup>罪乎天哉？休恶<sup>⑩</sup>遇此命也？"扁子曰："子独不闻夫至人之自行邪？忘其肝胆，遗其耳目，芒然彷徨乎尘垢之外<sup>⑪</sup>，逍遥乎无事之业，是谓'为而不恃，长而不宰<sup>⑫</sup>。'今汝饰知以惊愚<sup>⑬</sup>，修身以明污，昭昭乎若揭日月而行<sup>⑭</sup>也。汝得全而形躯<sup>⑮</sup>，具而九窍<sup>⑯</sup>，无中道夭于聋盲跛蹇而比于人数亦幸矣<sup>⑰</sup>，又何暇乎天之怨哉？子往矣！"孙子出，扁子入。坐有间，仰天而叹。弟子问曰："先生何为叹乎？"扁子曰："向者休来，吾告之以至人之德，吾恐其惊而遂至于惑也<sup>⑱</sup>。"弟子曰："不然。孙子之所言是邪，先生之所言非邪，非固不能惑是；孙子所言非邪，先生所言是邪，彼固惑而来<sup>⑲</sup>矣，又奚罪焉！"扁子曰："不然。昔者有鸟止于鲁郊<sup>⑳</sup>，鲁君悦之，为具太牢以飨之，奏九韶以乐之。鸟乃始忧悲眩视，不敢饮食，此之谓以己养养鸟也。若夫以鸟养养鸟者，宜栖之深林，浮之江湖，食之以委蛇<sup>㉑</sup>，则平陆<sup>㉒</sup>而已矣。今休，款启<sup>㉓</sup>寡闻之民也，吾告以至人之德，譬之若载鼷<sup>㉔</sup>以车马，乐鴳<sup>㉕</sup>以钟鼓也，彼又恶能无惊乎哉！"

## 【注释】

①孙休：人名，鲁国人。

②踵门：亲至其门，不经人引见。诧：诧异而发问。子扁庆子：鲁之贤人。第一个"子"为弟子对老师的尊称，如子列子之例。扁为姓，庆子为字。另一说，扁庆为复姓。未知孰是。

③谓：说。不修：没有修养，品格不高。

④临难：面临危难。不勇：不勇敢，不能见义勇为。

⑤田原：田地，指在田间耕作。岁：好年景。

⑥世：好世道，君主圣明之朝代。

⑦宾：同"摈"，摈弃，抛弃。

⑧逐：放逐，驱逐。州部：州县官吏。

⑨胡：何。

⑩恶：怎么。

⑪忘其肝胆，遗其耳目：如《大宗师》："堕肢体，黜聪明，离形去知，同于大通。"就是要抛弃形体和知识智慧，与大道融合为一。肝胆、耳目，代表形体和聪明。芒然：茫然，迷惘无知的样子。彷徨：徘徊游移的样子。尘垢：比喻世俗社会生活。

⑫为而不恃，长而不宰：语出《老子》。施助万物而不自恃其功，做万物之长，又不支配和主宰万物，任其自然。

⑬饰知：修饰自己的智慧。惊愚：惊醒愚昧之人。

⑭昭昭乎：光明、明亮的样子。揭：举。

⑮全而形躯：保全你的身体，使不遭杀害。而，同"尔"，你。

⑯九窍：指人体的九个穴窍，即二眼、二鼻孔、二耳、口、肛门、尿道。

⑰夭：夭折。跛蹇（jiǎn）：瘸腿。比：列。幸：侥幸。

⑱遂：因。惑：迷惑。担心孙休听了关于至人的议论而震惊，因而更迷惑。

⑲固惑而来：本来就是带着迷惑而来的。固，本来。

⑳以下所讲故事与《至乐》篇相同，可参看彼处。

㉑此处似有缺文。《至乐》篇作："浮之江湖，食之鳅，随行列而止，委蛇而处。"可能此处复述时，丢掉一些内容，而使语义不通。俞樾以为应作"食之以鳅鲦，委蛇而处"。此说较合理，可从。

㉒平陆：平地，荒野。

㉓款启：仅仅开一个孔，言其为一孔之见，所见甚。款同"窾"，中空、空处。

㉔鼷（xī）：鼷鼠，为鼠类中最小的一种。李时珍《本草纲目》引陈藏器曰："鼷鼠极细，卒不可见，食人及牛马皮肤成疮，至死下觉。"

㉕鷃（yàn）：一种小鸟。

## 【译文】

有一位叫孙休的人，亲自来到扁庆子的门上诧异地发问道："我孙休住在乡间没见有人说我没有修养，面临危难时没见有人说我不勇敢。然而我种田碰不到好年景，事君碰不到好世道，为乡里人所抛弃，为州县官吏所放逐，我孙休何罪于老天？怎么遇到这样的命运呀？"扁庆子说："你难道没有听说至人的所行吗？忘掉了他的肝胆，忘掉了他的耳目，迷惘无知徘徊游移于世俗生活之外，逍遥自在于无为之中，这就叫施助万物而不自恃其功。作万物之长而又不加主宰。现在你修饰己智以惊醒愚昧，修养自身以显示别人卑污，光明煊赫的样子就像举着日月行走一样。像你这样的人能得以保全身躯，身体器官完备，没有中途毁损成为聋子瞎子和瘸腿，与众人并列一起已属侥幸，又哪有闲工夫来报怨老天啊！你走吧！"孙休离去，扁庆子进来。坐了一会儿，仰天叹息。弟子问道："先生为什么叹息呀？"扁庆子说："刚才孙休来，我告诉他关于至人之德行，我担心他受到震惊因而至于更加迷惑。"弟子说："不能这样。如果孙先生所说是对的，先生所说是错的，那么错的本不能使对的迷惑；如果孙先生所说是错的，先生所说是对的，那么他来时本来就是迷惑的，又何能归罪于先生呢！"扁庆子说："不是这样，从前有只鸟停在鲁国都城郊外，鲁君很喜爱它，设置太牢那样的宴席来招待它，奏九韶之乐来使它高兴。鸟就开始忧愁而头晕目眩，不敢吃喝。这就叫以己之养来养鸟。至于用养鸟的方式来养鸟，应当让它栖息在深林中，浮游在江湖之上，让它吃泥鳅之类，把它放回野地就是了。现今这位孙休，是位只有一孔之见孤陋寡闻之人，我告诉给他至人之德，就好像用马车去装载鼷鼠，用钟鼓去娱乐小鸟一样，他又怎么能不受惊吓呢！"

## 【解析】

"达"指通晓、通达，"生"指生存、生命，"达生"就是通达生命的意思。怎样才能"达生"呢？篇文明确提出要摒除各种外欲，要心神宁寂事事释然，可知本篇的宗旨在于讨论如何养神。全篇自然分为十三个部分。

第一部分至"反以相天"，是全篇主旨所在，言"弃世"就能"无累"，"无累"就能"形全精复""与天为一"，这就是养神的要领。以下分别写了十二个小故事，寓意都是围绕这一中心来展开的。

第二部分至"民几乎以其真"，写关尹对列子的谈话，说明持守纯和元气是至关重要的，进一步才是使精神凝聚。第三部分至"其痀偻丈人之谓乎"，借"痀偻""承蜩"的故事，说明养神的基本方法，这就是使神思高度凝聚专一。第四部分至"凡外重者内，拙"，借善游者"忘水"来说明忘却外物才能真正凝神。第五部分至"过也"，写田开之与周威公的对话和孔子的谈话，指出养神还得"养其内"与"养其外"并重，即处处顺应适宜而不过，取其折中。第六部分至"所异彘者何也"，借祭祀人对猪的说话，讽喻争名逐利的行为。第七部分至"不终日，而不知病之去也"，以桓公生病为例，说明心神宁静释然才是养神的基础。第八部分至"反走矣"，借养斗鸡的故事比喻说明凝神养气的方法。第九部分至"命也"，写孔子观人游水，体察安于环境、习以性成的道理。第十部分至"其是与"，写能工巧匠梓庆削木为镰的故事，借以说明集思凝神的重要，把自我与外界高度融为一体，也就会有鬼斧神工之妙。第十一部分至"故曰败"，说明自恃轻用、耗神竭劳，终究要失败的，而这与养神的要求也正好相反。第十二部分至"忘适之适也"，直接指出养神须得"不内变""不外从"，忘却自我，也忘却外物，从而达到无所不适的境界。

余下为第十三部分，写孙休与扁庆子对话，篇幅较长，内容也有繁复之处，不像前面各段那么紧凑，但目的仍在于说明"忘"，忘身便能无为而自适，而无为自适才是养神的真谛。

俗话说，成也萧何，败也萧何。很多人之所以成功，往往不是因为外物给予了他多大帮助，关键是他有坚定的信念，有了这样的心理暗示就好比多了个守护神，会时刻保佑着他。心魔积极的一面叫自信，不积极的一面就是扰乱正常行为的恶念了。赌博的人，如果用瓦片做赌注，他的技巧会十分高超；而用黄金做赌注，则人很容易头脑发昏，心烦意乱。这就是心魔的纷扰。人对贵重物品会不由得产生顾惜的心理，有了这样的犹豫，用出来的技巧笨拙就不奇怪了。故轻微的心魔能搅乱行为，严重的心魔则能损坏身体，疑神疑鬼就是自取灭亡。

显然，内心过于忧郁，精魂就会离散在体外，对来自外界的骚扰缺乏足够的精神力量去分析和理解。郁闷的气上通而不能下达，人就容易发怒；如果这样的忧郁之气能下达而不能上通，人就容易健忘；如果既不上通又不下达，忧心忡忡，那就会生病。

要想保留本性，通达生命，就要注重心理和生理的平衡。对积极的心理我们要利用它，相信自己的能力，努力去创造价值；对消极的心理我们要警惕它，有则改之，无则加勉，谨慎对待自己的所作所为。同时，要顺应形体，不要盲目消耗形体。只有这样，才能真正享受到生命的神奇。

## 【证解故事】

### 不要自认为智

因为人的眼睛明亮才可看见东西，闭上眼睛就什么也看不见了。接触外物时，眼睛在看见或看不见方面是相同的，明察秋毫和闭目不见则不同。失明的人眼睛不曾明亮过，也就不曾看见过，因为失明就无法看见外物。无法接触外物却说看到了，这是瞎说。智力也一样，智力达到或达不到，条件是一样的，在能够接受与不能接受方面则不一样。聪明的人，智力可以达到很远；愚蠢的人，智力所能达到的就非常近了。

你把长远的发展告诉鼠目寸光的人，凭什么让他听进去？没办法让他听进去，游说的人即使善辩也不能让他明白。有个人感到被愚弄就生气地说："那么乱糟糟的东西，怎么能够把布做得这么长呢！"所以国家被灭亡不是没有聪明的人，不是没有贤良的士，而是他们的君主没法接受他们的缘故。没办法接受，带来的弊病是自以为聪明，智力就必然不能接近了。智力达不到却自以为聪明，是荒谬的。像这样的国家怎能生存下去，君主又怎能心安？智力达不到但自己知道这一点，那就不会听到国家灭亡，君主危险的事了。

管仲有病。桓公前去探望他，说："仲父您的病很重了，对寡人将有何见教？"管仲说："齐国的鄙野之人有句谚语：'居家的人用不着车辆，出门的人用不着挖坑。'现在我将要永远地去了，哪里值得询问！"桓公说："请仲父您不要推让。"管仲说："希望您疏远易牙、竖刁、常之巫、卫公子启方。"桓公说："易牙不惜煮了他的儿子来让我快活，难道还要对他有所怀疑吗？"管仲回答说："人之常情，没有不爱自己孩子的，他对自己孩子都这么忍心，对您又能有什么呢？"桓公又说："竖刁自己阉割了自己来服侍我，还要怀疑吗？"管仲回答说："人之常情，没有不爱惜自己身体的，对自己身体这么忍心，对于您又将有什么呢？"桓公又说："常之巫明察生死，能消除鬼祟之病，还要怀疑吗？"管仲回答说："死生是命中注定的，鬼祟之病是精神失守引起的。您不听任天命、守住自己的根本，而依靠常之巫，他将借此什么事都会做出来的。"桓公又说："卫公子启方侍奉我十五年了，他的父亲死了都不肯回去哭丧，还要怀疑吗？"管仲回答说："人之常情，没有不爱自己父亲的，对父亲这么忍心，对您又将能有什么呢？"桓公答应了。管仲死后，桓公把那几人全都赶走了，吃饭不香，后宫不安定，鬼病又起，朝政混乱。过了三年，桓公说："仲父也太过分了！谁说仲父的话全部能采用呢？"就重新召回了这些人。

第二年，齐桓公生病了，常之巫从宫内出来，说："君主将在某日去世。"易牙、竖刁、常之巫一同作乱，堵塞了宫门，筑起了高墙，不让人通行，假称这是桓公的命令。有一个妇人翻墙进入，到了桓公的住处。桓公说："我想吃。"妇人说："我没地方可弄到饭。"桓公又说："我想喝。"妇人说："我没地方可弄到水。"桓公问："这是什么原因？"妇人回答说："常之巫从宫中出去，说：'君主将在某日死。'易牙、竖刁、常之巫一同作乱，堵住了宫门，筑起高墙，不让人出进，所以没地方可弄到东西。卫公子启方带着方圆四十里的土地和百姓投降了卫国。"桓公慨然兴叹，流泪说："唉！圣人预见到的，岂不是很长远吗？如果死者有知，我将有什么脸面来见仲父呢？"用衣袖遮住脸，死在寿宫里。尸虫爬出门外，尸体上盖着蔽门的门扇，三个月都没有停枢，九个月后不能下葬。这完全是不听管仲的话的缘故啊。

桓公不是对灾难看轻，对管仲厌恶，而是智力达不到。智力达不到，所以不信管仲的忠言，反而喜爱自己所看重的那几个人。

## 不以贵骄人

仁义之士，极目纵望则忧世忡忡；不仁不义之徒，则违背天性拼命地贪求富贵。所以，我认为仁义并非是人的本性！不然的话，夏、商、周三代以来，为什么天下这么昏乱不堪喧嚣嘈杂呢？

至于因循着天地的自然本性，随和着六气的千变万化，以畅游于无垠无际的时空之中，那还有什么不可以凭借的呢？所以，至人物我两忘达到无己的境界，神人无功不追求世俗功业利禄。

圣人不对名声威望追逐。把生命保全，必须先使生命不离开形体，生命和形体应当共存，可是有的人虽有形体，但生命已经死了，这就是通常所说的"行尸走肉"。

我听说有个神龟在楚国，已经死了三千多年了；楚王用手巾包着用竹箱盛着把它珍藏在庙堂之上。这个龟是宁可死了留下尸骨显示珍贵呢，还是宁可在污泥之中摇曳着尾巴自由自在地活着？一定要静神清心，不要疲劳你的形体，不要动荡你的神气。这样，就可以长生了。眼睛什么也不看，耳朵什么也不听，心里什么也不想。这样，你的精神就能够守住你的形体，你的形体也就可以长生了。

有高尚道德的人，火不能把他烧灼，水不能把他淹死，严寒酷暑不能侵袭他，禽兽不能残害他；不是说他迫近了水火、寒暑和禽兽而不受侵犯，而是说他能明察安危，安于穷困和通达，慎于去留，因而也就没有什么能够伤害他。

"至德者"能预先明察安危，且能安于处境，慎于行动，所以不会接近危险从而受到伤害。活着的圣人是和自然一样运行，死了是混同于万物的变化；静处时和阴气同宁静，行动时和阳气共波流。对于生、死、静、动，都能顺其自然的人，是人们理想中的圣人。

古代夏桀、商纣地位显赫，贵为天子，有众多财富，拥有天下。

现在若是对奴仆马夫之类的人说："你的德行如同夏桀、商纣。"他便会马上改变神色，毫不服气，这是因为连众人都鄙视桀纣的德行。仲尼、墨翟穷困得成为普通百姓，现在如果对宰相之类的人说："你的品行如同仲尼、墨翟。"他便会马上改变神色，自愧不如，可见士是最尊贵的。所以，贵为天子，未必就尊贵；穷如百姓，未必就低贱。尊贵与低贱的根本区别在于他德行的美丑。

桀纣虽贵为天子，但却为众人所不齿；仲尼、墨翟穷为匹夫，却为众人所尊敬。所以，地位的贵贱不能决定一个人品行的美丑。权势高到做了天子也不傲视别人，富足得拥有天下也不戏弄别人。"不以贵骄人，不以财戏人"的品质是一个人难能可贵的。

## 保持一颗平常心

有很多愤恨会把别人伤害，有很多欲望会把自己伤害，多逸害性，多忧害志。容易发怒会伤害别人，私欲过多会害了自己，贪图安逸会有害于品行，忧虑太多会削弱意志。做人应注意制怒、少欲、适逸、戒忧。人的内心容易激动，我就追求平静；世事总是纷繁忙碌，我就追求清闲；日常生活中很多恩恩怨怨，我就追求凡事看淡一些。这是做人的秘诀。

人生在世如何才能"淡然无欲"呢？想要达到"无欲"的境界就是一种欲望。关键在于不要被人套上笼头不得自由，不要任人役使鞭打，这就要有淡泊的欲望、直率的欲望、刚直的欲望。人品的高下，实际上就是人的欲望的高低。为人贪欲多就会对大义有亏，忧虑多就会影响思考力与判断力，恐惧多就会把勇气削减。拥有欲望嗜好，别人就能利用它来切中你的要害，只要无所欲求，别人就没有法子乘虚而入了。

## 不要认为微小就不提防

君子以公道正义把自己的私欲克制，所以能充满爱人之心；小人以私欲取代公道，所以多有害人之心。多有爱人之心，则别人有技能如向自己有技能；多有害人之心，则别人有技能就必然嫉妒怨恨。士人任职于朝廷，就要被人嫉恨；女人进入宫中，就要被人嫉妒；汉代官中出现了"人彘"的悲剧，唐朝宫廷则有对"人猫"的恐惧。萧绎嫉才而毒死刘之遴，隋代众儒妒能而欲杀孔颖达。王僧虔自廉书画拙劣而免祸，薛道衡因为诗句华丽优美因而被杀。

不要认为微小就掉以轻心，恶疮初发时不过像米粒那样小，却能使肌肤破裂，肠胃溃烂。不要以为微小就不加以提防，蚁穴可以溃堤，蜂虿可以螫人。隐患者会因谨慎而消除，祸难皆因疏忽而产生。与其在大火后奖赏救火者，不如把别人改灶移柴的建议听从。以富欺贫，以贵凌贱，以强胜弱，以恶侮善，以壮轻老，以勇辱懦，以邪压正，以众攻寡，这是人世间的常情，也是常人逞勇表忠的机会。但认识到事物均有兴衰更替，就不敢再欺侮他人以取怨；认识到彼我力量对比必然发生变化，就不敢再对抗欺侮而横生是非。商汤服侍葛，周文王服侍昆夷，是忍侮于小。太王服侍匈奴，勾践服侍吴王，周文王服侍昆夷，是忍侮于大，忍侮于强大者优，忍侮于弱小者胜。面对侵夺应无动于衷，面对冷眼应该不动声色。

志不能被屈服者，得之于事先有所准备；轻易就被吓破胆者，受惊于变故仓促而致。能够搏击猛兽的勇士，却往往害怕蜂蝎；愤怒时能够打碎价值千金玉石的人，却不免失色于锅被打破。桓温带兵，"朝见"皇帝，王坦之吓得笏都拿颠倒了，而谢安却从容不迫，与桓温开怀畅谈。郭晞伏势作恶，白孝德彷徨无可奈何；而段秀实却无所畏惧，单枪匹马赴郭晞军营，劝诫他弃恶从善。

喜欢把别人过度表扬的人是佞人，喜欢听阿谀奉承的人是愚人。故有讹言燕石为美玉，将鱼眼说成珍珠。将暴君桀尊为仁主尧，把强盗跖誉为圣人柳下惠。因爱憎而移其志趣喜好，说话颠倒是非。世上有伯乐，能够品评辨识良马，岂是庸人凡才而能确定劣马与骏马的价格！古代的君子，闻己有过则喜。好当面奉承人者，必然喜好在背后把人诋毁。

与地位高的人交往不阿谀奉承，可谓把交人的关键感悟到了。花言巧语、察言观色，被讥为不仁的小人。公孙弘将学习的目的歪曲为阿谀取媚，汲黯能当面指责汉武帝的过失。萧诚和柔而善美言，张九龄因此断绝了与他的往来。郭霸品尝魏元忠的小便，宋之问为张易之等人端尿壶，赵履温甘为安乐公主拉车的牛马，丁谓在都堂为寇准擦胡须上的汤渍，这些人的劣迹都载于史册，千秋遗耻。

因快乐而发笑，别人就不会对他的笑容讨厌。卢杞发笑的原因深不可测，是因他内心狡诈。虽然一笑看似小事一桩，却能招致祸患。齐妃笑话钟克足跛而晋国发兵伐齐；赵平原君的美妾笑话跛脚之客而使宾客离散而出。蔡谟以牛车这种无足轻重的话题开玩笑，因而得罪于王导；郭子仪支开妻妾左右，是担心她们笑话卢杞貌丑而招来灭族之祸。人世多碌碌庸人，谁能免俗？冯道因《兔园册》的玩笑而贬刘岳的官、娄师德却为了被讥讽是庄稼汉而恼怒。

## 结交朋友，也要有颗赤子般的心

真正的朋友，既不必志趣如何相投，也不用有着什么共同的利益关系，甚至可能没有经常见面的机会，真朋友不在于他是否能帮你解决多少难题，帮你做多少事情，而仅仅取决于彼此之间能否在坦诚相见的基础上，做到始终如一地相互信任和相互支持。因为"朋友"本来就应该是我们生命中最大的一笔财富，其重要意义和无可取代的作用，就如同是双目失明的人手里的一根拐杖一样。

赢得朋友的最简单有效的方法，就是以一种赤子般的坦诚来对待他人。又因为这种真诚是相互作用的，所以一个善于结交朋友的人就应该先从自身做起。只要我们能够捧出一颗真诚的"素心"，就会有越来越多的朋友靠近我们。

"管鲍之交"不仅是一段千古传诵的人间佳话，也让后世的我们明白了一个最为简单朴素的道理，那就是一个真正意义上的朋友的全部内涵，以及我们在与朋友的相处过程中应该始终保持着的那一份赤子情怀。所谓"三分侠气"，就是这个道理。当然，这里的"侠义之气"，绝不是很多人嘴里所说的那种"哥们儿义气"，而是一种互相支持、患难与共的侠义精神，以及一份不为名利所动、始终坚持如一的道德操守。至于那种只是为了无聊时吃喝聚会、有事时相互利用的交友态度，不仅早已违背了正确的交友之道，而且以这样的态度和原则来待人接物，并非真正的朋友。

从春秋时期著名政治家鲍叔牙和管仲之间的故事中足以让我们对于"朋友"这两个字所蕴含着的全部内涵有了更好的理解。曾经，鲍叔牙和管仲合伙做过生意，而且也一样地出资出力。可是到了分配利益的时候，管仲却总是要多拿上一些。而鲍叔牙因为知道管仲家里贫穷且还有老母亲需要奉养，所以从来不把此事放在心上。另外，当有人由于管仲曾三次充当逃兵而讥笑他"贪生怕死"，或是因其屡次做官屡次失败而指责他没有才干时，鲍叔牙却一再地强调这只是因为管仲没有施展才能的机会罢了。

能够对朋友如此信任已经十分难得，而鲍叔牙在此后的所作所为，就更是让人叹服不已。因为那体现出的已经是一份为了友情甘居人后的品德了。就在鲍叔牙成为齐国王位候选人公子小白的谋士后，管仲却选择为另一个王位候选人公子纠效力。而在那场王位争夺战中，管仲曾想尽办法阻止公子小白继承王位，甚至还用弓箭射过对方。于是，当公子小白最终继承了王位（即齐桓公）后，作为阶下囚的管仲自然命运难测。

齐桓公继位后，打算要拜鲍叔牙为相，还想杀了管仲以报那一箭之仇。可鲍叔牙却希望齐桓公能够不计前嫌，任用管仲为相，并指出管仲的才干远远胜于自己。于是，得到齐桓公重用的管仲，果然将其才华全部施展出来，不仅使齐国变得强大起来，甚至还最终让齐桓公成为第一个霸主。

# 山　木①

【原文】

　　庄子行于山中，见大木枝叶盛茂。伐木者止其旁而不取也。问其故，曰："无所可用。"庄子曰："此木以不材得终其天年。"

　　夫子出于山。舍于故人之家。故人喜，命竖子杀雁而烹之。竖子请曰："其一能鸣，其一不能鸣，请奚杀？"主人曰："杀不能鸣者。"

　　明日弟子问于庄子曰："昨日山中之木以不材得终其天年，今主人之雁以不材死，先生将何处？"庄子笑曰："周将处乎材与不材之间。材与不材之间，似之而非也，故未免乎累。若夫乘道德而浮游则不然。无誉无訾，一龙一蛇，与时俱化，而无肯专为。一上一下，以和为量，浮游乎万物之祖。物物而不物于物，则胡可得而累邪！此神农黄帝之法则也。若夫万物之情，人伦之传则不然，合则离，成则毁，廉则挫，尊则议，有为则亏，贤则谋，不肖则欺，胡可得而必乎哉！悲夫！弟子志之，其唯道德之乡乎！"

　　市南宜僚②见鲁侯，鲁侯有忧色。市南子曰："君有忧色，何也？"鲁侯曰："吾学先王之道，修先君之业。吾敬鬼尊贤，亲而行之，无须臾离居。然不免于患，吾是以忧。"市南子曰："君之除患之术浅矣！夫丰狐文豹，栖于山林，伏于岩穴，静也；夜行昼居，戒也；虽饥渴隐约，犹且胥③疏于江湖之上而求食焉，定也。然且不免于罔罗机辟之患，是何罪之有哉？其皮为之灾也。今鲁国独非君之皮邪？吾愿君刳形去皮，洒心去欲，而游于无人之野。南越有邑焉，名为建德之国。其民愚而朴，少私而寡欲；知作而不知藏，与而不求其报；不知义之所适，不知礼之所将；猖狂妄行，乃蹈乎大方。其生可乐，其死可葬。吾愿君去国捐俗，与道相辅而行。"君曰："彼其道远而险，又有江山，我无舟车，奈何？"市南子曰："君无形倨，无留居，以为君车。"君曰："彼其道幽远而无人，吾谁与为邻？吾无粮，我无食，安得而至焉？"市南子曰："少君之费，寡君之欲，虽无粮而乃足。君其涉于江而浮于海，望之而不见其崖，愈往而不知其所穷。送君者皆自崖而反。君自此远矣！故有人者累，见有于人者忧。故尧非有人，非见有于人也。吾愿去君之累，除君之忧，而独与道游于大莫之国。方舟而济于河，有虚船来触舟，虽有褊心之人不怒；有一人在其上，则呼张歙之，一呼而不闻，再呼而不闻，于是三呼邪，则必有恶声随之。向也不怒而今也怒，向也虚而今也实。人能虚己以游世，其孰能害之！"

北宫奢④为卫灵公赋敛以为钟，为坛乎郭门之外，三月而成上下之县。王子庆忌⑤见而问焉，曰："子何术之设？"奢曰："一之间，无敢设也。奢闻之：'既雕既琢，复归于朴。'侗⑥乎其无识，傥乎其怠疑⑦。萃乎芒乎，其送往而迎来，来者勿禁，往者勿止。从其强梁，随其曲傅⑧，因其自穷。故朝夕赋敛而毫毛不挫，而况有大涂者乎！"

【注释】

①山木：山中之木，这是隐喻世上之人。山木成材者取伐，不材者幸免，人生世上只可处于材与不材之间，才得幸存，但最终还得归顺自然。

②市南宜僚：姓熊名宜僚，因居市南，故称。楚国人。

③胥：缓慢走动的样子。

④北宫奢：奢是名，因居北宫，故称。卫国大夫。

⑤王子庆忌：王子，王族之子。庆忌是名，周代大夫，来卫国任职。

⑥侗（tóng）：无知的样子。

⑦傥（tǎng）：通"惝"，无所追求的样子。怠疑：通"怡傥"，停滞不前的样子。

⑧曲傅：傅通"附"，追随依附。

【译文】

庄子经过一座山中间，看见一棵枝叶繁茂的大树。伐木工人停在它旁边并不砍伐它。庄子问其中缘由，伐木工人说："没有什么用途。"庄子说："这棵树因为不成材才能够享尽天年。"

庄子走出山中，住在老朋友家。老朋友高兴，叫童仆宰鹅来招待客人。童仆请示说："有一只会叫，有一只不会叫，请问宰哪一只？"主人说："宰不会叫的。"

第二天，学生问庄子说："昨天山中那棵大树，因为不成材才能够享尽天年；如今主人的鹅，因为不成材死去。先生站在什么立场呢？"庄子笑着回答说："我庄周会站在成材和不成材之间。在成材和不成材之间，似乎可以了但还不是根本，所以没能免除牵累。要是把握了道德就不会这样，无所谓赞誉无所谓诋毁，一时为龙一时为蛇，随时运共同变化，不愿意固执一端。一时在上一时在下，以和顺为标准，遨游在万物的本元。把握外物却不被外物所化，那样哪里会有牵累呀？这是神农、黄帝的法则。至于万事的情状，人类的习俗就不是这样了。你要合人家就要离，你想成人家就想毁，你越穷人家就越压，你尊贵人家就谤诽，你做事人家就破坏，你贤明人家就谋算，你无能人家就欺负。哪有可能是一定如此呀？可悲啊，同学们可要记住，只有道德的境界才是根本啊！"

市南宜僚拜见鲁国君侯，见鲁侯面有忧色。市南宜僚就问："君上面有忧色，为什么呢？"鲁侯说："我学习前代君王的道义，继承前代君主的功业；我敬奉鬼神尊重贤良，身体力行，没有片刻失职。然而还是不免出现差错，我正为此担忧。"市南宜僚说："君上解决问题的方法太少了。毛色丰厚的狐狸和纹色斑驳的豹子，栖息在山林，潜伏在岩洞，够沉静的了；夜晚出来白天不动，够警戒的了；尽管饥渴困苦，还是坚忍地漫步在江湖之上来觅食，够镇定的了。然而还是难免陷入网罗机关的祸害，它们有什么罪过呀？是它们的皮毛招惹了灾难啊。如今鲁国不正是君上的皮毛吗？我希望君上割弃形体剪掉皮毛，洗净内心的欲念，遨游在无人的原野。南越地域有个城邑，名叫建德国。它的人民愚钝浑朴，少私寡欲；只知道耕作不知道私藏；施舍东西不求回报，不知道义往哪去，不知道礼往哪方用。随心所欲为所欲为，可谓踏上了大道。活着得到快乐，死去得到安葬。我真希望君上抛开国家摒弃世俗，跟随天道相辅相成。"鲁侯说："那里道远路险，还有江山阻隔，我没有船和车，怎么办？"市南宜僚说："君上不要贪恋君王的傲慢，不要留恋眼下的王位，这样就成了君上的车了。"鲁侯说："那条道路幽深空寂，我跟谁做伴呢？我没有食粮，缺乏饭菜，怎能到达那里呢？"市南宜僚说："减少君上的耗费，清减君上的欲望，尽管没有食粮也就足够了。君上一旦涉水过江浮游过海，眺望它时已经不见它的岸边，越往前走更不知道它的尽头。护送君上的人都从岸边回去了。君上从此就远逝了，所以拥有臣民的人就劳累，受制于臣民者就担忧。所以尧既不拥有臣民，也不受制于臣民。我希望除去君上的劳累，解除君上的担忧，唯独跟道周游在大漠的境域。合并两船渡河，其中不载人的一艘撞过来，虽然是狭隘心肠的人也不会发怒。要是有一个人在撞过来的船上，这边船上的人就会喊他撑开或者靠拢。喊一次他没听见，再喊他还是没听见，因此就要喊第三遍了，同时肯定有粗言滥语随之出现。刚才不发怒的可现在发怒了，因为刚才是艘空船可现在是有人的。人要是能够淡忘自己周游世上，又有谁能伤害他呢？"

## 【原文】

孔子围于陈蔡之间[1]，七日不火食。大公任往吊之[2]，曰："子几死乎？"曰："然。""子恶死乎？"曰："然"。任曰："予尝言不死之道。东海有鸟焉，其名曰意怠[3]。其为鸟也，翂翂翐翐[4]，而似无能；引援[5]而飞，迫胁[6]而栖；进不敢为前，退不敢为后；食不敢先尝，必取其绪[7]。是故其行列不斥[8]，而外人卒不得害，是以免于患。直木先伐，甘井先竭。子其意者饰知以惊愚[9]修身以明污，昭昭乎如揭日月而行，故不免也。昔吾闻之大成之人[10]曰：'自伐者无功，功成者堕[11]，名成者亏。'孰能去功与名而还与众人[12]！道流而不明居[13]，得行而不名处[14]；纯纯常常[15]，乃比于狂[16]；削迹捐势[17]，不为功名。是故无责于人，人亦无责焉。至人不闻，子何喜哉[18]！"孔子曰："善哉！"辞其交游，去其弟子，逃于大泽，衣裘褐，食杼栗[19]。入兽不乱群[20]，入鸟不乱行。鸟兽不恶，而况人乎！

孔子问子桑雽㉑曰："吾再逐于鲁㉒，伐树于宋㉓，削迹于卫，穷于商周，围于陈蔡之间。吾犯此数患，亲交益疏，徒友益散，何与？"子桑雽曰："子独不闻假人之亡与㉔？林回㉕弃千金之璧，负赤子而趋㉖。或曰：'为其布㉗与？赤子之布寡矣；为其累与㉘？赤子之累多矣；弃千金之璧，负赤子而趋，何也？'林回曰：'彼以利合，此以天属㉙也。'夫以利合者，迫穷祸患害相弃也㉚；以天属者，迫穷祸患害相收㉛也。夫相收之与相弃亦远矣！且君子之交淡若水，小人之交甘若醴㉜。君子淡以亲，小人甘以绝㉝。彼无故以合者，则无故以离。"孔子曰："敬闻命矣！"徐行翔佯㉞而归，绝学捐书，弟子无挹于前㉟，其爱益加进。异日，桑雽又曰："舜之将死，真泠㊱禹曰：'汝戒之哉！形莫若缘㊲，情莫若率㊳。缘则不离㊴，率则不劳㊵，不离不劳，则不求文以待形㊶。不求文以待形，固不待物㊷。'"

## 【注释】

①孔子陈蔡被围见《天运》注。

②大公任：即大公，为对老者的尊称，任为其名，寓有放任逍遥之义，当为虚拟之人名。吊：慰问。

③意：与"鷾"通，鷾为燕鸟，指海燕之类。怠：鸵鸟之名，因其怠慢笨拙而得名。

④翂（fēn）翂翐（zhì）翐：形容鸟飞又低又慢的样子。

⑤引援：引导协助。

⑥迫胁：偎依在一起。

⑦绪：残余。

⑧斥：排斥。

⑨"饰知以惊愚"以下三句，与《达生》篇相重，见《达生》。

⑩大成之人：道德至高之人，相当于至人。又说指老子一类得道者。

⑪伐：夸耀。堕同"隳"，毁败。

⑫还与众人：还和普通人相同。

⑬道流：道之变化流行。不明居：不是明白可见的居留。

⑭得：与"德"通。不名处：不可用名言概念表述之存在。

⑮纯纯：纯一不杂。常常：恒常不变。

⑯狂：循性无心而行。

⑰削迹：消除一切形迹。捐势：抛弃一切权势。

⑱子何喜哉：反问孔子，既然至人不喜闻名于世，你又何必喜欢呢？子，孔子。

⑲裘褐（qiú hé）：裘为皮衣，褐为用兽毛或粗麻制成之短衣，贫贱之人所服。裘褐泛指粗陋之服。杼（shù）：橡实。

⑳乱群：淡漠无心，与物无害，故虽入兽群，野兽不受惊吓。

㉑子桑雽（hù）：人名，得道者。或以为即《大宗师》篇子桑户。

㉒再逐于鲁：鲁昭公时，季孙势力大增，危及公室，昭公想除掉季孙而失败，被迫逃亡国外，客死他乡，孔子因鲁乱而去齐，此为第一次被逐。后在定公时，孔子为鲁大司寇，摄行相事。齐国馈送女乐，季桓子接受而不朝，孔子为此而离去，开始漫长的周游列国的流浪生活。再逐于鲁即指此次。

㉓"伐树于宋"以下数事，皆见《天运》篇注。

㉔假：国名，为晋之属国，后为晋所灭。亡：逃亡。

㉕林回：人名，为假国逃亡之民。

㉖负：背负。趋：小步疾走。

㉗布："镈"的同声假借字。镈为一种像铲子样的农具，古人仿照其形状制成钱币，镈就成了古钱币之代称，假借为布。

㉘为其累与：因为它重吗。累，重。

㉙天属：以天性相连属。

㉚迫：迫近遭遇之意。穷祸患害：困穷灾祸危难。

㉛收：收留，容纳。

㉜醴（lǐ）：甜酒。

㉝绝：断绝。这句的意思是，小人相交以利，有利可图则甘美，无利可图则断绝，故虽甘美而易断绝。

㉞翔佯：与徜徉义近，逍遥自在的样子。

㉟绝学捐书：绝有为之学，弃圣贤之书。无挹于前：弟子们不需在老

师面前鞠躬作揖，过分讲求礼仪。挹，同"揖"。

㊱真泠：据王引之说，应作"洒令"，为传抄中造成之错误，此说可从。

㊲形：仪容举止。缘：随顺物性。

㊳率：直率，真诚。

㊴缘则不离：随顺物性则与物不离异。

㊵率则不劳：任真情自然坦率表露，不加文饰，故不需劳神。

㊶不求文以待形：不需对仪容举止进行文饰。文，文饰。

㊷"不求"二句：固：通"故"。物：衣冠、礼品、祭品之类。这两句的意思是说，只要心地真诚，就无须文饰，更无须外物相辅助。

## 【译文】

孔子一行被围困在陈国与蔡国之间某地，七天没有生火做饭，大公任前往慰问，说："先生快要饿死了吧？"回答说："是啊。"又问："您厌恶死吗？"回答说："是的。"大公任说："我尝试着说不死之道。东海上有一种鸟，它的名字叫意怠。这种鸟飞得又低又慢，好像无能的样子；要别的鸟引导协助而后起飞，与众鸟偎依在一起栖息；前进时不敢在前面，后退时不敢殿后；吃东西不敢先尝，一定要吃剩余的。因此在行列中不被排斥，而外人终不能相害，所以得免于患难。直的树木先被砍伐，甘美的水井先枯竭。您用心于修饰己智以惊醒愚昧，修养自身以显示别人卑污，光明显赫的样子像举着日月行走，所以不免于患难。以前我听道德至高的人说：'自我夸耀的人没有功绩，功成者必然毁败，名成者必然亏缺。'谁能舍弃功名而与众人相同！道变化流行不是明白可见的，德成于身是不可言说的；纯一而恒常，比之于循性无心而行之人；除去形迹抛弃权势，不追求功名。因而无求于人，人亦无求于我。至人不求闻名于世，您又何必喜好闻名于世啊！"孔子说："说得好啊！"于是辞别朋友，离开弟子，逃往旷野之中，穿粗陋之衣，食橡栗野果，入兽群不被惊扰乱群，入鸟群不被惊扰乱行列。鸟兽都不厌恶他，何况是人呐！

孔子问子桑雽说："我再次被鲁国驱逐，在宋国遭逢伐树之险，在卫国被拒绝入境，困穷于商、周，在陈、蔡之间受围困。我遭遇这么多次患难，亲朋老友愈加疏远，学生和朋友不断散去，为什么呢？"子桑雽说："您难道没有听说假国人逃亡之事吗？其逃亡之民放弃价值千金的玉璧，而背负着婴儿逃走。有人说：'是为钱吧？小孩子值钱很少；为了怕沉重吗？小孩子又比玉璧重得多。舍弃价值千金的玉璧，背负婴儿逃难，为什么呢？'林回说：'那是与利相合，这是与天性相合。'以利相合，遭遇困穷灾祸危难则相互抛弃；以天性相合，遭遇困穷灾祸危难则相互容纳。相互容纳与相互遗弃相差甚远，而且君子之交淡如水，小人之交甘美如甜酒。君子淡漠而相亲，小人甘美而易断绝，那些无故相合的，也就无故相离。"孔子说："敬听您的教诲！"缓慢而自由自在地归去，绝有为之学，弃圣贤之书，弟子也无须对老师作揖鞠躬，而相互敬爱之情日有增进。又有一天，子桑雽又说："舜在要死时，就对禹说：'你要当心！仪容举止莫如随顺物性，情感莫如坦率。随顺物性则与物不离异，情感坦诚则不劳心神。不离物不劳心神，则不追求对仪容举止加以文饰。不追求对仪容举止的文饰，更不待外物来加以辅助了。'"

## 【原文】

庄子衣大布而补之①，正纆系履而过魏王②。魏王曰："何先生之惫③邪？"

庄子曰："贫也，非惫也。士有道德不能行，惫也；衣弊履，穿贫也，非惫也，此所谓非遭时④也。王独不见夫腾猿⑤乎？其得柟梓豫章也⑥，揽蔓其枝而王长其间⑦，虽羿蓬蒙不能睥睨也⑧；及其得柘棘枳枸之间也⑨，危行侧视⑩，振动悼栗⑪，此筋骨非有加急⑫而不柔也，处势不便，未足以逞其能也。今处昏上乱相⑬之间，而欲无惫，奚可得邪？此比干之见剖心，征也夫！"⑭

## 【注释】

①大布：粗布。穿粗布制作又带补丁的衣服。
②正纆：整理扎束好腰带。纆（xié），通"絜"，带子。系履：鞋子已磨穿，用麻绳扎牢。过：至，去。魏王：魏惠王。

③惫（bèi）：疲乏困顿。

④非遭时：生不逢时，没有遇见好世道。

⑤腾猿：善于腾跃之猿猴。

⑥枏（nán）：楠的异体字。楠树为产于四川云贵各省的常绿乔木。梓：梓树，又称楸树，生长于长江以北的落叶乔木。豫章：即樟树，亦为高大乔木。

⑦揽蔓：把握牵扯。王长：怡然自得的样子。

⑧羿：古代传说中善射的英雄。曾协助尧上射十日，下射凿齿、九婴、封豨、修蛇等害兽。蓬蒙：羿之弟子，亦是善射之人。睥睨（pì nì）：斜视瞄准。言腾猿善跃，羿与蓬蒙也难以瞄准射中。

⑨柘（zhè）：桑科灌木。棘：带刺的小型枣树。枳枸：桔科带刺小灌木。

⑩危行：心存畏惧，行动谨慎。

⑪悼栗：畏惧战栗。

⑫加急：过分紧张。

⑬昏上乱相：对当权君臣之责骂。

⑭比干：殷纣王之臣，因忠谏不听，被剖心而死。见：先见。征：征兆。言比干已先见将被剖心之征兆。

## 【译文】

庄子穿着带补丁的粗布衣，扎好腰带系好鞋子去魏惠王处。魏惠王说："先生为何这样疲困呀？"

庄子说："是贫穷啊，不是疲困。志士有道德不得施行，是疲困；衣服破烂，鞋子磨穿，是贫穷，不是疲困，这是所谓没遭遇好世道。王难道未曾见过善于腾跃之猿猴吗？它们在枏梓豫章之类高大树林中，把握牵扯树枝而怡然自得于其间，就是羿与蓬蒙之类善射者也不能瞄准射中它们。及其在柘棘枳枸之类带刺的灌木丛中，行动谨慎而左顾右盼，内心震惊畏惧战栗，此时并非由于过度紧张而筋骨不柔软灵活，而是所处形势不利，不足以施展其本领啊。现在处于昏君与乱相之时而想要不疲困，怎么可能呀？这就是比干被剖心前已见征兆了啊！"

孔子穷于陈蔡之间，七日不火食，左据槁木，右击槁枝①而歌猋氏之风②。有其具而无其数③，有其声而无宫角④，木声与人声，犁然⑤有当于人之心。

颜回端拱还目而窥之⑥。仲尼恐其广己而造大⑦也，爱己而造哀⑧也，曰："回，无受天损易，无受人益难。⑨无始而非卒⑩也，人与天一也。夫今之歌者其谁乎？"

回曰："敢问无受天损易。"仲尼曰："饥渴寒暑，穷桎不行⑪，天地之行也，运物之泄⑫也，言与之偕逝⑬之谓也。为人臣者，不敢去之。执臣之道犹若是，而况乎所以待天⑭乎？"

"何谓无受人益难？"仲尼曰："始用四达⑮，爵禄并至而不穷。物之所利，乃非己⑯也，吾命其在外者⑰也。君子不为盗，贤人不为窃，吾若取之何哉⑱？故曰：鸟莫知于鷾鸸⑲，目之所不宜处不给视⑳，虽落其实㉑，弃之而走。其畏人也而袭㉒诸人间。社稷㉓存焉尔！""何谓无始而非卒？"仲尼曰："化其万物而不知其禅之者㉔，焉知其所终？焉知其所始？正而待之㉕而已耳！""何谓人与天一邪？"仲尼曰："有人，天也㉖；有天，亦天也。人之不能有天㉗，性也。圣人晏然体逝而终矣㉘！"

①据槁木：执持木杖。槁枝：以枯枝为击节之策。

②猋（yàn）：古通"焱"。焱氏即神农氏，传说为教民稼穑之古帝王。风：歌谣。

③具：敲击拍节之木棍等。无其数：作为乐器用的各种器具都有一定规格尺寸，即为数。此时只是信手取来，不合规格，故称无其数。

④宫角：宫、商、角、徵、羽五声之代称。

⑤犁然：犹"厘然"，条理分明。

⑥端拱：端立拱手。还目：转眼。

⑦广己：扩大己之德。造大：造作夸大。

⑧造哀：超乎自然，过分造作之哀痛。此句意为，孔子担心颜回把自

己的道德看得过高而有所造作夸大，由于爱已过深而哀痛过度。

⑨天损：自然带来的损害。人益：别人加给的超出自性的东西。如权势、利禄、名誉之类。

⑩无始而非卒：没有哪个起点不同时又是终点的。卒，终。庄子认为终与始是相对的、转化的。如晨是昼之始，夜之终，既是始，也是终。始终又在相互转化。自然如此，人亦如此。

⑪穷桎不行：困穷滞碍不能通达。桎，通"窒"，滞碍。

⑫运物之泄：万物运动过程之发泄。

⑬与之偕逝：与天地万物一起变化流行。

⑭待天：对待天道，对君命尚能执守勿违，何况是对待天道呢。

⑮始用四达：开始见用于世，即能四面八方无不通达。

⑯非己：物之所利，非关于己，乃是本性之外的附带之物。

⑰命其在外者：命运操纵在外，非由自己所主宰。

⑱"君子"三句：此句意为，非性分之所有，取之则为盗窃，故君子贤人不妄取。

⑲知：同"智"。鹢鴯（yì ér）：燕子。

⑳目之：看一眼。不宜处：不适宜停留。不给视：不再多看即离去。

㉑落其实：布下网和诱饵想逮住燕子。"落"与"络"通，指网；实即"食"，诱饵。

㉒其畏人也而袭诸人间：袭，入。这句的意思是，燕子畏惧于人，而又入于人宅筑巢以免害。

㉓社稷：指代国家。

㉔化其万物：万物生灭变化无穷。禅：相互更代。

㉕正而待之：持守正道以待其变化。

㉖有人，天也：人事变化莫不受天道支配。

㉗不能有天：指人不能支配天道。

㉘晏然：安然。体逝而终：体悟天道常行不息之性而终其天命。


【译文】

　　孔子一行困在陈国和蔡国之间某地，七天没有生火做饭。孔子左手拄着木杖，右手以枯枝击节，唱起神农氏时代的歌谣，虽有击节之具但不合标准，有声音但不合音律。敲木之声与歌唱之声，却条理分明而与人心相合。

颜回端正拱手而立，转眼看着孔子。孔子担心他把自己的道德看得过高而有所造作夸大，由于爱己过深而哀痛过度，就说："颜回呀，不受自然加给的损害容易，不受外人加给的利誉难。没有哪个起点不是终点的，人和自然是同一的。既然一切都是变化不息的，谁知今日唱歌者又是谁呢？"

颜回说："请问什么叫作不受自然加给的损害容易？"孔子说："饥渴寒暑侵袭，困穷滞碍不能通达，这是天地之运行，万物运动无穷之发泄，就是说与天地万物运动变化相和谐就是了。作为人之臣，不敢违背君命。执守臣之道尚且能如此，而何况以对待天道呢！"

颜回又问："什么叫不受人加给之利誉难？"孔子说："开始见用于世四面八方无不通达，官爵俸禄并至而不穷尽。这些外物带来的利益，并非关乎己之本性，乃是性外之物，外利得失之命运操纵于外。君子不做强盗，贤人不做窃贼，我要取这些性外之物算是什么人呢？所以说：鸟没有比燕子更聪明的了，看一眼不适宜停留不再多看即飞去，虽布下网及诱饵，仍弃之而去。它们害怕人又入人之宅筑巢以免害。人亦须赖国家以生存。"颜回又问："什么叫没有哪个起点不是终点？"孔子说："万物生灭变化无穷而不知如何相互更代，哪里知道它的终点？哪里知道它的起点？持守正道以待其变化就是了。"颜回又问："什么叫人与天是同一的？"孔子说："有人事之变化，又无不受天支配；有天道变化，亦出于自然。人不能支配天道，这是其本性决定的。圣人安然体悟天道常行不息之性而终其天命。"

## 【原文】

庄周游于雕陵之樊①，睹一异鹊②自南方来者。翼广七尺，目大运寸③，感周之颡而集④于栗林。庄周曰："此何鸟哉！翼殷不逝⑤，目大不睹⑥。"蹇裳躩步⑦，执弹而留之⑧。睹一蝉，方得美荫而忘其身；螳螂执翳⑨而搏之，见得而忘其形；异鹊从而利之⑩，见利而忘其真⑪。庄周怵然⑫曰："噫！物固相累，二类相召也⑬。"捐弹而反走⑭，虞人逐而谇之⑮。

庄周反入，三月不庭⑯。蔺且⑰从而问之："夫子何为顷间⑱甚不庭乎？"庄周曰："吾守形而忘身⑲，观于浊水而迷于清渊⑳。且吾闻诸夫子曰：'入其俗，从其俗。'今吾游于雕陵而忘吾身，异鹊感吾颡，游于栗林而忘真。栗林虞人以吾为戮㉑，吾所以不庭也。"

## 【注释】

①雕陵之樊：陵园内植栗树，外有篱笆围护。雕陵为陵园名。樊与"藩"通，藩篱之类。

②异鹊：异乎寻常之鹊。

③广：长。运寸：径寸，指鸟眼睛很大，直径有一寸。

④感：触碰。颡（sǎng）：额头。集：群鸟栖于树上。泛指鸟儿落下。

⑤殷：大。逝：往，飞走。

⑥不睹：看不见人，以致触碰庄周额头。

⑦蹇（qiān）裳：提起裤角。躩（jué）步：蹑足而行，生怕惊动鸟儿。

⑧留之：伫立伺机发弹而射之。

⑨执弹：用树叶遮蔽自身，以便偷袭猎物。弹，遮蔽。

⑩从而利之：指随之从中得利，可趁机捕到螳螂。

⑪忘其真：忘掉自己的本性。真，真性，本性。如鸟目大能视而不见，翼长能飞而不逃，不知避险保身，即是忘其真。

⑫怵然：惊惧警惕的样子。

⑬相累：相互牵累。蝉为美荫所累，螳螂为蝉所累，异鹊为螳螂所累，万物皆为利累而忘害。二类相召：不同物类相互招致。利与害、祸与福、忧与乐、得与失等等相与为类，相互对立，又是招致对方的条件。如螳螂之利在捕蝉，专注此利忘记异鹊在后；异鹊之利在螳螂，专注于此而忘记手持弹弓藏在树下的庄周。此利便成为招致彼害的条件，只有无求才能远害。

⑭反走：返身跑回去。

⑮虞人：看管陵园之人。逐：追赶。谇：责骂。以其为偷栗之人。

⑯ 三月：应作"三日"。不庭：不快意、不开心之意。庭，读为"逞"音。

⑰ 蔺且：庄子弟子。

⑱ 顷间：近来，近期。

⑲ 形而忘身：形、身，都指人自身。庄子言己虚静时知守形，动作时则忘身。如蝉、螳螂、异鹊在没有外利引诱而静处时知警觉，一旦专注外利而动作时，警觉便消失，从而忘记自身之危险。

⑳ "观于"句：此为庄子自喻。言其能冷眼旁观世人追名逐利之危险，却不懂自己应当避开之道理。

㉑ 戮：辱。

## 【译文】

庄周在雕陵里面游玩，看见一只奇异的鹊鸟从南边飞来，翅膀长有七尺，眼睛的直径有一寸长，触碰庄周之额头，而落在栗树林中，庄周说："这是什么鸟啊！翅膀长而不飞去，眼睛大而不见人。"便提起裤角蹑步而行，拿着弹弓伫立伺机发弹击之。看到一只蝉正在浓密的树荫下而忘记自身的危险，螳螂躲在树叶后伺机偷袭，见得而忘记自身的危险；奇异之鹊随之而从中得利，见利而忘记其真性。庄周警惕地说："唉！物类本来是相互牵累，二类对立而又相互招致。"丢下弹弓反身跑回去，看管陵园的人以为他偷了东西，在后面追赶责骂。

庄周返回家中，接连三日不快意，学生蔺且因而问道："先生近来为何很不快活呀？"庄周说："我静能守形，动却忘身，我能看破世人追名逐利之危险，自己却不知躲避。而且我听先生说：'入乡随俗，服从禁令。'现在我在雕陵中游玩却忘了自身，奇异之鹊触碰我的额头，游于栗林而忘记真性；栗林的看守人因而责骂我，我所以不快意呀。"

## 【原文】

阳子①之宋，宿于逆旅②。逆旅人有妾二人：其一人美，其一人恶③。恶者贵而美者贱。阳子问其故，逆旅小子④对曰："其美者自美⑤，吾不知其美也；其恶者自恶，吾不知其恶也。"

阳子曰："弟子记之，行贤而去自贤⑥之行。安往而不爱哉！"

## 【注释】

①阳子：阳朱，见《应帝王》篇注。

②逆旅：旅店。

③恶：丑。

④小子：年轻人，指旅店主人。

⑤自美：自以为美。

⑥自贤：自以为贤。

## 【译文】

阳朱去宋国，寄宿在旅店里。旅店主人有两个小妾，其中一个漂亮，一个丑陋，丑陋的被尊宠，漂亮的被轻贱。阳朱问这是什么缘故，店主人回答说："那个漂亮的自以为很漂亮，我却不知她哪儿漂亮；那个丑陋的自以为丑陋，我却不知她哪儿丑陋。"

阳朱说："弟子们记住，品行贤德而又能丢掉自以为贤的想法，哪里会不受爱戴呢！"

## 【解析】

本篇由各自独立的九则寓言故事组成，每则寓言故事的主旨不尽相同，但大体上反映了社会生活中的种种体验和感悟，不乏深邃的人生哲理和对社会问题的深刻认识。

本篇仍主要是讨论处世之道。篇内写了许多处世不易和世事多患的故事，希望找到一条最佳途径，而其主要精神仍是虚己、无为。

全文分为九个部分。第一部分至"其唯道德之乡乎"，写山木无用却能保全和雁不能鸣因而被杀，说明很难找到一条万全的路，最好的办法也只能是役使外物而不被外物所役使，浮游于"万物之祖"和"道德之乡"。这一部分对于揭示篇文题旨最为重要。

第二部分至"其孰能害之"，指出贪图权位必然引起争端，必然带来祸患，唯有"虚己"才能除患避祸。第三部分至"而况有大涂者乎"，通过赋敛以造钟的故事讽喻不应拘滞于物，真正需要的是顺其自然。第四部分至"而况人乎"，写孔子在陈、蔡之间被围，说明仕途多艰，"削迹捐势""不为功名"才是处世之道。第五部分至"固不待物"，通过孔子和子桑雽的对话，进一步提出忘形、率情的主张，即顺应自然去行动，遵从本性去纵情。第六部分至"此比干之见剖心，征也夫"，写庄子的贫困，原因却在于"今处昏上乱相之间"。第七部分至"圣人晏然体逝而终矣"，通过孔子被围时的态度，说明圣人身处逆境也能安然顺应。第八部分至"吾所以不庭也"，借庄子一系列所见喻指人世间总是在不停的争斗中。余下为第九部分，通过一个有趣的小故事，说明忘形的重要。

## 【证解故事】

### 纵横相交，进退自如

战国时的张仪，学了一套"纵横术"，带了几位同乡跑到楚国去求富贵。因一时找不到门路，在楚国潦倒起来，生活异常困难，同去的人过不下去了，便怨气冲天地嚷着要回家去。张仪就说："你们是不是因为穷了，享受不到什么就要回去？那根本不成问题。这样吧，再等几天，不是我夸口，只要见楚王之后，我包管大家吃穿不尽，否则的话，你们可敲碎我张仪的门牙！"

那时候，楚王宠爱着两个美人，一个是南后，一个是郑袖。

张仪那天见到了楚王，楚王十分不悦。

张仪就说："我到这里相当久了，大王还没有给我一点事做。如果大王真的不想用我的话，请准我离开这里，去晋国跑一趟，到那边碰碰运气！"

"好吧，你只管去吧！"楚王巴不得他快些离开，便一口答应。

"当然，不管那边有没有机会，我还是要回来一次的。"张仪说，"但请问大王，需要从晋国带些什么？譬如那边的土特产，您若喜欢，我可顺便带一些回来！"

楚王冷眼向他扫一扫，淡淡地说："金银珠宝，象牙犀角，本国多的是，对于晋国的东西没什么可稀罕的。"

"大王就不喜欢那边的美女吗？"张仪问。

楚王一听这话，肌肉立即放松，眼一亮，连忙问："什么？你说什么？"

"我说的是晋国的美女。"张仪一本正经地说，还做起手势向楚王解释，"哦，那真是妙呀！漂亮极了！晋国的女人，哪一个不似仙女一样？粉红的脸蛋儿，雪白的肌肤，头发黑得发亮，走起路来如风吹杨柳，说话娇娇滴滴，简直比银铃还清脆。正所谓比花花枯，对月月无光，云鬓压衡岳，裙带系湘江……"

这一席话引得楚王的眼珠一直跟着张仪的手势转，连嘴巴也合不拢了，说："对！对！对！本国是一个荒僻地区，我从未见过晋国的那些小娃们，你不说，我倒忘了，那你就给我去办，多带些这样的名土特产回来吧！"

"不过，大王……"

"那还用说，货款是需要的。"楚王立即给了张仪很多银子，纷咐他从速办理。

张仪又故意把这消息传开，直传到南后和郑袖的耳朵里。两人听了，大为恐慌，连忙派人去向张仪疏通，告诉他说："我们听说张先生奉楚王之命到晋国去买土特产，特地送上盘缠，给先生做路费！"因此，张仪又捞了一把。

张仪要向楚王辞行了，装出依依不舍的样子，说："我这一次到晋国去，路途遥远，交通不便，不知哪一天可回来，请大王赐我几杯酒，给我壮壮胆吧。"

"行，行！"楚王客气地叫人赐酒给张仪。

张仪饮了几杯，脸红起来，又装模作样地再拜请楚王说："这里没有别的人，敢请大王特别开恩，叫最信得过的人出来，亲手再赐我几杯，给我更大的鼓励和勇气。"

"可以，不成问题，只要你能早日完成任务！"

楚王看在"土特产"的分上，特别把最宠爱的南后和郑袖请了出来，轮流给张仪敬酒。

张仪一见，连酒都不敢饮了，"扑通"一声跪在楚王面前，说："请大王把我杀了吧，我欺骗大王了。"

"为什么？"楚王惊讶不已。

张仪说："我走遍天下，从未遇见有哪个女人长得比大王这两位贵妃漂亮的。过去我对大王说过要去找'土特产'，那是没有见过贵妃之故。现在见了，觉得已把大王欺骗了，真是罪该万死！"

楚王松了口气，对张仪说："我以为什么呢！那你不必起程了，也不必介意。我明白，天下根本没有谁比得上我的爱妃，是不是？"

南后和郑袖同时眨两下眼，嘴一撇："嗯！"

这样张仪以其如簧之舌虚构了一种现象，从中大捞了一把。

## 祸于前，急流勇退

李善长是明朝的开国元勋之一，学问渊博，富有智谋，明太祖攻克滁州后，李善长就一直在明太祖身边担任军师。明太祖登基以后，李善长被封为左丞相，因为右丞相徐达常年征战在外，朝廷政务事无巨细全由李善长处理。李善长历史知识丰富，处事干练、裁决如流，又善于文辞，明初许多重要条令均出自他手。所以，洪武三年大封功臣时，明太祖对大臣们说："李善长虽无汗马功劳，然而跟随我这么久，出了不少好主意，这个功劳不是一般军功可以相比的。"于是便授李善长为"开国辅运推诚守正文臣，特进光禄大夫、左柱国、太师、中书左丞相，封韩国公，岁禄四千石，子孙世袭"。

李善长外表宽和，但处理朝政极为顶真。有一次，参议李饮冰、杨希圣稍有点越权办事，侵犯了丞相的权限，李善长认为这是绝对不允许的事，便向明太祖奏报，要贬黜李饮冰、杨希圣。御史中丞刘基为此与他争论法律问题，他争辩不过，竟出口大骂刘基。刘基见李善长摆出丞相的架子，惹不起他，便向明太祖辞官。明太祖虽然没有因这件事怪罪李善长，但对李善长如此看丞相的权限而且有点骄傲的态度，心里颇有点厌恶。李善长是个聪明人，觉察到明太祖对自己的态度已发生微妙的变化，便急流勇退，于洪武四年正月以生病为由，向明太祖辞去左丞相的职务。明太祖亦顺水推舟，未加挽留，同意李善长辞官，还赐了临濠地方若干顷土地给他。

明太祖开始对李善长不信任时，曾打算提拔杨宪为丞相，便向御史中丞刘基征求意见。刘基虽与杨宪私人关系很好，却认为不可。明太祖感到很奇怪，刘基解释道："杨宪有当丞相的才能，但没有当丞相的器量。当丞相，须持心如水，以义理为权衡，个人利益应置之度外才行。杨宪是做不到这一条的。"明太祖又问道："你看汪广洋这个人怎么样？"刘基答道："汪广洋人品和器量都是好的，就是才能上差了一些。"明太祖再问："那么，胡惟庸这个人你以为如何？"刘基笑了笑道："他始终不过是个牛犊，要拉丞相这副犁恐怕是吃不消的！"于是明太祖道："我看丞相这副架子还是由先生来挑吧！"刘基忙推辞道："不可，不可！臣自己知道，我这个人容易得罪人，且身体也不好，丞相这样的职务是担当不起的。其实天下何患无才，愿陛下悉心求之。"

侍君如侍虎，在清楚地明了自己的前程时，应该早做打算，李善长就采取了急流勇退的战术，何乐而不为呢。

## 谋大权识大局

明成祖朱棣皇位的得来深层意义或本质和李世民差不多，只是后者选择的方式是实质意义的"武装暴乱"而已。朱棣为明太祖朱元璋第四子，妃徐氏所生，太子朱标异母庶弟。洪武二年（1369年）封为燕王，分府燕京，与晋王㭎、代王桂、辽王植边镇诸王一起担起了抗击蒙元残余势力的大任。

正是借助于此时国家政权不稳固而不得不委皇子兵权重任的机会，在抗击蒙古贵族的骚扰中大发"国难"横财。洪武二十三年，诏命燕王、晋王等辽、燕诸王出兵漠北，进讨蒙古丞相咬住、太尉乃儿不花。可是拥有八万带甲之士的晋王却偏偏在蒙古方面强劲骑兵的重点防御下前进不得，而朱棣又听纳傅友德等能兵善战的将领的计谋，统兵避实就虚而进，真捣乃儿不花部老巢迤都山，咬住等归降，获其辎重、牛羊、妇女以归，声名大振。二十五年夏四月癸未督傅友德诸将出塞，败敌而还。二十六年春三月协晋王节制沿边诸将"诏二王军务大者"上报，余可自专，为其势力的发展创造了先决条件。二十八年春率总兵官周兴出辽东塞征敌，六月辛巳大军自开原追敌至甫答迷城，无功而还。二十九年春二月辛亥率部巡大宁边。三月甲子遇敌于彻儿山，败之。又追败之于兀良哈秃城，漠北震动。明军勒石告天而还，如霍去病燕然山刻铭故事，军功盖子朝廷。至洪武三十一年五月戊午，一辈子疑神疑鬼的朱元璋临死前为了确保朱明江山万年及年幼的孙子朱允炆皇位永固，诏明"都督杨文从燕王棣，武定侯郭英从辽王植，备御开平，俱听燕王节制"，为其死后朱棣以功、势发动意在夺取皇位的靖难战争提供了一切条件，而等到颇类乃父、朱棣的儿子汉王朱高煦，再想以自己在靖难之役即乃父从其堂兄建文帝手中夺位时立下的功劳为资本，从自己的侄子宣德皇帝手中夺取皇位时，却在宣宗御驾亲征的战斗中困败，投降于武宁州。落得个永锢高墙的结果。明成祖朱棣凭借军功，以小权谋大权，从"边镇藩王"到"节制边将"，且果断地抓住了朱元璋的遗诏，最终在靖难之役中夺位成功。

## 身先士卒

建安三年三月，曹操再度亲临淯水东岸。

这次曹操仍留下荀彧及程昱这对最佳搭档驻守许都，自己带领荀攸、郭嘉、曹仁、曹洪、于禁、吕虔、许褚等浩浩荡荡出发。一路上麦田已成熟，因听到军队路过居民吓得四处逃散，没有人敢留下来收割粮食。

曹操有感于汉末以来战祸连连，军纪败坏，平民受苦最烈，听说有军队到来无不谈虎色变，逃之夭夭，因此，他向各军下达指令："吾等奉天子明诏，出兵讨伐叛逆，与民除害。方今麦熟之时，不得已而起兵，大小将校凡过麦田，但有践踏者，并皆斩首，军法甚严，尔民勿得惊疑。"

官兵闻知，经过麦田时无不小心翼翼，皆下马以手扶麦，递相传送而过。偏偏只有下命令的曹操轻松自如地坐在马上，欣赏着随风起伏的黄金色麦田，对这次命令的政治效果，正在得意地暗自估评着。

突然，麦田里飞出一只鸠鸟，曹操的坐骑被吓了一跳，窜入麦田中，踩坏一大片麦地。曹操紧急之下，脑筋一动，立刻到主簿处请罪。

主簿很为难地表示："军令怎可用在丞相（当时曹操已由献帝授以丞相职位）身上呢？""我自己下的命令，怎么可先不遵守，这样如何让别人心服呢？"

曹操说完，便做出一副准备自杀的模样。

郭嘉看出曹操的心意，立刻阻拦并表示说："古者春秋之义，法不加于尊，丞相统领大军，怎可自戕？"

曹操想了很久严肃地说："既然春秋有法，不加于尊，我姑且暂免死刑，但乃以头发代替之。"

说完，拔剑割下头发交给主簿，并传送各军营示众："丞相践麦，割发以代。"

于是全军悚然，没有人再敢忽视军令，纪律大整。

作为一个领导者，不仅要要求自己的属下遵守纪律，更要严于律己，要用自己的实际行动去维护纪律的尊严，树立纪律的威信。

## 心思细密，考虑周到

人们考虑事情往往从数量和规模上着眼，以为量大就能取胜，规模宏伟就能占优势，然而有时未必，一盘散沙无论如何都不具有什么威胁力。如果个个都是精品，含金量高，这才能体现真正的实力。

公元215年，曹操率大军讨伐张鲁，在合肥留下七千守军和一封信，信封上写道："敌人来了，再打开看。"

八月，孙权率军队十万人围攻合肥。此时，合肥城内有张辽、李典、乐进率七千人马屯兵驻守。孙权大兵到达，张辽等人打开信，信中写着："孙权若攻打你们，张、李将军出战迎敌，乐将军守城，护军不要参战。"将军们认为如此寡不敌众，都怀疑曹操的指示有问题。张辽说："魏公远征张鲁，等他派救兵到这儿，我们已经被攻破了。所以他在信中指示，在敌人安排停当前，予以迎头痛击，以摧折敌军气焰，安定我军军心，然后才可能回城固守。"乐进等人都沉默不语。张辽气愤地说："胜负成败，在此一战。诸位若还犹豫不决，我张辽将独自决一死战。"李典原本与张辽不和，却感慨地说："这是国家大事，您的计谋是为国家着想，我怎么能因为私人的恩怨而损害公义呢！我将和您一起出战。"于是，张辽当夜募集敢死队员八百人，杀牛设宴隆重犒劳他们。第二天清晨，张辽身穿铁甲，手持战戟，身先士卒，冲锋陷阵，杀敌数十人，斩敌两员大将，高喊自己的名字，冲破敌兵营垒，直杀到孙权的大旗下。孙权大惊，手足无措，退到一座高丘上，用长戟自卫。张辽大声叫喊着，要孙权下来决一死战，孙权不应战，看到张辽的人马并不多，乃下令将张辽重重包围。张辽急忙冲出重围，仅带出数十人，陷在敌阵中的人高喊："将军要抛弃我们吗？"张辽又反身杀回，再度冲出重围，救出其余的战士。孙权的人马都望风披靡，不敢抵挡。从清晨一直战到中午，东吴的士兵都十分沮丧，全无斗志。张辽命令回城，部署守城，整修城防，军心开始安定下来。孙权围攻合肥十多天，无法破城，只好撤军。士兵们已经集合列队上路，孙权和部下将领们还在逍遥津北岸，被张辽从远处看见。张辽突然率步骑兵杀到。甘宁与吕蒙等人奋力抵御，凌统率领亲兵挽扶孙权冲出包围，又杀进去与张辽奋战，身边的战士全部战死，他自己也受了伤，估计孙权已无危险，他才撤回。孙权乘骏马来到逍遥津桥上，桥南边的桥板已经撤去，有一丈多宽没有桥板。亲兵监谷利在孙权马后，要孙权坐稳马鞍，放松缰绳，他在后面猛加一鞭，战马腾空跃起，射向南岸。贺齐率三千人在南岸迎接，孙权因此而幸免于难。孙权登上大船，在船舱设宴饮酒压惊，贺齐从席间走出，流着泪说："主公为一国之尊，做事应处处小心谨慎，今天的事情，几乎造成巨大灾难。我们这些部属都深感震惊，如同天塌地陷，希望您永远记住这一教训。"孙权亲自上前为贺齐擦去眼泪说："我很惭愧，一定把这次教训铭刻在心中，绝不仅仅用笔记录下来就算了事。"

此次孙权率大军出征，以为能够凭借悬殊的兵力，强取豪夺，却没有一个万无一失的战略准备，不料反被逼入绝境，险些送命，这就是鲁莽出兵所带来的后果。

看另外一个故事：

公元537年，东魏丞相高欢统师大军讨伐西魏，在蒲坂造浮桥三座，佯装渡黄河。西魏丞相宇文泰对手下将领说："敌兵从三个方向牵制我们，又制作浮桥准备渡河，其实他们的用意是想诱引我军在此设防，使窦泰趁机西进。"

宇文泰说："高欢自从起兵以来，窦泰经常当他的先锋，手下的许多精兵由于经常取胜已变得骄傲起来，现在进行袭击，一定能够打败他们，而打垮了窦泰，高欢就会不战而逃。"各位将领都说："贼兵就在近处，我们舍近而袭远，假如出现失误，那后悔就来不及了！不如分兵抵御他们。"丞相宇文泰又说："高欢第二次攻打潼关的时候，我们的军队始终没有离开灞上，现在敌人大举进攻，认为我们肯定会防守，这便会产生轻视我们的想法，借这个机会袭击他们，还怕不能取胜吗？贼兵虽然搭起了浮桥，但还不能径直渡河，用不了几天，我一定能捉住窦泰！"大行台左丞苏绰、代州籍的中兵参军达奚武也认为宇文泰的话很对。

经过一番争论，各位将领意见仍不统一。宇文泰先不说自己的计谋，而是问担任直事郎中的侄子宇文深，有什么退敌之法。于文深回答说："窦泰是高欢手下的一员猛将，如今我们的大军若是攻打蒲坂，高欢坚守不出，窦泰前来救援，那么我们就会出现内外受敌的局面，这是一条危险的道路。不如选出一支轻装的精锐部队悄悄地从小关出击。窦泰性格急躁，必来同我们决战，而高欢老成持重，不会立即救援，这样的话，我们迅速攻击窦泰，就一定能够捉住他。捉住了窦泰，高欢的进攻自然就被阻止，我们回军袭击高欢，可以取得决定性的胜利。"

宇文泰听了之后说道："我也是这样想的。"于是他就声称要保住陇右地区，暗中悄悄地带领部队从东面出兵了。两日后，到达了小关。窦泰突然听说敌军到了，忙从风陵渡过黄河。宇文泰冲出马牧泽，攻击窦泰，把他打得大败，手下的士兵也被消灭，最后窦泰自杀。宇文泰叫人把他的头颅送到了长安。东魏的丞相高欢因为黄河上的冰太薄，无法赶去救援，只好拆除浮桥撤退，代州籍的仪同三司薛孤延为全军殿后，逢山开路，一天之内连续砍坏了多把战刀，才得以撤回。西魏丞相宇文泰获胜后率部队返回长安。

勿以恶小而为之，勿以善小而不为。在我们的生活中一定要注意小节，不要使小错误成为失败的开端。

## 发散思维的巧妙利用

在今天人才辈出的年代，创造性的思维不讲究单一模式，思想活跃不受拘束，考虑问题的角度和方式也多样化，这样问题就会迎刃而解。尉迟运就是一个具有创新思维的人，面对敌军的火攻，他有一套独到的计策。

公元 574 年，北周都城长安城内，周武帝准备出巡，临走时把太子和大臣们召集起来，语重心长地说："皇儿，爱卿，朕此番出巡，朝中许多大事，都靠你们了。京师的安全，王业的威望，你们要时刻挂在心上。"

大臣和皇太子都毕恭毕敬地答应着，表示要把皇帝的嘱托铭记在心。

但武帝一离开皇宫，长安城里就发生了一场蓄谋已久的政变。原来，皇子宇文直早就企望当太子，但费尽心机也没有当上，一直对太子怀恨在心。这次见父亲巡游出宫，认为是大好时机，便征集部下，率兵包围了皇宫，逼太子让位。

宇文直耀武扬威，直冲宫殿正中的肃章门。当时守在肃章门的一个武将，名叫长孙览。长孙览见是皇子领兵而来，不敢抵抗，也不知如何是好。

宇文直更加得意忘形，喝令军队冲进肃章门。这时守在肃章门的副将尉迟运看到此情景，便明白发生了兵变，忙命令关上城门。这时宇文直的兵士正向里冲，尉迟运带领人拼命关门，双方发生了激烈的争夺战。尉迟运的手指被砍伤，但他拼命领着人把城门关上了，将宇文直阻止在门外。

宇文直见硬冲不行，便下令放火烧城门。霎时间，干柴烈火在城门外烧成熊熊烈焰，城门也眼看烧成了火焰门。尉迟运知道，如果城门被烧开，皇宫内的御林军很难抵抗宇文直的军队。这时，他突然想到要以火攻火。于是便命军士们从宫中搬来木材堆在城门内，又倒上油。说时迟那时快，城门外的烈焰烧焦了城门，又顺势燃着了城门内的木材。

大火烧了很长时间，宇文直的人马急于攻进皇宫，但尉迟运不停地指挥兵士向烈火中投木材，使宇文直无法冲进城门。就这样，大火将两军隔开对峙。尉迟运又命皇宫内的御林军，从另一个小门冲杀到宇文直军后，宇文直军后大乱。宇文直前面无法进兵，只得掉过头来与进攻后方的御林军战斗，尉迟运乘机把宇文直杀得大败而逃。

周武帝回京后，立即派人抓回宇文直，判了死罪，并重赏了尉迟运。

俗话说，心急吃不了热豆腐，宇文直求胜心切，贸然采取火攻，尉迟运则为之添火加柴，让火烧得更猛烈，以致于宇文直引火上身，丢了自己的身家性命。

同样，贺若敦在惩治叛军时既没有严肃军法也没有施以小惠，而是从敌军入手，让他们不敢接收叛军，而是利用战马阻挠。

公元 560 年，正是南北朝混战时期。北朝的五胡十六国更是战乱纷纷。

北周明武帝拜贺若敦为大将军，在湖州城里驻军。当时，北周同其他国一样，面临着军心不稳的隐患，兵士厌战逃跑的很多。有一些兵士竟然跑到敌国南陈去，而南陈又派降兵接应鼓动大批军士继续逃跑，对北周极为不利。眼看城内粮草空虚，人心慌乱，逃兵日多，贺若敦愁眉不展。怎样才能制止逃兵呢？

贺若敦想到湖州城四面环水，投敌士兵都是对方用船来接应。想到此，贺若敦计上心来，能不能在水上、船上下功夫呢？

第二天，贺若敦把想好的计谋暗暗嘱咐士兵，士兵们依计而行，把战马牵出城来到河边，只见河中停着许多船只，他们开始牵马上船。当战马刚要上船时，士兵们举起马鞭，使劲地抽打马匹。那些战马前蹄腾空，嘶叫着不肯上船。这时又有些士兵上来，再把战马向船上拉，待马蹄刚踏上船板时，士兵们又举鞭猛抽。这样反复演习训练，后来，所有的战马一看见船，就恐惧地向后退。即使用力拉，用鞭子抽，战马也死活不上船。

贺若敦看到战马已训好，便又实行第二步计划。他命令几十名兵士骑着训好的战马，到水边向南陈军假投降。他们大喊："南陈的军爷，我们是北周的士兵，我们要投降，赶快来接应吧。"

南陈的军士们一看，这次来的人很多，都骑着高头骏马。南陈的将士很高兴，赶忙把船划过来接应。谁知船一靠岸，北周的士兵下了马，一个个拼命牵马上船，但那些战马挺直了后腿，就是不肯上船。

南陈的官兵一看，纷纷上岸帮助北周士兵牵马上船。就在双方竭力牵马上船时，贺若敦在岸边的伏兵四起，他们和岸上假投降的兵士同心协力，趁南陈船上空虚，占据了南陈的战船，一举歼灭了南陈的士兵，大获全胜。

从此，贺若敦的士兵即使真有投降的，南陈也不敢接纳了。

# 田子方

## 【原文】

田子方①侍坐于魏文侯②,数称谿工③。

文侯曰:"谿工子之师邪?"

子方曰:"非也,无择之里人也。称道数当④,故无择称之。"

文侯曰:"然则子无师邪?"

子方曰:"有。"

曰:"子之师谁邪?"

子方曰:"东郭顺子⑤。"

文侯曰:"然则夫子何故未尝称之?"

子方曰:"其为人也真,人貌而天虚⑥,缘而葆真⑦,清而容物⑧。物无道,正容以悟之⑨,使人之意也消。无择何足以称之!"

子方出,文侯傥然⑩,终日不言。召前立臣而语之曰:"远矣!全德之君子。始吾以圣知之言、仁义之行为至矣;吾闻子方之师,吾形解⑪而不欲动,口钳⑫而不欲言。吾所学者直土梗⑬耳!夫魏真为我累耳!"

## 【注释】

①田子方:姓田字子方,名无择,魏文侯之师,魏之贤者。

②魏文侯:名斯,战国初年魏国君主。

③谿工:人名,魏之贤者。

④称道数当:讲说大道。数当,常常恰当,合乎道理。

⑤东郭顺子:魏之得道真人。东郭为其住地,以住地为号。顺为其名,子是尊称。

⑥天虚:心像天一样空虚。

⑦缘:随顺物性。葆真:保持真性不失。

⑧清而容物：心性高洁而又能容人容物。

⑨物无道，正容以悟之：人与事不合于道。正容，端正己之仪态。悟之，使人自悟其失而改之，不加辞色。

⑩傥然：若有所失的样子。

⑪形解：身体松弛懒散。

⑫口钳：口像被钳住一样，懒于开口讲话。钳，钳住。

⑬土梗：由土木做成的偶像，无生命之物。

## 【译文】

田子方陪坐在魏文侯旁边，多次称赞豀工这个人。

文侯说："豀工是先生的老师吗？"

子方说："不是，只是我的同乡。谈论大道有理有据，所以我称赞他。"

文侯说："那么先生没有老师吗？"

子方说："有。"

又问："先生的老师是谁呢？"

子方说："是东郭顺子。"

文侯说："可是，先生为什么从来没有称赞过他呢？"

子方说："他为人真诚，具有人的体貌和天一样空虚的心，顺应物性而保持本性，心性高洁又能容纳万物。人与事不合正道，他端下自己的仪态使人自悟其过而改之。我哪里配得上去称赞他呀！"

子方出去后，文侯表现出若有所失的神态，整天不言语。召呼站在面前的侍臣对他说："太深远玄妙了，真是一位德行完备的君子！起先我认为仁义的行为、圣智的言论是至高无上的。听到子方老师的情况后，身体松散不愿动，口像被钳住一样懒得开口，反过来看我所学的东西，只是没有生命的土偶而已！魏国真成了我的累赘啊！"

## 【原文】

温伯雪子①适齐，舍于鲁。鲁人有请见之者，温伯雪子曰："不可，吾闻中国之君子，明乎礼义而陋②于知人心，吾不欲见也。"至于齐，反舍于鲁，是人也又请见。温伯雪子曰："往也蕲③见我，今也又蕲③见我，是必有以振④我也。"出而见客，入而叹；明日见客，又入而叹。其仆曰："每见之客也，必入而叹，何邪？"曰："吾固告子矣，中国之民，明乎礼义而陋乎知人心。昔之见我者，进退一成规一成矩⑤，从容一若龙一若虎⑥，其谏我也似子⑦，其道⑧我也似父，是以叹也！"仲尼见之而不言。子路曰："吾子欲见温伯雪子久矣，见之而不言，何邪？"仲尼曰："若夫人⑨者，目击而道存⑩矣！亦不可以容声矣！"

## 【注释】

①温伯雪子：人名，楚国之得道者，或为庄子虚拟之人名。

②陋：浅陋。

③蕲：通"祈"，请求。

④振：启发，或作救解，救己之失。

⑤这句意思是：见客时行礼无不合乎规矩。

⑥若龙、若虎：形容动作仪态蕴含不可抵御的威武气势。

⑦似子：如同儿子对待父亲，形容宣言规劝时态度之恭顺。

⑧道：同"导"，引导、指导。

⑨若：如。夫人：此人，这个人。

⑩目击而道存：用眼睛一看而知大道存之于身，无须言说。

## 【译文】

温伯雪子往齐国去，途中寄宿于鲁国。鲁国有个人请求见他，温伯雪子说："不可以。我听说中原的君子，明于礼义而浅于知人心，我不想见他。"到齐国后，返回时又住宿鲁国，那个人又请相见。温伯雪子说："往日请求见我，今天又请求见我，此人必定有启示于我。"出去见客，回来就慨叹一番，明天又见客，回来又慨叹不已。他的仆人问："每次见此客人，必定入而慨叹，为何呢？"回答说："我本来已告诉过你：中原之人明于知礼义而浅于知人心，刚刚见我的这个人，出入进退——合乎礼仪，动作举止蕴含龙虎般不可抵御之气势。他对我直言规劝像儿子对待父亲般恭顺，他对我指导又像父亲对儿子般严厉，所以我才慨叹。"孔子见到温伯雪子一句话也不说，子路问："先生想见温伯雪子很久了，见了面却不说话，为何呀？"孔子说："像这样的人，用眼睛一看而知大道存之于身，也不容再用语言了。"

## 【原文】

颜渊问于仲尼曰："夫子步亦步，夫之趋亦趋，夫子驰亦驰①，夫子奔逸绝尘②，而回瞠若乎后矣！"

夫子曰："回，何谓邪？"

曰："夫子步亦步也；夫子言亦言也；夫子趋亦趋也；夫子辩亦辩也；夫子驰亦驰也；夫子言道，回亦言道也；及奔逸绝尘而回瞠若乎后者，夫子不言而信，不比而周③，无器而民蹈乎前④，而不知所以然而已矣！"

仲尼曰："恶！可不察与？夫哀莫大于心死，而人死亦次之。日出东方而入于西极，万物莫不比方⑤。有目有趾者，待是而后成功，是出则存，是入则亡⑥。万物亦然，有待也而死，有待也而生⑦。吾一受其成形⑧而不化以待尽⑨，效物而动，日夜无隙⑩，而不知其所终⑪；薰然其成形，知命不能规乎其前⑫，丘以是日徂⑬。

"吾终身与汝交一臂而失之，可不哀与⑭？汝殆著乎吾所以著也，彼已尽矣⑮，而汝求之以为有，是求马于唐肆⑯也。吾服⑰，汝也甚忘；汝服，吾也亦甚忘。虽然，汝奚患焉！虽忘乎故吾，吾有不忘者⑱存。"

## 【注释】

①趋亦趋：趋，小步疾行。"趋亦趋"和"驰亦驰"是说你怎么样，我也跟着怎么样。

②奔逸绝尘：跑得极快，好像脚掌与地面没挨着一样，即跳跃性奔跑的意思。

③不比而周：即使不是亲友，你也能对人关怀考虑得十分周到。比，私意亲近。周，周遍相亲。

④无器而民蹈乎前：器，名位、权势利禄。蹈，人多会聚的样子。是说孔子没有地位名分，却有很多人在追随着他。

⑤比方：言人顺从太阳的方向动作。比，顺从。方，方向。

⑥是出则存，是入则亡：是，此，指日，太阳。存，有。亡，无。意思是太阳出来就工作，太阳落山就无事可做而休息。

⑦有待也而死，有待也而生：万物皆待造化而有生死转化，就像人随日出没而作息一样。

⑧吾一受其成形：人一生下来就有了人的形体，即秉受了天赋的形体。

⑨不化以待尽：不会化作他物，只能等待穷尽其天年。

⑩效物而动，日夜无隙：效，感。隙，间隙，空闲，休息。人一生本能反应性地忙忙碌碌，日夜操劳，得不到休息。

⑪不知其所终：人生对命运的不可抗拒，不知道自己将来会是什么样子（或下场）。

⑫薰然其成形，知命不能规乎其前：薰然，形容气自动聚合为形的情况。规，窥，预知。

⑬日徂（cú）：徂，往，但似乎蕴含着沮，即沮丧之意蕴。

⑭吾终身与汝交一臂而失之，可不哀与：字面意思是比喻机会极好却当面错过，即失之交臂。实际上是指人与人之间相互理解的困难，所以说这是一种让人悲哀的事情。

⑮汝殆著乎，吾所以著也，彼已尽矣：汝，你。殆，仅、只。著，明白，表面现象。彼，大道。

⑯唐肆：空荡荡无人的集市。唐，空。肆，集市。

⑰服：可理解为用语言表达出来的道理。

⑱不忘者：指与化俱往，日日更新的大道。


## 【译文】

颜渊问孔子说："先生慢走我也慢走，先生快走我也快走，先生快跑我也快跑，先生快速奔跑，脚掌好像离开地而向前跳跃一样，这时，我就只能睁大眼睛在后面看，而不知道如何学了。"

孔子说："颜回，你说的是什么意思？"

颜回说:"先生慢走我也慢走,是说先生怎样讲我也跟着怎样讲;先生快走我也快走,是说先生辨析事理我也跟着辨析事理;先生跑我也跑,是说先生谈论大道我也跟着谈论大道;及至先生好像脚掌离开地面跳跃般地跑,我就只能瞪大眼睛在后面看着,不知道该怎么学了,是说先生不言说时也能让人们信服,不私意亲近也能全面地获得拥戴,没有地位名分还是让人群聚集在您的身边。对这种现象,我不明白其中缘由。"

孔子说:"怎么能不明察呀!最悲哀的莫过于心灵的死亡,身体的死亡还在其次。太阳从东方出来而落于西天尽头,万物莫不顺从太阳的起落升降而动作;凡有眼有脚的,一定要等到太阳出来后才能做事,方有所作为。太阳出来就工作,太阳落山就休息。万物也都是这样的,要随着造化而死,随着造化而生。我们作为人,一旦生下来秉受了天赋的形体,就不可能转化为他物了,而只能等待着穷尽天年,面对死亡而生。随着外物而做反应性的运动,日夜操劳,没有空闲,而下场如何却不得而知。阴阳二气自动地聚合,就成为我们的形体,懂得命运的人也不能测度自己将来的命运。我只是天天地在不得已与化俱往,随物应酬罢了。

"我这一辈子都和你在一起,你却还是不能够理解我,这就好像有个极好的机会我们却当面错过了,这不是万分悲哀的事情吗?你怎么能仅仅关注我借用语言表述的方面呢?我所说过的话,我其实也不尽理解,并不懂得它的深层含义,因为那深层的含义早已时过境迁而消失殆尽;你还要着意地追求那之所以如此说的原因,以为它是真实的存在,这就如同在空荡无人的市场上想要寻购一匹马一样,那是不可能的呀。你不要只看到我用语言表达出来的道理,由于不理解它深层的原因很快就会全都忘记了;其实你用语言表达出来的意思,我不是也因为同样的道理而全都忘了吗?即使这样,你又何必忧患不已呢?虽然你忘记了过去的我,我现在不是不活在人面前吗,这中间不就有重要的道的永存性吗?"

## 【原文】

孔子见老聃,老聃新沐①,方将②被发而乾,慹然③似非人。孔子便④而待之。少焉见，曰："丘也眩与？其信然与？向者先生形体掘⑤若槁木，似遗物离人而立于独也。"

老聃曰："吾游心于物之初⑥。"

孔子曰，"何谓邪？"

曰："心困焉而不能知，口辟⑦焉而不能言。尝为汝议乎其将⑧：至阴肃肃⑨，至阳赫赫⑩。肃肃出乎天，赫赫发乎地⑪。两者交通成和⑫而物生焉，或为之纪⑬而莫见其形。消息满虚⑭，一晦一明，日改月化，日有所为，而莫见其功。生有所乎萌，死有所乎归，始终相反乎无端，而莫知乎其所穷。非是也，且孰为之宗⑮！"

孔子曰："请问游是⑯？"

老聃曰："夫得是至美至乐⑰也。得至美而游乎至乐，谓之至人。"

孔子曰："愿闻其方。"

曰："草食之兽，不疾易薮⑱；水生之虫，不疾易水。行小变而不失其大常⑲也，喜怒哀乐不入于胸次。夫天下也者，万物之所一⑳也。得其所一而同焉，则四支百体将为尘垢㉑，而死生终始将为昼，夜而莫之能滑㉒，而况得丧祸福之所介乎！弃隶者若弃泥涂㉓，知身贵于隶也，贵在于我而不失于变。且万化而未始有极也，夫孰足以患心㉔！已为道者解乎此。"

孔子曰："夫子德配天地，而犹假至言㉕以修心，古之君子孰能脱焉？"

老聃曰："不然。夫水之于汋㉖也，无为而才自然㉗矣。至人之于德也，不修而物不能离㉘焉，若天之自高，地之自厚，日月之自明，夫何修焉！"

孔子出，以告颜回，曰："丘之于道也，其犹醯鸡㉙与！微夫子之发吾覆㉚也，吾不知天地之大全也。"

【注释】

①沐：洗头。

②方将：正在。

③蛰（zhé）然：蛰，假借为"蛰"，蛰伏不动。

④便：借为"屏"，屏蔽之意，指孔子见老聃新沐后之神态，觉得直接去见不妥，蔽于隐处等待。

⑤掘：同"倔"，独立的样子。

⑥物之初：物初生之混沌空虚之境，即指大道。用现代的话说，即是正在思考宇宙和人类的起源问题。

⑦口辟：口开而不能合，大道是不可知不可言的。能心知、言说之道即不是真正的道。

⑧将：粗略，大略。庄子认为，道不可言，又不得不借助语言表述，语言所表述之道，只是大略而已，并非道之大全。

⑨至阴肃肃：至阴，阴之极致，代表地之精粹。肃肃，阴冷之气。

⑩至阳赫赫：至阳，阳之极致，代表天之精粹。赫赫，炎热之气。

⑪"肃肃"二句：这两句的意思是，阴冷之气出自于地，而其根在于天；炎热之气出自于天，而根在于地。

⑫交通成和：天地阴阳二气相互交通，胜负屈伸，细缊相荡，和合而生成万物。

⑬或为之纪：或，或许。纪，纲纪。

⑭消息满虚：消息，消为消亡，息为生息，指大地万物不断消亡和生息的无穷过程。满虚，即盈虚，指盈满、空虚的对应转化过程，与消息义同。

⑮非是也，且孰为之宗：是，指自然或天道。宗，主，主宰。

⑯游是：是即老聃所说的"物之初"，指空虚之道。孔子问游心于此之义。

⑰至美至乐：即是与道、是与首玄同之境界。

⑱不疾易薮（sǒu）：疾，担忧，害怕。易，改变，改换。薮，水草丛生之沼泽地。

⑲大常：基本生存条件，如水草之类。与小变相对。

⑳所一：万物共同生息之所。

㉑四支百体将为尘垢：支，同"肢"。百体，全身各器官各部分。尘垢，比喻无用之废物。

㉒滑(gǔ):乱。

㉓弃隶者若弃泥涂:隶,指隶属于己之物,如官爵俸禄、财产之类。泥涂,泥土,比喻轻贱之物。

㉔孰足以患心:孰,何。患心,使心忧。

㉕假至言:假,借助。至言,至道之言。

㉖汋(zhuó):水澄澈透明。

㉗无为而才自然:只能通过无为的途径,才能是真正的自然之道。

㉘物不能离:天道无为而又无所不在,它不靠修习而自成,天地万物都不得不遵循,所以说物不能离。

㉙醯(xī)鸡:醋变质生出的小飞虫,为蠓之类。用以比喻极端渺小。

㉚发吾覆:启发开我被蒙蔽而不知之处。

## 【译文】

孔子去见老子,老子刚洗了头,正披散着头发晾干,那木然的样子,简直不像是一个活着的人。孔子躲在一个地方耐心地等待着,过了一会儿,二人会面,孔子说:"是我眼花呢?还是真的呢?刚才先生的身体,挺立着一动不动的样子简直就像是一段干木头似的,那全神贯注的样子,好像是把天地万物都忘得一干二净,只剩下了您所思考的问题。"

老聃说:"我在天地万物的起源问题神游,进入了深沌虚无的境界。"

孔子说:"这是什么意思呢?"

老聃说:"心里对这个问题感到十分的困惑,发现它不是人所能理解的,嘴张开想说点什么,却不知道从何说起。试着给你谈一下它的大略吧!地之极致为阴冷之气,天之极致为炎热之气,阴冷之气虽在地上却植根于天上,炎热之气虽在天上却植根于地上,两者相互交流贯通和合,这就生成了万物,或许有某个统领这一切的纲纪存在,但我们却看不到它的形体。消亡又生息,盈满又空虚,一暗一明,日变月化,每时每刻都有所作为,我们却不知道它是怎么样起作用的。万物的出生应该有一个萌发的地方,万物死亡也应该有一个归宿,开始和终结是相反的，我们却不知道它们的开端在哪里，也不知道它们结束在什么地方。可是如果没有这样的事物存在，那么这个世界该是由谁来作为它的主宰呢？"

孔子说："请问，您神游大道的情形是什么样的呢？"

老聃说："如果到了这样的境界，那真是无比的美妙和无比的快乐。在无比美妙的境界中享受最伟大的快乐，这就可以称之为最崇高的人了。"

孔子说："请问，怎么样才能达到最美妙最快乐的境界呢？"

老聃说："食草的兽类，不担忧更换沼泽地；水生的虫类，不担忧变换水是在什么地方。因为那都是些小的变化而并没有失去基本的生活条件，所以，喜怒哀乐的心情就不会随着小的变化而在心中引起激荡。天下这块地方，是万物共同生息的场所。既然万事万物都有着共同的生存背景，那么我们的四肢百体即便早晚将成为一堆垃圾，由于生和死、终和始也将和昼夜交替一样地循环不止，谁也无法打乱这一循环性的自然秩序，我们也就不会对它太介意。如果连生死都能不介意，何况人生那一点得和失、祸和福之间的斤斤计较呢！所有隶属于自己的身外之物都和得失祸福连在一起，所以对于它们，完全可以像丢弃泥土一样弃之不顾，因为我们懂得我们的身体比那些隶属此身的东西要更加珍贵些。如果懂得了自身存在的珍贵，也就不会为一些小的变故而患得患失了。而且世界的千变万化是无穷无尽的，又何必为这么一个无限性的问题而弄得自己心神不宁呢！已经明白了大道的这种属性的人是可以对这个问题释怀的。"

孔子说："先生对天地万物已有了如此高明的理解，而且还借助最准确的言说来提高自己的修养和心理素质。古来的君子，谁又能超过您呢！"

老聃说："话不能这样说。水的清明澄澈，是在无所作为的情况下才会如此；最高境界的人的德行，并不是修养得来的，因为万事万物事实上根本无法也不可能离开道的范围。就像天自然就高，地自然就厚，日月自然就明亮一样，哪里需要像我这般来修养啊！"

孔子出来，把这些告诉了颜回，他说："我对于道的认识，就如同醋坛中的飞虫一样，太渺小了！如果没有先生启发我，抹掉我蒙蔽在心头的糊涂想法，我就不会知道天地全备的道理！"

## 【原文】

庄子见鲁哀公<sup>①</sup>，哀公曰："鲁多儒士，少为先生方<sup>②</sup>者。"庄子曰："鲁少儒。"哀公曰："举<sup>③</sup>鲁国而儒服，何谓少乎？"庄子曰："周闻之，儒者冠圜冠者知天时，履句屦者知地形<sup>④</sup>，缓佩玦<sup>⑤</sup>者事至而断。君子有其道者，未必为其服<sup>⑥</sup>也；为其服者，未必知其道也。公固以为不然，何不号于国中曰：'无此道而为此服者，其罪死！'"于是哀公号之，五日而鲁国无敢儒服者。独有一丈夫，儒服而立乎公门。公即召而问以国事，千转万变而不穷。庄子曰："以鲁国而儒者一人耳，可谓多乎？"

百里奚爵禄不入于心<sup>⑦</sup>，故饭牛而牛肥，使秦穆公忘其贱，与之政也<sup>⑧</sup>。有虞氏死生不入于心<sup>⑨</sup>，故足以动人。

宋元君将画图<sup>⑩</sup>，众史皆至，受揖而立<sup>⑪</sup>，舐笔和墨，在外者半<sup>⑫</sup>。有一史后至者，儃儃然不趋<sup>⑬</sup>，受揖不立。因之舍<sup>⑭</sup>。公使人视之，则解衣般礴臝<sup>⑮</sup>。君曰："可矣，是真画者也！"

## 【注释】

①鲁哀公：为春秋末期人，庄子为战国中期人，二人相距一百多年，不可能相见。此为寓言，非实录。

②先生方：指庄子道家方术。

③举：全。

④履：作动词，穿。句：读"矩"音，方形。屦：葛、麻制成之单底鞋。泛指鞋子。地形：地理。

⑤缓：用五彩丝编成的带子，用以系玦。佩玦：环状带有缺口的玉饰品。"玦"与"决"同音，寓有能决断之义。

⑥为其服：穿戴同样的服饰。

⑦百里奚：春秋时秦国大夫。原为虞国大夫，晋灭虞后被俘，作为陪嫁之臣送往秦国。后又出走楚国，为楚所执。后被秦穆公用五张羊皮

赎回，称五羖大夫，为秦穆公所重用，与蹇叔、由余等贤臣协助秦穆公建立霸业。不入心：不放在心上。

⑧饭牛：养牛。与之政：委以国政。

⑨有虞氏：虞舜。舜一心只想尽孝，不把生死放在心上，虽然他的父亲和弟弟想方设法谋害他，想把他烧死在屋顶，压死在井底，他都不忌恨。

⑩宋元君：即宋元公，名佐，春秋末期宋君。画图：画国中山川大地之图画。

⑪史：指画师。受揖而立：受君命拜揖而立。

⑫舐（shì）笔：用唾液润笔。舐，以舌舔物。在外者半：指画师甚多，屋里已满，外面还有一半。

⑬儃儃（tǎn）：舒缓闲适的样子。趋：小步疾行。

⑭之舍：向馆舍走去。

⑮解衣：脱掉上衣。般礴：盘腿而坐。臝：裸，赤着上身。

## 【译文】

　　庄子拜见鲁哀公，哀公说："鲁国多儒学之上士很少有从事先生之道术的。"庄子说："鲁国儒学之士很少。"哀公说："全鲁国的人都穿儒者服装，怎么说少呢？"庄子说："我听说，儒者中戴圆帽的通晓天时，穿方形鞋子的懂得地理，佩戴五彩丝带穿系玉玦的，事至而能决断。君子怀有其道术的，未必穿戴那样的服饰；穿戴那样服饰的，未必真有道术。公一定以为不是这样，何不号令于国中说："不懂此种道术而穿戴此种服饰的，要处以死罪！"于是哀公发布这样的命令，五天以后鲁国没有敢穿儒服的人。唯独有一位男子，身穿儒服立在哀公门外。哀公即刻召见他以国事相问，千转万变发问也不能难住他。庄子说："以鲁国之大只有一个儒者，可以说多吗？"

　　百里奚不把官爵俸禄放在心上，所以养牛而牛肥，使秦穆公忘记了他出身低贱，而委之以国事。虞舜不把生死放在心上，所以能感动他人。

　　宋元君要画画，众位画师都来了，受君命拜揖而立，润笔调墨准备着，门外面还有一大半。有一位后到的画师，舒缓闲适不慌不忙地走着，受命拜揖后也不在那站着，而往馆舍走去。元公派人去看，见他脱掉上衣赤着上身盘腿而坐。元公说："可以了，这位就是真正的画师。"

## 【原文】

文王观于臧①，见一丈夫钓，而其钓莫钓②。非持其钓有钓者也，常钓也③。文王欲举而授之政，而恐大臣父兄之弗安也；欲终而释之④，而不忍百姓之无天⑤也。于是旦而属⑥之大夫曰："昔者寡人梦见良人⑦，黑色而髯⑧，乘驳马而偏朱蹄⑨，号⑩曰：'寓而政于臧丈人，庶几乎民有瘳乎⑪！'诸大夫蹴然⑫曰："先君王⑬也。"文王曰："然则卜之。"诸大夫曰："先君之命，王其无它⑭，又何卜焉！"遂迎臧丈人而授之政。典法无更，偏令无出⑮。三年，文王观于国，则列士坏植散群⑯，长官者不成德⑰，斔斛⑱不敢入于四境。列士坏植散群，则尚同⑲也；长官者不成德，则同务⑳也；斔斛不敢入于四境，则诸侯无二心也。文王于是焉以为大师㉑，北面而问㉒曰："政可以及天下乎？"臧丈人昧然㉓而不应，泛然㉔而辞，朝令而夜遁㉕，终身无闻。颜渊问于仲尼曰："文王其犹未㉖邪？又何以梦为㉗乎？"仲尼曰："默，汝无言！夫文王尽之㉘也，而又何论刺㉙焉！彼直以循斯须㉚也。"

## 【注释】

①文王：周文王。观：巡察。臧：地名，在渭水边。此段寓言采取姜尚事迹，又按作者意图加以改写。

②钓莫钓：身子在钓鱼，心不在钓鱼上面。或言钓钩上不放鱼饵，意不在得鱼。寓无为之义。

③非持其钓：并非以持竿钓鱼为事。有钓者：别有所钓，不在鱼也。常钓：经常是这样钓法，寓持守无为之常道。

④释之：舍弃不举用。

⑤无天：失去荫庇、保护之意。文王把那个人看得德高如天，让他掌

政，就会使百姓得到荫庇、保护。

⑥旦：早晨。属：集合。

⑦昔者：夜里。良人：善人，君子。

⑧髯：两颊上的长须。

⑨驳马：杂色的马。偏朱蹄：一蹄赤色。

⑩号：号令，命令。

⑪寓：托付。臧丈人：臧地之老者，即文王所遇之垂钓者。庶几：差不多，大概。民有瘳：人民可以解除病痛了。瘳，病愈。

⑫蹴（cù）然：惊惧不安的样子。

⑬先君王：指文王的父亲季伍，季历生时面黑而两颊多须，喜乘杂色马。经文王一说，众人皆以为先王托梦。这样举用臧丈人，即渭水边的垂钓人，就是祖宗之意，不可违背。

⑭无它：没有其他可疑之处，不必占卜。

⑮偏令无出：行无为而治，一篇政令也未发出。偏，通"篇"。

⑯列士：各种各样的士，如文士、武士等。坏植散群：植为培植朋党之植，植又作"主"解，指朋党之核心人物，文士、武士都依附于他，形成私人势力，与国家作对，坏植散群即是使结党营私之群体都解散，国家更统一。

⑰不成德：不建立个人之功德。

⑱斔：又作"庾"，量器单位，六斛四斗为庾。斛：量器单位，十斗为斛。这句是说，各诸侯国所用量器标准不一，如果任各国商人带不同量器入境，就会造成混乱和欺骗，故必使其不敢入境。

⑲尚同：境内无私党，皆上同一于君主。

⑳同务：同以国事为务。

㉑大师：尊敬的老师。

㉒北面而问：古代君主坐北面南，臣立在君对面，现在文王站南面北。是对臧丈人的尊重。

㉓昧然：犹默然，沉默不语。

㉔泛然：淡漠无心的样子。

㉕朝令而夜遁：早上还接受文王指令，晚上就逃走了。

㉖犹未：还未足以取信。

㉗何以梦为：何必要假托于梦呢。

㉘尽之：做得很完善。

㉙刺：讥刺。

㉚循斯须：在短暂时间内顺应众心罢了。斯须，顷刻之间。

## 【译文】

周文王去臧地巡视，看见一位钓鱼的老者，身在钓鱼，心不在钓鱼上。他并非以持竿钓鱼为事，而是别有所钓，他经常就是这样钓法。文王想举用他，把国事交由他治理，又担心大臣和父兄辈族人不肯相安；想最后舍弃此人，又不忍心让百姓们得不到善人的庇荫。于是就在清晨集合他的大夫们说："昨天夜里我梦见一位好人，面黑两颊长满长须，骑的杂色马有一只蹄子是赤色，命令我说：'托付你的国事给臧地老者，差不多人民就可以解除病痛了！'"诸位大夫惊惧不安地说："这是先君王季历啊！"文王说："让我们占卜一下吧。"诸位大夫说："先君之命令，王无可怀疑，又何必占卜。"于是就迎接臧地老者，授给国事。这个人掌政，以往典章法令没有更改，一篇新政令也未发出。三年之后，文王巡视国内，则见各种文士武士结成的私党都散掉了，官长们也不建立个人功德，标准不一的量器也不敢进入国境之内。文士武士们的私党散掉，则上同于君主；官长不建立个人功德，则能同以国事为务；标准不一的量器不入境，则诸侯们也就没有二心了。文王于是把臧丈人当作师者，北面而立请教说："这样的政事可以推行于天下吗？"臧丈人默然不回答，淡漠无心地告辞而去，早晨还接受文王指令，晚上就逃走了，终身没有消息。颜渊问孔子说："文王还不足以取信于人吗？何必要假托于梦呢？"孔子说："别作声，你不要说了！文王已经做得很完美了，你又何必议论讥刺呢！他只是在短暂时刻顺应众人罢了。"

## 【原文】

列御寇为伯昏无人①射，引之盈贯②，措杯水其肘上，发之适

庄 子 | 1119

矢复沓③，方矢复寓④。当是时，犹象人⑤也。

伯昏无人曰："是射之射，非不射之射⑥也。尝与汝登高山，履危石，临百仞之渊，若能射乎？"

于是无人遂登高山，履危石，临百仞之渊，背逡巡⑦，足二分垂在外⑧，揖⑨御寇而进之。御寇伏地，汗流至踵。

伯昏无人曰："夫至人者，上窥青天，下潜黄泉⑩，挥斥八极⑪，神气不变。今汝怵然⑫有恂目⑬之志，尔于中也殆⑭矣夫！"

## 【注释】

①伯昏无人：虚拟之人名。

②引之盈贯：引，拉。之，弦。贯，弓拉满的状态。

③适矢复沓：适，去。沓，合。箭出后，紧接着将第二支箭搭在了弦上。

④方矢复寓：刚刚发射一支，复有一矢搭在弦上。一支接一支，连续发射。

⑤象人：木雕泥塑之人，形容其精神高度集中，身体纹丝不动的样子。

⑥是射之射，非不射不射：射之射，有心于射的射法。无射之射，无心于射的射法。

⑦背逡巡：背对深渊往后退。逡巡，却退。

⑧足二分垂在外：脚已悬空于石崖之外二分。垂，悬空。

⑨揖：请。即请列御寇也退到相同位置表演射箭。

⑩上窥青天，下潜黄泉：窥、潜，皆为探测之意。黄泉，地下之泉水，比喻地底深处。

⑪挥斥八极：挥斥，纵放自如。八极，八方。

⑫怵然：惊惧的样子。

⑬恂目：心惊目眩。

⑭中也殆：即精神上已经垮了。中，心，即精神。殆，疲困。

## 【译文】

列御寇为伯昏无人表演射箭，把弓拉得满满的，把一杯水放在左肘上，射出一箭，又有一支扣在弦上，刚刚射出，又一支搭在弦上，连续不停。在那个时候，他就像一个木偶一般纹丝不动。

伯昏无人说:"这是有心于射的射法,不是无心于射的射法。试与你登上高山,踏着险石,对着百仞深渊,你能射吗?"

于是伯昏无人就登上高山,脚踏险石,背对着百仞深渊向后退,直到脚下有二分悬空在外,他站在那里请列御寇过来做射箭表演。列御寇吓得伏在地上,冷汗流到脚跟。

伯昏无人说:"作为至人,上可探测青天,下可潜察黄泉,纵放自如于八极之外,而神情上仍然可以不动声色。现在你心中发慌,目眩头晕的样子,你在精神上就已经垮了呀!"

## 【原文】

肩吾问于孙叔敖①曰:"子三为令尹②而不荣华③,三去之而无忧色。吾始也疑子④,今视子之鼻间栩栩然⑤,子之用心独奈何?"

孙步敖曰:"吾何以过人哉!吾以其来不可却⑥也,其去不可止也,吾以为得失之非我也⑦,而无忧色而已矣,我何以过人哉!且不知其在彼乎?其在我乎?⑧其在彼邪?亡⑨乎我,在我邪?亡乎彼。方将踌躇⑩,方将四顾⑪,何暇至乎人贵人贱哉!

仲尼闻之曰:"古之真人,知者不得说⑫,美人不得滥⑬,盗人不得劫,伏戏⑭黄帝不得友。死生亦大矣,而无变乎已,况爵禄乎!若然者,其神经乎大山而无介⑮,入乎渊泉而不濡⑯,处卑细而不惫⑰,充满天地,既以与人己愈有。"

楚王与凡⑱君坐,少焉,楚王左右曰:"凡亡"者三⑲。凡君曰:"凡之亡也,不足以丧吾存。夫凡之亡不足以丧吾存,则楚之存不足以存存⑳。由是观之,则凡未始亡,而楚未始存也。"

## 【注释】

①孙叔敖:春秋时期楚国令尹,是楚国著名政治家。

②令尹:楚国最高的军事行政长官,相当于中原各国的执政和后来的宰相。

③荣华:显达,自得的神情。

④疑子:对孙叔敖是否真能做到宠辱不惊有怀疑。

⑤鼻间栩栩然：人的情绪变化可从鼻孔呼吸是否均匀畅顺看出端倪。栩栩然，轻松欢畅的样子。

⑥却：推辞。

⑦得失之非我也：官职俸禄、荣华富贵之得失，皆为身外之物，非我所有，故不喜不忧，不以得失为意。

⑧其在彼乎？其在我乎：其，指令尹。彼，别人。我，孙叔敖本人。

⑨亡：无。

⑩方将踌躇：正在考虑如何做好令尹。

⑪方将四顾：正在顾四方之事，以求做好职分内之事，无暇他顾。

⑫不得说：不能说服他。言其信念坚定，不为言辞所动。

⑬不得滥：不能使之淫乱。言其清心寡欲，不为声色所移。

⑭伏戏：即伏羲氏。

⑮介：通"界"，界限，障碍。

⑯濡（rú）：沾湿。

⑰处卑细而不惫：卑细，贫贱。惫，疲困。

⑱凡：国名，周公之后。《春秋》隐公七年："王使凡伯来聘。"说明当时凡国尚存，后来被灭。其故址在今河南辉县西南。凡亡后，凡君流亡至楚，作寓公。

⑲三：三次或屡次之意。这句意思是楚上左右之臣见王与亡国之君共坐，以为不妥，多次提请王注意。

⑳不足以存存：不足以现实之存在为存。言存亡以道不以国，国亡而道存，未尝亡也；国存而道亡，未尝存也。

## 【译文】

肩吾问孙叔敖说："您三次当令尹而无炫耀自得之意，三次被免职也没有忧戚不快之色。我开始时对此怀疑，现在见您呼吸匀畅，和颜悦色，您心里到底是怎样想的呢？"

孙叔敖说："我哪有什么过人之处啊！让我当令尹我无法拒绝，不让我当我也挡不住。我认识到官位的得与失并不是由我做主，这才不再忧戚不快而已。我哪有什么过人之处啊！而且我一直弄不表令尹是别人当好呢,还是我来当好?如果该别人当令尹,那免职位又能跑到哪里去?一旦当了令尹,我正在驻足沉思,只顾考虑各种各样的政事了,哪有工夫顾及什么富贵贫贱呢?"

孔子听后说:"古时候的真人,智者不能说服他,美色不能淫乱他,强盗不能强制他,伏羲、黄帝这样的帝王也不能笼络亲近他。死生算得上是大事了,也不能使他有所改变,更何况是官爵俸禄的得失呢!这样的人,他的精神即使经过大山时山峰也不能阻挡他,进入深渊时水也无法沾湿他,身处贫贱也不会感到困乏,他的精神充满大地之间,尽数地施予别人,自己反现时会更加富有。"

楚王和凡国之君共坐,过一会儿,楚王左右之臣多次来讲凡国已经灭亡了。凡国之君说:"凡国灭亡,不足以丧失我之存在。而凡国之灭亡既不足以丧失我之存在,而楚国之存在也不足以存在为存。由此看来,则凡国未曾灭亡而楚国未曾存在。"

## 【解析】

田子方是篇首的人名。全篇内容比较杂,具有随笔、杂记的特点,不过从一些重要章节看,主要还是表现虚怀无为、随应自然、不受外物束缚的思想。

全文自然分成长短不一、各不相连的十一个部分,第一部分至"夫魏真为我累耳",通过田子方与魏文侯的对话,称赞东郭顺子处处循"真"的处世态度。第二部分至"亦不可以容声矣",批评"明乎礼义而陋乎知人心"的做法,提倡体道无言的无为态度。第三部分至"吾有不忘者存",写孔子对颜渊的谈话,指出"哀莫大于心死,而人死亦次之",要得不至于"心死",就得像"日出东方而入于西极"那样地"日徂";所谓"日徂"即每日都随着变化而推移。第四部分至"吾不知天地之大全也",借老聃之口表达"至美至乐"的主张,能够"至美至乐"的人就是"至人";怎样才能"至美至乐"呢?那就得"喜怒哀乐不入于胸次"而"游心于物之初"。第五部分至"可谓多乎",写了一个小寓言,说明有其形不一定有其真,有其真也就不一定拘其形。第六部分至"故足以动人",指出应当爵禄和死生都"不入于心"。

第七部分至"是真画者也"，写画画并非一定要有画画的架势。第八部分至"彼直以循斯须也"，写臧丈人无为而治的主张。第九部分至"尔于中也殆矣夫"，以伯昏无人凝神而射做比喻，说明寂志凝神的重要。第十部分至"已愈有"，写孙叔敖对官爵的得失无动于衷；余下为第十一部分，写凡国国君对国之存亡无动于衷；两个故事都说明，不能为任何外物所动，善于自持便能虚怀无己。

## 【证解故事】

### 张咏巧惩恶士兵

公元 995 年的北宋时期，李顺在川陕地区发动了农民起义，朝廷派招安使王继恩，率军分两路入川镇压。王继恩打败了李顺的起义军后，驻扎在了益州。当时，张咏为益州知府。

王继恩的部下，自以为平息了起义军，便居功自傲，在益州恣意妄为，掠财霸女，当地老百姓十分气愤。有一天，一个老百姓来到张咏府衙，状告王继恩手下的士兵勒取财物。没等张咏查情处理，那个士兵就闻讯连夜逃跑了。

身为父母官，张咏知道必须严惩那个士兵。可是，他又觉得碍于王继恩的面子，不便兴师动众。身为剑南招安使的王继恩，十分受圣上宠信，法办他手下的人，张咏也深知其利害。再说，他又刚打败了李顺，有功于大宋，弄不好会引起和王继恩的冲突。然而，不照章行法，就有辱于父母官的盛名。张咏思来想去，觉得只有这么做方能两全其美：既平了民愤，又免于生事端。于是，张咏决定派衙役，前去追捕那个畏罪潜逃的士兵。临走前，他告诉衙役说："你们捉住他以后，将他衣冠整齐地推到井里。然后，再回头报告我，说此人已经畏罪投井自杀。"

就在益州的衙役们去追捕那个士兵时，王继恩的部下们已经得知了情报。他们议论纷纷，认为张咏小题大做，不但不犒劳有功的军队，反而因一件小事追捕士兵。他勒取百姓的那点财物，比起收复被李顺攻占的半壁江山，也就太微不足道了！如此分析论证后，王继恩的部下们愈觉得张咏不对，便蠢蠢欲动地想闹事，就在事端欲起时，忽然传来消息说，那个士兵畏罪投井了！他们无话可说，只得认可。张咏用巧计，不仅惩罚了为非作歹的士兵，替百姓出了气，也避免了与王继恩的冲突。

## 张释之不畏皇权依法办事

汉文帝出巡，经过一座桥时，突然有一个人从桥下出来惊了驾舆车的马。骑马的捕快逮住了那人，送给了最高法官张释之。

张释之审问那人，原来那人是乡下人，听说皇上的圣驾经过，便躲在了桥下，过了很久，本以为圣驾已经过去了，便出来；看到马车，吓得拔腿就跑，因此惊了圣驾。

按照当时刑律，这是应该判死刑的。于是张释之向汉文帝奏告说：这个人惊了圣驾，应该罚款。

皇上一听，大怒道："此人惊了我的马，所幸这马还比较温顺，要是别的马，岂不把我伤了？罚款就了结了吗？"

面对皇上的震怒，张释之并不屈服，说："法律是天子您和天下人民共同制订的合约，应该共同遵守。现在，按法律应当如此，如果从重处罚，法律就不能取信于民了。要是当时皇上派人杀了他，也就罢了。现在既然交给了法官，而最高法官又是天下的天平，一有偏向，天下各级施行法律的时候就都效法，任意轻重，老百姓以什么为标准？还是请陛下您好好考虑考虑。"

汉文帝想了一会儿，说："应该是这样的。照刑律行事吧。"

后来，又有人偷汉代开国皇帝汉高祖庙内神座前的玉环，被抓住，也交给了张释之处置。按照法律，偷盗宗庙器物的，应该判弃市（斩首后陈尸街头）。张释之把依法作出的判决向皇帝作了汇报。

汉文帝又是大怒："人没有一点道德，才会去偷先帝的器物。我把他交给法官，是想判他族刑而你依法判处，这不是我的意思了！"

张释之听罢，很镇静地脱了帽子，拜了拜，说道："按法律就应当如此。罪行和刑罚是相适应的。如果现在偷盗宗庙器物的判了族刑，万一有一天有什么不开窍的人取了行帝长陵的一捧土，陛下您又怎么加重他的刑罚呢？”

汉文帝听罢，无话可说。他把这事和皇太后说了，皇太后认为张释之做得对。

守法难，执法更难。难就难在"依法办事"上。张释之不畏皇权，依法断案，不愧为千古名臣。

## 乾隆严明赏罚

清朝初年，武功之赏较轻，魏源在《圣武记》中说："国初斩将搴旗，殉难死绥之人，往往仅荫一子入监读书。"对在战争中立有大功的清军将帅，其封赏是有所限制的。如崇祯十五年降清的洪承畴，在清军中任总督、经略，率军从关外杀入关内，镇压江南抗清义军，立下汗马功劳。顺治十年，受命经略湖广、两广、滇黔，镇压各部农民起义军，收复五省。顺治十六年攻占云南后胜利回京，仅予三等阿达哈哈番世职。明朝降将中，除吴三桂、孔有德、尚可喜、耿仲明四将外，洪承畴可以算是地位较高，归降较早，立有大功的战将，但得到封赏的确不是算很高。清初其他降将的封赏也大致如此。清军从士卒当中提拔起来的将领，在战争中立有战功，其封赏也是较低的。康熙时期的名将宁夏提督赵良栋，平凉提督王进宝，十八年出兵参加平定三藩之乱，分兵定秦州、西和、礼县。赵良栋所部进破密树关，克徽县，下略阳，进取阳平关。王进宝军出凤县定汉中，与良栋会师宁羌，一路所向披靡。十九年，复成都。二十年，赵良栋再破叛军，平云南。两将在平三藩之乱中战功显赫，但论封赏，赵良栋却因失建昌之过，以功抵罪被夺官。至康熙二十五年，康熙帝"念良栋克云南，廉洁守法纪，复将军，总督原衔"。到三十四年才仅授一等精奇尼哈番。王进宝也大致如此，康熙十五年平定平原、固原后论功，授一等阿思哈尼哈番。可见清朝前期赏功封爵有所限制，控制较严。只由于清朝前期军风始治较为肃整，将帅治军也较为严格，将士在战场上还能奋勇效力。但选将如不能破格拔擢，其封赏不足以鼓励军心，久而久之将帅军士忠义奋勇之心必受其挫。且汉人封五等爵位，又无世袭例，消极影响颇大。

随着清军统一全国，大规模军事行动随之停止，清朝进入繁荣发展的阶段。然而承平日久，则人习宴安，清朝军队开始变得没有朝气，将疲士惰。乾隆即位后，边疆叛乱不断，人民起义也相继而起。乾隆善文好武，自称文治武功为古今第一人，为振励戎行，巩固自己的统治，他重视驭将励士，注重明赏严罚，一改过去封赏较低的做法。从乾隆三十二年始，概予以汉人封爵位，世袭罔替，追授了一批名将爵位。乾隆四十七年追进赵良栋、王进宝一等伯，世袭罔替。《啸亭杂录》中说道：

"国初定制，凡旗员阵亡者，荫以世爵，汉员犹沿明制，惟荫以难荫，官及其身已。纯皇念一体殉节而有等差，其制不偏袒之势，下诏命凡汉员文武各员如有阵亡者皆荫以世，虽微员末吏亦得荫云骑尉。故人皆感激用命。三省教匪之役，殉难以数千计，盖上恩泽论浃之深也。"

为了明确赏罚之制，乾隆帝在四十九年颁布了《行军简明军律》，严格规定了几十条赏罚条例，用以"整饬戎行"。《军律》阐明："赏与罚，皆为军令所重，兹以军令各条谨加登载，至于计功叙赏，亦有一定之典，所以鼓励戎行，振兴士气。"将士在战场上只要勇于作战，都可获得从赏银到授予世职的不等奖赏。魏源在《圣武记》中论述说："国朝武功之赏，至乾隆而始重。"在用将方面，乾隆帝也是"尤多破格用人"，最为著名的要数任举、高天喜二将。乾隆十一年，固原兵变，夜攻提署。固原游击任举闻乱，单骑诣鼓楼鸣角，叛兵惧而退，追斩十余人，擒四十余人，击败攻城叛军，即擢参将。十二年，征金川，骁勇善战，乾隆帝谕谓："在军诸将狃于瞻对之役，庸儒欺蒙，已成风习。今别用举等，皆未从征瞻对，无所掣肘，宜鼓励勇往。"总督张广泗也上奏说：在川镇将，忠减勇于无出任举右者。遂破格拔至重庆镇总兵。前后一年时间，任举由游击升至总兵。可见乾隆破格用将的气魄，任举战死于金川后，乾隆"阅疏为泣下"，并谕："举忠愤激发，甘死如饴，而朕以小丑跳梁，用良臣于危地，思之深恻。"命视提督例赐恤，加都督同知，谥勇烈，祀昭忠祠，以示厚爱之心。喜是乾隆帝一手破格提拔起来的另一位清朝名将。乾隆二十二年（1757年）

高天喜以甘州守备，随参将迈斯汉援副将军兆惠击噶尔部于北路，风雪道梗单骑往探，奋欲赴援，为迈斯汉所阻，乾隆诏革迈斯汉职，即以高天喜代为参将，寻迁金塔协副将，再迁西宁镇总兵，授领队大臣。一年之内由守备升至总兵，连跳数级，在有清一代也实属罕见。高天喜在乾隆二十三年回疆之役中战死。乾隆御制诗悼之，称其为"绿旗中第一人"，"祀昭忠祠，予骑都尉兼云骑尉世职，图形紫光阁。"乾隆御制赞曰："爪牙之将，用不拘资，感予特达，授命何辞？百战百进，义弗旋踵，怒则面赤，是为血勇。呜呼！听鼓鼙之声，则思将帅之臣，听磬声，则思死封疆之臣。"爱将之心溢于言表。乾隆帝破格用将，不次拔擢，重封重赏高天喜之例最为典型。在这种重赏擢拔政策下，乾隆一朝涌现出一批打仗勇猛、能征善战的将领，取得了一系列战争的胜利。

乾隆帝驭将，赏固信，罚亦严。对有功之将予以重赏，对于无功败将则处以重罚。平定大、小金川之战，总督张广泗以三万清军在近两年时间里仅下五十余碉，进展迟缓，且死伤惨重。十三年，乾隆加派大学士讷亲为经略，至川指挥作战。张广泗与讷亲闹矛盾，各持己见。进攻四月有余，损兵折将，仍毫无进展。乾隆将张广泗、讷亲撤职诛杀，以示军威。此次统后将帅出征不能努力作战，故意迁延，教训惨痛，为此乾隆帝于十三年针对将帅贻误军机而"刑律内玩寇老师有心贻误，毫无正条"的问题，特意研究讨论增军律三条："一、统兵将帅苟图安逸，故意迁延不将实在情形具奏，贻误军机者，斩立决。二、将帅因私忿狷疾推诿牵制，以致糜饷老师贻误军机者，拟斩立决。三、身为主帅，不能克敌，转布流言蛊惑人心，借以倾陷他人贻误军机者，拟斩立决。"乾隆帝强调："此非朕欲用重典，实以昭示武臣肃纪律而励能敢。"此三条针对将帅的军律制定后，乾隆帝对于那些再敢"玩寇老师"不努力作战者，坚决严惩不贷。

乾隆二十一年，平定阿睦尔撒纳之战，清将军永常及蒙古王额林沁拥精兵数千，坐视清大臣班第失败而不救，清帝诛额林沁，逮永常治罪，以王保、达尔党阿为参赞大臣，分道进攻阿睦尔撒纳。玉保与将军策愣互相推诿，停军不前，致使阿睦尔撒纳逃逸，乾隆大怒，将策愣、王保撤职，逮拿槛送京师。再以达尔党阿、哈达哈二人代之，而两将军腐败无能，中敌缓兵之计，使阿睦尔撒纳再次逃脱，弘历逮达尔党阿、哈达哈治罪，诏曰："二臣皆勋贵子孙，袭爵专阃，而因循观望，坐失军机"，尽夺其官，发热河披甲。最后用兆惠平定了阿睦尔撒纳的叛乱。

另外，乾隆一朝严惩的败将还有：在回部之役，诛杀将军雅可哈善，参赞哈宁阿，都统顺德纳，提督马得胜。乌什之役，诛参赞纳世通，办事大臣卡塔海。缅甸之役，诛大学士经略杨应琚，提督李时升，参赞额尔登额。兰州之役，诛总督勒尔谨，布政使王延赞等等。经过屡次惩戒，结果"众皆悚惧，每遇战伐，无不致命疆场，罔敢怀敬安之念也"。乾隆帝的"赏固信，罚亦严"的驭将政策起到了励将奋进的作用。

乾隆一朝武功极盛，大的战役有十次，均获胜利，乾隆帝为此志骄意满，夸耀"十全武功"，晚年自号"十全老人"。这十次战役的起因和性质不同，如何评价是一个复杂的问题，需要进行具体的分析，我们姑且不论。但这十次战役清军之所以最后均获全胜，与乾隆帝实施信赏严罚的驭将政策有着直接的关系。每次战役他亲自遴选将帅，批答奏章，每克一城，都要举行盛大仪式，祭告宗庙，重赏有功的将士，破格拔擢将弁，并在紫禁城建紫光阁，将战役中有大功之臣绘于其上，为其赋诗立传，极尽渲染之能事，以励将帅奋进之心。与此同时，乾隆帝对那些在战场上不能勇敢作战，畏阵退缩的将帅；不能和军共济，争功嫉能的将帅；不能遵守军纪，腐败无能的将帅，均严惩不贷。在十次战役中乾隆帝诛杀身为皇亲国戚、王公权贵的高级将领不下数十人，可谓用典严峻。

《商君书》中提到"功当激赏，过当重罚"。千年以来成为统治者用人办事的不二法门。乾隆皇帝遵循"赏固信，罚亦严"的用人准则，将清王朝的文治武功推向了一个新的高峰。

# 知北游

知①北游于玄水②之上，登隐弅③之丘，而适遭无为谓④焉。知谓无为谓曰："予欲有问乎若：何思何虑则知道？何处何服则安道？何从何道则得道⑤？"三问而无为谓不答也，非不答，不知答也⑥。

知不得问，反于白水⑦之南，登狐阕⑧之上而睹狂屈⑨焉。知以之言也问乎狂屈。狂屈曰："唉！予知之，将语若。"中欲言⑩而忘其所欲言。

知不得问，反于帝宫，见黄帝而问焉。黄帝曰："无思无虑始知道，无处无服始安道，无从无道始得道。"

知问黄帝曰："我与若知之，彼与彼⑪不知也，其孰是耶？"

黄帝曰："彼无为谓真是也，狂屈似之，我与汝终不近⑫也，夫知者不言，言者不知，故圣人行不言之教⑬。道不可致，德不可至⑭，仁可为也，义可亏也，礼相伪也。故曰：'失道而后德，失德而后仁，失仁而后义，失义而后礼。礼者，道之华而乱之首也。'故曰：'为道者日损，损之又损之，以至于无为，无为而无不为也。'今已为物也，欲复归根，不亦难乎！⑮其易也，其唯大人乎！⑯

"生也死之徒⑰，死也生之始，孰知其纪！人之生，气之聚也。聚则为生，散则为死。若死生为徒，吾又何患！故万物一也⑱。是其所美者为神奇，其所恶者为臭腐；臭腐复化为神奇，神奇复化为臭腐，故曰，'通⑲天下一气耳。'圣人故贵一。"

知谓黄帝曰："吾问无为谓，无为谓不应我，非不我应，不知应我也；吾问狂屈，狂屈中欲告我而不我告⑳，非不我告，中欲告而忘之也；今予问乎若，若知之，奚故不近㉑？"

黄帝曰："彼其真是也，以其不知也；此其似之也，以其忘之也；予与若终不近也，以其知之也。"

狂屈闻之，以黄帝为知言㉑。

## 【注释】

①知：虚拟人名。本篇所举之人名、地名、河流名多为虚拟，并含有寓义。

②玄水：虚拟河流名。

③隐弅（fèn）：假设之地名。

④无为谓：虚拟之得道者，与自然合一无为不言之人。

⑤何思何虑则知道？何处何服则安道？何从何道则得道：这三问是从思维方式、生活方式、求教方式三个方面求问认识道、持守道、掌握道的方法和途径。

⑥非不答，不知答：无为谓视天地万物为一体，故对所问不知回答，而并不是不回答。

⑦白水：传说中的河流名，与玄水相对。

⑧狐阕：虚拟的山名。

⑨狂屈：虚拟人名。

⑩中欲言：正想说的时候。

⑪彼与彼：指无为谓和狂屈。

⑫不近：与道不相近。

⑬不言之教：不用语言的教化。

⑭道不可致，德不可至：致，招致，取得。至，达到。道和德是自然存在的一与多，不能靠人为求得，越是刻意地追求，越不自然，也就离道德越远；无为无求，与天地处于自然的同一体中，无所不在的道就会在你身上体现为德。

⑮今已为物也，欲复归根，不亦难乎：现已成有形之物，即由虚无之道取聚而成体，再复归虚无则难。

⑯其易也，其唯大人乎：至人与天道为一，故复归大道则易。

⑰生也死之徒：徒，类，同类。生和死是一物向另一物的转化，就物的角度看，它们是同类的。就一物说有生死之别，就万物总体说则无

生死之分，此物之生或为彼物之死。

⑱万物一也：气之聚散表现为物生死之无穷变化过程，万物统一于气。

⑲其所美者为神奇，其所恶者为臭腐：人们把自己认为美好的称为神奇，把自己厌恶的称为臭腐。这是以物观之，如果以道观之神奇与臭腐是"物无贵贱"的。

⑳通：贯通。

㉑不我告：不告诉我。

㉒奚故不近：奚，何。不近，与大道不相近。

㉓知言：懂得知者不言、言者不知的道理。这里的"知言"不是"知道"，是比道低一个层次的境界。

## 【译文】

知向北到玄水边游玩，登上隐弅山丘，恰巧在那里碰到了无为谓。知对无为谓说："我有个问题问问你，怎样思考才能认识大道？如何居处如何行事才能持守大道？以何种途径用何方法能够获得大道？"问了三次，无为谓都不回答。不是不回答，而是不知道要回答。

知的问题没有得到解答，就返回到白水的南面，登上狐阕山丘，在那里他看见了狂屈，知又把三个问题来问狂屈，狂屈说："噢！我知道，这就告诉你。"正想说的时候，却忘记了要说的话。

知没有得到回答，又返回帝宫，见到黄帝又问及那三个问题，黄帝说："无思无虑才能认识大道，无定处不行事才能持守大道，无需任何途径和方法就能获得大道。"

知问黄帝说："我和你都知道这些，无为谓和狂屈却不知道，我们双方谁对呢？"

黄帝说："那个无为谓是完全的对，狂屈接近于正确，我和你终究和道不接近，知道的人不谈论道，谈论道的人并不懂得道，所以，圣人推行放弃言说的教化。道是不能获取的，德是不能达到的，仁可以去施行，义可以损弃，礼是相互欺骗的。所以说：'失去道而后才有德，失去德而后才有仁，失去仁而后才有义，失去义而后才有礼。'礼只是道的华丽外表，而它也正是祸乱的开始，所以说：'追求大道的人不是要天天学习，而是要天天减损，减损了再减损，一直达到无为的境界，达到无为的境界之后，才能够做什么都合乎自然。'现在我们面对着一个有形的世界，要想在精神上返回这个世界的虚无的本质，难道不是太难了吗！如果说还有谁能够做到那就只有得道的至人！"

"从道的观点来看，生和死是同一类事物，从气一元论出发，死作为生的开始也就是从气开始，谁能够懂得这里面的大道理啊！人的生命只不过是气的一种聚合方式。气聚到一起就得到了生命，气一散开人就死了。如果死生是同类事物的不同表现形式，我们还有什么值得担心的呢！所以说，万物实际上是一体的。人们把自己认为美好的东西称为神奇，而把自己厌恶的东西称为臭腐。臭腐可转化为神奇，神奇也可以转化为臭腐，世间的万事万物都处在一个不断的转化过程中啊。所以说：'贯通天下的只是一气罢了。'因而圣人重视这个'一'。"

知对黄帝说："我问无为谓，无为谓不回答我，不是不回答，而是不知道要回答；我问狂屈，狂屈想告诉我却终究没有告诉我，其实他不是不想告诉我，而是话到嘴边却把要说的给忘了；现在我问你，您知道这么多，为什么又说我们所说的都和大道不相近呢？"

黄帝说："无为谓是个真正懂得大道的人，之所以这样讲，正是因为他的无知；狂屈接近于懂得大道，因为他忘记了自己所知的内容；我和你终究和道不相干，之所以这样讲，是因为我们都认为自己明白那不可知的大道。"

狂屈听到了黄帝所说的话后，认为黄帝只能算是知言，还不能算是懂得大道。

【原文】

天地有大美而不言，四时有明法而不议，万物有成理而不说。圣人者，原天地之美，而达万物之理，是故至人无为，大圣不作，观于天地之谓也。

今彼神明至精，与彼百化①。物已死生方圆，莫知其根②也。扁然③而万物自古以固存。六合为巨④，未离其⑤内，秋毫为小，待之成体。天下莫不沈浮⑥，终身不故⑦；阴阳四时运行，各得其序；惛然若亡而存⑧，油然不形而神⑨；万物畜而不知⑩。此之谓本根，可以观于天⑪矣！

## 【注释】

①今彼神明至精，与彼百化：神明和天地之间的关系因其千变万化的现象而显示出极为精微的神秘性。

②死生方圆，莫知其根：物或生或灭，或方或圆，变化无穷，形态各异，但我们只知其然，而不其所以然，这也就是莫知其根。

③扁然：犹"遍然"，普遍，所有的。

④六合为巨：六合，指中加上、下的三维性空间。巨，巨大。

⑤其：指道。六合的三维空间虽然无限地巨大，它仍然存在于大道之中。

⑥沈浮：沈，通"沉"。沉浮即升降往来之变化。

⑦终身不故：终身，指万物的永恒性。故，固定，不故即不曾固定，常新而永葆生机。

⑧惛然若亡而存：惛然，黯然暧昧之状。大道虽然不是我们的感官可以感受到的，它却是一种永恒性的存在，所以说它是似亡而存的。

⑨油然不形而神：油然，变化万端而无所牵系的样子，不形而神是说大道虽然没有形象，是形而上之物，却有神明般的能力。

⑩万物畜而不知：万物畜，万物被大道所蓄养。不知，指人类无法认知大道。

⑪本根，可以观于天：它的存在可以通过观察天道的有常来得到明证。本根，大道。

## 【译文】

天地有最大的美德，是沉默无言的，一年四季有明确的规律，然而它却从不议论；万物有它固定的道理，然而它却不加解释。圣人正是通过推究天地的美德而知晓了万物生成的道理。所以，思想境界最高的人，只是模仿天象自然无为，大圣人也从不要创造什么，如此说来他是通过观察天地大道而明白了这一切。

综合起来看，那神明般的大道是极其精微玄妙的，它参与了天地成物的无穷变化；有形的事物总是处于不断地产生和消亡的过程之中，不管它在形态上怎样作有序的变化，我们还是没有办法知道它的根本性质和最终原因；因为天地万物似乎是自古以来原来就如此这般地普遍存在着。四方上下的六合三维空间虽然如此巨大，还是没有超出大道之外；秋毫虽小，仍然要靠道的作用才能形成自己的形体。天下万事万物无不在升降往来地变化着，但作为整体它却永远是生机勃勃的，不会因固定而衰变；暑往寒来，四时运行，它们都有自己固定的自然秩序；大道虽然无形无象，看起来好像并不存在，实际上却是根本性的存在，只不过它是通过时间性的自然有序的变化来表现自己，它没有形状，因而显得神妙莫测，万事万物都因为它的畜养而存在，但却一概地不自知。我们把大道的这种存在性称为"根本性的存在"，人们可以通过观察天地万物运动变化来证明这种存在。

## 【原文】

齧缺问道乎被衣①，被衣曰："若正汝形，一汝视，天和将至②；摄汝知，一汝度，神将来舍③。德将为汝美，道将为汝居④。汝瞳焉⑤如新生之犊而无求其故⑥。"言未卒，齧缺睡寐⑦。被衣大悦，行歌而去之，曰："形若槁骸⑧，心若死灰，真其实知⑨，不以故自持⑩。媒媒晦晦⑪，无心而不可与谋，彼何人哉⑫！"

## 【注释】

①被衣：虚拟之人名。据《天地》篇，彼衣是王倪的老师，齧缺是王倪的弟子。齧缺还见于《齐物论》等篇。

②若：你。天和将至：天然之和气就会到来。

③摄：收敛。一汝度：使思虑专一之意。神：神明之精，即道之功能活力。

④居：居处。

⑤瞳焉：无知直视的样子。

⑥犊：小牛。无求其故：不追究事物缘由，漠然置之，听其自然。故，缘由。

⑦卒：终。睡寐：睡着了。

⑧槁骸：枯骨。

⑨心若死灰：形容心枯寂不动，没有生机，像完全死灭之灰。真其实知：真正纯实之知。

⑩不以故自持：不固守己见，与变化同步。

⑪媒媒晦晦：懵懂无知的样子。媒，作"昧"。

⑫彼何人哉：他是个什么样的人啊！表达惊叹赞许之意。

## 【译文】

　　齧缺问道于被衣，被衣说："你要端正你的形体，集中你的视线，天然之和气就会前来；收敛你的智慧，专一你的思虑，神明就会来居留你心；德将表现你之美好，道将留在你的身上。你无知而直视的样子就像初生的小牛犊，你不要去追究事物的缘由。"话未说完，齧缺已经睡着了。被衣特别高兴，一边走一边唱歌而去，还说："形体如同枯骨，心如同死灰，真正纯实之知，不坚持故见，懵懂暗昧，没有思想，不能和他计议谋划，他是个什么样的人啊！"

## 【原文】

　　舜问乎丞①曰："道可得而有乎？"曰："汝身非汝有也，汝何得有夫道！"舜曰："吾身非吾有也，孰有之哉？"曰："是天地之委形②也；生非汝有，是天地之委和③也；性命非汝有，是天地之委顺④也；子孙非汝有，是天地之委蜕⑤也。故行不知所往，处不知所持⑥，食不知所味。天地之强阳气⑦也，又胡可得而有邪？"

## 【注释】

①丞：古之得道者，舜之师。又说为官名。古代帝王有四辅之官，左

辅右弼前疑后丞，丞即四辅之一。

②委形：寄托给你一个形体。委，寄托。

③和：和气。

④委顺：寄托给你顺其自然之性，于是乃有性命。顺，顺其自然。

⑤蜕：蜕变。指生物之脱皮生新。此处比喻人的子孙繁衍能力，也是天托寄给人的。

⑥"故行"句：持，持守。这句意思是说，人的行、住、食都不属于自己，而受天支配。

⑦强阳气：强健运动之气。即天地阴阳二气聚合运动主宰支配一切。

## 【译文】

舜问丞说："道可以获得和拥有吗？"回答说："你的身体都不是你所拥有，你怎么能拥有道呢！"舜说："我的身体非我所有，归谁所有呢？"回答说："是天地寄托给你一个形体；生命非你所有，是天地寄托给你和气；性命非你所有，是天地寄托给你顺应自然之属性；子孙非你所有，是天地寄托给你繁衍子孙的能力。所以行时不知往哪里去，住时不知持守什么，吃东西不知味道。这一切都受强健运动之气所支配，又怎么能获得和拥有呢！"

## 【原文】

孔子问于老聃曰："今日晏闲①，敢问至道。"

老聃曰："汝齐戒②，疏瀹③而心，澡雪④而精神，掊击⑤而知。夫道，窅然⑥难言哉！将为汝言其崖略⑦。

"且夫博之不必知，辩之不必慧，圣人以断之⑧矣！若夫益之而不加益、损之而不加损者，圣人之所保⑨。渊渊乎其若海，巍巍乎其终则复始也，运量万物而不匮⑩，则君子之道，彼其外与⑪！万物皆往资焉而不匮，此其道与！

"中国有人焉，非阴非阳，处于天地之间，直且为人⑫，将反于宗⑬。自本观之，生者暗噫物⑭也。虽有寿夭，相去几何？须臾之说也，奚足以为尧桀之是非！果蓏⑮有理，人伦虽难，所以相齿⑯。

圣人遭之而不违，过之而不守<sup>⑰</sup>。调而应之，德也；偶尔应之，道也<sup>⑱</sup>。帝之所兴，王之所起也。

"人生天地之间，若白驹之过郄，忽然而已！注然勃然<sup>⑲</sup>，莫不出焉；油然漻然<sup>⑳</sup>莫不入焉。已化而生，又化而死，生物哀之，人类悲之。解其天弢<sup>㉑</sup>堕其天裘<sup>㉒</sup>，纷乎宛乎<sup>㉓</sup>，魂魄将往，乃身从之，乃大归<sup>㉔</sup>乎！不形之形，形之不形，是人之所同知也，非将至之所务也，此众人之所同论也。彼至则不论，论则不至。明见无值<sup>㉕</sup>，辩不若默。道不可闻，闻不若塞。此之谓大得。"

## 【注释】

①晏闲：安闲。

②齐戒：齐同"斋"。斋戒为古人祭祀或其他重要典礼前进行的整洁身心的仪式。

③疏瀹（yuè）：疏通，疏导。

④澡雪：清洗干净。

⑤掊（pōu）击：打破，现在的时髦说法是解构。

⑥窅（yǎo）然：深远莫测。

⑦崖略：概要，大致轮廓。

⑧断之：断绝抛弃博学善辩的聪明。

⑨保：保有，信守。因为道是不能损益的。

⑩运量万物而不匮：运量，运用计量。匮，穷。道支配着天地万物的一切却永远不会不够用，因为它就是天地万物背后那种神秘伟大的力量。

⑪彼其外与：君子之道不可能自外于大道。

⑫直且为人：姑且称之为人。

⑬宗：指大道，反于宗即归返本根。

⑭喑噫（yīn yī）物：喑噫，聚集。生命现象是气所汇聚之物。

⑮果蓏（luǒ）：瓜果之总称，木本植物的果实称为果，草本植物的果实叫作白蓏，即瓜。

⑯人伦虽难，所以相齿：人间伦理关系虽然很复杂，但如果按长幼顺序安排社会生活，也就没有什么困难了。这里，庄子和儒家的观念是

相通的，一致的。

⑰遭之而不违，过之而不守：不违，不逃避。不守，不留恋。对迎面而来的事不抱逃避态度，因为躲是躲不过去的；过去的事也不要放在心上，因为那只会成为某种心理负担。

⑱调而应之，德也；偶尔应之，道也：德有人为性，所以可以调；道若天命，撞到哪里都是不得已，所以称偶。

⑲注然勃然：注然，如水之涌流。勃然，如苗之茁壮生长。

⑳油然漻然：形容变化消失之状。

㉑弢：弓袋。这里引申为枷锁。

㉒袠：剑袋。这里可以引申为桎梏。

㉓纷乎宛乎：纷纭婉转地散失。

㉔大归：最大的复归即死亡。

㉕明见无值：值，相遇。用聪明智能去认识大道，就会反而不能和大道相遇，即人的智能无法认识大道，只能靠内在的体悟才能认识大道。

## 【译文】

孔子问老聃说："今天悠闲自在，请问，至道是什么？"

老聃说："你要先进行斋戒，疏通你的心灵，洗涤你的精神，打破你的成见。道是深远莫测而难以言说的呀！我努力为你说个大概的轮廓吧。

"况且，博学的人不一定能认识到大道，善辩的人也不一定称得上有智慧，所以圣人放弃博学和好辩。因为只有那个想增加也无法增加，想减少也不能减少的大道，才是圣人之所乐于坚守的。大道深奥啊，就像大海；大道巍峨啊，周而复始地运行不息，运用它计量万物不会感到不够用。所以，君子们所遵行的道，怎么能外于这样的大道呢？万物都往大道那里索取，大道也不会匮乏，这就是道啊！

"中原之国有这样的人，既不偏于阴，也不偏于阳，他们居住在天地之间，只能姑且把他称作人，但他早晚要返回他的本根去，从本始观察，所谓生，不过是气聚集的而已。虽然有长寿和夭折，又有多少呢？差别只是片刻之间的一种说法，怎么能够用它来判断尧和桀的是非？瓜果之类的各有自己之所以存在的根据，人间伦理关系虽然复杂，但只要按年龄排列，也还是可以形成社会生活秩序的。圣人碰到此类的事件并不逃避，可过去了也不留恋，能够调和顺应的事，便是德的范畴；偶然撞上的而又不得不应付的一切，都属于道的范畴。帝王兴起的道理也都在这里了。

"人生活在天地之间的时日，如同白驹过隙一样短暂，刹那而已，生长啊兴起，无不由道而生发出来；变化啊消逝，也无不消亡于道体之中。已经变化生出的，又变化而死去，生命为其同类之死而悲哀，人类为其亲人之死而伤悲。打开自然的枷锁吧，毁坏天然的桎梏，纷纭宛转。魂魄将往，身体也随之消亡；死亡就是最大的回归呀！从没有形体到有形体，又从有形体变为没有形体，这是人所共知的常识；常识并不是求道之人所努力追寻的，那是人明白并共同讨论的话题，那些达于道境的人并不爱议论，爱议论的人也就并没有达到道境。用聪明才智去追求大道恰恰遇不上大道，要想体悟大道，善辩不如沉默。道是不能闻知的，所以闻听不如不听，懂得这些就叫'大得'。"

## 【原文】

东郭子①问于庄子曰："所谓道，恶乎在？"

庄子曰："无所不在。"

东郭子曰："期而后可②。"

庄子曰："在蝼蚁。"

曰："何其下邪？"

曰："在稊稗③。"

曰："何其愈下邪？"

曰："在瓦甓④。"

曰："何其愈甚邪？"

曰："在屎溺。"

东郭子不应。

庄子曰："夫子之问也，固不及质⑤。正获之问于监市履狶也⑥，每下愈况⑦。汝唯莫必⑧无乎逃物⑨，至道若是，大言亦然⑩。

周遍咸⑪三者，异名同实，其指一也。

"尝相与游乎无何有之宫，同合而论，无所终穷乎。尝相与无为乎！澹⑫而静乎！漠而清乎！调而间乎！寥已吾志⑬，无往焉而不知其所至⑭。去而来而不知其所止。吾已往来焉而不知其所终，彷徨乎冯闳⑮，大知入焉而不知其所穷。物物者与物无际，而物有际者，所谓物际者也。不际之际，际之不际者也。谓盈虚衰杀，彼为盈虚非盈虚，彼为衰杀非衰杀，彼为本末非本末，彼为积散非积散也。"

## 【注释】

①东郭子：住在东郭的某先生。

②期而后可：期，必。必指出具体所方可。

③稊稗(tí bài)：稊指稊草，稊与稗相似，有籽而无实。

④甓(pì)：砖头。

⑤固不及质：固，本来。不及质，未触及实质。

⑥正获之问于监市履狶也：正，管理市场的官。监市，监管市场的人。履，踩。狶，大猪。名叫获的市场官正问他管理市场的助手，如何通过踩猪腿的方法来检验猪的肥瘦。

⑦每下愈况：愈是往猪腿下面踩，愈能比况出猪的肥瘦。猪腿下部难以长膘，如果下腿都很肥，猪的其他部位就更肥了。用以比喻在最卑下处也有道的存在，可见道是无所不在的。

⑧汝唯莫必：你不必要我来证实道在那个物上。

⑨无乎逃物：所有的物都无法逃离在道外。

⑩至道若是，大言亦然：大道是这样的，抽象得很的概念也是这样的。即不能拿出来给人看。

⑪周遍咸：咸，都。周、遍、咸也全称词。

⑫澹：淡漠。

⑬寥已吾志：有志于空虚寂寥的道境。

⑭不知其所至：无心而动，听其自然。

⑮彷徨乎冯闳：彷徨，逍遥自在。冯闳，广阔空虚。

## 【译文】

东郭子问庄子说:"所谓'道',在哪里呢?"

庄子说:"无所不在。"

东郭子说:"一定要指出具体的地方才行。"

庄子说:"在蝼蛄蚂蚁之中。"

问说:"为什么在这么卑下的地方呀?"

回答说:"在稊稗里面。"

问说:"怎么更卑下了呢?"

回答说:"在砖头瓦片中。"

问说:"怎么越说越不着边际了?"

回答说:"在屎尿中。"

东郭子再也不出声了。

庄子说:"先生提问题的方法,本来就没有触及问题的实质。就好像叫获的市场官正问他的助手,如何通过踩猪腿来检验猪的肥瘦一样,我只能告诉你,越往下踩越看得清楚。你不能要求我来证实道在哪个事物上,因为所有的物都在道中,都逃不出去。最高的道是这样,所有抽象的概念都是这样的。就好像周、遍、咸这三个词不可一样,名不同而实相同,它们所指称的事实都是一样的。

"我们可以想象着一起去游历一个什么都没有的地方,道是综合起来讲的,所以它不会穷尽!再想象着我们一起顺应自然而什么也不做,你的感觉是淡漠而宁静,寂寞而清虚!道可以调和你的心情而使你的心灵得到安宁和闲适,我的心就常常处于虚无寂寥之中,本来就没有要去的目的地,所以就总是在无意中心动,顺应自然,到了哪里算哪里。我们来来往往地忙着,并不知道哪里是止境,我们往而又来却并不能知道人生的归宿。我逍遥自在地生活在广漠空虚的道境中,即使是有大智慧的人来到这里也弄不明白它的边际。道作为创生万物者,它和物之间是没有界限的,而物与物之间是有分界的,这就是物与物之间的界限。我用没有分界的道来对待有分界的物,就像你用对于有形之物的认识来要求我回答一个对没有边界的道一样。人们平常所说的盈虚衰杀之类,都是对于有形之物而言的,这种盈虚并不是道的盈虚，这种衰杀也不是道的衰杀，人们所说的本末也不是道的本末，人们所说的积散也并不是道的积散。"

## 【原文】

　　妸荷甘与神农同学于老龙吉①。神农隐几阖户昼瞑②，妸荷甘日中夆③户而入，曰："老龙死矣！"神农隐几拥杖④而起，嚗然放杖而笑⑤，曰："天知予僻陋慢𧥾⑥，故弃予而死。已矣！夫子无所发予之狂言而死矣夫⑦！"弇堈吊⑧闻之，曰："夫体道者，天下之君子所系焉⑨。今于道，秋毫之端万分未得处一焉，而犹知藏其狂言而死，又况夫体道者乎！视之无形，听之无声，于人之论者，谓之冥冥，所以论道而非道也。"于是泰清⑩问乎无穷曰："子知道乎？"无穷曰："吾不知。"又问乎无为，无为曰："吾知道。"曰："子之知道亦有数⑪乎？"曰："有。"曰："其数若何？"无为曰："吾知道之可以贵，可以贱，可以约⑫，可以散，此吾所以知道之数也。"泰清以之言⑬也问乎无始，曰："若是则无穷之弗知，与无为之知，孰是而孰非乎？"无始曰："不知深矣，知之浅矣；弗知内矣，知之外矣⑭。"于是泰清中⑮而叹曰："弗知乃知乎，知乃不知乎，孰知不知之知⑯？"无始曰："道不可闻，闻而非也；道不可见，见而非也；道不可言，言而非也。知形形之不形⑰乎！道不当名⑱。"无始曰："有问道而应之者，不知道也；虽问道者，亦未闻道。道无问，问无应。无问问之，是问穷也⑲；无应应之，是无内⑳也。以无内待问穷，若是者，外不观乎宇宙，内不知乎太初㉑。是以不过乎昆仑，不游乎太虚㉒。"

## 【注释】

①妸（ē）荷甘、神农、老龙吉：都是虚拟之人名。

②隐几：凭靠小几。阖户：关门。瞑：同眠。

③夆（zhà）：推开。

④拥杖：抱持手杖。指因过度震惊，突然抱杖而立。

⑤嚗（bó）然：手杖掉地发出之声。笑：不哭而笑，言其已悟生死齐

一之道。

⑥天：指老龙吉，言其有自然之德。僻陋：孤陋寡闻。慢诅(dàn)：
怠慢荒唐。

⑦夫子：先生，指老龙吉。发：启发。狂言：至言。常人不能理解，
视之为狂妄之言，而不相信。

⑧弇堈(yǎn gāng)吊：虚拟人名。

⑨体道者：与道相合之人。系：凭依，归依。

⑩泰清虚拟人名与后文的无穷、无为、无始都是虚拟人名。

⑪数：道理，规律。

⑫约：收敛。这句的意思是，道可处富贵，可处贫贱，可以收敛，可
以分散，是变化不定的。

⑬之言：此言，指无为讲说道数之语。

⑭弗知内矣，知之外矣：对道无所知，才是真正内心体悟了道；对道
有所知，能用语言说出来，这只是见到道的外在形式。

⑮中：《释文》引崔譔本作"印"，同"仰"。

⑯不知之知：不用名言相状对道加以表述的知，这种知才是真正
知道。

⑰形形之不形：使形成为形的那个东西，本身是无形的。即指道。

⑱道不当名：道之实与名是不相应的，不相符的。庄子认为，道不可
名，如果加给一个名，就被限定，而不同于真正的道。不管给它起个
什么名，都不可能达到名实相副。

⑲无问问之，是问穷也：道是不可问的，不可问而又要问，这种问是
空的。穷作"空"。

⑳无内：没有内容。

㉑太初：天地未分前的混沌状态，万物之本始，即指大道。

㉒昆仑：地之极高处，比喻有形与无形的分界处。太虚：广漠的虚空。

## 【译文】

　　婀荷甘与神农一同就学于老龙吉。神农凭靠小几，关起门昼寝。
中午时候婀荷甘推门而入说："老龙吉死了！"神农凭几抱持手杖立

起，嘭的一声放下手杖笑着说："先生知道我孤陋寡闻怠慢荒唐，所以弃我而死。完了，先生没有留下启发我的至言而死去了！"弇堈吊听后说："与道相合的人，是天下君子所归依之人。现在他对于大道，连秋毫末端万分之一都未得到，还知道怀藏其至言而死去，又何况那些与道相合的人呐！道看起来无形，听起来无声，人们对它的种种议论，叫作暗昧不明，他们所论述之道并不是真道。"于是泰清问无穷说："您知道吗？"无穷说："我不知。"又问于无为，无为说："我知道。"又问："您所知之道，也有什么道理规律吗？"回答说："有。"又问："它的道理规律是什么？"无为说："我知道可处富贵，可处贫贱，可以收敛，可以分散，这就是我所知道之道理规律。"泰清把这话来问无始，说："如果是这样，则无穷之不知道与无为之知道，究竟谁是谁非呢？"无始说："不知是对道知之甚深，知是对道所知极浅；不知是内心悟道，知是只了解一点道的外在形式。"于是泰清仰天而叹说："不知就是知吗？知就是不知吗？谁能知道不用名言相状表述之知是什么？"无始说："道不可闻知，所闻知的都不是道；道不可见，所见者都不是道；道不可言说，被言说出来的都不是道。需知创生有形万物的东西是无形的呀！道与它的名是不相应的。"无始说："有人问道而给予应答的，就是不知道；就是那个问道之人，也是没听说过道。道是不能问的，有问也不应回答。本不可问又要问，这种问是空的；本不应回答而回答，这种回答是没有内容的。以没有真实内容的回答去对空问，如果这样，对外不能观察宇宙之无限，对内不能了解道之根本。因此他不能超越有形之界域，不能逍遥于广漠之虚空。"

## 【原文】

光曜问乎无有①曰："夫子有乎？其无有乎？"

光曜不得问而孰视②其状貌，窅然③空然：终日视之而不见，听之而不闻，搏之而不得也。

光曜曰："至矣，其孰能至此乎！予能有无矣，而未能无无也④。及为无有矣，何从至此哉！"大马⑤之捶钩⑥者，年八十矣，而不失豪芒。

大马曰："子巧与！有道与？"

曰："臣有守也。臣之年二十而好捶钩，于物无视也，非钩无察也。是用之者假不用者也，以长得其用，而况乎无不用者乎！物孰不资焉！"

## 【注释】

①光曜、无有：皆虚拟之名，但有相当的寓意。

②孰视：孰通"熟"。熟视即仔细观察。

③宵（yǎo）然：隐晦不明之状，亦为空寂之意。

④予能有无矣，而未能无无也：予，光曜。有无，指听不到摸不着的光。无无，指无有。这是光曜的感叹之词，光虽不能触听，却能视看，所以自称"有无"，而比不上"无有"的无无。

⑤大马：楚国官名，即大司马。

⑥捶钩：锻造。钩，剑名。

## 【译文】

光曜问无有说："先生，你到底是有呢？还是没有呢？"

无有没有回答。

光曜没有得到无有的回答，就仔细观察无有形貌，他一副隐晦空寂的样子，整天看他也看不见，整天听他也听不到，想摸他一摸，却怎么也摸不着。

光曜于是感叹道："他真是达到极致了，谁能达到这样高的境界啊！像我，只能说达到了不能听也不能触摸，却未能达到一无所有的无无之境啊。如果能超越了有和无的境界，哪里会是我现在这个样子呢？"

楚国的大司马手下有一位造剑的人，已经八十岁了，造出的剑仍然锋利无比，光芒四射。

大司马说："你是纯粹技艺高呢？还是有什么别的道行呢？"

铸剑人回答说："我是个有所持守的人，我从二十岁时就开始喜爱上造剑这一行了，从此之后就对别的事物视而不见，不是和剑有关的事情看都不看一眼。我这种造剑的技艺之所以有所用，完全得益于我平时对于与剑无关的事不加理睬的专注上面，因此能长期受到重用。我因用心于铸剑而不用心在别的地方就能如此有用，何况那些对所有的事物都无所用心的求道者呢？达到至道境界的人，好像是一无所用，实际上是万事万物都要借助于他呀！"

## 【原文】

冉求问于仲尼曰："未有天地可知邪？"

仲尼曰："可，古犹今也。"

冉求失问①而退。

明日复见，曰："昔者吾问：'未有天地可知乎？'夫子曰：'可，古犹今也。'昔日吾昭然，今日吾昧然②，敢问何谓也？"

仲尼曰："昔之昭然也，神者先受之③；今之昧然也，且又为不神者求④邪！无古无今，无始无终，未有子孙而有子孙⑤可乎？"

冉求未对。仲尼曰："已矣，未应矣！不以生生死，不以死死生。死生有待邪？皆有所一体。有先天地生者物邪？物物者非物，物出不得先物也，犹其有物也，犹其有物也无已！圣人之爱人也终无已者，亦乃取于是者也。"

## 【注释】

①失问：失去问意，即心有所悟，不想再问。

②昧然：糊涂，与昭然相对而言。

③神者先受之：神者先接受领会。

④不神者求：向外界事物道理去寻求验证，所以变得糊涂了。不神者指外界事物及道理。

⑤未有子孙而有子孙：如果古时没有子孙代代繁衍，今天还会有子孙吗？如果古无子孙，今日也不会凭空生出子孙。由此推证，古代和今天相同，今天即是古代的继续。

## 【译文】

冉求问孔子说："没有天地以前情形是怎样的呢？"

孔子说："古代和今天是一样的。"

冉求觉得答非所问，就不想再问而退了下去。

第二天，冉求又来找孔子，说："昨天我问的问题是：'没有天地以前的情形可以知道吗？'先生却回答说：'可以。古代和今天是一样的。'昨天我还明白，今天我又糊涂了。请问，这是为什么呢？"

孔子说："昨天你明白，是用心领悟了它；今天又糊涂，那是你又想通过外界的有形事物来寻求验证！没有古也没有今，没有开始也没有终结。如果说以前从来没有子孙，今天突然就有了子孙，这样讲得通吗？"

冉求没有回答。孔子说："不用胡思乱想就对了；也不会乱问了！不是因有了新生者才产生了死亡，也不是因为有了死亡就会让死者死而复生。难道死亡和新生是相互依赖的吗？难道可能有什么先于天地就生成的事物吗？生成物的那个东西一定不是物自身，被创生的事物不可能先于生成它的事物，天地是最大之物，你还要在它之上找一个生成物，这就是你所提问题的根结。如果你不断地在生物者前面寻找新生物者，那是永无答案的。圣人热爱人类，也是没有止境的，那也是从这个自然之理中受到的启发。只是爱就是了，不用问为什么。"

## 【原文】

颜渊问仲尼曰："回尝闻诸夫子曰：'无有所将，无有所迎<sup>①</sup>。'回敢问其游。"

仲尼曰："古之人，外化而内不化<sup>②</sup>；今之人，内化而外不化。与物化者，一不化<sup>③</sup>者也。安化安不化<sup>④</sup>，安与之相靡，必与之莫多<sup>⑤</sup>。

"狶韦氏之囿<sup>⑥</sup>，黄帝之圃，有虞氏之宫，汤武之室<sup>⑦</sup>。君子之人，若儒墨者师，故以是非相赍<sup>⑧</sup>也，而况今之人乎！圣人处物不伤物。不伤物者，物亦不能伤也。唯无所伤者，为能与人相将迎。山与林，皋壤<sup>⑨</sup>与，使我欣欣然而乐与！乐未毕也，哀又继之。哀乐之来，吾不能御，其去弗能止。悲夫！世人直为物逆旅<sup>⑩</sup>耳！夫知遇而不知所不遇，能能而不能所不能。无知无能者，固人之所不免也。夫务免乎人之所不免者，岂不亦悲哉！至言去言，至为去为，齐知，之所知则浅矣！"

## 【注释】

①无有所将，无有所迎：将，送。不送不迎，就是听其自然。

②外化而内不化：随外物的变化而变化，但内心平静安宁，恒定而不变化。

③一不化：恒常保持淡漠无心，即是一不化，有此不化即可与物化。

④安化安不化：安，习惯。不管化与不化，皆能习惯自处。

⑤莫多：不增益。顺其自然而不增不减。

⑥囿（yǒu）：古代帝王畜养禽兽之园林。

⑦圃、宫、室：帝王居处游息之所。室比宫小，宫比圃小，圃比囿小。这里有随着人的游乐场所越来越小，精神也越狭隘，道德也越衰落的意思。

⑧相齑（jī）：相互攻击。

⑨皋壤：平原。

⑩直为物逆旅：人在这个世界上就好像是住旅馆的过客一样。直，只。逆旅，旅馆。

## 【译文】

颜渊问孔子："我曾经听老师说：'不要有所送，不要有所迎。'请问如何才能使精神出入自如。"

孔子说："古时候的人，处形随物变化而内心安然不动，现今的人内心游移不定却又沉溺于身外之物而不能随物应化。能随物应化的，一定是内心有信守而不见风使舵的人。这样的人，不管环境变化还是不变化，都能安时处顺，顺其自然，不加增益。

"豨韦氏的园林，黄帝的园圃，虞舜的宫殿，汤武的宫室，游玩居住的地方越来越狭小而道德也越来越低下。即使被称为君子的人，一旦他们以儒、墨为师而陷入是非之中，也不得不相互攻击，何况现在的普通人呢！圣人与物相处而不伤害物。不伤害物的人，物也不能伤害他。只有无所伤害的人，才能与人相交往。山林啊，平原啊，都能使我欣然快乐！快乐还没有完，悲哀就又接着来了，悲哀与快乐的到来，我不能抗拒；它们要离我而去，我也不能阻拦。多么可悲呀，世人只不过是为外物所带来的悲哀与欢乐所提供的旅馆罢了！他们只知自己所遭遇到的，却不知道自己还有很多艰难险阻是他们所从来不曾遭遇到的；人只能做力所能及的事却不能做力所不能及的事。有所不知有所不能，本来就是人所不能避免的。有些人非要强求人所不能避免的事，岂不是十分的可悲吗？大道之言不用言说，最好的做法是有所不为。想要让人们认识统一起来，那实在是既浅陋又无知的想法。"

## 【解析】

张岱年先生在《中国哲学大纲》里写道："中国哲学只重生活上的实证，或内心之神秘之冥证，而不注重逻辑的论证。"的确，中国古代哲学本质上更像是一种诗意哲学，而非科学化的哲学。这种"重了悟而不重论证"的思想特质深入骨髓，在宗教上化作"可至而不可学"的妙悟禅法，在文学上化作"可遇而不可求"的情感因子，在艺术上化作"可意会而不可言传"的无弦之趣，而在庄子笔下则成为"无处不在"的"道"。

郭象曰："人生而遇此道，则天性全而精神定。"《庄子》全书，对"道"谈得最集中最透彻，观点最为清晰成熟的要数这篇《知北游》，明代陆西星就认为《知北游》"所论道妙，迥出思议之表，读《南华》者，《知北游》最为肯綮"（《南华真经副墨》）。世界的起源和本根何在，一直是困扰庄子的大问题，"日夜相代乎前，而莫知其所萌。已乎，已乎！且暮得此，其所由以生乎！"（《齐物论》）他眼中所见，耳中所闻，心中所思，皆不能确切解答这一困扰。这玄虚莫测的"道"究竟是什么，究竟何时才能一睹其真容呢？一切的有限都不能概括无形的大道，没有面貌就是它的面貌，没有名字就是它的名字，没有真理就是它所蕴含的真理。世间万物，唯有大道离我们最远，也离我们最近，因为人生的有限使我们永不能企及大道，但同时大道却又显现在世界的每一处，无论所遇者贵贱深浅。

老子说："故飘风不终朝，骤雨不终日。孰为此者？天地。天地尚不能久，而况人乎？"人生的短暂给了我们最大的局限，摇摆在生死之间的思想无论如何也跨不到永恒里去。但我们不能因为自身的有限而否定了世界的无限。有多少曾经以为不可能实现的奇迹在如今已成为稀松平淡的常景？有多少曾经以为不可能推翻的真理在今天已被证明为荒谬可笑的错误？过去和未来已是渺茫，更何况那根本没有尽头的时空！而大道，更是比这时空还要"无所不在"。

《知北游》通篇十一个寓言故事，讲述的无非就是一个"无"字，"无"既是"道"的本质，也是我们体悟"道"的唯一途径。"道"未见得如常人想象中一番皱着眉头枯燥乏味矜严峻刻的面貌，老子说过"大道汜兮，其可左右"，虽是玄虚，但成玄英在注解中也说，正因道"泛然无着，慈悲普遍"，所以我们可以"感而遂通"。庄子在本文中也托名寓意，"三言"并举，让众所周知的黄帝、舜、老聃、孔夫子、冉求、颜渊和他笔下虚构的无为谓、狂屈、泰清、光曜等人共同参与到这场对"道"的讨论中来，各抒己见。单是从"无为谓""无穷""无为""无有"这些虚构的人名，就可隐约见出庄子的体道方法。

现代科技的发达使我们足不出户也可以遍览天下，甚至可以通过卫星的"眼睛"将视线延伸到宇宙深处，生命起源的科学理论（尽管论说纷纭）也不再是一个秘密。但当年庄子所极力探求的"道"至今为止在人们心中也仍是玄之又玄，神妙莫测。"道"不是一个可观的景象，不是一类可定的标准。"夫道，窅然难言哉！"它无法用某种概念任意加以描述。历史上无数人孜孜以求地去与它亲近，但结果不是盲人摸象式的以偏概全，在一己的学科里坐井观天，就是索性缘木求鱼，堕入崇拜自造偶像的深谷。"道隐于小成，言隐于荣华"（《齐物论》），人们容易为一些即时即地的卓越成就或精妙言论所折服，聚首其中，故步自封，丢失损伤了天赋的直觉与灵感，错过体悟大道的机缘。天地造化无私，覆载万物，"无有所将，无有所迎"，我们的身躯是"天地之委形"，诞生是"天地之委和"，性命是"天地之委顺"，就连子孙也只是"天地之委蜕"。人生一切，皆非我有，明白了这一点，还有什么不能解脱的呢？再多的形迹弥留，也不过是乐往哀来，气之暂聚，回想《逍遥游》篇的"小知不及大知，小年不及大年"，我们不由看到自己的无知。《知北游》中的啮缺问道于被衣，中途却昏昏昧昧自顾自地"睡寐"了，他是"真其实知"，领悟了大道的混沌无心；而我们的"无知"远不是体道悟虚的无思无为返璞归真，那仅仅是在旷日持久的迷失中不自觉流露出的茫然。

"今已为物也，欲复归根，不亦难乎！"认清了"道"与现实人生之间无限接近却永不可消弭的距离，庄子并没有放弃，他仍然怀着"天地与我并生，而万物与我为一"的梦想。世间最令人感动的就是这种明明无望却仍然真诚向往的期待。庄子不仅从世俗贪恋的浮华名利中超脱出来，更从被众多思想精英们视为清高宝贵的学识与智慧中超越出来，直接面向大道，坦荡如砥的心怀里蕴藏着不可能被所有人理解的勇气。"天地有大美而不言，四时有明法而不议，万物有成理而不说"，庄子以为大道不可闻、不可见、不可言、不可问、不可形、不可论，也正是他对大道的珍视，而非避而远之。他不仅要"无有"，更要"无无"，连众人不可瞻及的"无"他都一并抛下，白鹤展翅，雨过云收，旷怀高寄，不落形迹。

附：古人鉴赏选

篇首一段，分真是、似之、不近三节，主意归于知者不言，言者不知。继以道不可以言致，德不可以迹求，仁、礼皆有迹，则道矣，而礼为尤甚！堕体黜聪，此为道日损也。（宋·褚伯秀《南华真经义海纂微》引林希逸语）

是篇以"知"立题。知者，有为有言之所自也。北游，则趋其本方，有还源之意。玄水，至妙而存泽物之功，有心于为道之譬。无为、无谓，则冥于道矣。故三问而不知答，不知乃真知也。黄帝答之愈明，其如道愈不近何？是故圣人离形去知，堕体黜聪，无为而万物成，不言而天下化，知道不可得而有，身不可得而私，物之有生于无，通天下一气耳。（宋·褚伯秀《南华真经义海纂微》）

笔墨之灵，能将人之隐微曲曲传出。如意以无为为道，以不知为体道之人，本是一片虚明，长空万里。而文中人名地名，忘言不答，神奇臭腐，睡寐行歌，委形委蜕，稀稗屎溺，拥杖放杖，状貌窅然空然，未有天地，未有子孙，山林皋壤，笔底烟云，其精思眇义，都在无文之中，无字之下，令人眼头心头，隐隐跃跃，有如神观止之叹。未知文以道而妙乎，抑道以文而妙乎？（清·方人杰《庄子读本》）

前篇通体发挥一"真"字，此篇通体摹写一"无"字。真者，道之本根；无者，道之化境。由真以返于无，即无以窥其真，一部《南华》，只此二字尽之矣。（清·刘凤苞《南华雪心编》）

"山林皋壤"一节，忽然掷笔空中，高唱而入，哀音切响，奔赴毫端，吾身以天地为逆旅，而吾心又为哀乐之逆旅，终其身辗转于哀乐之中，而不知其同归于无也。举世梦梦，悲感无端，右军《兰亭序》从此脱化而去，而晋人旷怀高寄，只知陶写性情，终不及此篇之深窥道妙也。读者当有以辨之。（同上）

闻大道而睡寐，极写悟道之境。梦梦者无从领会，被衣大说，说者与寐者皆在化境中矣。道之妙处不可以言传，而但寄之于歌，歌词真道着妙处也。端冕而听古乐则倦而思卧，后世闻道倦卧者类如斯也。齧缺之睡寐，乃真羲皇上人矣。（同上）

## 【证解故事】

### 失败时不必灰心丧气

在人生中，每个人都会不断地经历着成功或失败，这本来就是一件极为正常的事情。可是如果一个人因为某一方面的成功就沾沾自喜、得意忘形，或是因为某一方面的失败就悲观失望、畏缩不前，那么久而久之就会丧失了对于自我的约束和控制能力，进而还有可能引发出许多难以预料的严重后果。

人生在得意时要知道尽早回头，失败时也不必灰心丧气。这种看上去不足为奇的"老生常谈"，却是我们的先人从长期的生活积累中总结出的至理名言，同时更是经过历史上的无数先例反复证明过的经验之谈。假如说出于对成功的渴望而迷失了自己还是一件值得同情也可以原谅的事情，那么因为对失败的恐惧便放弃了希望显然就是一种既令人悲哀更不可容忍的错误了。

所谓"弓满则折，月满则缺"，说的也都是"知足常乐"的人生哲理。懂得这些道理的人，常常能够在"功成"之后明智地选择"身退"，来作为保全自己的最佳方法，就像春秋时期的范蠡或是西汉时代的张良等人；而不明白这些道理的人则往往因为一时的贪念最终落得一个脑袋搬家的下场。就像为秦国建功立业却终究难逃一死的李斯，或是西汉年间发动"七国之乱"的吴王刘濞等人。尽管追求名利是再正当不过的人之常情，可是如果为了贪恋这些终将失去的身外之物，却害得自己丢了气节甚至是掉了脑袋，这显然是得不偿失。

但是在我们生活的这个大环境中，确实存在着一种事事处处都在倡导"自谦"和"自制"的社会风气，而许多约定俗成、广为流传的至理名言，也时时刻刻在提醒着我们要有一种"自知之明"的人生态度。可是所有的这些社会风气或是人生态度，除了在告诫我们什么是需要避免的东西外，却没有提示我们什么是需要坚持的东西。这样一来，也许我们是学会了如何才能呵护自己和保全自己，可是我们丢失的却是执着奋斗的意志和锐意进取的信心。而人之所以能够成为一种拥有着高级智慧的生命，不仅在于我们可以在思考的基础上做出总结，更是因为我们能够通过约束和控制自己的情感和意志，来达到征服命运和改变世界的最终目的。所以只要在保证社会公理或是他人利益的前提下，能够做到正确地认识自我，那么我们就应该可以勇敢地面对任何的挫折和失败，无论是顺是逆都要把自己的追求继续下去。

并且，失败也并非那样可怕。只要我们能够在失败中发现自身存在的缺点和不足，在充实自己和完善自己的同时，提高和增强我们的意志力以及战斗力，那么也就等于是拥有了避免再次失败直至赢得成功的能力与智慧。而失败还有另外一个极其重要的意义，那就是能够让我们品尝到由失败造成的种种不健康的情绪。在经过了这样的磨砺后，当我们真正地赢得了成功的时候，我们才能更加充分地去享受那份快乐和喜悦，同时也就更加懂得如何去珍惜已经得到的这一切了。这就是失败的积极意义。

## 做回那个真正的自己

与其游走在各种人际关系之间八面玲珑，还不如在面对他人和处理事情的时候保持一份真实质朴的人生本色。与其事事小心谨慎处处委曲求全，倒不如在待人接物的时候豁达大度地展示出自己的纯真个性。也只有当我们真的能够在绝不有损于社会公理和他人利益的基础上，做回那个真正的自己，才会让我们重新获得一种简单自然的快乐人生，也才会更有利于我们实现生命之中渴望已久的一份成功与辉煌。至于古人所倡导的那种"有所为，有所不为"的君子风范，也无非就是要求那些具有高远理想和高尚道德的人，应该尽量在为人处世的过程中保持着自己的本色。

有许多年轻人在刚刚进入社会的时候，总是会经常抱怨着经验不足或是人心难测的一类问题，而在社会里浸淫得稍久一些后，又会时常感叹压力过大或是无人理解的种种遭遇。在他们的眼中，似乎自己只能在一种疲于奔命的状态中周而复始地生活下去，却早已看不到可以让自己率性而为、随心所欲的任何可能和机遇了。但是，这些人也许从来都没有严肃认真地想过一个问题，那就是终日在这种尔虞我诈、利令智昏的状态中忙来忙去，自己究竟能收获到多少真正有意义的东西。也许他们已经想过了这样的问题，但还没有解决问题的气量而已。

拿出勇气，做回那个真正的自己，无论是对于哪一个人来说，都是一件有百利而无一弊的事情。在这个问题上，无论是君子或是凡夫、圣贤或是普通人是没有分别的。

曾经有这样一个故事，说的是一位国王因为年纪日益老迈而且又没有儿女来继承王位，所以就决定在自己的子民中挑选一个孩子收为义子，等到自己退位时再让他成为新的国王。为此，国王想到了一个极为独特的选子方法，那就是先给举国上下的每个孩子都分发一些花种，然后又宣布如果谁能用这些种子培育出最美丽的花朵，那么他就收这个孩子做义子。等到检验的那一天，除了一个家境贫寒、两手空空的男孩之外，其他的孩子都捧着各自培育出的鲜花等着接受国王的检验。可是国王在得知了那个男孩虽然历经努力却始终没能培育出鲜花的失败经历后，竟然宣布他就是自己选定的义子。原来国王发给所有孩子的花种全都是被煮熟的种子，这样的花种是根本不可能发芽开花的。国王这样做，终于给子民找到了一位诚实的新国王。

## 要快乐，就要学会自我省察

无论是在平凡琐碎的日常生活中，还是在千钧一发的紧要关头，我们还是应该在各种各样的选择与考验面前，做到始终如一地保持一种足够清醒的态度和快乐平和的情绪。比如说让自己的内心尽可能更为坦荡一些，少些毫无益处的虚与委蛇和刻意伪装，或是在为人处世的过程中尽量能以一种谦虚谨慎的态度和原则去面对周围的人和事，而不是因为取得了一点点的成绩就去得意忘形地炫耀自我。这不是什么虚伪世故的生存伎俩，只是我们应该学会的一点儿做人的根本道理罢了。虽然说起来简单，但这却需要我们的勇气和智慧，当然一份自我省察的必要能力也是必不可少的。

在人生道路中我们所谓的快乐与痛苦、成功与失败等问题，并非完全是由客观条件的得失或是优劣来决定的，其中还包括另外一个更为重要的内在因素，那就是我们在这些条件下所抱的态度和情绪。而这也就意味着一个人的种种际遇，往往也和自己在当时所选择的心态和情绪有关，甚至有时还可能完全由自己做出了怎样的选择来决定。

确实我们的态度和情绪常常会对自己的整个人生产生极为深远的影响。也正是因为如此，对于每一个想要在自己的生命中有所作为的人来说，除了要战胜各种各样的外在困难外，还需要时刻都能做到必要的自我省察，从而更好地把自己战胜并由自己来支配自己。

要想获得真正意义上的自在人生，肯定少不了一种必要的自我省察。因为置身于现代生活中的任何一个人都不可避免地要去面对各种各样的实际问题，而每一个人也都有保全自己、追求幸福的权利，所以要想在现实生活中更好地实现个人的目的和愿望，那么就应该学会在以诚待人的基础上来处理事情和解决问题。当然，这也不是说我们就一定要对所有的人和事，都必须直来直去地盲目信任，更不要轻易就展示出自己的全部才华与能力。毕竟社会是复杂的，人心是多变的，所以在很多时候还是要多长个心眼，既要以诚为本，又要注意避免因为过分炫耀才干从而把他人的妒忌甚至是伤害招致过来。但是在实际生活中，在实践自我省察能力时，我们却发现非常难，当受到别人的无辜指责或是恶意伤害的时候，又有多少人能够真正做到平心静气甚至是笑脸相迎呢？没有破口大骂甚至是拳脚相向就已经很难得了，还哪有什么心思去调节自己的心态和情绪去从容地面对这些是是非非呢？说到底，这种能力不仅是一种道德品质的充分体现，更是一份难得的生存智慧的具体表现。至于那些能够做到这一点的人，既是因为他们的身上具备了常人所不具备的许多美德，同时更是由于他们具有一个更为远大的人生理想和追求目标。为了达到自己的最终目标，他们自然懂得"谦受益，满招损"以及"韬光养晦"这些人生道理，不仅不会刻意炫耀自己的才华与能力，更不会因为被那些暴躁甚至是恶意的言行所激怒，进而有过激行为的发生。而对于想处处以理服人的人来说，也一定要先学会用强有力的自我省察和自我节制来征服自己。

在这个问题上，历史上的很多伟大人物都已经给我们做出了足够参考和学习的榜样。即使是在心事积压得自己有些无法承受的时候，如果一定要缓解和释放出那些不良心态和压抑情绪，以阻止它们会对自己的身心健康造成某种不利的影响，那么真正聪明的人也往往都会选择那些无足轻重的细枝末节，而绝非是在那些极为关键甚至是重中之重的要紧事情上来发泄自己，这样才能把无可挽回的重大错误避免。

当然在适当的情况下发发脾气，并不会给我们的工作和生活造成什么极为严重的破坏或影响。毕竟身处于这个纷繁复杂的现实世界中，又有哪一个人能够总是时时顺心事事如意呢？只要能够在真诚待人的基础上，时不时地进行必要的自我省察和自我节制，那么也就可以在为人处世的过程中，更好地保全和发展自己了。

## 成功的人生，离不开人情世故

人们常说的"人情世故"指的是人际关系上的一种酬酢往来。虽然在绝大多数的情况下，这种关系只是一种形式上的东西，甚至还多少夹杂了一些虚伪的成分，可它在我们维系自己与他人之间关系的过程中，却是不可或缺的一个组成部分。不仅如此，对于那些渴望在社会生活中求得生存和长远发展的人来说，这是很重要的一个步骤。

所以，一个真正意义上的成功人生，是离不开这种人情世故的。有功劳固然要积极争取，但是总不能把这种好事往自己一个人身上大包大揽，却吝啬于将其分享给他人；而过失虽然人人都不愿意承担，但也不该本着"一推六二五"的逃避态度，将其完全地推到他人身上。毕竟我们都不可避免地要置身于整个社会生活的各个集体之中，倘若总是采取这种趋利避害的做法，那么长此以往还有谁愿意和你相处和共事啊！这虽然只是人情世故的一个侧面，但却足以影响到我们自身的长远发展，也与我们在未来的成败得失有着密切关系。

如今我们的整个社会就是由人情世故编织而成的一张看不见的大网。置身其中的每一个人，也不过只是这张大网里最为微小的一根线头而已。既然整个大网都是由无数个像你我这样的线头连接而成的，那么我们又怎能轻易地将自己摘除在这张大网之外呢？如果说一切已经成为一种无可避免的定局，那么懂得了这些道理的我们，就更是不能轻视和忽略了人情世故的重要意义以及它的巨大作用，而且也应该努力地去学会掌握和运用这样的人情世故。与其是在逃避的态度中弄得自己处处尴尬时时难堪，还不如干脆成为这张大网中最为坚固的一个部分，从而在这种千丝万缕的紧密连接中把自己的快乐人生实现。

"你走你的阳关道，我过我的独木桥。"这只不过是在事情已经发展到了无法弥补的程度后不得已而说出的一句负气话罢了。对于那些真正成熟的人来说，就更是不应该认为这样的一种结局就是我们最好的选择了。尤其是在我们这个素来讲究人情世故的礼仪之邦里，做任何事懂得一些必要的技巧和方法是必须的。

好事要主动与他人分享，坏事要勇于主动承担，这显然才是一种能够彰显个人的博大胸襟和处世智慧的正确态度和做法，也是不断取得成功的最佳秘诀。

在这件事情上，举世闻名的 F1 方程式赛车选手舒马赫就绝对堪称是一个值得我们学习的榜样。在取得了一系列的显赫战绩后，他在接受所有媒体采访的时候，总是要把功劳归功于自己身后的整个团队；而在遭遇失败和挫折后，他又总是把过错归咎于自己的操作失误。也正是因为有了这样的一种态度，不仅为他赢得了全世界的尊重与敬仰，也为自己的不断成功奠定了坚实的基础。

## 惊人之语获奖赏

中国人都讲究谦虚是美德，很多人即使有本领，也会谦虚地说自己"不行不行"，久而久之，人们也会认为你不行。所以我们要避免这种自以为是的谦虚，充分展现自己的本领，让别人为自己喝彩。唐朝名臣李吉甫的儿子就是因为惊人之语而获得武元衡的夸奖的。

唐朝名臣李吉甫的儿子李德裕，小时候长得很英俊，人又很机灵，所以全家老小和邻里乡亲没有一个不喜欢他的。名声传到皇宫里，皇帝传令召见，一见李德裕，也马上喜欢上了他，情不自禁地将他抱在膝头上说笑。由于儿子名声大噪，李吉甫当然满心喜悦，与同僚们闲谈之际，也就免不了有些扬扬得意，常常有意无意地夸赞德裕怎么行怎么能。宰相武元衡听说后，便叫人把李德裕抱来考问。"小裕，"武元衡弯下腰，笑眯眯地对站在地上的李德裕问道："你在家里喜欢读什么书呀？"德裕睁着一对滴溜溜的眼睛，望着武元衡一声不响。"喂，我在问你。"武元衡以为他没有听见，提高了声音说，"你在家里看点什么书啊！"德裕干脆微闭双眼，抿紧嘴唇，闷声不响。武元衡问了三次，李德裕就是不吭一声。武元衡火了，便命下人送他回家去。

第二天，武元衡见了李吉甫，又是抱怨又是嘲笑地说："你说你儿子怎么怎么了不得，别人也说他是神童，我看他是一个呆气十足的小傻瓜！"接着，便把昨天考问的事说了一通。

李吉甫听了又羞又恼，一回家就把李德裕叫来责问："你平常何等机智伶俐，讨人喜欢，昨天不能回答武大人的提问，岂非既蠢笨，又不礼貌？"德裕听了，咯咯一笑，说道："武大人还嘲笑我呢，还是嘲笑他自己吧！他身为宰相，是皇帝最重要的助手，应该首先考问我治国安邦的大事，谁知他竟先问我读什么书。读书的事嘛，是礼部和最高学府查问的。武大人问这些事，我觉得有点轻重失当，体现不出宰相的胸怀和身份，我是不满的，所以拒不回答！"李吉甫这才转怒为喜，急急忙忙赶往相府将原委转告武元衡。武元衡听罢，不觉面有愧色，连声叫好："小裕一语惊人，真是奇童、奇才！日后定有出息！"

后来，李德裕果然做了太尉、宰相，成为晚唐的一位名臣。一语惊人的故事看完了，不知你有何感想？是否也打算展现自己的本领，让人们对自己刮目相看？

## 让对方顺着你的思路走

智慧是人类思维的一个奇葩，散发着诱人的清香，让人不禁深深地佩服，语言的魅力同样是智慧的反映，让人们不断地总结和积累，凝聚一种大智慧。下面就让我们见识一下纪晓岚和张思光的机智吧。

纪昀，字晓岚。有一年，他伴乾隆皇帝下江南。某日游一寺，但见殿内一尊大肚弥勒佛袒胸露腹，正在看着他们憨笑。乾隆问："此佛为何见朕笑？"纪晓岚从容笑道："此乃佛见佛笑。"乾隆问："此话怎讲？"纪晓岚道："圣上乃文殊菩萨转世，当今之活佛，今朝又来佛殿礼佛，所以说佛见佛笑。"乾隆暗暗赞许，转身欲走，忽见大肚弥勒佛正对纪晓岚笑，回身又问："那佛也看卿笑，又是为何？"纪晓岚说："圣上，佛看臣笑，是笑臣不能成佛。"乾隆称赞纪晓岚机智善辩。

他们走出寺院，又往前走，正走得口渴时，见路边有一棵梨树。纪晓岚顺手摘下一只梨子，自顾自吃了。乾隆见他竟然不为自己摘梨，就责难道："孔融四岁尚且知道让梨，爱卿怎么能在皇帝面前这样不懂礼貌，自己便吃了？"

纪晓岚笑道："'梨'的音是'离'呀，臣奉命伴驾而行，哪敢让梨（离）？"

乾隆又说："那我们分着吃也好呀。"

纪晓岚说："哎，哪敢与君分梨（离）啊。"又走了一程，见路边有一棵柿树。纪晓岚摘一只很熟的柿子，切成两半，与皇帝每人一半。

乾隆边吃柿子边诘难道："怎么这柿子就可以分吃了呢？"纪晓岚答道："'柿'的音是'事'，臣伴君行，有事（柿）共参（餐）嘛！"乾隆笑道："你油嘴滑舌的，总难不倒你呀！"

正在这时，见一位妇人路过，她手提一个竹器。乾隆问："她手里提的是什么？""竹篮。""此物有何用呀？""盛东西。"乾隆皇帝故意问："为什么只盛东西不盛南北？"纪晓岚想了想，解释说："按阴阳五行之说，东方甲乙木，西方庚辛金，南方丙丁火，北方壬癸水。金木之属，篮子可以盛得住。而用它盛水，漏了；用它盛火，烧了。都盛不住。所以，只能用它盛东西，不能盛南北。"乾隆虽然并未深信，但他讲得新奇有趣，便不住地点头。

君臣俩再向前走，来到江边。见那里停着一只小船，一个老头正蹲在船上钓鱼。忽然，老头手一甩，钓上一条大鱼，乱蹦乱跳的。老头高兴地一拍大腿，大笑起来。乾隆见了，顿时诗兴大发，要纪晓岚口占七绝一首，限在四句二十八字中，必须嵌入十个"一"字，这存心是想难倒纪晓岚呀！纪晓岚望着江水渔舟，来回踱了几步，说一声"请听"，即吟道："一篙一橹一渔舟，一丈长竿一寸钩。一拍一呼复一笑，一人独占一江秋。"全诗清新自然，生动传神，一幅《秋江独钓图》呈现在眼前，乾隆不由得连连赞许。还有一次纪晓岚在编纂《四库全书》时，一天，正值盛夏，打着赤膊坐在案前，这时，乾隆突然驾到。衣冠不整见驾就有欺君之罪，更何况纪晓岚这副模样！他慌得连忙钻进桌子底下躲避。

其实乾隆早就看到了，向左右摇手示意，叫他们别作声，自己就在纪晓岚藏身的桌前坐了下来。时间长了，纪晓岚感到憋气，听听外面鸦雀无声，又因桌围遮着看不见，闹不清皇上走了没有，于是偷偷伸出一根中指，低声问："老头子走了没有？"乾隆心里又好气又好笑，故意喝道："放肆！谁在这里？还不快滚出来！"纪晓岚没法，只好爬出来跪在地上。乾隆说："你为什么叫我'老头子'？"纪晓岚回答："陛下是万岁，应该称'老'；尊为君王，举国之首，万民敬仰，当然是'头'；子者，'天之骄子'也。呼'老头子'乃至尊之称。""那这根中指又算什么？""代表'君'，'天地君亲师'的君。"纪晓岚伸出一只手，动着中指说："从左边数起，天地君亲师,中指是君;从右边数起,天地君亲师,中指仍是君。所以中指代表君。"乾隆笑道:"卿急智可嘉,恕你无罪!"

再看看一则张思光如何向宋太祖索要官职的巧妙回答吧。

宋太祖答应任命张思光为司徒通史。张思光很看重这个职位,心中欢喜不已,一直引颈企望着宋太祖正式下达授职命令。可是张思光等了很久,始终没有接到任命书,他心里十分着急,也等得不耐烦了,就苦思冥想索职的妙计,最后终于想了出来。

这一天,张思光打探到宋太祖正在御花园,便故意找了一匹瘦马,骑着去拜见宋太祖。到御花园后,张思光下马叩见太祖。

宋太祖见他牵着一匹瘦马,心中顿感惊奇,于是问道:"这匹马很瘦,你一天喂它多少饲料?""一天一石。"张思光认真地答道。

他很高兴,因为太祖的问话,正中他的下怀。宋太祖捋了捋胡须,绕着瘦马转了一圈后,又问道:"不少啊?可是马吃了这么多饲料,怎么还这么瘦呢?"张思光更加高兴了。他的妙计随着太祖的问话,正一步步地实现着。但他知道,此时必须沉住气,不能让太祖看出一丝迹象。于是,张思光小心地答道:"我只是答应它每天喂一石,可实际上并没有给它吃那么多,它怎么会不瘦呢?"

宋太祖恍然大悟——原来,张思光是用瘦马做引子,向他索职来了!他曾答应过任命张思光为司徒通史啊!太祖心想:这个人毕竟有其过人之处。至少,在智谋上要高人一筹。张思光从宋太祖若有所思的神情中,得知太祖已悟出了他的用意;而龙颜中的那份赞许,也使张思光得到了满意的答复。他愉快地拜别了宋太祖,骑上他那匹瘦马,回家等圣旨去了。不久,宋太祖就下达了任命张思光为司徒通史的命令。

语言的才华反映一个人的能力,这些人都通过语言的智慧来向皇上证明了自己的实力,最终而获得重用。所以说,在现实中,我们的一言一行也都反映着我们的能力与智慧。

# 杂 篇

# 庚桑楚

【原文】

老聃之役①有庚桑楚②者，偏得③老聃之道，以北居畏垒④之山，其臣之画然⑤知者去之，其妾之挈然⑥仁者远之。拥肿⑦之与居，鞅掌之为使⑧。居三年，畏垒大壤⑨。畏垒之民相与言曰："庚桑子之始来，吾洒然异之⑩。今吾日计之而不足⑪，岁计之而有馀⑫。庶几⑬其圣人乎！子胡不相与尸而祝之⑭，社而稷之⑮乎！"

庚桑子闻之，南面而不释然⑯。弟子异之⑰。庚桑子曰："弟子何异于予⑱？夫春气发而百草生⑲，正得秋而万实成⑳。夫春与秋，岂无得而然㉑哉？天道已行矣。吾闻至人，尸居环堵之室㉒，而百姓猖狂不知所如往㉓。今以畏垒之细民㉔而窃窃焉欲俎豆予㉕于贤人之间，我其杓㉖之人邪？吾是以不释㉗于老聃之言。"

弟子曰："不然。夫寻常之沟㉘，巨鱼无所还其体㉙，而鲵鳅为之制㉚；步仞㉛之丘陵，巨兽无所隐其躯㉜，而孽狐为之祥㉝。且夫尊贤授能，先善与利㉞，自古尧舜以然㉟，而况畏垒之民乎㊱！夫子亦听㊲矣。"庚桑子曰："小子来，夫函车之兽㊳，介㊴而离山，则不免于罔罟㊵之患；吞舟之鱼，砀而失水㊶，则蚁能苦之。故鸟兽不厌高㊷，鱼鳖不厌深。夫全其形生㊸之人，藏其身也，不厌深眇㊹而已矣！且夫二子㊺者，又何足以称扬哉！是其于辩㊻也，将妄凿垣墙而殖蓬蒿㊼也。简发而栉，数米而炊，窃窃乎又何足以济世哉！举贤则民相轧㊽，任知则民相盗㊾。之数物㊿者，不足以厚民。民之于利甚勤㊿，子有杀父，臣有杀君；正昼为盗，日中穴阫。吾语汝：大乱之本，必生于尧舜之间，其末存乎千世之后。千世之后，其必有人与人相食者也。"

# 【注释】

① 役：门徒，弟子。古代弟子从事洒扫应对的杂活，所以称为"役者"。

② 庚桑楚：人名，老聃弟子，姓庚桑，名楚。

③ 偏得：独得。偏，独。偏作"不全"解实误。

④ 畏垒：高峻不平。一说山名。

⑤ 画然：畛域，界限，引申为喜好。

⑥ 絜（qiè）然：絜犹"揭"。举的样子，引申为标榜。

⑦ 拥肿：糊涂无知的样子。与画然知者对文，指非画然而知者。旧注解淳朴实误。

⑧ 鞅掌：失容的样子。《诗·小雅·北山》有"或王事鞅掌"。毛传："鞅掌，失容也。"即后世讲的野草不恭的样子。与絜然仁者对文，指非絜然而仁者。为使：为庚桑楚的使役。

⑨ 大壤：即《逍遥游》连叔所说"藐姑射山之神人，其神凝，使物不疵而年熟。"指大丰收。壤，通"穰"，丰收。

⑩ 洒（xiǎn）然：指见所未见，耳目一新的样子。洒，作"濯"解。旧注解吃惊或惊怪皆未尽其意。异之：对他奇异。

⑪ 日计之而不足：指三年之前，每日盼望他有所作为而不去作为，所以说不足。

⑫ 岁计之而有馀：指三年后，物不疵疠，而大丰收，无为是异于寻常的，所以说有余。

⑬ 庶几：差不多，近似。

⑭ 胡：何，为何。尸：主，指古代代表死者受祭的活人，后来的祖先牌位。祝：祠庙中司祭礼的人。尸而祝之：以他为祖宗。

⑮ 社而稷之：社、稷均作动词，即为他建立社稷，尊奉他为神。社、稷：古代帝王所祭的土神和谷神。

⑯ 南面：与北居对立，指老聃居于南面，才面南而坐，非指君主。不释然：不愉快，不高兴。此处"南面而不释然"与《齐物论》中的"南面而不释然"有所不同。

⑰ 弟子异之：弟子对庚桑楚感到奇怪。

⑱ 何异于予：为什么对我感到奇怪。

⑲百草生：指包括谷物的自然生长。

⑳得：通"德"，指功德。万实：指各种果实。

㉑无得：无故。然：这样。

㉒尸居：向祖先牌位的寂静而居。环：周围。堵：一丈长的墙。

㉓猖狂：随心所欲，纵恣迷妄。往：适，往。

㉔细民：小民，人民。

㉕窃：私。俎豆：奉祀。予：我。

㉖其：岂，难道。杓：标准。

㉗不释：不高兴，不愉快。

㉘寻常之沟：指深八尺，广十六尺的沟浍。寻，八尺，倍寻为常。沟，沟浍。

㉙巨鱼：大鱼。还（xuán）：通"旋"，旋转。

㉚鲵鰌：小鱼。制：折，曲折回旋。

㉛步仞：六尺为步，八尺为仞。

㉜巨兽：大兽。隐：藏。躯：身躯。

㉝孽狐：妖孽的狐狸。祥：祥善。

㉞先善与利：先推举善而有利的人。与，给予。

㉟以：通"已"。

㊱而况畏垒之民乎：这句的意思是，尊贤授能自尧舜起就是"先善与利"，庚桑楚被畏垒之民尊为贤人也是如此。

㊲夫子：老师。听：听任，顺从。

㊳函车之兽：口能含车的大兽。函，包含，包容。"函车"与"吞舟"对文。

㊴介：个，独。扬雄《方言》"兽无耦曰介"。《书·秦誓》："如有一介臣。"《礼记·大学》作"若有一个臣"。二意皆为单独、一个的意思。

㊵罔：用绳线织成的捕鱼捉鸟兽的工具。罟：网的总名。《易·系辞下》："作结绳而为罔罟。"

㊶砀（dàng）而失水：因潮汐激荡而离水搁浅于岸。砀，同"荡"。

㊷鸟兽不厌高：鸟不厌烦山高。

㊸生：性。

㊹眇（miǎo）：通"渺"，高远。

㊺二子：指尧、舜。
㊻辩：通“辨”，指辨别善利。
㊼垣墙：矮墙。殖：种植。蓬蒿：茼蒿的俗称。
㊽简：通“柬”，选择。栉：梳篦的总称。此处指梳头发。
㊾轧：倾轧。
㊿盗：欺诈。
(51)数物：指举贤，任知等事。
(52)厚民：利民。
(53)勤：勤快，努力。
(54)正昼：中午。
(55)日中：中午。穴阫（péi）：在墙上打洞。阫，墙。
(56)汝：你。

【译文】

老聃的弟子，有个叫庚桑楚的，偏得老聃之道，去北方居住在畏垒山区，他的仆人中喜好智慧的离他而远去，他的侍女中标榜仁义的也离他而远去；糊涂无知地和他住在一起，失容不仁的为他使用。住了三年，畏垒山区获大丰收。畏垒山区的老百姓互相议论说：“庚桑子刚来时，我们见所未见感到惊异。现在，我们以三年前的时日来看他感到不足，三年后以岁月来衡量他便感到有余。差不多他是圣人了吧！你们为什么不一齐尊奉他为神，为他建立宗庙呢？”

庚桑子听到这种议论，面南而坐思考老聃的教导之言，心中感到不快。弟子们很奇怪。庚桑子说：“你们对我有什么感到奇怪的呢？春天阳气上升而百草禾苗生长，正逢功德的秋天而各种果实成熟。春季与秋季，难道无故就能这样吗？这是天道自然运行的必然结果。我听说，至人，寂静地居住在方丈的小室之中，而百姓纵恣迷妄地不知其所往。现在畏垒山区的人民，都窃窃私语想把我奉柯于贤人之间，我难道是那种可以做标准的人吗！我面对老聃的教导而感到焦虑。”

弟子说：“不是这样，深八尺，长一丈六尺的小水沟，大鱼无法转体，而小鱼回旋自如；六八尺高的小土丘，巨兽无法藏身，而妖狐却为之得意。况且尊贤授能，赏善施利，自古尧、舜已是如此，何况畏垒山区的人民呢？先生就听他们的吧！"庚桑子说："小子们，过来，含车的巨兽，单独离开山林，就不免于受到网罗的祸患；吞船的大鱼，因潮汐激荡而离水搁浅于岸，就会受蝼蚁的困苦。所以鸟兽不厌山高，鱼鳖不厌水深。要全形养性的人，隐身之所，也是不厌深远罢了。况且，尧、舜这两个人，又有什么值得称赞的呢！像他们这样辨别贤能善利，就像妄凿垣墙而种蒿蒿当墙一样，选择头发来梳，数着米粒来煮，窃窃小利又怎能救世呢！荐举贤能则使人民相互倾轧，任用智者则使人民相互欺诈。这些事不足以使人民淳厚。人民营利之心切，于是有子杀父，臣杀君，白日偷盗，正午挖墙，我告诉你们，大乱的根源，必定起自尧舜时期，而贻害于千载之后。千载之后，必定有人吃人的了！"

## 【原文】

南荣趎蹴然正坐曰①："若趎之年者已长矣，将恶乎托业以及此言邪？"庚桑子曰："全汝形，抱汝生，无使汝思虑营营②。若此三年，则可以及此言矣。"南荣趎曰："目之与形，吾不知其异也，而盲者不能自见；耳之与形，吾不知其异也，而聋者不能自闻；心之与形，吾不知其异也，而狂者不能自得。形之与形亦辟矣，而物或间之邪？欲相求而不能相得。今谓趎曰：'全汝形。抱汝生，勿使汝思虑营营。'趎勉闻道达耳矣！"庚桑子曰："辞尽矣，曰奔蜂不能化藿蠋③，越鸡不能伏鹄卵，鲁鸡固能矣。鸡之与鸡，其德非不同也，有能与不能者，其才固有巨小也。今吾才小不足以化子，子胡不南见老子？"

南荣趎赢粮④，七日七夜，至老子之所。

老子曰："子自楚之所来乎？"南荣趎曰："唯。"老子曰："子何与人偕来之众也？"南荣趎惧然顾其后。老子曰："子不知吾所谓乎？"南荣趎俯而惭，仰而叹曰："今者吾忘吾答，因失吾问。"老子曰："何谓也？"南荣趎曰："不知乎？人谓我朱愚。知乎反愁我躯；不仁则害人，仁则反愁我身；不义则伤彼，义则反愁我己。我安逃此而可？此三言者，趎之所患也，愿因楚而问之。"老子曰：

"向吾见若眉睫之间，吾因以得汝矣，今汝又言而信之。若规规然⑤若丧父母，揭竿而求诸海也，女亡人⑥哉！惘惘乎，汝欲反汝情性而无由人，可怜哉！"

南荣趎请入就舍，召其所好，去其所恶，十日自愁。复见老子。老子曰："汝自洒濯，熟哉郁郁乎⑦！然而其中津津乎⑧犹有恶也。夫外韄者不可繁而捉，将内揵；内韄者不可缪而捉，将外揵；外内韄者，道德不能持，而况放道而行者乎！"

南荣趎曰："里人有病，里人问之，病者能言其病，然其病病者，犹未病也。若趎之闻大道，譬犹饮药以加病也，趎愿闻卫生之经⑨而已矣。"老子曰："卫生之经，能抱一乎！能勿失乎！能无卜筮而知吉凶乎！能止乎！能已乎！能舍诸人而求诸己乎！能翛然⑩乎！能侗然⑪乎！能儿子⑫乎！儿子终日嗥而嗌不嗄⑬，和之至也；终日握而手不掜⑭，共其德也；终日视而目不瞚⑮，偏不在外也。行不知所之，居不知所为，与物委蛇，而同其波。是卫生之经已！"

南荣趎曰："然则是至人之德已乎？"曰："非也。是乃所谓冰解冻释者，能乎？夫至人者，相与交食乎地而交乐乎天，不以人物利害相撄⑯，不相与为怪，不相与为谋，不相与为事，翛然而往，侗然而来，是谓卫生之经已。"曰："然则是至乎？"曰："未也。吾固告汝曰：'能儿子乎！'儿子动不知所为，行不知所之，身若槁木之枝而心若死灰。若是者，祸亦不至，福亦不来。祸福无有，恶有人灾也！"

## 【注释】

①南荣趎(chú)：庚桑楚的弟子，姓南荣名趎。蹴然正坐：蹴然，不安的样子。正坐，正襟危坐，表示内心的敬重。这里表示因敬重而端正自己的表情和坐姿。

②营营：劳累不休。

③奔蜂不能化藿(huò)蠋(zhú)：奔蜂，细腰土蜂。藿，豆叶。蠋，豆虫。

④赢粮：携带干粮。

⑤若规规然：若，你。规规然，惊恐失措的样子。

⑥女亡人：女，通"汝"，你。亡人，流亡的人。这里指在精神上失去了自我。

⑦孰哉郁郁乎：孰通"孰"，何。

⑧津津乎：水自然外溢的样子。

⑨卫生之经：卫护生命、保重全生的要领。

⑩翛（xiāo）然：自由自在、无拘无束的样子。

⑪侗然：无牵无挂的样子。

⑫儿子：婴儿。

⑬终日嗥而嗌不嗄（shà）：婴儿整天号啕而哭，嗓音哽咽喉咙却不嘶哑。嗥，号哭。嗌，咽喉哽塞。嗄，嘶哑。

⑭挽：（yì）：拳曲，即手攥着不松。

⑮瞚（shùn）：通"瞬"，眨眼睛。

⑯撄：纠缠，扰乱。

## 【译文】

南荣趎敬端坐，说："像我这样年纪大的，要怎样学习，才能达到先生所说的那种境界呢？"庚桑楚说："保全你的形体，守住你的生命，不要让你的思虑为牟取私利而奔波劳苦。按照这样做，三年下来，那你就可以达到我所说的那种境界了。"南荣趎说："瞎子的眼睛和正常人的眼睛，从外形看不出有什么差异，而瞎子的眼睛看不见东西；聋子的耳朵和正常人的耳朵，从外形看不出有什么差异，而聋子的耳朵听不见声音；疯子的样子与正常人的样子从外形看不出有什么差异，而疯子却不能把持自己。形体与形体之间彼此相近，但出现不同的感知是外物使它们有区别吗？还是为了私利却始终未能获得物的本性呢？现在先生对我说：'保全你的身形，守住你的生命，不要让你有思虑为牟利而奔波劳苦。'我只不过勉强听到耳里罢了！"庚桑楚说："我的话说完了。讲几句题外话吧。小土蜂能把小桑虫孵化成幼蜂，却不能把肥大的蠋虫变成幼蜂；越国的小土鸡不能孵化天鹅蛋，而鲁国的大种鸡却能够做到。鸡与鸡，它们的禀赋并没有什么不同。鲁国的大种鸡能，越国的小土鸡却不能，是因为它们的体形原来就有大有小。我的才干太小了，不足以使你受到感化，你为什么不到南方去拜见老子？"

南荣趎带足了干粮，走了七天七夜，来到老子居住的地方。

老子说："你是从庚桑楚那里来的吗？"南荣趎说："是的。"

老子说："你怎么带来这么多人呢？"南荣趎吃惊地回过头来看看自己身后。老子说："你没有懂得我所说的意思吗？"

南荣趎低下头，羞惭满面，片刻，仰面叹息："我现在已不知道我应该怎样回答，心里一急，原来把要问的问题，也忘掉了。"老子说："你要问什么呢？"南荣趎说："想起来了。智慧内储，人们说我愚昧无知；智慧外露，又怕给自己带来愁苦和危难。不具仁爱之心，难免会伤害他人；广施仁爱，又要给自己带来愁苦和困难。不讲信义，便会影响人与人之间的关系；讲信义，又要给自己带来愁苦和危难。左右都有危险，这三个问题正是我忧虑的事，希望您看在庚桑楚的面子上而不吝赐教。"老子说："刚来时，我观察到你眉宇紧锁，我猜你是带一堆问题来的。现在你的谈话更证明了我的推测。你失神的样子就像是失去了父母一样，又好像在举着竹竿探测深深的大海一样。迷惘啊！你想返归你的真情与本性，却找不到路，实在是可怜。"

南荣趎请求在馆内暂住，以便求取自己喜爱的东西，舍弃自己讨厌的东西，找回天性。整整十天，南荣趎觉得问题还是没有解决，三对矛盾仍然把人弄得困苦不堪，于是，再去拜见老子。老子说："你洗澡啦，周边热气腾腾的，然而你心中那充盈外溢的问题还是说明你存有邪念！受到双重束缚，内外夹击，即使是道德高尚的人也不能持守，何况是初学道行的人呢？"

南荣趎说："邻里的人生了病，四邻慰问他，病人自诉病情，承认有病，说明他身有病，心无病，那就算不上是生了重病。像我这样心无俗念，你若向我讲道，好比服用了汤药，病情反而加重了，所以，我只希望能听到养护生命的常识而已。"老子说："养护生命的常规，我先要问问你，你能够保持身形与精神浑一谐和吗？能够不丧失天性吗？能够不占卜而知道吉凶吗？能够谨守自己的本分吗？能够对消逝了的东西放任不管吗？能够不仿效别人而寻求自身的完善吗？能够抛弃仁义而无拘无束、自由自在吗？能够忘记智慧而变得憨厚吗？能够洗净污染的人伪，像初生的婴儿那样纯真、朴质吗？婴儿整天哭叫，咽喉却不嘶哑，这是因为发音的本能谐和自然达到了顶点；婴儿整天握拳，而不拘挛，这是因为小手自然地握着是婴儿的天性与常态；婴儿整天瞪着小眼睛眨都不眨，这是因为婴儿只看不想。走出去不知道往哪里，坐下来不知道做什么，虚应社会，随波逐流，任其自然，这就是养护生命的常规了。”

南荣趎说：“这样说来，这就是至人的最高思想境界，是吗？”老子回答：“不是这样的。这些只不过是像冰冻消解那样自然消除心中积滞的本能吧。你以为修养道德，做最高尚的人如此容易吗？最高尚的人融小的我入大我，混同黎民百姓，祈求后土赐给事物，祈求皇天赐给安乐，而自己别无他求。不因外在的人际关系而扰乱自己的内心，不参与怪异、图谋、尘俗的事务，无拘无束、潇洒地去，憨厚无所执着地到来。这就是我所说的养护生命的常规。”南荣趎说：“这样说来，这就达到了最高的境界，是吗？”老子说：“没有。我对你说过：‘能够洗净污染的人像初生的婴儿那样纯真、朴质吗？’婴儿伸手伸脚不知道干什么，爬来爬去不知道去哪里，身形像秋树无叶不招风，心境像熄尽了死灰。像这样的人，祸福都不会降临，祸福都不存在，人间灾害怎么能加寄予他呢？”

## 【原文】

宇泰定者[①]，发乎天光。发乎天光者，人见其人，物见其物。人有修者，乃今有恒。有恒者，人舍之，天助之。人之所舍，谓之天民；天之所助，谓之天子。

学者，学其所不能学也；行者，行其所不能行也；辩者，辩其所不能辩也。知止乎其所不能知，至矣；若有不即是者，天钧[②]败之。

备物以将形[③]，藏不虞以生心，敬中以达彼。若是而万恶至者，皆天也，而非人也，不足以滑成，不可内于灵台[④]。灵台者有持，而不知其所持，而不可持者也。不见其诚己而发，每发而不当；业入而不舍，每更为失；为不善乎显明之中者，人得而诛之；为不善乎幽闲之中者，鬼得而诛之。明乎人，明乎鬼者，德后能独行。

券内者，行乎无名；券外者，志乎期费。行乎无名者，唯庸有光；志乎期费⑤者，唯贾人也。人见其跂，犹之魁然。与物穷者，物入焉；与物且⑥者，其身之不能容，焉能容人！不能容人者无亲，无亲者尽人。兵莫憯于志，镆铘为下⑦；寇莫大于阴阳，无所逃于天地之间。非阴阳贼之，心则使之也。

## 【注释】

①宇泰定者：宇，指人的天庭、额头，与在上文"眉睫之间"相对应。泰定，大定，宁静，与"思虑营营"相反。

②天钧：钧，陶轮。喻指循环之天道。

③备物以将形：即指"全汝形"。备，具备。物，指人形如耳目之器官等。将，养。

④内（nà）于灵台："内"通"纳"，纳入。灵台，指心，也称"灵府"。

⑤志乎期费：期，求，要。费，显用。志乎期费即有志于为世所用，即儒家所谓"治国平天下"之类。

⑥与物且：即与外物格格不入。"且"同"阻"。

⑦兵莫憯于志，镆铘为下："憯"同"惨"，毒，这里借为锐利。镆铘，名剑，也作"莫邪"。最锐利的兵器是人的意志，连最锐利的莫邪剑也比不过它。

## 【译文】

胸襟坦然、心境安泰镇定的人，就会自然发出灵光。发出自然灵光的人，看人观物，清楚明白。注重道德修养的人，才能长久保持灵光的存在；持有长期稳定灵光的人，人们就会自然地荫庇他，上天也会帮助他。人们所荫庇的，称他为宇宙之民；上天所辅佐的，称他为宇宙之子。

学习，是为了学习那些自己不曾掌握的知识；行走，是为了到达那些不能去到的地方；分辨，是为了辨别那些不易辨清的事物。知道自己停留在不知道的境域，便达到了知道的最高境界。如果有人不是这样，大踏步冲出去，那么自然禀性必然会使他失败。

备足造化的事物而顺应成形，用来将息身体；深敛外在的情感不作任何思虑，用来涵养心性；尊重自己，从而理解他人。做到这三方面，你也就平安了，如果各种灾祸纷至沓来，那就是天命，怪不得你。你已经尽到人事了，没有过失，因而外来的灾祸不足以扰乱成性，也不可能进入心里。心，就是胸中有所持守却不知道持守什么，并且不能够刻意去持守的地方。不能真诚地表现自我，而任凭情感外驰，一旦外事侵扰心中，它们就不会轻易离去，即使有所变化，心中也会留下创伤。如果有人在白天做了坏事，人们都会谴责他、处罚他；在晚上做了坏事，鬼神也会谴责他、处罚他。只有在人群中清白光明，在鬼神中也清白光明的人，才能独行于世。

注重内修德行的人，做事不留名迹；追求外在功业的人，心思总在于穷尽财用。行事不留名迹的人，只能说是商人，人们都能看清他们在奋力追求分外的东西，他们自己却泰然处之。能体察外物，跟物顺应相通的人，外物终将归从于他；跟外物格格不入的人，连自身都不能相容，又怎么能容纳他人！不能融入的人就没有人亲近他，没有人亲近的人实际上是被人们所抛弃的。最锐利的兵器是人的心神，从这一意义说莫邪剑那样的兵器也只能算是下等；人最大的敌人是内心的自相矛盾，因为没有人能逃脱出天地之间。其实能够伤害人的并不是人心的阴阳变化，而是他自身心神受到干扰，不能顺应阴阳的变化。

## 【原文】

道通<sup>①</sup>其分也，其成也，毁也。所恶乎分者，其分也以备。所以恶乎备者，其有以备<sup>②</sup>。故出而不反<sup>③</sup>见其鬼，出而得是谓得死<sup>④</sup>。灭而有实，鬼之一也。以有形者象无形者而定矣。

出无本，入无窍<sup>⑤</sup>，有实而无乎处，有长而无乎本剽，有所出而无穷者有实⑥。有实而无乎处者，宇也；有长而无本剽者，宙也。有乎生，有乎死；有乎出，有乎入，入出而无见其形，是谓天门。天门者，无有也，万物出乎无有。有不能以有为有，必出乎无有，而无有一无有，圣人藏乎是。

古之人，其知有所至矣。恶乎至？有以为未始有物者，至矣，尽矣，弗可以加矣！其次以为有物矣，将以生为丧也，以死为反也，是以分已。其次曰始无有，既而有生，生俄而死，以无有首，以生为体，以死为尻。孰知有无死生之一守者，吾与之为支。是三者⑦虽异，公族也。昭景也，著戴也；甲氏也，著封也：非一也。

有生黬⑧也，披然曰"移是"。尝言"移是⑨"，非所言也。虽然，不可知者也。腊者之有膍胲⑩，可散而不可散也。观室者周于寝庙⑪，又适其偃焉。为是举"移是"。请常言"移是"：是以生为本，以知为师，因以乘是非，果有名实，因以己为质，使人以为己节，因以死偿节。若然者，以用为知，以不用为愚，以彻为名，以穷为辱。移是，今之人也，是蜩与学鸠同于同也。

## 【注释】

①道通：即《齐物论》的"道通为一"。

②所以恶乎备者，其有以备：前"备"指总体，后"备"说人爱求全责备。

③不反：神不守舍。

④得死：在精神上已经死了。

⑤出无本，入无窍：此两句的主语均指大道。

⑥处：指空间。本剽：指孔窍。实：哲学术语，"实体"。

⑦是三者：即以上述三个层次的认识：未始有物；以粗物，始无有，既而有。

⑧黬（juān）：幽暗，喻气之凝聚。

⑨移是：是非不定。

⑩腊：腊祭。膍（pí）胲（gāi）：膍，牛百叶。胲，牛蹄。

⑪寝庙：古代宗庙的正殿称庙，后殿称寝，合称寝庙。

## 【译文】

　　大道通达于万物。一种事物分离了，一种事物就会形成，另一种事物就会毁灭。有人不喜欢从分离的角度来看待世界，就在于对分离求取完备；也有些人不喜欢从完备的角度看待世界，就在于对完备进一步求取完备。心神离散而不能返归的人，就会像鬼一样只有形骸；心神离散而有所得，可以说他在精神上已经死了。迷失本性而只有外形，也是一个鬼。把有形的东西效法载形的道，那么内心就会得到安宁。

　　大道无形地存在着。它生长出来却没有根；想进入它的内部，却没有门。大道具有实在的形体却不占有空间；大道在成长却看不到成长的过程。世界从大道中产生，却找不到产生的孔窍。具有实在的形体而不占有空间，是因为大道处在上下左右没有边际的空间中；有成长却看不到成长的始末，是因为大道处在极限的时间里。大道既存在着生也存在着死，既存在着出也存在着入。入和出都没有实实在在的形迹，这就是"自然之门"。自然之门不假人为但是万事万物都来自于这个门。不可能用"有"来着生"有"，"有"一定来自于"无有"，而"无有"就是什么都没有。圣人就是在这样的境域中藏身。

　　古代的人，他们的才智已经达到很调摄的境界。达到什么样的境界呢？有人认为宇宙开始是不存在事物的，这是最高明、最完善的观点，不能够再添加什么了。差一点儿的观点就是他们认为宇宙开始已经存在事物，只不过把一种事物的产生看作是另一种事物的分离，把消逝看作是回归，而这个观点对事物已经有了区分。比这个观点再差一点儿的就是他们认为宇宙开始的确不曾有过什么，不久之后就产出了事物，有生命的东西又很快地消失了，他们把虚空当作头，把生命当作躯体，把死亡当作尾脊。哪个人能把有、无、死、生归结为一体，我就把他当朋友。上面三种观点虽然各有不同，但从万物一体的观点来看，它们之间却没有什么差异。就像楚国王族中昭、景两姓，因为世代为官而显赫；屈姓，又因为世代封赏而着显，他们在楚国都很显著，只不过姓氏不同而已。

世间存在的生命，是从昏暗中产生的。生命一旦出现，彼此是非就在生命之间不停地运转而不易分辨。让我来说说转移和分辨，其实这本不值得谈论，即使谈论了也不能够说得明明白白。例如，在年终大祭时，准备牛的内脏和四肢，虽然这些可以分开陈列，但是又不能够离散整体牛牲；再举一个例子，游玩观赏王室的人周游了寝宫和宗庙，但又必须上厕所。从这些例子可以看出彼与此、是与非在不停地转换。请让我进一步谈论是非的转移和运动。是以生为根本，以智慧为师，得以长大，从而形成人的是非观念，于是把自我看作主体，并且把这一点当作神圣的节操，于是有些人不惜用生命来证明自己，像这样的人，把举用当作才智，把晦迹当作愚昧，把通达当作荣耀，把困厄当作羞耻。是与非、彼与此的不确定，是现今人们的认识，这就跟林中的小鸟小雀共同讥笑大鹏一样目光短浅、无知。

## 【原文】

蹍市人之足<sup>①</sup>，则辞以放骜<sup>②</sup>，兄则以妪，大亲则已矣。故曰：至礼有不人<sup>③</sup>，至义不物<sup>④</sup>，至知不谋，至仁无亲，至信辟金<sup>⑤</sup>。

彻志之勃<sup>⑥</sup>，解心之谬，去德之累，达道之塞。贵富显严名利六者，勃志也；容动色理气意六者，缪心也；恶欲喜怒哀乐六者，累德也；去就取与知能六者，塞道也。此四六者不荡胸中则正，正则静，静则明，明则虚，虚则无为而无不为也。道者，德之钦也；生者，德之光也；性者，生之质也。性之动谓之为，为之伪谓之失，知者，接<sup>⑦</sup>也；知者，谟<sup>⑧</sup>也；知者之所不知，犹睨<sup>⑨</sup>也。动以不得已之谓德，动无非我之谓治<sup>⑩</sup>，名相反而实相顺也。

羿工乎中微而拙乎使人无己誉。圣人工乎天而拙乎人。夫工乎天而俍<sup>⑪</sup>乎人者，唯全人能之。唯虫能虫，唯虫能天。全人恶天，恶人之天，而况吾天乎人乎！

一雀适羿，羿必得之，威也。以天下为之笼，则雀无所逃。是故汤以庖人笼伊尹，秦穆公以五羊之皮笼百里奚。是故非以其所好笼之而可得者，无有也。

介者拸画⑫，外非誉也；胥靡⑬登高而不惧，遗死生也。夫复謵不馈⑭而忘人，忘人，因为为天人矣。故敬之而不喜、侮之而不怒者，唯同乎天和者为然。出怒不怒，则怒出于不怒矣；出为无为，则为出于无为矣。欲静则平气，欲神则顺心。有为也欲当，则缘于不得已。不得已之类，圣人之道。

## 【注释】

①蹍（niǎn）踩，踏。

②放鹜（ào）："鹜"通"敖"；放敖即放肆。

③不人：不分人我。

④不物：不分你的我的。

⑤辟金：抵押。

⑥勃：通"悖"，乱。

⑦接：应接，感性认识。

⑧谟：理性认识。

⑨睨：寻找规律。旧注斜视。

⑩治：不乱，顺心。

⑪佷：同"良"，善。

⑫介者拸画：介者，断足的人。拸，或作"侈（chǐ）"，离弃，抛弃。画，规则，规矩礼法。拸画，不拘法度。

⑬胥靡：囚徒，犯人。

⑭复謵不馈：受到威吓却不报复。

## 【译文】

在路上踩了行人的脚，就要道歉说对不起，在家踩了兄长的脚就可以不道歉，踩了父母的脚一声不吭最为得体。因此，最好的礼仪就是不分彼此、不必见外；最高的道义就是物不分你我，各得其宜；最高的智慧就是不用谋虑；最大的仁爱就是对任何人都不需要表示亲近；最大的诚信就是不需要用非常贵重的东西当作凭证。

不受意志的干扰，消除心灵的繁杂，丢弃道德的累赘，突破大道的阻碍。尊贵、富有、尊显、威严、功名、利禄，这六种东西都能够扰乱意志。容貌、举止、美色、辞理、气调、情意，这六种东西都能够束缚心灵。憎恶、爱欲、欢喜、愤怒、悲哀、欢乐，这六种东西全部能够牵累道德。舍去、靠拢、贪取、给予、智虑、技艺，这六种东西全是堵塞大道的因素。如果这四类六项不压在胸中，人的内心就会平正、安静，安静就会明达，明达就会虚空，虚空就无所作为而又无所不为。道被德所敬仰；生机是德的光华；本性是生命根本。符合本性行为，叫作为；受伪情驱使行为，叫作失，感性的认识来自与外物的接触；智慧来自于内心的谋划；具有很高智慧的人也有不知道的知识，就像斜着眼睛视物一样，所见必定有限，举动出于不得已叫作德，行动为了自我叫作治。追求名声一定会适得其反，而讲求实际一定会事事顺心。

羿善于射中微小的东西而拙于人们不赞扬自己，圣人善于顺应自然而拙于人为。能够顺应自然而又善于周旋人世的，只是全人才能做到。只有虫才像虫一样地生活，虫的像虫源于自然。全人厌恶自然，是厌恶人的自然，更何况是用自我的尺度来度量自然和人为呢？

一只小雀向羿飞来，羿肯定会把它射中，这是羿的能力；把天下当作雀笼，那么没有一只鸟雀能逃脱这个雀笼。因此，商汤用庖厨来亲近伊尹，秦穆公用五张羊皮来亲近百里奚。从古至今，最好的笼络人心的方法就是投其所好。

砍断了脚的人之所以不加修饰，是因为他已经把毁誉置之身外；服役的囚徒登上高处之所以不存恐惧，是因为他已经把生死忘掉了。能够受到威吓却不报复他的，是忘掉了他人；能够忘掉他人的人，就可以称为合于自然之理、忘却人道之情的"天人"。所以，人们敬重他，他却不感到欣喜；人们侮辱他，他却不会愤怒，只有融入了自然顺和之气的人才能这样。发出了不是有心发怒的怒气，那么这样的怒气也就出于不怒；有作为但不是有心，那么这样的作为也就出于无心。想宁静就要心平气和，想寂神就要顺应心志，即便是有所作为也要处置适宜，每件事都要顺应于不得已。每件事不得已的做法，也就是圣人之道。

## 【解析】

如果说《内篇》是种子，那么《外篇》便是枝干，《杂篇》则是枝头上新鲜的嫩芽或者花蕾。作为《杂篇》里的第一篇，《庚桑楚》就给我们展示了一个全新的世界。文字夹叙夹议，故事中的人物性格饱满，对话生动，而作者思维的跳跃亦如神龙见首不见尾。这种跳跃对我们的理解力来说无疑是一种障碍，而我们要进入《杂篇》世界的唯一钥匙就是把篇中不同的故事联系起来，重新组合排列，与议论中的思想交相辉映，如此一切疑问便迎刃而解。

庚桑楚是首句里的一个人名，这里以人名为篇名。全篇涉及许多方面的内容，有讨论顺应自然倡导无为的，有讨论认知的困难和是非难以认定的，但多数段落还是在讨论养生。

全文大体可以分为五个部分。第一部分至"其必有人与人相食者也"，写庚桑楚与弟子的谈话，指出一切都有其自然的规律，为政者只能顺"天道"而行，至于尧舜的做法，只能使民"相轧"，社会的动乱也就因此而起。第二部分至"恶有人灾也"，通过老聃的谈话说明养生之道，这就是"与物委蛇，而同其波""身若槁木之枝而心若死灰"，即随物而应、处之无为的生活态度。第三部分至"心则使之也"，写保持心境安泰，指出不能让外物扰乱自己的"灵台"。第四部分至"是蜩与学鸠同于同也"，转而讨论万物的生成与变化，讨论人的认识的局限，说明是与非不是永远不变的，可以转移和变化。余下为第五部分，又转回来讨论修身养性，指出扰乱人心的诸多情况，把养生之道归纳到"平气""顺心"的基本要求上来。

在文章的末尾，我们看到了这样一段话：被刑罚砍断了脚的人不拘于法度，因为他已把毁誉置之度外；服苦役的囚徒登上高处不会感到恐惧，因为他已经忘掉了死生。面对谦卑的言语不愿做出回应而能够忘掉他人的人，就可称作合于自然之理又忘却人道之情的"天人"。所以，敬重他他却不感到欣喜，侮辱他他却不会愤怒，只有混同于自然顺和之气的人才能够这样。发出了怒气却不是有心的，那么怒气也是出于不怒；有所作为却不是有心的，那么作为也就等同于无为。想要宁静就得平和气息，想要精神淡定就得顺应心志，即使有所作为也须进退有度，事事顺其自然。事事顺其自然的做法，也就是圣人之道。

也许我们做不了圣人，那也无妨，我们就做水吧。记住，是做水而不是做刀。夜里梦游的人磨快了刀子去杀木桶里的水，直到把木桶刺破。梦游人看到水已干涸，很是得意。殊不知水已渗入土地，化为气，变为云，最终成为雨，雨从天而落，又重新回到井中，再被人装进木桶。这便是水，无穷无尽的水，大千世界的"影子"。在人生道路上，我们要做水，而不是做杀水的刀。坚忍不拔，百折不挠，这种"生如蚁，美如神"的力量，无穷无尽，无比强大。

## 【证解故事】

### 知足者是最富有的人

禅者有言："知足者是最富有的人""知足者，身贫而心富；贪得者，身富而心贫"，据此再思考就不难体悟到其中所含有的老庄的智慧意识。

说到"知足"，许多人会想起"知足常乐"这个古老而又屡遭世人议论的话题。的确如此，知足与故步自封一样，会使人产生惰性，不思进取。从小的方面言，妨碍了个人的进步；从大的方面言，则会使历史的车轮失去了动力而停滞不前。所以，从彻底的意义上言，知足心理所折射出的，往往是小生产者狭隘的目光、毫无希望的企求和平庸的生活，他们满足于"三十亩地一头牛，老婆孩子热炕头"之类的与世无争的生活，平生之愿就是过上仅免去饥寒之苦的生活，从而缺乏一种远大的抱负、无限的追求意识，没有冒险的勇气，没有参与竞争、谋求更大发展的作为，从而也就安于现状，对待万事是既然昨天如此，今天也只能如此，明天也一样如此得过且过了。这是不值得我们仿效，不提倡的。这是社会发展的要求，因为我们的国家正在向现代化迈进。这也是个人进步的要求，因为我们不应也不可能在社会日新月异的发展中，再去充当小农的角色，仿效小农的作为。

对于现代人而言，如何将人生的知足意识与奋发向上的追求和谐而协调地统一起来，是非常有意义的课题。一个人过高地要求自己，总是不知足，当然就不容易寻找到快乐。而人在许多时候都需要积极的激励，需要自律，需要自己对自己的肯定。知足者常乐，其积极意义在于，必要的自我知足，是进步的基础，是快乐的途径。

除此之外，在处理各种人际应酬与面对物质享受时，"知足常乐"的命题，也还是有一定的借鉴意义的。试想想，在人际交往中，有一个成年人在面对各种利益的诱惑时，就像一个毫不知足而又第一次走入百货商店的孩子一样，这也想要，那也欲取，总是贪得无厌，那么，不用说，这个人在人际圈子中必是不受欢迎者，而且他还不会像那不知足的孩子，因为幼稚可爱的天性而被人原谅。

再想想，在面对永无止境的物质享受时，假设一个人总是热衷于攀东家比西家，当他的期望值不能在现实中获得合理的实现时，他就可能想入非非，或利用职位权柄，或明火执仗，做出铤而走险、一失足而成千古恨的事来。

很多诸如此类的事例，在现实生活中，是不难看到的。究其主观原因，是当事者没有树立起正确的人生观，对物质利益与享受常怀不知足的欲望，缺乏谦让意识，不是通过正当的手段来谋取合法利益的，其中又以不知足的心理较为明显。从某种程度上说，足与不足，除了必须有保持生存的基本物质条件之外，往往是因人而异，因人的不同人生理想、生活标准而有所不同。

《列子》中有这么一则寓言，讲曾有一齐国人，他朝思暮想的只是金子。所以，他在大白天来到市场卖金子的摊铺前，抓起金子就走。他自然是不可能逃脱众人的追捕，当人们问他为何在光天化日、众目睽睽之下偷别人的金子时，他的回答是："在我偷金子时，没有看到别人，我仅仅看到了金子。"

这虽是夸张的寓言，但却描述了贪婪者永不知足、利令智昏的心理实质，正是不知足的心理驱使他们做出了糊涂事。罪犯如此，一毛不拔的守财奴也是如此，这里所涉及的已不是财富多寡的问题，而是守财奴对于聚敛财富，总怀着一种永不知足的变态追求，他们甚至拒绝合理的消费，对财富是至死不撒手，结果使自己成为财富的奴隶、金钱的走狗，这样，他们怎么会成为世间的幸福者？比如将汉朝改为"新朝"的"新皇帝"王莽，在绿林军兵临城下之时，还依然手执短刀，守护着六十万两黄金，终遭杀头之灾，这就是个典型的例子。

这些类似巴蛇吞象的贪得无厌，用一语来予以归纳，就是不自量力的不知足。因此，从正面即积极的层面来认识和实行知足的原则，就是在自己应得的报酬、荣誉之外，不应向人索取额外报酬，不沽名钓誉，不向社会提出过分的要求，更不能以非法的手段来进行违法乱纪的活动。要珍惜自己的声誉，维护自己的尊严，在事关人格、国格的大是大非问题上，绝不做出奴颜媚骨、摇尾乞怜的姿态。即使在日常生活中，也不应持有顺手牵羊、鸟过拔毛之类的凭侥幸而占小便宜的意识，否则，就会降低自己的人品，也不会受到别人的信赖与欢迎。作为领导者，更不应因不知足而凭借手中的权力来谋私取利，即使是对于送上门来的礼物礼金，也不能揽入怀中，应理智地予以退还。

中国历史上的清官，在这方面留下了许多佳话。

如东汉时任南阳郡太守的羊续，上任伊始，就立志纠正郡衙之内愈演愈盛的请客送礼之风。所以，面对一位下属送来的一条又大又鲜的鲤鱼，他再三推辞不过，就让家人将这条鱼悬挂在屋檐下。

几天后，当这位下属又再送上一条更肥更大的鲜鱼，羊续就以自己身为太守，更应廉洁奉公为由，不仅退回了这条鲜鱼，而且把这位下属上次送来、现已风干的鱼一并退了回去。

此事一传开，送礼者的身影不再出现，羊续也以"悬鱼太守"之誉而垂名青史。

像这样的清官，之所以能两袖清风、戒贪拒贿，知足常乐的意识正是其心理依据之一。

知足，能使人维护心理的平衡，保持心情的宁静，在物质享受上不至于过分奢侈，而是看菜吃饭、量体裁衣，一切都量力而行。知足，更有助于个人将有限的精力投入到事业中，投入到有益的娱乐中。如此看来，知足作为个人立身处世的诀窍之一，作为自制自律的一项内容，是非常具有积极作用的。

知足的原则，实际上也就是划定底线的原则。在事业追求上，做大事业，是一切追求成功者的追求；而将大事业做得更大，则是不少已成功者的追求。这些，是无可厚非的，因为这种追求正是进步后再进步、成功后更成功的主观动力。问题的另一面，那就是任何事业做得再大，也不能是无限的，就如新大陆的开拓，总是有疆域的一样。而且，对于已有一定基础的成功者而言，在高利润和新创业的诱惑之外，往往还存在着守业的问题，存在着巩固原有产业的问题。古人云："创业难，守业更难。"

如何对待这两方面？作为中国房地产龙头企业的深圳万科的一些成功经验堪为借鉴。在追求利润方面，早在1992年房地产热方兴未艾之时，针对不少地产商那种不做低于40％利润的项目的暴利心态，万科董事长王石明确了万科"高于25％的利润不做"的经管理念。而这种理念的成型，在于万科在此前的十年，在原先从事的贸易行业，也曾获得过几倍甚至几十倍的超额利润。但随着市场的成熟，高利润逐渐走向平均利润，结果不仅是低利润难以为继，原来所赚的超额利润也赔回了市场，因为炒作和经营是两个概念，赚惯大钱后就不屑也不会赚小钱了，必然会受到市场的惩罚。

同样在那个年代，当不少已有相当积累和一定规模的企业，一味地做跨行业的铺摊子，或兼并，或重组，或一窝蜂地引进高科技概念，在不知不觉地迈入多元化的陷阱之时，万科却选择了只做房地产的专业化道路。为此，万科卖掉了所有与房地产无关的项目，即使是收益很好的万佳百货。

如此，有所为有所不为，有着明确的底线，万科也就明智地选择了一条符合企业发展规律之路，赢得了收益，赢得了中小投资者的认同，也赢得了社会的尊敬。从万科告别追求暴利心态，一心一意走专业化道路的事例中，我们可以理解什么是"图末就之功，不如保已成之业"。这足以说明，知足则不败，划定底线则进退自如。

以上，关于知足与否的正反两方面的事例及相应道理，最终可归结为老子在《道德经》（即《老子》）中所最早提出的两个命题，即"知足不辱"，此乃其一。"祸莫大于不知足"，此乃其二。

## 为人处世缺不得骨气

很多人都喜欢那种迎风挺立的傲松，认为没有定性的草不好。

从另一方面来说，大家都承认的一个原则就是：骨气是每个人必有的。审时度势，相机而动。这就像墙上的草，迎风无力，任意东西，左右摇摆不定，风吹向哪里，便倒向哪边。

是的，一个人为人处世缺不得骨气，我们这里所说的相机而动，也绝非是要人们学墙上之草，随风任意摇摆，事物总是具有两面性，任何事物都有长处，也都有短处。正如孔子所说："择其善者而从之，其不善者而改之。"墙头之草固然是左右摇摆，但这也是一种求存之道。几尺高墙之上生有一草已属不易，寸土之上，瓦砾之间，独出新芽，婀娜于天地之间，这难道不是件奇事吗？墙头草自知身单力薄，生性柔弱，便避免与这强风劲吹分庭抗礼。相风而动，因风而摇。都说它错了，但是它却能保存自己，挺立于墙头之上。

礁石挺立于海中，与海浪争锋。排浪滔天，礁石却迎风顶浪，屹然不动，终落得千沟万痕，伤痕斑斑，坑坑点点。都说礁石好，却落得面目模糊，断肢残骸。因此，我们不能说墙上草就无可取之处，墙上草随风倒正是为了求存。试想，如果连自身都保不住，还有必要谈宏伟的理想，远大的志向吗？还创什么宏图大业？有这么一个传说故事：

有一个国王与北方的一个国家打仗，来到一条大河边，河水滔滔，波浪翻滚，湍流如箭，没有船桥，无法过河。当时又值九月，离河水封冻尚早。国王在河边率兵马无计可施，军心浮动，士气不高。国王心急，便派一人出去观看河水冰冻情况，那人跑到河边一看，河水滚滚，毫无冻冰之象，便跑回来报："回国王，河水毫无冰冻之迹象。"

国王听罢，非常生气，一挥手："拉下去，杀了！"

一声令下之后，那人被推出去砍了头。国王又派一人出去察看，那人来到河边。河水汹涌，依旧奔腾不息，浪花翻滚，哪里有半点封冻征兆，那人回来如实回报："国王，河水的确没有冻冰之迹象。"

国王问也不问，同样说了一句："推出去，杀！"

第二人又被斩头。

国王又派第三个人去探看，那人到河边观望，河水奔流如故，他并不比前两个人多看到什么，但他回来后，没有如实报告，而是随机应变说:"河水已经封冻,冰层厚盈几尺,如钢浇铁铸,大军即可渡河。"

国王大喜,说:"重重赏他,传令三军,今晚渡河。"

第三人非但活命,而且得了重赏。当夜晚间国王率兵踏水而过,顺利渡河。

我们先不讨论故事本身是真是假,但其中的道理却让人深思。第一个人和第二个人都如实回答,遭到的却是灭顶之灾。第三个人随机应变,审时度势,却领了重赏。国王让看河水冻结与否的目的在于稳定军心,而绝非河水本身。前两个人,思想僵守,不懂应变,杀身之祸在劫难逃。第三人善于思变,巧妙回答,点中了国王的心事,从而得到了国王的赏识。

做人不要太死板,许多时候善意的谎言是必要的。任何事物都有其负面的影响。善意的谎言不是地地道道的欺骗,而是以使别人快乐为目的。任何"善意的谎言"——借口都有润滑作用,使用借口的人可以用它来保护自己或避免伤害别人。

汉武帝时有个叫东方朔的大臣,他性格诙谐幽默,善于审时度势,相机而动。在一个三伏天,武帝给朝臣赏赐肉食:大家等了半天,负责分肉的官员却一直没来。东方朔不耐烦了,对同僚说:"按照我朝先例,三伏天上朝可以早退,所以不好意思,我先领自己的那份肉去了。"说罢,他便拔出佩剑,切了一大块肉,扬长而去。负责分肉的官员知道后,非常气愤,就到皇上那里告了东方朔一状。

第二天上早朝的时候,武帝果然厉声斥责,东方朔立刻摘下帽子,俯伏在地,听候处置。看他一下子这么听话,武帝一下子童心大起,想要捉弄他一番,于是说道:"你要是真心悔改,就当着大家骂自己一顿,嗓门放大点!"东方朔恭敬地拜谢完毕,一本正经地站了起来,扯开嗓子大喊了起来:"东方朔呀东方朔,没等陛下分赏,就擅自拿走赐品,真是无礼之极!拔出佩剑,大块切肉,简直壮烈之至!那么多肉,只取小小一块,堪称寡欲的楷模!一口没吃,全部带给老婆,更是疼爱妻子的表率!"

话未说完,武帝就笑得合不拢嘴了,大臣们也笑倒了一大片:"真有你的!本想让你丢一回脸,没想到却看了场好戏!"笑够了,武帝特地赐了一石酒和一百斤肉给东方朔。

东方朔懂得审时度势，相机而动，才使自己不被治罪，因而还受到赏赐。

## 睿智者韬光养晦，勿以聪明人自居

嫉贤妒能，是每个人的本性，所以有才华的人会遭受更多的不幸和磨难。《庄子》中有一句话叫"直木先伐，甘井先竭"。一般选用木材，多选择箍直的树木来砍伐；水井也是涌出甘甜井水者先干涸。由此可见，人才的选用也是如此。有一些才华横溢、锋芒太露的人，虽然容易受到重用提拔，但是也非常容易遭受嫉妒。聪明，是一件好事。但如果因此而处处显得比别人聪明，甚至总是依仗聪明不把别人放在眼里，甚至有些盛气凌人的感觉，这样不会有什么好处，往往还会把自己置于十分危险的境地。

在历史上，以聪明人自居而招灾惹祸的例子非常之多。

隋代的薛道衡，十三岁时，能讲《左氏春秋传》。隋高祖时，做内史侍郎。炀帝时任潘州刺史。大业五年，被召还京，上《高祖颂》。炀帝看了不高兴，说："这只是文辞漂亮。"拜司隶大夫。炀帝自认文才高而傲视天下之士，不想让他们超过自己。御史大夫乘机说道衡自负才气，不听驯示，有无君之心。于是炀帝便下令把道衡绞死了。所有人都认为道衡死得冤枉。他不就是太锋芒毕露遭人嫉恨而命丧黄泉的吗？如曾帮刘邦打天下立下汗马功劳的韩信，官封淮阴侯，不久就落下了杀身之祸，原因就在于他自恃有才而锋芒毕露，再加上其功高震主，所以一抓住其"谋反"的借口，刘邦就迫不及待地把他给杀了。

应该如何处理这种情况呢？《庄子》中提出"意怠"哲学。"意怠"是一种很会鼓动翅膀的鸟，别的方面毫无出众之处。别的鸟飞，它也跟着飞；傍晚归巢，它也跟着归巢。队伍前进时它从不争先，后退时也从不落后。吃东西时不抢食、不脱队，因此很少受到威胁。表面看来，这种生存方式显得有些保守，但是仔细想想，这样做也许是最可取的。什么事都要给自己留条后路，不过分炫耀自己的才能，这种人才不会犯大错。这是现代高度竞争社会里，看似平庸，却能保护自己的一种生存方式。

钟繇，三国时期魏国豫州颍川长社（今河南长葛）人，字元常，官至大傅，故世称钟大傅。钟繇痴迷书法简直到了"心发狂"的程度。据说韦诞有本蔡邕的练笔秘诀，钟繇央求韦诞借给他，同样痴迷书法的韦诞，却赶紧把书藏了起来。钟繇苦苦哀求，韦诞就是不借，气得钟繇情急失态，捶胸顿足大闹三日，最后昏倒在地，奄奄一息。曹操马上命人抢救，钟繇才渐渐苏醒过来。事情闹到这一步，"铁公鸡"韦诞仍然不理不睬。钟繇无可奈何，只有自己生闷气。这口气一直憋到韦诞死后，钟繇派人掘其墓盗书，才如愿以偿。

有的人喜欢卖弄自己，他们掌握一点本事，就生怕别人不知道，无论在什么人面前都想"露两手"。这种人爱出风头，总想表现自己，对一切都满不在乎，头脑膨胀，忘乎所以。在为人处世中，这种人没有几个是成功的。所以有才华的人必须把保护自己也算作才华之列。一个人不会保护自我才华，埋没自己的才华，就不能为社会做更多的事。

# 徐无鬼

## 【原文】

徐无鬼因女商见魏武侯①，武侯劳之曰："先生病矣，苦于山林之劳，故乃肯见于寡人。"徐无鬼曰："我则劳于君，君有何劳于我！君将盈嗜欲，长好恶②，则性命之情病矣；君将黜嗜欲，挈③好恶，则耳目病矣。我将劳君，君有何劳于我！"武侯超然④为不对。

## 【注释】

①徐无鬼：人名，姓徐名无鬼，战国时魏国的隐士。因女（rǔ）商：因，通过。女商，魏国大臣，姓女，名商。春秋时期晋大夫女叔齐之后。

②长好恶：长，增长。好恶，爱憎。

③挈（qiān）：通"牵"，引申为除去。

④超然："超"通"怊"，若有所失的样子。

## 【译文】

徐无鬼经过女商的引荐见到了魏武侯，武侯慰劳徐无鬼说："先生一定十分疲惫吧！而且是受隐居山林的劳累所困苦，所以才肯来拜访我。"徐无鬼说："我是来慰劳你的，你为什么慰劳我呢？如果你想要满足自己的嗜好和欲望，增加喜好和憎恶，这样你的心灵就会受到创伤；如果你想要废弃嗜好和欲望，减少喜好和憎恶，这样你的耳目的享用就会困顿乏厄。我来是打算慰劳你的，你对我有什么可慰劳的呢？"武侯听后怅然若失，不能回答。

## 【原文】

少焉，徐无鬼曰："尝语君①吾相②狗也：下之质③，执饱而止④，是狸德⑤也；中之质若视日⑥，上之质若亡其一⑦。吾相狗又不若吾相马也。吾相马：直者中绳⑧，曲者中钩⑨，方者中矩⑩，圆者中规⑪，是国马⑫也，而未若天下马⑬也。天下马有成材⑭，若恤⑮若失，若丧其一⑯。若是⑰者，超轶绝尘⑱，不知其所⑲。"武侯大说⑳而笑。徐无鬼出，女商曰："先生独何以㉑说吾君乎？吾所以说吾君者，横说之则以《诗》《书》《礼》《乐》，从㉒说之则以《金板》《六韬》。奉事而大有功者不可为数㉓，而吾君未尝启齿㉔。今先生何以说吾君，使吾君说㉕若此乎？"徐无鬼曰："吾直告之吾相狗马耳。"女商曰："若是乎？"曰："子不闻夫越之流人㉖乎？去国㉗数日，见其所知㉘而喜；去国旬㉙月，见所尝见于国中者喜；及期年㉚也"，见似人㉛者而喜矣。不亦去人滋㉜久、思人㉝滋深乎？夫逃虚空者㉞，藜藋柱乎鼪鼬之径㉟，踉位其空㊱，闻人足音跫然而喜矣㊲，又况乎昆弟亲戚之謦欬㊳其侧者乎！久矣夫，莫以真人之言謦欬吾君之侧乎！"

## 【注释】

①尝：尝试。语君：告诉君主。

②相：观察相貌。

③质：材，材质，质地。

④执饱而止：捕兽得饱则止。执，捕。

⑤狸：山猫。德：德行。

⑥视日：看得高，望得远。

⑦亡：指亡失。一：指身体。

⑧直者中（zhòng）绳：直的如中绳墨。

⑨曲者中钩：曲的如中钩那样弯曲。

⑩方者中矩：指马跑得方得符合矩尺。

⑪圆者中规：指马跑得圆的符合圆规。

⑫国马：全国之冠的好马。

⑬天下马：天下之冠的好马。

⑭成材：成用之才性。

⑮若恤：若有忧思的意思。恤，忧。

⑯若丧其一：情性静寂专一。

⑰是：这。

⑱超轶：超越。绝尘：不知其所止。

⑲不知其所：不知去向。

⑳说：通"悦"。

㉑何以：以什么。

㉒从：通"纵"。《金板》《六韬》：兵书名称。

㉓数（shǔ）：计算。

㉔启齿：微笑。

㉕说：通"悦"。

㉖流人：流放的人。

㉗去国：离开本国。

㉘知：见过面的人。

㉙旬：一旬十日。

㉚期年：周年。

㉛似人：似自己国家的人。

㉜滋：益，越。

㉝思人：思念敌人。

㉞逃虚空者：逃到无人之地的人。

㉟藜藿（lí diào）：灰菜。柱：塞。鼪鼬（shēng yòu）：黄鼠狼。径：往来。

㊱跟：跟跄。空：空地。

㊲足音：走路的声音。跫：脚步声。

㊳亲戚：父母。謦欬（qǐng kài）：咳嗽，喉中出声音。

## 【译文】

不一会儿，徐无鬼说："我试告诉你我的相狗术。下等狗的才智，只是捕兽得食而止的，这是山猫的德行；中等才智的狗，眼睛看得高望得远，上等才智的狗好像忘掉自己的身体。我的观狗术，又不如我的观马术。我观察马，直的地方与绳墨相符合，弯曲的地方与钩相符合，方的地方与矩相符合，圆的地方与规相符合，这就是国家最好的马，然而还赶不上天下最好的马。天下的好马有天生成用才性，走起路来像有忧思，又像丧其一偶，像这样的，超越绝尘，不知所止，不知去向。"武侯很高兴地笑了。徐无鬼出来。女商说："先生究竟怎样使我的君主这么高兴呢？我所以取悦我君主的，横说用《诗》《书》《礼》《乐》，纵说用《金板》《六韬》兵书。行事而大有功效的，不甚其数，可我的君主过去没有开口微笑过。现在先生用什么对我的君主说教，使我的君主如此高兴呢？"徐无鬼说："我特意将相狗马之术告诉了他。"女商说："就是这样吗？"说："你没听过在越国的流放的人吗？离开祖国不几天，看到所认识的人就高兴，离开祖国十天一个月，看见曾见过的人就喜欢；至于离开祖国一年的人，只要见到相似自己国家的人就高兴；不就是离开人越久，思念人也就越深吗？流落到空地的人，灰菜塞满黄鼠狼往来的途径，跟跟跄跄居住在空野，听到人的走路的脚步声就高兴起来，又何况是兄弟父母的说笑声在他的旁边呢！很久了，没有人以真诚的语言在我君主的身旁谈笑了啊！"

## 【原文】

徐无鬼见武侯，武侯曰："先生居山林，食芧栗[1]，厌[2]葱韭，以宾寡人[3]，久矣夫！今老邪[4]？其欲干[5]酒肉之味邪？其寡人亦有社稷之福[6]邪？"徐无鬼曰："无鬼生于贫贱，未尝敢饮食君之酒肉，将来劳君[7]也。"君曰："何哉！奚劳寡人？"曰："劳君之神与形。"武侯曰："何谓邪？"

## 【注释】

①芧（xù）栗：橡子。《齐物论》有"狙公赋芧"。《山木》芧作"杼"。

②厌：通"餍"，饱食。

③宾寡人：摈弃我，不做官。宾，通"摈"，弃。

④今老邪：你现在老了吗。

⑤干：求。

⑥社稷之福：这句是说如果徐无鬼能出来做官，参与国政，一定对国家有利，而是国家的幸福。

⑦将来劳君：要来慰劳君主。

## 【译文】

徐无鬼去见魏武侯，魏武侯说："先生身居深山老林，吃橡子，食葱韭，你摈弃我已很长时间了。你现在老了吗？是想求得酒肉的滋味呢？还是为我的国家造福呢？"徐无鬼说："无鬼出身贫穷低贱，不曾敢想享用你的酒肉，是来慰劳你的。"武侯说："怎么？你怎样来慰劳我？"徐无鬼说："慰劳你的精神和形体。"武侯说："什么意思？"

## 【原文】

徐无鬼曰："天地之养也一，登高不可以为长，居下不可以为短，君独为万乘之主，以苦一国之民，以养耳目鼻口，夫神者不自许①也。夫神者，好和而恶奸。夫奸②，病也，故劳之。唯君所病之，何也？"

武侯曰："欲见先生久矣！吾欲爱民而为义，偃兵其可乎？"

徐无鬼曰："不可。爱民，害民之始也。为义偃兵，造兵之本也。君自此为之则殆不成③。凡成美④，恶器也。君虽为仁义，几且伪哉！形固造形⑤，成固有伐，变固外战。君亦必无盛鹤列⑥于丽谯之间，无徒骥于锱坛之宫，无藏逆于得，无以巧胜人，无以谋胜人，无以战胜人。夫杀人之士民，兼人之土地，以养吾私与吾神者，其战不知孰善？胜之恶乎在？君若勿已矣！修胸中之诚以应天地之情而勿撄。夫民死已脱矣，君将恶乎用夫偃兵哉！"

## 【注释】

①神者不自许：精神上并不自得、轻松。

②奸：乱。

③殆不成：可以说几乎不会成功。

④成美：建立爱民为义的好名声。

⑤形固造形：固，必。前"形"指爱民仁义的形迹，后"形"指造成作伪的形态。

⑥鹤列：陈兵布阵，鹤列是一种阵法。

## 【译文】

徐无鬼说："天地对万物的养育是相等的，地位高的人不能够自认为高人一等，地位低的人也不应认为自己矮人三分。你身为大国的国君，用全国百姓的劳累困苦换来自己眼耳口鼻的享用，而心情却并不舒畅。圣明之人从不为自己的私欲求取分外的东西，人的心灵天然喜欢和顺而厌恶躁乱，躁乱是一种严重的病态，所以，我特地前来慰劳你。只有你患有这种病症，这是为什么呢？"

武侯说："我想见先生已经很久了。如果我爱惜民力并且为了道义而不再发动战争，这样做行了吧？"

徐无鬼说："不行。所谓爱惜民力，其实是祸害人民的开始；为了道义而不发动战争，也是制造新的战争的根源。如果你从这些方面来治理国家，恐怕不会成功。凡是成就了美好的名声，也就有了作恶的工具。虽然你这样做是在推行正义，相反更接近于虚假啊！出现仁义形迹肯定会出现伪造仁义的形迹，成功了肯定会自夸，出现了变故必定会再次掀起战争。你千万不要在城门瞭望台下摆兵，作严阵以待状；不要在宫里陈列步卒骑士；不要包藏一颗贪求之心；不要用智巧去取胜；不要用策略去制敌；不要去通过战争去征服别人。通过杀死别国的士卒和百姓，吞并别国的土地，用来满足自己的私欲，这样战争究竟有何益处？胜利又存在于哪里？你还是停止争战，修养天性，顺应自然赋予你的真情，而不去扰乱其规律。这样，百姓就能够摆脱死亡的威胁，你哪里用得着谈论战争的止息呢？"

## 【原文】

黄帝将见大隗乎具茨之山①，方明为御，昌宇骖乘，张若、謵朋前马，昆阍、滑稽后车②。至于襄城之野③，七圣皆迷，无所问涂。适遇牧马童子，问涂焉，曰："若知具茨之山乎？"曰："然。"

"若知大隗之所存乎？"曰："然。"

黄帝曰："异哉小童！非徒知具茨之山，又知大隗之所存。请问为天下。"

小童曰："夫为天下者，亦若此而已矣，又奚事焉！予少而自游于六合之内，予适有瞀病<sup>④</sup>，有长者教予曰：'若乘日之车而游于襄城之野。'今予病少痊<sup>⑤</sup>，予又且复游于六合之外。夫为天下亦若此而已，予又奚事焉！"黄帝曰："夫为天下者，则诚非吾子之事。虽然，请问为天下。"

小童辞。

黄帝又问。

小童曰："夫为天下者，亦奚以异乎牧马者哉！亦去其害马者而已矣！"黄帝再拜稽首<sup>⑥</sup>，称天师而退。

## 【注释】

① 大隗（tài wěi）：指喻大道，一说神名或人名。具茨：山名。又名泰隗山，在今河南密县东。

② 骖乘：坐在车后面的陪乘者。方明、昌宇、张若、諂朋、昆阍、滑稽：均为虚拟人名，似乎各有一些寓意。

③ 襄城：今河南襄城县。野：远郊为野。

④ 瞀（mào）病：眼花目眩的病症。

⑤ 少痊：病渐渐好起来了。痊，愈。

⑥ 稽首：叩头点地。

## 【译文】

黄帝要到具茨山去拜见大隗，天刚亮就出发，昌宇做陪乘，张若、諂朋在车前导引，昆阍、滑稽跟随在车后。到了襄城的郊外，七位圣人迷失了方向，也没有人可以问路。刚好碰到一位牧马少年，于是便请他指向，说："你知道具茨山怎么走吗？"少年问答："知道。"

又问："你知道大隗在什么地方居住吗？"少年回答："知道。"

黄帝说："这位少年真不简单！不仅知道具茨山怎么走，还知道大隗居住在什么地方。那么，请问你知道治理天下吗？"

少年说："治理天下就像牧马一样，我又何必多管闲事呢？我小时候独自游玩在人间，碰巧害了一场头昏眼花的病，于是有位长者教导我说：'你乘坐当天的车去襄城的郊外玩吧。'现在，我的病已经有了好转，我的精神境界已经悠游在尘世之外了。至于治理天下就像牧马一样，我又何须多管闲事呢？"黄帝说："治理天下，当然不是你的事。尽管如此，我还是要向你请教，到底该怎样治理天下。"

少年拒绝了。

黄帝又问。

少年说："治理天下，和牧马有什么不同！也就是驱除那些害群之马罢了！"黄帝听了，叩头触地，口称"天师"，方才离去。

## 【原文】

知士无思虑之变则不乐，辩士无谈说之序则不乐，察士无凌谇之事则不乐[1]；皆囿[2]于物者也。

招世[3]之士兴朝，中民之士荣官，筋力之士矜难[4]，勇敢之士奋患，兵革之士乐战，枯槁之士宿名[5]，法律之士广治，礼教之士敬容，仁义之士贵际。农夫无草莱之事则不比[6]，商贾无市井之事则不比，庶人有旦暮之业则劝，百工有器械之巧则壮。钱财不积则贪者忧，权势不尤则夸者悲，势物之徒乐变，遭时有所用，不能无为也，此皆顺比于岁[7]、不物于易[8]者也。驰其形性[9]，潜之万物，终身不反[10]，悲夫！

## 【注释】

①凌谇：凌辱，责骂。

②囿：局限。

③招世：招摇于世，喻指上等人才。

④矜难：即自称能解除别人的困难。矜，自夸。

⑤宿名：持守自己的名节。

⑥比：和乐。

⑦顺比于岁：见风使舵，不讲原则。

⑧不物于易：拘泥于一事一物，无力改变，指克制自己。

⑨形性：身心。

⑩反：通"返"，返归自然本性。

## 【译文】

善于谋划的人没有思虑上的变易与转换便不会得到快乐，善于辩论的人没有丝丝入扣的辩论就不会感到快乐，严察苛刻的人如果没有对别人的欺凌与责问就不会感到快乐，这些都是受到外物的局限与束缚的人。

招引贤才的人振兴朝政，善于治理百姓的人把做官当作荣耀，身强力壮的人以排忧解难为自豪，英勇无畏的人遇上祸患总是冲锋陷阵，全副武装的人喜欢征战，隐居山林的人只保守名声，研修法制律令的人一心推广法治，讲求礼乐的人注重仪容，施行仁义的人看重人际交往。农夫没有除草耕耘就不能安居乐业，商人没有贸易买卖就无所事事，百姓只要有短暂的工作就会兢兢业业，工匠只要有器械的技巧就会跃跃欲试。贪婪的人钱财积攒得不够总是忧愁不乐，私欲很盛的人权势不高便会悲伤哀叹，仗仗权势掠夺财物的人热衷于变故。这些人一旦遇时机就会行动，永远都不能够做到清静无为。全身心地投入追逐并且沉溺于外物的包围之中，一辈子也不会醒悟，不知返回人的自然本性，实在是可悲啊！

## 【原文】

庄子曰："射者非前期<sup>①</sup>而中谓之善射，天下皆羿<sup>②</sup>也，可乎？"惠子曰："可。"庄子曰："天下非有公是<sup>③</sup>也，而各是其所是<sup>④</sup>，天下皆尧也，可乎？"惠子曰："可"。庄子曰："然则儒、墨、杨、秉<sup>⑤</sup>四，与夫子为五，果孰<sup>⑥</sup>是邪？或者若鲁遽<sup>⑦</sup>者邪？其弟子曰：'我得夫子之道矣，吾能冬爨<sup>⑧</sup>鼎而夏造冰矣！'鲁遽曰：'是直以阳召阳，以阴召阴，非吾所谓道也。吾示子乎吾道。'于是为之调瑟，废一于堂，废一于室，鼓宫宫动，鼓角角动，音律同矣。夫或改调一弦，于五音无当也。鼓之，二十五弦皆动，未始异于声而音之君已！且若是者邪？"惠子曰："今夫儒、墨、杨、秉，且方与我以辩，相拂⑨以辞，相镇⑩以声，而未始吾非⑪也，则奚若⑫矣？"庄子曰："齐人蹢子于宋者⑬，其命阍也不以完⑭；其求铚钟⑮也以束缚；其求唐子也，而未始出域⑯：有遗类⑰矣！夫楚人寄⑱而蹢阍者，夜半于无人之时而与舟人斗，未始离于岑⑲而足以造于怨也。"

## 【注释】

①前期：预定的目标。

②羿：人名，即后羿，也作夷羿，是著名的射手。

③公是：共同认可的是非标准。

④各是其所是：各人肯定自己所认为是对的。

⑤秉：公孙龙的字。

⑥孰：谁。

⑦鲁遽：人名，周初人。

⑧爨：烧。

⑨相拂：相互指责，相互反驳。拂，违戾。

⑩镇：压。

⑪吾非：非吾，非难我。

⑫奚若：怎么样，如何。

⑬蹢：通"摘"，投，放。一说通"谪"，责。子：儿子。宋：宋国。

⑭命：命令，任命。阍：看守大门的人。不以完：不使他完其管钥。

⑮钟：乐器。

⑯唐子：失亡之子，丢掉的儿子。域：借为"阈"，门限之内。

⑰遗类：遗失伦类，违反一般的道理。

⑱寄：寄居。

⑲岑（cén）：岸。

## 【译文】

　　庄子说："射箭的人不按预定的目标而射中，把他称为善射，天下的人就都是后羿了，可以这样说吗？"惠施说："可以。"庄子说："天下没有共同认可的标准，而各自以为自己的正确，天下的人就都是尧了,可以这样说吗?"惠施说:"可以。"庄子说:"那么儒、墨、杨、公孙龙四家,和先生为五家,究竟谁正确呢?或者像鲁遽那样吗?他的弟子说:'我学到了先生的道理,我能冬天烧鼎而夏天造冰。'鲁遽说:'这是用阳气召阳气,用阴气召阴气,不是我所说的道理。我把我的道理给你看看。'于是给他们调试瑟弦,置一把在堂上,置一把在室内,弹奏宫宫音动,弹奏角角音也动,音律相同。如要改调一弦,五音不合,弹奏它,二十五根琴弦都动,在声调上没有差别,只是以音为主而已。你们都像这样吗?"惠施说:"现在儒、墨、杨、公孙龙,正在和我辩论,用言语相互指责,用声音相互压制,而未必是我的错误,怎么能和他们相像呢?"庄子说:"齐国人把他的儿子放在宋国,让他像残废者一样守大门,他有个钘钟乐器却包起来,齐人寻找亡失的小孩却不出门限之内,这与各家争论有所类似!楚国有个寄居而守大门的人,在半夜无人的时候与船夫争斗,船还没有靠岸而足以造成怨仇了。"

## 【原文】

庄子送葬,过惠子之墓,顾谓从者曰:"郢人垩慢①其鼻端若蝇翼,使匠石斫之。匠石运斤成风②,听而斫之,尽垩而鼻不伤,郢人立不失容。宋元君③闻之,召匠石曰:'尝试为寡人为之。'匠石曰:'臣则尝能斫之。虽然,臣之质④死久矣!'自夫子之死也,吾无以为质矣,吾无与言之矣!"

## 【注释】

①郢:楚国的国都。垩:白灰泥。慢:涂。
②运斤成风:即输运大斧像风一样"嗖"的一声砍下来。斤,斧。
③宋元君:宋国的国君。
④质:对象。这里是指配合得很好的一对表演艺术家中的一个。

## 【译文】

庄子送葬的时候,路过惠子的坟墓,回过头对跟随的人说:"郢城有一个人，他在自己的鼻尖上涂抹了像苍蝇翅膀那样大小的白灰泥，让匠石用斧子砍掉白灰泥。匠石挥动斧子呼呼作响，嗖的一声，鼻尖上的白灰泥就被完全除去，而鼻子却毫无损伤，郢城的那个人也若无其事地站在那里。宋元君听到了这件事，就召见匠石说：'你在我身上也这么试一试。'匠石说：'我曾经确实砍掉鼻尖上的小灰泥。但是，那个敢让我砍的人已经死去很久了。'自从惠子离开人世以后，我就没有对的了！我再没有可以论辩的人了！"

## 【原文】

管仲①有病，桓公②问之，曰："仲父之病病矣，可不讳云。至于大病③，则寡人恶乎属国而可？"

管仲曰："公谁欲与？"

公曰："鲍叔牙。"

曰："不可。其为人絜廉，善士也；其于不己若者不比之④；又一闻人之过，终身不忘。使之治国，上且钩⑤乎君，下且逆乎民。其得罪于君也将弗久矣！"

公曰："然则孰可？"

对曰："勿已则隰朋可。其为人也，上忘而下畔⑥，愧不若黄帝，而哀不己若者。以德分人谓之圣，以财分人谓之贤。以贤临人⑦，未有得人者也；以贤下人，未有不得人者也。其于国有闻也，其于家有不见也。勿已则隰朋可。"

## 【注释】

①管仲：春秋时期齐国桓公的佐相，著名的政治家，法家学派的先驱，著有《管子》一书，其中包含有道家思想。

②桓公：齐桓公，名小白。

③至于大病：即一旦不治，百年之后怎么办的委婉说法。

④不己若：不如自己。不比之：不亲近他。

⑤钩：拘束。

⑥上忘：对上相忘而不计较。下畔：对下友善。

⑦临人：以矜持的态度对待别人。

## 【译文】

管仲得了重病，齐桓公探望他说："仲父病已经很重了，甚至已经到了病危的程度，一旦有个好歹，我把国事托付给谁才合适呢？"

管仲说："你想要让我托付给谁呢？"

齐桓公说："鲍叔牙。"

管仲说："不可以。鲍叔牙为人清白廉正，是个好人；他对比不上自己的人，从不去亲近，而且一旦听到别人的过错，总是念念不忘。让他管理国事，对上肯定会约束国君，对下肯定会忤逆百姓。时间长了，一旦得罪了你，他也就不会长久保全了！"

齐桓公说：那谁可以呢？

管仲回答说："不得已的话，隰朋还可以。他对上不计较，对下友善，这个人对自己要求很高，自愧不如黄帝，那样能爱护下面的人。能用道德去感化他人的人可以称作圣人，能用财物去周济他人的人可以称作贤人。以贤自居而驾临他人之上的人，就会失去人心；以贤人之名而甘居他人之下的人，就会收获人心。对于国事，有些事他会装聋作哑，他对于家庭也肯定不会事事看顾。不得已，就用隰朋试试。"

## 【原文】

吴王浮于江①，登乎狙②之山。众狙见之，恂然弃而走③，逃于深蓁④。有一狙焉，委蛇攫⑤抓，见⑥巧乎王。王射之，敏给搏捷矢⑦。王命相者⑧趋射之，狙执死⑨。王顾谓其友颜不疑⑩曰："之狙也，伐⑪其巧、恃其便以敖予⑫，以至此殛⑬也。戒之哉！嗟乎！无以汝色骄人哉⑭！"颜不疑归而师董梧⑮，以锄⑯其色，去乐辞显⑰，三年而国人称⑱之。

## 【注释】

①吴王：吴国的君主。浮：泛舟。

②狙：猕猴。《齐物论》有"狙公赋芧"的故事。

③恂：恐惧，害怕。弃：弃地。走：跑，逃跑。

④蓁：通"榛"荆棘，草木丛。

⑤委蛇：古同"委佗"，庄重而又从容自得的样子。一说作曲行解亦通。揽：攀搏抓取。

⑥见：通"现"。

⑦敏给：敏捷。搏捷：接取。矢：箭头。

⑧相者：随从打猎的人。

⑨执死：抱树而死。一作既死。

⑩颜不疑：人名。

⑪伐：夸，矜。

⑫恃：依靠。便：轻便。敖：通"傲"。予：我。

⑬殒：死。

⑭汝：你。色骄：骄傲的态度。人：指别人。

⑮董梧：人名，吴国的贤人，一说吴国的有道之士。

⑯锄：锄草一样。一本作助，通"锄"，除去。

⑰去乐：去掉享乐。作抛弃声乐解误。辞显：辞谢显贵。

⑱称：称赞。

## 【译文】

　　吴王泛舟于江上，登上猕猴聚集的山峰。群猴看见他，恐惧地弃地跑掉，逃到荆棘丛中。有一只猴子，从容自得地攀搏抓取，向吴王显示灵巧。吴王射它，它敏捷地接取箭头。吴王命令随从者上前一齐射它，猕猴中箭抱树而死。吴王回头对他的朋友颜不疑说："这只猕猴，夸它的灵巧依靠它的灵便来傲视我，以至于这样死去！要引以为戒啊！唉！不要用你的骄傲的态度对待别人啊！"颜不疑回去而拜董梧为师，除去作色，去享乐，就贫苦，辞显贵，甘淡漠，三年而国人都称赞他。

## 【原文】

　　南伯子綦隐几而坐<sup>①</sup>，仰天而嘘<sup>②</sup>。颜成子<sup>③</sup>入见曰："夫子，

物之尤④也。形固可使若槁骸⑤，心固可使若死灰乎？”曰：“吾尝居山穴之口矣。当是时也，田禾一睹⑥我，而齐国之众三贺之⑦。我必先之⑧，彼故知之；我必卖之，彼故鬻之。若我而不有之，彼恶乎得而知之？若我而不卖之，彼恶得而鬻⑨之？嗟乎！我悲⑩人之自丧者，吾又悲夫悲人者，吾又悲夫悲人之悲者，其后而日远矣！”

## 【注释】

①南伯子綦：人名，《齐物论》作南郭子綦。隐：靠。几：几案。

②嘘：吐气。

③颜成子：人名，《齐物论》作颜成子游。

④物之尤：人物之中出类拔萃的人。尤，特出。

⑤形：形体，身体。槁骸：枯骨。《齐物论》作槁木。

⑥田禾：齐太公和。睹：看。

⑦贺之：祝贺他。

⑧我必先之：我的名声必先于他。

⑨鬻：卖。

⑩悲：悲伤，哀怜。

## 【译文】

南伯子綦靠几案坐着，仰天吐气，颜成子进来见到说：“先生，真是出类拔萃的人物。形体固然可以使它成为枯骨，心固然可以使它成为死灰一样吗？”南伯子綦说：“我曾隐居在山洞里。正在这个时候，齐国的国君田禾一来看我，而齐国的民众就再三祝贺他，我的名声一定先于他，所以他知道我；我一定卖了我的名声，所以，他才把我的名声贩卖出去。如果我没有名声，他怎么会知道我？如果我不贩卖名声，他怎么能贩卖我的名声呢？唉！我悲伤人的自我丧失，我又悲伤那些悲伤别人的人。我又悲伤那悲伤的悲伤，然后我就天天远离大道了。”

## 【原文】

仲尼之①楚，楚王觞②之，孙叔敖③执爵而立，市南宜僚④受酒而祭，曰："古之人乎！于此言已。"曰："丘也闻不言之言⑤矣，未之尝言，于此乎言之：市南宜僚弄丸而两家之难⑥解，孙叔敖甘寝秉羽而郢人投兵⑦，丘愿有喙三尺。⑧"彼⑨之谓不道之道，此⑩之谓不言之辩。故德总乎道之一⑪，而言休⑫乎知之所不知，至矣！道之所一者，德不能周也；知之所不能知者，辩不能举⑬也，名若儒墨而凶⑭矣。故海不辞东流，大之至也。圣人并包天地，泽及天下，而不知其谁氏。是故生无爵，死无谥⑮，实⑯不聚，名⑰不立，此之谓大人⑱。狗不以善吠为良，人不以善言为贤，而况为大乎！夫为大不足以为大，而况为德乎！夫大备⑲矣，莫若天地。然奚⑳求焉？而大备矣！知大备者，无求、无失、无弃，不以物易己也。反己而不穷，循古而不摩㉑，大人之诚！

## 【注释】

①之：去，往。

②觞：酒器。作动词用作敬酒。

③孙叔敖：人名，据《左传》记载，他是楚庄王相，此时孔子尚未出生，此处是庄子的寓言。

④市南宜僚：即熊宜僚，居市南，故称市南宜僚，亦号市南子，是楚国的勇士。

⑤不言之言：不说话的言论。

⑥弄丸：玩弄丸铃，玩弄弹丸。两家之难：指楚白公胜要作乱，想杀令尹子西，去请勇士市南宜僚，宜僚不答应，使者用剑威胁他，他仍然玩弄弹丸既不害怕，也不从命，于是白公胜欲作乱未成，此为弄丸解两家之难。

⑦甘寝：安寝。秉：执。羽：羽毛扇。郢：楚国的都城。郢人：指楚人。投兵：投弃兵器，不用兵器，不打仗。

⑧丘愿有喙三尺：孔子自己愿意有三尺长的嘴不能说话。喙，鸟嘴。鸟喙长不能鸣叫。

⑨彼：指孙叔敖和市南宜僚。

⑩此：指孔子。

⑪总：归根结底。一：齐一。

⑫休：停止，休止。

⑬举：辩举，并举。

⑭名：名声。凶：危险。

⑮谥：谥号。帝王死后送的号。

⑯实：实质。

⑰名：概念。

⑱大人：指圣人。

⑲大备：体现了大。

⑳奚：何。

㉑磨：磨灭。

## 【译文】

　　孔子去楚国，楚王请他喝酒，孙叔敖拿着酒器而站立，市南宜僚洒酒而祭祀，说："古代的人啊！在这里说说罢。"孔子说："我也听到过不说的言论了。未曾说过的话，在这里说说它。市南宜僚玩弄弹丸，而解决了两家的危难；孙叔敖安寝摇扇而卧，而使楚人停止用兵。我希望有三尺长的嘴不说话。"他们所说的是不言之道，孔子所说的是不言之辩，故而归根到底是德与道的齐一，而言语停止在知的就是所不知的地方，就是极点了。道的同一，德不能同；知道所不能知道的，善辩的人也不能尽举。名声像儒墨，那就危险了。所以大海不制止河水东流，才能大到极点。圣人并不包容天地，恩泽到天下，而不知他的姓氏名谁，所以，他活时无爵位，死后无谥号，实利不集聚，名声不建立，这就是大人。狗不因为善于叫唤便是好的，人不因为会说教便是贤人，何况成就大名的人呢！大名，不足以成为大名，何况成德呢！最大而完备的，莫如天地，然而没有什么追求的，它却最大而完备了。知道大而完备的，是无所追求，无所丧失，无所舍弃，不用外物改变自己。返回自己的本性而不穷尽，因循常道行事而不磨灭，这就是大人的至诚无息。

## 【原文】

　　子綦①有八子，陈②诸前，召九方歅③曰："为我相吾子，孰为祥？"九方歅曰："梱④也为祥。"子綦瞿然⑤喜，曰："奚若⑥？"曰："梱也将与国君同食，以终其身。"子綦索然⑦出涕曰："吾子何为以至于是极也？"九方歅曰："夫与国君同食，泽及三族⑧，而况于父母乎！今夫子闻之而泣，是御⑨福也。子则祥矣，父则不祥。"子綦曰："歅，汝何足以识之！而梱祥邪？尽于酒肉，入于鼻口矣，而何足以知其所自来！吾未尝为牧⑩，而牂生于奥⑪，未尝好田而鹑生于宎⑫，若勿怪，何邪？吾所与子游者，游于天地。吾与之邀⑬乐于天，吾与之邀食于地。吾不与之为事，不与之为谋，不与之为怪。吾与之乘天地之诚而不以物与之相撄⑭，吾与之一委蛇⑮而不与之为事所宜。今也然有世俗之偿焉？凡有怪征者必有怪行。殆乎！非我与吾子之罪，几天与之也！吾是以泣也。"无几何而使梱之于燕，盗得之于道，全而鬻⑯之则难，不若刖之则易，于是乎刖而鬻之于齐，适当渠公之街⑰，然身食肉而终。

## 【注释】

①子綦：即南伯子綦。这里是承上文南伯子綦说的。

②陈：排列站着，列队站着。

③九方歅（yīn）：人名，伯乐的弟子，善于相面。《淮南子》作九方埋或九方皋。

④梱：人名，子綦的儿子名梱。

⑤瞿然：惊喜的样子，兴奋的样子。

⑥奚若：何如，为何。奚，怎么。

⑦索然：空尽的样子，承前文瞿然而来，惊喜空尽。解作黯然亦通。

⑧三族：父族、母族、妻族。

⑨御：抵制，拒绝。

⑩牧：放牧，畜牧。

⑪牂：母羊。奥：屋的西南角。

⑫田：狩猎。宎（yāo）：屋的东南角。

⑬邀：同"激"，要求。下同。

⑭相撄：相搅扰。

⑮委蛇：随顺。

⑯鬻：卖。

⑰渠公之街：街名。

## 【译文】

子綦有八个儿子，列队在面前，邀请九方歅说："给我儿子相面，谁有祥运？"九方歅说："梱有祥运。"子綦惊喜地说："何以如此呢？"九方歅说："梱将会和国君同饮食，以至于终身。"子綦喜色空尽，流出眼泪，说："我的儿子为什么达到这种程度呢？"九方歅说："和国君同饮食，恩泽到三族，何况父母呢！现在先生听到此事便哭泣，这是抵制福分。儿子有祥运了，父亲却没有祥运。"子綦说："歅！你怎么知道，梱真有祥运吗？只是酒肉到口鼻而已，你怎么知道他的由来呢？我没有放牧而西南屋角却生出羊，没有狩猎而东南屋角却生出鹌鹑，你不觉得奇怪，为什么？我与他邀游的，是游于天地。我要求与他同乐于天，我要求与他同食于地；我不和他追求事业，不和他同谋共虑，不和他标新立异。我和他顺着天地的实情，而不使他和外物相撄扰；我和他顺随自然，而不和他选择事情合适再去做。现在，却没有世俗的报偿！凡是有奇怪征兆的，一定有奇怪的行为，危险啊！这不是我和儿子的罪过，是天给他的。我因此才哭泣的。"没有多久，梱被派到燕国去，强盗在途中捉到他，觉得手足齐全拿去卖他很难，不如砍断了脚去卖容易，于是把他的脚砍掉后卖到齐国，正好被渠公任为门正，而吃肉终身。

## 【原文】

齧缺遇许由曰①："子将奚之②？"曰："将逃尧。"曰："奚谓邪？"曰，"夫尧畜畜然③仁，吾恐其为天下笑。后世其人与人相食与④！夫民不难聚也，爱之则亲，利之则至，誉之则劝，致其所恶⑤则散。爱利出乎仁义，捐⑥仁义者寡，利仁义者众。夫仁义之行，唯且无诚，且假乎禽贪者器<sup>⑦</sup>。是以一人之断制利天下，譬之犹一觊<sup>⑧</sup>也。夫尧知贤人之利天下也，而不知其贼天下也。夫唯外乎贤者知之矣。"

## 【注释】

①啮缺：庄子假拟人名。《齐物论》有"啮缺问乎王倪曰：子知物之所同是乎？"《天地》有"啮缺之师王倪"。许由：人名。尧时贤人。《大宗师》有"意而子见许由"。《天地》有"尧之师曰许由，许由之师曰啮缺"。《让王》有"尧以天下让许由，许由不受"。

②子：你。奚：什么地方。之：去。

③畜畜然：心爱勤劳的样子。

④与：通"欤"。

⑤恶：厌恶。

⑥捐：舍弃。

⑦禽贪：禽兽那样贪婪的人。器：工具。

⑧觊：借为"刿"，宰割。一说借为"瞥"，作暂见解。

## 【译文】

啮缺遇见许由，说："你要到哪里去？"许由说："要逃避尧的让位。"啮缺说："为什么呢？"许由说："尧心爱勤劳地为仁，我恐怕他被天下人所讥笑。后世将要人和人相食！民众，不难聚集；爱他们便亲近，有利给他们就来到，奖励他们就劝勉，致使他们厌恶就离散。爱和利都出于仁义，舍弃仁义的少，取利于仁义的多。仁义的行动，只要没有诚意，就会成为禽兽一样贪婪的工具。这是以一个人的独断专行来取利天下，就犹如宰割一样。尧只知道贤人有利于天下，而不知道他也会有害于天下，只有在贤人以外的人才能了解这事情！"

## 【原文】

有暖姝<sup>①</sup>者，有濡需<sup>②</sup>者，有卷娄<sup>③</sup>者。所谓暖姝者，学一先生之言则暖暖姝姝而私自说④也，自以为足矣，而未知未始有物也，是以谓暖姝者也。濡需者，豕虱⑤是也，择疏鬣自以为广宫大囿⑥，奎蹄曲隈⑦，乳间股脚，自以为安室利处，不知屠者⑧之一旦鼓臂布草操⑨烟火，而已与豕俱焦⑩也。此以域⑪进，此以域退，此其所谓濡需者也。卷娄者，舜也。羊肉不慕蚁，蚁慕羊肉，羊肉膻⑫也。舜有膻行，百姓悦之。故三徙成都，至邓之墟而十有⑬万家。尧闻舜之贤，举之童土⑭之地，曰："冀得其来之泽。"舜举乎童土之地，年齿长矣，聪明衰矣，而不得休归，所谓卷娄者也。是以神人恶众至，众至则不比⑮，不比则不利也。故无所甚亲，无所甚疏，抱德炀和⑯，以顺天下，此谓真人。于蚁弃知，于鱼得计，于羊弃意。以目视目，以耳听耳，以心复心。若然者，其平也绳⑰，其变也循⑱。古之真人，以天待人，不以人入天。古之真人，得之也生，失之也死；得之也死，失之也生：药也。其实堇也，桔梗也，鸡壅⑲也，豕零也，是时为帝⑳者也，何可胜言！

## 【注释】

①暖姝：自美自得的样子。

②濡需：苟且偷安。

③卷娄：犹拘挛，腰弯背曲，劳形自苦所致。

④说：通"悦"。

⑤豕虱：猪身上的虱子。

⑥择：选择。鬣（liè）：猪颈上的长毛。广宫：大宫殿。大囿：大园子。

⑦奎：两腿之间。曲隈（wēi）：猪身上皱折的深曲处。

⑧屠者：屠夫，杀猪的人。

⑨鼓：摇动。操：拿起。

⑩焦：烧焦。

⑪域：界域，境域。

⑫膻：羊肉气味。

⑬邓：地名。虚：通"墟"。而：则。有：又。

⑭童土：荒地。

⑮不比：无不结党营私。

⑯炀和：温和。

⑰绳：直。

⑱循：随顺。

⑲鸡雍：鸡头草。

⑳帝：指主药。

## 【译文】

有自美自得的，有苟且偷安的，有劳形自苦的。所谓自美自得的人，只学一位老师的言论，就非常自美自得而私自喜悦，自以为满足了，而不知道空虚无物，所以叫作自美自得的人。苟且偷安的人，像猪身上的虱子，选择稀疏毛长之处自以为广阔的宫殿和大的园圃，腿蹄皱折深处，乳间股脚的地方，自以为是安全居室有利住所，不知道屠夫一旦挥臂摆开柴草操持烟火，而自己和猪一起烧焦。这就是随境域而进，这就是随境域而退，这就是那种叫作苟且偷安的人。大劳形自苦的人是舜。羊肉不羡慕蚂蚁，蚂蚁羡慕羊肉，因为羊肉味是膻的。舜有膻味的行为，百姓就喜欢他，所以三次迁都到邓的废墟而有十几万家。尧听说舜的贤能，推举他治理荒漠的土地，说是希望得到他来后的恩泽。舜治理这块荒漠的土地，年龄大了，耳目衰退了，而得不到回家休息，这就叫作形劳自苦的人。因此神人厌恶众人到来，众人到来就无不结党营私，无不结党营私就是不利的。所以没有过分的亲近，没有过分的疏远，抱持德行去温人心以顺从天下，这就叫作真人。去掉像蚂蚁那样羡慕羊肉的一点智慧，像鱼那样忘掉江湖的自得其适，去掉像羊那样的有意之行。用眼睛看眼睛能看见的，用耳朵听耳朵能听到的，用心灵领悟心灵能领悟的。像这样，他的心既平静又直率，他的行为既变化也因顺。古代的真人，以自然之道对待人事，不以人事之道对待自然。古代的真人，得到它就生，失掉它就死；得到它就死，失掉它就生。药物，其实不过就是乌头、桔梗、鸡头草、猪苓根等，这些药物随时作为主药，怎么可以说尽呢！

　　勾践也以甲楯三千，栖于会稽①。唯种②也能知亡之所以存，唯种也不知其身之所以愁③。故曰：鸱④目有所适，鹤胫有所节⑤，解之也悲。故曰：风之过河也有损焉，日之过河也有损焉。请只风与日相与守河，而河以为未始其撄也，恃源而往者也。故水之守土也审⑥，影之守人也审，物之守物也审。故目之于明也殆，耳之于聪也殆，心之于殉也殆，凡能其于府⑦也殆，殆之成也不给改。祸之长也兹萃⑧，其反也缘功，其果也待久。而人以为己宝，不亦悲乎！故有亡国戮民无已⑨，不知问是也。故足之于地也践⑩，虽践，恃其所不蹍而后善博⑪也；人之于知也少，虽少，恃其所不知而后知天之所谓也。知大一⑫，知大阴⑬，知大目⑭，知大均⑮，知大方⑯，知大信⑰，知大定⑱，至矣！大一通之，大阴解之，大目视之，大均缘之，大方体之，大信稽之，大定持之。尽有天，循有照，冥有枢，始有彼。则其解之也似不解之者，其知之也似不知之也，不知而后知之。其问之也，不可以有崖，而不可以无崖。颉滑⑲有实，古今不代⑳，而不可以亏，则可不谓有大扬榷㉑乎！阖不亦问是已，奚惑然为！以不惑解惑，复於不惑，是尚大不惑。

【注释】

①勾践：越国的国君。甲楯：披甲执盾，这里指士兵。会稽：山名，在今浙江省境内。

②种：人名，即文种，越国大夫。

③愁：忧愁。

④鸱（chī）：猫头鹰。

⑤胫：小腿。节：节度，分寸。

⑥审：安定。

⑦府：指心脏。

⑧兹：通"滋"。萃：集。

⑨无已：不止。

⑩践：通"浅"。

⑪跚：跌。善博：安善广博。

⑫大一：贯通为一，绝对同一性。

⑬大阴：绝对的静止。

⑭大目：以认大道为眼目，大道的观点。

⑮大均：大道的均衡作用。

⑯大方：大道无所不包容。

⑰大信：大道的本性不妄。

⑱大定：大道安定。

⑲颉滑：滑稽。

⑳不代：不相假贷。代，通"贷"。

㉑大扬推：大总持，大体轮廓。

## 【译文】

　　勾践以士兵三千栖身于会稽山，唯有文种能知道在即将灭亡中求得生存的谋略，也唯有文种不知道自身未来的忧患。所以说，猫头鹰的眼睛有所适用就无所适用，鹤的小腿长有所适宜，截短了就会悲哀。所以说风吹过河水就有所损失，太阳照过河水也会有损失。如果说风和太阳相互一起吹晒河水，而河水不曾受它们干扰的话，这是由于依靠源头不断地往来。所以水流在土上的安定，影守住人就得以显现，物守住物就融合不离。所以，眼睛过于求明就危险了，耳朵过于求聪就危险了，心思过于虑物就危险了。凡是智能藏于内心就会危险，危险的形成就来不及改悔。祸患的产生和滋长是集聚的，再返回来就需要修养功夫，它的成果就得时间持久。而人们自以为可贵，不也悲哀吗！因此有亡国杀人不止，是不知道问个根源呵。所以脚踏地很浅，虽然很浅，还要依靠它所没踏到的而后才安善广博；人所知道的很少，虽然少，依靠它所不知的而后才能知道所谓天道。知道绝对的同一，知道绝对的阴静，知道绝对的道观，知道大道的均衡作用，知道大道的包容，知道大道的取信不妄，知道大道的安定，就最好了。大一来贯通，大阴来化解，大目来观照，大均来遂顺，大方来体悟，大信来核实，大定来持守。万物都有自然，遂顺有照头，冥默有枢机，初始有彼端。对其理解的像不理解的，像知道它又像不知道它，不知道而后才能知道它。要追问它，它是没有端绪的，而又不可以没有端绪。滑稽而有实理，古今不能更替，然而又不能缺少，这不也可以说是有个大略的轮廓吗！为什么不追问这个妙理，何必疑惑呢！以不疑惑来理解疑惑，返回到不疑惑，这还是个大不疑惑。

## 【解析】

　　"徐无鬼"是开篇的人名，以人名作为篇名。本篇是《庄子》中的又一长篇，由十余个各不相关的故事组成，并夹带少量的议论。全篇内容很杂，中心不明朗，故事之间也缺乏关联，但多数是倡导无为思想的。

　　全篇分为十四个部分。第一部分至"莫以真人之言謦欬吾君之侧乎"，写徐无鬼拜见魏武侯，用相马之术引发魏武侯的喜悦，借此讥讽诗、书、礼、乐的无用。第二部分至"君将恶乎用夫偃兵哉"，继续写徐无鬼跟魏武侯的对话，指出当世国君的做法实质上是在害民，只有"应天地之情"，才真正是"社稷之福"。第三部分至"称天师而退"，写黄帝出游于襄城之野，特向牧马小童问路，喻指为政者的迷乱。第四部分至"终身不反，悲夫"，批评事事"皆囿于物"的人。第五部分至"未始离于岑而足以造于怨也"，写庄子和惠子的对话，指出天下并没有共同认可的是非标准，从而批评了各家"各是其所是"的态度。第六部分至"吾无与言之矣"，写庄子对惠子的怀念。第七部分至"则隰朋可"，写管仲和桓公的对话，借推荐隰朋阐述无为而治的主张。第八部分至"三年而国人称之"，借吴王射杀猴子的故事，告诫人们不应有所自恃。第九部分至"其后而日远矣"，写南伯子綦对世人迷误的哀叹。第十部分至"大人之诚"，提出"无求、无失、无弃"和"不以物易己"的观点，强调不用言语、返归无为的功效。第十一部分至"然身食肉而终"，表述子綦游于天地不跟外物相违逆的生活旨趣。第十二部分至"夫唯外乎贤者知之矣"，批判唐尧，指斥仁义是贪婪者的工具。第十三部分至"于羊弃意"，批判三种不同的心态，提倡"无所甚亲""无所甚疏"的态度。余下为第十四部分，为杂论，主要是阐明顺任自适的思想。

## 随遇而安才是福

人生活在世间，自从有了知觉、见识，就有了忧患和不称心的事。小孩子哭闹，都是因为有些事情没达到他的要求。从幼儿到少年到壮年再到老年，顺心如意的事很少，而不如意的事却常常很多，即使大富大贵的人，即使天下人都羡慕他，认为他过的是神仙一般的日子。

但是，这种人也都会有他的烦恼不称心处，跟平民百姓没什么两样。只不过他所忧虑的事情跟普通人不一样罢了，所以我们把这个世界叫作缺陷世界。人生活在世上没有谁能处处如意、事事美满。能深刻地明白这个道理而在遇到挫折不如意时，安心泰然处理，就能感到心里顺畅一些。南宋时期的袁采这样认为。

人是否富贵是有定数的。造物主既把每个人的命运都注定了，但又留给人一些莫测的变化。这样就驱使着人们为了权势、钱财奔走忙碌，而到死都不醒悟。反过来说，如果不是为了利益忙碌，那么天下的人就没有什么事可做了，而造物主也没有办法驱使人们去干什么了。可是，人们虽然奔走忙碌，而真正能得到荣华富贵的人仅是很少的；奔走忙碌一生什么也得不到的人却成千上万。然而，世上的人就因为有很少的人争得了富贵，便去劳心费力，殊不知别人成功也是命中早已注定了的。如果命中注定你富贵，即使不奔忙，多等待些时候，你也终究能得到富贵。

所以世上那些见识高，能看破红尘的人，只是顺其自然，心中就会非常平静，没有什么值得他们忧愁和高兴的，也没有什么值得他们去怨忧，而为利益而奔忙或与人相互争斗的念头从来就没有在他们胸中萌生过。像这样，能与人有什么争执呢？前辈的人说：人的生死富贵都是命中注定的。注定你是君子你就肯定能成为君子；命中注定你是小人，你再折腾也还是个小人。这话说得非常正确而又切中了要害，只不过是人一般都不知道而已。

一般来说，以怨报怨的说法当然不值得称赞，而有的士大夫为了博取仁厚长者的名声，放纵奸邪之人而不去惩治，都是虚伪不合情理的做法。圣人说："对待仇怨，须以正直之道来对待。"这句话最符合中庸之道，可以通行无阻。圣人所说的正直，就是他人贤德，不因仇怨而废掉人家；他人不肖，也不因为仇怨而庇护他。是非取舍应当根据实际情况来定。以正直报怨恨，就不可能会有无休无止地互相报复了。

如果人善于忍耐，并且逐渐习以为常，即使别人对他施以非礼到不可忍耐的地步，他也能处之泰然，和往常一样。人如果不善于忍耐，也逐渐习以为常，即使别人对他有一点儿小小的怨恨与非礼，根本不值得去计较，他也总是竭尽全力去打官司，不到取胜绝不罢休，但他不知道自己失去的东西远远要比得到的东西多。人如果有明确的见解和主张，不被外界事物所干扰，那么他的身心就会得到极大的安宁。

生存于世间的人，能常常对自己做错的往事悔恨不已，对过去说错的话后悔不已，对过去的无知感到羞愧不已，那么他在品德方面就有了日益的长进，对这种渐渐的进步，人们往往自己认识不到。古人称年纪到了六十岁，就应该知道五十九的过错，难道我们不能以此自勉吗？

人自己行为公平正直的，可以以此来待奉神，而不能依仗此来怠慢神。可以用此来对待人，而不能依仗此来轻慢人。即使孔子也敬畏鬼神，侍奉大夫，顺从圣人，何况庶民百姓呢？自己行事没有道理时，心中应有所畏惧，这样才能躲避过灾祸，保全自身。至于君子有时也会遇到一些灾难，多半是他过于自负所引起的。人做好事时不能成功，向神祷告，请求神暗中帮助，即使没有收到成效，说起来也没有什么可羞愧的。至于干坏事不能成功，也向神祷告，请求神暗中帮助，这不是荒诞至极吗？如果想去偷盗而祈求神的保佑，打些无理官司而祈求神的保佑，假使神果真听从你的请求而帮你成功了，这便是惹怒神明，自求麻烦了。

"忠""信"这两个字，很少有君子不奉守它，而小人往往却不守"忠""信"。小人在市场上卖东西，质量低劣的东西，也能够修饰得新颖奇特；假冒伪劣的东西，也能做得跟真的一样。比如用胶糊来处理丝绢布帛使之更有光泽，在米麦或肉里加上水来增加重量，用便宜的东西来代替名贵药材。花言巧语，目的是把东西卖出去，根本不管是否会影响别人的饮食、使用，这些小商小贩就是这样的不讲忠信。欠人钱财物品拖了很久也不偿还，人家如果向他索要，他就答应一个月以后偿还，到时候向他要，他又不给，说再过一个月后偿还，到时候索要他仍然不会偿还。请工匠制造东西，给了他定金，向他要所制造的东西，他说一个月后给，到了日期向他要，他不给，又说再过一个月给，到时候向他索要他又不给，以至于约了十多次日期还是像当初一样没能拿到东西。有的甚至约了十多次偿还日期可还是没有偿还。

这些人就是这样不讲信义，至于其他事情就更是不可胜数了。那些小人每天都做不讲信义的事，所以也不以为怪，而君子对这些行为却深感气愤，只想严厉惩罚他们，甚至于殴打控告他们。如果君子能够经常反省自己，不做不忠不信的事，并且可怜小人的无知考虑到他们是因为不得已，并且是为了自己方便才作假骗人的，君子如果能够这样想，那么也就不把他们的所作所为放在心上了。

## 过犹不及

为人处世既不要过分也不要不及。用心尽力去做事本来是一种很好的品德，但是过分认真而使自己心力交瘁，使精神得不到调解就会失去生活的乐趣；把功名利禄看得很平淡本来是一种高尚的情操，但是过分的清心寡欲对社会大众就不会做出什么贡献了。春秋时的孔子这样认为。

不管多么耻辱的行为和名声，都不可以完全推到别人身上，要自己承担一部分，只有这样才能掩饰自己的智能；不管多么完美的声誉和节操，都不要一个人独占，只有分一些给旁人，才不会惹起他人的嫉恨，而招来灾害。

以前的人说，话不能说尽，事不可做尽，势不可用尽，福不可享尽，便宜不可占尽，聪明不可用尽。这是教导我们，处理事情必须要留有余地，劝人做善事切记不要把话说绝。现在的人说快意话，做快意事，都用尽心机，做到十分尽情，一点也不留余地，一毫也不肯让人，这样才心满意足。批评责罚别人的错误，要给他留下改正的余地和出路；劝勉别人做好事，要考虑到他可能接受和达到的程度。

中庸是儒家心目中的妙境，是艺术，是至高至美的理想，是境界最高的。为人处世，不要过分，也不要不及，过分与不及，都是偏离目标的。天下可以达到人人均平富裕（智），高官厚禄可以断然辞让（仁），锋利的刀刃可以毅然相向（勇），智、仁、勇俱全，但要做到中庸，还是不可能。中庸这种道德是需要我们时时警醒，并要不懈努力去追求的。

# 则　阳

　　则阳游于楚<sup>①</sup>，夷节言之于王<sup>②</sup>，王未之见，夷节归，彭阳见王果<sup>③</sup>曰："夫子何不谭<sup>④</sup>我于王？"

　　王果曰："我不若公阅休<sup>⑤</sup>。"

　　彭阳曰："公阅休奚为者邪？"

　　曰："冬则擉鳖于江，夏则休乎山樊。有过而问者，曰：'此予宅也。'夫夷节已不能，而况我乎！吾又不若夷节。夫夷节之为人也，无德而有知，不自许，以之神其交，固颠冥乎富贵之地。非相助以德，相助消<sup>⑥</sup>也。夫冻者假衣于春，暍者<sup>⑦</sup>反冬乎冷风。夫楚王之为人也，形尊而严。其于罪也，无赦如虎。非夫佞人正德<sup>⑧</sup>，其孰能桡<sup>⑨</sup>焉！"

　　"故圣人其穷也，使家人忘其贫；其达也，使王公忘爵禄而化卑；其于物也，与之为娱矣；其于人也，乐物之通而保己焉。故或不言而饮人以和，与人并立而使人化，父子之宜，彼其乎归居，而一间其所施。其于人心者，若是其远也。故曰'待公阅休'。"

【注释】

①则阳：人名，姓彭，名阳，以下皆称彭阳。

②夷节：人名，楚国大臣。

③王果：人名，楚国大夫。

④谭：通"谈"，推荐。

⑤公阅休：人名，姓公阅，名休，楚国的隐士。

⑥消：消除鄙贱吝惜的心意。

⑦暍（yē）者：中暑的人。

⑧佞人正德：指小人和有德之士。

⑨桡：屈服，矫正。

## 【译文】

则阳到楚国游玩，夷节告诉楚王，楚王没有接见则阳，夷节只好回家。则阳拜见王果时说："先生为什么不在楚王而前推荐我呢？"

王果说："我不如公阅休。"

则阳问："公阅休是何人？"

王果说："他冬天到江河里刺鳖，夏天到山上的樊圃憩息，有过往的人询问，他就说：'这就是我的住宅。'夷节都不能做到，何况是我呢？我又不如夷节。夷节缺少德行却有智巧，不甘于清虚恬淡的生活，用他自己的智巧跟人交游与结识，在富有和尊显的圈子里迷乱，不仅无助于增长德行，反而使德行有所毁损，挨冻的人盼望温暖的春天，中暑的人渴望冷风带来凉爽。楚王外表高贵而又威严，他对有过错的人，不会给予一点宽恕，像老虎一样，不是极有才辩而又德行端正的人，谁能够让他折服？"

"所以，圣人穷苦的时候，他们能使家人忘却生活的清苦；当他们通达的时候，也能使王公贵族忘却爵禄而变得谦卑起来。他们对于外物，共处为快；对于别人，乐于相处而又难保持自己的真性。所以，有时候他们一句话不说也能用中庸之道给人以满足，相处不久的人都能受到感化。父亲和儿子相处，各得其宜，各自相宜，而圣人却完全是清虚无为地对待周围所有的人。圣人的心态跟一般人的心态相差甚远。所以，要使楚王信服还得请公阅休出马。"

## 【原文】

圣人达绸缪①，周尽一体矣，而不知其然，性也。复命摇作而以天为师②，人则从而命之也。忧乎知，而所行恒无几时，其有止也，若之何！

生而美者，人与之鉴，不告则不知其美于人也。若知之，若不知之，若闻之，若不闻之，其可喜也终无已，人之好之亦无已，性也。圣人之爱人也，人与之名，不告则不知其爱人也。若知之，若不知之，若闻之，若不闻之，其爱人也终无已，人之安之亦无已，性也。

旧国旧都，望之畅然。虽使丘陵草木之缗③，人之者十九，犹之畅然，况见见闻闻者也！以十仞之台县④众间者也。

## 【注释】

① 达绸缪（móu）：达，通达，贯通。绸缪，纠葛。即贯通人际间的纠葛。

② 复命摇作：复命，即复归于命，老子有言"归根曰静，静曰复命，"意与此通。摇作，即动作。

③ 缗（mín）：混蒙不清。

④ 县（xuán）：挺立。

## 【译文】

圣人通达于人际间的纠纷，充分地了解万物混同一体的状态，却不明白为什么会是这样，这决定于自然的本性。为回返真性而有所动作，但总是效法自然，人们才称呼他为圣人。智巧与谋虑整日忧虑因而有所动作，常常不会持久。如果停止了对知识的追逐而无忧无虑，又将怎样呢！

生来就漂亮的人，是因为别人给他一面镜子，如果没有人告诉他，他也就不会知道自己比别人漂亮。好像知道又好像不知道，好像听见了又好像没有听见，人们对他的好感不会因此而中止，这是出于自然本性啊！圣人知道抚爱人们，是因为人们赋予了他相应名称，如果人们不这样称誉他，圣人也就不知道抚爱人们。好像知道又好像不知道，好像听人夸奖过又好像没有听人夸奖过，他给予人们的抚爱就不会终止，人们对这样的抚爱也就处之泰然，这是出于自然的本性。

人们一看到祖国和家乡就分外喜悦；即使是由于丘陵草木掩盖了十之八九的真面目，人们心里还是十分欣喜，更何况亲眼所见，亲耳所闻，就像是数丈高台赫然挺立于众人的面前，让人崇敬，仰慕啊！

冉相氏得其环中以随成<sup>①</sup>，与物无终无始，无几无时，日与物化者，一不化者也，阖尝舍之！夫师天而不得师天，与物皆殉。其以为事也，若为何！

夫圣人未始有天，未始有人，未始有始，未始有物，与世偕行而不替<sup>②</sup>，所行之备而不洫<sup>③</sup>，其合之也<sup>④</sup>，若之何！

汤得其司御门尹登恒为之傅之<sup>⑤</sup>。从师而不囿，得其随成。为之司其名，之名嬴法得其两见。仲尼之尽虑，为之傅之。容成氏曰<sup>⑥</sup>："除日无岁，无内无外。"

**【注释】**

①冉相氏：传说中远古时代的帝王。

②替：废，止。

③不洫："洫"借作"恤"，"忧"的意思。不洫即无忧。

④合之：冥合于道。

⑤登恒：人名，喻指达于常道。

⑥容成氏：据说是古代作历算的圣人。《汉书·艺文志》有《容成子》十四篇，现失传。

**【译文】**

冉相氏领悟到道的精髓，能听任外物自然发展，所以跟外物接触相处没有终始，没有时间限制。他虽然天天随外物而变化，但是他内心的境界却一点儿也不曾改变。曾尝试过舍弃大道的精髓，有心去效法自然却没有得到预期的结果，跟外物一道相追逐，对于所修的事业有什么可担忧的呢？

在圣人的心目中不曾有过天，不曾有过人，不曾有过开始，不曾有过外物，随着世道一起发展变化而无所偏废，所行完备而不知忧虑，他与外物的契合与融洽达到了这样的程度，别人又能怎么样呢？

商汤得到司御门尹登恒做他的老师，他跟着老师学习又被教导所束缚；掌握了顺应万物而任其自由生长的道理，而他的老师则承担了治天下、理万物的责任。商汤对于这种名和法从来不放在心上，因而君臣、师徒能各得其所，各安其分。孔子最后弃绝了谋虑，因此对自然才有所辅助。容成氏说："摒除了日就不会累积成年，忘掉了自己就能忘掉周围的一切。"

## 【原文】

魏莹与田侯牟①约，田侯牟背之。魏莹怒，将使人刺之。犀首公孙衍②闻而耻之，曰："君为万乘③之君也，而以匹夫④从仇。衍请受甲⑤二十万，为君攻之，虏其人民，系⑥其牛马，使其君内热发于背⑦，然后拔⑧其国。忌⑨也出走，然后抶⑩其背，折其脊。"季子⑪闻而耻之，曰："筑十仞之城，城者既十仞矣，则又坏之，此胥靡⑫之所若也。今兵不起七年矣，此王之基也。衍，乱人，不可听也。"华子⑬闻而丑之，曰："善言伐齐者，乱人也；善言勿伐者，亦乱人也；谓'伐之与不伐乱人也'者，又乱人也。"君曰："然则若何？"曰："君求其道而已矣！"惠子⑭闻之，而见戴晋人⑮。戴晋人曰："有所谓蜗⑯者，君知之乎？"曰："然。""有国于蜗之左角者曰触氏，有国于蜗之右角者曰蛮氏，时相与争地而战，伏尸⑰数万，逐北旬有五日而后反⑱。"君曰："噫，其虚言⑲与！"曰："臣请为君实⑳之。君以意㉑在四方上下有穷乎？"君曰："无穷。"曰："知游心于无穷，而反在通达之国，若存若亡乎？"君曰："然。"曰："通达之中有魏，于魏中有梁㉒，于梁中有王，王与蛮氏有辩㉓乎？"君曰："无辩。"客出，而君惝然若有亡㉔也。客出，惠子见。君曰："客，大人也，圣人不足以当之。"惠子曰："夫吹管也，犹有嗃㉕也；吹剑首㉖者，吷㉗而已矣。尧、舜，人之所誉也，道尧舜于戴晋人之前，譬犹一吷也。"

## 【注释】

①魏莹：魏惠王的名字。田侯牟：指齐威王。

②犀首：武官名，相当于晋代的虎牙将军。一说公孙衍号犀首。公孙衍：人名，姓公孙，名衍，魏国人。

③万乘：指大国。《庄子》许多篇中有"万乘"的概念。

④匹夫：一般平民。

⑤甲：士兵。

⑥系：拴，引申为抢夺。

⑦内热：内心的热火。发于背：指在背部生毒疮。

⑧拔：攻克，消灭，吞并。

⑨忌：田忌，齐国的将军。

⑩抶：鞭打。

⑪季子：魏臣，一说魏匠，又一说苏秦。

⑫胥靡：一作绪縻，古代的奴隶，用绳索牵连着强迫他们劳动。作囚徒解失当。

⑬华子：魏臣。

⑭惠子：惠施。

⑮戴晋人：魏国贤人。

⑯蜗：蜗牛。

⑰伏尸：横尸。

⑱逐北：追赶败兵。旬：十日。反：通"返"。

⑲虚言：空话。

⑳实：证实。

㉑意：想。

㉒梁：魏都。

㉓辩：通"辨"，辨别，区别。

㉔惝（chǎng）然：迷迷糊糊的样子。亡：亡失。

㉕嗃（xiāo）：吹竹管的声音，声音大而长。

㉖剑首：剑环上的小孔。

㉗映（xuè）：小声。


【译文】

　　魏莹与田侯牟订下盟约，田侯牟背约。魏莹大怒，要派人去刺杀他。公孙衍将军听了耻笑他，说："你是大国的君主，而用匹夫的手段去报仇。我请求授予甲兵二十万，为你攻打他，俘虏他的人民，掠夺他的牛马，使齐国的君主内心发火而发病于背，然后吞并他的国土。田忌一出走，然后鞭打他的脊背，折断他的脊梁骨。"季子听了而耻笑公孙衍，说："建筑十仞高的城墙，城高既然已经高十仞了，则又毁坏它，这是筑城奴隶所苦的事。现在不打仗已经七年了，这是统治的基础。公孙衍是好乱的人，不可以听从他的主张。"华子听到季子的主张后而丑耻他，说："好说伐齐的是好乱的人，好说不伐齐的人也是好乱的人；说伐齐与不伐齐是好乱的人的人，又是好乱的人。"君主说："那么怎么办呢？"华子说："你追求其大道就行了。"惠施听了，而引见戴晋人。戴晋人说："有所谓蜗牛，君主你知道吗？"魏惠王说："知道。""有个国家在蜗牛的左角，叫触氏；有个国家在蜗牛的右角，叫蛮氏。时常相争地盘而战争，横尸数万，追逐败兵十五天而后返回。"魏惠王说："唉！这是虚话吗？"说："臣请为君证实它。君主你想在四方上下有穷尽吗？"君主说："没有穷尽。"说："知道游心于无穷的境域，而返于通达的国土，若有若无吗？"君主说："是这样。"说："通达的国土中有魏国，魏国中有梁都，在梁都中有君王，君王与蛮氏有区别吗？"君主说："没有区别。"客人走了，惠施进见。国君说："这位客人是位伟大人物，圣人也不足以敌当了他。"惠施说："吹竹管的，还有洪亮的声音；吹剑环的，只有小声而已。尧、舜是人所称誉的。在戴晋人面前称道尧、舜，就好比一点小声了。"

## 【原文】

孔子之楚①，舍于蚁丘之浆②。其邻有夫妻臣妾登极③者，子路曰："是稯稯④何为者邪？"仲尼曰："是圣人仆⑤也，是自埋于民⑥，自藏于畔⑦。其声销⑧，其志无穷⑨，其口虽言，其心未尝言，方且与世违而心不屑⑩与之俱。是陆沉⑪者也。是其市南宜僚⑫邪？"子路请往召之。孔子曰："已矣，彼知丘之著于己也，知丘之适楚也，以丘为必使楚王之召己也，彼且以丘为佞人⑬也。夫若然者，其于佞人也，羞闻其言，而况亲见其身乎！而何以为存⑭！"子路往视之，其室虚矣。

## 【注释】

①之：往，去。楚：楚国。

②舍：止，住。蚁丘：山丘名。浆：卖浆的店铺。

③登极：登上屋顶。

④是：这。稯稯（zǒng）：一作总总。群众有秩序地聚集在一起。

⑤仆：仆役，学徒。

⑥自埋于民：甘愿隐居在民间，埋没为耕民。

⑦自藏于畔：甘愿隐居在田间。

⑧其声销：他的名声消失。

⑨无穷：无穷大。

⑩不屑：认为不值得，不愿意接受。

⑪陆沉：在陆地上如沉在水中，指隐者。

⑫市南宜僚：人名，姓熊，字宜僚，因居市南，故称市南宜僚，楚国的隐者。

⑬佞人：媚世的人，取巧的人。

⑭而：汝，你。存：存问。

## 【译文】

孔子到楚国去，住在蚁丘的卖浆铺里。他的邻居有夫妻仆妾登上屋顶观望，子路说："这些人有秩序地集聚在一起是干什么的？"孔子说："这些人是圣人的仆役，这位圣人是甘愿隐于民间，隐居于田园的人。他的声名消失，他的志向无穷，他嘴虽然说话，他的内心却不曾说话。他的行为和世俗相反，而内心不愿意与世俗同流。这是沉隐于陆地上的人，岂不是市南宜僚吗？"子路请求去把他召来。孔子说："算了吧！他知道我会表彰他，知道我到楚国，以为我必定请楚王召见他。他正把我当成媚世人。如果是这样，他对于媚世的人的话是不愿意听的，何况亲自见面呢！你以什么去存问他呢！"子路去看他，他的住处空无一人了。

## 【原文】

长梧封人问子牢①曰："君为政焉勿鲁莽②，治民焉勿灭裂③"。

昔予为禾④，耕而鲁莽之，则其实⑤亦鲁莽而报予；芸⑥而灭裂之，其实亦灭裂而报予。予来年变齐⑦，深其耕而熟耰⑧之，其禾繁以滋⑨，予终年厌飧⑩"。庄子闻之曰："今人之治其形，理其心，多有似封人之所谓。遁⑪其天，离其性，灭其情，亡其神，以众为。故鲁莽其性者，欲恶之孽为性⑫，萑苇蒹葭⑬始萌，以扶⑭吾形，寻擢⑮吾性。并溃漏发⑯，不择所出，漂疽疥痈⑰，内热溲膏⑱是也。"

## 【注释】

①长梧封人：即长梧子，《齐物论》有"瞿鹊子问乎长梧子"。子牢：字琴张，孔子弟子。

②鲁莽：草率。

③灭裂：胡乱。

④为禾：种庄稼。

⑤实：果实。

⑥芸：除草。

⑦变齐(jì)：改变耕作方法。齐，通"剂"，制作，耕作方法。

⑧熟耰：细致地反复除草。

⑨繁：繁盛。滋：滋壮。

⑩厌飧：吃得饱。飧，通"餍"。

⑪遁：失。

⑫欲：喜好。恶(wù)：厌恶。孽：通"蘖"，蘖生枝杈。

⑬萑(huán)：本作茇，荻草，似苇。苇：芦苇。蒹：没有出穗的荻草。葭(jiā)，没有出穗的芦苇。

⑭扶：扶养，保养。

⑮擢(zhuó)：拔，助长。

⑯并：通"旁"。溃：溃烂。漏：流脓不止的疮口。

⑰漂：本作"瘭"，脓疮。疽：脓疮，瘭疽皆疽类脓疮。疥：疥疮。痈：毒疮。

⑱溲膏：排泄带有脂膏的尿。

## 【译文】

长梧封人问子牢说:"你处理政务不要鲁莽,治理人民不要乱来。过去我种庄稼,耕作鲁莽从事,则果实也因鲁莽而报复我。除草乱来,其果实也因乱来而报复我。我第二年变更方法,深耕细作,禾苗繁盛滋壮,我得以终年饱食。"庄子听到这件事说:"现在,人们对待自己的身体,修养自己的心神,很多像封人所说的,失掉天命,离开本性,灭绝真情,丧失精神,以从众俗行为。所以对本性鲁莽的,喜好厌恶的蘖生,就如同荻苇没有秀穗本性一样,开始以此来扶养我的形体,渐渐地拔苗助长我的本性;四处溃烂漏发,不选择处所而流动,脓疮疥疸,心血发热,排泄带脂膏的尿,就是如此。"

## 【原文】

柏矩<sup>①</sup>学于老聃曰:"请之天下游<sup>②</sup>。"老聃曰:"已矣,天下犹是<sup>③</sup>也。"又请之,老聃曰:"汝<sup>④</sup>将何始?"曰:"始于齐<sup>⑤</sup>。"至齐,见辜人<sup>⑥</sup>焉,推而强之<sup>⑦</sup>,解朝服而幕<sup>⑧</sup>之,号天而哭<sup>⑨</sup>之,曰:"子<sup>⑩</sup>乎子乎!天下有大菑,子独先离<sup>⑪</sup>之!"曰:'莫为盗,莫为杀人。'荣辱立然后睹所病<sup>⑫</sup>,货财聚,然后睹所争。今立人之所病,聚人之所争,穷困人之身,使无休时,欲无至此,得乎?古之君人者<sup>⑬</sup>,以得<sup>⑭</sup>为在民,以失<sup>⑮</sup>为在己;以正<sup>⑯</sup>为在民,以枉为在<sup>⑰</sup>己。故一<sup>⑱</sup>形有失其形者,退而自责。今则不然,匿为物而愚不识<sup>⑲</sup>,大为难而罪不敢,重为任而罚不胜,远其途而诛<sup>⑳</sup>不至。民知<sup>㉑</sup>力竭,则以伪<sup>㉒</sup>继之,日出多伪,士民安取不伪!夫力不足则伪,知不足则欺,财不足则盗。盗窃之行,于谁责而可乎?"

## 【注释】

①柏矩:人名,姓柏,名矩。老子的学生。

②请:请求。之:往。游:游历。

③是:这里。

④汝:你。

⑤齐:齐国。

⑥辜人：死刑犯的尸体放在街上示众。

⑦推而强之：尸体摆正。

⑧幕：覆盖。

⑨号天而哭：仰天号哭。

⑩子：你，先生。

⑪离：遭。

⑫病：弊病。

⑬君人者：统治人的人，指君主。

⑭得：有所得，成功。

⑮失：有所失，失败。

⑯正：正确。

⑰在：错误。

⑱一：一旦。

⑲匿：隐匿，隐藏。愚：愚弄。不识：不懂。

⑳诛：杀。

㉑知：通"智"。

㉒伪：虚伪。

## 【译文】

　　柏矩跟老子学习，说："请你允许我到天下去游历。"老子说："算了吧，天下像这里一样。"柏矩再次请求，老子说："你要从哪里开始？"柏矩说："从齐国开始。"到了齐国，看到一个死刑犯的尸体放在街上示众，便摆正这具尸体，解下自己的礼服盖在尸体上面，仰天号哭，说："你呀！你呀！天下有大灾大难，唯独让你遭上了！人们天天说不要当盗贼，不要杀人！荣辱确立，然后会看出弊病；财货积聚，然后才看出争端。现在确立人的弊病，聚积人的争端，使人穷困到身体无休止的时候，要想不走到这种地步，做得到吗？古代的君主，把所得归功给人民，把所失归罪于自己；把正确归于人民，把错误归于自己。所以，一旦有判错刑的就退而责备自己。现在不是这样，隐匿事物的真相而愚弄无知的民众，扩大困难而加罪胆小的人，加重任务而处罚不胜任的人，延长途程而诛杀走不到的人。民众智穷力竭，就以虚伪应付他，天天出现许多虚伪的事情，士民怎能不虚伪呢，能力不足便作假，智慧不足便欺骗，钱财不足便偷盗。盗窃的行为，要责备谁才可以呢？"

## 【原文】

蘧伯玉行年六十而六十化<sup>①</sup>，未尝不始于是<sup>②</sup>之，而卒诎之以非也<sup>③</sup>。未知今之所谓是之，非五十九非也。万物有乎生而莫见其根<sup>④</sup>，有乎出而莫见其门<sup>⑤</sup>。人皆尊其知之所知<sup>⑥</sup>，而莫知恃其知之所不知而后知，可不谓大疑<sup>⑦</sup>乎！已乎！已乎！且无所逃<sup>⑧</sup>。此所谓然与然<sup>⑨</sup>乎！

## 【注释】

①蘧伯玉：人名，姓蘧，名瑗，字伯玉，卫国的大夫。行年：历年。六十而六十化：指六十年之中每年都在变化。此语在《寓言》中说的是孔子。
②是：肯定，正确，对的。
③卒：最终，最后。诎：通"黜"。非：否定，不正确，不对的。
④根：根本，万物的根源。
⑤门：门径，产生的门径。
⑥知之所知：前一"知"通"智"，后一"知"当知道讲。
⑦大疑：极糊涂。
⑧无所逃：无有能逃避得了的。
⑨然与然：这样与那样。

## 【译文】

蘧伯玉在经历六十年中有六十次修善德行的变化，开始肯定的，后来又否定它，很难说今天所认为是对的就不是五十九年来所认为是错误的。万物有它的生而看不见生它的根源，有它的出处却看不见它的门径。人们都重视他的智慧所能知道的，而不能凭他的智慧所不知道而后知道的道理, 可不是所谓大疑惑吗? 算了吧! 算了吧! 况且没有能逃避得了的, 这就是你说这样他说那样吗?

**【原文】**

仲尼问于大史大韬、伯常骞、狶韦<sup>①</sup>曰:"夫卫灵公饮酒湛乐<sup>②</sup>, 不听<sup>③</sup>国家之政; 田猎毕弋<sup>④</sup>, 不应诸侯之际: 其所以为灵公者何邪<sup>⑤</sup>?" 大韬曰:"是因是也。" 伯常骞曰:"夫灵公有妻三人, 同滥<sup>⑥</sup>而浴, 史鳅<sup>⑦</sup>奉御而进所, 搏币而扶翼<sup>⑧</sup>。其慢若彼<sup>⑨</sup>之甚也, 见贤人若此其肃<sup>⑩</sup>也, 是其所以为灵公也。" 狶韦曰:"夫灵公也, 死卜葬于故墓<sup>⑪</sup>, 不吉; 卜葬于沙丘<sup>⑫</sup>而吉。掘之数仞, 得石椁<sup>⑬</sup>焉, 洗而视之, 有铭焉, 曰:'不冯其子<sup>⑭</sup>, 灵公夺而里<sup>⑮</sup>之。' 夫灵公之为灵也久矣! 之二人, 何足以识之<sup>⑯</sup>!"

**【注释】**

① 大(tài)史: 官名, 春秋时掌管起草文书, 策命诸侯卿大夫, 记史实, 编史书, 管典籍和天文历法, 掌三易和祭祀等。大韬、伯常骞、狶韦: 三人都是大史。把狶韦解作《大宗师》中的狶韦氏实误。

② 湛(dān)乐: 过分地享乐。湛, 通"耽"。

③ 听: 管理, 处理。

④ 毕: 大网。弋: 系绳的箭。

⑤ 为灵公者何邪: 谥号为什么称为灵公。按古代谥法, 天子、诸侯国君死后多送谥号, 其中有美谥和恶谥。

⑥ 滥: 大浴盆。

⑦ 史鳅: 人名, 即史鱼, 卫国的大夫。

⑧ 搏币: 接取币帛。扶翼: 扶掖, 即扶臂。

⑨ 慢: 傲慢, 放纵。彼: 指与三妻同沐那样的事。

⑩ 肃: 敬畏。

⑪ 故墓: 生前挖好的寿穴。

⑫ 沙丘: 地名, 在盟津河北, 即今河南孟津一带。

⑬ 石椁: 石造的棺椁。

⑭不冯（píng）其子：其子不冯的倒装。冯，通"凭"，凭依。子：子孙。

⑮里：居。

⑯之：他们。二人：指大韬、伯常骞。

## 【译文】

孔子问太史大韬、伯常骞和狶韦说："卫灵公饮酒耽乐，不处理国家政务，狩猎网捕弋射兽鸟，不应承诸侯会盟，他却得到灵公的谥号，这是为什么呢？"大韬说："就是因为这样才得到这样的谥号。"伯常骞说："灵公有三个妻子，他和三个妻子在一个大浴盆中洗澡。史鱼奉召来到灵公住所，灵公叫人接取他献的币帛而使人扶着他的臂膀。灵公放纵像与三妻同盆沐浴那样严重，然而他接见贤人又如此的肃然起敬，这就是他之所以称为灵公的道理。"狶韦说："灵公死了，卜葬在寿穴，不吉利；卜葬在沙丘就吉利。掘墓穴之深达到数仞时，得到一个石造的棺椁，洗去泥土后看它，上面有铭文说：'不必依赖子孙，灵公可以取去而居在这里。'灵公的谥号称为灵公，已经很久了，大韬、伯常骞这两个人怎么能知道呢！"

## 【原文】

少知问于大公调①曰："何谓丘里之言？"

大公调曰："丘里者，合十姓百名②而以为风俗也。合异以为同，散同以为异。今指马之百体而不得马，而马系于前者，立其百体而谓之马也。是故丘山积卑而为高，江河合水而为大，大人合并而为公。是以自外入者，有主而不执；由中出者，有正而不距③。四时殊气，天下赐，故岁成；五官殊职，君不私，故国治；文武大人不赐，故德备；成物殊理，道不私，故无名。无名故无为，无为而无不为，时有终始，世有变化。祸福淳淳④，至有所拂者而有所宜，自殉殊面，有所正者有所差。比于大泽，百材皆度⑤；观于大山，木石同坛。此之谓丘里之言。"

少知曰："然则谓之道足乎？"

大公调曰："不然。今计物之数，不止于万，而期曰万物者，以数之多者号而读之⑥也。是故天地者，形之大者也；阴阳者，气之大者也；道者为之公。因其大以号而读之则可也，已有之矣，乃将得比哉！则若以斯辩，譬犹狗马，其不及远矣。"

少知曰："四方之内，六合之里，万物之所生恶起？"

大公调曰："阴阳相照、相盖、相治，四时相代、相生、相杀。欲恶去就，于是桥起⑦。雌雄片⑧合，于是庸有。安危相易，祸福相生，缓急相摩⑨，聚散以成。此名实之可纪、精微之可志也。随序之相理，桥运⑩之相使，穷则反，终则始，此物之所有。言之所尽，知之所至，极物而已。睹道之人，不随其所废，不原其所起，此议之所止。"

少知曰："季真⑪之莫为，接子⑫之或使，二家之议，孰正于其情？孰偏于其理？"大公调曰："鸡鸣狗吠，是人之所知；虽有大知，不能以言读其所自化，又不能以意其所将为。斯则析之，精至于无伦，大至于不可围。或之使，莫之为，未免于物而终以为过。或使则实，莫为则虚。有名有实，是物之居；无名无实，在物之虚。可言可意，言而愈疏。未生不可忌，已死不可阻⑬。死生非远也，理不可睹。或之使，莫之为，疑之所假。吾观之本，其往无穷；吾求之末，其来无止。无穷无止，言之无也，与物同理。或使莫为，言之本也，与物终始。道不可有，有不可无。道之为名，所假而行。或使莫为，在物一曲，夫胡为于大方！言而足，则终日言而尽道；言而不足，则终日言而尽物。道，物之极，言默不足以载⑭。非言非默，议有所极。"

## 【注释】

①少知、大公调：均为虚构的且有相当寓意的人名。

②十姓百名：可以理解为现在所说的群众。十姓杂居可以理解为不同的氏族结合为同一群落、部落。

③距：同"拒"，拒绝。

④淳淳：流动自然的样子。

⑤度：容纳于其中。

⑥号而读之：众口说出的语言是约定俗成的名词、概念。

⑦桥起：轩起。车轩前高后低，前高者为轩。

⑧片："半"，异性交配。

⑨摩：有韵律变化。

⑩桥运：如桔槔一样地起伏运动。

⑪季真：人名，齐国稷下学者。

⑫接子：人名，齐国稷下学者。

⑬阻：止。

⑭言默不足以载：不管是言语还是沉默都不足以承载大道。

## 【译文】

少知向大公调请教，问："什么叫作'丘里'之言？"

大公调说："所谓'丘里'，聚合十家姓，上百个人，所形成的风气与习俗，把各个不同的个体混合同在一起就成为相同的，把混同的整体离散开来又成为各个不同的个体。现在专指马的各个部位来说，都不能称为马，但是马是根据前者合异为同，只有确立了马的各个部位并组合成整体才能称为马。所以，山丘只有积聚细少的土石才能成其高，江河只有汇聚细小的河流才能成其大。伟大的人物采纳了众多的意见才称得上公平。所以，从外界反映到内心的东西，虽然自己有主见却不执着，由内心向外表达的东西，即使是正确的也不愿与他人相违背。四季的气候不同，大自然并没有给予某一季节特别的恩赐，因此成就岁月；大大小小的官吏具有不同的职能，国君没有偏私任何一个，因此国家得以治理；文臣武将才干不同，国君不加偏爱，因此各自德行完备；万物具有自己的规律，大道没有偏爱任何一方，因此化解名称。没有称谓就没有作为，无所为而所不为。时序有终始，世事不断变化。祸福在不停地运转，有违逆的一面同时也有统一的一面；各自追逐其不同的方面，有所得同时必有所失。就像山泽中，各种木材都有自己的用处；再看看大山，树木与石块同在一处。这是称为'丘里'的言论。"

少知说："既然这样，把它称为道，可以吗？"

大公调说："不能。现在计算一下物的种类，不下于一万种，而限称作万物，是用这个大的数目来称述它。所以，叫作天地，是形体中最大的；叫作阴阳，是元气中最大的；而道却包括天地、阴阳。因为它大就用'道'来称述，是可以的，已经称为'丘里'之言，又怎么能与道相提并论呢？如果要寻求这两者之间的区别，就好像狗与马，差别实在太大了！"

少知问："四方之内，六合之里，万物的产生从哪里开始的？"

大公调说："阴阳相互照应、相互损伤还相互调治，四季相互更替、相互产生还相互衰减。欲念、憎恶、离弃，就像桥梁一样互相连接互相兴起。雌性、雄性的分开、交合，于是常有万物。安全与危难互相变换，灾祸与幸福互相产生，寿诞与夭折互相冲突，因此形成聚散。这些现象的名称与实际都能辨认，极精极微之处都能记载下来。有次序地相互更替总是遵循着一定的轨迹，双方的运动彼此互相制约，到了尽头就会返回，有终结就有开始，这些是万物所共同拥有的规律。言语能够致意的，智巧能够达到的，只是局限于少数事物罢了。感悟大道的人，不追逐事物的去向，不探究万物的起源，一切议论至此为止。"

少知又说："季真的观点是'莫为'，接子主张'或使'，两家的议论，谁最符合事物的真情，谁偏离了客观的规律呢？"大公调说："鸡鸣狗叫，这是人人都见到的现象；可是，即便是具有非同一般的才智，也不能用言语来表达出它们这样做的原因，同样也不能推测它们会怎么样。用这样的道理来推论和分析万物，有精妙到无与伦比的，也有宽广到不可限量的，然后主张事物的产生是有所为还是无所为，均不能免于为物所拘滞，所以最终都只能是过而不当。接子的主张过于执滞，季真的观点过于虚空。有名有实，代表物的具体形象。无名无实，看出事物存在的虚无。可以言谈也可意会，但是越是言谈，距离事物的实情也就越疏远。没有产生的事物，不能禁止其产生；已经死亡的事物，不能阻挡其死亡。死与生的距离并不是很远，它们之间的规律却很难察见。事物的产生有所凭借还是全都出于虚无，两者都是在疑惑中产生的偏见。我观察事物的开始，它的过往没有穷尽；我寻找事物的结束，它的将来不可限量。既没有穷尽又没有限量，用言语表达，不能做到，这就跟事物的条理相同；而接子、季真的主张，用言谈各持一端，又跟事物一样有了开始及终结。'道'不可以用'有'来表达，也不可用'无'来描述。'道'的名称不过是借用来的。接子和季真的主张，各自偏执于事物的一端，怎么能用来理解大道呢？言语如果圆满周全，那么整天谈的都不是道；言语如果不能圆满周全，那么整天谈的都滞碍于物。道是阐释万物的最高原理，言语和缄默都不能够描述它，既不是言语也不是缄默，评议就有极限了，而大道却是无穷无尽，没有边界的。"

## 【解析】

　　"则阳"是篇首的人名。本篇内容仍很庞杂，全篇大体可以分成两大部分，前一部分写了头十个小故事，用人物的对话来说明恬淡、清虚、顺任的旨趣和生活态度，同时也对滞留人事、迷恋权势的人给予抨击。后一部分则讨论宇宙万物的基本规律，讨论宇宙的起源，讨论对外在事物的主体认识。

　　前一部分大体分作九小段，至"故曰'待公阅休'"为第一段，写公阅休清虚恬适的生活旨趣和处世态度。至"以十仞之台县众间者也"为第二段，写圣人的心态和人们对于道的尊崇与爱慕。至"无内无外"为第三段，写一个人要善于自处，善于应物。至"譬犹一吷也"为第四段，通过巧妙的比喻指出人在世间的渺小，倡导与世无争的态度，同时讽刺和嘲弄了诸侯国之间的争夺战争。至"其室虚矣"为第五段，通过孔子之口盛赞市南宜僚"声销"而"志无穷"的潜身态度。至"内热溲膏是也"为第六段，指出为政"鲁莽"、治民"灭裂"的严重危害。至"于谁责而可乎"为第七段，通过柏矩游齐之所见，批评当世君主为政的虚伪和对人民的愚弄。至此所谓然与"然乎"为第八段，说明人们的是非观念不是永恒的，认识也是有限的。至"之二人，何足以识之"为第九段，谴责卫灵公的荒唐无道。

　　后一部分写少知与大公调的对话，借大公调之口从讨论宇宙整体与万物之个体间"合异""散同"的关系入手，指出各种事物都有其自身的规律，各种变化也都会向自己的反面转化，同时还讨论了宇宙万物的产生，又最终归结为浑一的道。

前一部分可以说是杂论，内容并不深厚，后一部分涉及宇宙观和认识论上的许多问题，也就较有价值。

## 【证解故事】

### 鄂尔泰诚胞弟名闻天下

鄂尔泰，字毅庵，满洲镶蓝旗人。历仕康熙、雍正、乾隆三朝，曾任内务府员外郎、江苏布政使、广西巡抚、云贵总督、保和殿大学士兼兵部尚书、军机大臣等职，是雍正帝、康熙帝的重臣，尤得雍正帝的赏识。

鄂尔泰家祖祖辈辈为人做牛马，他们家没有房子住，只好在祠堂里过夜。但是，鄂尔泰的父亲是个有远见的人，他想尽一切办法供孩子们念书，指望他们将来成为国家的栋梁，做个一尘不染的清官，惩治那些豪势权贵和贪官污吏，救民于水火。

鄂尔泰通过发愤攻读，终于金榜题名。康熙五十五年，他被授任内务府员外郎。这一官职虽然只有五品，但因为负责管理供应皇室的各种物品，所以又有一定的实权。

这时，后来的雍正帝还是雍亲王，住在宫外。有一次雍亲王得知少数民族附属王国向朝廷进献了许多奇珍异宝，他想通过鄂尔泰求得内务府的特殊关照，弄些宝物。结果遭到了鄂尔泰的严词拒绝，他说："作为皇子，你更应该注意自己的德行，为表率于天下，不可随意结交外臣，享受特权，若是其他皇子都和你一样多吃多占，那我们做下官的如何掌握？朝廷怪罪下来，谁来负责呢？"

雍亲王见遭到拒绝，只好作罢。同僚们听说后，都怨他死心眼，太不会办事。他们说像这种事别人跪着送去，人家都不一定接受，况且这次是人家求你，你即使拒绝也要找个脱身的理由啊，千不该万不该奚落人家一遍，等日后雍亲王登基了，看你还有什么好下场。

六年后，康熙帝病故，雍亲王即位。有一天，雍正帝召见鄂尔泰入宫，他的好友同僚都为他捏了一把汗，因为他曾得罪的皇子如今已是君临天下的皇帝了。大家都劝他外逃，以免杀头之祸。

鄂尔泰却镇定自若地说："身为朝使官，按理说谁当皇帝听从谁的，何况当时我做事时并没亏心。眼下既然雍正帝要计较此事，君让臣死，臣理当效命，人不能为苟保性命而当叛匪。"鄂尔泰说完，从容地应召入宫。行完君臣大礼后，雍正帝让鄂尔泰落座，鄂尔泰原以为须臾之间要灾祸临头了。孰料，雍正帝和颜悦色地对他说：

"你曾敢以员外郎这样的五品微官而拒皇子，足见你执法严明。今天我委任你为大臣，一定不会接受他人的请托和贿赂的，对于你，朕是十分放心的。"

于是雍正帝当即授鄂尔泰为江苏布政使。不久，又破格提拔为云贵总督。

鄂尔泰做了云贵总督这样的高官，依然生活俭朴，从不敢骄奢妄为。可他的弟弟借哥哥的权势，出外做了官，随着官越做越大，奢靡之举也越来越甚。等升到吏部尚书兼步兵统领后，更加忘乎所以，甚嚣尘上。

有一次，鄂尔泰退朝之后，路过鄂尔奇家，想进去探望一下。当他步入宅院后，感到庭院布置得过分豪华，掀帘进入书斋，只见室内的摆设十分考究，在座宾客们的穿戴也个个不凡。鄂尔泰非常生气，掉头便走。鄂尔奇见哥哥连句话都没说就走了，很纳闷，忙追上去，问道："哥哥掀帘不入，莫非嫌小弟书斋寒碜？"

鄂尔泰当着众人的面，严厉斥责说："我不是嫌你的书斋寒碜，而是嫌太奢侈了。你身居正卿，不为朝廷尽忠尽力，只图个人享受，有何脸面面对列祖列宗？你可否记得当年你我弟兄无屋可住，只得夜宿祠堂？如今你刚刚得志就如此奢侈，如若不改，日后必由此生出灾祸！"鄂尔奇听罢，跪在哥哥面前，佯装悔过，并表示把不属于自己的东西退还给户部。鄂尔泰看到弟弟有悔改的愿望，才算作罢。

以后，鄂尔奇听说哥哥要来，事先把珍宝收藏起来，然后才请哥哥进屋。鄂尔泰到户部查访，想证实一下弟弟的悔改的诚意，结果，户部的官员说从没收到过鄂尔奇送来的东西。鄂尔泰这才知道弟弟并没有听从自己的劝诫，一怒之下，向雍正帝奏了弟弟一本，鄂尔奇因贪赃枉法被治了罪。

数百年来，鄂尔泰上拒皇子下诫胞弟的高风亮节，一直在百姓中间传颂着。

## 孙亮明察秋毫辨忠佞

三国时期，孙权死后，年仅十二岁的太子孙亮继承了皇位。他非常聪明，遇事肯动脑筋，对宫中事情处理得很谨慎，从来不无故冤枉好人。

一次，孙亮到皇宫花园游玩，树上青青的梅果已成熟。他喜欢用梅果蘸蜜吃，就叫人取坛蜜来。

过了一会儿，太监捧来了一坛刚刚启封的蜜，当着孙亮的面，用蜜勺盛满了银碗。孙亮轻轻搅拌着蜜中的梅果，舀起一勺，正要送往口中，突然发现那清亮亮的蜜中，竟然有几颗老鼠屎！他顿时一阵恶心。

给皇帝吃的蜜中竟然有老鼠屎，这还了得！那个太监赶紧跪下辩解说："奴才实在不知蜜中会有鼠屎，这一定是管仓库的官吏放进来陷害奴才的。"

库吏被押来，吓得浑身颤抖，连叫冤枉，他边叩头边说："奴才看管库房，丝毫不敢懈怠。每坛蜂蜜都是亲手封好，只有皇上用时才取启封。奴才断然不敢干那种往蜜里放鼠屎的勾当！"

孙亮想：这蜂蜜是从库房直接取到花园中的，因此蜜中的鼠屎不是库吏失职，便是太监所为，二者必居其一，可他们都矢口否认。孙亮认为不能只听他们口头辩解，而要重调查、重物证。想到这儿，他问库吏："太监向你要过东西吗？"

库吏答道："他来要过几次蜂蜜，奴才没有给他。"太监又连磕响头："他诬陷奴才，请皇上做主。"

孙亮思索了一会儿，叫人把鼠屎从中间切开，看到它们中间都是干的。他指着太监，怒斥道："你好大的胆子！竟敢在半路上偷偷往蜜里放鼠屎，该当何罪?!"

太监大叫冤枉，周围的人也大惑不解。孙亮解释道："如果鼠屎是封坛之前放在蜜里的，经过了这么长时间，必定里外都浸透了，是湿的。如果鼠屎是启了封后才放进去的，那么它是外湿里干的。这切开的鼠屎粒粒都是里干外湿，分明是太监伺机报复库吏，在半路上偷偷放进去的。"众人一听，都佩服这位年幼皇帝的聪明才智。

孙亮凭细致的观察与周密的推理，终于辨别出了哪个对自己忠诚，哪个是欺自己年少的小人。

## 主帅亲征保社稷

宣和七年，金兵攻占了辽的燕京后，遂乘胜挥师南下，渡过黄河，一路上宋军望风而逃，告急的文书像雪片一样飞向北宋朝廷。宋徽宗慌忙将皇位禅让给他的儿子钦宗后出逃，钦宗委任大臣李纲为兵部侍郎，委以御敌之任。金兵渡过黄河后，直逼开封城下，李纲建议钦宗固守待援。可是钦宗的佞臣白时中、李邦彦等人都连劝带唬地要求钦宗暂避敌锋，逃往襄、邓，钦宗也动心了。宋军本已军心浮动，大有全军崩溃之势，钦宗如果出逃，势必让金人一举攻下京城，甚至趁势南下，消灭宋朝，在这样的危急关头，作为兵部侍郎的李纲该怎样才能稳住军心，确保京城的安全?

李纲坚决反对钦宗出逃，他说："太上皇帝将国家宗社传给陛下，陛下怎可弃城逃跑呢? 都城是祖宗宗庙社稷、百官万民之所在，除了都城，还有哪里可以去呢? 为今日计，应立即整饬军马，号召军民坚持拒敌，等待各地勤王军队的到来。"钦宗要选择守城的大臣，白、李等人贪生怕死，相继推诿，李纲慨然自请指挥京城的保卫战。

白、李等人不断地劝诱钦宗逃离京城，钦宗又动摇了，下诏李纲为东京留守，李纲立即奏见钦宗，他说："唐明皇时，潼关失守，即慌忙逃往四川，结果京师沦陷，宗庙社稷毁于一旦，后人都认为明皇之失在于不能坚守待援。现在天下四方的援兵陆续赶往京师，陛下为何做此轻率之举，重蹈唐明皇的覆辙呢!"钦宗听后有所悔悟，表示愿意留下。这时内侍来奏报，中官已经开始出行了，钦宗又要出逃，李纲泣拜于地，以死相留说："陛下万不可去，臣愿死守京城。"钦宗不得已，只得暂时留下。可次日清晨李纲入朝时，却见午门内禁卫环甲，乘舆已驾，皇帝即将起程，李纲急呼禁卫军道："你们是愿意坚守宗庙社稷呢，还是愿随皇上出幸？"卫士齐声应道："我们的父母妻子都在城中，愿意死守！"李纲即入见钦宗，言辞恳切，他说："陛下既然答应坚守京师，为何又出此下策？今卫士家属尽在城中，军心浮动，万一中途散归，何人护卫陛下？况金兵日益逼近，如果探知陛下出行不远，必然派轻骑穷追不舍，陛下何以御敌，难道要束手就擒吗？"钦宗至此方如梦方醒，断绝了出逃的念头，并亲自登上宣德楼，宣谕军民誓死抗战，军士皆拜伏高呼万岁。钦宗命李纲兼行营使，全权指挥守城大军。宋军听到皇帝仍留在京师，士气大增，军民秣马厉兵，准备迎敌。正月，金军攻到开封城下，李纲募敢死勇士多次出城杀退金兵，夜斫敌营，两河制置使钟师道等勤王兵陆续云集开封，最后宋金双方达成和议，金兵退离开封，东京保卫战最后取得胜利。

　　大臣李纲要求整饬军马，号召军民坚持拒敌的点子使得社稷安稳，同时给办事左右不定的领导起了很好的教育作用。

## 朱元璋九字大政取天下

　　朱元璋（1328—1398年）是明朝的开国皇帝，也是一个具有雄才大略的政治家。

　　朱元璋是安徽凤阳人，家境贫寒，十七岁因双亲过世，曾在皇觉寺削发为僧。公元1352年，红巾军郭子兴攻占濠州，朱元璋投奔帐下备受赏识，并把养女马姑许配他为妻。后来，郭子兴病故，朱元璋被推举为统帅，率徐达、常遇春等将领，由和州南渡长江，攻占南京，改名应天府，作为根据地。

　　公元1358年，朱元璋召见儒生朱升，问他如何取得天下？朱升以九个字的政略作为回答，说："高筑墙，广积粮，缓称王。"朱元璋虚心采纳，对此非常重视。九字政略的意思是巩固后方，建立根据地，发展生产，储备足够的粮食，不要急于称王，缩小目标，作长远打算。朱元璋奉行九字政略，在巩固防卫的同时帮助农民兴修水利，动员将士屯田减轻人民负担，几年内江东一带便"囷溢仓满"，经济发展迅速，使他站稳了脚跟，为夺取天下奠定了基础。当时在朱元璋占领区周围，西有陈友谅，东北是张士诚，东南是方国珍，均是实力雄厚的军事集团。公元1363年，朱元璋以二十万军队，小战船数百只与陈友谅六十万军队，大战船数千只决战鄱阳湖。两军恶战三十六天，湖水被血染红，终于以弱胜强，大获全胜。陈友谅被乱箭射死，其子陈理逃回武昌。次年1月，朱元璋称吴王，亲率大军攻克武昌，俘获陈理。随即派徐达、常遇春攻破苏州，张士诚被俘，到建康自缢而死；不久，又降服了方国珍，进军福建、广东、四川，统一了南方。

公元1367年10月，朱元璋举兵北伐。他的具体部署是："首先攻占山东，使元朝失去屏障；再向河南、河北进兵，击破其护卫力量；夺取潼关，占据它的门槛，然后进兵大都。元朝势孤援绝，即可不战而取之。"为了严明军纪，他下令将士不准烧杀掳掠，保护人民的生命财产。因此，北伐无往不胜，各地百姓积极呼应。正是在南征北伐的胜利进军、捷报频传的大好局势下，朱元璋于公元1368年1月，在应天府即皇帝位，国号大明，年号洪武。公元1368年3月，徐达、常遇春二十五万大军平定山东全境，乘胜移师河南，攻下汴梁，复克太原，直捣大都。闰七月，明军攻入大都，元顺帝携后妃，太子弃都北逃，元朝灭亡。朱元璋之所以能够夺取天下，翦灭群雄，九字政略起到了重要作用，很值得我们学习。

# 外　物

## 【原文】

外物不可必<sup>①</sup>，故龙逢<sup>②</sup>诛，比干<sup>③</sup>戮，箕子<sup>④</sup>狂，恶来<sup>⑤</sup>死，桀纣<sup>⑥</sup>亡。人主莫不欲其臣之忠，而忠未必信。故伍员流于江，苌弘死于蜀<sup>⑦</sup>，藏其血三年而化为碧<sup>⑧</sup>。人亲莫不欲其子之孝，而孝未必爱，故孝己<sup>⑨</sup>忧而曾参<sup>⑩</sup>悲。木与木相摩则然<sup>⑪</sup>，金与火相守则流，阴阳错行，则天地大絯<sup>⑫</sup>，于是乎有雷有霆，水中有火<sup>⑬</sup>，乃焚大槐<sup>⑭</sup>。有甚忧两陷<sup>⑮</sup>而无所逃，螴蜳<sup>⑯</sup>不得成，心若县于天地之间，慰暋沈屯<sup>⑰</sup>，利害相摩，生火甚多<sup>⑱</sup>，众人焚和，月固不胜火<sup>⑲</sup>，于是乎有僓然<sup>⑳</sup>而道尽<sup>㉑</sup>。

## 【注释】

①外物不可必：外在的事物不可能有客观确定性的标准。

②龙逢：姓关，夏代贤臣。

③比干：殷纣王叔父，因忠谏而被挖心。

④箕子：殷纣王的庶叔，劝谏纣王不从，箕子因而佯狂避祸。

⑤恶来：殷纣王的媚臣。

⑥桀纣：桀，夏代的最后一个君主，名履癸，为商汤所灭。纣，殷纣王，是商朝的最后一个君主，被周武王打败而自焚身亡。

⑦苌弘死于蜀：苌弘是周景王、周敬王时刘文公的大夫。刘氏与晋国的范氏世代通婚，晋卿内讧时苌弘协助范氏惨遭失败，晋卿赵鞅因此而讨伐周王室。周敬王二十八年，周人不得不杀了苌弘。蜀是东周地名，并非现在的四川。

⑧血三年而化碧：因苌弘纯属屈死，所以有化碧之说。证明苌弘精诚，感动了天地，因而出现了奇迹。

⑨孝己：殷高宗的儿子，受后母虐待，忧苦而死。

⑩曾参：字子舆，孔门弟子中年龄最小，也是对后世影响最大的。

⑪相摩则然：摩即摩擦。然通"燃"，燃烧。

⑫绖(hài)：通"骇"，惊动。

⑬水中有火：指雨中有雷电。

⑭焚大槐：雷电焚烧了大槐树。

⑮两陷：指人心陷于阴阳之间的矛盾而焦虑不安。

⑯蹍(chén)蜳(dūn)：蹍，不安。蜳，亦作"芚"，忧虑。蹍蜳都是虫名，喻指如虫般的蠕动而不安宁。

⑰慰暋沉屯：慰通"邵"。暋即闷。沈通"沉"。屯，难。形容心悬时沉闷艰难的心理状态。

⑱生火甚多：这里的生火和中医的说法不同，是指心理上的因着急而上火。

⑲众人焚和，月固不胜火：众人着急上火而忧心如焚，伤害了心中的平和之气。月指人心的清凉之气，喻指水的清明，不胜即水不能胜火。

⑳债然：败坏。

㉑道尽：自然而然的天性丧失，中途夭折，不能尽天年，是对前述九人的批评。

## 【译文】

外在事物不可能有客观的不变的确定性的标准。所以关龙逄被杀，比干被挖心，箕子不得不通过装疯来避祸，恶来死于武王伐纣战争中，桀和纣作为一代国君也不能逃避国破人亡的命运。君主没有不希望他的臣子尽忠竭智的，但尽忠的人却未必能受到君主的信任。所以伍子胥的尸体被扔进长江上漂流，苌弘屈死在东周的蜀地，他的血保藏了三年之后，因精诚感动天地而化成碧玉。但那又怎么样呢！父母没有不希望子女尽孝的，但是，在礼仪教化下的孝顺未必就是真正的爱，所以，孝己忧苦而曾参悲伤。木与木相摩擦就会燃烧，金与火放置一起烧炼就会熔化。阴阳二气交错运行，就连天地也会惊恐起来，于是雷霆发作，雨中带电，殛焚大树。有的人由于忧虑过度，而陷入阴阳二气的自相矛盾之中，这是在政治生活中讨饭吃的人所无可逃避的必然现象，他们像爬虫那样地蠢蠢欲动、焦躁不安，却终于一事无成，心就像悬在天地之间一样，一天到晚忧郁沉闷，在得失之间斤斤计较，就像阴阳二气在相互摩擦一样，内心焦灼甚多，众人都跟着忧心如焚，伤害了心中的平和之气，清明的自然之心不能克制焦躁的心火，于是乎精神上崩溃不算，连身躯也不能够依天命所赐而享尽天年，一个个中年夭亡。

**【原文】**

　　庄周家贫，故往贷粟于监河侯①。

　　监河侯曰："诺。我将得邑金②，将贷子三百金，可乎？"

　　庄周忿然作色③曰："周昨来，有中道④而呼者。周顾视车辙中，有鲋鱼⑤焉。周问之曰：'鲋鱼来，子何为者邪？'对曰：'我，东海之波臣⑥也。君岂有斗升之水而活我哉！'周曰：'诺。我且南游吴越之王，激西江之水⑦而迎子，可乎？'鲋鱼忿然作色曰：'吾失我常与⑧，我无所处。吾得斗升之水然活耳。君乃言此，曾不如早索我于枯鱼之肆⑨。'"

**【注释】**

①贷粟于监河侯：贷，借贷。粟，谷子，亦为粮食的通称。监河侯，监理河道的官。

②邑金：封邑租赋的收入。古人除封土之君外，对官吏也常常让他们以在封邑上收取的地租代支薪俸，监河侯的邑金即是这一类。

③忿然作色：脸上变得激动起来，即因生气而不高兴的样子。

④中道：道中，或曰中途。

⑤鲋(fù)鱼：鲫鱼。

⑥波臣：波浪之臣，即被波浪冲到陆地上来而失去了水的滋养的水族臣仆。

⑦激西江之水：激，引。西江，虚拟水名。

⑧常与：但常共处的水，亦可理解为推动了正常的生活条件。

⑨曾：还。枯鱼之肆：干鱼市场。

## 【译文】

庄周的家里十分贫穷，于是有一天，就去找监河侯借点粮食。

监河侯说："行啊。我马上就要到我的封邑上去收取地租了，收上来以后，我借你三百两黄金，行吗？"

庄周脸色一沉，不高兴地说道："我昨天往你这里来的时候，中途听到了喊叫声。我回头向车辙中一看，看见那里有一条鲫鱼。我对它说：'鲫鱼啊！你在这里干什么呀？'它回答说：'我是东海的波涛冲出来而失去了生活凭借的水族仆臣，你能不能弄来升斗之水，救我一命吧！'我说：'行啊。我正准备去吴越游历一番，到时候我说服吴越两国的国王，请他们把西江的水引过来迎接你，行吗？'鲫鱼脸色一沉，不高兴地说道：'我失去了与我长相守的水，因而不能过正常的生活了。现在我要求的只是能得到一点让我活命的升斗之水，你竟说出这样的废话来欺骗我，那你还不如早点到干鱼市场上去，到时候你就可以在那儿找到我了！'"

## 【原文】

任公子为大钩巨缁①，五十犗②以为饵，蹲乎会稽③，投竿东海，旦旦④而钓，期年⑤不得鱼。已而⑥大鱼食之，牵巨钩，錎⑦没而下，骛⑧扬而奋鬐⑨，白波若山，海水震荡，声侔⑩鬼神，惮赫⑪千里。

任公子得若鱼，离⑫而腊之，自制河⑬以东，苍梧⑭已北，莫不厌⑮若鱼者。已而后世辁才讽说⑯之徒，皆惊而相告也。

夫揭竿累⑰，趣灌渎⑱，守鲵鲋⑲，其于得大鱼难矣！饰小说以干县令⑳，其于大达㉑亦远矣。是以未尝闻任氏之风俗㉒，其不可与经于世㉓亦远矣。

## 【注释】

①缁：黑绳。

②犗（jiè）：阉牛。

③会稽：山名，在今浙江省中部。

④旦旦：天天。

⑤期（jī）年：一周年。

⑥已而：不久以后。

⑦铭：通"陷"，陷没，潜入深水。

⑧鹜（wù）：奔驰，乱驰。

⑨鬐（qí）：鱼脊鳍。

⑩侔：齐。

⑪惮赫：惮通"怛"，震撼。赫通"吓"。

⑫离：剖开。

⑬制河：浙江。

⑭苍梧：山名。在今广西壮族自治区。

⑮厌：通"餍"，饱食。

⑯辁才讽说：辁，无辐车轮。辁才，小才，才浅。讽说，诵说，传说。

⑰累：细绳。

⑱灌渎：灌溉的沟渠。

⑲鲵鲋：小鱼。

⑳饰小说以干县令：小说，闲言碎语，即小言詹詹。县令，指高名，美好的名声。

㉑大达：显达。

㉒风俗：传闻。

㉓经于世：治理社会。

## 【译文】

　　任国的公子做了个粗黑绳大鱼钩，用五十头阉牛做鱼饵，蹲在会稽山上把鱼竿甩进东海，在东海边钓鱼。他天天去钓鱼，可一年也钓不到一条鱼。不久之后，大鱼终于咬钩吞食他的鱼饵了，这条鱼拖着大鱼钩向深水中游去，沉进水里，翻上水面乱跳，掀起的海水白浪滔天，波峰如山，海水于是震荡不已，声音大得惊天动地，千里之外的人们都被惊动得恐惧起来。

　　任公子钓到这条大鱼后，剥开它而做成干肉，从浙江以东到苍梧山以北，人人都饱食了一顿大餐。从此之后，世世代代的后生小子中有喜爱道听途说的人们，都惊讶不已，奔走相告。

那些举着细绳做成的小鱼竿，到灌溉用的小水沟里垂钓小鱼的人们，要想钓到这样的大鱼，怕是很困难了。这就好像那些学到一点小知识就玩弄华丽的辞藻而想求得大功名的人一样，想获得大智慧，怕是相差太远了。所以，如果从来没有听说过任公子故事的人，只凭借一点世俗常识，就想治理好国家，他实际上正像那些在小水沟里垂钓的人一样，离治理好国家的目标相差太远。

## 【原文】

儒以《诗》《礼》发冢①。大儒胪传②曰："东方作矣③，事④之何若？"小儒⑤曰："未解裙襦⑥，口中有珠。《诗》固有之曰：'青青之麦，生于陵陂⑦。生不布施⑧，死何含珠为？'""接其鬓⑨，压⑩其颥，儒以金椎控其颐⑪，徐别其颊⑫，无伤口中珠。"

## 【注释】

①儒：指盗墓的儒士。发：发掘。冢：古墓。

②大儒：盗墓的大儒士。胪（lú）传：按礼的规定有秩序地向下传话。胪，从上向下传话。

③东方作矣：天要亮了。

④事：指盗墓的事。

⑤小儒：盗墓的随从者。

⑥裙襦：指衣裙。

⑦陵陂（bēi）：山坡。

⑧布施：施舍，把财物送给别人。

⑨接：接引，拖曳。鬓：鬓角，鬓发。

⑩压：按。

⑪颐：下巴。

⑫徐：慢。别：别开，撬开。

## 【译文】

儒士用《诗》《礼》盗墓。大儒士传话说："东方亮了，事办得怎样了？"小儒士说："衣裙还没有脱下来，口中含有珍珠。古诗中有一首说：'青青的麦苗，生在山坡上。活时不接济别人，死后何必含珍珠！'""拖住他的鬓发，按住他的下巴，你用铁锤敲他的面颊，慢慢地别开他的两腮，不要损伤他口中的珍珠！"

## 【原文】

老莱子①之弟子出薪②，遇仲尼，反③以告，曰："有人于彼，修上而趋下④，末偻而后耳⑤，视若营四海⑥，不知其谁氏之子。"

老莱子曰："是丘也，召而来。"

仲尼至。曰："丘，去汝躬矜与汝容知⑦，斯为君子矣。"

仲尼揖而退，蹙然⑧改容而问曰："业可得进乎？"

老莱子曰："夫不忍一世之伤，而骜万世之患⑨，抑固窭⑩邪？亡其略弗及邪？惠以欢为骜⑪，终身之丑，中民之行进焉耳⑫！相引以名，相结以隐⑬。与其誉尧而非桀，不如两忘而闭其所誉⑭。反无非伤⑮也，动无非邪⑯也，圣人踌躇⑰以兴事，以每成功。奈何哉，其载⑱焉终矜尔！"

## 【注释】

①老莱子：楚国的贤人，隐者。

②出薪：打柴。

③反：通"返"。

④修上而趋下：修，长。趋，同"促"，短促。即上身长下肢短。

⑤末偻而后耳：末偻，背微曲。后耳，耳朵向后贴。

⑥视若营四海：形容目光远大，胸怀天下的样子。

⑦去汝躬矜与汝容知：躬矜，矜持的态度。容知，智者的容貌，面孔。这句话的意思是说，放下你傲慢矜持的架子，也不要一脸智者的样子。

⑧蹙然：局促不安的样子。

⑨不忍一世之伤，而骜万世之患：不忍一世的伤害而忽视了万世的祸害。骜，轻视，忽视。

⑩抑固窭（jù）：抑，或，还是。固，本来。窭，浅陋，不足。

⑪惠以欢为骜：以施惠于人而讨得别人的欢心为自豪。

⑫中民之行进焉耳：中等的人才所做的事情罢了。

⑬隐：私。

⑭两忘而闭其所誉：把尧之是和桀之非两者都忘掉，关闭自己对非的思虑。

⑮反无非伤：反归本性，无所伤害。

⑯动无非邪：让外在的事物扰动心理宁静的事，都是邪门歪道。

⑰蹢躅：不得已而为之。

⑱载：行动，有意从事。

## 【译文】

老莱子的弟子出去打柴，碰到了孔子，于是回来告诉老师说："那里有个人，上身长下肢短，背稍微有点儿驼，耳朵向后贴在头两边，一副目光远大、胸怀天下的样子，不知道他是哪个贵族之家的人？"

老莱子说："他是孔丘。你去喊他过来。"

孔子于是来到了老莱子跟前。

老莱子对孔子说："丘啊！放下你矜持的架子和你智者的派头，就可以成为君子了。"

孔子揖让而退，一脸局促不安地问道："我的学业可有长进吗？"

老莱子说："你忍心一代人受损害却忽视了万世以后的祸害，到底是因为你本来就浅陋呢，还是在谋略智慧方面赶不上呢？以施惠于人以讨得别人的欢心为自豪，却忽视了终身的耻辱，这只是中等人才所做的事情罢了！以声誉为号召呼朋引类，结合到一起后却相互谋私利。与其赞誉尧而非议桀，不如把两者都忘掉。返归本性也就与物无伤，让外物搅扰得心神不安反而走上了歪门邪道。圣人总是在不得已的情况下才去从事某种事业，所以总是成功。为什么你总是要有目的、有意识地努力做事，结果却往往显得有些骄矜呢！"

## 【原文】

宋元君夜半而梦人被发窥阿门<sup>①</sup>，曰："予自宰路<sup>②</sup>之渊，予为清江使河伯之所<sup>③</sup>，渔者余且<sup>④</sup>得予。"元君觉，使人占<sup>⑤</sup>之，曰："此神龟也。"君曰："渔者有余且乎？"左右曰："有。"君曰："令余且会朝。"明日，余且朝。君曰："渔何得？"对曰："且之网得白龟焉，其圆五尺。"君曰："献若之龟。"龟至，君再欲杀之，再欲活之。心疑，卜之，曰："杀龟以卜吉。"乃刳<sup>⑥</sup>龟，七十二钻<sup>⑦</sup>而无遗策。仲尼曰："神龟能见<sup>⑧</sup>梦于元君，而不能避余且之网；知<sup>⑨</sup>能七十二钻而无遗策，不能避刳肠之患。如是则知有所困，神有所不及也。虽有至知，万人谋之。鱼不畏网而畏鹈鹕<sup>⑩</sup>。去小知而大知明，去善而自善矣。婴儿生，无石<sup>⑪</sup>师而能言，与能言者处也。"

## 【注释】

①宋元君：宋国国君宋元公，名佐。《田子方》有"宋元君将画图，众史皆至，受揖而立，舐笔和墨，在外者半。有一史后至者，儃儃然不趋，受揖不立，因之舍。公使人视之，则解衣般礴赢。君曰：'可矣，是真画者也。'"被：通"披"。阿门：偏门。

②予：我。自：从。宰路：渊名。

③为：做。清江：与浊江对比而言，一说扬子江。河伯：河神，即《大宗师》中说的"冯夷得之以游大川"的河神，也是《秋水》中"河伯始旋其面目，望洋向若而叹"的河神。

④渔者：打鱼的人。余且：打鱼人的人名。

⑤占：占梦。

⑥刳（kū）：剖空。

⑦钻：占卜。

⑧见：通"现"。

⑨知：通"智"，下同。

⑩鹈鹕：捕鱼的鸟。

⑪石：匠名，即匠师。

## 【译文】

宋元君半夜梦见一个披散头发的人在偏门窥视，说："我来自宰路的深渊，我做清江的使者到河神那里，被打鱼人余且捉到了我。"宋元君醒来，使人占梦，说："这是神龟。"宋元君说："打鱼的有余且这个人吗？"左右说："有。"宋元君说："令余且来朝见。"第二天，余且来朝，宋元君说："捕鱼得到了什么？"回答说："我的网得到一只白龟，周圆五尺。"宋元君说："献上你的龟。"龟送到，宋元君想要杀了它，又想养活它，心里犹豫，叫人占卜，说："杀龟来卜卦吉。"于是剖空龟占卜，钻七十二孔而没有不应验的。孔子说："神龟能托梦于宋元君，而不能逃避余且的渔网；智能钻七十二孔而无不应验，不能逃避割肠的祸患。如此看来，智能也有穷困的时候，神也有不灵的地方。虽然有最高的智慧，也要上万人谋划它。鱼不怕网而怕鹈鹕。除掉小知而大知明，去掉善而自善了。婴儿生来没有匠师而能说话，这是与会说话的人在一起的缘故。"

## 【原文】

惠子①谓庄子曰："子言无用。"

庄子曰："知无用而始可与言用矣。天②地非不广且大也，人之所用容足耳，然则侧足而垫③之，致黄泉④，人尚有用乎？"

惠子曰："无用。"

庄子曰："然则无用之为用也亦明矣。"

## 【注释】

①惠子：惠施，宁人，庄子的朋友，名家"合异"学派的代表人物。《庄子》中有多处庄子和惠子的辩论。

②天：当作"夫"。

③垫：又作"堑"，掘，挖。

④黄泉：本为地下水，又为人死葬地，或阴间。这里指将容足之外的"土地"挖得很深。

## 【译文】

惠施对庄子说："你的言论总是大而无用。"

庄子说："知道了什么是无用的东西才能和你讨论什么叫有用。大地并非不宽广，可人所实际占据的只是一个立足之地，然而如果把你容下两只脚以外的'土地'都向深处挖，而且挖得很深，你的脚踩的那一块'地'还能够像原来那样供你使用吗？"

惠施说："不能。"

庄子说："这样说来，'无用'的东西的用处，也就很明显了。"

## 【原文】

庄子曰："人有能游①，且得不游乎！人而不能游②，且得游乎！夫流遁③之志，决绝④之行，噫，其非至知厚德之任⑤与！覆坠⑥而不反，火驰⑦而不顾。虽相与为君臣，时也。易世而无以相贱⑧。故曰：至人不留行⑨焉。

"夫尊古而卑今，学者之流也。且以狶韦氏之流观今之世，夫孰能不波⑩！唯至人乃能游于世而不僻⑪，顺人而不失己。彼教不学，承意不彼⑫。

"目彻⑬为明，耳彻为聪，鼻彻为颤⑭，口彻为甘，心彻为知，知彻为德。凡道不欲壅⑮，壅则哽，哽而不止则跈⑯，跈则众害生。物之有知者恃息⑰，其不殷⑱，非天之罪。天之穿之，日夜无降⑲，人则顾塞其窦⑳。胞有重阆㉑，心有天游。室无空虚，则妇姑勃谿㉒；心无天游，则六凿相攘。大林丘山之善于人也，亦神者不胜。

"德溢㉓乎名，名益乎暴㉔，谋稽乎㴂㉕，知出乎争，柴生乎守㉖，官事果乎众宜㉗。春雨日时，草木怒生，铫耨㉘于是乎始修，草木之到植㉙者过半而不知其然。"

## 【注释】

①能游：能优游自乐。

②不能游：不能逍遥自得。

③流遁：流亡逃遁。

④决绝：弃绝尘世。

⑤任：担当。

⑥覆坠：陷落，沉溺。

⑦火驰：急速。

⑧相贱：相互为贵贱之君臣关系。

⑨不留行：不执着于某种行为方式。

⑩波：通"颇"，偏颇。

⑪僻：躲避。

⑫彼教不学，承意不彼：彼，狶韦氏类的古人。彼教不学即不学古人，承意不彼即仅承袭古人的真意而不完全尊奉，否则就不像是他们了。

⑬彻：通。贯通，透彻。

⑭亶：通"膻"。

⑮壅：壅阻，阻塞。

⑯趻（zhěn）：通"掺"，违逆。

⑰恃息：仰赖于气息。

⑱殷：盛，畅盛。

⑲无降：无止息。

⑳顾塞其窦：顾塞，梗塞。窦，孔穴，即人的五官。

㉑胞有重阆：胞，胎胞。重，多。阆，空旷。

㉒妇姑勃豀：妇，儿媳。姑，婆婆。勃豀，争吵而责骂。

㉓溢：荡。

㉔暴：同"曝"，暴露。

㉕谋稽乎誸：急中逼出办法。稽，考。誸，急。

㉖柴生乎守：心灵闭塞是因为拘守于某种教条。柴，塞。守，拘守。

㉗官事果乎众宜：设置官职取决于众人之所宜。

㉘铫耨：除草的农具。

㉙到植：到，通"倒"。植，生。

## 【译文】

庄子说："人若能悠然自得，哪有不悠然自得的人呢？人如果不能悠然自得，哪里有悠然自得呢？人们之所以有逃亡隐遁的心志，弃世绝尘的行为，唉，如果不是具备真正的智慧和伟大的德行，怎么能担当呢？天崩地陷而不返，水深火热而不顾。虽然不得不处在相互为君臣的位置，那只是时代造成的；时代更替了也就不再互为贵贱了。所以说，得道的人是不会固执于某种行为方式的。"

"尊崇古代而鄙视当代的学者之流的短见。况且用狶韦氏们的观点来看当今的朝代，谁能不偏颇呢？唯有得道的人才能悠游于世而不逃避，顺乎人情而不丧失自己的本性。即使是狶韦氏之类的古代教条也不能学，要学会承袭古人真意而不完全尊奉，否则就不像是他们了。

"眼力通彻为明，耳朵通彻为聪，鼻子通彻为膻，口舌通彻为甘，心灵通彻为智，智慧通彻为德，凡是通达的大道都不能阻塞，阻塞就哽咽，哽咽不止就是背离大道，违背大道就会生出各种各样的祸害。有知觉的动物类要靠气息，如果气息不畅顺，那并不是上天的过失。上天为人贯通了各种孔窍，日夜不息，众人则人为地阻塞自己的孔窍。胎胞里有许多的空间，心灵当悠游于高天。居室中缺乏空间，婆媳相处就会争吵责骂；心灵不悠游于高天，则五官孔穴就会相互扰攘。大林丘山之所以善于留住游人，也是因为人们的心情舒畅。

"德行外露在于名声，名声过度在于逞强，计谋在于急切，机智出于争端，闭塞生于保守，官府的事要取决于众人是否适宜。春雨及时，草木生发，整治农具锄草剪枝，而过后草林倒生的仍有过半，人们却不知道其中缘由。"

## 【原文】

荃①者所以在鱼，得鱼而忘②荃；蹄者所以在兔，得兔而忘蹄；

言者所以在意，得意而忘言。吾安得夫忘言之人而与之言哉！

**【注释】**

①荃：通"筌"，捕鱼工具，竹筏。

②忘：遗忘。

**【译文】**

　　捕到鱼后就可以忘记了捕鱼的工具——竹笼；捕到兔子后就可以忘记了捕兔的工具——兔网。语言是用来表达意识的，得到了思想意识就可以忘了语言。可我到哪里去找一个遗忘语言的人来和他交谈呢！

**【解析】**

　　"外物"是篇首的两个字，用来作为篇名。全文内容依旧很杂，但多数文字在于讨论养生处世，倡导顺应，反对矫饰，反对有所操持，从而做到虚己而忘言。

　　全文大体分为九个部分。第一部分至"于是乎有僓然而道尽"，说明外在事物不可能有个定准，指出世俗人追逐于利害得失之间，到头来只会精神崩溃玄理丧尽。第二部分至"曾不如早索我于枯鱼之肆"，写庄周家贫前往借贷的故事，借以说明顺应自然、依其本性的必要。第三部分至"其不可与经于世亦远矣"，借任公子钓大鱼的故事，讽刺眼光短浅好发议论的浅薄之士，比喻治理世事的人必须立志有所大成。第四部分至"无伤口中珠"，讽刺儒家表面倡导《诗》《礼》，暗里却干着见不得人的勾当。第五部分至"奈何哉，其载焉终矜尔"，写老莱子对孔丘的训示，指出"与其誉尧而非桀，不如两忘而闭其所誉"，倡导顺应便能每事成功的主张。第六部分至"与能言者处也"，借神龟被杀的故事，说明"知有所困，神有所不及"的道理，因而只得一切顺其自然。第七部分至"然则无用之为用也亦明矣"，通过庄子和惠子的对话，指出"无用之为用"的道理。第八部分至"亦神者不胜"，讨论修身养性，批评了驰世逐物的处世态度，提倡"游于世而不僻""顺人而不失己"的生活旨趣，而真正要做到这一点中心又在于内心要"空虚"，因为"空虚"就能容物，"空虚"就能顺应。余下为第九部分，进一步阐明顺应自然的观点，反对矫饰，反对有所操持，希望能做到遗物而忘我，最终进入到"得意而忘言"的境界。

## 【证解故事】

### 不可忽视小事物

元朝时期的许名奎认为：有生命的东西都有知觉，活着的时候很快活，死的时候就很悲伤。飞往蓬莱谢恩的黄雀，获救后用四枚白玉环报答恩人杨宝；蛇获救后用直径一寸大的珍珠报答恩人隋侯。老牛舐着它生下的小牛，母子之情亲爱和暖。把牛牵到厨房屠宰，它会浑身颤抖，恐惧身亡。鸟低头啄食，抬头四处张望，一粒弹丸飞来，随即扑倒下去。

不要以为一些小的动物微不足道，活着不知报恩，死了不知怨恨。仁义的君子，骑马遇到蚂蚁堆都要绕着躲开，蚂蚁虽然微不足道，却像爱惜人的生命那样爱惜它的生命。伤害猿猴，是小小的过失，做这事的人却因此遭到桓温的痛斥；放掉小鹿，违抗了命令，秦西巴却因此受到孟孙的赏识。为什么早上杀了晚上就烹食，重视口腹的需求却如此轻视动物的生命？《礼记》中有不能无缘无故杀牲的戒律，《孟子》中有听到动物的哀叫声而不忍心吃动物肉的警语。

从古到今，陷害人的手段最厉害的就是颠倒黑白的谗言。贾谊遭受谗言流放到长沙，想到百余年前与自己同样遭遇的屈原，在湘水边哀悼屈原。屈原为表明忠于楚国心迹的《离骚》《九歌》，千百年来引人心酸悲伤。《诗经·小雅·十月之交》篇中写道："没有罪过而遭受诽谤诬陷。"大夫被谗言伤害而作《巧言》，诗人被谗言伤害而作《巷伯》。父亲听信谗言，忠孝之子也成了叛逆之子；国君听信谗言，忠臣也成了盗贼；夫妻之间，听信谗言就会怒目相视；兄弟之间，听信谗言就不会和睦相处；主人听信谗言，那么，平原君门下就没有门客了。

处在不平的状态就会发出声音，这是物理的常性，通达的人目光远大，与世无争。我的心境淡泊寡欲，不怨恨也不愤怒。他强大而我弱小，强弱一定有它的原因；他兴盛而我衰微，盛衰自然有它的定数。人多的话能胜过天的意志，而天的意志常常胜过人。

太保召公劝告武王的话是不可做无益的事去妨害有益的事，不可看重奇异的物品而轻视日常所用的东西。万世都不可忽视它的深刻意义。沉溺于游荡会荒废正业，赌博浪费钱财，奇技淫巧浪费工夫，专好游猎废弃农业，这些都是没有益处的事情，而是导致贫穷的原因所在。

隋珠、和氏璧之类的珍宝，酱、筇竹之类的特产，寒冷时不能当作衣服御寒，饥饿时不能当作食物充饥。这些奇异的物品，远远不如日常食用的五谷。桓玄用画舸装书画玩物，战败时，他弃船空手而逃。王涯密藏于复壁的名画，待他被诛杀后，尽弃于道路。两人精心修治的画舸、复壁，都是生前的徒劳。

盼望满仓的谷米，却只得到斗升；希望当上卿相一类的大官，却只得到郎官的职位。愿望没有得到满足，言谈和神色都表现出来了。所以，周亚夫郁郁不乐，杨恽呜呜歌呼不平，而后来，周亚夫落得关进牢狱的下场，杨恽后来被满门抄斩。

东晋陶渊明作《归去来兮辞》，西汉扬雄作《解嘲文》，排遣忧患，解除非分之想，就会非常快乐。得的多少由天而定，一阶一级的地位，是造物主确定的。应该处于高位，却居下位，是阴阳消长变化的结果；应该给予，却被夺去，是鬼神掌管的结果。与世无争将得失付之自然，就能心境开阔怡然自得。

## 时刻都要收敛自己的放纵之念

明朝时期的吕坤认为：心境应像天平那样动中有静，称量东西时，东西被搬来搬去而天平却一点也不忙乱，东西拿掉后天平依旧空悬在那里。只要让心境处在这虚无清静之中，岂不更是悠闲自在？无论是谁，时时刻刻都要能收敛自己放纵的心，千万不要像追逐放出的猪那样。既然已经把它关在圈栏中，就应该让它感到从容畅快，不能有拘束压迫、懊恼的状态。假如担心它难以收服，一直把它束缚在圈里，就和放在外边没有两样，这是因为那样还是没有收获。等下次再放它出去，它就会一逃了之不可收拾。君子之心要像受过训练的雄鹰一样，任它搏击飞腾，主人用不着一点儿担心。待它们回归到庭院中时依然那样悠闲自在，所以一点也不必担惊受怕。

心灵是不是能放开，关键是要看它在没在正道上。好比那些身在深山老林中的隐士，心中常常挂着朝廷，身处乱世却一心向往太平盛世；那些漂泊在外的游子思念着远方的亲人，坚守贞操的妇女思念着远方的丈夫，这就是放开了心灵。假如不计较邪道与正道，只计较它的出入，那只不过是佛家禅学之言而已。

做学问的人只要多注意身边事凡事留心，做事情一丝一毫都不敷衍了事，那么他的品德与学业的进步，就好比东流之水汩汩不断。不动气，就会一切称心如意。

有人问："怎样才能收回已经放逐的心？"我说："只要你这么一问，就证明已经收回了。心灵的收敛与放逐是非常容易的事，一旦昏昏沉沉时就放出去了，一旦清醒了便又收回了。"

人要始终保持头脑清醒，使眼睛保持明亮，才会有主见而不至于受外界迷惑，否则就会糊里糊涂地应酬。怎么没有偶然的巧合？假如有也毕竟不是自己心上经历过，所以最终没有长进。这好比在梦里吃东西，是不会吃饱的。

遏制欲望就像在拉逆水而行的小船，稍一松懈船就会顺水往下漂去；尽力做好事仿佛是在攀缘那没有枝丫的树木，一停脚就会往下滑落。因此，君子的心中要每时每刻都保持警惕。在好的念头还没有扩充之前，暂且好好地保持住，这是孕育其他善良愿望的开端。若随它任意来去，又不把它放在心中，就会像驿站一样永远没人常驻，心中也再不会有美好善良的愿望了。

多年来努力在道义上花功夫，却禁不住一刻的松懈。所以君子瞬息之间都要注意修身养性，时时刻刻不能离开道义，以防不义之事，好比家有千金要防止盗贼一样，担心丢失了将来会挨饿。

在没有人看见时仍保持高贵品质的功夫，就会做成大事业。君子不随意说话，讲出的话都是用心考虑过的。因此说"修辞立其诚"，不诚是不能够修饰好词句的。

放纵一个坏念头，百种邪念就会乘虚而入；收敛一个坏念头，万种好念头就会产生。

## 慎于独处则身心安泰

仔细想想古人修身功夫，主要在于这四个方面：慎于独处，则心胸安泰；端恭谨慎，则身体强健；追求仁义，则人们敬慕热爱；诚心诚意，则神灵钦敬。慎独，就是说遏禁私欲，连非常微小的方面也不放过，循理而行，时时如此，内省而无愧，成以心泰。主敬，就是说仪容整齐严肃，内心思虑专一，端恭不懈，所以说身体强健。求仁，就是说从本体上讲，有爱民惜物之怀，大公无私，所以人悦。思诚，就是说内心忠贞无二，言语笃实无欺，以至诚感应万物，所以神钦。如果真能达到上述四方面的修身功夫，效验自然而至。我虽然年老体衰但还想讲求此修身之功夫，以求得万一之效。

自身修养以及治理国家的道理，这四句话让人终身用之而受益无穷，这就是："勤于政事，节俭治家，所说的话忠信可靠，行事诚实无欺。"话不在于多少而在于深刻与否。

古往今来圣哲们的胸襟十分宽广，而达到至圣大德的成为圣人，约有四种境界：精诚感动神灵而可以生而知之，这是子思的遗训；安贫乐道而身体健康面无忧色，这是孔子、孟子、曾子、颜回的至高宗旨；笃恭修己而生出聪明睿智，这是二程的主张；欣赏大自然的美妙，吟诗作赋，而意志安适，精神愉悦，这是陶渊明、李白、苏轼、陆游的人生乐趣所在。后悔自己年轻时不努力，年长时常常有一种悔惧萦绕于怀，对于古代圣贤的心境，不能领略一二。反复寻思，喟叹不已。

所谓"独"这个东西，是君子与小人共同所有的。当小人在他单独一人之时往往会产生一个狂妄的念头，狂妄的念头多了就会产生纵肆，就会有欺负别人的坏事发生了。君子在他单独一人之时产生的念头由其真性决定，往往是真诚的。诚实积聚多了就会谨慎，而自己唯恐有错的功夫就下得多了。君子小人在单独处事上的差别，是可以得到评论的。

《大学》自穷究事物的原理而获得知识以后，把以前的言论和过去的行为，将其作为扩大与深入研讨的资料；日常一些琐事问题，可以加深他的阅历与见识。他的心在遇到事的时候，已经能剖析公与私的区别；在联系道理的时候，又能充分精辟地研究事理的得失。对于善事应当做，不善良的毛病应去掉，是很多人都知道的。而君子，唯恐一件善事办得不力，在晦暗中就会有堕落的行为；一个坏毛病改正不了，就会像涓涓细流长年不断地犯错。暗室之中懔然不动，主心骨坚如金石，在只有自己知道的地方单独行事，要谨慎而又谨慎。而那些小人们，却不能有实实在在的见识，而去实行他所知道的应做的事。对于办一件好事，唯恐别人不能觉察到，自己白干，因而去办时迟疑不决；对于办一件不好的事情，侥幸别人一定窥视不到，因而改正得很不力。背地里独处之时，弄虚作假的情形就产生了，这就是欺骗。圣人遵奉的准则也是后人所遵奉的，也是要切实研究的问题。

## 狐假虎威策略的利用

狐假虎威的故事大家都听说过，其中的狐狸是一个狡猾奸诈的角色。但是我们从反面来想，如果能够正确地运用这样的手段，为自己来谋福利，也是一个很好的办法。换个角度来考虑问题，也许效果会更好一些。

公元前635年，楚国联合了陈、蔡等国，军事力量愈加强大。楚成王派大将成得臣任主帅，调集各路军队包围了宋国的都城，企图一战而灭亡宋国。宋成公急忙遣使向晋国求救，晋文公遂亲自带领军队来援助宋国。

曾随同晋文公重耳流亡楚国的老臣狐偃说道："主公当年在楚国避难，曾许诺楚君：'他日治兵中原，请避君三舍。'如今我们与楚交战，是无信。您从来不失信国人，难道失信于楚吗？"听到诸臣的反对意见，他又说："若我退，楚军也退，宋围可解；若我退而楚进，曲在楚国，彼骄我怒，晋国胜之有理，还会提高在诸侯中的威信。"晋文公传令三军俱退，三十里为一舍，直退九十里，方教安营。楚帅成得臣见晋军移营退避，心中大喜，速进九十里与晋军相遇。然后相度地势，凭山阻泽，据险为营。不到天明，便派人向晋文公下战书，同时督令陈、蔡军队急速前来决战。

晋文公命令三军各自成列，亲自于莘山观战。那时候打仗，部队分为上、中、下三军，每军各置主将和副将。晋军下军副将胥臣足智多谋，他见楚国兵马来势凶猛，只能用计谋才能以弱敌强，取得胜利。于是彻夜无眠，整整思虑到天明，这才想好了一个绝妙的对策。

次日决战，楚国和陈、蔡两国的三路军队争先出击，兵车卷起旷野黄尘，戈戟战旌遮天蔽日，卷地而来，势不可当。晋军前队未及交锋，忽然后退，一直退到下军阵列前面才停下。陈将辕选、蔡将公子印欲抢在楚军前立功，争先出车，呐喊着杀向晋军。震耳欲聋的一声炮响，晋军对阵门旗开处，胥臣率领一队大车，冲出来迎战，只见驾车之马竟是一只只斑斓猛虎，横冲直撞；敌马见了，以为猛虎扑来，纷纷惊惶跳蹄，执辔军士拿把不住，只得任马回走，反把后队冲溃。胥臣和主将白乙丙乘势掩杀，杀得陈、蔡军队血流成河，一败涂地。胥臣追上蔡将公子印的战车，一斧将其劈得脑浆四溅，一命归阴。原来，胥臣绝妙的计策，是在战前做了许多假虎皮，蒙在驾车的战马上，远看就像一支真正的猛虎队，在战斗中突然出现，令敌人措手不及，终于击溃陈、蔡军队，把楚军也打败了。

胥臣正是运用了狐假虎威的策略最后取得了胜利，所以说在某些情况下，换个角度就可以获得好的效果。

# 寓　言①

　　寓言十九,重言②十七,卮言③日出,和以天倪④。

　　寓言十九,藉外论之。亲父不为其子媒。亲父誉之,不若非其父者也。非吾罪也,人之罪也。与己同则应,不与己同则反。同于己为是之,异于己为非之。

　　重言十七,所以已言也,是为耆艾⑤。年先矣,而无经纬本末以期年耆者,是非先也。人而无以先人,无人道也。人而无人道,是之谓陈人。

　　卮言日出,和以天倪,因以曼衍,所以穷年。不言则齐,齐与言不齐,言与齐不齐也。故曰:"无言。"言无言,终身言,未尝言;终身不言,未尝不言。有自也而可,有自也而不可;有自也而然,有自也而不然。恶乎然?然于然;恶乎不然?不然于不然。恶乎可?可于可;恶乎不可?不可于不可。物固有所然,物固有所可。无物不然,无物不可。非卮言日出,和以天倪,孰得其久!万物皆种也,以不同形相禅,始卒若环,莫得其伦,是谓天均。天均者,天倪也。

　　庄子谓惠子曰:"孔子行年六十而六十化。始时所是,卒而非之。未知今之所谓是之非五十九非也。"

　　惠子曰:"孔子勤志服知也?"庄子曰:"孔子谢之矣,而其未之言也。孔子云:'夫受才乎大本,复灵以生。鸣而当律,言而当法。利义陈乎前,而好恶是非直服人之口而已矣。使人乃以心服而不敢蘁⑥,立定天下之定。'已乎,已乎!吾且不得及彼乎。"

　　曾子⑦再仕而心再化,曰:"吾及亲仕,三釜⑧而心乐;后仕,三千钟而不洎⑨,吾心悲。"

　　弟子问于仲尼曰:"若参者,可谓无所县其罪乎?"曰:"既已县矣！夫无所县者，可以有哀乎？彼视三釜、三千钟，如观雀蚊虻相过乎前也。"

颜成子游谓东郭子綦曰："自吾闻子之言，一年而野，二年而从，三年而通，四年而物，五年而来，六年而鬼入，七年而天成，八年而不知死、不知生，九年而大妙。生，有为，死也。劝公以其私，死也有自也。而生，阳也，无自也。而果然乎？恶乎其所适？恶乎其所不适？天有历数，地有人据，吾恶乎求之？莫知其所终，若之何其无命也？莫知其所始，若之何其有命也？有以相应也，若之何其无鬼邪？无以相应也，若之何其有鬼邪？"

众罔两问于景曰："若向也俯而今也仰，向也括撮而今也被发⑩，向也坐而今也起，向也行而今也止，何也？"

景曰："搜搜⑪也，奚稍问⑫也！予有而不知其所以。予，蜩甲也，蛇蜕也，似之而非也。火与日，吾屯也；阴与夜，吾代也。彼吾所以有待邪，而况乎以有待者乎！彼来则我与之来，彼往则我与之往，彼强阳⑬则我与之强阳。强阳者，又何以有问乎！"

阳子居南之沛，老聃西游于秦。邀于郊，至于梁而遇老子。老子中道仰天而叹曰："始以汝为可教，今不可也。"阳子居不答。至舍，进盥漱巾栉，脱屦户外，膝行而前，曰："向者弟子欲请夫子，夫子行不间，是以不敢；今间矣，请问其过。"老子曰："而睢睢盱盱⑭，而谁与居！大白若辱，盛德若不足。"阳子居蹴然变容曰："敬闻命矣！"其往也，舍者迎将其家，公执席，妻执巾栉，舍者避席，炀者避灶。其反也，舍者与之争席矣！

【注释】

①寓言：假托于他人之言而寄寓己意，这是庄子学说的基本表达方式。

②重言：重复前人所言，实是假托前人已言以重申己意。

③卮言：支离之言，片言只语。

④天倪：天然。

⑤耆艾：长寿的人。

⑥蘁（wù）：逆。

⑦曾子：指曾参，孔子弟子。

⑧釜：六斗四升为一釜。

⑨钟：六斛四斗为一钟。不泊：此指不能养亲。洎（jì），及。

⑩括撮：束发。被发：即散发。被，通"披"。

⑪搜搜：区区的意思。

⑫奚稍问：等于说何须问。稍、须同声。

⑬强阳：运动的样子。

⑭睢睢（suī）盯盯（xū）：飞扬跋扈的样子。

## 【译文】

寄托的话占十分之九，重复的话占十分之七，零碎的话时常出现，自然和谐。

寄托的话占十分之九，借他人的话来谈论。亲生父亲不给他的儿子做媒。与其听亲生父亲的赞美不如听不是他父亲的人的评价。这不是我的过错，人人都有这个过错。跟自己一致就赞同，跟自己不一致就反对。跟自己一致就认为对，跟自己不一致就认为错。

重复的话占十分之七，都是已经说过的话，这些话来自长寿的人。年龄在人的前面，但是不要把种种道理寄托在老年人身上，他们对于道理的认识并非走在人的前面。为人不懂以老人为先，这是缺乏为人之道；为人缺乏为人之道，这就叫作陈腐的人。

零碎的话时常出现，天然和合，由此推衍事理，因而说到死为止。不说话就齐同了，齐同结合说话就不齐同，说话结合齐同也就不齐同了，所以说："说了等于白说。"说了等于没说，终身在说，却未曾说过什么；终身不说，却未尝不是在说。有原因适宜，也有原因不适宜；有原因如此，也有原因并非如此。为什么如此？如此因为原来如此；为什么不如此？不如此因为原来不如此。为什么适合？适合在于已经适合；为什么不适合？不适合在于已经不适合。事物本来就会适合。没有什么事物不如此，没有什么事物不适合。要不是零碎的话时常出现，天然和合，事理哪能日新月异持续下去？万物都是种子，以不同形态进行新陈代谢的生命过程，道尾衔接如环相扣，难以分清它们的次序，这叫天均。天均也就是天然的了。

庄子对惠施说："孔子到六十岁年年有变化。开始时认为是对的，最后又认为它错。很难断定现在认为是对的就不是五十九年来认为错的。"

惠施说："孔子真是努力实现理想和谨慎运用智慧啊。"庄子说："孔子已经改掉了，他留下最后的话了。孔子是说：'才能受自天地本源，回复灵气才有生机。发音合律，出口成章。利害仁义摆在眼前，好恶是非只能令人表面信服。更重要的是使人心服而不敢倒行逆施，这才能安定天下。'罢了，罢了，我大概赶不上那个时候了吧。"

曾参再次做官内心再次变化，他说："我为奉养双亲而做官，有三釜俸禄就心满意足了；双亲亡后再做官，虽有三千钟俸禄却已经不能用来养亲了，我的心很悲伤。"

有学生问孔子说："像曾参这样的人，可以说不再受什么牵累了吧？"孔子说："他早在牵累之中了。要是没有任何牵累，他会有悲哀吗？他应该看待什么三釜、三千钟，如同看待鸟雀蚊虻相继飞过眼前那样啊。"

颜成子游对东郭子綦说："自从我听了您的教诲，第一年还很野性，第二年就顺从了，第三年就开通了，第四年就物化了，第五年感到有东西来附和了，第六年感到有鬼神出入胸间，第七年感到自己与自然浑然一体，第八年已经不知道什么是死亡和不知道什么是生存了，第九年进入道的奇异妙境，人生有所作为，这等同于死亡。辅助天公出于私心，这等同于死亡，有其必然因素；然而只是活生生地活着，那就没有什么必然因素了。那么果真如此吗？什么才是适合？什么才是不适合？天有劫数，地有人缘，我哪能强求呢？不知道什么是终结，还管什么生命的消亡？不知道什么是开始，还管什么生命的诞生？确有人物感应，难道能断定没有鬼吗？没有发生感应，难道能断定有鬼吗？"

一群影子的影子问影子说："你过去低着头现在昂着头，过去束着发现在散着发，过去坐着现在站起，过去走着现在停下，为什么呀？"

影子回答说："区区小事，何必要问？我确实如此但我不知道为何如此。我嘛，形同蝉蜕，形同蛇皮，只是相似不是真的。在火光和日光下，我就聚形了；在阴霾和夜晚里，我就消亡了。那形体是我所要凭借的吗？更何况那个没有什么要依赖的东西呀？它来我就跟着它来，它去我也跟着它去，它运动我就跟着它运动。至于变化不定、运动着的事物，又有什么好问的呢？"

杨朱往南边到沛城去，老聃往西边到秦国旅行。杨朱到郊外迎截老子，直至大梁才遇上老子。老子走到半路昂起头仰天叹气说："当初我还以为你是可以调教的，现在看来是不行了。"杨朱没有回答。到达旅舍，杨朱给老子送脸盆、口盅、布巾、木梳，他把鞋脱在门外，跪着走上前，说："刚才学生想请教先生，见先生正赶路没工夫，所以不敢问；现在有空了，特来请问学生的过错。"老子说："你那副飞扬跋扈的神态，谁愿意跟你在一起呀？最大的洁白形如污秽，最高的德行恰如欠缺。"杨朱愧疚地转变态度说："我恭敬地接受您的教诲了。"当他前往沛城时，旅舍主人连忙迎他进舍馆侍候，男店主铺座席，女店主呈上布巾木梳，店客让出座位，烤火的人让出炉子。当他回来时，店客开始跟他争座位了。


## 【解析】

"寓言"是本文讨论的主要内容之一。所谓寓言，就是寄寓的言论。《庄子》阐述道理和主张，常假托于故事人物，寓言的方法正是《庄子》语言表达上的一大特色。

第一部分至"天均者，天倪也"，讨论了"寓言""重言"和"卮言"，指出宇宙万物从根本上说是齐一的、等同的，辨析事物的各种言论说到底是不符合客观事理的，要么不如忘言，要么随顺而言不留成见，日日变化更新。第一部分是全文的主体。第二部分至"吾且不得及彼乎"，借庄子之口评说孔子不再励志用心，指出再好的言论也不能使人心悦诚服。第三部分至"如观雀蚊虻相过乎前也"，写曾参两次做官心情不一样，但都不能做到心无牵挂，所以还是不能摆脱外物的拘系。第四部分至"若之何其有鬼邪"，表述体悟大道的过程，指出这期间最为重要的是忘却死生。第五部分至"强阳者，又何以有问乎"，写影外微阴问影子变化不定的故事，指出无所依赖才能随心而动。余下为第六部分，写老子对阳子居的批评以及阳子居的悔改，借此说明去除骄矜、容于众人，方才能真正做到修身养性。

## 【证解故事】

### 退一步海阔天空

俗话说："忍一时风平浪静，退一步海阔天空。"忍让同样是一种极其可贵的品质，在大胸怀和大智慧之内，也是人们的一种视野和远见。宁静的容忍背后，是一颗睿智平和的心。

北宋时，某县有一个哑巴，每逢新知府上任，都要献上一根木棒，莫名其妙地招惹官府责打。这一年，包公上任后，哑巴又来献棒。包公想：如果他没有冤情，怎肯屡屡无罪吃棒？无奈哑巴口不能言，手不能写，无从得知其因。

包公暗嘱手下，不管哑巴怎样闹腾，都不准打他。这天，哑巴又来到县衙。包公已想好一计，他命人用猪血涂在哑巴的臂上，又以长枷枷到街上示众。随后暗差了几个心腹跟着，如果有人替他鸣冤叫屈，就传其上来问话。

哑巴在差役的押解下，走街串巷地游转示众，不大一会儿，围观的人群中，果然走出了一老者，他高声地叫着"哑巴冤枉"，拦在了差役面前，差役会意，遂将老者引见包公。老者说："这人是我村的石哑子，自幼不会说话，但听力尚好。他哥哥石全吞占了万贯家财后，把他赶出了家门。哑子每年都用献棒之计告官，但每年都被杖责，今又如此，小老看不过，故斗胆为他喊冤！"

包公速传石全到衙内，但石全拒不承认哑巴是他的弟弟。包公怎样劝说都无济于事，他放石全走后，又生一计，教哑巴："以后你只要撞见你哥哥，就去扭打他。"哑巴惊诧地望着包公，又眨眼又摇头，一副很害怕的样子。包公鼓励道："你就照我的话去做，本官一定为你做主。"这天，被打得头破血流的哥哥来告哑子，指责他不尊礼法，竟殴打亲兄。"

包公心想：看来是不打不招呀！包公说："哑子若真是你弟弟，他打兄之罪，本官断不轻饶；若是外人，也就当斗殴论处了。"石全不知包大人言中之意，一口咬定说："他真是我的同胞兄弟！"包公听罢，厉声喝道："既是你亲兄弟，为何不分财产给他？你独吞家财，又将他赶出家门，你触犯礼法！该当何罪？"石全一时语塞了。原来这一切都是包拯安排的！哑子几年告官均无奏效，没想到自己栽在包拯手里了！看来那家产要失去一半了……包公即差人送哑子兄弟回家，把所有家财二一添作五，分给了哑子一半。

朋友们，你们已经上了一堂很有意义的课。请记住当事情不能解决的时候，要以平和的心态去解决它。

## 小聪明蕴涵大智慧

一个人做人做事固然要往光明正大的坦途上走，可惜往往一不小心就发生偏颇而得到相反的后果。笔者特别向世人提出忠告，一个人如果能做到不偏不颇，也要善于运用一些小聪明，小聪明里面往往蕴涵着大智慧。

相传包拯在定远县任县令时，用"前夫"和"后夫"巧排迷阵，妙点鸳鸯谱，成全了一桩美满姻缘，其佳话流传至今。

定远县王员外的小姐貌美心善，自幼许配给了李员外的儿子李侃。这李侃生就一表人才，且聪慧好学，是王员外意中的乘龙佳婿。可是天有不测风云，后来李员外家道中落，王员外嫌贫爱富，赖婚后，将王小姐又许配给了翟秀才。王小姐与李侃从小青梅竹马，少男少女的纯真友情，已被岁月深化成了至死不渝的爱情。所以，王小姐据理抗婚。然而，父母之命，一个弱女子又怎能抗得过？王小姐终日以泪洗面，茶饭不思……而翟秀才那边却已择好了良辰吉日。在他前去娶亲的那天，李侃终因放不下心上人，一张状子送到衙内，告王员外赖婚、翟秀才抢人。

包拯看罢状子，又细问了情况后，传令李侃、王小姐、翟秀才一

庄 子 | 1267

起上堂。包拯先对翟秀才晓之以理："李侃是王小姐的前夫，婚约在先。你身为秀才应知书达理，还是成人之美吧！"翟秀才根本不听包拯善意的劝说，分辩道："凭什么告我抢人？是王小姐自愿的。"包拯借机说："那好，既然这样，就请王小姐自认吧。"

包公依计行事，让他们摆成竖排跪着：前头是翟秀才，中间是王小姐，末后是李侃。然后对王小姐说："请你听好，你是愿与前夫陪伴终身，还是愿与后夫白头偕老，本官决定由你自选。一旦认定，落文为凭。"王小姐听罢，即刻就说愿与李侃，包拯纠正说只用"前夫"或"后夫"之词。王小姐向后面望着，想说"后夫"，又怕翟秀才当堂纠缠，而她心里只有李侃，一时不知该怎么办，包拯请她直说，王小姐急切地言道："老爷，小女子愿与前夫陪伴终身！"

三人落手印，心态各异。翟秀才高兴得眉飞色舞，李侃却愣住了，想不到信誓旦旦的王小姐会变卦！而王小姐则热泪滚滚了。包公见状哈哈大笑说："好！王小姐不嫌贫寒，愿与前夫结百年之好，李侃，还不快领小姐回去成亲？退堂！"这时，王小姐破涕为笑，李侃也化愁为喜，唯有翟秀才无话可说。真是大堂之上，有人欢喜有人忧。看着有情人终成眷属的情景，包拯欣慰地笑了。原来，包公有意将李侃安排在后面，这样，不论王小姐认前夫或后夫，都能把她判给李侃。

包公就是用小聪明巧断难案，给当事者一个圆满的判决，正所谓"小聪明大智慧"，这小事中就能体现包公的智慧了。

## 做事要有计划

愚笨之人总是仓促行事，因为他们大都有勇无谋。他们看问题太单纯，不能够预见危险，也不担心其名誉扫地。但谨慎之人却小心翼翼，他们先深思熟虑，实地考察，然后行之，以策安全。请看赵匡胤抓鬼的故事。

赵匡胤自打做了大宋开国皇帝之后，深知江山得之不易，因此他经常微服私访，体察民情。这天，赵匡胤换上布衣，对军师说："今天你陪朕出宫私访。"军师掐指一算，脸色大变，说："启禀皇上，今天乃五鬼出行之日，不宜婚娶出行。"赵匡胤笑道："先生差矣，真龙出行，神鬼皆惊，朕意已决，不必多言。"军师只好随他走出宫中。

　　不一会儿，他们来到一个小胡同，见人来人往，甚是热闹。一打听，才知这里有一个叫赵喜的小户人家，正张灯结彩，准备为儿子完婚。赵匡胤暗吃一惊，心想：老本家为何选了一个黑道凶日办喜事？便信步走进宅院。赵喜见有客来，忙上前相迎，把他们让进上房落座。赵匡胤问道："老兄为令郎完婚，是何人择的良辰？"赵喜说："请人择良辰得五两纹银，贫寒人家花费不起呀！这是我自作主张定的日子。"

　　赵匡胤心想：若告诉他今天是五鬼出行之日，岂不是坏了人家合卺好事，我得帮帮我这位穷本家，找一班吹鼓手助助兴，兴许能冲冲。于是赵匡胤又问道："娶媳妇乃大事，老兄可曾请鼓乐来此助兴？"赵喜道："请一班鼓乐得纹银十两，咱哪敢想啊！"赵匡胤笑道："也是咱哥俩投缘，凑巧，我就是一个吹喇叭的，还当过班头，我不取分文，甘愿前来随喜助兴如何？"赵喜一听，当然高兴万分，连连拱手说："那就有劳老兄了！"赵匡胤辞别赵喜，立即返回宫中，挑选了几个鼓乐手，带上唢呐等乐器悄悄出宫，来到赵喜家。

　　赵匡胤年轻时曾吹过唢呐，多年未摸了，今天手拿喇叭，心中格外高兴，他运足底气，便嘀嘀嗒嗒吹奏起来。赵匡胤带着这些吹鼓手一连吹了《凤求凰》《狮子滚绣球》《锦上添花》三首曲子，吹得众人连连拍手叫好。赵喜感激得连连称谢。赵匡胤道："区区小事，何足挂齿。"说罢又领着御乐班跟着娶亲队伍接新娘、拜天地、入洞房，把一场喜事办得喜气洋洋，热闹非凡。

　　更鼓一点，喜筵散去，小院顿时静了下来。赵匡胤心想：今日乃五鬼出行之日，洞房合卺，恐对新人不利，他便和军师留下来，观察动静。赵匡胤先同赵喜品茶聊天，又与军师摆棋对阵，新郎父母问安时，他俩又移棋新房，在红烛下交战，新娘只得遮羞坐于绣帐之内。新郎回转来，见他们交战正酣，便只好在一边相陪。

　　时至三更三刻，猛听到一声"叽溜溜"刺耳的啸叫声，不一会儿，一个青面獠牙，口似血盆的恶鬼越墙翻落院内。赵匡胤一个箭步跃入当院，厉声斥道："胆大恶鬼，看打！"抓起一把笤帚拦腰打去，恶鬼慌忙一躲，赵匡胤飞起一脚，正踢中恶鬼的要害，只听恶鬼"妈呀"一声，扑倒在地。这时军师、新郎和赵喜也赶来助战，上前将恶鬼五花大绑绑了起来。站在房上的另外四个恶鬼一看不好，连蹿带跳，逃之夭夭。等他们将这恶鬼押入房中一看，原来是个戴面具的强盗。金鸡三唱，天色大明，赵匡胤押解"恶鬼"告辞赵家回宫。三天后，赵喜才知帮他办喜事的班头，原来是当今皇上，慌忙率领全家到皇宫护城河桥头，向皇上叩头谢恩。

倘若不明深浅，一定要脚踏实地，为自己的事情做好打算，制订出计划，否则是收不到好的效果的。

## 沉着冷静，稳健多思

冷静有利于思考，有利于妥善处事，做出正确的决定。一旦头脑发热，常常会出现错误，发生悲剧。刘邦以计骂破成皋城，正是因为曹咎不能冷静，轻率出击，造成了悲剧。所以做事一定要冷静，以不变应万变。

公元前203年，正是楚汉相争最激烈之时。西楚霸王项羽离开成皋率军东进，此举被刘邦认为是夺取成皋城的大好时机。因此，当秋高气爽时节，刘邦率数万大军把成皋城围了个水泄不通。

成皋城内，项羽手下镇守城皋的大将曹咎坚守城池，拒不出战。他深知刘邦大军远路而来，人困马乏，粮草缺少，只要壁垒坚守，刘邦大军不日而退。所以尽管刘邦大军在城下耀武扬威地挑战，曹咎置之不理，刘邦急得不得了。如果再僵持下去，粮草已尽，而且一旦项羽派救兵来，很难取胜。刘邦召集谋士商议。有个谋士深知曹咎性格暴躁刚烈，便献计派数百军士每天轮流在城下辱骂曹咎，使曹咎暴跳如雷丧失理智。

果然此计生效。一开始只有十几名、数十名汉军骑兵在城下来回大骂曹咎，骂的话非常难听，曹咎怒气冲冲。但曹咎深知项羽临走时的嘱咐：无论如何不要出城与汉军作战，只要严守成皋城，拖住汉军，就是建功。所以曹咎强忍怒气，不予理睬。谁知汉军更加猖狂，一连数天，加入谩骂曹咎队伍的汉军士兵越来越多，有的躺在城下叫骂，有的扬起白布招魂幡，上面写着曹咎的名字破口大骂。最后，一介勇夫曹咎终于忍无可忍，他提刀上马，带领兵士杀出城门。汉兵大乱，纷纷逃离，曹咎怒火万丈，非要把汉军杀败，他率军渡汜水时，军队刚过去一半，就被埋伏的汉军拦截出击，汉军前后夹击，直杀得曹咎溃不成军。

曹咎无处可逃，看看部下军士们尸体横遍野，成皋城早已插上汉军旌旗，曹咎在悔恨与无奈中拔剑自杀。

可叹一代勇将竟然葬身唇舌之间。这正是他不能冷静，中了别人的激将法。这里告诫大家，遇事要冷静思考，沉着稳健，才能成大事业。

## 洞察先机，赢得主动

对方摸清了我们的底细后，就要制定相应的对策，此时我们不妨表面上假装毫不知情，暗地里实施另一套对付的方法，实则虚之，虚则实之，让对方来不及另作防备，不知所措，从而赢得主动。

公元198年，建安三年。曹操假天子之命，又一次兴兵讨伐南阳军阀张绣。张绣抵挡不住，便退兵于南阳城内固守。曹操久攻不下，心情焦躁，便亲自骑马围着南阳城转悠了三天，终于发现张绣守城的破绽：东南角城墙的砖石，新旧不一，而且鹿角多遭毁坏。曹操心生一计，传令在城西北堆积柴薪，召集诸将，摆出了集中攻西北方向的架势。实际上他却秘密命令军队准备攻城器具，从东南角突袭入城。

张绣见曹操骑马绕城观察了三天，又见西北角曹军堆积许多柴薪，甚为奇怪。谋士贾诩笑道："曹操看了三天，我也看了他三天。他的意思我早已明白了，我们可以将计就计行事，他必败无疑。"

张绣惊异地问道："此话怎讲？"

贾诩说道："我在城墙上见曹操对东南城角砖石的新旧颜色察看得十分仔细，我就明白：他认为此处是薄弱环节，打算从这里进攻。可他明里却在城西北堆积柴草，虚张声势，想骗我军将主力放在西北方向守卫，他就好乘黑夜偷偷爬上东南角突进城内。这是他运用声东击西的策略啊。"

张绣惊问："那我们怎么办？"

贾诩笑道:"这个很容易对付。我们可命令精锐士兵,饱食轻装,匿藏于东南房屋内,让百姓假扮士兵,摆出尽力防守西北的样子。到了晚上,让曹军在东南角爬城。等他们进入城里,一声炮响,伏兵齐起,他们猝不及防,就可以活捉曹操了。"

张绣采纳了贾诩的计谋。

早有探子报告曹操,说张绣集中兵力到西北角上呐喊鼓噪,拼力守城,而城东南角防卫却十分空虚。曹操大笑道:"张绣中了我的计了!"便命令军队秘密准备好爬城工具。白天,他只是命令部队佯攻西北角。到晚上二更时分,却让精锐主力爬上城墙,砍开鹿角,只见城中无一动静,他们便一拥而入。忽听得"咚"的一声炮响,张绣的伏兵四面冲杀出来。曹操突遇意外,慌忙退兵,张绣率领精兵勇猛掩杀。曹军败退出城,溃逃数十里。张绣直杀到天明方始回师入城。此役使曹操损兵折将五万余人,失去辎重无数。

此次贾诩胜在提前洞悉曹操的心机,并因此采取了克敌制胜的方法,而表面上装作很无辜的样子,使曹操误以为自己的计谋万无一失,没想到遇到针锋相对的对手而受挫。看来谁最先洞察先机谁才能始终处于主动。

# 让 王

【原文】

尧以天下让许由，许由不受。又让于子州支父<sup>①</sup>，子州支父曰："以我为天子，犹之可也。虽然，我适有幽忧之病<sup>②</sup>，方且治之，未暇治天下也。"夫天下至重也，而不以害其生，又况他物乎！唯无以天下为者可以托天下也。

舜让天下于子州支伯，子州支伯曰："予适有幽忧之病，方且治之，未暇治天下也。"故天下，大器也，而不以易生<sup>③</sup>。此有道者之所以异乎俗者也。舜以天下让善卷<sup>④</sup>，善卷曰："余立于宇宙之中，冬日衣皮毛，夏日衣葛绤<sup>⑤</sup>。春耕种，形足以劳动；秋收敛，身足以休食。日出而作，日入而息，逍遥于天地之间，而心意自得。吾何以天下为哉！悲夫，子之不知余也。"遂不受。于是去而入深山，莫知其处。

舜以天下让其友石户之农，石户之农曰："卷卷<sup>⑥</sup>乎，后之为人，葆力<sup>⑦</sup>之士也。"以舜之德为未至也。于是夫负妻戴，携子以入于海<sup>⑧</sup>，终身不反也。

【注释】

① 子州支父：姓子州字支父，即下文的支伯。

② 适：刚才。幽忧：隐忧。

③ 易生：改变自己的心性。

④ 善卷：姓善名卷，一隐士。

⑤ 绤：较为细的葛布。

⑥ 卷卷（quán）：使劲，用力的样子。

⑦ 葆力：善力。

⑧ 入于海：隐居海上。

尧把天下让给许由，但许由不接受。又打算让给子州支父，子州支父说："让我做天子，不是不行，不过，我刚刚患了隐忧的病，刚好在医治之中，所以没有时间来治理天下。"天子这个位子很重要，但子州支父不因为天子之位很重要而放弃治疗自己的疾疯，其他事就更不用说了。只有不把天下作为自己私利的人，才可以把治理天下的重任交给他。

舜把治理天下的大任交给子州支伯。子州支伯说："我刚刚患上隐忧的病，恰好在医治中，没有时间来治理天下。"天下大位是最大的名器，子州支伯却不用它来交换生命，这正是有道之人和凡俗之人不同的地方。舜把天下让给善卷，善卷说："我处在宇宙之中，冬天穿皮毛，夏天穿粗布；春天耕种，形体足够劳动；秋天收获，身体足够安养了；太阳出来就去工作，太阳下山便休息，逍遥自在于天地之间而心情舒畅。我还要天下的位子干什么！可悲啊！你不了解我。"就这样善卷也没有接受。于是他隐居到深山里，没有人知道他的居处。

舜把天下让给他的朋友石户农夫，石户的农夫说："辛苦呀，做国君，是劳碌的人啊！"认为舜的德还不够，于是农夫背着行囊、妻子头顶用具，带着子女隐居到海岛上，终生不再回来。

## 【原文】

大王亶父①居邠，狄人攻之。事之以皮帛而不受，事之以犬马而不受，事之以珠玉而不受。狄人之所求者，土地也。大王亶父曰："与人之兄居而杀其弟，与人之父居而杀其子，吾不忍也。子皆勉居②矣！为吾臣与为狄人臣，奚以异！且吾闻之：不以所用养害所养③。"因杖策④而去之。民相连而从之，遂成国于岐山之下。夫大王亶父可谓能尊生⑤矣。能尊生者，虽富贵不以养伤身，虽贫贱不以利累形。今世之人居高官尊爵者，皆重失之⑥。见利轻⑦亡其身，岂不惑哉！

越人三世弑其君，王子搜患之，逃乎丹穴，而越国无君，求王子搜不得，从之丹穴。王子搜不肯出，越人薰之以艾，乘以王舆⑧。王子搜援绥登车⑨，仰天而呼曰："君⑩乎，君乎，独不可以舍我乎！"王子搜非恶为君也，恶为君之患也。若王子搜者，可谓不以国伤生矣！此固越人之所欲得为君也。

韩魏相与争侵地，子华子见昭僖侯，昭僖侯有忧色。子华子曰："今使天下书铭⑪于君之前，书之言曰：'左手攫之则右手废，右手攫之则左手废。然而攫之者必有天下。'君能攫之乎？"昭僖侯曰："寡人不攫也。"子华子曰："甚善！自是观之，两臂重于天下也，身亦重于两臂。韩之轻于天下亦远矣。今之所争者⑫其轻于韩又远。君固愁身伤生以忧戚不得⑬也。"僖侯曰："善哉！教寡人者众矣，未尝得闻此言也。"子华子可谓知轻重矣！

鲁君闻颜阖得道之人也，使人以币先焉，颜阖守陋闾⑭，苴布之衣，而自饭⑮牛。鲁君之使者至，颜阖自对之。使者曰："此颜阖之家与？"颜阖对曰："此阖之家也"。使者致币。颜阖对曰："恐听者谬而遗⑯使者罪，不若审之。"使者还，反审之，复来求之，则不得已！故若颜阖者，真恶富贵也。故曰：道之真⑰以治身，其绪馀⑱以为国家，其土苴⑲以治天下。由此观之，帝王之功，圣人之馀事也，非所以完身养生也。今世俗之君子，多危身弃生以殉物⑳，岂不悲哉！凡圣人之动作也，必察其所以之与其所以为㉑，今且有人于此，以随侯之珠㉒弹千仞之雀，世必笑之。是何也？则其所用者重而所要者轻也。夫生者岂特随侯之重哉！

## 【注释】

①大（tài）王亶（dǎn）父：又称古公亶父，是周文王的祖父。

②勉居：好好地生活下去。

③所用养：凭着它来养活的东西。所养：臣民。

④杖策：拿着鞭子。

⑤尊生：爱惜生命。

⑥重失之：把失掉高官厚禄看得很重要。

⑦轻：轻易地。

⑧王舆：国君坐的车子。

⑨援：拉。绥：上车时用来拉绳子。

⑩君：这里指国君的位子。

⑪铭：合约，契约。

⑫所争者：韩与魏相接壤的部分地区。

⑬不得：不能得所争的地盘。

⑭守：居住。陋闾：陋巷，小巷。

⑮饭：作动词用，指"喂"。

⑯遗（wèi）：送给。

⑰真：如今所指的精华。

⑱绪馀：剩余，残余。

⑲土苴（jū），渣滓，比喻轻贱，无所谓的东西。

⑳殉物：指逐名追利。

㉑所以之：所追求的目的。所以为：所以这样做的原因。

㉒随侯之珠：古代名珠，被随国国君所得，故名。

## 【译文】

　　大王亶父居住在邠地，遭遇敌人的攻伐。大王亶父用珍皮财帛敬供他们，但他们不接受，用犬马敬供他们，也不接受，用珍珠宝玉敬供他们，还是不接受，狄人想要的是土地。大王亶父说："和人的哥哥居住在一起而把他的弟弟杀害，和人的父亲居住在一起而把他的儿子杀害，我不忍心这样做。你们都努力去寻找自己的生活吧！做我的臣子和做狄人的臣子没有什么两样！并且我听说，不要因为用以养人的土地就杀害所养的百姓。"于是大王亶父拄着拐杖离开了。百姓相互扶持着跟随，在岐山下成立了一个国家。这些人可以说像大王亶父那样，能够珍惜自己的生命。能够珍惜生命的，并不因为富贵而伤害身体，也不因为贫贱利禄来牵累形体。现在的人，拥有高官厚禄的，都怕失去它们，见到有利可图，就不顾自己的性命，这不是迷惑吗？

　　越人杀了三个国君，王子搜很害怕，逃到丹穴。越国没有了国君，四处寻找，找到丹穴之洞，越国人就用艾草来熏他。用君王的车舆载他回去。王子搜拉着车绳上车，仰天呼号说："君王呀，君王呀，就是不肯放过我呀！"王子搜并不是厌恶做国君，而是怕做国君所带来的祸患。像王子搜这样的人，可以说不肯以君位来伤害生命了，这也正是越人要他做国君的原因。

韩国和魏国互相争夺土地而战争。子华子见到昭僖侯，昭僖侯面有忧色。子华子说："现在让天下的人在你的面前写下誓约，誓约这样写：'左手夺到它就砍去右手，右手夺到它就砍去左手，然而夺到的可以得到天下'。你愿意去夺取吗？"昭僖侯说："我不愿意夺取。"子华子说："很好，这样看来，两只手比天下重要，身体又比两只手重要。韩国比天下不重要多了，现大家争夺的，又远不如韩国重要。因此何必担心得不到呢？"

鲁君听说颜阖是个有道的人，派人带着币帛等礼品来慰问他。颜阖住在一个很破的小巷子里，穿着粗布衣服在喂牛。鲁君的使者来了，颜阖亲自出来迎接。使者说："这是颜阖的家吗？，颜阖说："这是我的家。"使者送上礼品，颜阖说："恐怕你听错了是否是送我的，你不如回去问个明白，以免受到国君的责备。"使者回去，查问清楚了，再来找颜阖，却找不到他了。像颜阖这样的人，真正地厌恶富贵了。所以说，道本来是为了修身，道的剩余用来治理国家，用轻微的东西来治理天下。这样看来，帝王的功业，乃是圣人闲暇时所做的事，并不是用作全身养生的。现在世俗的君子，多弃身去追名逐利，这岂不是可悲！凡是圣人的行为，必定省察他所追求的目标以及追求的原因。现在如果有这样一个人，随便用宝珠去射千仞高的麻雀，世人必定会嘲笑他。为什么呢？因为他所用的贵重而所求的轻微。生命这东西，岂能和随侯的宝珠这类东西相比呢！

## 【原文】

子列子穷，容貌有饥色。客有言之于郑子阳者，曰："列御寇，盖有道之士也，居君之国而穷，君无乃为不好士①乎？"郑子阳即令官遗②之粟。子列子见使者，再拜而辞。

使者去，子列子入，其妻望之而拊心曰："妾闻为有道者之妻子，皆得佚乐。今有饥色，君过③而遗先生食，先生不受，岂不命邪？"子列子笑，谓之曰："君非自知我也，以人之言而遗我粟；至其罪我也，又且以人之言，以此吾所以不受也。"其卒，民果作难而杀子阳。

楚昭王失国，屠羊说走而从于昭王。昭王反国，将赏从者。及④屠羊说。屠羊说曰："大王失国，说失屠羊。大王反国，说亦反屠羊。臣子爵禄已复矣，又何赏之有？"王曰："强之⑤！"屠羊说曰："大王失国，非臣之罪，故不敢伏其诛⑥；大王反国，非臣之功，故不敢当其赏。"王曰："见之⑦！"屠羊说曰："楚国之法，必有重赏大功而后得见。今臣之知不足以存国，而勇不足以死寇⑧。吴军入郢，说畏难而避寇，非敌随大王也。今大王欲废法毁约而见说，此非臣之所以闻于天下也。"王谓司马子綦曰："屠羊说居处卑贱而陈义⑨甚高，子綦为我延之以三旌之位⑩。"屠羊说曰："夫三旌之位，吾知其贵于屠羊之肆也；万钟之禄，吾知其富于屠羊之利也。然岂可以贪爵禄而使吾君有妄施⑪之名乎？说不敢当，愿复反吾屠羊之肆。"遂不受也。

## 【注释】

①好士：重视，珍惜人才。

②遗（wèi）：送给。

③过：这里指过问、关心的意思。

④及：指轮到，赏到。

⑤强之：强迫他接受赏赐。

⑥伏其诛：自愿、情愿被处死。

⑦见之：把他引见。

⑧死寇：消灭敌人。

⑨陈义：陈说道理。

⑩延：提升，提拔。三旌之位，即卿位。三旌：指三命。一命而士，再命而大夫，三命而卿。

⑪妄施：指不按法律规定赐爵禄。

## 【译文】

列子穷困，面露饥色。有人告诉郑子阳说："列御寇是有道之士，在你的国家之内却让他贫困，你这不是轻视人才吗？"郑子阳就派人给他送来米粟。列子见到使者，再三辞谢不接受。

使者走了，列子进到屋里，他的妻子捶胸顿足地埋怨他说："我听说有道的人能够安享荣华，现我却面有饥色。相国派人给你送粮食来，你却不接受，这难道不是我命该如此吗？"列子笑着说："相国他并不是自己真正了解我，而是听别人之言才来给我送米粟，将来他也有可能听别人的话而治我的罪，这就是我不接受的原因。"后来，百姓果然造反而杀害了子阳。

楚昭王丧失了国土。屠羊说跟着昭王出走。后来昭王返回国家，要奖赏跟随他的人，轮到屠羊说。屠羊说说："大王丧失国土，我丧失屠羊的工作；大王回国，我也回到屠羊之所。我的爵禄已经恢复了，又有什么好奖赏的呢！"昭王说："我命令你接受。"屠羊说说："大王丧失领地，不是我的过错，所以我不接受惩罚；大王收复国土，也不是我的功劳，所以我不接受奖赏。"昭王说："让他来见我！"屠羊说说："楚国的法令，必须是有大功的人才能朝见国君，现在我的才智不足以保存国家而勇武也不足以消灭敌寇。吴国的军队侵入郢都，我因危难而逃避敌寇，并不是有意追随大王的。现在大王要毁坏法度召见我，我并不想以此而让天下人知道。"昭王对司马子綦说："屠羊说虽然处于卑贱的地位但懂得大道，你替我请他就任三公的职位。"屠羊说说："三公的职位，我知道比屠羊的职位高贵；万钟的俸禄，我知道比屠羊的利润丰厚；但是我怎么可以受爵禄而使君主受到滥施赏的声名呢！我不敢接受，希望还是回到我屠羊的市场里。"终究还是没接受。

【原文】

原宪居鲁，环堵①不室，茨②以生草；蓬户③不完，桑以为枢；而瓮牖二室，褐④以为塞；上漏下湿，匡⑤坐而弦。

子贡乘大马，中绀而表素⑥，轩车⑦不容巷，往见原宪。原宪华冠縰履⑧，杖藜而应门。子贡曰："嘻！先生何病？"原宪应之曰："宪闻之，无财谓之贫，学而不能行谓之病。今宪贫也，非病也。"子贡逡巡⑨而有愧色。

原宪笑曰："夫希世而行，比周而友，学以为人，教以为己，仁义之慝⑩，舆马之饰，宪不忍为也。"

曾子居卫，缊袍无表⑪，颜色肿哙，手足胼胝。三日不举火⑫，十年不制衣。正冠而缨绝⑬，捉衿而肘见，纳屦而踵决⑭。曳纚而歌《商颂》，声满天地，若出金石。天子不得臣，诸侯不得友。故养志者忘形，养形者忘利，致道者忘心矣。

## 【注释】

①环堵：四周各一丈之墙称为堵。

②茨：用草盖屋。

③蓬户：用蓬草做成的门窗。

④褐：粗布衣。

⑤匡：正弦，奏乐。

⑥中绀（gàn）：里衣红黑色。表素：外衣白色。

⑦轩车：大夫以上乘的车。

⑧华冠：用华木皮做的帽子。𫏋（xǐ）：通"屣"，无跟的鞋。

⑨逡巡：向后退步，不前。

⑩慝（tè）：邪恶。

⑪缊袍：用乱麻来做絮的袍子。无表：没有罩衫。

⑫不举火：没烧火，意即没有做饭。

⑬正：整理。缨：帽子上的绳子。

⑭踵决：鞋跟裂开。

## 【译文】

原宪住在鲁国，居住在一间方丈大的小屋，茅草盖顶；用编织的蓬蒿做门窗且不完整，用桑条做门框；用破瓦做窗户，以粗布衣隔成两个房间；屋顶漏雨，地下潮湿，他却端坐在那里奏乐而歌。

子贡乘着大马，穿着素白的大衣里穿着红黑色的内衣，小巷容不下他高大的马车，就走去见原宪。原宪戴着破旧的帽子，穿着破烂的草鞋，拄着藜杖来迎接他。子贡说："先生得的是什么病呀？"原宪回答说："我听说，没有钱财叫做贫，有学问而不施善行的那才叫病。现在我是贫，不是病。"子贡进退两难且面露愧疚之色。

原宪笑着说："要是随世而行，结党为友，所学只是为求在古人面前夸耀，所教只是为了宣扬自己的行为，虚假的仁义，把车装饰得非常华丽，这些都是违逆我的本性而不愿去做的。"

曾子住在卫国，衣服破烂，面色浮肿，手足生茧。三天没有生火做饭，十年没有添置新衣了，帽子一戴帽绳就断，拉着衣襟手臂就会露出来，一穿鞋，脚跟就会露出来。拖着破鞋口吟商颂，声音豁亮，好像金石乐器奏出来的一样。天子不能使他做臣子，诸侯不能和他结交。所以安意志的人就忘记了外在的形体，安养身体的人就不受名利的干扰，求道之人就心无城府。

## 【原文】

孔子谓颜回曰："回，来！家贫居卑①，胡不仕乎？"颜回对曰："不愿仕。回有郭外之田五十亩，足以给饘②粥；郭内之田十亩，足以为丝麻；鼓琴足以自娱；所学夫子之道者足以自乐也。回不愿仕。"

孔子愀然③变容，曰："善哉，回之意！丘闻之：'知足者，不以利自累也；审自得者④，失之而不惧；行修于内者，无位而不怍。'丘诵之久矣，今于回而后见之，是丘之得也。"

## 【注释】

①居卑：所处的地位低下。
②饘（zhān），稠粥，稀的叫粥。
③愀（qiǎo）然：表情变化的样子。
④审自得者：对于自己的得失看得很清楚的人。审，明察。

## 【译文】

孔子对颜说："颜回，来，家境贫困，住所简陋，为什么不去做官呢？"颜回说："不愿做官。我在城郭之外有五十亩田，足够喝稀粥的；城郭之内的十亩田，足够抽丝麻的；弹琴足以让自己愉悦，所学先生的大道足以让我自行其乐了。我不愿做官。"

孔子而有喜色地说："好极了，如果这是你的心意的话。我听说：'知足的人不因利禄而牵累自己的形体和心意，怡然自得的人即使利益受到损失也不会放在心上。修养内心的人即使没有爵位也不感到有何羞愧。我听到这话已是很久以前的事了，现在在你身上见到，这是我的收获呀。"

## 【原文】

中山公子牟谓瞻子曰："身在江海之上，心居乎魏阙①之下，奈何？"瞻子曰："重生。重生则利轻。"

中山公子牟曰："虽知之，未能自胜也。"瞻子曰："不能自胜②则从，神无恶乎！不能自胜而强不从者，此之谓重伤。重伤之人，无寿类③矣！"

魏牟，万乘之公子也，其隐岩穴也，难为于布衣之士，虽未致乎道，可谓有其意矣！

## 【注释】

①魏阙：巍然高大的宫门，代指宫廷。

②自胜：自我的约束。

③无寿类：属于不能长寿之列。

## 【译文】

中山公子牟对瞻子说："隐居在江湖之上，心里却惦念着宫廷的荣华富贵，这可怎么办呢？"瞻子说："珍重自己的生命，就得把利禄看得轻一些。"

中山公子牟说："虽然知道道理是这样，但是我约束不了自己呀！"瞻子说："不能约束自己就放任自流，这样你就可以消除精神上的痛苦？不能约束自己但又强制压下自己的愿望，这对你来说是双重的伤害,这样你不会长寿了。"

魏牟,是大国的公子,他隐居岩穴,要比平民困难得多;虽然他没有达到大道的境界,有这种心思就已经不错了。

## 【原文】

孔子穷于陈蔡之间①,七日不火②食,藜羹不糁③,颜色甚惫④,而弦歌于室。颜回择⑤菜,子路、子贡相与言曰:"夫子再逐于鲁,削迹于卫,伐树于宋,穷于商周,围于陈蔡。杀夫子者无罪,藉夫子者无禁⑥。弦歌鼓琴,未尝绝音,君子之无耻也若此乎⑦?"

颜回无以应,入告孔子。孔子推琴,喟然⑧而叹曰:"由与赐⑨,细人⑩也。召而⑪来,吾语之。"

子路、子贡入。子路曰:"如此者,可谓穷矣!"孔子曰:"是何言也!君子通于道之谓通,穷于道之谓穷。今丘抱仁义之道以遭乱世之患,其何穷之为⑫,故内省⑬而不穷于道,临难而不失其德。天寒既至⑭,霜雪既降。吾是以知松柏之茂⑮也。陈蔡之隘⑯,于丘其幸乎。"

孔子削然反琴而弦歌⑰,子路扢然执干而舞⑱。子贡曰:"吾不知天之高也、地之下⑲也。"

古之得道者,穷亦乐,通亦乐,所乐非⑳穷通也。道德㉑于此,则穷通为寒暑风雨之序矣。故许由娱于颍阳㉒,而共伯㉓得乎共首。


## 【注释】

①穷:困。陈蔡:陈国、蔡国。

②这里本无火字。

③藜:灰菜。糁:米粒。

④惫:疲惫,疲乏。

⑤择:选择。一本作释。

⑥藉:欺凌,凌辱。无禁:没有人禁止。

⑦君子:指孔子。无耻:没有羞耻之心。

⑧喟然:叹气的样子。

⑨由：仲由，即子路。赐：子贡。

⑩细人：见识浅的人。

⑪而：通"尔"。这里指"他们"。

⑫何穷之为：何谓之穷。为，通"谓"。

⑬内省（xǐng）：反省，自己检查。

⑭天寒既至：即《论语·子罕》中的"岁寒"。

⑮知松柏之茂：即《论语·子罕》中的"知松柏之后凋也"。

⑯隘：危险。

⑰削然：一作俏然。削、悄皆"悄"的借字，悄然即安然的样子。作琴声解实误。反琴：返回到琴边又弹琴。反，通"返"。

⑱扢（xì）然：威武的样子，一说喜悦的样子。干：盾，古代的兵器。

⑲地之下：地之深。

⑳非：无关。

㉑德：本"德"作"得"，得到。

㉒颍阳：颍水之阳。

㉓共伯：即共伯和，食封于共而得名。西周末年，厉王被放逐，诸侯立共伯和为天子，其在位一十四年，宣王立时共伯和退回共丘山。首：山根。

## 【译文】

孔子被困于陈国、蔡国之间，七天没有烧火煮饭，喝不加米粒的灰菜汤，面色疲惫不堪，然而还在室中弹琴唱歌。颜回择菜，子路和子贡互相议论说："先生一再被驱逐于鲁国，不让居留在卫国，砍伐讲学大树于宋国，穷困于商周，围困于陈、蔡之间。要杀先生的没有罪过，凌辱先生的不受禁止。他还在唱歌弹琴，乐声不能断绝，君子的没有羞耻之心也像这样吗？"

颜回在旁没有应声，进屋告诉孔子。孔子推开琴，唉声叹气地说："子路和子贡，都是见识浅的人。叫他们进来，我告诉他们。"

子路、子贡进入。子路说："像现在这样，可以说是穷困了！"孔子说："这是什么话！君子能通达道理的叫作通，不通达道理的才叫作穷。现在我孔丘坚守仁义的道理而遭到乱世的祸患，怎能说是穷困呢！所以，自我反省不是穷困于道，而是面临灾难不失掉自己的德行。寒天来到，霜雪降落，我这才知道松柏树的茂盛。陈、蔡被围困的危险，对我孔丘来说正是自己的幸运啊！"

孔子又安然地继续弹琴唱歌，子路威武兴奋地手拿盾牌跳起舞来。子贡说："我不知天高，也不知道地深。"

古时得道的人，穷困时快乐，通达也快乐，所欢乐的原因并不是穷困通达。如果能从这里得到这种道理，那么穷困通达就变成为寒暑风雨的规律了。所以许由能自娱于颍水之上，而共伯可自得于共丘山之下。

## 【原文】

舜以天下让其友北人无择①，北人无择曰："异哉，后②之为人也，居于畎亩③之中，而游尧之门④。不若是而已⑤，又欲以其辱行漫我⑥。吾羞见之。"因自投清泠⑦之渊。

汤将伐桀⑧，因卞随⑨而谋，卞随曰："非吾事也。"汤曰："孰⑩可？"曰："吾不知也。"汤又因瞀光⑪而谋，瞀光曰："非吾事也。"汤曰："孰可？"曰："吾不知也。"汤曰："伊尹⑫何如？"曰："强力忍垢⑬，吾不知其他也。"汤遂与伊尹谋伐桀，克⑭之。以让卞随。卞随辞曰："后之伐桀也谋乎我，必以我为贼⑮也；胜桀而让我，必以我为贪也。吾生乎乱世，而无道之人再来漫我以其辱行，吾不忍数⑯闻也！"乃自投稠水⑰而死。汤又让瞀光，曰："知者谋之，武者遂之⑱，仁者居之⑳，古之道也。吾子胡不立乎㉑？"瞀光辞曰："废上㉒，非义也；杀民㉓，非仁也；人犯其难㉔，我享其利，非廉也。吾闻之曰：'非其义者，不受其禄；无道之世，不践其土。'况尊我㉕乎！吾不忍久见也。"乃负石而自沉于庐水㉖。

## 【注释】

①北人无择：人名，姓北人，名无择。
②后：指君主。

③畎亩：指田间。

④游尧之门：游于天子之门。

⑤若：但，不如。是：如此，这。已：止。

⑥辱行：可耻的行为。漫：污弄。

⑦清泠（líng）：江中的渊名。

⑧汤：商汤。桀：夏桀。

⑨因：就，从事。卞随：人名，姓卞名随，当时的隐者。

⑩孰：谁。

⑪瞀（wú）光：夏人。

⑫伊尹：商初的大臣，名伊，尹是官名，奴隶出身。

⑬强力：自勉顽强。忍垢：忍受耻辱。

⑭克：胜。

⑮贼：残忍。

⑯数（shuò）：屡次。闻：搅扰。

⑰稠（zhōu）水：即桐水，颍川。

⑱知者：指伊尹。知，通"智"。

⑲武者：指汤自己。遂：完成。

⑳仁者：指瞀光。居之：居天子的地位。

㉑吾子：你。胡：何。立：古位字。

㉒废上：指汤放桀。

㉓杀民：指汤用兵。

㉔人犯其难：别人冒险。

㉕尊我：推我为君。

㉖庐水：庐江，当在安徽，旧注说其在辽东不可信。

## 【译文】

　　舜把天下让给他的朋友北人无择，北人无择说："奇怪啊，君王的为人，处于田亩之中，而游历于尧帝之门。不就是如此而已，还要用他的耻辱行为来玷污于我。我见到他感到羞耻。"因而自己投入清冷之渊而死。

商汤要讨伐夏桀，就这件事与卞随商量，卞随说："这不是我的事情。"商汤说："跟谁说可以？"说："我不知道。"商汤又就此事同瞀光商量，瞀光说："这不是我的事情。"商汤说："跟谁说可以？"说："我不知道。"商汤说："伊尹怎样？"曰："他能勉强己力而忍受耻辱，我不知道他别的了。"汤就和伊尹策谋讨伐夏桀，战胜了夏桀。汤让位给卞随，卞随推辞说："君主伐桀时找我谋划，一定以为我是残忍的人；战胜了夏桀而让位给我，一定认为我是个贪婪的人。我生活在乱世，而无道的人一再用耻辱的行为来玷污我，我不能忍受屡次的搅扰！"于是自投稠水而死。商汤又让位给瞀光，说："有智慧的人策谋之，武勇的人完成之，仁义的人来就位，这是自古以来的道理。你为什么不即位呢？"瞀光推辞说："废黜君上，不是义；杀害人民，不是仁；别人犯难，我享其利，不是廉。我听说：'不合于义的，不接受它的利禄；无道的社会，不踏它的土地。'何况是把我尊奉君位呢！我不忍心长久地目睹这种情况。"于是背负石头而自沉于庐水。

## 【原文】

昔周之兴，有士二人处于孤竹，曰伯夷、叔齐①。二人相谓曰："吾闻西方有人，似有道者，试往观焉。"至于岐阳，武王闻之，使叔旦往见之。与盟曰："加富②等，就③官一列。"血牲而埋之。

二人相视而笑，曰："嘻，异哉！此非吾所谓道也。昔者神农之有天下也，时祀尽敬而不祈喜④；其于人也，忠信尽治而无求焉⑤。乐与政为政，乐与治为治。不以人之坏⑥自成也，不以人之卑自高也，不以遭时自利也。今周见殷之乱而遽为政，上谋而下行货，阻兵⑦而保威，割牲而盟以为信，扬行以说众，杀伐以要利，是推乱以易暴也⑧。吾闻古之士，遭治世不避其任，遇乱世不为苟存。今天下暗，周德衰，其并乎周以涂吾身也⑨，不如避之，以絜吾行。"二子北至于首阳之山，遂饿而死焉。若伯夷叔齐者，其于富贵也，苟可得已，则必不赖高节戾行⑩，独乐其志，不事于世。此二士之节也。

## 【注释】

①伯夷、叔齐：孤竹君的两个儿子。

②富：俸禄。

③就：任。

④时祀：四时的祭祀。尽敬：非常虔诚。

⑤尽治：竭尽全力治理。无求：不求报答。

⑥坏：失败。

⑦阻兵：凭借武力。阻，恃，依靠。

⑧推乱：制造混乱。易暴：换了另一种残暴的方式。

⑨其：指与其。涂：玷污。

⑩高节戾行：行为气节都显得不平凡。

## 【译文】

　　从前周朝兴盛时，有两个贤士住在孤竹，叫作伯夷和叔齐。二人商量说："听说西方有个得道的商人，我们去看看。"到了岐阳，武王听说，派叔旦去看看他们，和他们立约说："加禄二级，任官一等。"用牲畜的血涂在盟书上而埋藏在地下。

　　两人相视而笑说："真奇怪呀，这不是我们所说的道。从前神农治理天下，四时的祭祀十分虔诚，但是自己并不祈求福祉，对于百姓，竭尽全力地为他们服务，但是他自己也无所求。乐管闲事的就让他来管理，不因别人的失败而凸显自己的成功，不因别人的卑微而炫耀自己的高大，不因恰逢时机就图谋利益。现在周朝看见殷朝混乱就急着夺取他的政权，崇尚谋略而牟利，依靠兵力炫耀威武，杀牲畜立盟约来作为信誓，宣扬自己的义行来争取群众，屠杀攻伐来谋获利益，这是制造祸乱来替暴虐。我听说古代的贤士，在治世时不推卸责任，在乱世不苟且偷生。现在天下混乱，周德衰败，哪能和周并存来玷污我们自身，不如避开以保持我们的高洁。"他们两个向北到了首阳山上，就饿死在那里。像伯夷、叔齐这样的人，即使唾手可以得到富贵，但他们却不去获取。高尚的节操，与俗人不合的行为，独守己志，不逐世事，这是他们隐士的节操。

## 【解析】

"让王"，意思是禅让王位。篇文的主旨在于阐述重生，提倡不因外物妨碍生命的思想。利禄不可取，王位可以让，全在于看重生命，保全生命。"轻物重生"的观点历来多受指斥，认为与庄子思想不合，但其间亦有相通之处；且先秦诸子思想也常互相渗透与影响，尽可看作庄子后学所撰。

全文写了十六七个小故事，大体可以划分为十个部分。第一部分至"终身不反也"，写许由、子州支父、善卷和石户之农不愿接受禅让的故事，明确阐述了重视生命的思想，天下固然"至重"，但却不能以此害生。本部分在阐明题旨上处于重要地位。第二部分至"此固越人之所欲得为君也"，写周文王的祖父大王亶父迁邠和王子搜不愿为君的故事，在前一部分的基础上进一步阐述重视生命的思想。第三部分至"岂特随侯之重哉"，通过子华子与昭僖侯的对话和鲁君礼聘颜阖而颜阖不愿接受的故事，进一步指出要分清事物的轻与重，生命是重要的，利禄、土地等身外之物是不值得看重的，用宝贵的生命去追逐无用的外物，就好像用随侯之珠弹打高飞的麻雀。第四部分至"民果作难而杀子阳"，写列子贫穷却不愿接受官府的赠予。第五部分至"遂不受也"，写屠羊说有功也不受禄，表达了轻视利禄、追求高义的思想。第六部分至"是丘之得也"，写原宪、曾子、颜回身处卑微、生活贫困，却不愿为官，不愿追求利禄，表达了安贫乐道的思想。第七部分至"可谓有其意矣"，通过魏牟和瞻子的对话，提出"重生"、轻利的观点。第八部分至"故许由娱于颍阳，而共伯得乎共首"，写孔子身处厄境也随遇而安，说明得道之人方能"穷亦乐""通亦乐"。第九部分至"乃负石而自沉于庐水"，写北人无择、卞随和督光诸隐士鄙薄禄位不愿为君的故事，内容跟第一部分相似。余下为第十部分，写伯夷、叔齐对周王朝夺取天下的评价，斥之为"推乱以易暴"，宁可饿死于首阳山，也不愿"并乎周"而玷污自身。

## 【证解故事】

### 做一个善于思考的人

"流水不腐，户枢不蠹"，大脑也如此，经常使用才会灵活。我们遇到事情要多动脑筋，这样不仅自己可以学到更多的知识，而且能不断地锻炼想象思维。画家徐渭小时候就是个很聪明的人，善于动脑筋，在不断的实践中锻炼了遇事就要动脑筋的好习惯。

明代文学家、书画家徐渭（1521—1593 年），字文长，山阴（今浙江绍兴）人，民间流传着很多他的机智故事。一天清早，不到十岁的徐文长去私塾读书，走近村外那座石桥，远远看见桥堍围观了好些闲人，还听得河道里大大咧咧的争吵声，便急步朝石桥奔去。挤进人群，钻出来站到桥墩边，吵骂声就清晰了："前面的乌船快让道，我们要赶路呐！""我过不了桥洞。""笨蛋，把稻草搬掉几层嘛！""搬上河岸，过了桥又要搬上船，这样要耽搁多少工夫啊！""谁叫你装这么多？你晓得耽搁自己的工夫，就不怕耽搁旁人的工夫?!"吵到后来，骂娘的话也出来了，越骂越难听。徐文长见那只挡道的小船满载着稻草，恰好高出桥洞半尺光景，小船横竖过不了桥。后边大小船只排成了长蛇阵。船老大们高声怨怪，叫骂不绝。

岸上围观者见这么僵持下去不是办法，便有几个好心的青年自告奋勇地跳上岸，对稻草船主人说："哎，你不要怕麻烦，我们都来帮你搬上搬下就是。"船主也不好再硬撑下去，只得同意搬稻草。可是当船主刚刚搬了两捆稻草甩给岸边的青年时，徐文长大声呼叫道："不用搬，不用搬，我有好办法——往船舱里舀水，船重了吃水就深，稻草顶就会低于桥顶的嘛！"众人异口同声地说："好办法，好办法。"稻草主人按照徐文长的办法去做，果然很快顺利地通过桥洞。阻碍消除了，一长串大小船只逶迤地划过桥洞。

又有一天，徐文长的伯父把两只小木桶装满水，然后领着徐文长同一群孩子走到一座又矮又小的竹桥边，对大家说："谁能把这两桶水提过桥，我就送他一包礼物。"嘴里对小朋友说，眼睛却望着徐文长。徐文长心里明白，说是考大家，其实是难为自己，因为这座竹桥桥身很软，有弹性，又贴近水面，人一走上去，桥身就会弯下去碰到水面。如若一手提着一个水桶走过桥，水不泼翻才怪呢。好久好久，小朋友们没有一个吭声的。徐文长说："那我来试试吧。"说着，他脱去鞋子，用两根绳子系着小桶，将小桶置入竹桥旁边的水里，便走上竹桥，拖着小桶毫不费力地过了桥。小朋友们齐声喝彩。伯父不得不暗暗叫声"好"字，脑子里忽地又跳出一个主意，便说："文长啊，我说话要算数，喏，这包礼物你来拿吧。"徐文长一看，只见伯父将那包礼物吊在一根长长的竹竿梢上，便笑嘻嘻地走上前去解开。

"慢！"伯父叫了一声，"你要拿礼物，必须遵守两个条件：第一，不能把竹竿横躺下来；第二，不能垫凳站高去拿。"小朋友们顿时起了一阵小哄："伯伯存心刁难人嘛！"徐文长那对滴溜溜的眼珠子转了转，便笑道："我一定遵守伯父的条件。"说着，他就捏住竹竿，举着它走到一口水井旁边，再把竹竿慢慢从井口放下去，当竹竿梢放到和他齐身时，他便顺手从竹竿梢上解下那包礼物。"好！"小朋友们和徐文长的伯父禁不住都高声夸赞起来。

## 发挥你的主动性

当问题出现时，人们通常依赖决策者来解决，或者人云亦云，随波逐流，很少真正去了解问题的实质，更很少发挥主动性依靠自己的力量解决问题。古代的小女子李寄面临危难，毫不惧怕，反而勤于思考，不迷信他人，最终给自己赢得一条生路。

福建有座大山，名叫庸岭，又高又峻，在它西北方，有个巨大的山洞，洞里蛰伏着一条七八丈长的巨蛇。此蛇曾吞吃了许多过往行人，使得附近的百姓担惊受怕，人人自危。东冶郡（现福州市附近）的负责官员实在想不出制蛇的妙法，却一味听从巫师道士的建议，年年用整羊整牛去祭祀它，可仍然不能消灾祛邪。

巫师们为挽回自己的声誉，便干脆造谣说，巨蛇已给他们托过梦，只有不断地将十二三岁的童女奉献给它，一年到头地方才得以安宁。东冶郡的昏官们居然又深信不疑。几年下来，已祭献了九个无辜女孩。可是，巨蛇为害依然存在。

有一年,"祭日"快到了。官府又去搜抢女孩,可是百姓都把小女孩藏了起来,官兵搜来查去再也找不到。官府正在为难之际,将乐县有个名叫李寄的女孩却自愿来了。

原来,农民李诞生养了六个女儿,没有儿子。李寄最小,听说官府征召丫头祭蛇,便自告奋勇前去应征。李诞死也不肯放她走,岂料她说道:"我们这些丫头非但不能供养父母,反而白白增加了家庭的负担,活着有啥好处呢?还是把我卖给官府,您可得到一大笔赏钱,既可贴补家用,又少了我一份口粮。再说,我也不一定就会给蛇吞吃了嘛!"

李寄见父母还是不放她走,趁着黑夜偷偷地溜了出来。李寄向官府提出,要一口好剑和一只厉害的猎狗,还要拌上蜜糖的几大担糯米团子。官府满口应允。

到了祭蛇那天,李寄也不用差役押送,反而命令他们挑上早已准备好的糯米团子,带上宝剑和猎狗,昂头挺胸地走向蛇洞。到达洞口,李寄令差役将糯米团子倒在地上,挥手让他们回去。差役们生怕巨蛇出洞伤人,脚不沾地地逃离了。没过多久,巨蛇爬出洞口。躲在一旁的李寄一看,这是一条罕见的大蛇:脑袋有圆顶的谷仓那么大,眼睛活像两面两尺阔的眼镜。

巨蛇闻到地上食物的香气,便大口大口地将糯米团子吞吃个精光。不一会儿,巨蛇蜷缩着身子,盘在洞口酣然睡去。原来,李寄在团子里拌了不少黄酒,巨蛇显然是给灌醉了。

李寄对着猎狗喝声:"上!"猎狗扑上去就朝蛇的颈子狠命地撕咬。李寄擎着锋利无比的宝剑冲上去,用尽全力朝蛇头劈斩。巨蛇痛极了,吐出红红的长舌,在地上扭曲、翻滚,过了好一会儿,它全身一挺,死了。李寄走进蛇洞,看见洞里有九具女孩的头骨,便全部捧出洞来,自言自语地说:"唉,你们既胆小怕事,又不肯动脑筋,白白丢掉性命,真可惜啊!"

人定胜天,有一定的道理,在客观条件不能改变的前提下,不妨从自身出发,积极思考解决问题的路径,可能会别有洞天。李寄并没有听命于命运的安排,所以她战胜了强大的对手,保全了自己。

# 真金不怕火炼

古人云：真金不怕火炼。只要具备实力，无论身处何种逆境，最后总能凭借自己的实力克服，得到社会的认可。事实、真理虽然暂时被隐藏或歪曲，同样能够经得起的各种形式的考验，最后昭然天下。下面的例子中，御史通过反复试探告密人，从而使其露出马脚，让其不打自招。

公元618年隋朝灭亡，唐高祖李渊当了唐朝开国皇帝。李渊虽然年事已高，但仍然宵衣旰食，勤于朝政。一日，他在审阅各地批文中，忽见一份密告。告岐州刺史李靖恃功自傲，招兵买马意欲造反，并且说了很多证据。李渊半信半疑，觉得李靖一向忠心耿耿，自己又将李靖待之若心腹，他怎么会谋反？于是，他决定派一名精明能干的御史前去审理此案。

御史听到李靖谋反的消息也大为吃惊。他认为李靖这个人一向光明磊落，怎会谋反？御史向皇帝请求，这次去岐州调查此事，要带着告状人同往，以便取证。唐高祖答应了。

御史带着一行人，日夜兼程赶到岐州。到了目的地后，御史一行人住在了驿站。谁知第二天早晨，御史又惊又怒地说："夜里有贼，偷了钱财衣物，还有那份状纸也不见了，想必是贼人一起偷走了。"众人大惊，丢失了皇帝批示的御状，谁能吃罪得起？御史挨个搜查，还把嫌疑人捆绑起来，让他们等候发落。但审问查找了一天，仍然没找到状纸。在万般无奈中，御史只得把告密人传到房中说："想不到路上匆忙，把你的状纸丢了，此案如何办理？也无法向皇帝复命，只能劳驾你再写一份了。"那告密官吏很为难，但势成骑虎，不好推辞，又害怕告状不成，自找苦吃。所以，只得又重新写状纸。当告密官吏把写好的状纸交给御史时，御史马上喝斥："来人哪，把这个诬陷他人的狗官捆起来！"那官吏心惊胆战，仍然嘴硬说："下官不知罪，望大人明示。"

御史笑道："你的花言巧语岂能瞒过本官？这两份状纸写得自相矛盾，所举的造反事例前后不符，分明是你诬陷李大人，还不从实讲来。"原来，御史故意说状纸丢失，让告密官吏重写，以试真伪，结果两份证词，大不一样。所以御史断定告密人胡编诬告李靖。

经审讯，果然是诬告。御史押解告密人回朝，奏请皇帝为李靖正名，将诬告人斩首。

从另一个角度我们不难看出，说谎话也要讲技巧，不是随便说说就可以蒙混过关的。起码不可前后矛盾，这样一下子就露出破绽了。

## 不要让自己太安逸

俗话说："位极者高危，自守者身全。"当年刘邦和项羽争夺天下时，替刘邦立下汗马功劳的开国元勋，到后来有几人能安享荣华？只有张良知道功成身退，不失为鉴机洞微的智者。所谓"树大招风"，"高明之家，鬼瞰其室"，古今同理！

唐朝的郭子仪，因为平定了安史之乱，功极一时，因而被封为汾阳王。晚年，他沉湎于笙箫歌舞之间，姬妾满前，丝竹不绝。有时，免不了会有些客人来访，郭子仪无所忌讳地请他们进入内室，并且命姬妾侍候。子婿们觉得父翁身为国家大臣，这样子总是不太好，也不知向他劝谏了多少次。"唉！你们是不晓得的。"郭子仪叹了口气说："一个人要是功高爵重，难免会引来妒嫉的。现在我可以说是位极人臣，亲人受我荫禄的，也不下千人，真是受尽恩宠。谁能保证没人在暗中算计我们。一旦被抓住把柄，告上一状，那岂不是大祸临头了。现在我是'无事不可对人言'，无所隐私，那么他人就无可借口了。"子婿们觉得他的话蛮有道理，也就没话说了。

有一天，卢杞来求见，郭子仪把姬妾都摒退，命孩子们来礼见卢杞。所谈的也不过是些琐碎家常，绝不谈及国家大事。孩子们觉得很奇怪，就向父亲请教。"这你们又不懂了。"郭子仪说，"我这是免将来的笑祸啊！因为我这些姬妾见到长相差的客人，往往要笑个不停。今天来的卢杞长相奇丑，性又骄悍，她们必然会忍俊不禁。卢杞要记恨在心，我们岂不要惹麻烦。我之所以摒退姬妾，就是为了免这个'笑祸'啊！"

第二则故事：

潼州（今四川省绵阳市治）管理狱事的官吏王藻，有个既贤淑又富正义感的妻子。王藻每天回家总要携带银钱来，妻子便怀疑他在办案时受贿枉法，她曾旁敲侧击地追问过，也曾以假乱真地试探过，但丈夫不是搪塞她，就是迁怒她，夫妻间常因此而不愉快。

　　既然丈夫不讲实情又不改过，要说服他的办法，就是让他在事实面前低头。这天，妻子叫婢女梅香给丈夫送了十只猪蹄。王藻乐不可支，他正愁午饭没酒肴呢！美酒佳肴时光快，转眼一天结束了，王藻美滋滋地进了家。"那十三只猪蹄，你吃着味道怎样啊？"妻子在王藻喝茶时，得意地问。

　　王藻一听急了："分明是十只，怎么是十三只？"不等妻子解释，就把梅香喊了过来。劈头问道："大胆婢女，说，那三只猪蹄哪去了？"梅香霎时红了脸，急辩道："夫人让我送去了十只猪蹄呀！"梅香没听明白主人的话。"夫人说是十三只，而你送去的是十只，那三只呢？"王藻以为梅香偷吃了三只，却不便说明。再三追问，梅香死活不承认有十三只猪蹄。王藻便使用惯例，毒打梅香。梅香痛不过，只得含冤招认自己吃了三只猪蹄。王藻对妻子说："婢女招认了，确实是十三只猪蹄，她偷吃了三只。"

　　妻子默默不语，低头哭泣了一会儿，含泪言道："我总算明白你因何携带银钱回家了！现在，我的怀疑也得到了证实。"见王藻欲开口，妻子摆手阻止了他："你沉住气听我说，若我冤枉了你，随你发落。对一些案件，你用酷刑逼供，犯人受不住时，要么含冤招供，要么花钱来买通你，让你减轻刑罚。我多次问你，你避而不说，我只好用婢女送猪蹄的事来试你一下，婢女果然屈打成招了！由此看来，在酷刑的折磨下，有哪一项罪名敢不招认承担呢？你想想为妻有没有冤枉你？"王藻无言以对，羞愧地低下了头。

　　妻子真诚进言："为官要清正才能名垂青史，不义之财再多也分文不值！愿你以后再也不要带钱回来了！"说完，她把一笔钱递给丈夫，让他送给梅香，并向她赔礼道歉。王藻一一照办，并在壁上题诗以表悔过的决心。诗为：从今不愿持刀笔，放下归来游翠林。夫妻俩把钱财分给了穷人，又变卖了房屋，离开了潼州。王藻弃官为民，和妻子远走他乡了。

　　聪明人都明白居安思危的道理，尤其是在古代的封建王朝时代，不知什么时候这刀就架在了官员的脖子上，而躲避这场灾难的办法大概也只有弃官吧？

# 盗跖①

孔子与柳下季①为友，柳下季之弟，名曰盗跖②。盗跖从卒九千人，横行天下，侵暴诸侯。穴室枢户，驱人牛马，取人妇女。贪得忘亲，不顾父母兄弟，不祭先祖。所过之邑，大国守城，小国入保③，万民苦之。

孔子谓柳下季曰："夫为人父者，必能诏其子，为人兄者必能教其弟。若父不能诏其子，兄不能教其弟，则无贵父子兄弟之亲矣。今先生，世之才士也，弟为盗跖，为天下害，而弗能教也，丘窃为先生羞之。丘请为先生往说之。"

柳下季曰："先生言为人父者必能诏其子，为人兄者必能教其弟，若子不听父之诏，弟不受兄之教，虽今先生之辩，将奈之何哉？且跖之为人也，心如涌泉，意如飘风，强足以距敌，辩足以饰非，顺其心则喜，逆其心则怒，易辱人以言。先生必无往。"

孔子不听，颜回为驭，子贡为右，往见盗跖。盗跖乃方休卒徒大山④之阳，脍人肝而餔⑤之。孔子下车而前，见谒者⑥曰："鲁人孔丘，闻将军高义，敬再拜谒者。"

谒者入通。盗跖闻之大怒，目如明星，发上指冠，曰："此夫鲁国之巧伪人孔丘非邪？为我告之：'尔作言造语，妄称文武，冠枝木之冠⑦，带死牛之胁，多辞缪说，不耕而食，不织而衣，摇唇鼓舌，擅生是非，以迷天下之主，使天下学士不反其本⑧，妄作孝悌，而侥幸于封侯富贵者也。子之罪大极重，疾走归！不然，我将以子肝益昼餔之膳⑨！'"

孔子复通曰："丘得幸于季，愿望履幕下。"谒者复通。盗跖曰："使来前！"孔子趋⑩而进，避席反走⑪，再拜盗跖。盗跖大怒，两展其足，案剑瞋目⑫，声如乳虎，曰："丘来前！若所言顺吾意则生，逆吾心则死！"

## 【注释】

①柳下季：姓展名禽字季，食邑柳下，故称。

②盗跖：古代大盗，跖是名。有谓黄帝时人、秦时人或春秋战国之际人。这里托盗跖之口痛斥孔丘，猛烈抨击圣贤之士、名利之徒。

③保：通"堡"，小城。

④大山：太山，即泰山。

⑤脍：细切。铺（bù）：食，吃。

⑥谒者：官名，掌管传达使命，亦泛指传达和通报的奴仆。

⑦冠枝木之冠：前冠为戴，后冠为帽子。枝木：形容帽子上的装饰品像树枝一样。

⑧反：通"返"。本：本真，本性。

⑨益：增加。膳：饭食，膳食。

⑩趋：速行，急走。

⑪避席：离开席位，指站起来。反走：退着走，表恭敬。

⑫瞋（chēn）目：瞪大眼睛，怒目而视。

## 【译文】

孔子是柳下季的朋友，柳下季的弟弟名为盗跖。盗跖的手下有九千人，在天下横行霸道，侵凌诸侯各国。砸破人家门户，掠夺人家牛马，拐带人家妇女。贪图财物遗弃亲人，不顾念父母兄弟，不拜祖宗。他们所经过的城邑，大国的就闭关守城，小国的躲进城堡，民众为此深感痛苦。

孔子对柳下季说："做人父亲的，肯定能够教好他的孩子，为人兄长的，肯定能够教好他弟弟，那么父子兄弟的亲情就不足珍惜了。当今先生可是世上的有才之士，弟弟却是盗跖，是天下的祸害，要是不能规劝他，我私下替先生感到羞耻。我情愿代先生去说服他。"

柳下季说："先生说做人父亲的肯定能教好他的孩子，做人兄长的肯定能教好他的弟弟，假如孩子不听从父亲的教诲，弟弟不接受兄长的劝说，即使像先生这么能言善辩，又能拿他怎么样呢？况且盗跖这个人，血气冲动，意气风发，强悍足以抵挡敌人，口才足以掩饰过错。顺着他的心意他就高兴，违背他的心意他就发怒，动不动就恶语伤人。先生千万不要去。"

孔子没听柳下季的劝告，布置颜回驾车，子贡做助手，前往会见盗跖。盗跖正在大山的阳面休整士卒，切碎人肝而食之。孔子下车走上前，看见传命官，说："鲁国人孔丘，听说将军高尚正义，敬请传令官传达。"

传令官入内通报。盗跖听到此事，大怒，眼像明星，怒发冲冠，说："这个人是不是鲁国的巧伪人孔丘？替我告诉他：'你作花言造巧语，虚妄地称道文王、武王，头戴装饰像树枝般的桂冠，腰缠死牛胁的皮带，余辞缨论，不耕而食，不织而衣，摇唇鼓舌，专生是非，用以迷惑天下的君主，使天下的书生不务正业，装作孝悌，而侥幸得到封侯富贵。你的罪恶严重，快滚回去吧！不然，我要用你的肝当作午餐。"

孔子再一次通报说："我幸运地得到柳下季的介绍，希望到帐幕下拜见。"传令官又通报。盗跖说："让他到前面来！"孔子快步而进，避开席位退步快跑，再拜盗跖。盗跖大怒，叉开两脚，握剑瞪眼，声如母虎，说："孔丘，你往前来！你要说的，顺着我的意思就活，违逆我的心思就死！"

## 【原文】

孔子曰："丘闻之，凡天下有三德：生而长大，美好无双，少长贵贱见而皆悦之，此上德也；知维天地，能辩诸物，此中德也；勇悍果敢，聚众率兵，此下德也。凡人有此一德者，足以南面称孤矣。今将军兼此三者，身长八尺二寸，面目有光，唇如激丹，齿如齐贝，音中黄钟，而名曰盗跖，丘窃为将军耻不取焉。将军有意听臣，臣请南使吴越，北使齐鲁，东使宋卫，西使晋楚，使为将军造大城数百里，立数十万户之邑，尊将军为诸侯，与天下更始，罢兵休卒，收养昆弟，共祭先祖。此圣人才士之行，而天下之愿也。"

盗跖大怒曰："丘来前！夫可规以利而可谏以言者，皆愚陋恒民之谓耳。今长大美好，人见而悦之者，此吾父母之遗德也。丘虽不吾誉，吾独不自知邪？且吾闻之，好面誉人者，亦好背而毁之。今丘告我以大城众民，是欲规我以利而恒民畜我也，安可久长也！城之大者，莫大乎天下矣。尧舜有天下，子孙无置锥之地；汤、武立为天子，而后世绝灭。非以其利大故邪？且吾闻之，古者禽兽多而人少，於是民皆巢居以避之。昼拾橡栗，暮栖木上，故命之曰有巢氏之民。古者民不知衣服，夏多积薪，冬则炀之，故命之曰知生之民。神农之世，卧则居居，起则于于。民知其母，不知其父，与麋鹿共处，耕而食，织而衣，无有相害之心。此至德之隆也。然而黄帝不能致德，与蚩尤战于涿鹿之野①，流血百里。尧、舜作，立群臣，汤放其主，武王杀纣。自是之后，以强凌弱，以众暴寡。汤、武以来，皆乱人之徒也。今子修文、武之道，掌天下之辩，以教后世。缝衣浅带②，矫言伪行，以迷惑天下之主，而欲求富贵焉。盗莫大于子，天下何故不谓子为盗丘。而乃谓我为盗跖？子以甘辞说子路而使从之。使子路去其危冠，解其长剑，而受教于子，天下皆曰孔丘能止暴禁非，其卒之也，子路欲杀卫君③而事不成，身菹④于卫东门之上，是子教之不至也。子自谓才士圣人邪，则再逐于鲁，削迹于卫，穷于齐，围于陈、蔡，不容身于天下。子教子路菹。此患，上无以为身，下无以为人，子之道岂足贵邪？世之所高，莫若黄帝。黄帝尚不能全德，而战涿鹿之野，流血百里。尧不慈⑤，舜不孝⑥，禹偏枯⑦，汤放其主，武王伐纣，文王拘羑里⑧。此六子者，世之所高也。孰论之，皆以利惑其真而强反其情性，其行乃甚可羞也。世之所谓贤士，伯夷、叔齐。伯夷、叔齐辞孤竹之君，而饿死于首阳之山，骨肉不葬。鲍焦⑨饰行非世，抱木而死。申徒狄谏而不听，负石自投于河，为鱼鳖所食。介子推⑩至忠也，自割其股以食文公。文公后背之，子推怒而去，抱木而燔死。尾生⑪与女子期于梁下，女子不来，水至不去，抱梁柱而死。此六子者，无异于磔犬流豕、操瓢而乞者，皆离⑫名轻死，不念本养寿命者也。世之所谓忠臣者，莫若王子比干、伍子胥。子胥沉江，比干剖心。此二子者，世谓忠臣也，然卒为天下笑。自上观之，至于子胥、比干，皆不足贵也。丘之所以说我者，若告我以鬼事，则我不能知也；若告我以人事者，不过此矣，皆吾所闻知也。今吾告子以人之情：目欲视色，耳欲听声，口欲察味，志气欲盈。人上寿百岁，中寿八十，下寿六十，除病瘦死丧忧患，其中开口而笑者，一月之中不过四五日而已矣。天与地无穷，人死者有时。操有时之具，而托于无穷之间，忽然无异骐骥之驰过隙也。不能悦其志意、养其寿命者，皆非通道者也。丘之所言，皆吾之所弃也。亟去走归，无复言之！子之道狂狂汲汲，诈巧虚伪事也，非可以全真也，奚足论哉！"

孔子再拜趋走，出门上车，执辔三失，目芒然无见，色若死灰，据轼低头，不能出气。

归到鲁东门外，适遇柳下季。柳下季曰："今者阙然，数日不见，车马有行色，得微往见跖邪？"孔子仰天而叹曰："然！"柳下季曰："跖得无逆汝意若前乎？"孔子曰："然。丘所谓无病而自灸也。疾走料⑬虎头，编虎须，几不免虎口哉！"


## 【注释】

① 蚩尤：原始部落首领。涿鹿：今河北涿州市。

② 缝衣：宽长的儒服。缝，通"逢"。浅：松。浅带：博带。

③ 子路欲杀卫君：卫君指蒯聩。卫灵公驱逐蒯聩，立公子辄为继。灵公死，辄立为卫君，蒯聩作乱，迫胁卫大夫孔悝，子路是孔悝家臣，攻蒯聩反被杀。

④ 菹（zū）：肉酱。

⑤ 尧不慈：尧杀死长子考监明。

⑥ 舜不孝：舜放逐父亲瞽叟，又不告而娶。

⑦ 禹偏枯：指大禹治水，偏枯过分劳苦。

⑧ 羑（yǒu）里：殷代监狱名。

⑨ 鲍焦：周朝隐士。

⑩ 介子推：又作介之推，晋国政变时随晋文公流亡，文公复国后来未

加封他。

⑪尾生：鲁国人，名商。

⑫离：通"罹"，遭。

⑬料：通"撩"，拨弄。

## 【译文】

孔子说："我听说，凡是天下的人具有三种德性：天生高大，美好无比，无论少年、老年、贵人、贱人见了都欢喜，这是上等德行；才智可以收容天地，才能可以分析事理，这是中等德行；勇猛果敢，聚集人马统率军队，这是下等德行。一般人具有一种德行，就足以南面称王了。如今将军兼备这三等德行，身高八尺二寸，满面红光双目炯炯有神，嘴唇有如鲜红的丹砂，牙齿有如整齐的贝壳，声音符合黄钟音律，可是名叫盗跖，我暗暗替将军感到羞耻。将军要是有心听在下的劝谕，在下情愿往南出使吴国越国，往北出使齐国鲁国，往东出使宋国卫国，往西出使晋国楚国，让它们为将军造一座几百里的大城，封你几十万户的食邑，推立将军为诸侯，跟天下各国并立，让士兵都休息，收养起他们的兄弟，供奉拜祭祖宗。这才是圣人智士的行为，也是天下人的愿望啊。"

盗跖听了大发雷霆说："孔丘给我到前面来！那些可以用利禄劝诱和可以用言辞劝说的人，都叫作愚陋。现在我长得高大英俊，人家见了喜欢，完全是我的父母遗留的恩德。你孔丘虽然不夸奖我，我难道自己就不知道吗？况且我听说，喜欢当面夸奖人的人也喜欢背后诋毁人。现在你孔丘拿大城众民诱降我，是想用利禄来规劝我，把我看作是常人，这哪能长久享用呀？大的城邑能大过天下吗？尧、舜拥有天下，他们的子孙却没有立锥之地；商汤王、周武王自立为天子，然而后代都灭绝了。这不都是因为利禄太大的缘故吗？并且我还听说，古时候禽兽很多人很少，因此人都巢居在树上来躲避禽兽。白天捡橡子吃，傍晚栖息在树上，所以称那时人叫巢氏之民。古时候人们还不知道穿衣服，夏天多积蓄些柴草，冬天拿来烧火取暖，所以称他们叫知生之民。神农的时代，人们躺着舒舒服服，醒来浑浑噩噩。人们只知道谁是母亲，不知道谁是父亲，跟麋鹿共同生活，种田吃粮，织布穿衣，不存互相伤害之心。这是最高尚的道德了。然而黄帝却不能做到有道德，他跟蚩尤在涿鹿原野上开战，流血遍及百里。尧、舜称帝，设立百官，商汤放逐他的主子，周武王杀掉纣王。从此以后，强欺弱，多的就残害少的。从商汤王、周武王以来的人，都是危害人们的家伙。现在你学习传播周文王、周武王的道术，引导天下的舆论，用它来教育下一代。穿着宽长的儒服和系着宽松的腰带，言论矫饰行为虚伪，以此来迷惑天下的君主，企图攫取荣华富贵。你才是天下最大的贼盗，天下为什么不把你叫作盗丘，却把我叫作盗跖呢？你用甜言蜜语说服子路使他跟了你，致使子路摘却高帽，解下长剑，来接受你的教育。天下都说孔丘能够阻止残暴避免错误，其结果呢？子路想杀蒯聩但没成事，被剁成肉酱悬挂在卫都东门上面，这证明你没把他教育好。你不是自称才士圣人吗？为什么会在鲁国两次被驱逐，在卫国潜逃，在齐国走投无路，在陈国、蔡国之间被包围，不见容于世？是你使子路身为肉酱，这个恶果，说重了你怎么维持自身，说轻了你怎么对得起别人？你的道术难道值得重视吗？世上最高尚的人，没有比得上黄帝。黄帝尚且不能成全德行，在涿鹿野原开战，流血遍及百里。尧不仁慈，舜不孝敬，大禹过分劳苦，商汤放逐他的主子，周武王讨伐纣王，周文王关在羑里监狱。这六个人，世人都推崇。认真说来，他们都是被名利迷惑了本性从而违背性情，他们的行径真太令人感到羞耻了。世上所说的贤士伯夷和叔齐，拒绝当孤竹国君，饿死在首阳山上，骨肉也没埋葬。鲍焦粉饰自己的行为不满现实，撞树而死。申徒狄劝谏没被采纳，背上石头自投河中，被鱼鳖吃掉。介子推最为忠心了，自己割下大腿的肉给晋文公吃。晋文公后来背弃了他，介子推愤怒出走，抱着树木被火烧死。尾生跟女子在桥下约会，女子没来，水漫上来他也不离开，抱着桥柱被淹死了。这六个人，跟被抛弃的死狗和漂流的死猪、拿着瓢子讨饭的人有何区别，都是贪图虚名不惜死去、不顾本性不长寿的人。世上所说的忠臣，没有比得上王子比干、伍子胥。伍子胥被沉尸江中，王子比干被挖了心。这两个人，世人都叫他们忠臣，然而最终还是被天下人耻笑。从上面数下来，一直到伍子胥、王子比干，都不值得看重。你孔丘前来劝说，要是告诉我一些神鬼的事情，我还不大清楚；要是告诉我人间世事，不过如此罢了，都是我耳熟能详的。现在我来告诉你人的本质：眼睛喜欢看彩色的东西，耳朵喜欢听合律的声音，嘴巴喜欢尝有味的东西，愿望求得充分满足。人长寿百岁，中寿是八十岁，下寿是六十岁，除去病痛和死亡忧虑，其中开口欢笑的时间，一月之中不过只是四五天罢了。天和地是无穷无尽的，人的死亡是有期限的。拿着有时限的身躯，寄托在无穷无尽中间，忽地一下跟骏马跑过裂缝没有什么区别。你孔丘所说的那套东西，都是我要抛弃的。快点滚回去，不要再说了。你的那套把戏只不过是神经发作，不可以用来保全真性，还有什么可说的呢？"

孔子再行个礼就跑掉了，出了门上了车，几次都没有拿起马缰，两眼发呆什么也看不见，脸色如同死灰一样，扶着车前横木低下头去喘不过气来。

回到鲁都东门外边，恰好遇上柳下季。柳下季说："你几天没露面了，车马看上去像行了远路，莫非你去跟跖会面吗？"孔子昂起头对天叹气说："是啊。"柳下季说："跖可是像我以前说的那样违背你的意愿吗？"孔子说："是的。我正是常言说的无病自灸了。急忙跑去撩逗老虎的头，梳弄老虎的胡须，险些丧命虎口！"

## 【原文】

子张问于满苟得①曰："盍不为行②？无行则不信③，不信则不任④，不任则不利。故观⑤之名，计之利，而义真⑥是也。若弃名利，反之于心，则夫士之为行，不可一日不为乎！"

满苟得曰："无耻者富⑦，多信者显⑧。夫名利之大者，几在无耻而信。故观之名，计之利，而信真是也。若弃名利，反之于心，则夫士之为行，抱⑨其天乎！"

子张曰："昔者桀、纣贵为天子，富有天下。今谓臧聚⑩曰：汝行如桀、纣。则有怍⑪色，有不服之心者⑫，小人所贱也。仲尼、墨翟⑬，穷为匹夫，今谓宰相曰：子行如仲尼、墨翟。则变容易色⑭，称不足者，士诚贵⑮也。故势为天子，未必贵也；穷为匹夫，未必贱也。贵贱之分，在行之美恶。”

满苟得曰：“小盗者拘⑯，大盗者为诸侯。诸侯之门，义士存焉。昔者桓公小白杀兄入嫂⑰，而管仲⑱为臣；田成子常杀君窃国⑲，而孔子受币⑳。论则贱之，行则下之，则是言行之情悖㉑战于胸中也，不亦拂㉒乎！故《书》曰：‘孰恶孰美，成者为首㉓，不成者为尾。’”

子张曰：“子不为行，即将疏戚无伦㉔，贵贱无义，长幼无序。五纪六位㉕，将何以为别乎？”

满苟得曰：“尧杀长子，舜流母弟㉖，疏戚有伦乎？汤放桀，武王杀纣，贵贱有义乎？王季为适㉗，周公杀兄㉘，长幼有序乎？儒者伪辞㉙，墨者兼爱㉚，五纪六位，将有别乎？”且子正为名㉛，我正为利。名利之实，不顺于理，不监㉜于道。吾日与子讼于无约㉝，曰：‘小人殉㉞财，君子殉名，其所以变其情、易其性则异㉟矣；乃至于弃其所为而殉其所不为㊱则一也。’故曰：无为小人，反殉而天；无为君子，从天之理。若枉㊲若直，相而天极㊳。面观四方㊴，与时消息。若是若非，执而圆机㊵。独成而意㊶，与道徘徊。无转㊷而行，无成㊸而义，将失而所为㊹。无赴㊺而富，无殉而成㊻，将弃而天㊼，比干剖心，子胥抉眼㊽，忠之祸也；直躬证父㊾，尾生溺死，信之患也；鲍子立干(50)，申子自埋(51)，廉之害也；孔子不见母(52)，匡子不见父(53)，义之失也。此上世之所传、下世之所语，以为(54)士者，正(55)其言，必其行，故眼其殃、离其患也(56)。”

【注释】

①子张：人名，姓孙，名师，字子张，陈人。满苟得：人名。

②盍：通“何”，何不。为行：进行品行修养。

③无行：没有品行。不信：不被信用，不取信。

④不任：不被任用。

⑤观：观察，考虑。

⑥真：真实。

⑦富：富有。

⑧显：显贵，显达。

⑨抱：一作"拂"，保持。

⑩臧：奴仆。聚：更夫。

⑪怍（zuò）色：一本作色，愤怒变色。

⑫者：也。

⑬墨翟：人名，墨家的创始人。

⑭变容易色：形容不安的样子。

⑮士：指士大夫。贵：尊重，推崇。

⑯拘：被拘囚。

⑰桓公：指齐桓公。小白：齐桓公名。杀兄：杀掉他的哥哥纠。入嫂：将嫂嫂纳为妻子。

⑱管仲：人名，齐桓公的国相。

⑲田成子常：人名，春秋时齐国大夫田子常，即陈恒，古田、陈同音。成子系谥号。田成子杀了简公篡位。窃国：窃取国君的地位。

⑳孔子受币：孔子接受陈恒给的钱币。据《论语》记载，陈恒弑齐简公，孔子沐浴请讨，而无受币的记载。受币之事只《庄子》独载。

㉑言行之情悖：言论和行为相反。

㉒拂：乱。

㉓成者为首：成功者居上。

㉔疏戚：疏亲，亲疏。伦：伦次。

㉕五纪：即五伦，指君臣、父子、夫妇、兄弟、朋友。六位：指诸父、兄弟、族人、诸舅、师长、朋友。

㉖流：流放。母弟：舜一奶同胞的弟弟，名象。

㉗王季为适：周太王传位给第四子历当作嫡子。适通"嫡"。季：古代四排行伯、仲、叔、季，季为最小。伯为嫡，季非嫡。周太王把王位传给季历，而泰伯、仲雍二子逃到吴国去。

㉘周公杀兄：周公因管叔叛乱而杀之，管叔是周公的哥哥。

㉙伪辞：巧辞。

㉚兼爱：墨子爱无差等的主张。

㉛名：功名。

㉜监：本作鉴，明，察。
㉝日：昔日，异日。讼：争论，断是非。无约：假托人名，意指无拘束。
㉞殉：死，牺牲，追求名利而不顾其身。
㉟异：不同。
㊱所为：本所当为。
㊲枉：曲。
㊳相：视。而：你。天极：天则，自然规律。
㊴面观：面向。四方：东西南北。
㊵圆机：天体圆而运行不息。圆，圆转。机，枢机。
㊶独成：独自顺遂。意：主意，意愿。
㊷无：毋。下三“无”字同。转：通“专”。
㊸成：一成不变。
㊹失：失去，失掉。所为：所实践的自然之道，即本能。
㊺赴：奔赴，追求。
㊻成：成功。指利。
㊼将弃而天：将舍弃你的天性。
㊽抉眼：剜出眼睛。
㊾直躬：人名。证父：证实父亲偷羊。事见《论语·子路》。
㊿鲍子：即鲍焦。立干：站立枯死。
(51)申子：即申徒狄。自埋：自投于河而死。有本作自理，理为埋之误。
(52)孔子不见母：孔子不去见母亲。
(53)匡子：匡章，齐人。不见父：不去看父亲。《孟子·离娄》有公都子曰：“匡章，通国皆称不孝焉，夫子与之游，又从而礼貌之，敢问何也？”孟子曰：“夫章子，子父责善而不相遇也。为得罪于父，不得近，出妻屏子，终身不养焉。”
(54)以为：认为。
(55)正：端正。
(56)服其殃：受其祸。离：通“罹”。罹其患：遭其害。

## 【译文】

子张问满苟得说:"为什么不修养品行? 没有品行就不会取信于人,不能取信于人就不能被任用,不被任用就得不到利禄。所以观察名,计较利,而义才是真实的。如果抛弃名利,反心自问,那么士大夫的作为行事,不可以一天不实行仁义!"

满苟得说:"不知羞耻的人富有,多讲信誉的人显贵。名利大的人,几乎都是无耻又善言信的人。所以观察名,计较利,而信才是真实的。如果抛弃名利,扪心自问,那么士大夫的作为行事,只好保持其天性了。"

子张说:"过去桀、纣尊贵到做了天子,富有到占据天下。现在对奴仆和更夫说:'你们的行为像桀、纣。'他们就会愤怒变色,就会产生不服的心理,因为小人也轻贱桀、纣。孔丘、墨翟,穷困得成为一般人,这时要对宰相说:'你的行为像孔丘、墨翟。'他就会改容变色,自称赶不上,士大夫真是可贵。所以,权势为天子,未必可贵;穷困为一般人,未必低贱。贵贱的区别在于品行的好坏。"

满苟得说:"小偷被囚禁,大盗却成为诸侯,只要在诸侯那里,就有了仁义。从前齐桓公小白杀了哥哥纳嫂嫂为妻,而管仲却做他的臣子;田子常杀掉君主窃取国家政权,而孔子却接受他的钱币。言谈认为下贱的,而行动却去做这种下贱的事情。这样言论和行动在心中矛盾,岂不是很乱吗! 所以《尚书》上说,'谁好谁坏,成功的居上,不成功的居下。'"

子张说:"你不修养品行,将会亲疏没有伦常,贵贱没有准则,长幼没有等次,五伦六位,将如何区别呢?"

满苟得说:"尧杀掉大儿子,舜流放亲弟弟,亲疏有伦常吗? 汤放逐桀,武王杀掉纣有标准吗? 王季代替嫡位,周公杀掉哥哥,长幼有序吗? 儒者的虚伪言辞,墨子的兼爱,五伦六位还有区别吗? 况且你正在求名,我正在求利。其实名利,既不顺于理,又不明于道。我过去和你在无约面前争论,说:'小人为财而死,君子为名而死,他们之所以改变自己的真情,变更自己的本性则不相同;乃至于抛弃自己的所应当做的而殉难自己所不应当做的却是相同的。'所以说:'不要做小人，要反求于自然；不要做君子，要顺从自然的规律。是曲是直，看其自然规律。'面向四方，随时变化，是是非非，保持你的圆转枢机。独自顺遂你的意愿，与道周旋。不要专执你的行为，不要成就你的仁义，这将会失掉你的本能。不要追求你的富贵，不要用殉难换取你的成功，这样将会舍弃你的天性。比干被剖心，伍子胥留下遗言要求挖下他的双眼，这是忠的祸患；直躬证实父亲偷羊，尾生被水淹死，这是守信用的祸患；鲍焦站立枯死，申徒狄投河自杀，这是清廉的祸患；孔子见不到母亲，匡子见不到父亲，这是义的过失。这些事情从上代传下来，下代还要传下来，以此为士大夫，端正言论，必定实行，所以才遭到它的灾殃，受到它的祸患。"

## 【原文】

无足问于知和①曰："人卒未有不兴名就利者。彼富则人归之，归则下之，下则贵之。夫见下贵者，所以长生安体乐意之道也。今子独无意焉，知不足邪？意知而力不能行邪？故推正不妄邪？"

知和曰："今夫此人，以为与己同时而生、同乡而处者，以为夫绝俗过世之士焉，是专无主正，所以览古今之时、是非之分也。与俗化世去至重，弃至尊，以为其所为也。此其所以论长生安体乐意之道，不亦远乎！惨怛②之疾，恬愉③之安，不监于体；怵惕之恐，欣欣之喜，不监于心。知为为而不知所以为。是以贵为天子，富有天下，而不免于患也。"

无足曰："夫富之于人，无所不利。穷美究势④，至人之所不得逮，贤人之所不能及。侠⑤人勇力而以为威强，秉人之知谋以为明察，因人之德以为贤良，非享国而严若君父。且夫声色滋味权势之于人，心不待学而乐之，体不待象而安之。夫欲恶避就，固不待师，此人之性也。天下虽非我，孰能辞之！"

知和曰："知者之为，故动以百姓，不违其度，是以足而不争，无以为，故不求。不足，故求之，争四处而不自以为贪；有馀，故辞之，弃天下而不自以为廉。廉贪之实，非以迫外也，反监之度。

势为天子，而不以贵骄人；富有天下，而不以财戏人。计其患，虑其反，以为害于性，故辞而不受也，非以要名誉也。尧、舜为帝而雍，非仁天下也，不以美害生也；善卷、许由得帝而不受，非虚辞让也，不以事害己。此皆就其利、辞其害，而天下称贤焉，则可以有之，彼非以兴名誉也。"

无足曰："必持其名，苦体绝甘，约养以持生，则亦久病长陁而不死者也。"

知和曰："平为福、有馀为害者，物莫不然，而财其甚者也。今富人，耳营钟鼓管籥之声，口嗛⑥于刍豢醪醴⑦之味，以感其意，遗忘其业，可谓乱矣；侅溺于冯气⑧，若负重行而上也，可谓苦矣；贪财而取慰⑨，贪权而取竭，静居则溺，体泽则冯，可谓疾矣；为欲富就利，故满若堵耳而不知避，且冯而不舍，可谓辱矣；财积而无用，服膺而不舍，满心戚醮⑩，求益而不止，可谓忧矣；内则疑劫请之贼，外则畏寇盗之害，内周楼疏⑪，外不敢独行，可谓畏矣。此六者，天下之至害也，皆遗忘而不知察。及其患至，求尽性竭财，单⑫以反一日之无故而不可得也。故观之名则不见，求之利则不得。缭意绝体而争此，不亦惑乎！"

## 【注释】

①无足、知和：都是假托人名。无足谓不知满足。知和谓知道中和。

②惨怛（dá）：悲伤的样子。

③恬愉：快乐的样子。

④穷：尽。究：竟。

⑤侠：通"挟"，挟持。

⑥嗛（qiè）：通"愜"，快意。

⑦刍豢醪醴（chú huàn láo lǐ）：食草的动物。豢，食谷的动物。刍豢，指肉。醪，醇酒。醴，甜酒。

⑧侅溺于冯气：侅通"阂"，气塞。冯通"凭"。冯气，气涨。

⑨慰：通"蔚"，病。

⑩戚醮：烦恼。醮借为焦。

⑪楼疏：楼的窗孔。

⑫单：通"殚"，尽。

## 【译文】

无足问知和说："人们没有不追名逐利的。你要是富有，自然有人归附，服从敬重。那么受人附随尊敬，成了他长寿健康的因素。现在你难道无心于此，还是因为智力不足呢？还是内心明白却没有能实现呢？还是本揣坚持正道不走邪道呢？"

知和说："如今这人类，认为名利跟自己同时产生，放在一起，认为那些超凡脱俗的士人对此全无观点，所以他们拿名利来看待古代和现在的时段、是非的界限。他们混迹俗世，舍弃宝贵的重要事物，任意胡为。用这样来谈论什么长寿健体恬意的因素，不也太离题了吗？惨痛的疾病，舒畅的安宁，不影响到身体；惊慌的恐惧，欢心喜悦，不影响到内心。一心只知道埋头去做却不知道为什么要这样做。因此虽然尊贵当天子，富有占了天下，可还要难免有祸殃啊。"

无足说："富贵无所不利，荣华与权势是圣人贤者不能获得的，挟持别人的强力来树立自己的威风，掌握别人的智谋来深明洞察，凭借人的德行来装饰自己贤良，虽没有国柄却俨然君主一样。加上声色美味权势对于人，心里不用学就喜欢它了，身体不用效法就贪恋它了。人的嗜欲、憎厌、回避、驱逐本来就无须指导，这是人的本性呀。天下虽然说我不对，但谁能拒绝这些呢？"

知和曰："智者办事即使动用大量人力也不会超过百姓的承受限度，因而百姓不争。没有非要如此的想法也就不必强求。人因为不足够才去追求财物，争遍四方也不会认为自己贪婪；财物有余了就不再要它了，丢掉天下也不觉得自己廉洁。廉和贪的实质，不是来自外界压力，而是来自反省自身的标准。得势当上天子，却不用高贵来侮辱人；富足拥有天下，却不用财富来戏弄人。顾及它的不利之处，考虑到它的反作用，认为它有害于本性，所以拒绝不接受了，这也并非想沽名钓誉。尧、舜做帝王非常雍和，并非给天下施仁政，只是不拿好处坏了人的天性；善卷、许由得到帝位却不接受，并非装模作样推辞谦让，只是不拿事务伤害自己。这都是顾及好处，回避坏处，因而天下称赞他们贤明，他们也就应该接受它，他们不是出于沽名钓誉啊。"

无足说："一定要固守名声，劳累身体舍弃美味，节约开支来维持生命，那就等于长期病危又死不了的人一样了。"

知和说："持平就是福祉，有剩就是祸害，事物无不如此，财物尤其如此。如今富人，耳朵谋求钟鼓管籥的乐者，嘴巴满足于佳肴美酒的滋味，以此引发享乐意趣，遗忘了自己的正业，可说是乱套了；像背负行李爬坡一样，可以说够苦的了；贪财带来病痛，贪权带来精神疲竭，安居无事就沉溺了意志，身躯发胖就浑身膨胀，可说是疾患了；为求富贵驱逐利益，因而欲望膨胀得如同堵塞了耳朵一样已无法摆脱，加上继续膨胀又不肯放弃，可以说是受辱了；财物积压不能尽享，念念不忘又不肯放弃，内心充满烦恼，还在追求增加财富不肯休止，可以说够忧愁的了；在家里担心强求的家贼，在外边害怕强盗的祸害，家里周围砌上楼房窗孔，出外不敢一个人走，可以说是够惊吓的了。人们遗忘了这人世的广大祸患了。等到大祸临头，就是想完全豁出性命、费尽家财来换回一天的平安无事都办不到了。最后落得个人财两空。纠缠心神倾尽体力只争求这些，不也太迷惑了吗？"

## 【解析】

盗跖为一人名，指称一个名叫跖的大盗，本篇以人物之名为篇名。《盗跖》内容的中心是抨击儒家，指斥儒家观点的虚伪性和欺骗性，主张返归原始，顺其自然。

本篇写了三个寓言故事，自然地分为三大部分。第一部分至"几不免虎口哉"，写盗跖与孔子的对话，孔子规劝盗跖，反被盗跖严加指斥，称为"巧伪"之人。盗跖用大量古往今来的事例，证明儒家圣君、贤士、忠臣的观念都是与事实不相符合的，儒家的主张是行不通的，就连孔子自己也"不容身于天下"，因为他"不耕而食，不织而衣，摇唇鼓舌，擅生是非"。盗跖是先秦时代里一位著名的叛逆者，称他为"盗"当然是基于封建统治者的观点，孔子眼里的盗跖就是"横行天下，侵暴诸侯"、吃人肝的人物，但同时又不得不赞美他"心如涌泉，意如飘风"，而且兼有"三德"。第一部分是全文的主体部分，因篇幅较长注译时划分为前后两个部分。第二部分至"离其患也"，写子张和满苟得的对话，一个立足于名，一个立足于利，通过其间的辩论更进一步揭示出儒家说教的虚伪性，并且明确提出了"反殉而天""与道徘徊"的主张，与其追求虚假的仁义，不如"从天之理"，顺其自然。余下为第三部分，写无足和知和的对话，一个尊崇权势与富有，一个反对探求、抨击权贵，通过其间的讨论进一步明确提出"不以美害生""不以事害己"的主张。

本篇历来被认为是伪作，或认为是后学者所为。通观全篇，第一部分与第二、三部分的语言风格也很不一样，第一部分一气呵下，直陈胸臆，淋漓尽致，不拖泥带水，与《庄子》内篇离奇婉曲的风格迥异；第二、三部分则晦涩不畅，显得十分费解。

## 【证解故事】

### "不战而胜"乃上策

胜败乃兵家常事，但是行军打仗不用一兵一卒就可获胜，才是战略战术运用的最高境界。

商界亦如此。在和竞争对手明争暗斗时，如何尽量减少己方损失，而削弱对方的实力，取得事半功倍的效果，而赢得优势地位，不是商家极力追逐的目标吗？

公元 29 年，东汉光武帝建武五年。汉将马武被割据一方的苏茂、周建军队打败，溃逃至王霸的营垒附近，派人前往求救。

王霸说："目下叛军士气旺盛，我军如果出兵，也一定被打败，不过是白费力气罢了！"于是关闭营门，严密把守。军官们全争着请战。王霸说："苏茂的军队都是精兵，人数又多，我们的将士内心恐惧。而马武把我军当作依靠，两支军队行动又不能统一，这样必然失败。现在我们闭营坚守，表示不会援助马武。那样敌人定会乘胜轻举追击。而马武无人相救，交战时自然加倍抵抗。这样，苏茂的军队必然疲劳，我们趁他们筋疲力尽时再进攻才可以打败他。"

苏茂、周建果然出动所有的军队进攻马武，交战了很长时间。王霸军中有数十名壮士割断头发，请求上阵。于是王霸打开营垒后门，派出精锐骑兵从背后袭击苏茂、周建。苏、周前后受敌，部众在慌乱中败阵逃走。王霸、马武各自带兵回营。苏茂、周建又聚集起军队挑战。

王霸坚守不出，犒劳部下，唱歌取乐。苏茂一箭射中王霸面前的酒杯，王霸安然坐着，纹丝不动。军士们都说："我们前两天已经打败了苏茂，现在更容易打败他！"王霸说道："不能这样看，苏茂的军队远道而来，粮食不足，希望速战速决，所以几次挑战，想取得一时的胜利。现在我们关闭营门，休整军队，正是所谓'不用打就使敌人屈服！'"

苏茂、周建不能和王霸交战，就只好率军回营。当天夜里，周建的侄子周诵叛变，关闭垂惠城门，不让他们进城。周建死于逃跑的途中，苏茂逃到下邳，与董宪的军队会合。

王霸平叛取得了全面胜利。王霸的胜利在于全面掌握了对方的实力，并预料到其后方供给不足不但会导致士气低落，还会削弱军队的战斗力，可谓强弩之末，所以才能不费吹灰之力将其收服。这也验证了"攻城掠地，粮草先行"的合理性，可见后方充足的物质基础也是非常重要的。

### 正确谋略定乾坤

兵不厌诈。同样地，商场如战场，如何在改革的大潮中勇做弄潮儿？这就需要领导者有过人的才智，才可以带领企业勇往直前。有一个深谋远虑的军师在身旁，为企业的进步出谋划策，就能步步前进了！

唐朝武则天当政时，契丹族入松漠都督李尽忠、归诚州刺史孙万荣举兵反叛。判军攻陷了营州，朝廷派了二十八名大将领兵平息叛乱，其中有曹仁师、张玄遇等朝中重臣。

唐朝平叛军队浩浩荡荡开往营州。李尽忠则自称可汗，派孙万荣为先锋，率军数万迎战唐军，两军相遇于硖石谷。李尽忠见唐军声势浩大，无法力战而胜，便心生一计。李尽忠攻破营州时，俘虏了唐军数万人。契丹人让看守对俘虏说："我们这些人的家属，饥寒交迫，活不下去了，只要官军一到，我们就投降。"然后，契丹人把俘虏放了出来，用带糠的粥慰劳了他们一番，对他们说："我们想关着你们，但又没有粮食，连我们都快没粮食吃了，想杀掉你们又不忍心，还是把你们放走算了。"

被俘的唐军大喜过望，赶紧离开营州回到了唐朝大军中，并把契丹人的情况大大宣扬了一番。唐朝诸军听后不假思索，信以为真。诸将都不进行准备，争先恐后要求出击，只想早点遇到契丹兵，先立头功。契丹人发现唐军上当之后，在唐军进军的路上，又故意派了一些老弱残兵去乞降，还把一些老牛瘦马放在大道两旁。唐军看到这种情况，都暗暗得意，以为胜券在握，更加放松了警惕。曹仁师等后来嫌步兵行进太慢，干脆放弃了步兵，率骑兵孤军贸进。李尽忠在一处山谷设下伏兵，等唐军进入包围圈后，突然袭击。唐军兵力孤单，又毫无准备，顿时被契丹人打得七零八落，溃不成军。张玄遇夺路而逃时，被契丹人用飞索套住，做了俘虏。唐朝将士死伤遍地，几乎全军覆没。

在这场战斗中，契丹不仅俘获了唐朝的许多将领，还得到了唐军的大印。李尽忠又心生一计，命人伪造了一封信，逼迫张玄遇等将领在上面签了名。信是写给另一大将燕匪石的。信上说："我们已大破了叛军，你们马上来会合，如果规定日期到不了营州，按军法处置。"燕匪石接到信后，不疑有假，率领军队昼夜兼程，连吃饭休息的时间都用来赶路，人马都疲惫不堪。李尽忠又是以逸待劳，伏兵于险要之处，将唐军全部消灭。

李尽忠就是凭借自己过人的谋略，一次次取得战争的胜利，我们从这个故事中可以学到：如何运用自己的智慧去打败敌人，获取胜利。

## 防外必先安内

大到国家社稷，小到公司集团，当面对强大的外部敌人，内部的利益和矛盾便被搁置一边；当局势稳定了，明争暗斗的内讧又开始上演，所以只有解决好内部的矛盾才能全心全意对抗外来敌人。

曹操在官渡把袁绍杀得一蹶不振。袁绍又在仓亭中了曹操十面埋伏之计，好不容易逃命回到老家冀州，越想越气又无可奈何。想自己从讨伐董卓，被十八路诸侯推为盟主，至今却被当初自己看不起的曹操杀得七零八落，袁绍一病不起，抑郁而死。临死前，他立小儿子袁尚为继承人，委任其为大司马将军。嘱咐其儿子们秉承父志，征讨曹贼，为父报仇。

袁绍本来妻妾众多，平时妻妾之间、儿子们之间常为权贵争名逐利。现在兵临城下，父帅刚死，所以袁尚、袁谭、袁熙等人带领将士们同心坚守。曹军远路而来，急于攻城取胜，反而欲速则不达。

这时，亲自率军攻城不下的曹操心中不快。他召集谋士商议破城良策。谋士郭嘉说："袁绍废除长子继承权，立小儿子为头领，兄弟之间及其党羽之间一定有着明争暗斗。我们如果急于进攻，反而促成了他们的团结一致，同心对付我们。不如缓一步，先退回军去进攻荆州的刘表。这样袁氏兄弟平日的积怨矛盾都显现出来，他们一定会发生内讧。到那时我们再一举而攻之，不费一兵一卒即可平定河北。这是兵书上隔岸观火之计。"

曹操听了觉得很有道理，便留下一支人马守卫黎阳，又命曹洪守卫官渡，自率主力部队南征刘表去了。果然如谋士郭嘉所言，曹军撤兵不久，袁氏兄弟先是松了一口气，又为争功争权而争斗，后来竟大动干戈。长子袁谭打不过有实力的袁尚，便一不做二不休投降了曹操。

曹操转兵北上，杀了袁谭，打败了袁熙、袁尚，很快尽占河北。

袁氏军队之所以如此快地被曹操打败就在于其让敌方利用了内部的矛盾冲突造成了内讧，而自毁家门。因此，只有协调好内部矛盾利益，达成共识，齐心协力，才能一致对外取得胜利。

## 凡事要有备无患

做任何事情我们都要计划周全，以防万一，这样即使出现意外也能应对自如，公司也是如此，要防患于未然，这样就能以不变应万变。

诸葛亮受刘备"三顾茅庐"之恩，出山担任刘备的军师。这时，他只有二十六岁。而且，刘备只有三千兵马，回旋于新野弹丸之地。可刘备得了诸葛亮高兴不已，总说："我如鱼得水。"关羽、张飞不服，诸葛亮装作不知，让刘备招募民兵三千人，自己亲自教练，充实兵力。

不久，探子飞报说，曹操派大将夏侯惇、于禁领兵十万，杀奔新野来了。关羽、张飞嘲讽说："让'水'去抵抗好了。"诸葛亮便向刘备要了尚方宝剑，升堂调度："博望左边有座山，叫豫山；右边有树林，叫安林。可以埋伏兵马。关羽可领一千人在豫山埋伏，敌军来就放过，他们的粮草辎重一定在后面，只等南面火起，就可驱兵出击，烧毁粮草。张飞可带一千人去安林背后埋伏，看南面火起，便可出击。关平带五百人，预备引火之物，到博望坡后两边等候，到初更天敌人到来，便可放火。樊城赵云速回，让他做先锋，交战时只要败，不要胜。主公自带一支军队做赵云后援。你们各自按计划行事，不得有误。"

关羽说："我们都出战，不知军师做什么？"

诸葛亮说："我坐守县城。"

张飞大笑道："我们去厮杀，你在家里好自在！"

诸葛亮喝道："剑印在此，违令者斩！"

关、张冷笑而去，诸将都心里疑惑不定。诸葛亮对刘备说道："主公今天便带兵到博望山下屯驻。明日黄昏，敌军必到。主公便弃营撤退，见火起就回军掩杀。我在此准备庆功宴等你。"

刘备心下也疑惑不安。且说夏侯惇、于禁率大军到达博望坡，忽见前面尘土飞扬。夏侯惇命军队摆开阵势，问向导："这是何处？"向导说："博望坡。"夏侯惇大笑道："亏得徐庶在丞相面前夸口说诸葛孔明如何了得，我看他也是蠢物一个。他派出这等人马与我对阵，不等于是驱犬羊同虎豹决斗吗？"说完，赵云领兵来战，夏侯惇与之交战几个回合，赵云且战且退。

部将韩浩说："恐有埋伏。"

夏侯惇说："敌军兵力如此微弱，就是十面埋伏，我怕什么！"

直追至博望坡，唿的一声炮响，刘备领兵来战，夏侯惇对韩浩笑道："这就是所谓伏兵。今晚我不踏平新野，誓不收兵。"催促队伍前进，刘备、赵云一路撤退。

天色渐渐昏黑，夜风愈大。夏侯惇只顾催促部队赶路，行至两边都是芦苇的狭窄山路，护送粮草的于禁、李典率领后卫赶到，见此状大叫："前面夏将军慢走。"于禁还赶到前边阻止。夏侯惇猛然省悟，正要退兵，却听背后喊杀声起，早有一片大火烧着，两边芦苇也着了火，一刹那，四面八方都是火，风大火猛。曹军顿时大乱，自相践踏，死者不计其数。赵云回军赶杀，夏侯惇冒烟突围而逃。李典见势不好，往博望坡奔回，却被关羽的军队拦住厮杀。于禁见粮草车辆烧了，便从小路逃命去了。夏侯兰、韩浩来救粮草，却被张飞伏兵拦住，张飞一枪刺落夏侯兰于马下。韩浩夺路逃脱。一直杀到天明，刘备才胜利收兵，直杀得曹军尸横遍野，血流成河。夏侯惇收拾残部，狼狈返回许昌。

关羽、张飞相互惊赞道："孔明真是英才啊！"一齐拜伏在前来犒军的孔明车前。

孔明的英明在于比别人提前一步了解敌方，包括敌方的军事部署、后方储备、战略方法，综合考虑给予应对。一场战斗的胜利来源于各个方面的充分准备，一般人不容易做到，往往考虑不周全。

# 说　剑

　　昔赵文王喜剑，剑士夹门而客三千馀人<sup>①</sup>，日夜相击于前，死伤者岁百馀人。好之不厌<sup>②</sup>。如是三年，国衰。诸侯谋之。

　　太子悝患之，募<sup>③</sup>左右曰："孰能说<sup>④</sup>王之意止剑士者，赐之千金。"左右曰："庄子当能。"

　　太子乃使人以千金奉庄子。庄子弗受，与使者俱往见太子曰："太子何以教周，赐周千金？"太子曰："闻夫子明圣，谨奉千金以币从者。夫子弗受，悝尚何敢言！"

　　庄子曰："闻太子所欲用周者，欲绝王之喜好也。使臣上说大王而逆王意，下不当太子<sup>⑤</sup>，则身刑而死，周尚安所事金乎？使臣上说大王，下当太子，赵国何求而不得也！"太子曰："然。吾王所见，唯剑士也。"庄子曰："诺。周善为剑。"

　　太子曰："然吾王所见剑士，皆蓬头突鬓垂冠，曼胡之缨，短后之衣，瞋目而语难<sup>⑥</sup>，王乃说之<sup>⑦</sup>。今夫子必儒服而见王，事必大逆。"庄子曰："请治剑服。"

　　治剑服三日，乃见太子。太子乃与见王。王脱白刃待之。庄子入殿门不趋，见王不拜。王曰："子欲何以教寡人，使太子先？"曰："臣闻大王喜剑，故以剑见王。"王曰："子之剑何能禁制？"曰："臣之剑十步一人<sup>⑧</sup>，千里不留行。"王大悦之，曰："天下无敌矣。"

　　庄子曰："夫为剑者，示之以虚，开之以利，后之以发，先之以至，愿得试之。"王曰："夫子休，就舍待命，令设戏<sup>⑨</sup>请夫子。"王乃校剑士七日，死伤者六十馀人，得五六人，使奉剑于殿下，乃召庄子。王曰："今日试使士敦剑。"庄子曰："望之久矣！"王曰："夫子所御杖<sup>⑩</sup>，长短何如？"曰："臣之所奉皆可。然臣有三剑，唯王所用。请先言而后试。"

## 【注释】

①夹门：拥门。客：作客，寄食在门下。

②不厌：不满足。厌，满足。

③募：广泛征求。

④说（shuì）：劝说，说服。

⑤不当（dàng）太子：不能合乎太子的心愿。当，合。

⑥瞋目：瞪着眼。语难：说话令人难堪。

⑦乃：竟。说：通"悦"，喜悦。

⑧十步一人：在十步以内常常杀死一人。

⑨设戏：安排比赛武术盛会。

⑩御：用，持。杖：指剑。

## 【译文】

　　从前，赵文王喜好剑术，剑客有三千多人立于大门两侧。他们昼夜在大王面前击剑，一年要死伤一百多人，但文王喜好剑术，不觉厌倦。这样三年，国势衰弱，各国诸侯都想来侵犯它。

　　太子悝对这桩事情很担忧，就征求身边左右的人，说："谁能够劝说得国王回心转意，停止收养剑士的，我就赏赐他一千两金子。"身边左右的人说："庄子必定能够。"

　　太子于是派使者带着一千两金子奉送给庄子。庄子没有接受，就和使者一同来见太子，说："太子有什么事情请教我，要送给我一千两金子？"太子说："我听说先生通达圣智，恭恭敬敬地奉送一千两金子，作为随从的费用。可是先生不肯接受，我还敢说什么呢？"

　　庄子说："我听说太子之所以要起用我，是为了要断绝赵王的嗜好。往上，我劝说赵王，违反了赵王的意旨；往下，也不合太子的心愿；我的身体将要受刑而死，我还用得着什么金子呢？假使，在上我说服了国王，在下也合乎太子的心愿，我想在赵国要求什么不行呢？"太子说："是的。我们赵王接见的都是些剑士啊。"庄子说："好吧。我善于使剑。"太子说："可是，我们赵王所见到的剑士，都是蓬散着头发，倒梳着鬓毛，戴着瓶式的帽子，帽缨盘结在下巴下面，穿着后身短小的衣服，急瞪着眼睛，不爱和人讲话，大王这才喜欢他。现在，先生穿着儒服去见国王，这必然会大大地违背了大王的意旨。"庄子说："请给我准备剑服。"

剑服制作了三天，庄子就去见太子。太子陪同庄子去见大王。大王把宝剑拔出剑鞘，露出白刃，正等待庄子。庄子进入宫门并不加快脚步，见到大王也不下拜。赵文王问庄子说："您想用什么见教寡人呢，使得太子做了您的向导？"庄子说："臣仆听说大王喜好剑术所以就凭着我的剑术来参见大王。"赵文王说："您的剑术，能够制止什么呢？"庄子说："臣仆的剑术，十步杀一个人，一行千里，砍杀不停。"赵王听了，非常高兴地说："那是天下无敌手了。"

庄子说："那善于使剑的人，要用空虚无备暗示对方，要用有利可乘引诱对方，后发制人。我愿意找机会和大王试剑。"赵文王说："先生休息休息，暂且到馆舍里等候命令，我命令他们做好对剑的准备，再请先生。"赵文王于是考校剑士，考校了七天，剑士死伤六十多人，选拔出来了五六个人，教他们捧着剑到殿下等候着，这才去召唤庄子。赵文王对庄子说："今天试使剑士们对剑。"庄子："我盼望很久了。"赵文王又问庄子说："先生所拿的武器，长短如何？"庄子说："臣仆所使用的，长的短的都可以。可是，臣仆有三种剑，大王喜欢用哪种就用哪种，我请求先谈谈，然后使用。"

## 【原文】

王曰："愿闻三剑。"曰："有天子剑，有诸侯剑，有庶人剑。"王曰："天子之剑何如？"曰："天子之剑，以燕谿、石城为锋，齐岱为锷，晋魏为脊，周宋为镡①，韩魏为铗，包以四夷，裹以四时，绕以渤海，带以常山，制以五行，论以刑德②，开以阴阳，持以春夏，行以秋冬。此剑直之无前，举之无上，案③之无下，运之无旁。上决浮云，下绝地纪。此剑一用，匡诸侯，天下服矣。此天子之剑也。"

文王芒然自失，曰："诸侯之剑何如？"曰："诸侯之剑，以知勇士为锋，以清廉士为锷，以贤良士为脊，以忠圣士为镡①，以豪桀士为铗。此剑直之亦无前，举之亦无上，案之亦无下，运之亦无旁。上法圆天，以顺三光；下法方地，以顺四时，中和民意以安四乡④。此剑一用，如雷霆之震也，四封⑤之内，无不宾服而听从君命者矣。此诸侯之剑也。"

王曰："庶人之剑何如？"曰："庶人之剑，蓬头突鬓，垂冠，曼胡之缨，短后之衣，瞋目而语难，相击于前，上斩颈领，下决肝肺，此庶人之剑，无异于斗鸡，一旦命已绝矣，无所用于国事。今大王有天子之位而好庶人之剑，臣窃为大王薄之。"

王乃牵而上殿。宰人上食，王三环之⑥。庄子曰："大王安坐定气，剑事已毕奏矣。"于是文王不出宫三月，剑士皆服毙其处也。

【注释】

①镡：剑口。

②刑德：刑律与德教。

③案：同"按"。

④四乡：同"四方"。

⑤四封：即四境。封，封疆，疆界。

⑥三环之：绕了三圈。

【译文】

赵文王说："我愿意听听这三种剑。"庄子说："有天子剑，有诸侯剑，有平民剑。"赵文王问："天子剑是什么样的呢？"庄子说："天子之剑，以燕谿、石城作为剑锋，以齐国的泰山作为剑刃，以晋国、卫国作为剑背，以周国、宋国作为剑环，以韩国、魏国作为剑把，用四夷包围着，用四时裹着，用渤海环绕着，用恒山缠束着，用五常制衡着，用刑罚和道德缠裹着，用阴阳开导着，用春夏持守着，用秋冬运行着。这种剑，竖起来，没有比它靠前的；举起来，没有比它更高的；按下去，没有比它更低的；运用起来，没有比它广阔的。在上说，它可以拨开浮云；在下说，可以穿过地基。这种剑一旦使用，就可以匡正诸侯、威仪天下。这便是天子之剑。"

赵文王迷茫一片感到手足无措，就问："那诸侯之剑是什么样的呢？"庄子说："那诸侯之剑，用智勇之士作为剑锋，用清廉之士作为剑刃，用贤良之士作为剑背，用忠圣之士作为剑环，用豪杰之士作为剑把。这口剑，竖起来，也是没有比它低的；运用起来，也是没有比它广阔的。在上说它效法圆运的天道，顺从三光；在下说，它效法方静的人道，安抚四方。这种剑一旦使用，就如同雷霆的震动，四境之内，没有不宾服的，都听从君王的命令了。这便是诸侯之剑。"

赵文王又问："那平民之剑是什么样的呢？"庄子说："那平民之剑，剑士蓬散着头发，倒梳着鬓毛，戴着瓶式的帽子，帽缨盘结在下巴下面，穿着后身短小的衣服，急瞪着眼睛，不爱和别人说话；在人前互相砍杀，上面斩断了脖颈，下面流出了肝肺。这种平民之剑，和斗鸡没有什么差别，一旦使用就断送生命。这对于国家大事并没有好处。现在大王享有天子之位，可是喜好平民之剑。臣仆私自替大王感到微不足道了。"

赵文王于是拉着庄子的手一起登上殿去。厨师摆上筵席，赵文王围着筵席转了三圈。庄子对赵文王说："大王请安然就座，静定气息，关于剑术的事情，臣仆已经陈奏完毕了。"从此赵文王不出宫殿，三个月之后，剑士们都横躺竖卧地死在对剑之所了。

## 【解析】

《说剑》以义名篇，内容就是写庄子说剑。赵文王喜欢剑，整天与剑士为伍而不料理朝政，庄子前往游说。庄子说剑有三种，即天子之剑、诸侯之剑和庶民之剑，委婉地指出赵文王的所为实际上是庶民之剑，而希望他能成为天子之剑。

"说剑"指庄子为赵文王说剑一事。有人说《说剑》为伪书，实不可从。此篇内容并非与庄子思想无关，它的主旨在于说明为政当无事，以无为而治就会得到治理，可说是《应帝王》篇观点的继续。

在"昔赵文王喜剑"一段中，庄子以文王喜剑喻其为之政。在"太子乃使人以千金奉庄子"段中，说明庄周轻物到"千金不受"而愿意去说服赵文王。在"太子乃与见王"段中，以天子剑、诸侯剑、庶人剑喻治政的方法，说天子可以统治诸侯，诸侯可以称霸，但都不是长久的统治方法，而庶人剑也只是一种世俗斗鸡之儿戏，不能达到统治的目的，"大王安坐定气"暗指无为而治就可以达到治理目的了。于是文王三月不出宫，剑士自毙也就无事大吉了。

如果说《让王》《盗跖》已不类庄子之文，那么《说剑》就更非庄子之文了。篇文中确有"庄子"其名，但《说剑》里的庄子已不是倡导无为无己、逍遥顺应、齐物齐论中的庄子，完全是一个说客，即战国时代的策士形象，而内容也完全离开了《庄子》的主旨。因此，本篇历来认为是一伪作，也不是庄子学派的作品，应该看作是假托庄子之名的策士之文。

## 【证解故事】

### 要善于分析问题

聪明的人，往往能较好地了解并把握事物的本质。他们观察严谨，思考微妙，推理明晰，尽管再隐秘的东西，他都能加以破解。只要我们认真观察研究，善于分析问题，真理自然会显露出来。下面的故事就恰恰说明了这一点。

元朝仁宗延祐年间，浙江吴兴县发生了一起凶杀案。一天晚上，有一位村民外出归来，一条黑影窜到他身边。他未及发现，已给来人从后面刺中右肋，身负重伤倒地。第二天早晨，伤者的哥哥出来四处寻找，发现弟弟重伤倒在路边，奄奄一息，急忙背到家中让弟弟躺好，哥哥追问："是谁伤天害理，暗杀你的？"弟弟吃力地回答："白帽子……黑衣服……高个子……"话没说完，就咽气身亡。

哥哥悲愤交加，当天奔县府大堂报案。县官略略思忖片刻，唤来当夜的更夫发问："有谁经过案发地点，特别是穿黑衣服、戴白帽子的！"更夫想了想，禁不住开口："呀，张福儿走过那儿的，黑衣、白帽呀。县官发下令箭，立即让衙役逮来张福儿。历经多堂会审，任凭严刑拷打，张福儿紧闭嘴唇，不承认自己杀人。

县官这下可犯了难：既不能贸然判决，又不能就此释放呀！他万般无奈，把张福儿关进监狱。一晃，可怜的张福儿在狱中度过了三年。

过了三个年头，恰巧邓文原出任浙西道肃政廉访司事（掌监察的长官）。邓文原着手清查积案，在审查张福儿时，他翻阅了所有案卷，找来死者哥哥，发现张福儿一案确存一大串疑问："死者临死前说凶手是高个子，可张福儿个儿并不高啊；死者伤在右臂，而张福儿素用左手，如由后面杀伤，伤应在左肋，为何却在右肋呢？"经过一番侦查，一切水落石出。真正的凶手落网，张福儿获释。

那些看事肤浅的人，蒙混不住目光犀利者的观察，因为目光犀利者会看透他们，知道他们的内在深处其实空空如也。

## 先发制人得先机

世事无常，如果不能先为自己找到保身之策，定会处于被动，所以要先发制人，取得主动权。在日常管理中也是这样，不能老是被动地听上级的安排，要自己为自己的成功创造机会！

汉文帝时，朝中出了个直言敢谏的大臣叫袁盎。上自皇帝，下至皇亲国戚，只要有触犯国家利益的，袁盎照谏不误，所以满朝忠直大臣都称赞佩服他，而奸邪小人都嫉恨排挤他。誉否毁否，袁盎依旧直谏不止。

汉文帝原为庶出，所以在皇亲国戚中没有靠山，只有依靠宦官。袁盎对此十分不满，几次上疏切谏，说阉竖只可供驱使，不可干预朝政。因此，宦官们都对袁盎怒目切齿。特别是宦官头目赵同，一有机会就在文帝面前说坏话，诋毁袁盎。

袁盎有个侄子叫袁种，是文帝的侍从，见到这种情况，就告诉了叔叔。袁盎说："不怕，当今皇上还算个明君，不会听信小人谗言的。"袁种说："不怕一万，就怕万一。若一旦皇上听信了谗言，那将对您不利呀！"袁盎觉得此话也有道理，但自己又不能堵住别人的嘴，因而苦思不得良策。袁种说："叔叔不能堵住赵同的嘴，却可以掩住皇上的耳。"袁盎忙问："此话怎讲？"袁种说："叔叔可选一皇上在场的公开场合让赵同下不来台，给皇上造成错觉，那么以后赵同再诋毁您，皇上就以为他在泄私愤，不就掩住皇上的耳朵了吗？"袁盎一听大喜。

机会终于来了。有一天，文帝出游，让赵同陪车参乘。赵同得此炫耀机会，在皇舆上得意扬扬，众大臣见了，觉得太不像话，但谁也不愿得罪赵同这个阉余小人，给自己招来麻烦。这时，袁盎却迈出队列，跪在皇舆前，拦马切谏，说："臣闻与天子同车者，皆天下豪杰之士。我朝虽乏俊杰之才，但无论如何也轮不到刑余阉竖与皇上同车。"文帝一听，也醒悟过来此事有损自己声名，但赵同参乘是自己批准的，怎么处理呢？文帝沉吟了一会儿，装出不在乎的玩笑样子对赵同说："既然这样，那么你就下车步随吧！"赵同一听皇上不给自己撑腰，让自己在众臣面前输了脸面，觉得十分难堪，哭着下了车。众臣都佩服袁盎的胆量。

赵同当然对袁盎恨之入骨了。一回官，就急不可待地说袁盎坏话，哪知文帝不再像以前那样注意倾听，而是淡淡一笑说："袁大夫是个忠直人，今天的事您别放在心上。"赵同一听，明白文帝是认为自己在泄私愤了，从此再也不敢说袁盎的坏话了。

袁种此计，利用人受了打击必定报复的常识，制造圈套，不但给文帝"掩上了耳"，而且也给赵同封住了嘴。这样能够先发制人，保住了自己也牵制了对手，实属智者所为，让人敬佩！

## 以其人之道还治其人之身

历来，反间计都是以其人之道还治其人之身，即巧妙地利用对方的间谍来为自己服务，假传消息，诱敌上钩。这种计谋不仅在历代政治、军事上广泛运用，就是现代企业之间也常常使用，以增强自己的竞争实力。让我们来看看民族英雄岳飞是如何巧施反间计的。

南宋高宗年间，金军以兀术为元帅、粘罕为副帅加紧侵犯中原。建炎二年，济南知府刘豫投降金国，被粘罕立为大齐皇帝。刘豫熟知南宋内部军情，和粘罕互相勾结，狼狈为奸，对南宋军队十分不利。

南宋抗金将领们对此深感忧虑，元帅岳飞更是寝食难安。欲除刘豫，却苦于没有良策，难以下手；但若任其胡作非为，又于宋军不利。正在为难之际，忽一日手下来报：抓住一名金军密探。岳飞正与众将议事，闻听禀报，心头随即生出一计。他非常高兴，命人将那密探押至帐中，他要亲自审问。

那探子刚一入帐，岳飞就大喝一声，问道："张斌，本帅派你去刘豫处送信，你为何一去再无回音？我来问你，那封书信你是如何处置的？"那金军密探闻听，丈二和尚摸不着头脑，愣在那里，答不上话。只听岳飞又说道："无用的东西！本帅派你去刘豫处送信，是为了和刘豫约定好时间，让他引诱金兀术来这里。那时，本帅就可与刘豫合兵一处，共同击破金军。哪知你一去不返，险些误了我军大事。幸亏本帅又派人去与刘豫联系，才未招来大损失。你贻误军机，该当何罪？来人！推出斩首！"那探子见岳飞要杀他，吓得魂飞魄散，连连地磕头认罪，请岳飞赦免于他。

见探子已中了圈套，岳飞于是假装压下火气，说："本帅可以饶你不死，这是看在你认罪态度诚恳的分上。你要明白：死罪已免，活罪难饶，你必须戴罪立功，否则的话，我可就定杀不赦了。"那探子现在只想着先把性命保住，所以不管岳飞提什么条件，他都唯唯称诺，一一答应。岳飞又说："本帅已与刘豫约好，近期内他以进攻长江为名，将金兀术引来，然后，我们就可一举将之歼灭。现在本帅就给你一个机会，你再去刘豫处送信，和他联系一下具体的日期。这次任务，你定要圆满完成，及时回来复命，不要耽搁！"接着，岳飞书写了一封给刘豫的密信。为了不使那探子起疑心，他还郑重其事地把信封到蜡丸里面，一再叮嘱那探子千万要谨慎从事，别疏忽。然后，把那探子放出宋营。那探子得释，立即跑回金军大营。他把在宋营的经历一一回报给金兀术，又拿出密信给他观看。金兀术见信，大吃一惊，马上派人去报告国君，废掉了刘豫。

宋军得知，人心大快。将领们纷纷问元帅岳飞是怎么想到这个好办法的。岳飞笑着说："我早就知道金军副帅粘罕信任刘豫，重用他，而元帅兀术却非常厌恶刘豫。正巧抓住了金兀术的探子，因而想出此计，故意让那探子回去报告金兀术说刘豫与我军暗中联系，要同谋歼灭他。金兀术肯定必信无疑，一定会除掉刘豫。这样他就为我们去掉了心头大患。"众将听了，开怀大笑。他们无不佩服岳飞的足智多谋。宋军抗金的士气更加高涨了。

岳飞巧施反间计，除去了心头大患，削弱了敌人的力量，鼓舞了士气，显示了他的足智多谋，赢得了士兵的敬仰和爱戴。

## 认清事理，审时度势

审时度势，拨开掩盖在事物之上的遮蔽之物，洞察事物表象背后的真理和本质，才能认清事理，把握事物发展的规律和未来发展的方向，才能具有比常人高明一筹的预见性和判断力。

明代时，有一年临海县（今属浙江省）金榜题名的秀才很多，县府觉得脸上有光，为激励更多的学生发愤读书，举行了一次声势浩大的庆贺活动。男女老少聚集在学官附近，载歌载舞，热闹非凡。

人群中，有一位美貌的少女被一风度翩翩的少年迷住了。她含情脉脉地盯住那秀才，真是秋水顾盼，春心荡漾……少女的情态被身边的一位媒婆发觉了，就悄悄地凑在少女耳边说："他是我邻居家的儿子，你有意于他，何不托我做媒呢？"少女惊喜地望了眼媒婆，欲语还羞地低了头。改日，媒婆来到邻居家一说，那秀才以学业未成暂不成婚为由，拒绝了多情少女的爱慕。媒婆回家对儿子说了，谁知她一向浪荡不务正业的儿子起了歹心。这真是说者无意听者有心啊！多情少女的悲剧也就此发生了……这夜，那浪荡公子冒充秀才，溜进了少女的闺房。少女不知真相，还以为秀才和她一样多情呢！便以情相报，以身相许了……

几天以后，少女的双亲忽然在一天夜里被人砍去了头颅！案报县衙。刘知县率衙役来到现场，实地勘察后，不由费思量了：死者虽在家中被害，但家产丝毫未动，这杀人犯并非图财？那么他是——刘知县心里一动，问："看这房的装置像是闺房，这床原来睡的是谁？"有人回道："这家有一女儿，此房是其女的。"刘知县当机立断："将此女押到县衙内！"言罢，率人打道回府。

公堂上，刘知县问那少女案发时她在何处，少女说，那几日家中来了客人，她去女伴家住宿了。父母的床让给了客人，她的床让给了父母。刘知县听罢，厉声问道："奸夫是谁？"少女一时悲苦难言，她不相信自己所爱的秀才是凶手。在刘知县的再三追问下，才支支吾吾地说出是那秀才。刘知县即刻发令捉拿秀才到堂，当得知自己是因奸杀人而被捉拿时，秀才顿时气得脸色煞白，理直气壮地言道："我早已回绝了媒婆之言！根本不认识这姑娘，从未去过她家。说我因奸杀人真是无稽之谈！望大人明察。"

察秀才之言词神情，刘知县对他的怀疑排除了许多。他又追问那少女："你说奸夫是秀才，他身上可有什么特征？"少女思虑了一会儿，回答："他胳膊上有块瘢痕。"刘知县当场令衙役查看秀才胳膊，回道，无一点痕迹。刘知县顿陷困惑，百思不得其解。忽然，他冷不丁地问："媒婆有儿子吗？"当下有人回答："有。"刘知县即令人前去抓获媒婆之子，经查其胳膊，确有一亮眼的红瘢痕！刘知县喝道："你定是凶犯，如不招供就重刑侍候！"威严之下，这浪荡公子供出了作案经过：那夜，他又冒充秀才私会少女，进房后在床上一摸，却触到了两个人的脑袋，他顿时醋意大发，以为这骚女人另有奸夫，就拔刀猛砍……案情大白，三位有关联的人心态各异：秀才欣慰，少女悔恨，那浪荡公子自然恐惧绝望了。

正因为刘知县的预测性，使秀才终于摆脱嫌疑，得到正确审判，在日常的生活中，我们也要认清事理、把握事情的发展方向。

### 机智勇敢，不要硬拼

遇到事情勇敢机智，遇到困难不退缩，遇到危险不惊慌，不逞强，不蛮干。在保护好自己的生命安全的前提下，才能尽自己的努力来完成使命。机智和勇敢可以并存，切不可与对手硬碰硬。

清朝时，某地一富户深夜遭到了窃贼的偷袭。一伙蒙面的强盗，把主人夫妇从床上拖起来，用剑刃指着他们的喉咙，勒令其交出家中所有的钥匙。夫妇俩吓得不敢不从，忙哆嗦着在梳妆台上寻出一串钥匙，递给了他们。强盗们立即各持一把，分散到各个房间搜寻起来。一时间，家中所有箱柜都被打开了。卧室、厅堂、书房……被翻得狼藉不堪。

眼看家中财物将被掠夺一空，有个小丫头此时挺身站了出来。强盗的野蛮行径丑恶嘴脸，令小丫头气愤不已。她小小的年纪无力驱赶盗贼，就在幼小的心里想策略，忽然她看见了院上的柴堆，月光下的柴堆上面浮着一团团夜雾。小丫头心里一动，急忙装出十分惧怕的样子，对放哨的强盗哭哭啼啼地说："叔叔，我冷……冷啊？您让我到厨房里去暖和一会好么？"说着小身子抖成了一团。强盗见小丫头不满10岁的样子，便动了恻隐之心，何况她不是出门呢！于是说："去吧。"

小丫头获得允诺，就佯装冷得站不住的样子，磕磕绊绊地去厂厨房。刚迈进房门，小丫头便来了精神。她把门拴上，找到敲火石，点着了油灯，接连向灶里塞进几把稻草，火苗霎时燃成了一片红光……这时，小丫头马上打开窗子，越窗跳到后院，又将窗子关好。放哨的强盗见小丫头半天不出来，便走到厨房门前不放心地冲门缝窥探了一下，见油灯亮着，灶膛里的火闪着，估计小丫头正在取暖，就重新回到厅堂前放风去了。

正当屋里的强盗贪得无厌地一遍遍搜寻财物时，村里忽然响起了一片呼喊声："救火啦！救火啦！"伴随着喊声，是纷至沓来的脚步声。强盗们猛然惊觉，他们像没头苍蝇似的四处乱撞着，逃到门口，只见村民们拎着水桶、擎着扁担，站满了一大片。强盗刚要夺门而逃，只听小丫头喊："叔叔、伯伯们快抓住他们！他们是强盗！"人们顿时醒悟过来，大家一拥而上，七手八脚，一会儿工夫，就把强盗活捉了。

主人感激大家的救命之恩。询问失火原因时，才知是小丫头使的一计：原来，她来到后院，将靠近围墙的一垛稻草点燃了。那夜风大，火借风势，风助火威，大火引来了救兵。主人及村民围住小丫头，无不赞许她随机应变的智慧，说她小小年纪竟有如此过人的聪明才智，将来定能成为一个女诸葛亮！

十岁小丫头，将来怎样不得而知，可她这一壮举，确实令人惊叹。

故事结束了，不知你想到了什么？人，不光要有智慧，还要有胆识，只有这样，才能够去做好事情。

## 善于发现对手的弱点

人生难免遇到一些强劲的对手，面对这样的情况，有的人沮丧而退，有的人则随机应变。到底我们应当怎么应对呢，其实最重要的不是对手有多么强，而是我们是否发挥了全部的智慧来思考，是否找到了对手的弱点，如果答案是肯定的，那么，一击必中。这样的例子曾经在历史上不断地上演。

西汉末年，王莽篡权，施行暴政，民不聊生。绿林军、赤眉军相继起义，迅速发展壮大，加速了王莽政权的灭亡。西汉皇族刘秀在起义军中异军突起，并于公元25年称帝，建立了东汉。

不久，东汉朝廷开始对付农民起义军……

公元27年正月，东汉梁侯邓禹带领车骑将军邓弘包围了湖县（今河南灵宝西），袭击赤眉军，企图一举歼灭他们。

日近黄昏，双方人马仍在旷野厮杀。东汉派来的都是精兵强将，赤眉军寡不敌众，再硬拼下去，势必全军覆没，于是赤眉军将领决定撤退回城。

当晚赤眉军的首领们在微弱的烛光下商量对策。忽然，巡逻军官气喘吁吁地冲进来，面带喜色地汇报："官军邓弘部下的粮草被我们截获，他们快成了一群'饿煞鬼'啦！"听到这话，一位谋士马上拍掌大笑："咦，何不来个豆子诱引饥兵的妙计！"他如此这般娓娓道来……

第二天，曙光微露。赤眉军竟然大开城门，纷纷败退，到处一片狼藉，像是因人心慌乱无暇顾及的样子。丢弃的车里都装满了土，只在表面蒙上了一层豆子，只等"鱼儿"上钩。

邓弘的士兵饿着肚子追上来，见到一辆辆车载满豆子排列在眼前，腹内都咕咕直叫，再也没心思追赶赤眉军，纷纷围上车子，你争我夺，顿时叫骂声、厮打声四起，阵容大乱。赤眉军见敌人中计，立即高声呼喊，回军反击，大胜而归。

赤眉军胜利的关键在于找出了对方的弱点——士兵饥饿，所以大获全胜。那么你是否从中受到了启发呢，如果你也正是这样的处境，那么努力思索一下对手的弱点是什么，你一定会豁然开朗。

## 机会垂青有准备的人

我们常说有备无患，这句话是很有道理的。尤其是现在的市场经济，我们每做一件事总要衡量它的效益，提前做好准备是有好处的。

机会从不垂青没有准备的人。充分的准备很有必要，这样就不会临阵慌了手脚。然而，我们看看赵襄子杀智伯的故事，你就会有所领悟了。

晋国四卿赶走晋国的国君，大权尽归于地多而最强的智氏伯瑶手中。智伯有代晋之志，暗中联合韩、魏两家，共攻赵氏，约定灭了赵氏三分其地。韩虎、魏驹一来惧怕智伯之强，二来贪图赵氏之地，和智伯一起领兵向赵氏封地杀来。赵襄子寡不敌众，只得逃难，但心慌意乱不知逃向何处为好。赵氏谋臣张孟谈提醒他说："先王曾说过，若赵氏有难，应当躲避晋阳。当年董安受先王赵简子嘱托，筑公宫于城内，又经尹铎一番治理，足可坚守。况且，晋阳百姓受董安、尹铎数十年宽恤之恩，也会尽死力抵抗的。"

赵襄子逃到晋阳才知道，晋阳城已经面目全非了：城廓崩坏，仓库无粮，府库无钱，兵器库里没有武装器械，就连四周的村镇，也没有任何防御设施。他于是埋怨张孟谈说："你劝我逃奔晋阳，可晋阳一无所有，我们如何御敌呢？"张孟谈胸有成竹地说："圣人之治，储藏财物于民间，而不在库府；致力于教化人民，而不注重营造城廓。这样，百姓才无不心服。如今，主公可下令要百姓保留三个月的生活必需品，而多余的财物粮食交出来。再征集青壮男丁修筑城池，百姓会服从命令的，还愁不能坚守晋阳城吗？"赵襄子下令之后，第二天当地百姓就送来了无法估量的粮食、财物及兵器，几天内城廓修整一新，防御设施也都整治完备。赵襄子又发愁说："守城之器，莫利于弓箭，可我们带来的太少，该怎么办呢？"张孟谈说："董安宫室旁的大树，已长到一丈高了，可以砍下制成箭杆。宫室内的柱子是由精铜炼铸的，可以制造成箭簇、兵械。"赵襄子叹道："真想不到先王的远见，有备而无患啊！治国之需贤臣的道理，今天我才明白，用董安而器用备，得尹铎而民心归，这是赵氏之大幸啊！"

不久，智、韩、魏三家兵马，把晋阳城团团围住，始终难以攻破。赵襄子采用智略过人的张孟谈的离间之计，使韩、魏与赵氏结盟，反败智氏一军。野心勃勃而德才不足的智伯终于做了俘虏又被砍掉了脑袋。

赵襄子凭借先王的恩绩，得以在晋阳城内一决生死，反败为胜，正是先人早有准备，留下了退路，否则后果不堪设想。

# 渔 父①

【原文】

孔子游乎缁帷②之林，休坐乎杏坛③之上，弟子读书，孔子弦歌鼓琴。奏曲未半，有渔父者，下船而来，须眉交白，被发揄袂，行原以上，距陆而止，左手据膝，右手持颐以听。曲终，而招子贡、子路二人俱对。

客指孔子曰："彼何为者也？"子路对曰："鲁之君子也。"客问其族④。子路对曰："族孔氏。"客曰："孔氏者，何治也？"子路未应，子贡对曰："孔氏者，性服忠信，身行仁义，饰礼乐，选人伦，上以忠于世主，下以化于齐民，将以利天下。此孔氏之所治也。又问曰："有土之君与？"子贡曰："非也。""侯王之佐与？"子贡曰："非也。"客乃笑而还行，言曰："仁则仁矣，恐不免其身。苦心劳形以危其真。呜呼！远哉，其分于道也。"

子贡还，报孔子。孔子推琴而起，曰："其圣人与！"乃下求之。至于泽畔，方将杖拏⑤而引其船，顾见孔子，还乡而立。孔子反走，再拜而进。

客曰："子将何求？"孔子曰；"曩者先生有绪言而去，丘不肖，未知所谓，窃待于下风⑥，幸闻咳唾之音，以卒相丘也。"

客曰："嘻！甚矣，子之好学也！"孔子再拜而起，曰："丘少而修学，以至于今，六十九岁矣，无所得闻至教，敢不虚心！"

客曰："同类相从，同声相应，固天之理也。吾请释吾之所有而经子之所以。子之所以者，人事也。天子诸侯大夫庶人，此四者自正，治之美也；四者离位而乱莫大焉。官治其职，人忧其事，乃无所陵。故田荒室露，衣食不足，征赋不属，妻妾不和，长少无序，庶人之忧也；能不胜任，官事不治，行不清白，群下荒怠，功美不有，爵禄不持，大人之忧也；廷无忠臣，国家昏乱，工技不巧，贡职不美，春秋⑦后伦，不顺天子，诸侯之忧也；阴阳不和，寒暑不时，以伤庶物，诸侯暴乱，擅相攘伐，以残民人，礼乐不节，财用穷匮，人伦不饬，百姓淫乱，天子有司之忧也。今子既上无君侯有司之势，而下无大臣职事之官，而擅饰礼乐，选人伦，以化齐民，不泰多事乎？且人有八疵，事有四患，不可不察也。非其事而事之，谓之摠⑧；莫之顾而进之，谐之佞；希⑨意道言，谓之谄；不择是非而言，谓之谀；好言人之恶，谓之谗；析交离亲，谓之贼；称誉诈伪以败恶人，谓之慝⑩；不择善否，两容颊适，偷拔其所欲，谓之险。此八疵者，外以乱人，内以伤身，君子不友，明君不臣。所谓四患者：好经大事，变更易常，以挂功名，谓之叨；专知擅事，侵人自用，谓之贪；见过不更，闻谏愈甚，谓之狠；人同于己则可，不同于己，虽善不善，谓之矜。此四患也。能去八疵，无行四患，而始可教已。"

## 【注释】

①渔父：渔夫。这个渔夫实际是个满现实的隐士，通过他的教训孔子的言论，表现庄子学派的社会道德批判思想。

②缁帷：黑幕。

③杏坛：植有杏树的高地，在鲁都东门外。曾是鲁将臧文誓师的地方，孔子也在此讲学。

④族：氏族，姓氏。

⑤挐：通"桡"，船桨。

⑥下风：膝下之风。

⑦春秋：春季晋见天子称朝，秋季晋见天子称觐。

⑧摠：通"总"，包揽。

⑨希：通"睎"，观察。

⑩慝（tè）：奸邪。

## 【译文】

　　孔子到漆黑如幕的树林里游赏，然后坐在杏坛上休息。学生在读书，孔子在弹琴唱歌。歌曲演奏没到一半，有个渔夫下船走过来，他的胡子和眉毛都白了，披散着头发挥着袖子，经过原野走上来，到达高地就停住了。他左手按着膝盖，右手托着脸颊在听。一曲完毕他就招呼子贡和子路两人一起来对话。

他指着孔子问："那人是谁呀？"子路回答说："是鲁国的君子。"他询问姓氏，子路回答说："是孔氏家族。"他又问："这姓孔的是干什么职业的？"子路没有回答，子贡回答说："这姓孔的人，用心于忠信，躬身实践仁义，用礼乐加以修饰，制定人际关系准则。对上忠于君主，对下教化平民，这些是利于天下的。这就是姓孔的人所干的职业了。"他又问道："他是拥有国土的君主吗？"子贡说："不是的。"他又问："他是侯王的卿相吗？"子贡说："不是的。"他于是笑了笑就往回走，并说："仁爱倒是仁爱了，恐怕难免身形劳累，煞费苦心劳累身体会危害他天性的。哎！他离大道的距离太远了。"

子贡回来，把事情向孔子汇报。孔子推开琴站起来，说："那是个圣人吗？"于是径直去找他，直到湖边，那渔夫要撑篙启引他的船，回头看见孔子，便转过身来向着孔子站着。孔子倒退了几步，拜了拜便走上去。

渔夫问道："你是有什么事找我吗？"孔子说："刚才先生只说了个开头就走了，我如此浅陋而不能理解先生之言，所以暗自等待，希望得到有益于自身的只言片语。"

渔夫说："嘿！你真是太好学了。"孔子再次行礼站起来，说："我从小学习，直到现在，已经六十九年了，还没听过至上的教诲，哪敢不虚心呢？"

渔夫说："同类事物相互关联，同类声音相互应答，这本来就是自然常理。我想运用我的见解来分析你的所作所为。你所从事的，是人世事务。天子、诸侯、大夫、平民，这四等人自身稳定，是治理上最理想的了；这四等人地位发生转变便会爆发大得无比的昏乱了。官吏执行自己的职责，人民操心自己的事情，这才不会出现动乱。所以田地荒芜居室败露，衣食不足，所征赋税不能及时交纳，妻妾之间不和睦，长幼没了次序这是平民的担忧；能力不能胜任职责，官府公务荒废行为不清廉，下属荒怠，功名毫无建树，爵禄无以维持，这是大夫的担忧；朝廷没有忠臣，国家昏乱，工艺技术不够精巧，进贡不尽如人意，春朝秋觐时比同列诸侯晚了一步，触犯了天子，这是诸侯的担忧；阴阳气候不相调和，寒冷暑热不遵从季节，伤害了农、林、牧等物业发展，诸侯暴乱，擅自相互攻伐，残害百姓，礼乐失去规范，物资贫乏，社会等级难以整顿，百姓无法无天，这是天子及其有关官员的担忧。如今你既不同于君主诸侯的权力，也没有臣子官属的职位，却枉费苦心用礼乐修饰社会，制定交往秩序来教化百姓，不是多管闲事吗？加上人有八种毛病，事情有四种害处，不可以不加留心呀。不属于自己管的事却要去管它，叫作包揽；别人还没顾及就从中插嘴，叫作多嘴；察言观色来说话，叫作谄媚；没有是非标准地说话，叫作献谀；喜好讲人的坏话，叫作谗毁；挑拨离间亲友关系，叫做贼害；用称赞奸诈虚伪的人来打击仇人，叫作奸邪；不分善恶，两副面孔去投合，暗中助长人的欲望，叫作阴险。这八种毛病，对外可搅乱人心，对内足以伤害自身，君子不会跟他做朋友，英明的君主不会起用他做臣子。所说的四种害处是：喜欢经营在事，标新立异，沽名钓誉，叫作盗窃；自以为是个人独断，恃势凌人刚愎自用，叫作贪婪；发现过错不予改正，听人指劝后更变本加厉，叫作狠戾；别人赞同自己就认可，不赞同自己，纵然是好意也不承认，叫作矜夸。这就是四种害处。只是舍弃这八种毛病，不再遭受四种害处，你才可以教诲世人啊。"

## 【原文】

孔子愀然①而叹，再拜而起，曰："丘再逐于鲁，削迹于卫，伐树于宋，围于陈、蔡。丘不知所失，而离此四谤者，何也？"

客凄然变容曰："甚矣，子之难悟也！人有畏影恶迹而去之走者，举足愈数而迹愈多，走愈疾而影不离身，自以为尚迟，疾走不休，绝力而死。不知处阴以休影，处静以息迹，愚亦甚矣！子审仁义之间，察同异之际，观动静之变，适受与之度，理好恶之情，和喜怒之节，而几于不免矣。谨修而身，慎守其真，还以物与人，则无所累已。今不修之身而求之人，不亦外乎！"

孔子愀然，曰："请问何谓真？"

客曰："真者，精诚之至也。不精不诚，不能动人。故强哭者，虽悲不哀；强怒者，虽严不威；强亲者，虽笑不和。真悲无声而哀，真怒未发而威，真亲未笑而和。真在内者，神动于外，是所以贵真也。其用于人理也，事亲则慈孝，事君则忠贞，饮酒则欢乐，处丧则悲哀。忠贞以功为主，饮酒以乐为主，处丧以哀为主，事亲以适为主。功成之美，无一其迹矣；事亲以适，不论所以矣；饮酒以乐，不选其具矣；处丧以哀，无问其礼矣。礼者，世俗之所为也；真者，所以受于天也，自然不可易也。故圣人法天贵真，不拘于俗。愚者反此。不能法天而恤于人，不知贵真，禄禄②而受变于俗，故不足。惜哉，子之蚤湛③于人伪而晚闻大道也！"

孔子又再拜而起，曰："今者丘得遇也，若天幸然。先生不羞而比之服役而身教之。敢问舍所在，请因受业而卒学大道。"

客曰："吾闻之，可与往者，与之至于妙道；不可与往者，不知其道。慎勿与之，身乃无咎。子勉之，吾去子矣，吾去子矣！"乃刺船而去，延缘苇间。

颜渊还车，子路授绥，孔子不顾，待水波定，不闻拏音而后敢乘。

子路旁车而问曰："由得为役久矣，未尝见夫子遇人如此其威也。万乘之主，千乘之君④，见夫子未尝不分庭伉礼⑤，夫子犹有倨傲之容。今渔父杖拏逆立，而夫子曲要磬折⑥，言拜而应，得无太甚乎！门人皆怪夫子矣，渔人何以得此乎！"

孔子伏轼而叹曰："甚矣，由之难化也！湛于礼仪有间矣，而朴鄙之心至今未去。进，吾语汝：夫遇长不敬，失礼也；见贤不尊，不仁也。彼非至人，不能下人。下人之情，不得其真，故长伤身。惜哉！不仁之于人也，祸莫大焉，而由独擅之。且道者，万物之所由也。庶物失之者死，得之者生。为事逆之则败，顺之则成。故道之所在，圣人尊之。今渔父之于道，可谓有矣，吾敢不敬乎！"

## 【注释】

①愀（qiǎo）然：惭愧状。

②禄禄：通"逯逯"，追随的样子。

③蚤：通"早"。湛：通"耽"，沉溺。

④万乘：天子。千乘：诸侯。

⑤分庭伉礼：宾主分从东西庭升堂，称分庭。在堂上让座互拜，称伉礼。

⑥要：通"腰"。磬：乐器，中曲。

## 【译文】

孔子露出惭愧之色，再次行礼后站起来，说："我在鲁国两次被驱逐，在卫国被迫潜逃，在宋国连待过的树都被砍掉，在陈、蔡两国之间被围困过。我也不知道犯了什么过错，竟受到这四次打击？"

渔夫凄怆地变色说："你真是太难醒悟了。有个害怕身影讨厌足迹想摆脱它跑动的人，他抬腿的次数越多那足迹就越多，跑得越快可身影还是摆脱不了，他自以为太慢了，猛跑不停，直到断气力就死了。他不懂得待在阴暗的地方就能使影子消失掉，处在静止状态就能使足迹不出现，他也太过愚蠢了。你深明仁义的关联，分清同异的界限，留心动静的变化，把握接受和给予的分寸，分析爱好和厌恶的实质，调和高兴和恼怒的差距，可是还不能免除祸害啊。谨慎地修养你的身心，慎重地保存你的真性，施惠于人，那就没有什么牵累了。现在你不去修身反而去为他人订立规矩，不也太出格了吗？"

孔子羞愧地问："请问什么叫真？"

渔夫说："真嘛，就是心性精诚达到极点，不精诚，就不能感动人。所以勉强哭泣的人，虽有悲伤却无哀痛；勉强恼怒的人，虽有严厉却无威慑；勉强亲热的人，虽有笑容却无和蔼。真正的哀伤是无声的大痛，真正的恼怒未发而震慑天下，真正的亲热在笑容之前就感到和蔼。真性在内，神情表现出来，这就是珍视真性的原因。将它运用到人的伦理，侍奉双亲就慈爱孝敬，效力君主就忠心坚贞，喝酒就快乐，守丧以悲哀为目的，侍奉双亲以顺从他们的心意为目的。成功了就好，不要固定在一种途径上；侍奉双亲令他们满意就行，不管用何种手段；喝酒快乐就得了，不需要选择用什么器具；守丧悲哀就是了，不必讲究礼仪形式。礼是世俗人为制作的；真性是出于天然的，自然而然不可改变。所以圣人效法自然珍重真诚，不受世俗拘束。愚顽的人正与此相反。不能效法自然而忧心于人事，就不懂得本性的珍贵，随波逐流改变自己而无法满足，可惜呀，你过早沉溺在人为的俗务里却过晚地聆听大道啊。"

孔子又再次行礼后站起来说："今天我能够遇上你，如同跟神幸会一样。先生不以为耻地把我当作学生亲身教诲我，我冒昧请问先生住处在哪里，好让我继续接受学业直至最终学完大道。"

渔夫说："我听过有句话说，对可以一起前进的人，就跟他达到美妙的境界；对不可以一起前进的人，那就不知道路在哪了。千万不要跟他一起，这样自身才避免祸害。你努力吧，我要离开你了，我要离开你了。"于是就撑船走了，沿着芦苇水径缓缓飘逝。

颜渊回到车上，子路将车绳递给孔子，孔子连看也没看，直到水波平定，听不到桨声然后才敢坐上车。

子路靠近车来，问道："我当弟子很久了，从来没见过先生待人这么肃敬的。天子也好，诸侯也好，跟先生会面时未曾不是分庭抗礼的，先生还有点傲慢的神气呢。现在渔夫撑桨背身站着，可先生却把腰弯得像折磬一样，听渔夫说话也要先行礼再回答，可不是太过分了吗？学生们都觉得先生有点特别了，渔夫凭什么得到这样的待遇？"

孔子趴在车座横木上叹口气，说："子路你真是太难教谕了。你泡在礼仪中够长时间的了，可是粗鄙的心性至今还没消除。过来，我告诉你。遇到长者不尊敬，是失礼；看见贤人不尊敬，是不仁爱。如果他不是至人，就不能使人信服。对人谦逊却不真诚，不能回到真性，所以老是伤害身体。可惜呀，对人不仁爱，祸大无比，可你却特别突出。至于道嘛，是万物产生的根由。众物失去它就会死，得到它就能活。做事情违背它就失败，顺从它就成功。所以道在哪里，圣人都尊崇它。如今道在渔夫身上，我哪敢不尊敬他呢？"

【解析】

　　"渔父"为一捕鱼的老人，这里用作篇名。篇文通过渔父对孔子的批评，指斥儒家的思想，并借此阐述了"慎守其真"、还归自然的主张。

　　全文写了孔子见到渔父以及和渔父对话的全过程。首先是渔父跟孔子的弟子子路、子贡谈话，批评孔子"性服忠信，身行仁义""饰礼乐，选人伦"，都是"苦心劳形以危其真"。接着写孔子见到渔父，受到渔父的直接批评，指出他不在其位而谋其政，乃是"八疵""四患"的行为；应该各安其位，才是最好的治理。接下去又进一步写渔父向孔子提出"真"；所谓真，就是"受于天"，主张"法天""贵真""不拘于俗"。最后写孔子对渔父的谦恭和崇敬的心情。

　　本篇历来也多受指责，被认为是伪作，但本篇的思想跟庄子一贯的主张还是有相通之处的，对儒家的指责不如《胠箧》《盗跖》那么直接、激烈，守真和受于天的思想也与内篇的观点相一致，而且渔父本身就是一隐道者的形象，因而仍应看作是庄派学说的后学之作。

【证解故事】

## 声东击西巧用计

　　毛主席的军事策略很独到，其中就有一条是声东击西。给敌人以假象，使其上当，然后再集中力量，去消灭敌人的有生力量。其实，这样的妙计在古代的时候就有很巧妙的应用了。

　　公元前 206 年，刘邦率军攻入咸阳。按照"先入关者为王"的约定，刘邦理应为王。但迫于项羽兵多势众，终被改封为汉中王，驻守南郡。项羽谋臣范增深忌刘邦，屡次谋杀未遂。为了不使刘邦上任，范增把他留在咸阳，名曰辅助，实为限制。

　　刘邦急欲脱离虎口，便问计于张良，张良往访陈平，陈平便献一计。第二天，陈平向项羽奏请，派范增往彭城催怀王徙居彬州。范增临行前向项羽再三嘱咐：切莫让刘邦去汉中，以免放虎归山，后患无穷。项羽应允。

时隔不久，陈平再次上表，言咸阳驻军太多，坐吃山空，不如将各路诸侯遣回封地，以减轻咸阳压力。项羽应允，但唯独不放刘邦；于是张良便谋划以省亲为借口请求回乡。项羽看了刘邦的上表，沉思片刻，心中仍有疑虑，便试探刘邦。刘邦说："我父年事已高，无人侍奉，我日夜怀念。往日见主公事务繁忙，故不敢启齿，今见各路诸侯皆已返回，思乡之情倍增，故请求回乡省亲。"说着，眼泪竟掉了下来。这时，张良在旁故意说道："不可放他回乡，宁可遣他回汉中。可使人去丰沛取他家眷来作抵押，以免他生二心。"项羽点头说道："你说得虽然有理，但我不放他回汉中，正是怕他有二心。"于是陈平说道："主公既已封他为汉中王，不使其上任，恐怕要失信于天下。不如放他回去，但把他家眷留在咸阳作为人质，岂不两全其美？"项羽沉吟片刻，说："这也算合情合理。现在你可去汉中上任，但不能回丰沛。"刘邦听后无限欢喜，却仍装出一副可怜相继续要求回乡省亲。项羽心有不忍，好生抚慰一番，刘邦方才作罢，站起来感谢项羽之大恩大德。

刘邦回营，立即令大小将士火速拔寨启程，如猛虎归山，朝汉中进发。最终刘邦凭借汉中之地利、人和，得以东山再起，夺得大权。

"声东击西"原是指在军事上故作态势，以假象迷惑对方，以达到出奇制胜。陈平把这一战术运用在政治领域，成功地帮助刘邦摆脱了项羽的控制。那么现代的商场竞争中，也需要有这样的智谋才能在竞争中立于不败之地。

## 轻信对方酿大错

信任是人与人交往的最基本的原则，但不是毫无原则地轻信，尤其是对竞争者，对方不会随便出让既得利益，如果简单地想当然就可能铸成大错。

投降安禄山的雍丘令令狐潮，被真源令张巡以草人计赚去几万支箭后，恼羞成怒，为了复仇再次包围了雍丘。

张巡灵机一动，哎，再施一计，让令狐潮上当。两军对阵，张巡策马驰至阵前，假意对令狐潮说："你想得到雍丘城吗？好！你给我三十四马，我把城换给你。马一送到，我立即骑马跑出城门，高高兴兴请你入城！"

令狐潮想，三十四马能换一座城，那太合算啦。假如他不守信用，再打也不迟。他连连应声："张巡，素闻你是个君子，咱一言为定，我马上派人送来三十四好马！"

三十四马送来了，张巡将它们分发给了三十名勇敢善战的将领。张巡特意吩咐："良机一到，看我手势。你们飞马插进敌阵，给我每人抓回一个敌将！"一昼夜静静流逝，令狐潮始终不见张巡骑马出城。他又急又气，在城下大骂："张巡，你不讲信用，将被天下人笑话！"

张巡却朗声笑答："我想骑马离城，可手下兵将不愿走，叫我如何办呢？"令狐潮一听此言，气得咬牙切齿："张巡啊张巡，你这是故意拖延时间。你换城是假，骗老子的马是真！"当即大怒，立即把全部人马都摆在城外，要跟张巡决一雌雄。

没承想，这恰恰中了张巡的圈套。令狐潮的将领都拥了出来，但尚未摆好阵势，一片混乱。只见张巡的三十名将领各骑一匹马，突然飞奔出城，杀入令狐潮阵中。这三十员将领，看准目标，活捉了敌将十四人，杀死士兵一百多人。

令狐潮眼瞅着损兵折将，长叹一声，忙带着人心惶惶的部下龟缩回营寨。

其实这不是个平等的条件，显然一方吃亏，提出这种条件的一方一定有所图谋，令狐潮被这个约定迷惑了，当真相信对方会心甘情愿出让城池，的确有些天真。

## 善于揣摩对方心思

"知己知彼"就是说要全面了解对方情况，摸清他的思维习惯，行事作风，品性爱好，甚至是体察微妙的心思，了解得越多，胜算的概率越大。

李光弼获得叛将史思明进兵河阳的消息，料定史思明要断绝河阳的粮道。若是粮道被断绝，军心就会大乱，敌人乘机进攻，就难逃灭亡的命运了。于是他率兵到野水渡驻防，目的在于引诱史思明调大将到那儿，而后设计逼他们投降，如此，史思明的兵力就会削弱，便较容易应付了。等到傍晚，李光弼又率兵马暗中回到河阳，命大将雍希颢和一千名士兵留守在野水渡，行前吩咐雍希颢说："对方的李日越、高廷晖是力敌万人的勇将，假若他们来攻营，千万不要出兵交战，如果指名要我出面跟他们一决高下，你可以老实告诉他们说我已回到河阳，倘若他们投降，则可带领他们来见我。"说罢便挥兵而去。雍希颢心想，既然不要与对方的勇将交手，人家何以会投降呢？他东想西想也想不透。

史思明得到消息说，李光弼因担心粮道被切断，已移兵到野水渡，便对李日越说："李光弼善于依凭着城池攻击敌人，如今，他驻军在野水渡，那儿一片旷野，根本无可依凭的城池。你率领骑兵去擒拿他，必定能擒获，不然你就回来领罪。"李日越率领五百名骑兵飞快地赶到野水渡，见到栅门紧闭着，没有人出来迎战，便大声喊叫道："李司空有胆子赶快出来交战，要不然我们要冲进营中了。"雍希颢登上营垒回答说："司空已经回到河阳了。"起初李日越还不相信，可是听到雍希颢强调说："骗你干什么，这对我有什么好处呢？"李日越忖度良久，而后说："捉不到李光弼，我回去只有死路一条，若是擒住你也不能抵罪，你可容许我投降吗？"雍希颢说："那么我跟您一道去见李司空。"于是下来打开营门，跨上马与李日越一同到河阳。李光弼看见李日越到来，很客气地以平等的身份去迎接，并且任命他为将军，当作忠诚的僚属。李日越随即写信给高廷晖，说明史思明是苛刻不讲理的人，很不容易相处，所以才投降李司空，一来便受到优厚的待遇。您也应该早作打算，别惹上杀身之祸再后悔。高廷晖看了信，便单独骑马来投降。事后，雍希颢问李光弼说："您临走的时候，怎么知道他们会投降呢？"李光弼解释道："史思明恨不得要跟我在旷野上一决高下，听说我移兵在野水渡，他志在必胜，一定派遣勇将来捕我。而他对部将的要求一向很严厉，没有贯彻命令的人，必定要处死，所以我离开野水渡，敌将不能擒获我，不愿回去受死，便只好请降了！"李光弼这么一说，部将们无不叹服主将料敌如神。

李光弼之所以料敌如神，是因为掌握了有关主将足够多的信息并加以利用，经过缜密的谋划才最终成功。

同样另一将军张巡料定敌人在深夜不会大肆出动人马，而使用箭射，就以草人代替真人，在装备短缺的情况下得到了敌军的令箭。

公元756年，安禄山在潼关一战大胜后，长驱直入长安城。唐明皇逃往蜀地。各地许多守城将领投降了安禄山。

唐朝真源县县令张巡面临安禄山、史思明的大军，不但不投降，还率千余兵士攻占了雍丘城。雍丘城县令令狐潮已经投降了安禄山，转眼雍丘城又被张巡攻占，令狐潮岂肯干休？他从安禄山处借了数万兵，把雍丘城团团围住，要张巡投降。

张巡指挥城内军民拼死血战，誓不投降。数月过去了，城内粮草已尽，武器缺少，尤其箭也用得快没有了，张巡很着急，心想，目前情况光靠硬拼死守是不行的，必须想办法把敌人拖垮。他看到有的士兵在稻草堆上休息，稻草上插着几支箭，就突然想了个主意。

当天夜里，月色朦朦，雍丘城上有人影不断晃动。这引起了城下令狐潮军军士的注意。他们细细观看，只见许多穿黑衣的士兵正沿着绳索从城头向下滑落。令狐潮马上明白——这是张巡派兵偷袭我军营。

令狐潮马上派大批弓箭手向那些黑衣兵射箭，霎时间，万箭齐发，那些坠在城墙上的士兵纷纷受伤落地。然而他们落地后又继续向上爬，令狐潮又命再射箭。这样一直折腾到天亮，那些黑衣兵身上都如同刺猬一样，中了一身箭爬到城上。原来是些稻草人。张巡用"草人借箭"之计，白白赚了令狐潮几万支箭。

令狐潮懊悔不已。第二天，第三天，张巡又放草人下城，令狐潮再也不上当了。谁知这天放下来的不是草人，却是些勇敢善战的士兵，他们匍匐摸进敌营，偷袭进帅帐，杀死叛军无数，又放火烧营，令狐潮慌忙之中，自己先逃走了，部下也自相践踏，纷纷逃命去了。

张巡大获全胜，出城缴获敌营粮草武器不计其数。

# 列御寇

【原文】

列御寇之齐，中道而反，遇伯昏瞀人。

伯昏瞀人曰："奚方而反①"？

曰："吾惊焉。"

曰："恶乎惊？"

曰："吾尝食于十浆，而五浆先馈。"

伯昏瞀人曰："若是则汝何为惊已？"

曰："夫内诚不解②，形谍成光③，以外镇人心，使人轻乎贵老，而齑其所患④。夫浆人特为食羹之货，多馀之赢，其为利也薄，其为权也轻，而犹若是，而况于万乘之主乎！身劳于国而知尽于事。彼将任我以事，而效我以功，吾是以惊"。

伯昏瞀人曰："善哉观乎！女处已，人将保女矣！"

无几何而往，则户外之屦满矣。伯昏瞀人北面而立，敦杖蹙之乎颐，立有间，不言而出。宾者以告列子，列子提屦，跣⑤而走，暨乎门，曰："先生既来，曾不发药乎？"

曰："已矣，吾固告汝曰：人将保汝，果保汝矣！非汝能使人保汝，而汝不能使人无保汝也，而焉用之感豫出异也⑥。必且有感摇⑦而本性，又无谓也。与汝游者，又莫汝告也，彼所小言，尽人毒也。莫觉莫悟，何相孰也⑧！巧者劳而知者忧，无能者无所求。饱食而遨游，泛若不系之舟，虚而遨游者也！"

【注释】

①奚方而反：因何故回来。奚，何。方，故。

②内诚不解：内心情欲不能缓解。诚，"情"的假借字。

③形谍成光：谍，动。形谍，形容举动。成光，有光仪。

④齑(jī)其所患：招致祸患。齑，聚积。

⑤跣：赤脚。

⑥而焉用之感豫出异也：你何必这样讨人欢心而与众不同呢！而，通"尔"，你。之，此。

⑦感摇：感撼。

⑧何相孰也：怎能相亲爱。孰，"熟"的本字。相孰，即相习熟。

## 【译文】

列御寇到齐国去，中途返回来，遇上伯昏瞀人。

伯昏瞀人问道："什么事情使你又回来了？"

列御寇说："我感到惊恐不安。"

伯昏瞀说："你为什么惊恐不安？"

列御寇说："我曾在十家卖浆的店子吃饭，有五家事先就给我送来。"

伯昏瞀人说："像这样的事，怎么会让你惊惶不安呢？"

列御寇说："心中情欲不能排遣，处部身形就会有光仪神采；以这样的外貌镇服人心，使人对我的尊重胜过对老人的尊重，这将会招致祸患。卖浆人只不过是做些小本的饮食买卖，没有多少盈余，获利微薄，权势轻微，还如此待我，更何况是万乘的国君呢？国君身体为国家损耗，才智为政事消耗，他们会把重任托付给我并考察我的功绩。我正因为这个缘故才惊惶不已。"

伯昏瞀人说："你的观察与分析妙啊！你就等着吧，人们会归附你的！"

没过多久，伯昏瞀人前去看望列御寇，见门外摆满了鞋子。伯昏瞀人面朝北方站着，竖着拐杖撑住下巴，站了一会儿，一句话没有就出去了。接待客人的人告诉列御寇，列御寇提着鞋子，光着脚就跑了出来，赶到门口，说："先生既然来了，怎么不说一句教导的话呢？"

伯昏瞀人说："算了算了，我本来就告诉你说人们会归附你，果真归附你了。不是你能使人归附你，而是你不能使人不归附你。你何必这样讨人欢喜而显现得与众不同呢！必定是有什么东西撼动了你的本性，而你又无奈何。跟你交游的人中无人劝诫你，他们机巧的言论，全是毒害人的。没有觉悟的人则能彼此相亲相爱呢！灵巧的人多劳累，聪明的人多忧患，不用智巧的人无所求。填饱肚子就自由自在地遨游，像不受缆索牵绊飘忽在水中的船只一样，这才是心境虚无而自由遨游的人。"

## 【原文】

郑人缓也，呻吟①裘氏之地。只三年而缓为儒。河润九里，泽及三族，使其弟墨②。儒墨相与辩，其父助翟。十年而缓自杀。其父梦之曰："使而子为墨者，予也，阖胡尝视其良，既为秋柏之实矣。"

夫造物者之报人也，不报其人而报其人之天。彼故使彼。夫人以己为有以异于人，以贱其亲，齐人之井饮者相捽③也，故曰：今之世皆缓也。自是有德者以不知也，而况有道者乎！古者谓之遁④天之刑。

圣人安其所安，不安其所不安；众人安其所不安，不安其所安。

庄子曰："知道易，勿言难。知而不言，所以之天也。知而言之，所以之人也。古之人，天而不人。"

## 【注释】

①呻吟：诵读。
②使其弟墨：使他的弟弟学墨学。
③相捽：相争扭。
④遁：此处作"违"解。

## 【译文】

郑国有个名叫缓的人在裘氏这个地方读书，只用了三年就成了儒生，像河水滋润沿岸的土地一样施惠乡里，泽及三族，并让他的弟弟成为墨家的学人。儒、墨相互争辩，缓的父亲则站在墨家一边。十年后缓自杀了，他的父亲梦见他说："让你的儿子成为墨家的是我，为什么不到我的坟前去看看，坟茔上的秋柏树已经结果了。"

造物主赋予人们的，不是才智而是自然本性。他的天性使他成为墨家学人。缓总认为自己与众不同而轻侮他的父亲，就像齐人自以为挖井有功而与饮水之人扭打一样。这样看来，今天的人都像缓这样的人了。自以为本该如此，在有德的人看来这是不明智的做法，更何况在有道的人看来呢！在古时候的人看来，这是违逆天理的刑罚。

圣人安于自然，不安于人为；众人安于人为，却不安于自然。

庄子说："了解道容易，不去谈论却难。了解了道却不妄加谈论，这合于自然；了解了道却信口谈论，这属于人为。古时候的人，顺应自然而不追随人为。"

## 【原文】

朱泙漫学屠龙于支离益<sup>①</sup>，单<sup>②</sup>千金之家，三年技成而无所用其巧。

圣人以必不必<sup>③</sup>，故无兵；众人以不必必之，故多兵。顺于兵，故行有求<sup>④</sup>。兵，恃之则亡。

小夫之知，不离苞苴竿牍<sup>⑤</sup>，敝精神乎蹇浅，而欲兼济导物<sup>⑥</sup>，太一形虚。若是者，迷惑于宇宙，形累不知太初。彼至人者，归精神乎无始，而甘暝乎无何有之乡。水流乎无形，发泄乎太清。悲哉乎！汝为知在毫毛，而不知大宁！

## 【注释】

①朱泙漫、支离益：均为人名。

②单："殚"的假借字，尽也。

③以必不必：把必然的事理视为不必然。比喻心胸豁达，不固执。

④顺于兵，故行有求：兵，泛指纷争。求，贪求。

⑤苞苴竿牍：指应酬交际。

⑥兼济导物：兼济天下，引导众生。

朱泙漫向支离益学习屠龙的手艺,耗尽了千金家财,三年学成却没有地方施展他的手艺。

圣人不把必然的事当真,所以没有纷争;众人把不必然的事情当必然,所以纷争风起,顺纷争走,所以有贪求的行为。纷争,依恃它就会灭亡。

普通人的心智,离不开交际应酬,把精神消耗在浅薄的事物中,还幻想普济天下,引导众物,以达到物我两忘的境界。像这样是为宇宙形体所迷惑,劳累形体不识太初的真理。而那至人之人,精神归向于无始的境界,沉湎于无何有之乡。水流于无形,自然流在虚寂的境界。可悲啊!这些普通人反将心智用在琐碎的小事上,而不知道大宁的境界。

## 【原文】

宋人有曹商①者,为宋王②使秦。其往也,得车数乘。王说③之,益④车百乘。反⑤于宋,见庄子曰:"夫处穷闾阨巷⑥,困窘织屦⑦、槁项黄馘者⑧,商之所短⑨也;一悟⑩万乘之主而从车百乘者,商之所长⑪也。"

庄子曰:"秦王有病召医。破痈溃痤⑫者得车一乘,舐痔⑬者得车五乘,所治愈下⑭,得车愈多。子岂⑮治其痔邪,何得车之多也?子行⑯矣!"

## 【注释】

①曹商:人名。

②宋王:宋君偃。

③说:通"悦"。

④益:增加。

⑤反:通"返"。

⑥穷闾:贫穷僻里。阨巷:狭巷。

⑦困窘:贫苦。织屦:织鞋,做鞋。

⑧槁项：干枯的脖子。馘(xù)：脸。

⑨短：短处。

⑩一：一旦。悟：使……觉悟。

⑪长：长处。

⑫痈：多个脓头的毒疮。痤(cuó)：痤疮，粉刺。一说疽。

⑬舐(shì)：舔。痔：痔疮。

⑭下：卑下。

⑮岂：难道。

⑯子：你。行：走。

## 【译文】

宋国有个叫曹商的，为宋君偃出使秦国。刚去时，获得几辆车子。秦王喜欢他，增加车子百辆。返回宋国，见到庄子，说："住在穷里狭巷，贫苦地靠织鞋而生，搞得面黄肌瘦，这是我所短缺的；一旦使万乘之君主觉悟而使随从的车子增加到百乘，这是我的长处。"

庄子说："秦王有病召请医生，破除痈疽溃散痤疮的可以得车一辆，舐痔疮的可以得车五辆，所医治的愈卑下得的车愈多。你难道治疗他的痔疮了吗？为什么你得到的车这么多呢？你走吧！"

## 【原文】

鲁哀公问乎颜阖曰："吾以仲尼为贞幹①，国其有瘳乎？"

曰："殆哉，圾②乎！仲尼方且饰羽而画，从事华辞。以支为旨③，忍性以视民，而不知不信。受乎心，宰乎神，夫何足以上民！彼宜汝与？予颐与④？误而可矣！今使民离实学伪，非所以视民也。为后世虑，不若休之。难治也！

施于人而不忘，非天布也⑤，商贾不齿。虽以事齿之，神者弗齿。

为外刑者，金与木也⑥；为内刑者，动与过⑦也。宵人之离外刑者，金木讯之；离内刑者，阴阳食之⑧。夫免乎外内之刑者，唯真人能之。"

①贞幹：栋梁。

②圾：通"岌"，危。

③以支为旨：以支节为要旨。

④彼宜女与？予颐与：彼，指仲尼。与，欤。颐，养。本句的大意为：他适宜于你吗？让他安养人民吗？

⑤非天布也：不是上天的布施之道。

⑥金与木也：金，谓刀锯釜钺。木，谓棰楚桎梏。

⑦动与过：动，谓心之摇作。过，谓事之悔尤。

⑧阴阳食之：阴阳两气交相剥食。

## 【译文】

鲁哀公向颜阖问道："我想推荐孔子为栋梁之材，国家有希望了吧？"

颜阖说："危险啊危险！孔子正热心雕琢文饰，追求华丽的辞章，把枝节当主干，矫饰自然性情以夸示于民众，不明智也不诚信，让他的内心被这些虚情主宰，怎么能领导人民呢！孔子果真适合你吗？或者他真能恩惠人民吗？那一定会误事的。让人民背离朴实而学类伪，这不是教化人民的办法，为后世着想，不如尽早放弃这个打算。孔子是很难治理好国家的。"

"施惠于人却总放在心上，这还不是自然无私的布施。这种行为商人都瞧不起，虽然有时不得已与人谈论，但内心还是看不起的。

"对体外的刑罚，是刀斧和枷棒；对内心的惩罚，则是内心的烦乱和行动的错。小人的皮肉之刑，是用刀斧枷棒拷问；小人的内心惩罚，则是阴阳二气的交相剥食。能够免于内外刑罚的，只有真人才能做到。"

## 【原文】

孔子曰："凡人心险于山川，难于知天。天犹有春秋冬夏旦暮之期，人者厚貌深情。故有貌愿而益<sup>①</sup>，有长若不肖，有顺懁而达②，有坚而缦③，有缓而钎④，故其就义若渴者，其去义若热。故君子远使之而观其忠，近使之而观其敬，烦使之而观其能，卒然问焉而观其知，急与之期而观其信，委之以财而观其仁，告之以危而观其节，醉之以酒而观其则，杂之以处而观其色。九征至，不肖人得矣。"

正考父一命而伛，再命而偻，三命而俯，循墙而走，孰敢不轨！如而夫⑤者，一命而吕钜⑥，再命而于车上儛⑦，三命而名诸父⑧，孰协唐许⑨？

贼莫大乎德有心而心有睫⑩，及其有睫也而内视，内视而败矣！凶德有五，中德为首，何谓中德？中德也者，有以自好也而吡⑪其所不为者也。

穷有八极，达有三必，形有六府。美、髯、长、大、壮、丽、勇、敢，八者俱过人也，因以是穷；缘循、偃佒、困畏不若人⑫，三者俱通达；知慧外通，勇动多怨，仁义多责，达生之情者傀，达于知者肖，达大命者随，达小命者遭。

## 【注释】

①有貌愿而益：愿，谨厚。益，通"溢"，骄溢。

②顺懁（huān）而达：外貌圆顺而内心直达。

③缦：同"慢"。

④钎（hàn）："悍"的假借字。

⑤而夫：即凡夫。

⑥吕钜：骄矜貌。

⑦儛：作"舞"。

⑧名诸父：称呼叔伯的名号。

⑨孰协唐许：谁能同于唐尧、许由的禅让之内。

⑩心有睫：居心让人看到。

⑪吡：訾，讥诮。

⑫困畏不若人：指与人谦下无争。

孔子说："人心比山川还要险恶，比探知天象还要困难。自然尚有春夏秋冬和早晚变化的一定周期，人却貌容忠厚而情感内敛。有的人貌似淳厚而行为骄溢，有的人实为长者而形貌不副，有的人外貌圆顺而内心刚直，有的人外貌坚实而内心散漫，有的人表面舒缓而内心焦躁。所以人们趋义急如干渴，弃义急如避热。因此君子总是让他远离来观察他是否忠诚，让他近身来观察他是否恭敬，让他处理繁难的事务来观察他的才能，向他突然提问来观察他的心智，与他紧急期约来观察他的信用，把财物托付货仓来观察他的廉洁，告诉他危难的处境来观察他的节操，让他喝醉来观察他的仪态，使男女杂处来观察他的色态。观察这九种征验，不好的人也就能挑拣出来了。"

正考父一命为士就曲着背，再命为大夫便弓着腰，三命为卿便俯下身子，让开大道顺着墙根急步快走，像这样谁还敢做不轨的事！如果是凡夫俗子，一命为士就会傲慢矜持，再命为大夫就会在车上手舞足蹈，三命为卿就要直呼叔伯的名号了，像这样，谁还会同唐尧、许由一样谦让呢？

最大的祸害莫过于有意为德而有成府，有了心眼就会内心纷扰，内心纷扰就会道德败坏。凶德有五种，以中德为首。什么叫中德？所谓中德，是指自以为是而诋毁自己所不认同的事情。

穷困窘迫源于八项极端，通达顺利源于三种必然，形态面貌则取决于六项府藏因素。貌美、须长、高大、魁梧、健壮、华丽、勇武、果敢，这八项都超过他人的，因而自恃傲人必然导致困窘。因循顺应、俯仰随人、怯弱谦下，这三种情况都能遇事通达。深谙智慧的人必逐外通显，勇猛躁动的人必多招怨，倡导仁义的人必多责难。通晓生命实情的人心胸开阔，通晓智巧的气量狭小，通达大命的人顺应自然，通晓小命的人随遇而安。

庄子将死，弟子欲厚葬之。庄子曰："吾以天地为棺椁，以日月为连璧，星辰为珠玑，万物为赍①送。吾葬具岂不备邪？何以加此！"弟子曰："吾恐乌鸢<sup>②</sup>之食夫子也"。庄子曰："在上为乌鸢食,在下为蝼蚁食,夺彼与此,何其偏也！"

以不平平,其平也不平;以不征征,其征也不征。明者唯为之使,神者征之。夫明之不胜神也久矣,而愚者恃其所见入于人,其功外也,不亦悲乎！

## 【注释】
① 赍(jī):送。
② 鸢(yuān):老鹰。

## 【译文】
　　庄子快要死的时候,弟子们打算厚葬他。庄子说:"我以天地为棺椁,以太阳和月亮为连璧,把星星当作珍珠,把万物当作陪葬品。我的丧葬用品难道还不齐备吗? 还有比这更好的么！"弟子们说:"我们担心乌鸦和老鹰吃掉你的尸体！"庄子说:"天葬让乌鸦和老鹰吃,土葬让蝼蛄和蚂蚁吃,从乌鸦老鹰那里夺过来给蝼蛄蚂蚁,为什么这样偏心呢！"

　　用不公平的方式来显示公平,这种公平不能算作公平;用不能验证的东西来求验,这种征验不能算是征验。自认聪明的人唯有被人支使,神人可以验证。很早就认为聪明人不及神人,而愚蠢的人还依靠他的偏见对待人事,他的功效只是表面的,这不是也很可悲吗！

## 【解析】
　　"列御寇"本是篇首一人名,这里用作篇名。全篇由许多小故事夹着议论组合而成。内容很杂,其间也无内在联系,不过从主要段落看,主要是阐述忘我的思想,人生在世不应炫耀于外,不应求仕求禄,不应追求智巧,不应贪功图报。

　　全文大体分为五个部分,第一部分至"虚而遨游者也",通过伯昏瞀人与列御寇的对话,告诫人们不要显迹于外。人们之所以不能忘我,是因为他们始终不能忘外,"无能者无所求",无所求的人才能虚己而遨游。第二部分至"而不知大宁"，通过对贪天之功以为己有的人的批评，对照朱泙漫学习屠龙技成而无所用，教导人们要顺应天成，不要追求人为，要像水流一样"无形"，而且让精神归于"无始"。第三部分至"唯真人能之"，嘲讽了势利的曹商，批评了矫饰学伪的孔子，指出给人们精神世界带来惩罚的，还是他自身的烦乱不安和行动过失，而能够摆脱精神桎梏的只有真人，即形同槁木、超脱于世俗之外的人。第四部分至"达小命者遭"，先借孔子之口大谈人心叵测，择人困难，再用正考父做官为例，引出处世原则的讨论，这就是态度谦下，不自以为是，不自恃傲人，而事事通达随顺自然。余下为第五部分，进一步阐述处世之道。写了庄子的一则小故事，旨意在于说明一无所求的处世原则；最后又深刻指出，不要自恃明智而为外物所驱使，追求身外的功利实是可悲，应该有所感才有所应。

# 天　下

**【原文】**

　　天下之治方术①者多矣，皆以其有为②不可加矣！古之所谓道术③者，果恶乎在？曰："无乎不在④。"曰："神⑤何由降？明⑥何由出？""圣有所生，王有所成，皆原于一⑦。"

　　不离于宗⑧，谓之天人⑨；不离于精⑩，谓之神人⑪；不离于真⑫，谓之至人⑬。以天为宗⑭，以德为本⑮，以道为门⑯，兆⑰于变化，谓之圣人；以仁为恩⑱，以义为理⑲，以礼为行⑳，以乐为和㉑，薰然㉒慈仁，谓之君子㉓；以法为分㉔，以名为表，以参为验㉖，以稽为决㉗，其数一二三四是㉘也，百官以此相齿㉙；以事为常㉚，以衣食为主，蕃息畜藏㉛，老弱孤寡为意，皆有以养，民之理㉜也。

　　古之人其备㉝乎！配神明，醇天地㉞，育万物，和天下，泽及百姓，明于本数㉟，系于末度㊱，六通四辟㊲，小大精粗㊳，其运㊴无乎不在。其明而在数度者，旧法、世传之史尚多有之；其在于《诗》《书》《礼》《乐》者，邹鲁之士、搢绅㊵先生多能明之。《诗》以道志，《书》以道㊶事，《礼》以道行，《乐》以道和，《易》以道阴阳，《春秋》以道名分。其数散于天下而设于中国㊷者，百家之学时或称而道之。

　　天下大乱㊸，贤圣㊹不明，道德不一。天下多得一察焉以自好㊺。譬如耳目鼻口，皆有所明㊻，不能相通。犹百家众技也，皆有所长，时有所用。虽然，不该不遍㊼，一曲之士㊽也。判㊾天地之美，析万物之理㊿，察○51古人之全。寡○52能备于天地之美，称神明之容○53。是故内圣外王之道○54，暗而不明○55，郁○56而不发，天下之人各为其所欲焉以自为方○57。悲夫！百家往而不反○58，必不合矣！后世之学者，不幸不见天地之纯、古人之大体。道术将为天下裂。

**【注释】**

①方术：一方之术，即特殊的学问，道术的一部分。

②其有：其所得。指所得的特殊学问，把特殊当作普遍的道术而满足，以为无所复加了。为：以为。

③道术：普遍之术，引申为真理。

④无乎不在：指道理贯通万事万物。

⑤神：指天，所以说降。《老子》"天之道其犹张弓者欤！"非指神圣。

⑥明：指地，所以说出。《老子》"圣人之道为而不争"。

⑦皆原于一：指神明圣王即天道、地道、人道的作用皆原于一。

⑧不离：不分离为二。宗：指道，即《老子》中的道"渊兮似万物之宗"的宗，指主宰而言。

⑨天人：指天人不分离为二的道理。

⑩精：指道，即《老子》第二十一章中的道，"其中有精"的精，指不杂而言。

⑪神人：见《逍遥游》。

⑫真：纯真不伪，《老子》第二十一章中"其精甚真"的真。

⑬至人：见《逍遥游》，其他篇中已多见。

⑭以天为宗：以天为主宰。宗，主宰。

⑮以德为本：以德为根本。本，本根。

⑯以道为门：门指天门，万物生死的出入门户。

⑰兆：指变化兆端是深而难测的。

⑱以仁为恩：用仁来恩惠人民。恩，恩惠。

⑲以义为理：用义来治理人民。理，治理。

⑳以礼为行：用礼来教化人民的行为。行，行为。

㉑以乐为和：用音乐来调和人民的性情。乐，音乐。和，调和。

㉒薰然：温和的南风可以化物的样子。

㉓君子：指辅佐圣王的贤者。

㉔法：法度。分（fèn）：分守。

㉕名：职称。表：标志。

㉖参：一作操，比较，检验。参验：比较，考验，验证。验，验证。

㉗稽：考查，考核。决：断定。
㉘数：等次。一二三四：指上文的法、名、参、稽。
㉙百官：指能者。齿：序列。
㉚事：指耕、织、工、商的职业。常：恒常，不变。
㉛蕃：繁殖。息：生息。畜：积蓄。藏：储藏。
㉜民之理：犹民之为道，即民之常情。
㉝古之人：指古代的圣人。备：完备。
㉞配：匹配。神明：指神圣明王。醇天地：以天地为准则。醇，通“准”。
㉟明：表明。本数：指道德仁义。
㊱末度：指法度为道的末节。
㊲六通：指六合，即上下四方通达。四辟：指春夏秋冬四时通畅。
㊳小大精粗：指万物不论小大精粗。
㊴其运：指帝道圣道运行而天所积。运，运行。
㊵搢绅：即搢笏而垂绅的儒服。
㊶道：指言，以上五个“道”字同。
㊷中国：指鲁、齐、卫、宋的地区。
㊸大乱：指战国。
㊹贤圣：指孔子与其弟子。
㊺一察：一际，指不全。察，通“际”。自好（hào）：自意不知变，主观自信不变。
㊻明：知道。
㊼该：通“赅”，完备。遍：普遍。
㊽一曲之士：看问题片面的人。
㊾判：分割。
㊿析：离析，割裂。理：常理。
(51)察：放散。
(52)寡：少。
(53)容：包容。
(54)内圣：将道藏于内心的是圣人。外王：将道显露于外的是王。

㊻暗：同"闇"。

㊼郁：抑郁。

㊽方：方术。

㊾反：通"返"。

## 【译文】

天下研究特殊学问的人很多，都以为自己的所得无以复加了。古时所谓普遍的道术，究竟何在呢？回答说："是无所不在的。"问说："天道从哪里降临？地道从哪里产生？"回答说："圣有所生，王有所成，都来源于道。"

不离开道的人，称作天人；不离开道的精髓的人，叫作神人；不离开道的本真的人，叫作至人。以天为主宰，以德为根本，以道为门径，能预见变化兆端的叫作圣人；用仁恩惠人民，用义治理人民，用礼教化人民的行为，用乐来调和人民的性情，表现温和而仁慈的叫作君子；以法度作为分守，以职称作为标志，以比较为验证，以会计作断定，它们的等次分一、二、三、四，百官以这些相为序列，百姓以耕、织、工、商的职业为常务，以衣食为主，繁殖生息，积蓄储藏，老弱孤寡放在心上，都有所养，这是治理人民的道理。

古时的圣人是很完备的了，他们配合神圣明王，以天地为准则，养育万物，调和天下，恩泽百姓；不仅通晓道的根本，而且维系于法度的末节，上下四方通达，春夏秋冬四时通畅，小大精粗，帝圣之道的运行无所不在。那些明显表现于制度的，旧时法规世代相传，史官还记载很多。那些保存在《诗经》《尚书》《礼》《乐》的，邹鲁的士绅儒者先生们大多能明白了。《诗经》是表达志向的，《尚书》是记载政事的，《礼》是规范道德行为的，《乐》是陶冶情操的，《易经》是预测阴阳变化的，《春秋》是讲述名分的。这些数度散布于天下而设置于中国，百家学说时常宣扬它。

战国天下大乱，贤圣不能明察，道德规范不能统一，天下的学者多是各得一偏而自以为是。就像耳口鼻都有它们的知觉功能，而不能相互通用。就像百家众技一样，都有所长，时有所用。虽然如此，但不完备又不普遍，是看问题片面的人。分割天地的完美，离析万物的常理，放散古人的全理，很少具备天地的完美，不能相称于天道地道的包容。所以内圣外王的道理，幽暗不明，抑郁不发，天下的人各自以自己的想法为自己的方术。可悲啊！百家皆各尽迷途而不知返，也就不能合于大道了！后世的学者，不幸在于不能看到天地的纯真，不能看到古圣人的全貌，道术将要为天下所割裂。

## 【原文】

不侈于后世<sup>①</sup>，不靡于万物<sup>②</sup>，不晖于数度<sup>③</sup>，以绳墨自矫<sup>④</sup>，而备世之急。古之道术有在于是者，墨翟、禽滑釐闻其风而悦<sup>⑤</sup>之。为之太<sup>⑥</sup>过，已之大循<sup>⑦</sup>。作为《非乐》<sup>⑧</sup>，命之曰《节用》<sup>⑨</sup>。生<sup>⑩</sup>不歌，死无服<sup>⑪</sup>。墨子泛爱<sup>⑫</sup>兼利而非斗<sup>⑬</sup>，其道不怒<sup>⑭</sup>。又好学而博，不异<sup>⑮</sup>，不与先王<sup>⑯</sup>同，毁古之礼乐。黄帝有《咸池》，尧有《大章》，舜有《大韶》，禹有《大夏》，汤有《大濩》，文王有辟雍之乐，武王、周公作《武》<sup>⑰</sup>。古之丧礼，贵贱有仪<sup>⑱</sup>，上下有等。天子棺椁七重<sup>⑲</sup>，诸侯五重，大夫三重，士再重。今墨子独<sup>⑳</sup>生不歌，死不服，桐<sup>㉑</sup>棺三寸而无椁，以为法式<sup>㉒</sup>。以此教人，恐不爱人；以此自行，固不爱己。未败墨子道<sup>㉓</sup>，虽然，歌而非歌，哭而非哭，乐而非乐，是果类乎？其生也勤<sup>㉔</sup>，其死也薄<sup>㉕</sup>，其道大觳<sup>㉖</sup>。使人忧，使人悲，其行难为也。恐其不可以为圣人之道，反天下之心。天下不堪。墨子虽独能任，奈天下何！离<sup>㉗</sup>于天下，其去王<sup>㉘</sup>也远矣！

墨子称道曰："昔禹之湮<sup>㉙</sup>洪水，决江河而通四夷九州<sup>㉚</sup>也。名川三百，支川三千，小者无数。禹亲自操橐耜<sup>㉛</sup>而九杂<sup>㉜</sup>天下之川；腓<sup>㉝</sup>无胈，胫<sup>㉞</sup>无毛，沐甚雨<sup>㉟</sup>，栉<sup>㊱</sup>疾风，置万国<sup>㊲</sup>。禹大圣也，而形劳<sup>㊳</sup>天下也如此。"使后世之墨者，多以裘褐为衣，以跂<sup>㊴</sup>蹻为服，日夜不休，以自苦为极，曰："不能如此，非禹之道也，不足谓墨。"

相里勤<sup>㊵</sup>之弟子、五侯<sup>㊶</sup>之徒、南方之墨者苦获、已齿、邓陵子<sup>㊷</sup>之属，俱诵《墨经》，而倍谲<sup>㊸</sup>不同，相谓别墨<sup>㊹</sup>，以坚白同异之辩相訾⁴⁶，以觭偶不仵之辞相应⁴⁷，以钜子⁴⁸为圣人，皆愿为之尸⁴⁹，冀⁵⁰得为其后世，至今不决⁵¹。

墨翟、禽滑釐之意则是⁵²，其行者非也。将使后世之墨者，必自苦以腓无胈、胫无毛相进⁵³而已矣。乱之上也，治之下也。虽然，墨子真天下之好⁵⁴也，将求之⁵⁵不得也，虽枯槁不舍⁵⁶也，才士⁵⁷也夫！

## 【注释】

①"不侈"句：不以奢侈教育后世。指墨家违背周道而用夏政。侈，奢侈。

②"不靡"句：不浪费万物，指墨家的节用说而言。靡（mí），浪费。

③"不晖"句：指墨家的非乐、薄葬而言。晖（huī），目光，炫耀。数度，数指法律条文；度指法度。

④绳墨：绳指取正的工具，木匠用作取直的墨线，这里指规矩。自矫：自己勉励自己。矫，励。

⑤墨翟：战国初年鲁国人，墨家学派的创始人。禽滑釐：墨子的弟子。风：风教。说（yuè）：通"悦"。

⑥太：同"大"。

⑦为之太过：指泛爱、兼利而言。已之大循：指非乐、节用。已，止，停止而不为。

⑧非乐：墨子提倡非乐，作《非乐》篇。

⑨命：叫作，称为。节用：墨子提倡节用，作《节用》篇。

⑩生：活着。

⑪无服：不穿礼制上规定的丧服。

⑫泛爱：即兼爱，爱一切人。

⑬兼利：使一切人都得到利益。非斗：指非攻，反对非正义的进攻。墨子并不反对一切战争，而反对非正义的大国攻小国、大家攻小家的侵略战争。而主张并参加保卫国家的正义战争。

⑭怒：怨怒。

⑮不异：指尚同而言。

⑯先王：指黄帝、尧、舜、禹及夏、商、周诸帝王。

⑰《咸池》至《武》：皆为五帝三王时的乐曲。

⑱有仪：有度。

⑲椁：外棺。重：层。

⑳独：唯独。

㉑桐：桐木。

㉒法式：效法的样式，榜样。

㉓末：同"莫"，各本作未误。败：同"毁"。

㉔勤：勤劳。

㉕薄：瘠薄。

㉖大：通"太"。觳（què）：刻。

㉗离（lì）：通"丽"，依附。

㉘王：指外王之道。

㉙湮：同"埋"，塞。

㉚四夷：四方边远的少数民族地区。九州：冀、兖、青、徐、扬、荆、豫、梁、雍。

㉛橐（tuó）：盛土的器具。耜（sì）：掘土工具。

㉜九杂：聚合。九，本作鸠，聚集。杂，同"匝"，合。

㉝腓（féi）：腿肚子。胈（bá）：汗毛。

㉞胫（jīng）：小腿。

㉟沐：沐浴，淋雨。甚雨：暴雨。

㊱栉（zhì）：梳头发。

㊲置：建立，设立。万国：许多地方。

㊳形劳：身体劳苦。

㊴裘褐：粗衣。裘，兽皮。褐，粗布。

㊵跂（qí）：通"屐"，木鞋。

㊶相里勤：墨子后学，为南方之墨学的代表。

㊷五侯：墨家弟子姓五名侯。

㊸苦获、巳齿、邓陵子：皆墨家后学。

㊹倍：通"背"，背离。谲（jué）：矛盾，相反。

㊺别墨：墨家中的非正统的派别。

㊻坚白：见《齐物论》注。訾（zǐ）：诽谤，非议。

㊼觭（jī）：通"奇"，单数。偶：双数。仵（wǔ）：通"伍"，合、同。应：应对，对答。

㊽钜子：后期墨家团体的首领。钜，同"巨"。

㊾尸：尽死。

㊿冀：希望。

㉑决：决定。

㉒意则是：用意是对的。

㉓相进：相互争进。

㉔天下之好：爱天下。

㉕求之：救助天下。

㉖舍：舍弃。

㉗才士：指贤能之士。即国家的有用人才。

## 【译文】

　　不以奢侈教育后世，不浪费万物，不炫耀于等级制度，用规矩勉励自己而备于当世之急务，古代的道术存在于这方面的。墨翟、禽滑釐听到这种治学风气就喜欢它。实行泛爱兼利太过分了，非乐节用也太过分了。作《非乐》篇，讲《节用》篇，活时不唱歌，死时无丧服。墨子泛爱一切人，使一切人都得到利益而反对侵略战争，他讲对人不怨怒；他又好学而博闻，主张大不异的尚同，也不求与先王相同，主张毁弃古代的礼乐。黄帝时有《咸池》，尧时有《大章》，舜时有《大韶》，禹时有《大夏》，汤时有《大濩》，文王时有"辟雍"的乐章，武王、周公时作《武》乐。古代的丧礼，贵贱有不同的制度，上下有不同的等次，天子的棺椁七层，诸侯五层，大夫三层，士二层。现今墨子唯独主张生时不唱歌，死时无丧服，桐木棺材只三寸而无外椁，作为效法的样式。用这种主张教人，恐怕不是爱人；用这种主张自行其是，当然也不是爱护自己。莫毁墨子的学说。虽然如此，当唱歌时而反对唱歌，当哭泣时而反对哭泣，当奏乐时而反对奏乐，这样果真合乎人的感情吗？人活着时勤劳，死后那样瘠薄，他的学说太苛刻了；使人忧伤，使人悲哀，他的主张难以实行，恐怕这种主张不可以成为圣人之道，违反天下的人心，天下人不堪忍受。虽然墨子能独自实行，然而他把天下人又能怎样呢！背离于天下的人，这种做法离开外工之道也太远了。

墨子宣扬说："过去大禹堵塞洪水，疏通江河，而沟通四夷九州，大川三百，支流三千，小沟无数。禹亲自拿着盛土的器具和掘土的工具，而聚合于天下的河流；累得腿上没有肉，小腿上没有汗毛，暴雨淋身，疾风梳发，安定了万国。禹是个大圣人，他身体为民劳苦到如此地步。"使后代的墨者，多用粗布做衣服，穿着木屐草鞋，日夜不息，以吃苦耐劳为准则，有人却说："不能这样，不是禹的道，不足以把他称为墨者。"

北方墨者相里勤的弟子，五侯的门徒，南方的墨者苦获、已齿、邓陵子一派，都诵读《墨经》，然而却相互背离相互矛盾不相同，相互指责对方是"别墨"；以坚白同异的辩论相互诽谤非议，用奇偶不合的言论相互应对；把巨子当作圣人，却愿意为他而尽死，希望为他的后世继承人，但至今没有决断。

墨翟、禽滑釐的心意是好的，但他们的作为却是错的。他使后代的墨者必定要刻苦自励，搞得腿上没有肉，小腿上没有汗毛，相互争进罢了。这样乱天下有余，治天下不足。虽然这样，墨子是真想把天下治理好的人，即使求之不得，却累得形容憔悴不堪也不弃自己的主张，真是一位治国的贤能之士啊！

## 【原文】

不累于俗，不饰于物，不苟于人，不忮①于众，愿天下之安宁以活民命，人我之养，毕足而止，以此白心。古之道术有在于是者，宋钘、尹文闻其风而悦之②。作为华山之冠以自表，接万物以别宥③为始。语心之容，命之曰心之行。以聊④合驩，以调海内，请欲置之以为主。见侮不辱，救民之斗，禁攻寝兵，救世之战。以此周行天下，上说下教。虽天下不取，强聒而不舍者也。故曰：上下见厌而强见也。

虽然，其为人太多，其自为太少，曰："请欲固置五升之饭足矣。"先生恐不得饱，弟子虽饥，不忘天下，日夜不休。曰："我必得活哉！"图傲乎救世之士哉！曰："君子不为苛察，不以身假物。"以为无益于天下者，明之不如已也，以禁攻寝兵为外，以情欲寡浅为内。其小大精粗，其行适至是而止。

## 【注释】

①忮（zhì）：违逆。

②宋钘（xíng）：即宋荣子，小说家的代表人物。尹文：名家的代表人物。

③宥：通"囿"，局限。

④聏（ér）：柔和。

## 【译文】

不被世俗所累，不用外物掩饰，不苟且，顺从别人不违逆众人，希望天下安宁以保全人民的性命，别人和自己的奉养足够就可以了，以这种观点表白自己的内心，古时的道术有属这方面的。宋钘、尹文听到这种治学风气就喜欢。制作像华山那样上下均平的帽子来显示平等，应接万物，以除去成见为开端；称道内心的包容，叫作内心的行为，以柔和态度迎合别人的欢心，用来调和天下，请求以此作为建立学说的指导思想。受到欺侮不以为是耻辱，以解脱人们的争斗；禁绝互相攻伐，停止战事用兵，平息社会战乱。以此周游天下，向上劝说君主，向下教育臣民，虽然天下的人不听从，却依然说个不停，不肯背弃自己的主张。所以说，虽然遭到周围所有人的厌烦，但还是要弘扬自己的学说。

虽然这样，但他们为别人做得太多，为自己想得太少。他们说："我们请求只需五升米的饭就够了。"恐怕不仅宋、尹两位先生吃不饱，连弟子们也常处于饥饿中，可是他们仍然不忘天下人。他们日日夜夜不知道停息，他们还说："君子对人事不苛求挑剔，不使自身被外物役使。"认为对天下人没有益处的，与其硬要阐释它还不如停止不做。他们把禁止攻伐停止战争作为对外的活动，把减少情欲当作内心的修养。他们学说的小大精粗及其所作所为也不过如此罢了。

## 【原文】

以本为精，以物为粗，以有积为不足，澹然独与神明居，古之道术有在于是者，关尹①、老聃闻其风而悦之。建之以常无有，主之以太一。以濡②弱谦下为表，以空虚不毁万物为实。

关尹曰："在己无居，形物自著。"其动若水，其静若镜，其应若响，芴③乎若亡，寂乎若清。同焉者和，得焉者失。未尝先人，而常随人。

老聃曰："知其雄，守其雌，为天下谿。知其白，守其辱，为天下谷。"人皆取先，己独取后，曰："受天下之垢。"人皆取实，己独取虚。"无藏也故有馀，岿然而有馀④。"其行身也，徐而不费，无为也而笑巧。人皆求福，己独曲全，曰："苟免于咎。"以深为根，以约为纪，曰："坚则毁矣，锐则挫矣。"常宽容于物，不削于人。可谓至极。关尹、老聃乎，古之博大真人哉！

## 【注释】

①关尹：道家代表人物，比老子年长。关尹可能不是姓名，而是官职。
②濡：通"嬬"，弱。
③芴：通"惚"。
④岿然而有馀：刘文典《庄子补正》认为此句为衍文。

## 【译文】

把德看作是精妙的，把具体的物看作是粗疏的，把积蓄看作不足，无牵无挂独与神明造化共存，古代道术就有这方面的学说。关尹、老聃听到这种治学风气就喜好。建立常有常无的学说。归之于道，以柔弱谦下为外表，以空虚不毁万物为实质。

关尹说:"在自己来说不囿于成见,有形的物体让其自行显现。"其动时像流水,其静时像明镜,其反应如回声。恍惚像无有,寂静像清虚。与万物混同的就能和谐,有得必有失。未曾争在人先,而经常顺从人后。

老聃说:"虽然认识到雄性之强,却偏要执守雌性之弱,成为天下的沟壑;知道明亮的耀眼,却偏要退居幽暗,成为天下的溪谷。"别人都争先,他却独居后,说甘受天下的垢辱。别人都求实际,他却独求空虚,不敛藏反而有多余,充实如高山。他立身行事,舒缓而不浪费,无所作为却讥笑智巧,别人祈求福佑,他却独自委曲求全,说但求免于祸害。以深藏为根本,以简约为纲纪,说坚硬就容易毁坏,锐利就会受挫折。经常宽容对待万物,不损害别人,可以说达到至高境界了。关尹、老聃啊!古代的渊博伟大的真人呀!

## 【原文】

芴漠无形,变化无常,死与?生与?天地并与?神明往与?芒①乎何之?忽乎何适?万物毕罗,莫足以归。古之道术有在于是者,庄周闻其风而悦之。以谬②悠之说,荒唐之言,无端崖之辞,时恣纵而不傥③,不以觭见之也④。以天下为沈浊,不可与庄语,以卮言为曼衍,以重言为真,以寓言为广。独与天地精神往来,而不敖⑤倪于万物。不谴是非,以与世俗处。其书虽瑰玮而连犿⑥无伤也。其辞虽参差,而諔诡⑦可观。彼其充实,不可以已。上与造物者游,而下与外死生、无终始者为友。其于本也,弘大而辟,深闳而肆;其于宗也,可谓稠⑧适而上遂矣。虽然,其应于化而解于物也,其理不竭,其来不蜕,芒乎昧乎,未之尽者。

## 【注释】

①芒:通"茫"。

②谬:通"缪",深不可测。

③傥(tǎng):通"谠",刚直。

④觭:(jī):通"奇",单数。见:通"现"。

⑤敖：通"傲"。

⑥连犿（fān）：随和的样子。

⑦諔（chù）诡：奇异。

⑧稠：通"调"。

## 【译文】

　　恍惚广漠而没有痕迹，变化无常而没有法则，死呀生呀，与天地并存，与造化同往！恍恍惚惚向什么地方去，包罗万物，不知何处是归宿，古代的道术有属于这方面的。庄周听到这种治学风气就很喜好它。以悠远的说教，以宽广的言论，以不着边际的言辞，时常恣意发挥而不拘执，从不表现标新立异。他认为天下是污浊的，不能用庄重的言语来交谈，而应以无心的言论进行推衍，以为人所重视的言论使人信以为真，以有寓意的言论进行推广道理。独自与天地精神往来而不轻视万物，不拘泥于是非，以此和世俗相处。他的书虽然奇特却婉转叙说而无伤道理。他的言辞虽然变化多端却奇异可观。他的书充实而无止境，上与造物者同游，下与超脱死生无终始分别的人做朋友。书中对道的阐述既宏大而又透辟，深邃而广阔；书中讲到道的宗旨，可说与道完全吻合，而达到了极致。虽然如此，他在顺应万物的变化，摆脱外在的事物束缚方面，道理是讲不完的，但万变不离其宗，恍惚深奥，无穷无尽。

## 【原文】

　　惠施多方①，其书五车，其道舛驳②，其言也不中③。历物④之意，曰："至大无外⑤，谓之大一；至小无内⑥，谓之小一。无厚⑦，不可积⑧也，其大千里。天与地卑⑨，山与泽平。日方中方睨⑩，物方生方死。大同而与小同异，此之谓'小同异'；万物毕同毕异⑪，此之谓'大同异'。南方无穷⑫而有穷。今日适越而昔⑬来。连环⑭可解也。我知天下之中央，燕⑮之北、越之南是也。泛爱万物，天地一体也。"

　　惠施以此为大，观于天下而晓辩者⑯，天下之辩者相与乐⑰之。卵有毛。鸡三足，郢⑱有天下。犬可以为羊。马有卵。丁子⑲有尾。

火不热。山出口⑳。轮不碾地㉑。目不见㉒。指不至㉓，至不绝㉔。龟长于蛇。矩㉕不方，规㉖不可以为圆。凿不围枘㉗。飞鸟之景㉘未尝动也。镞矢之疾㉙，而有不行、不止之时。狗非犬㉚。黄马骊牛三㉛。白狗黑㉜。孤驹㉝未尝有母。一尺之捶㉞，日取其半，万世不竭㉟。辩者以此与惠施相应，终身无穷。

桓团、公孙龙㊱辩者之徒，饰㊲人之心，易㊳人之意，能胜人之口，不能服人之心，辩者之囿㊴也。惠施日以其知与人之辩，特与天下之辩者为怪㊵，此其柢㊶也。

然惠施之口谈，自以为最贤，曰："天地其壮㊷乎，施存雄㊸而无术。"南方有倚人焉，曰黄缭㊹，问天地所以不坠不陷、风雨雷霆之故。惠施不辞㊺而应，不虑而对，遍为万物说。说而下休，多而无已，犹以为寡，益之以怪㊻，以反人为实，而欲以胜人为名㊼，是以与众不适㊽也。弱于德，强于物，其涂隩㊾矣。由天地之道观惠施之能，其犹一蚊一虻之劳㊿者也。其于物也何庸(51)！夫充一(52)尚可，曰愈贵道(53)，几矣！惠施不能以此自宁(54)，散于万物而不厌，卒以善辩为名。惜乎！惠施之才，骀荡而不得(55)，逐万物而不反(56)，是穷响以声(57)，形与影竞走(58)也，悲夫！

【注释】

①方：方术。

②舛（chuǎn）驳：杂乱。舛，差错，错字。

③中（zhòng）：不当于道，不中肯。

④历物：分别观察万物，分析事理。学术界称惠施的史料为"历物十事"。

⑤无外：无有外部，无限大。

⑥无内：无有内部，无限小。

⑦无厚：无有厚度。

⑧积：重叠。

⑨卑：低。

⑩睨（nì）：偏斜的意思。

⑪毕同：完全相同。毕异：完全不同，完全相异。

⑫无穷：没有穷尽。

⑬适：到。越：越国。昔：昨天。

⑭连环：古时"连环"本不可解。

⑮燕：燕国。

⑯观：显示。晓：引导。

⑰乐：愿意。

⑱郢：楚国的都城。

⑲丁子：蛤蟆。

⑳山出口：山谷可传声，声从口出，所以山有口。

㉑轮不碾（zhǎn）地：车轮只跟地一部分，而不是地，所以轮没跟地。碾，踩，压。

㉒目不见：眼睛看不见。

㉓指：指物的概念。不至：感觉不到。

㉔至不绝：指物不尽，即概念与事物完全相称是没有止境的。

㉕矩：画方的工具。

㉖规：画圆的工具。

㉗凿：卯眼，样眼。枘：榫头。

㉘景：通"影"，影子。

㉙镞矢：箭头。疾：疾速，快速。

㉚狗：小狗。犬：大狗。

㉛黄马骊牛三：黄马骊牛为一个概念。分则为二个概念，相加为两个概念。

㉜白狗黑：白毛为白狗，眼珠黑为黑狗，所以白狗也是黑狗。

㉝孤驹：母马死后称孤驹，所以没有母。

㉞捶（chuí）：通"棰"，亦作"箠"；指鞭子。

㉟不竭：不尽。

㊱桓团：先秦名家学派人物，《列子·仲尼》作韩檀。公孙龙：先秦名家代表人物，著有《公孙龙子》。

㊲饰：掩饰，蒙蔽。

㊳易：改变。

㊴囿：局限。

㊵特与：专与。为怪：造出怪论。

㊶柢：通“抵”，大概。

㊷壮：大。

㊸雄：雄才。

㊹倚：通“奇”，异人。黄缭：楚人。

㊺不辞：不辞让，不谦虚。

㊻益：更加。怪：怪诞。

㊼胜人：辩胜别人。为名：为了名声。

㊽不适：不适于用。

㊾涂：道路。隩（ào）：深曲，狭隘。

㊿劳：功劳，功能。

(51)庸：用。

(52)充一：充当一家之言。

(53)愈：可以，宽愈。贵道：尊重道。

(54)此：指充一。宁：安宁。

(55)骀荡：使人舒畅。不得：不能得以正道。

(56)不反：知迷不返。

(57)穷响以声：以声音追逐回响。

(58)形与影竞走：用形体和影子竞走。

## 【译文】

惠施懂多种学问，他收藏的书能装五车，他讲的道理错综驳杂，他的言辞不当于道。观察分析事理，说：“达到没有外部的无限大，叫作大一；达到没有内部的无限小，叫作小一。没有厚度，不能积累，却可大到千里。天和地一样低，山泽一样平。太阳刚正中就偏斜，万物刚出生就死亡。大同与小同的差异，叫作‘小同异’。万物全同全异，这叫作‘大同异’，南方没有穷尽而又有穷尽，今天到越国去而昨天已经来到。连环是可解开的。我知道天下的中央，在燕的北方、越的南方。广泛爱万物，大地是一个整体。”

惠施把这些当作最大的真理，显示于天下而引导于辩者，天下的辩者都愿意和他争论。蛋有毛，鸡有三脚，楚国的郢城包容天下，大狗可以是羊，马有蛋，蛤蟆有尾巴，火是不热的，山是有口的，车轮碾不着地，眼睛看不见东西，概念感觉不到，即是感觉得到也不能达到穷尽，乌龟比蛇长，曲尺不能画方，圆规不能画圆，卯眼不能围住榫头，飞鸟的影子未曾移动过，箭头疾飞却有不能行进而停止的时候，狗不是犬，黄马骊牛是三个，白狗是黑的，孤马不曾有母亲，一尺长的鞭，一天截去一半，万世也截取不尽。辩者们用这些论题和惠施相辩论，终身辩论不完。

　　桓团、公孙龙都是辩者一类的人，蒙蔽人的思想，改变人的意见，能辩胜别人的口舌，而不能折服人心，这是辩者的局限。惠施每天以自己的智慧与人辩论，专门与天下的辩者创造怪论，这就是他们的概况。

　　虽然惠施的口辩，自以为最高明，说："天地能比我更伟大吗！"但惠施有雄辩之才而不了解道术。南方有一个奇怪的人叫黄缭，问天地为什么不陷，风雨雷霆形成的原因。惠施不谦虚地回应，不假思索地对答，遍及万物加以解说，又说个不停，多而不止，还以为说得少，更加一些奇谈怪论。把违反人之常理的作为实情而要以辩胜别人取得名声，因而和众人的看法不协调。削弱德的修养，强调对外物的分析，他走的道路是深曲的。由自然规律来看惠施的才能，他就像一只蚊子一只牛虻的徒劳之功罢了。对于万物有什么用处！他充当一家之言还算可以，说他尊重大道，也差不多，但惠施不能够以此一家之言自安于道，分散心思追逐于万物而不厌烦，最终以善辩成名。可惜呀！惠施的才能，使人舒畅而无所得，追逐万物而知迷不返。实在是以声音止回响，以形体与影子竞走。可悲呀！

## 【证解故事】

### 做人要以和为贵

　　昭君出塞有许多无奈，一曲曲悲歌记叙了多少伤感，然而她的出塞带来了两个民族的和睦，从一定程度上缓解了民族矛盾，避免了厮杀。我们也该学学这种做法，以和为贵。这能使我们团结了一切力量为我所用，就为我们自己的事业打下一个好的基础。

西汉初，匈奴国在首领冒顿的领导下，力量越来越强大，经常对中原边疆掳掠抢劫。他们能骑善射，出没无常，给汉朝带来了极大的危害。汉高祖亲率大军到西北平乱，却几乎丧身于边陲。边境警报频传，可急坏了高祖。他召集群臣，商议对策。大臣们都愁眉相对，唯有一向不苟言笑的刘敬上奏道："臣认为制服匈奴，不能单凭武力。如今有一个办法，不仅能使冒顿伏首称臣，而且能使他们世世代代都老老实实。不知皇上意下如何？"

他这话好似雪中送炭，高宗龙颜顿时一振："快快讲来，但说无妨。""为了国泰民安，我们可以把我们的公主嫁给冒顿，实行政治联姻。这样匈奴就与我们结成了亲戚，公主成了王后，冒顿成了您的女婿。自古以来，哪有女婿攻打岳丈的道理？他们就不便再在边界惹是生非。皇上不费一兵一卒，天下就能长治久安。"

高祖一听，不太乐意，心想：凭我汉室之尊，把堂堂公主如此下嫁，怎能对得起列祖列宗？脸面何在？刘敬又进一步劝说："宫女三千，您可以从中任选一个漂亮的收为义女，再以公主身份嫁给冒顿。"汉高祖终于同意了这个办法，把"公主"嫁给了冒顿，并陪送一批金银财宝及随从人员。冒顿也以能娶到汉室的公主为妻而倍感荣幸，并且从此以后，历代匈奴首领单于都以能娶汉室的公主为荣。尽管和亲不是解决边境问题的根本办法，以此换来的和平也不是长久的，但是在那个特定的历史时代，它仍不失为一种较好的策略。

与边境驻重兵防守相对比而言，这算是软的一手，它以汉室公主的个人幸福，换回了整个民族的暂时安宁，这可以说是失小获大。

## 广纳方能长存

在这个充满了竞争的社会，只有广泛地听取大家的意见，采纳和吸取众人的才智，认真地做出相应的应对措施，才能在竞争中立于不败之地。

战国初年，魏文侯礼贤下士，言而有信，团结友邻，使魏国迅速强大起来。

公元前403年，魏文侯拜卜子夏、田子方为国师，每次经过名士段干木的家门口时，都要在车上俯首行礼。四方贤才德士听说都前来归附他。魏文侯与群臣饮酒，兴致正浓，天却下起了大雨，魏文侯下令备车前往郊外。左右侍臣问他："现在饮酒正在兴头上，外面又下着大雨，国君打算到哪里去呢？"魏文侯说："我与山野村长约好了今天一同去打猎，虽然酒兴正浓，也不能不遵守那边会面的约定！"于是驾车亲自前去，告诉因雨停猎。

韩国邀请魏国出兵，协助攻打赵国。魏文侯拒绝说："我与赵国是兄弟之邦，实不敢从命。"赵国也来向魏国借兵讨伐韩国，魏文侯仍然用同样的理由拒绝了。两国使者都怒气冲冲地离去。后来两国得知魏文侯对自己的和睦态度，十分佩服，都前来朝拜。魏国于是开始成为魏、赵、韩三国之首，各诸侯国都不能与它相争。魏文侯派大将乐羊攻打中山国，一举攻克，把中山国封给自己的儿子魏击。魏文侯问群臣："我这个君主怎么样？"大家异口同声地说："您是仁德的君主！"只是任痤直言说："您得了中山国，不用来封您的弟弟，却封给自己的儿子，这算什么仁德君主！"魏文侯勃然大怒，任痤见势不妙，起身快步离开。接着，魏文侯又问翟璜，翟璜回答说："您是仁德君主。"魏文侯问："何以见得？"回答说："我听说国君仁德，臣子就敢直言。刚才任痤的话很耿直，于是我知道您是仁德的君主。"魏文侯转怒为喜，有所领悟，立刻派翟璜去请任痤回来，还亲自下殿去迎接，把他奉为上宾。

魏文侯与田子方一起饮酒，文侯忽然侧耳说："编钟的乐声好像有些不协调，左边偏高。"田子方闻言微微一笑，魏文侯十分诧异："你笑什么？"田子方侃侃而谈："臣曾听人说，国君懂得任用乐官，不必懂得乐音。现在国君您精通乐音，我可有些担心您会疏忽了任用官员的职责。"魏文侯点头说："您说得太好了。"

魏文侯之所以能赢得众诸侯的尊敬，就是因为他善于采纳群臣的建议，不一意孤行。这样的做法才是一个国家长盛不衰的主要原因。

## 高风亮节最为人爱

人性本善，尤其在困境中仍然能帮助别人，这是最难能可贵的精神。所以要在小事中培养自己的道德情操，不能唯利是图，贪图享乐。

魏文侯为宰相的人选感到困惑时，征求宾客李克的意见。

"先生曾说过：'家贫要有贤妻，国乱要有名相'。现在丞相的人选有魏成和翟璜二人，这二人都非常优秀，难分轩轾，究竟要选谁呢？""俗话说：'身份低微的人，不要插手管伟人的事，也不要管别人的家务事。'卑职实在不敢回答这个问题。"

"先生不要顾虑那么多，请多多指教。"

"不，卑职并不是顾虑太多，只是希望国君好好考虑。至于鉴定人物的原则有以下五项：一、际遇不佳时和谁亲近？二、富裕的时候帮助过谁？三、居高位时任用谁？四、在困境中是不是守正不阿？五、贫穷时是不是能去贪念？国君只要依照这五项原则来决定就可以了。""嗯！有道理，我已经决定好了。"

李克离开王宫，在归途中顺道经过翟璜住处，谈起魏文侯选择宰相的事情，并且重述这段谈话。翟璜问李克："依阁下看，魏文侯会决定用谁呢？""恐怕是魏成吧！""这就奇怪了，我翟璜哪一点比魏成差呢？更何况把阁下介绍给魏文侯的人是我啊！""大人该不是为了自己升官，自组派系而把我推荐给魏文侯的吧？我只不过提供他五个原则，至于决定宰相的人还是魏文侯。依我看来魏成被拔擢为宰相的可能性比较大，因为魏成把十分之九的薪俸施舍别人，自己只留下十分之一。魏成因此获得国君的老师人子夏、田子方、段干木三人的支持，而大人所推荐的五个人只不过是魏文侯一般的臣下罢了。"翟璜低下头来向李克道歉，懊悔自己的自大。

从这个故事我们可以看出，其实很多人在他的日常生活中就体现了他很高尚的一面了。这些，他周围的人都会看在眼里，记在心上的。所以培养好的品质对于自己的发展是有很大作用的。